FORMULAIRE

GÉNÉRAL ET COMPLET

DE

PROCÉDURE CIVILE

COMMERCIALE ET ADMINISTRATIVE

ANNOTÉ PAR

M. A. CHAUVEAU ET **M. GLANDAZ**

ANCIEN DOYEN DE LA FACULTÉ DE DROIT DE TOULOUSE

ANCIEN PRÉSIDENT DE LA CHAMBRE DES AVOUÉS DE PARIS

DIXIÈME ÉDITION

Revue et mise au courant de la législation et de la jurisprudence, avec des modèles de formules nouvelles de procédure conformes à la circulaire du 20 mars 1908.

TOME PREMIER

PARIS

IMPRIMERIE ET LIBRAIRIE GÉNÉRALE DE JURISPRUDENCE

MARCHAL ET **BILLARD**

IMPRIMEURS-ÉDITEURS, LIBRAIRES DE LA COUR DE CASSATION

Place Dauphine, 27

1909

MACON, PROTAT FRÈRES, IMPRIMEURS.

FORMULAIRE

GÉNÉRAL ET COMPLET

DE

PROCÉDURE CIVILE

COMMERCIALE ET ADMINISTRATIVE

ANNOTÉ PAR

M. A. CHAUVEAU ET **M. GLANDAZ**

ANCIEN DOYEN DE LA FACULTÉ DE DROIT
DE TOULOUSE

ANCIEN PRÉSIDENT
DE LA CHAMBRE DES AVOUÉS DE PARIS

DIXIÈME ÉDITION

Revue et mise au courant de la législation et de la jurisprudence,
avec des formules nouvelles de procédure conformes à la
circulaire du 20 mars 1908.

TOME PREMIER

PARIS
IMPRIMERIE ET LIBRAIRIE GÉNÉRALE DE JURISPRUDENCE
MARCHAL et BILLARD
IMPRIMEURS-ÉDITEURS, LIBRAIRES DE LA COUR DE CASSATION
Place Dauphine, 27

1909

TABLEAU DES ABRÉVIATIONS
CONTENUES DANS LES NOTES DU FORMULAIRE

Q. suivi d'un numéro : Carré et Chauveau, Lois de la procédure civile et commerciale, question n°...

Suppl. alphab. : Dutruc, Supplément alphabétique aux Lois de la procédure civile et commerciale de Carré et Chauveau.

J. Av. : Journal des Avoués.

J. Huiss. : Journal des Huissiers.

Encycl. des huiss. : Deffaux, Harel et Paul Colin, Encyclopédie des Huissiers, 5me édition.

D. P. : Dalloz, Recueil périodique de jurisprudence.

Dalloz, v° : Dalloz, Répertoire de législation, de jurisprudence et de doctrine au mot...

PRÉFACE DE LA DIXIÈME ÉDITION

Le formulaire dont nous publions la dixième édition parut pour la première fois en 1852. Plus d'un demi-siècle écoulé depuis son apparition, que neuf rééditions ont suivi, a donné à cet ouvrage un caractère tout particulier : il s'agit là, à proprement parler, d'un ouvrage classique, consacré non seulement par le temps, mais surtout par l'usage ininterrompu qu'en ont fait plusieurs générations de praticiens.

L'ouvrage primitif, composé par Adolphe CHAUVEAU, doyen de la Faculté de droit de Toulouse, continuateur de CARRÉ dans cette autre œuvre classique que sont les *Lois de la procédure civile et commerciale*, rédacteur en chef du *Journal des avoués* pendant de longues années, joignant d'une façon rare et précieuse la science théorique à la science pratique, avait été revu par Glandaz, président de la chambre des avoués de Paris. L'exceptionnelle compétence des auteurs explique suffisamment le succès sans précédent de ce formulaire.

Ce que devait être cet ouvrage, dans la pensée de ses auteurs, nous ne saurions mieux le faire comprendre qu'en citant quelques extraits de l'avertissement que CHAUVEAU avait écrit pour la première édition :

« Mes trente années de théorie et de pratique, disait
« CHAUVEAU, ne m'ont pas donné la confiance dont j'aurais eu
« besoin pour imposer, à vrai dire, ma volonté et mon style
« aux praticiens. Je me suis entouré des conseils des membres
« du barreau les plus expérimentés, *avoués de première ins-*
« *tance, avoués d'appel, anciens avoués, anciens avocats,*
« *anciens juges de paix* ; tous ont bien voulu m'accorder leur
« utile concours. En citant les noms de MM. PRATVIEL, SOUQUET,

« Corne, Peronne, etc., je suis heureux de leur témoigner
« ma vive reconnaissance. Deux anciens maîtres clercs de
« Paris, MM. Sudre et Peronne, ce dernier, frère de l'avoué
« de première instance, m'ont envoyé les diverses formules
« adoptées à Paris ; j'ai pu comparer la procédure de Paris à
« celle suivie dans le midi et à celle indiquée dans les formu-
« laires soit de France, soit de l'étranger.

« J'ai été aidé, dans ce long et souvent pénible travail, par
« M. A. Godoffre, avocat à Toulouse, dont l'habile collabo-
« ration m'a été précieuse depuis plusieurs années.

« Mais le concours le plus fructueux, celui qui présente
« pour mon livre la garantie la plus sûre d'exactitude, m'a été
« accordé par un avoué jurisconsulte, le plus habile et le plus
« estimé de tous ses confrères. M. Glandaz, qui a été appelé
« tant de fois, pendant son long exercice, à présider la
« Chambre des Avoués de Paris, a bien voulu revoir tout le
« formulaire. »

Ce passage de l'avertissement de Chauveau nous paraît des plus intéressants. Il nous montre en effet comment a été fait ce Formulaire. Malgré sa longue pratique et sa science juridique incontestable, qui lui donnaient une autorité toute particulière pour faire un ouvrage de ce genre, Chauveau n'a pas cru pouvoir *imposer sa volonté et son style aux praticiens*. Il n'a pas créé les formules qui composent son ouvrage d'après ses idées personnelles ; il a pris ses formules dans la pratique ; il s'est servi des conseils et des renseignements que lui donnaient les avocats, les avoués, les magistrats ; il a recueilli les formules que ces praticiens lui ont signalées ; il les a seulement vérifiées, amendées peut-être, et leur a donné la consécration de son approbation.

Pourquoi Chauveau a-t-il procédé ainsi ? Au lieu de suivre la pratique, pourquoi n'a-t-il pas cherché à la diriger, en lui imposant en quelque sorte des formules créées de toutes pièces par lui ? C'est qu'il avait pu constater que les formules de la pratique, améliorées par un usage de plusieurs siècles, étaient tout près de la perfection ; qu'il était à peu près impossible de faire rentrer dans une formule et de dire d'une façon plus

concise et plus claire tout ce que la loi exige pour la validité
des différents actes. Et, rendant hommage à cette quasi-per-
fection, il a eu la modestie de se juger incapable de faire mieux
encore, modestie qui, chez un homme de sa compétence, est
un exemple précieux et qu'il est bon de ne pas oublier.

Le style même de la pratique lui a paru devoir être conservé
presque intact. Et, à cet égard, le passage suivant de l'avertissement nous paraît tout à fait significatif :

« A la fin de mon second volume, si mes lecteurs m'en
« manifestent le désir, je donnerai un Dictionnaire renfermant
« la généalogie du vocabulaire de la pratique. Je justifierai
« ainsi les formes de style judiciaire que j'ai moi-même adop-
« tées. J'indiquerai les motifs qui m'ont fait conserver quelques
« anciennes expressions assez barbares que je n'ai pas osé
« supprimer, dans la crainte de sacrifier la clarté à l'élé-
« gance. »

CHAUVEAU n'était pas sans s'être aperçu de la présence dans
la langue judiciaire d'un certain nombre d'*expressions barbares* ;
il avait eu la tentation de les supprimer ; puis il s'était décidé
à les conserver *dans la crainte de sacrifier la clarté à l'élé-
gance*.

Il est intéressant de rappeler ceci au lendemain de la circulaire de M. le Garde des sceaux sur la *simplification des actes
judiciaires*, circulaire dont nous publions plus loin le texte,
avec les modèles de formules qu'il contient. Les scrupules que
l'on manifeste aujourd'hui à l'égard des expressions surannées
de la langue judiciaire ne sont pas nouveaux, comme on le voit,
puisque CHAUVEAU les éprouvait déjà en 1852.

Un dernier emprunt à l'avertissement de CHAUVEAU montrera
le plan général qu'il avait conçu tant pour les formules que
pour les notes :

« Mon livre est un formulaire *expliqué*. Ce n'est pas un
« Code de procédure annoté, car on n'y trouve de citations
« ni des arrêts, ni de l'opinion des auteurs. J'hésitais à ren-
« voyer aux questions des *Lois de la Procédure civile*, mais
« j'ai pensé que ces renvois, qui n'occupaient que fort peu de
« place, pourraient être utiles à ceux qui désireraient exami-

« ner une question sous ses diverses physionomies. Le renvoi
« au *Journal des avoués* sera parfois utile pour constater le
« dernier état de la jurisprudence.

« Un formulaire n'est pas un recueil de questions, encore
« moins un ouvrage de théorie : c'est un livre destiné à celui
« qui fait un acte et qui veut le faire régulier. On lui fournit
« la formule de cet acte, et, comme il peut être porté à céder
« à un usage contraire, il est convenable de lui faire aperce-
« voir, dans une note, quels sont les inconvénients de ce
« qu'il avait l'habitude de faire. Ce n'est pas un livre destiné
« à des praticiens consommés, mais aux jeunes hommes qui,
« sur le point d'entrer, ou à peine entrés dans la carrière du
« barreau, sont heureux de trouver un guide qui les éclaire en
« les dirigeant.

« Quoique j'aie toujours renvoyé le Lecteur à mon opinion,
« j'ai cependant indiqué les cas dans lesquels elle n'était pas
« consacrée par la jurisprudence, en avertissant du danger
« qu'il y aurait à suivre ma doctrine.

« J'ai multiplié les formules, parce que c'est l'élément pre-
« mier et le plus important d'un travail de ce genre ; mais je
« n'ai pas analysé les dispositions du Code de procédure
« civile, parce que le Code est toujours dans les mains de celui
« qui dresse un acte. Sous chaque formule est, du reste, indi-
« qué l'article auquel se réfère la formule.

« Mes annotations devant être quelquefois consultées par
« ceux dont les actes, ayant été faits spontanément, seront
« attaqués comme contenant une erreur substantielle, j'ai dû
« relater les cas dans lesquels je pensais que telle ou telle
« imperfection n'entraînait pas la nullité ; de ce que j'aurai dit
« *tel acte n'est pas nul, quoiqu'il ne contienne pas* telle énon-
« ciation, il ne faut pas tirer la conséquence que l'énoncia-
« tion est inutile. Il est toujours essentiel d'éviter les discus-
« sions, même les moins fondées. A celui qui voudra faire un
« acte je conseille donc de suivre rigoureusement le modèle
« qu'il aura sous les yeux. »

Le long succès de l'ouvrage de Chauveau et Glandaz et la
garantie qui résulte de la grande compétence de ses auteurs

ne permettaient pas, dans une nouvelle édition, de faire table rase de tout ce qui fait la valeur de ce formulaire.

Aussi, lorsque les changements considérables survenus dans la législation et la jurisprudence ont paru exiger une refonte complète de l'ouvrage, refonte qui a été réalisée dans la neuvième édition, avons-nous respecté autant que possible le plan général de l'ouvrage, l'économie et la langue des formules, ainsi que les notes qui les accompagnaient. A cette époque, des additions nombreuses avaient dû être faites à raison des procédures créées par certaines lois récentes : citons par exemple les procédures relatives au recouvrement des frais dus aux avoués, aux accidents du travail, à la saisie-arrêt des salaires ; enfin un formulaire de procédure administrative avait été ajouté pour combler une lacune de l'ouvrage primitif.

La rapidité avec laquelle cette neuvième édition s'est trouvée épuisée est la meilleure preuve de l'incontestable utilité que présentait cette refonte de l'ouvrage de Chauveau et Glandaz et de l'heureuse réalisation qui lui a été donnée.

Dans la dixième édition que nous publions aujourd'hui, nous avons entièrement conservé le plan de la neuvième, ainsi que le texte des formules et des notes, sauf les modifications encore assez importantes qu'ont rendu nécessaires un certain nombre de loi nouvelles, dont il a dû être tenu compte. Parmi ces lois, signalons celle des 12 juillet 1905 sur la compétence civile des juges de paix, les lois des 21 juin, 13 et 17 juillet 1907, 23 mars et 6 juin 1908. Les notes ont été mises au courant du dernier état de la jurisprudence.

Pour éviter un bouleversement complet du numérotage des formules, nous avons placé en *Appendice* à la suite de chacun des volumes les formules nouvelles qu'ont rendu nécessaires les lois nouvelles que nous avons mentionnées, mais des notes dans le cours de l'ouvrage renvoient à ces *Appendices*.

Nous avons ajouté à l'ouvrage la circulaire du 20 mars 1908 de M. le Garde des sceaux sur la simplification des actes judiciaires ainsi que les formules publiées à la suite de cette circulaire. Nous y avons ajouté quelques autres formules composées suivant une méthode analogue et un commentaire et des notes précisant la portée de cette circulaire et l'application de ses dispositions.

Enfin, les trois tables qui terminent l'ouvrage, et qui ont été mises au courant des modifications contenues dans cette nouvelle édition, donnent au lecteur le moyen de retrouver instantanément la procédure et la formule même dont il a besoin.

Nous sommes persuadés que, grâce à cette nouvelle mise au courant, le Formulaire de CHAUVEAU et GLANDAZ va continuer à trouver auprès des avoués, des avocats et de tous les praticiens, la même faveur. On ne saurait concevoir, en effet, un ouvrage à la fois plus complet et plus au courant, puisqu'il applique et étudie les procédures créées par les lois les plus récentes, et qu'il signale les décisions de jurisprudence rendues jusqu'à ce jour. Cet ouvrage restera ce qu'il a toujours été : le *Formulaire classique*.

ANNEXE

Formules conformes à la circulaire
de M. le Garde des sceaux du 20 mars 1908.

Avertissement.

Par décision du 11 avril 1902, M. le Garde des sceaux avait institué au ministère de la Justice une commission chargée *de rechercher les simplifications qui pourraient être apportées dans les actes de procédure et de justice.*

Les travaux de cette commission ont abouti à l'élaboration de dix-huit projets de formules conçues suivant un plan nouveau et accompagnées d'annotations marginales.

Ces modèles ont été recommandés aux officiers ministériels, en même temps que certaines autres réformes, par une circulaire adressée par M. le Garde des sceaux aux Premiers présidents et aux Procureurs généraux. Nous publions ci-après le texte de cette circulaire ainsi que les modèles de formules qui l'accompagnent.

Il convient d'observer que, parmi les prescriptions de la circulaire, une seule est imposée aux officiers ministériels, c'est celle de faire des copies correctes et lisibles; l'observation de cette prescription est sanctionnée par une amende de 25 francs et par le rejet de la taxe des actes non conformes. Les autres prescriptions constituent de simples conseils dépourvus de sanction. Ainsi, il n'existe pour les officiers ministériels aucune obligation, ni d'employer des formules imprimées en partie ou écrites à la machine, ni de suivre les modèles proposés par la circulaire. Les actes faits conformément aux usages anciens et aux formules données dans le présent ouvrage sont valables comme autrefois, et n'exposent les officiers ministériels à aucune espèce de sanction, dès le moment qu'ils sont corrects et lisibles.

D'ailleurs, les modèles qui accompagnent la circulaire sont loin d'être parfaits; ils contiennent des incorrections, des erreurs et des lacunes, qui apparaissent au premier examen. Aussi avons-nous dû joindre à ces formules des notes nombreuses dans lesquelles nous indiquons les modifications qui nous paraissent devoir y être apportées. La circulaire de M. le Garde des sceaux reconnaît d'ailleurs qu'il faut compter sur l'expérience des praticiens pour améliorer les modèles proposés, et nous nous sommes efforcés de contribuer pour notre part à cette amélioration.

D'autre part, les dix-huit modèles qui accompagnent la circulaire étant trop peu nombreux, il nous a paru utile de rédiger quelques autres formules conçues suivant une méthode identique pour un certain nombre d'autres actes courants.

Ajoutons, enfin, que toutes les questions de droit étudiées au cours du présent ouvrage présentent un égal intérêt et comportent une solution identique depuis la circulaire du 20 mars 1908 comme avant cette circulaire, avec l'emploi des formules nouvelles comme avec les anciennes.

Circulaire sur la simplification des actes judiciaires.

Depuis longtemps des plaintes se sont élevées au sujet de la difficulté qu'éprouvent les plaideurs pour comprendre le sens et la portée des actes de procédure qui leur sont remis.

Cette difficulté tient tant à l'écriture défectueuse trop souvent employée dans ces actes et au peu de clarté de leur disposition matérielle, qu'à l'emploi de termes archaïques et à l'absence de tout commentaire pouvant guider le justiciable peu au courant des choses de la procédure.

Lorsqu'avec beaucoup de peine et de temps, le plaideur qui a reçu un acte judiciaire est parvenu à le déchiffrer, lorsqu'il a réussi à faire le départ entre ses parties essentielles et ses parties accessoires, il se heurte à des formules surannées, à des expressions qui ont cessé depuis longtemps d'être en usage dans le langage courant et dont il ne peut pénétrer la signification. Arrive-t-il, à force de soins, à saisir le sens des mots, il n'est nullement renseigné sur la portée du document et ne sait ni ce qu'on attend de lui, ni ce dont il est menacé.

Frappé de ces inconvénients, M. le garde des sceaux Monis a confié le soin de rechercher les simplifications à apporter aux actes de procédure et de justice à une commission extraparlementaire qui, après avoir consulté les officiers ministériels intéressés et recueilli l'avis de nombreux magistrats, m'a proposé une série de réformes auxquelles j'ai décidé de donner mon approbation.

La première condition pour qu'un acte puisse être compris, c'est qu'il soit facilement lisible. Or, malgré les prescriptions de la loi et les recommandations réitérées de mes prédécesseurs, beaucoup d'officiers ministériels continuent à signifier des copies presque indéchiffrables. Il importe de mettre fin à une pareille pratique qui est aussi gênante pour le magistrat que pour le justiciable. Dans ce but, je vous prie de vouloir bien rappeler aux avoués et aux huissiers qu'ils sont dans l'obligation de faire nettes, correctes et lisibles les copies d'actes et de jugements. Vous appellerez, en même temps, leur attention et celle des magistrats du parquet et des juges taxateurs sur les instructions contenues dans les circulaires de la chancellerie des 18 mars 1824, 15 avril 1840 et 8 mai 1863, et vous n'hésiterez pas, au cas où ces instructions continueraient à être inobservées, à provoquer les sanctions prévues par le décret du 29 août 1813 et par la loi du 2 juillet 1862 (art. 20) contre les officiers ministériels qui persisteraient dans leurs errements [1].

Dans le même ordre d'idées, il a paru qu'il y aurait avantage à ce que, sur les copies, les mentions immuables fussent imprimées. Cette pratique est déjà répandue et elle pourrait être d'autant plus facilement généralisée que, sur les modèles établis par la commission, ces parties immuables ont été groupées aussi complètement que possible. Les chambres de discipline pourront aisément procurer aux intéressés, pour un prix modique, des formules imprimées destinées aux actes courants [2].

Enfin, un progrès considérable serait réalisé par l'emploi de la machine à écrire dont il existe aujourd'hui des types perfectionnés et relativement peu coûteux.

La clarté matérielle de l'acte n'est pas moins essentielle que sa lisibilité. Aussi a-t-il paru nécessaire d'en préciser la nature en le faisant précéder d'un titre très visible, complété, le cas échéant, par des sous-titres également apparents. C'est ainsi que l'assignation devant le tribunal civil porte en tête, en gros caractères : « Assignation devant le tribunal civil » et, en sous-titres. « 1° Copie d'un procès-verbal de non-conciliation. » « 2° Assignation. » L'emploi de ces mentions rendra plus compréhensibles les actes ainsi divisés en parties nettement distinctes et permettra d'éviter les confusions qui se produisent actuellement entre les copies de pièces et les exploits.

D'autre part, les indications touchant la personne qui agit, sa profession, son domicile, son représentant en justice, sont placées au début de l'acte et suivies d'une phrase destinée à éveiller l'attention du plaideur qui reçoit l'exploit :

« L'huissier soussigné avertit, signifie, etc... par le présent acte, etc... »

Mais, pour rendre intelligibles à tous les pièces de procédure, il était surtout indispensable d'en modifier le style qui, encombré de termes archaïques et d'expressions remontant aux siècles passés, avait cessé d'être compréhensible pour d'autres que les spécialistes.

Vous trouverez, sous ce pli, un certain nombre de formules élaborées par la commission et dont la rédaction répond, dans la mesure du possible, au but de clarté et de simplicité qu'elle s'est proposé.

A ce point de vue, la réforme n'a pu être aussi complète que

---

1. Rappelons que ces sanctions consistent dans une amende de 25 francs et le rejet de la taxe.
2. Malheureusement, pour faire imprimer ces formules, il faut, pour que le prix de revient soit assez modique, faire imprimer un nombre élevé d'exemplaires ; or cela nécessite une avance de timbre considérable, le papier copie sur lequel l'impression doit être faite n'étant délivré par l'administration de l'enregistrement qu'avec les timbres mobiles destinés aux originaux correspondants.

certains l'eussent souhaitée, un grand nombre de termes en usage dans les exploits étant ceux du Code de procédure civile et ne pouvant, par conséquent, être actuellement modifiés. Toutefois, dans le cas où ces expressions ont paru présenter quelque obscurité, on s'est efforcé de les rendre plus claires soit en complétant les formules trop brèves, soit en en précisant le sens dans le corps de l'acte ou dans des notes marginales.

Il a même paru utile de donner aux parties des indications pratiques sur la portée et les conséquences des actes qu'elles reçoivent et sur la procédure qui en sera la conséquence. Tel est l'objet des renvois portés en marge des modèles. Ces renseignements ne peuvent évidemment être que très sommaires et ils ne sauraient être considérés comme des consultations permettant aux plaideurs de se passer du concours des juristes. Leur but est d'éviter aux justiciables des erreurs ou des pertes de temps parfois irréparables et de leur indiquer ce qu'ils ont à faire lors de la réception de l'exploit.

Lorsqu'il n'a pas été possible de fournir en peu de mots un renseignement complet — l'indication exacte d'un délai, par exemple — la note marginale servira du moins à appeler sur le point intéressant l'attention du lecteur.

Ainsi que vous le remarquerez, les modèles ci-joints ne constituent pas un nouveau formulaire. Ils comprennent seulement les principaux actes signifiés à personne ou à domicile et choisis parmi les différentes procédures. Ce sont, en effet, les copies des exploits remises entre les mains des justiciables au début d'un procès et alors que ceux-ci ne sont assistés d'aucun conseil, qu'il a paru essentiel de simplifier. Les formules nouvelles ne sont donc recommandées qu'à titre d'exemple dont les officiers ministériels s'inspireront pour la rédaction de tous leurs actes.

Telle est, dans ses grandes lignes, la réforme élaborée par la commission instituée au ministère de la justice. Je me plais à espérer qu'elle sera accueillie avec faveur par les justiciables et les hommes d'affaires à qui il appartient d'ailleurs de la compléter par les améliorations que leur suggérera l'expérience. Une enquête pratiquée auprès des autorités judiciaires et des chambres d'officiers ministériels a montré avec évidence que l'initiative prise par mon prédécesseur répondait au sentiment général puisque, sur 885 avis formulés, 723 ont été entièrement favorables à la réforme proposée.

Je vous prie de vouloir bien m'accuser réception de la présente circulaire dont vous trouverez, sous ce pli, des exemplaires en nombre suffisant pour chaque tribunal et pour chaque chambre d'avoués et d'huissiers de votre ressort.

Le Garde des sceaux,
Ministre de la justice et des cultes,
A. BRIAND.

MODÈLES[1]

CITATION EN JUSTICE DE PAIX

(1) Les personnes citées en justice de paix peuvent se présenter elles-mêmes. Elles peuvent se faire représenter : par un avocat régulièrement inscrit, — ou par un avoué du tribunal civil, — ou par un mandataire porteur d'une procuration spéciale sur papier timbré, enregistrée.

(2) La personne citée, dépourvue de ressources, pourra demander l'assistance judiciaire.

L'an mil neuf cent ___, le _____
à la demande de M _____
demeurant à _____
pour qui domicile est élu _____
l'huissier soussigné avertit par le présent acte
M _____
que M _____
lui intente un procès et le cite à comparaître
le _____, devant le juge de paix de _____ [2]
Un jugement par défaut sera pris contre s _____ ne se présente _____ pas en personne, ou ne se _____ pas représenter (1) (2).

---

1. OBSERVATIONS GÉNÉRALES.
a) Dans les différents modèles proposés par la circulaire, l'exploit est fait : *à la demande de M...* Nous pensons que les mots : *à la requête* sont préférables ; ils expriment en effet cette idée que le ministère de l'huissier est requis ; c'est donc plus exact et tout aussi facile à comprendre.
b) L'objet de la demande se rédige comme dans les anciennes formules :
Attendu que...
Attendu que...
Par ces motifs
S'entendre condamner à...
ou *Voir dire que...*
c) Dans tous les exploits, il faut avoir soin, avant les mots *où étant*, etc. et après les mots : *à M...*, de mentionner le lieu où la remise de la copie a été faite ; par exemple : *en son domicile*, ou tout autre lieu, si la copie a été remise à personne.
d) Il convient de ne pas oublier la mention que la copie a été *remise sous enveloppe fermée ne portant d'autres indications...* etc., toutes les fois que la signification a dû être faite en cette forme.
e) Dans toutes les citations ou assignations, il faut mentionner l'augmentation des délais à raison de la distance ou les délais spéciaux d'ajournement toutes les fois qu'il y a lieu.
f) Dans les significations de jugement, la copie du jugement doit être donnée en tête de la signification et non à la fin puisque, dans la formule, on met : le jugement... etc. *dont la copie précède.*

2. Il est bon d'indiquer le lieu où siège le juge de paix, par exemple : *à la justice de paix de... rue... n°...* ou : *devant M. le juge de paix de..., à son audience foraine de...* etc.

Objet de la demande[1].

Attendu _____
_____
_____
_____

Le présent acte a été remis par _____ huissier près le tribunal civil d _____
demeurant _____
à M _____
où étant et parlant à _____
Coût : _____ francs _____ centimes.
Employé pour l_____ copie _____ demi-feuille de timbre spécial à soixante centimes

SIGNIFICATION DU JUGEMENT[2]

L'an mil neuf cent _____ , le _____
à la demande de M _____
demeurant à _____
pour qui domicile est élu _____
l'huissier soussigné signifie (1) par le présent acte à M _____
le jugement contradictoire rendu le _____
_____
par M. le juge de paix de _____
dont la copie précède.

Le présent acte a été remis par _____
huissier près le tribunal civil d _____
demeurant _____
à M _____
où étant et parlant à _____
_____

Coût : _____ francs _____ centimes.
Employé pour 1 copie _____ demi-feuille de timbre spécial à soixante centimes.

Copie d'un jugement contradictoire.

_____
_____
_____

(1). *En principe*, les délais de recours autorisés par la loi commencent à courir du jour de la présente signification.

---

1. V. page XVII, Observations générales, lettre *b*.
2. V. page XVII, Observations générales, lettre *f*.

OPPOSITION A UN JUGEMENT PAR DÉFAUT [1]

L'an mil neuf cent _____ , le _____
M _____
demeurant à _____
pour qui domicile est élu _____

avertit par le présent acte

M _____
qu'____ fait opposition au jugement par défaut rendu au profit de M _____
par M. le juge de paix d _____
le _____

Motifs de l'opposition [2]

Attendu _____

Citation en justice de paix.

En conséquence de cette opposition, M _____ est cité__ à comparaître le _____ à l'heure de _____ devant le juge de paix de [3] _____ qui jugera de nouveau le procès.

Un jugement par défaut sera pris contre__ s ____ ne se présente ____ pas en personne, ou ne se fait pas représenter (1).

Le présent acte a été remis par _____ huissier près le tribunal civil d _____ demeurant _____
à M _____

où étant et parlant à _____

Coût : _____ francs _____ centimes.
Employé pour 1 __ copie ____ demi-feuille de timbre spécial à soixante centimes.

(1). Les personnes citées en justice de paix peuvent se présenter elles-mêmes. Elles peuvent se faire représenter : par un avocat régulièrement inscrit, — ou par un avoué du tribunal civil, ou par un mandataire porteur d'une procuration spéciale sur papier timbré, enregistrée.

---

1. Nous croyons qu'il est préférable, dans cet acte comme dans tous les autres, que ce soit l'huissier qui avertisse et qui cite, et non la partie elle-même. Nous conseillons donc de rédiger la formule de la manière suivante :
L'an..., le... A la requête M... etc. l'huissier soussigné avertit par le présent acte M... etc... que M... fait opposition... etc.
2. V. page XVII, Observations générales, lettre *b*.
3. V. *supra*, page XVII, note 2.

CÉDULE POUR APPELER LES TÉMOINS [1]

Nous _____ _____, juge de paix de _____ autorisons M _____
demeurant _____ à faire citer par Mᵉ _____, huissier à _____.

pour qu' _____ se présente _____ le _____
à notre audience à _____
afin de déposer sur les faits au sujet desquels nous avons ordonné une enquête par notre jugement rendu entre M _____ _____
et M _____ le _____ _____ enregistré.
Fait à _____, le _____

En vertu de la cédule ci-dessus :

L'an mil neuf cent _____ le _____
M _____ [2] _____
demeurant à _____
pour qui domicile est élu _____
Cite : _____

pour qu' _____ se présente _____ porteur du présent acte le(1) _____ _____
devant M. le juge de paix d _____ à _____
afin de dire ce qu' _____ sa _____ sur les faits suivants : _____

Le présent acte a été remis par _____ huissier près le tribunal civil d _____
demeurant _____
à M
où étant et parlant à _____

Coût : _____ francs _____ centimes.
Employé pour l _____ copie _____ demi-feuille de timbre spécial à soixante centimes.

---

(1). Les témoins qui se présentent reçoivent une indemnité s'ils la demandent. Les témoins qui ne se présentent pas, et qui ne font pas connaître un motif sérieux pour justifier leur absence, peuvent être condamnés à une amende et appelés, à leurs frais, une seconde fois devant le juge.

---

1. Cette formule est incorrectement désignée ; il s'agit là d'une CITATION A TÉMOINS et les mots : *cédule pour appeler les témoins* constituent un sous-titre qui doit figurer en tête de la copie de pièces de la cédule sur la copie de la citation aux témoins.
2. Même observation que pour la formule qui précède. C'est l'huissier et non la partie qui doit citer les témoins. V. *supra*, page XIX, note 1.

ASSIGNATION EN RÉFÉRÉ

L'an mil neuf cent _____ le _____
M _____
demeurant à _____
représenté par Mᵉ _____
avoué près le tribunal civil d _____
demeurant _____
chez lequel _____ éli _____ domicile,

avertit par la présente assignation

M _____ _____ _____
qu' _____ l'appel en référé devant le président
du tribunal civil d ² _____
le _____
à l'heure de _____
Une décision par défaut sera prise contre
_____ s _____ ne se présente _____
pas ou ne se fait pas représenter à l'heure
exacte (1).

Objet du référé.

Attendu _____
_____
_____
_____

Le présent acte a été remis par _____
huissier près le tribunal civil d _____
demeurant _____
à M _____

où étant et parlant à _____

Coût : _____ francs _____ centimes.
Employé pour l _____ copie
demi-feuille de timbre spécial à soixante centimes.

(1) Les personnes assignées en référé peuvent se présenter elles-mêmes (seules ou assistées d'un avocat régulièrement inscrit), ou se faire représenter par un avoué du tribunal civil.

---

1. Même observation que pour les deux formules qui précèdent. V. *supra*, page XIX, note 1.
2. Il est nécessaire d'indiquer le lieu où le juge doit statuer : *au Palais de justice à..., en la salle ordinaire des audiences de référé* — ou bien *au domicile de M. le Président à... rue... n°...* etc.

ANNEXE

ASSIGNATION A BREF DÉLAI DEVANT LE TRIBUNAL CIVIL

1° *Copie d'une requête.*

_____

_____
_____
_____

2° *Copie de l'ordonnance.*

Nous, président, vu la requête qui précède et les pièces, autorisons M. _____
à assigner à trois jours francs M. _____
demeurant _____
L'assignation sera délivrée par M^e _____
huissier audiencier, que nous commettons à cet effet.
Fait au palais de justice, le _____

3° *Assignation à bref délai devant le tribunal civil.*

L'an mil neuf cent _____
le _____ en vertu de l'ordonnance rendue par M. le président du tribunal civil de _____, le _____
mise au bas d'une requête à lui présentée le même jour et dont les copies sont données en tête des présentes.
A la demande de M _____
demeurant à _____
représenté par M^e _____
avoué près le tribunal civil d _____
demeurant _____
qui se constitue sur la présente assignation.

L'huissier soussigné avertit par le présent acte M _____
demeurant à _____
que M _____ lui intente un procès et l'assigne en conséquence devant le tribunal civil d _____
Dans le délai de trois jours francs (1) M _____
_____ devra charger un avoué du même tribunal de l _____ représenter (2), sinon un jugement par défaut sera pris contre _____ ¹.

(1). Le délai de trois jours francs ne comprend ni le jour de l'assignation, ni le jour de l'échéance ; si le dernier jour du délai est un jour férié, le délai est prolongé jusqu'au lendemain.

(2). La personne assignée dépourvue de ressources pourra demander l'assistance judiciaire.

---

1. Il nous paraît plus exact de dire : *Dans le délai de... un avoué près le même tribunal devra se constituer pour M..., sinon...* etc.

Objet de la demande :

M _____
conclut, par les motifs énoncés dans la requête
ci-dessus, à ce que M _____
s'entende _____

Le présent acte a été remis par _____
huissier près le tribunal civil d _____
demeurant _____
à M _____
où étant et parlant à _____
   Coût : _____ francs _____ centimes.
   Employé pour l __ copie _____
demi-feuille de timbre spécial à soixante centimes.

ASSIGNATION DEVANT LE TRIBUNAL CIVIL

1° *Copie d'un procès-verbal de non-conciliation*[1].

M. le juge de paix d _____
a dressé le _____ un procès-verbal
de non-conciliation dont voici la copie :

C'est à la suite de ce procès-verbal qu'est
donnée l'assignation ci-dessous :

2° *Assignation.*

L'an mil neuf cent _____, le _____
à la demande de M _____
demeurant _____
représenté par Me _____
avoué près le tribunal civil d _____
demeurant _____

---

1. La copie pure et simple du procès-verbal accompagné de sa date nous semble préférable ; la phrase qui précède et celle qui suit cette copie sont tout à fait inutiles.

qui se constitue sur la présente assignation, l'huissier soussigné avertit par le présent acte M_____
demeurant à_____
que M_____
lui intente un procès et l'assigne en conséquence devant le tribunal civil d _____

Dans le délai de huit jours francs (1), M. _____ devra charger un avoué du même tribunal¹ de l _ représenter (2), sinon un jugement par défaut sera pris contre ____ .

Objet de la demande :

Attendu _____

Le présent acte a été remis par _____ huissier près le tribunal civil d _____
demeurant
à M _____
où étant et parlant à _____

Coût : __ francs _____ centimes.
Employé pour 1 _ copie _____ demi-feuille de timbre spécial à soixante centimes.

(1). Le délai de huit jours francs ne comprend ni le jour de l'assignation, ni le jour de l'échéance ; si le dernier jour du délai est un jour férié, le délai est prolongé jusqu'au lendemain.
(2). La personne assignée dépourvue de ressources pourra demander l'assistance judiciaire.

SIGNIFICATION DU JUGEMENT ²

L'an mil neuf cent _____ , le _____
à la demande de M _____
demeurant à _ _____
représenté par Mᵉ __ _____
avoué près le tribunal civil d _____
demeurant à ____ _____ _____
chez lequel éli domicile,
l'huissier soussigné, commis à cet effet, signifie (1) par le présent acte à M _____
le jugement _____ _____ rendu par défaut le _____ par le tribunal civil d ____ ____ dont la copie précède.
Sous toutes réserves, même d'appel.

(1). *En principe,* les délais de recours autorisés par la loi commencent à courir du jour de la présente signification.

---

1. Voir *supra*, page XXII, note 1.
2. V. page XVII, Observations générales, lettre *f*.

MODÈLES DE FORMULES NOUVELLES   XXV

Le présent acte a été remis par _____
huissier près le tribunal civil d _____
demeurant
à M _____
où étant et parlant à _____
 Coût :   francs ___ ___ centimes.
 Employé pour l copie ___ demi-feuille
de timbre spécial à soixante centimes.

Copie d'un jugement par défaut.

SIGNIFICATION DU JUGEMENT[1]

L'an mil neuf cent ____ , le _____
à la demande de M _____
demeurant à _____
pour qui domicile est élu _____
 l'huissier soussigné, commis à cet effet,
 signifie (1) par le présent acte à
M _____
le jugement par défaut rendu le _____
par M. le juge de paix d _____ dont
la copie précède.
 Le présent acte a été remis par _____
huissier près le tribunal civil d _____
à M _____
où étant et parlant à _____

 Coût : _____ francs _____ centimes.
 Employé pour l ___ copie _____ demi-feuille de timbre spécial à soixante centimes.

Copie d'un jugement par défaut.

(1). La personne condamnée *par défaut* peut former opposition dans les trois jours de la présente signification : l'opposition ne peut être faite que par un huissier.

---

1. V. *supra*, page XVII, Observations générales, lettre *f*.

SIGNIFICATION DU JUGEMENT [1]

L'an mil neuf cent ____ __ . ____ , le ___
à la demande de M _____
demeurant à __ _____
représenté par Mᵉ __ _ _____
avoué près le tribunal civil d _____
demeurant à _____ ___
chez lequel il ____ éli ___ domicile,
l'huissier soussigné signifie (1) **par le présent
acte** à M _____
le jugement contradictoire rendu le _____
par le tribunal civil de _____
dont la copie précède, et qui a été signifié à
son avoué par un acte en date du _____
___ _____ enregistré [2].
Sous toutes réserves, même d'appel.
Le présent acte a été remis par _____
huissier près le tribunal civil de _____
demeurant _____
à M _____ _____
où étant et parlant à _____

Coût ; _____ francs __ _____ centimes.
Employé pour ____ copie _____
demi-feuille de timbre spécial à soixante centimes.

Copie d'un jugement contradictoire.

(1). *En principe*, les délais de recours autorisés par la loi commencent à courir du jour de la présente signification.

ASSIGNATION DEVANT LE TRIBUNAL DE COMMERCE

L'an mil neuf cent _____ , le _____
à la demande de M _____
demeurant à _____ _____
pour qui domicile est élu _____

---

1. V. *supra*, page XVII, Observations générales, lettre *f*.
2. Les significations d'avoué à avoué ne sont pas soumises à l'enregistrement.

l'huissier soussigné avertit par le présent acte
M _____
que M _____ lui intente
un procès et l_____assigne à comparaître
le _____
à l'heure de _____
devant le tribunal de commerce d _____

Un jugement par défaut sera pris contre
_____ s_____ne se présente _____pas,
en personne, ou ne se _____ pas représenter (1) (2).

Objet de la demande :

Attendu _____
_____
_____

Le présent acte a été remis par _____
huissier près le tribunal civil d _____
demeurant _____
à M _____
où étant et parlant à _____
_____

Coût : _____ francs _____ centimes.
Employé pour l ___ copie ___ demi-feuille
de timbre spécial à soixante centimes.

(1). Les personnes assignées devant les tribunaux de commerce peuvent se présenter elles-mêmes (seules ou assistées d'un avocat), ou se faire représenter par un mandataire porteur d'un pouvoir enregistré et légalisé. Ce pouvoir peut être donné au bas de la copie de l'assignation. (Art. 627 du code de commerce.)

(2). La personne assignée, dépourvue de ressources, pourra demander l'assistance judiciaire.

ACTE D'APPEL

L'an mil neuf cent _____, le _____
à la demande de M _____
demeurant à _____
représenté par Me _____
avoué près la cour d'appel d _____
demeurant à _____
qui se constitue sur la présente assignation,

l'huissier soussigné avertit par le présent acte
M _____
demeurant à _____
que M _____
fait appel du jugement rendu le _____
par le tribunal d _____
et l'assigne devant la cour d'appel d _____

Dans le délai de huit jours francs (1), M _____
devra charger un avoué de la même cour de l ... représenter (2), sinon un arrêt par défaut sera pris contre _____ [1]

L'objet de l'appel est de demander à la cour, tant par les motifs exposés devant les premiers juges que par tous autres qui seront exposés devant la cour : d'annuler ou d'infirmer le jugement ; de libérer M _____ des condamnations prononcées contre _____ de _____ restituer l'amende consignée ; de déclarer M _____ non recevable ou, tout au moins, mal fondé en ses prétentions et de l condamner en tous les dépens de première instance et d'appel.

Sous toutes réserves _____
_____

Le présent acte a été remis par _____
huissier près le tribunal civil d _____
demeurant _____
à M _____
où étant et parlant à _____

Coût : _____ francs _____ centimes.
Employé pour l copie _____ demi-feuille de timbre spécial à soixante centimes.

(1). Le délai de huit jours francs ne comprend ni le jour de l'assignation, ni le jour de l'échéance ; si le dernier jour du délai est un jour férié, le délai est prolongé jusqu'au lendemain.

(2). La personne assignée dépourvue de ressources pourra demander l'assistance judiciaire.

COMMANDEMENT [2]

L'an mil neuf cent _____ , le _____
à la demande de M _____
demeurant à _____
pour qui domicile est élu _____
l'huissier soussigné fait commandement, par le présent acte, à M _____
demeurant à _____
de payer de suite [3], soit à M _____

---

1. V. *supra*, page XXII, note 1.
2. Compar. *infra*, page XLIII, formule supplémentaire, n. 8.
3. Il nous semble préférable de donner vingt-quatre heures puisqu'on ne peut procéder à la saisie qu'après un jour franc.

soit à l'huissier porteur du présent acte ayant pouvoir de recevoir et de donner quittance :

1° La somme de _____ 1

2° Les intérêts de droit ;

3° Les dépens liquidés, sous la réserve de tous autres frais de mise à exécution,

faute de quoi, M_____ sera contraint, par toutes les voies de droit, et notamment, après un délai de un jour franc(1), par la saisie-exécution de ses biens mobiliers.

(1). La saisie ne peut avoir lieu que le surlendemain du jour du commandement.

Le présent commandement est fait en vertu d'un jugement en forme exécutoire rendu par le tribunal d _____
le _____ enregistré et signifié par exploit enregistré de _____
le _____

Le présent acte a été remis par _____ huissier près le tribunal civil de _____
demeurant_____
à M _____
où étant et parlant à _____

Coût : _____ francs _____ centimes.
Employé pour l ____ copie _____ demi-feuille de timbre spécial à soixante centimes.

OFFRES RÉELLES

L'an mil neuf cent _____ , le _____
A la demande de M _____
demeurant à
pour qui domicile est élu
l'huissier soussigné a signifié et déclaré
à M _____
demeurant _____
que M _____

---

1. Il est plus régulier d'indiquer le chiffre des intérêts courus au jour du commandement et des dépens liquidés ; par exemple : *la somme totale de... composée de : 1°... montant des condamnations prononcées ; 2°... pour les intérêts échus à ce jour ; 3°... pour les dépens liquidés...* etc.

proteste de la manière la plus formelle contre la réclamation à lui faite et tendant au payement de _____
pour _____
Que M_____ ne s'est jamais refusé à lui payer ce qu'il pouvait lui devoir légitimement et qu'il en a toujours tenu le montant à sa disposition, ainsi qu'il en sera justifié.

Qu'en raison des menaces de poursuites dont il est l'objet M_____ se voit dans la nécessité de faire à M_____ des offres réelles.

En conséquence, l'huissier soussigné a offert réellement à deniers découverts la somme totale de _____

représentant :
1° _____ capital ;
2° _____ pour les intérêts échus ;
3° _____ pour frais, sauf à parfaire, ladite somme composée de [1]_____

lui déclarant que les présentes offres étaient faites à la charge par lui, en les recevant, de m'en donner quittance.

A quoi il m'a été répondu par M_____

sommé de signer a _____
Laquelle réponse j'ai prise pour_____ acceptation desdites offres et je _____ me suis _____ dessaisi de la somme offerte [2]

Comme conséquence de ce refus [3] j'ai sommé [4] M_____ de se trouver, s'il

---

1. On doit donner ici une énumération des espèces offertes, par exemple : *ladite somme composée de... billets de mille francs et... de cent francs de la Banque de France,... pièces de...* etc.

2. Cette tournure de phrase est tout à fait incorrecte ; la formule étant faite à la troisième personne : *l'huissier soussigné a offert...* etc., il convient de continuer de même et, au lieu de : *à quoi il M'a été répondu... laquelle réponse J'AI prise...* et *JE ME suis dessaisi...* etc., de dire : *à quoi M... a répondu... laquelle réponse l'huissier soussigné a prise... et il s'est dessaisi...* etc.

3. Il n'est pas très pratique de donner sommation d'assister à la consignation dans le procès-verbal d'offres. Une sommation par acte séparé est préférable. V. *infra*, page XLV, formule supplémentaire n. 10.

4. Même observation qu'à la note 2. Pour que la formule soit correcte, il faut dire : *l'huissier soussigné a sommé*, etc.

lui convenait, le _____, à _____ dans les bureaux de la caisse des dépôts et consignations, pour constater le dépôt des sommes offertes.

Le présent acte a été remis par _____ huissier près le tribunal civil d_____ᵉ demeurant _____ à M _____ où étant et parlant à _____

Coût : _____ francs _____ centimes.
Employé pour 1 __ copie _____ demi-feuille de timbre spécial à soixante centimes.

SAISIE-ARRÊT

1° Copie d'une requête.

2° Copie de l'ordonnance.

3° Saisie-arrêt.

L'an mil neuf cent _____, le _____ en vertu de l'ordonnance rendue par M. le président du tribunal civil de _____ le _____ enregistrée, mise au bas d'une requête à lui présentée le même jour et dont les copies sont données en tête des présentes, ordonnance qui autorise la présente saisie-arrêt jusqu'à concurrence de _____ à la demande de M _____ demeurant à _____ pour lequel domicile est élu à _____ l'huissier soussigné avertit par la présente saisie-arrêt M _____ que M _____ s'oppose formellement à ce que M _____ se dessaisisse ou se libère de toutes sommes,

valeurs ou objets quelconques qu'il a ou aura, doit ou devra à M___
à quelque titre ou pour quelque cause que ce soit et, notamment, à raison de ___

___
___

Cette opposition est faite pour obtenir paiement de la somme de ___

En conséquence, l'huissier soussigné prévient M ___
que, s'il ne tenait pas compte de la présente opposition, il s'exposerait à être personnellement responsable [1].

Le présent acte a été remis par ___ huissier près le tribunal civil d___
demeurant ___
à M ___
où étant et parlant à ___

___
___
___

Coût : ___francs ___centimes.
Employé pour 1 copie ___demi-feuille de timbre spécial à soixante centimes.

DÉNONCIATION DE SAISIE-ARRÊT ET ASSIGNATION

1° *Copie d'une ordonnance.*

___
___
___
___

2° *Copie d'une saisie-arrêt.*

___
___
___
___

---

1. Il serait bon d'ajouter : *et à avoir à payer une seconde fois.*

3° *Dénonciation de saisie-arrêt et assignation.*

L'an mil neuf cent _____ , le _____
à la demande de M _____
demeurant à _____
représenté par Me _____
avoué près le tribunal civil d _____
demeurant à _____
qui se constitue sur la présente assignation.

l'huissier soussigné avertit par le présent acte

M _____
demeurant à _____
que la saisie-arrêt copiée ci-dessus, autorisée par l'ordonnance qui précède, a été formée le _____ entre les mains de _____ [1]

Et, en conséquence, M _____ [2]
assigne M _____
devant le tribunal civil d _____
Dans le délai de huit jours francs (1) M _____
devra charger un avoué du même tribunal de l représenter (2), sinon un jugement par défaut sera pris contre _____ [3]

Objet de la demande :

Attendu que M _____
créancier de _____
Attendu que la saisie-arrêt faite par _____

entre les mains de _____
suivant exploit de _____
huissier à _____
en date du _____
enregistrée est régulière en la forme et juste au fond, qu'il y a lieu de la valider,

Par ces motifs :

S'entendre condamner à payer la somme de _____
avec les intérêts à partir d _____

---

(1). Le délai de huit jours francs ne comprend ni le jour de l'assignation, ni le jour de l'échéance : si le dernier jour du délai est un jour férié, le délai est prolongé jusqu'au lendemain.

(2). La personne assignée dépourvue de ressources pourra demander l'assistance judiciaire.

1. Il convient d'ajouter ici : *par exploit du ministère de...*, *huissier* ..., *enregistré.*
2. V. *supra*, page XIX, note 1.
3. V. *supra*, page XXII, note 1.

Et, pour assurer le recouvrement desdites condamnations, entendre déclarer bonne, valable et régulière l'opposition dont s'agit ;

Entendre ordonner, en conséquence, que toutes sommes dont M_____, tiers saisi, se reconnaîtr ou ser jugé débiteur __seront versées par _____ aux mains de _____ ___ ____ _____ en déduction ou jusqu'à concurrence du montant de _ _____créance, en principal intérêts et frais ;

Et s'entendre, en outre, condamner en tous les dépens—sous toutes réserves de fait et de droit.

Le présent acte a été remis par _____ huissier près le tribunal civil d _____ demeurant _____ à M _____ où étant et parlant à _____

Coût : _____ francs _____ centimes.
Employé pour 1 _ copie _____ demi-feuille de timbre spécial à soixante centimes.

CONTRE-DÉNONCIATION DE SAISIE-ARRÊT[1]

Copie d'une dénonciation de saisie-arrêt et assignation

2° *Contre-dénonciation de saisie-arrêt.*

L'an mil neuf cent _____, le
à la demande de M _____
demeurant à_____ _____
représenté par M*e* _____

---

1. Pour le cas où la contre-dénonciation contient l'assignation en déclaration affirmative, V. *infra*, page XVLIII, formule supplémentaire n° 14.

avoué près le tribunal civil d _____
demeurant à _____
qui se constitue,
l'huissier soussigné avertit
M _____
demeurant _____
que la saisie-arrêt pratiquée entre ses mains a été portée à la connaissance de M _____
et, en conséquence, lui signifie par le présent acte la dénonciation de saisie-arrêt et l'assignation dont les copies précèdent.

Le présent acte a été remis par _____ huissier près le tribunal civil d _____
demeurant _____
à M _____
où étant et parlant à _____

Coût : _____ francs _____ centimes.
Employé pour 1 _copie _____
demi-feuille de timbre spécial à soixante centimes.

PROCÈS-VERBAL DE SAISIE-EXÉCUTION

L'an mil neuf cent _____, le _____
à la demande de M _____
demeurant à _____
pour qui domicile est élu _____
en vertu du jugement en forme exécutoire rendu par le tribunal d _____
le _____ enregistré et signifié par exploit enregistré de _____
le [1] _____
l'huissier soussigné fait de nouveau commandement, par le présent acte, à M _____
demeurant à _____
où étant et parlant à _____

---

1. La formule pourrait être modifiée heureusement de la manière suivante : *... pour qui domicile est élu... et qui agit en vertu d'un jugement...* etc. *enregistré et signifié.* C'est plus simple et plus clair, et il n'est pas utile de rappeler plus explicitement la date de l'exploit de signification.

de payer de suite, soit à M⎯⎯⎯⎯⎯⎯⎯⎯⎯⎯
soit à l'huissier porteur du présent acte ayant pouvoir de recevoir et de donner quittance, les sommes vainement réclamées par le commandement qui l a été notifié le ⎯⎯⎯⎯⎯⎯
enregistré, et qui sont :
1° La somme de [1] ⎯⎯⎯⎯⎯⎯⎯⎯⎯⎯
2° Les intérêts de droit ;
3° Les dépens liquidés, sous la réserve de tous autres frais de mise à exécution.
A quoi il m'a été répondu [2] ⎯⎯⎯⎯⎯
En conséquence, ce deuxième commandement ayant été fait à M⎯⎯⎯⎯⎯⎯⎯⎯⎯⎯
en présence de M⎯⎯⎯⎯⎯⎯⎯⎯⎯⎯⎯⎯
demeurant à ⎯⎯⎯⎯⎯⎯⎯⎯⎯⎯⎯⎯
et M ⎯⎯⎯⎯⎯⎯⎯⎯⎯⎯⎯⎯⎯⎯⎯⎯
demeurant à ⎯⎯⎯⎯⎯⎯⎯⎯⎯⎯⎯⎯
témoins soussignés, l'huissier lui a déclaré que, faute dudit payement, il saisissait et mettait sous autorité de justice les objets ci-après désignés [3] :

⎯⎯⎯⎯⎯⎯⎯⎯⎯⎯⎯⎯⎯⎯⎯⎯⎯⎯⎯⎯⎯⎯⎯⎯
⎯⎯⎯⎯⎯⎯⎯⎯⎯⎯⎯⎯⎯⎯⎯⎯⎯⎯⎯⎯⎯⎯⎯⎯
⎯⎯⎯⎯⎯⎯⎯⎯⎯⎯⎯⎯⎯⎯⎯⎯⎯⎯⎯⎯⎯⎯⎯⎯

Après avoir saisi les objets décrits ci-dessus, l'huissier a constitué, comme gardien, M⎯⎯ [4]
⎯⎯⎯⎯⎯⎯⎯⎯⎯⎯⎯⎯⎯⎯⎯⎯⎯⎯⎯⎯⎯⎯⎯⎯

La vente des objets saisis a été fixée pour le ⎯⎯⎯⎯⎯⎯⎯⎯⎯⎯⎯⎯⎯⎯⎯⎯⎯⎯⎯

---

1. Il nous paraît préférable de mentionner le chiffre des intérêts échus et des dépens liquidés, comme à la formule des offres réelles. V. *supra*, page XXIX note 1.
2. C'est tout à fait incorrect (V. *supra*, page XXX, note 2) ; il faut dire : *à quoi M... a répondu...*
3. Il semble résulter de la formule employée que les témoins ou recors assistent bien à l'itératif commandement, mais non à la saisie ; or, ils doivent assister à la saisie et l'exploit doit en faire mention. Nous conseillons donc de modifier la formule de la manière suivante :
A quoi M... a répondu...
En présence de ce refus de payer, l'huissier soussigné a déclaré à M... qu'il allait à l'instant procéder à la saisie de ses meubles et effets. Et il a en effet saisi et mis sous autorité de justice les objets suivants...
Le tout a été fait en présence de M..., etc., et de M..., etc., témoins exigés par la loi et qui ont signé l'original et la copie du présent procès-verbal... etc.
4. L'art. 597 C. pr. civ. ne laissant à l'huissier le soin de désigner le gardien que faute par le saisi de présenter un gardien solvable et qui accepte cette fonction, il est plus correct de mentionner cette circonstance de la manière suivante : *faute par la partie saisie d'avoir présenté un gardien solvable.*

Le présent procès-verbal a été rédigé par___

huissier près le tribunal civil d___
demeurant ___
Une copie en a été laissée à M___
partie saisie, et une autre copie au gardien, le tout en présence des témoins.

FORMULES SUPPLÉMENTAIRES

1. CITATION EN CONCILIATION

L'an..., le...

A la requête de M..., demeurant à..., pour qui domicile est élu...

L'huissier soussigné avertit M...., demeurant à...

que M...., ayant l'intention de lui faire un procès et de l'assigner devant le tribunal civil de...., **le cite par le présent acte en conciliation devant M. le juge de paix de**...

M... devra se présenter devant M. le juge de paix de..., à la justice de paix, salle des conciliations, le..., à... heures..., ou s'y faire représenter (1), sinon, défaut sera donné contre lui et il encourra une amende de dix francs.

Objet de la demande.

Attendu que...

Sous toutes réserves.

Le présent acte a été remis par....., huissier près le tribunal civil d...., demeurant...., à M...., demeurant..., où étant et en parlant à :....

Coût :...

Employé pour l... copie... etc.

(1). Les personnes citées en conciliation peuvent se présenter elles-mêmes. Elles peuvent se faire représenter par un mandataire porteur d'une procuration spéciale sur papier timbré, enregistrée.

2. APPEL D'UN JUGEMENT DE JUSTICE DE PAIX

L'an..., le...

A la requête de M..., demeurant à..., pour qui domicile est élu à..., rue..., n°..., en l'étude de M^e..., avoué près le tribunal civil de..., qui se constitue pour lui et le représentera dans le procès qu'il intente par le présent acte.

L'huissier soussigné avertit M...., demeurant à.., rue..., n°..., que M... fait appel par le présent acte du jugement rendu le..., par M. le juge de paix de..., enregistré et signifié.

En conséquence, l'huissier soussigné assigne M... devant le tribunal civil de...

Dans le délai de huit jours francs (1), un avoué près ce tribunal, chargé par M..., devra se constituer pour lui (2), sinon un jugement par défaut pourra être rendu contre lui.

Objet de la demande :

Attendu.....

(1). Le délai de huit jours francs ne comprend ni le jour de l'assignation, ni le jour de l'échéance ; si le dernier jour du délai est un jour férié, le délai est prolongé jusqu'au lendemain.

(2). La personne assignée, dépourvue de ressources, pourra demander l'assistance judiciaire.

Par ces motifs ; voir annuler le jugement et libérer M... des condamnations prononcées contre lui ; voir ordonner la restitution de l'amende consignée ; s'entendre déclarer non recevable ou, tout au moins, mal fondé en ses prétentions et s'entendre condamner en tous les dépens de justice de paix et d'appel.

Le présent acte a été remis par..., huissier près le tribunal civil de..., demeurant..., à M..., demeurant à..., où étant et en parlant à...

Coût :...

Employé pour la copie...

3. ASSIGNATION AUX TÉMOINS EN CAS D'ENQUÊTE ORDINAIRE DEVANT UN TRIBUNAL CIVIL

1° Dispositif du jugement.

2° Requête au juge-commissaire et ordonnance.

3° Citation.

L'an..., le...

A la requête de M..., demeurant à... pour qui domicile est élu à..., rue..., n°..., en l'étude de Me..., avoué près le tribunal civil de..., qui est constitué pour lui,

L'huissier soussigné signifie à M....., demeurant..., le dispositif d'un jugement rendu entre M... et M..., énonçant les faits que ce dernier a à prouver, et la requête présentée à M. le juge-commissaire avec l'ordonnance rendue par ce magistrat, enregistrée.

En conséquence, l'huissier soussigné assigne M..... à comparaître le....., à..... heures..., devant M. le juge-commissaire, dans la chambre du conseil de la... chambre du tribunal civil de...., au Palais de Justice, pour faire sa déposition sur les faits admis en preuve et énumérés dans le dispositif de jugement transcrit ci-dessus.

Le témoin qui comparaît reçoit, s'il le demande, une indemnité taxée par le juge.

Le témoin qui ne comparaît pas est condamné aux amendes et dommages-intérêts prononcés par la loi et réassigné à ses frais.

Le présent acte a été remis par Me..., huissier près le tribunal civil de..., y demeurant, rue... n°..., à M..., demeurant à..., où étant et en parlant à...

Coût :...

Employé pour la copie...

4. ASSIGNATION A LA PARTIE ADVERSE POUR QU'ELLE ASSISTE A L'ENQUÊTE

1° Copie d'une requête au juge-commissaire et d'une ordonnance.

2° Assignation.

L'an..., le...
A la requête de M..., demeurant à..., pour qui domicile est élu à..., rue..., n°..., en l'étude de M^e....., avoué près le tribunal civil de..., qui est constitué pour lui,
L'huissier soussigné signifie par le présent acte à M..., demeurant à..., la requête présentée par M... à M..., juge-commissaire et l'ordonnance rendue le... par ce magistrat, enregistrée.
En conséquence, **l'huissier soussigné assigne** M.... à comparaître le......, à...... heures..., devant M. le juge-commissaire, dans la chambre du conseil de la... chambre du tribunal civil de..., pour assister à la prestation de serment et à la déposition des témoins ci-après désignés, que M... se propose de faire entendre dans l'enquête ordonnée par le jugement rendu le..., par la... chambre du tribunal civil de..., enregistré et signifié.
Ces témoins sont les suivants : 1° M... (*noms et profession*), demeurant à...
2° M... etc...
....
Si M... n'est pas présent au lieu et à l'heure indiqués, il sera donné défaut contre lui et il sera procédé à l'enquête en son absence.
Le présent acte a été remis par..., huissier près le tribunal civil de..., y demeurant rue..., n°..., à M..., demeurant..., où étant et en parlant à...
Coût...
Employé pour la copie...

5. SIGNIFICATION DE JUGEMENT DE DÉFAUT PROFIT JOINT AVEC RÉASSIGNATION

1° Copie de jugement.

2° Signification de jugement et réassignation.

L'an..., le...,

A la requête de M..., demeurant à..., pour qui domicile est élu à..., rue..., n°..., en l'étude de M⁶....., avoué près le tribunal civil de..., qui est constitué pour lui,

l'huissier soussigné, **commis à cet effet**, signifie par le présent acte à M..., demeurant à...., le jugement de défaut-profit joint transcrit ci-dessus, et **l'assigne à nouveau devant le tribunal civil de...**

Dans le délai de huit jours francs (1), un avoué près ce tribunal, chargé par M..., devra se constituer pour lui (2), sinon le tribunal jugera, sans que M... soit représenté, le procès engagé par M... contre M..., M... et M..., et le jugement rendu aura effet contre M..... qui n'y pourra plus faire opposition.

Objet de la demande :

Attendu......

(1). Le délai de huit jours francs ne comprend ni le jour de l'assignation, ni le jour de l'échéance ; si le dernier jour du délai est un jour férié le délai est prolongé jusqu'au lendemain.

(2). La personne assignée dépourvue de ressources pourra demander l'assistance judiciaire.

Le présent acte a été remis par..., huissier près le tribunal civil de..., y demeurant, rue...., n°.., à M..., demeurant..., où étant et en parlant à...

Coût :......

Employé pour la copie...

6. OPPOSITION FORMÉE PAR EXPLOIT A UN JUGEMENT PAR DÉFAUT DU TRIBUNAL CIVIL

L'an..., le...,
A la requête de M..., demeurant à..., pour qui domicile est élu...

l'huissier soussigné avertit par le présent acte M..., demeurant à..., que M... fait opposition à l'exécution du jugement rendu par défaut contre lui au profit de M... par la... chambre du tribunal civil de... (*ou par le tribunal de...*) le...; cette opposition est basée sur des motifs que M... se réserve de faire connaître ultérieurement et elle sera réitérée par requête dans le délai légal. Tous les actes de poursuites que M... pourrait faire pratiquer en vertu du jugement du... seraient nuls et exposeraient M... à des dommages-intérêts.

Le présent acte a été remis par..., huissier près le tribunal civil d..., y demeurant rue..., à M..., demeurant à..., où étant et en parlant à...

Coût :....
Employé pour la copie...

---

7. OPPOSITION A UN JUGEMENT PAR DÉFAUT DU TRIBUNAL DE COMMERCE AVEC ASSIGNATION

L'an..., le...,
A la requête de M..., demeurant à..., pour qui domicile est élu...,

l'huissier soussigné avertit par le présent acte M..., demeurant à... que M... fait opposition au jugement rendu par défaut contre lui au profit de M..., par le tribunal de commerce de..., le...;

En conséquence, **l'huissier soussigné assigne** M... à comparaître (1) le..., à... heures..., devant le tribunal de commerce de...

Un jugement par défaut sera rendu contre lui s'il n'est pas présent ou représenté à l'appel de la cause (2).

Objet de l'opposition.

Attendu...

Par ces motifs : voir déclarer valable l'opposition formée par M... ; voir annuler le jugement du... ; voir libérer M... des condamnations prononcées contre lui ; voir déclarer sa propre demande non recevable ou tout au moins mal fondée ; et s'entendre condamner à tous les dépens.

Le présent acte a été remis par..., huissier près le tribunal civil de..., y demeurant rue.., à M..., demeurant à..., au domicile par lui élu à....., où étant et en parlant à.....

Coût :...

Employé pour la copie...

---

(1). Les personnes assignées devant les tribunaux de commerce peuvent se présenter elles-mêmes (seules ou assistées d'un avocat), ou se faire représenter par un mandataire porteur d'un pouvoir enregistré et légalisé. Ce pouvoir peut être donné au bas de la copie de l'assignation (Art. 627 du Code de commerce).

(2). La personne assignée, dépourvue de ressources, pourra demander l'assistance judiciaire.

8. COMMANDEMENT A TOUTES FINS AVEC SIGNIFICATION DU TITRE.

1° Copie du titre.

2° Commandement.

L'an..., le...,

A la requête de M..., demeurant à..., pour qui domicile est élu...

Et en vertu du titre transcrit ci-dessus [1].

---

1. Sur l'original, il faut désigner le titre ; par exemple : *en vertu d'une obligation notariée et exécutoire passée devant M*..., *notaire à*..., etc., ou *en vertu d'un jugement rendu par*... etc. S'il s'agit d'un jugement, il faut mentionner, même sur la copie, qu'il a été signifié à avoué.

l'huissier soussigné fait commandement par le présent acte à M… demeurant à…, de payer dans un délai de…. à M… ou à l'huissier soussigné, qui a le pouvoir de recevoir et de donner quittance, la somme totale de…, composée de : 1°… pour le principal de… 2°… pour les intérêts échus à ce jour ; 3°… pour les frais liquidés ; sous réserve de ce qui peut rester dû en outre par M…

Faute par M… de satisfaire à ce commandement, M… se réserve de l'y contraindre par toutes les voies d'exécution autorisées par la loi.

Le présent acte a été remis par…, huissier près le tribunal civil d…, y demeurant rue.., à M…, demeurant à…, où étant et en parlant à…

Coût :…

Employé pour la copie…

---

9. OPPOSITION A COMMANDEMENT AVEC ASSIGNATION EN NULLITÉ DES POURSUITES

L'an…, le…,

A la requête de M…, demeurant à…, pour qui domicile est élu à…, rue…, n°…, en l'étude de M°…, avoué près le tribunal civil de…, qui se constitue pour lui et le représentera dans le procès qu'il intente par le présent acte.

l'huissier soussigné avertit par le présent acte M…, demeurant à…, que M… s'oppose à ce qu'il soit donné suite au commandement que M… lui a fait notifier par exploit de…, huissier à…, en date du…, enregistré, et que tous les actes d'exécution qui seraient pratiqués seraient nuls.

En conséquence, l'huissier soussigné assigne M… à comparaître devant le tribunal civil de…,

Dans le délai de huit jours francs (1), un avoué de ce tribunal, chargé par M..., devra se constituer pour lui (2) sinon un jugement par défaut pourra être rendu.

Objet de la demande.

Attendu...

Le présent acte a été remis par..., huissier près le tribunal civil de..., y demeurant, rue..., n°..., à M..., demeurant à..., où étant et en parlant à...
Coût :...
Employé pour la copie...

(1). Le délai de huit jours francs ne comprend ni le jour de l'assignation, ni le jour de l'échéance ; si le dernier jour du délai est un jour férié, le délai est prolongé jusqu'au lendemain.
(2). La personne assignée, dépourvue de ressources, pourra demander l'assistance judiciaire.

10. SOMMATION D'ASSISTER A LA CONSIGNATION A LA SUITE D'OFFRES RÉELLES REFUSÉES

L'an..., le...,
A la requête de M..., demeurant à..., pour qui domicile est élu...
L'huissier soussigné fait sommation par le présent acte à M... demeurant à..., de se trouver, si bon lui semble, le..., à..... heures..., à... rue..., n°..., dans les bureaux de la Caisse des dépôts et consignation, pour assister au dépôt de la somme offerte suivant procès-verbal du ministère de..., huissier à..., en date du..., enregistré.

Le dépôt sera effectué même en l'absence de M..., et la consignation restera affectée des conditions qui ont été énoncées dans le procès-verbal d'offres.

Le présent acte a été remis par Mᵉ..., huissier près le tribunal civil de..., y demeurant, rue..., n°..., à M..., demeurant à.... où étant et en parlant à...
Coût :...
Employé pour la copie...

II. SIGNIFICATION DU DÉPOT ET SOMMATION DE RETIRER LA SOMME DÉPOSÉE

1° *Copie du procès-verbal de dépôt.*

2° *Copie du récépissé de la Caisse.*

3° *Signification et sommation.*

L'an..., le...,
A la requête de M...., demeurant à...., pour qui domicile est élu...
l'huissier soussigné signifie par le présent acte à M..., demeurant à... : 1° le procès-verbal de..., huissier, en date du..., enregistré, constatant le dépôt fait le même jour à la Caisse des dépôts et consignations de... de la somme de... composée de...;
2° le récépissé délivré sous le n°... du registre des déclarations, visé et enregistré, constatant ce dépôt.
En conséquence, l'huissier soussigné fait sommation à M... d'avoir à retirer la somme déposée en satisfaisant aux conditions énoncées dans le procès-verbal d'offres du... enregistré, sinon cette somme restera déposée à la caisse, à ses risques et périls, et M... n'en devra plus les intérêts depuis le jour du dépôt. Sous toutes réserves.
Le présent acte a été remis par..., huissier près le tribunal civil de..., y demeurant, rue..., n°..., à M..., demeurant..., où étant et en parlant à...
Coût :...
Employé pour la copie...

12. OPPOSITION SUR LE PRIX DE LA VENTE D'OBJETS SAISIS

L'an..., le...,
A la requête de M..., demeurant à..., pour qui domicile est élu...

l'huissier soussigné avertit par le présent acte

1º M..., poursuivant la vente des meubles saisis à sa requête au préjudice de M...;

2º M... (*l'huissier ou le commissaire-priseur*), chargé de procéder à la vente,

Que M... s'oppose à ce que le produit de la vente des meubles saisis sur M..., par procès-verbal du..., soit versé à son préjudice entre les mains du saisissant ou de tout autre créancier opposant.

Cette opposition est faite pour obtenir payement de la somme de..., qui est due à M..., pour...

En conséquence, l'huissier soussigné prévient M... et M... que, s'ils ne tenaient pas compte de la présente opposition, ils s'exposeraient à être personnellement responsables et à payer une seconde fois.

Le présent acte a été remis par..., huissier près le tribunal civil de..., y demeurant, rue..., nº..., à M..., demeurant à..., où étant et en parlant à... et à M... etc.

Coût:...

Employé pour la copie...

---

13. SOMMATION DE VENDRE

L'an..., le...,
A la requête de M..., demeurant à..., pour qui domicile est élu...

l'huissier soussigné avertit par le présent acte

M..., demeurant à..., que M... est créancier de M... d'une somme de..., en vertu de..., et que, pour obtenir le paiement de sa créance, il a fait opposition sur le prix des objets saisis par exploit du ministère de..., huissier à..., en date du..., enregistré.

En conséquence, l'**huissier soussigné fait sommation à M...**, de faire procéder dans la huitaine au récolement et à la vente des objets saisis à sa requête suivant procès-verbal du ministère de..., huissier à..., en date du..., enregistré.

A défaut de quoi M... fera procéder lui-même au récolement et à la vente des objets saisis.

Le présent acte a été remis par M^e..., huissier près le tribunal civil de..., y demeurant, rue..., n°..., à M..., demeurant..., où étant et en parlant à...

Coût :...

Employé pour la copie...

---

14. CONTRE-DÉNONCIATION DE SAISIE-ARRÊT AVEC ASSIGNATION EN DÉCLARATION AFFIRMATIVE

1° Copie de la dénonciation et de l'assignation en validité.

2° Signification et assignation.

L'an..., le...,

A la requête de M..., demeurant à..., pour qui domicile est élu à..., rue..., n°..., en l'étude de M^e..., avoué près le tribunal civil de..., qui se constitue pour M... et le représentera au cours du procès qu'il intente par le présent acte,

l'**huissier soussigné signifie à M...**, demeurant à..., l'acte transcrit ci-dessus par lequel il a fait connaître la saisie-arrêt pratiquée entre les mains de M... sur M... à ce dernier et l'a assigné pour faire déclarer cette saisie valable.

Et, par le même acte, **l'huissier soussigné** assigne M... devant le tribunal civil de...,

Dans le délai de huit jours francs (1), un avoué de ce tribunal, chargé par M....., devra se constituer pour lui (2), sinon un jugement par défaut pourra être rendu.

Objet de la demande.

Attendu que la saisie-arrêt pratiquée par M... est fondée sur un titre authentique et exécutoire ;

Voir dire que, dans la huitaine, M... sera tenu de faire au greffe du tribunal civil la déclaration affirmative des sommes ou valeurs qu'il doit à M... pour quelque cause que ce soit, sinon qu'il sera déclaré débiteur pur et simple des causes de la saisie-arrêt, c'est-à-dire qu'il sera condamné à payer à M... la somme de..., avec les intérêts légaux et les dépens.

Voir dire, dans le cas où M... ferait une déclaration affirmative sincère, que les sommes dont il se reconnaîtra débiteur devront être par lui remises à M..., dans le jour de la signification du jugement à intervenir, en déduction ou jusqu'à concurrence du montant de sa créance en principal et accessoires ;

Et s'entendre, en cas de contestation, condamner en tous les dépens.

Le présent acte a été remis par M^e... huissier près le tribunal civil de..., y demeurant, rue..., n°..., à M..., demeurant à..., où étant et en parlant à...

Coût....

Employé pour la copie...

(1). Le délai de huit jours francs ne comprend ni le jour de l'assignation, ni le jour de l'échéance ; si le dernier jour du délai est un jour férié, le délai est prolongé jusqu'au lendemain.

(2). La personne assignée dépourvue de ressources pourra demander l'assistance judiciaire.

15. CITATION EN POLICE CORRECTIONNELLE

L'an..., le...,

A la requête de M..., demeurant..., pour qui domicile est élu...,

l'huissier soussigné assigne par le présent acte M... à comparaître le..., à... heures..., devant la... chambre du tribunal de première instance de.... jugeant correctionnellement.

M... devra comparaître en personne au lieu et à l'heure indiqués, sinon il sera jugé par défaut.

Objet de la demande.

Attendu...

Attendu que ces faits constituent le délit de... prévu et puni par l'art... de .. ; qu'ils ont causé à M.... un préjudice dont il lui est dû réparation;

Par ces motifs ; s'entendre, sur les réquisitions de M. le Procureur de la République, condamner aux peines prononcées par la loi ;

S'entendre, en outre, condamner envers M... à ..

Le présent acte a été remis par M^e..... huissier près le tribunal civil de..., y demeurant..., rue..., n°..., à M..., demeurant..., où étant et en parlant à...

Coût...

Employé pour la copie...

TABLE DES FORMULES NOUVELLES

	pages
Citation en justice de paix	XVII
Signification de jugement contradictoire de juge de paix	XVIII
Opposition à jugement par défaut de juge de paix	XIX
Citation à témoins en justice de paix	XX
Assignation en référé	XXI
Assignation à bref délai devant le tribunal civil	XXII
Assignation devant le tribunal civil après essai de conciliation	XXIII
Signification de jugement par défaut de tribunal civil	XXIV
Signification de jugement par défaut de juge de paix	XXV
Signification de jugement contradictoire de tribunal civil	XXVI
Assignation devant le tribunal de commerce	XXVI
Acte d'appel d'un jugement de tribunal civil	XXVII
Commandement à fin de saisie exécution	XXVIII
Offres réelles	XXIX
Saisie-arrêt	XXXI
Renonciation de saisie-arrêt et assignation	XXXII
Contre-dénonciation de saisie-arrêt	XXXIV
Procès-verbal de saisie exécution	XXXV
Citation en conciliation	XXXVII
Appel d'un jugement de justice de paix	XXXVIII
Assignation aux témoins en cas d'enquête ordinaire devant le tribunal civil	XXXIX
Assignation à la partie adverse pour qu'elle assiste à l'enquête	XL
Signification de jugement de défaut-profit joint avec réassignation	XLI
Opposition par exploit à un jugement par défaut du tribunal civil	XLII
Opposition à un jugement par défaut du tribunal de commerce avec assignation	XLII
Commandement à toutes fins avec signification du titre	XLIII
Opposition à commandement avec assignation en nullité des poursuites	XLIV
Sommation d'assister à la consignation à la suite d'offres réelles refusées	XLV
Signification du dépôt et sommation de retirer la somme déposée	XLVI
Opposition sur le prix de la vente d'objets saisis	XLVII
Sommation de vendre	XLVII
Contre-dénonciation de saisie-arrêt avec assignation en déclaration affirmative	XLVIII
Citation en police correctionnelle	XLIX

MODÈLES
D'ÉTATS DE FRAIS

FAISANT APPLICATION

du Tarif de 1807 et des Lois des 26 janvier 1892 28 avril 1893

Nous nous contentons de donner des modèles se référant à diverses procédures-types ; pour toute procédure particulière les principes sont les mêmes, il n'y a que des modifications de détail à apporter à nos modèles. En ce qui concerne les procédures d'exécution, lorsqu'elles donnent lieu à une instance, nos modèles leur sont également applicables ; quant aux actes de procédure en dehors de toute instance, l'infinie variété des espèces ne nous a pas permis de donner pour eux des modèles d'états de frais ; nous nous bornons à renvoyer aux tarifs qui les concernent.

Ces états sont ceux en usage à Paris. Le même tarif est applicable aux villes de Lyon, Bordeaux, Rouen, Marseille, Lille, Nantes et Toulouse. — Les émoluments doivent être réduits **d'un dixième** pour les tribunaux des villes dans lesquelles siègent des Cours d'appel ou dont la population excède 30,000 âmes, et **d'un quart** pour les autres tribunaux.

Dans tous nos états nous supposons qu'il n'y a qu'un seul demandeur et un seul défendeur. S'il en était autrement, il en résulterait des différences en ce qui concerne le timbre et l'enregistrement, d'une part, et l'émolument de l'avoué ou de l'huissier pour les copies, d'autre part.

1re PARTIE. — TRIBUNAUX CIVILS.

1° Affaires ordinaires sans incidents.

N° 1. — État de frais du demandeur quand l'affaire est contradictoire.	TRÉSOR.	DÉBOURSÉS.	ÉMOLUMENTS.
	fr. c.	fr. c.	fr. c.
S'il y a tentative de conciliation :			
Citation en conciliation........................	2 45	2 35	»
Mention de défaut ou procès-verbal de non-conciliation................................	Mémoire.	»	»
Dans le cas contraire :			
Timbre et rédaction de la requête à fin d'assigner à bref délai............................	Mémoire.	»	3 00
Enregistrement de l'ordonnance...............	5 65	»	»
Assignation avec copie de la requête à 30 c. par rôle..	3 70	2 65	Mémoire.
Droit de conseil................................	»	»	10 00
Rédaction du placet............................	»	»	3 00
Mise au rôle et vacation.......................	»	0 70	1 50
Bulletin de distribution et vacation............	»	0 10	3 00
Vacation à communiquer au ministère public (s'il y a lieu)................................	»	»	1 50
Avenir..	»	0 30	1 25
Vacation sur avenir..........................1	»	»	3 00
Bulletin sur exception et vacation...........2	»	0 10	3 00
Bulletin de mise au rôle de la chambre........	»	0 10	»
Conclusions grossoyées en... rôles (2 fr. par rôle original et 50 c. par rôle de copie pour l'avoué).	»	0 30	Mémoire.
Conclusions posées............................	»	»	3 00
Conclusions par simple acte (s'il y a lieu)......	»	0 30	6 25
Les mêmes posées........(id.)...........	»	»	3 00
Bulletin de sortie de rôle et vacation..........3	»	0 10	3 00
Bulletins de remise de cause (10 c. par bulletin)[1].	»	Mémoire.	»
Plaidoirie de l'avocat..........................	»	15 00	»
Assistance de l'avoué..........................	»	»	3 00
Qualités du jugement [2]......................	»	0 30	9 38
Avenir en règlement de qualités...............	»	0 30	1 25
Vacation au règlement........................	»	»	1 50

1. Dans le cas où l'affaire n'est pas terminée dans l'année judiciaire, l'état porte, pour la nouvelle année judiciaire, trois bulletins de remise à 10 c. avec, pour chacun d'eux, une vacation pour l'avoué à raison de 3 francs.
2. Nous supposons que le demandeur a gagné son procès et que c'est à lui qu'il appartient de lever le jugement ; au cas contraire, c'est dans l'état de frais du défendeur que se retrouvent les articles relatifs à la levée et à la signification du jugement.

	TRÉSOR.	DÉ-BOURSÉS.	ÉMO-LUMENTS.
	fr. c.	fr. c.	fr. c.
Enregistrement de la minute.................	Mémoire.		
Coût de la grosse (... rôles)	Mémoire.	Mémoire.	
Signification à avoué (1 fr. 25 plus la copie de pièces à raison de 45 c. par rôle)............	»	0 30	Mémoire.
Signification à partie (Trésor : enregistrement, 2 fr. 50 ; timbre, mémoire — déboursés : signification, 2 fr. 65 plus la copie de pièces à raison de 45 c. par rôle).........................	Mémoire. 2 50	Mémoire »	» 3 00
Certificat de signification du jugement.........	2 50	2 00	»
Certificat de non appel.....................	»	10 00	»
Droit de correspondance (s'il y a lieu).........			Mémoire.
État en articles (10 c. par article).........	0 60	»	

N° 2. — État de frais du défendeur.

Constitution................................	»	0 30	1 50
Droit de conseil............................	»	»	10 00
Bulletin de distribution.....................	»	0 10	»
Vacation sur avenir.........................	»	»	3 00
Conclusions exceptionnelles posées...........	»	»	3 00
Bulletin sur exception et vacation............	»	0 10	3 00
Sommation de communiquer les pièces........	»	0 30	1 25
Vacation à prendre communication...........	»	»	3 00
Conclusions grossoyées en.. rôles (2 fr. 50 par rôle pour l'avoué)................................	»	0 30	Mémoire.
Les mêmes posées......................	»	»	3 00
Bulletin de mise au rôle de la chambre.........	»	0 10	»
Bulletin de sortie de rôle et vacation...........	»	0 10	3 00
Bulletins de remise[1].......................	»	Mémoire.	
Conclusions par simple acte..................	»	0 30	6 25
Les mêmes posées......................	»	»	3 00
Plaidoirie de l'avocat........................	»	15 00	»
Assistance de l'avoué.......................	»	»	3 00
Vacation à s'opposer aux qualités[2]...........	»	»	1 50
Vacation au règlement......................	»	»	1 50
Droit de correspondance (s'il y a lieu).........	»	10 00	»
État en... articles (10 c. par article)...........	0 60	»	Mémoire.

N° 3. — État de frais du demandeur en cas de défaut faute de comparaître.

L'état est le même que ci-dessus, n° 1, jusqu'au bulletin de distribution ; il continue ainsi qu'il suit :

Vacation à communiquer au ministère public..	»	»	1 50
Plaidoirie de l'avocat........................	»	5 00	»
Assistance de l'avoué.......................	»	»	1 00
Qualités du jugement.......................	1 20	»	3 75

---

1. Voir page LV, note 1.
2. Voir page LV, note 2.

MODÈLES D'ÉTATS DE FRAIS

	TRÉSOR.	DÉ-BOURSÉS.	ÉMO-LUMENTS.
	fr. c.	fr. c.	fr. c.
Enregistrement de la minute.............	Mémoire.	»	»
Coût de la grosse (...rôles)............	Mémoire.	Mémoire.	»
Signification à partie (V. ci-dessus, n° 1)......	Mémoire.	Mémoire.	»
Certificat de signification..................	2 50	»	3 00
Certificat de non opposition ni appel..........	2 50	2 00	»
Droit de correspondance....................	»	10 00	»
État en articles (10 c. par article)............	0 60	»	Mémoire.

2° **Affaires sommaires sans incidents**

N° 4. — État de frais du demandeur quand l'affaire est contradictoire.

Jusqu'à l'assignation incluse, l'état est le même que ci-dessus, n° 1.

Rédaction du placet.......................	»	»	2 00
Mise au rôle.............................	»	0 55	»
Bulletin de distribution....................	»	0 10	»
Avenir..................................	»	0 30	»
Bulletin de mise au rôle de la chambre........	»	0 10	»
Bulletins de remise.......................	»	Mémoire.	»
Sommation de communiquer................	»	0 30	»
Conclusions par simple acte................	»	0 30	6 25
Les mêmes posées.....................	»	»	2 00
Droit d'obtention de jugement [1]............	»	»	30 00
Qualités du jugement [2] (le quart du droit d'obtention de jugement pour l'original et le quart de l'original pour chaque copie)............	»	0 30	9 38
Avenir en règlement......................	»	0 30	»
Enregistrement du jugement................	Mémoire.	»	»

La suite, comme ci-dessus, n° 1, sauf le droit de correspondance et le droit d'articles qui ne sont pas admis.

N° 5. — État de frais du défendeur.

Constitution.............................	»	0 30	»
Bulletin de distribution...................	»	0 10	»
Bulletin de mise au rôle de la chambre........	»	0 10	»
Bulletins de remise.......................	»	Mémoire.	»
Conclusions par simple acte................	»	0 30	6 25
Les mêmes posées.....................	»	»	3 00
Droit d'obtention de jugement [3]............	»	»	30 00
Timbre de l'état de frais...................	0 60	»	»

1. 15 francs jusqu'à 1,500 francs, 20 francs jusqu'à 5,000 francs, 30 francs au delà.
2. Voir note 2, page LV.
3. Voir note 1 ci-dessus.

N° 6. — État du demandeur en cas de défaut faute de comparaître.	TRÉSOR.	DÉ-BOURSÉS.	ÉMO-LUMENTS.
	fr. c.	fr. c.	fr. c.
Même état que ci-dessus, n° 4, jusqu'au bulletin de distribution.			
Droit d'obtention de jugement	»	»	15 00
Qualités du jugement (timbre, mémoire)	Mémoire.	»	3 75
Enregistrement de la minute	Mémoire.	»	»
Coût de la grosse	Mémoire.	Mémoire.	»
Signification à partie	Mémoire.	Mémoire.	»
Timbre de l'état de frais	0 60	»	»

3° Des incidents[1].

a) *Exceptions.*

N° 7. — État de frais du défendeur, demandeur à l'exception, en matière ordinaire[2].			
Conclusions grossoyées pour opposer l'exception (6 rôles)	»	0 30	15 00
Les mêmes posées	»	»	3 00
Vacation à communiquer les pièces	»	»	3 00
Bulletins sur exception et vacations (s'il y a lieu) (10 c. par bulletin et 3 vacations de 3 fr.)	»	Mémoire.	Mémoire.
Plaidoirie de l'avocat	»	15 00	»
Assistance de l'avoué	»	»	3 00

La suite comme ci-dessus, n° 1.

N° 8. — État du demandeur, défendeur à l'exception.			
Conclusions grossoyées en réponse (6 rôles)	»	0 30	15 00
Les mêmes posées en placet	»	»	3 00
Mise au rôle et vacation	»	0 70	1 50
Bulletins sur exception (10 c. par bulletin) et vacations	»	Mémoire.	Mémoire.
Avenir	»	0 30	1 25
Vacation sur avenir	»	»	3 00
Sommation de communiquer les pièces	»	0 30	1 25

---

1. Divers incidents peuvent modifier la procédure et par suite les états de frais ; il serait trop long de les prévoir tous ; ils se ramènent d'ailleurs aux deux types que nous prévoyons, soit des exceptions soulevées par le défendeur, soit des mesures d'instruction sollicitées par le demandeur ; lorsque des incidents de cette nature se produisent, les états de frais comprennent, indépendamment des articles se référant à la procédure ordinaire, les articles des modèles que nous donnons.
2. En matière sommaire, les rôles et vacations sont remplacés par un droit d'obtention de jugement, et les états se terminent comme ci-dessus, n. 5 (pour le défendeur) ou n. 4 (pour le demandeur).

	TRÉSOR.	DÉBOURSÉS.	ÉMOLUMENTS.
	fr. c.	fr. c.	fr. c.
Conclusions par simple acte (s'il y a lieu).......	»	0 30	6 25
Conclusions posées...........................	»	»	3 00
Vacation à communiquer au ministère public..	»	»	1 50
Plaidoirie de l'avocat.........................	»	15 00	»
Assistance de l'avoué........................	»	»	3 00

La suite comme ci-dessus, n° 2.

b) *Mesures d'instruction.* — *Enquête en matière ordinaire.*

N° 9. — **État de frais du demandeur à l'enquête si l'affaire est contradictoire.**

Conclusions par simple acte contenant l'articulation..	»	0 30	6 25
Jusqu'à la signification du jugement ordonnant l'enquête, v. n° 1.			
Requête au juge-commissaire à fin de fixation des jour et heure auxquels les témoins seront cités	0 60	»	2 00
Enregistrement de l'ordonnance...............	5 65	»	»
Vacation à l'ouverture de l'enquête............	»	»	3 00
Timbre du procès-verbal d'ouverture...........	1 80	»	»
Assignation aux témoins (trésor : timbre, mémoire ; enreg., 2 fr. 50 ; signification, 2 fr. par original et 65 c. par copie ; copie de pièces du dispositif, 45 c. par rôle).................	Mémoire.	Mémoire.	Mémoire.
Assignation à la partie.......................	3 70	2 65	Mémoire.
Assistance à l'enquête.......................	»	»	6 00
Payé à.. témoins taxés......................	»	Mémoire.	»
Procès-verbal d'enquête......................	Mémoire.	Mémoire.	»
Signification du procès-verbal par acte d'avoué à avoué (pour l'avoué : 1 fr. 25 plus la copie de pièces à raison de 45 c. par rôle, mémoire)...	»	0 30	Mémoire.

La suite comme ci-dessus, n° 1.

N° 10. — **État du demandeur à l'enquête en cas de défaut du défendeur.**

Assignation contenant l'articulation...........	3 70	2 65	»
La suite jusqu'à la signification du jugement, comme au n° 3.			
Requête à fin de fixation du jour de l'enquête...	0 60	»	2 00
Enregistrement de l'ordonnance...............	5 65	»	»
Vacation à l'ouverture d'enquête..............	»	»	3 00
Timbre du procès-verbal d'ouverture...........	1 80	»	»
Assignation aux témoins (comme *supra* n° 9)...	Mémoire.	Mémoire.	Mémoire.
Assignation à la partie par exploit............	3 70	2 65	»
Procès-verbal d'enquête......................	Mémoire.	Mémoire.	»

	TRÉSOR.	DÉ-BOURSÉS.	ÉMO-LUMENTS.
	fr. c.	fr. c.	fr. c.
Assistance à l'enquête.......................	»	»	6 00
Payé à...témoins taxés......................	»	Mémoire.	»
Signification du procès-verbal par exploit enregist., 2 fr. 50; timbre, mémoire ; signification. 2 fr. 65 ; copie de pièces, mémoire)..........	Mémoire.	Mémoire.	»

La suite comme ci-dessus, n° 3.

N° 11. — État de frais du défendeur à l'enquête, demandeur à la contre-enquête.

Conclusions par simple acte pour dénier les faits articulés.................................	»	0 30	6 25
Les mêmes posées........................	»	»	3 00
Requête au juge-commissaire pour faire fixer le jour et l'heure de la contre-enquête..........	0 60	»	2 00
Enregistrement de l'ordonnance...............	5 65	»	»
Vacation à l'ouverture de la contre-enquête.....	»	»	3 00
Timbre du procès-verbal d'ouverture..........	1 80	»	»
Assignation aux témoins (comme *supra*, n° 9)..	Mémoire.	Mémoire.	»
Assignation à la partie.....................	3 70	2 65	Mémoire.
Assistance à l'enquête......................	»	»	6 00
Procès-verbal de contre-enquête...............	Mémoire.	Mémoire.	»
Signification du procès-verbal de contre-enquête (comme *supra*, n° 9).....................	Mémoire.	Mémoire.	»

La suite comme ci-dessus, n° 2.

2ᵉ PARTIE. — COURS D'APPEL.

1° Affaires ordinaires sans incidents.

N° 12. — État de frais de l'appelant.

Acte d'appel...............................	13 70	2 65	»
Droit de conseil............................	»	»	20 00
Vacation à consigner l'amende...............	»	»	2 25
Signification de la quittance par acte d'avoué à avoué....................................	»	0 75	1 88
Rédaction du placet........................	»	»	4 50
Vacation à la mise au rôle...................	»	»	2 25
Appel de cause............................	»	1 25	»
Notice à la distribution.....................	»	0 60	»
Avenir...................................	»	0 75	1 88
Vacation à poser les qualités................	»	»	4 50
Sommation de communiquer les pièces........	»	0 75	1 88

MODÈLES D'ÉTATS DE FRAIS

	TRÉSOR.	DÉBOURSÉS.	ÉMOLUMENTS.
	fr. c.	fr. c.	fr. c.
Vacation à cette communication............	»	»	4 50
Conclusions grossoyées (pour l'avoué 3 fr. 75 par rôle)................................	»	0 75	Mémoire.
Les mêmes posées.....................	»	»	4 50
Bulletins de remise (20 c. par bulletin)........	»	Mémoire.	»
Vacation à communiquer au ministère public..	»	»	2 25
Plaidoirie de l'avocat......................	»	22 50	»
Assistance de l'avoué.....................	»	»	4 50
Qualités de l'arrêt[1]....................	»	0 75	14 07
Avenir en règlement de qualités.............	»	0 75	1 88
Vacation au règlement....................	»	»	2 25
Enregistrement de la minute...............	Mémoire.	»	»
Coût de la grosse........................	Mémoire.	Mémoire.	»
Signification de l'arrêt à avoué (pour l'avoué 1 fr. 88, plus la copie de pièces de l'arrêt à raison de 0 fr. 45 par rôle)................	»	0 75	Mémoire.
Signification de l'arrêt à partie (enreg. 3 fr. 75 ; timbre, mémoire ; signification : original, 3 fr. ; copie 75 c., plus la copie de pièces, à raison de 0 fr. 45 par rôle)...................	Mémoire.	Mémoire.	Mémoire.
Droit de correspondance...................	»	»	20 00
Extrait de l'arrêt pour retirer l'amende........	1 20	»	3 00
Vacation au retrait de l'amende.............	»	»	2 25
État de frais (15 c. par article pour l'avoué).....	0 60	»	Mémoire.

N° 13. — État de frais de l'intimé.

	TRÉSOR.	DÉBOURSÉS.	ÉMOLUMENTS.
Constitution.............................	»	0 75	1 88
Droit de conseil..........................	»	»	20 00
Sommation de consigner l'amende...........	»	0 75	1 88
Vacation à poser les qualités...............	»	»	4 50
Sommation de communiquer les pièces.......	»	0 75	1 88
Vacation à la communication...............	»	»	4 50
Conclusions grossoyées (comme *supra*, n° 12)..	»	0 75	Mémoire.
Les mêmes posées.....................	»	»	4 50
Bulletins de remise (15 c. par bulletin)..........	»	Mémoire.	»
Plaidoirie de l'avocat......................	»	22 50	»
Assistance de l'avoué.....................	»	»	4 50
Vacation à s'opposer aux qualités[2].........	»	»	2 25
Vacation au règlement....................	»	»	2 25
Droit de correspondance...................	»	»	20 00
État de frais (15 c. par article)..............	0 60	»	Mémoire.

1. Nous supposons que c'est l'appelant qui gagne son procès, et que c'est à lui qu'il appartient de lever et de signifier l'arrêt. Si c'est l'intimé qui triomphe, c'est dans son état de frais que se retrouvent les articles relatifs à la levée et à la signification de l'arrêt.
2. Voir supra la note 1.

	TRÉSOR.	DÉBOURSÉS.	ÉMOLUMENTS.
	fr. c.	fr. c.	fr. c.
Quand l'intimé interjette un appel incident, il y a lieu d'ajouter les articles suivants.			
Acte d'appel incident........................	»	0 75	1 88
Vacation à consigner l'amende...............	»	»	2 25
Avenir sur l'appel incident....................	»	0 75	1 88

N° 14. — État de frais de l'appelant en cas de défaut faute de comparaître de l'intimé.

Comme *supra*, n° 12, jusqu'à notice à la distribution en supprimant la signification de la quittance de l'amende ; l'état continue ainsi qu'il suit :

Plaidoirie de l'avoué.........................	»	»	4 50
Qualités.....................................	»	»	5 63
Enregistrement de la minute..................	Mémoire.	»	»
Coût de la grosse............................	Mémoire.	Mémoire.	»
Signification de l'arrêt à partie (comme *supra*, n° 12)...................................	Mémoire.	Mémoire.	Mémoire.
Extrait de l'arrêt pour retirer l'amende........	1 20	»	3 00
Vacation au retrait...........................	»	»	2 25
Etat de frais (comme au n° 12)................	0 60	»	Mémoire.

N° 15. — État de frais de l'intimé en cas de défaut faute de conclure de l'appelant.

Comme *supra*, n° 13, jusqu'aux bulletins de remise inclusivement en continuant comme ci-après :

Plaidoirie de l'avoué.........................	»	»	4 50
Qualités.....................................	»	»	5 63
Enregistrement de la minute..................	Mémoire.	»	»
Coût de la grosse............ ⎫	Mémoire.	Mémoire.	»
Signification de l'arrêt à avoué. ⎬ comme *supra*, n° 12	»	0 75	Mémoire.
Signification à partie........ ⎭	Mémoire.	Mémoire.	Mémoire
Etat de frais................	0 60	»	Mémoire

2° Affaires sommaires.

N° 16. — État de frais de l'appelant en matière commerciale.

Acte d'appel.................................	13 70	2 65	»
Signification de la quittance d'amende.........	»	0 75	»
Appel de cause..............................	»	1 25	»
Notice à la distribution.......................	»	0 60	»

MODÈLES D'ÉTATS DE FRAIS LXIII

	TRÉSOR.	DÉBOURSÉS.	ÉMOLUMENTS.
	fr. c.	fr. c.	fr. c.
Avenir...	»	0 75	»
Sommation de communiquer les pièces........	»	0 75	»
Bulletin de distribution.......................	»	0 20	»
Bulletins de remise (15 c. par bulletin)........	»	Mémoire.	»
Conclusions motivées (6 rôles).................	»	0 75	30 00
Les mêmes posées...........................	»	»	4 50
Droit d'obtention d'arrêt : jusqu'à 5,000 fr., 45 fr. ; au-dessus.........................	»	»	60 00
Qualités de l'arrêt [1] (original : le quart du droit d'obtention d'arrêt; copie : le quart de l'original)...	»	0 75	14 06 ou 18 75
Avenir en règlement...........................	»	0 75	»
Enregistrement de la minute....................	Mémoire.	»	»
Coût de la grosse..............................	Mémoire.	Mémoire.	»
Signification de l'arrêt à avoué (comme supra, n° 12)..	»	0 75	Mémoire.
Signification à partie (comme supra, n° 12)....	Mémoire.	Mémoire.	Mémoire.
Extrait de l'arrêt pour retirer l'amende........	Mémoire.	»	»
Timbre de l'état de frais......................	0 60	»	»

N° 17. — État de frais de l'intimé.

Constitution d'avoué...........................	»	0 75	»
Sommation de consigner l'amende..............	»	0 75	»
Notice à la distribution........................	»	0 60	»
Bulletin de distribution........................	»	0 20	»
Bulletins de remise.............................	»	Mémoire.	»
Conclusions motivées (6 rôles).................	»	0 75	30 00
Les mêmes posées...........................	»	»	4 50
Droit d'obtention d'arrêt (comme supra, n° 16).	»	»	60 00
Timbre de l'état de frais......................	0 60	»	»

N° 18. — État de l'appelant en cas de défaut faute de comparaître de l'intimé.

Acte d'appel....................................	13 70	2 65	»
Appel de cause.................................	»	1 25	»
Notice à la distribution........................	»	0 60	»
Bulletin de distribution........................	»	0 20	»
Droit d'obtention d'arrêt : jusqu'à 5,000 fr., 22 fr. 50 ; au-dessus, 30 fr................	»	»	30 00

---

1. Voir la note 1 sous l'état n° 12.

3ᵉ PARTIE. — ASSISTANCE JUDICIAIRE.

N° 19. — Demande en payement d'une somme supérieure à 1.500 francs [1].	TRÉSOR.	AVOUÉ.	GREFFIER.	HUISSIER.	HUISSIER audiencier.
	fr. c.	fr. c.	fr. c.	fr. c.	fr. c.
Requête à fin d'assignation à bref délai............................	0 60	3 00	»	»	»
Ordonnance.......................	5 65	»	»	»	»
Assignation avec copie des requête et ordonnance...................	Mémoire.	Mémoire.	»	Mémoire.	Mémoire.
Droit de conseil..................	»	10 00	»	»	»
Placet............................	»	3 00	»	»	»
Mise au rôle.....................	»	»	0 40	»	0 30
Vacation à la mise au rôle........	»	1 50	»	»	»
Bulletin de distribution et vacation..	»	3 00	0 10	»	»
Avenir à l'audience...............	»	1 25	»	»	0 30
Vacation sur avenir...............	»	3 00	»	»	»
Bulletin sur exception et vacation....	»	3 00	0 10	»	»
Bulletin de mise au rôle de la chambre.	»	»	0 10	»	»
Requête ou conclusions grossoyées (20 rôles).......................	»	50 00	»	»	0 30
Conclusions déposées.............	»	3 00	»	»	»
Bulletin de sortie de rôle et vacation.	»	3 00	0 10	»	»
Bulletins de remise...............	»	»	Mémoire.	»	»
Conclusions signifiées............	»	6 25	»	»	0 30
Les mêmes posées................	»	3 00	»	»	»
Plaidoirie de l'avocat.............	»	15 00	»	»	»
Assistance de l'avoué.............	»	3 00	»	»	»
Qualités du jugement.............	»	9 38	»	»	0 30
Avenir en règlement des qualités....	»	1 25	»	»	0 30
Vacation au règlement............	»	1 50	»	»	»
Minute du jugement..............	Mémoire.	»	»	»	»
Expédition du jugement...........	Mémoire.	»	Mémoire.	»	»

---

1. Cet état se divise en cinq colonnes afin de mettre l'administration de l'enregistrement en mesure de faire aux divers ayants droit la distribution des sommes recouvrées par elle.

FORMULAIRE
DE PROCÉDURE

PREMIÈRE PARTIE

LIVRE PREMIER
PROCÉDURE DEVANT LES TRIBUNAUX CIVILS

Sommaire

Chapitre premier. — Procédure antérieure au jugement. — Chap. ii. — Jugement. — Chap. iii. — Matières sommaires.

CHAPITRE PREMIER
PROCÉDURE ANTÉRIEURE AU JUGEMENT

Sommaire.

Titre premier : Conciliation. — Titre II : Ajournement — Titre III : Constitution d'avoué et défenses. — Titre IV : Exceptions. — Titre V : Moyens d'instruction : § 1. ordinaires ; § 2. extraordinaires. — Titre VI : Incidents.

Bibliographie : — Carré et Chauveau, *Lois de la Procédure civile et commerciale* ; Dutruc, *Supplément alphabétique aux lois de la Procédure civile et commerciale de Carré et Chauveau* ; Deffaux et Harel, *Encyclopédie des huissiers* ; Dutruc, *Supplément à l'Encyclopédie des huissiers* ; Boitard Colmet-Dâage et Glasson, *Leçons de Procédure civile* ; Garsonnet, *Traité théorique et pratique de procédure* ; Legrand, *Précis de procédure civile usuelle et pratique* ; Dalloz, *Répertoire général de jurisprudence*, et *Supplément au Répertoire* ; Dalloz, *Recueil périodique et critique de jurisprudence, de législation et de doctrine* ; Sirey, *Recueil général des lois et des arrêts* ; *Journal du Palais* ; *Journal des avoués* ; *Journal des huissiers*.

Chauveau et Glandaz. — Tom. I.

TITRE PREMIER. — Conciliation [1].

1. Citation *en conciliation* [2].

CODE PR. CIV., art. 48 à 52.

L'an mil neuf cent....., le sept juin, à la requête de M. Pierre-François Martin, propriétaire, domicilié à Paris, rue Montmartre, n° 67, pour lequel domicile est élu [3] en l'étude de M⁰ Gérard, avoué près le Tribunal de première instance de la Seine, sise à Paris, rue Saint-Honoré, n° 25 ;

J'ai, Louis-Auguste Garnier, huissier près le Tribunal civil de première instance de la Seine, demeurant à Paris, rue Saint-Denis, n° 25, soussigné, cité Monsieur Henri Dubois, propriétaire, demeurant à Paris, rue du Faubourg-Saint-Honoré, n° 27, audit domicile [4] où étant et parlant à une femme à son service, ainsi déclarée.

A comparaître en personne, ou par un fondé de procuration spéciale [5],

Le jeudi, douze juin présent mois [6], à.... heures de...., par-

---

1. Il arrive fréquemment qu'une sommation doit précéder une instance : ce mode de procéder est souvent plus régulier ; il avertit le défendeur et le met dans son tort. Elle fait de plus courir les intérêts (art. 1904 du Code civil, modifié par la loi du 7 avril 1900). La sommation est alors un simple acte d'huissier, qui n'est assujetti à aucune des formalités essentielles prescrites au titre des *Ajournements*.
Elle se réduit à l'injonction d'avoir à obtempérer à la réquisition dans un délai fixé. Aux *procédures diverses*, je donnerai les formules de certaines sommations particulières.
2. Pour connaître les questions de doctrine et de jurisprudence, qui se rattachent aux formalités des *exploits* en général, qui concernent les *noms, prénoms, professions, demeures, domiciles des parties et des officiers ministériels, l'exposé de la demande, la désignation des objets demandés, la remise et le nombre des copies, le parlant à, le délai pour comparaître, la signature,* etc., il faut se reporter au titre des *ajournements*.
La question de savoir si le Président est compétent pour décider si une affaire requiert célérité, et est, à ce titre, dispensée du préliminaire de conciliation, est controversée. On décide le plus généralement, en tout cas, que la décision de ce magistrat, à cet égard, n'est pas souveraine, et qu'il appartient au Tribunal, quand l'affaire est portée devant lui, de vérifier si l'urgence existait réellement et justifiait la dispense accordée ; Paris, 14 décembre 1899 (*J. Av.*, t. 125, p. 301), et Besançon, 18 avril 1905 (*J. Av.*, t. 131, p. 164).
Il est certain que la nécessité de l'avertissement préalable, introduite par l'art. 17 de la loi du 25 mai 1838, ne s'applique pas aux citations en conciliation (*Q.* 220 *bis* ; Legrand, p. 24).
3. Il n'est pas indispensable de faire élection de domicile : car, en l'absence de toute énonciation contraire le demandeur est censé élire domicile en sa propre demeure ; la désignation d'un avoué n'est pas non plus exigée par la loi.
4. Pour l'étranger qui ne réside pas en France, la citation doit être remise au domicile du procureur de la République, près le tribunal appelé à connaître de la demande, conformément aux prescriptions de l'art. 69 (*Q.* 207 *quat.*) Voy. le titre de l'*Ajournement*).
5. Voy. *infrà*, p. 5, la formule relative à cette procuration.
6. Si la demeure du défendeur est éloignée de plus de cinq myriamètres du lieu de la comparution, le délai de trois jours fixé par l'art. 51 devra être augmenté d'un jour par cinq myriamètres d'excédant. Si le défendeur est domicilié à l'étranger, la citation devra être donnée au délai de l'art. 73 du C. pr. civ.

devant M. le juge de paix du........ arrondissement de la ville de Paris [1] tenant l'audience de conciliation en la salle de la justice de paix du........ arrondissement, sise rue.............., n°.....
afin de s'y concilier, si faire se peut, sur la demande [2] que M. Martin est dans l'intention de former contre lui devant le tribunal civil de la Seine, pour :

Attendu que M. Martin est créancier de M. Dubois d'une somme principale de dix mille francs, montant d'un prêt de pareille somme, qu'il lui a fait à la date du 25 août 1897, ladite somme productive d'intérêts à 5 % l'an, ainsi qu'il en sera dûment justifié ;

Que Martin est en droit d'exiger de son débiteur le remboursement de cette somme actuellement exigible avec intérêts à 5% à partir du 25 août 1899, époque à laquelle les intérêts ont cessé de lui être payés par celui-ci ;

Par ces motifs, s'entendre M. Dubois, condamner à payer au requérant la somme de dix mille francs, avec intérêts de 5 % l'an à partir du 25 août 1899, et en outre aux dépens.

Lui déclarant que, faute par lui de comparaître, il sera contre lui

---

1. L'art. 111 Cod. civ., qui dispose que, dans le cas d'une élection de domicile pour l'exécution d'un acte, les poursuites doivent avoir lieu devant le juge du domicile élu, n'est pas applicable à la conciliation. Cette procédure a un caractère particulier qui a nécessité l'introduction d'une compétence spéciale (Q. 219 bis). Contrà : Cass. 9 déc. 1851 (J. Av., t. 77, p. 239).

2. L'art. 48 exige, pour que la demande *principale* soit sujette à l'essai de conciliation, qu'elle soit en même temps *introductive d'instance*. Quoique ces deux conditions paraissent au premier coup d'œil se confondre, elles doivent pourtant être distinguées. Ainsi, par exemple, l'intervention ou la garantie, les demandes additionnelles, les demandes reconventionnelles, qui se produisent au cours d'une instance, sont, comme telles, dispensées du préliminaire de conciliation.

La vérité est que toute demande *introductive d'instance* étant nécessairement *principale*, il suffit qu'une demande soit *incidente*, c'est-à-dire soulevée au cours d'un procès déjà engagé, pour n'être pas soumise à la conciliation.

Pour savoir quelles sont les demandes sujettes ou non au préliminaire de conciliation, V. 206, 207 ter, 207 quinq., 207 sept., 209. 209 bis, ter, quater et quinquies, 210, 211, 212 ter, 215, 216, 217 et 218 bis, et Suppl. alphab., v° Conciliation, n. 1 et suiv. ; Garsonnet, t. 2, n° 237, p. 196 et suiv.; Boitard Colmet-Daäge et Glasson, t. 1, n°s 80 et suiv.

Les autres demandes dispensées par les lois sont celles dont il est parlé aux art. 320, 345, 353, 570, 718, 839, 856, 871, 878, et 883, C. pr. civ., et encore toutes les demandes qui ne réunissent pas les conditions tracées par l'art. 48 (Q. 218 ter).

Une action intentée par plus de deux demandeurs n'est pas dispensée de la tentative de conciliation, comme celle qui le serait contre plus de deux défendeurs (Q. 212 bis ; Garsonnet, t. 2, n° 238, note 12, p. 208).

La dispense du préliminaire de conciliation, lorsqu'il y a plus de deux défendeurs, s'applique aux demandes formées contre plusieurs personnes qui ne forment ensemble qu'un seul être moral, comme des associés ou des créanciers unis (Q. 213; Garsonnet, t. 2, n° 238, p. 208).

La même dispense est applicable à une action intentée contre un mari, sa femme et un tiers (Lyon, 27 juill. 1847 J. Av., t. 93, p. 167. Sic : Garsonnet, t. 2, p. 209 — Contra : Q. 202 ter ; Boitard Colmet-Daäge et Glasson, t. 1, n° 91)

donné défaut, et qu'il encourra l'amende de dix francs prononcée par la loi[1].

Sous toutes réserves (V. note 2).

A ce qu'il n'en ignore ; et je lui ai, audit domicile où étant et parlant comme ci-dessus, laissé copie du présent sous enveloppe fermée ne portant d'autre indication d'un côté que le nom et l'adresse de la partie et de l'autre que le cachet de mon étude apposé sur la fermeture du pli, le tout conformément à la loi[3]. Coût[4]... Employé pour la copie une feuille de papier timbré à 60 centimes.

(*Signature de l'huissier.*)

Sur la copie, on met : *laissé la présente copie sous enveloppe*, etc.

---

1. L'amende est encourue, tant par le demandeur qui n'a pas comparu sur sa propre citation, que par le défendeur qui n'a pas obéi à celle qui lui a été signifiée (*Q.* 240).
Ce n'est pas au juge de paix, mais au tribunal postérieurement saisi de l'instance, à prononcer l'amende contre la partie qui n'a pas comparu au bureau de paix (*Q.* 241).
2. Comparaître en conciliation devant un juge de paix incompétent, en faisant toutes réserves d'invoquer devant qui de droit le moyen d'incompétence, ce n'est pas couvrir la fin de non-recevoir (*J. Av.*, t. 73, art. 549, p. 559).
3. Aux termes du deuxième alinéa de l'art. 68 C. pr. civ. modifié par la loi du 15 fév. 1899, lorsque la copie est remise à toute autre personne que la partie elle-même ou le Procureur de la République, elle doit être délivrée sous enveloppe fermée, ne portant d'autre indication d'un côté que les nom et demeure de la partie et de l'autre le cachet de l'étude de l'huissier apposé sur la fermeture du pli. L'huissier doit faire mention du tout sur l'original et la copie.
Ces prescriptions sont sanctionnées par la nullité de l'exploit, dans lequel elles n'ont pas été observées : Paris 15 déc. 1899 (*J. Av.* t. 125 p. 70). Riom, 25 janv. 1900 (*id.* p. 73).
Les dispositions de la loi nouvelle s'appliquent non seulement aux exploits d'ajournement, mais à toute espèce d'acte signifié par huissier, même à ceux rapportant des constatations faites en présence de la personne à laquelle la copie est remise, ou des réponses à des interpellations à elle faites. Paris, 15 déc. 1899 précité ; Trib. civ. Dijon, 13 juil. 1899 (*J. Av.*, t. 124, p. 368).
Ces prescriptions sont applicables même lorsque la signification concerne une société de commerce. Dès lors, la signification est nulle lorsque la copie a été remise sans enveloppe à une personne qui n'est pas le représentant légal de la société : Aix, 2 mars 1905 (*J. Av.*, t. 130, p. 136); Grenoble, 25 mars 1906 (*Ibid.*, t. 131; p. 234); *Encycl. des huiss.*, 5e édit., v° Exploit, n. 666.
La formule que nous avons donnée pour la constatation de l'accomplissement de la formalité nouvelle répond certainement pleinement au vœu de la loi, dont elle reproduit les termes exprès. La pratique paraît vouloir adopter une formule plus brève : *sous enveloppe fermée portant suscription et cachet conformément à la loi*. Mais la jurisprudence est hésitante sur le point de savoir si cette formule répond bien au vœu de la loi. *Voy.* Riom, 25 janv. 1900 précité ; Pau, 14 mai, 6 juin et 19 juin 1900, et l'état de la jurisprudence sur ce point, en note sous ces arrêts (*J. Av.*, t. 125, p. 491). La Cour de cassation paraît cependant, par un arrêt du 12 janv. 1901, avoir tranché ce conflit dans le sens de la validité (*J. Av.*, t. 126, p. 144).
4. L'huissier doit à peine d'amende énoncer le coût des exploits qu'il signifie en toutes lettres (*J. Av.*, t. 73, p. 393, art. 485, § 29). — D'autres mentions sont encore prescrites sous diverses sanctions par la loi du 29 décembre 1873 (art. 3) et le décret du 30 du même mois (art. 4).

2. Pouvoir *pour comparaître en conciliation* [1].

CODE PR. CIV., art. 53.

Je soussigné, Pierre-François Martin, propriétaire, demeurant à Paris, rue Montmartre, n° 67, donne pouvoir à M. Paul Vidal, demeurant à Paris, rue Saint-Martin, n° 14, de, pour moi et en mon nom, se présenter à la justice de paix du 8e arrondissement de la ville de Paris, sur la citation en conciliation donnée [2] à ma requête à M. Henri Dubois, propriétaire, demeurant à Paris, rue du Faubourg-Saint-Honoré, n° 27, suivant exploit du ministère de Garnier, huissier, en date du sept juin, mil neuf cent...., enregistré, s'y concilier si faire se peut ; traiter, composer, transiger [3] ; nommer tous arbitres et amiables compositeurs, s'en rapporter à leur jugement et renoncer à tous appels, requêtes civiles ou recours en cassation ; sinon signer tout procès-verbal de non conciliation ; en cas de non comparution de la part du défendeur, requérir tout défaut [4], en un mot, faire tout ce qu'il jugera utile à mes intérêts, promettant aveu et ratification.

Fait à Paris, le 8 juin 19.... *Signé* : MARTIN.

---

3. Procès-verbal *de non conciliation.*

CODE PR. CIV., art. 54.

L'an mil neuf cent...., le douze juin, par devant nous, Adolphe Broustet, juge de paix du.... arrondissement de Paris, a comparu en notre bureau de paix et de conciliation, sis rue ......, n°..., M. Pierre François Martin, propriétaire, demeurant à Paris, rue Montmartre, n° 67, lequel nous a dit que, par exploit du ministère d'Auguste Garnier, huissier de notre justice de paix, en date du sept juin mil neuf cent...., enregistré par M. Cauvet, qui a reçu 1 fr. 25 c., il a fait citer à comparaître devant nous, cejourd'hui, M. Henri Dubois, propriétaire, demeurant à Paris, rue du Faubourg-Saint-Honoré, n° 27, pour se concilier, si faire se peut, sur la

---

1. Un pouvoir sous seing privé sur timbre et enregistré suffit.
Un mari peut, comme mandataire présumé de sa femme, la représenter valablement au bureau de paix, sans être porteur de sa procuration, lorsqu'il s'agit d'actions mobilières appartenant à la femme ; mais il en serait autrement, et un pouvoir spécial serait indispensable, si la citation était donnée en matière immobilière (Q. 223).
2. Si la procuration est donnée par le défendeur, il doit dire *à moi donnée par Monsieur*.
3. Il n'est pas indispensable de donner pouvoir pour transiger, car on satisfait suffisamment au vœu de la loi en se faisant représenter pour comparaître.
4. Si le pouvoir est donné par le défendeur, il faut dire : en cas de non-comparution *du demandeur, requérir défaut*, etc.

demande qu'il est dans l'intention de former contre lui devant le tribunal de première instance de la Seine, en paiement de la somme principale de dix mille francs, montant d'un prêt de pareille somme, avec intérêts à 5 % l'an du 25 août 1899, et en sa condamnation aux dépens ; requérant défaut en cas de non comparution ;

Et le même jour a aussi comparu M. Dubois, susnommé et qualifié, lequel a déclaré ne pouvoir se concilier, sur la demande dont il s'agit[1], en a requis acte et a signé.

Après avoir écouté les parties et avoir essayé inutilement de les concilier, nous les avons renvoyées à se pourvoir devant qui de droit, et avons dressé le présent procès-verbal, que lesdites parties ont signé avec nous et notre greffier[2].

(*Signatures.*)

4. Procès-verbal *de conciliation.*

CODE *PR. CIV.*, art. 54.

L'an mil neuf cent...., et le douze juin, par devant nous Adolphe Broustet, juge de paix du... arrondissement de Paris, a comparu en notre bureau de paix et de conciliation, sis rue ....., n°...., M. Pierre-François Martin, propriétaire, demeurant à Paris, rue Montmartre, n° 67, lequel nous a dit que, par exploit du ministère d'Auguste Garnier, huissier de notre justice de paix en date du

---

1. Le juge de paix ne peut, lorsque les parties comparaissent soit sur citation, soit volontairement, pour essayer la conciliation, suppléer d'office l'exception d'incompétence résultant de ce que la cause serait dispensée (*Q.* 218 *quat*).

Si la partie citée prétend l'avoir été mal à propos, le juge de paix ne doit pas prononcer sur le mérite de cette fin de non-recevoir ; il ne saurait non plus, sans excès de pouvoir, rendre un jugement sur l'objet en litige, sous prétexte que l'affaire serait de sa compétence.

Le juge de paix se borne, en ce cas, à déclarer dans son procès-verbal qu'il n'y a pas conciliation (*Q.* 218 *quinq.*).

Le juge de paix ne doit pas insérer au procès-verbal les dires respectifs des parties, les interpellations qu'elles se seraient faites et leurs réponses; ses constatations, à cet égard, seraient dépourvues de toute force probante.

Mais si les parties consentaient à l'insertion de leurs aveux sur quelques points du litige, cette constatation devrait être faite, car on peut voir ici une conciliation réelle intervenue entre elles sur ces points spéciaux (*Q.* 228).

Cependant, je dois faire observer que, dans beaucoup de tribunaux, il est d'usage : 1° de rapporter textuellement le fait qui se trouve mentionné dans la citation; 2° d'énoncer brièvement l'exception opposée par le défendeur. Il peut être aussi indispensable de relater les demandes additionnelles ou reconventionnelles, sur lesquelles les parties entendent faire porter l'essai de conciliation.

Le juge de paix ne peut déférer le serment d'office (*Q.* 235).

Mais si l'une des parties défère le serment à l'autre, le juge de paix doit le recevoir, ou faire mention du refus de le prêter, art. 55, C. pr. civ. (*Ibid.*)

La partie à laquelle le serment est déféré peut le référer à l'autre (*Q.* 237).

2. Si les parties ou l'une d'elles ne veulent, ne peuvent ou ne savent signer, mention doit en être faite dans le procès-verbal (*Q.* 231).

sept juin mil neuf cent...., enregistré par M. Cauvet qui a reçu 1 fr. 25, il a fait citer à comparaître devant nous, cejourd'hui, M. Henri Dubois, propriétaire, demeurant à Paris, Faubourg-Saint Honoré, n° 27, pour se concilier, si faire se peut, sur la demande qu'il est dans l'intention de former contre lui devant le tribunal de première instance de la Seine, et qui tendra au paiement de la somme de dix mille francs à titre de remboursement d'un prêt avec intérêts à 5 % l'an du..., et à la condamnation dudit sieur Dubois aux dépens ; requérant défaut en cas de non comparution.

Et le même jour a aussi comparu M. Dubois, susnommé et qualifié, lequel nous a dit qu'il était tout disposé à se concilier sur la demande dont il s'agit ; les parties s'étant expliquées sont convenues de ce qui suit [1]................, et ont, lesdites parties, signé avec nous et notre greffier.

(*Signatures.*)

---

5. Mention *de non comparution de l'une des parties faite sur le registre du greffe et sur l'original ou la copie de la citation, selon que c'est le défendeur ou le demandeur qui fait défaut.*

Code PR. CIV., art. 58.

Sur la citation ci-contre, requête Martin c. Dubois, défaut contre Martin (ou Dubois) non comparant, ni personne pour lui.
Paris, ce douze juin mil neuf cent [2].....

(*Signatures du juge et du greffier.*)

TITRE II. — Des Ajournements.

6. Assignation *à défaut de conciliation.*
Code PR. CIV., art. 59 à 61.

L'an mil neuf cent...., le vingt-cinq juin [3], à la requête de M.

---

1. Expliquer nettement les conventions des parties, de manière à éviter tout sujet de nouvelles contestations. Consulter sur ce point, Q. 227 à 234.
2. Cette mention est dispensée du droit d'enregistrement, et se délivre sans frais.
3. L'omission de la date, ou la mention d'une date erronée, soit dans l'original, soit dans la copie, entraînent la nullité de l'ajournement. Cass. 14 mars 1900 (J. Huiss., t. 81, p. 149) ; — à moins que cette date ne résulte de l'assemblée des énonciations de l'exploit, Besançon, 2 fév. 1900 (J. Huiss., t. 81, p. 86). — V. aussi Grenoble, 15 mars 1907 (J. Huiss., t. 89, p. 14).

Pierre-François Martin [1], propriétaire [2], domicilié à Paris, rue Montmartre, n° 67 [3], pour lequel domicile est élu à Paris, rue Saint-Honoré, n° 25, en l'étude de Me Gérard, avoué près le tribunal

---

1. Les noms et prénoms du demandeur doivent être indiqués dans l'exploit, de telle manière que le défendeur ne puisse se tromper (Q. 285).

Lorsque c'est un préfet, un maire ou un procureur de la République, il n'est pas nécessaire de mettre dans l'exploit les noms de ces fonctionnaires (Q. 286). Il suffit de les désigner par leur qualité.

L'exploit est nul lorsque, signifié à la requête de plusieurs demandeurs, le nom d'un seul s'y trouve avec cette addition *et consorts*; néanmoins, il doit, en général, produire son effet à l'égard de la personne qui s'y trouve désignée, à moins toutefois qu'elle n'ait pas qualité pour former individuellement la demande (Q. 287 et 288).

Si l'assignation est faite à la requête d'une société, qui n'a pas la personnalité civile, le nom de tous les associés doit se trouver dans l'exploit. — Si la société constitue une personne morale, il faut énoncer la raison sociale ou la personne qui représente cette compagnie.

Le consignataire d'un bâtiment ou de sa cargaison, peut assigner en son propre nom, dans l'intérêt de ses commettants et sans faire connaître leurs noms (Q. 289).

Serait valable un exploit donné *à la requête du mandataire*, comme agissant *pour son mandant qu'il nomme*, au lieu d'être *donné à la requête et au nom du mandant, poursuites et diligences du mandataire* ; néanmoins, cette dernière formule doit être employée de préférence, puisqu'elle prévient toute difficulté (Q. 290). — V. aussi Trib. civ. de Rennes, 6 juin 1906 (*J. Av.*, t. 131, p. 444).

L'exploit fait à la requête d'une personne morte est nul ; il en serait autrement s'il était donné à la requête du mandataire qui ignorerait la mort de son mandant (Q. 291).

Lorsqu'un exploit est fait à la requête d'une partie qui n'a pas le libre exercice de ses droits, il faut désigner dans l'exploit et le nom de l'incapable et le nom de celui qui agit pour lui (Q. 292) ; par exemple : « à la requête de M. Martin, agissant au nom et comme tuteur naturel et légal de Louis Martin, son fils mineur. »

2. Si le demandeur n'a pas de profession, on l'exprime par ces mots : *sans profession* ; toutefois cette énonciation n'est pas exigée à peine de nullité (Q. 293).

Une erreur sur la profession du demandeur ne vicie pas l'exploit pourvu que cette fausse désignation ne pût pas tromper le défendeur (Q. 293 *bis*).

3. Un exploit d'ajournement doit, à peine de nullité, outre l'indication du domicile élu, contenir celle du domicile réel (Q. 296). L'indication d'un faux domicile réel équivaut à l'absence d'indication du domicile du demandeur et entraine la nullité de l'ajournement : Paris, 19 mars 1905 (*J. Av.*, t. 130, p. 364).

L'exploit signifié au nom du maire d'une commune, agissant en cette qualité, n'est pas nul par cela seul qu'il ne contient pas la mention du domicile réel de ce fonctionnaire (Q. 296 *bis*).

La femme mariée doit indiquer le domicile de son mari, même dans les actions en séparation de corps, en divorce ou en nullité de mariage, à moins qu'il ne lui ait été donné, sur sa requête, une résidence de fait (Q. 296 *ter*). Dans ce dernier cas il faut indiquer à la fois le domicile du mari et le domicile de fait, par exemple : « à la requête de Mme... épouse de M... avec lequel elle demeure de droit à... mais autorisée à résider et résidant de fait à... »

Même dans le cas où le demandeur habite une grande ville, l'omission de l'indication de la rue et du numéro n'entraînerait la nullité que s'il avait pu en résulter pour le défendeur une incertitude sur la personnalité du demandeur. Nimes, 14 août 1895 (*Gaz. Trib.* 16 nov. 1895). Il en est de même de l'indication inexacte du domicile du demandeur. Paris, 6 mars et 27 nov. 1895 (D. P., 95, 2. 96 et 328).

civil de première instance de la Seine, lequel se constitue [1] et occupera pour lui sur la présente assignation et ses suites ;
J'ai, Louis-Auguste Garnier, huissier près le tribunal civil de première instance de la Seine [2], demeurant à Paris, rue Saint-Denis, n° 25 [3], soussigné,
Signifié, et en tête [de celle] [4] des présentes laissé copie à M.

---

1. Si l'on avait constitué un avoué décédé ou qui eût cessé ses fonctions, et que cette faute ne pût être imputée qu'à l'erreur et non à la mauvaise foi, cette nullité pourrait être couverte par la signification d'une nouvelle constitution d'avoué faite dans un temps rapproché, par acte séparé en s'en référant pour le surplus à l'exploit (Q. 301 et *Suppl. alphab.*, v° *Ajournement*, n°s 225 et suiv.; Boitard Colmet-Daage et Glasson, t. 1, n° 150 ; Garsonnet, t. 2, p. 244).
Encore qu'il ait été fait élection de domicile en l'étude d'un avoué, l'exploit n'en doit pas moins contenir constitution formelle d'avoué ; l'omission de cette formalité entraîne la nullité de l'acte. Cass. 1er juill. 1878 (S. 78.1.420. *Sic : Encyclop. des huiss.* 5e édit., v° Exploit, n. 696. Mais l'omission serait suffisamment réparée s'il était dit à la fin de l'exploit : « à même constitution d'avoué que dessus... » Lyon, 30 déc. 1896 (*Mon. Lyon.* 10 avril 1897).
La nullité résultant du défaut de constitution valable d'avoué ne peut être couverte par la signification que ferait l'avoué du défendeur au véritable avoué du demandeur (Q. 302 *ter*).Cass. 17 juill. 1889 (D. P.,90. 1. 485). V. cep. Cass. 1er juill. 1878 précité et Nancy, 26 mars 1895 (D. P. 95. Q. 471).
Un avoué peut, agissant en son privé nom, se constituer lui-même dans sa propre cause (Q. 303).

2. L'huissier ne peut pas instrumenter pour lui-même, ni pour son mandataire spécial, ni pour son co-intéressé dans la cause où il est lui-même partie (Q. 337 *bis*).
L'huissier qui exercerait *contre ses parents* les actes de son ministère, pourrait encourir la censure du tribunal, mais son exploit ne serait pas nul comme dans le cas où il aurait exercé en leur nom (Q. 338).
La nullité de l'exploit signifié par un huissier pour son parent ne peut pas être demandée par ce parent, elle ne peut l'être que par la partie adverse (Q. 339).
Dans le cas de l'art. 66, l'alliance au delà du 2e degré, en ligne collatérale, et ses effets, cessent pour l'huissier par le décès de sa femme sans enfant, comme pour les témoins, les experts et les juges dans le cas des art. 283, 310 et 378; mais l'huissier, dont la femme est décédée sans enfant, ne peut instrumenter pour les parents et alliés de sa femme en ligne directe, ses frères, beaux-frères, sœurs et belles-sœurs (Q. 341).
L'huissier peut instrumenter pour les alliés de sa femme en ligne collatérale (Q. 342; *Encyclop. des huiss.*, 5e édit., v° *Huissier*, n° 386).
Pour ses parents naturels, s'il n'a pas un droit éventuel à la succession de ces parents (Q. 343) — *Contra : Encyclop. des huiss., loc. cit.,* n. 390.
Pour un curateur à une succession vacante ou un syndic de faillite dont il est le parent, à moins que ce parent n'ait un intérêt personnel à l'acte ; il peut instrumenter aussi pour un mandataire son parent (Q. 343 *ter*) — *Contra : Encyclop. des huiss., loc. cit.,* n. 395. V. aussi *J. Huiss.*, t. 88, p. 330.
Mais il ne peut instrumenter pour une personne, agissant en qualité de tuteur d'enfants, qui sont parents de l'huissier au degré prohibé. Trib. civ. de Mirecourt 29 avril 1893 (*J. Huiss.*, t. 75, p. 8).

3. Quoique l'huissier doive indiquer sa demeure, il n'est pas obligé, à peine de nullité de l'exploit, d'énoncer le nom de la rue et le numéro de la maison ; la demeure peut même, à la rigueur, se trouver suffisamment désignée par un équipollent (Q. 305 et 305 *quater*).
Une signature très lisible, au bas de l'acte, pourrait suppléer à l'omission de son nom. — V. Cass. 20 fév. 1900 motifs (*J. Huiss.*, t. 81, p. 110).

4. Sur l'original on met : *en tête de celle des présentes*, et sur la copie : *en tête des présentes*.

Henri Dubois [1], propriétaire [2], demeurant à Paris [3], rue du Faubourg-Saint-Honoré, n° 27 ; à son domicile [4], ou étant et parlant au

---

1. Le mot *nom* employé dans l'art. 61 ne comprend pas les noms collectifs; il est restreint aux noms propres; ainsi une société peut très bien être assignée *tel et compagnie* (*Q.* 307).
Lorsqu'on fait une signification à une faillite, il faut qu'elle soit faite à tous les syndics (*Q.* 370 *tredecies*).
Les exploits contenant des demandes à former contre un incapable doivent être adressés à son représentant, si l'incapacité est absolue, et conjointement à l'incapable et à celui qui l'assiste, si l'incapacité n'est que relative,
Il en sera de même, si l'une des parties devient incapable durant l'instance.
Mais si, au contraire, elle acquiert ou recouvre sa capacité, elle doit, dans ce cas, notifier son changement d'état à l'adversaire (*Q.* 307 *bis*).
2. L'exploit doit, autant que possible, énoncer exactement la profession du défendeur, comme aussi ses prénoms, pour remplir le vœu de la loi, qui a voulu prévenir ainsi tout doute, toute confusion sur l'identité de la personne assignée; néanmoins, l'omission de ces formalités n'entraînerait pas la nullité de l'acte s'il n'en était résulté aucun embarras, ni aucun défaut de clarté dans la désignation. Voy. *Q.* 306 et *Suppl. alphab.*, v° *Ajournement*, n° 248.
3. Est valable l'exploit qui ne désigne pas d'une manière exacte le numéro de la maison habitée par la partie assignée, lorsque l'huissier constate qu'il en a fait la remise au domicile du défendeur, à une personne qui s'est dite au service de ce dernier (*J. Av.*, t. 73, p. 416, art. 485, § 113).
4. Le domicile auquel le défendeur doit obligatoirement être assigné est son domicile réel; l'assignation signifiée autrement qu'à sa personne, même à sa femme, dans un endroit, où il a non son domicile, mais seulement une *résidence*, est nul. Cass. 2 janv. 1901 (*J. Av.*, t. 126, p. 49).
Lorsque le domicile de droit n'est pas connu, on peut valablement assigner au domicile de fait (*Q.* 350).
Mais la déclaration, dans un acte, que *l'on demeure ordinairement dans tel endroit*, n'autorise pas une partie à assigner en cet endroit l'auteur de la déclaration, lorsqu'il résulte de faits précis que son domicile est dans un autre arrondissement (*J. Av.*, t. 72, p. 184).
Un militaire doit être assigné au domicile qu'il avait au moment de son départ (*Q.* 351). Toutefois cette règle n'est point absolue, et un militaire en activité de service doit être assigné au lieu où il exerce ses fonctions, si des circonstances de fait, dont les juges sont, à cet égard, souverains appréciateurs, révèlent qu'il a entendu y transporter son domicile, en abandonnant son domicile d'origine sans esprit de retour : Paris, 22 nov. 1894.
Le marin doit également être assigné à son domicile (*Q.* 352).
Mais si le marin ou le militaire n'ont aucun domicile connu, pas même le domicile d'origine, on doit se conformer aux dispositions de l'art. 69, § 8 (*Q.* 353).
Un exploit ne serait pas valablement donné au domicile d'un fondé de pouvoirs (*Q.* 353 *bis*).
Un exploit d'ajournement introductif d'instance ne serait pas valablement signifié à un domicile abandonné; au demandeur incombe l'obligation de rechercher le nouveau domicile; dans le cas où ses démarches seraient infructueuses, il y a lieu pour l'huissier de se conformer au § 8 de l'art. 69 C. de pr. civ., qui indique comment les significations doivent être faites aux personnes qui n'ont en France ni domicile ni résidence connus. V. *infrà* formule n° 8.
Il peut s'élever des doutes fort graves sur le véritable domicile de la partie assignée (*Q.* 354). J'ai conseillé (*Q.* 355) aux huissiers de faire, en ce cas, deux significations, l'une au maire du domicile que j'appellerai primitif, l'autre au procureur de la République du tribunal où doit se porter l'instance. Je serais même porté à indiquer une troisième signification au maire de la ville, où la partie dit avoir transporté son domicile. Dès qu'il y a doute, que la loi est incomplète, et que des intérêts si graves se rattachent à la forme de procéder, prescrite à peine de nul-

concierge de la maison, ainsi déclaré[1].

lité, ce n'est pas une question de frais qui puisse arrêter. V. pour les développements, *Suppl. alphab.*, v° *Exploit*, n° 166 et suiv.

L'exploit portant assignation à un individu condamné au bannissement pourrait être signifié à sa personne, ou à son domicile au lieu de son exil, ou bien à son domicile primitif ; si le condamné se trouvait en état d'interdiction légale, l'exploit devrait être signifié à un tuteur, que le requérant ne pourrait même se dispenser de lui faire nommer, s'il n'en avait un déjà nommé, pour pouvoir l'assigner valablement (*Q.* 357).

L'exploit donné à un individu qui se trouverait en prison devrait être signifié à lui-même ou bien à son dernier domicile ; il ne suffirait pas de remettre la copie au geôlier de la prison (*Q.* 358).

Le changement de domicile, ou le décès de la personne chez laquelle le domicile a été élu, ne peuvent empêcher l'élection de domicile de produire ses effets. Cependant, s'il résultait des termes de l'acte que l'élection porte plutôt sur la personne que sur le lieu, et que cette personne vînt à changer de domicile, ce serait au nouveau domicile que la signification devrait être faite (*Q.* 365 *ter*).

L'huissier a le droit d'instrumenter au domicile de la partie à laquelle il est chargé de faire une assignation, et s'il recevait des injures ou mauvais traitements, il aurait le droit de traduire devant les tribunaux celui qui en serait l'auteur, sans crainte d'être accusé de violation de domicile (*Q.* 369 *bis*).

Lorsqu'un étranger a, en France, une résidence de fait, on peut l'y assigner comme si c'était son domicile, sans parler à sa personne. L'étranger peut être assigné au domicile d'un mandataire spécial, mais non à celui de sa caution (*Q.* 371 *ter*, et *infrà*, formule n° 9).

Celui qui habite le territoire français, hors du continent, est valablement assigné à personne ou à domicile ; il en serait autrement de celui qui est domicilié à l'étranger ; il ne pourrait être assigné par un officier ministériel étranger (*Q.* 373 *bis*).

Lorsque le défendeur n'a ni domicile ni résidence connus en France, l'exploit d'ajournement doit être remis au procureur de la République du tribunal où la demande est portée, et affiché à la porte de l'auditoire de ce même tribunal ; cette règle doit être observée, même lorsque l'action est portée devant une justice de paix ou un tribunal de commerce, seulement, l'affiche sera faite alors aux auditoires respectifs (*Q.* 371 *bis* et 374).

Lorsqu'il s'agit d'un exploit d'appel, il doit être remis au procureur général près la Cour d'appel, qui doit connaître de l'appel et être affiché à la porte de l'auditoire de cette Cour. Est nul l'acte d'appel remis, soit au procureur de la République du lieu du dernier domicile de l'intéressé, soit au procureur de la République près le tribunal, qui a rendu le jugement frappé d'appel. Limoges, 10 août 1860 (D. P. 61.2.19). Alger, 18 déc. 1906 (*J. Huiss.*, t. 88, p. 109).

S'il s'agit d'un pourvoi en cassation, c'est au parquet du procureur général près la Cour de cassation que la copie doit être remise et à la porte principale de la chambre civile que l'affichage doit avoir lieu : Cass., 17 déc. 1906 (*Ibid.*, p. 70).

L'indication de la demeure du défendeur est indispensable, alors même que l'exploit est signifié à un domicile élu, ou à la personne de l'assigné (*Q.* 308 *bis*).

1. La désignation de la personne à laquelle l'exploit a été remis doit se trouver à la suite du *parlant à* : l'exploit, sans cela, pourrait, selon les circonstances, être déclaré nul (*Q.* 310).

L'exploit est nul s'il ne contient pas la mention que copie en a été laissée ; on ne serait pas admis à prouver contre cette omission, que cette formalité essentielle a, en réalité, été remplie (*Q.* 311).

L'huissier ne saurait être tenu de mentionner sur l'original de l'exploit la réponse de celui à qui il remet la copie ; le ferait-il d'ailleurs, l'auteur de la réponse n'aurait pas besoin de s'inscrire en faux pour la faire tomber (*Q.* 311 *bis* ; *Suppl. alphab.*, v. *Exploit*, n. 157 et 158).

En quelque lieu qu'un exploit soit remis, pourvu qu'il le soit à la personne elle-même, il est toujours valable.

L'huissier pourrait valablement remettre la copie à la personne, lors même qu'il

D'un procès-verbal de non conciliation dressé par M. le juge de

la trouverait au domicile d'un tiers. Cependant, si ce tiers lui refusait l'entrée de sa maison et que l'huissier entrât malgré lui, il pourrait être poursuivi pour violation de domicile (*Q.* 347).

Devrait être déclaré nul, l'exploit remis par l'huissier hors du domicile, à un individu qui lui aurait dit, ou qu'on lui aurait dit, à tort, être celui auquel cet acte s'adresse ; il en serait de même de l'exploit remis, dans le domicile, à une personne qui dirait avoir qualité pour recevoir la copie, mais qui, en réalité, ne l'aurait point (*Q.* 348).

L'exploit, qui mentionnerait la personne à qui l'huissier a parlé, sans dire que copie lui en a été remise, ne serait pas valable ; mais il ne serait pas vrai de dire réciproquement qu'il en serait ainsi de celui qui nommerait la personne qui a reçu la copie sans désigner celle à qui l'huissier a parlé ; car la première de ces deux mentions contient virtuellement la seconde (*Q.* 348 *ter*). Voy. aussi *Suppl. alphab*, vº *Exploit.* n. 114 *bis*. Est nul l'exploit dont l'huissier déclare avoir fait la remise au domestique du défendeur, sans indiquer que c'est au domicile de ce dernier que la remise a été faite (*Q.* 360 *ter*). *Sic* : Cass. 4 mai 1892 (D. P. 93. 1. 77).

La remise de la copie faite au concierge est toujours valable, encore qu'il y ait diversité d'intérêts entre le propriétaire de la maison et les locataires, ou entre les locataires ; le concierge est considéré comme le domestique de chacun d'entre eux (*Q.* 361 *bis*). Il en est de même du maître d'un hôtel garni. (*Q.* 360, et *Suppl. alphab.*, v. *Exploit*, n. 108, 135 et s.).

Les précautions que doit, en général, prendre un huissier pour satisfaire complètement à la disposition de l'art. 61, peuvent se résumer en deux principes : 1. Il faut que la copie soit remise à une personne de l'une des qualités désignées par l'art. 68 ; 2º il faut mentionner la qualité de cette personne, c'est-à-dire la nature des rapports qui existent entre elle et l'assigné, de telle sorte que les termes dont on se sert pour l'indiquer puissent fournir le moyen de s'assurer de cette qualité (*Q.* 362). Si la personne trouvée au domicile de l'assigné refuse d'indiquer ces rapports, la copie doit alors être remise au voisin (*Q.* 309).

L'huissier n'est pas tenu de requérir la signature des parents ou des serviteurs à qui il remet la copie (*Q.* 363 *bis*).

Si l'huissier ne trouve au domicile, ni la partie elle-même, ni parents, ni serviteurs de la partie, il doit s'adresser à un voisin, et, à défaut de voisin, au maire.

Autant que possible, l'huissier doit indiquer dans l'exploit le nom et la demeure du voisin auquel il offre la copie ; mais l'omission de cette formalité n'entrainerait pas la nullité de l'acte (*Q.* 364).

On pourrait remettre la copie à un domestique du voisin, non pas en sa qualité de domestique, mais en sa qualité de voisin (*Q.* 367). Cependant la question est controversée. — V. en sens contraire, Trib. civ. de Versailles, 27 avril 1906 (*J. Huiss.*, t. 88, p. 12). V. aussi *infra*, formule n. 7.

La loi considère comme voisins des personnes qui peuvent aisément se voir et se parler tous les jours, par exemple un autre locataire de la maison habitée par l'assigné, ou encore la supérieure de l'hôpital, où l'assigné malade est en traitement.

L'huissier doit d'abord s'adresser au voisin le plus proche, et, à défaut de celui-ci, il peut, s'il le juge à propos, s'adresser successivement aux autres les plus proches avant de recourir au maire (*Q.* 368).

Un exploit remis au maire ou à l'adjoint serait nul, s'il ne mentionnait pas que l'huissier n'avait pu le remettre ni au domicile de l'assigné ni à un voisin. Toutefois, les expressions dont on se sert n'ont rien de sacramentel.

En cas d'absence ou de refus de visa du maire ou de l'adjoint, l'huissier doit s'adresser aux conseillers municipaux dans l'ordre du tableau ; en cas d'absence ou de défaut de visa de ceux-ci, il s'adresse au procureur de la République. La copie doit être remise aux fonctionnaires eux-mêmes (*Q.* 368 *bis*).

La copie doit à peine de nullité mentionner non seulement que le visa a été requis, mais qu'il existe sur l'original. Cass. 21 juill. 1863, (S. 63.1.412 ; D. P. 63. 1.425).

Un exploit remis à un enfant en sa qualité de parent ou serviteur de l'assigné

paix du... arrondissement de Paris, le..., enregistré [ou d'une mention de défaut portée sur la citation en conciliation[1]] ;

Et à mêmes requête, demeure, élection de domicile et constitution d'avoué que ci-dessus, j'ai, huissier soussigné, donné assignation à M. Dubois, à comparaître à huitaine franche[2] délai de la loi, par ministère d'avoué, à l'audience et par-devant MM. les président et juges composant le tribunal civil de la Seine[3] séant au Palais de Justice à Paris, onze heures

---

est toujours valable, si cet enfant a plus de 15 ans. Dans le cas où il n'aurait pas atteint cet âge, le juge, d'après l'opinion qu'il se formerait sur le discernement de l'enfant, aurait la faculté d'annuler ou de valider la signification (Q. 359).

Il est des cas où la remise de la copie peut être faite à d'autres personnes qu'à celles indiquées par l'art. 68. Ainsi, par exemple, serait valable l'exploit remis au domestique d'un frère de l'assigné cohabitant avec lui ; mais on ne pourrait pas valablement remettre la copie à un parent qui aurait des intérêts notoirement opposés à ceux de l'assigné (Q. 360) ; par exemple à la femme, lorsqu'il s'agit d'une demande en séparation de biens.

Serait valable, la remise faite à un parent qui se trouverait accidentellement au domicile de l'assigné (Q. 360 bis).

Mais il n'en serait pas ainsi, si la copie était remise à un parent ou serviteur de l'assigné hors de son domicile (Q. 360 ter).

On doit considérer comme serviteurs, un clerc. Sic. Cass. 2 mars 1880 (S. 80. 1. 297), un secrétaire, un commis. Sic. Boitard et Calmel Daage, t. 1, n° 170.

L'huissier qui ne remettrait pas lui-même la copie encourrait la suspension et l'amende portées au décret du 14 juin 1813. Il ne pourrait l'éviter dans le cas même où il n'aurait eu aucune intention de nuire, car, s'il avait agi frauduleusement, il serait passible des peines portées en l'art. 146 du C. pén. (Q. 369).

Lorsqu'on assigne une commune, on peut valablement, si l'on ne trouve pas le maire, donner l'assignation à l'adjoint ou à un conseiller municipal ; comme aussi, on peut, en pareil cas, s'adresser directement au procureur de la République ou au juge de paix (Q. 270 oct.).

L'exploit donné à une commune n'est pas nul, quoique le parlant à ne soit pas rempli, si l'original contient le visa du maire (Q. 308 ter).

1. Voyez, à la fin de la formule, aux remarques, ce que je dis de l'assignation qui est donnée, lorsqu'il n'y a pas eu essai préalable de conciliation.

2. Lorsque le défendeur demeure hors de la France continentale, l'assignation est donnée au délai invariable de l'art. 73 (J. Av., t. 94, p. 487).

L'exploit d'ajournement est nul lorsqu'il est donné à un délai plus court que celui de la loi. Paris, 13 mai 1898, et 17 fév. 1899 (J. Av., t. 124, p. 196). La nullité pourrait même en être prononcée pour défaut d'indication du délai supplémentaire à raison des distances (Q. 321) ; mais il en serait tout autrement si, au contraire, l'assignation indiquait un délai trop long. — Dans ce dernier cas seulement, le demandeur ne pourrait pas obtenir défaut contre le défendeur à l'échéance des délais fixés par la loi (Q. 322 et 323).

Si le jour de la comparution est indiqué par le quantième du mois et par le jour de la semaine, et que ces indications ne concordent pas, l'exploit ne sera nul qu'autant que la contradiction produira un doute sérieux (Q. 325 bis). Conf. Alger, 5 avril 1905 (J. Av., t. 131, p. 255).

Quand l'assignation est donnée à domicile élu, le délai doit être calculé d'après la distance du lieu où siège le tribunal au domicile réel, alors même que le domicile élu concerne un étranger à qui l'assignation n'est pas donnée à personne (Q. 326 et 379).

3. Pour déterminer, en cas de difficulté, le tribunal devant lequel la demande doit être portée. Q. 254 à 279.

Un exploit ne serait pas nul, par cela seul qu'on n'aurait pas précisé si c'est du tribunal civil ou du tribunal de commerce qu'on a voulu parler (Q. 313, et Garsonnet, t. 2, n° 249, note 33).

Mais l'exploit, qui ne contiendrait la désignation d'aucun tribunal devrait être

du matin [1], pour :

Attendu [2] que M. Martin est créancier dudit sieur Dubois, d'une somme de dix mille francs, montant d'un prêt de pareille somme qu'il lui a fait a la date du 25 août 1897, ladite somme productive d'intérêts à 5 % l'an, et dont celui-ci s'est reconnu son débiteur, ainsi qu'il en sera justifié ;

Attendu que le requérant est en droit actuellement de réclamer à Dubois le remboursement de cette somme devenue exigible, et le paiement des intérêts, demeurés impayés depuis le 25 août 1897 ;

Que la tentative de conciliation, à laquelle il a été procédé conformément à la loi devant M. le Juge de paix du... arrondissement de Paris, est demeurée sans résultat;

Par ces motifs,

S'entendre, M. Henri Dubois, condamner, à payer à M. Pierre Martin la somme de dix mille francs, montant des causes ci-dessus énoncées, avec intérêts de droit l'an depuis le 25 août 1897 ;

S'entendre en outre condamner aux dépens. Sous toutes réserves.

A ce qu'il n'en ignore; et je lui ai audit domicile, et parlant comme dessus, laissé copie, tant du procès-verbal susénoncé [3] que du présent sous enveloppe fermée, etc. (comme dans la formule n° 1 [4], *supra*).

Coût [5].

(*Signature de l'huissier*)[6].

---

annulé. Il en serait de même, s'il indiquait un tribunal autre que celui à qui appartiendrait la connaissance de l'affaire, ou s'il contenait assignation « devant le tribunal compétent », sans désignation plus précise de ce tribunal (*Q.* 313 *bis*; Garsonnet, t. 2, p. 248 et 249); néanmoins, les équipollents sont admis, pourvu qu'il en résulte une indication suffisante (*Q.* 313 *bis*).

Serait nul également l'exploit contenant assignation à comparaître alternativement devant tel tribunal, et pour le cas, où le défendeur déclarerait la compétence de ce tribunal devant tel autre : Rennes, 13 déc. 1897 (*J. Huiss.*, t. 79, p. 23).

1. Il n'est pas indispensable d'indiquer l'heure et le local où siège le tribunal ; néanmoins, cela peut être utile (*Q.* 314).

2. Si l'objet de la demande et l'exposé sommaire des moyens se trouvent dans le procès-verbal de non-conciliation dont copie est donnée en tête de l'exploit, il n'est pas nécessaire, à peine de nullité, de les répéter dans cet exploit. Mais pour être dispensé de motiver une demande, il ne suffit pas, par exemple, que l'objet en ait été précédemment débattu devant l'autorité administrative. Au reste, la question de savoir si l'exploit est suffisamment libellé est abandonnée à l'appréciation des tribunaux (*Q.* 312). Voy. *J. Av.*, t. 93, p. 191.

3. Il est extrêmement utile, pour prévenir toute difficulté, de faire mention sur l'exploit, qu'on a remis copie du procès-verbal de non-conciliation; mais une pareille omission ne saurait entraîner la nullité de l'acte (*Q.* 334).

Il ne suffirait pas de donner extrait du procès-verbal de non conciliation, il faut donner copie de cet acte tout entier (*Q.* 335).

4. L'exploit est nul, si la copie ne renferme pas toutes les formalités voulues pour la validité de l'exploit; et cela, quand bien même l'original serait parfaitement régulier. La copie tient lieu, en effet, d'original à la partie. Aussi un original régulier ne saurait suppléer à une copie vicieuse. Cass. 13 fév. 1884 (S. 86. 1. 25).

5. L'huissier doit, à peine d'amende, énoncer le coût des exploits qu'il signifie, en toutes lettres. Mais cette mention ne s'entend que de ce qui est dû personnellement à l'huissier pour émoluments et déboursés, mais non des frais dus à l'avoué.

6. L'huissier doit signer l'exploit à peine de nullité (*Q.* 305 *bis*). Sa signature doit être tracée de sa main ; si elle avait été imprimée au moyen d'un procédé

Observations. — I. La formule de l'ajournement suppose qu'il a été précédé de l'essai de conciliation. On a vu que, dans ce cas, copie du procès-verbal de non-conciliation devait être signifiée. Si la cause n'est pas susceptible de passer par ce préliminaire, il est facile de retrancher ce qui est relatif au procès-verbal. Conformément à l'art. 65, du C. pr. civ., on doit donner, à la suite du procès-verbal de non-conciliation, la copie des pièces ou de la partie des pièces sur lesquelles la demande est fondée. On entend par *extrait des pièces* la transcription du préambule de l'acte, de la date, des noms et qualités des parties, de la clause qui concerne la demande, des noms des témoins et des notaires, de la signature des parties, des témoins, du notaire (*Q.* 336). — L'offre de communiquer les pièces par la voie du greffe ne remplacerait pas l'extrait dont parle la loi (*Q.* 336 *bis*). — On doit signifier les pièces écrites en langue étrangère, telles qu'elles existent et non traduites (*Q.* 336 *ter*). — Lorsque plusieurs personnes sont assignées sur la même demande, il faut donner une copie des pièces à chacune d'elles (*Q.* 337).

II. Dans les cas prévus par l'art. 135, C. p. c., on peut demander l'exécution provisoire avec ou sans caution. Alors, on termine l'ajournement par ces mots : *voir ordonner l'exécution provisoire, nonobstant opposition ou appel et sans caution du jugement à intervenir.* — *Et s'entendre condamner en tous les dépens*, etc.

III. *Les énonciations prescrites par l'art.* 64, *C. pr. civ.* qui exige en matière réelle ou mixte que les exploits énoncent « *la nature de l'héritage, la commune, et, autant qu'il est possible, la partie de la commune où il est situé, et deux au moins des tenants et aboutissants* », se rédigent ainsi :...... « Attendu que, M... (*nom de l'assigné*) s'est indûment emparé d'une pièce de terre, dite le Pré-Vieux, située sur la commune de...., arrondissement de..... département de...., lieu dit......, d'une contenance d'environ..... hectares......, ares......, centiares, portant le n°... de la matrice cadastrale, tenant au nord à une pièce de terre appartenant à M.., au midi à la route nationale de........, à l'est, à la propriété de M...... à l'ouest, à celle de M...., laquelle pièce de terre est devenue la propriété du requérant, par suite de l'achat qu'il en a fait à M...,

---

mécanique, tel que l'apposition d'une griffe par exemple, l'acte serait entaché de nullité ; Cass., 20 janvier 1897 (*J. Huiss.*, t. 79, p. 37). Mais l'exploit serait valable, bien qu'un autre que l'huissier eût écrit la date et le *parlant à*, si celui-ci avait apposé sa signature (*Q.* 305 *ter*). Cass., 13 avril 1831 (S. 31. 1.166).

L'exploit est valable bien que la signature de l'huissier soit illisible si c'est sa signature habituelle et si elle a été réellement apposée par lui-même : Cass., 11 mars 1904 (*J. Av.*, t. 159, p. 199) et 7 fév. 1906 (*J. Huiss.*, t. 88, p. 11).

L'exploit est encore valable lorsque la signature et le *parlant à* sont écrits au crayon (*Q.* 308 *ter*). Cass., 20 février 1878 (*J. Av.*, t. 104, p. 394) ; Douai, 6 avril 1896 (*J. Huiss.*, t. 79, p. 133).

ainsi qu'il résulte d'un contrat de vente dressé devant M^e......, notaire à....., en présence de témoins, le....., enregistré ;

Par ces motifs ; — S'entendre condamner à délaisser et abandonner au requérant ladite pièce de terre dite le Pré-Vieux ;

S'entendre, en outre, condamner à la restitution des fruits qu'il a perçus pendant son indue jouissance, et aux dépens.

L'énonciation du numéro de la matrice cadastrale, et celle des tenants et aboutissants qui excèdent le nombre de deux, ne sont pas exigées à peine de nullité par l'art. 64 *du C. pr. civ.*

Si les propriétés auxquelles confronte l'objet revendiqué sont affermées, il est convenable d'indiquer le nom des fermiers (*Q.* 331 *bis.*)

La nullité de l'ajournement ne devrait pas être prononcée, quoiqu'il ne contînt pas les énonciations prescrites, si, d'ailleurs, l'héritage était désigné de manière à ce qu'il ne fût pas présumable que le défendeur pût ignorer de quel héritage il s'agit [1], ou si la copie de l'acte contenait toutes les indications désirables (*Q.* 331).

L'art 64 lui-même déclare que s'il s'agit d'un domaine, corps de ferme ou métairie, il suffit d'en désigner le nom et la situation (*c'est-à-dire commune, arrondissement et département*).

Les demandes en partage et en revendication d'hérédité ou d'universalité d'immeubles ne peuvent être soumises aux exigences de l'art. 64 (*Q.* 331).

IV. Les irrégularités qui vicient un ajournement ne peuvent être réparées dans un nouvel acte ; il faut refaire un acte complet qui est considéré comme le seul valable (*Q.* 332)

---

7. Mention *que doit faire l'huissier lorsqu'il n'a pu signifier l'exploit à domicile, ni laisser la copie à un voisin* [2].

Ou étant, je n'ai trouvé ni la partie, ni aucun de ses parents ou serviteurs ;

M'étant ensuite adressé à M. Émile Larroque, demeurant dans ladite rue du Faubourg Saint-Honoré, n° 25, le plus proche voisin de M. Dubois, j'ai vainement requis sa signature, je me suis alors transporté chez le maire du... arrondissement de la ville de Paris, auquel j'ai remis à la mairie dudit arrondissement où étant et parlant à sa personne, copie du présent, ainsi que du procès-verbal de non-

---

1. *Sic* Alger, 22 mars 1906 (*J. Av.*, t. 131, p. 389).
2. L'huissier ne peut considérer la partie comme n'ayant en France ni domicile ni résidence connus, qu'autant qu'il a fait tout ce qu'il était possible de faire pour découvrir ce domicile. L'exploit affiché, et la copie remise au parquet doivent faire mention de ces démarches. *Voy.* Garsonnet, t. 2, p. 164, note 141, et Paris, 29 juill. 1904 (*J. Av.*, t. 131, p. 159).

conciliation, et l'ai requis d'apposer son visa sur le présent original, ce qu'il a fait conformément à la loi.
Remarque. — Sur la copie on met : *Et j'ai remis la présente copie à..... en parlant à..... qui a visé l'original.*

---

8. Mention *que doit faire l'huissier lorsque l'assigné n'a pas de domicile ni de résidence connus en France*[1].

CODE PR. CIV., art. 69, § 8.

Donné assignation à M. Henri Dubois, demeurant à Paris, rue du Faubourg-Saint-Honoré, n° 27, où étant et parlant au concierge de la maison ainsi déclaré, lequel m'a déclaré que le susnommé était inconnu, ou ne demeurait plus dans la maison, et qu'il ignorait son domicile ou sa résidence actuelle ; en conséquence, je me suis successivement mais vainement adressé à plusieurs voisins, à la mairie, au commissariat et à la gendarmerie, à la préfecture de police et à la direction des postes, où il m'a été déclaré que le susnommé était inconnu. Pourquoi, attendu que ledit sieur Dubois est sans domicile ni résidence connus en France du requérant et de moi, huissier, j'ai, conformément à la loi, affiché une copie du présent exploit dans l'auditoire du tribunal civil de première instance du département de la Seine, au Palais de Justice, à Paris, et j'ai délivré pareille copie à M. le Procureur de la République près ledit tribunal en son parquet sis au Palais de Justice à Paris, en parlant à l'un de MM. les Substituts, qui a visé le présent original.

---

9. Mention *que doit faire l'huissier lorsque la partie assignée est domiciliée à l'étranger*[2].

CODE PR. CIV., art. 69, § 9.

Soussigné, donne assignation à M. Henri Dubois, propriétaire, demeurant à Vienne (Autriche), au parquet de M. le Procureur de la République près le tribunal civil de la Seine, auquel j'ai remis copie du présent en son parquet sis au palais de Justice à Paris, où étant et parlant à l'un de MM. les Substituts qui a visé le présent.

---

1. V. *suprà* page 10, note 4.
2. V. *suprà* page 10, note 4.

CHAUVEAU ET GLANDAZ. — TOM. I.

10. Requête *pour obtenir l'autorisation d'assigner à jour fixe ou à bref délai.*

Code PR. CIV., art. 72.

A M. le Président du tribunal civil de première instance de la Seine.

M. Jules Lefèvre, marchand de nouveautés, demeurant à Paris rue Neuve-des-Petits-Champs, n° 59, ayant pour avoué, Me Roger, a l'honneur de vous exposer, Monsieur le Président,
 Que dans le courant du mois de mai dernier, il a pris à bail, verbalement, de M. Antoine Masson, propriétaire de la maison sise à Paris, rue Saint-Honoré, n° 213, une boutique et dépendances comprises dans cette maison, et destinées à l'établissement d'un fonds de marchand de nouveautés, et que l'entrée en jouissance a été fixée au premier juillet prochain; que M. Masson s'est engagé à faire exécuter à ses frais, dans les lieux loués, divers déplacements de portes et cloisons et des travaux de peinture et d'ornement, qui devaient être commencés immédiatement et terminés pour le premier juillet; que, néanmoins, bien que les lieux loués soient vacants depuis longtemps, M. Masson n'a point commencé les travaux malgré une mise en demeure à lui signifiée par exploit de Maréchal, huissier à Paris, en date du 5 juin, présent mois, enregistré; que huit jours seulement restant à courir pour atteindre l'époque de l'entrée en jouissance, il est urgent, pour l'exposant, de contraindre le sieur Masson à exécuter son obligation, ou d'obtenir l'autorisation de faire exécuter les travaux à ses risques et périls;
 Pourquoi l'exposant requiert qu'il vous plaise, Monsieur le Président, l'autoriser à assigner M. Masson à comparaître à trois jours francs [1] devant ce tribunal, pour :
 Par les motifs ci-dessus énoncés, s'entendre condamner à faire exécuter dans la huitaine de la signification du jugement à intervenir les travaux dont s'agit; et faute par lui de les avoir commencés dans les trois jours de ladite signification, voir autoriser l'exposant à les faire exécuter aux frais, risques et périls de M. Masson, sous la direction de tel expert qu'il plaira au tribunal commettre, lequel réglera les mémoires des ouvriers; s'entendre, en outre, condamner en des dommages-intérêts à fixer par état, et s'entendre condamner en tous les dépens. Sous toutes réserves.
 Et vous ferez justice.

           (Signature de l'avoué.)

---

1. Le délai de trois jours est le plus usité : mais dans les cas de très grande urgence, le président peut autoriser à assigner à un jour fixe plus rapproché. En cas d'urgence exceptionnelle on peut, lorsque le tribunal est composé de plusieurs chambres, demander au président d'indiquer, dès à présent, la chambre à laquelle l'affaire sera distribuée.

11. Ordonnance *préparée qu'il est d'usage d'écrire à la suite de la requête, pour que M. le Président n'ait qu'à remplir les blancs* [1].

Nous, Président, vu la requête ci-dessus et les pièces à l'appui, autorisons l'exposant à faire assigner M. Masson à trois jours francs devant ce tribunal, vu l'urgence; commettons..... huissier audiencier, pour délivrer l'assignation [2].
Paris, le..... 19   (*Signature du président.*)

---

12. Assignation *à bref délai en vertu de l'ordonnnnce qui précède.*

L'an mil neuf cent....., le....., en vertu d'une ordonnance rendue par M. le Président du tribunal civil de première instance de la Seine, en date du..... mil neuf cent....., enregistrée, mise au bas d'une requête à lui présentée le même jour, desquelles requête et ordonnance copie est donnée en tête (de celle) des présentes, et à la requête de M. Jules Lefèvre, marchand de nouveautés, demeurant à Paris, rue Neuve-des-Petits-Champs, n° 59, pour lequel domicile est élu à Paris, rue Saint-Denis, n° 94, en l'étude de M° Henri Roger, avoué près le tribunal civil de première instance de la Seine, lequel se constitue et occupera pour lui sur la présente assignation et ses suites;

J'ai....., soussigné, commis à cet effet, donné assignation à M. Antoine Masson, propriétaire, demeurant à Paris, rue Saint-Honoré, n° 213, audit domicile où étant et parlant à......., à comparaître à trois jours francs, délai de ladite ordonnance, à l'audience et par devant MM. les Président et Juges, composant le tribunal civil de première instance de la Seine, séant au Palais de Justice à Paris, onze heures du matin, pour,

---

1. C'est une question controversée que de savoir si l'ordonnance du président portant permission d'assigner à bref délai est sujette à recours (Q. 378; et *Suppl.* v° *Ajournement*, n. 317).
Il a été décidé que la faculté donnée au président, dans les cas qui requièrent célérité, d'abréger les délais ordinaires de l'assignation, ne s'applique qu'aux délais ordinaires de comparution et non au délai de distance. Cass., 29 mai 1866 (*J. Av.*, t. 91, p. 415); Rennes, 1er mai 1894 (*id.*, t. 120, p. 58). Sic : Q. 378 *ter*; *Encyclop. des huiss.*, 5° édit., v° Délai, n. 32; Boitard, Colmet-Daäge et Glasson, t. 1, n° 191. *Contra* : Garsonnet, t. 2, p. 270, note 13.
La disposition légale qui crée le pouvoir du président, faisant corps avec l art. 72, paraît ne s'appliquer qu'au délai fixé par cet article, et nullement à ceux qui sont fixés par l'art. 73 (Q. 398 *sexies*).
2. Il n'est pas nécessaire que l'assignation à bref délai soit faite par un huissier commis; mais elle doit, à peine de nullité, contenir copie de l'ordonnance de permission (Q. 378 *quinquies*).

Par les motifs énoncés en la requête dont copie est donnée en tête (de celle) des présentes,

S'entendre, etc. (*Copier ici les conclusions de la requête*).

A ce qu'il n'en ignore ; et je lui ai, audit domicile, où étant et parlant comme ci-dessus, laissé copie, tant des requête et ordonnance susénoncées que du présent, sous enveloppe fermée, etc. (V. formule n° 1).

---

13. Requête *pour assigner un jour de fête légale*[1].

CODE PR. CIV., art. 63.

A M. le Président du tribunal civil de première instance de la Seine.

M. Jean-Baptiste Pernot, capitaine au long cours, domicilié au Havre, résidant momentanément à Paris, rue du Bouloi, n° 17, ayant M° Dufresne pour avoué, a l'honneur de vous exposer, Monsieur le Président,

Qu'il est créancier de M. Frédéric Leroux, propriétaire, demeurant à Paris, rue du Bac, n° 21, d'une rente perpétuelle de deux mille francs par an, dont le titre originaire, remontant au....., a été renouvelé entre Pierre Pernot, père de l'exposant, décédé, et M. Leroux, le....., suivant acte reçu par M° Clément et son collègue, notaires à Paris, enregistré : que l'exposant, par suite d'absence prolongée et du décès de son mandataire, n'a pu user du droit que lui conférait l'art. 2263 du C. civ. de contraindre le débiteur de la rente dont il s'agit à lui fournir un titre nouvel, après vingt-huit ans de la date du dernier titre, pour éviter la prescription de celui-ci ; que cette prescription va être encourue si l'exposant n'assigne aujourd'hui même M. Leroux en délivrance de titre nouvel ; mais que, ce jour étant férié, il ne peut faire délivrer son assignation, s'il n'y est par vous autorisé ;

Pourquoi l'exposant requiert qu'il vous plaise, Monsieur le Président, l'autoriser à faire assigner M. Leroux en délivrance de titre nouvel, aujourd'hui dimanche...... mil neuf cent....., par tout huissier, même après l'heure légale, avant l'enregistrement et sur la minute de l'ordonnance. Sous toutes réserves. Et vous ferez justice.

(*Signature de l'avoué.*)

---

14. Ordonnance *préparée.*

Nous Président, vu la requête ci-dessus et les pièces à l'appui, et attendu l'urgence, autorisons M..... à faire assigner..... aujour-

---

[1]. L'exploit notifié sans permission du président un jour de fête légale n'est pas nul : Cass., 6 mai 1906 (*J. Av.*, t. 131, p. 369).

d'hui, dimanche..... mil neuf cent..... par..... huissier, que nous commettons à cet effet, même après l'heure légale, avant l'enregistrement et sur la minute de notre ordonnance.
Paris, le..... mil neuf cent.....

(*Signature du président.*)

TITRE III. — Constitution d'avoué et défenses [1].

15. Acte *de constitution d'avoué.*

CODE PR. CIV., art. 75.

Me....., avoué près le tribunal civil de première instance de....., déclare à Me...... avoué près le même tribunal, et de M... qu'il

---

1. Sont dispensés de la constitution d'avoué : 1° le domaine de l'État ; 2° la régie des douanes ; 3° celle de *l'enregistrement et des domaines* et celle des contributions indirectes et les redevables qui plaident contre elle ; 4° les conservateurs des hypothèques agissant au nom de la régie ; 5° le ministère public ; 6° l'administration des hospices. Toutefois cette dispense n'est que facultative ; elle n'a d'autre sanction que l'obligation pour la partie, qui n'a pas cru devoir en profiter, et a constitué un avoué quand même, de supporter personnellement, dans tous les cas, et malgré le gain de son procès, les frais extraordinaires que l'emploi de ce mode de défense a occasionnés. — La constitution d'avoué est au contraire obligatoire quand la régie des douanes veut recourir à la plaidoirie et prendre des conclusions à l'audience, lorsque les droits des tiers viennent compliquer les contestations pendantes entre la régie des domaines et de l'enregistrement, celle des douanes ou celle des contributions indirectes et les redevables. La dispense de constituer avoué, telle qu'elle vient d'être indiquée pour les instances, ayant pour objet le recouvrement des droits pendants entre la Régie des contributions indirectes et les redevables, est également applicable, de la même manière, dans les contestations que soulève entre les communes et les contribuables le recouvrement de certaines taxes, entrant dans la composition des recettes municipales ordinaires. (Lois du 11 frimaire an VII, art. 7 ; du 18 juillet 1837, art. 33 ; et du 5 avril 1884, art. 133), telles que les taxes d'abattage dans les abattoirs municipaux : Cass., 15 janvier 1889 (S. 90.1.349) ; les droits d'attache et de stationnement dans les ports et sur les quais fluviaux : Cass., 7 décembre 1887 (S. 90.1.347).
L'administration de la caisse des invalides de la marine doit toujours constituer avoué (*Q.* 381).
L'avoué reçoit par la constitution, mandat de faire tous les actes que la marche de la procédure peut occasionner ; il ne pourrait cependant, sans un pouvoir spécial, relever appel d'un jugement qu'il aurait obtenu, ni déférer le serment décisoire (*Q.* 382 *bis*).
La remise des pièces faite à un avoué suffit, à la rigueur, pour faire présumer que la partie a donné à cet avoué mandat de poursuivre l'instance ; mais il faudrait à l'avoué un pouvoir spécial pour qu'il pût intenter une instance nouvelle, quoique connexe. L'acte de constitution doit être formel et n'admet point d'équipollents (*Q.* 382).

a charge et pouvoir d'occuper [1] et qu'il occupera pour M....[2] sur l'assignation à lui donnée à la requête de M..., suivant exploit du ministère de...., huissier à...., en date du.... ; sans aucune approbation préjudiciable de ladite demande, mais, au contraire, sous la réserve la plus expresse de tous moyens de nullité, fins de non-recevoir, exceptions de forme et de fond et de tous autres droits

A ce qu'il n'en ignore ;
Dont acte
    Pour original.   (*Signature de l'avoué.*)

Signifié, laissé copie à M^e...., avoué, en son étude ou étant et parlant à un clerc, par moi, huissier audiencier soussigné, le.... mil neuf cent[3].... Coût :   (*Signature de l'huissier*[4].)

Remarque. — On met au dos de l'original le nom de l'avoué qui signifie l'acte, au-dessus de celui de l'avoué à qui l'acte est signifié, séparé par la préposition à. Sur la copie on met seulement le nom du dernier.

Si l'on signifie à plusieurs avoués, on écrit au dos de l'original leurs noms au-dessous les uns des autres, et au dos de chaque copie le nom de celui à qui elle doit être doit être remise.

---

15 bis. Requête *pour faire prescrire à un avoué de se constituer pour une partie.*

CODE PR. CIV., art. 75.

A M. le Président du tribunal civil de....

M.... (*nom et profession*), demeurant à..... a l'honneur de vous exposer, Monsieur le Président,

Qu'il est dans l'intention de former contre M.... (*nom et profession*), demeurant à...., une demande ayant pour but de.... (*exposer très sommairement l'objet de la demande*); mais qu'il s'est adressé en vain successivement à M^{es}..... (*noms des avoués*), avoués près

---

1. Le défendeur peut constituer avoué après les délais, tant que le jugement par défaut n'a pas été obtenu (*Q.* 384).

2. Le conseil judiciaire, appelé dans une instance pour assister la partie à laquelle il a été donné, ne doit pas constituer un avoué distinct de celui qui occupait pour cette partie. En d'autres termes, un seul avoué représente la partie et son conseil judiciaire (*J. Av.*, t. 74, p. 450, art. 742).

3. Les formalités édictées par la loi du 15 février 1889, pour assurer le secret des actes signifiés par huissier, ne sont pas applicables aux actes d'avoué à avoué, lorsqu'ils sont signifiés en parlant à autre qu'à l'avoué lui-même. Nancy, 11 novembre 1899 (*J. Av.*, t. 125, p. 126) ; Toulouse, 6 février 1900 (*id.*, p. 128).

4. Cette signature peut être illisible, et l'acte être néanmoins valable. Toulouse, 6 février 1900, précité. V. aussi Angers, 14 juin 1905 (*J. Av.*, t. 131, p. 95).

ledit tribunal de...., pour que l'un d'eux occupât dans l'instance qu'il veut introduire contre ledit sieur.....; qu'aucun d'eux n'a voulu se constituer; que cependant le ministère des avoués est forcé; qu'il n'existe en fait aucun motif légitime sur lequel un refus puisse s'appuyer; qu'il importe à l'exposant de faire cesser un état de choses qui, en paralysant l'exercice de ses droits, porte un préjudice grave à ses intérêts;

Pourquoi, l'exposant requiert qu'il vous plaise, Monsieur le Président, enjoindre à M^e..., avoué près ledit tribunal de...., ou à tel autre de ses confrères, que vous voudrez bien désigner, de lui prêter son ministère sur la demande qu'il veut former contre ledit sieur....

Sous toutes réserves. Et vous ferez justice.

(*Signature de la partie.*)

15 *ter*. **Ordonnance** *du Président* [1].

Nous Président, vu la requête qui précède, faisons injonction à M^e....., avoué près le tribunal de....., de prêter son ministère à l'exposant, dans l'instance qu'il a l'intention de diriger contre M....; et, vu l'urgence, ordonnons l'exécution de la présente ordonnance sur la minute.

Délivré à......., le........

(*Signatures du président et du greffier.*)

Remarque. — Si c'est le défendeur qui éprouve les refus des avoués, les termes de la formule sont ainsi conçus : « *M...., etc., a l'honneur de vous exposer, Monsieur le Président, que, par exploit en date du......, enregistré, à la requête de M....., demeurant à......, il a été assigné devant le tribunal de....., pour......* (reproduire sommairement les conclusions de l'exploit); *que voulant défendre à cette demande qui lui paraît injuste et mal fondée, il s'est adressé successivement à M^{es}....., avoués près ledit tribunal, qui, tous, ont refusé de se constituer; que cependant....., etc.* »

C'est la partie elle-même qui présente cette requête au président; elle est soumise au droit de 5 fr. 40 pour enregistrement. — Sur le vu de l'ordonnance, l'avoué se constitue. — Il pourrait cependant être nécessaire de lui signifier la requête et l'ordonnance avec sommation d'avoir à s'y conformer. Cette sommation serait faite par huissier dans la forme ordinaire des exploits.

Il est des cas où le refus de l'avoué est légitime : par exemple, lorsqu'il occupe déjà pour l'adversaire; lorsque la demande n'a pas

---

1. Cette ordonnance n'est susceptible ni d'opposition ni d'appel. L'avoué qui s'est constitué ne peut cesser d'occuper sans motifs légitimes (Q. 381 *bis*).

24   1ʳᵉ PARTIE. — PROCÉDURE DEVANT TRIB. CIVILS

été permise, et que la permission doit être préalablement accordée pour qu'il puisse y être donné suite, comme dans la prise à partie ; lorsque la demande est évidemment injuste et mal fondée, etc., etc.

---

16. Révocation *d'avoué et constitution d'un nouvel avoué.*
CODE PR. CIV., art. 75.

A la requête de M. X...,
Ayant pour avoué Mᵉ...;
Soit signifié et déclaré à : 1° Mᵉ....., avoué près le tribunal civil de......, précédemment constitué sur l'assignation donnée à M. H...., à la requête dudit sieur X.... par exploit de......, huissier à......, en date du......; 2° à Mᵉ...., avoué de M. H....[1] ; que M. X....., révoque expressément par ces présentes Mᵉ......, précédemment chargé d'occuper pour lui dans l'instance pendante entre le requérant et M. H....., sur l'assignation susénoncée, et qu'il constitue en son lieu et place Mᵉ....., avoué près ce tribunal, lequel occupera désormais pour lui sur ladite assignation[2] et ses suites ;
A ce qu'ils n'en ignorent.
Dont acte.
Pour original (*ou* pour copie).
(*Signature de l'avoué.*)

Signifié, laissé copie à : 1° Mᵉ....; 2° Mᵉ...., avoués près le tribunal civil de...., en leurs études ou étant et parlant à un de leurs clercs, par moi, huissier-audiencier, soussigné, le...... Coût :

Remarque. — A Paris, il est d'usage qu'en général le nouvel avoué, choisi par la partie, signifie sa constitution à l'avoué de la partie adverse, avec la mention qu'il occupera *aux lieu et place de* Mᵉ...., *du consentement de ce dernier*, qui signe même quelquefois la nouvelle constitution. — L'acte de révocation doit aussi être notifié par *exploit* à personne ou domicile (Q. 385).

---

17. Jugement *qui donne acte de la constitution à l'audience.*
CODE PR. CIV., art. 76.

Le tribunal....., donne acte à Mᵉ....., avoué près ce tribunal,

---

1. L'acte de révocation doit être signifié tant à l'avoué révoqué qu'à tous les avoués de la cause (Q. 385).
2. On peut révoquer un avoué à quelque période de l'instance que ce soit ; on le peut même entre la prononciation et la signification du jugement (Q. 386 *bis*).
—V. aussi le titre *des Reprises d'instance.*

TITRE III. — CONSTITUTION D'AVOUÉ ET DÉFENSES. — 18

de sa constitution [1] pour M....., dans l'instance pendante entre ce dernier et M....., et dit que, dans le cas où elle ne serait pas réitérée, le jugement en tiendra lieu et sera signifié aux frais de l'avoué, etc.

---

18. Requête *en défense ou* **Conclusions grossoyées** *signifiées par le défendeur, contenant les moyens opposés à la demande* [2].

CODE PR. CIV., art. 77.

A MM. les Président et Juges composant le tribunal de première instance de......

CONCLUSIONS.

Pour M... (*nom, prénoms et profession*), demeurant à........ défendeur, aux fins d'un exploit introductif d'instance du ministère de......., huissier près le tribunal de première instance de...... en date du........; demandeur aux fins des présentes conclusions; ayant pour avoué Me.......

---

1. Ce n'est que dans le cas d'une assignation à bref délai, que la constitution peut se faire à l'audience; dans tous les autres cas, le tribunal doit donner défaut et refuser de donner acte de la constitution, à moins pourtant que les parties n'y consentent. Ajoutons qu'il est d'usage d'accorder ce consentement (Q. 389), qui d'ailleurs peut être tacite (J. Av. t. 73, art. 614, § 5 p. 35).
L'acte, qui doit être décerné de la constitution d'avoué à l'audience, est l'objet d'un jugement préalable qui ne doit être ni levé ni signifié (art. 76, C. pr. civ.) (Q. 390).
2. Le délai de quinzaine accordé par l'art. 77, doit se compter à partir de l'expiration des délais de l'ajournement. Si donc, le demandeur avait laissé écouler, sans prendre défaut, le délai entier de quinzaine après celui de l'ajournement, le défendeur qui constituerait alors son avoué, pourrait être immédiatement sommé de conclure, sauf à obtenir un nouveau délai pour ses défenses (Q. 391 bis). V. aussi Q. 394 et 395.
Bien que le code fasse mention des conclusions immédiatement après la constitution, il est clair qu'il ne peut être question d'en signifier qu'autant que l'affaire a été mise au rôle, c'est-à-dire qu'autant qu'elle est contradictoire; il n'y a de conclusions, en effet, que dans les affaires ordinaires et contradictoires. Il est de jurisprudence et de doctrine constantes aujourd'hui que la signification des conclusions, trois jours avant la clôture des débats, conformément à l'art. 70 du décret du 30 mars 1808, n'est pas prescrite à peine de nullité. *Voy. Dissert.* avec autorités nombreuses citées à l'appui sous un jugement du Trib. civ. de Villefranche-sur-Saône du 18 avril 1890 (*J. Av.*, art. 7009, t. 115, p. 320).
..... Et il a même été jugé que la signification des conclusions prises à la barre n'est pas prescrite à peine de nullité : Paris, 8 mai 1884 (S. 86.2.44) *Sic* : Q. 414 *in fine*; Garsonnet, t. 2, p. 280.
Mais des conclusions, qui n'ont été ni signifiées, ni prises à la barre, avant la clôture des débats, mais seulement après la mise de la cause en délibéré, sont tardives : elles ne peuvent être considérées que comme de simples notes, sur lesquelles les juges n'ont pas à statuer, et qui ne doivent point entrer en taxe : Bordeaux, 12 mars 1896 (*J. Av.*, t. 121, p. 98).

Contre M... (*noms, prénoms et profession*), demeurant à.......;
demandeur aux fins de l'exploit introductif d'instance précité ; défendeur aux fins des présentes conclusions ;
ayant pour avoué M°......

Faits et Procédure.

(*Exposer ici les faits qui ont donné lieu à la demande et la procédure suivie.*)

Discussion.

Discuter :
1° (*Les exceptions péremptoires quant à la forme, nullités d'exploit, etc.*);
2° (*Les exceptions péremptoires quant au fond, le défaut de qualité, la prescription et autres fins de non-recevoir*) ;
3° (*Les moyens du fond, en fait et en droit.*)
Après avoir terminé la discussion, on reprend les principaux arguments dans la même forme que les motifs des jugements de la manière suivante :
Par tous ces motifs et autres à suppléer, l'exposant conclut à ce qu'il plaise au Tribunal :
Attendu que, etc., etc., etc. ;
Déclarer M......., purement et simplement non recevable dans sa demande, en tout cas mal fondé, l'en débouter et le condamner aux dépens, dont distraction [1] au profit de M°......, avoué aux offres de droit. — Sous toutes réserves.
Dont acte.
Pour original (ou copie) en.....rôles.
(*Signature de l'avoué.*)
Signifié et laissé copie, etc., etc., etc.

Observations. — On signifie souvent les défenses, sous la forme de conclusions motivées par simple acte, dans la forme suivante :
A MM. les Président et juges composant la 1re Chambre du Tribunal de première instance de.......

Conclusions.

Pour M........
        défendeur, M°... (*nom de l'avoué*).
Contre M......
        demandeur, M°... (*nom de l'avoué*).

---

1. L'usage est, à Paris, de conclure, dans toutes les affaires, à la distraction des dépens. Il n'y a aucun inconvénient à adopter cette forme de procéder qui, dans certains cas, peut même être fort utile. V. sur cette question *infra*, p. 260, formules et notes.

Plaise au tribunal.

Attendu que M. (*le demandeur*) a assigné le concluant en paiement d'une somme de dix mille francs, à titre de remboursement d'un prétendu prêt qu'il lui aurait fait de pareille somme le.........;

Attendu qu'il lui réclame en outre le paiement des intérêts de ladite somme au taux de 5 % l'an à partir du.........;

Mais attendu que cette demande n'est ni recevable, ni fondée; (*Exposer ici les motifs qui doivent, suivant le défendeur faire prononcer le rejet de la demande, chaque alinéa étant régi par les mots :* Attendu que).

Par ces motifs,

Déclarer M. (*le demandeur*) non-recevable, en tout cas mal fondé en sa demande ; l'en débouter ;

Le condamner aux dépens, dont distraction au profit de M^e..... (*l'avoué du défendeur*), aux offres de droit.

Sous toutes réserves ;
Dont acte,
Pour original (ou copie).

(*Signature de l'avoué.*)

Signifié et laissé copie à M^e......., avoué, en son étude et parlant à un clerc par l'huissier audiencier soussigné le.....

(*Signature de l'huissier.*)

---

19. Requête ou Conclusions grossoyées *signifiées par le demandeur en réponse aux défenses.*

CODE PR. CIV., art. 78.

Cette requête se rédige dans la même forme que la précédente. On y développe les motifs de l'assignation ; on répond aux moyens du défendeur, et l'on répète les conclusions de l'exploit introductif d'instance. Quelquefois on les restreint, on les rectifie ou on les augmente, pourvu toutefois que les chefs ajoutés ne constituent pas une demande nouvelle [1].

Pour le placet et l'avenir, V. infra, formules n° 246 et 247, pages 222 et 224.

---

1. Le demandeur ne peut abandonner ses conclusions primitives pour soutenir des conclusions entièrement différentes ; mais il peut, par des conclusions ultérieures, formuler une demande ayant avec les conclusions de l'ajournement un rapport étroit : Cass., 24 avril 1907 (*J. Huiss.*, t. 88, p. 224).

TITRE IV. — Des exceptions.

§ Ier. — Caution judicatum solvi.

20. Requête ou **Conclusions** *pour réclamer d'un étranger demandeur la caution*

JUDICATUM SOLVI [1].

CODE PR. CIV., art. 166. — CODE CIV, art. 16.

La caution peut être demandée soit en forme de conclusions grossoyées soit par simple acte. (Voir *supra*, formule n° 18.)
Dans les deux cas on conclut à ce qu'il :

Plaise au tribunal,
Attendu que M..... demandeur, est de nationalité anglaise, et qu'il ne remplit aucune des conditions, auxquelles l'étranger demandeur principal ou intervenant, tenu en principe aux termes des art. 16 C. civ. et 166 C. pr. civ., de fournir caution de payer les frais et dommages-intérêts auxquels il pourra être condamné, peut se prétendre exceptionnellement affranchi de ladite obligation ;

---

1. La demande de la caution *judicatum solvi* doit être proposée avant toute autre exception. Néanmoins, cette exception pourrait valablement être proposée après celle d'incompétence ou de nullité d'exploit : mais il serait bon, dans tous les cas, d'insérer dans les conclusions des réserves formelles pour chacune des trois exceptions qui ont une égale prétention à la priorité (*Q*. 704).
Actuellement, des traités ont supprimé la caution *judicatum solvi* entre la France et presque tous les États du monde civilisé. L'obligation de fournir en France ces cautions ne subsiste plus que pour les sujets de la Grande-Bretagne, de l'Empire ottoman, des États-Unis d'Amérique et du Brésil.
D'ailleurs, même en l'absence d'un traité, n'est pas tenu de fournir caution, l'étranger qui poursuit contre un français l'exécution d'un titre paré et exécutoire : ni celui qui demande la nullité d'une saisie faite sur ses biens, ou la nullité d'un emprisonnement ou d'une recommandation, ni l'étranger demandeur qui a gagné son procès en première instance, et se trouve intimé en appel. Mais la caution peut être exigée de l'étranger qui poursuit une demande en nullité de saisie-arrêt, fondée sur un titre non exécutoire ; ou de celui q ui revendique comme sa propriété des objets saisis sur un tiers (*Q*. 698-700) ; ou encore de celui qui demande l'exequatur d'un jugement rendu à son profit par un tribunal étranger. Chambéry, 26 fév. 1894 (D. P. 96.2.150).
Depuis la loi du 5 mars 1895, la caution est exigible même en matière commerciale ; mais elle ne l'est en aucune matière, lorsque l'étranger a établi son domicile en France avec autorisation du chef de l'État (*Q*. 701).
En matière de référé, M. Debelleyme, t. 2, p. 35, pense que la caution *judicatum solvi* ne peut être exigée.
V. *Suppl. alphab.*, v° *Caution judicatum solvi*, n. 1 et suiv.
La jurisprudence n'admet pas l'étranger défendeur, non admis au domicile, à exiger du demandeur également étranger la caution *judicatum solvi*. Cass. 13 avril 1842 (*J. Av.*, t. 62, p. 211). Nancy, 14 juin 1876, *J. Av.*, t. 102, p. 22. — Toutefois, la solution est controversée en doctrine (*Q*. 702).
La qualité de consul n'est pas une cause de dispense (*J. Av.*, t. 72, p. 571, art. 272).

Attendu que M. (*le défendeur*), étant dans l'intention de réclamer reconventionnellement au demandeur, à raison du préjudice que lui cause la présente instance injustement engagée, une somme de..... à titres de dommages-intérêts, la caution à fournir par ce dernier, et que le concluant déclare qu'il entend exiger, doit l'être pour une somme, qui ne saurait être inférieure à.........;

    Par ces motifs,

Avant faire droit : ordonner que M... (*nom du demandeur*)[1] sera tenu de donner, dans les trois jours du jugement à intervenir, bonne et solvable caution, laquelle sera présentée et reçue en la forme accoutumée, pour sûreté de la somme de[2]..... à laquelle il plaira au tribunal évaluer les condamnations qui pourront être prononcées au profit du concluant contre le susnommé, en dommages-intérêts et frais, sur la demande formée par ce dernier, suivant l'exploit précité ;

Sinon et faute par ledit sieur..... de fournir la caution ordonnée dans le délai ci-dessus fixé, le déclarer dès à présent purement et simplement non recevable en sa demande;

Et le condamner aux dépens, dont distraction à Me..... avoué, aux offres de droit,

Sous toutes réserves et notamment d'opposer toutes exceptions d'incompétence, moyens de nullité, fins de non-recevoir et autres de fait et de droit.

Dont acte. Pour original (*ou* copie).

    Signifié, laissé copie, etc.   (*Signature de l'avoué.*)

---

21. Requête *ou* **Conclusions** *en réponse à l'exception de caution judicatum solvi.*

La requête en réponse, se rédige dans la même forme. Le demandeur oppose les raisons par lesquelles il prétend n'avoir pas à fournir caution; par exemple qu'il est français, et non pas étranger, comme l'allègue le défendeur à qui il incombe d'ailleurs pour justifier son exception de prouver l'extranéité de son adversaire ; — ou qu'il existe avec la France un traité dispensant les étrangers de la nationalité, à laquelle il appartient, de fournir la caution judicatum solvi ; ou qu'il a en

---

1. L'étranger intervenant ne doit fournir caution que lorsque son intervention est spontanée, dans son propre intérêt, ou bien dans l'intérêt du demandeur (Q. 627 *bis*).

2. La caution ne doit être tenue que des dommages-intérêts occasionnés directement au défendeur par suite de la demande intentée contre lui par l'étranger (Q. 697).

Le juge ne peut suppléer l'exception *judicatum solvi*, ni condamner d'office à fournir cette caution (Q. 703).

France des biens suffisants pour garantir le payement des condamnations, etc., ou bien encore que l'exception n'a été proposée que tardivement, et non pas, comme elle devait l'être, in limine litis, et conclut à ce qu'il

Plaise au tribunal :

Déclarer le défendeur non recevable, en tout cas mal fondé en son exception de caution *judicatum solvi*, l'en débouter ;

Ordonner qu'il sera immédiatement conclu et passer outre aux débats sur le fond ;

Condamner le défendeur aux dépens de l'incident dont distraction, etc.

---

22. Jugement qui ordonne la caution JUDICATUM SOLVI.

CODE PR. CIV., art. 167.

LE TRIBUNAL ; ouïs en leurs conclusions et plaidoiries X... avocat, assisté de P....avoué de.... (*le défendeur*), Z... avocat, assisté de D... avoué de..... (*le demandeur*), ensemble en ses réquisitions M.... procureur de la République, après en avoir délibéré, jugeant en premier (*ou* en dernier) ressort :

Attendu (*motifs justifiant en principe l'admission de l'exception proposée*) ;

Attendu que, dans les circonstances de la cause, il n'appert point que les dommages-intérêts et les frais, auxquels..... pourra être condamné envers le défendeur puissent excéder la somme de.....:

Par ces motifs,

Ordonne que dans.... (*délai*) [1].... (*le demandeur*) donnera sûreté desdits dommages-intérêts et frais, jusqu'à concurrence de la somme de..... soit en présentant caution de ladite somme, laquelle caution sera acceptée ou contestée dans ledit délai, soit en consignant la somme susdite à la caisse des dépôts et consignations de..... avec affectation expresse au cautionnement dont s'agit ;

Dit que sinon, et ledit terme passé, en vertu du présent jugement et sans qu'il en soit besoin d'autre, ledit sieur..... sera, quant à présent, non recevable en sa demande, le condamne aux dépens de l'incident dont distraction, etc...

---

1. Le tribunal doit fixer le délai dans lequel la caution sera fournie (Q. 706). Avant de continuer l'instance qui demeure pendante, le demandeur doit satisfaire aux dispositions du jugement, qui a ordonné la caution à fournir : le tribunal n'est pas dessaisi des suites du litige (Legrand, p. 73).

23. Jugement *qui rejette l'exception de caution*
JUDICATUM SOLVI.
CODE PR. CIV., art. 167

LE TRIBUNAL, ouï, etc. (comme en la formule qui précède) :
Attendu (*motifs du rejet, tirés de ce que le demandeur n'est pas étranger, ou de ce qu'il a été autorisé à établir son domicile en France, ou de ce qu'il y possède des biens suffisants pour assurer le paiement des condamnations, ou de ce qu'il existe un traité le dispensant de fournir la caution, ou enfin qu'il ne se trouve pas dans les cas prévus par la loi*) ;
Par ces motifs,
Dit que le demandeur n'est pas tenu de fournir la caution *judicatum solvi* réclamée à tort par le défendeur, lequel est déclaré mal fondé dans l'exception proposée par lui de ce chef, et en est, en conséquence, débouté ;
Ordonne qu'à l'audience du..... ledit défendeur sera tenu de conclure et plaider au fond ;
Le condamne aux dépens de l'incident, etc...

---

§. II. — Demande en renvoi pour incompétence ou connexité.

24. Requête *ou* Conclusions *pour opposer un déclinatoire et demander le renvoi devant d'autres juges.*
CODE PR. CIV., art. 168.

Le renvoi peut être demandé soit par conclusions grossoyées, soit par simple acte. Dans l'un et l'autre cas, la requête est rédigée dans la forme ordinaire. (Voir *suprà*, formule n° 18) ; *on expose les raisons de la prétendue incompétence du tribunal soit à raison de la matière :*
Attendu, *par exemple*, qu'il s'agit d'un litige entre commerçants au sujet d'une opération de leur commerce, et dont la juridiction commerciale est seule compétente pour connaître à l'exclusion de celle des tribunaux civils ; — *soit à raison de la personne :* Attendu (*par exemple*) que le défendeur a son domicile à...., en dehors du ressort du tribunal saisi et dans le ressort du tribunal de..... seul compétent, par suite, pour connaître d'une demande dirigée contre ledit sieur en matière personnelle et mobilière ;
Et l'on conclut à ce qu'il plaise au tribunal :
Se déclarer incompétent [1], et renvoyer la cause et les parties

---

1. Le déclinatoire qui n'est pas fondé sur une incompétence *ratione materiæ*, ne peut plus être proposé si la partie a fourni des défenses au fond ou des exceptions autres que la caution *judicatum solvi* (Q. 710).
Toutes les exceptions d'incompétence *ratione personæ*, doivent être présentées

devant les juges qui en doivent connaître [1].

Et condamner M..... aux dépens, dont distraction..... etc...

---

24 bis. Requête *ou* conclusions *en réponse.*

On répond à l'exception d'incompétence par des conclusions grossoyées ou par simple acte. La forme est la même qu'à la formule qui précède. Le demandeur expose les motifs qui doivent faire, suivant lui, rejeter l'incompétence proposée.

Puis il conclut à ce qu'il plaise au tribunal :

Déclarer le défendeur mal fondé en son exception d'incompétence, l'en débouter ;

Dire qu'il sera passé outre devant le tribunal aux débats sur le fond ;

Condamner le défendeur aux dépens, dont distraction, etc.

---

25. Jugement *qui admet le déclinatoire.*
Code PR. CIV., art. 172.

Le tribunal..... etc., attendu..... etc.

Par ces motifs, faisant droit sur le déclinatoire proposé par *n m du défendeur*), se déclare incompétent.

Renvoie (*nom du demandeur*) à se pourvoir devant qui de droit[2], le condamne aux dépens... etc.

---

ensemble, lorsqu'il y a communauté et indivisibilité d'intérêts entre les défendeurs (*J. Av.*, t. 73, p. 390, art. 485, § 19).

L'exception d'incompétence *ratione personæ* est couverte par l'exception d'incompétence *ratione materiæ* (Cass. 26 février 1894 (S. 94.1.276).

On peut proposer l'exception d'incompétence devant le tribunal, quoique l'on n'ait pas décliné la compétence du juge de paix devant lequel on a été cité en conciliation comme ayant domicile dans le canton de son bureau (*Q.* 714).

La constitution d'avoué même sans réserves ne couvre pas le déclinatoire si elle ne contient aucuns moyens.

Mais il serait couvert par une demande, ou même par une simple sommation afin de communication des pièces, qui auraient déjà été employées ou signifiées ; à moins toutefois que la demande en communication n'ait été formée que pour s'éclairer sur la nature de l'action, et conséquemment sur le mérite de l'exception d'incompétence (*Q.* 718). Sic : Pau, 21 février 1900 (*J. Av.*, t. 126, p. 65).

1. Le défendeur ne saurait être admis à faire juger le déclinatoire par le tribunal auquel il prétend que la question sur le fond appartient (*Q.* 711).

2. Lorsque le déclinatoire est admis, il faut un nouvel exploit pour saisir le tribunal compétent (*Q.* 720).

Le tribunal qui accueille une exception d'incompétence, ne doit pas statuer sur une fin de non-recevoir touchant au fond du procès (*J. Av.*, t. 73, p. 406, art. 485, § 76).

Les parties peuvent, d'un commun accord, dessaisir un tribunal déjà saisi pour porter le litige devant un autre tribunal, à moins toutefois que la cause soit déjà en état, auquel cas un désistement est nécessaire (*Q.* 721 (*bis*)).

Le tribunal, qui prononce le renvoi, n'est pas tenu d'indiquer aux parties quel est le juge compétent (*Q.* 723).

26. Jugement *qui rejette le déclinatoire.*

Le tribunal..... etc., attendu..... etc.
Par ces motifs,
Sans s'arrêter au déclinatoire proposé par X..., se déclare compétent; en conséquence retient la cause, et ordonne qu'il sera conclu et plaidé au fond, à l'audience du [1].....; condamne X.., aux dépens.

---

27. Jugement *qui prononce le renvoi d'office.*

Code PR. CIV., art. 170.

Le tribunal..... attendu.....
Se déclare d'office incompétent pour prononcer sur ladite demande, et renvoie..... (*nom du demandeur*)[2], à se pourvoir devant qui de droit, le condamne aux dépens.....

---

28. Requête *ou* Conclusions *pour opposer la connexité ou la litispendance.*

Code PR. CIV., art. 171.

La connexité ou la litispendance peuvent être opposées soit par conclusions grossoyées, soit par conclusions par simple acte (v. supra, formule n° 18). Dans l'un et l'autre cas, après avoir exposé les faits qui constituent la connexité ou la litispendance[3]*, on*

---

1. Un grand nombre d'auteurs, à l'avis desquels se sont rangées beaucoup de Cours d'appel, enseignent que les juges ne peuvent, même en rejetant le déclinatoire, ordonner qu'il sera immédiatement plaidé au fond, et y statuer par défaut, dans le cas où la partie refuse d'y défendre; qu'il doit être sursis au jugement de fond jusqu'à l'expiration du délai de huitaine (art. 172 et 449 C. pr. cv. combin.). V. en ce sens : Boitard, t. 1, 4.362; Garsonnet, t. 2, p. 372; Poitiers, 27 fév. 1855 (J. Av.,t. 76, p. 86) ; Cass. 19 avril 1852 (J.Av., t. 78, p. 299). — Cependant la Cour de cassation s'est prononcée en sens contraire le 24 août 1852 (J. Av., t. 78, p. 299). Sic : 735, *ad notam*; J. Av., t. 72, art. 291, p. 612, — et en tout cas, il est constant qu'il peut être statué par un seul et même jugement sur le déclinatoire et sur le fond, quand la partie qui a proposé le déclinatoire a, en même temps, conclu subsidiairement au fond : Cass., 31 janv. 1895 (S. 96.1.381).
2. Le demandeur peut lui-même proposer l'exception d'incompétence, *ratione materiæ*, en payant toutefois, et quelle que soit l'issue du procès, les frais qu'il a mal à propos nécessités (Q. 722).
3. Il n'y a pas litispendance lorsqu'une même demande ou deux demandes connexes sont portées à la fois devant deux tribunaux, l'un français, l'autre étranger. *Suppl. alphab.*, v° *Exceptions*, n° 123.

conclut à ce qu'il : Plaise au tribunal, renvoyer les parties à procéder devant le tribunal de...., où la cause connexe se trouve pendante, et en cas de contestation, condamner les contestants aux dépens.

La requête en réponse se rédige de la même manière. On conclut à ce qu'il plaise au tribunal : Sans s'arrêter ni avoir égard à la demande de renvoi formée par M...., le déclarer non recevable, en tout cas mal fondé en son exception ; adjuger au concluant les conclusions de son exploit introductif d'instance et condamner le défendeur aux dépens... etc.

Remarque. — Dans les matières sommaires, ces diverses exceptions se proposent nécessairement par simple acte.

---

29. Jugement *qui renvoie devant un tribunal déjà saisi.*

CODE *PR. CIV.*, art. 171 et 172.

Le tribunal..... etc.....
Attendu que la demande formée par A..... contre B..... par exploit du..... enregistré, devant le tribunal de..... et tendant à..... n'est que la reproduction de la demande portée par ledit A..... contre B..... devant le tribunal de..... par exploit du..... enregistré ; que les conclusions prises devant les deux tribunaux sont les mêmes ; qu'il y a lieu, par conséquent, d'appliquer les dispositions de l'art. 171 du C. pr. civ ;
Par ces motifs,
Ordonne que les parties procéderont sur ladite demande devant le tribunal de..... déjà saisi [1] ;
Condamne A..... aux dépens..... etc.

---

30. Jugement *qui rejette la demande en renvoi pour cause de litispendance ou de connexité.*

Le tribunal etc..... Attendu.....
Par ces motifs,

---

1. C'est devant le tribunal premier saisi qu'il faut porter la demande en renvoi pour cause de litispendance ou connexité, à moins que la demande formée la dernière ne soit principale, et que la première ne soit qu'accessoire (*Q.* 726).

La demande en renvoi pour connexité ne peut pas être formée dans le cas où la loi a attribué à certains tribunaux une juridiction spéciale relativement à l'objet de la contestation (*Q.* 730).

Dans le cas où une demande connexe à une autre demande formée antérieurement est portée au même tribunal que celle-ci, les parties peuvent demander la jonction des deux causes ; ou, si chacune se trouve soumise à une chambre différente du même tribunal, demander le renvoi de la cause la plus récente à la chambre saisie de la première affaire. (*Q.* 731). Voy., pour les applications de ce principe, *Suppl. alphab.*, v° *Exceptions*, n. 99 et s.

La demande en renvoi n'est pas, par sa nature, une affaire sommaire ; mais elle doit être jugée avec la même célérité.

Sans s'arrêter à l'exception proposée par B..... dans laquelle ledit sieur est déclaré mal fondé, et dont il est, en conséquence, débouté,

Retient la cause et ordonne qu'il sera conclu et plaidé au fond à l'audience du....; condamne B..... aux dépens de l'incident [1].

§ III. Renvoi pour cause de parenté ou d'alliance.

31. Acte *fait au greffe afin de demander le renvoi à un autre tribunal pour cause de parenté ou d'alliance.*

CODE PR. CIV., art. 370.

L'an..... le..... par devant nous greffier [2] du tribunal de première instance de.... à.... (*heure*) a comparu M..... demeurant à... rue.., lequel comparant [3], assisté de Me..... avoué, a dit que par exploit de..... huissier, en date du...., il a été assigné devant

---

1. Lorsque les instances connexes sont pendantes, l'une devant un tribunal, l'autre devant une Cour, le renvoi pour connexité ne peut être ordonné. Cass., 24 février 1852. (*J. Av.* t. 67, p. 499.)
Le tribunal peut, mais par une disposition distincte, statuer sur le fond, par le même jugement qui rejette le renvoi; mais, s'il a statué d'abord sur le déclinatoire et, plus tard, sur le fond, ce dernier jugement est entaché de nullité si le premier n'a pas été signifié à avoué. V. *Suppl. alphab.*, v° *Exceptions*, n. 73 et s.
D'après cela, on peut, sans couvrir l'exception, plaider subsidiairement au fond (Q. 736).
Les jugements rendus en matière de litispendance sont toujours sujets à l'appel, lors même que le chiffre de la demande au fond n'excède pas les limites du dernier ressort. Lyon, 15 mars 1899 (*J. Av.*, t. 124, p. 400).
L'exception de litispendance n'est pas d'ordre public (Cass., 3 déc. 1900, *J. Av.*, t. 126, p. 98); elle ne doit donc pas être opposée d'office par le juge; elle ne peut être invoquée pour la première fois en appel (Cass., 17 août 1865, *id.*, t. 191, p. 137); elle n'est même plus recevable après des conclusions au fond. Cass., 18 juill. 1869 (*id.*, t. 86, p. 216).

2. Il ne suffit pas de déposer au greffe une requête contenant la demande en renvoi (Q. 1349). Mais la demande ne serait pas valablement formée par simple requête signifiée à partie : Cass., 17 décembre 1828.

3. La partie n'est pas tenue de comparaître elle-même en personne; elle peut comparaître par mandataire; mais l'art. 370 C. pr. civ. exige à cet effet la collation d'un mandat spécial et par acte authentique.
La qualité de mandataire du comparant est, dans ce cas, mentionnée ici par le greffier dans les termes ci-après : « agissant au nom et comme mandataire spécial aux fins des présentes de M..... demeurant à..... rue..... aux termes d'une procuration reçue par M•..... et son collègue, notaires à..... le..... enregistrée, et dont une expédition (*ou* l'original en brevet) nous ayant été présentée, est demeurée ci-annexée. »
A l'exception de la parenté naturelle directe ou de celle qui lierait deux frères

ce tribunal par M..... demeurant à..... pour se voir condamner à lui payer la somme de..... montant de..... (*énoncer les causes de l'assignation*);

Mais qu'ayant appris que MM..... et...., faisant partie de MM. les juges composant ledit tribunal, étaient les (*énoncer le degré de parenté*) de M ....; il concluait à ce que, conformément à l'art. 368 du C. p. c., la cause pendante entre lui et ledit sieur..... fût renvoyée [1] à un autre tribunal, ressortissant à la Cour d'appel de....; et à l'appui de la présente demande, le comparant a produit comme pièce justificative une expédition, demeurée ci-annexée, de l'intitulé d'un inventaire fait après le décès de M..... par Me..... et son collègue, notaires à..... en date, au commencement, du..... (*énoncer les autres titres, s'il y en a d'autres à l'appui de la prétention*), qui constate que MM..... et..... sont (*énoncer le degré de parenté*);

Desquelles comparution, dire, conclusions et productions, ledit comparant assisté dudit Me..... a requis acte que nous lui avons octroyé, et a signé [2] avec ledit Me..... son avoué, et nous greffier, après lecture, les jour, mois et an que dessus.

(*Signatures de la partie ou de son mandataire, de l'avoué et du greffier.*)

---

naturels reconnus, on ne tient compte que de la parenté tout à la fois civile et naturelle (*Q.* 1339).

La demande en renvoi ne peut pas être formée pour cause de parenté ou alliance des juges avec l'un des membres ou administrateurs d'un établissement, direction ou union, partie dans la cause : à moins que ces administrateurs n'aient un intérêt distinct ou personnel, quelque minime qu'il soit (*Q.* 1344 *bis*).

Un garant ou un intervenant peuvent demander le renvoi (*Q.* 1345, *Suppl. alphab.*, v° *Exceptions*, Boitard, Colmet-Daâge et Glasson, t. 1, n° 558; *Encyclop. des huiss.*, v° *Renvoi d'un trib. à un autre*, n° 6; Garsonnet, t. 1, § 188, p. 761.).

L'alliance qui peut servir de fondement au renvoi s'efface par la dissolution du mariage qui l'a formée, s'il n'en reste point d'enfants (*Q.* 1340).

Les juges suppléants près les tribunaux de première instance ne doivent pas compter au nombre des juges, pour donner lieu à la demande en renvoi (*Q.* 1344).

De ce que l'art. 368 ne parle que des juges, on doit conclure que l'on ne peut demander le renvoi du chef du ministère public (*Q.* 1342). — *Contra* : Garsonnet, t. 1, § 188, p. 760).

L'art. 368 est applicable dans le cas même où le juge, parent ou allié, se trouverait appartenir à une autre chambre que celle qui serait saisie du différend (*Q.* 1343).

On peut demander, devant un tribunal de commerce, le renvoi pour cause de parenté ou d'alliance (*Q.* 1338; Garsonnet, t. 1. § 188, p. 762.

Mais il n'en est pas de même devant la juridiction des prud'hommes (Garsonnet, *loc. cit.*).

1. La demande de renvoi peut être formée après l'époque fixée par l'art. 369, si les causes sur lesquelles elle est fondée sont postérieures à cette époque, ou si elles étaient inconnues (*Q.* 1347).

La partie condamnée par défaut peut, sur son opposition, former sa demande en renvoi (*Q.* 1348).

2. Le greffier ne peut pas suppléer au défaut de signature de la partie ou de son fondé de pouvoir, en mentionnant les causes de ce défaut (*Q.* 1350).

32. Jugement *qui ordonne les communications et le rapport.*

CODE PR. CIV., art. 371.

Le tribunal[1]....; vu l'expédition d'un acte, fait au greffe le....., contenant demande par M..... de renvoi à un autre tribunal de la demande formée contre lui par M..... devant cedit tribunal en..... (*objet de la demande*), ladite demande en renvoi fondée sur ce que MM..... membres du tribunal, sont parents dudit sieur..... au degré de....;

Attendu que, d'après l'art. 368 du C. pr. civ., la parenté de l'une des parties, au degré de..... avec deux juges d'un tribunal de première instance, autorise le renvoi de la cause à un autre tribunal; que conséquemment la demande est admissible....;

Par ces motifs,

Ordonne que ledit acte, avec les pièces qui y sont jointes et l'expédition du présent jugement, seront communiqués[2] à MM. (*noms des juges, dont la parenté avec l'un des plaideurs est alléguée*), qui, dans le délai de...., mettront chacun leur déclaration au bas de ladite expédition; ordonne également la communication dudit acte à M. le Procureur de la République; commet M..... juge, pour faire à l'audience du..... le rapport prescrit par l'art. 371 du C. pr. civ.

---

33. Signification *de l'expédition de l'acte à fin de renvoi, des pièces y annexées, et du jugement qui a ordonné la communication de l'acte à fin de renvoi.*

CODE PR. CIV., art. 372.

A la requête de M..... ayant pour avoué Me.....

Soit signifié[3], et en tête des présentes, laissé copie à Me..... avoué près le tribunal de première instance de..... département de..... et de M....;

1º De l'expédition de la réquisition faite par ledit sieur..... au

---

1. Les juges, dont la parenté ou l'alliance donne lieu à la demande en renvoi, ne peuvent pas concourir à ce jugement préparatoire (Q. 1353).
2. Les communications, prescrites par le jugement préparatoire, se font par la voie du greffe (Q. 1355).
3 Le jugement et les pièces doivent être signifiés à la partie adverse de celle qui demande le renvoi, par acte d'avoué à avoué, avant la communication aux juges parents ou alliés (Q. 1354).
Si l'un des défendeurs ne comparait pas, que les autres constituent avoué et que. pendant le cours de l'instruction, le renvoi pour parenté ou alliance soit proposé il ne faut pas appeler le défaillant sur cette demande : on lui fait seulement la signification prescrite par l'art. 372 (Q. 1353 bis, et *Suppl. alphab.*, vº *Renvoi*, n. 28).

greffe du tribunal de première instance de..... dûment enregistrée et signifiée, à fin de renvoi à un autre tribunal, pour cause de parenté, de la cause pendante entre lui et M..... audit tribunal;

2° De l'intitulé d'un inventaire, fait après le décès de M..... par Mᵉ..... et son collègue, notaires à..... en date du..... et duquel il appert que MM..... et... juges audit tribunal de première instance, sont les (*énoncer la parenté*) de M.... ;

3° De la grosse dûment en forme exécutoire d'un jugement rendu par la..... chambre du tribunal de première instance de..... département de..... en date du..... enregistré, lequel ordonne les communications et rapports prescrits par l'art. 371 du C. Pr. civ. Sous toutes réserves.

A ce qu'ils n'en ignorent.

Dont acte. Pour original (*ou* copie). (*Signature de l'avoué.*)

Signifié, laissé copie, etc.

34. Requête *ou* Conclusions *en défense à la demande de renvoi.*

Code PR. CIV., art. 373.

Ces conclusions peuvent être faites dans la forme grossoyée ou par simple acte (Voir *supra, formule n° 18*). *Dans l'un et l'autre cas, on conclut à ce qu'il* plaise au tribunal,

Attendu que la parenté, alléguée par X..... entre le concluant et MM...., juges au tribunal de première instance de..... pour justifier sa demande de renvoi à un autre tribunal, n'est pas établie;

Que ladite demande n'est point sérieuse, et ne saurait être accueillie;

Par ces motifs,

Déclarer X..... non recevable, en tout cas mal fondé en sa demande de renvoi; l'en débouter;

Ordonner, en conséquence, que la cause sera maintenue devant le tribunal de première instance de...., et que les procédures commencées devant ce tribunal seront continuées d'après les derniers errements;

Et, à raison du préjudice causé par le retard résultant de ladite demande, condamner ledit sieur..... à payer au concluant la somme de..... à titre de dommages-intérêts;

Le condamner, en outre, à l'amende édictée par l'art. 374 du C. pr. civ., et aux dépens de l'incident, dont distraction, etc.

Remarque. — Le demandeur en renvoi peut combattre les moyens exposés dans la requête précédente par une requête en réponse, établie dans la même forme (Q. 2356).

35. Jugement *qui prononce le renvoi.*
Code PR. CIV., art. 373.

Le tribunal[1] : ouïs M..... juge à ce commis, en son rapport, et M. le Procureur de la République en ses conclusions, après en avoir délibéré conformément à la loi [2], jugeant en premier ressort[3] ;

Attendu que la parenté [4], dont excipe X... pour établir sa demande en renvoi, est avouée par MM...., (*noms des juges récusés*) ainsi qu'il résulte de la déclaration par eux faite le..... au bas de l'expédition du jugement du..... ; attendu qu'aux termes de l'art. 368 C. pr. civ., lorsqu'une partie a deux parents ou alliés jusqu'au degré de cousin issu de germain inclusivement, parmi les juges d'un tribunal de première instance, l'autre partie peut demander le renvoi devant un autre tribunal ;

Par ces motifs,

Renvoie la cause dont s'agit devant le tribunal de première instance de..... [4].

---

36. Jugement *qui rejette le renvoi.*
Code PR. CIV., art. 374.

Le tribunal ouïs..... etc......(comme à la formule précédente) ; attendu..... etc. Attendu qu'il est établi que cette demande a causé à..... (*nom du demandeur principal*) un préjudice dont il lui est dû réparation ; que le tribunal possède des éléments suffisants pour évaluer ce préjudice ;

---

1. La requête contenant les moyens, et la réponse, quand il en a été signifié une, sont jointes à la communication faite au ministère public et au rapporteur.
On ne peut pas justifier la demande en renvoi par la preuve testimoniale (*Q.* 1357).
Si les juges du chef desquels la demande en renvoi est formée, avouent leur parenté ou alliance, ou qu'elle soit prouvée, ils ne peuvent pas concourir à ordonner le renvoi (*Q.* 1358).

2. Il est généralement admis qu'en matière de renvoi pour cause de parenté et d'alliance, comme en matière de récusation, il est fait exception au principe du débat oral, et statué sans plaidoiries (*Q.* 1352).

3. Le jugement qui a ordonné le renvoi est susceptible d'appel, alors même que l'objet du procès au fond n'excède pas les limites du dernier ressort (*Q.* 1360 *ter*).
Toute partie peut appeler. Les juges du chef desquels le renvoi est ordonné ne le peuvent pas (*Q.* 1360 *quater*).
Quand le renvoi est prononcé par une Cour, il y a lieu à pourvoi en cassation, et le pourvoi, dans ce cas, n'est pas suspensif (*Q.* 1362).

4. Si, sur une demande en renvoi pour cause de parenté, le fait de la parenté n'est pas contesté, et qu'il ne s'élève de difficulté que sur le point de savoir si elle est de nature à motiver le renvoi, les tribunaux peuvent statuer sans qu'il soit nécessaire de recourir à l'instruction spéciale établie par les art. 371 et suiv.

Par ces motifs ;
Rejette ladite demande en renvoi......; condamne (*nom du demandeur en renvoi*), à l'amende [1] de..........., et en.........., de dommages-intérêts envers.......; le condamne en outre aux dépens..... etc....

Remarque. — L'appel de ce jugement s'interjette dans la forme indiquée *infrà*, formule n° 44.

---

37. Signification *du jugement qui prononce le renvoi avec assignation devant le tribunal auquel l'instance a été renvoyée.*

CODE PR. CIV., art. 375.

L'an........, le........, à la requête de M........ (*nom, profession, demeure*), pour lequel domicile est élu à........, en l'étude de Me......., avoué près le tribunal civil de première instance de......., lequel se constitue et occupera pour lui sur l'assignation ci-après et ses suites, j'ai (*immatricule de l'huissier*), soussigné, signifié [2] et en tête [de celle] des présentes, laissé copie à M......, demeurant à........, rue........, n°......., audit domicile [3], où étant et parlant à......;

De la grosse dûment en forme exécutoire d'un jugement rendu contradictoirement entre les parties par le tribunal civil de......., le........, enregistré ;

A ce qu'il n'en ignore. Et à même requête, demeure, élection de domicile et constitution d'avoué que dessus, j'ai, huissier susdit et soussigné, donné assignation au susnommé à comparaître par ministère d'avoué à huitaine franche, délai de la loi, à l'audience et par devant MM. les Président et Juges composant le tribunal civil de........, séant au palais de justice à......, heure de......, pour......:

Attendu que, par le jugement susénoncé, les parties ont été renvoyées à procéder devant le tribunal civil de première instance de......., sur la demande formée par le requérant devant le tribunal de........, contre M......., par exploit de......, huissier, en date du......, enregistré ;

Par ces motifs ;

Voir dire et ordonner, que la procédure suivie sur ladite demande,

---

1. L'application de l'art. 374, qui dispose que celui qui succombera sur sa demande en renvoi sera condamné à l'amende et aux dommages-intérêts, est facultative quant aux dommages-intérêts et forcée quant à l'amende (Q. 1359).
2. Le jugement qui ordonne le renvoi est signifié par la partie la plus diligente avec simple assignation à comparaître devant le tribunal désigné pour connaître de la demande principale.
3. Cette assignation doit être donnée au domicile réel des parties ou à leur personne (Q. 1360). *Voy. suprà*, formule n° 6.

devant le tribunal de......., sera reprise et continuée suivant les derniers errements, devant le tribunal de........; en conséquence, voir dire et ordonner (*reprendre ici les conclusions telles qu'elles résultent du dernier état de la procédure*), et s'entendre en outre condamner aux dépens.

Sous toutes réserves.

A ce qu'il n'en ignore, et je lui ai audit domicile, où étant et parlant comme dessus, laissé copie tant du jugement susénoncé que du présent sous enveloppe fermée.... etc... (V. formule n° 1). Coût.......

§ IV. Récusation

38. Jugement *qui, sur la déclaration du juge, ordonne qu'il s'abstiendra.*

Code PR. CIV., art. 380.

L'an......, le......., le tribunal [1] de......., s'étant réuni en la chambre du conseil, en présence de M. le procureur de la République, M......, juge de ce siège [2], a exposé que [3] M........, a assigné M......., devant ce tribunal, pour (*objet de la demande*)...; que lui, comparant, reconnaît être parent de M.... au degré de....; que dès lors il ne peut connaître [4] de la cause; et a signé,

(*Signature du juge qui déclare vouloir s'abstenir*).

Sur quoi, le tribunal, après avoir entendu M. le procureur de la République en ses conclusions,

Considérant que M...... étant (*degré de parenté*) de M......, il y a lieu d'appliquer l'art. 378 du C. pr. civ., qui porte que le juge qui est........, de l'une des parties est récusable;

Donne acte à M......., de sa déclaration; et dit[5], qu'il s'abstiendra de connaître de la cause d'entre M....... et M......

Fait et signé à......, les jour, mois et an que dessus.

(*Signatures.*)

---

1. S'il n'y a qu'un juge qui s'abstienne, les autres juges composant le tribunal peuvent *toujours*, le tribunal fût-il incomplet par ce fait, statuer sur l'*abstention*.
2. Le juge qui sait qu'il peut être récusé peut, sans qu'il soit besoin de faire sa déclaration, s'abstenir de lui-même (Q. 1387). Mais il n'est pas tenu de s'abstenir (J. Av., t. 74, p. 281, art. 673).
3. Cette déclaration peut être faite en tout état de cause, même après les délais de récusation (Q. 1390).
4. Le juge qui s'est déporté ne peut pas reprendre la connaissance de l'affaire, quand les causes de son déport ont cessé (Q. 1391).
5. La décision de la chambre qui maintient un juge dans une affaire, nonobstant sa déclaration, ne dépouille pas les parties du droit de proposer elles-mêmes la récusation.

La décision de la chambre du conseil portant que le juge doit s'abstenir, ne doit pas être notifiée ou communiquée aux parties; celles-ci ne peuvent pas en interjeter appel (Q. 1389).

39. Acte *de récusation*.
Code Pr. Civ., art. 384.

L'an......, le [1]........, au greffe et par-devant nous greffier [2] du tribunal civil de première instance de........, a comparu M. [3]......., demeurant à......, rue........, n°......, lequel comparant assisté de Me......., son avoué, nous a déclaré, qu'il a été assigné à la requête de M......, demeurant à......., suivant exploit de......., huissier à........, en date du......, enregistré, à comparaître à huitaine franche (*ou* à bref délai de trois jours francs, *ou* à jour fixe le.......) à l'audience et par-devant MM. les président et juges composant la..... chambre de ce tribunal, séant au Palais de justice à....... heure de....... pour (*reproduire les conclusions de l'ajournement*) ;

Qu'il est à la connaissance du comparant, que M......., juge en ladite chambre de ce tribunal, consulté par M......, sur la demande qu'il était dans l'intention d'introduire, a donné par écrit un avis favorable audit sieur......., ainsi que le comparant offre de le prouver par témoins ;

Que, par ces motifs, il est dans l'intention de récuser, comme de fait [4], il récuse expressément par ces présentes, la personne de

---

1. La demande en récusation doit être présentée avant le commencement des plaidoiries, c'est-à-dire avant que les conclusions aient été contradictoirement prises à l'audience.
On peut, après les époques déterminées par l'art. 382, admettre une récusation si les causes existantes n'ont été connues que depuis ces mêmes époques (Q. 1394). *Suppl. alph.* v° *Récusation*, n. 84 et s.
2. La récusation peut être proposée devant les tribunaux de commerce, et en matière criminelle, correctionnelle, ou de simple police. L'acte de récusation doit, même en ces cas, être fait au greffe, *Suppl. alph.*, v° *Récusation*, n°² 94 et s.
3. En cette matière, comme en matière de renvoi pour cause de parenté ou d'alliance, la partie n'est pas tenue de comparaître en personne : mais ici encore l'art. 384 C. pr. civ. exige qu'elle se fasse représenter par une personne fondée de sa procuration authentique et spéciale, et que cette procuration soit annexée à l'acte de récusation. Cette circonstance doit, en ce cas, être mentionnée audit acte dans les mêmes termes que dans la formule n° 31 (V. *supra*).
4. Les suppléants, les avocats et les avoués qui se trouvent appelés à connaître d'une affaire, sont également récusables.
Mais le greffier ne l'est pas.
On peut récuser un tribunal ou une Cour en masse, et alors c'est à la Cour d'appel à laquelle ressortit ce tribunal, ou à la Cour de cassation, quand il s'agit d'une Cour, à prononcer sur la récusation (Q. 1366).
Mais le fond doit être jugé par le tribunal originairement saisi, si, par suite du rejet de certaines récusations, il reste un nombre de juges suffisant pour statuer (J. Av., t. 73, p. 396, art. 485, § 41).
Les magistrats composant un tribunal appelé à juger une question de discipline concernant un avocat ou un officier ministériel, peuvent être, de la part de ces derniers, l'objet d'une récusation.
Le juge parent ou allié des deux parties peut être récusé (Q. 1367 ; Boitard Colmet-Daàge et Glasson, n° 564.
Le juge peut être récusé par la partie dont il est parent ou allié, sans l'être par la partie adverse (Q. 1368).

M........., pour juge de la cause[1] pendante devant ladite chambre, entre lui et M..... ;

La parenté naturelle produit les mêmes effets que la parenté légitime (*Q.* 1368 *bis*).

Dans le cas où le mariage a été dissous par le divorce, à la différence du cas où la femme est décédée, le beau-père, le gendre et les beaux-frères, ne sont pas récusables, lorsqu'il n'existe pas d'enfants (*Q.* 1369).

Un juge ne peut pas être récusé parce que son beau-frère est simplement actionnaire d'une société contre laquelle le procès est dirigé (*J. Av.*, t. 73, p. 690, art. 608, § 36).

C'est une question toute d'appréciation que de déterminer en quel cas le juge est récusable, lorsque lui-même, sa femme, ses ascendants, etc., sont créanciers ou débiteurs d'une des parties (*Q.* 1373).

Il y a motif de récusation envers le juge sur lequel la partie adverse a accepté un transfert de créance (*Q.* 1374).

Par ces mots : *procès criminel*, employés par l'art. 378, § 5, on doit entendre l'action intentée à raison d'un fait qualifié crime par la loi (*Q.* 1375).

La partie qui est en instance, et contre laquelle un des juges du tribunal où l'instance est pendante, ou les parents ou alliés en ligne directe de ce juge, intentent un procès, peut le récuser (*Q.* 1276).

Le juge, conseil judiciaire de l'une des parties, peut être récusé par l'autre (*Q* 1376 *bis*).

Il n'en est pas de même du juge donateur (*Ibid.*).

Par le mot *maître* employé au § 7 de l'art. 378, on doit entendre le corrélatif de domestique ou ouvrier (*Q.* 1377).

Les juges ne sont pas récusables comme habitants d'une commune partie au procès, à moins qu'ils n'y aient un intérêt particulier (*Q.* 1376 *ter*).

Le juge ne peut pas être récusé s'il a donné son avis extrajudiciairement (*Q.* 1381).

Les juges qui ont rendu un jugement attaqué par tierce-opposition, ne sont pas réputés avoir manifesté leur opinion, dans le sens de l'art. 378 § 8, et ne peuvent pas être récusés pour cette cause, lorsque la tierce-opposition leur est soumise.

Le juge qui, dans un tribunal de première instance, a concouru au jugement d'une affaire peut, devenu membre d'un tribunal supérieur, être récusé dans l'instance d'appel. (*Q.* 1379).

Un juge n'est pas récusable, lorsqu'il n'a précédemment connu de l'affaire que pour se déclarer incompétent, soit à raison de l'état où l'affaire se trouvait alors, soit à raison de la qualité en laquelle on prétendait qu'il devait en connaître (*Q.* 1380).

Le juge n'est pas récusable pour avoir bu et mangé avec la partie, soit chez lui, soit dans une maison tierce (*Q.* 1382).

L'inimitié, pour être capitale et constituer une cause de récusation, doit être actuelle, connue, manifestée par des actes positifs (*Q.* 1384. V. encore sur le caractère que doit avoir l'inimitié capitale, *Suppl. alph.*, v° *Récusation*, n. 52 et suiv.).

De ce qu'une partie peut récuser le juge qui l'a injuriée, attaquée, ou menacée, il ne s'ensuit pas qu'elle puisse récuser celui contre lequel elle a elle-même proféré ou écrit des injures (*Q.* 1385).

Le ministère public est récusable quand il est partie jointe. La récusation dirigée contre lui, lorsqu'il agit d'office, est nulle de plein droit (Cass., 18 août 1860, S. 61.1.400 ; D. P: 60.1.470) ; *Suppl. alph.*, v° *Récusation*, n° 91).

Les causes de récusation indiquées par l'art. 378 sont les seules qui puissent être proposées (*Q.* 1364 ; Boitard Colmet-Daâge et Glasson, t. 1, n° 563 ; Garsonnet, t. 1, p. 767).

Il faut ajouter au délai de l'art. 383 un jour par cinq myriamètres de distance (*Q.* 1397 *bis* ; Boitard Colmet-Daâge et Glasson, n 571).

1. On ne peut pas récuser un juge pour toutes les affaires qu'on aura par e suite devant le tribunal auquel il appartient (*J. Av.*, t. 72, p. 664, art. 304, § 29.)

Desquels comparution, dire et récusation, ledit comparant a requis acte, que nous lui avons octroyé, et a signé, ainsi que ledit Me........, et nous greffier, après lecture.

(*Signature de l'avoué, de la partie (ou de son fondé de pouvoir) et du greffier.*)

---

40. Jugement *qui admet la récusation.*
Code PR. CIV., art. 385.

L'an....., le....., le tribunal [1] ;
Vu l'expédition d'un acte reçu au greffe, le....., par lequel M....... a récusé M...... l'un des juges du siège, dans la cause pendante entre lui...... et M....., en se fondant sur ce que M......, etc ;
Ouï M. le président dans son rapport, et M. le procureur de la République en ses conclusions ;
Attendu qu'aux termes de l'art. 378 du C. pr. civ., le juge qui....., etc., est récusable ; qu'ainsi la récusation proposée par....... est, admissible, sauf la vérification des faits sur lesquels elle est fondée ;
Déclare admissible ladite récusation [2] ; dit en conséquence que l'expédition de l'acte de récusation ci-dessus relaté sera communiquée à M..... *(nom du juge récusé)*, pour qu'il s'explique, dans le délai de......., sur les causes de la récusation dont il est l'objet, et que ledit acte, ensemble la déclaration en réponse faite par M..., seront communiqués à M. le procureur de la République ; désigne M......, juge, pour faire, à l'audience du......, le rapport prescrit par l'art. 385 du C. pr. civ.

---

41. Déclaration *du juge récusé.*
Code PR. CIV., art. 386.

L'an....., le....., au greffe et par-devant nous greffier du tribunal de....., a comparu M......, l'un des juges dudit tribunal, lequel,

---

1. C'est le tribunal dont fait partie le juge récusé qui doit statuer sur la récusation (*Q.* 1398 *bis*).
Le tribunal qui doit prononcer sur la récusation d'un juge-commissaire, lorsque ce juge n'a pas été pris parmi les membres du tribunal saisi de la contestation, est le tribunal auquel appartient ou duquel dépend le magistrat récusé (*Q.* 1398).
V. *Suppl alphab.*, v° *Récusation*, n. 100 et s.
Le juge récusé ne peut pas concourir au jugement qui statue sur l'admissibilité de la récusation (*Q.* 1399).
2. L'instruction doit être publique (*Q.* 1398 *ter*). V. *Suppl. alphab., ibid.*, n. 103 et s.

après que lecture a été faite par nous greffier soussigné : 1° de la minute du jugement de ce tribunal en date du......, portant que l'acte ci-dessous lui sera communiqué pour s'expliquer sur la récusation y contenue ; 2° dudit acte de récusation, a déclaré...... [1], etc.

De laquelle déclaration, ledit M...... a requis acte, que nous lui avons octroyé, et a signé avec nous greffier, après lecture.

(Signatures.)

Remarque. — Sur la simple déclaration du juge, le tribunal peut rejeter la récusation ou ordonner la preuve testimoniale [2] (art. 389.)

---

42. Acte *pour faire remplacer le juge récusé, en cas d'urgence* [3].
Code PR. CIV., art. 387, 391.

A la requête de M..... ayant Mᵉ...... pour avoué,

Soit signifié, dit et rappelé à Mᵉ...... avoué de M..... que, par jugement rendu par le tribunal de...... le....., il a été ordonné que par M...., juge, il serait procédé entre les parties y dénommées à une enquête sur certains faits énoncés audit jugement;

Mais que M....., ayant été récusé par M......., suivant acte fait au greffe du tribunal le...... [4], ne peut aux termes de l'art. 387 du C. pr. civ., bien qu'il n'ait point encore été statué sur ladite récusation, procéder à cette enquête pour laquelle il a été commis [5] ;

Que cependant, et à raison notamment de ce que, parmi les témoins que le requérant se propose de faire entendre, l'un d'eux M......., demeurant à......, est très malade et en danger de mort (*ou pour tout autre motif qu'il convient d'exprimer ici*), il y a

---

1. L'objet de cette déclaration est d'éclairer le tribunal (Q. 1401).
L'aveu par le juge récusé des faits sur lesquels est motivée la récusation ne peut être contesté par aucune des parties.
2. Le commencement de preuve, dont parle l'art. 389, doit être établi par écrit (Q. 1405 *ter*).
On peut appeler du jugement qui ordonne la preuve testimoniale des causes de récusation (Q. 1405 *quat.*).
La preuve testimoniale ne doit être contradictoire, ni avec le juge, à moins d'intervention, ni avec les parties adverses (Q. 1405 *quinq.*).
3. Il y a nullité des jugements rendus ou des opérations faites au mépris de la prohibition de l'art. 387 (Q. 1405, Garsonnet, t. 2, § 299, p. 381).
Quoique, indépendamment du juge récusé, les autres membres de la chambre soient en nombre suffisant, la suspension doit encore avoir lieu (Q. 1405 *bis*).
4. Le tribunal auquel appartient le juge commissaire récusé peut le remplacer, lorsque c'est lui qui l'a commis, et non le tribunal saisi de la contestation ; mais lorsque ce dernier tribunal a commis directement un juge étranger, le tribunal déléguant a seul pouvoir pour le remplacer (Q. 1403).
5. On peut, s'il est urgent de faire prononcer un jugement interlocutoire ou provisoire, demander au tribunal qu'il fasse remplacer le juge récusé, afin qu'il puisse rendre ce jugement (Q. 1404). — *Contrà* : Dalloz, v° *Récusation*, n. 126).

urgence à ce que l'exécution de cette mesure d'instruction ne soit pas différée ;

En conséquence soit sommé ledit M°..... de comparaître et se trouver le......, à l'audience de la...... chambre du tribunal, pour voir dire qu'il sera procédé à l'enquête dont s'agit par tel de MM. les juges qu'il plaira au tribunal commettre à cet effet, aux lieu et place de M....., juge récusé.

Dont acte..... etc.

(*Signature de l'avoué.*)

---

43. Jugement *qui rejette la récusation.*

CODE *PR. CIV.*, art. 390.

Le tribunal......, etc. [1]. Vu :

1° L'expédition d'un acte reçu au greffe du tribunal, le...., par lequel M...... a récusé M....., l'un des juges dudit tribunal, dans la cause qui existe entre lui et M......, sur le fondement que ...., etc.;

2° Le jugement rendu par le tribunal, le..., qui a déclaré admissible ladite cause de récusation ;

3° L'expédition d'un acte reçu au greffe, le...., contenant les déclarations faites par M......, sur ladite récusation dont il est l'objet.

Ouïs M....., juge en son rapport, et M. le Procureur de la République en ses conclusions ;

Considérant..... etc.;

Déclare ladite récusation mal fondée, condamne M..... en l'amende [2] de....., et aux dépens de l'incident.

Remarque. — Le jugement qui déclare la récusation recevable est conçu dans les mêmes formes.

---

1. Le concours d'un juge récusable ne rend pas nul le jugement sur le fond, s'il n'a pas déclaré les causes de récusation qu'il sait exister dans sa personne, ou s'il n'a pas été récusé. Il en est de même si le jugement a été rendu en présence d'un procureur de la République récusable ; mais le jugement est nul lorsque ce juge est sciemment intéressé dans la cause, quoiqu'il n'ait pas été récusé (*Q.* 1392); *Suppl. alphab.* v°. *Récusation,* n. 75 et 76.

2. Le demandeur est sujet à l'amende, soit dans le cas où la récusation est jugée inadmissible ou non-recevable, soit dans celui où elle est jugée mal fondée, mais non si elle est rejetée à cause d'une nullité de procédure (*Q.* 1406).

Une seule amende doit être prononcée contre la partie qui succombe, quel que soit le nombre des juges récusés. V. *Suppl. alphab., loc. cit.,* n. 122 et 123.

44. Acte d'appel d'un jugement qui rejette la récusation [1].

CODE PR. CIV., art. 392.

L'an....., le.... [2], au greffe et par-devant nous greffier du tribunal civil de première instance de......, a comparu M......, demeurant à......., lequel comparant assisté de M^e......, avoué, nous a déclaré que par acte au greffe, en date du......, enregistré, il avait formé une demande en récusation contre M......, l'un des juges de ce tribunal;

Que cette demande a été rejetée par jugement de ce même tribunal en date du......, lequel jugement l'a condamné à l'amende et aux dépens de l'incident;

Que néanmoins, il est constant que M....... a donné un avis écrit sur la demande, existant devant ladite chambre, entre M...... et M......, ce qui, aux termes de l'art. 378 du C. pr. civ., constitue un motif légitime de récusation; que ce fait est attesté par plusieurs personnes qui ont vu l'écrit contenant l'avis de M......, tracé de sa main, et ont délivré au comparant des certificats qui le constatent.

Que par suite il se voit dans la nécessité d'interjeter appel [3] du jugement susénoncé, par les motifs qui viennent d'être déduits.

Et à l'appui du présent appel, M...... a produit cinq pièces cotées par première et dernière, et qui sont:

La première, l'expédition de l'acte de récusation susdaté;

La seconde, l'expédition de la déclaration de M......, faite au greffe le......, enregistrée, et les trois autres, des attestations délivrées par MM......, qu'ils ont connaissance de l'avis écrit donné par M......, lesdites attestations dûment timbrées et enregistrées; déclarant que le jugement n'étant pas encore expédié, il n'a

---

1. Tout jugement sur récusation est susceptible d'appel (art. 371 du C. pr. civ.)

2. Le délai de cinq jours, qui est fixé par l'art. 392 pour appeler, n'est pas fatal d'après Chauveau. Mais le contraire a été jugé: Montpellier, 14 août 1848. (J. Av., t. 76 p. 404).

3. L'adversaire du récusant peut appeler des jugements rendus sur la récusation (Q. 1407; Garsonnet, t. 2, p. 383).

Le juge récusé ne peut pas se rendre appelant du jugement qui déclare que la récusation est admise ou qu'il s'abstiendra (Q. 1408)

La partie adverse du récusant, ou le juge récusé, ne peut être intimé sur l'appel.

L'appel du jugement sur récusation est suspensif; le tribunal ne peut en ordonner l'exécution provisoire.

L'appelant n'a pas besoin, en appel, de se faire représenter par un avoué; le ministère du greffier suffit pour instruire la cause.

L'arrêt, qui admet la récusation, ne doit pas être notifié au juge avec sommation de s'abstenir.

L'adversaire du récusant, ou le juge récusé, ne peut former opposition au jugement rendu sur récusation (Q. 1409).

pu joindre l'expédition aux pièces produites, mais qu'il nous requiert de dresser ladite expédition sous trois jours, et de la remettre au greffe de la Cour d'appel, nous faisant offre de consigner entre nos mains somme suffisante pour payer l'enregistrement dudit jugement et le coût de l'expédition.

Desquelles comparution, déclaration, réquisition, le comparant a requis acte que nous lui avons octroyé, et a signé avec ledit M^e..., et nous greffier soussigné après lecture.

(*Signatures de la partie, de l'avoué* [1] *et du greffier.*)

---

44 bis. Certificat *du greffier de la Cour, constatant que l'appel n'est pas jugé,*

Nous soussigné......, greffier en chef près la Cour d'appel de....., certifions que l'appel interjeté par M....., du jugement du tribunal de......, en date du....., qui a rejeté la récusation par lui proposée contre M......, juge audit tribunal, n'est pas encore jugé, et que le rapport qui en sera fait à la Cour est indiqué pour le.......

En foi de quoi, j'ai délivré le présent certificat, à........, le ....

(*Signature du greffier.*)

---

45. Signification *du certificat du greffier de la Cour d'appel constatant que l'appel n'est pas jugé.*

CODE PR. CIV., art. 396.

A la requête de M......, ayant pour avoué M^e........, soit signifié et en tête [de celle] des présentes, laissé copie à M^e....., avoué près le tribunal civil de première instance de la Seine, et de M.....

D'un certificat délivré par M......, greffier en chef de la Cour d'appel de......, dûment signé et enregistré, duquel il résulte que l'appel interjeté par le requérant du jugement du tribunal civil de première instance de....., en date du...., qui a rejeté la récusation proposée par le requérant contre M....., juge à ce tribunal, n'est pas encore jugé, et que le rapport n'en sera fait que le.......

A ce qu'il n'en ignore.

Dont acte, pour original, (*ou* copie.)

Signifié, laissé copie, etc.

(*Signature de l'avoué.*)

---

1. L'acte d'appel n'est pas nul, par cela seul qu'il n'a été signé que par l'avoué.

§ V. — Règlements de juges.

46. Requête *présentée à une Cour d'appel pour être autorisé assigner en règlement de juges* [1].

Code pr. civ., art. 364.

A M. le premier Président et MM. les Présidents et Conseillers de la Cour d'appel de......

M. A......, propriétaire, domicilié à....., a l'honneur de vous exposer que M. C......, son oncle, est décédé le....., à........, ne laissant d'autres héritiers que l'exposant lui-même et M. B... ..., parent au même degré que lui ; que, par exploit du ministère de......, huissier à....., en date du....., enregistré, le requérant a fait assigner M. B....., en partage de cette succession, devant le tribunal de......; que de son côté, M. B....., prétendant que ledit sieur C. (*de cujus*), était domicilié à........, a formé contre l'exposant, devant le tribunal de......, semblable demande, par exploit de......, huissier, en date du...... .;

---

1. Toutes les règles de l'art. 363 sont applicables au conflit négatif comme au conflit positif, et il doit être vidé par les tribunaux civils, par les Cours d'appel, ou par la Cour de cassation, suivant les cas (Q. 1319 *octies*). V. *Suppl. alphab.*, v°. *Règlement de juges*, n. 28 et 29.
Pour que la cause donne lieu à règlement de juges, il faut que le différend porté devant deux ou plusieurs tribunaux, constitue par son objet une seule et même cause, ou du moins deux causes essentiellement connexes (Q. 1320). Voy. *Suppl. alphab.*, v° *Règlement de juges*, n. 12 et 13.
La demande en règlement pour conflit positif est valable, quoique l'un des tribunaux ait contradictoirement statué au fond, si sa décision est frappée d'appel (*J. Av.*, t. 73, p. 472, art. 512).
La contrariété des jugements en premier ressort donne ouverture à règlement de juges, et, dans ce cas, la Cour d'appel à laquelle ressortissent les tribunaux qui ont rendu ces jugements est compétente pour connaître de la demande en règlement, quoique ces décisions aient acquis l'autorité de la chose jugée, si elles n'ont statué que sur la compétence (*J. Av.*, t. 73, p. 45, art. 344).
Si le conflit existe entre deux tribunaux de degré inégal, par exemple, entre un juge de paix et un tribunal civil de première instance, le conflit doit être vidé par la Cour d'appel (Q. 1326 *bis*).
Lorsque le conflit s'élève entre le pouvoir judiciaire et l'administration, c'est au Tribunal des conflits qu'il doit être déféré s'il est positif ; mais s'il est négatif, la partie qui pense que les tribunaux civils sont compétents a le choix de se pourvoir devant le Tribunal des conflits en désignation de juges, ou de demander à la Cour de cassation l'annulation de l'arrêt qui a prononcé l'incompétence (Q. 1326 *quater*).
Dans quelques cours d'appel, l'avoué qui présente la requête en donne lecture à la Cour ; dans d'autres, elle est simplement remise au président, et la Cour en délibère ; mais la marche la plus ordinaire est de remettre cette requête au greffier, qui la soumet à la Cour ; il est rendu ensuite par le président une ordonnance de soit communiqué au ministère public ; celui-ci écrit ses conclusions, et l'arrêt est rendu par la Cour en audience publique (Q. 1327, 1328, 1329. *Suppl. alphab.* v°. *Règlement de juges*, n. 40 et s.).

Pourquoi l'exposant requiert qu'il plaise à la Cour lui permettre d'assigner ledit sieur B....... à comparaître devant elle dans les délais de la loi, pour voir régler devant quel tribunal les parties procéderont, et attendu que le véritable domicile du défunt était à.....;

Voir dire que, sans s'arrêter ni avoir égard à la demande formée contre l'exposant, par M. B....., par l'exploit du....., laquelle, en tant que de besoin, sera déclarée incompétemment formée, il sera ordonné que les parties procéderont devant le tribunal de première instance de....., sur la demande formée par l'exposant contre ledit sieur B....., par l'exploit du...; et, jusqu'à ce qu'il ait été statué sur le règlement de juges, voir ordonner, dès à présent, qu'il sera sursis à toutes poursuites et procédures dans les tribunaux de.... et de....; et, en cas de contestation, s'entendre M. B...., condamner aux dépens.

---

47. Arrêt *qui permet d'assigner en règlement de juges.*
Code *PR. CIV.*, art. 364.

La Cour....., etc. ;
Attendu, en fait...., etc. ; en droit....., etc. [1].
Autorise le concluant [2] à assigner aux fins de la requête, et cependant ordonne que par provision, il sera sursis [3] à toutes procédures aux tribunaux de......, sur les demandes en partage énoncées en la dite requête, à peine de nullité.

---

48. Assignation *en règlement de juges* [4].
Code *PR. CIV.*, art. 365.

L'an..... le..... à la requête de M..... demeurant à..... pour lequel domicile est élu en l'étude de M^e..... avoué près la

---

1. Il est bon que l'arrêt énonce les points de fait et de droit, ainsi que les motifs, conformément à l'art. 141 ; mais l'omission de ces formalités ne peut être une cause de nullité (*Q.* 1332).
2. La Cour peut refuser la permission d'assigner s'il apparaît qu'il ne s'agit pas d'une même demande ou de demandes essentiellement connexes (*Q.* 1330).
3. Sont nulles toutes les procédures faites par le défendeur à la demande en règlement de juges, postérieurement à l'arrêt de la Cour d'appel qui prononce le sursis, ou à l'arrêt de la chambre des requêtes qui ordonne la communication de la requête en règlement, *toutes choses demeurant en l'état* (*Q.* 1331).
4. Lorsqu'une partie a obtenu la permission d'assigner en règlement de juges, elle doit faire signifier le jugement, et faire assigner les adversaires au domicile de leurs avoués. Cette assignation et cette signification se font par le même acte, c'est-à-dire par un exploit ordinaire.
Lorsqu'il n'y a pas d'avoués, ce qui arrive lorsqu'il s'agit de justices de paix ou de tribunaux de commerce, la signification et l'assignation sont données au domi-

Cour d'appel de..... séant à..... y demeurant, rue..... n°.....
lequel se constitue et occupera pour lui sur la présente assignation
et ses suites;

J'ai..., soussigné, signifié et en tête [de celle] des présentes laissé
copie à M..... (*nom, prénoms, profession, domicile*), au domicile par
lui élu en l'étude de M^e..... avoué près le tribunal civil de....., y
demeurant, rue..... n°..... où étant et parlant à l'un de ses clercs
ainsi déclaré ;

De la grosse dûment en forme exécutoire d'un arrêt rendu par
la Cour d'appel de..... en date du..... enregistré, rendu sur la
requête présentée par le requérant, par suite de l'action contre lui
intentée par le susnommé, par exploit du ministère de..... huissier
à..... date du....., ledit arrêt portant qu'il sera sursis à statuer
sur ladite action, jusqu'à règlement de juges ;

Et à mêmes requête, demeure, élection de domicile et constitution
d'avoué que ci-dessus, j'ai, huissier soussigné, donné assignation
au susnommé à comparaître à huitaine franche, délai de la loi,
outre les délais de distance, par ministère d'avoué, à l'audience et
par devant MM. les Président et Conseillers composant la........
chambre de la Cour d'appel de....... pour........ attendu que le
requérant a, par exploit du ministère de..... huissier à..... en
date du..... enregistré, assigné M.B..... en partage de la succession de M.C..... devant le tribunal de N.....

Attendu que par exploit du ministère de...., huissier à...., en
date du..., M..... a donné assignation au requérant à comparaître devant le tribunal de...... pour voir statuer sur la même
contestation;

Attendu qu'une même demande ne peut à la fois être portée à
deux tribunaux différents;

Attendu qu'en réalité M. C..... (*de cujus,*) avait, à son décès, son
domicile à N.....; que c'est donc le tribunal de N..... qui est
compétent pour statuer sur l'action en partage de la succession de
M. C.....;

Par ces motifs, voir dire que, sans s'arrêter ni avoir égard à la
demande formée contre le requérant par M. B..... par exploit
sus-énoncé, laquelle, en tant que de besoin, sera déclarée nulle et
de nul effet, comme incompétemment formée, il sera ordonné que les
parties procéderont devant le tribunal de N..... sur la demande
formée par le requérant, contre M. B...., par exploit du ministère
de.... huissier, en date du....., enregistré, et s'entendre en outre,
en cas de contestation, condamner aux dépens.

Sous toutes réserves, à ce qu'il n'en ignore, et j'ai, audit domicile,

---

cile des parties, et alors, les délais se calculent d'après la distance de la Cour ou
du tribunal saisi de la demande en règlement de juges. On applique, du reste, le
principe consacré par l'art. 151, qui veut que l'on ne prenne défaut qu'après
l'échéance du délai donné à la partie la plus éloignée (Q. 1333).

étant et parlant comme dessus, laissé copie, tant de l'arrêt sus-énoncé que du présent sous-enveloppe fermée, etc. Coût.

Remarque. — Cette assignation doit être donnée dans la quinzaine de l'arrêt qui admet le règlement de juges, à peine de déchéance du demandeur.

---

49. Arrêt *qui ordonne que l'affaire restera au tribunal saisi par le demandeur en règlement.*

CODE PR. CIV., art. 367.

Attendu..... etc.;
La Cour, faisant droit sur la demande en règlement de juges formée par A....., sans s'arrêter ni avoir égard à la demande en partage formée par B..... devant le tribunal de Z...., laquelle est déclarée incompétemment formée, ordonne que les parties procéderont devant le tribunal civil de N..... sur la demande en partage formée par ledit sieur A...., et condamne B..... aux dépens [1].

---

50. Arrêt *qui ordonne que l'affaire restera au tribunal saisi par le défendeur en règlement* [2].

CODE PR. CIV., art 367.

(*Voir la formule précédente.*)

---

§ VI. — Des nullités.

51. Conclusions *pour opposer une nullité de forme.*

CODE PR. CIV., art. 173.

Les nullités d'exploit, de jugement ou de tous autres actes [3], pour vices de forme, se proposent, dans les affaires ordinaires, par requête

---

1. Le demandeur en règlement, qui succombe, doit être condamné aux dépens; il en est de même du défendeur, qui a mal à propos contesté; si, au contraire, le défendeur n'a point fait de mauvaises contestations, il y a lieu de réserver les dépens, et de les joindre à ceux de la demande principale (Q. 1335).

2. Le tribunal auquel une Cour de renvoi, après avoir statué sur la compétence, a renvoyé le fond, doit conserver la connaissance de l'affaire, par préférence au tribunal, qui n'a été saisi que par une assignation postérieure (*J. Av.*, t. 74, p. 168, art. 662). Voy. aussi *Suppl. alphab.*, v° *Règl. de jug.*, n° 56 et s.

3. Les nullités d'exploits et actes de procédure sont des nullités relatives. Elles ne peuvent être proposées par celui du fait duquel elles proviennent. Garsonnet, t. 2, p. 27.
Elles ne peuvent d'ailleurs être prononcées d'office par le juge (Q. 747).
Mais si la partie intéressée à opposer une nullité ne comparaît pas, et qu'il y ait

grossoyée, qui ne peut excéder six rôles, et dans les affaires sommaires, par simple acte de conclusions motivées, signifiées à l'avoué du demandeur (Voir ci-dessus, *formule* n° 18). *Dans l'un et l'autre cas, on conclut à ce qu'il*
          Plaise au tribunal,
  Attendu que, suivant exploit du ministère de....., huissier à....,

---

lieu conséquemment à rendre jugement par défaut, le juge doit suppléer la nullité (Q. 748).

Et le tribunal ne peut pas, sans annuler l'exploit, se refuser à donner défaut, et ordonner un réassigné par le motif que la partie n'ayant pas été citée à son domicile, elle n'a pas eu le temps de comparaître (Q. 749).

Aucune des nullités prononcées dans le Code de procédure n'est comminatoire (art. 1029).

Le juge ne peut pas relever une partie de la nullité par elle encourue, quoique la formalité prescrite par la loi, sous peine de nullité, ait été remplie partiellement ou remplacée par des équivalents (Q. 3391 *bis*).

Aucun exploit ou acte de procédure ne peut être déclaré nul, si la nullité n'en est formellement prononcée par la loi (art. 1030).

Il ne faut pas entendre cette règle d'une manière absolue; il y a des irrégularités ou omissions qui emportent nullité, encore bien que la loi ne l'ait pas prononcée (Q. 3392).

La disposition de l'art. 1030 ne peut pas être appliquée à des actes autres que des exploits ou actes de procédure (Q. 3393).

Quand un exploit ou acte de procédure est vicié de nullité, comme les nullités n'ont point lieu de plein droit, suivant la maxime : *Voies de nullité n'ont point lieu en France*, cet acte est réputé valable jusqu'à ce qu'il ait été déclaré nul par le juge, en sorte que tout ce qui a été fait jusqu'à la décision, soit en vertu de cet acte, soit contre cet acte, doit être annulé ou validé, d'après les dispositions de cette même décision (Q. 3395).

Si le défendeur a besoin d'examiner l'original même de l'acte qu'il veut arguer de nullité, il peut en demander la communication; mais la demande pure et simple de communication de pièces s'applique au fond, et ne permet plus de proposer une nullité d'exploit ou d'acte de procédure (*J. Av.*, t. 72, p. 202, art. 88, et Q. 739 *bis*, § 11).

La partie qui reconnaît qu'un exploit ou un acte de procédure est entaché de nullité peut d'elle-même, et avant le jugement, y remédier. De même, un huissier commis pour faire une signification peut, sans nouvelle commission, recommencer son exploit, lorsqu'il reconnaît que le premier est entaché de nullité (Q. 750).

Les nullités d'exploits et d'actes de procédure, substantielles ou non, sont couvertes, si elles ne sont proposées avant toute défense ou exception autre que celle d'incompétence et de caution *Judicatum solvi* (Q. 739 *bis*).

Mais on ne saurait considérer comme telle, la simple constitution d'avoué, cette constitution étant le préalable indispensable pour faire prononcer la nullité.

La nullité d'une signification de jugement est une nullité d'exploit : c'est aux juges d'apprécier la validité et l'opportunité de la demande (Q. 739 *bis*, 3°).

Conclure à toutes fins, après avoir proposé un moyen de nullité, ce n'est pas élever une fin de non-recevoir contre cette nullité (Q. 739 *bis*, 3°).

Les nullités ne sont pas couvertes par l'appel en cause d'un garant ou d'un cointéressé, ou par la demande d'un délai afin de l'appeler, pourvu que le défendeur énonce dans son exploit que le garant est appelé pour soutenir concurremment avec lui ses moyens exceptionnels comme ses moyens au fond (Q. 739 *bis*, 8°).

On ne peut pas, à l'aide de réserves expresses, générales ou spéciales, éluder l'art. 173 (Q. 739 *bis*, § 12).

Lorsqu'il s'agit de nullités, qui s'attaquent au mode d'introduire l'instance, on distingue entre celles qui sont d'ordre public et celles qui sont dans l'intérêt seul des parties; celles-ci seules sont couvertes par les défenses au fond (Q. 739 *bis*, § 6).

en date du....., M.... a fait assigner le concluant devant le tribunal civil de..... pour..... (*indiquer l'objet de la demande*); mais attendu que ledit exploit est nul..... (*indiquer le moyen de nullité, par exemple : pour n'avoir pas été délivré sous pli fermé, dans un cas où c'était nécessaire*);

Par ces motifs,

Déclarer nul, en la forme, l'exploit d'ajournement susmentionné,
Déclarer, en conséquence, M..... non recevable en sa demande, telle qu'introduite;
Et le condamner en tous les dépens, dont distraction, etc.

Lorsque la nullité d'un acte de procédure repose sur un vice qui doit faire supposer que l'assigné n'a pas reçu sa copie, sa présence (*l'acte en main*) ne couvre pas cette nullité (*Q.* 739 *bis.* § 7).

Une nullité qui résulte de ce que l'exploit ne contient pas constitution d'avoué, mais seulement élection de domicile chez un des avoués du tribunal devant lequel le défendeur est ajourné, n'est pas couverte par la notification, qui a été faite à cet avoué de la constitution de celui du défendeur (*Q.* 744. — Voy. cep. *Q.* 802 *bis.*)

La nullité d'un acte d'appel, résultant d'un défaut de constitution valable d'avoué, n'est pas couverte par la signification d'une constitution faite par l'avoué de l'intimé au véritable avoué de l'appelant (*Q.* 739 *bis,* 9°).

Un jugement de jonction de défaut ne couvre pas les nullités (*Q.* 739 *bis,* § 10).

La partie qui ne se borne pas à demander la nullité d'une opposition pour vice de forme, mais qui conclut formellement à ce que l'opposant soit débouté au fond, couvre la nullité.

L'intimé qui ne propose pas, dans ses réponses à un exposé de griefs, la nullité de l'acte d'appel, est non recevable à la proposer plus tard.

Mais jugé que la nullité d'un acte d'appel n'est pas couverte par des conclusions dans lesquelles l'intimé, sans relever expressément ladite nullité, a conclu en termes généraux à ce que ledit appel fut déclaré *nul*, non recevable, en tout cas mal fondé (Pau, 6 juin 1900, *J. Av.*, t. 125, p. 491).

La partie qui, en première instance, a demandé contradictoirement plusieurs remises de cause, ne peut opposer en appel les irrégularités que présente la constitution d'avoué de son adversaire, devant les premiers juges.

Après avoir procédé en première instance avec un avoué, on ne peut arguer d'irrégularité sa constitution en cause d'appel, en soutenant que la partie représentée par cet avoué doit être considérée comme ayant fait défaut.

La nullité de l'acte d'appel ne peut pas être proposée, lorsque, auparavant, l'intimé a conclu à ce que l'appel soit déclaré non recevable (*Q.* 739 *bis,* 6°).

La partie, qui a fait défaut en première instance, a le droit de proposer, en appel, un moyen de nullité contre l'exploit introductif d'instance, ou un moyen d'incompétence personnelle (*Q.* 739 *bis* 7°).

Un avocat qui plaide au fond, au lieu de plaider dans la forme sur une nullité proposée par requête, ne rend pas sa partie non-recevable à se prévaloir de cette nullité (*Q.* 744).

Si on oppose une nullité d'exploit avant une exception déclinatoire, on couvre cette exception (*Q.* 742).

Tandis que si la partie, au lieu de proposer ses moyens de nullité contre l'appel, se borne à poser un déclinatoire, elle ne couvre pas cette nullité (*Q.* 743).

Celui qui, de deux nullités, commence par en proposer une, est recevable proposer la seconde après le rejet de la première (*Q.* 739 *bis* 2°).

Lorsque la nullité est péremptoire en la forme, le tribunal doit prononcer sur l'exception, par une décision préalable à celle à rendre sur le fond, sans que le jugement de jonction au fond puisse cependant être déclaré nul (*Q.* 745).

51 bis. Conclusions *en réponse à l'exception de nullité.*

Les conclusions en réponse sont, suivant le cas, grossoyées ou faites par simple acte (Voir supra, formule n° 18). *Dans les deux cas, on conclut à ce qu'il*
  Plaise au Tribunal,
Attendu que M..... a soulevé contre la demande, formée par le concluant, suivant exploit de....., huissier à....., en date du...., enregistré, une exception de nullité fondée sur ce que.... ;
Mais attendu qu'il n'y a pas lieu pour le tribunal d'avoir égard à cette exception ;
Attendu, en effet, que l'exploit dont s'agit est régulier en la forme ; que, de plus, fût-il entaché de nullité, cette nullité serait couverte pour n'avoir pas été opposée avant toute défense au fond ;
  Par ces motifs,
Déclarer M..... non recevable, en tous cas mal fondé, en son exception ; l'en débouter ;
Dire qu'il sera tenu de conclure et plaider immédiatement au fond ;
Et le condamner aux dépens de l'incident, dont distraction, etc.

---

51 ter. Jugement *qui prononce la nullité de l'exploit.*

Le tribunal ; ouïs..... etc.....
Attendu.....
  Par ces motifs,
Déclare nul et de nul effet l'exploit d'ajournement du ministère de...., en date du...., délivré à la requête de *(le demandeur).....* à..... *(le défendeur)*.
Et condamne..... aux dépens de l'incident, dont distraction....

---

51 quater. Jugement *qui rejette l'exception de nullité.*

Le tribunal ; ouïs etc.....
Attendu.....
  Par ces motifs,
Sans s'arrêter ni avoir égard à l'exception de nullité soulevée par..... dans laquelle il est déclaré non recevable (*ou mal fondé*) ;
Ordonne que le susnommé sera tenu de conclure au fond devant le tribunal sur la demande dont s'agit à l'audience du..... (*ou même à l'audience de ce jour*) ;
Le condamne aux dépens de l'incident, dont distraction, etc.

§ VII. — Des demandes en sursis de l'héritier pour faire inventaire et délibérer.

52. Requête ou **Conclusions** *pour opposer l'exception dilatoire résultant du droit de faire inventaire et délibérer.*

Code PR. CIV., art. 174.

Cette exception est opposée par requête d'avoué à avoué, ne pouvant excéder six rôles, et par simples conclusions en matière sommaire (Q. 760).
(Voir *formule n° 28*.)
Après l'exposé des faits, le défendeur conclut à ce qu'il :
Plaise au tribunal
Attendu que c'est en qualité d'héritier de M...., que M..... a été assigné devant le tribunal civil de......., suivant exploit du ministère de....., huissier à...., en date du...., en paiement d'une somme de....., avec intérêts de droit et dépens ;
Mais attendu que Monsieur..... (*de cujus*) est décédé seulement le..... (*date du décès*) à..... (*lieu du décès*) ;
Que, dès lors, en admettant que le concluant soit réellement habile à se dire et porter son héritier, il est, en tout cas, encore dans le délai de trois mois et quarante jours, que les art. 797 C. civ. et 174 C. pr. civ. lui accordent pour faire inventaire et délibérer ;
Par ces motifs ; — ordonner que les poursuites seront suspendues (*ou* qu'il sera sursis à statuer) jusqu'à l'expiration du délai [1] pour faire inventaire et délibérer, qui a commencé à courir le....... ; dépens réservés.

---

1. Les légataires universels, mais non ceux à titre universel, peuvent réclamer le délai pour faire inventaire et délibérer (Q. 755).
L'assignation donnée dans le cours des délais pour faire inventaire et délibérer à une personne habile à recueillir, soit en communauté, soit en succession légitime et testamentaire, est valable, sauf à celle-ci à opposer, en vertu de l'art. 174, l'exception dilatoire qui ajourne l'effet de cette assignation (Q. 756).
Le créancier, qui agit ainsi à ses risques et périls, ne peut recouvrer les dépens qu'il a exposés contre un successible qui a ultérieurement renoncé à la succession en temps utile ; peu importe que celui-ci ne lui ait pas notifié sa renonciation ; le renonçant n'est pas obligé de lui faire cette notification. Paris, 2 août 1900 (*J. Av.*, t. 125, p. 502).
L'exception ne peut être opposée à une assignation sur des demandes purement conservatoires (Q. 757).
L'exception dilatoire doit être proposée avant la défense au fond (Q. 758) *Suppl. alphab.*, v° *Exceptions*, n. 4 et suiv.
Le jugement passé en force de chose jugée, qui a été obtenu par un créancier contre l'héritier, ne prive celui-ci de la qualité de bénéficiaire que vis-à-vis de ce créancier (Q. 763).

52 bis. Requête *ou* **Conclusions** *pour s'opposer à l'admission de l'exception dilatoire pour faire inventaire et délibérer.*

Ces conclusions sont faites en une forme analogue à celle des conclusions dans lesquelles cette même exception a été proposée (Voir la formule qui précède).

Remarque. — La demande en prorogation de délai, s'il y a lieu, en vertu des art. 798 C. civ. et 174 C. pr. civ., se fait dans les mêmes formes.

Il y est répondu également de la même manière.

---

§ VIII. — Demandes en garantie [1].

53. Demande *en garantie formelle* [2].

CODE PR. CIV., art. 175, 182.

L'an....., le...... [3], à la requête de M. B..... (*nom, profession*), demeurant à....., rue......, n°...., pour lequel domicile est élu à....., rue....., n°...., en l'étude de Me....., avoué près le tribunal civil de première instance de cette ville, lequel est cons-

---

1. La demande en garantie est principale ou incidente. — Principale, lorsqu'elle est formée après le jugement de la contestation qui y donne lieu; les règles ordinaires sont alors applicables ; le garant ne peut être assigné que devant son juge naturel par exploit à personne ou domicile (Voy. *formule* n° 6) ; — Incidente, lorsque le garant est appelé dans l'instance pendante entre le garanti et le demandeur originaire. Cette dernière est la plus fréquente. C'est à cette procédure que s'appliquent les formules et les notes suivantes.

2. Il existe deux sortes de garantie : 1° la garantie formelle que tout détenteur d'un droit réel peut exercer contre son cédant en cas de trouble ; 2° la garantie simple qui est due à raison d'une obligation personnelle. Le demandeur peut les invoquer comme le défendeur.

Celle des parties principales qui croit avoir des motifs suffisants de mettre en cause une tierce personne n'a point à demander la permission de l'assigner : l'événement de l'action qu'elle a la faculté d'intenter, est à ses risques.

3. Le garant qui n'a pas été appelé en cause dans le délai de huitaine de la demande originaire ne peut pas en exciper pour demander son renvoi (Q. 764).

Le même délai ne courrait pas si la demande originaire ne contenait pas les faits qui peuvent donner lieu à la garantie (Q. 765).

La disposition de l'art. 177 C. pr. civ. s'applique au garant qui aurait à mettre un sous-garant en cause, comme au défendeur originaire qu'elle désigne exclusivement (Q. 767).

L'expiration des délais n'empêche point qu'on puisse, dès à présent, poursuivre les garants ; mais le jugement de la demande principale ne peut plus être retardé. Legrand, p. 81.

La demande en garantie, formée après le délai, peut néanmoins être jugée avec la demande principale, si toutes deux sont en état (Q. 768 *bis*). Voy. *Suppl. alphab.*, v° *Garantie*, n. 12 et 13 ; Legrand, p. 81.

titué et occupera pour lui sur la présente assignation et ses suites;
J'ai (*nom, prénoms, domicile et immatricule de l'huissier*)......, soussigné, signifié et, en tête (de celle) des présentes, laissé copie à M. C..... (*nom, profession, domicile du garant*)......, en son domicile où étant et parlant à....

1° De l'expédition d'un contrat passé devant M^e...... et son collègue, notaires à......, le....., enregistré, contenant vente par M. C..... à M. B...... de...... (*désignation de l'immeuble vendu*);

2° De la copie signifiée à M. B....., requérant, en tête de l'assignation ci-après énoncée, d'un procès-verbal de non-conciliation, dressé par M. le juge de paix du canton de......, le....., (*ou d'une ordonnance rendue par M. le Président du tribunal civil de ....., le....., enregistrée, ladite ordonnance mise au bas d'une requête présentée à ce magistrat le même jour, ensemble de ladite requête*);

3° D'un exploit du ministère de......, en date du......, contenant, à la requête de M. A......, assignation au requérant, en délaissement de l'immeuble susdésigné, par lui acquis de M. C... ;

Et à mêmes requête, demeure, élection de domicile et constitution d'avoué que ci-dessus, j'ai, huissier soussigné, donné assignation au susnommé à comparaître par ministère d'avoué à huitaine franche, délai de la loi, outre les délais de distance, s'il y a lieu, à l'audience et par devant MM. les Président et Juges composant la .... chambre du tribunal[1] civil de première instance de....., séant à......, au Palais de Justice, heure de......, pour.....

---

1. Lorsque l'action en garantie est accessoire à une demande principale, c'est devant le juge saisi de cette demande qu'elle doit être portée (art. 59, § 8; art. 181 C. pr. civ.).
Cette règle est applicable en matière de commerce comme en matière civile.
Il appartient au demandeur, aussi bien qu'au défendeur, de profiter du bénéfice accordé par cette disposition (Q. 765).
L'art. 181 n'autorise pas à appeler le garant devant un tribunal auquel la loi n'a pas attribué la connaissance de la matière à laquelle se rapporte l'action en garantie (Q. 771 *bis*, § 1, p. 772). Voy. *Suppl. alphab.*, v° *Garantie*, n. 24 et s.
Un conservateur des hypothèques peut être appelé devant un tribunal qui n'est pas celui de son domicile (Q. 771 *bis*, § 1). — Mais Voy. *J. Av.*, t. 96, p. 144.
Si la demande principale a été portée devant un tribunal incompétent à raison du domicile du défendeur originaire, le garant appelé par celui-ci ne peut pas proposer le déclinatoire négligé par lui (Q. 744 *bis*). *Suppl. alphab.*, n. 36 et 37.
On ne peut pas, en principe, dans le cours d'une instance d'appel, mettre pour la première fois un garant en cause (Q. 771 *bis*, § 2, p. 773).
Cependant lorsque, sur l'appel, l'intimé demande la nullité de l'exploit d'appel, l'huissier qui l'a signifié peut être directement appelé en garantie devant la Cour d'appel. La jurisprudence est, contrairement à l'opinion professée par Chauveau (Q. 771 *bis*), désormais bien fixée en ce sens. V. Bordeaux, 12 août 1902 (*J. Huiss.*, t. 84, p. 25); *Encycl. des huissiers*, 5e édit., v° *Responsabilité des huissiers*, n. 213. V. cependant Grenoble, 25 avril 1906 (*J. Av.*, t. 131, p. 234).
D'ailleurs, la Cour d'appel devant laquelle est portée, pour la première fois, la demande en garantie, ne peut pas, d'office, la rejeter (Q. 773).

Attendu que M. C...... a vendu au requérant, sous la garantie de droit, et celle de tous troubles, actions et évictions.... (*désigner l'objet vendu*), moyennant le prix principal de..... (*énoncer le prix*), et à la charge de..... (*énoncer les charges qui peuvent être considérées comme faisant partie du prix*), ainsi qu'il résulte du contrat susénoncé ;

Attendu que, par l'exploit susénoncé du ministère de..., huissier à....., en date du...., M. A..... a formé contre le requérant une demande en nullité et résiliation de la vente consentie à ce dernier ;

Que cette demande, si elle était accueillie, aurait pour effet d'entraîner une éviction totale, contre laquelle le requérant proteste, et à laquelle il est dans l'intention de résister.

Mais attendu qu'aux termes des art. 1626 et suiv. du C. civ. le vendeur est tenu de garantir l'acquéreur de tous les troubles qu'il peut éprouver ;

Attendu que cette garantie est d'ailleurs formellement stipulée dans le contrat de vente ci-dessus énoncé ;

Par ces motifs ; — Voir dire que M. C...... sera tenu d'intervenir dans l'instance pendante entre les sieurs A. et B...., par suite de la demande de M. A....., et de prendre les fait et cause du requérant ;

Et dans le cas où, contre toute attente, il interviendrait contre le requérant quelque condamnation, se voir condamner à l'en garantir et indemniser, en principal, intérêts, frais et accessoires de toutes sortes.

En conséquence, s'entendre condamner, M. C......, à restituer au requérant la somme de....., montant du prix principal de la vente susénoncée ;

2° La somme de......, équivalent de l'accomplissement des charges imposées à l'acquéreur ;

3° Celle de......, pour le montant des loyaux coûts de l'acquisition, composée de celle de......, pour frais du contrat payés à M^e......., notaire ; celle de......, pour droit d'enregistrement et de mutation ; celle de...., pour frais de transcription, tant ordinaires qu'extraordinaires ;

4° Et enfin, celle à laquelle s'élèveront les loyers perçus jusqu'ici et à percevoir, dans le cas où M. B...... serait condamné à les restituer à M. A....., aux intérêts desdites sommes, à partir du jour du paiement de chacune d'elles, à raison de 4 % par an ;

S'entendre en outre condamner à payer au requérant la somme de....., à titre de dommages-intérêts, pour le préjudice qu'il éprouvera en cas d'éviction, à le garantir et indemniser de toutes les condamnations généralement quelconques qui pourront être prononcées contre lui, en principal, intérêts et frais; et aux dépens, tant du principal que de la présente demande.

A ce qu'il n'en ignore; et je lui ai, audit domicile, où étant et parlant comme dessus, laissé copie, tant des contrats et exploits susénoncés, que du présent sous enveloppe fermée, etc. Coût....

Remarque. — 1° Si le contrat d'acquisition contient des clauses spéciales sur la garantie, il faut les rappeler dans les motifs de l'assignation, et s'y conformer dans la rédaction des conclusions ; 2° si l'acquéreur doit, par suite de l'éviction, éprouver un préjudice d'une nature particulière, par exemple, s'il avait établi sur l'immeuble revendiqué une usine qui eût exigé de grandes dépenses, il faudrait le mentionner dans les motifs et proportionner le chiffre des dommages-intérêts à la perte éprouvée; on peut encore demander des dommages-intérêts à fixer par état.

54. Demande *en garantie simple.*
Code *PR. CIV.*, art. 175, 181, 183.

L'an......, le....., à la requête de M. B..... (*nom, profession*), demeurant à....., rue...., n°... ; pour lequel domicile est élu à ....., rue...., n°...., en l'étude de Mᵉ...., avoué près le tribunal civil de......, lequel est constitué et occupera pour lui sur la présente assignation et ses suites, j'ai (*nom, demeure et immatricule de l'huissier*), soussigné, signifié et, en tête (de celle) des présentes, laissé copie à M. C....., demeurant à....., en son domicile, où étant et parlant à. ... ;

1° D'un acte sous signature privée passé entre le requérant et M. A...., le....., enregistré à....., le...., par le receveur qui a perçu...., ledit acte contenant obligation par M. C...., au profit de M. A...., sous la caution du requérant, au paiement de la somme de...., stipulée payable le.... ;

2° De la copie signifiée au requérant en tête de l'assignation ci-après énoncée d'un procès-verbal de non-conciliation dressé par M. le juge de paix du canton de....., en date du..... (*ou* d'une ordonnance rendue par M. le Président du tribunal civil de....., en date du....., enregistrée, mise au bas d'une requête présentée le même jour, ensemble de ladite requête);

3° De la copie signifiée au requérant d'un exploit du ministère de ....., huissier à... ., en date du....., contenant assignation à comparaître le...., par-devant MM. les Président et juges composant le tribunal civil de première instance de......, pour s'entendre condamner au paiement de ladite obligation ;

Et à mêmes requête, demeure, élection de domicile et constitution d'avoué que ci-dessus, j'ai, huissier soussigné, donné assignation au susnommé à comparaître par ministère d'avoué à huitaine franche, délai de la loi, outre les délais de distance, s'il y a lieu, à l'audience et par-devant MM. les Président et Juges composant le tribunal civil de première instance de....., séant au Palais de Justice, a...., à.... heure de..., pour,

Attendu que le requérant ne s'est obligé envers M. A.... que comme caution de M. C....., et à raison de la dette personnelle de celui-ci ; qu'il n'a en rien profité des sommes prêtées par M. A....; que, dès lors, M. C... doit garantir le requérant de l'action exercée contre lui par M. A......, suivant l'exploit susénoncé ;

Par ces motifs ; — Voir dire et ordonner que ledit sieur C.... sera tenu d'intervenir dans l'instance pendante devant ledit tribunal entre M. A..... et le requérant, de faire cesser les poursuites dirigées par M. A...... contre ce dernier; sinon, et faute par lui de ce faire, se voir condamner, par le jugement à intervenir, à garantir et indemniser le requérant de toutes les condamnations qui pourraient être prononcées contre lui, au profit de M. A ...., en principal, intérêts et frais, et s'entendre condamner aux dépens de la présente demande, dans lesquels seront compris les frais de sommation et dénonciation (*si les poursuites ont été dénoncées par actes extra-judiciaires avant l'assignation en garantie*).

A ce qu'il n'en ignore ; et je lui ai, audit domicile, où étant et parlant comme dessus, laissé copie tant des obligations, procès-verbal (*ou* requête, ordonnance) et exploit susénoncés, que du présent, sous enveloppe fermée, etc. Coût....

---

55. Déclaration *à l'avoué du demandeur que la demande en garantie a été formée.*
Code *PR. CIV.*, art. 179.

A la requête de M. B...., ayant pour avoué M^e...., soit signifié et déclaré [1] à M^e...., avoué de M. A...., que M. B..... a formé une demande en garantie contre M. C...., demeurant à...., sur la demande, intentée contre lui par M. A..... par exploit de.., en date du...., et que la présente déclaration lui est faite en conformité de l'art. 179 C. pr. civ., pour qu'il ait à suspendre toutes poursuites sur la demande originaire jusqu'à l'expiration du délai de l'assignation en garantie.

A ce qu'il n'en ignore. Dont acte..... etc.
Signifié, laissé copie, etc.

---

56. Dénonciation *de l'exploit de demande en garantie.*
Code *P. CIV.*, art 179.

A la requête de M. B...., ayant pour avoué M^e.... ; soit signi-

---

1. Devant un tribunal de commerce, la déclaration d'appel en garantie doit se faire à l'audience, le jour de l'appel de la cause (*Q.* 769 *bis*).
Il doit être statué sommairement (art. 180 C. pr. civ.).

fié et en tête [de celle] des présentes laissé copie à M^e..... avoué de M. A..... de l'original dûment enregistré d'un exploit du ministère de...., huissier à...., en date du...., contenant assignation en garantie, donnée à la requête du requérant à M. C...., sur la demande introduite par M. A..... contre le requérant.

Si le garant a constitué avoué, on ajoute : 2° de la copie d'un acte du palais en date du...., signifié à M^e...., contenant constitution de M^e..... pour M. C.... ;

S'il n'a pas constitué avoué, on met : lui déclarant que M. C..... n'a pas encore constitué avoué sur ladite assignation en garantie.

A ce qu'il n'en ignore. Dont acte..... etc.

Signifié, laissé copie, etc.

---

57. Requête *ou* Conclusions *pour soutenir qu'il n'y a lieu de subir le délai pour appeler garant.*

CODE PR. CIV., art. 180.

Pour s'opposer à l'exception dilatoire de garantie, le demandeur originaire signifie soit une requête grossoyée, soit des conclusions par simple acte. La requête grossoyée ne peut, aux termes de l'art. 75 du tarif, excéder six rôles. (Voir *les formules*, n° 18.) *Dans les deux cas, le demandeur originaire conclut à ce qu'il*

Plaise au tribunal,

Attendu..... (*par exemple le garant n'a pas été appelé dans les délais.*)

Par ces motifs,

Sans s'arrêter ni avoir égard à l'exception dilatoire, déclarer M. A..... non recevable, en tout cas mal fondé, en son exception, l'en débouter, et ordonner que la procédure de l'instance introduite par le concluant suivra son cours, et condamner M..... aux dépens, dont distraction, etc.

---

58. Requête *ou* Conclusions *d'intervention de garant* [1].

CODE PR. CIV., art. 182.

Cette intervention se fait en forme de conclusions grossoyées ou non (Voir *formule* n° 18). *L'intervenant conclut à ce qu'il*

Plaise au tribunal,

Attendu que, suivant acte..... etc..... le concluant a vendu à

---

1. La demande en garantie ne pouvant être jointe à la demande principale quand le garant n'a pas été assigné dans les délais, il n'en résulte pas que le demandeur puisse faire rejeter l'intervention volontaire du garant dans l'instance, si cette intervention ne retarde pas le jugement de la cause principale (Q. 770).

Lorsqu'un garant mis en cause dans les délais ne comparait pas, le demandeur originaire poursuit sur sa demande, et le défendeur principal obtient défaut contre son garant (Q. 769).

M. B..... (*indiquer l'objet de la vente*); que, depuis cette vente, M. A..... a formé contre ledit sieur B...., devant ce tribunal, une demande en revendication dudit (*indiquer l'objet vendu*);

Attendu que le concluant qui, au cas où, par impossible, cette demande viendrait à être établie, serait tenu à garantir M. B.... dans les termes de l'art. 1626 C. civ., a dès lors intérêt et est par suite recevable à intervenir dans l'instance, dont s'agit, pour y défendre aux lieu et place de M. B...., dont il déclare par les présentes prendre les fait et cause;

Attendu, au surplus, que la demande de M. A..... n'est ni recevable, ni fondée; qu'en effet, etc... (*Indiquer les motifs qui doivent déterminer les juges à rejeter cette demande*);

Par ces motifs,

En la forme, recevoir le concluant partie intervenante dans l'instance pendante devant ce tribunal entre M. A..... et M. B....; lui donner acte de ce qu'il prend, dans ladite instance, les fait et cause de M. B.... lequel sera, en conséquence, mis hors de cause [1];

Au fond, déclarer M. A..... non recevable, en tout cas malfondé en sa demande; l'en débouter,

Et le condamner en tous les dépens tant de la demande principale que de la présente intervention, dont distraction, etc...

Sous toutes réserves. — Dont acte. — Pour original (*ou copie*) en... rôles.

(*Signature de l'avoué*.)

Signifié et laissé copie, etc.

Remarque. — La requête qui précède est signifiée lorsque le garant formel intervient spontanément. Lorsqu'il a été appelé en cause par le garant, il constitue avoué et fait signifier aux avoués du demandeur originaire et du demandeur en garantie des conclusions (Voir *formule*, n° 59) par lesquelles il adhère à la demande en garantie ou la repousse.

---

59. Conclusions *par simple acte du défendeur principal pour demander à être mis hors de cause.*

Code *PR. CIV.*, art. 182.

A MM. les Président et juges composant le tribunal civil de première instance de.....

---

1. Le garant qui n'a pas été appelé peut, malgré le demandeur originaire, ou malgré le garanti, prendre fait et cause pour celui-ci (Q. 775 *bis*).

Le garant, condamné par défaut envers son garanti, condamné contradictoirement, ne peut pas intervenir sur l'appel de celui-ci avant l'expiration du délai de l'opposition (Q. 1640 *bis*).

CONCLUSIONS

Pour M. B.....
     Défendeur au principal,
     Demandeur en garantie *ou bien*
     Défendeur à l'intervention, M^e.....

Contre 1° M. A.....
     Demandeur au principal
     Défendeur à l'intervention (*s'il y a*) M^e...

2° M. C.....
     Défendeur en garantie
       ou
     intervenant M^e.....

 Plaise au tribunal,
 Attendu qu'au cours de l'instance en revendication de (*indiquer la chose revendiquée*), formée par M. A.... contre M. B..... devant ce tribunal, M. C..., qui avait vendu à ce dernier l'immeuble litigieux, a signifié, à la date du....., des conclusions d'intervention, en déclarant prendre les fait et cause dudit B...., son acquéreur, dont il demande la mise hors de cause;
 Ou bien,
 Attendu que C....., assigné comme vendeur en garantie par B...., devant le tribunal civil de...., sur la demande formée contre ce dernier par A..... devant ce même tribunal en revendication de....., s'est, par conclusions signifiées le...., déclaré prêt à prendre les fait et cause dudit B...., dont il a requis la mise hors du procès ;
 Attendu que C..... est le garant formel de B....;
 Par ces motifs,
 Donner acte à B..... de l'intervention de C..... dans les termes où ladite intervention s'est produite par les conclusions sus-énoncées en date du....;
 Ou bien :
 Donner acte à B..... de ce que par les conclusions sus-visées C..... appelé par lui en garantie sur la demande de A..... a pris ses fait et cause;
 (*Ajouter dans l'une ou l'autre hypothèse*) :
 Ce faisant mettre le concluant hors de cause [1] ;
 Condamner C..... aux dépens, sauf son recours contre A..... s'il y a lieu, dont distraction, etc.

---

1. L'art. 182, en disant que la mise hors de cause ne peut être requise par le garanti qu'avant le premier jugement, parle d'un jugement par lequel le contrat judiciaire se trouve formé, et non d'un simple jugement de remise (*Q.* 778 *bis*).
 Le garanti peut être mis hors d'instance, quoique le garant formel n'ait pas préalablement déclaré qu'il entendait prendre son fait et cause (*Q.* 775).

Sous toutes réserves, notamment de son droit de prendre encore dans l'instance, pour la conservation de ses droits, s'il y échet, telles conclusions qu'il avisera [1].

(*Signature de l'avoué.*)

---

60. Conclusions *par simple acte pour demander la disjonction de la demande principale et de la demande en garantie.*

Code PR. CIV., art. 184.

A MM. les Président et juges, etc.

CONCLUSIONS

Pour M. A.....
                   Demandeur au principal M^e.....
Contre 1° M. B.....
                   Défendeur au principal
                   Demandeur en garantie M^e.....
2° M. C.....
                   Défendeur en garantie M^e.....

Plaise au tribunal,

Attendu que..... (*exposé sommaire des faits de la cause, et des moyens des parties tant sur la demande principale que sur la demande en garantie*);

Attendu que, dans ces circonstances, la demande principale de A..... contre B..... est incontestablement justifiée, et dès à présent en état de recevoir une solution définitive;

Qu'il n'en est point de même, au contraire, de la demande en garantie introduite par B..... contre C..... au sujet de laquelle lesdits sieurs sont contraires en fait, et pour la solution de laquelle C..... notamment a conclu à ce qu'une expertise (*ou enquête, reddition de compte, etc., ou autre mesure d'instruction quelconque*) fût préalablement ordonnée;

Attendu que c'est le cas pour le tribunal, de disjoindre ces deux demandes, en statuant quant à présent au fond sur la demande principale seule, et réservant le sort de la demande en garantie pour y être ultérieurement statué, quand elle sera en état et s'il y a lieu;

---

1. Si le demandeur originaire soutient que le garant formel est insolvable, il peut réclamer l'assistance du garanti (Q. 776). Voy. *Suppl. alphab.*, v° *Garantie*, n°s 52 et 53.

Le rôle du garanti mis hors de cause, qui y assiste, soit volontairement, soit forcément, est purement passif, et rien ne doit lui être signifié, comme aussi il ne doit rien signifier qu'autant qu'on l'appelle ou qu'il intervient activement dans le débat (Q. 778). — V. aussi *J. Av.*, t. 90, p. 235.

CHAUVEAU ET GLANDAZ. — TOM. I.

Par ces motifs,

En la forme :

Disjoindre [1] la demande originaire formée par A.... contre B..... de la demande en garantie formée par ce dernier contre C..... pour être séparément jugées ;

Ce faisant, et statuant au fond sur la première de ces demandes seule : adjuger au concluant les fins et conclusions de son exploit introductif d'instance, sauf, après ledit jugement, à être prononcé entre B..... et C..... sur la garantie, s'il y a lieu ;

Condamner B..... aux dépens, dont distraction, etc.

(Signature de l'avoué.)

Dont acte. Pour original (*ou* copie).

Signifié, laissé copie etc.

---

61. Jugement *sur la garantie.*

CODE PR. CIV., art. 185.

Le tribunal [2],

Attendu..... (*le tribunal constate, en fait et en droit, si les conclu-*

---

1. La demande originaire et la demande en garantie doivent être disjointes lorsque la première est reconnue, et se trouve en état de recevoir jugement, tandis que, au contraire, la deuxième est contestée et liée à un compte à débattre.

Lorsque la demande principale n'est pas en état, la demande en garantie peut être jugée préalablement, si les parties y consentent.

Lorsque la demande principale et la demande en garantie sont en état, il doit être statué sur l'une et sur l'autre par un seul et même jugement.

Une action en garantie est liée avec l'action principale, quand les procédures ont été faites contradictoirement avec le garant, sans opposition du demandeur principal, qui n'a pas demandé la disjonction des instances.

2. En matière de garantie simple, le défendeur originaire est tenu personnellement envers le demandeur de l'exécution du jugement, sauf son recours contre le garant.

En garantie formelle, les jugements ne sont exécutoires contre les garantis qu'en ce qui concerne le principal de la condamnation ; la liquidation et l'exécution des dépens et dommages-intérêts sont faites contre les garants.

Mais, en cas d'insolvabilité du garant, le garanti qui est en cause supporte les dépens du procès.

Le créancier originaire et son débiteur direct peuvent poursuivre en commun l'exécution du jugement obtenu par ce dernier contre son garant (*J. av.*, t. 73, p. 509, art. 530).

Les dispositions de l'art. 185 ne s'appliquent qu'au garanti formel (Q. 781). Adde : *Suppl. alphab.*, v° *Garantie*, n°s 67 et 68.

Le vendeur est tenu de garantir l'acquéreur des frais occasionnés par un tiers demandeur en éviction dont l'action a été rejetée et qui se trouve insolvable (Q. 784 bis; *Suppl. alphab.*, n° 74).

Le garant qui succombe doit être condamné aux dépens vis-à-vis du garanti, depuis l'introduction de l'instance principale (Q. 784 ter).

Le garant peut appeler du jugement qui, en adjugeant la demande principale et celle en garantie, fait tomber sur lui tout le poids de la première, et alors le défaut d'appel du garanti ne peut être opposé ni nuire au garant.

Le garant ne peut appeler du jugement préparatoire rendu entre lui et le garanti, quoiqu'il y ait un jugement définitif rendu entre le demandeur et le défendeur originaire.

sions qui résultent des divers actes dont les formules précèdent sont bien ou mal fondées.)

Par ces motifs..... (*le tribunal admet ou repousse la demande en garantie formelle, ou en garantie simple, ou en intervention, ou en mise hors de cause, ou en disjonction.*)

§ IX. Communication des pièces.

62. Sommation *de communiquer les pièces.*

Code PR. CIV., art. 188.

A la requête de M...., ayant pour avoué M^e....; soit sommé M^e...., avoué près le tribunal civil de...., et de M...., de, dans

---

Le demandeur principal ne peut pas et ne doit pas relever appel contre le garant (*Q.* 1581 *quater*, n° 2).

Le garanti peut relever appel, soit contre le demandeur, soit contre le garant, lorsque, ayant subi la condamnation principale, il n'a pas obtenu de garantie ; il est exposé à l'appel du demandeur et à celui du garant contre lequel il a obtenu son recours (*Q.* 1581 *quater*, n° 3).

Le défendeur condamné, qui obtient sa garantie, a néanmoins le droit de relever appel contre le demandeur principal (*Q.* 1581 *quater*, n° 4).

Si le garanti appelle contre le demandeur principal, l'effet de cet appel est de remettre les choses en question, tant à l'égard du garant qu'à l'égard du garanti (*Id.*, n° 5).

L'appel du garant contre le garanti ne relève pas celui-ci de la déchéance qu'il aurait encourue contre le demandeur principal (*Id.*, n° 6). Mais l'appel interjeté par le garant contre le demandeur principal, relève le garanti de la déchéance qu'il peut avoir encourue vis-à-vis de ce dernier, soit en s'abstenant d'interjeter appel vis-à-vis de lui en temps utile, soit même en acquiesçant au jugement. (*Suppl. alphab.*, v° *Appel du jug. des trib. civ.*, n° 171. *Adde* : Cass. 20 nov. 1900 (*J. Av.*, t. 126, p. 6). — *Cep.* quand, en première instance, le garant n'avait pas pris les fait et cause du garanti, la question est controversée. (*Voy.* Q. 1581 *quater*, et *J. Av.*, t. 73, p. 418, art. 485, § 122).

La signification du jugement par le demandeur principal au garant simple ne produit aucun effet (*Q.* 1581 *quater*). Il en est de même de la signification du jugement par le demandeur principal au garant qui a pris fait et cause sans mise hors de cause du garanti (*Id.* n° 10). L'effet de la signification du jugement par le demandeur principal au garant, lorsque le garanti a été mis hors de cause, est de faire courir le délai d'appel (*Id.*, n° 11).

Si le demandeur principal, débouté de sa demande, encourt la déchéance de l'appel vis-à-vis du garanti, cette circonstance profite au garant (*Id.*, n° 13).

En matière de garantie, l'appel incident, relevé sur la barre, est toujours permis celle des trois parties en cause qui se trouve intimée (*Id.*, n° 14).

L'appel du garant contre le demandeur principal n'autorise pas celui-ci à relever appel incident contre le garanti (*Id.*, n° 15).

Si un jugement rendu contradictoirement contre le garanti, l'a été par défaut contre le garant, l'opposition de celui-ci ne fait pas revivre la cause contre les autres (*Id.*, n° 8).

La cassation prononcée sur le pourvoi du garant profite au garanti lorsqu'il existe un lien nécessaire de dépendance entre la demande principale et la demande en garantie : Grenoble, 25 avril 1906 (*J. Av.*, t. 131, p. 234).

trois jours [1] pour tout délai, donner en communication [2] au requérant soit par la voie du greffe [3], soit à l'amiable sur le récépissé de Mᵉ...., son avoué, tous titres, pièces et documents quelconques dont il entend faire usage à l'appui de sa demande, et notamment (*énoncer ici les pièces dont on veut spécialement avoir communication*), lui déclarant que le requérant entend se pourvoir pour que toute audience lui soit refusée, jusqu'à ce que ladite communication ait eu lieu;

A ce qu'il n'en ignore. Dont acte, pour original (*ou copie*);
Signifié et laissé copie, etc...   (*Signature de l'avoué.*)

63. Acte *de récépissé amiable.*
Code PR. CIV., art 189, 190.

Je soussigné, avoué près le tribunal de...., et de M....., reconnais que Mᵉ...., avoué de M. X...., m'a donné aujourd'hui communication des pièces suivantes :

1°..... 2°..... 3°..... (*énumérer les pièces*), que je m'oblige à lui restituer à sa première réquisition.

A..... le.....   (*Signature de l'avoué.*)

Remarque. — Ce récépissé, écrit souvent sur papier libre, doit cependant régulièrement, d'après une circulaire du ministre de la justice du 5 mai 1866, et l'instruction générale de la régie du 26 novembre 1866 (*J. Av.*, t. 92, p 244), être rédigé sur papier timbré. Il est inséré dans le dossier avec la signature biffée, lorsque les pièces ont été rétablies, pour constater la communication.

---

1. Le délai de trois jours accordé pour demander communication des pièces, lorsque la copie en a été donnée avec l'exploit d'assignation, d'après l'art. 65, ne court que du jour de la constitution d'avoué par le défendeur; ce délai n'est pas fatal (Q. 789).
2. La demande en communication des pièces n'emporte point consentement à ce que ces pièces restent au procès : elle est toujours censée faite sous la réserve de les faire rejeter s'il y a lieu.
On peut demander communication de pièces autres que celles qui ont été signifiées ou employées (Q. 788). *Sic* : Trib. civ. de la Seine, 15 mars 1898 (*J. Av.*, t. 123, p. 264). La partie qui demande communication de ces documents peut même être admise par les juges, avant dire droit sur l'incident, à prouver par témoins l'existence desdits documents entre les mains de l'adversaire, quand celui-ci la dénie (*même jugement*).
Les magistrats ont d'ailleurs le droit d'ordonner toute communication qui peut servir à éclairer leur conscience.
On peut demander sur l'appel communication d'une pièce déjà communiquée en première instance (Q. 789 *bis*).
Une partie ne peut refuser communication de ses pièces à l'avoué de la partie adverse, sous prétexte que celle-ci les connaît extrajudiciairement.
3. C'est à l'avoué qui fait la communication qu'appartient le choix entre les deux modes de communication (Q. 790 *bis*).
La communication doit avoir lieu d'avoué à avoué; l'avoué qui la demande est en droit de refuser de la recevoir directement des mains de la partie adverse.

64. Procès-verbal *de dépôt au greffe des pièces dont la communication a été demandée.*

CODE *PR. CIV.*, art. 189.

L'an...., le...., au greffe, et par devant nous, greffier du tribunal civil de première instance de...., séant à...., au Palais de Justice, a comparu M^e...., avoué près ce tribunal, et de M...., lequel nous a dit qu'il comparaissait pour satisfaire à la sommation qui lui a été faite, à la requête de M...., par acte du palais, en date du...., à l'effet de déposer entre nos mains, comme de fait il y a déposé (*énoncer ici les pièces déposées*).

Déclarant que ce dépôt est ainsi opéré pour que ces pièces soient par nous communiquées[1] sans (*ou avec*) déplacement, à M^e...., avoué dudit sieur.... pendant le délai de trois jours, à l'expiration duquel elles seront rétablies entre les mains du déposant. Desquels comparution, dire et dépôt, ledit M^e.... a requis acte que nous lui avons octroyé. Et a signé avec nous greffier, après lecture.

(*Signatures du greffier et de l'avoué.*)

---

65. Déclaration *qu'une pièce demandée en communication a été déposée.*

CODE *PR. CIV.*, art. 188.

A la requête de M...., ayant M^e...., pour avoué.

Soit signifié et déclaré à M^e....., avoué de M...., que pour satisfaire à la sommation qui lui a été faite par acte du palais en date du...., ledit sieur...., par le ministère de M^e....., son avoué, a déposé ce jourd'hui (*date du dépôt*), au greffe du tribunal civil de..... les titres et pièces à l'appui de sa demande, composés de (*énoncer les pièces déposées*), pour que ces pièces soient, pendant le délai de trois jours, communiquées à M^e..... avoué.

Lui déclarant que, faute par lui de prendre communication de ces pièces dans ledit délai de trois jours, elles seront retirées du greffe, et que le requérant se pourvoira à l'effet d'obtenir jugement au fond.

A ce qu'il n'en ignore. Dont acte, pour original (*ou copie*)
Signifié et laissé copie, etc.

(*Signature de l'avoué.*)

---

[1]. Une pièce communiquée devient commune aux deux parties (Q. 791).

66. Requête *présentée par la partie ou par son avoué au tribunal pour obtenir la restitution des pièces par l'avoué à qui elles ont été communiquées.*

CODE PR. CIV., art. 191.

A MM. les Président et juges composant la..... chambre du tribunal civil de première instance de.....

———

M..... (*nom, prénoms, profession, domicile*), a l'honneur de vous exposer...., Messieurs, qu'il a fait remettre en communication par M^e...., son avoué, à M^e...., avoué de M....., les pièces à l'appui de la demande qu'il a formée contre M...., consistant, (*énonciation des pièces remises*), pour satisfaire à la sommation faite par acte du palais en date du..... ainsi que cela est constaté par le récépissé dudit M^e...., en date du...., enregistré ;

Qu'aujourd'hui (*date*), malgré les réclamations réitérées de l'exposant, M^e..... ne lui a pas encore rétabli ces pièces, bien que le délai accordé pour en prendre connaissance soit depuis longtemps expiré ;

Pourquoi l'exposant requiert qu'il plaise au tribunal, ordonner que M^e...., avoué de M...., sera tenu de rétablir entre les mains dudit M^e..... les pièces sus-énoncées, et, faute par lui de ce faire, le condamner en son nom personnel en [1].... de dommages-intérêts, par chaque jour de retard à compter de la signification de l'ordonnance exécutoire sur la minute à intervenir, et le condamner aux dépens de l'incident.

(*Signature de la partie ou de l'avoué.*)

Remarques. — 1° Dans certains tribunaux c'est au président seul qu'on présente une requête rédigée dans cette forme, la question étant controversée. (Voir. Q. 794). Dans le cas où la pratique suivie est conforme à notre opinion, l'ordonnance qui intervient sur la requête est un véritable jugement rendu en chambre du conseil qui s'expédie ; dans l'autre cas, la minute de l'ordonnance, exécutoire sur la minute, est remise à la partie au pied de la requête pour en suivre l'exécution. (Voir. ce que j'ai dit, *supra formules*, n°s 10 et 11).

2° Avant de requérir l'ordonnance contre l'avoué en retard, on peut le mettre en demeure par une sommation d'avoué à avoué. (Voir. *supra formule*, n° 62).

3° L'avoué poursuivi peut, aux termes de l'art. 192, former opposition à l'ordonnance rendue contre lui, soit parce qu'il a rétabli les pièces, soit parce qu'elles sont tellement volumineuses qu'il n'a pu

---

[1]. Outre les dommages-intérêts encourus par l'avoué, le tribunal peut prononcer sa suspension ou son interdiction (Q. 795).

les examiner; cette opposition se forme par requête ou conclusions, signifiées à l'avoué de la partie qui a obtenu l'ordonnance, ou par déclaration sur les procès-verbaux d'exécution; l'avoué de la partie poursuivante donne avenir devant le tribunal qui juge sommairement l'incident. L'extrême rareté de cette procédure, dont il n'existe guère d'exemple, me dispense d'en donner les formules spéciales.

4° Cette ordonnance se signifie à l'avoué détenteur par acte d'avoué à avoué, dans la même forme que les jugements. (Voir. *infra formule*, n° 68.)

TIT. V. — Moyens d'instruction.

§ Ier. — Ordinaires.

I. — COMPARUTION DES PARTIES

67. Jugement *qui ordonne la comparution des parties.*

CODE PR. CIV., art. 119.

Le tribunal, attendu que, les parties n'étant pas d'accord sur les faits de la cause[1], il convient, avant faire droit, de les entendre personnellement en leurs explications (*ou* d'entendre personnellement en ses explications M.... (*nom du demandeur ou du défendeur*).

Par ces motifs, ordonne que les parties comparaîtront[2] (*ou que M...... comparaîtra*) en personne à l'audience publique de ......(*date*) (*ou* en la chambre du conseil le....., heure de.....)

---

1. Cette formule suppose que le débat est lié contradictoirement entre les parties. Cependant rien ne s'oppose, alors même que le défendeur fait défaut, à ce que le tribunal, avant d'adjuger le profit du défaut, n'ordonne la comparution personnelle des parties, pour vérifier, comme il en a le devoir, les conclusions de la demande. Le jugement, en ce cas, devrait être ainsi motivé : « Attendu que les conclusions de la demande n'étant pas, quant à présent, suffisamment justifiées, il y a lieu pour le tribunal d'ordonner, avant dire droit, que les parties seront personnellement entendues en leurs explications sur les faits de la cause. »
2. La comparution personnelle peut être ordonnée par les tribunaux civils comme par les tribunaux de commerce (Caen, 4 juill. 1899, sol. impl. J. Av. t. 125, p. 24).

Si les tribunaux peuvent ordonner la comparution personnelle des parties, il ne leur est point permis de faire comparaître et d'interroger des tiers qui ne peuvent être entendus qu'à titre de témoins (J. Av., t. 73, p. 444, art. 496, et t. 74, p. 288, art. 680).

Les juges ont un pouvoir discrétionnaire pour admettre ou rejeter une demande en comparution de parties (Q. 502 *ter*).

Ils peuvent n'ordonner que la comparution d'une partie, ou bien procéder à l'interrogatoire de chacune des parties, séparément ou simultanément (Q. 502). *Adde*: Suppl. alphab., v° *Comparution personnelle*, n. 5 et s. Caen, 4 juil. 1899 précité.

pour s'expliquer contradictoirement (*ou, si une seule partie est appelée*), personnellement sur le débat dont le tribunal est saisi. Réserve les dépens.

---

68. Signification *du jugement qui ordonne une comparution de parties à la requête de la partie la plus diligente à l'avoué de l'autre.*

CODE PR. CIV., art. 119.

A la requête de M........, ayant pour avoué M°......., soit signifié et en tête [de celle] des présentes laissé copie à M°......, avoué près le tribunal civil de....... et de M......, de la grosse dûment en forme exécutoire d'un jugement rendu contradictoirement entre les parties y dénommées par la..... chambre du tribunal de....... le..:...., enregistré, lequel ordonne que les parties seront entendues en personne, le......, à l'audience (*ou* en chambre du conseil);

Soit, en conséquence, sommé ledit M°....., de faire comparaître son client en personne, le........, heure de......, à l'audience (*ou* en chambre du conseil) et par devant MM. les Président et juges composant la....., chambre du tribunal de..., séant à..., pour donner les explications nécessaires relativement au litige pendant entre les parties ; lui déclarant que, faute par ledit sieur de comparaître auxdits lieu, jour et heure, il sera contre lui donné défaut et pris tels avantages que de droit ; à ce qu'il n'en ignore.

Dont acte.
Pour original (*ou* pour copie).
Signifié et laissé copie, etc.   (*Signature de l'avoué.*)

---

69. Signification *du jugement à la partie avec sommation de comparaître* [1].

CODE PR. CIV., art. 119.

L'an........, le........, à la requête de M........ (*nom, pro-*

---

1. On est dans l'usage, à Paris, de ne point signifier le jugement qui ordonne la comparution, et de faire une simple sommation à l'avoué; quelquefois seulement on fait sommation aux parties, par acte extrajudiciaire, de comparaître à l'audience en énonçant sommairement le jugement. Il faut toujours signifier ce jugement à avoué et à partie (Q. 502).

Les tribunaux ont un pouvoir discrétionnaire pour décider, en ordonnant une comparution personnelle, si elle aura lieu en audience publique ou en chambre du conseil (Caen, 4 juill. 1899, *J. Av.*, t. 125, p. 24) ; si les parties comparaîtront seules ou assistées de leurs conseils (*même arrêt*).

Le juge apprécie, suivant les circonstances, ce qu'on peut induire du défaut de comparution de l'une des parties (Q. 502 *bis*).

fession et demeure), pour lequel domicile est élu à......, rue....., n°........, en l'étude de M^e........, avoué près le tribunal civil de première instance de........, j'ai (*immatricule de l'huissier*), soussigné, signifié et en tête (de celle) des présentes laissé copie à M........, demeurant à........, en son domicile où étant et parlant à......, de la grosse dûment en forme exécutoire d'un jugement rendu contradictoirement entre les parties par la......... chambre du tribunal civil de première instance de......, le......, enregistré, lequel jugement a ordonné que les parties comparaîtraient (*ou* que M....... comparaîtrait) en personne et seraient entendues (*ou* : serait entendu) le......, à l'audience (*ou* en la chambre du conseil) de ladite chambre ;

Et, à mêmes requête, demeure, élection de domicile que dessus et en vertu dudit jugement j'ai fait sommation audit sieur......, de comparaître et se trouver le....., heure de......, à l'audience et par devant MM. les Président et juges composant la..... chambre du tribunal civil, séant à....., pour donner les explications nécessaires relativement au litige pendant entre les parties. Lui déclarant que, faute par lui de comparaître et se trouver auxdits lieu, jour et heure, il sera contre lui donné défaut et pris tels avantages que de droit.

A ce qu'il n'en ignore ; et je lui ait, audit domicile, où étant et parlant comme dessus, laissé copie tant du jugement susénoncé que du présent, sous enveloppe..... etc.....

---

69 bis. Procès-verbal *des déclarations faites par les parties dans une comparution personnelle* [1].

L'an...., le....(*quantième, mois*), à l'audience publique (*ou* en la chambre du conseil) de la.... chambre du tribunal civil de première instance de......, où siégeaient MM......, président .... juges, en présence de M......, procureur de la République, assistés de M^e......, greffier, tenant la plume, ont, en exécution d'un jugement précédemment rendu par cette même chambre le ......, enregistré et signifié, comparu en personne : 1° M......, demandeur dans l'instance par lui introduite devant ladite chambre suivant exploit de....., huissier à....., en date du......, sous la constitution de M^e......, avoué; 2° M....., défendeur dans la même instance, ayant pour avoué constitué M^e......, lesquels répondant aux questions qui leur ont été posées relativement aux

---

1. La Cour de cassation décide que la rédaction de ce procès-verbal n'est pas obligatoire, et que les juges peuvent se borner à constater les résultats de la comparution dans les motifs de leur jugement : Cass. 29 janv. 1896 (D. P. 96.1.556). V. aussi Cass., 31 janv. 1905 (*J. Av.*, t. 130, p. 134). Mais ce procès-verbal n'est pas inutile.

faits et circonstances du procès dont s'agit, pendant entre eux devant le tribunal, ont fait les réponses et déclarations suivantes :

(*Relater ici en substance et aussi exactement que possible les incidents de la comparution, les réponses et les déclarations faites par les comparants.*)

Desquels comparution, dires, réponses et déclarations a été rédigé le présent procès-verbal, qu'ont signé le président et le greffier.

(*Signature du président.*)   (*Signature du greffier.*)

II. — INTERROGATOIRE SUR FAITS ET ARTICLES

70. Requête *pour avoir permis de faire interroger* [1].

CODE PR. CIV., art. 325.

A MM. les président et juges composant la..... chambre du tribunal civil de première instance de.....

M....... (*nom, prénom, domicile*), ayant Me....... pour avoué,

---

[1]. L'interrogatoire ne peut pas être ordonné d'office.
En matière sommaire et commerciale l'interrogatoire est demandé à l'audience, et non par requête.
La disposition de l'art. 324 n'admet aucune exception ; la faculté de faire interroger a lieu dans les affaires sommaires, comme dans les matières ordinaires, dans les affaires qui s'instruisent par écrit, comme dans les affaires d'audience (Q. 1226).
L'interrogatoire ne peut avoir lieu en matière de divorce ou de séparation de corps (Q. 1226).
On peut ordonner l'interrogatoire, même dans les matières où la preuve testimoniale n'est pas admise (Q. 1226).
La même partie peut demander, dans le même procès, plus d'un interrogatoire pourvu que ce ne soit pas sur les mêmes faits (Q. 1235).
Tout individu qui est partie dans un procès, soit comme demandeur principal ou intervenant, soit comme défendeur principal ou en garantie, a droit de demander l'interrogatoire de sa partie adverse, de même qu'il ne peut s'opposer à le subir lui-même, à moins toutefois qu'il ne soit prouvé au tribunal que cet individu est entièrement désintéressé dans la cause (Q. 1224).
Le mineur ne peut pas être interrogé sur faits et articles (Q. 1224).
S'il est émancipé, il peut l'être sur tout ce qui concerne l'administration de ses biens ou de son commerce, mais non pas relativement à ses capitaux mobiliers ou à ses immeubles (*Ibid.*).
Le tuteur d'un mineur non émancipé peut être interrogé, et l'interrogatoire produit son effet, lorsqu'il concerne des faits pour lesquels le tuteur peut s'engager en sa qualité (*Ibid.*). *Adde* conf. Garsonnet, t. 2, p. 433.
La femme peut être interrogée, lorsque le mari est poursuivi seul pour cause mobilière concernant celle-ci ou les biens communs des deux époux (*Ibid.*).
On peut ordonner l'interrogatoire jusqu'au jugement définitif, et même au moment des plaidoiries ; mais les tribunaux ont aussi le droit de s'y refuser, lorsqu'ils pensent que cette procédure retarderait inutilement le jugement de la cause (Q. 1232).
Si une partie a requis l'interrogatoire en première instance, et que son adversaire ne l'ait pas subi, celui-ci est recevable à se faire interroger en cause d'appel (Q. 1230).
On peut demander l'interrogatoire en cause d'appel quoique la demande n'en ait pas été formée en première instance (Q. 1229).

a l'honneur de vous exposer, Messieurs, que, suivant exploit du ministère de....., huissier à....., en date du....., enregistré, il a formé contre M......, une demande actuellement pendante à la ..... chambre du tribunal, et tendant à....... (*indiquer l'objet de la demande*) ;

Qu'aux termes de l'art. 324 C. pr. civ., les parties peuvent se faire mutuellement interroger sur faits et articles en tout état de cause ;

Que dans l'espèce, il importe à l'exposant de recourir à ce moyen qui peut être utile à sa cause et jeter sur les faits des lumières propres à éclairer la religion du tribunal ; pourquoi l'exposant conclut à ce qu'il plaise au tribunal :

Lui permettre de faire interroger par tel de MM. les juges qu'il plaira au tribunal commettre à cet effet M....... sur les faits suivants [1] :

1°........

2°..... etc...., ensemble sur tous autres faits qui paraîtront utiles pour éclairer la religion du tribunal, auxquels faits le juge-commissaire voudra bien étendre son interrogatoire.

Sous toutes réserves. — Et ce sera justice.

(*Signature de l'avoué.*)

Cette requête est remise au président de la chambre devant laquelle l'affaire est pendante, et au bas de ladite requête, ce magistrat rend une ordonnance ainsi conçue, qu'il est d'usage que l'avoué ait préparée, de manière que le Président n'ait qu'à remplir les blancs :

Soit communiqué à M. le Procureur de la République pour, après ses conclusions, être sur le rapport de M......., juge, que nous commettons à cet effet, par le tribunal, statué à ce qu'il appartiendra.

Fait à........ le....... (*an, quantième, mois*).

(*Signature du président.*)

---

1. Les faits, dans la requête à fin d'interrogatoire, doivent être exposés de manière à ce que le tribunal soit à même de connaître s'ils sont pertinents, et de juger, avec connaissance de cause, si l'interrogatoire doit être ordonné (*Q.* 1237).

Aux juges appartient l'appréciation souveraine des faits articulés ; leur décision est, en toute circonstance, à l'abri de la censure de la Cour de cassation (*Ibid.*).

Les faits et articles pertinents sont ceux seulement qui concernent la matière dont il est question ; tous les faits qui n'ont pas un rapport direct à la contestation doivent être rejetés (*Q.* 1225).

L'interrogatoire, comme le serment, doit être défendu sur tout fait immoral en soi, ou qualifié crime ou délit par la loi (*Ibid.*).

On peut cependant demander l'interrogatoire sur un fait d'usure (*Ibid.*).

L'art. 333 accordant au juge la faculté de poser des questions d'office, il est bon de ne pas trop détailler les faits dans la requête pour éviter que la partie interrogée ne se prépare ; d'un autre côté, il faut que les faits énoncés soient assez concluants pour que dans le cas où, par suite du défaut de comparution ou de refus de répondre, ils seraient tenus pour reconnus, le gain du procès pût s'en suivre.

70 bis. Jugement *qui permet l'interrogatoire.*
Code PR. CIV., art. 325.

Le tribunal ;
Vu la requête présentée par M........., tendant à obtenir permission de faire interroger M....... sur les faits articulés dans ladite requête [1] ;
Attendu que lesdits faits sont pertinents et admissibles ;
Par ces motifs,
Autorise..... à faire interroger (*nom de la partie qui doit être interrogée*) sur les faits contenus en sa requête [2] ;
Commet M...., juge, pour procéder à cet interrogatoire ;
Pour, le procès-verbal d'interrogatoire fait et dressé, être statué ce qu'il appartiendra.

---

71. Requête *au président pour faire commettre un juge afin de procéder à l'interrogatoire* [3] *au cas où le jugement qui l'ordonne ne l'a pas désigné.*
Code PR. CIV., art. 325.

A M. le président de la..... chambre du tribunal civil de première instance de.....

M..... (*nom, prénoms, domicile*), ayant pour avoué M^e...., a l'honneur de vous exposer, Monsieur le Président,
Que par jugement rendu sur requête par la..... chambre de ce tribunal, le...., enregistré, il a été autorisé à faire interroger

---

1. Le rapport doit se faire à la chambre du conseil ; mais le jugement doit être rendu à l'audience selon le vœu de l'art. 329.
2. Le jugement ne doit point détailler les faits qui feront l'objet de l'interrogatoire ; il suffit que le tribunal ordonne que la partie sera interrogée sur les faits contenus en la requête, et qu'il les déclare pertinents ; mais il peut arriver que le tribunal déclare certains faits pertinents et d'autres non pertinents ; alors le jugement autorise l'interrogatoire sur les faits contenus dans la requête, à l'exception de ceux qui sont déclarés non pertinents.
Ce jugement n'est pas susceptible d'opposition et n'est pas non plus susceptible d'appel, sauf dans le cas d'incompétence ou d'excès de pouvoir (Q. 1241). Sic : Cass., 3 août 1897 (*J. Av.*, t. 123, p. 96); Toulouse, 12 juin 1906 (*Ibid.*, t. 131, p. 309); Boitard, Colmet-Daâge et Glasson, t. 1, n° 522 ; Garsonnet, t. 2, p. 429.
3. Il n'est pas régulier de faire nommer le juge-commissaire par la requête contenant les faits ; le jugement mis au bas de cette requête se borne à ordonner l'interrogatoire. Il faut une nouvelle requête pour faire commettre par le président le juge qui sera chargé de procéder à l'interrogatoire. Il est cependant en usage, dans beaucoup de tribunaux, que le juge qui doit procéder à l'interrogatoire soit nommé par le jugement, et, dans ce cas, on lui présente requête directement afin d'obtenir jour et heure pour l'interrogatoire : mais ce mode de procéder semble ne pas concorder avec les termes de l'art. 325 C. pr. civ. (Q. 1241 *ter*).

M..... sur les faits et articles énoncés en ladite requête et visés audit jugement;

Mais que ledit jugement n'ayant pas désigné le juge qui devra procéder à cet interrogatoire, il vous appartient de faire cette désignation.

Pourquoi l'exposant requiert qu'il vous plaise, Monsieur le Président, commettre l'un de MM. les juges de la..... chambre du tribunal pour procéder audit interrogatoire, ou indiquer vous-même les lieu, jour et heure auxquels il y sera procédé par devant vous. Sous toutes réserves. Et ce sera justice.

(*Signature de l'avoué.*)

Le président, s'il retient l'interrogatoire, met au bas de cette requête l'ordonnance suivante :

Nous Président, vu la requête ci-dessus, ensemble le jugement rendu par cette chambre le...., enregistré;

Disons qu'il sera par nous procédé le...., en notre cabinet au palais de justice à...., heure de...., à l'interrogatoire sur faits et articles ordonné par ledit jugement;

Et commettons..... huissier audiencier pour délivrer l'assignation à.....

Fait au Palais de Justice à...., le.....

(*Signature du Président.*)

Remarque. — *Quand le président commet un juge, il le fait en ces termes* : Nous Président, vu, etc... (*comme ci-dessus*).

Disons qu'il sera procédé à l'interrogatoire sur faits et articles ordonné par ledit jugement par M...., juge, que nous commettons à cet effet.

Fait au Palais de justice à...., le.....

(*Signature du Président.*)

Dans ce cas, il n'est pas besoin d'une nouvelle requête pour faire fixer par le juge commis le jour de l'interrogatoire, mais il est d'usage que l'avoué prépare l'ordonnance que ce juge doit rendre, de manière qu'il n'ait qu'à remplir les blancs. Voici la forme de cette ordonnance :

Nous, juge en la..... chambre du tribunal civil de...., commis par l'ordonnance qui précède pour procéder à l'interrogatoire ordonné par le jugement de cette chambre en date du...., enregistré.

Sur la réquisition de Me...., avoué de M...., indiquons le...., heure de...., en la chambre du conseil de la..... chambre de ce tribunal, pour procéder audit interrogatoire, et commettons....., huissier audiencier près ce tribunal, pour signifier à M..... le jugement sus-énoncé, ensemble les présentes requête et ordonnance, avec assignation à comparaître aux jour, lieu et heure ci-dessus fixés.

....., le.....

(*Signature du juge-commissaire.*)

72. Requête *au président pour faire commettre, afin de procéder à l'interrogatoire, le président du tribunal dans le ressort duquel la partie réside,* et **Ordonnance** *conforme.*

Code PR. CIV., art. 326.

REQUÊTE

(Cette requête est la même que celle qui précède, seulement avant : pourquoi l'exposant etc....., *on ajoute l'alinéa suivant.)*
Qu'à raison de l'éloignement de M..., lequel réside à...., dans le ressort du tribunal civil de...., il y a lieu, par application de l'art. 326 C. pr. civ. de commettre à cet effet M. le Président de ce dernier tribunal,
Pourquoi l'exposant requiert qu'il vous plaise, Monsieur le Président, commettre M. le Président du tribunal civil de.... pour procéder à l'interrogatoire sur faits et articles dont s'agit. Sous toutes réserves. Et ce sera justice.

(Signature de l'avoué.)

ORDONNANCE

Nous président...., vu la requête ci-dessus et les pièces à l'appui ; vu l'art. 326 C. pr. civ.:
Commettons M. le Président du tribunal de.... pour procéder à l'interrogatoire ordonné par le jugement du...., lequel pourra lui-même commettre à cet effet soit l'un des juges dudit tribunal, soit l'un des juges de paix du ressort.
Fait au palais de justice à..... le.....

(Signature du Président.)

---

73. Requête *et* **Ordonnance** *pour faire ordonner le transport au lieu où la partie est retenue.*

Code PR. CIV., art. 328.

REQUÊTE

Reproduire le début de la formule n° 71 ; mais avant : pourquoi l'exposant, etc... *ajouter ce qui suit :*
Que M..... se trouve..... *(indiquer les motifs d'empêchement de la partie à interroger)*, que dans ces circonstances, et par application de l'article 328 C. pr. civ., il y aurait lieu de se transporter à..... pour procéder audit interrogatoire ;
Pourquoi l'exposant requiert qu'il vous plaise, Monsieur le Président, commettre l'un de MM. les Juges de cette chambre, ou indiquer

les jour et heure auxquels vous vous transporterez vous-même audit lieu pour procéder à l'interrogatoire sur faits et articles ordonné par le jugement sus-énoncé ; sous toutes réserves. Et vous ferez justice.

Si le Président retient l'interrogatoire, son ordonnance est modifiée de la manière suivante :

Nous Président, vu...., etc...., vu l'art. 328 C. pr. civ.
Disons que nous nous transporterons le...., heure de...., à..... etc..... pour procéder, etc....

S'il commet un juge, l'ordonnance du Président n'est pas modifiée, mais c'est celle rendue par le juge, à la suite de l'ordonnance du Président qui doit l'être comme ci-dessus.

---

74. Signification *des jugement et ordonnance avec assignation à comparaître pour subir l'interrogatoire.*

CODE PR. CIV., art. 329.

L'an...., le...., à la requête de M..... (*nom, prénoms, domicile*), pour lequel domicile est élu à..... rue...., n°....., en l'étude de M[e]..... avoué près le tribunal civil de..... lequel est constitué et continuera d'occuper pour lui sur la présente assignation et ses suites, j'ai..... (*immatricule de l'huissier commis*) soussigné, commis [1] à cet effet, signifié et en tête (de celle) des présentes laissé copie à M...., demeurant à...., audit domicile, où étant et parlant à [2] ;

1° De l'expédition dûment en forme d'un jugement rendu sur requête par la..... chambre du tribunal civil de première instance de...., le...., enregistré, portant permission de faire procéder à l'interrogatoire de M..... sur les faits et articles énoncés en ladite requête et visés audit jugement, ensemble de ladite requête ;

2° D'une ordonnance rendue par M. le Président de la..... chambre du tribunal en date du...., enregistrée, mise au bas d'une requête à lui présentée le même jour, ladite ordonnance contenant nomination de M...., juge en ladite chambre, pour procéder à l'interrogatoire dont s'agit (*ou* : contenant indication des jour, lieu et heure auxquels il sera par lui procédé à l'interrogatoire dont s'agit ; *dans ce cas, le 3° est supprimé*) ensemble de ladite requête ;

3° Et de l'ordonnance de M...., juge-commisssaire, mise au bas de la précédente, en date du..... enregistrée, contenant indication

---

1. L'assignation doit être donnée par un huissier commis, à peine de nullité (Q. 1248).
2. Les significations prescrites par l'art. 329 doivent être faites à personne ou à domicile réel (Q. 1247).

des jour, lieu et heure auxquels il sera procédé audit interrogatoire ;

Et à même requête, demeure, élection de domicile et constitution d'avoué que dessus, en vertu desdites ordonnances, j'ai, huissier susdit et soussigné, donné assignation au susnommé à comparaître en personne le [1]..... heure de..... par devant M..... juge-commissaire, pour subir l'interrogatoire autorisé par ledit jugement sur les faits et articles énoncés en la requête dont copie précède (celle des présentes), et répondre en outre aux questions qui lui seront adressées d'office par M. le Président (*ou* juge-commissaire) ;

Lui déclarant que, faute par lui de comparaître auxdits jour, lieu et heure pour subir ledit interrogatoire, lesdits faits et articles seront tenus pour confessés et avérés. Sous toutes réserves.

A ce qu'il n'en ignore ; et je lui ai, audit domicile, où étant et parlant comme il a été dit, laissé copie, tant du jugement et des ordonances et requêtes sus-énoncés que du présent, sous enveloppe, etc. Coût.....

75. Procès-verbal *de non-comparution ou de refus de répondre.*

CODE *PR. CIV.*, art. 330.

L'an...., le...., heure de....., nous juge commis à l'effet de recevoir l'interrogatoire de M...., nous étant transporté en la chambre du conseil de la....., chambre de ce tribunal, assisté de notre greffier, en exécution du jugement rendu le..... au profit de M..... et en exécution des ordonnances des.... ;

Si la partie, quoique présente, refuse de répondre, on met : pardevant nous a comparu M..... etc., lequel a refusé [2] de répondre aux questions que nous lui avons adressées sur les faits contenus dans la requête d'interrogatoire ; duquel refus nous avons dressé le présent procès-verbal pour servir ce que de droit.

Si la partie ne comparait pas, on met : après avoir attendu inutilement jusqu'à ..... nous avons donné défaut contre M...., non comparant, bien que régulièrement assigné suivant exploit de...., huissier à...., en date du...., pour servir et valoir à..... ce que de droit et avons signé avec ledit greffier.

(*Signatures.*)

---

1. Le délai entre l'assignation à comparaître et le moment de la comparution doit être de vingt-quatre heures au moins (art. 329). Il se compte d'heure à heure, et s'augmente à raison de la distance, suivant le droit commun (Garsonnet, t. 2, § 309, note 4, p. 426).

2. Celui qui a refusé de répondre, étant présent, ne peut pas jouir du bénéfice de l'art 331.

76. Ordonnance *qui indique un autre jour pour l'interrogatoire*[1].

CODE *PR. CIV.*, art. 332.

Nous juge-commissaire, attendu que (*nom de la partie qui doit subir l'interrogatoire*) justifie être dans l'impossibilité de comparaître par devant nous, ces jour et heure; renvoyons l'interrogatoire au..... heure de....., auxquels jour et heure il aura lieu sans nouvelle assignation.

---

76 bis. Signification *du procès-verbal de non-comparution avec avenir à l'audience.*

A la requête de M..... ayant M^e..... pour avoué;
Soit signifié et en tête (de celle) des présentes laissé copie à M^e.., avoué de M.... ;
De l'expédition dûment en forme d'un procès-verbal de M..... juge-commissaire en date du..... A ce qu'il n'en ignore;
Et à même requête soit sommé ledit M^e..... etc... (*formule ordinaire de l'avenir. — Voir. infra au titre I, chap. 2, de la 1re partie.*

---

77. Jugement *qui tient les faits pour avérés*[2].

CODE *PR. CIV.*, art. 330.

Le tribunal; — Attendu que M..... régulièrement assigné pour

---

1. La partie qui se trouve empêchée de comparaître au jour fixé pour l'interrogatoire doit, par le ministère de son avoué ou de toute autre personne parente ou amie, faire connaître au juge-commissaire les causes d'empêchement qui la retiennent. Le juge examine ces causes, et, s'il les trouve légitimes et suffisamment justifiées, il indique sur son procès-verbal un autre jour pour l'interrogatoire, ou déclare qu'il se transportera sur les lieux où se trouve la partie empêchée, ou commet, pour interroger celle-ci, le juge de sa résidence, suivant les cas et la nature des empêchements.
Lorsque la partie assignée pour subir un interrogatoire ne s'est pas présentée par suite d'un empêchement qu'elle prétendait légitime, mais que le juge-commissaire n'a pas admis, elle peut présenter de nouveau son excuse au tribunal (1252 *bis*).
2. Le refus de répondre ou le défaut de comparution n'imposent pas l'obligation au juge de tenir les faits pour avérés, mais seulement lui en laissent la faculté *Suppl. alphab.*, n° 55 et s).

comparaître à l'effet de subir l'interrogatoire ordonné par jugement du......, n'a pas comparu (*ou bien* a comparu, mais a refusé de répondre), ainsi que le constate le procès-verbal dressé le..., par M...., juge-commissaire; — Que ce défaut de comparaître (*ou* que ce refus de répondre), doit être considéré comme l'aveu des faits articulés par M...., qu'il y a donc lieu d'appliquer l'art. 330 C. pr. civ. et de tenir lesdits faits pour avérés; — Attendu..... etc.

Par ces motifs..... etc.

78. Demande *adressée au juge commis par la partie défaillante afin d'être interrogée.*

Code *PR. CIV.*, art. 331.

La partie qui a fait défaut peut se présenter, avant le jugement, au juge commis, et lui déclarer qu'elle est prête à répondre. — La loi impose à ce magistrat l'obligation de l'interroger, sans exiger d'elle autre chose que le paiement des frais du premier procès-verbal et de la signification qui en a été faite.

79. Procès-verbal *d'interrogatoire sur faits et articles.*

Code *PR. CIV.*, art. 333.

L'an...., le...., heure de....., en la chambre du conseil de la... chambre du tribunal civil de première instance de....., par devant nous..... juge en ce tribunal, commis à cet effet par ordonnance de M. le Président de ladite chambre, assisté de..... greffier, a comparu M..., demeurant à...., qui nous a dit se présenter en exécution du jugement du..... et de notre ordonnance du..... pour satisfaire à l'assignation à lui donnée, en vertu desdits jugement et ordonnance, à la requête de M...., par exploit de....., huissier, en date du...., pour être interrogé sur les faits et articles insérés en la requête sur laquelle a été rendu ledit jugement, desquelles comparution et déclaration il nous a demandé acte; et a signé.....

(*Signature.*)

Sur quoi, nous, juge-commissaire, avons donné acte audit sieur..... de ses comparution et demande, et avons à l'instant procédé audit interrogatoire, ainsi qu'il suit :

Interpellé d'avoir à nous faire connaître ses nom, prénoms, âge, qualités et demeure;

TITRE V. — MOYENS D'INSTRUCTION. — 79

A dit se nommer...., être âgé de....., exercer la profession de.....¹, demeurer à.....²

Ensuite, procédant dans l'ordre des faits énumérés dans la requête sur laquelle le jugement ordonnant l'interrogatoire a été rendu, nous avons demandé à M.....

1° Si..... (*préciser la question*).
A quoi il a répondu..... (*préciser la réponse*);
2°...; 3°... etc...

Enfin, comme on nous avait donné connaissance de certains faits qui, n'étant pas contenus dans la requête, pouvaient néanmoins avoir une grande influence sur la décision du procès, nous avons cru devoir interroger d'office ³ M..... sur ces faits ; nous lui avons donc demandé :

1° Si..... (*préciser la demande*); à quoi il a répondu (*préciser la réponse*);
2°..... etc.

Lecture faite à M..... de son interrogatoire ci-dessus et de ses réponses, il y a persisté, déclarant n'avoir rien à ajouter ni diminuer, et a signé avec nous et notre greffier.

(*Signatures de l'interrogé, du juge-commissaire et du greffier.*)

Remarques. — 1° Au lieu de la formule qui précède, on peut terminer l'interrogatoire en ces termes : Et attendu que le comparant a répondu aux questions admises par le jugement, et que notre mission est terminée, nous avons clos le présent procès-verbal que nous avons signé avec le comparant et le greffier, après lecture.

2° Ni l'avoué du demandeur, ni celui du défendeur, ne peuvent assister à l'interrogatoire. Mais ils peuvent présenter leurs clients au juge-commissaire, et, en général, on rédige un procès-verbal d'ouverture d'interrogatoire en ces termes : « A comparu Mᵉ...., avoué de M....., lequel nous a dit que, pour parvenir à l'interrogatoire sur faits et articles de M. (*nom de la partie à interroger*)...., demeurant à...., ordonné par...., etc., il avait, en vertu de notre ordonnance du..... enregistrée..... (*nom de la partie, qui requiert l'interrogatoire*) rendue sur requête à nous présentée, fait signifier à

---

1. Lorsqu'il s'agit d'une administration d'établissement public, qui doit, conformément à l'art. 336 C. pr. civ., nommer un administrateur ou agent pour répondre aux faits et articles qui lui sont communiqués, l'agent dont parle l'art. 336 doit être un employé qui participe à l'administration de l'établissement, et non un individu quelconque chargé de la procuration des administrateurs, par exemple, l'avoué qui occupe dans la cause (*Q.* 1264 *bis*).
Dans ce cas, le pouvoir de l'administrateur ou agent chargé de répondre doit être spécial et renfermer toutes les réponses clairement expliquées et affirmées véritables, de sorte que le mandataire n'ait qu'à présenter son mandat pour remplir le but de la justice; sinon les faits peuvent être tenus pour avérés et le jugement définitif prononcé en conséquence (*Q.* 1264).
2. Le juge ne doit pas exiger de l'interrogé un serment préalable (*Q.* 1253); alors même qu'il serait l'agent dont parle l'art 336 (*Q.* 1265 *bis*).
3. La partie qui a demandé l'interrogatoire peut produire au juge, et celui-ci recevoir d'elle, des notes ou mémoires, contenant des faits secrets, sur lesquels il pourra interroger d'office.

M...., suivant exploit du....., etc. : 1° le jugement précité ordonnant l'interrogatoire ; 2° la requête et notre ordonnance fixant l'interrogatoire à..., et que ledit exploit, à nous représenté, contient en même temps assignation audit sieur... à comparaître devant nous auxdits jour, lieu et heure ; qu'en conséquence, toutes les formalités étant remplies, il nous requérait de procéder ou de donner défaut, en cas de non-comparution, et, après avoir signé le présent, s'est retiré ».

80. Signification *du procès-verbal d'interrogatoire sur faits et articles.*
Code *PR. CIV.*, art. 335.

A la requête de M...., ayant M^e..... pour avoué ;
Soit signifié et en tête (de celle) des présentes laissé copie à M^e...., avoué de M....,
De l'expédition dûment en forme d'un procès-verbal, en date du...., dressé par devant M....., juge au tribunal civil de...., commis à cet effet, contenant l'interrogatoire sur faits et articles subi par M...., sur la poursuite de M..... A ce qu'il n'en ignore.
Dont acte.
Pour original ; (*ou* copie).
Signifié, etc. *(Signature de l'avoué.)*

Remarque. — On ne lève expédition de l'interrogatoire que lorsqu'il constate des faits favorables aux prétentions de la partie qui l'a poursuivi. Après l'avoir signifié, on suit l'audience sans écriture ni requête (art. 335), par un simple acte ou avenir qui peut contenir l'exposé sommaire des moyens et les conclusions, comme pour les enquêtes et les rapports d'experts.

80 *bis.* Jugement *sur interrogatoire contenant preuve* (Voy. *formule ordinaire des jugements.*)

III. Enquête.

81. Conclusions *contenant l'articulation des faits dont une partie demande à faire la preuve.*
Code *PR. CIV.*, art. 252.

A MM les Président et Juges composant la..... chambre du tribunal civil de première instance de.....

CONCLUSIONS

Pour M.....

Contre M..... Demandeur....(*nom de l'avoué du demandeur*).

Défendeur....(*nom de l'avoué du défendeur*).

Plaise au tribunal,

Attendu que....(*Rappeler l'objet de la demande, et exposer les faits qui, s'ils étaient établis, prouveraient le bien fondé de la demande*);

Attendu que ces faits sont pertinents et admissibles, et que, dans le cas où ils seraient déniés, il y aurait lieu pour le tribunal d'autoriser le concluant à en faire la preuve par témoins, en la forme accoutumée des enquêtes;

Par ces motifs,

Donner acte au concluant de ce qu'il articule et offre de prouver les faits suivants [1] :

1°   2°   (*énoncer avec précision chacun des faits*).

Et, pour le cas où ces faits seraient déniés par M....,

Autoriser le concluant à en faire la preuve, tant par titres que par témoins et dans la forme ordinaire des enquêtes.

Dépens, en ce cas, réservés.

Dont acte,

Pour original (*ou* copie).

(*Signature de l'avoué.*)

Signifié et laissé copie, etc.....

Remarques. 1° — Le plus souvent l'articulation des faits ne se signifie point par acte séparé, mais on la comprend dans la requête contenant les moyens signifiés, soit par le défendeur, soit par le demandeur. Dans ce cas, l'articulation des faits forme un chef subsidiaire des conclusions de la manière suivante :

Plaise au tribunal,

Attendu..... (*exposé de la demande et des moyens principaux à l'appui*).

Par ces motifs,

Condamner, etc..... (*objet de la demande*).

Subsidiairement, et pour le cas où le tribunal ne se croirait pas suffisamment éclairé pour pouvoir, dès à présent, adjuger au concluant les fins de sa demande :

---

1. Les faits peuvent être articulés verbalement, et à l'audience, dans les affaires sommaires et commerciales.

Si la partie avait omis de préciser dans ses conclusions quelques faits décisifs, elle pourrait, sauf à en supporter les frais, être admise à en faire ordonner la preuve en les articulant dans un acte additionnel (Q. 966).

Le principe consacré par l'art. 256, que la preuve contraire est de droit, suppose que les faits, qui seront l'objet de la contre-enquête, n'auront pas besoin d'être articulés, soit avant le jugement, soit après, ou que, dans le cas où la partie aura articulé ces faits, le tribunal ne sera pas obligé de les insérer dans le jugement (Q. 989).

De ce que les faits de la contre-enquête n'ont pas besoin d'être articulés dans un acte de conclusions, ni énoncés dans le jugement, il ne s'ensuit pas que le défenseur puisse faire la preuve de tous les faits quelconques, encore qu'ils n'aient pas le caractère déterminé par l'art. 253 (Q. 989 *bis*). Compar. Orléans, 18 déc. 1898 (*J. Av.*, t. 124, p. 127).

Lui donner acte de ce qu'il articule et offre de prouver les faits suivants :
    1°   2°
(le reste comme dans la formule précédente).

Dépens, en ce dernier cas, réservés ;

2° Dans la pratique, il arrive même que l'articulation et les conclusions subsidiaires à fin d'enquête soient contenues dans l'assignation par laquelle s'ouvre l'instance. Il en est fréquemment ainsi en matière de divorce ou de séparation de corps.

---

82. Conclusions *contenant dénégation des faits articulés.*

CODE PR. CIV., art. 252.

A MM. les Président et Juges, etc.

CONCLUSIONS

Pour M.....
    Défendeur *(nom de l'avoué du défendeur).*

Contre M.....
    Demandeur *(nom de l'avoué du demandeur).*

Plaise au tribunal,

Attendu que M...., à l'appui de sa demande, articule un certain nombre de faits, dont il offre de faire la preuve ;

Mais attendu que ces faits ne sont ni pertinents, ni admissibles [1] ; que d'ailleurs le concluant les dénie formellement ;

Par ces motifs,

Rejeter l'offre de preuve de M...., comme n'étant ni pertinente, ni admissible ;

Donner acte, en tout cas, au concluant de ce qu'il dénie formellement les faits dont la preuve est ainsi offerte ;

Débouter en conséquence M..... de ses fins et conclusions, tant principales que subsidiaires ;

Le condamner en tous les dépens, dont distraction, etc.

                          (Signature de l'avoué)

Dont acte.

Pour original *(ou* copie).

Signifié, laissé copie, etc.

---

1. On peut, sans dénier ni reconnaître les faits, empêcher qu'ils puissent être tenus pour confessés ou avérés, et s'opposer à ce que la preuve en soit ordonnée, en soutenant qu'ils ne sont pas admissibles (Q. 969).

83. Conclusions *contenant reconnaissance des faits articulés.*

Code PR. CIV., art. 252.

A MM. les Président et Juges, etc. (Intitulé comme à la formule précédente).

Plaise au tribunal :
Attendu que les faits articulés par M..... dans ses conclusions n'ont jamais été contestés par le requérant;
Que la reconnaissance de ces faits ne peut avoir aucune influence sur la décision à intervenir dans la cause pendante entre les parties;
Par ces motifs,
Donner acte au concluant de ce qu'il reconnaît l'exactitude des faits articulés par M......., et, sans s'arrêter ni avoir égard auxdits faits articulés, adjuger au concluant les conclusions par lui précédemment prises, et condamner M........ aux dépens, dont distraction au profit de M^e........, avoué, aux offres de droit.
(Signature de l'avoué.)

Dont acte.
Pour original (*ou* copie) :
Signifié, laissé copie, etc.

---

84. Acte *par lequel l'avoué, qui n'a pas encore reçu les instructions de sa partie, s'oppose à la preuve* [1].

Code PR. CIV., art. 252.

M^e......, avoué près le tribunal civil de......, occupant pour M........, déclare à M^e......, avoué de M......, que le délai de trois jours fixé par l'art. 252 C. pr. civ. est trop court pour qu'il lui ait été possible, vu l'éloignement de son client, qui réside à..., de lui faire connaître les faits articulés par M......, dans l'acte du ......, et pour obtenir sa réponse; qu'en l'absence des instructions nécessaires pour s'expliquer d'une manière plus précise, et jusqu'à ce qu'il les ait reçues, il ne peut que réserver tous les droits et exceptions de sa partie, sans entendre ni avouer, ni contester les faits articulés, et s'opposer néanmoins à la preuve.
(Signature de l'avoué.)

Dont acte; pour original (*ou* copie).
Signifié, laissé copie, etc.

---

1. Cet acte doit être signifié toutes les fois qu'un avoué n'ose reconnaître ou dénier les faits, sans l'autorisation de son client (Q. 970).

85. Jugement *qui ordonne l'enquête.*
Code *PR. CIV.*, art. 253 à 255.

Le tribunal, etc..., ouïs en leur plaidoirie M*e* X......, avocat, assisté de M*e*....., avoué de M...... (*le demandeur*), et M*e* Z ....., avocat, assisté de M*e*......, avoué de M...... (*le défendeur*), le ministère public entendu, et après en avoir délibéré conformément à la loi, jugeant en premier (*ou* en dernier) ressort :

Attendu que la demande de M..... (*ou* la libération alléguée par le défendeur) n'est pas, quant à présent du moins, suffisamment établie ; mais que, bien qu'il s'agisse dans la cause, d'un litige d'une valeur supérieure à 150 fr., le commencement de preuve par écrit qu'il apporte et dont le tribunal trouve les éléments dans une lettre, à lui écrite par son adversaire à la date du......, laquelle lettre sera enregistrée en même temps que le présent jugement, rend recevable, en principe, la preuve testimoniale par lui offerte ;

Que d'ailleurs les faits par lui articulés, dans ses conclusions subsidiaires, seraient de nature, s'ils étaient démontrés, à justifier sa demande (*ou* l'exception par lui proposée) ;

Attendu que ces faits, étant pertinents et admissibles, il y a lieu de l'autoriser à en administrer la preuve par enquête, en réservant, en tant que de besoin, au défendeur (*ou au demandeur, si c'est le défendeur dont l'articulation est admise*), la preuve contraire ;

Par ces motifs ;

Avant faire droit, admet et autorise M......., à faire la preuve tant par titres que par témoins des faits suivants [1] ; 1°....; 2°....; 3°......; — Réserve, en tant que de besoin, la preuve contraire à la partie adverse ; — Commet [2] pour procéder auxdites enquête et

---

1. Il y a nullité du jugement qui n'énonce pas les faits à prouver (*Q.* 978; Garsonnet, t. 2, p. 511).

Cependant, il n'est pas *absolument* nécessaire que ces faits soient consignés dans le dispositif du jugement ; il n'y a pas nullité si le dispositif s'en réfère à la désignation qui en est faite dans une autre partie du jugement. Cette rédaction est sans doute vicieuse, mais elle n'entraîne pas nullité (Cass. 17 juin 1851 S. 51.. 721). Il en serait autrement si le jugement s'en référait à une autre pièce du procès où les faits seraient libellés (*Q.* 978 *bis*).

Si les faits sont avancés pour la première fois à l'audience, et que l'adversaire, au lieu de les dénier, déclare n'être pas en état d'y répondre sur-le-champ, les juges peuvent ordonner une remise.

2. Le jugement qui ordonne l'enquête n'est pas nul parce qu'il ne contient pas la nomination du juge-commissaire ; il y a lieu seulement de faire réparer cette omission (*Q.* 980 *bis*; Garsonnet, t. 2, p. 512 et 513; Boitard, Colmet-Daâge et Glasson, t. 1, n° 477).

Mais le jugement, qui ne s'abstient pas seulement de commettre un juge pour procéder à l'enquête qu'il ordonne, en matière ordinaire, mais dispose, en outre, que cette enquête sera faite à l'audience, est nul ; Cass. 14 déc. 1881 (S. 82. 1. 265).

Le tribunal peut nommer deux juges-commissaires, l'un pour l'enquête directe, l'autre pour la contre-enquête (*Q.* 981 ; Garsonnet, t. 2, p. 515).

Au contraire, le jugement ordonnant enquête en matière sommaire ou commer-

contre-enquête, M......, juge à ce siège, lequel sera, en cas d'absence ou d'empêchement, remplacé par ordonnance du président de ce tribunal (*ou* de cette chambre), rendue sur simple requête ; Réserve les dépens.

---

86. Jugement *qui rejette la preuve testimoniale et statue au fond.*

CODE PR. CIV., art. 253 à 255.

Le tribunal ;
Attendu que M......, articule à l'appui de sa demande 1°, 2°, 3°;
Mais attendu que ces faits ne sont ni pertinents, ni admissibles, et qu'il n'échet, dès lors, d'en autoriser la preuve ;
Par ces motifs ; — Sans s'arrêter ni avoir égard à la demande d'enquête formée par M......,
Le déclare non recevable et mal fondé en ses demandes, fins et conclusions tant principales que subsidiaires, et le condamne aux dépens, dont distraction, etc.....

---

87. Conclusions *pour demander au tribunal le rétablissement de faits articulés dans les conclusions, et qui, par erreur, ont été omis dans le jugement ordonnant l'enquête.*

CODE PR. CIV., art. 255.

A MM. les Président et Juges, etc.

P. M...... demandeur, ...(*nom de l'avoué.*)
C. M...... défendeur, ...(*nom de l'avoué.*)
Plaise au tribunal :
Attendu que, parmi les faits articulés par le concluant dans ses conclusions, se trouvent les faits suivants : 1°..... 2°..... (*indiquer les faits omis*); que cependant le jugement rendu le....., qui autorise la preuve des faits articulés, ne reproduit pas, par erreur [1], les faits rappelés ci-dessus; qu'il importe au concluant

---

ciale et qui commet un juge-commissaire pour y procéder est nul ; l'enquête et la contre-enquête, en ces matières, doivent être faites à l'audience publique, à peine de nullité (Cass. 29 déc. 1897. *J. Av.*, t. 123, p. 51 et les renvois).

Quand il y a lieu de commettre un juge, il ne doit pas nécessairement être choisi parmi les membres du tribunal qui ont concouru à rendre le jugement qui ordonne l'enquête (*Q.* 983).

Le juge de paix délégué par un tribunal, pour procéder à une enquête, doit suivre les formalités du tit. 12, liv. 2 (*Q.* 985).

1. Le rétablissement de faits omis doit être demandé avant l'enquête. Mais pour cela, il faut être certain que l'omission est le résultat d'une erreur, sinon on s'expose à supporter les frais de l'incident (*Q.* 979).

d'établir l'existence desdits faits pour obtenir la condamnation qu'il poursuit contre M....; que ces faits sont pertinents et admissibles;
Par ces motifs;
Admettre le concluant à faire la preuve des faits suivants : 1°....
2°......., par-devant M........, juge commis par le jugement précité.
Dépens réservés. *(Signature de l'avoué.)*
Pour original ; (*ou* pour copie).
Signifié, laissé copie, etc.

88. Requête *à l'effet de faire commettre un juge par un tribunal auquel une enquête a été renvoyée par commission rogatoire.*

CODE PR. CIV., art. 255.

A MM. les Président et Juges composant la....... chambre du tribunal civil de première instance de......

M......., demeurant à......., ayant M^e....... pour avoué, a l'honneur de vous exposer, Messieurs,
Que, par jugement de la....... chambre du tribunal civil de première instance de........, en date du......., enregistré, rendu contradictoirement entre l'exposant et M......., duquel jugement la grosse vous est représentée à l'appui des présentes, il a été ordonné, avant faire droit, que l'exposant ferait preuve, par-devant [1]

---

1. Le tribunal peut renvoyer l'enquête devant un juge étranger indépendamment de toute réquisition des parties; il est le seul juge de l'opportunité du renvoi Q. 986).
Un magistrat d'un tribunal ou d'une cour ne peut pas être commis pour faire une enquête hors du ressort du tribunal ou de la cour (Q. 988 *bis*). Voy. un arrêt conf. de la Cour de cassation du 10 avril 1849 (J.Av., t. 74, p. 417, art. 729).
Lorsqu'il y a lieu de faire procéder à l'audition seulement d'un ou plusieurs témoins éloignés, par commission rogatoire, il est admis, dans la pratique, et cela est conforme aux principes, que la commission rogatoire peut être valablement donnée par simple ordonnance du juge commissaire. (V. *infrà*, formule n° 95).
— Mais lorsque c'est l'enquête toute entière, qui doit être faite en vertu de commission rogatoire, c'est le tribunal qui ordonne l'enquête, qui, seul, peut, en ce cas, valablement décerner cette commission rogatoire V. dans ce sens : Riom, 24 mai 1892 (S. 95.2.294); Trib. civ. de Laval, 14 avril 1899 (J. Av., t, 124, p. 373).
— *Infrà*, formule 95.
Le tribunal peut, dans le cas où des témoins éloignés doivent être entendus par un juge étranger, fixer un délai pour commencer l'enquête à l'égard de ces témoins, et la restreindre dans les délais ordinaires à l'égard de ceux qui peuvent être entendus dans la ville où il siège (Q. 1006).
Le délai que fixe en ce cas le jugement commence à courir du jour de la signification qui en est faite (Q. 1007).
L'enquête qui n'est pas commencée dans ce délai est nulle (Q. 1008).
Les tribunaux français peuvent ordonner qu'une enquête sera faite en pays étranger. La commission rogatoire peut être décernée sur une demande en prorogation d'une enquête déjà commencée (Q. 988 *ter*).
Le juge de paix, commis par un tribunal supérieur pour recevoir une enquête, peut, en cas d'absence, être remplacé par son suppléant sans commission nouvelle (Q. 984 *bis*).

tel de MM. les juges de ce tribunal qu'il vous plairait commettre, des faits par lui articulés, et qui sont énoncés audit jugement.

Pourquoi l'exposant conclut à ce qu'il plaise au tribunal commettre l'un de MM....., pour procéder à l'enquête dont il s'agit.

(*Signature de l'avoué.*)

Remarque. — Le jugement se rend en chambre du conseil, la minute en est écrite à la suite de la requête, où un espace suffisant doit être laissé à cet effet. Le tout s'expédie.

Pour éviter de faire courir les délais de l'enquête, on doit signifier le jugement qui l'a ordonnée avec le jugement qui nomme le juge-commissaire. Cette signification se fait par acte d'avoué ou par exploit, suivant que le défendeur a ou n'a pas constitué avoué. (Voir. *supra*, formules n°s 68 et 69.)

---

89. Acte *pour faire commettre un nouveau juge en cas d'empêchement de celui qui a été nommé par le jugement* [1].

Code PR. CIV., art. 255.

A la requête de M..... ayant pour avoué Me.... ;
Soit sommé Me...., avoué près le tribunal civil de....., et de M....;
De comparaître et se trouver le...., heure de...., à l'audience de la..... chambre du tribunal civil de première instance de...., séant au palais de justice, à...., pour :
Attendu que M...., juge en ce tribunal, commis pour procéder aux opérations de l'enquête ordonnée par le jugement rendu contradictoirement entre les parties le...., ne peut y procéder ; qu'en effet.... (*énoncer les causes de l'empêchement*) ;
Voir commettre l'un de MM. les juges du tribunal pour procéder à l'enquête ordonnée par le jugement du...., en remplacement de M.... ;
Et, en cas de contestation, s'entendre condamner aux dépens, dont distraction au profit de Me....., avoué, aux offres de droit.
Dont acte.
Pour original (*ou pour copie*).   (*Signature de l'avoué.*)
Signifié et laissé copie, etc.

---

1. Dans l'usage, on vient à l'audience sur un simple acte pour faire remplacer le juge-commissaire empêché.
Lorsque le jugement qui ordonne une enquête et commet un juge investit, par une disposition spéciale, le président du droit de pourvoir au remplacement du juge-commissaire, en cas d'empêchement : Voy. formule 89 *bis*.
Le jugement, ou l'ordonnance, qui commet un nouveau juge, doit être signifié avant de commencer l'enquête (*Q.* 984).

89 bis. Requête *au Président de la chambre qui a ordonné l'enquête, pour faire remplacer le juge commis qui se trouve empêché, au cas où le jugement a donné ce pouvoir au président, et* **ordonnance.**

A M. le Président de la..... chambre du tribunal
de 1re instance de. ...

M..... demeurant à....., ayant M^e..... pour avoué; a l'honneur de vous exposer, Monsieur le Président,

Que par un jugement de cette chambre, rendu contradictoirement entre lui et M....., le..., enregistré, il a été ordonné, avant faire droit, que l'exposant ferait preuve par devant M...., juge à ce siège, des faits par lui articulés, et qui sont énoncés audit jugement ;

Mais que M...., juge à ce commis, se trouve empêché de procéder à ladite enquête ; qu'en effet... (*énoncer le motif d'empêchement du juge-commissaire*);

Pourquoi l'exposant requiert qu'il vous plaise, Monsieur le Président,

Commettre l'un de MM. les Juges de cette chambre, pour procéder à l'enquête dont s'agit, en remplacement de M..... empêché.

Sous toutes réserves.

Et ce sera justice. *(Signature de l'avoué.)*

     Nous Président,

Vu la requête qui précède,

Commettons M....., juge, pour procéder à l'enquête ordonnée par jugement de cette chambre en date du....., en remplacement de M..... commis par ledit jugement, et empêché.

..... le.....

(Signature du président.)

---

90. Requête *présentée au juge-commissaire pour obtenir son ordonnance indiquant les lieu, jour et heure auxquels les témoins seront assignés.*

CODE PR. CIV., art. 259.

A M....., *juge au tribunal civil de première instance de......,*
   commis pour procéder à l'enquête dont il va être parlé.

M....., demeurant à....., ayant pour avoué M^e....., a l'honneur de vous exposer, Monsieur le juge-commissaire,

Que, par jugement de la..... chambre de ce tribunal, rendu contradictoirement entre l'exposant et M....., le....., enregistré, il a été ordonné, avant faire droit, que l'exposant ferait preuve par devant vous des faits par lui articulés, et qui sont énoncés audit jugement; que ce jugement a été signifié à avoué par acte du palais en date du....., et qu'il s'agit aujourd'hui de procéder à l'enquête ordonnée ;

Pourquoi l'exposant requiert qu'il vous plaise, Monsieur le juge-commissaire, indiquer les jour, lieu et heure auxquels il sera procédé à l'audition des témoins qu'il se propose de faire entendre sur les faits par lui articulés.

Sous toutes réserves,
Et ce sera justice. (*Signature de l'avoué.*)

91. Ordonnance.

Nous, juge-commissaire, vu la requête qui précède, ensemble la grosse du jugement ordonnant l'enquête et la signification, autorisons M..... à faire assigner à comparaître par-devant nous, en la chambre du conseil, au palais de justice à....., le....., heure de....., les témoins qu'il se propose de faire entendre [1].

(*Signature du juge.*)

Remarques. — 1° La date de l'ordonnance obtenue du juge-commissaire fixe, pour la partie qui l'obtient, le commencement de l'enquête. Cette date ne peut, à peine de nullité de l'enquête, être postérieure de plus de huit jours à celle de la signification du jugement à avoué.

2° La requête qui précède peut être présentée par l'avoué au juge-commissaire, avec le projet d'ouverture du procès-verbal d'enquête, qui doit faire mention de la délivrance de l'ordonnance; ce procès-verbal est ordinairement rédigé dans l'étude de l'avoué. (Voy. *la formule suivante.*)

92. Procès-verbal *d'ouverture d'enquête, rédigé ordinairement par l'avoué, et présenté au juge en même temps que l'ordonnance afin d'obtenir l'indication du jour de l'audition des témoins.*

CODE PR. CIV., art. 259.

L'an...., le....., par-devant nous....., juge à la..... chambre

---

[1]. La simple fixation, par le juge-commissaire, du jour pour procéder à l'enquête, n'équivaut pas à l'ordonnance à l'effet d'assigner les témoins.
La partie qui n'a pas assigné ses témoins à comparaître au jour fixé par l'ordonnance du juge-commissaire ne peut obtenir de lui une nouvelle ordonnance pour faire son enquête (Q. 1011).
L'indication, par erreur de l'avoué, dans l'assignation aux témoins, d'une autre heure que celle fixée dans l'ordonnance, n'implique pas nécessité de demander prorogation de délai; car l'enquête qui ne commence pas à l'heure indiquée par le juge commissaire n'est pas nulle, tout le jour étant utile pour y procéder (Q. 1012).

du tribunal civil de....., commis pour procéder à l'enquête dont il va être parlé, assisté du greffier,

A comparu Me....., avoué près ce tribunal, et de M....., demeurant à...., rue...., n°...., lequel a dit que, par jugement de la..... chambre du tribunal, en date du....., enregistré, rendu contradictoirement entre M..... et M....., demeurant à....., duquel jugement la grosse nous a été représentée, M..... a été autorisé, avant faire droit, à faire par-devant nous la preuve des faits par lui articulés, et qui sont énoncés audit jugement; que ce jugement a été signifié à avoué [1] par acte du palais en date du....., dont

---

1. En matière de vérification d'écriture, comme en toute autre matière, l'enquête doit commencer, à peine de nullité, dans la huitaine de la signification à avoué du jugement qui l'a ordonnée.

Le délai dans lequel doit être commencée l'enquête par commune renommée est le même que celui fixé pour les autres enquêtes.

Le juge ne peut donner, pour commencer l'enquête, hors le cas de l'art. 258, un délai plus long que celui que fixe l'art. 257.

L'enquête qui est commencée avant la signification du jugement est nulle (Q. 990 bis).

La contre-enquête doit être commencée dans les mêmes délais que l'enquête (Q. 995). V. Suppl. alphab., v°. Enquête, n° 429 et s.

Si l'enquête a été faite avant l'expiration des délais pour la commencer, la partie qui s'aperçoit de la nullité de cette enquête peut s'en désister et la recommencer devant le juge-commissaire (Q. 996).

Lorsque, dans une cause, il y a un ou plusieurs appelés en garantie, le jugement qui ordonne l'enquête doit être signifié à tous les appelés en garantie par le poursuivant (Q. 1005 bis).

Le délai de huitaine, dans lequel l'enquête doit être commencée, ne court pas du jour de la signification du jugement, lorsque celui-ci ne contient pas la nomination du juge commissaire (Q. 990 quat.). Sic: Cass. 26 fév. 1896 (D. P. 96. 1. 233).

La loi ne fixe aucun délai pour la signification du jugement; lorsque le demandeur tarde à faire cette signification, le défendeur qui veut faire courir le délai peut lever et signifier le jugement : Lyon, 31 octobre 1895.

Lorsque l'enquête a été ordonnée par un jugement rendu contre une partie défaillante faute d'avoir constitué avoué, elle ne peut, à peine de nullité, être commencée avant l'expiration de la huitaine, à partir de la signification du jugement à personne ou à domicile (art. 155 C. pr. civ.). La présentation de la requête d'ouverture au juge-commissaire doit donc nécessairement avoir lieu entre le huitième et le quinzième jour à partir de cette signification (Q. 1004; Suppl. alphab., v° Enquête, n° 339; Legrand, p. 103; Rouen, 31 juillet 1897, J. Av., t. 123, p. 53.

Cependant le délai de huitaine, pour l'ouverture de l'enquête, court à partir du jour même de la signification du jugement par défaut à personne ou à domicile, lorsqu'il s'agit d'un jugement rendu par défaut, après un premier jugement de défaut profit joint (Q. 1002).

On ne doit pas comprendre dans le délai accordé par la loi pour commencer l'enquête le jour de la signification du jugement qui l'a ordonnée (Q. 997).

Quand le dernier jour de la huitaine est un jour férié, on peut procéder à cette opération le lendemain. (loi. du 13 avril 1895, modifiant l'art. 1033 C. pr. civ.)

Ce délai n'est pas suspendu pendant la durée des vacances. (Cass. 21 avril 1812; Garsonnet, t. 2, p. 529, note 30).

Mais lorsque la partie à la requête de laquelle une enquête devait être faite est décédée après avoir obtenu du juge-commissaire l'ordonnance fixant le jour de l'audition des témoins, le délai pour parfaire l'enquête est suspendu jusqu'à la reprise d'instance par les héritiers (J. Av., t. 72, p. 281, art. 127).

Le délai pour commencer l'enquête, lorsqu'il a été interjeté appel du jugement

l'original nous a été également représenté ; en conséquence, ledit M⁰ ...... nous a requis de déclarer ouvert notre procès-verbal d'enquête, et de lui délivrer, séparément des présentes, au pied de la requête qu'il nous a présentée, notre ordonnance indiquant les jour, lieu et heure auxquels il sera procédé par nous à l'audition des témoins, que M..... se propose de faire entendre sur les faits par lui articulés.

Et a, ledit M⁰....., signé sous toutes réserves.
(*Signature de l'avoué.*)

Sur quoi nous, juge-commissaire, avons donné acte à M⁰....., de ses comparution, dire et réquisition. En conséquence, avons déclaré ouvert notre procès-verbal d'enquête, et délivré audit M⁰....., séparément des présentes, à la suite de la requête par lui présentée, notre ordonnance portant qu'il sera par nous procédé le...., heure de....., en la salle des enquêtes de cette chambre (*ou tout autre lieu*) à l'audition des témoins.

Et avons signé avec notre greffier.
(*Signatures du juge et du greffier.*)

---

93. Assignation *aux témoins qui doivent être entendus dans l'enquête.*

CODE PR. CIV., art. 260.

L'an..., le..., à la requête de M... (*nom, prénoms, profession, domiciles réel et d'élection et constitution d'avoué*), j'ai..... (*immatricul de l'huissier*), soussigné, signifié [1] et en tête (de celle) des présentes laissé copie à 1°, 2°, 3° (*nom des témoins, profession, domicile et parlant à*),

1° Du dispositif[2] d'un jugement rendu contradictoirement entre le

---

qui l'a ordonnée, avant que ce délai à partir de la signification dudit jugement ne fût encore expiré, ne court que de la signification de l'arrêt confirmatif à l'avoué de 1ʳᵉ instance (*Q*. 994). *Sic.* Riom, 7 janv. 1891 (D. P. 92. 2. 151).
Mais lorsque l'appel n'avait été interjeté qu'après l'expiration du délai pour commencer l'enquête à partir de la signification à avoué du jugement qui l'avait ordonnée, l'arrêt confirmatif ne fait pas courir un nouveau délai : la déchéance du droit de faire procéder à l'enquête est encourue d'une manière définitive. Cass., 20 octobre 1897 (*J. Av.*, t. 123, p. 17).
Si le jugement rejette la demande à fin d'enquête, et s'il intervient un arrêt infirmatif, lorsque la Cour n'en retient pas l'exécution, les poursuites à fin d'enquête sont reprises à partir de la signification de l'arrêt à l'avoué du tribunal de 1ʳᵉ instance, devant lequel l'affaire est renvoyée (*Q*. 994 *bis*).
1. L'art. 260 exige que les témoins soient assignés au moins un jour avant l'audition, c'est-à-dire trois jours (celui de l'assignation et celui de l'échéance n'étant pas comptés) avec augmentation en raison des distances (*Q*. 1016).
2. Le dispositif du jugement, contenant les faits à prouver, dont l'art. 260 prescrit de donner copie aux témoins, ne peut être remplacé par un équipollent (*Q*. 1016 *bis*). Mais si ces faits sont relatés dans une autre partie du jugement, il suffit de donner, avec le dispositif qui y renvoie, copie de cette partie du jugement.

requérant et M....... (*nom, profession, domicile*), par la.......
chambre du tribunal civil de....., le...., enregistré et signifié,
dispositif qui contient l'énonciation des faits dont M..... a été
autorisé à faire la preuve ;

2° D'une ordonnance de M......, juge à ladite chambre, commis
par le même jugement, pour procéder à l'enquête, en date du.....,
enregistrée mise au bas de la requête à lui présentée le même jour,
ensemble de ladite requête.

Et à même requête, demeure, élection de domicile et constitution
d'avoué que dessus, j'ai, huissier susdit et soussigné, donné assignation [1] à chacun des susnommés, en parlant comme il a été dit, à
comparaître le....., heure de....., par-devant M....., juge-
commissaire, en la chambre du conseil de ladite chambre au palais de
justice, à......, pour, chacun séparément, prêter le serment de
dire la vérité, et déposer sur les faits énoncés dans le dispositif
dudit jugement, dont copie est donnée en tête (de celle) des présentes,
et qui peuvent être à leur connaissance ;

Leur déclarant qu'en cas de comparution, il leur sera fait taxe,
s'ils la requièrent, et que, faute par eux de comparaître auxdits lieu,
jour et heure, ils seront condamnés aux amendes et dommages-intérêts prononcés par la loi, et réassignés à leurs frais, sans préjudice
de plus graves peines, s'il y échoit ;

A ce qu'ils n'en ignorent ; et je leur ai, à leurs domiciles et en
parlant comme il a été dit ci-dessus, laissé copie, tant des dispositif, requête et ordonnance susénoncés, que du présent, sous enveloppe fermée, etc. Coût......

(*Signature de l'huissier.*)

Remarque. — L'extrait du jugement, signifié en tête de l'assignation, est ainsi conçu :

D'un jugement rendu contradictoirement entre M.... et M....
(*noms, professions et demeures*), le....., par la....... chambre du
tribunal de......, enregistré et signifié, il a été extrait ce qui
suit :

---

1. Il suffit que les assignations données aux témoins appelés à l'enquête contiennent copie du dispositif du jugement, en ce qui touche les faits admis pour
l'enquête, et sur lesquels ils doivent être interrogés ; l'énonciation des faits spécialement admis pour la contre-enquête n'y est pas nécessaire. Cass. 24 nov. 1851
(S. 51.1.721).

Des étrangers peuvent déposer comme témoins dans une enquête.

Les individus âgés de moins de 15 ans peuvent être entendus dans une enquête.
— C'est au juge-commissaire d'apprécier le degré d'intelligence de l'individu
(Q. 1122).

La disposition de l'art. 268 C. pr. civ., d'après laquelle les parents et alliés en
ligne directe des parties ne peuvent être assignés comme témoins, n'est pas applicable en matière de divorce ou de séparation de corps. L'art. 245 C. pr. civ.,
n'exclut, en cette matière, que le témoignage des descendants ; mais cette expression « *descendants* » comprend les gendres et belles-filles **des époux**. Trib. civ.
de Bordeaux, 4 avril 1900 (*J. Av.*, t. 125, p. 282).

Le tribunal, avant faire droit, ordonne, etc.

Pour extrait conforme :

(*Signature de l'avoué.*)

---

94. Assignation *à la partie pour être présente à l'enquête* [1].

Code PR. CIV., art. 261.

L'an....., le......, à la requête de M..... (*nom, prénoms, profession, domiciles réel et d'élection et constitution d'avoué*), j'ai..... (*immatricule de l'huissier*), soussigné, signifié et en tête (de celle) des présentes, laissé copie à M...... demeurant à....., au domicile de Me......, son avoué [2], où étant et parlant à.....,

---

1. Aux termes de l'art. 261 C. pr. civ., cette assignation doit être signifiée à la partie trois jours au moins avant l'audition des témoins.
Ce délai de trois jours est un délai franc (*Q.* 1019 ; Garsonnet, t. 2, p. 517).
Mais il n'est pas augmenté d'un jour, lorsque le troisième jour est un jour férié ; l'art. 1033 C. pr. civ., modifié par la loi du 13 avril 1895 n'est pas applicable. Montpellier 25 mai 1900 (*J. Av.*, t. 126, p. 62) *Contra* Trib. civ. Vesoul, 19 février 1897 (*J. Av.*, t. 124, p. 51).
La question de savoir si le délai de l'art. 261 est susceptible d'augmentation à raison des distances, est controversée. Mais *l'affirmative* prévaut le plus généralement (*Q.* 1020 ; *Suppl. alphab.*, v° *Enquête*, n° 101 et suiv ; Garsonnet, *loc. cit.*)
Malgré qu'il y ait également controverse sur ce point, l'on admet le plus généralement encore que l'augmentation du délai doit se calculer à raison de la distance entre le domicile de l'avoué, auquel l'assignation doit être laissée, et l'endroit où l'enquête doit se produire. Sic : Chambéry, 6 décembre 1899 (*J. Av.*, t. 125, p. 233) ; Garsonnet, t. 2, p. 518.
Certains arrêts ont cependant décidé que, pour ce calcul de l'augmentation du délai, c'est toujours à la distance entre le domicile *réel* de la partie et le lieu où doit se faire l'enquête, qu'il faut avoir égard (*Suppl. alphab.*, v° *Enquête*, n° 102) ; et, dans ce système, il a été jugé que, lorsque le domicile de la partie est à l'étranger, c'est d'après l'art. 73 C. pr. civ. que ladite augmentation doit avoir lieu : Trib. civ. Avesnes, 12 nov. 1858 (*J. Av.*, t. 83, p. 649).
Lorsqu'une partie n'est pas assignée à une enquête dans le délai légal, elle peut, au lieu de laisser procéder à cette enquête, demander la nullité de l'assignation, par action incidente.
La nullité d'une assignation donnée pour assister à l'enquête, sans observation du délai légal, peut être couverte par la présence de l'avoué ou de la partie à l'audition des témoins (*Q.* 1022 ; *Suppl. alphab.*, v° *Enquête*, n. 115 et s.), et par la contre-enquête à laquelle le défendeur fait procéder (*Q.* 2021). Voir aussi *J. Av.*, t. 87, p. 52.
Mais elle n'est pas couverte par des défenses au fond, signifiées antérieurement au jour fixé pour l'enquête.
2. La partie assignée pour assister à une enquête doit être, à peine de nullité, assignée au domicile de l'avoué par elle constitué, lors même que cette enquête doit se faire dans un lieu plus ou moins éloigné (*Q.* 1018 ; *Suppl. alphab.*, v° *Enquête*, n. 95 et 96).
L'assignation donnée à une partie, au domicile de son avoué, pour être présente à une enquête, doit être faite dans la forme des exploits d'ajournement (*Q.* 1018 bis ; *Suppl. alphab.*, verb. cit., n. 97).
Mais la formalité de l'enveloppe fermée et cachetée, édictée par la loi du 15 fév. 1899, n'est pas exigée en ce cas. Nancy, 11 nov. 1899 (*J. Av.*, t. 125, p. 78).
L'assignation signifiée au domicile de l'avoué pour assister à l'enquête doit, à

D'une ordonnance de M......, juge au tribunal civil de......, commis pour procéder à l'enquête dont il va être parlé, ladite ordonnance, en date du......, mise en bas de la requête présentée le même jour, enregistrée, ensemble de ladite requête ;

Et en vertu de ladite ordonnance, à mêmes requête, demeure, élection de domicile et constitution d'avoué que dessus, j'ai, huissier susdit et soussigné, en parlant comme il a été dit, donné assignation audit sieur....., à comparaître le....., heure de......, en....., lieu, jour et heure fixés par l'ordonnance susénoncée, par-devant M......, juge commis, pour être présent, si bon lui semble, au serment que prêteront et à la déposition que doivent faire : 1° M... (*nom et profession du témoin*), demeurant à.... 2°, 3°, 4°, etc., qui sont les témoins que M [1]..... se propose de faire entendre dans l'enquête qu'il a été autorisé à faire par le jugement rendu contradictoirement entre lui et M....., le...., par la...... chambre du tribunal civil de....., enregistré et signifié ;

Lui déclarant qu'il sera procédé auxdites opérations tant en sa présence qu'en son absence.

A ce qu'il n'en ignore, et je lui ai, audit domicile, où étant et parlant comme il a été dit, laissé copie tant des ordonnance et requête susénoncées que du présent. Coût.....

(*Signature de l'huissier.*)

---

peine de nullité, être donnée en autant de copies qu'il y a de parties pour lesquelles il occupe (Q. 1018 *ter* ; Garsonnet, t. 2, p. 518).

Lorsqu'un jugement par défaut faute de constituer avoué, ordonne une enquête, la partie défaillante doit être assignée à son domicile réel. En ce cas, elle peut assister à l'enquête et proposer tous reproches sans avoir besoin de constituer préalablement avoué (Q. 1020 *bis; Suppl. alphab.*, verb. cit., n° 99).

1. Si plusieurs parties ayant même intérêt font citer les mêmes témoins, elles peuvent ne faire qu'une seule notification des noms des témoins.

Lorsque l'assignation ne contient pas les noms, professions et demeures des témoins produits contre le défendeur à l'enquête, on peut suppléer à cette omission par la notification qui en est faite par acte séparé, au domicile de l'avoué, et non à celui de la partie, dans le délai de trois jours (Q. 1023).

Le délai de trois jours de l'art. 261, augmenté à raison des distances s'il y a lieu, doit être observé pour la notification des noms des témoins, comme pour l'assignation (Q. 1023 ; *Suppl. alphab.*, verb. cit., n° 107).

Lorsqu'une enquête a été ordonnée par une Cour d'appel, avec renvoi pour y procéder devant un tribunal de première instance, la notification du nom des témoins est régulièrement faite au domicile de l'avoué constitué près ce tribunal par le défendeur à l'enquête, sans qu'il soit nécessaire de les notifier au domicile de son avoué d'appel. Montpellier, 25 mai 1900 (*J. Av.*, t. 126, p. 62).

Des inexactitudes, relatives aux noms et prénoms des témoins indiqués dans cette notification, ne doivent faire écarter leur déposition, que si la partie adverse a pu se méprendre et en concevoir des doutes sur leur identité (*Même arrêt*). V. dans le même sens Paris, 8 juill. 1903 (*J. Av.*, t. 129, p. 219), et Cass., 23 avril 1907 (*J. Huiss.*, t. 88, p. 193).

95. Requête *au juge-commissaire pour faire commettre le Président d'un autre tribunal, afin d'entendre un témoin éloigné.*

Code *PR. CIV.*, art. 266.

A M......, juge au tribunal de...., commis à l'effet de procéder à l'enquête dont il va être parlé.

M......, ayant Me...... pour avoué, a l'honneur de vous exposer, Monsieur le juge-commissaire, que M..., demeurant à..., l'un des témoins qu'il se propose de faire entendre dans l'enquête ordonnée par jugement de cette chambre en date du....., ne peut, à cause de l'éloignement de son domicile, se transporter devant vous.

Pourquoi l'exposant requiert qu'il vous plaise, Monsieur le juge-commissaire, donner commission rogatoire à M. le président du tribunal de......, à l'effet d'entendre la déposition dudit sieur....., ou de commettre un juge à ces fins, à la charge de remplir toutes les formalités prescrites par la loi.

Sous toutes réserves et ce sera justice.

(*Signature de l'avoué.*)

---

96. Ordonnance.

Nous, juge-commissaire, vu la requête ci-dessus, donnons commission rogatoire à M. le Président du tribunal civil de....., à l'effet d'entendre, ou de faire entendre par tel juge qu'il lui plaira commettre, la déposition de M......, dans l'enquête ordonnée par le jugement susénoncé.

........; le......

(*Signatures du juge et du greffier.*)

---

97. Requête *au Président d'un autre tribunal à l'effet d'obtenir la fixation des jour et heure de l'audition d'un témoin éloigné, ou de faire commettre un juge qui recevra cette déposition.*

Code *PR. CIV.*, art. 266.

A M. le Président du tribunal civil de première instance de......
M..... (*nom, profession, domicile*), ayant pour avoué Me......, a l'honneur de vous exposer, Monsieur le Président,

Que, par jugement de la... chambre du tribunal civil de première instance de..., rendu contradictoirement entre l'exposant et M..., le (*jour, mois et an*).., enregistré et signifié, il a été ordonné, avant faire droit, que l'exposant serait admis à faire par-devant M..., juge audit tribunal, la preuve des faits articulés par l'exposant, et énoncés audit jugement ; que ladite enquête a été commencée par devant M...; mais que M..., demeurant à..., témoin que l'exposant se proposait de faire entendre, se trouvant trop éloigné du lieu où il était procédé à ladite enquête, M. le juge-commissaire a, par son ordonnance en date du..., enregistrée, qui vous est représentée à l'appui de la présente requête, renvoyé, pour recevoir la déposition dudit sieur..., devant vous ou celui de MM. les juges qu'il vous plairait commettre à cet effet. — Pourquoi l'exposant requiert qu'il vous plaise, Monsieur le Président, indiquer les jour, lieu et heure auxquels il sera procédé à la déposition de M..., sur les faits articulés par l'exposant et mentionnés dans le dispositif du jugement susénoncé, ou commettre l'un de MM. les juges de votre tribunal à l'effet de recevoir ladite déposition.

Sous toutes réserves. — Et ce sera justice.

(*Signature de l'avoué.*)

98. Ordonnance.

Nous, président du tribunal civil de..., vu la requête qui précède et les pièces à l'appui, commettons M..., juge en ce tribunal, à l'effet de procéder à l'audition de M..., témoin que M... se propose de faire entendre dans l'enquête ordonnée par jugement du tribunal civil de..., etc.

Fait et délivré au Palais de Justice, à...

(*Signatures du président et du greffier.*)

Remarque. — L'ordonnance du président étant enregistrée, on obtient du juge-commissaire une ordonnance indicative des lieu, jour et heure, auxquels le témoin sera entendu (Voir *supra* formules n°s 90, 91). L'assignation donnée au témoin (formule analogue à celle donnée *supra*, n° 93) doit contenir signification : 1° du dispositif du jugement, en ce qui concerne les faits sur lesquels il doit déposer; 2° de l'ordonnance du juge-commissaire qui a donné commission rogatoire au président du tribunal du domicile du témoin; 3° de la requête présentée au président de ce tribunal, dont la formule précède, et de l'ordonnance à la suite ; 4° de l'ordonnance du juge commis, portant indication des jour, lieu et heure de l'audition.

Le procès-verbal du juge commis doit contenir l'énonciation de l'ordonnance du président qui l'a nommé, de la représentation du jugement, de la délivrance de son ordonnance indiquant le jour de la comparution, le tout, comme dans le procès-verbal d'ouverture d'enquête (Voir *supra*, formule n° 92). La minute du procès-verbal d'enquête est envoyée, par le greffier du tribunal auquel la commission rogatoire a été confiée, au greffier du tribunal saisi de l'instance principale. Si la commission rogatoire a été donnée à un juge de paix, le greffier du juge de paix ne peut pas garder la minute et en délivrer des expéditions (*J. Av.*, t. 75, p. 245, art. 849).

TITRE V. — MOYENS D'INSTRUCTION. — 99

Si le président retient l'audition, il ne commet pas de juge, mais il rend une ordonnance conforme à la formule, *supra*, n° 91.

99. Procès-verbal *d'enquête* [1].
CODE *Pr. civ.*, art. 269.

L'an..., le... [2], heure de..., en la chambre du conseil de la... chambre du tribunal [3], et par-devant nous..., juge à ladite chambre, commis pour procéder à l'enquête dont il va être parlé, assisté de notre greffier, a comparu M⁰..., avoué près ledit tribunal et de M... (*nom, profession, domicile*), lequel a dit qu'en vertu de notre ordonnance du..., et suivant exploit de..., huissier à..., en date du..., enregistré, il a fait assigner : 1° M... ; 2° M..., etc. (*nom, prénoms, profession et demeure des témoins*), témoins [4] qu'il désire faire entendre en l'enquête, ordonnée par ledit jugement, à comparaître à ces jour, lieu et heure, par-devant nous, pour déposer dans l'enquête dont s'agit ; que par exploit de..., huissier à..., en date du ..., enregistré, il a aussi fait donner assignation à M... (*nom du défendeur à l'enquête*), au domicile de M⁰..., son avoué, en lui notifiant par le même acte les nom, profession et demeure desdits témoins, à comparaître à ces jour, lieu et heure, pour être présent, si bon lui semble, à l'audition des témoins assignés ; desquelles assignations il nous a représenté les originaux ; et, attendu que M... (*nom du défendeur assigné*) et les témoins sont présents, il nous a demandé de procéder à l'audition de ces derniers, et a ledit M⁰... signé sous toutes réserves.

(*Signature de l'avoué.*)

---

1. Il n'est pas nécessaire que le procès-verbal d'ouverture de l'enquête et l'enquête elle-même soient faits par actes séparés (Voir *supra*, la formule n° 92, *et la remarque*).

2. Le procès-verbal d'enquête peut être ouvert le jour même où l'ordonnance du juge-commissaire est donnée, mais il est mieux de ne l'ouvrir que le jour de l'audition des témoins (Q. 1060).
Au cas d'enquête ordonnée par une Cour d'appel, mais renvoyée devant un juge de paix ou un juge du tribunal de première instance, les avoués de ce tribunal ont capacité pour assister leurs clients. Mais les avoués d'appel pourraient-ils également se rendre devant le juge commissaire? La question est controversée et a été jugée diversement.

3. Le tribunal peut avoir ordonné que l'enquête aurait lieu sur les lieux contentieux ; et, dans ce cas, il doit en être ainsi à peine de nullité (Garsonnet, t. 2, p. 523).

4. Le juge-commissaire ne peut pas entendre des témoins qui n'ont pas été assignés (Q. 1015).
La partie qui produit des témoins dans une enquête ou une contre-enquête peut, nonobstant les protestations de la partie adverse, renoncer à les faire entendre, lorsqu'ils se présentent pour déposer (Q. 1035 *bis*).
Mais cette dernière peut demander une prorogation pour les faire assigner et entendre à ses frais, quoiqu'elle n'ait pas fait procéder à la contre-enquête (*J. Av.*, t. 72, p. 528, art. 248).

Sur quoi, nous, juge-commissaire, assisté de M..., greffier, avons donné acte à M°... (*nom de l'avoué du demandeur*) de ses comparution, dire et réquisition. Puis nous avons procédé à l'audition des témoins ainsi qu'il suit, en ayant soin de les entendre séparément [1] ; et ce, en présence de M... (*nom du demandeur*), assisté de M°..., son avoué, et en présence de M... (*nom du défendeur*), assisté de M° ..., son avoué.

Si la partie adverse fait défaut, ainsi que son avoué, la formule est modifiée comme il suit : « et ce, en présence de M... (*nom du demandeur*) assisté de M°..., son avoué et en l'absence de M... (*nom du défendeur*) et de M°..., son avoué, contre lesquels nous avons donné défaut pour servir et valoir ce que de droit.

Premier témoin [2] (*nom, prénoms, domicile, profession du témoin*), témoin assigné en vertu de l'ordonnance susénoncée et par exploit susmentionné, dont il nous a représenté copie [3], lequel, après serment prêté [4] de dire la vérité, déclare n'être parent, allié, serviteur ni domestique des parties [5]. Dépose.....

(*Texte de la déposition du témoin.*)

---

1. La constatation que les témoins ont été entendus séparément doit être expressément consignée au procès-verbal à peine de nullité. Bordeaux, 21 mars 1899 (*J. Av.*, t. 124, p. 372).
2. Les peines prononcées par l'art. 263 sont applicables au témoin qui refuse de répondre (Q. 1036).
    Il est des personnes qui ne peuvent déposer sur des faits qu'elles n'ont connus que dans l'exercice de la profession ou des fonctions qu'elles exercent : ainsi les avocats, avoués, notaires, médecins, confesseurs, etc. (Q. 1037).
    Le juge-commissaire ne peut pas prendre sur lui de dispenser le témoin de déposer ou de le contraindre à le faire (Q. 1038).
    Les dignitaires cités comme témoins doivent être entendus dans les formes réglées par les lois et décrets concernant la matière. *Voir* les art. 510 et suiv., C. instr. crim., lois des 29 thermidor an IV, 21 fructidor an VII, l'avis du conseil d'État du 14 germinal an VIII, l'arrêté du 7 thermidor an IX et les décrets des 20 juin 1806 et 4 mai 1812.
    Pour recevoir la déposition d'un étranger qui ne parle pas la langue française, le juge-commissaire nomme un interprète qui prête serment, et il en est fait mention au procès-verbal, sous peine de nullité. La déposition est lue en français aux parties pour qu'elles puissent faire leurs interpellations (Q. 1031 *bis*).
3. Le défaut de mention de la représentation par un témoin de la copie de l'assignation qu'il a reçue, n'entraîne nullité de la déposition de ce témoin, que si la production de l'original de cette assignation par le demandeur n'est pas constatée non plus (*J. Av.*, t. 73, p. 293, art. 458; et t. 74. p. 281 et 353, art. 673 et 711).
4. Il y a nullité d'une enquête dont le procès-verbal mentionne que le témoin a fait la promesse et non le serment de dire la vérité (Q. 1028, *Suppl. alphab.*, v° *Enquête*, n° 149).
    Pour détruire l'énonciation faite dans le procès-verbal que chaque témoin a prêté individuellement le serment prescrit par la loi, il faut une inscription de faux.
    Si un témoin refuse de prêter serment, le juge-commissaire doit le considérer comme défaillant et lui appliquer la peine portée par l'art. 263 (Q. 1029 ; Garsonnet, t. 2. p. 526).
    Les enfants âgés de moins de quinze ans ne sont pas dispensés de la prestation de serment prescrite par l'art. 262 (Q. 1121).
5. La mention, faite dans un procès-verbal d'enquête, que les témoins ont déclaré n'être pas aux gages des parties, n'équivaut pas à celle prescrite par l'art. 262.
    Un témoin muet ou sourd ne peut pas apporter une déposition écrite (Q. 1167).

TITRE V. — MOYENS D'INSTRUCTION. — 99

Si le témoin est reproché, le reproche doit, alors du moins qu'il n'est pas justifié par écrit (art. 282 C. pr. civ.), *être formulé avant les dépositions et est constaté de la manière suivante :*

Me....., avoué de M....., nous a représenté que M..... (*nom du témoin*), ici présent, ne peut être entendu, parce que [1] (*cause du reproche*), ainsi qu'il offre de le prouver en cas de dénégation.

M....., interpellé de répondre à ce reproche, a répondu : (*réponse*).

M..... a répliqué que le fait par lui avancé était exact et qu'il persistait dans son reproche, et il a déclaré qu'il en établirait la preuve par le témoignage de MM. (*nom, prénoms, profession et domicile des témoins que la partie se propose de faire entendre pour justifier le reproche*) [2], et a signé avec son avoué.

(*Signatures.*)

Après quoi, nous juge-commissaire, avons reçu la déposition du témoin, sauf au tribunal à juger le mérite du reproche ci dessus.

Ledit sieur a alors déposé comme il suit : (*Texte de la déposition du témoin reproché* [3].)

La déposition du témoin (non reproché ou reproché) se termine, dans tous les cas, par cette mention :

---

1. Une partie peut reprocher un témoin qu'elle a produit (Q. 1061).

Il n'est pas nécessaire, pour que l'avoué reproche un témoin, qu'il ait un pouvoir spécial (Q. 1064).

Le juge ne peut pas suppléer d'office les reproches que la partie n'a pas proposés (Q. 1062).

D'ailleurs la jurisprudence est désormais fixée en ce sens : 1° Que les causes de reproche énumérées dans l'art. 283 C. pr. civ. sont impératives et obligatoires pour le juge, qui, en pareil cas, ne peut se refuser à admettre le reproche, lorsque la réalité du motif sur lequel il est fondé se trouve, en fait, établie. Cass., 16 nov. 1885 (S. 86.1.175); 2° Que cependant l'énumération des causes de reproches contenue dans ledit art. 283 n'est pas limitative, et que les juges ont un pouvoir discrétionnaire pour l'étendre à des cas qui n'y sont pas expressément compris, suivant les circonstances qui peuvent faire naître, relativement à l'impartialité du témoin dans la cause, des doutes sérieux : Lyon, 20 mars 1900 *et les remarques* (J. Av., t. 125, p. 162); Amiens, 31 déc. 1903 (*Ibid.*, t. 129, p. 176). Voir au surplus *Suppl. alphab.*, v° *Enquête*, n°s 190 et suiv. ; Sirey, C. pr. civ. annoté, art. 283 ; Dalloz, *ibid.*

Il n'y a pas lieu de reprocher des parents en ligne directe de l'une des parties, puisqu'ils ne peuvent être entendus (Q. 1103).

Les témoins, parents au degré prohibé des deux parties ou seulement de la partie contre laquelle on les produit, peuvent être reprochés (Q. 1107 *bis*).

Et le parent reprochable ne peut être entendu dans la même enquête pour une autre partie dont l'intérêt est identique (J. Av., t. 73, p. 419, art. 485, § 125).

2. La Cour de cassation a jugé le 24 mars 1846 (*J. Av.*, t. 72, p. 590) que l'offre de justifier par témoins les reproches non justifiés par écrit, et la désignation des témoins à l'appui de ces reproches, doivent, *à peine de déchéance*, être faites avant la déposition des témoins reprochés. Sic Bordeaux; 18 nov. 1853. (J. Av., t. 79, p. 468). — *Contra* Q. 1066.

3. Le témoin reproché doit être entendu (art. 284 C. pr. civ.); et il ne lui est d'ailleurs, quant à lui, point permis de s'abstenir (Q. 1120 *bis*).

Lecture [1] faite, le témoin persiste dans sa déposition, requiert taxe [2] fixée à..... et signe avec nous juge, et le greffier.

(*Signatures du témoin, du juge et du greffier.*)

Si le témoin ne requiert pas taxe, on met : « ne requiert taxe et signe, etc. »

(*Si le témoin ne sait pas signer* on met : Et nous avons signé avec notre greffier, ledit témoin requis de signer ayant déclaré ne savoir [3].)

(*Signatures du juge et du greffier.*)

DEUXIÈME TÉMOIN (*mêmes mentions et formules que pour la déposition du premier témoin*).

TROISIÈME TÉMOIN (id.),

---

1. Lorsqu'une première lecture de la déposition a eu lieu, et que le témoin y a fait faire des changements ou additions, la nouvelle lecture doit comprendre, à peine de nullité, la première déposition déjà lue (*Q.* 1075 *bis*).

Le juge-commissaire peut adresser aux témoins des interpellations sur des faits qui, sans avoir été précisément insérés dans le jugement, ont de tels rapports avec les dépositions du témoin, qu'il est utile d'en parler pour l'explication et l'éclaircissement de celles-ci (*Q.* 1078; *Suppl. alphab.*, v° *Enquête*, n° 292). Voir également Orléans, 18 déc. 1898 (*J. Av.*, t. 124, p. 127).

Le témoin, si le juge refuse de faire à sa déposition le changement qu'il veut y apporter, doit refuser de signer ou protester en signant, et, s'il ne sait pas signer, protester verbalement, en sortant, en présence de témoins et du juge-commissaire (*Q.* 1074).

Lorsque les changements et additions sont écrits en marge, il ne suffit pas de les parafer (*Q.* 1081).

2. Il n'est pas nécessaire, à peine de nullité, que le juge-commissaire demande au témoin s'il requiert taxe et fasse mentionner cette demande dans le procès-verbal (*Q.* 1072).

La quotité de la taxe varie suivant la profession et l'état du témoin; elle se compose d'une indemnité pour comparution et d'une indemnité pour les frais de voyage. Celle-ci n'est due qu'autant qu'il y a plus de 2 myriamètres entre la demeure du témoin et le lieu où se fait l'enquête. Il est alloué 3 fr. par myriamètre pour l'*aller* et 3 fr. par myriamètre pour le *retour* (*Q.* 1072 *bis*).

L'art. 281 C. pr. civ. ne permet de répéter les frais que de cinq dépositions sur un même fait.

Si, parmi les témoins excédant le nombre de cinq, il en est dont la taxe soit plus ou moins considérable, à cause des distances, c'est à la sagesse du juge taxateur de choisir ceux qui doivent être passés en taxe (*Q.* 1098 *ter*).

La taxe est faite par le juge-commissaire sur la copie de l'assignation et vaut exécutoire (art. 277 C. pr. civ.).

Les effets résultant de ce que la copie d'assignation, sur laquelle la taxe est faite, vaut exécutoire au témoin, consistent en ce que celui-ci peut poursuivre le paiement de l'indemnité par toutes les voies de droit pratiquées pour l'exécution d'un jugement (*Q.* 1086).

3. La mention que le témoin ne sait pas écrire n'équivaut pas à la mention qu'il ne sait pas signer (*Q.* 1082).

Il n'est pas nécessaire que le témoin auquel des interpellations ont été adressées appose une double signature, l'une à la déposition qui précède ses réponses aux interpellations, l'autre à ses réponses, quand toutes les deux ont lieu de suite dans une seule et même déposition (*Q.* 1077).

Un témoin, après avoir entendu et avoir signé sa déposition, ne peut pas être admis à déposer encore ou à faire des changements et additions à ses précédentes déclarations, sous prétexte qu'il a oublié de déposer d'un ou de plusieurs faits importants (*Q.* 1075).

Lorsqu'un témoin assigné, ou la personne qui se présente pour lui devant le juge-commissaire, fait connaître les causes d'empêchement qui l'ont empêché de se rendre, la mention suivante est insérée dans le procès-verbal :

M..... s'est présenté pour M...., témoin assigné, porteur de la copie de l'assignation donnée à ce dernier, et nous a exposé que ledit sieur..... (*cause d'empêchement*) : pourquoi il nous priait de nous transporter près de lui aux jour et heure qu'il nous plaira fixer, pour entendre sa déposition, et a ledit sieur...... signé.

(Signature du tiers comparant.)

Sur quoi, nous, juge commissaire, vu............... (*la justification de l'empêchement*), avons ordonné que le......, heure de....., nous nous transporterons en la demeure dudit sieur....., sise à....., pour y recevoir sa déposition, auxquels lieu, jour et heure, les parties se présenteront sans nouvelle assignation, et avons signé avec notre greffier.

(Signatures du juge et du greffier.)

Mention pour constater le défaut de témoins, qui ne se présentent pas et ne justifient point d'empêchement.

Ce fait, et après avoir attendu jusqu'à l'heure de....., ledit Me..... a conclu à ce qu'il fût donné défaut contre les sieurs....., témoins assignés et non comparants, et, pour le profit, à ce qu'il nous plût les condamner chacun à..... de dommages-intérêts, et ordonner qu'ils seraient réassignés à leurs frais, et a signé.

(Signature de l'avoué.)

Sur quoi, nous, juge-commissaire, attendu que lesdits sieurs..... n'ont pas comparu, avons contre eux donné défaut, et pour le profit, les avons condamnés à.... de dommages-intérêts envers M... et à l'amende de... et avons ordonné qu'ils seraient réassignés à leurs frais [1]

---

1. C'est après l'audition des témoins présents que le juge-commissaire doit prononcer ces condamnations (Q. 1039).
   La condamnation à l'amende est purement facultative (Q. 1033).
   Celle aux dommages-intérêts est forcée (Q. 1034).
   L'execution provisoire de l'ordonnance portant condamnation d'un témoin défaillant a lieu sans caution (Q. 1032).
   Cette ordonnance est susceptible d'opposition.
   Elle est expédiée et copie en est signifiée aux témoins défaillants en tête de la réassignation qui a lieu dans la forme ordinaire (Voir *supra*, formule n° 93).
   Le témoin condamné, et la partie qui l'a assigné, peuvent relever appel de l'ordonnance rendue sur l'opposition (Q. 1044).
   L'appel de cette ordonnance doit être porté devant la Cour d'appel à laquelle ressortit le tribunal qui a commis le juge. Si le juge commis l'a été en instance d'appel, sa décision est souveraine (Q. 1032 *bis*).
   La réassignation des témoins défaillants n'est pas de droit, le juge-commissaire peut et doit même se dispenser de l'ordonner, si la partie ne l'en requiert. (Q. 1035. *Suppl. alphab.*, v°. *Enquête*, n° 169).
   Si le jour fixé par le juge-commissaire, pour la comparution du témoin défaillant, excède le délai prescrit par l'art. 278 pour la clôture de l'enquête, il est nécessaire que le poursuivant en demande la prorogation (Q. 1044).

à comparaître devant nous, le....., heure de....., en la chambre du conseil, jour, lieu et heure auxquels nous renvoyons la continuation de la présente enquête, pour les parties s'y présenter sans nouvelle assignation.

Lorsque tous les témoins se sont présentés, après avoir relaté la déposition du dernier, le procès-verbal est clos par la formule suivante :

Et attendu qu'il ne nous reste plus de témoins à entendre, nous juge-commissaire, déclarons clos le présent procès-verbal d'enquête; et, lecture faite, ont les sieurs [1]....., et leurs avoués, signé, avec nous, juge, et le greffier, ce jourd'hui. (*Quantième, mois et an.*)

(*Signature des parties, des avoués, du juge et du greffier.*

Au cas où des témoins cités ne se présentent pas, la partie, ou son avoué, peuvent renoncer à leur audition, et le fait est alors mentionné au procès-verbal d'enquête.

---

100. Acte *pour obtenir la prorogation du délai pour terminer l'enquête.*
CODE *PR. CIV.*, art. 280.

A la requête de M....., ayant pour avoué Me.....,

Soit sommé Me....., avoué près le tribunal civil de première instance de....., et de M.....,

De comparaître et se trouver le....., heure de....., à l'audience et par-devant MM. les Président et juges composant la... chambre du tribunal civil de première instance de..... pour :

Attendu qu'il résulte du procès-verbal d'enquête dressé par-devant M....., juge commis à cet effet, en date du....., enregistré, que le délai de huitaine n'est pas suffisant pour faire entendre les témoins [2] nombreux et demeurant à des distances assez grandes qui

---

1. Quand la partie est présente à l'enquête, le procès-verbal doit, à peine de nullité, être signé d'elle, ou contenir mention qu'elle n'a pu ou voulu signer (art. 275 C. pr. civ.).
Lorsqu'une partie ne sait pas signer, c'est à la fin du procès-verbal d'enquête, et non dans le corps de cet acte, que doit être placée la mention que la partie ne peut signer.
Avant de requérir la signature des parties sur le procès-verbal, le juge-commissaire n'est pas tenu de leur en faire donner lecture (Q. 1084).
La signature apposée par les parties sur le procès-verbal ne peut pas leur être opposée comme une approbation des dépositions qu'il renferme (Q. 1085).
2. La partie qui n'a pas fait assigner tous ses témoins peut, après l'audition de ceux qu'elle a appelés, demander prorogation du délai pour faire entendre les autres (Q. 1092, *Suppl. alphab.*, verb. cit. n° 397 et s.).
Lorsqu'après l'achèvement d'une enquête, le tribunal accorde une prorogation pour de nouveaux témoins, le délai court du jour de la signification du jugement à avoué.
Une partie ne peut pas obtenir une prorogation de délai pour faire entendre de

doivent déposer dans l'enquête ordonnée par le jugement rendu entre les parties, le....., enregistré;

Attendu que M..... a formé sur le procès-verbal une demande [1] de prorogation du délai pour terminer cette enquête, et que M....., juge-commissaire, a ordonné qu'il serait fait par lui rapport sur cette demande de prorogation à l'audience du..... [2];

Par ces motifs,

Voir dire que le délai de huitaine, accordé par la loi pour terminer l'enquête ordonnée par le jugement sus-énoncé, sera prorogé jusqu'au....., et que pendant ce temps M..... sera autorisé à faire entendre tous les témoins par lui désignés, par devant M....., juge-commissaire ;

Et, en cas de contestation, s'entendre condamner aux dépens, dont distraction, etc...

Dont acte,

Pour original (ou copie).   (*Signature de l'avoué.*)

Signifié, laissé copie, etc.

Remarque. — *La demande de prorogation de délai, consignée sur le procès-verbal d'enquête, se fait dans les termes suivants* : Et le....., par-devant nous a comparu M^e....., avoué près le tribunal civil de....., et de M....., lequel a dit que le délai de huitaine accordé par la loi, pour achever l'enquête, expire le.....; qu'il n'est pas possible de remplir dans ce délai les formalités nécessaires pour faire entendre les témoins dont la déposition n'a pu encore

---

nouveau ses témoins afin qu'ils précisent et expliquent les dépositions qu'ils ont déjà faites (Q. 1093).

Le poursuivant peut valablement demander une prorogation de délai depuis l'obtention de l'ordonnance du juge-commissaire jusqu'à l'expiration de la huitaine de l'audition des premiers témoins. Rouen, 18 fév. 1892 (D. P. 92.2. 586).

La prorogation obtenue par le poursuivant profite au défendeur pour faire sa contre-enquête (Q. 1089).

Le poursuivant qui n'a fait aucune diligence pendant le délai fixé pour la confection de l'enquête n'est point recevable, après l'expiration du délai, à en demander la prorogation. Paris, 26 déc. 1899 (*J. Av.*, t. 125, p. 161).

Lorsque le délai fixé par l'art. 257 pour commencer l'enquête a été prorogé, la partie n'en est pas moins recevable à demander une prorogation de délai pour achever cette enquête (Q. 1090).

1. Il n'est pas nécessaire, à peine de nullité, que la prorogation du délai soit demandée sur le procès-verbal du juge-commissaire; elle peut être demandée par requête d'avoué à avoué (Voir *supra*, formule n° 81) (Q. 1094).

Le juge-commissaire ne peut, en aucun cas, accorder lui-même la prorogation (Q. 1004 *bis*; Garsonnet, t. 2, § 338, note 16, p. 537).

2. Il n'est pas nécessaire que le juge indique, pour faire son rapport à l'audience, un jour compris dans le délai fixé par l'art. 278 pour parachever l'enquête (Q. 1005).

Lorsque l'enquête est faite par un juge étranger au tribunal qui a rendu le jugement interlocutoire, il n'y a pas lieu à référé; mais le juge renvoie les parties devant ce tribunal, en indiquant le jour de leur comparution sur son procès-verbal (Q. 1096).

Le juge-commissaire ne peut renvoyer à l'audience que dans le cas de l'art. 280 (Q. 1098 *bis*).

être reçue (*ou tout autre motif*)[1] ; qu'en conséquence, il conclut à ce qu'il lui soit accordé une prorogation de délai jusqu'au....., pour achever l'enquête commencée, et a ledit M^e..... signé sous toutes réserves.

(*Signature de l'avoué.*)

Sur quoi, nous juge-commissaire, renvoyons les parties à l'audience du....., pour être statué par le tribunal sur cette demande en prorogation.

(*Signatures du juge et du greffier.*)

Quand le défendeur à l'enquête est présent à cette demande, en personne ou par son avoué, il n'y a pas lieu de signifier l'avenir dont la formule précède ; l'indication donnée par le juge-commissaire sur son procès-verbal, du jour auquel il renvoie à l'audience, est suffisante aux termes de l'art. 280.

---

101. Jugement *qui accorde une prorogation de délai.*

Code *PR. CIV.*, art. 280.

Le tribunal ; — ouï M....., juge-commissaire, en son rapport, le Ministère public entendu, après en avoir délibéré conformément à la loi, jugeant en premier ressort ;

Attendu que (*motifs de prorogation*) ;

Par ces motifs ; — Proroge en faveur de M..... le délai de l'enquête dont s'agit, de [2]...., pour lui permettre de faire entendre MM..... comme témoins.

Réserve les dépens.

---

102. Jugement *qui refuse la prorogation.*

Code *PR. CIV.*, art. 280.

Attendu (*motifs de ce refus*) ;

Déboute M..... de sa demande en prorogation de délai, et le condamne aux dépens de l'incident.....

---

1. La demande de prorogation formée sur le procès-verbal n'a pas besoin d'être motivée, les motifs sont développés à l'audience (Q. 1094).

2. Le tribunal peut proroger le délai au delà de la huitaine (Q. 1097). Lorsqu'il a été accordé une prolongation d'un mois, sans dire que l'enquête serait terminée dans le nouveau délai, il suffit que la continuation d'enquête ait été commencée dans ce délai.

Les tribunaux ont un pouvoir discrétionnaire pour accorder ou refuser la prorogation (Q. 1092) ; mais ils doivent la refuser si le retard à l'enquête est l'effet de la négligence ou de l'indifférence de la partie : Trib. civ. de Rennes, 2 avril 1906 (J. Av., t. 131, p. 227). En principe, et sauf cas d'exception, une seule prorogation peut être accordée (Q. 1098).

TITRE V. — MOYENS D'INSTRUCTION. — 103

103. Continuation *de l'enquête au jour indiqué, soit dans la huitaine, soit dans un délai plus éloigné, lorsqu'il y a eu prorogation pour l'audition des témoins défaillants sur la première assignation* [1].

Et le ...., heure de ...., par suite de l'ajournement de nos opérations indiqué dans notre procès-verbal qui précède (ou bien, en conséquence de la prorogation autorisée par jugement de ce tribunal rendu le........), par-devant nous juge-commissaire assisté de ...., greffier.

A comparu....... (*mention des comparutions, dires et réquisitions des parties et de leurs avoués, comme dans la formule n° 99*).

Si les témoins réassignés ne comparaissent pas, il est ainsi prononcé contre eux :

Sur quoi, nous juge-commissaire, attendu que lesdits sieurs...., réassignés, n'ont pas comparu devant nous, ni personne pour eux, ordonnons qu'ils seront de nouveau réassignés à leurs frais, et les condamnons à une amende de....... [2]

Si, au contraire, les témoins comparaissent, ils peuvent, après leurs dépositions, demander à être relevés des condamnations contre eux prononcées, et le commissaire les décharge en ces termes :

Ledit sieur....... nous a exposé qu'il lui avait été impossible de se rendre sur la première assignation à lui donnée pour le......., attendu....... (*motif d'empêchement*) : pourquoi il nous a demandé de le décharger de l'amende et des frais de réassignation ; sur quoi nous, juge-commissaire, ayant égard à la justification du sieur...., l'avons déchargé de l'amende de....... et des frais de réassignation....... [3], auxquels nous l'avions condamné par notre ordonnance susénoncée du.......

(*Signatures du juge et du greffier.*)

---

1. La continuation d'une enquête doit, de même que l'enquête, être parachevée dans la huitaine de l'audition des premiers témoins.
Si une enquête est composée de plusieurs dépositions reçues en temps utile et de plusieurs autres reçues après le délai, la nullité frappe l'enquête dans son ensemble et en totalité, aussi bien les dépositions reçues en temps utile que celles reçues après l'expiration du délai légal. Cass. 29 avril 1901 (*J. Av.*, t. 126, p. 239).
2. L'amende de 100 fr., qui doit être prononcée dans l'espèce de l'art. 264, doit l'être d'office (Q. 1046).
Le mandat d'amener peut être décerné d'office ou sur la réquisition de la partie (Q. 1047).
3. De ce que l'art. 265 ne parle que de l'amende et des frais, il ne résulte pas que le juge-commissaire ne puisse décharger le témoin des condamnations aux dommages-intérêts qu'il a prononcées lors du premier défaut (Q. 1049).
Pour que la comparution du témoin défaillant puisse le décharger des condamnations encourues, il faut qu'elle ait lieu avant la clôture du procès-verbal, les parties présentes ou dûment appelées.
L'appréciation des excuses du témoin défaillant est abandonnée à la conscience du juge.
L'ordonnance par laquelle le juge-commissaire admet ou rejette les excuses du témoin est sujette à l'opposition ou à l'appel (Q. 1050).

Remarque. — Lorsque le procès-verbal est clos, le greffier en délivre expédition à la partie la plus diligente qui le fait signifier à son adversaire dans la forme ci-après (Voir la *formule suivante.*)

104. Signification *du procès-verbal d'enquête*
Code *PR. CIV.*, art. 286.

A la requête de M......., ayant M^e....... pour avoué,
Soit signifié[1] et, en tête (de celle) des présentes, laissé copie à M^e......., avoué[2] près le tribunal civil de première instance de......, et de M.......;
De l'expédition dûment en forme d'un procès-verbal dressé le......, contenant l'enquête faite à la requête dudit sieur......., par-devant M......., juge de ce tribunal commis à cet effet, en exécution du jugement rendu entre les parties, le......., enregistré. Sous toutes réserves.
Dont acte.
Pour original (*ou* copie).   (*Signature de l'avoué.*)
Signifié, laissé copie, etc.

104 *bis.* Conclusions *après enquête.*

Après l'enquête, le demandeur comme le défendeur signifient de nouvelles conclusions, dans lesquelles ils prennent avantage des résultats de l'enquête et de la contre-enquête. Voir par analogie, t. 2, p. 501, formule n° 1120.
On peut, sans signifier de conclusions, poursuivre l'audience sur un simple avenir.

105. Acte *contenant offre de prouver les reproches non justifiés par écrit, proposés avant la déposition du témoin, et consignés sur le procès-verbal d'enquête.*
Code *PR. CIV.*, art 289.

A la requête de M......., ayant pour avoué M^e.......; soit sommé M^e......., avoué près le tribunal de première instance de....... et de M.......;

---

1. La partie la plus diligente ne peut pas suivre l'audience aussitôt que son enquête est parachevée, et en la faisant signifier; il faut attendre que la contre-enquête le soit également (*Q.* 1124).
2. Si le défendeur n'a point d'avoué, le demandeur lui signifie les procès-verbaux par exploit à domicile, avec assignation, en observant seulement les délais de distance (*Q.* 1125 *bis*).

De comparaître le......., à l'audience et par devant MM. les Président et juges composant la....... chambre du tribunal civil de première instance de......., séant au Palais de Justice à......., heure de......, pour

Voir donner acte au requérant de ce qu'il offre de prouver par témoins les reproches par lui proposés contre M....... [1], l'un des témoins entendus dans l'enquête faite par devant M......., juge-commissaire, le......., et consignés sur le procès-verbal d'enquête, et de ce qu'il désigne pour témoins pouvant établir ce reproche : 1° M......., demeurant à.......; 2° M....... etc.;

En conséquence, voir dire que M....... sera admis à faire preuve des faits qui ont motivé le reproche sus-énoncé, par l'audition desdits témoins, devant tel de MM. les juges qu'il plaira au tribunal commettre, sauf à M...... à faire la preuve contraire, pour, l'enquête faite et rapportée, être par les parties conclu et par le tribunal statué ce qu'il appartiendra.

Et, en cas de contestation, s'entendre M....... condamner aux dépens, dont distraction, etc.

Dont acte.

Pour original (*ou* copie). (*Signature de l'avoué.*)
Signifié, laissé copie, etc.

---

106. Acte *pour justifier par écrit le reproche adressé à un témoin depuis la confection de l'enquête.*

CODE *PR. CIV.*, art. 282.

A la requête de M......., etc. (*comme dans la formule précédente*) pour

Attendu que M......., demeurant à......., témoin entendu à la requête de M....., dans l'enquête à laquelle il a été procédé par devant M....... juge commis à cet effet, a été condamné à six mois d'emprisonnement pour vol, aux termes d'un jugement [2] du tribunal correctionnel de ...., en date du ...., enregistré, dont copie est donnée en tête [de celle] des présentes;

Attendu que ce fait n'est parvenu à la connaissance du requérant que depuis la clôture du procès-verbal d'enquête; mais que le reproche étant justifié par écrit peut encore, aux termes de l'art. 282 C. pr. civ., être valablement proposé;

---

1. Le témoin blessé par un reproche mal fondé peut intervenir dans l'instance pour demander réparation (Q. 1066 *bis*).
2. Il est nécessaire de justifier par écrit les reproches proposés contre les témoins après leur déposition (Q. 1035).
Par ces mots : « reproches justifiés par écrit, » on entend ceux fondés sur des titres (Q. 1100).

Par ces motifs :
Voir donner acte au requérant de ce qu'il entend reprocher ledit sieur....... pour les motifs ci-dessus;
Voir admettre ledit reproche[1]; en conséquence, voir ordonner que la déposition de M......., consignée au procès-verbal d'enquête, ne sera point lue et qu'elle sera purement et simplement rejetée de ladite enquête; entendre faire défense à M......, d'invoquer en aucun cas ladite déposition, et, en cas de contestation, s'entendre condamner aux dépens, dont distraction, etc.
Lui déclarant que, faute par lui de comparaître, il sera contre lui requis défaut.
Dont acte.
Pour original (*ou* copie). *(Signature de l'avoué.)*
Signifié, laissé copie, etc.
Remarque. — On peut également, par un acte d'avoué, répondre aux reproches proposés. Cet acte a la forme de simples conclusions (Voir *supra formule n° 82.*)

107. Jugement *sur les reproches.*

CODE *PR. CIV.*, art. 290, 291.

Les reproches sont jugés [2] sommairement. (*Formule ordinaire du jugement.*)

108. Jugement *sur le fond, si l'enquête est probante.*

Le tribunal, ouïs en leurs plaidories etc.......
Attendu qu'en exécution d'un jugement de cette chambre en date

---

1. Le juge n'est pas obligé de vérifier les reproches, si le fait est prouvé par les dépositions des témoins non reprochés (Q. 1126).
2. Il ne suffit pas que les reproches aient été proposés devant le juge-commissaire et consignés au procès-verbal pour que le tribunal doive y statuer, il faut que la partie prenne à l'audience des conclusions formelles sur ce point (Q. 1126 *bis*). *Sic.* Cass. 19 janv. 1892 (D. 92. 1.136).
Les juges n'ont pas la faculté de rejeter les reproches, quand il leur est prouvé qu'ils sont fondés sur l'une des causes mentionnées par l'art. 283 (Q. 1102). Voir Cass. 12 janvier 1848. (*J. Av.*, t. 73, p 377, art. 480.)
Lorsque, en première instance, les reproches ont été rejetés et que le tribunal a ordonné de plaider au fond, on peut de nouveau proposer les mêmes reproches en appel, et les juges d'appel doivent, avant de prononcer au fond, juger si les reproches ont été valablement rejetés (Q. 1022 et 1128).
La partie qui a fait admettre ses reproches contre certains témoins peut y renoncer et faire lire leur déposition sans que la partie adverse puisse s'y opposer (Q. 1127 *bis*).
Lorsque les reproches ont été admis pour l'une des causes mentionnées en l'art. 283, la lecture des dépositions ne peut être ordonnée par le tribunal, sauf à y avoir tel égard que de raison (Q. 1127 *ter*).

du......., enregistré, il a été procédé, à la date du ...., par M....... juge-commissaire, aux enquête et contre-enquête, ordonnées par ledit jugement;

Attendu qu'il résulte de cette enquête que......., que le premier témoin de l'enquête a déclaré notamment que.......;

Attendu qu'il résulte en outre des dépositions des 2me et 3me témoins de l'enquête que.......;

Attendu que, sans doute, les témoins entendus dans la contre-enquête ont déclaré que.......; mais que ces témoignages sont insuffisants pour détruire la preuve qui résulte des témoignages entendus dans l'enquête;

Attendu qu'il y a lieu en conséquence, etc......

Par ces motifs;

Condamne M....... etc.

---

109. Jugement *sur le fond si l'enquête n'est pas probante.*

Le tribunal, etc.......;

Attendu qu'en exécution, etc...... (*comme dans la formule 108*), Mais attendu que cette enquête n'a pas apporté la preuve des faits articulés par le demandeur; que notamment il n'est nullement établi que.......;

Attendu qu'au contraire, les témoins entendus dans la contre-enquête ont formellement déclaré que.......;

Par ces motifs;

Déclare M....... non recevable et mal fondé dans sa demande, l'en déboute; et le condamne en tous les dépens, dont distraction, etc.

---

110. Jugement *qui annule une enquête.*

CODE PR. CIV., art. 292.

Le tribunal; ouïs en leurs plaidoiries, etc...

Attendu....... (*Causes de nullité*);

Par ces motifs,

Déclare nulle l'enquête poursuivie dans la cause pendante entre M....... et M.......;

Ordonne qu'elle sera recommencée [1] aux frais de M......., juge-commissaire, commet pour y procéder M......., etc.

---

1. Lorsqu'une enquête est déclarée nulle par la faute du juge-commissaire, elle doit être recommencée aux frais de ce magistrat (art. 292 C. pr. civ.).
La faute du greffier est réputée celle du juge-commissaire, et l'enquête ou la déposition annulée doit encore en ce cas être recommencée aux frais du juge (Q. 1129).

Ou bien, si c'est la faute de l'avoué, condamne M^e......., avoué[1] de M......., aux frais de ladite enquête, en....... de dommages-intérêts et aux dépens.

IV. — DESCENTES SUR LES LIEUX

111. Requête ou conclusions *présentées au tribunal pour demander une descente sur les lieux.*

CODE PR. CIV., art. 195.

La descente sur lieux peut être ordonnée par le tribunal, soit d'office, soit sur la demande de l'une des parties. Quand cette mesure est demandée par l'une des parties, elle l'est, soit par requête grossoyée, soit par conclusions par simple acte, dans les termes ci-après :

Plaise au tribunal,
Attendu que le concluant a, suivant exploit du ministère de....., huissier à......., en date du......., enregistré, formé contre M......., une demande tendant....... (*indiquer l'objet de la demande*);
Attendu que....... (*indiquer les raisons pour lesquelles il y a intérêt à procéder à la descente sur les lieux*);
Attendu que, dans ces conditions, il y aurait lieu pour le tribunal d'ordonner, avant faire droit, une descente sur les lieux litigieux;
Par ces motifs;
Avant faire droit, dire qu'il sera procédé par le tribunal, ou par tel de MM. qu'il plaira au tribunal commettre à cet effet, à une descente sur les lieux litigieux.
Dépens réservés.
Sous toutes réserves.
Dont acte,
Pour original (*ou* copie). (*Signature de l'avoué*).

---

1. Si la faute est imputable à l'avoué ou à l'huissier, l'enquête, en principe, ne peut pas être recommencée (art. 293 C. pr. civ.).
Et il en est ainsi alors même qu'il y a faute partagée, imputable à la fois à l'officier ministériel et au juge-commissaire. Metz 5 février 1811 (*J. Av.*, t. 11, p. 102). Trib. civ. Laval, 14 avril 1899 (*J. Av.*, t. 124, p. 373).
On appelle le juge-commissaire par exploit à personne ou à domicile devant le tribunal, pour voir mettre l'enquête nulle à sa charge. Quant à l'avoué, on intente contre lui une action en garantie (Voir *suprà*, tit. 4, § 8, *les formules relatives aux actions en garantie* (Q. 135 bis).
La rigueur des conséquences, auxquelles conduit l'application de l'art. 293 C. pr. civ., est tempérée par l'usage du pouvoir que la jurisprudence reconnaît aux tribunaux, dans tous les cas, lorsque la déchéance ou la nullité d'une enquête est encourue par une partie pour un motif quelconque, d'en ordonner d'office une autre, si cette mesure leur paraît nécessaire pour éclairer leur religion. Cass. 1er août et 5 novembre 1878 (S. 80.1.60); Cass. 18 février 1885 (S. 85.1.248).

Remarque. — La descente sur lieux peut encore être demandée subsidiairement, dans l'exploit ou dans les conclusions qui contiennent la demande principale, dans la forme suivante [1] :

Subsidiairement, et pour le cas où le tribunal ne se croirait pas suffisamment éclairé pour faire dès maintenant droit à la demande du concluant :

Dire qu'il sera procédé par le tribunal ou par tel de MM., qu'il plaira au tribunal commettre à cet effet, à une descente sur les lieux litigieux ; dépens réservés. Sous toutes réserves, etc.

On peut demander à l'audience même la descente sur lieux (Q. 1140).

---

112. Jugement *qui commet un juge pour procéder à la descente sur les lieux* [2].

CODE PR. CIV., art. 296, 1035.

(*Forme ordinaire des jugements.*)

Remarque. — Ce jugement doit être levé et signifié à l'avoué de la partie adverse par celle qui poursuit la descente sur lieux, ou par la partie la plus diligente, si la descente a été ordonnée d'office (Q. 1146). La descente peut être ordonnée quand une partie est défaillante. Si elle est ordonnée après la signification avec réassignation d'un jugement de défaut-profit-joint, la descente est réputée faite contradictoirement (Q. 1149).

---

113. Requête *présentée au juge-commissaire pour obtenir l'indication des jour et heure d'une descente sur les lieux.*

CODE PR. CIV., art. 297.

A M......, juge à la...... chambre du tribunal civil de

---

1. La descente sur lieux, ordonnée d'office par les magistrats, qui comprennent qu'un transport est nécessaire pour éclairer leur religion, ne doit pas être effectuée sans que les parties en aient été légalement informées par jugement indiquant les jour, lieu et heure de la descente, et signifié à la requête de la partie la plus diligente, avec sommation à son adversaire d'assister à la descente (Q. 1141). Cass. 2 mars 1886 (S. 86.1.204). Mais la nullité, qui résulte de cette inobservation des formes des art. 295 et suiv. C. pr. civ., est couverte si les parties ont postérieurement conclu au fond sans faire de réserves. Cass. 24 janvier 1893 (S. 93. 1. 359).

2. Le tribunal peut refuser d'ordonner la descente qui lui est demandée (Q. 1138). Le tribunal peut, s'il ordonne la mesure, soit dire qu'il se transportera *tout entier* sur les lieux, soit commettre un de ses membres pour y procéder.

En ce dernier cas, le tribunal commet celui de ses membres qu'il lui convient de choisir (Q. 1142) ; il peut aussi désigner, lorsque les lieux sont situés hors de son ressort, un juge d'un tribunal voisin, ou un juge de paix (Q. 1144 ; *Suppl. alphab.* v° *Descente sur les lieux*, n° 8).

Le jugement ne doit contenir la relation des faits à vérifier que lorsqu'il choisit un magistrat étranger (Q. 1145)

première instance de......, commis pour procéder à la descente sur les lieux dont il va être parlé [1].

M...... (*nom, prénoms et domicile*), ayant M^e...... pour avoué, a l'honneur de vous exposer, Monsieur le juge-commissaire,

Que, par jugement de la...... chambre de ce tribunal, en date du......, rendu contradictoirement entre l'exposant et M......, enregistré et signifié, il a été ordonné avant faire droit qu'une pièce de terre sise au terroir de......, commune de......, formant l'objet du litige, serait vue et visitée par vous; qu'il s'agit aujourd'hui de procéder à la visite des lieux litigieux, et que l'exposant a consigné au greffe le montant des frais de transport déterminés par vous [2] ;

Pourquoi l'exposant requiert qu'il vous plaise, Monsieur le juge-commissaire, indiquer les jour et heure auxquels il vous conviendra d'effectuer la descente sur les lieux dont il s'agit.

Sous toutes réserves.

Et ce sera justice.

(*Signature de l'avoué.*)

---

114. Ordonnance *du juge commis.*

Nous, juge-commissaire, vu la requête qui précède, ensemble la grosse du jugement du:......, indiquons le......, heure de..., pour effectuer notre descente sur les lieux litigieux.

......, le.......

(*Signatures du juge et du greffier.*)

---

1. Cette requête est exigée lors même que la descente a été ordonnée d'office, lorsque la descente est effectuée par un juge-commissaire et non par le tribunal tout entier (Q. 1148).

La requête doit aussi être présentée lorsque la descente doit être faite par un magistrat étranger au tribunal; si c'est un juge de paix, on obtient son ordonnance ; si c'est un tribunal étranger qui doit nommer le commissaire, une requête est présentée à ce tribunal, et, lorsque le commissaire est choisi, on suit la procédure ordinaire (Q. 1150).

2. Les frais de transport doivent être avancés par la partie requérante et par elle consignés au greffe; mais en définitive ces frais sont supportés par la partie qui succombe (Q. 1139).

Ils peuvent aussi être avancés par la partie la plus diligente (Q. 1154; *Suppl. alphab. verb. cit.*, n° 26).

Il est d'usage de rédiger un acte de consignation des frais de transport. Cet acte est fait par le greffier dans la forme ordinaire.

Les frais de transport sont ceux du juge-commissaire et du greffier ; mais non ceux des parties ni du ministère public (Q. 1154 bis; *Suppl. alphab.*, n° 27). — La taxe de ces frais est faite par approximation par le juge-commissaire qui peut requérir l'assistance d'un huissier (*ibid.*).

115. Sommation *d'être présent à la descente sur les lieux.*

CODE *PR. CIV.*, art. 297.

A la requête de M......., ayant M^e........ pour avoué,
Soit signifié et en tête [de celle] des présentes laissé copie à M^e......., avoué de M......,
D'une ordonnance rendue par M......., juge au tribunal civil de......, commis pour procéder à la descente sur les lieux ordonnée par le jugement du......., ladite ordonnnance en date du......, enregistrée, et mise au bas d'une requête à lui présentée le même jour, ensemble de ladite requête.
Et, en vertu de ladite ordonnance, soit sommé ledit M^e....... de comparaître et faire comparaître sa partie le......., heure de......, en la commune de......., terroir de......., sur la pièce de terre dite le......., objet de la contestation, pour être présents, si bon leur semble, à la descente sur les lieux à laquelle il sera procédé par M......, juge commis à cet effet, et faire sur le procès-verbal tels dires, observations et réquisitions qu'ils aviseront ;
Lui déclarant que, faute par les susnommés de comparaître et se trouver auxdits lieu, jour et heure, il sera contre eux donné défaut et procédé aux dites opérations, tant en absence que présence. Sous toutes réserves.
Dont acte.
Pour original (*ou* copie). (*Signature de l'avoué.*)
Signifié, laissé copie etc......
Remarque : Lorsque le défendeur n'a pas constitué avoué, cette sommation lui est faite par exploit à personne ou domicile.

---

116. Procès-verbal *de descente sur les lieux*[1]

CODE *PR. CIV.*, art. 298, 299.

L'an......., le......., à....... heure du......., nous...... juge près le tribunal de première instance de......., commis par

---

[1]. Le défaut de rédaction du procès-verbal entraîne la nullité du jugement au fond (*J. Av.*, t. 73, p. 622, art. 583, et t. 74, p. 595, art. 784). Cependant il a été jugé que l'existence d'un procès-verbal régulier peut être suppléée par des constatations détaillées et complètes contenues dans les motifs du jugement, et permettant au juge d'appel d'exercer efficacement son contrôle. Grenoble 14 mai 1895 (D. 96.2.17).
Le juge-commissaire ne peut pas recevoir de renseignements de personnes étrangères au procès, à moins qu'il n'y soit formellement autorisé par le jugement (Q. 1151 ; *Suppl. alphab.*, n° 22, 23).
Le juge-commissaire ne pourrait pas ordonner la levée du plan des lieux, quand bien même il penserait que son rapport ne suffirait pas pour éclairer ses collègues ; au tribunal seul appartient ce droit (Q. 1152).

jugement du......., pour visiter la pièce de terre située à......., assisté de M......., greffier, nous sommes transportés sur ladite pièce de terre conformément aux indications contenues dans notre ordonnance du......., enregistrée.

Et à l'instant à comparu M^e......., avoué près ce tribunal et de M......., lequel a dit qu'en vertu de notre ordonnance précitée et par acte du palais (*ou* par exploit de......., huissier à......., en date du...... enregistré), dont l'original nous a été représenté, il a fait sommation à M^e......., avoué de M......, de comparaître et faire comparaître sa partie aux jour et heure indiqués dans cette ordonnance ; qu'en conséquence il nous invitait à procéder à notre opération, tant en présence qu'en l'absence de M....... ; desquelles comparution, dire et réquisition ledit M^e.... nous a demandé acte, et a signé. (*Signature de l'avoué.*)

Sur quoi, nous, juge-commissaire, avons donné acte audit M^e.... de ses comparution dire, et réquisition et avons procédé ainsi qu'il suit, en présence de M.... (*le demandeur*), assisté de M^e...., son avoué, et de M...., (*le défendeur*) assisté de M^e....., son avoué, (*ou, si ses derniers font défaut* : en l'absence de M......., et de M^e......., son avoué, contre lesquels nous avons donné défaut pour servir et valoir ce que de droit).

Le juge doit décrire ici avec soin la configuration des lieux et mentionner toutes circonstances lui paraissant de nature à faire impression sur l'esprit du tribunal qui l'a commis, pour la solution du litige. Si le tribunal lui a donné mandat de faire lever un plan, il s'adjoint un géomètre et fait dresser le plan sous ses yeux ; il mentionne le tout dans un procès-verbal, qu'il clôt par la formule suivante :

Et attendu que nos constatations sont terminées [1], nous, juge-commissaire, déclarons clos le présent procès-verbal de descente sur lieux.

Et avons signé avec notre greffier, les parties et leurs avoués.

(*Signatures.*)

Remarque. — Ce procès-verbal est déposé au greffe comme en matière d'enquête ; le greffier en donne expédition à la partie qui veut poursuivre l'audience.

---

117. Signification *du procès-verbal de descente sur les lieux litigieux.*

CODE PR. CIV., art. 299.

A la requête de M......., ayant M^e....... pour avoué,

Soit signifié, et en tête (de celle) des présentes laissé copie à M^e......., avoué près le tribunal civil de......., et de M........

---

1. Si le juge-commissaire, ne pouvant terminer au jour indiqué, remet la continuation de la descente à un jour fixe, il n'y a aucune notification à faire du jour de cette remise (Q. 1153).

De l'expédition dûment en forme d'un procès-verbal, dressé le........, par M........, juge-commissaire, enregistré, contenant le rapport de la descente par lui effectuée sur une pièce de terre litigieuse entre les parties, sise terroir de........, commune de........, le tout en exécution du jugement contradictoirement rendu entre les parties par la........ chambre du tribunal, le........, enregistré.

Dont acte.

Pour original (*ou* pour copie).   (*Signature de l'avoué.*)

Signifié, etc.

Remarque. Si le défendeur n'a pas d'avoué, le procès-verbal lui est signifié par exploit à personne ou domicile avec réassignation.

V. — RAPPORTS D'EXPERTS

118. Jugement *qui ordonne un rapport d'experts.*
CODE PR. CIV., art. 302.

Le tribunal, ouïs en leurs plaidoiries, etc........,

Attendu que (*indication de l'objet de la demande*);

Attendu que les parties sont contraires en fait, et que le tribunal ne possède pas, quant à présent, les éléments d'appréciation nécessaires pour statuer sur leurs prétentions respectives en connaissance de cause;

Attendu que, dans ces conditions, il y a lieu de recourir à une expertise;

Par ces motifs,

Avant faire droit, ordonne [1] que, par experts [2] qui seront convenus par les parties dans les trois jours [3] de la signification du présent

---

1. Le tribunal peut ne pas déférer à la demande d'expertise faite par l'une des parties, sauf dans certains cas exceptionnels où cette voie d'instruction est obligatoirement imposée par la loi (art. 1678 C. civ.). L'appréciation de l'opportunité de l'expertise appartient donc, en principe, souverainement aux juges (Q. 1155) Voir *Suppl. alphab.* v° *Expertise*.n° 1 et s.

On ne peut pas conclure à une expertise par action principale ; l'expertise constitue toujours une procédure incidente à un litige (Q. 1157 *bis*). Cass. 6 fvrier 1900 (*J.Av.* t. 125, p. 102).

2. Les tribunaux ou les parties ne sont pas astreints à se renfermer, pour le choix des experts, dans une certaine classe d'individus (Q. 1155 *ter*).

Mais il y a des incompatibilités résultant des fonctions de juge, greffier ou commis-greffier, et aussi des incapacités provenant de certaines condamnations (art. 34, 42 C. pén.) et de la qualité d'étranger (Q. 1163).

3. Si les parties ne sont pas convenues d'experts, ou si l'une d'elles a refusé d'en nommer, le tribunal ne peut pas en nommer d'office, sans accorder le délai porté en l'art. 305. La faculté de convenir d'experts dans les trois jours est un droit réservé par la loi aux parties, et dont le tribunal ne peut les priver (Q. 1161). Voir *Suppl. alphab.*, v° *Expert.* n. 12 et s. *Sic* Cass. 3 août 1893 (D. 96. 1.562). Le délai de trois jours n'est point fatal (Q. 1161 *bis*).

jugement, sinon par [1]......, (*désignation des experts*) que le tribunal nomme d'office, et dont le serment (s'ils n'en sont dispensés par les parties) sera reçu par M......., juge de ce siège, que le tribunal commet à cet effet [*ou* M. le juge de paix du canton de......., (*lieu où l'expertise doit être faite* [2])], il sera procédé à la visite des lieux litigieux, à l'effet de rechercher et de constater (*déterminer nettement la mission des experts*) les parties présentes, ou dûment appelées ; dit que les experts susnommés s'entoureront pour l'accomplissement de leur mission de tous renseignements utiles, entendront les parties dans leurs dires respectifs, les concilieront si faire se peut ; à défaut de conciliation, déposeront au greffe leur rapport, pour être ensuite par les parties conclu, et par le tribunal statué, ce qu'il appartiendra ; dépens réservés.

Remarques. — 1° *Si les parties sont d'accord pour nommer les experts, le jugement leur donne acte de la nomination en ces termes* : « Ordonne que par MM......., experts convenus par les parties, etc. ».

2° *Si les parties sont d'accord pour se contenter d'un seul expert et pour le dispenser du serment, le jugement le constate en ces termes* : « Dit que par X......., expert unique, dispensé du serment du consentement des parties......., etc. ».

---

119. Déclaration *au greffe des experts convenus.*
Code PR. CIV., art. 306.

L'an......., le......., au greffe du tribunal de......., ont comparu, 1° M[e]......., avoué [3] près ce tribunal et de M......., (*nom, prénom, profession, domicile du demandeur*) ;

---

1. Hors les cas où le nombre des experts est fixé par des lois spéciales, on doit se conformer rigoureusement à l'art. 303 (Q 1158). La Cour de cassation persiste néanmoins à décider que, si l'expertise est ordonnée d'office, les art. 303 et 305 ne sont pas applicables. Voir *Suppl. alphab. verb.*, cit., n. 15 et s. *Sic.* Cass. 21 oct. 1895 (D. 96. 1. 498).

2. Le tribunal qui ne choisit pas dans son sein le juge chargé de recevoir le serment des experts ne doit pas nécessairement désigner, pour remplir cette mission, le juge de paix du lieu où l'opération doit être faite (Q. 1167 *bis*).

Le président du tribunal civil est compétent pour commettre un nouveau juge (*J. Av.*, t. 73, p. 162, art. 394, § 3.).

Le juge-commissaire peut, sur la demande de la partie approuvée, par le tribunal, assister à l'expertise (Q. 1167 [1]).

Il n'existe pas de délai dans lequel les parties soient tenues de faire procéder à l'expertise (Q. 1157 *ter*).

3. Cette déclaration doit être faite par chacune des parties assistée de son avoué, car elle constitue un acte judiciaire. (Q. 1168).

Elle doit être faite au greffe.

Cet acte, émanant des deux parties, n'a pas besoin d'être signifié, et, par conséquent, il ne doit pas en être levé expédition.

Si le tribunal, en nommant des experts d'office, a refusé acte aux parties de la nomination qu'elles ont faites elles-mêmes, ou omis de leur ordonner de convenir d'experts dans le délai de l'art. 305, les parties peuvent relever appel (Q. 1170).

2° M^e......, avoué près le même tribunal et de M......, (*nom, prénom, profession, domicile du défendeur*); lesquels ont déclaré que, sur une demande en......, formée par M...... susnommé, contre M......, il a été, par jugement rendu contradictoirement le......, par la...... chambre de ce tribunal, enregistré, ordonné avant faire droit une expertise; que les parties sont d'accord [1] pour nommer MM......, (*nom et domicile des experts choisis*) à l'effet de procéder aux dites opérations d'expertise; desquelles comparution et déclaration, nous ont lesdits M^es.... et..... requis acte, que nous leur avons octroyé et ont signé avec nous greffier, après lecture.

(*Signatures*.)

---

120. Requête *présentée au juge-commissaire pour obtenir son ordonnance portant indication du jour auquel le serment ordonné sera prêté.*

Code PR. CIV., art. 307.

A. M......, juge au tribunal civil de première instance de.......

M......, demeurant à......, ayant pour avoué M^e....., a l'honneur de vous exposer, M. le juge-commissaire,

Que, par jugement rendu par la...... chambre du tribunal, le......, contradictoirement entre l'exposant et M......, demeurant à......, enregistré, il a été ordonné, avant faire droit, que...... (*objet de l'expertise défini dans le dispositif du jugement*);

Que ce jugement a été signifié à M^e......, avoué de M......, par acte du palais en date du......; qu'il y a lieu d'obtenir des experts, la prestation du serment prescrit par le jugement susénoncé.

Pourquoi l'exposant requiert qu'il vous plaise, M. le juge-commissaire, indiquer les lieu, jour et heure, auxquels il sera procédé par vous à la réception du serment des experts susnommés.

Sous toutes réserves. Et ce sera justice.

(*Signature de l'avoué*.)

---

1. Il faut que les parties s'accordent sur le choix de trois experts, en sorte que le tribunal doit les nommer tous les trois d'office, si, par exemple, elles ne se sont accordées que sur deux; cela résulte de la combinaison des art. 304 et 305 (Q. 1160).

La convention tendant à ce que l'expertise soit faite par un seul expert n'est pas valable s'il y a un mineur intéressé, ou une personne incapable de transiger. (Q. 1159; *Suppl. alphab.* v° *Expertise*, n. 19 et suiv.).

121. Ordonnance.

Nous, juge-commissaire, vu la requête qui précède, ensemble la grosse du jugement du......., disons que le serment des experts désignés par ledit jugement sera reçu le......, heure de........, en la chambre du conseil (*ou autre lieu*).
à..... le.....

(*Signature du juge.*)

---

122. Sommation *à l'expert de prêter serment au jour indiqué.*

L'an........, le........, à la requête de M......., demeurant à......., pour lequel domicile est élu à........, rue........, n°........, en l'étude de M°......., avoué de première instance, j'ai......., (*immatricule de l'huissier*) soussigné, signifié et, en tête (de celle) des présentes, laissé copie à : 1° M......, (*nom et profession*), demeurant à.......:, audit domicile où étant et parlant.....,
2° M......., etc. ;
3° M......., etc. ;
D'une ordonnance de M......., juge au tribunal civil de première instance de......., en date du......., enregistrée, mise au bas d'une requête à lui présentée le même jour, ensemble de ladite requête [1] ;
Et à mêmes requête, demeure et élection de domicile que dessus, et en parlant comme il a été dit, j'ai, huissier susdit et soussigné, fait sommation aux susnommés de comparaître le......., heure de......., en la chambre du conseil de la....... chambre du tribunal civil de......., au palais de justice à......., par devant M......., juge commis à cet effet par jugement de la...... chambre du tribunal civil de......., en date du......., enregistré, pour prêter serment de bien et fidèlement remplir la mission à eux confiée par le dit jugement.
Et je leur ai, en leurdit domicile, où étant et parlant comme il a été dit, laissé copie tant des requête et ordonnance susénoncées que du présent sous enveloppe, etc.......

(*Signature de l'huissier*).

Remarques. — 1° Bien que la loi ne fixe pas le délai qui doit exister entre le jour de la sommation et celui de la comparution, il convient de laisser un jour franc d'intervalle pour donner aux experts le temps de se mettre en mesure ;
2° Il n'y a pas lieu de signifier aux experts le jugement ni les

---

1. La requête et l'ordonnance doivent être signifiées aux experts, avec assignation au jour indiqué par le juge.

autres pièces ; aux termes de l'art. 317, il suffit de les leur remettre au moment des opérations.

---

123. Sommation *à l'avoué de la partie qui ne poursuit pas l'expertise d'assister à la prestation du serment* [1].

CODE PR. CIV., art. 307.

A la requête de M........, ayant pour avoué M^e........, soit signifié et, en tête [de celle] des présentes, laissé copie à M^e....., avoué près le tribunal civil de première instance de........, et de M......., d'une ordonnance de M......., *(énonciation de l'ordonnance et de la requête comme à la formule précédente)* ;
Et à même requête, soit sommé ledit M^e......., de comparaître et faire comparaître sa partie le......., heure de......., pour assister, si bon leur semble, à la prestation de serment de MM...., experts nommés par le tribunal, qui doit être reçue par M......., juge commis à cet effet, et à l'indication qui doit être faite par lesdits experts des jour, lieu et heure auxquels il sera procédé à leurs opérations. Leur déclarant que, faute par eux de comparaître, il sera passé outre à la prestation du serment dont s'agit.
Dont acte.
Pour original (*ou* copie).   (*Signature de l'avoué.*)
Signifié, laissé copie etc.

---

124. Acte *contenant les moyens de récusation contre les experts.*

CODE PR. CIV., art. 309.

A la requête de M........, ayant pour avoué M^e........, soit sommé M^e ......, avoué près le tribunal civil de première instance de......., et de M.......,
De comparaître le......., heure de......., à l'audience et par devant MM. les Président et juges composant la....... chambre du tribunal civil de première instance de......., séant au Palais-de-Justice à......., pour,

---

[1]. L'utilité de la sommation à la partie adverse d'être présente à la prestation de serment consiste, lorsque la partie y obtempère, à rendre frustratoire la sommation dont la formule est indiquée *infrà*, n° 130. Mais ladite sommation n'est pas un acte obligatoire, et prescrit à peine de nullité (Q. 1171). *Suppl. alphab.*, v° *Expertise*, n° 44 ; Garsonnet, t. 2, n° 350, p. 569). *Voir cep.* Alger 22 décembre 1898 (*J. Av.* t. 124, p. 308).

Attendu que M........, (*indiquer les causes de la récusation*)[1], ce qui, aux termes des articles 283 et 310 du code de procédure civile, constitue un motif légitime de récusation ;

Attendu que ce fait sera attesté[2] notamment par MM........, demeurant à......., etc. ;

Attendu que le requérant entend formellement récuser par ce motif, comme de fait il récuse le dit sieur........,

Par ces motifs,

Voir donner acte au requérant de ce qu'il récuse[3] M........ ; en conséquence, voir dire que ledit sieur....... ne procèdera pas à l'expertise dont s'agit ; entendre révoquer sa nomination, et nommer d'office un autre expert pour procéder, aux lieu et place dudit sieur........, aux opérations prescrites par le jugement du......., et, en cas de contestation, s'entendre condamner aux dépens, dont distraction à M^e......., avoué, aux offres de droit.

Lui déclarant que, faute par lui de comparaître, il sera contre lui donné défaut.

Dont acte.

Pour original (*ou* copie).   (*Signatures de l'avoué et de la partie*).

Signifié, laissé copie, etc.

Remarques. — 1° Cet acte doit être signé de la partie ou de son

---

1. Sont récusables les experts nommés d'office, ou dont les causes de récusation sont survenues depuis la nomination et avant le serment.

Si les causes de récusation, quoique antérieures à la nomination, n'ont pu être connues à cette époque, on est admis à les proposer contre des experts choisis à l'amiable (*Q*. 1172 *bis*). Boitard Colmet-Daage et Glasson, t. 1, n° 517 ; Garsonnet, t. 2. § 318, p. 563.

Après le serment, nulle récusation n'est admise (*Q*. 1173). Paris 9 avril 1864 (D. 64. 2. 155).

Il n'y a pas plus lieu de considérer comme limitative l'énumération contenue dans l'art. 283 C. pr. civ., quand l'art. 310 du même code s'y réfère pour la détermination des causes de récusation des experts, que quand on l'applique directement à la détermination des causes de reproches des témoins en matière d'enquête. Les juges ont un pouvoir souverain pour apprécier, en dehors des cas spécifiés dans ledit art. 283, les motifs de récusation invoqués contre les experts ; ils peuvent les admettre ou les rejeter, et leur décision, à cet égard, est à l'abri de la censure de la cour suprême. *Voir* en ce sens 2 arrêts de la Ch. civ. de la C. de Cass. du 6 janvier 1897 (.S 97. 1. 81).

Les trois jours accordés pour la récusation ne sont point francs ; mais le jour de la nomination des experts ne compte pas (*Q*. 1174).

Le délai de la récusation à l'égard des experts nommés d'office ne court : 1° que trois jours après la signification du jugement, s'il est contradictoire et sans appel ; 2° que huitaine après la prononciation du jugement contradictoire sujet à l'appel, et, de plus, jusqu'au démis de l'appel, si l'appel a été interjeté ; 3° qu'à partir de l'expiration du délai de l'opposition, ou, quand elle a eu lieu, du jour du débouté, si le jugement est par défaut (*Q*. 1175). — *Voir Suppl. alphab.* v° *Expertise*, n. 56).

Le délai pour récuser un expert est fatal (*Q*. 1175 *bis*).

Le tribunal peut lui-même rétracter la nomination faite d'office (*Q*. 1162).

2. La partie qui veut prouver par témoins la cause de sa récusation est tenue de désigner ses témoins dans l'acte de récusation (*arg. art.* 289) (*Q*. 1175 *quater*).

3. La récusation est suspensive de l'effet de la nomination de l'expert (*Q*. 1176). — *Voir J. Av.*, t. 97, p. 78.

mandataire spécial; dans ce dernier cas, copie de la procuration doit être signifiée en tête de l'acte (*Q.* 1175 *ter.*)

2° Devant certains tribunaux, il est d'usage de signifier la récusation et de suivre l'audience par actes séparés; il est plus conforme à l'esprit de la loi, qui a voulu imprimer à cette procédure un caractère de célérité et d'économie, de signifier le tout par le même acte.

---

125. Conclusions *de la partie tendant à faire rejeter la récusation.*

CODE PR. CIV., art. 311.

A MM. les Président et juges composant la........ chambre du tribunal civil de........

CONCLUSIONS.

P. M......,
    demandeur (*ou* défendeur) au principal
    défendeur à l'incident....... (*nom de l'avoué*).

C. M......,
    défendeur (*ou* demandeur) au principal
    demandeur à l'incident....... (*nom de l'avoué*).

Plaise au tribunal :

Attendu que, etc......., (*exposer ici les moyens qui tendent au rejet de la récusation*);

Par ces motifs,

Statuant sur la récusation proposée par M......., suivant acte du palais en date du......., le déclarer mal fondé dans ladite récusation; en conséquence, ordonner que la mission confiée à M...... lui sera maintenue, et qu'il sera passé outre aux opérations d'expertise.

Si l'expert est intervenu et a conclu à des dommages-intérêts, on remplace cette dernière phrase par celle-ci : et attendu que M...., expert intervenant dans la contestation par des conclusions en date du......., a requis des dommages-intérêts contre M.......; qu'il ne peut, en conséquence, demeurer expert, aux termes de l'article 314 du code de procédure civile, nommer d'office un expert en remplacement dudit sieur....... et ordonner qu'il sera passé outre aux opérations de l'expertise;

Condamner M....... en...... francs de dommages-intérêts à raison du dommage causé par sa récusation;

Et le condamner aux dépens de l'incident dont distraction, etc.

Dont acte.

Pour original (*ou* copie).   (*Signature de l'avoué.*)

Signifié, laissé copie, etc.

Remarque. — Ces conclusions sont transcrites sur papier libre, signées de l'avoué, et posées à l'audience sur l'appel du placet.

L'expert ne doit pas être mis en cause.

---

126. Requête *d'intervention de l'expert dans l'incident relatif à sa récusation.*

Code PR. CIV., art. 314.

A MM. les Président et juges composant, etc.

Conclusions.

P. M......., (*nom, prénom domicile*), expert nommé par jugement de cette chambre en date du........ ; demandeur aux fins des présentes conclusions, ayant pour avoué M^e....., lequel se constitue et occupera pour lui sur la présente intervention et ses suites,...... (*nom de l'avoué*).

C. 1° M......,
demandeur (*ou* défendeur) au principal,
défendeur à l'intervention,........ (*nom de l'avoué*).

2° M........,
défendeur (*ou* demandeur) au principal,
défendeur à l'intervention,........ (*nom de l'avoué*).

Plaise au tribunal :

Attendu que, etc......., (*exposer les raisons qui rendent la récusation mal fondée et injurieuse*),

Par ces motifs ;

Recevoir le concluant intervenant dans l'incident pendant devant le tribunal, entre M......, et M......, sur la récusation proposée par M......., et, statuant sur ladite intervention, déclarer M....... mal fondé dans sa récusation ; en conséquence, rejeter purement et simplement ladite récusation ; et, attendu le préjudice causé au concluant par les motifs injurieux de ladite récusation, condamner M....... à lui payer une somme de........, à titre de dommages-intérêts ; donner acte au concluant de ce qu'il refuse de demeurer expert dans la cause, et condamner M....... aux dépens, dont distraction, etc.

Dont acte.

Pour original (*ou* copie).   (*Signature de l'avoué.*)

Signifié, laissé copie, etc.

Remarque. — L'expert n'a intérêt à intervenir que lorsque les motifs de la récusation sont de nature à porter atteinte à sa considération, par exemple, si l'on prétend qu'il a subi une condamnation correctionnelle pour vol (Q. 1183).

L'acte d'intervention doit être signifié aux deux avoués ; son contenu doit être transcrit sur papier libre, sous la forme de conclusions qui sont posées à l'audience.

L'expert qui a requis des dommages-intérêts doit être remplacé par un expert nommé d'office (*Q.* 1184).

---

127. Jugement *qui admet la récusation contestée.*

CODE *PR. CIV.*, art. 311, 312, 313.

Le tribunal, ouïs en leurs plaidoiries etc......., le ministère public entendu [1], après en avoir délibéré conformément à la loi, jugeant en....... ressort :

Attendu qu'il résulte de......., que M......., expert nommé d'office par jugement du......., *(causes de la récusation)* ;

Attendu qu'aux termes des art. 283 et 310 C. pr. civ. ce fait constitue un motif de récusation,

Par ces motifs ;

Admet la récusation proposée par......., contre......., suivant acte du palais en date du....... ; en conséquence, dit que ledit....... devra s'abstenir de procéder aux opérations dont s'agit, nomme d'office [2] M......., pour procéder à ladite expertise avec MM......., nommés par ledit jugement, aux lieu et place dudit sieur.......,

Ordonne que le présent jugement sera exécuté nonobstant appel [3], aux termes de l'art. 312 C. pr. civ. ;

Condamne....... aux dépens, dont distraction, etc. (*ou* Réserve les dépens).

Remarque. — Si les autres experts ont prêté serment, la partie la plus diligente doit présenter une nouvelle requête au juge-commissaire pour obtenir indication du jour de la prestation du serment du nouvel expert.

---

1. Le ministère public doit toujours être entendu, lors même que la nomination des experts n'a pas eu lieu d'office (*Q.* 1177).
2. Lorsqu'un expert, ou des experts, ont été nommés d'office, conformément à l'art. 313, les parties n'ont pas de nouveaux délais pour en choisir d'autres, sauf accord entre elles (*Q.* 1180). *Voir Supppl. alphab.*, v° *Expertise*, n. 65, 66.
Les nouveaux experts sont récusables, comme ceux qu'ils remplacent (*Q.* 1181).
3. L'effet de l'exécution du jugement nonobstant appel est de donner au tribunal la faculté de statuer sur le fond, d'après les résultats de l'expertise à laquelle a concouru un expert dont la récusation a été rejetée (*Q.* 1179).
L'appel du jugement sur la récusation est recevable, quoique l'expertise ait été ordonnée dans une matière susceptible d'être jugée en dernier ressort (*Q.* 1178).
On ne peut proposer en appel contre des experts des moyens de récusation qu'on n'a pas présentés en première instance.
L'infirmation sur l'appel du jugement qui a admis la récusation, ne rend pas nul le rapport auquel a concouru le nouvel expert, pourvu néanmoins que celui-ci n'ait pas été récusé.

128. Jugement *qui rejette la récusation.*

CODE PR. CIV., art. 314.

Le tribunal, ouïs, etc......,
Attendu que les motifs de récusation articulés par......,
(*demandeur en récusation*) ne sont pas justifiés,
Par ces motifs ;
Déclare M...... mal fondé dans la récusation par lui proposée contre......, suivant acte du palais en date du...... ;
En conséquence, ordonne qu'il sera passé outre, et procédé par ledit......, à l'expertise ordonnée par jugement du...... ; condamne M...... en.... de dommages-intérêts [1] envers......, (*le défendeur*......)
Ordonne que le présent jugement sera exécuté nonobstant appel [2].
Et condamne M...... aux dépens de l'incident.
Remarque. — Si l'expert est intervenu pour demander des dommages-intérêts, il ne peut demeurer expert. (Art. 314 C. pr. civ.).

---

129. Procès-verbal *de prestation de serment par les experts.*

CODE PR. CIV., art. 315.

L'an......, le......, heure de...... par devant nous....., juge au tribunal civil de première instance de......, commis à cet effet, en la chambre du conseil dudit tribunal, assisté de M......, greffier,
A comparu M^e......, avoué près ce tribunal et de M......, demeurant à......, lequel a dit :
Qu'en vertu de notre ordonnance en date du......, enregistrée et mise au bas de la requête à nous présentée le même jour, M..... a, suivant exploit de......, huissier à......, en date du......, enregistré, fait signifier et donner copie desdites ordonnance et requête, et fait faire sommation à : 1° M......, demeurant à......, 2° M......, 3°......, tous trois experts commis pour procéder aux opérations de (*indication sommaire de l'objet de l'expertise*), par jugement contradictoirement rendu entre M...... et M.....; par la...... chambre de ce tribunal, le......, enregistré, de

---

1. La partie qui fait une récusation peut, en cas de rejet, être condamnée à des dommages-intérêts envers d'autres que l'expert récusé ; mais jamais le tribunal ne peut condamner d'office à des dommages-intérêts (Q. 1182).
2. Si la récusation est rejetée, l'appel du jugement n'empêche point de procéder à l'expertise, mais, si la Cour infirme ce jugement, le rapport auquel a concouru l'expert récusable est nul.

comparaître à ces lieu, jour et heure, pour prêter serment de bien et fidèlement remplir la mission à eux confiée, et indiquer les lieu, jour et heure auxquels ils procèderaient aux opérations de l'expertise ordonnée ;

Que, par acte du palais en date du......., notre ordonnance ainsi que la requête susénoncée, ont été signifiées à M*e*......., avoué de. M......., avec sommation de comparaître à ces lieu, jour et heure, et de faire comparaître sa partie pour assister, si bon leur semblait, auxdites prestation de serment et indication de jour [1] ;

Qu'il y avait lieu, en conséquence, de procéder à la prestation de serment des experts. Et a signé, sous toutes réserves.

(Signature de l'avoué.)

Et à l'instant a comparu M*e*......., avoué dudit sieur......., lequel a dit qu'il se présentait pour satisfaire à la sommation précitée à lui faite, à l'effet d'assister à la prestation de serment des experts et à l'indication des lieu, jour et heure de leurs opérations, et a signé, sous toutes réserves.

(Signature de l'avoué).

Ont aussi comparu MM......., experts, lesquels, après avoir déclaré qu'ils se présentaient pour satisfaire à la sommation susénoncée à eux faite par exploit du ministère de......., interpellés par nous de prêter serment de bien et fidèlement remplir la mission à eux confiée par le jugement du......., dont lecture a été faite, ont prêté entre [2] nos mains serment d'accomplir ladite mission en leur âme et conscience, et ont en outre indiqué le......., heure de....... [3], pour se transporter sur les lieux litigieux, et pour y procéder aux opérations ordonnées, et ont signé.

(Signature des experts.)

Desquels comparution, dires, conclusions, prestation de serment et indication de jour, nous avons donné acte auxdits......., et......., et aux experts, et avons signé avec notre greffier.

(Signatures du juge et du greffier.)

---

1. Ainsi qu'on l'a déjà fait observer *supra* p. 123 note, cette sommation d'assister à la prestation de serment des experts est peut-être utile, mais elle ne paraît point obligatoire.

2. Après la prestation de serment, l'expert peut être dispensé pour cause valable d'excuse (Q. 1191 ; *Suppl. alphab.*, v° *Expertise*, n. 71).

La nomination du nouvel expert doit alors être demandée par requête (Q. 1191 *bis*).

Les experts peuvent refuser d'opérer, s'il n'a pas été consigné somme suffisante pour le paiement des déboursés qu'ils sont obligés de faire pour procéder (Q. 1190) ; et si la partie qui a poursuivi la nomination des experts n'adhère pas à leur demande, son adversaire a le droit de poursuivre l'audience sans qu'il soit passé outre à l'expertise. Mais les experts ne peuvent pas exiger la consignation préalable du montant de leurs vacations. (*Suppl. alphab.*, v° *Expertise*, n. 75 et s.).

3. L'omission de l'indication du jour et de l'heure de l'opération n'entraîne pas nullité du procès-verbal ; il y a lieu seulement de réassigner les experts devant le juge-commissaire pour réparer cette omission (Q. 1185).

En cas d'urgence, l'expert peut fixer le jour de ses opérations avant d'avoir prêté serment.

Remarque. — Le procès-verbal est préparé à l'avance par l'avoué qui poursuit l'expertise. Il est déposé au greffe, et expédition en est délivrée à l'avoué qui suit l'expertise.

---

130. Sommation de comparaître aux opérations d'expertise, lorsque ni la partie, ni l'avoué n'ont comparu à la prestation de serment [1].

CODE PR. CIV., art. 315.

A la requête de M......., ayant M^e......., pour avoué,

Soit signifié et en tête [de celle] des présentes laissé copie à M^e......., avoué près le tribunal civil de première instance de......., et de M.......,

De l'expédition dûment en forme d'un procès-verbal de prestation de serment des experts, nommés par le jugement rendu contradictoirement entre les parties, par la....... chambre du tribunal, le......., enregistré et signifié, ledit procès-verbal dressé par M......., juge-commissaire ;

En conséquence, soit sommé ledit M^e......., de comparaître et faire comparaître sa partie auxdits lieu, jour et heure, à l'effet d'être présents, si bon leur semble, aux opérations de l'expertise ;

Lui déclarant que, faute par eux de comparaître, il sera contre eux donné défaut de suite, et procédé tant en leur absence qu'en leur présence.

Dont acte.

Pour original (*ou* copie). (*Signature de l'avoué.*)

Signifié, laissé copie, etc.

Remarque. — La sommation n'a pas besoin d'être réitérée quand la continuation de l'expertise est renvoyée à un autre jour.

---

1. Cette sommation constitue une formalité touchant au droit de la défense, et qui doit être observée, à peine de nullité. Cass. 1er juillet 1874 (S. 74. 1. 484).

Si l'art. 315 prescrit qu'elle ait lieu par acte d'avoué à avoué, elle peut cependant aussi être signifiée par exploit à personne ou domicile ; et elle doit même être ainsi notifiée quand la partie est défaillante. *Suppl. alphab.*, v° *Expertise*, n° 98 ; Cass. 18 décembre 1872 (*J. Av.*, t. 98, p. 83).

Jugé même qu'un avertissement par lettre recommandée adressée par les experts à une partie, peut être considéré comme mise en demeure suffisante adressée à cette partie d'assister à l'expertise. Alger 22 décembre 1898 (*J. Av.*, t. 124, p. 308) ; Garsonnet, t. 2, n° 351, p. 573.

D'ailleurs la rédaction, en présence des avoués des parties, du procès-verbal de prestation de serment des experts, indiquant les lieu, jour et heure de leurs opérations, dispense de notifier cette sommation (*J. Av.*, t. 73, p. 426, art. 485, § 146). Voir *Suppl. alphab.*, v° *Expertise*, n. 96 et s.

Dans les cas où la sommation est nécessaire, elle doit être faite avec observation des délais de distance, s'il y a lieu. Rouen, 27 avril 1849 (*J. Av.*, t. 75, p. 481) ; Orléans, 30 décembre 1865 (*J. Av.*, t. 91, p. 293).

131. Dires *à consigner sur le procès-verbal d'expertise.*
CODE PR. CIV., art. 317.

Les parties et leurs avoués, qui assistent à l'expertise, soumettent aux experts leurs observations orales, et appellent leur attention sur les points qui peuvent présenter le plus d'intérêt.

Les observations verbales peuvent être facilement oubliées par les experts. Pour éviter cet inconvénient, il est d'usage que les avoués les rédigent par écrit et remettent les dires rédigés ainsi qu'il suit aux experts, qui les transcrivent sur leur procès-verbal.

Et le......., par-devant nous, experts soussignés, a comparu M^e......., avoué près le tribunal civil de......., et de M......., (*nom, prénom, profession, domicile*) lequel a dit que, pour rendre nos opérations plus concluantes, il appelle notre attention sur les faits suivants [1].

(*On expose les faits que la partie croit avoir intérêt à faire constater, ceux qui peuvent servir à faciliter le travail des experts, par exemple, quand il s'agit d'une question de propriété immobilière, on analyse et on interprète les titres ; s'il s'agit d'une estimation, on rapporte les prix auxquels l'objet à estimer a été précédemment vendu, on indique les améliorations ou détériorations qu'il a éprouvées, etc.*

On termine en concluant à ce que les experts constatent les faits que l'on regarde comme les plus importants, dans la forme suivante : qu'en conséquence il nous requiert de......., etc. *On ajoute la mention des pièces produites, de la manière suivante :*

Et à l'appui du présent dire, M^e....... nous a remis : 1°......., 2°......., 3°....... etc. ; et a signé sous toutes réserves.

Le défaut de convocation d'une partie à une vacation d'expertise ne peut d'ailleurs entraîner la nullité de l'expertise qu'autant qu'il en est résulté une atteinte aux droits de la défense. Il n'y a pas nullité, par exemple, lorsqu'il n'a été procédé à cette vacation à aucune opération nouvelle : Cass., 28 mars 1905 (*J. Av.*, t. 130, p. 222).

Il a même été jugé que la partie qui a été convoquée régulièrement à la première vacation peut ne pas l'être lors des vacations ultérieures lorsqu'elle a pu se tenir au courant de toutes les phases de l'expertise. Cass., 5 juin 1893 (D. P. 94.1.123) et 9 janv. 1905 (*J. Av.*, t. 130, p. 95).

1. Les experts ne sont pas tenus de déférer à toutes les réquisitions qui leur sont faites par les parties. Le but de la loi est atteint par la mention de la réquisition au procès-verbal ; s'il s'élève des difficultés qui les empêchent de passer outre, ils renvoient les parties à l'audience (Q. 1192). Voir *J. Av.*, t. 87, p. 116.

Le rapport peut être fait un jour de dimanche ou de fête légale et être rédigé aux lieu, jour et heure que les experts trouvent convenables (Q. 1198).

La présence des parties à la rédaction du rapport, et la notification aux parties des jour, heure et lieu où cette rédaction aura lieu, n'est pas prescrite à peine de nullité. Cass. 21 oct. 1895 (S. 97. 1. 102) ; Garsonnet, t. 2, n. 351, p. 517.

Les experts, en principe, ne peuvent pas entendre de témoins (Q. 1201 *bis*).

Le procès-verbal d'expertise fait foi jusqu'à inscription de faux (Q. 1223).

132. Rapport *d'experts.*

Code *PR. CIV.*, art. 318.-

A MM. les Président et juges composant le tribunal de......,
L'an......, le........ et jours suivants. Nous......., (*nom, prénoms, profession et domicile des experts*) experts nommés d'office (*ou convenus par les parties*) aux termes d'un jugement du....., rendu entre M...... et M..... à effet de..... (*reproduire textuellement la partie du dispositif qui précise la mission des experts*).
après avoir prêté serment de bien et fidèlement y procéder, ainsi qu'il est constaté par procès-verbal de M......, juge-commissaire, en date du.......

Les experts indiquent ici d'une façon sommaire les différentes vacations, les rendez-vous sur place ou dans leur cabinet, les dires qui leur ont été remis, les transactions débattues.

Puis après cette énumération ils reprennent en détail l'exposé des prétentions des parties, les constatations qu'ils ont pu faire personnellement.

Dans une troisième partie les experts discutent les différents chefs de contestation et donnent leur avis successivement sur chacun d'eux. En dernier lieu, ils donnent leurs conclusions.

---

133. Assignation *aux experts pour qu'ils aient à déposer au greffe leur rapport*[1].

Code *PR. CIV.*, art. 320.

L'an mil neuf cent......., le........,
A la requête de M......., (*nom, prénom, profession, demeure*).
Pour lequel domicile est élu à..... rue....., n°...., en l'étude de M°......., avoué, qui se constitue et occupera pour lui sur la présente assignation et ses suites ;
J'ai......, soussigné, donné assignation à : 1°......, 2°...... 3°...... (*nom des experts*) à comparaître à trois jours francs, outre les délais de distance, par ministère d'avoué, à l'audience et par-devant MM. les Président et juges composant la..... chambre du tribunal de première instance de......., pour :
Attendu que les susnommés ont, aux termes d'un jugement rendu par ladite chambre le......., enregistré, été désignés comme experts dans la contestation pendante entre le requérant et

---

[1]. La cause doit être portée devant le tribunal qui a ordonné l'expertise, alors même qu'un autre tribunal a été chargé de nommer les experts.

M......, devant ce tribunal ; qu'ils ont accepté cette mission et prêté serment conformément, à la loi ;

Attendu que néanmoins, et bien qu'il se soit écoulé....... depuis ladite prestation de serment, ils n'ont pas encore déposé au greffe du tribunal leur rapport sur la contestation dont s'agit ;

Attendu que cet état de choses cause au requérant le plus grave préjudice, qu'il importe que ledit rapport soit déposé au greffe dans le plus bref délai ;

Par ces motifs ;

S'entendre condamner à opérer, dans les huit jours de la signification du jugement à intervenir, le dépôt, au greffe du tribunal, du rapport de l'expertise à laquelle ils ont procédé, aux offres que fait le requérant de payer auxdits experts les déboursés et honoraires qui pourront leur être dus, d'après la taxe qui en sera faite, lors du dépôt du rapport, et s'entendre condamner aux dépens [1].

Remarque. — Il n'est pas nécessaire de faire une sommation aux experts avant de les assigner ; leur seule qualité de mandataires judiciaires les constitue en demeure.

---

134. Jugement *contre les experts qui sont en retard ou qui refusent de déposer leur rapport au greffe.*

Code PR. CIV., art. 320.

Le tribunal ;

Attendu que, suivant exploit du ministère de......., huissier, en date du......., enregistré, MM......., experts nommés par jugement de ce tribunal, en date du......., ont été assignés à l'effet d'avoir à déposer au greffe la minute de leur rapport ;

Attendu que....... jours se sont écoulés depuis qu'il a été par eux procédé à l'expertise dont il s'agit, et que MM....... ne justifient d'aucun motif, pour ne point avoir encore déposé ce rapport ;

Par ces motifs ;

Ordonne que dans les trois jours de la signification du présent jugement, MM....... seront tenus de faire au greffe le dépôt de ladite minute, aux offres que fait M....... de payer les frais et vacations d'après la taxe qui en sera faite ; sinon et faute par eux de ce faire dans ledit délai, les condamne dès à présent en 10 fr. de dommages-intérêts par chaque jour de retard, et en outre aux dépens, dont distraction, etc.

---

1. Les experts peuvent, à raison du retard ou du refus de dépôt de leur rapport, être condamnés à des dommages-intérêts envers la partie qui en a éprouvé préjudice (Q. 1210; Garsonnet, t. 2, n. 351, p. 576).

135. Acte *de dépôt de la minute du rapport.*

Code *PR. CIV.*, art. 319.

L'an......., et le......., au greffe [1] du tribunal civil de......, ont comparu MM......., lesquels ont déposé entre les mains de nous, greffier soussigné, la minute du rapport par eux fait le [2]....., et jours suivants, en exécution du jugement du......., rendu entre......., duquel dépôt lesdits comparants nous ont requis acte, que nous leur avons octroyé, et ont signé avec nous greffier, après lecture.

(*Signatures des experts et du greffier.*).

136. Exécutoire *accordé aux experts.*

Code *PR. CIV.*, art. 319.

République française. — Au nom du peuple français, nous, Président du tribunal civil de......., avons délivré l'exécutoire [3] dont la teneur suit :

Mandons et ordonnons à tous huissiers sur ce requis, de contraindre par toutes les voies de droit M......., à payer à MM....., experts nommés par jugement en date du......., à l'effet de procéder aux opérations énoncées audit jugement, la somme de......,

---

1. Si une cour a ordonné l'expertise, c'est au greffe de cette cour que doit être fait le dépôt du rapport (Q. 1204; Voir *Suppl. alphab.*, v° *Expertise*, n. 130 et s). Il en est de même si, l'expertise ayant été ordonnée par le tribunal, la mission des experts a été modifiée par un arrêt partiellement infirmatif. Cass. 13 févr. 1894.
2. Il n'y a pas de délai fixé pour effectuer le dépôt du rapport ; il s'induit des circonstances (Q. 1206).
   Les experts n'ont pas à faire enregistrer le procès-verbal (Q. 1205)
3. L'ordonnance du président qui taxe la vacation des experts est susceptible d'opposition dans le délai de huitaine (Q. 1208). Cependant la question de savoir si le délai de l'opposition est de huitaine, ou s'il est de trois jours seulement en se conformant à l'art. 6 du 2me décret du 16 février 1807 est controversée. Voir en ce dernier sens Nancy 26 janvier 1889 (S. 90. 2. 13); Riom 13 mai 1889 (D. P. 90. 2. 107).
   L'exécutoire est délivré contre la partie qui a requis ou poursuivi l'expertise (Q. 1207 bis ; *Suppl. alphab.*, v° *Expertise.* n. 144 et s.).
   L'exécutoire délivré par le président aux experts ne leur enlève pas l'action solidaire pour leurs vacations contre chacune des parties (Q. 1207). Mais, pour cela, il faut que l'expertise ait été ordonnée d'un commun accord, ou que, lorsqu'un expert est nommé par justice, sur la demande de l'une des parties, l'autre n'ait pas fait opposition (J. Av., t. 74, p. 260, art. 663, § 63). Car, si l'expertise a été ordonnée à la requête du demandeur, et malgré les protestations du défendeur, les experts ne peuvent pas réclamer leurs honoraires à ce dernier qui gagne son procès : Paris, 22 juin 1848 (J. Av., t. 74, p. 348); Cass., 11 août 1856 et la note de Chauveau (J. Av., t. 82, p. 210) ; Cass., 6 mai 1905 (*Ibid.*, t. 130, p. 269) : Garsonnet, t. 2, § 352, p. 579.

montant de la taxe faite par nous des frais et vacations des susnommés, aux opérations de ladite expertise, en ce non compris la minute, le coût, l'enregistrement et la signification du présent exécutoire et les frais de mise à exécution, au paiement desquels frais ledit sieur........ sera également contraint en vertu du présent.
Fait et délivré à........, le........,
(*Signatures du président et du greffier.*)
En conséquence, le Président de la République française, etc. (Voir *infra*, *formule n°* 316.)

---

137. Signification *du rapport d'experts*.

Code *PR. CIV.*, art. 321.

A la requête de M........, ayant M^e........, pour avoué, soit signifié et, en tête (de celle) des présentes, laissé copie à M^e........, avoué de M........, de l'expédition dûment en forme d'un acte dressé au greffe du tribunal de........, le........, enregistré, constatant le dépôt fait ledit jour, audit greffe, d'un procès-verbal de rapport dressé le........, par........, experts, en exécution du jugement rendu entre les parties le........, enregistré, ensemble dudit rapport.

En conséquence, soit sommé ledit M^e........, de comparaître le........, à l'audience et par-devant MM. les Président et juges composant la........ chambre du tribunal, pour :

Attendu que le rapport dont s'agit est régulier en la forme ; qu'il fait une juste appréciation des droits des parties ; qu'il y a lieu, en conséquence, pour le tribunal de l'entériner purement et simplement ;

Par ces motifs ;

Voir entériner purement et simplement le rapport de MM........, experts, ledit rapport déposé au greffe le........, enregistré ;

S'entendre, en conséquence, M........, condamner à.... (*conclusions du rapport*) ;

Et s'entendre condamner en tous les dépens, qui comprendront, indépendamment et sans préjudice d'aucuns autres, tous frais et honoraires d'expertise, et dont distraction au profit de M^e........, avoué, aux offres de droit.

Dont acte,

Pour original (*ou* copie.)   (*Signature de l'avoué.*)

Signifié, laissé copie, etc.

Remarque. — Si le défendeur n'a pas d'avoué, le rapport lui est signifié par exploit à personne ou domicile avec réassignation, en la forme ordinaire.

138. Jugement *qui entérine le rapport et statue sur le fond.*

CODE PR. CIV., art. 322, 323.

Le tribunal, ouïs etc...
Attendu que le rapport dont s'agit est régulier en la forme et juste au fond [1] ;
Attendu........, etc. ;
  Par ces motifs,
Entérine ledit rapport ;
Condamne en conséquence M...... (*conclusions du rapport*) ;
Et le condamne en tous les dépens, qui comprendront...... et dont distraction au profit de M⁶........ qui l'a requise aux offres de droit.

---

139. Jugement *qui rejette le rapport.*

CODE PR. CIV., art. 322.

Le tribunal.....
Attendu que le rapport dont s'agit est irrégulier, en ce que.... ;
Attendu qu'il n'en résulte pas que............., et que conséquemment il n'est pas concluant ;
  Par ces motifs,
Sans s'arrêter ni avoir égard audit rapport d'expert, ordonne [2] ....., et condamne M...... aux dépens [3].

---

1. Les juges ne sont pas astreints à suivre l'avis des experts, si leur conviction s'y oppose (art. 323). *Sic* Cass. 23 déc. 1891 (D. P. 92. 1. 409) Mais il en est autrement lorsqu'une condamnation à une somme déterminée a été prononcée sous cette alternative : *si mieux n'aiment les parties à dire d'experts* (Q 1221). Ce qui, toutefois, n'empêche pas le tribunal d'ordonner une nouvelle expertise, si la première est irrégulière ou insuffisante (Q. 1222). Voir *Suppl. alphab.*, v° *Expertise*, n. 178 et s.
  Lorsqu'un tribunal de première instance a ordonné une expertise, il ne peut pas statuer au fond avant que cet interlocutoire soit vidé, si la partie qui devait poursuivre l'expertise n'a pas été mise en demeure d'y faire procéder (Q. 1220 *bis* Voir *supra*, p. 119 note 1.)
2. Le tribunal peut ordonner une seconde expertise sur la demande des parties (Q. 1214).
  Ils peuvent aussi statuer immédiatement au fond, et contre l'opinion des experts, en se fondant sur la discussion à laquelle l'expertise a donné lieu. Cass. 24 mai 1894 (S. 94.1.309).
  Les juges peuvent demander de nouveaux renseignements ou confier la nouvelle expertise aux mêmes experts.
  Les juges qui ordonnent une nouvelle expertise ne doivent pas anéantir le premier rapport, s'il est régulier dans la forme, quoique insuffisant (Q. 1214 *ter*).
  Le tribunal doit mentionner, dans le jugement qui ordonne une nouvelle expertise, l'insuffisance du premier rapport (Q. 1215).
  L'art. 322 est applicable en matière de vérification d'écriture (Q. 1217).
3. Les frais de la nouvelle expertise peuvent être mis à la charge des experts qui ont fait la première (Q. 1516).

VI. — Serment.

140. Conclusions *pour déférer le serment décisoire.*

A MM. les Président et juges composant la..... chambre du tribunal de ....

Conclusions.

P. M. — demandeur —
C. M. — défendeur —

Plaise au tribunal

Attendu que le concluant a formé contre M..... une demande en paiement d'une somme principale de......., montant d'un prêt de pareille somme à lui consenti le......, ensemble des intérêts de ladite somme à 4 % l'an, à partir dudit jour;

Attendu que M..... prétend n'avoir jamais reçu le prêt dont s'agit;

Attendu que le concluant est en droit, aux termes de l'art. 1358 du code civil, de déférer le serment au susnommé sur le point de savoir s'il n'a pas reçu de lui à titre de prêt la somme réclamée; qu'il entend user de cette faculté, et qu'il y a lieu de lui en donner acte;

Par ces motifs,

Donner acte au concluant de ce qu'il défère à M..... le serment décisoire sur les faits ci dessus articulés; ordonner, en conséquence, que ledit sieur..... prêtera ce serment à telle audience qu'il plaira au tribunal de fixer; et, faute par lui de le prêter, adjuger au concluant le bénéfice de ses précédentes conclusions, et condamner M...... aux dépens, dont distraction, etc...

---

140 bis. Jugement *qui ordonne la prestation d'un serment* [1]

Code PR. CIV., art. 120.

Le tribunal, etc....
Attendu que......
Par ces motifs,
Donne acte à M...... de ce qu'il défère le serment à M.....,

---

1. La délation de serment étant une espèce d'aliénation, elle ne peut être faite que par une personne ayant la disposition de la chose ou du droit qui en est l'objet; d'où suit qu'un mandataire ne peut pas déférer le serment au nom de son mandant sans un pouvoir spécial (Q. 236).

Un avoué ne peut, sans mandat spécial, déférer le serment ou déclarer accepter la délation pour sa partie (Q. 510).

Le serment ne peut pas être prêté par un fondé de pouvoir (Q. 512).

On ne peut exiger de celui qui professe notoirement une religion, qui admet

sur..... (*énoncer les faits à affirmer sous serment*); en conséquence, ordonne que M.... sera tenu d'affirmer par serment lesdits faits [1] à l'audience du....., dépens réservés.

141. Jugement *qui ordonne d'office le serment* [2].

CODE PR. CIV., art. 120.

Attendu que M... réclame à M.... le paiement d'une somme de ....; que la demande dudit sieur....., bien qu'elle ne soit pas pleinement justifiée, se fonde sur..... (*preuves*); que c'est le cas, conformément à l'art. 1367 C. civ., de déférer le serment à M.....
Par ces motifs,
Condamne M.... à payer à M.... la somme de...., à la charge,

---

une forme particulière de serment, qu'il le prête en cette forme et non pas selon les formes ordinaires (Q. 519).
Ainsi, on ne peut forcer un juif à prêter serment *more judaïco* (J. Av., t. 72, p. 429, art. 201, § 1er, et t. 73, p. 402, art. 485, § 13). Voir aussi Q. 1028.
Mais la loi n'a pas prescrit, pour le serment judiciaire, une forme à laquelle tout Français soit assujetti, quel que soit son culte (Q. 518); et si la personne interrogée demande à prêter serment dans les formes de sa religion, sa demande doit être accueillie (Q. 1028).
Après avoir rétracté la délation du serment, une partie ne peut le déférer de nouveau (Q. 508).
La partie à qui le serment est déféré peut le référer à l'autre (Q. 237).
Le tuteur ne peut déférer ou accepter le serment, sans remplir préalablement les formalités des art. 464, 466 et 2045 C. civ. (Q. 515; *Suppl. alphab.*, v° *Serment*, n. 62).
Il est admis en jurisprudence que les juges peuvent refuser de déférer le serment, lorsque cette mesure d'instruction leur paraît inutile, et que leur opinion est déjà faite à raison des circonstances de la cause. Cass. 21 octobre 1893 (D. 94. 1.16), et 30 juin 1896 (D. 97.1.12).
Un tribunal ne peut ordonner à une partie de prêter serment à l'instant même; mais, si celle-ci consent à le prêter audience tenante, la signification du jugement est inutile. En tous cas, la partie adverse qui y assiste ne peut être réputée acquiescer, quoiqu'elle ne proteste pas (J. Av., t. 72, p. 664, art. 304, § 39).
Le jugement qui change le jour fixé pour la prestation du serment et celui qui donne acte de la prestation sont des jugements de pure instruction, non susceptibles d'opposition, s'ils sont rendus par défaut; ils peuvent être exécutés avant l'expiration de la huitaine.
Il n'en est pas de même du jugement qui déclare une partie déchue de la faculté de prêter serment, faute par elle de se présenter au jour indiqué.
1. Le jugement qui ordonne un serment doit énoncer les faits sur lesquels il sera reçu, parce que la partie qui doit le prêter pourrait dire ce qu'on ne lui demande pas ou ne pas dire tout ce qu'on lui demande.
2. On peut, en ordonnant le serment, statuer conditionnellement sur la contestation (Q. 505).
Le jugement au fond peut être prononcé aussitôt après la prestation de serment sans autre formalité.
Il n'y a pas acquiescement au jugement qui défère le serment d'office, si la partie, assignée pour être présente à sa prestation, fait défaut; mais il y a acquiescement si la partie présente ne fait point de protestation (Q. 521).

par celui-ci, d'affirmer en personne à l'audience du...., sous la foi du serment, que cette somme lui est due ; condamne ledit sieur.... aux dépens, dont distraction, etc.

142. Significations *à avoué et à partie du jugement qui ordonne une prestation de serment.*
Code PR. CIV., art. 121.

A la requête de M....., ayant Me......, pour avoué,
Soit signifié et en tête (de celle) des présentes laissé copie à Me.. .., avoué près le tribunal de première instance de.... et de M... ;
De la grosse dûment en forme exécutoire d'un jugement, rendu contradictoirement entre les parties y dénommées, par la... chambre du tribunal de..., le.:., enregistré, lequel ordonne que M... prêtera le serment, qui lui a été déféré par le requérant ;
Soit, en conséquence, sommé ledit Me... de faire comparaître son client le..., heure de....., à l'audience de la.... chambre du tribunal de....., pour prêter ledit serment ;
Lui déclarant que, faute par M...... de comparaître auxdits lieu, jour et heure, il sera contre lui donné défaut, et que, pour le profit, les conclusions du requérant lui seront adjugées ;
Dont acte.
Pour original (*ou* copie).

(*Signature de l'avoué.*)

La signification à la partie est faite en la forme ordinaire (Voir *supra, formule n° 69*); *elle contient, en outre, sommation de venir prêter serment dans la forme suivante :*
...... Pourquoi, j'ai, huissier susdit et soussigné, fait sommation au susnommé audit domicile, et en parlant comme dessus :
De comparaître le....., heure de......, à l'audience et pardevant MM. les Président et juges composant la...... chambre du tribunal de....., pour prêter le serment ordonné par ledit jugement ;
Lui déclarant que, faute par lui de comparaître auxdits jour, lieu et heure, il sera contre lui donné défaut, et que les conclusions du requérant lui seront adjugées.
Et je lui ai, audit domicile, etc,

143. Jugement *qui reçoit le serment.*

Le tribunal,
Donne acte à M..... (*nom de la partie à laquelle le serment a été déféré*) du serment par lui fait en personne à l'audience de ce

jour, en exécution du jugement en date du....., en présence de M...... (*nom de la partie sur la demande de laquelle le serment a été déféré*); déboute ce dernier de sa demande, et le condamne aux dépens, dont distraction, etc.

144. Jugement *contre celui qui refuse le serment.*

Le tribunal,
Donne acte à M..... (*nom de la partie sur la demande de laquelle le serment a été déféré*) du refus fait par M..... (*nom de la partie à laquelle le serment a été déféré*), de prêter le serment à lui déféré, par jugement du......; en conséquence, condamne ledit sieur..... à payer à M...... la somme de......, et le condamne aux dépens, dont distraction, etc.

145. Avenir *avec conclusions pour faire commettre un juge entre les mains duquel le serment ordonné sera prêté, à raison de l'impossibilité où se trouve la partie de comparaître à l'audience.*

CODE *PR. CIV.*, art. 121

A la requête de M....., ayant M^e....., pour avoué, soit sommé M^e....., avoué près le tribunal civil de....., et de M....., de comparaître le......, heure de....., à l'audience et par-devant MM. les Président et juges composant la..... chambre du tribunal civil de....., séant à....., pour :

Attendu que M..... se trouve atteint d'une maladie grave qui le met hors d'état de se rendre à l'audience pour y prêter le serment ordonné par le jugement rendu entre les parties susnommées, le ....., ainsi que le constate un certificat délivré par M....., docteur en médecine, ledit certificat légalisé et enregistré ;

Attendu que, dans ces conditions, et conformément à l'art. 121 C. pr. civ., § 1er, il y a lieu de faire commettre un juge qui se transportera, assisté du greffier, chez M...., pour recevoir ledit serment;

Par ces motifs,
Voir commettre tel de MM. les juges qu'il plaira au tribunal désigner, à l'effet de se transporter, assisté du greffier, au domicile de M....., et d'y recevoir le serment de celui-ci sur les faits énoncés au jugement sus-relaté, et, en cas de contestation, s'entendre condamner aux dépens de l'incident, dont distraction, etc.

Lui déclarant que, faute par lui de comparaître, il sera contre lui requis défaut et pris tels avantages que de droit.

Dont acte.
Pour original (*ou copie*).   (*Signature de l'avoué.*)
Signifié, laissé   copie, etc.

Remarque. — On peut signifier, par deux actes séparés, une requête tendant aux fins ci-dessus, et un avenir.

---

146. Jugement *qui ordonne le transport d'un juge pour recevoir le serment.*

Le tribunal,
Attendu qu'il résulte d'un certificat délivré par M......, docteur en médecine, ledit certificat en date du...., enregistré, que M.... est dans un état de maladie qui ne lui permet pas de se rendre à l'audience pour prêter le serment ordonné par jugement du..... ; qu'il y a donc lieu de commettre un juge qui se transportera au domicile de M....., pour recevoir ledit serment ;
Par ces motifs,
Ordonne que M...... prêtera le serment à lui déféré par le jugement susdaté, entre les mains de M....., juge, que le tribunal commet à cet effet, lequel se transportera au domicile de M....., pour recevoir ledit serment; dépens réservés.

---

147. Requête *au juge-commissaire pour obtenir l'indication du jour où le serment sera prêté.*

A M......, juge à la.... chambre du tribunal de....., commis pour recevoir le serment dont il va être parlé.
M.... (*nom, prénoms, profession, domicile de l'exposant*), ayant Me..... pour avoué, a l'honneur de vous exposer, Monsieur le juge commissaire,
Qu'aux termes d'un jugement rendu contradictoirement entre l'exposant et M....., par la..... chambre du tribunal de...., le...., enregistré, il a été ordonné que M......, ne pouvant, à raison de son état de maladie, prêter à l'audience le serment qui lui a été déféré par l'exposant, ce serment serait prêté entre vos mains;
Pourquoi l'exposant requiert qu'il vous plaise, Monsieur le juge-commissaire, indiquer les jour et heure, où vous vous transporterez au domicile dudit sieur...., pour recevoir le serment dont s'agit.
Sous toutes réserves,
Et ce sera justice. (*Signature de l'avoué.*)

ORDONNANCE.

Nous, juge-commissaire, vu la requête qui précède,
Disons que nous nous transporterons au domicile de M......, le....., heure de....., pour recevoir le serment dont s'agit.
....., le........
(*Signature du juge.*)

Remarque. — Copie de cette requête et de cette ordonnance doit être donnée en tête de la sommation à l'avoué d'assister à la prestation du serment.

---

148. Sommation *à l'avoué de faire comparaître son client pour assister à la prestation d'un serment ordonné par jugement contradictoire.*

CODE PR. CIV., art. 121.

A la requête de M....., ayant pour avoué M^e....., soit sommé M^e....., avoué près le tribunal civil de première instance de....., et de M....., de faire comparaître sa partie à l'audience et par-devant MM. les Président et juges composant la..... chambre du tribunal civil de première instance de....., le [1]...., heure de...., pour être présente, si bon lui semble, au serment que M.... doit prêter à ladite audience, en exécution du jugement rendu entre les parties, le....., sur les faits énoncés audit jugement.

Lui déclarant que, faute par M.... de comparaître, il sera contre lui donné défaut et passé outre à la prestation dudit serment.

Dont acte.
Pour original (*ou* copie). (*Signature de l'avoué.*)
Signifié, laissé copie etc.

---

149. Sommation *de comparaître à la prestation de serment, signifiée à la partie qui n'a point constitué avoué.*

CODE PR. CIV., art. 121.

L'an....., le......, à la requête de M.... (*nom, profession, domicile réel et d'élection*), j'ai....., (*immatricule de l'huissier*), soussigné, fait sommation à M.... (*nom, profession et domicile*), audit domicile, où étant et parlant à...., de comparaître le....., heure de......, à l'audience et par-devant MM. les Président et juges composant la..... chambre du tribunal civil de première instance de....., séant à...., pour être présent, si bon lui semble, au serment que M.... doit prêter à ladite audience, en exécution du jugement rendu par ladite chambre du tribunal civil de....., entre

---

[1]. Pour que la partie adverse de celle à laquelle le serment est déféré se présente à l'audience, à l'effet d'assister à la prestation, il suffit de lui accorder les délais requis pour la comparution de la partie en matière d'enquête (Voir *supra*) à moins qu'il ne soit absolument impossible à l'avoué de faire venir son client dans ce délai (Q. 520). Voir *Suppl. alphab.*, v° *Serment*, n. 76 et s.

M..... et le requérant, le...., enregistré et précédemment signifié. Lui déclarant que, faute par lui de comparaître, il sera contre lui donné défaut, et passé outre à ladite prestation de serment ;

Sous toutes réserves ; afin qu'il n'en ignore.

Et je lui ai, audit domicile, où étant et parlant comme dessus, laissé copie du présent sous enveloppe, etc...... Coût.....

(*Signature de l'huissier.*)

---

150. Procès-verbal *constatant le serment prêté par une personne empêchée.*

L'an....., le....., nous, juge au tribunal de première instance de....., commis par jugement du....., à l'effet de recevoir le serment ci-après, assisté de M...., greffier, et en exécution dudit jugement, nous sommes transporté chez M.... (*nom et profession*), demeurant à...., rue....., n°..., où étant, nous avons trouvé ledit sieur..... retenu chez lui par [1] son état de maladie, lequel nous a déclaré être prêt à prêter le serment ordonné par le jugement susrelaté, et a signé.

(*Signature.*)

A aussi comparu [2] M...., lequel nous a dit qu'il se présentait pour assister à la prestation dudit serment, et a signé.

(*Signature.*)

Desquelles comparution et déclarations nous avons donné acte aux parties; en conséquence, ledit sieur..... a présentement affirmé sous serment prêté en nos mains, et en présence de M..., que..., et ont, lesdits sieurs..... et......, signé avec nous et notre greffier

(*Signatures*)

Moyens d'instruction

§ II. — **Extraordinaires**

1. — Vérification d'écriture

151. Assignation *en reconnaissance d'écriture* [3].

Code CIV., art. 1323, 1324.

L'an....., le....., à la requête de M..... (*nom, profession et demeure du demandeur*), pour lequel domicile est élu à....., rue

---

1. L'état de la personne empêchée doit être constaté.
2. Si l'autre partie ne comparaît pas, le juge constate son absence.
3. Cette demande est dispensée du préliminaire de conciliation.

..... n°...., en l'étude de M°...., avoué près le tribunal civil de première instance de...., lequel se constitue et occupera pour lui sur la présente assignation et ses suites, j'ai.... (*immatricule de l'huissier*), soussigné, signifié et, en tête (de celle) des présentes, laissé copie à M [1]...., demeurant à....., audit domicile où étant et parlant à..... ;

D'un acte sous-seing privé, en date du..., enregistré, contenant obligation par M.... au profit du requérant, au paiement d'une somme de....., stipulée exigible le....;

Et à mêmes requête, demeure et élection de domicile que dessus, j'ai, huissier susdit et soussigné, donné assignation audit sieur.... à comparaître à trois jours francs, par ministère d'avoué, à l'audience et par-devant MM. les Président et juges composant le tribunal civil de première instance de....., séant au Palais de Justice à......, heure de........., pour....

Attendu qu'aux termes des articles 1323 et 1324 C. civ., et 293 C. pr. civ., tout créancier en vertu d'une obligation privée peut demander la reconnaissance de l'écriture de cette obligation et de la signature y apposée ;

Par ces motifs ;

Voir dire et ordonner que M.... sera tenu de reconnaître comme siennes les écriture et signature existant sur ladite obligation ;

Sinon, voir dire que lesdites écriture et signature seront tenues pour reconnues [2] ;

Et s'entendre, en cas de contestation, condamner aux dépens.

Sous toutes réserves ; afin qu'il n'en ignore.

Et je lui ai, à son domicile, où étant et parlant comme ci-dessus, laissé copie tant de l'obligation susénoncée, que du présent sous enveloppe, etc... Coût ....

(*Signature de l'huissier.*)

---

1. Le créancier d'une succession peut assigner l'héritier bénéficiaire ou le curateur, si elle est vacante, en reconnaissance d'écriture, pour obtenir jugement.
2. Le tribunal doit, sans examen, tenir pour reconnu l'écrit de celui qui fait défaut, à moins que ce dernier ne soit mineur ou incapable d'aliéner ses biens (Q. 800 *ter* · *Suppl. alphab.*, v° *Verif. a écr.* n. 55 ; Garsonnet, t. 2, p. 441, note 5).

La disposition de l'art. 194, relative au cas de défaut du défendeur, ne peut s'appliquer que lorsqu'il a été formé une demande en reconnaissance, soit par action principale, soit accessoirement à une autre demande.

Mais il n'est pas nécessaire de distinguer, pour l'application de cet article, entre le cas où la demande en reconnaissance est provoquée contre le défendeur auquel on attribue l'écriture, et celui où il est appelé pour reconnaître celle de son auteur.

Si, de plusieurs défendeurs assignés en reconnaissance d'écriture, l'un comparaît et l'autre fait défaut, le tribunal doit appliquer la disposition de l'art. 153 et rendre un jugement de défaut profit-joint. (Q. 801).

Le jugement par défaut qui tient l'écriture pour reconnue est sujet à opposition (Q. 802 ; *Suppl. alphab.*, v° *Verif. d'écr.*, n. 57).

152. Acte *pour déclarer que l'on reconnaît l'écriture.*

Code PR. CIV., art. 194.

A la requête de M...., ayant pour avoué Mᵉ...., soit signifié et déclaré à Mᵉ...., avoué de M....., que le requérant reconnaît formellement par ces présentes comme étant les siennes, les écriture et signature de l'obligation sous seing privé en date du....., enregistrée, dont copie lui a été signifiée en tête de l'assignation en reconnaissance d'écriture du ministère de...., huissier à...., en date du....

Dont acte.

Pour original (ou copie). (*Signature de l'avoué et de la partie.*)

Signifié, laissé copie, etc.

Remarque. — Bien qu'aucun article du code n'exige la signature de cet acte par la partie, cette signature paraît indispensable. Il résulte de la reconnaissance d'écriture une obligation tellement irrévocable et importante, un désistement si absolu du droit de contester l'acte reconnu quant à sa forme extérieure, que la signature de la partie peut être exigée avec autant de raison que dans le cas de désistement et d'acceptation de désistement (art. 402, C. pr. civ.).

La reconnaissance d'écriture peut aussi être faite par la partie à l'audience, assistée de l'avoué, ou par acte signé de l'avoué, mais contenant signification du pouvoir enregistré à lui donné. Hors ce cas, le demandeur aurait le droit de demander défaut, pour éviter les conséquences, peut-être irréparables, d'un désaveu de l'avoué qui aurait reconnu l'écriture au nom de son client sans pouvoirs suffisants. Le jugement qui intervient sur la reconnaissance d'écriture, faite à l'audience ou par acte signifié, donne acte de cette reconnaissance; il est ainsi conçu :

JUGEMENT.

Le tribunal......., donne acte à M......, de ce que M.... reconnaît les écriture et signature apposées à l'acte du..........., et réserve les dépens de l'incident[1] jusqu'au jugement du principal.

---

[1]. Si l'écriture est tenue pour reconnue, soit par suite du défaut du défendeur, soit par suite de sa reconnaissance formelle, les frais de la demande et du jugement ne sont à la charge du demandeur qu'autant que le défendeur remplit ses engagements à l'échéance, ou que la demande est rejetée au fond. Aussi est-il toujours prudent de réserver les dépens jusqu'au jugement du principal.

153. Acte *pour déclarer que l'on dénie l'écriture.*
CODE PR. CIV., art. 195.

A la requête de M....., etc., soit signifié et déclaré à M^e....,
avoué de M....,

Que le requérant entend par ces présentes dénier formellement, comme de fait il dénie expressément, les écriture et signature à lui attribuées et contenues en une prétendue obligation en date du...., et dont M..... a demandé la reconnaissance par exploit du ministère de....., huissier à...., en date du.....

Dont acte.

Pour original (*ou* copie).   (*Signatures de l'avoué et de la partie.*)

Signifié, laissé copie, etc.

---

154. Avenir *pour faire ordonner la vérification de l'écriture.*

A la requête de M....., ayant pour avoué M^e....,

Soit sommé M^e...., avoué près le tribunal civil de..... et de M...., de comparaître le...., heure de...., à l'audience et par-devant MM. les Président et juges composant la..... chambre du tribunal civil de première instance de....., séant à..... au Palais de Justice, pour:

Attendu que, par acte du palais en date du...., M..... a déclaré qu'il déniait les écriture et signature d'une obligation sous seing privé, en date du...., souscrite par lui au profit du requérant, enregistrée; qu'il y a lieu par conséquent de procéder à la vérification des écriture et signature de ladite obligation;

Par ces motifs,

Voir dire et ordonner que, par-devant tel de MM. les juges qui sera commis à cet effet, il sera procédé, dans les formes prescrites par la loi, à la vérification desdites écriture et signature, tant par titres et témoins que par experts dont les parties conviendront, sinon qui seront désignés d'office par le tribunal; voir dire que l'original de ladite obligation sera, à cet effet, déposé au greffe dudit tribunal et son état constaté; et s'entendre M..... condamner aux dépens.

Dont acte.

Pour original (*ou* copie).   (*Signature de l'avoué.*)

Signifié, laissé copie, etc.

---

155. Jugement *qui ordonne la vérification.*
CODE PR. CIV., art. 196.

Le tribunal, etc.

Attendu que M..... ne reconnaît pas l'écriture du billet dont il s'agit, que le tribunal ne possède pas des éléments qui lui permettent de décider dès à présent si ce billet émane ou non dudit sieur....; que, dans ces conditions, il y a lieu de recourir à la procédure de la vérification d'écriture;

Par ces motifs,

Avant faire droit, ordonne [1] que par M...., [2] et dans le délai de..., ledit billet sera déposé au greffe, après que son état aura été constaté et qu'il aura été signé et parafé par ledit sieur...., ou par M⁰...., son avoué, et par le greffier, lequel du tout rédigera procès-verbal, pour, après le dépôt, être procédé à la vérification dudit billet...., tant par titres que par experts et par témoins [3]; commet M...., juge à ce siège, pour procéder à cette vérification ; dit que les parties seront tenues, dans les trois jours de la signification du présent jugement, de convenir d'experts [4], sinon et ledit délai expiré, ordonne qu'il sera procédé à la vérification par MM.., experts nommés d'office par le tribunal, sur pièces de comparaison convenues entre les parties, et à défaut, sur celles indiquées par le juge-commissaire ; pour, les titres, rapports d'experts et enquêtes rapportés, être par les parties conclu, et par le tribunal statué ce qu'il appartiendra ; dépens réservés.

---

1. On ne peut se dispenser d'ordonner la vérification d'écriture dans tous les cas où la signature d'un titre privé n'est pas reconnue, alors même qu'il s'agirait non d'un titre de créance produit par le demandeur, mais d'une quittance dont excipe le défendeur.

Les juges peuvent, alors même que l'écriture est déniée ou méconnue, se dispenser d'ordonner la vérification, s'ils trouvent dans la cause des éléments suffisants pour fixer leur décision (Q. 803 ter). Cass. 7 février 1882 (J. Av., t. 108, p. 192); Lyon, 23 nov. 1904 (Ibid., t. 130, p. 28.)

2. Celui qui a été admis par jugement à une vérification d'écriture ne peut, faute de faire les diligences nécessaires, et après une mise en demeure, être déclaré déchu du bénéfice de ce jugement et, par suite, débouté de sa demande ou de son exception, lorsque les juges n'ont pas fixé de délai pour la vérification ; c'est seulement le cas de déterminer ce délai, sauf à prononcer ultérieurement.

3. Les trois genres de preuve autorisés par l'art. 195 peuvent concourir pour la vérification, c'est-à-dire être employés simultanément : c'est à la conscience du juge de s'éclairer sur le résultat (Q. 804 ; Suppl. alphab., verb. cit., n. 80 et s.).

Le demandeur qui s'est borné d'abord à l'un des trois genres de preuve indiqués par la loi, peut ensuite être admis à recourir aux autres (Q. 855).

La vérification peut se faire par témoins, encore qu'il s'agisse d'une obligation dont la valeur excède 150 fr. (Q. 804, in fine); mais, dans ce cas, les dépositions des témoins ne doivent pas porter sur l'existence de la convention (J. Av., t. 74, p. 187, art. 643).

En matière de vérification, sont applicables aux témoins les prohibitions et reproches formulés dans les enquêtes ordinaires (Q. 856).

Dans l'enquête qui a lieu pour une vérification d'écriture, les délais de l'art. 257 se calculent à partir de la signification du jugement qui ordonne la vérification (Q. 804 ter).

4. Les parties, malgré les termes de l'art. 303, ne peuvent pas convenir d'un seul expert (Q. 806 bis ; Garsonnet, t. 2, p. 443, not. 4 ; Cass. 13 décembre 1887, D. P. 88.1.229).

N'est pas applicable non plus, en matière de vérification d'écriture, la disposition de l'art. 305, accordant trois jours aux parties depuis le jugement, pour convenir d'autres experts que ceux nommés par le tribunal ; les parties qui veulent que l'expertise ait lieu par experts convenus, doivent s'entendre sur le choix desdits experts avant le jugement (Q. 806).

156. Procès-verbal *constatant l'état et le dépôt de la pièce.*

Code PR. CIV., art. 196.

L'an...., le...., au greffe et par-devant nous greffier, a comparu Mᵉ...., avoué près le tribunal civil de...., et de M...., lequel a dit que, pour satisfaire au jugement rendu par la..... chambre de ce tribunal le....., qui ordonne la vérification de la signature de l'écrit ci-après énoncé, il nous présentait, pour être déposé au greffe, un écrit en date du...., enregistré, qu'il a dit être un billet écrit et signé par M....; nous requérant de constater l'état de ladite pièce, et a signé. *(Signature de l'avoué comparant.)*

Desquels dépôt et réquisitions, nous, greffier, soussigné, avons donné acte; après quoi, nous avons procédé à la constatation de l'état de ladite pièce, ainsi qu'il suit : ledit écrit est sur une feuille de papier timbré de....; le papier est plié en sa longueur en... parties; il contient... *(nombre de lignes, de ratures, surcharges)*, il commence par ces mots....., il finit par ceux-ci....; à la fin se trouve la signature avec paraphe; et après que ledit papier a été, au dos de l'écrit, signé et paraphé par le comparant et nous greffier, il a été par nous déposé en notre greffe, pour être remis quand et à qui il sera ordonné, et a ledit comparant signé avec nous.

(Signature de l'avoué comparant et du greffier.)

---

157. Signification *de l'acte de dépôt* [1].

A la requête de M...., ayant pour avoué Mᵉ...., soit signifié et en tête [de celle] des présentes laissé copie à Mᵉ...., avoué de M.....,

De l'expédition dûment en forme d'un acte fait au greffe du tribunal civil de première instance de...., le...., enregistré, constatant le dépôt fait audit greffe, par ledit Mᵉ...., de l'original de l'obligation sous seing privé, dont la vérification a été ordonnée par jugement en date du...., ledit acte contenant la description de l'état de ladite pièce, enregistré.

Dont acte.
Pour original (*ou* copie). *(Signature de l'avoué)*
Signifié, laissé copie, etc.

---

1. S'il n'y a pas d'avoué constitué, la signification se fait par exploit à domicile.

158. Procès-verbal *de communication de la pièce de la part du défendeur.*

Code *PR. CIV.*, art. 198.

L'an...., le... [1], au greffe et par-devant nous, greffier du tribunal civil de..., a comparu M^e..., avoué près ledit tribunal et de M..., lequel nous a requis de lui donner communication d'un écrit à nous déposé par M^e...., suivant notre procès-verbal en date du...., (*Formule n° 156*) et dont la vérification a été ordonnée par jugement de la..... chambre de ce tribunal en date du..... Nous avons présenté audit M^e..... ledit écrit, dans l'état décrit par notre procès-verbal précité; et, après en avoir pris communication sans déplacement et l'avoir paraphé, ledit M^e..... a signé le présent procès-verbal avec nous greffier, après lecture.

(*Signatures.*)

---

159. Requête *présentée au juge-commissaire pour obtenir la permission d'assigner la partie qui a dénié l'écriture à l'effet de convenir des pièces de comparaison.*

Code *PR. CIV.*, art. 199.

A M... juge au tribunal civil de première instance de..., commis pour la vérification d'écriture dont sera parlé ci-après.

M..... (*nom, profession et demeure du demandeur*), ayant pour avoué M^e....., a l'honneur de vous exposer M. le juge-commissaire,

Que, par jugement contradictoirement rendu par ce tribunal entre l'exposant et M.... (*nom du défendeur*), il a été ordonné qu'il serait procédé par-devant vous à la vérification, tant par titres et témoins que par experts, des écriture et signature d'une obligation sous seing privé de la somme de....., que l'exposant soutient avoir été souscrite à son profit par M....., à la date du....., enregistrée;

Que cette obligation ayant été déposée au greffe par M^e....., avoué, ainsi qu'il résulte d'un acte de dépôt dressé par le greffier, le....., enregistré, il s'agit aujourd'hui de convenir des pièces de comparaison nécessaires pour parvenir à la vérification ordonnée par le jugement susénoncé;

---

1. Le délai de trois jours qui est accordé au défendeur ne court du jour du dépôt que lorsqu'il y a assisté; dans le cas contraire, ce délai court seulement du jour de la signification de l'acte de dépôt (Q. 810; Garsonnet, t. 2, p. 443, n. 9).
Le défendeur qui ne prend pas communication dans le délai fixé n'est pas déchu de cette faculté (Q. 811).

Pourquoi l'exposant requiert qu'il vous plaise, M. le juge-commissaire, indiquer les lieu, jour et heure, auxquels M.... (*le défendeur*), devra être sommé de comparaître par-devant vous, pour convenir des pièces de comparaison. (*Si le défendeur n'a pas d'avoué constitué, on ajoute* : et attendu que M........ n'a pas constitué avoué, commettre un huissier pour lui signifier à personne ou domicile la sommation dont il s'agit).

Sous toutes réserves.

Et ce sera justice. (*Signature de l'avoué*)

160. Ordonnance du juge-commissaire.

Nous, juge-commissaire, vu la requête qui précède et les pièces à l'appui, ensemble l'art. 199 C. pr. civ., disons que M..... sera sommé de comparaître par-devant nous, à l'effet de convenir des pièces de comparaison, le...., heure de...., à.... (*S'il n'y a pas d'avoué constitué, on ajoute* : et ce par.... huissier audiencier que nous commettons à cet effet.

à.... le..... (*Signature du juge.*)

161. Sommation *par acte du palais, faite par la partie la plus diligente à l'autre partie, de comparaître devant le juge-commissaire pour convenir des pièces de comparaison.*

CODE PR. CIV., art. 199.

A la requête de M...., ayant pour avoué M^e....., soit signifié et en tête [de celle] des présentes laissé copie à M^e....., avoué de M.. D'une ordonnance de M...., juge au tribunal civil de...., en date du...., enregistrée, mise au bas d'une requête à lui présentée le même jour, ensemble de ladite requête ;

Soit en conséquence sommé ledit M^e..... de comparaître, si bon lui semble, et de faire comparaître sa partie le...., heure de...., à...., par-devant M..... juge susnommé, commis pour procéder aux opérations de vérification d'écriture dont il va être parlé, et pour convenir devant lui des pièces de comparaison nécessaires à la vérification des écriture et signature déniées par M...., contenues en l'obligation dont il s'agit, le tout en exécution d'un jugement rendu contradictoirement entre les parties par la..... chambre du tribunal le...., enregistré et signifié.

Déclarant audit M^e...., que, faute par sa partie de comparaître, il sera contre elle donné défaut, et que la pièce déniée sera tenue pour reconnue, conformément à l'art. 199 C. pr. civ.

Dont acte.

Pour original (*ou copie*). (*Signature de l'avoué.*)

Signifié, laissé copie, etc.

162. Sommation *à la partie qui n'a pas constitué avoué.*

CODE PR. CIV., art. 199.

L'an...., le....; à la requête de M..... (*nom, prénom, profession, domicile*), pour lequel domicile est élu à....., rue..... n°..., en l'étude de M°...., avoué près le tribunal civil de...., lequel est constitué et continuera d'occuper pour lui sur la sommation ci-après et ses suites;

J'ai.... soussigné, commis à cet effet, signifié et en tête (de celle) des présentes laissé copie à M..... (*nom, prénom, profession, domicile*), où étant et parlant à...,

D'une ordonnance, etc..... (*comme à la formule précédente*).

Et en vertu de ladite ordonnance, et à mêmes requête, demeure, élection de domicile et constitution d'avoué que dessus, j'ai, huissier susdit et soussigné, fait sommation au susnommé,

De comparaître le..... etc..... (*comme à la formule précédente*).

Et je lui ai laissé copie, tant des requête et ordonnance susénoncées, que du présent, sous enveloppe, etc. Coût......

(*Signature de l'huissier.*)

---

163. Procès-verbal *de défaut contre le demandeur*[1].

CODE PR. CIV., art. 199.

L'an...., le...., heure de...., en la chambre du conseil de la... chambre du tribunal de...., et par-devant nous, juge audit tribunal, commis aux fins ci-après par jugement du..., s'est présenté M°..., avoué de M...., lequel nous a dit qu'il comparaissait pour satisfaire à la sommation, à lui donnée le....., à la requête de M...., dont il nous a représenté copie, de se trouver devant nous à ces lieu, jour et heure, à l'effet de convenir de pièces de comparaison en la vérification d'un prétendu billet de...., déposé au greffe le...., laquelle vérification a été ordonnée par le jugement susénoncé et daté. Et attendu que M..... ne comparaît pas, ni personne pour lui, il nous a demandé de donner défaut, et pour le profit de lui donner acte de ce qu'il concluait à ce que ledit sieur..... fût débouté de sa demande en vérification dudit billet; qu'en conséquence ledit billet fut rejeté, et qu'il fût fait mention en marge, par M...., greffier dépositaire, du jugement à intervenir, et à ce que le demandeur fût condamné aux dépens, et a signé sous toutes réserves.

(*Signatures.*)

---

1. Soit que les parties comparaissent, soit que l'une d'elles fasse défaut, le juge-commissaire doit dresser procès-verbal.

Nous, juge-commissaire, donnons acte audit M{^{e}}...., de ses comparution et réquisition; et, attendu que ledit sieur n'a pas comparu ni personne pour lui, donnons défaut contre lui pour servir et valoir ce que de droit. Disons qu'il en sera fait par nous rapport à l'audience du.....; et avons signé avec ledit M{^{e}}..... et le greffier.
(Signatures.)

---

164. Procès-verbal *de défaut contre le défendeur.*

Code *PR. CIV.*, art. 199.

L'an...., le...., etc., a comparu M{^{e}}...., avoué près ce tribunal et de M...., lequel nous a dit que, en vertu de notre ordonnance du...., enregistrée, et suivant acte du palais en date du...... (*ou* suivant exploit du ministère de...., huissier commis, en date du...., enregistré), il a fait sommer M..... de comparaître par devant nous à ces jour, lieu et heure, pour convenir des pièces de comparaison avec l'écriture contestée; en foi de quoi, il nous a représenté notre ordonnance et l'original de ladite sommation; et attendu que ledit... ne comparaît pas ni personne pour lui, il a demandé défaut et, pour le profit, qu'il lui fût donné acte de ce qu'il entendait conclure à ce qu'il plût au tribunal : ordonner que la pièce dont il s'agit serait tenue pour reconnue; en conséquence, que, sans s'arrêter ni avoir égard à la dénégation de la signature apposée sur...., laquelle dénégation serait déclarée de nul effet et comme non avenue, les conclusions par lui prises lui fussent adjugées; ordonner que ladite pièce lui fût remise par le greffier qui en est dépositaire, après avoir fait en marge mention du jugement à intervenir, sauf à M. le procureur de la République à requérir contre ledit sieur..... la condamnation en l'amende de 150 fr., aux termes de l'art. 213 C. pr. civ.;

Condamner ledit sieur..... à payer au concluant la somme de..., à titre de dommages-intérêts; le condamner en outre en tous les dépens, y compris ceux réservés par le jugement du...., dont distraction à M{^{e}}...., avoué, qui la requiert aux offres de droit.
(Signatures.)

Nous, juge-commissaire, donnons acte au comparant de ses comparution, dire et conclusions, etc., (*comme à la formule précédente.*)

---

165. Jugement *qui, faute par le demandeur d'avoir comparu, rejette la pièce.*

Code *PR. CIV.*, art. 199.

Le tribunal; ouï le rapport fait à l'audience par M...., juge commis pour procéder à la vérification dont il s'agit, ensemble en ses conclusions, M...., substitut du procureur de la République;
Vu 1°....; 2°....;

Attendu que.... n'a pas comparu sur la sommation par lui (*ou à lui, si c'est le défendeur qui poursuit l'instance*) faite, suivant acte du palais en date du...., pour convenir des pièces de comparaison, ainsi qu'il résulte du procès-verbal du....;

Par ces motifs ;

Rejette la pièce dont s'agit : en conséquence, dit que ladite pièce sera considérée comme non avenue ; ordonne qu'elle sera bâtonnée par le greffier, et que mention du présent jugement sera par lui faite en marge de ladite pièce ;

Ordonne que, sans s'arrêter ni avoir égard à ladite pièce, il sera procédé au fond ; commet....., huissier audiencier, pour la signification du présent jugement à la partie défaillante.

Condamne..... aux dépens faits sur ladite vérification, y compris ceux réservés par le jugement du..... etc.

---

166. Jugement *qui, faute par le défendeur d'avoir comparu, tient la pièce pour reconnue* [1].

CODE PR. CIV., art. 199.

Même forme que le précédent; il adjuge les **conclusions du procès-verbal de défaut.**

---

166 bis. Signification *du jugement rendu sur le défaut d'une des parties.*

Ce jugement constitue un véritable jugement par défaut contre partie : ce n'est pas un jugement par défaut faute de conclure, l'art. 199 C. pr. civ. interdisant formellement aux avoués de prendre des conclusions sur l'incident relatif à l'absence des parties devant le juge-commissaire. Il doit donc être signifié à personne ou domicile de la partie, et par huissier commis. L'exploit de signification est conçu dans la forme ordinaire.

---

1. La faculté donnée au juge de tenir la pièce pour reconnue, en cas de défaut du défendeur, ne doit pas être restreinte au cas où l'écriture est attribuée à ce dernier (Q. 813).

En cas de défaut du défendeur, le tribunal, au lieu de tenir la pièce pour reconnue, peut, s'il le juge à propos, en ordonner la vérification.

L'opposition au jugement rendu sur le rapport du juge-commissaire, à l'occasion du défaut de l'une des parties, ne suffit pas pour autoriser ce magistrat à rendre une nouvelle ordonnance, à l'effet de convenir des pièces de comparaison ; il faut attendre que le tribunal ait statué sur l'opposition (Q. 814).

167. Procès-verbal *portant indication de pièces de comparaison et ordonnance aux dépositaires de les rapporter et aux experts de prêter serment et de faire la vérification.*

Code *PR. CIV.*, art. 199.

L'an...., le..., par-devant nous, juge à la.... chambre du tribunal civil de...., commis par jugement de ladite chambre, en date du..., pour procéder aux opérations dont il va être parlé, assisté de..., greffier, en la chambre du conseil, a comparu M^e...., avoué près ledit tribunal et de M...., lequel a dit qu'en exécution de notre ordonnance en date du..... il a, par acte du palais en date du...., fait sommer M..... de se trouver par-devant nous à ces lieu, jour et heure, aux fins de ladite requête, et que M.... et M^e..., son avoué, étant présents il offrait pour pièces de comparaison, dans la vérification ordonnée entre les parties par jugement du.... : (*désignation des pièces ; s'il les a, il les présente ; s'il ne les a pas, il indique en quelles mains elles se trouvent*), et a signé.

(*Signature.*)

A aussi comparu ledit sieur...., assisté de M^e...., son avoué, lequel nous a dit qu'il se présentait pour obéir à l'ordonnance et satisfaire à la sommation susdatée ; que.... (*proposition de moyens contre les pièces indiquées*), et qu'il offrait pour pièces de comparaison.... (*désignation*) et a signé avec ledit M^e.....

(*Signatures.*)

Le demandeur expose ses moyens contre les pièces offertes par le défendeur.

Raisons contraires du défendeur.

Desquels comparutions, dires, conclusions et présentation de pièces, nous avons donné acte aux parties ; en conséquence, attendu que (*telles pièces*) sont du nombre de celles indiquées par la loi pour servir de pièces de comparaison [1], et que les parties sont d'accord

---

1. Le juge-commissaire ne peut pas admettre, pour pièces de comparaison, en cas de désaccord entre les parties, des actes authentiques extra-judiciaires autres que ceux passés devant notaire (*Q.* 816 ; *Suppl. alphab.*, v° *Vérif. d'écr.*, n. 109, 110).

Un procès-verbal dressé au bureau de paix, et signé par la partie, peut être admis comme pièce de comparaison (*Q.* 817 ; Boitard, Colmet-Daàge et Glasson, t. 1, n. 431 ; Garsonnet, t. 2, p. 447, note 37).

Il n'en est pas de même des registres de l'état civil (*Q.* 818). *Sic* : Cass. 25 mai 1892 (D. P. 92. 1. 607).

On ne peut pas admettre comme pièce de comparaison la signature apposée à un acte fait en présence du juge ou du greffier seulement (*Q.* 819).

De ce que la loi autorise à admettre les pièces écrites et signées par les parties, en qualité de fonctionnaires ou d'officiers publics, il ne s'en suit pas rigoureusement que la pièce doive tout à la fois être écrite et signée par elles (*Q.* 821).

Les écritures et les signatures privées que l'on peut admettre pour pièces de comparaison, comme ayant été reconnues par la partie à qui la pièce à vérifier

sur le choix de ces pièces, nous avons ordonné ¹ qu'il sera procédé à la vérification dont s'agit sur lesdites pièces, lesquelles, après avoir été paraphées par nous, notre greffier, et l'avoué de la partie qui les a présentées, ont été déposées entre les mains du greffier qui s'en est chargé, et, pour continuer l'opération, nous avons renvoyé aux jour, lieu et heure qui seront ultérieurement indiqués, sur requête à nous présentée, et auxquels Mᵉ...., notaire à..... (*ou autres dépositaires publics*), et.... (*experts*) et les parties seront tenus de comparaître devant nous, savoir Mᵉ.... (*le notaire*), pour apporter et représenter les pièces ci-dessus indiquées, à la charge de ses frais et vacations, et à peine d'y être contraint par toutes les voies de droit; MM.... (*les experts*), à l'effet de prêter serment de bien et fidèlement procéder à ladite vérification, et de suite faire ladite vérification, et les parties pour être présentes auxdites opérations, qui seront faites tant en leur absence que présence. Et ont les parties et leurs avoués signé avec nous et notre greffier.   (*Signatures.*)

---

168. Requête *au juge-commissaire pour obtenir l'indication du jour auquel doivent être assignés les experts et les dépositaires des pièces de comparaison.*

CODE PR. CIV., art. 201, 204.

A M...., juge en la.... chambre du tribunal civil de première instance de...., commis pour procéder à la vérification d'écritures dont il va être parlé.

M..... (*nom, profession, domicile*), ayant pour avoué Mᵉ...., a l'honneur de vous exposer, M. le juge-commissaire,

Qu'en exécution d'un jugement rendu contradictoirement entre l'exposant et M..... par la..... chambre du tribunal, le...., enregistré, qui a ordonné la vérification des écriture et signature déniées

---

est attribuée, sont celles qu'elle a reconnues en justice ou devant notaire (Q. 823).

Il n'y a d'autres ressources, pour la vérification, que le serment décisoire, si, ne pouvant fournir la preuve par témoins, le demandeur se trouve également dans l'impuissance de présenter des pièces de comparaison ayant le caractère exigé par l'art. 200 (*Q.* 828).

La prohibition de recevoir des pièces de comparaison autres que celles qui se trouvent désignées dans l'art. 200, ne s'applique qu'aux opérations des experts (*Q.* 815 bis ; *Suppl. alphab.*, vº *Vérif. d'écr.*, n. 108).

1. Lorsque les parties conviennent à l'amiable des pièces de comparaison, le juge-commissaire leur en donne acte.

Lorsqu'étant en présence l'une de l'autre, elles ne s'accordent pas à ce sujet, il faut qu'il soit rendu un jugement qui déclare quelles seront les pièces qui serviront à la comparaison. C'est au tribunal seul, à l'exclusion du juge-commissaire, qu'il appartient de prononcer en pareil cas (Q. 815 ; Boitard, Colmet-Daâge et Glasson, t. 1, nº 434; Garsonnet, t. 2, p. 446).

par M....., contenues en l'obligation sous seing privé souscrite au profit de l'exposant, en date du...., enregistrée, les parties sont comparues par-devant vous le...., et sont convenues des pièces de comparaison, ainsi qu'il résulte du procès-verbal dressé par le greffier le même jour, enregistré, à la suite duquel vous avez ordonné que les experts qui doivent procéder à la vérification prêteraient serment et que les dépositaires des pièces de comparaison les représenteraient aux jour, lieu et heure que vous indiqueriez;

Pourquoi l'exposant requiert qu'il vous plaise, M. le juge-commissaire, indiquer les lieu, jour et heure auxquels devront être sommés de comparaître par-devant vous, 1° M...., 2° M..., 3° M..... experts commis, pour procéder à la vérification d'écriture, par le jugement susénoncé, et M®..... notaire, dépositaire de la minute d'un contrat sous seing privé, passé entre M..... et M...., écrite de la main de M...., enregistrée, choisie par vous comme pièce de comparaison, pour, en ce qui concerne les experts, prêter serment de bien et fidèlement remplir leur mission et procéder à la vérification d'écriture dont il s'agit, et, en ce qui concerne M®...., représenter la pièce qui doit servir de terme de comparaison.

Sous toutes réserves
Et ce sera justice.

(Signature de l'avoué.)

Ordonnance.

Nous juge-commissaire,
Vu la requête qui précède et les pièces à l'appui, autorisons M.... à faire sommer MM..... *(noms des experts et des dépositaires)* à comparaître par-devant nous le...., heure de...., en....., pour procéder aux prestation de serment, représentation de pièces, et vérification d'écriture dont il s'agit, et ce par exploit de...., huissier audiencier, que nous commettons à cet effet.

A...... le.....

(Signature du juge.)

169. Sommation *faite par la partie la plus diligente aux experts de comparaître pour prêter serment et procéder à l'expertise, et aux dépositaires de représenter les pièces de comparaison au jour indiqué.*

Code PR. CIV., art. 204.

L'an...., le....., à la requête de M..... *(nom, profession, demeure, élection de domicile)*, j'ai..... *(immatricule de l'huissier com-*

mis), soussigné, commis à cet effet, signifié et en tête (de celle) des présentes laissé copie à :

1° M...., expert en écriture, demeurant à...., audit domicile, où étant et parlant à.... ;

2° M ..., expert, etc.

3° M...., expert, etc.

4° M^e ^{1}...., notaire à....., demeurant à...., audit domicile où étant et parlant à..... ;

D'une ordonnance rendue par M...., juge au tribunal civil de première instance de....., commis pour procéder aux opérations de vérification d'écriture dont sera ci-après parlé, ladite ordonnance en date du...., enregistrée, mise au bas d'une requête à lui présentée le même jour, ensemble de ladite requête.

Et, en vertu de ladite ordonnance, à mêmes requête, demeure et élection de domicile que dessus, j'ai, huissier susdit et soussigné, fait sommation auxdits sieurs..... et à M^e...., à leurs domiciles où étant et parlant comme il a été dit, de comparaître le...., heure de...., en la chambre du conseil (*ou autre lieu désigné*) du tribunal civil de première instance de...., séant à...., au Palais de justice, et par-devant M...., juge-commissaire, pour :

En ce qui concerne ledit M^e...., rapporter et représenter à M. le juge-commissaire l'original d'un acte sous seing privé, passé entre M..... et M...., le...., écrit de la main de M....., enregistré et déposé au rang des minutes dudit M^e...., suivant acte de dépôt reçu par lui et l'un de ses collègues, le...., enregistré, lequel acte a été choisi pour pièce de comparaison dans la vérification des écriture et signature de M...., qui a été ordonnée par jugement de la..... chambre du tribunal de première instance de...., en date du...., enregistré ;

Et, en ce qui concerne les experts, pour prêter, entre les mains du M. le juge-commissaire, serment de bien et fidèlement remplir leur mission, et procéder à la vérification des écriture et signature de M....., en exécution du jugement susénoncé et daté.

Et je leur ai, auxdits domiciles et en parlant comme il a été dit, laissé copie tant des requête et ordonnance susénoncées que du présent, sous enveloppe etc.... Coût.....

---

1. Le jugement qui ordonne la vérification ou celui qui, en cas de dissentiment entre les parties, admet les pièces de comparaison et en ordonne l'apport, peut être utilement signifié en tête de la sommation, quand elle s'adresse à un notaire ; quant au procès-verbal d'admission des pièces, sa signification ne serait nécessaire qu'autant que, dans son ordonnance, le juge-commissaire, au lieu de désigner la pièce, s'en réfèrerait à ce procès-verbal. Mais, en règle générale, la seule notification indispensable est celle de la requête et de l'ordonnance qui l'a répondue (Q. 842).

170. Sommation *par la partie la plus diligente à l'autre partie d'assister aux opérations de la vérification d'écriture.*

CODE *PR. CIV.*, art. 204.

A la requête de M....., ayant pour avoué M^e....., soit signifié et en tête [de celle] des présentes laissé copie à M^e....., avoué près le tribunal civil de première instance de...., et de M....., d'une ordonnance, etc..... *(comme à la formule précédente.)*

Et en vertu de ladite ordonnance, et à même requête, soit sommé ledit M^e....,

De comparaître et faire comparaître sa partie le...., heure de...., en la chambre du conseil (*ou autre lieu désigné*) du tribunal civil de première instance de...., sise au Palais de Justice, à....., et par-devant M....., juge en ce tribunal, commis à cet effet,

Pour être présents, si bon leur semble : 1° à la réception du serment que prêteront MM....., experts en écriture, de bien et fidèlement accomplir la mission à eux confiée par le jugement rendu contradictoirement entre M..... et le requérant par la..... chambre dudit tribunal, le...., enregistré et précédemment signifié ; 2° à la représentation que fera M^e....., notaire, de l'original d'un contrat, etc., destiné à servir de pièce de comparaison dans la vérification des écriture et signature ordonnée par ledit jugement ; 3° aux opérations de vérification des écriture et signature auxquelles il sera procédé par les experts susnommés ;

Leur déclarant que, faute par eux de comparaître auxdits jour, lieu et heure, il sera contre eux donné défaut et procédé tant en absence que présence.

Dont acte.

Pour original (*ou copie*).   (*Signature de l'avoué.*)

Signifié, laissé copie, etc.

---

171. Procès-verbal *constatant l'apport des pièces et la prestation de serment des experts.*

L'an...., le...., heure de...., par-devant nous, juge-commissaire, étant en la chambre du conseil de la..... chambre du tribunal civil de...., assisté de....., greffier, a comparu M^e...., avoué près ce tribunal et de M...., lequel a dit :

Qu'en vertu de notre ordonnance du...., et suivant exploit du ministère de...., huissier commis, en date du...., enregistré, il avait fait faire sommation à M^e...., notaire à...., et à MM...., experts, de comparaître devant nous, à ces lieu, jour et heure, pour satisfaire, chacun en ce qui le concerne, à ladite ordonnance ;

Et que lui et les susnommés étant présents, ainsi que M..... et

Mᵉ..., son avoué, il requérait qu'il nous plût recevoir les pièces présentées par Mᵉ...., et le serment des experts...., pour être ensuite procédé à la vérification, et a ledit Mᵉ..... signé sous toutes réserves.
(*Signature*).

Et aussitôt ont comparu :

1° Mᵉ...., avoué près ce tribunal et de M...., lequel a dit qu'il ne s'opposait point à ce qu'il fût procédé auxdites réception de pièces, prestation de serment et vérification, et a signé sous toutes réserves.
(*Signature*.)

2° Mᵉ.... notaire à..., lequel nous a représenté... (*décrire sommairement les pièces*), à la charge de lui payer ses frais de voyage, aller et retour et séjour (*ou sa vacation suivant le règlement*), desquels il se réserve de demander exécutoire contre M...., poursuivant ladite vérification; et il nous a demandé d'ordonner que lesdites pièces resteront ès-mains du greffier, qui s'en chargera sur notre présent procès-verbal, et a signé.
(*Signature*.)

Sur quoi, nous, juge-commissaire, avons donné acte audit Mᵉ.... de la représentation desdites pièces, et de ses réserves pour le paiement de ses frais de voyage, séjour et retour, et des vacations par lui employées pour la représentation desdites pièces, et avons ordonné que lesdites pièces seront remises à M....., greffier, lequel, après qu'elles ont été signées et parafées dudit Mᵉ...., de nous et de lui, greffier, s'en est à l'instant chargé, pour les remettre quand il appartiendra, et ont, lesdits Mᵉ..., notaire, et M....., greffier, signé avec nous.
(*Signatures*.)

3° MM...., experts, lesquels ont prêté en nos mains le serment de bien et fidèlement procéder à la vérification ordonnée, et ont signé.
(*Signatures*.)

Desquels comparution, dires, conclusions, représentation, dépôt de pièces et prestation de serment, nous avons, auxdits comparants, donné acte; en conséquence, nous avons ordonné que le billet à vérifier, dont l'état a été décrit par notre greffier, par procès-verbal du...., ensemble les pièces ci-dessus énoncées, déposées par Mᵉ...., seraient à l'instant communiqués à MM...., experts, lesquels, après les avoir signés et parafés, s'en sont chargés, pour procéder à ladite vérification au greffe, sans déplacement, de laquelle vérification rapport sera par écrit fait et déposé le....;

Auquel jour Mᵉ....., notaire, sera tenu de se représenter, pour retirer les pièces par lui déposées, à la charge de ses frais ou vacations, et ont, tous les comparants, signé avec nous et notre greffier.
(*Signatures*.)

Remarque. — L'ordonnance du juge qui, en vertu de l'art. 206, prescrit la confection d'un corps d'écriture, est écrite à la suite du procès-verbal, sans requête préalable, et sans qu'il soit besoin de l'expédier et de la signifier.

---

172. Sommation *de comparaître à l'effet de confectionner un corps d'écriture.*

CODE PR. CIV., art. 206.

Cette sommation se rédige dans la forme de la sommation, suprà, n° 170.
Avant les mots : *Leur déclarant*....... *etc.*, *on ajoute* :
Et pour, en outre, faire sous la dictée des experts le corps d'écriture dont la confection a été ordonnée par procès-verbal de M. le juge-commissaire, en date du...... (*Il s'agit du procès-verbal constatant le choix des pièces de comparaison*).

---

172 bis. Sommation *au demandeur en vérification d'assister à la confection du corps d'écriture, lorsque c'est le défendeur à la vérification qui poursuit.*

CODE PR. CIV., art. 206.

A la requête de M...., ayant M^e..... pour avoué, soit sommé M^e...., avoué de M...., de faire comparaître ledit sieur [1]......, le.., heure de..., à....., par-devant M....., juge-commissaire,
Pour ledit sieur....... et M^e....... être présents, si bon leur semble, à la confection du corps d'écriture que fera ledit sieur......., en exécution de l'ordonnance de M. le juge-commissaire en date du...... à l'effet de servir en la vérification ordonnée entre les parties par jugement du.......
Dont acte.
Pour original (*ou* copie). (*Signature de l'avoué.*)
Signifié, laissé copie, etc.
Remarque. — Le juge-commissaire dresse procès-verbal, dans la forme ordinaire de l'opération de la confection du corps d'écriture.

---

[1]. Le procès-verbal des experts est nul si le corps d'écriture n'a pas été dicté en présence du demandeur ou lui dûment appelé (Q. 844 *bis*).
Le juge-commissaire peut ordonner d'office qu'il sera fait un corps d'écriture (Q. 845).
Toutefois, il ne doit, en principe, ordonner la confection d'un corps d'écriture que dans le cas de défaut ou d'insuffisance des pièces de comparaison.
Quand cette opération est ordonnée d'office, c'est à la requête de la partie la plus diligente que l'ordonnance doit être signifiée (Q. 846).
Le juge-commissaire, si les pièces de comparaison manquent et si l'auteur de l'écriture méconnue est décédé, en réfère au tribunal, qui rejette la pièce, parce qu'il n'y a aucun moyen de la vérifier (Q. 847).

173. Rapport *des experts.*

CODE *PR. CIV.*, art. 208, 210.

A MM. les Président et juges du tribunal de première instance de......,

L'an......, le......, heure de...... [1].
Nous, experts commis, en vertu d'un jugement en date du......, pour procéder devant M......, juge, à la vérification d'un billet en date du......, dûment enregistré, que M..... (*nom du demandeur en vérification*) prétend avoir été souscrit à son profit par M...... (*nom du défendeur*), nous sommes, pour satisfaire tant à l'ordonnance de M. le juge-commissaire portant que nous serions sommés de comparaître devant lui en...... (*endroit, jour, heure*), qu'à la sommation à nous faite par exploit de......, huissier, en date du......, rendus au greffe dudit tribunal et, après avoir prêté serment devant M. le juge-commissaire de bien et fidèlement procéder à ladite opération, avons demandé communication, qui nous a été donnée, tant du billet dont la vérification est poursuivie, que des pièces de comparaison, versées et déposées audit greffe par Me......, notaire, qui en avait le dépôt ; puis, après avoir entendu les observations des parties [2], le tout ainsi qu'il résulte du procès-verbal de ce jour, dressé par M. le juge-commissaire, nous avons, entre nous et en l'absence des parties, procédé, sur lesdites pièces, à la vérification dudit billet, et, après avoir examiné tant le corps et la signature dudit billet que la signature apposée au bas desdites pièces, les avoir comparées au corps et à la signature dudit billet, et en avoir conféré entre nous, nous avons été unanimement d'avis que..... (*expression de l'avis et de ses motifs*) [3].

Et, après avoir vaqué à tout ce que dessus depuis..... (*telle heure*) jusqu'à...... (*telle heure*), nous avons laissé lesdits billets et pièces entre les mains de M......, greffier, qui en

---

1. En disant que les experts procéderont au greffe à la vérification, l'art. 208 exige qu'ils y rédigent leur procès-verbal (*Q.* 850 *bis*). Mais la vérification est réputée faite au greffe et en présence du greffier, bien que les experts, après avoir opéré au greffe, aient vaqué à la rédaction de leur procès-verbal hors du greffe, lorsqu'ensuite la remise du rapport a été faite entre les mains du greffier par tous les experts conjointement. Cass. 10 août 1848 (*J. Av.*, t. 74, p. 83).
2. En général, l'objet des réquisitions et observations que les parties, avant de se retirer pour laisser procéder les experts, peuvent faire sur le procès-verbal du juge-commissaire, est d'appeler l'attention des experts sur tels et tels points essentiels, pour les éclairer, sans influencer leur opinion (*Q.* 849).
3. Le rapport des experts doit être commun et motivé (art. 210 C. pr. civ.).

est dépositaire, et avons remis ¹ à...., jour et heure indiqués par le juge, la suite de nos opérations.

Si les experts terminent leur travail séance tenante, ils font la clôture de leur rapport en ces termes : En suite de quoi, notre mission étant remplie, nous avons clos et signé notre présent rapport, lequel sera par nous déposé et annexé au procès-verbal de M. le juge-commissaire aux lieu, jour et heure par lui indiqués en son procès-verbal sus-daté et nous sommes retirés.
(*Signature des experts.*)

174. Procès-verbal *de dépôt du rapport et de la remise des pièces.*

CODE PR. CIV., art. 209.

Et le......, en la chambre du conseil, et par-devant nous juge-commissaire ², assisté de notre greffier, ont comparu MM...., experts, lesquels ont déposé entre nos mains, pour être annexée à notre procès-verbal, la minute d'un rapport par eux fait le......, enregistrée ; desquels comparution et dépôt les susnommés nous ont demandé acte, en nous requérant, en même temps, de taxer leurs journées et vacations, et d'ordonner qu'il en sera délivré exécutoire contre M....., demandeur en vérification, et ont signé.
(*Signature des experts.*)

Desquelles comparution, présentation et conclusions, nous avons donné acte auxdits experts ; en conséquence, après que ledit écrit a été parafé, nous l'avons annexé à notre présent procès-verbal, pour le tout rester déposé entre les mains du greffier, à l'effet par lui d'en délivrer expédition quand et à qui il appartiendra, et avons taxé les journées et vacations desdits experts à la somme de......, pour laquelle nous avons ordonné qu'il leur sera délivré exécutoire contre M......, demandeur, et avons signé avec notre greffier.
(*Signatures du juge-commissaire et du greffier*)

A aussi comparu Mᵉ......, notaire à......, lequel nous a dit qu'il comparaissait en exécution de notre ordonnance du......, et demandait que les pièces par lui déposées lui fussent rendues par le greffier qui en était dépositaire, aux offres qu'il faisait d'en

---

1. L'opération serait nulle, si le procès-verbal ne fournissait pas la preuve que les prescriptions de l'art. 208 ont été observées, par exemple, que les experts ont procédé au greffe, devant le juge ou le greffier, ou, en cas de renvoi, qu'ils ont remis à jour et heure certains, indiqués par l'un ou l'autre (*Q.* 850 *bis*). V. cependant Cass., 15 fév. 1905 (*J. Av.*, t. 130, p. 133).

2. Le juge-commissaire seul peut recevoir le rapport des experts, les taxer, ainsi que les dépositaires des pièces, et ordonner la remise de ces pièces (*Q.* 851).

donner bonne et valable décharge [1], qu'il lui fût délivré exécutoire contre M......, demandeur en vérification, de la somme de....., pour les journées et vacations, tant pour apporter et déposer lesdites pièces, aller et retour, que pour les venir reprendre et retourner, à raison de......., et a signé.
(Signature du notaire.)

Desquelles comparution et conclusions nous avons donné acte audit M^e.......; en conséquence, nous avons ordonné que les pièces qu'il avait apportées et déposées lui seront remises, avons taxé ses journées et vacations à la somme de......., et avons signé avec notre greffier.
(Signatures du juge-commissaire et du greffier.)

175. Signification *du rapport et* ACTE *pour venir plaider.*

A la requête de M......., ayant M^e...... pour avoué, soit signifié et en tête [de celle] des présentes laissé copie à M^e......., avoué de M......., de l'expédition d'un procès-verbal de rapport dressé par MM......., experts commis à cet effet, en date du......, enregistré, et annexé à un procès-verbal de vérification d'écriture dressé par M...., juge-commissaire, en date du......, enregistré ;

Et à même requête que dessus, soit sommé ledit M^e....... de comparaître et se trouver le......., heure de......., à l'audience et par-devant MM. les Président et juges composant la....... chambre du tribunal de première instance de......., séant au Palais de Justice, à......., pour :

Attendu qu'il résulte du procès-verbal de rapport fait en présence de M......., juge-commissaire, et du greffier, le......., enregistré, que les trois experts ont été unanimement d'avis que la signature et le corps d'écriture déniés par ledit sieur......., et contenus en son billet de la somme de......., souscrit au profit du requérant, le......., dûment enregistré, sont de l'écriture dudit sieur....... ;

Par ces motifs ;

Voir dire et ordonner que ledit rapport sera entériné et que les écriture et signature dudit billet seront reconnues être de la main dudit sieur.......; voir dire, en conséquence, qu'il sera condamné à payer au requérant la somme de......., montant dudit billet, avec les intérêts de droit ; et, attendu le préjudice causé au requérant par M......., en déniant ses écriture et signature audit billet, s'entendre condamner à lui payer la somme de....... à titre de dommages-intérêts ; s'entendre condamner en outre à l'amende

---

1. Les dépositaires ne sont pas obligés d'apposer sur le procès-verbal leur déclaration qu'ils déchargent le greffier de ces pièces (Q. 852).

prononcée par la loi et en tous les dépens; voir ordonner que le billet dont s'agit sera rendu au requérant et les pièces de comparaison remises aux parties auxquelles elles appartiennent ;

Lui déclarant que, faute de comparaître, il sera contre lui requis défaut et pris tels avantages que de droit.

Dont acte.

Pour original (*ou* copie). (*Signature de l'avoué*).

Signifié, laissé copie, etc.

---

176. Jugement *qui prononce sur la vérification et sur le fond.*

Code PR. CIV., art. 213.

Le tribunal [1], ouïs, etc......,

Attendu qu'il résulte : 1° de........ ; 2° de........, que la signature apposée à l'écrit est bien celle de...... ;

Par ces motifs ;

Dit que lesdites écriture et signature seront tenues pour reconnues ;

Condamne en conséquence M....... à payer à M....... la somme de......., montant du billet dont s'agit, et, à raison du préjudice causé à M....... par la dénégation injustifiée de M......, condamne ce dernier à lui payer la somme de......., à titre de dommages-intérêts [2], et celle de 150 fr. d'amende [3] ;

Et le condamne, en outre, en tous les dépens [4], y compris ceux de vérification, dont distraction etc........

---

1. Les juges ne sont pas tenus de prononcer suivant l'opinion des experts (Q. 853 ; *Suppl. alphab.*, v° *Vérif. d'écr.*, n. 173, 174).

2. Si la pièce est reconnue fausse, celui qui l'a produite, mais auquel elle n'est pas attribuée, peut être condamné à des dommages-intérêts, mais non à l'amende (Q 857 *bis*).

3. L'amende de 150 fr., portée par l'art. 213, ne peut être prononcée que contre celui qui a dénié sa propre écriture.

Les juges ne peuvent pas se dispenser de prononcer l'amende de 150 fr. contre celui qui n'a dénié sa signature que dans la vue de se procurer un délai, et qui l'a reconnue ensuite, avant qu'aucune vérification ait été faite (Q. 857 *ter*; Garsonnet, t. 2, p. 451, note 17).

4. Les dépens occasionnés par la demande en reconnaissance et par la vérification, sont à la charge du défendeur qui succombe, quel qu'il soit, déniant son écriture, ou méconnaissant celle de son auteur (Q. 800).

II. — Faux incident civil[1]

177. Sommation *de déclarer si l'on veut ou non se servir d'une pièce arguée de faux.*

Code PR. CIV., art. 215.

A la requête de M......., ayant pour avoué Me......., soit sommé [2] Me......., avoué près le tribunal civil de première instance de......., et de M......,
De, dans huit jours pour tout délai [3], déclarer au requérant s'il entend ou non se servir, dans l'instance pendante entre les parties, d'un prétendu acte..... (*énoncer ici l'acte dont il s'agit*);
Déclarant que, dans le cas où M....... ferait usage de cette pièce, le requérant entend s'inscrire en faux contre elle.
Dont acte.
Pour original (*ou* copié).   (*Signature de l'avoué.*)
Signifié, laissé copie, etc.

---

178. Déclaration *qu'on entend se servir d'une pièce arguée de faux.*

Code PR. CIV., art. 216.

A la requête de M......., ayant pour avoué Me....... ;
Soit signifié et déclaré à Me......, avoué de M......., pour satisfaire à la sommation faite par acte du palais en date du......,

---

1. La voie du faux *incident* est seule ouverte en matière civile ; l'inscription de faux ne peut être formée par voie d'action principale. Limoges 15 janv. 1900 (*J. Av.*, t. 126, art. 8819).
2. Il n'est pas nécessaire que cette sommation soit signée par le demandeur en faux, mais l'avoué doit se munir d'un pouvoir spécial afin de se mettre à l'abri d'une action en désaveu (Q. 870). *Voir infra*, p. 166, note 2.
3. Le délai de huit jours, donné au défendeur pour faire la déclaration prescrite, est franc, et il doit être augmenté à raison de la distance entre le domicile de la partie et celui de son avoué, conformément à l'art. l'art 1033 (Q. 872 ; Garsonnet, t. 2, p. 455, note 3).
Ce délai n'est pas fatal (Q. 873; Boitard, Colmet-Daâge et Glasson, t. 1, n. 449 ; Garsonnet, *loc. cit.*).
Le tribunal peut le proroger (Q. 874).

que le requérant entend[1] se servir, dans l'instance pendante entre M...... et lui, de l'acte..... (*énoncer la pièce dont il s'agit*).
A ce qu'il n'en ignore. Dont acte.
(*Signatures de l'avoué et de la partie.* [2])
(*La déclaration qu'on n'entend pas se servir de la pièce se fait dans la même forme.*)

---

179. Avenir *sur la réponse qui a été faite que l'on ne se servira pas d'une pièce contre laquelle la partie adverse avait déclaré vouloir s'inscrire en faux.*

CODE *PR. CIV.*, art. 217.

A la requête de M......., ayant pour avoué M⁰......,
Soit sommé M⁰......., avoué de M......., de comparaître et se trouver le......., heure de......., à l'audience et par-devant MM. les Président et juges composant la....... chambre du tribunal civil de......., séant à......., au Palais de Justice, pour :
Attendu qu'en réponse à la sommation à lui faite, M....... a, par acte du palais en date du......., signé de lui (*ou de son fondé de pouvoir*), déclaré qu'il n'entendait pas se servir contre le requérant de l'acte...... (*énoncer l'acte dont il s'agit*) ;
Par ces motifs ;
Voir donner acte au requérant de ladite déclaration, conformément à l'art. 217 C. pr. civ. ; en conséquence, voir dire que la pièce dont il s'agit sera rejetée par rapport audit requérant. Sous toutes réserves.
Lui déclarant que faute par lui de comparaître, il sera contre lui donné défaut et pris tels avantages que de droit.
Dont acte.
Pour original (*ou* copie). (*Signature de l'avoué.*)
Signifié, laissé copie, etc.

---

1. La réponse ou déclaration du défendeur ne peut pas être donnée sous condition ou restriction (*Q.* 875). D'ailleurs, lorsqu'il a déclaré ne pas vouloir se servir de la pièce arguée de faux, il ne peut se rétracter à cet égard (*Q.* 875; Garsonnet, t. 2, p. 456, note 4).
Mais, au contraire, lorsqu'il a déclaré qu'il entendait se servir de la pièce, il peut rétracter cette déclaration (*Q.* 877 ; Garsonnet, t. 2, p. 457, note 14 ; Rouen, 30 juin 1897, *J Av.*, t. 123, p. 100).
Le cessionnaire des droits résultant d'un acte peut déclarer lui-même qu'il entend se servir de cet acte, si son adversaire l'a argué de faux et a sommé le cédant de faire cette déclaration (*Q.* 876 *bis*).
2. On ne doit pas avoir égard à la déclaration non signée du défendeur ou de son fondé de pouvoir (*Q.* 878 ; *Suppl. alphab.*, v° *Faux incident*, n. 40 et s.).

180. Acte *pour faire rejeter la pièce faute de déclaration.*

Code PR. CIV., art. 217.

A la requête de M......., ayant M^e....... pour avoué ;
Soit sommé M^e......., avoué de M......., de comparaître et se trouver le......., à......., heure de......., à l'audience et par-devant MM. les Président et juges composant la....... chambre du tribunal civil de première instance de......., pour voir dire que, faute par M....... d'avoir satisfait à la sommation du......., et déclaré s'il entend ou non se servir de..... (*la pièce contre laquelle on veut s'inscrire*), ladite pièce sera rejetée [1], par rapport au requérant, de l'instance pendante entre les parties devant ladite chambre, sauf au requérant à tirer de ladite pièce, en ladite instance, telles inductions ou conséquences qu'il jugera convenables, même à former telles demandes qu'il avisera, afin de dommages-intérêts.

Sous toutes réserves. Dont acte.
Pour original (*ou* copie.)   (*Signature de l'avoué*).
Signifié, laissé copie etc.

---

181. Jugement *qui, faute de déclaration, maintient la pièce fausse et en prononce le rejet* [2].

Code PR. CIV., art. 217.

Le tribunal, ouï en ses plaidoiries, etc....... le ministère public entendu, après en avoir délibéré, etc.......
En ce qui touche l'incident ;
Attendu que....... n'a pas fait la déclaration exigée par l'art.

---

1. Si l'affaire est en état, la partie peut tout à la fois suivre l'audience pour faire rejeter la pièce, et pour obtenir que ses conclusions au fond lui soient adjugées (Q. 882).
2. Il y a controverse sur le point de savoir si, dans le cas où le défendeur n'a pas fait de déclaration, le juge est, ou non, astreint à prononcer le rejet de la pièce arguée de faux. *Voir pour l'affirmative* : Paris 16 août 1876 (J. Av., t. 102, p. 57); mais *en sens contraire* : Cass., 20 juill. 1858 (D. P. 58.1.403) et 9 janv. 1905 (J. Av., t. 130, p. 95); ces deux derniers arrêts reconnaissent aux juges le droit, malgré le défaut de déclaration du défendeur, de ne pas prononcer le rejet de la pièce, lorsqu'ils estiment que le demandeur ne présente aucune raison admissible à l'appui de son inscription de faux.
Jugé que la déclaration formelle du défendeur, qu'il n'entend pas se servir de la pièce arguée de faux, laisse au demandeur le droit de requérir l'application de l'art. 217, dont les dispositions sont, en ce cas, impératives et obligatoires pour le juge, qui ne peut, dès lors, se refuser à faire droit à la réquisition du demandeur, que la pièce soit reconnue et maintenue fausse et rejetée par rapport à lui. Rouen 30 juin 1897 (J. Av., t. 123, p. 100).

216 C. pr. civ. ; qu'aux termes de l'art. 217 le titre dont il excipe, maintenu faux, doit être rejeté par rapport à......;
En ce qui touche le fond :
Attendu, etc. ;
En ce qui touche les dommages-intérêts :
Attendu, etc. ;
Par ces motifs ;
Statuant sur le tout par un même jugement, ordonne que l'obligation susénoncée sera maintenue fausse et comme telle rejetée par rapport à.......; ce faisant, déboute....... de sa demande en......., etc. ; le condamne envers....... en....... de dommages-intérêts ; le condamne en outre aux dépens, dont distraction, etc.

182. Déclaration *faite au greffe qu'on veut s'inscrire en faux contre une pièce produite* [1].

CODE PR. CIV., art. 218.

L'an........ [2], le......., par-devant nous, greffier du tribunal civil de première instance de......., a comparu M....... [3] (*noms, profession et demeure du demandeur en faux*), assisté de Me......., son avoué [*ou, si l'avoué a un pouvoir de son client* : a comparu Me......, avoué près le tribunal civil de......., agissant au nom et comme mandataire spécial, aux termes d'un pouvoir sous seing privé en date à......, du......., enregistré, de M..... (*nom, prénoms, profession, domicile du demandeur en faux*), lequel pouvoir est demeuré ci-annexé] lequel a déclaré s'inscrire en faux contre [4]... (*énoncer l'acte dont il s'agit*), ladite pièce produite contre

---

1. Une partie est recevable à s'inscrire en faux contre une pièce qu'elle a elle-même produite (Q. 865 ; Limoges, 15 janv. 1900, *J. Av.*, t. 126, art. 8189).
2. Il n'existe pas de délai dans lequel le demandeur doive faire au greffe la déclaration qu'il entend s'inscrire en faux, sauf au défendeur à poursuivre l'audience pour le faire déclarer déchu et obtenir décision au fond (Q. 884). On peut s'inscrire en faux en tout état de cause, et tant qu'il n'est pas intervenu de jugement définitif sur la contestation à laquelle se rapporte l'acte argué (Q. 863).
L'inscription de faux peut avoir lieu même devant la Cour de Cassation, mais contre les pièces nécessaires à la décision de la cour seulement : on peut la former même après le rapport de l'affaire, et, pour y procéder, la Cour renvoie devant un tribunal (Q. 863 bis).
Devant le Conseil d'État, les principes sont les mêmes (Q. 863 bis).
3. Si plusieurs demandeurs comparaissent tous ensemble au greffe pour former, dans le même procès, une inscription de faux contre une ou plusieurs pièces, le greffier ne doit pas dresser autant de procès-verbaux qu'il y a d'inscriptions (Q. 889).
4. L'inscription de faux peut être faite contre une pièce communiquée, bien qu'elle n'ait été ni signifiée ni produite (Q. 858).
On peut s'inscrire en faux contre toute pièce, soit privée, soit authentique (Q. 859).
L'inscription de faux est nécessaire pour détruire les énonciations d'un acte

lui par M......, demeurant à......., dans l'instance pendante entre les parties devant ce tribunal, et dont M....... a déclaré être dans l'intention de faire usage, par acte du palais en date du......; déclarant le comparant qu'il entend poursuivre, par les voies de droit, l'admission de la présente inscription de faux.

Desquelles comparution, déclaration et inscription de faux, le comparant a demandé acte [1], que nous lui avons donné, et a signé avec ledit M^e......, avoué, et nous, greffier, après lecture.

(*Signatures de la partie* [2], *de l'avoué et du greffier.*)

Remarque. — Cet acte s'expédie, et l'expédition est délivrée à l'avoué de la partie qui s'inscrit en faux. L'audience se poursuit par un simple acte, en tête duquel on donne copie de cette expédition et qui est conçu dans les termes de la formule suivante (n° 183).

---

183. Avenir *pour faire admettre une inscription de faux.*

CODE PR. CIV., art. 218.

A la requête de M......., ayant M^e......, pour avoué ;

Soit signifié et en tête [de celle] des présentes laissé copie à M^e......, avoué de M......,

De l'expédition d'une déclaration faite au greffe du tribunal civil de......., le......., par le requérant, enregistrée.

Et à même requête, soit sommé ledit M^e......, de comparaitre et se trouver le......., etc, à l'audience et par-devant......., etc., pour :

Voir admettre l'inscription de faux, formée par le requérant contre l'acte..... (*énoncer l'acte*), par la déclaration au greffe dont copie est donnée en tête [de celle] des présentes. En conséquence, voir

---

authentique, et alors même qu'il s'agit d'une dénonciation que l'on dit, et qui paraît être fausse par suite d'une erreur involontaire du rédacteur (Q. 867 *bis*).

On peut s'inscrire en faux contre des chiffres insérés dans un acte (Q. 866).

On ne doit pas nécessairement s'inscrire en faux dans le cas où il ne s'agit que d'altération évidente d'un acte véritable (Q. 868).

Une partie qui a déclaré s'inscrire en faux contre un acte privé peut se désister de cette déclaration, pour en revenir à l'exécution pure et simple de l'art. 1323 C. civ., et se borner à déclarer ne pas reconnaître ou dénier l'écriture ou la signature de l'acte contre lequel elle avait entendu s'inscrire en faux (Q. 883).

Quoique l'action en faux principal soit prescrite, on peut cependant recourir à la voie du faux incident (859 *bis*).

1. L'effet de l'omission des formalités, prescrites pour l'acte d'inscription par l'art. 218, est de faire passer outre au jugement du procès (Q. 888).
2. La signature de la partie ou de son mandataire spécial est nécessaire ; celle de l'avoué seul, alors du moins que cet officier ministériel n'est pas pourvu d'un pouvoir spécial, est insuffisante (Q. 885 ; Boitard, Colmet-Daâge et Glasson t. 1, n° 449 ; Garsonnet, t. 2, p. 457, note 15).

ordonner que, par-devant tel de MM. les juges du tribunal qui sera commis à cet effet, ladite inscription de faux sera poursuivie conformément à la loi, et qu'à cet effet M....... sera tenu de, dans les trois jours de la signification du jugement à intervenir, déposer au greffe la pièce dont s'agit [1], et, dans les trois jours suivants, signifier au requérant, par acte du palais, l'acte de dépôt, avec l'indication des jour, lieu et heure qui seront fixés par M. le juge-commissaire à l'effet de procéder, en présence de M. le procureur de la République, au procès-verbal de description de l'état de ladite pièce.

Lui déclarant que, faute par lui de comparaître, il sera contre lui donné défaut et pris tels avantages que de droit.

Dont acte.

Pour original (*ou* copie).   (*Signature de l'avoué.*)

Signifié, laissé copie, etc.

Remarque. — Quand il existe une minute de l'acte argué de faux, il n'y a pas lieu d'en demander le dépôt au greffe par la partie. On procède comme il est dit à l'art. 221. (Voir *infra*, formule 192).

---

184. **Jugement** *qui admet l'inscription de faux* [2].

CODE *PR. CIV.*, art. 218.

Le tribunal, ouïs etc...., le ministère public entendu, après en avoir délibéré conformément à la loi, jugeant en premier (*ou* en dernier) ressort;

Attendu qu'il ne peut être statué sur la demande de...., avant qu'il ait été décidé si l'obligation dont il réclame l'exécution est vraie ou fausse;

Attendu que....... soutient par son inscription qu'elle est

---

1. Le demandeur en faux peut demander que, par le jugement qui admet l'inscription, le tribunal ordonne l'apport de la minute dans le délai convenable (*Q.* 896).

2. L'inscription de faux ne doit être admise qu'autant qu'elle peut influer sur l'instance principale; elle doit être rejetée notamment lorsqu'elle n'aurait pour objet que de soulever des nullités que la partie qui demande à s'inscrire en faux ne serait plus recevable à invoquer. Cass. 12 fév. 1896 (D. P. 96 1. 215).

Les juges peuvent d'ailleurs rejeter la pièce comme fausse, sans recourir à la procédure spéciale de l'inscription de faux, lorsqu'ils trouvent dans les faits de la cause et les documents produits les éléments suffisants pour former leur conviction en ce sens : Trib. civ. de Bordeaux, 22 juin 1903, et Douai, 19 juin 1904 (*J. Av.*, t. 129, p. 33 et 429).

D'ailleurs, il est de jurisprudence absolument constante que les juges ont un pouvoir discrétionnaire, et qui peut s'exercer de la manière la plus large, et en tout état de cause, soit pour admettre, soit pour rejeter la demande en inscription de faux (*Suppl. alphab.*, v° *Faux incident civil*, n°s 68 et suivants). *Adde* Cass. 13 mai 1901 (*J. Av.*, t. 126, p. 417.)

fausse, et offre de le prouver ; que rien ne s'oppose à l'admission de cette preuve ;

      Par ces motifs ;

  Faisant droit, admet l'inscription de faux formée par......., suivant acte du......., pour être poursuivie devant M......., juge, que le tribunal commet à ces fins ; ordonne que, dans les trois jours [1] de la signification à avoué du présent jugement, ledit sieur....... sera tenu de remettre au greffe la....... [2] arguée de faux, et d'en signifier l'acte dans les trois jours audit sieur......., par acte d'avoué à avoué, pour être dressé procès-verbal de son état en la forme prescrite, dépens réservés.

---

185. Procès-verbal *de dépôt de la pièce au greffe par le défendeur à l'inscription de faux.*

CODE PR. CIV., art. 219.

  L'an......, le......, au greffe du tribunal civil de...... etc., et par-devant nous greffier, a comparu Me......., avoué près ledit tribunal, et de M.... *(nom du défendeur)*, lequel a dit qu'en exécution du jugement contradictoirement rendu par ce tribunal le......., et pour satisfaire à la sommation qui lui a été faite suivant exploit de....., en date du...., dont il nous a représenté la copie, il déposait, comme de fait il a déposé, après avoir été signée de lui et de nous, greffier, ...*(indication de la pièce déposée)*, duquel dépôt il a requis acte à lui accordé, se réservant ledit....... d'en répéter les frais contre M..... *(le demandeur)*, qui a poursuivi le dépôt ; et a signé avec nous, greffier.

                        (*Signature de l'avoué*).

---

186. Signification *de l'acte de dépôt au greffe d'une pièce arguée de faux.*

CODE PR. CIV., art. 219.

  A la requête de M......, ayant Me......, pour avoué,

  Soit signifié et en tête [de celle] des présentes laissé copie à Me......., avoué de M...... ;

---

1. Le délai de trois jours pour déposer au greffe la pièce arguée ne doit pas être augmenté à raison des distances (Q. 891). *Contrà* : Garsonnet, t. 2, p. 461, note 3.
On ne doit pas considérer comme fatal et péremptoire le délai donné pour faire la remise de la pièce arguée (Q. 892 ; Boitard, Colmet-Daàge et Glasson, t. 1, n° 450 ; Garsonnet, t. 2, p. 461, note 7).
2. Les juges sont tenus d'ordonner l'apport devant eux, lorsqu'il est demandé, de l'original d'un titre dont on produit une copie authentique, quoiqu'on ne se soit pas inscrit en faux contre cette copie.

De l'expédition dûment en forme d'un acte dressé au greffe du tribunal civil de......., le......., enregistré, constatant le dépôt fait le même jour, audit greffe, par M^e....., de.... (*indication de la pièce*), et ce, en exécution d'un jugement rendu contradictoirement entre les parties par la....... chambre du tribunal de......., le....., enregistré;

A ce qu'il n'en ignore;
Dont acte...
Pour original (*ou* copie).   (*Signature de l'avoué.*)
Signifié, laissé copie etc.

---

187. Avenir *pour faire rejeter la pièce fausse faute de dépôt au greffe.*

A la requête de M......., ayant M^e....... pour avoué,
Soit sommé M^e......., avoué près le tribunal de....... et de M......,
De comparaître et de se trouver le....... à l'audience et par-devant MM. les Président et juges composant la....... chambre du tribunal de......., pour :

Attendu que M....... n'a pas fait au greffe de ce tribunal le dépôt de..... (*indiquer la pièce*), arguée de faux par le requérant, ledit dépôt ordonné par le jugement rendu contradictoirement entre le requérant et M... par ladite chambre, le...., enregistré et signifié par acte du palais en date du....; que le requérant est donc en droit, aux termes de l'art. 220 C. pr. civ., de faire rejeter ladite pièce;

Par ces motifs;
Voir dire que la pièce dont s'agit sera rejetée par rapport au requérant; s'entendre faire défense de la joindre à aucun dossier de l'instance, ou de la produire en justice pour quelque cause que ce soit;
Lui déclarant que, faute par lui de comparaître, il sera contre lui donné défaut et pris tels avantages que de droit.
Sous toutes réserves, notamment de dommages-intérêts.
Dont acte.
Pour original (*ou* copie).   (*Signature de l'avoué*).
Signifié, laissé copie, etc.

---

188. Jugement *qui rejette la pièce faute par le défendeur de l'avoir remise au greffe.*

CODE PR. CIV., art. 220.

Le tribunal, ouïs, etc......
Attendu que M....... n'a pas déposé au greffe la pièce arguée de faux dans le délai fixé par le jugement du.......;

Attendu qu'aux termes de l'art. 220 C. pr. civ., le demandeur est fondé à faire rejeter la pièce......;
Attendu....... etc.;
Par ces motifs ;
Rejette du procès la pièce....... etc.

---

189. Avenir *donné par le demandeur en faux incident, à l'effet d'obtenir l'autorisation de faire apporter lui-même au greffe les pièces arguées de faux.*

Code PR. CIV., art. 220.

A la requête de M......., ayant pour avoué M^e......,
Soit sommé M^e......, avoué près le tribunal civil de......., et de M.......,
De comparaître le......., heure de......., à l'audience et par-devant MM. les Président et juges composant la....... chambre du tribunal civil de première instance de.......; pour :
Attendu que, par jugement rendu en la....... chambre du tribunal de......., le......., enregistré, il a été ordonné que, dans les trois jours de la signification du jugement, M....... déposerait au greffe l'original de..... (*énoncer l'acte dont il s'agit*);
Attendu que, malgré la signification de ce jugement à lui faite par acte du palais en date du......, M....... n'a point encore effectué ledit dépôt; que le requérant est dans le cas d'user du droit accordé au demandeur par l'art. 220 C. pr. civ.;
Par ces motifs ;
Voir dire et ordonner que le requérant sera autorisé à faire remettre lui-même au greffe du tribunal la pièce dont il s'agit, et que les frais qu'il sera obligé de faire pour effectuer cet apport lui seront remboursés par M......., comme frais préjudiciaux, et sur l'exécutoire qui sera délivré, sans attendre le jugement définitif.
Dont acte.
Pour original (*ou* copie).   (*Signature de l'avoué.*)
Signifié, laissé copie, etc.

---

190. Jugement *qui autorise le demandeur à faire apporter lui-même au greffe les pièces arguées de faux.*

Le tribunal.......
(*Ce jugement reproduit les motifs de l'acte précédent et adjuge les conclusions du demandeur*).

191. Exécutoire *des dépens exposés pour apporter au greffe l'acte argué de faux.*

CODE PR. CIV., art. 220.

Le tribunal mande et ordonne à tous huissiers de ce requis de, à la requête de M.........., contraindre par toutes les voies de droit M....... à payer audit sieur....... la somme de......., à laquelle ont été taxés, par M......., juge-commissaire, les frais préjudiciaux, auxquels M....... a été condamné envers lui par jugement du......., enregistré et signifié, en ce non compris le coût, l'enregistrement et la signification du présent exécutoire.

Fait et délivré en la chambre du conseil de la....... chambre du tribunal de première instance de......., l'an......, le......; en foi de quoi la minute du présent exécutoire a été signée par le Président et le greffier.

(*Signatures du président et du greffier.*)

---

192. Requête *au juge-commissaire pour obtenir, lorsqu'il y a minute de la pièce arguée de faux, l'indication du jour auquel sera dressé le procès-verbal ordonnant l'apport de cette minute* [1].

CODE PR. CIV., art. 221.

A M......., juge en la....... chambre du tribunal civil de première instance de......., commis pour procéder aux opérations relatives à l'inscription de faux dont il va être parlé ;

M......., demeurant à......., ayant pour avoué Me......., a l'honneur de vous exposer, Monsieur le juge-commissaire,

Que, par jugement contradictoirement rendu entre l'exposant et M....... par la....... chambre de ce tribunal, le......., enregistré et signifié, sur l'inscription de faux formée incidemment par l'exposant contre un prétendu acte notarié produit dans la cause par M......., et qu'il allègue avoir été passé devant Me......., notaire à......., le......., en présence de témoins, il a été ordonné que cette inscription de faux incident serait poursuivie par-devant vous ;

Que la minute de l'acte susénoncé existe ou doit exister en l'étude dudit Me......., et qu'il est utile, pour reconnaître le faux, de faire apporter cette minute au greffe ;

Pourquoi l'exposant requiert qu'il vous plaise, Monsieur le juge-

---

[1]. Le juge-commissaire ne peut ordonner l'apport de la minute que lorsqu'il en a été expressément requis par le demandeur ; il ne peut prescrire cette mesure d'office (Q. 895) — *En sens contraire* : Garsonnet, t. 2, p. 462, note 12.

commissaire, l'autoriser à faire sommer M.... de comparaître par-devant vous, aux lieu, jour et heure qu'il vous plaira indiquer, pour voir dire que, dans le délai qui sera fixé, ledit M®...... sera tenu de faire apporter au greffe du tribunal la minute de l'acte dont il s'agit ; à quoi faire sera le dépositaire de ladite minute contraint par toutes les voies de droit.

Sous toutes réserves ;

Et ce sera justice. *(Signature de l'avoué.)*

193. Ordonnance.

Nous, juge-commissaire, vu la requête qui précède et les pièces à l'appui ;

Autorisons l'exposant à faire assigner M....... à comparaître par-devant nous le......., heure de......., en......., pour répondre sur les fins de la précédente requête.

...le.....

(Signature du juge-commissaire.)

194. Sommation *d'être présent à la réquisition d'apport au greffe de la minute de la pièce arguée de faux.*

CODE PR. CIV., art. 221.

A la requête de M......., ayant pour avoué M®.....,

Soit signifié et en tête [de celle] des présentes laissé copie à M®......., avoué de M.......,

D'une ordonnance rendue par M......, juge-commissaire, ladite ordonnance en date du......, enregistrée, mise au bas d'une requête à lui présentée le même jour, ensemble de ladite requête.

Et à même requête, et en vertu de ladite ordonnance, soit sommé [1] ledit M®......., de comparaître et faire comparaître sa partie, si bon lui semble, le......., en......., par-devant M. le juge-commissaire, pour voir procéder sur les fins énoncées en la requête dont copie précède [celles des présentes].

Lui déclarant que, faute par lui de comparaître, il sera contre lui donné défaut, et procédé tant en absence que présence.

Dont acte.

Pour original (*ou* copie). *(Signature de l'avoué.)*

Signifié, laissé copie, etc.

---

1. Le défendeur doit être appelé pour voir statuer le juge-commissaire sur l'apport de la minute (Q. 897).

195. Procès-verbal *du juge-commissaire constatant le défaut d'apport de la minute d'une pièce arguée de faux, et ordonnance assignant un délai pour en faire le dépôt.*

Code *PR. CIV.*, art. 221.

L'an......, le......, heure de......, en la chambre du conseil de la...... chambre du tribunal civil de première instance de......, sise au Palais de Justice, à........, et par-devant nous......., juge à ladite chambre, commis pour procéder aux opérations ci-après, assisté de......, greffier ;

A comparu M^e......, avoué près ce tribunal, et de M......, demeurant à......, lequel a dit qu'en vertu de notre ordonnance en date du......, mise au bas de la requête présentée à cet effet, M...... a, par acte du palais en date du......, fait sommer M...... et M^e......, son avoué, de comparaître aux présents jour, lieu et heure, par nous indiqués, pour voir ordonner que ledit sieur...... serait tenu de, dans le délai qui serait par nous imparti, faire apporter au greffe du tribunal la minute de..... (*énoncer l'acte en question*), contre lequel l'inscription de faux a été admise par le jugement du....... ;

Requérant aujourd'hui ledit M^e...... qu'il soit, en cas de non comparution de M..... (*le défendeur*) et de son avoué, donné défaut contre eux, et, dans tous les cas, qu'il soit par nous ordonné que M.... (*le défendeur*) sera tenu de, dans le plus bref délai, faire apporter au greffe la minute de l'acte dont il s'agit, pour être ensuite procédé conformément à la loi, et a signé sous toutes réserves.

(*Signature de l'avoué.*)

Sur quoi, nous, juge-commissaire, avons, d'une part, donné acte audit M^e...... (*avoué du demandeur*) de ses comparution, dire et conclusions, et d'autre part, donné défaut contre M..... (*le défendeur*) et M^e...., son avoué, non comparants quoique régulièrement sommés ; et pour le profit, attendu que M...... déclare qu'il est utile, pour arriver à la constatation du faux, de faire représenter la minute de la pièce en question, et d'en ordonner l'apport au greffe ;

Faisant droit sur cette demande, ordonnons [1] que, dans la hui-

---

1. Si le juge-commissaire, auquel la loi donne la faculté de refuser ou d'ordonner l'apport, ne veut pas prendre sur lui de prononcer à ce sujet, il peut en référer au tribunal (Q. 898).

Le jugement qui, sur le référé du juge-commissaire ou la demande de la partie, ordonne l'apport de la pièce, est celui dont la signification sert de point de départ au délai de l'art. 223 (Q. 900).

Il ne résulte pas de ce que les art. 221, 223, 224 et 225 ne parlent que de l'apport, et non de l'envoi, de la minute, que le tribunal ou le juge-commissaire ne puisse ordonner l'envoi, comme en matière de vérification (Q. 903 ; Garsonnet, t. 2, p. 463, note 13).

Le défendeur doit déclarer au demandeur qu'il a fait les diligences nécessaires pour que le dépositaire fasse l'apport de la pièce. Cette déclaration se fait par acte du palais dans la forme ordinaire (Q. 902).

taine de la signification de la présente ordonnance à l'avoué de M..... (*le défendeur*), ce dernier sera tenu de faire apporter au greffe du tribunal la minute de l'acte passé devant M^e...,notaire, le..., à quoi faire sera ledit M^e....... contraint par toutes les voies de droit, quoi faisant déchargé.

Fait en la chambre du conseil, les jour, mois et an susénoncés, et avons signé avec le greffier.

(*Signatures du juge-commissaire et du greffier.*)

Remarques. — 1° Si le défendeur comparaît, au lieu de donner défaut, le juge met : « *Ouï en ses observations* M......., *assisté de son avoué ; attendu, etc.* »

2° Quand le demandeur veut se faire autoriser à faire lui-même apporter la minute au greffe, il doit se pourvoir devant le tribunal par avenir contenant ses conclusions, et non devant le juge-commissaire. — *Voir la formule n° 189.*

---

196. Signification *de l'ordonnance du juge-commissaire ordonnant que la minute de la pièce arguée de faux sera apportée au greffe.*

CODE PR. CIV., art. 224.

A la requête de M......., ayant pour avoué M^e......., soit signifié et en tête [de celle] des présentes laissé copie à M^e......., avoué près le tribunal civil de....... et de M......., de l'expédition d'un procès-verbal dressé le......., par M......., juge audit tribunal, contenant l'ordonnance dudit juge portant que la minute de l'acte, contre lequel le requérant s'est inscrit en faux, sera apportée au greffe du tribunal ;

Afin qu'il ait à faire les diligences nécessaires pour l'exécution de ladite ordonnance [1].

Dont acte.

Pour original (*ou copie*).   (*Signature de l'avoué.*)

Signifié, laissé copie, etc.

---

197. Signification *de l'ordonnance au dépositaire de la minute*

CODE PR. CIV., art. 224.

L'an mil neuf cent......., le....... (*quantième, mois*), à la requête de M....... (*noms, profession, demeure, élection de domi-*

---

1. Quoique l'ordonnance ou le jugement enjoigne au défendeur de faire apporter les pièces dans tel délai, l'expiration de ce délai, sans qu'il ait été satisfait à ladite injonction, n'emporte pas déchéance contre le défendeur, qui peut toujours déposer utilement la pièce au greffe, tant qu'un jugement n'en a pas prononcé le rejet (*Q.* 901 et 901 *bis* ; Garsonnet, t. 2, p. 462, note 14).

cile du défendeur à l'inscription de faux), j'ai........ (*immatricule de l'huissier*), soussigné, signifié, et en tête [de celle] des présentes laissé copie à Me......., notaire à......., audit domicile, où étant et parlant à......,

De la copie signifiée à la requête de M......., demeurant à......., à Me......., avoué du requérant, par acte du palais en date du......., d'une ordonnance de M......., juge au tribunal civil de......, en date du......;

Et, à mêmes requête, demeure et élection de domicile que dessus, et en vertu de ladite ordonnance j'ai, huissier susdit et soussigné, fait sommation au susnommé, audit domicile, où étant et en parlant comme il a été dit, de, dans huit jours pour tout délai, déposer au greffe du tribunal civil de....... la minute d'un acte passé en son étude le......., contenant..... etc.

Lui déclarant que, faute par lui de satisfaire à la présente sommation, il y sera contraint par toutes les voies de droit, en vertu de ladite ordonnance.

Et je lui ai, audit domicile, et en parlant comme dessus, laissé copie tant de l'ordonnance et de la signification susénoncées que du présent, sous enveloppe, etc......

(*Signature de l'huissier.*)

Remarque. — Quand le demandeur a obtenu un jugement qui l'autorise à poursuivre le dépôt au greffe de la minute de l'acte argué de faux, il le signifie tant à l'avoué du défendeur qu'au dépositaire, dans la forme des deux formules précédentes.

---

198. Acte *de dépôt au greffe.*

(*Voir* supra *formule* n° 185.)

---

199. Signification *de l'acte de dépôt au greffe de la pièce prétendue fausse et* Sommation *d'assister au procès-verbal de l'état de la pièce.*

Code PR. CIV., art. 225.

A la requête de M....... (*nom du défendeur*), ayant pour avoué Me.......;

Soit signifié et en tête [de celle] des présentes laissé copie à Me......., avoué près le tribunal civil de........, et de M......,

De l'expédition dûment en forme d'un acte fait au greffe du tribunal civil de première instance de ...., le........, enregistré, constatant le dépôt fait audit greffe, ledit jour, par Me........, notaire à........, de la minute d'un acte passé devant lui le......., contenant..... (*sommaire de l'acte*).

Soit en conséquence sommé ledit Me........, de comparaître et faire comparaître M........, son client, le....... (*indication du délai, qui ne peut dépasser trois jours*), heure de........, au greffe du tribunal civil de......., sis au Palais de Justice à......., pour être présents, si bon leur semble, à l'examen qui sera fait et au procès-verbal de description qui sera dressé, en présence de M. le procureur de la République, par M. le juge-commissaire, de l'état de la minute de l'acte dont s'agit et de l'expédition précédemment déposée, contre lequel acte M....... s'est inscrit en faux.

Déclarant audit Me....... que, faute par sa partie et par lui de comparaître, il sera contre eux donné défaut et procédé auxdites opérations tant en absence que présence.

Dont acte.

Pour original (*ou* copie). (*Signature de l'avoué.*)
Signifié, laissé copie, etc.

Remarques. — 1° Si la pièce a été remise au greffe à la requête du demandeur, la sommation d'assister au procès-verbal qui doit être faite au défendeur, aux termes de l'art. 225 C. pr. civ., se rédige dans la même forme.

2° Il est inutile de présenter requête au juge-commissaire pour obtenir indication du jour et de l'heure auxquels le procès-verbal sera dressé (Q. 904); il suffit d'obtenir une simple indication verbale de l'heure. Mais si le juge-commissaire ne partageait pas cet avis, il faudrait présenter une requête, rédigée dans la même forme que celle prescrite par l'art. 221 C. pr. civ. (Voir *supra*, formule n° 192) et la signifier, ainsi que l'ordonnance du juge, à la suite de l'acte de dépôt. Dans tous les cas, l'avoué doit avoir soin de prévenir le procureur de la République par un avis écrit.

---

200. Procès-verbal *de l'état de la pièce.*

CODE PR. CIV., art. 225, 226, 227.

L'an mil neuf cent......., le........, heure de........, au greffe du tribunal civil de....... et par-devant nous......., juge commis aux fins ci-après, par jugement de la....... chambre dudit tribunal, rendu le......., entre M....... et M......., assisté de notre greffier, a comparu Me......., avoué près ce tribunal et de M......., lequel a dit qu'il a fait sommer, suivant acte du palais en date du......., M......., d'avoir à comparaître devant nous à ces lieu, jour et heure, pour, en exécution du jugement susdaté, assister à l'état qui serait par nous dressé de la pièce énoncée en ladite requête; et, attendu que M. le procureur de la République, M....... et Me......., son avoué, sont présents, il nous a invité à dresser ledit procès-verbal sur la représentation qui nous sera faite de ladite pièce par M......, greffier de ce tribunal, qui en est dépositaire, et a signé ledit Me........

(*Signatures.*)

Ont aussi comparu M. le procureur de la République près ce tribunal et ledit sieur........ [1], assisté de son avoué, lesquels nous ont dit qu'ils ne s'opposaient pas à ce qu'il fût procédé à la constatation de l'état de ladite pièce, et ont signé.

(Signatures.)

Desquels comparutions, dires [2] et consentements nous avons donné acte aux comparants; en conséquence, nous avons, en leur présence, procédé à la description de l'état de ladite pièce, ainsi qu'il suit, sur la représentation qui nous a été faite par le greffier dépositaire :

Ladite pièce est...... etc. *(état)* [3].

L'état de la pièce étant ainsi décrit, elle a été paraphée par nous, M. le procureur de la République et les comparants avec leurs avoués et M........, greffier; puis elle a été remise à ce dernier pour la garder en dépôt jusqu'à ce qu'il en ait été autrement ordonné par justice, et ont les comparants signé avec nous et notre greffier.

(Signatures.)

---

201. Requête *ou* **conclusions** *pour présenter les moyens à l'appui d'une inscription de faux incident.* [4]

CODE PR. CIV., art. 229.

Cette requête est signifiée en la forme ordinaire, soit des requêtes grossoyées, soit des conclusions par simple acte (Voir *supra* formule n° 18). *Dans l'un et l'autre cas, on y conclut à ce qu'il*

Plaise au tribunal :

Attendu, etc. ;

Par ces motifs ;

Donner acte au concluant de ce qu'il emploie comme moyens

---

1. Le demandeur et son avoué peuvent prendre ensemble ou séparément communication des pièces arguées de faux (Q. 906).
Cette communication se fait au greffe, sans déplacement et sans retard, et sans qu'il soit dressé procès-verbal.
Le demandeur peut se faire assister d'un expert en écriture (Q. 907).
Le défendeur en faux a, comme le demandeur, le droit de prendre communication des pièces (Q. 908).
2. Lorsque ce procès-verbal est dressé, les parties doivent y faire consigner les observations qui leur paraissent utiles; plus tard, elles seraient non recevables.
3. Outre les circonstances mentionnées dans l'art. 227, le procès-verbal doit énoncer tout ce qui est digne de remarque (Q. 905).
4. Les moyens de faux doivent être précis et concluants (Q. 910).
Les moyens de faux ne sont admissibles qu'autant que le demandeur ne se borne pas à articuler des faits directement contraires à ceux consignés dans l'acte authentique attaqué, mais qu'il articule d'autres faits qui, s'ils étaient prouvés, seraient incompatibles avec ceux attestés par l'acte, et excluraient invinciblement l'existence

à l'appui de son inscription de faux les faits et moyens ci-dessus développés;

Déclarer lesdits moyens de faux pertinents et admissibles; en conséquence, dire et ordonner que le concluant sera autorisé à en faire preuve tant par titres que par témoins, dans la forme ordinaire, par-devant M......, juge précédemment commis; dire également qu'il sera procédé à la vérification de la pièce dont il s'agit par trois experts en écriture qui seront commis d'office par le tribunal, par-devant le même juge, en présence de M......., ou lui dûment appelé, le tout suivant les formes prescrites par la loi, dépens réservés.

Dont acte.

Pour original (*ou* copie).   (*Signature de l'avoué.*)

Signifié, laissé copie, etc.

---

202. **Acte** *pour faire rejeter l'inscription de faux, faute d'avoir signifié les moyens à l'appui.*

Code PR. CIV., art. 229.

A la requête de M......, ayant M^e....... pour avoué;

Soit sommé M^e......., avoué près le tribunal civil de première instance de....... et de M......,

De comparaître le......., heure de......., à l'audience et par-devant MM. les Président et juges composant la....... chambre du tribunal civil de......., séant au Palais de Justice à ...., pour :

Attendu qu'il s'est écoulé plus de huit jours[1] depuis que le procès-verbal a été dressé par M......., juge en ce tribunal, de l'état de

---

et la possibilité de ces derniers : il faut, de plus, que les circonstances des faits articulés et que l'exposé des moyens d'en établir la preuve soient contenus dans la signification adressée à la partie adverse. (*J. Av.*, t. 76, p. 68, art. 999.)

Les moyens de faux ne doivent pas être considérés comme une simple dénégation des énonciations contenues dans l'acte attaqué, lorsqu'ils contiennent le résumé des faits, circonstances et preuves développés dans la requête, à laquelle ils se réfèrent, et qu'ils sont de nature à démontrer nécessairement le faux s'ils sont prouvés (Cass., 10 août 1877).

1. Le délai dans lequel, aux termes de l'art. 229 C. pr. civ., les moyens de faux doivent être signifiés n'est pas fatal (Q. 908 *bis*; Suppl., alphab., v° *Faux incident civil*, n. 96; Garsonnet, t. 2, p. 463).

Lorsqu'en vertu d'un jugement du tribunal on a constaté séparément, par deux procès-verbaux, l'état de l'expédition et celui de la minute, c'est à partir du second de ces procès-verbaux que court ce délai (Q. 909).

On peut d'ailleurs, dans l'intervalle qui s'écoule entre la signification des moyens de faux et le jugement, notifier de nouveaux moyens (Q. 911; Garsonnet, t. 2, p. 464).

Mais on ne peut pas plaider à l'audience des moyens qui n'ont pas été signifiés (Q. 912).

la pièce contre laquelle M....... s'est inscrit en faux, par acte fait au greffe le......., sans que M....... ait signifié la requête contenant les moyens à l'appui de son inscription de faux;

Attendu que, dans ces conditions, le requérant est en droit, aux termes de l'art. 229 C. pr. civ., de demander contre M..... la déchéance de son inscription de faux;

Par ces motifs,

Voir dire et ordonner M......., que, faute par lui d'avoir signifié ses moyens, il sera et demeurera déchu de son inscription de faux contre..... (*énoncer l'acte argué de faux*), produit par le requérant dans la cause pendante entre les parties;

Voir déclarer ladite inscription de faux nulle et calomnieuse, et, attendu le préjudice moral et matériel qu'elle a causé au requérant, se voir M....., condamner à payer au requérant la somme de....., à titre de dommages-intérêts; entendre dire que le jugement à intervenir sera inséré dans....... journaux, au choix du requérant et aux frais de M....... S'entendre condamner à l'amende prononcée par la loi. Voir ordonner qu'après l'expiration du délai prescrit par l'art. 243 C. pr. civ. pour la remise des pièces, l'acte argué de faux sera restitué au requérant, et que les pièces de comparaison seront remises aux parties à qui elles appartiennent; à quoi faire sera le greffier contraint, quoi faisant déchargé.

Et, statuant au principal, attendu que l'inscription de faux de M........ étant nulle et de nul effet, les droits résultant au profit du requérant de l'acte du........ ne peuvent être contestés, s'entendre condamner..... (*conclure au principal*);

S'entendre, en outre, condamner aux dépens, dont distraction à Mᵉ......., avoué, aux offres de droit.

Lui déclarant que, faute par lui de comparaître auxdits jour, lieu et heure, il sera contre lui donné défaut et pris tels avantages que de droit.

Dont acte.

Pour original (*ou copie.*)   (*Signature de l'avoué.*)

Signifié, laissé copie, etc...

---

203. Jugement *qui déclare le demandeur déchu, faute d'avoir fourni ses moyens.*

CODE PR. CIV., art. 229.

Le tribunal, ouïs etc......, après en avoir délibéré, etc.......

Attendu que A..... (*le demandeur en faux*) n'a point fourni, dans la huitaine du procès-verbal de M......., juge-commissaire, ses moyens de faux contre l'obligation du......., objet de son inscription de faux; qu'il y a donc lieu de le déclarer déchu de son inscription de faux;

Au fond ;

Attendu que la demande de B....... (*le demandeur ou principal, défendeur en faux*) est fondée sur ladite obligation ;

Que A... (*défendeur au principal, demandeur en faux*) ne propose aucun autre moyen, contre ladite obligation, que son inscription de faux ;

Par ces motifs ;

Déclare A..... déchu de son inscription de faux formée au greffe suivant acte du......., contre l'obligation susmentionnée ; en conséquence, déclare ladite inscription de faux nulle et calomnieuse, et, attendu que cette inscription de faux paraît avoir causé à B.... un préjudice que le tribunal peut dès maintenant évaluer à......, condamne ledit A.... en..... de dommages-intérêts envers B.... ;

Autorise ce dernier à faire publier le présent jugement dans.... journaux à son choix et aux frais dudit A...., sans que, toutefois, le coût de chaque insertion puisse dépasser... francs ; ordonne que la pièce sera remise à...., par M..., greffier, qui en est dépositaire, et que mention sera faite par lui du présent jugement, tant sur ladite pièce qu'en marge de ladite inscription de faux, à quoi faire sera ledit greffier contraint par toutes voies de droit, quoi faisant déchargé ;

Condamne A....... à payer à B....... la somme de......., montant de ladite obligation, ensemble les intérêts, etc. ;

Le condamne, en outre, à l'amende [1] et aux dépens, dont distaction, etc.

---

204. Requête ou **conclusions** *en réponse à l'acte qui contient les moyens de faux*. [2]

CODE PR. CIV., art. 230.

Cette requête, comme celle qui contient les moyens de faux (supra *formule n° 201), est signifiée en la forme ordinaire, soit des requêtes*

---

1. L'amende de 300 fr. au moins, édictée par les art. 246 et 247 C. pr. civ. contre le demandeur en faux qui aura succombé, ou qui se sera désisté de son inscription de faux après qu'elle aura été admise, est encourue de plein droit, et l'administration de l'enregistrement peut en poursuivre le recouvrement, quoique le jugement ne contienne pas condamnation à cet égard (Q. 950).

Lorsque l'inscription de faux a été formée conjointement par plusieurs parties, elles n'encourent conjointement entre elles qu'une seule amende (Q. 952 ; *Suppl. alphab.*, v° *Faux incident civil*, n° 171).

2. Le défendeur est obligé de signifier une réponse (Q. 914 ; Garsonnet, t. 2, p. 464, note 24).

Le délai pour signifier la réponse aux moyens de faux n'est pas péremptoire (Q. 913 ; *Suppl. alphab.*, v° *Faux incident civil*, n. 106, 107 ; Garsonnet, *loc. cit.*, note 25 ; Boitard, Colmet-Daâge et Glasson, n° 456). S'il intervient contre le défendeur un jugement par défaut faute de plaider, il peut y former opposition en faisant signifier sa réponse (Q. 915).

grossoyées, *soit des conclusions par simple acte. Le défendeur à l'inscription de faux y conclut à ce qu'il*

Plaise au tribunal;

Attendu....... (*on résume les arguments en réponse aux moyens de faux*);

Par ces motifs;

Déclarer non pertinents et inadmissibles les moyens de faux proposés par M......; en conséquence, déclarer nulle et de nul effet l'inscription de faux faite au greffe par ledit sieur......, par acte en date du.......; et, attendu le préjudice moral et matériel causé au concluant, condamner M...... à lui payer la somme de......, à titre de dommages-intérêts, sans préjudice de l'amende prononcée par la loi; ordonner qu'après l'expiration du délai prescrit par l'art. 243 C. pr. civ. pour la remise des pièces, l'acte argué de faux sera restitué à l'exposant, et que les pièces de comparaison seront rendues à ceux qui les ont déposées; à quoi faire sera le greffier contraint, quoi faisant déchargé.

Et statuant au principal..... (*reprendre ici les conclusions principales*).

Et condamner M....... aux dépens, dont distraction à Me...., avoué, aux offres de droit.

Dont acte.

Pour original (*ou* copie). (*Signature de l'avoué.*)

Signifié, laissé copie, etc.

---

205. Acte *par le demandeur pour faire rejeter la pièce, faute de réponse du défendeur aux moyens de faux.*

CODE PR. CIV., art. 230.

A la requête de M....... (*demandeur en faux*), ayant Me.......
pour avoué;

Soit sommé Me......, avoué de M....... (*défendeur en faux*), de comparaître et se trouver le......., à l'audience et par-devant MM. les Président et juges composant la....... chambre du tribunal civil de première instance de......., pour :

Attendu que le requérant a, par acte du palais en date du......, signifié audit Me...... les moyens qu'il entendait invoquer à l'appui de l'inscription de faux qu'il a formée contre....... (*indiquer la pièce arguée de faux*);

Attendu que M....... n'ayant pas répondu aux moyens de faux, le requérant est en droit, par application de l'art. 230 C. pr. civ., de faire rejeter la pièce dont il s'agit;

Par ces motifs;

Voir dire que, faute par ledit sieur....... d'avoir répondu dans les délais de la loi aux moyens de faux invoqués par le requérant contre... (*indiquer la pièce arguée*), ladite pièce sera rejetée, etc... (*comme dans la formule n° 180*).

206. Jugement *qui rejette la pièce, faute de réponse aux moyens de faux.*

CODE PR. CIV., art. 230.

Le tribunal, ouïs......, etc.
Attendu que....... n'a pas, dans la huitaine, répondu aux moyens de faux à lui signifiés contre....... (*la pièce*) le...... (*date*) ;
Au fond :
Attendu....... ;
Par ces motifs ;
Rejette la pièce, par rapport audit sieur......., de l'instance pendante entre les parties, sur la demande tendant à...... ;
Déclare....... purement et simplement non recevable en sa demande en paiement de......., l'en déboute et le condamne en tous les dépens, dont distraction, etc.

207. Avenir *pour faire admettre ou rejeter les moyens de faux.*

CODE PR. CIV., art 231.

(*Voir* infra, page 224, formule n° 247).

208. Jugement *qui admet les moyens de faux* [1]

CODE PR. CIV., art. 231, 232, 233.

Le tribunal, ouïs........, etc.
Attendu que les moyens de faux articulés par........, suivant acte du......., sont pertinents et admissibles [2] ;

---

1. Ordinairement, c'est par le jugement qui statue sur l'admission des moyens de faux que le tribunal prononce la suspension provisoire de l'exécution de l'acte authentique argué de faux (Q. 924). Voir *Suppl. alphab.*, v° *Faux incident civil*, n. 113.

2. Les juges prononcent souverainement sur la pertinence et l'admissibilité des moyens de faux proposés par le demandeur; leur décision à cet égard ne peut donner ouverture à cassation.

Par ces motifs ;
Déclare pertinents et admissibles lesdits moyens, qui sont [1] :
1°....... ;
2°....... ;
Ordonne qu'ils seront joints à l'incident ;
En conséquence, avant dire droit, autorise....... à faire preuve desdits faits, tant par titres que par experts et par témoins [2], devant M......, juge, que le tribunal commet à cet effet. Réserve la preuve contraire au défendeur à l'incident. Nomme [3]....... experts, pour, serment préalablement prêté, faire, sur les pièces prétendues fausses, telles observations qu'ils jugeront convenables, dans leur rapport, pour, lesdits enquête et rapport faits et déposés, être par les parties conclu et par le tribunal statué [4] ce qu'il appartiendra ; dépens réservés.

Remarques. — 1° Les art. 234 à 237 C. pr. civ. s'occupent des formalités à remplir dans les enquêtes et expertises qui peuvent être ordonnées pour arriver à la découverte du faux. Voir *supra Formules* n°s 90 et suiv. et 167 et suiv.

2° L'admission des moyens de faux donne souvent lieu à des poursuites criminelles [5].

---

1. Le jugement qui ordonne la preuve des moyens de faux doit les articuler avec précision. La preuve des moyens qui ne sont pas énoncés dans le jugement est interdite.
2. Le tribunal ne doit pas nécessairement ordonner les trois genres de preuve (Q. 919 ; *Suppl. alphab.*, *verb. cit.*, n. 115 ; Boitard, Colmet-Daage et Glasson, n° 457 ; Garsonnet, t. 2, p. 467, note 10).
Par exemple, lorsqu'il s'agit d'attaquer comme fausses les énonciations d'un acte authentique, le tribunal peut n'ordonner que la preuve testimoniale, bien qu'il n'y ait aucun commencement de preuve par écrit, ni altération matérielle dans le corps de l'acte (Q. 919 *bis*).
Et la preuve des moyens de faux fondés sur ce que les témoins instrumentaires d'un testament n'ont pas assisté à la confection entière de cet acte, peut être faite par la déposition même de ces témoins (Q. 929 ; *Suppl. alphab.*, *verb. cit.*, n. 120 ; Garsonnet, t. 2, p. 466, note 5).
Il en est de même dans le cas où les témoins instrumentaires ont à déposer, non sur un fait matériel, mais sur un fait qui résulte du sens à attacher à une expression employée par le notaire dans la rédaction du testament (Q. 927).
D'ailleurs rien ne s'oppose à ce que, par le jugement même qui déclare pertinents et admissibles les moyens de faux, le tribunal déclare en même temps fausse la pièce arguée, sans recourir à des enquêtes ou expertises, si sa conviction à cet égard est déjà faite, en dehors de ces mesures d'instructions (Cass., 17 déc. 1835, S.37.1.38 ; Boitard, Colmet-Daage et Glasson, n° 457).
L'enquête, en principe, doit précéder les opérations des experts, mais non à peine de nullité (Q. 928).
3. Les experts ne peuvent, en cette matière, à peine de nullité du jugement, être nommés que d'office.
On doit appliquer les dispositions des art. 201 et suiv., relatives à l'apport et à l'envoi des pièces par les dépositaires (Q. 932).
4. Le tribunal n'est pas lié par l'avis des experts sur les moyens de faux (Q. 925).
5. Dans le cas où celui auquel le faux est imputé, soit comme auteur, soit comme complice, est connu et vivant, le tribunal doit prononcer le renvoi au cri-

209. Jugement *qui rejette les moyens de faux.*

Code PR. CIV., art. 231, 232, 233.

Le tribunal, ouïs......, etc....
Attendu que les moyens de faux articulés par....... ne sont ni pertinents ni admissibles, qu'il y a lieu de les rejeter ;
Par ces motifs ;
Sans s'arrêter ni avoir égard auxdits moyens contenus en l'acte du......., déclare....... non recevable en son inscription de faux......., etc.

---

210. Acte *afin de poursuivre l'audience à l'effet d'obtenir le jugement définitif sur l'inscription de faux incident.*

Code PR. CIV., art. 238.

A la requête de M...., ayant pour avoué M^e....,
Soit signifié et en tête [de celle] des présentes laissé copie[1] à M^e...., avoué près le tribunal civil de première instance de..... et de M...,
1° De l'expédition dûment en forme d'un procès-verbal de rapport, etc..... (*comme dans la formule n° 137*);
2° De l'expédition dûment en forme, etc..... (*comme dans la formule n° 104*);
Et à même requête, soit ledit M^e..... sommé de comparaître... etc., pour :
Attendu que.... (*exposer ici le résultat de l'instruction, du rapport des experts, de l'enquête*) ;.
Par ces motifs; voir dire et ordonner que l'acte dont il s'agit sera déclaré faux et qu'il sera rejeté de la cause pendante entre les parties; en conséquence, qu'il sera fait défense à M...... de l'opposer à qui que ce soit, et notamment au concluant, comme aussi que ladite pièce falsifiée sera lacérée par le greffier du tribunal, et que les pièces de comparaison seront remises à qui de droit, après l'expiration du délai d'appel; à quoi faire sera le greffier contraint, quoi faisant déchargé ;
Et au principal, voir dire et ordonner, etc. (*reprendre ici*

---

minel et surseoir à statuer sur le civil, à moins que la poursuite du crime ne soit éteinte par la prescription (Q. 860).
Le renvoi peut être prononcé en tout état de cause (Q. 860).
Il doit même l'être, à peine de nullité des procédures postérieures.
1. Dans tous les cas, celui qui veut poursuivre l'audience doit commencer par signifier à son adversaire copie du rapport du procès-verbal d'enquête, et même de contre-enquête, s'il veut s'en prévaloir (Q. 936). Voir *supra*, formules n°s 104 et 137.

les conclusions principales); et s'entendre M..... condamner aux dépens tant de la demande principale que de l'inscription de faux, dont distraction au profit de M⁵....., avoué, aux offres de droit.

Lui déclarant que, faute par lui de comparaître, il sera contre lui donné défaut et pris tels avantages que de droit.

Dont acte.....
Pour original (*ou* copie).   (*Signature de l'avoué*).
Signifié, laissé copie, etc.
Remarque. — S'il résulte de l'instruction que l'acte n'est pas faux, c'est le défendeur qui suit l'audience.

---

211. Jugement *qui rejette l'inscription de faux et statue au fond*.

Code *PR.CIV.*, art. 241, 242, 246, 247.

Le tribunal, ouïs.... etc, le ministère public entendu [1], etc......
Attendu..... etc. ;
Par ces motifs ;
Entérine le rapport de MM......, experts ;
En conséquence, déclare fausse, injurieuse et calomnieuse l'inscription de faux formée au greffe le....., par....., contre la..... (*pièce*);
Ordonne que mention sera faite du présent jugement, tant en marge de l'acte d'inscription de faux que sur ladite pièce ;
Condamne.... à payer à.... etc., et la somme de....., à titre de dommages-intérêts [2] ;
Le condamne, en outre, en..... d'amende [3] envers l'Etat ;
Dit que le présent jugement sera publié dans..... journaux au choix de.... et aux frais de....., le coût de chaque insertion ne pouvant dépasser..... francs ;
Ordonne qu'après ladite mention, la ...(*pièce*) sera remise [4] à....;
Ordonne aussi que.... (*indiquer les pièces*) déposées au greffe par...., avec les..... (*pièces*), remises pour pièces de comparaison par MM....., seront rendues aux parties (*témoins ou dépositaires*);

---

1. Aucun jugement en matière de faux ne peut être rendu que sur les conclusions du ministère public. Cette disposition est prescrite à peine de nullité (Q. 964).
2. Les dommages-intérêts ne sont pas dus de plein droit à la partie (Q. 961). Voir *Suppl. alphab.*, v° *Faux incident civil*, n. 178.
3. Voir relativement à l'amende *supra*, p. 183, note 1.
4. Le jugement rendu sur le faux doit statuer sur la remise des pièces, s'il y a lieu, à ceux qui les ont fournies, et, si le jugement a omis de prononcer sur cette remise, on ne peut y faire statuer plus tard que par appel ou requête civile de la part des parties, et par intervention sur l'exécution du jugement, de la part des témoins ou dépositaires (Q. 944 *ter*).

à quoi faire sera le greffier contraint par toutes voies de droit, quoi faisant déchargé;

Condamne en outre...., en tous les dépens, y compris ceux réservés par le jugement du...., desquels dépens distraction est prononcée en faveur de M⁰....., etc.

---

212. Jugement *qui admet l'inscription de faux et statue au fond.*

(*Voir la formule précédente.*)

Le tribunal....., etc. ;
Attendu...., etc. ;
Par ces motifs ;
Déclare fausse...., etc. ;
Ordonne que mention du présent jugement sera faite en marge [1] etc.;
Statuant au fond, déboute..... de sa demande....., etc. ;
Le condamne en outre aux dépens...., etc.

---

213. Requête *pour retirer, avant l'expiration des délais d'appel, de requête civile ou de pourvoi en cassation, des pièces déposées dans une instance en inscription de faux.*

CODE PR. CIV., art. 243.

A MM. les Président et juges, etc.

M⁰...., notaire à...., y demeurant, ayant M⁰.... pour avoué, a l'honneur de vous exposer, Messieurs, qu'en exécution d'une ordonnance rendue le.... par M....., juge-commissaire nommé par vous dans la procédure d'inscription de faux formée par M..... contre M...., il a déposé au greffe du tribunal, pour servir de pièce de comparaison en ladite procédure, la minute de....;

Que votre jugement du..... a rejeté ladite inscription de faux;
Que la minute dont il s'agit est absolument nécessaire pour......;

---

1. Le tribunal qui juge qu'une pièce est fausse peut en ordonner non seulement le rejet, mais encore la suppression, la lacération ou radiation, de même que la réformation ou le rétablissement. Voir *Suppl. alphab.*, v⁰ *Faux incident civil*, n. 160.
Le jugement qui ordonne la suppression, la lacération, etc., ne peut être exécuté pendant les délais de l'appel, de la requête civile ou du pourvoi en cassation (*ibid.*).
Si ce jugement avait été rendu contre un mineur, il faudrait attendre, pour effectuer l'exécution, qu'à sa majorité ce jugement lui eût été signifié de nouveau, pour faire découvrir le délai de la requête civile, et que ce délai fût expiré (Q.944).
Le fendeur doit, dans tous les cas, être appelé aux opérations indiquées par l'art. 241 C. pr. civ. (Q. 944 *bis*).

Pourquoi l'exposant requiert qu'il vous plaise, Messieurs, ordonner que ladite minute sera remise immédiatement à l'exposant sur sa décharge; à quoi faire le greffier dudit tribunal sera contraint, quoi faisant déchargé.
Sous toutes réserves,
Et ce sera justice. *(Signature de l'avoué.)*

---

214. Jugement *qui autorise la remise des pièces déposées avant le délai.*

(Voir la formule précédente.)

Le tribunal....;
Ordonne que... (*pièces*) seront remises [1] par le greffier à M^e..; à quoi faire ledit greffier sera contraint, quoi faisant déchargé.
Condamne M..... [2] aux dépens, etc.

---

1. L'art. 243 établit une exception à l'art. 242, de sorte que les parties elles-mêmes et les témoins peuvent obtenir la remise des pièces, par eux fournies et représentées, avant l'expiration des délais (Q. 945).
2. Les frais de la remise des pièces sont supportés par la partie qui a perdu le procès (Q. 946).

TITRE VI. — Incidents.

§ Ier. — Demandes incidentes[1].

215. Conclusions *contenant une demande additionnelle*[2].

Code PR. CIV., art. 337.

A MM. les Président et juges composant la..... chambre du tribunal civil de première instance de.....

CONCLUSIONS ADDITIONNELLES

Pour M.....,
Demandeur. .....(*Nom de l'avoué.*)
Contre M.....,
Défendeur. .....(*Nom de l'avoué*)
Plaise au tribunal,
Attendu que..... etc. (*Rappeler d'abord sommairement l'objet de*

---

1. Une demande incidente est celle qui est formée au cours d'une demande principale, pour s'y joindre, en suspendre la marche, en modifier la solution, ou même pour l'écarter complètement. Cass., 9 juin 1886 (D. P. 87.1.63); Boitard, Colmet-Daage et Glasson, t. 1, n° 525 ; Garsonnet, t. 2, p. 662 et suiv.
On peut diviser les demandes incidentes en trois catégories : 1° demandes *additionnelles* ; 2° demandes *reconventionnelles* ; 3° demandes *incidentes* proprement dites.
Les unes et les autres peuvent être formées par simple acte de conclusions (art. 337 C pr. civ.) signifié au cours de l'instance principale à laquelle elles se rattachent.
Ce n'est point à dire, cependant, que ce mode de procéder soit obligatoire, et qu'elles ne puissent être valablement formées par ajournement signifié à personne ou à domicile.
La voie extrajudiciaire de l'ajournement est même seule ouverte et possible, lorsque le défendeur est défaillant (*Suppl. alphab.*, v° *Incidents*, n°s 19 et 20 ; *J. av.*, t. 72, p. 186).
Une demande incidente peut-elle être formée à l'audience par de simples conclusions orales? La question est controversée. *Voir pour l'affirmative:* Boitard, Colmet-Daage et Glasson, t. 1. n 528 ; Garsonnet, t. 2, p. 664 ; *et pour la négative: Suppl. alphab.*, v° *Incidents*, n° 3, où il est enseigné toutefois que la fin de non recevoir tirée du défaut de signification n'est pas absolue, et que les juges peuvent accorder un délai pour régulariser.

2. Les demandes additionnelles, qui peuvent être formées par la voie incidente, sont celles qui, tendant à augmenter la demande principale, en s'y ajoutant, se rattachent par une étroite connexité à ladite demande, avec laquelle elles ont une cause commune et dont elles ne sont, en quelque sorte, que le développement. Telle la demande d'un propriétaire, qui, ayant actionné son locataire en paiement de loyers, ajoute à sa demande primitive celle d'un nouveau terme de loyer, échu depuis l'introduction de l'instance ;
..... ou celle du créancier d'une somme d'argent, qui demande la capitalisation des intérêts courus pendant plus d'une année depuis qu'est pendante la demande en paiement du principal; cette demande peut d'ailleurs même être formée pour la première fois en appel. Cass., 7 févr. 1843 (*J. Av.*, t. 64, p. 226).

la demande primitive, et exposer ensuite avec précision l'objet de la demande additionnelle, les faits anciens ou nouveaux, et les moyens sur lesquels elle repose) ;

Par ces motifs ;

Adjuger au concluant les fins et conclusions de son exploit introductif d'instance, et le bénéfice de toutes conclusions par lui précédemment prises ;

Et y ajoutant, condamner, en outre, etc. (*conclure aux fins de la demande additionnelle*); et condamner M.... en tous les dépens, dont distraction, etc.

Dont acte.

Pour original (*ou* copie).

(*Signature de l'avoué.*)

Signifié, laissé copie, etc.

---

215 bis. Conclusions *contenant une demande reconventionnelle*[1].

CODE PR. CIV., art. 337.

A MM. les Président et juges etc.

CONCLUSIONS RECONVENTIONNELLES

Pour M.....
    Défendeur au principal,
    Demandeur reconventionnellement. .....(*Nom de l'avoué.*)

Contre M.....
    Demandeur au principal,
    Défendeur reconventionnellement. .....(*Nom de l'avoué.*)

Plaise au tribunal,

Attendu que la demande en... (*indiquer l'objet de la demande principale*), dont M.... a saisi le tribunal contre le concluant, n'est ni recevable ni fondée ;

Attendu en effet que.... (*exposer, à moins qu'ils ne l'aient été dans les précédentes conclusions, auxquelles il suffit en ce cas de se référer, les moyens de fait et de droit par lesquels le rejet de ladite demande doit être prononcé*);

Attendu qu'au contraire le concluant est aussi recevable que fondé

---

[1]. Peuvent être proposées sous forme incidente et par simples conclusions toutes les demandes qui ont pour but de faire écarter la demande principale ou d'en restreindre les effets (Q.1268 *ter*; *Suppl. alphab.*, v° *Incidents*, n. 77 ; *J. Av.*, t. 72, p. 700). A défaut de cette condition, la demande doit être formée par ajournement: Trib. civ. de Versailles, 16 fév. 1906 (*J. Av.*, t. 131, p. 432).

à..... (*indiquer d'une façon précise l'objet de la demande reconventionnelle et les moyens sur lesquels elle repose*);
Par ces motifs ;
Déclarer M.... non recevable, en tout cas mal fondé, en sa demande principale ; l'en débouter ;
Et, recevant le concluant reconventionnellement demandeur, condamner M..... à.... (*objet de la demande reconventionnelle*); le condamner, en outre, aux dépens, dont distraction, etc.
Dont acte.
Pour original (*ou* copie)
　　　　　　　　　　　　　　　　　　(*Signature de l'avoué.*)
Signifié, laissé copie, etc.

---

215 ter. Conclusions *contenant une demande incidente proprement dite*[1].

A MM. les Président et juges, etc.

CONCLUSIONS D'INCIDENT

Pour M....,
　Demandeur au principal,
　Demandeur à l'incident ;　　.....(*Nom de l'avoué.*)
Contre M.....,
　Défendeur au principal,
　Défendeur à l'incident ;　　.....(*Nom de l'avoué.*)
Plaise au tribunal :
Attendu que..... etc. (*exposer avec précision l'objet de la demande incidente, les faits et les moyens sur lesquels elle repose.*)
Par ces motifs ;
Statuant sur la demande incidente, dire et ordonner..... etc. (*mentionner les fins de la demande*), et condamner M..... aux dépens, dont distraction, etc.
　　　Dont acte.
Pour original (*ou* copie).　　　　(*Signature de l'avoué.*)
Signifié, laissé copie, etc.

---

1. On peut ainsi appeler proprement demandes *incidentes* celles qui sont formées à l'occasion même de la procédure suivie sur la demande principale ; par exemple, la demande par laquelle une partie requiert acte d'un aveu contenu dans une requête signifiée par son adversaire, ou conclut à la suppression d'un mémoire publié contre elle comme injurieux, ou à des dommages-intérêts à raison du préjudice que ce mémoire porte à sa réputation.

215 *quater.* **Conclusions** *en réponse à une demande incidente, (additionnelle, reconventionnelle, ou incidente proprement dite).*

La partie défenderesse à une demande incidente peut répondre aux conclusions contenant cette demande, par un acte analogue, et qui se rédige dans la même forme, en exposant les raisons qu'il y a de ne pas admettre ladite demande, et en concluant ensuite à son rejet.

---

§ II. — Reprise d'instance[1] et constitution de nouvel avoué.

216. Notification *du décès de la partie*[2].

Code PR. CIV., art. 344.

M^e...., avoué près le tribunal civil de première instance de...., Déclare à M^e...., avoué près le même tribunal et de M...., Que M...., pour qui ledit M^e.... occupait dans l'instance pen-

---

1. La reprise d'instance est l'acte par lequel ceux qui succèdent aux droits et obligations d'une partie, ou qui ont, à tout autre titre, droit et qualité pour la représenter, reprennent volontairement, ou sont forcés de reprendre, l'instance dans laquelle cette partie était engagée, et au cours de laquelle est survenu le décès ou le changement d'état ou de fonctions de cette partie (*Suppl. alphab.*, v° *Reprise d'instance*, n° 1).

Le jugement d'une affaire ne peut être différé, malgré le décès ou le changement d'état ou de fonctions d'une partie, quand la cause se trouve en état au moment où se produit cet évènement (art. 342 C. pr. civ.).

Une affaire est en état, d'après l'art. 343 C. pr. civ., quand les conclusions ont été respectivement prises à l'audience; de simples conclusions verbales, que les avoués ne se sont pas signifiées, et qui n'ont pas été remises au greffier, sont insuffisantes pour faire réputer l'affaire en état (*Suppl. alphab.*, *verb. cit.*, n° 4).

D'ailleurs, une affaire n'est plus en état, malgré que des conclusions aient été respectivement prises par les avoués des parties, lorsque, dans l'intervalle du jour où ces conclusions ont été prises à celui où s'est produit le décès ou le changement d'état ou de fonctions, des changements se sont produits dans la composition du tribunal.

En matière d'ordre, la procédure n'est en état qu'après l'expiration des délais pour produire et contredire le règlement provisoire. Riom, 25 mai 1866 (*J. Av.*, t. 90, p. 353).

2. Dans les affaires qui ne sont pas en état, le décès de l'une des parties ne forme pas obstacle au jugement, s'il n'a pas été notifié.

Lorsqu'un procès est en état d'être jugé et que la contestation roule sur un droit personnel à une partie, c'est-à-dire non transmissible à ses héritiers, le décès de cette partie éteint bien le procès quant à son objet, mais non quant aux accessoires, aux dépens ; le tribunal peut prononcer jugement, conformément à l'art. 342 (Q. 1277).

Le changement d'état, ou la cessation des fonctions sous lesquelles une partie procède (la cessation des fonctions d'un tuteur, par exemple, *J. Av.*, t. 74, p. 445, art. 738) n'arrête pas les poursuites (Q. 1283; *Suppl. alphab.*, v° *Reprise d'instance*, n. 38).

Mais, si le changement d'état d'une partie ne peut empêcher la continuation des

TITRE VI. — INCIDENTS. — 217

dante entre lui et M....., devant la..... chambre dudit tribunal, est décédé le....; qu'en conséquence, il y a lieu de suspendre toutes poursuites et procédures jusqu'à ce que l'instance ait été régulièrement reprise.

Déclarant audit M°....... que tout ce qui serait fait au préjudice de la présente notification serait nul [1] et de nul effet.

Dont acte.

Pour original (*ou* copie).   (*Signature de l'avoué.*)
Signifié, laissé copie, etc.

---

217. Réassignation *donnée par l'héritier du demandeur au défendeur qui n'a pas encore constitué avoué sur la première assignation.*

CODE PR. CIV., art. 345.

L'an mil neuf cent......., le........., à la requête de M......, demeurant à......., rue ...., n°......., agissant au nom et comme habile à se dire et porter seul et unique héritier de M....., de son vivant....... (*profession et domicile*), décédé à........,

---

procédures, on peut du moins surseoir, en donnant à un mineur devenu majeur, par exemple, un temps suffisant pour recevoir son compte de tutelle.

L'avoué d'une partie qui vient à être pourvue d'un conseil judiciaire conserve, après ce changement d'état, et sans besoin d'une nouvelle constitution, les pouvoirs qui lui avaient été conférés auparavant (*J. Av.*, t. 74, p. 450, art. 742).

On doit regarder comme un simple changement d'état, n'empêchant pas la continuation des procédures, la condamnation d'une partie à une peine afflictive, ou son interdiction (*Q.* 1283 *bis*).

Il en est de même du mariage d'une femme pendant le cours d'une instance (Garsonnet, t. 2, p. 615).

Mais la faillite de l'une des parties empêche la continuation de la procédure (*J. Av.*, t. 72, p. 252, art. 112); toutefois, lorsque l'affaire est en état, la déclaration de faillite ne peut en faire différer le jugement (*J. Av.*, t. 73, p. 362, art. 470).

La vente d'un immeuble, au cours d'une instance engagée au sujet de cet immeuble, ne produit point une interruption de ladite instance, obligeant ou même autorisant l'acquéreur à la reprendre; des conclusions de reprise d'instance de la part dudit acquéreur, en pareil cas, sont irrecevables. Cass., 23 nov. 1898 (S. 99.1.66).

1. La nullité prononcée par l'art. 344, à l'égard des poursuites faites à la suite d'un décès, est édictée dans l'intérêt des ayant-cause de la partie décédée, qui peuvent seuls s'en prévaloir (*Q.* 1280; *Suppl. alphab.*, v° Reprise d'instance, n°° 25 et 26); et même, la partie qui, ayant dénoncé le décès de son auteur, s'est néanmoins ensuite associée aux actes de procédure qui ont suivi, devient non recevable à demander la nullité de ces actes. Cass. 18 juin 1895 (D. P. 95.1.471).

Un arrêt par défaut obtenu, sans préalable citation en reprise d'instance, contre une partie dont l'avoué avait cessé ses fonctions, est nul, et ne peut par conséquent ouvrir une péremption.

Afin de poursuivre la nullité du jugement rendu en contravention à l'art. 344, il faut se pourvoir par opposition, par appel ou par requête civile, suivant les circonstances (*Q.* 1282).

le........, pour lequel requérant domicile est élu à........, rue ...., en l'étude de M^e........, avoué près le tribunal civil de première instance de........, lequel se constitue et occupera pour lui sur la présente assignation et ses suites ; j'ai........ (*immatricule de l'huissier*), soussigné, signifié et, en tête (de celle) des présentes, laissé copie à M........, demeurant à........, audit domicile, où étant et parlant à........,

De l'original dûment enregistré d'un exploit du ministère de....., huissier à........, en date du........, contenant assignation donnée à la requête de M........, auteur du requérant, à M........, et sur laquelle M........ n'a pas encore constitué avoué.

Et, à mêmes requête, demeure et élection de domicile, j'ai, huissier susdit et soussigné, audit domicile et en parlant comme dessus, donné assignation au susnommé à comparaître à huitaine franche, délai de la loi, par ministère d'avoué, à l'audience et par-devant MM. les Président et juges composant la........ chambre du tribunal civil de........, séant au Palais de Justice, à........, heure de........, pour, par les motifs énoncés dans l'assignation dont copie précède (celle des présentes), en voir adjuger au requérant les fins, moyens et conclusions.

A ce qu'il n'en ignore ; et je lui ai, audit domicile, en parlant comme ci-dessus, laissé copie, tant de l'assignation susénoncée, que du présent, sous enveloppe etc... coût........

(*Signature de l'huissier.*)

Remarques. — 1° S'il y a plusieurs héritiers, il est bon de donner l'assignation à la requête de tous conjointement.

2° Si l'héritier ou les héritiers n'ont pas pris parti sur l'acceptation de la succession, il faut ne les désigner que comme habiles à se dire et porter héritiers, pour éviter qu'on ne les considère comme héritiers purs et simples ; on peut même faire, dans l'assignation, toutes réserves d'accepter bénéficiairement ou de renoncer.

---

218. Assignation *en constitution d'un nouvel avoué.*

CODE *PR. CIV.*, art. 346.

L'an mil neuf cent........, le........, à la requête de M........, demeurant à........, pour lequel domicile est élu à........, rue ...., en l'étude de M^e........, avoué près le tribunal civil de première instance de........, lequel se constitue et occupera pour lui sur la présente assignation et ses suites, j'ai........ (*immatricule de l'huissier*), soussigné, donné assignation à M........, demeurant à........, audit domicile, où étant et parlant à........, à comparaître à huitaine franche, délai de la loi, par ministère d'avoué, à l'audience et par-devant MM. les Président et juges composant la........ chambre du tribunal civil de........, séant au Palais de Justice, à........, heure de........, pour :

Attendu que, par exploit de......., en date du......, enregistré, le requérant a formé contre ledit sieur...... une demande tendant à....;

Attendu que M....... a constitué Mᵉ...... pour avoué, et que ce dernier est décédé le......., sans que M....... ait depuis constitué un nouvel avoué [1]; que le requérant, dans ces conditions, est en droit d'assigner le susnommé en constitution d'un nouvel avoué;

Par ces motifs;

Voir dire que le susnommé sera tenu de constituer un nouvel avoué sur la demande susénoncée pour procéder d'après les derniers errements de la procédure, conformément à la loi ; et, faute par lui de ce faire, voir dire et ordonner qu'il sera contre lui donné défaut et passé outre au jugement de la cause; en conséquence, voir dire..... (*reprendre les conclusions de l'exploit introductif d'instance*); et s'entendre condamner aux dépens, etc.

A ce qu'il n'en ignore ; et je lui ai, audit domicile, en parlant comme ci-dessus, laissé copie du présent, sous enveloppe, etc.

Coût.......

(*Signature de l'huissier.*)

---

219. Assignation *en reprise d'instance après le décès du défendeur.*

CODE *PR. CIV.*, art. 346.

L'an...., le....., à la requête de M...., demeurant à....., pour lequel domicile est élu à......., rue......., nº........, en l'étude de Mᵉ......., avoué près le tribunal civil de......., lequel est constitué et continuera d'occuper pour lui sur la présente assignation et ses suites, j'ai....... (*immatricule de l'huissier*), soussigné, donné assignation à M......., pris au nom et comme seul et unique héritier de M......., son père, ledit sieur....... demeurant à......., rue......., nº........, audit domicile [2], où étant et parlant à.......,

A comparaître à huitaine franche, délai de la loi, par ministère d'avoué, à l'audience et par-devant MM. les Président et juges composant la....... chambre du tribunal [3] civil de première ins-

---

1. La révocation de l'avoué, ou la déclaration qu'il n'a plus mandat pour occuper, ne donnent pas lieu à la demande en constitution nouvelle (Q. 1280 *ter*).
2. Une assignation en reprise d'instance est valablement donnée au domicile indiqué dans les derniers actes de la procédure et avec les délais que comporte ce domicile, si la partie n'a pas été légalement instruite du changement de domicile qui s'est opéré dans l'intervalle (Q. 1286 *bis*).
3. Cette assignation doit être donnée devant le tribunal où l'instance originaire était pendante (Q. 1286 *ter*).

tance de....., séant au Palais de Justice, à....., heure de.....,
pour :

Attendu que, sur la demande formée par le requérant contre M......., par exploit de......., en date du......., enregistré, et tendant à......., M....... avait constitué Me....... pour voué ;

Attendu que la cause a été mise en délibéré au rapport de M......, juge en la....... chambre dudit tribunal, à laquelle chambre ladite demande a été distribuée (*cette énonciation se remplace, quand la cause n'est pas mise en délibéré, par celle de la mise au rôle, ou de la distribution, et de l'état d'instruction dans lequel peut se trouver l'affaire*) ;

Par ces motifs ;

Voir dire et ordonner que le susnommé sera tenu de reprendre l'instance introduite par le requérant contre M......., par l'exploit susénoncé, pour procéder sur ladite instance suivant les derniers errements de la procédure ; sinon, et faute par lui de ce faire, voir dire et ordonner, par le jugement à intervenir, que la cause sera tenue pour reprise et qu'il sera passé outre au jugement du fond.

A ce qu'il n'en ignore, et je lui ai, audit domicile, où étant et parlant comme dessus, laissé copie du présent sous enveloppe, etc...

Coût.......
(*Signature de l'huissier*).

Remarque. — L'assignation ne doit conclure qu'à la reprise d'instance, et non pas au fond. Si la partie assignée en reprise fait défaut, le tribunal rend un jugement qui déclare l'instance reprise, et ce n'est que par un second jugement qu'il peut statuer au fond. Bordeaux, 7 avril 1848 (*J. Av.*, t. 76, p. 409) ; Riom, 10 nov. 1859 (*J. Av.*, t. 86, p. 85).

---

220. **Assignation** *en reprise d'instance donnée à la requête du défendeur après le décès du demandeur.*

Code *PR. CIV.*, art. 346.

L'an......., le......., à la requête de M [1]......., demeurant à......., pour lequel domicile est élu à......., rue......., n°......., en l'étude de Me......., avoué près le tribunal civil de première instance de......., lequel est constitué et continuera d'occuper pour lui sur la présente assignation et ses suites,

---

[1]. Les enfants ou les héritiers de la femme, qui n'a point figuré dans une procédure, dirigée personnellement contre le mari, en revendication de fruits d'immeubles possédés par le mari avant le mariage, ont qualité et droit de reprendre l'instance, à cause de l'intérêt de la communauté dans une portion de ces fruits (*Suppl. alphab.*, v° *Reprise d'instance*, n. 50).

j'ai...... (*immatricule de l'huissier*), soussigné, donné assignation à M......., demeurant à......., rue........, n°........, pris au nom et comme seul et unique héritier de M......., son père, audit domicile, où étant et parlant à........,

A comparaître, par ministère d'avoué [1], à huitaine franche, délai de la loi, outre les délais de distance, à l'audience et par-devant MM. les Président et juges composant la........ chambre du tribunal civil de première instance de......., séant au Palais de Justice, à... ..., heure de........, pour :

Attendu que, par exploit de......., huissier à......., en date du......, M....... a donné assignation au requérant à comparaître devant ledit tribunal pour..... (*transcrire les conclusions de la demande*);

Attendu que, bien que le décès de M...... remonte à plus de six mois, M....... n'a pas encore repris l'instance introduite par son auteur, et qu'il importe au requérant de la voir terminer ;

Par ces motifs ;

Voir dire et ordonner que le susnommé sera tenu de reprendre l'instance dont s'agit, ou de donner son désistement pur et simple de la demande formée par son auteur contre le requérant, suivant exploit de...... ;

Sinon, et faute par lui de ce faire, voir dire et ordonner par le jugement à intervenir que l'instance sera tenue pour reprise entre les parties ; et s'entendre en outre condamner aux dépens.

A ce qu'il n'en ignore, et je lui ai, audit domicile, en parlant comme ci-dessus, laissé copie du présent, sous enveloppe, etc....

(*Signature de l'huissier*)

---

221. Reprise *d'instance après le décès d'une partie.*

Code PR. CIV., art 347.

A la requête de M......., demeurant à......., agissant au nom et comme seul et unique héritier de M......., son père, ayant Me....... pour avoué [2],

---

[1]. La partie assignée en reprise d'instance doit constituer avoué dans la même forme que la partie assignée sur une demande originaire.

[2]. L'art. 347, qui veut que l'instance soit reprise par acte d'avoué à avoué, est applicable aussi bien au cas de reprise forcée qu'à celui où la reprise d'instance est faite spontanément (Q. 1287). Voir aussi *Suppl. alphab.*, v° *Reprise d'instance*, n. 64. 65.

Si, après une assignation en reprise d'instance, les deux parties procèdent volontairement, sans qu'il ait été préalablement signifié d'acte de reprise, l'instance est tenue pour reprise par ce consentement tacite (Q. 1288).

Il n'est pas nécessaire, à peine de nullité, qu'un acte de reprise d'instance soit notifié à tous les avoués en cause, il suffit de le notifier à l'avoué du demandeur (J. Av., t. 73, p. 682, art. 608, § 4). Cependant, pour éviter toute difficulté, il vaut mieux que la reprise d'instance soit notifiée à tous les avoués en cause.

Soit signifié et déclaré à M^e......., avoué près le tribunal civil de première instance de....... et de M.......,

Que le requérant entend reprendre, comme de fait il reprend formellement par ces présentes, l'instance pendante devant la....... chambre du tribunal civil de....., entre feu M......., son père, et, M......., sur la demande formée par ledit feu sieur......, suivant exploit de......., huissier, en date du......., enregistré, pour procéder sur ladite demande suivant les derniers errements de la procédure.

(*Si l'instance est reprise par les héritiers du défendeur, on ajoute* :
Sans néanmoins aucune approbation de ladite demande, mais au contraire sous la réserve expresse de tous droits, fins de non recevoir, moyens de nullité et moyens de fait et de droit).

Dont acte.
Pour original (ou copie). *(Signature de l'avoué.)*
Signifié, laissé copie, etc.

222. Constitution *d'un nouvel avoué.*

(Voir la formule précédente).

M^e......., avoué près le tribunal civil de première instance de.......,

Déclare à M^e......., avoué près le même tribunal et de M....,

Qu'il a charge et pouvoir d'occuper et qu'il occupera pour M.., aux lieu et place de M^e....., avoué, décédé (*ou démissionnaire*), sur la demande formée à la requête dudit sieur......, contre M....., suivant exploit de........, huissier, en date du......., enregistré.

Dont acte.
Pour original (ou pour copie). *(Signature de l'avoué).*
Signifié, laissé copie, etc.

Remarque. — Quand le nouvel avoué se constitue pour le défendeur, on ajoute les mêmes réserves que dans la formule précédente : *sans néanmoins aucune approbation, etc.*

223. Requête *ou* Conclusions *pour contester la demande en reprise d'instance* [1].

CODE PR. CIV., art. 348.

Ces conclusions peuvent être signifiées soit en la forme des requêtes

---

[1]. Si les héritiers contestent la demande en reprise d'instance ou en constitution de nouvel avoué, sur le motif qu'ils ont renoncé à la succession, le demandeur doit faire nommer un curateur à la succession vacante (Q. 1290).

Des héritiers, assignés en reprise d'instance ou en constitution de nouvel avoué, sont recevables à opposer l'exception dilatoire résultant du délai donné par les art. 797 et 798 C. civ. et 174 C. pr. civ. pour faire inventaire et délibérer (Q. 1291).

grossoyées, soit par simple acte. (Voir formule n° 18.) *Dans l'un et l'autre cas, le défendeur à la reprise d'instance y conclut à ce qu'il*
  Plaise au tribunal :
Attendu ... *(exposé des moyens qui s'opposent à la recevabilité ou au bien fondé de la demande en reprise d'instance)* ;
  Par ces motifs ;
Déclarer M....... non recevable, en tout cas mal fondé en sa demande en reprise d'instance, l'en débouter ;
  Et le condamner aux dépens de l'incident, dont distraction, etc.,
Dont acte.
Pour original (*ou* copie). *(Signature de l'avoué.)*
Signifié, laissé copie, etc.
Remarque. — Le demandeur en reprise d'instance peut répliquer à ces conclusions par une requête ou un acte en la même forme. L'incident se termine par un jugement, qui déclare qu'il y a lieu de tenir l'instance pour reprise, ou, au contraire, qu'il n'y avait lieu de la reprendre.

---

224. Jugement *par défaut qui tient l'instance pour reprise*

CODE PR. CIV., art. 349.

Le tribunal, ouïs, etc......
  Attendu que...., héritier de...., succède à ses droits dans l'instance pendante entre ledit feu..... et...., et qu'il doit reprendre l'instance ;
  Attendu que M...... ne comparaît pas, bien que régulièrement assigné en reprise d'instance, suivant exploit de...., en date du..., enregistré ;
  Par ces motifs ;
  Donne défaut [1] contre....., et, pour le profit, tient pour reprise

---

1. Si, de plusieurs parties assignées en reprise d'instance ou en constitution de nouvel avoué, l'une fait défaut, la question de savoir s'il y a lieu ou non d'appliquer l'art. 153 et, conséquemment, de joindre le profit du défaut et d'ordonner la réassignation du défaillant, est très vivement controversée. Voir pour la *négative* : Q. 1292 ; Bordeaux, 7 juin 1850 (*J. Av.,* t. 76, p. 409) ; Caen, 15 janv. 1851 (*ibid.,* t. 76, p. 527) ; mais pour l'*affirmative* : *Suppl. alphab.,* v° *Reprise d'instance,* n° 71 ; Besançon, 11 juill. 1864 (*J. Av.,* t. 90, p. 318) ; Bordeaux, 7 mars 1870 (S. 70. 2.152).
La question de savoir si le jugement qui, par défaut, tient l'instance pour reprise, peut en même temps statuer sur le fond, est controversée. V. pour la négative Cass., 29 mars 1905 (*J. Av.,* t. 130, p. 221).
Ce jugement est sujet à la péremption à défaut d'exécution dans les six mois de son obtention (Q. 1293 *bis*).
Le jugement de défaut rendu sur le fond, après la signification d'un jugement de défaut sur l'incident en reprise, est susceptible d'opposition (Q. 1293 *ter*).
L'opposition ne peut pas être jointe au fond (Q. 1294).
L'action en reprise d'instance s'éteint par la péremption (Q. 1286 *quinq.*).

avec lui l'instance dont s'agit ; ordonne que les parties procèderont suivant les derniers errements ;

Commet...., huissier audiencier, pour la signification du présent jugement au défaillant ;

Condamne..... aux dépens...., etc.

---

§ III. — Désaveu [1].

225. Acte *de désaveu incident*.

Code *PR. CIV.*, art. 353.

L'an.... [2], le..., heure de...., au greffe du tribunal civil de [3]... et par-devant nous greffier,

A comparu M [4]...., demeurant à.... ;

Lequel, assisté de Me...., qu'il constitue et qui occupera pour lui

---

1. On distingue deux sortes de désaveux : le *désaveu principal*, formé directement contre un acte et indépendamment de toute instance, et le *désaveu incident*, formé contre un acte, au cours d'une instance.
2. Hors le cas prévu par l'art. 362, le désaveu peut être formé aussi longtemps que la partie qui le demande n'a pas approuvé, soit expressément, soit tacitement, l'acte qui en est l'objet (Q. 1307); Alger, 31 oct. 1899 (*J. Av.*, t. 125, p. 170). — Il peut l'être même en appel (Q. 1319 *quinq.*).
3. Lorsqu'il y a une instance pendante et que le désaveu a pour objet un acte *fait dans cette instance*, c'est devant le tribunal qui doit statuer sur cette instance que le désaveu doit être porté, en conformité de l'art. 354 (Q. 1310).

Si le désaveu a pour objet un acte d'une procédure *terminée*, il doit toujours être porté au tribunal devant lequel cette procédure a été instruite, bien que ce tribunal soit différent de celui où l'instance principale est pendante (*ibid.*).

Le désaveu dirigé contre un acte *isolé*, c'est-à-dire *sur lequel il n'y a point eu d'instance*, doit être soumis au tribunal du défendeur, bien qu'il soit formé dans le cours d'une instance pendante devant un autre tribunal (*ibid.*).

Qu'il y ait eu arrêt infirmatif, ou renvoi de l'affaire devant un tribunal autre que celui qui a rendu le jugement, ou bien qu'il y ait eu règlement de juges, le désaveu n'en doit pas moins être porté au tribunal devant lequel la procédure désavouée a été instruite (Q. 1310 *bis*).

L'art. 358, qui veut que le désaveu concernant un acte sur lequel il n'y a point d'instance soit porté au tribunal du défendeur, s'applique particulièrement aux cas où un huissier a inconsidérément fait des offres ou donné un consentement préjudiciable à la partie qui l'a chargé de faire un acte extrajudiciaire, par exemple, une saisie-arrêt, des offres réelles, etc. (Q. 1315).

Par ces mots : *le tribunal du défendeur*, de l'art. 358, il faut entendre, non pas celui où l'officier ministériel a exercé son ministère, mais celui de son domicile actuel (Q. 1315; Garsonnet, t. 2, p. 654).

Le désaveu, formé contre un mandataire constitué devant un tribunal de commerce, doit être porté au tribunal civil. Rennes, 28 juill. 1884 (S. 84. 2.161) — *Contrà* Q. 1311.

L'action en désaveu formée sur l'appel, relativement à un acte fait en première instance, doit être portée devant les premiers juges (Q. 1310).

4. La partie au nom de laquelle a été fait un acte sans pouvoir est la seule qui puisse le désavouer (Q. 1305).

dans la présente instance en désaveu, a dit et déclaré.... (*exposer les faits et les moyens de désaveu*).

Pourquoi le comparant a déclaré qu'il entendait désavouer, comme de fait il désavouait formellement par ces présentes, M[e 1]...., avoué près ce tribunal, demeurant à...., rue...., n°....,

Comme ayant excédé les pouvoirs qui lui ont été donnés par le comparant, dans la cause pendante en ce tribunal entre lui et M...., en faisant..... (*indiquer l'acte désavoué*[2]) sans avoir mandat à cet égard de la part du requérant;

---

1. Le successeur d'un avoué, qui a occupé pour les parties qui avaient constitué son prédécesseur, est présumé, jusqu'à désaveu, avoir procédé avec des pouvoirs suffisants, et les actes faits avec lui sont valables.

L'avoué révoqué, mais non remplacé, peut continuer d'occuper, sans s'exposer au désaveu (Q. 1298 *ter*).

Les huissiers peuvent être désavoués, et leur désaveu est régi, quant à l'instruction et la procédure à suivre, par les mêmes règles que celui des avoués (*Suppl. alphab.*, v° *Désaveu*, n°ˢ 20 et suiv.; Boitard, Colmet-Daâge et Glasson, t. 1, n° 539; Garsonnet, t. 2, n° 372, p. 643).

L'action en désaveu est également ouverte contre le mandataire qui a plaidé devant un tribunal de commerce ou une justice de paix, et d'ailleurs, et d'une manière générale, contre tout mandataire *ad lites* (Q. 1296).

Si le désavoué est mort, le désaveu doit être signifié à ses héritiers individuellement, et non collectivement (Q. 1309 et 1309 *bis*).

2. L'action en désaveu n'est admise qu'à l'égard des actes que l'avoué ne peut faire sans un pouvoir spécial, mais pour lesquels la loi présume l'existence de ce pouvoir; le désaveu est institué pour combattre cette présomption.

L'énumération, contenue en l'art. 352 C. pr. civ., des actes au sujet desquels est ouverte l'action en désaveu (offres, aveu, consentement) n'est pas limitative (Q. 1301; *Suppl. alphab.*, v° *Désaveu*, n° 1; Boitard, Colmet-Daâge et Glasson, t. 1, n° 540) — La question cependant est controversée. Voir sur les cas divers dans lesquels il a été décidé qu'il y a, ou non, lieu à désaveu : Q. 1297-1298.

Il a également été jugé qu'une partie ne peut, en dehors de la procédure spéciale de désaveu, être admise à prouver que c'est sans mandat de sa part qu'un huissier, qui n'est pas en cause, a signifié un exploit à sa requête. Dijon, 14 mars 1876 (*J. Av.*, t. 101, p. 413).

...... Que l'énonciation, dans un exploit contenant demande en partage d'une succession à la requête de l'un des enfants du défunt, que ce dernier a laissé ses biens à ses enfants, chacun pour sa part virile, impliquant l'acceptation de cette succession par le requérant, l'avoué qui a rédigé cet exploit, et l'huissier qui l'a signifié, peuvent être l'objet d'un désaveu de la part du requérant de qui ils n'avaient reçu aucun pouvoir spécial pour procéder ainsi. Chambéry, 9 août 1876 (*J. Av.*, t. 102, p. 106).

..... Que lorsqu'un jugement ordonnant une expertise a commis, pour y procéder, un seul expert, au lieu de trois, l'assistance de l'avoué à la prestation de serment de cet expert unique, emportant acquiescement au jugement, constitue un acte à raison duquel l'avoué, qui le fait sans un pouvoir spécial de sa partie, s'expose au désaveu. Riom, 12 déc. 1898 (*J. Av.*, t. 124, p. 73).

..... Qu'une déclaration de command, à la suite d'une adjudication, est un acte rentrant dans l'exercice légal et habituel des fonctions de l'avoué, et à raison duquel l'avoué, qui l'a fait sans être muni d'un pouvoir spécial de la partie à la requête de laquelle il a agi, peut être désavoué par celle-ci. Alger, 31 oct. 1899 (*J. Av.*, t. 125, p. 171).

Mais il a été jugé, d'autre part, qu'un avoué peut, sans s'exposer au désaveu, faire, pour la partie qui l'a constitué, tous les actes quelconques de son ministère,

Duquel désaveu le comparant conclut à ce qu'il lui soit donné acte.

Et, attendu que le jugement rendu contradictoirement entre les parties le.... est uniquement motivé sur... (*indiquer le fait désavoué*), il conclut également à ce qu'il plaise au tribunal déclarer l'acte dont s'agit et le jugement susénoncé nuls et de nul effet; remettre les parties au même état où elles étaient avant la signification de cet acte; faire défense audit sieur.... de mettre à exécution ledit jugement, et, à raison du préjudice causé, condamner M*e*..... en..... francs de dommages-intérêts envers le comparant, et, en outre, aux dépens ;

De tout ce que dessus le comparant a requis acte que nous lui avons donné, et a signé avec M*e*...., son avoué, et nous greffier, après lecture.

(*Signatures de la partie ou de son fondé de pouvoir spécial, de l'avoué et du greffier* [1].)

Remarque. — Le désaveu principal a lieu aussi par acte au greffe comme le désaveu incident. Le demandeur prend expédition de l'acte

---

n'exigeant pas un pouvoir spécial de celle-ci. Cass., 13 juill. 1897 (*J. Av.*, t. 123, p. 339).

..... Que notamment l'action en désaveu n'est pas recevable contre un avoué à raison d'une sommation de communiquer les pièces qu'il aurait faite à la partie adverse, et qui aurait eu pour résultat de couvrir une exception d'incompétence, proposable par son client seulement *in limine litis* (*ibid.*).

Le pouvoir donné à l'avoué pour enchérir n'emporte pas pouvoir d'enchérir de nouveau lors de la surenchère, et, pour qu'il demeure adjudicataire en son nom, il n'est pas nécessaire d'exercer une action en désaveu.

La Cour de Paris, dans une circonstance spéciale, avait décidé, le 7 juill. 1847, qu'il n'y avait pas lieu à désaveu contre l'avoué qui s'était désisté d'une demande en collocation dans un ordre, du consentement verbal du client et de son avocat (*J. Av.*, t. 72, p. 531). Mais la Cour de cassation n'a pas admis cette doctrine et a décidé qu'un avoué ne pouvait valablement se désister en pareil cas qu'avec un pouvoir écrit de nature à sauvegarder sa responsabilité. Cass., 14 juill. 1851 (*J. Av.*, t. 76, p. 424).

Si, de plusieurs parties à la requête desquelles un appel a été interjeté, l'une prétend que cet appel ne l'a été réellement que par les autres parties, sans son consentement ni sa participation, elle peut valablement former une action en désaveu (*Q.* 1302). Mais cette action doit être dirigée d'abord contre l'huissier rédacteur de l'acte d'appel, sauf à agir contre l'avoué, si l'huissier a reçu l'exploit des mains de l'avoué (*Q.* 1303).

Il faut nécessairement former l'action en désaveu pour contester des déclarations faites par un avoué dans les qualités d'un jugement (*Q.* 1304).

Pour détruire les faits énoncés dans l'exploit introductif d'instance, il faut désavouer l'officier ministériel qui a fait cet acte (*Q.* 1298 *bis*).

L'acquiescement exprès, tacite ou présumé, est un obstacle insurmontable à la demande en désaveu (*Q.* 1319). — Voir pour l'application de ce principe, *J. Av.*, t. 81, p. 483, et t. 98, p. 318. — Voir encore *Suppl. alphab.*, v° *Désaveu*, n° 69.

1. L'omission de quelqu'une des formalités prescrites par l'art. 353 pour l'acte de désaveu n'entraîne nullité qu'autant que la formalité est substantielle. Du reste, cette omission peut être réparée jusqu'au jugement (*Q.* 1306 *ter*).

La signature de la partie, ou celle de son fondé de pouvoir spécial, est rigoureusement exigée : la mention faite par le greffier de l'impossibilité de signer, ne remplirait pas le vœu de la loi (*Q.* 1306 ; Garsonnet, t. 2, n° 378, p. 656).

de désaveu et en fait signifier copie tant à l'officier ministériel désavoué qu'aux parties intéressées avec assignation dans les délais ordinaires (Voir *infrà*, Formule n° 234.)

---

226. Signification *de l'acte de désaveu incident.*
CODE PR. CIV., art. 354 et 357.

A la requête de M...., demeurant à..., ayant pour avoué M^e ...,
soit signifié et en tête des présentes donné copie à:
1° M^e ...., avoué près le tribunal de première instance de......;
2° M^e ...., avoué près le tribunal de première instance de..... et de M....;
D'un acte fait au greffe dudit tribunal, en date du...., enregistré, contenant désaveu par le requérant de M^e...., avoué, qui a occupé pour lui dans l'instance entre lui et M....;
A ce que les susnommés n'en ignorent; leur déclarant qu'ils aient à suspendre [1] toute procédure jusqu'au jugement dudit désaveu, sous peine de tous dépens et dommages-intérêts.
Dont acte.
Pour original (*ou* copie).   (*Signature de l'avoué.*)
Signifié, laissé copie, etc.

---

227. Requête *ou* Conclusions *en défense au désaveu, signifiées par l'officier ministériel désavoué* [2].
CODE PR. CIV., art. 354.

La défense à l'action en désaveu est fournie par requête, que l'on

---

1. Il doit être sursis à toute procédure jusqu'au jugement du désaveu, à peine de nullité (art. 357 C. pr. civ.).
Cependant le désaveu ne suspend pas l'exécution des interlocutoires précédemment rendus, ni le jugement du fond, s'il est de nature à n'exercer aucune influence sur la solution à intervenir (Q. 1312; *Suppl. alphab.*, v° *Désaveu*, n° 89; Boitard, Colmet-Daâge et Glasson, t. 1, n° 543; Garsonnet, t. 2, n° 379, p. 659).
Pour faire annuler les poursuites postérieures au désaveu, on prend l'une des voies suivantes: si les procédures n'ont pas encore abouti à un jugement ou à un arrêt, on saisit le tribunal de conclusions; si, en cas de décision rendue, la voie d'opposition ou d'appel est ouverte, c'est par les voies ordinaires que la nullité doit être demandée; si, au contraire, le jugement est en dernier ressort, la voie de la requête civile est ouverte; si la voie de la requête civile ne peut être admise, sous le prétexte que les parties n'ont pas été dûment appelées, ce n'est pas par dem nde en nullité qu'on doit agir, il suffit alors d'opposer la maxime *res inter alios a ta* (Q. 1313 *bis*).
Si, au lieu de former une demande en désaveu, la partie appelle l'officier ministériel en garantie devant le tribunal saisi de l'affaire dans laquelle on oppose un acte fait sans pouvoir, cette demande n'a pas l'effet de l'action en désaveu (Q. 1314).
2. Un avoué désavoué peut occuper pour lui-même dans l'instance en désaveu.

signifie soit en la forme ordinaire des conclusions grossoyées, soit par simple acte (formule n° 18), *tant au désavouant, qu'à son adversaire dans l'instance principale, au cours de laquelle le désaveu est formé. Dans l'un et l'autre cas, la partie désavouée conclut à ce qu'il*

Plaise au tribunal :

Attendu..... (*exposer les moyens de défense au désaveu*);

Par ces motifs ;

Déclarer M.... (*le désavouant*) purement et simplement non recevable, en tout cas mal fondé, en son désaveu fait par acte du greffe le....; en conséquence, ordonner qu'en marge dudit acte de désaveu il sera fait mention du jugement à intervenir ;

Et attendu le préjudice que le désaveu dont s'agit a causé à M°... (*le désavoué*), condamner M.... à lui payer la somme de...., à titre de dommages-intérêts, et en outre aux dépens ;

Déclarer le jugement à intervenir commun avec M.... (*adversaire du désavouant dans l'instance principale*), pour être exécuté avec lui selon sa forme et teneur.

Dont acte.

Pour original (*ou* copie).   (*Signature de l'avoué.*)

Signifié, laissé copie, etc.

---

228. Requête *ou* **Conclusions** *signifiées par la partie adverse à la partie qui a désavoué son représentant après le jugement du fond.*

CODE PR. CIV., art. 355, 357.

Cette requête se rédige également dans la forme ordinaire des conclusions grossoyées, ou par simple acte ; on y conclut à ce qu'il

Plaise au tribunal :

Attendu que... (*résumer les moyens sous la forme de motifs*);

Par ces motifs ;

Déclarer M..... purement et simplement non recevable, en tout cas mal fondé, à l'égard du concluant, en sa demande en désaveu, faite par acte du greffe le.....; ordonner qu'en marge dudit acte de désaveu, il sera fait mention de son rejet; et ordonner, en conséquence, que le jugement rendu par le tribunal, le...., au profit du concluant, continuera d'être exécuté selon sa forme et teneur contre ledit sieur....;

Et provisoirement, attendu qu'il importe de ne pas laisser indéfiniment suspendue l'exécution du jugement rendu contre M....., ordonner, avant faire droit, que M.... sera tenu de faire statuer, sur le désaveu par lui formé, dans le délai d'un mois à compter de la signification du jugement à intervenir ; sinon, et faute par lui de ce faire dans ledit délai, dire et ordonner par le même jugement, et sans qu'il en soit besoin d'autre, que le jugement rendu au profit du concluant contre M......, le......, continuera d'être exécuté selon sa forme et teneur, et ce, nonobstant le désaveu susénoncé, et, en cas de contestation, condamner les contestants aux dépens, dont distraction, etc.

Dont acte.
Pour original (*ou* copie). *(Signature de l'avoué).*
Signifié, laissé copie, etc.

---

229. Assignation *en désaveu signifiée, en cas de décès de l'avoué, à son héritier.*

Code PR. CIV., art. 355.

L'an mil neuf cent..., le..., à la requête de M.... demeurant à.. pour lequel domicile est élu à...., rue...., n°...., en l'étude de M°..., avoué près le tribunal civil de...., qu'il constitue et qui occupera pour lui sur la présente assignation et ses suites, j'ai..... (*immatricule de l'huissier*), soussigné, signifié et, en tête [de celle] des présentes, laissé copie à M....., demeurant à....., pris au nom et comme seul et unique héritier de M°..... décédé, de son vivant avoué près le tribunal civil de....., audit domicile, où étant et parlant à.....

De l'expédition dûment en forme d'un acte dressé au greffe du tribunal civil de première instance de...., le....., enregistré, contenant désaveu par le requérant, de feu M°....., avoué près ledit tribunal, qui a occupé pour le requérant dans l'instance existant entre lui et M. X.... (*adversaire du désavouant dans l'instance principale.*)

Et à mêmes requête, demeure, élection de domicile et constitution d'avoué que dessus, j'ai, huissier susdit et soussigné, donné assignation au susnommé, audit domicile où étant et en parlant comme il a été dit, à comparaître à huitaine franche, délai de la loi, outre les délais de distance, par ministère d'avoué, à l'audience et par-devant MM. les Président et juges composant la..... chambre du tribunal civil de...., séant au Palais de Justice à....., pour, par les motifs énoncés dans l'acte de désaveu dont copie précède (celle des présentes);

Voir donner acte au requérant de ce qu'il désavoue ledit feu M°.. comme ayant..... (*énoncer le fait à raison duquel le désaveu a lieu*); et attendu que le jugement rendu contradictoirement entre les parties le...., est motivé sur l'acte qui forme l'objet du désaveu susénoncé, voir déclarer nuls ledit acte et le jugement dont il s'agit;

Voir ordonner que les parties seront remises au même état où elles se trouvaient avant la signification de l'acte désavoué;

Voir dire qu'il sera fait défense à M. X... de mettre à exécution ledit jugement; et, à raison du préjudice causé, s'entendre condamner M..... en..... francs de dommages-intérêts, et s'entendre en outre condamner en tous les dépens.

A ce qu'il n'en ignore. Et je lui ai, audit domicile, en parlant comme dessus, laissé copie, tant de l'acte de désaveu susénoncé que du présent, sous enveloppe, etc.

Coût.....

(Signature de l'huissier.)

Remarque. — L'acte de désaveu se signifie aux autres parties en cause par acte d'avoué. Après que l'héritier de l'avoué assigné en désaveu a constitué avoué, on suit l'audience par un simple acte.

---

230. Assignation *en désaveu contre un avoué qui a cessé ses fonctions*[1].

Code PR. CIV., art. 356.

L'an mil neuf cent..., le...., à la requête de M..., demeurant à.. etc. *(indication du domicile réel, élection de domicile et constitution d'avoué)*,

J'ai....., *(nom, prénom, demeure et immatricule de l'huissier)*;

Signifié et en tête [de celle] des présentes laissé copie à M^e....., ancien avoué près le tribunal de...., demeurant à....., où étant etc....;

De l'expédition dûment en forme d'un acte dressé au greffe du tribunal civil de...., le...., enregistré, contenant désaveu dudit sieur...., pour avoir... *(indiquer l'acte, à raison duquel le désaveu intervient)*, alors qu'il occupait pour le requérant dans l'instance existant entre celui-ci et M.....

Et à mêmes requête..... etc. *(le surplus comme dans la formule précédente.)*

(Signature de l'huissier.)

---

231. Assignation *en désaveu incident contre un avoué, à l'occasion d'un acte fait dans une autre instance*[2].

Code PR. CIV., art. 356.

L'an mil neuf cent..., le...., à la requête de M...., demeurant à.... *(indication du domicile réel, élection de domicile et constitution d'avoué)*,

J'ai..... *(nom, prénom, demeure et immatricule de l'huissier)*,

---

1. Lorsque le désaveu s'adresse à l'avoué lui-même, qui a cessé ses fonctions, il est nécessaire de lui notifier en même temps une assignation (Q. 1309 *ter*).
2. Dans le cas du désaveu incident, si l'acte désavoué n'appartient pas à l'instance, le désaveu est porté au tribunal devant lequel la procédure désavouée a été instruite, et, dans ce cas, la signification se fait *aux parties* de l'instance principale, c'est-à-dire à personne ou domicile, et non par acte d'avoué (Q. 1319 *bis*). Voir aussi *Suppl. alphab.*, v° Désaveu, n. 59 et 60.

Signifié et en tête [de celle] des présentes laissé copie à Mᵉ...., avoué près le tribunal de...., demeurant à....., où étant, etc.

De l'expédition, etc..... (*comme dans la formule qui précède*);

Et, à même requête, etc..... (*également comme dans la formule précédente*), pour:

Attendu qu'on entend actuellement se servir contre le requérant, dans une nouvelle instance, pendante entre lui et M..... devant le tribunal de..... etc., (*indiquer l'acte à raison duquel le désaveu est exercé*); que le requérant a désavoué ledit acte;

Par les motifs énoncés en l'acte de désaveu, dont copie précède [celle des présentes],

En voir adjuger au requérant les fins et conclusions.

A ce qu'il n'en ignore; et je lui ai, audit domicile et en parlant comme dessus, donné copie tant dudit acte de désaveu que du présent, sous enveloppe fermée, etc...

Coût.....

(*Signature de l'huissier*

---

232. Assignation *en désaveu incident contre un huissier.*

CODE *PR. CIV.*, art. 356.

Formule identique à la précédente, sauf substitution de l'indication de l'huissier désavoué à celle de l'avoué désavoué.

---

233. Dénonciation *de l'acte de désaveu incident*[1].

CODE *PR. CIV.*, art. 356.

A la requête de M....., ayant Mᵉ..... pour avoué;

Soit signifié, et en tête [de celle] des présentes donné copie à:
1° Mᵉ...., avoué près le tribunal de...., et de M....; 2° Mᵉ....., avoué de.....;

1° D'un acte fait au greffe, etc... (*comme dans la formule* n° 226);

2° D'un exploit du ministère de ...., huissier à....., en date du....., enregistré, contenant assignation à Mᵉ....., avoué (*ou* huissier), tendant à désaveu à raison de... (*indiquer l'acte à raison duquel le désaveu intervient*);

A ce qu'ils n'en ignorent;

Déclarant aux susnommés qu'ils aient à suspendre toute procé-

---

[1]. Le désaveu d'un avoué doit, à peine d'irrecevabilité, être dénoncé à toutes les parties qui étaient en cause dans l'instance à l'occasion de laquelle il est formé, même aux consorts du demandeur en désaveu. Colmar, 29 déc. 1852 (*J. Av.*, t. 78, p. 409). *Voir* les observations en sens contraire sous cet arrêt, *loc. cit.*

dure jusqu'au jugement dudit désaveu, sous peine de tous dépens et dommages-intérêts.

Dont acte.

Pour original (*ou* copie).   (*Signature de l'avoué.*)
Signifié, laissé copie, etc...

---

234. Assignation *en désaveu principal.*

CODE PR. CIV., art. 358.

Cette signification est faite par exploit à domicile contenant assignation devant le tribunal du défendeur [1].

---

235. Jugement *qui déclare valable le désaveu.*

CODE PR. CIV., art. 360.

Le tribunal, ouïs....., etc., le ministère public entendu, après en avoir délibéré conformément à la loi et jugeant en premier[2] ressort ;

Attendu...., etc. ;

Par ces motifs ;

Faisant droit sur la demande en désaveu, déclare valable le désaveu fait au greffe le....., contre M...., par M.... ; en conséquence, déclare nul[3]...... (*acte désavoué*) et les actes qui l'ont suivi, notamment le jugement du....; remet les parties dans l'état où elles étaient avant ledit acte, sous la réserve de tous leurs droits ; condamne M^e...

---

1. Le désaveu formé après le jugement, dans l'année de ce jugement, est poursuivi par *action principale*, au moyen d'un exploit à domicile (Q. 1307 *bis*).

Dans le cas prévu par l'art. 362, il est nécessaire de signifier le désaveu à la partie en faveur de qui le jugement a été rendu (Q. 1319).

Cette signification doit avoir lieu lorsque le désaveu est formé contre un huissier, comme lorsqu'il l'est contre un avoué (*ibid.*).

La dénonciation du désaveu aux avoués ayant occupé pour les parties dans l'instance terminée par ce jugement, ne saurait suffire. Cass., 19 avril 1896 (S. 98. 1. 29).

Le délai de huitaine de l'art. 362 C. pr. civ. est imparti pour formuler le désaveu lui-même, mais ne concerne pas sa dénonciation. Cass. 29 avril 1899 précité.

2. L'action en désaveu est d'une valeur indéterminée.

Si, dans le cours d'une instance qui est de nature à être jugée en dernier ressort, un acte de cette même instance est désavoué, le jugement qui statue sur le désaveu est en premier ressort (Q. 1317).

3. Le jugement qui donne lieu au désaveu est nul de plein droit dès que le désaveu a été accueilli (Q. 1316).

en ...., à titre de dommages-intérêts[1] envers M..., et le condamne en tous les dépens, dont distraction, etc...

Remarque. — Le tribunal peut statuer par le même jugement sur le désaveu et sur le fond, si l'instruction est en état sur l'un et sur l'autre. Néanmoins, le vœu de la loi paraît être que l'instance de désaveu soit vidée séparément et avant tout (Q. 1313).

236. Jugement *qui déclare nul le désaveu.*
Code PR. CIV., art. 365.

Le tribunal..... (*comme dans la formule qui précède*);
Attendu...., etc.;
Par ces motifs;
Déclare nul le désaveu fait par M..... contre Me....., avoué en ce tribunal, par acte reçu au greffe le.....; ordonne que ledit acte sera rayé du registre du greffier de ce tribunal, et qu'en marge dudit acte il sera fait mention du présent jugement, à quoi faire sera ledit greffier contraint, quoi faisant déchargé; condamne, en outre, M... en..... de dommages et intérêts envers ledit Me....., et aux dépens envers toutes les parties, dont distraction, etc.

§ IV. — Péremption[2].

237. Requête *ou* **Conclusions** *pour demander la péremption*[3].
Code PR. CIV., art. 400.

Forme ordinaire des conclusions (Voir *formule* n° 18).
Après l'exposé des faits et moyens, le demandeur en péremption conclut à ce qu'il

---

1. Outre l'interdiction et les peines extraordinaires, le désavoué peut être condamné à tels dommages qu'il appartient vis-à-vis du désavouant et des parties. Il est sujet, par exemple, aux frais de tous les actes et à la garantie des condamnations qu'il a occasionnées à son client (Q. 1317 *bis*).
Mais la jurisprudence s'accorde à décider que la disposition de l'art. 360 est facultative, et que les tribunaux peuvent ne pas l'appliquer, tout en admettant le désaveu, lorsqu'ils ont la conviction qu'il n'y a ni fraude, ni faute grave, de la part du désavoué, et que celui-ci a été seulement victime d'une erreur qu'il n'était pas en son pouvoir d'éviter (*ibid.*). Voir aussi *Suppl. alphab.*, v° *Désaveu*, nos 104 et suiv.
Toutefois on ne saurait aller jusqu'à considérer la mauvaise foi de l'officier ministériel désavoué comme une condition de la recevabilité du désaveu : la bonne foi de l'officier ministériel ne peut tenir en échec le désaveu, lorsque l'absence du mandat est prouvée. Alger, 31 oct. 1889 (*J. Av.*, t. 125, p. 170).
2. L'avoué, constitué mandataire *ad litem* d'une partie, commet, en laissant périmer l'instance, une faute engageant sa responsabilité vis-à-vis de cette partie, et pouvant le faire condamner, d'une part, à lui rembourser les frais exposés dans l'instance, et, d'autre part, à lui payer des dommages-intérêts, pour le préjudice éprouvé, s'il y a lieu. Aix, 20 oct. 1900 (*J. Av.*, t. 126, p. 429).
3. La péremption doit être proposée avant la nullité de l'exploit *introductif*.

Plaise au tribunal[1] :

Dans ce cas, on ne couvre pas la nullité de cet exploit (Q. 1447 bis).
La demande en péremption est dispensée du préliminaire de conciliation (Q. 1444).
La péremption doit être *demandée* : le juge ne peut la suppléer d'office. (Legrand, p. 140).
Si le pouvoir de l'avoué du défendeur à la demande en péremption a cessé par l'une des causes énoncées dans l'art. 400, elle doit être formée par exploit à personne ou à domicile.
Si le pouvoir de l'avoué du demandeur en péremption a cessé, elle doit être formée par requête d'avoué contenant, de la part du demandeur, constitution d'un nouvel avoué pour occuper sur cette demande.
La forme prescrite par l'art. 400 est rigoureuse. On ne peut substituer à la requête qu'il indique des actes équipollents (Q. 1446).
Ainsi est irrégulière la demande en péremption formée par de simples conclusions qu'on se contenterait de prendre verbalement à l'audience (Q. 1444).
Si l'une des parties est décédée et que le décès ait été notifié, la péremption doit être demandée par exploit signifié aux héritiers du défunt (Q. 1445 bis).
Mais si le décès n'a pas été notifié, la demande est valablement formée par requête (*ibid.*, et *J. Av.*, et. 72, p. 405, art. 188, et t. 73, p. 371, art. 477). Elle peut aussi, dans ce cas, être formée par exploit (*J. Av.*, t. 74, p. 579, art. 779).
Dans le cas où il y a lieu à reprise d'instance, celui qui veut demander la péremption, bien loin d'être obligé de commencer par un acte de reprise ou par une assignation en reprise, doit éviter d'agir ainsi, puisque cette démarche le rendrait non recevable dans la demande en péremption (Q. 1424 bis, et *Suppl. alphab.*, v° *Péremption d'instance*, n. 89, 89 bis).
Jugé cependant que l'héritier du défendeur qui ne reprend l'instance que pour demander la péremption ne couvre pas cette péremption. Paris, 23 nov. 1848 (*J. Av.*, t. 74, p. 220, art. 654).
Les règles requises pour l'introduction de la demande en péremption en première instance sont également applicables à la péremption en cause d'appel.
1. La demande en péremption doit être portée devant le tribunal saisi de la contestation principale (Q. 1427 quat.).
C'est devant la Cour d'appel que doit être portée la demande en péremption d'une instance pendante devant elle, et non devant le tribunal chargé par cette Cour de procéder à une enquête que les parties n'ont point poursuivie (*ibid.*).
Des créanciers peuvent proposer la péremption d'instance du chef de leur débiteur.
La péremption peut être demandée par une partie qui a apporté des obstacles à la procédure, si ces obstacles pouvaient être levés par la vigilance de son adversaire et sauf le cas de dol ou de fraude (Q. 1421).
Le demandeur ne peut demander la péremption de sa propre demande (Q. 1427 sex.). — Mais le défendeur qui forme une demande incidente ne perd pas sa qualité de défendeur et conserve le droit de demander la péremption de l'instance principale contre le demandeur (*J. Av.*, t. 73, p. 607, art. 572).
La péremption court contre l'État, contre toutes personnes morales et contre les mineurs.
Cependant il y a controverse sur le point de savoir si la péremption court même contre le mineur qui n'est pas pourvu de tuteur, ou contre l'interdit dont le tuteur est décédé. *Voir pour la négative* : Q. 1433 ; — mais pour l'*affirmative* : Deffaux et Harel, *Encyclop. des huissiers*, v° *Péremption d'instance*, n° 25, Cass. 10 août 1842 (S. 42.1.783).
La question se pose de la même manière de savoir si elle court contre un aliéné enfermé dans un établissement public, sans qu'il lui ait été nommé un administrateur (Q. 1433).
La péremption court contre une succession vacante non pourvue de curateur

Attendu que, par exploit du ministère de ......, huissier à ....,
en date du ...., M....... a intenté contre le concluant une
instance [1] ayant pour objet... (*qualifier l'instance*);

(*Q*. 1433 *bis*); elle court contre l'héritier bénéficiaire demandeur, à l'égard des demandes qu'il a dirigées contre son auteur (*Q*. 1433 *ter*).
Elle court contre les communes, même avant qu'elles aient été autorisées à plaider (*Q*. 1433 *quinq*.; Deffaux et Harel, *Encyclop. des huiss.*, v° *Péremption d'instance*, n° 25).

1. Par le mot instance, dont se sert l'art 397, il faut entendre toutes les procédures faites devant un tribunal pour parvenir à la décision d'une contestation : ainsi les procédures extrajudiciaires, telles que les préliminaires de conciliation, les saisies-exécutions, pour lesquelles le ministère du juge n'est pas requis, ne peuvent tomber en péremption (*Q*. 1410 *bis*; *Suppl. alphab.*, v° *Péremption d'instance*, n° 1 et s.).
Mais la saisie immobilière est susceptible de péremption (*Q*. 2221, et *J. Av.*, t. 75, p. 4, art. 787). Il en est de même d'une procédure de saisie-arrêt : Trib. civ. de Rennes, 6 juin 1906 (*J. Av.*, t. 131, p. 444).
La procédure d'ordre n'est pas sujette à la péremption. — Mais les incidents qui se produisent dans le cours de la procédure d'ordre, les instances auxquelles donnent lieu les contredits, sont soumis aux règles ordinaires de la péremption, tant en première instance qu'en appel. — La péremption prononcée n'a pas pour effet d'anéantir l'ordre, elle n'atteint que les actes faits depuis le contredit inclusivement, en sorte que le créancier contestant doit être déclaré forclos du droit de contredire par le jugement qui admet la péremption (*Q*. 2674 *bis* et 2582).
L'instance à laquelle donne lieu l'exécution d'un jugement passé en force de chose jugée est sujette à la péremption (*J. Av.*, t. 73, p. 371, art. 477).
Il en est de même d'une instance qui a pour objet une question d'état (*Q*. 1426).
La demande en péremption peut elle-même tomber en péremption (*Q*. 1427 *bis*; *Suppl. alphab.*, v° *Péremption d'instance*, n. 65, 66).
Les jugements préparatoires ou interlocutoires ne peuvent empêcher la péremption de l'instance, et ils y sont eux-mêmes soumis (*J. Av.*, t. 75, p. 146, art. 837).
Mais il en est autrement des jugements qui contiennent à la fois des chefs définitifs et des chefs interlocutoires (*Q*. 1421, et *J. Av.*, t. 72, p. 257, art. 114 § 5). *Sic* Alger, 18 juin 1894 (D. P. 95. 2. 509).
Les jugements par défaut sur le fond, signifiés avant l'expiration du délai de la péremption, ont pour effet de l'interrompre. Quant à ceux qui n'ont pas été signifiés, il faut distinguer les jugements faute de comparaître d'avec les jugements faute de conclure. Ces derniers ne peuvent tomber en péremption, et les premiers ne l'interrompent que pendant les six mois qui suivent leur prononciation. La péremption recommence à courir si le jugement tombe, soit par le défaut d'exécution dans les six mois, soit par l'effet de l'opposition (*Q*. 1421 *bis*).
L'opposition à un arrêt ou jugement par défaut, irrégulièrement formée, est le principe d'une nouvelle instance susceptible de péremption de la part du demandeur primitif, mais non de l'opposant. Lorsque, au contraire, l'opposition est régulière, elle a anéanti le jugement par défaut; elle n'est pas une nouvelle instance, mais la suite ou la reprise de l'instance principale dont la péremption peut être demandée par l'opposant contre le demandeur primitif, en sorte que, pour statuer sur la péremption, il faut toujours, au préalable, décider si l'opposition a été ou non régulière (*Q*. 1412).
Un arrêt de cassation n'est pas un obstacle à la péremption de l'instance devant la Cour de renvoi (*Q*. 1421 *ter*).
Mais si aucune procédure n'a eu lieu devant la Cour de renvoi, comme pour obtenir un nouvel arrêt il faut constituer de nouveaux avoués, le délai de la péremption est, dans ce cas, de trois ans et six mois (*J. Av.*, t. 73, p. 220, art. 413).

Attendu que le dernier acte de procédure est... (*qualifier l'acte*), signifié par M......., à l'avoué du concluant, le...... ;

Attendu que plus de trois années s'étant écoulées sans nouvelle procédure [1], il en résulte que l'instance est périmée, aucun acte valable [2] n'ayant été fait d'ailleurs pour couvrir la péremption ;

---

1. Il n'est pas nécessaire, pour qu'il y ait lieu à l'addition du délai de six mois, conformément à la deuxième disposition de l'art. 397, que les évènements qui ont amené une reprise d'instance ou une constitution de nouvel avoué soient survenus pendant le premier délai de trois ans. — Au contraire, ce délai de six mois constitue un nouveau délai séparé du premier, qui ne commence à courir que du jour de l'évènement qui y donne lieu, quel que soit d'ailleurs le délai antérieurement écoulé depuis le dernier acte valable (Q. 1423; *Suppl. alphab.*, *verb. cit.*, n. 14 et s.). Comp. Orléans, 24 déc. 1905 (*J. Av.*, t. 131, p. 81).

Il n'est pas nécessaire que l'évènement qui donne lieu à reprise d'instance soit notifié pour proroger de six mois le délai de la péremption (Q. 1423 *bis*).

On ne peut former une demande en reprise d'instance ou en constitution de nouvel avoué après le délai de trois ans et demi donné par l'art. 397, si la demande en péremption a eu lieu (Q. 1424).

Le délai supplémentaire, accordé par l'art. 397, dans le cas où il y a lieu à demande en reprise d'instance, est commun aux deux parties (Q. 1425).

Le délai, soit ordinaire, soit extraordinaire, fixé par l'art. 397, ne doit pas être augmenté à raison des distances (Q. 1409 *ter*).

Le temps de la péremption ne doit pas être compté *de momento ad momentum*, mais par jours (Q. 1415).

Il faut que le dernier jour des trois ans soit accompli (Q. 1415). Si ce jour est férié, le délai est prorogé au lendemain.

Lorsque la demande en péremption est formée avant l'expiration des trois années, et que, dans l'intervalle de cette demande aux plaidoiries, aucun acte valable n'a été signifié, on ne peut déclarer la péremption acquise, en ajoutant au temps écoulé jusqu'à l'époque de la demande celui qui a couru depuis jusqu'aux plaidoiries (Q. 1410).

La péremption est acquise, même en cas de négligence d'un juge-commissaire à procéder à une opération commencée, ou d'un rapporteur à rapporter un procès (Q. 1417).

Il y a péremption lorsque trois ans se sont écoulés après un jugement ordonnant une expertise, depuis la sommation faite aux parties de se trouver sur les lieux contentieux (*J. Av.*, t. 74, p. 34, art. 614, 1).

Le décès d'un juge-commissaire, d'un rapporteur ou d'un expert, n'interrompt pas la péremption (Q. 1418).

Le décès du défendeur est un obstacle à la péremption lorsqu'il a été notifié (Q. 1423 *ter*).

Les cas fortuits qui ont mis le demandeur dans l'impossibilité d'agir interrompent la péremption (Q. 1420).

La prescription de l'action n'emporte pas péremption de l'instance (Q. 1443).

Cependant, pour que la prescription soit acquise contre des lettres de change ou des billets à ordre, il suffit que cinq ans se soient écoulés depuis la dernière poursuite juridique, sans qu'il soit besoin de demander au préalable la péremption de l'instance à laquelle ces poursuites ont donné lieu (Q. 1413, et *J. Av.*, t. 74, p. 313, art. 690).

2. Les actes dont parle l'art. 399, et qui peuvent couvrir la péremption, ne peuvent être que des actes de procédure faits *dans l'instance* sujette à péremption et devant le tribunal qui en est saisi. — Néanmoins, une procédure en faux, intentée devant un autre tribunal, mais concernant les actes représentés dans l'instance dont on poursuit la péremption, a pour effet de la suspendre (Q. 1436).

On entend par ces mots : *actes valables*, les actes ordonnés ou permis par la loi, et que l'une des parties a *signifiés* à l'autre dans les cas où cette signification

Par ces motifs ; déclarer périmée l'instance introduite contre le concluant par M......., le ...., et la procédure suivie depuis cette époque, et condamner M....... en tous les dépens de la procédure périmée et de la demande en péremption, dont distraction au profit de M^e......., avoué, aux offres de droit.
Sous toutes réserves.
Dont acte.
Pour original (*ou* pour copie).   (*Signature de l'avoué*)
Signifié, laissé copie, etc.

---

238. Requête *ou* **Conclusions** *en réponse à une demande en péremption.*

Forme ordinaire des conclusions (Voir *formule* n° 18). *Le défendeur à la péremption conclut à ce qu'il*
    Plaise au tribunal :
    Attendu........ (*énoncer les moyens opposés à la demande en péremption : par exemple, que, depuis l'acte duquel le demandeur prétend faire courir le délai de trois ans, il y a eu un acte interruptif*);
    Par ces motifs ;
    Déclarer M....... non recevable, en tout cas mal fondé en sa demande en péremption de l'instance dont s'agit; l'en débouter ;
    Dire que cette instance sera poursuivie sur les derniers errements de la procédure ;
    Et condamner M....... aux dépens de l'incident, dont distraction au profit, etc.......
    Sous toutes réserves ;
    Dont acte.
    Pour original (*ou* copie).   (*Signature de l'avoué.*)
    Signifié, laissé copie, etc.

---

est exigée pour que l'acte produise son effet (*Q.* 1437 ; *Suppl. alphab.*, *verb. cit.*, n. 112 et s.).

La constitution d'un avoué sous toutes réserves et la mise au rôle de la cause n'entraînent point une renonciation tacite à la péremption demandée (*J. Av.*, t. 73, p. 220 et t. 97, p. 113).

La dénonciation de la saisie-arrêt au tiers-saisi n'interrompt pas la péremption vis-à-vis du débiteur principal (*Q.* 1437 *bis*).

La péremption est couverte par des actes de procédure faits devant un juge incompétent (*Q.* 1419).

La mise de la cause au rôle est un *acte valable* interruptif de la péremption. Riom, 12 mai 1899 (*J. Av.*, t. 124, p. 404). Mais le cours de la péremption n'est pas suspendu pendant tout le temps que la cause demeure inscrite au rôle d'audience (*Q.* 1440).

L'appel de la cause interrompt la péremption (*J. Av.*, t. 70, p. 373, art. 171 § 10).

Il en est de même de l'arrêt qui ordonne la radiation de la cause du rôle, sur la déclaration des avoués que la cause est terminée (*J. Av.*, t. 73, p. 435, art. 487). *Sic* Lyon, 4 juill. 1895 (*Journ. La loi*, 28 déc. 1895).

Un avenir auquel on n'a donné aucune suite peut couvrir la péremption (*Q.* 1441).

239. Demande *en péremption formée par exploit.*

Code PR. CIV., art. 400.

L'an......., le ...., à la requête de M......., demeurant à....., pour lequel domicile est élu à....., rue..... n°......., en l'étude de M^e......, avoué de première instance, lequel est constitué et continuera d'occuper pour lui sur l'assignation ci-après et ses suites. J'ai....... *(immatricule de l'huissier)*, soussigné, donné assignation à M...... *(qui n'a pas pour le moment d'avoué)*[1], demeurant à......, en son domicile, où étant et parlant à.......;

A comparaître, par ministère d'avoué, à huitaine franche, délai de la loi, outre les délais de distance, à l'audience et par-devant MM. les Président et juges, etc., pour,

Attendu que depuis...... *(indiquer le dernier acte de procédure)*, en date du......., il n'a été signifié par les parties aucun acte de procédure sur la demande tendant à ...., formée à la requête dudit sieur......, contre le requérant, par exploit de......., huissier, en date du.......;

Attendu que plus de trois ans s'étant écoulés depuis le dernier acte de la procédure faite à la requête de M........, et plus de six mois depuis....... *(indiquer le fait qui a donné lieu au retrait du pouvoir de l'avoué primitivement constitué)*, la péremption est acquise, aux termes de l'art. 397 C. pr. civ.;

Par ces motifs ;

Voir dire et déclarer périmée l'instance introduite contre le requérant par M......., le......., et la procédure suivie depuis cette époque; et s'entendre condamner en tous les dépens de la procédure périmée et de la demande en péremption, dont distraction, etc.

Sous toutes réserves.

A ce qu'il n'en ignore ; et je lui ai, en son domicile et parlant comme ci-dessus, laissé copie du présent exploit sous enveloppe, etc. coût....

(*Signature de l'huissier.*)

---

240. Conclusions *motivées sur la demande en péremption formée par assignation.*

A MM. les Président et juges composant la..... chambre du tribunal civil de.....

P. M......   demandeur au principal,
défendeur à l'incident. .... (*Nom de l'avoué.*)

---

[1] L'art. 400 entend parler de l'avoué de la partie contre laquelle on demande la péremption (Q. 1445).

C. M..... défendeur au principal,
demandeur à l'incident. ... (*Nom de l'avoué.*)
Plaise au tribunal :
Attendu....... (*exposer les moyens par lesquels on s'oppose à la péremption comme à la formule n° 238*);
Par ces motifs;
Déclarer etc........ (*comme à la formule n° 238*).
Remarque. — Le demandeur à l'incident peut répondre par un acte analogue.

241. Jugement *qui rejette la demande en péremption.*

Code *PR. CIV.*, art. 397 et suiv.

Le tribunal, ouïs etc........, attendu que la demande en péremption formée par M......, et fondée sur ce que depuis le......., jusqu'au......., date de la demande en péremption, il se serait écoulé plus de trois ans sans nouvelle procédure de la part de M........;
Mais attendu que, depuis ledit jour, il a été signifié, le........., par M......., (*indiquer l'acte*), et que, depuis ledit acte jusqu'au jour de la demande en péremption, il ne s'est écoulé que.......;
Par ces motifs;
Rejette la demande en péremption formée par ledit sieur.....; et e conda mne aux dépens faits sur ladite demande et en fait distraction à M^e......., avoué, qui l'a requise aux offres de droit.

242. Jugement *qui prononce la péremption.*

Code *PR. CIV.*, art. 397 et suiv.

Le tribunal, ouïs......, etc., attendu que depuis le....... (*date du dernier acte de la procédure*), jusqu'au....... (*date de la demande en péremption*), il s'est écoulé plus de trois ans sans que M..... ait fait aucun acte de procédure; qu'ainsi la péremption est encourue;
Par ces motifs ;
Déclare périmée [1] l'instance introduite par exploit de...... huissier, en date du.......;

---

1. Si l'objet de l'instance, dont la péremption est demandée, est susceptible d'être jugé en dernier ressort, le jugement sur la péremption ne peut être attaqué par la voie de l'appel (Q. 1427 *quinq.*).
La péremption n'éteint pas l'action, mais empêche que les actes de l'instance périmée puissent être reproduits dans la nouvelle.
La péremption prononcée contre les jugements par défaut par l'art. 156 laisse

Condamne M...... aux dépens de l'instance périmée et de l'incident, dont distraction au profit de M⁰......, avoué, qui l'a requise aux offres de droit.

§ V. — Intervention.

243. Requête *d'intervention* [1].

Code *PR. CIV.*, art. 339.

---

au contraire subsister dans toute leur force les actes de l'instance sur laquelle ce jugement est intervenu, ce qui fait qu'un nouveau jugement peut être poursuivi sans nouvelle assignation, si l'instance elle-même n'est pas périmée (*Q.* 1414).

La péremption fait perdre au demandeur les intérêts que la demande avait fait courir (*Q.* 1450).

Pour les fruits que le possesseur de bonne foi doit à partir de la demande, ils sont dus malgré la péremption, parce que, du moment où il a été actionné, le possesseur a cessé d'être de bonne foi (*ibid.*).

La péremption en cause d'appel a pour effet de donner au jugement dont est appel la force de chose jugée, alors même que le jugement attaqué n'ayant jamais été signifié à l'appelant, le délai de l'art. 443 n'aurait pas couru contre lui (*Q.* 1686 *sexties*). Sic Rouen, 6 août 1898 (*J. Av.*, t. 124, p. 11).

La péremption est, de sa nature, indivisible, lors même que l'objet du procès est susceptible de division (*J. Av.*, t. 73, p. 674, art. 605, et *Q.* 1427).

Ainsi, la péremption ne peut être acquise contre l'un des demandeurs lorsqu'elle a été interrompue à l'égard de l'autre (*ibid.*).

L'intervention elle-même ne peut être périmée qu'avec l'instance dont elle est l'accessoire (*ibid.*).

Toujours à raison de l'indivisibilité de la péremption, lorsqu'il y a plusieurs demandeurs au principal, l'interruption de la péremption provenant du fait de l'un d'eux profite à tous (*Q.* 1427).

De même, s'il y a plusieurs défendeurs ou intimés au principal, la péremption demandée par l'un d'eux profite aux autres. Riom, 6 nov. 1847, (*J. Av.*, t. 73, p. 371); Nimes, 27 janv. 1845 (*J. Av.*, t. 73, p. 627); Toulouse, 18 mars 1850 (*J. Av.*, t. 76, p. 437). — *Contra Q.* 1427.

Dans ce cas, un des défendeurs ou intimés peut agir seul, pour demander la péremption, sans être tenu d'interpeller préalablement ses litis consorts, ni de les mettre en cause sur l'incident. Cass. 18 oct. 1898 (*J. Av.*, t. 123, p. 475).

1. L'intervention ne peut être formée que par requête, et non par de simples conclusions prises à la barre ou jointes au placet (Garsonnet, t. 2, n° 383, p. 669).

Si l'affaire est sommaire, la requête ne doit contenir que de simples conclusions motivées. Il n'y a point obligation pour l'intervenant de donner copie des pièces justificatives de son intervention, à peine de nullité (*Q.* 1273; Garsonnet, t. 2, n° 383, p. 670).

La demande en intervention peut être formée tant que la cause n'est pas en état.

— Elle ne peut plus l'être quand la cause est en état; par ces mots, on doit entendre l'époque où, l'instruction étant complète, il n'est plus permis aux parties principales d'y rien ajouter (*Q.* 1273 *quinq.*).

Il est des cas où l'intervention peut être forcée (*Q.* 1271). Voir *infra, formule* n° 245, et *Suppl. alphab.*, v° *Intervention*, n. 36, 37; Legrand, p. 123.

A MM. les Président et juges composant la....... chambre du tribunal civil de première instance de......

CONCLUSIONS D'INTERVENTION

Pour M......., (*nom, prénoms, profession et domicile*) [1], pour lequel domicile est élu à......., en l'étude de M^e......, avoué près le tribunal civil de première instance de......., lequel se constitue et occupera pour lui sur cette requête d'intervention ; demandeur aux fins des présentes.

Contre : 1° M......., etc., demandeur au principal, défendeur aux fins de la présente requête d'intervention, ayant M^e...... pour avoué [2] ;

2° M......., etc., défendeur au principal, défendeur aux fins de la présente requête d'intervention, ayant M^e....... pour avoué ;

On continue dans la forme ordinaire des conclusions (Voir *supra* formule n° 18) et l'on termine en concluant à ce qu'il

Plaise au tribunal :

Attendu.... (*résumer sous forme de motifs, en commençant chaque alinéa par les mots « Attendu que », les raisons pour lesquelles l'intervention est recevable d'abord, bien fondée ensuite*) ;

Par ces motifs ;

En la forme,

Recevoir le concluant partie intervenante dans la cause pendante entre M....... et M....... ;

Au fond, dire et ordonner, etc. (*conclusions de la partie intervenante*), et condamner M....... aux dépens, dont distraction au profit de M^e......, avoué, aux offres de droit.

Dont acte.

Pour original (*ou copie*),   (*Signature de l'avoué.*)

Signifié, laissé copie, etc.

La demande en intervention, soit volontaire, soit forcée, est dispensée du préliminaire de conciliation. Douai, 19 janv. 1901 (*J. Av.*, t. 126, p. 151.)

En première instance, la recevabilité de la demande d'intervention n'est point soumise, en principe, à d'autre condition qu'à la justification d'un intérêt, que l'intervenant doit avoir dans la contestation dont le tribunal est saisi, et dont les juges apprécient d'ailleurs souverainement, en fait, l'existence. Cass., 10 nov. 1874 (S. 75.1.360) ; Cass., 8 mai 1878 (S. 78.1.395).

En appel, l'intervention n'est admise que de la part des parties qui pourraient former tierce opposition à l'arrêt à intervenir (art. 466 C. pr. civ.).

L'intervention n'est recevable que si la demande principale à laquelle elle s'adjoint était recevable elle-même : Rouen, 19 juin 1907 (*J. Huis.*, t. 80, p. 19). Mais l'intervention peut être recevable si la demande principale recevable est rejetée comme mal fondée.

1. L'intervenant doit, à peine de nullité, énoncer dans la requête d'intervention ses nom, profession et domicile (Q. 1273).

2. Celui qui intervient dans une instance, dont le défendeur ou l'un des défendeurs n'a point constitué avoué, est tenu de faire signifier au défaillant sa demande en intervention par exploit à personne ou à domicile (Q. 1273 *ter*). Voir *infra*, formule n° 244.

Remarque. — Si la demande d'intervention est contestée et en état d'être jugée avant l'instance principale, on poursuit l'audience par un simple acte d'avenir pour plaider (Voir *infrà formule* n° 247).

Si les parties consentent à l'intervention, il n'est besoin d'aucune discussion séparée sur cet incident; il suffit que, dans le jugement du fond, on donne acte du consentement des parties.

---

244. **Signification** *de la demande en intervention au défendeur principal qui n'a pas constitué avoué* [1].

L'an......., le......., à la requête de M....... (*nom, profession, domicile*), pour lequel domicile est élu à...., rue.... n°...., en l'étude de M^e....., avoué près le tribunal de première instance de....., lequel se constitue et occupera pour lui sur la demande en intervention ci-après et ses suites,

J'ai (*immatricule de l'huissier*), soussigné, signifié et en tête (de celle) des présentes laissé copie à M....... (*nom, profession, domicile*), audit domicile, où étant et parlant à......, de la demande en intervention formée par le requérant, suivant acte du palais en date du......., dans l'instance pendante entre M....... susnommé et M....... (*nom, prénoms, profession, domicile*), introduite par exploit du ministère de......., huissier à......., en date du.......

Sous toutes réserves; à ce qu'il n'en ignore; et je lui ai, audit domicile et en parlant comme dessus, laissé copie sous enveloppe fermée, etc., tant ladite requête en intervention que du présent. Coût.

(*Signature de l'huissier.*)

---

245. **Assignation** *en déclaration de jugement commun ou intervention forcée.*

L'an mil neuf cent......., le ....
A la requête de M....... etc ; j'ai....... donné assignation à M [2]......., à comparaître, etc......., pour :

---

1. Cette formule ne comporte que la dénonciation de la demande en intervention au défaillant, sans assignation à comparaître pour voir statuer sur le mérite de cette demande ; cette assignation est inutile (Q. 1272 *ter* ; Garsonnet, t. 2, n° 383, p. 671).
Comme conséquence, il semble qu'il n'y ait point lieu non plus à défaut profit-joint avec *réassignation*, lorsque le défendeur persiste à faire défaut après l'intervention. Sic Trib. civ. Narbonne, 23 oct. 1893 (*J. Av.*, t. 119, p. 53). — *Contra* *J. Av.*, t. 76, p. 109 et suiv., art. 1021; Montpellier 4 mai 1855 (*J. Av.*, t. 81, p. 192).
2. On peut en appel forcer d'intervenir le tiers qui aurait droit de former tierce opposition (Q. 1682).

Attendu que..... (*motifs qui justifient la demande*);
Par ces motifs ;
Voir déclarer commun avec M....... le jugement à intervenir [1] dans l'instance pendante entre le requérant et M.......; s'entendre en conséquence etc....... (*conclusions déjà prises contre l'autre partie en cause*) ;
(*ou* voir dire que M....... sera tenu d'intervenir dans l'instance pendante entre le requérant et M......., pour.... etc.).

---

1. La demande en déclaration de jugement commun, lorsqu'elle est formée après l'obtention d'un jugement, pour faire prononcer contre un tiers les condamnations contenues dans ce jugement, est une demande principale, sujette au préliminaire de conciliation (Q. 1271; *Suppl. alphab.*, v° *Intervention*, n. 36, 37).
En matière d'intervention forcée, les tribunaux peuvent retarder le jugement de la cause quoiqu'elle soit en état, pourvu néanmoins qu'il n'en résulte pas un préjudice pour la partie qui n'a pas appelé en cause (Q. 1274).

CHAPITRE II

JUGEMENT

Sommaire.

TITRE PREMIER : Avenir et conclusions. — TIT. II : Communication au ministère public. — TIT. III : Délibéré et instruction par écrit. — TIT. IV : Jugement de partage. — TIT. V : Demande d'exécution provisoire. — TIT. VI : Jugement contradictoire.— TIT. VII : Jugement par défaut. — TIT. VIII : Distraction et liquidation des dépens.— TIT. IX : — Qualités, expédition et signification.

BIBLIOGRAPHIE : — Carré et Chauveau, *Lois de la Procédure civile et commerciale* ; Dutruc, *Supplément alphabétique aux lois de la Procédure civile et commerciale de Carré et Chauveau* ; Deffaux et Harel, *Encyclopédie des huissiers* ; Dutruc, *Supplément à l'Encyclopédie des huissiers* ; Boitard, Colmet-Daâge et Glasson, *Leçons de Procédure civile* ; Glasson et Colmet Daâge, *Précis théorique et pratique de la procédure civile* ; Garsonnet, *Traité théorique et pratique de procédure* ; Legrand, *Précis de procédure civile usuelle et pratique* ; Dalloz, *Répertoire général de jurisprudence, et Supplément au Répertoire* ; Dalloz, *Recueil périodique et critique de jurisprudence, de législation et de doctrine* ; Sirey, *Recueil général des lois et des arrêts* ; *Journal du Palais* ; *Journal des avoués* ; *Journal des huissiers.*

TITRE PREMIER. — Avenir[1] et conclusions.

CAUSE DISTRIBUÉE
A LA... CHAMBRE,
le............19..
N°...
═══════════
NATURE DE L'AFFAIRE
—

246. Placet ou **Réquisition** *d'audience*

Pour M.... (*nom, prénoms, profession et domicile*);

Demandeur Mᵉ..... (*nom de l'avoué*);

Contre 1° M..... (*nom, prénoms, profession et domicile*) ;

---

1. Lorsque le défendeur n'a aucune exception à opposer et qu'aucun incident ne s'est produit après les délais des art. 79 et 80, l'audience peut être poursuivie par un simple acte, désigné en procédure sous le nom *d'avenir*. (Voir formule n° 247). Mais, avant de donner avenir, il faut que la cause soit mise au rôle. — Les décrets des 30 mars 1808 et 10 nov. 1872 règlent les formalités à remplir. Il est tenu au greffe de chaque tribunal un registre, coté et parafé par le président, sur lequel sont inscrites, dans l'ordre de leur présentation, toutes les causes, exceptés : 1° les référés, qui n'y sont pas soumis (art. 5 du décret du 12 juill. 1808) ; 2° les affaires relatives aux lois forestières, aux droits d'enregistrement, aux droits d'hypothèque, de greffe, et, en général, aux contributions, lesquelles sont inscrites sur un rôle particulier (art. 55 et 56 du décret du 30 mars 1808).

Sur ce registre, appelé *Rôle général*, l'avoué doit faire inscrire la cause, au plus

Défendeur Mᵉ..... (*nom de l'avoué*) ou défaillant, *s'il n'y a pas d'avoué constitué;*
2° M....., etc. (*idem, idem*);
3° M....., etc. (*idem, idem*);

PLAISE AU TRIBUNAL

Attendu que... (*transcrire le libellé des motifs de l'assignation*);
Par ces motifs;
Dire et ordonner.... (*transcrire les conclusions de l'assignation, en retranchant les mots* VOIR *et* ENTENDRE *placés en tête de chaque membre de phrase*);
Et condamner MM..... (*noms des défendeurs*) aux dépens, dont distraction au profit de Mᵉ....., avoué, aux offres de droit.

M.....,
Juge-commissaire.

(*Signature de l'avoué.*)

REMARQUE. — *A Paris, l'avoué remet au greffier ce placet pour l'inscription de la cause au rôle. Le greffier transmet ce placet au président pour que la cause soit distribuée à l'une des chambres. Les avoués sont avertis de la distribution par un bulletin ainsi conçu:*

BULLETIN DES CAUSES

DISTRIBUÉES AUX CHAMBRES DU TRIBUNAL DE LA SEINE

N°...
du rôle général.

—
Avoués en cause;

Mᵉ....., avoué au tribunal de première instance, est prévenu que la cause
Pour (*nom du demandeur*) ...(*nom de l'avoué*).
Contre (*nom du défendeur*)... (*nom de l'avoué, s'il y en a un, ou, au cas contraire:* DÉFAILLANT).
a été distribuée à la..... chambre dudit tribunal le.....

Le demandeur retire alors son placet et le dépose, au jour indiqué par l'avenir, sur le bureau du greffier.

---

tard la veille du jour où les parties doivent se présenter à l'audience. Voir également, sur l'accomplissement de ces formalités de la rédaction du *placet*, de la *mise au rôle* et de la *distribution* des causes entre les diverses chambres du même tribunal : Legrand, p. 38 et suiv.

247. Simple acte *pour venir plaider ou* **Avenir**[1].

Code *PR. CIV.*, art. 79.

A la requête de M....., ayant pour avoué Me.....,

Soit sommé Me....., avoué près le tribunal civil de première instance de.... et de M....;

De comparaître le....., à l'audience et par-devant MM. les président et juges composant la..... chambre du tribunal civil de..., séant au Palais de justice à....., lieu ordinaire des séances, heure de......, pour y plaider la cause pendante entre les parties, distribuée à ladite chambre sous le n°..... du rôle (*énoncer ici si l'on doit plaider sur un incident ou au fond*);

Lui déclarant que, faute par lui de comparaître auxdits jour, lieu et heure, il sera contre lui requis défaut et pris tels avantages que de droit.

Dont acte ; pour original (*ou* copie).   (*Signature de l'avoué.*)

Signifié, laissé copie, etc.

Remarque. — *A Paris, les avoués sont aussi prévenus du jour fixé pour les plaidoiries par un bulletin portant* :

BULLETIN POUR VENIR PLAIDER

A LA... CHAMBRE DU TRIBUNAL DE LA SEINE

N°...
du rôle général.

Avoués en cause ;

Me....., avoué du tribunal de première instance, est prévenu que la cause entre...... (*nom de l'avoué*) et...... (*nom de l'avoué*) ou DÉFAILLANT,

a été indiquée pour être plaidée au.....

On conçoit l'utilité de ces bulletins dans un tribunal qui, comme celui de la Seine, est appelé à juger un nombre immense de contestations.

Ces bulletins, qui tiennent les avoués au courant du mouvement de leurs affaires, constituent un mode d'avertissement, qui n'est qu'une

---

1. La formalité de l'avenir est prescrite à peine de nullité : est nul le jugement par défaut obtenu sans avenir préalable contre une partie qui avait constitué avoué. Paris, 21 avril 1849 (*J. Av.*, t. 74, p. 539); Glasson et Colmet-Daage, t. 1, § 50, p. 294.

Mais *jugé* qu'une sommation, faite par l'avoué du demandeur, à l'avoué constitué par le défendeur, d'avoir à prendre des conclusions pour une audience déterminée, avec déclaration que, faute par celui-ci de conclure à ladite audience, il sera pris contre lui tels avantages que de droit, permet audit demandeur d'obtenir régulièrement, sans autre avenir, défaut contre le défendeur qui n'a pas conclu, ainsi qu'il avait été sommé de le faire. Trib. civ. de la Seine, 24 déc. 1900 (*J. Av.*, t. 126, p. 158).

Il n'est pas permis d'anticiper sur le délai légal de l'assignation, mais on peut anticiper sur les délais accordés par les art. 77 et 78 C. pr. civ., et, en général, sur les délais accordés à chaque partie pour se défendre (Q. 396; *Suppl. alphab.*, v° *Défenses*, n. 10 et s.).

mesure d'ordre et n'a point de caractère légal. Ainsi, je ne pense pas qu'on puisse repousser l'opposition au jugement définitif, formée par la partie défaillante qui a comparu lors d'un jugement de jonction de défaut, par ce motif que son avoué a reçu du greffier des bulletins indiquant la chambre et le jour où il sera statué définitivement (*J. Av.*, t. 73, p. 104, art. 367).

---

248. Conclusions *à poser* [1] *à l'audience par l'avoué du défendeur.*

...CHAMBRE.	CONCLUSIONS
.N°.. du rôle (2)	Pour M.....; Défendeur..... (*nom de l'avoué*); Contre M.....;
AUDIENCE DU.......	Demandeur..... (*nom de l'avoué*).

PLAISE AU TRIBUNAL

Attendu que..... (*énoncer avec concision les principaux moyens de fait et de droit*).

Par ces motifs;

Déclarer M..... purement et simplement non recevable, en tout cas mal fondé en sa demande, l'en débouter.

Et le condamner aux dépens, dont distraction au profit de Me....., avoué, aux offres de droit.

(*Nom de l'avoué.*)

(*Signature de l'avoué.*)

---

1. L'obligation imposée aux avoués par l'art. 71 du décret du 30 mars 1808 de remettre au greffier, à la barre, une copie signée d'eux de leurs conclusions, est de rigueur; il ne suffit pas pour lier le débat contradictoirement que les conclusions aient été signifiées par acte d'avoué; les conclusions posées à la barre sont les seules qui puissent être considérées comme régulièrement prises, les seules qui soient censées connues du juge, et dont il ait à tenir compte pour y répondre, et même pour qualifier son jugement de *par défaut faute de conclure*, ou de *contradictoire* (*J. Av.*, t. 115, art. 6931 ; Legrand, p. 39).

Les parties peuvent prendre de nouvelles conclusions jusqu'à l'audition du ministère public (Q. 414) ; jusqu'à cette époque, elles ont le droit de modifier leurs conclusions (*Suppl. alphab.*, v° *Conclusions*, n. 1 et suiv.).

Mais à partir de l'audition du ministère public, les débats sont clos, et les parties ne peuvent plus prendre de nouvelles conclusions, à moins que le tribunal ne déclare les débats réouverts ; ce qu'il a d'ailleurs toujours la faculté d'ordonner, soit sur la demande des parties ou de l'une d'elles, soit même d'office. Cass., 31 janv. 1865 (*J. Av.*, t. 90, p. 212).

Si le tribunal se borne à ordonner un délibéré sur rapport, comme ce jugement n'ouvre pas de nouveau les débats, il ne permet pas non plus aux parties de présenter de nouvelles conclusions (Glasson et Colmet-Daàge, t. 1, § 52 *in fine*, p. 296).

2. Les avoués sont tenus d'ajouter à leurs conclusions l'indication de la chambre où la cause est pendante et son numéro dans le rôle général (Décret du 30 mars 1808, art. 72).

TIT. II. — Communication au ministère public.

249. Communication *au ministère public.*

Code *PR. CIV.*, art. 83.

L'art. 83 du décret du 30 mars 1808 veut que la communication [1] *ait lieu au parquet dans la demi-heure qui précède ou qui suit l'audience; il faut qu'elle soit faite avant le jour* [2] *où la cause doit être appelée, et même, dans les causes contradictoires, trois jours avant l'audience indiquée pour les plaidoiries.*

---

1. Le ministère public ne peut pas refuser de prendre communication, lorsque le tribunal l'ordonne d'office ; mais il peut, comme cela arrive souvent, même dans les causes communicables, s'en rapporter à la sagesse du tribunal (Q. 412).

L'énumération des causes sujettes à communication, contenue dans l'art. 83, n'est pas limitative (Glasson et Colmet-Daâge, t. 1, § 48, p. 284).

D'autre part, dans les causes où la communication au ministère public n'est point une formalité préalable légalement exigée, le ministère public est toujours en droit de l'exiger, et le tribunal en droit de l'ordonner, mais alors après la clôture des débats seulement (Glasson et Colmet-Dàage, *loc. cit.*; Legrand, p. 42).

Les causes qui intéressent l'État, le domaine, les communes, les établissements publics, ou qui ont pour objet des dons et legs au profit des pauvres, bien qu'elles ne concernent que l'administration et les revenus, et non la propriété du fond, sont sujettes à communication (*Suppl. alphab.*, v° *Communication au ministère public*, n. 4 et s.).

On ne doit pas distinguer, pour l'application de la disposition de l'art. 83, qui veut que les déclinatoires sur incompétence soient communiqués au ministère public, entre le cas où il s'agit d'incompétence *ratione materiœ*, et celui où il s'agit d'incompétence *ratione personœ* (Q. 402; *Suppl. alphab.*, *verb. cit.*, n. 8 ; Glasson et Colmet-Dâage, *op. cit.*, p. 285).

Le mot *juges*, employé dans l'art. 83, comprend tous les juges indistinctement, les juges de paix, comme les arbitres, et le ministère public lui-même (Q. 403).

La cause n'est pas communicable lorsque la femme, mariée sous le régime dotal, et autorisée par son mari, plaide pour ses biens paraphernaux ou pour un bien dotal aliénable (Q. 404).

La cause n'est pas communicable, parce qu'elle intéresse un individu pourvu d'un conseil judiciaire (Q. 405 ; Glasson et Colmet-Dâage, *op. cit.*, p. 289).

Mais toute cause qui intéresse un interdit est communicable (Glasson et Colmet-Dâage, *op. cit.*, p. 288).

Il en est de même de celles qui intéressent les personnes non interdites, placées dans les établissements d'aliénés (*ibid.*).

Toutefois, pour que les causes des mineurs, ou des individus jouissant des privilèges de la minorité, soient communicables au ministère public, il ne suffit pas que ces individus aient quelque intérêt à la décision ; il faut qu'ils y soient parties.

De ce que le § 7 de l'art. 83 prescrit de communiquer les causes concernant ou intéressant les personnes présumées absentes, il ne s'ensuit pas qu'on ne puisse procéder valablement contre l'absent et obtenir un jugement par défaut, si son absence n'est pas notoire et si le tribunal l'ignore (Q. 406).

Dans les causes qui intéressent les personnes dont l'absence a été déclarée, l'audition du ministère public n'est plus nécessaire (Q. 407 *bis*).

On doit communiquer au ministère public, dans les cas prévus par l'art. 83, bien que l'affaire soit sommaire (Q. 409).

2. Si l'une des parties néglige de communiquer au ministère public, dans les délais fixés par l'art. 83 du règlement du 30 mars 1808, la partie adverse ne doit

TIT. III. — Délibérés et instruction par écrit.

250. Jugement *ordonnant un délibéré sur-le-champ.*

Code *PR. CIV.*, art. 116.

Le tribunal ordonne que les pièces seront remises sur le bureau pour être délibéré sur-le-champ en la chambre du conseil[1] *et le jugement prononcé immédiatement.*

---

251. Jugement *ordonnant un délibéré avec continuation de la cause à une prochaine audience*[2].

Code *PR. CIV.*, art. 116.

Le tribunal ordonne que les pièces et dossiers seront à l'instant remis sur le bureau pour en être délibéré, et le jugement prononcé à l'une des prochaines audiences.

---

252. Jugement *qui ordonne un délibéré sur rapport*[3].

Code *PR. CIV.*, art. 93.

Le tribunal, ouïs en leur plaidoirie M⁰...., avocat, assisté de M⁰...

---

pas lui faire sommation de remplir cette formalité ; mais le procureur de la République peut porter la parole sur les conclusions de la partie qui a communiqué (Q. 441 ; Voir *Suppl. alphab.*, verb. cit., n. 19).
Dans les causes communicables, le jugement doit porter mention expresse de l'accomplissement de cette formalité, à peine de nullité (Q. 414 ter).

1. Cette décision s'exécute par la remise des pièces que font à l'instant les avoués ou les avocats des parties. Elle ne se constate pas sur le registre de l'audience.
2. Ce jugement se rédige sur la feuille d'audience sans qu'il soit besoin de le lever ni signifier de part ni d'autre ; l'affaire est jugée sans nouvel avenir.
Ordinairement même, en pratique, comme le constate M. Legrand, p. 45, les choses se passent plus simplement et sans tant de formes ; lorsque le tribunal ne peut juger de suite, les avocats ou avoués remettent leurs dossiers et leurs pièces au tribunal, qui les examine en chambre du conseil, en délibère et rend ensuite son jugement.
3. Les causes par défaut, les matières sommaires, sont susceptibles d'être mises en délibéré sur rapport (Q. 448).
Il y a nullité du jugement qui ordonne un délibéré, s'il n'a pas été rendu à l'audience (Q. 447).
La constitution d'avoué faite par la partie défaillante, après le jugement qui ordonne le délibéré, a pour effet de faire rétracter ce jugement, sans qu'il soit besoin de se pourvoir par opposition (Q. 442).
Les parties ne peuvent pas, après le jugement qui ordonne le délibéré, former des demandes incidentes (Q. 443).
Après l'audition du ministère public, il n'est plus permis de modifier les conclu-

avoué de M....., et Mᵉ....., avocat, assisté de Mᵉ....., avoué de
M...., le ministère public entendu ; met l'affaire en délibéré, au rapport de M..... juge[1];

Dit que le rapport sera fait à l'audience du (*indication des quantième, mois et an*[2]).

---

253. Jugement *qui prononce après un délibéré sur rapport*[3].

CODE PR. CIV., art. 94.

Le tribunal, etc......,
Vidant son délibéré ordonné le.....,
Après avoir entendu le rapport de M....., juge-commissaire, etc. ;
Attendu...... etc. ;
Par ces motifs....., etc.

---

sions, ni, par suite, d'interjeter un appel incident (*J. Av.*, t. 74, p. 175, art. 640). Mais les parties peuvent encore présenter des observations, éclaircissements ou mémoires, tendant à justifier les prétentions soumises au tribunal.(*J. Av.*, t. 76, p. 356, art. 1100).

Lorsqu'un arrêt, tout en reconnaissant qu'une reddition de compte n'est pas susceptible d'être jugée sur plaidoiries à l'audience, n'a pas formellement ordonné une instruction par écrit, mais s'est borné à renvoyer les parties devant un conseiller-rapporteur, pour, sur son rapport, être statué ce qu'il appartiendra, les parties ont le droit de revenir à l'audience, d'y plaider et conclure. (*J. Av.*, t. 74, p. 250, art. 663 § 13).

Il n'est jamais permis de lever et signifier le jugement, même en cas de défaut de quelque avoué ; dans ce cas, il est seulement permis de dénoncer à l'avoué défaillant le jugement, avec indication du rapporteur, du jour auquel le rapport sera fait, et avec sommation d'avoir à remettre les pièces (*Q.* 440).

Cette dénonciation se fait par acte d'avoué, dans la forme ordinaire (Voir *infra, formule* n° 258).

Si, immédiatement après le jugement qui ordonne un délibéré, une partie ne remet pas ses pièces, cette négligence n'opère pas forclusion. Les pièces peuvent être remises même après le rapport et jusqu'au jugement ; mais le rapporteur n'est pas obligé de faire un nouveau rapport (*Q.* 445).

1. Le rapporteur doit être choisi parmi les juges qui ont assisté au jugement (*Q.* 446 *bis*).

Le jugement qui interviendrait sur rapport serait nul, si ce rapport n'avait pas été fait à l'audience. Néanmoins, la Cour qui aurait nommé un rapporteur dans une cause où ce n'était pas nécessaire, pourrait juger sans entendre le rapport. — (*Q.* 475). Voir *Suppl. alphab.*, v° *Délibéré*, n. 22 et s.

2. Si le jour où le rapport sera fait doit être indiqué à peine de nullité, il n'est pas indispensable que cette indication soit faite précisément par le jugement qui ordonne le délibéré ; elle peut l'être par un jugement postérieur, ou par un simple avis émané du président. Dans tous les cas, on n'est pas admis à proposer cette omission comme un moyen de nullité, lorsqu'en fait on a assisté au rapport (*Q.* 437 *ter*).

3. Le jugement définitif qui est rendu après le rapport sur délibéré doit contenir mention du préparatoire ; néanmoins, l'omission de cette mention ne peut devenir un moyen de cassation en faveur de la partie qui a pris des conclusions et assisté au rapport sans réclamation.

CHAP. II, TIT. III. — INSTRUCTION PAR ÉCRIT. — 255

254. Jugement *qui ordonne une instruction par écrit* [1].

Code PR. CIV., art. 95.

Le tribunal, attendu que la cause demande un plus mûr examen [2] ;
Par ces motifs ;
Avant faire droit, ordonne que l'affaire sera instruite par écrit, pour le rapport en être fait par M....[3], juge, que le tribunal commet à ces fins. Dépens et tous droits et moyens des parties réservés.

---

255. Signification *du jugement qui ordonne l'instruction par écrit* [4].

A la requête de M......, ayant pour avoué Mᵉ......,
Soit signifié et, en tête (de celle) des présentes, laissé copie à Mᵉ..., avoué près le tribunal de première instance de..... et de M...;
De la grosse dûment en forme exécutoire d'un jugement rendu contradictoirement entre les parties le....., par la..... chambre dudit tribunal, enregistré.
Sous toutes réserves.
A ce qu'il n'en ignore.
Dont acte.
Pour original (*ou* copie).   (*Signature de l'avoué.*)
Signifié, laissé copie, etc.

---

[1]. L'emploi de l'instruction par écrit est abandonné à l'appréciation des tribunaux ; ils ont un pouvoir discrétionnaire pour l'ordonner, soit à la demande de l'une ou l'autre des parties, soit même d'office (Glasson et Colmet-Dâage, t. 1, § 57, p. 303 ; Garsonnet, t. 2, n° 401, p. 750).
L'instruction par écrit est obligatoire, et le débat oral est formellement interdit dans les litiges sur le fond des droits en matière d'enregistrement (L. 22 frimaire, an VII, art. 65), de contributions indirectes ou taxes assimilées ; mais les lois spéciales, qui prescrivent la procédure d'instruction par écrit en ces matières la réglementent en même temps.
Au contraire, l'instruction par écrit ne peut être ordonnée, ni dans les matières sommaires (Q. 448 ; Garsonnet, t. 2, n° 403, p. 757 ; Boitard, Colmet-Dâage et Glasson, t. 1, n° 230), ni dans les causes commerciales (Q. 1488 ; Boitard, Colmet-Dâage et Glasson, *loc. cit.*).
Dans le cas prévu par l'art. 153 C. pr. civ., où de deux ou plusieurs défendeurs assignés, un ou quelques-uns seulement constituent avoué, on doit d'abord donner défaut profit-joint contre le ou les non-comparants et ce n'est que sur la réassignation donnée à ceux-ci au jour fixé, conformément à l'article précité, que l'instruction par écrit doit être ordonnée (Q. 482).
[2]. Le jugement qui ordonne une instruction par écrit doit être motivé (Q. 439 *bis*).
[3]. Il n'est pas nécessaire que le juge chargé de faire le rapport soit choisi parmi ceux qui ont assisté au jugement (Q. 446 *bis*).
[4]. La partie la plus diligente a le droit de faire signifier le jugement qui ordonne l'instruction par écrit (Q. 450).

256. Requête *de production dans une instruction par écrit.*

Code *PR. CIV.*, art. 95, 96.

A M....., juge au tribunal civil de première instance de....., commis, pour faire le rapport sur instruction par écrit de la cause pendante entre les parties ci-après nommées, par jugement rendu contradictoirement le....., par la... chambre dudit tribunal, enregistré.

M...., demandeur, ayant M^e..... pour avoué ;
Contre M...... défendeur, ayant M^e...... pour avoué ;
A l'honneur de vous exposer les faits et moyens suivants :

(*Rédiger avec développement et clarté les faits et la discussion dans la même forme qu'à la formule n° 18. Cette requête, devant être soumise aux magistrats et tenir lieu de plaidoirie, doit être rédigée avec le plus grand soin; c'est un véritable mémoire, écrit en général par un avocat, dans les cas très rares où l'instruction par écrit est ordonnée*).

A la suite des conclusions, on ajoute : Et, à l'appui de la présente requête, l'exposant va produire et déposer entre les mains du greffier les pièces suivantes :

(*Énoncer successivement les pièces produites. Si ces pièces sont destinées à prouver plusieurs objets distincts, on forme autant de séries de pièces qu'il y a d'objets distincts, et chaque série est placée sous une cote particulière, désignée par une lettre de l'alphabet; les pièces de chaque cote sont numérotées et parafées, et l'on énonce dans la requête le numéro de chacune d'elles*).

Pour original en.... rôles. (*Signature de l'avoué.*)

Remarque. — Cette requête est signifiée à avoué dans la forme ordinaire. Voir *supra, formule* n° 15; elle est signifiée par exploit à domicile quand le défendeur n'a pas constitué avoué.

---

257. Procès-verbal *de production au greffe des pièces à l'appui de la requête signifiée dans une instruction par écrit.*

L'an...., le...., au greffe et par-devant nous greffier, a comparu M^e...., avoué près ce tribunal et de M...., lequel, pour satisfaire aux dispositions du jugement contradictoirement rendu entre M... et M.... par la..... chambre du tribunal, le...., enregistré, a déposé entre nos mains les pièces à l'appui de la requête par lui signifiée le..., à M^e....., avoué de M...., pour servir à l'instruction par écrit de la cause pendante entre les parties, lesquelles pièces cotées et parafées, consistent dans : 1°....; 2°.... (*état des pièces produites*), ainsi qu'il résulte de la vérification des pièces à laquelle nous avons procédé ;

Desquelles comparution, remise et vérification le comparant a requis acte que nous lui avons octroyé, et a signé avec nous, greffier, après lecture:

(Signatures du greffier et de l'avoué.)

258. Dénonciation de la production des pièces au greffe.

Code PR. CIV., art. 96.

A la requête de M...., ayant pour avoué M^e....,

Soit signifié et déclaré à M^e...., avoué de M...., que, pour satisfaire aux dispositions du jugement rendu entre les parties le...., par la..... chambre de ce tribunal, enregistré, M^e..... a opéré aujourd'hui le dépôt au greffe du tribunal des pièces énoncées en la requête signifiée audit M^e...., à la date du.... (Si la requête a été produite, ajouter : ainsi que l'original de ladite requête contenant..... rôles).

Soit, en conséquence, sommé ledit M^e....[1] de, dans quinze jours pour tout délai, prendre au greffe communication des pièces déposées, signifier sa requête en réponse et produire les titres et pièces à l'appui, conformément à l'art. 97 C. pr. civ.

Lui déclarant que, faute par lui de ce faire dans ledit délai, le requérant se pourvoira, après son expiration, pour obtenir jugement sur sa seule production, aux termes de l'art. 99 du même code.

Dont acte.
Pour original (ou copie).
Signifié, laissé copie, etc.

(Signature de l'avoué.)

259. Requête en réponse à la production du demandeur.

Code PR. CIV., art. 97.

Par cette requête, qui se rédige dans la même forme que celle du demandeur (voir supra n° 256), le défendeur combat les prétentions de son adversaire et produit au bas l'état des pièces à l'appui.

259 bis. Procès-verbal de production des pièces au greffe par le défendeur.

(Voir supra, formule n° 257.)

---

[1] Lorsqu'il y a plusieurs défendeurs ayant des avoués différents, mais ayant le même intérêt, il suffit de donner la communication à l'avoué le plus ancien seulement (Q. 457).

259 ter. Dénonciation *de la production des pièces au demandeur.*
(Voir *supra, formule n° 258*).

---

260. Production *du demandeur dans le cas de l'art. 98.*

Code *PR. CIV.*, art. 98.

Le demandeur combat les moyens employés par le défendeur et produit à l'appui de ses conclusions les pièces qu'il juge nécessaires, dans la forme indiquée supra, n° 256.

---

261. Procès-verbal *de production de nouvelles pièces.*

Code *PR. CIV.*, art. 102.

Ce procès-verbal se rédige dans la même forme que le premier (supra, n° 257) ; *on énonce seulement que les pièces produites sont destinées à compléter les premières, déposées suivant procès-verbal dressé par le greffier à la date du......, enregistré.*

---

262. Dénonciation *de la nouvelle production.*

Code *PR. CIV.*, art 102.

A la requête de M....., ayant M^e pour avoué,
Soit signifié et déclaré à M^e..., avoué de M..., que ledit M^e....
a déposé au greffe, à la date d'aujourd'hui, par production nouvelle, les pièces suivantes, savoir : 1°.....; 2°......;
Qu'il résulte de ces pièces que [1] (*conséquences que l'on prétend en tirer*);
Qu'en conséquence, ledit sieur persiste dans ses conclusions précédemment signifiées.
Il peut se produire que les nouvelles pièces donnent lieu de modifier ou de rectifier les conclusions, et alors, en ce cas, on met :
Qu'en conséquence, modifiant et rectifiant ses précédentes conclusions, le requérant conclut à ce qu'il plaise au tribunal :
Attendu que...... (*exposer sommairement les nouveaux moyens*)
Par ces motifs; dire et ordonner que..... etc. ;
Et, à même requête, soit sommé ledit M^e..... de, dans huit jours

---

1. Le produisant peut, dans l'acte de produit, énoncer successivement les inductions qu'il entend tirer des pièces nouvelles (Q. 465).

pour tout délai, prendre communication des nouvelles pièces produites et fournir sa réponse, conformément à l'art. 103 C. pr. civ.;

Lui déclarant que, faute par lui de ce faire dans ledit délai, le requérant se pourvoira, après son expiration, à l'effet de faire rendre jugement sur sa seule production.

Dont acte.

Pour original (*ou* copie). (*Signature de l'avoué.*)

Signifié, laissé copie, etc.

---

263. Réponse *à l'acte de production de nouvelles pièces.*

Code *PR. CIV.*, art. 103.

(Voir *supra formule* n° 259.)

---

264. Récépissé *de l'avoué qui reçoit les pièces en communication*

Code *PR. CIV.*, art. 106.

Je, soussigné, avoué près le tribunal civil de....... et de M......, déclare avoir aujourd'hui reçu, au greffe et des mains de M......, greffier dudit tribunal, les pièces produites par M^e......, avoué de M......, et énoncées dans l'acte de production en date du......, lesquelles pièces j'ai prises en communication et je m'engage à rétablir dans les délais fixés par la loi.

A......, le......

(*Signature de l'avoué.*)

---

265. Certificat *du greffier constatant que les pièces remises en communication n'ont pas été rétablies.*

Code *PR. CIV.*, art. 107.

Je,......, greffier au tribunal de première instance de......, soussigné, certifie que M^e......, avoué audit tribunal et de M......, a pris, le......, communication avec déplacement, et suivant son récépissé en date dudit jour, des pièces produites le......, par M^e......, avoué audit tribunal et de M......; que ladite production n'a pas encore été rétablie au greffe par ledit M^e...... En foi de quoi, j'ai délivré audit M^e... le présent certificat pour valoir ce que de droit.

Fait à......, le......

266. Sommation *d'avoir à rétablir les pièces, avec avenir à l'audience, pour obtenir un jugement qui ordonne la remise des pièces communiquées par la voie du greffe et non rétablies dans les délais.*

Code PR. CIV., art. 107.

A la requête de M...., ayant pour avoué M^e....,

Soit sommé M^e...., avoué de M...., de, dans vingt-quatre heures pour tout délai, rétablir au greffe du tribunal civil de première instance de..... les pièces appartenant au requérant, déposées audit greffe par M^e....., et communiquées par le greffier du tribunal audit M^e....., ainsi qu'il résulte d'un certificat délivré le..... par le greffier du tribunal, enregistré, dont copie est donnée en tête [de celle] des présentes ;

Et, faute par lui de rétablir les pièces dont s'agit dans ledit délai, soit sommé M^e...... de comparaître et se trouver le......, heure de..., à l'audience et par-devant MM. les Président et juges composant la..... chambre du tribunal civil de...., séant à...., pour voir dire qu'il sera tenu de, dans les vingt-quatre heures de la signification du jugement à intervenir, rétablir[1] au greffe les pièces dont il s'agit ; s'entendre condamner personnellement à payer au requérant la somme de...., par chaque jour de retard, à titre de dommages-intérêts, et aux dépens, sans préjudice des autres peines portées par l'art. 107 C. pr. civ.

Sous toutes réserves.
Dont acte.
Pour original (*ou* copie). (*Signature de l'avoué.*)
Signifié, laissé copie, etc......

---

267. Jugement *qui condamne à la remise des pièces.*

Code PR. CIV., art. 107.

Le tribunal...., etc., jugeant en dernier ressort[2].
Attendu.....;
Par ces motifs ;
Condamne personnellement[3] M^e....., avoué de M...., à rétablir au

---

1. L'avoué peut être condamné au rétablissement des pièces, même sans qu'il soit besoin d'avenir et sur un simple mémoire présenté par la partie au président, au rapporteur, ou au procureur de la République, la troisième disposition de l'art. 107 s'appliquant aux deux cas prévus par les deux premières dispositions de cet article, et non pas seulement à celui prévu par la deuxième (Q. 471).
2. Les jugements obtenus contre un avoué, conformément à l'art. 107, sont susceptibles d'opposition si cet avoué a fait défaut (Q. 473).
3. Le jugement est sans appel, quelle que soit la condamnation qu'il prononce.
Mais si la demande en restitution de pièces n'est pas accueillie, le jugement est susceptible d'appel (Q. 471 *bis*).

greffe les pièces dont s'agit, dans les vingt-quatre heures de la signification du présent jugement; le condamne en outre aux dépens du présent jugement sans répétition, et en.... francs de dommages-intérêts par chaque jour de retard.

---

267 bis. Nouveau certificat dans le cas de la deuxième disposition de l'art. 107.

(Voir *supra*, formule n° 265).

---

268. Avenir dans le cas de la deuxième disposition de l'art. 107[1].

Code PR. CIV., art. 107.

(Voir *supra*, formule n° 266).

---

269. Réquisition faite au greffier d'avoir à remettre les pièces au rapporteur[2].

A la requête de M......, ayant M^e..... pour avoué,
Soit dit et rappelé à M....., greffier du tribunal civil de...., que les parties ont déféré au jugement dudit tribunal en date du... (*ou que les délais fixés par les art. 96, 97 et suiv. C. pr. civ. sont expirés sans que M..... ait obtempéré au jugement du....*), ordonnant l'instruction par écrit de la cause pendante entre M..... et M.....;
En conséquence, soit requis ledit M..... (*nom du greffier*) de remettre les pièces produites par lesdits..... à M...., juge-rapporteur nommé par le jugement précité, pour, après instruction et rapport, être par le tribunal statué ce qu'il appartiendra.
Sous toutes réserves.

(*Signature de l'avoué.*)

---

1. Quand, sur la poursuite d'un avoué contre son confrère, celui-ci n'a pas remis les pièces, et qu'il devient nécessaire de provoquer l'application de la deuxième disposition de l'art. 107, il faut représenter un nouveau certificat [du greffier et donner un nouvel avenir à l'audience (Q. 472).
2. Cette réquisition, que la partie la plus diligente fait au greffier de remettre les pièces au rapporteur, doit être constatée par un acte d'avoué à avoué (Q. 474).

270. Requête *au président de la chambre qui a rendu le jugement ordonnant l'instruction par écrit, pour faire nommer un nouveau rapporteur.*

CODE PR. CIV., art. 110.

A M. le Président de la..... chambre du tribunal civil de première instance de.....
    M..... (*nom, profession, domicile*), ayant pour avoué M^e....., a l'honneur de vous exposer, Monsieur le Président,
    Que, par jugement de cette chambre en date du....., enregistré, il a été ordonné une instruction par écrit en la cause pendante entre lui et M...., et que M...., l'un de MM. les juges de cette chambre, a été commis pour faire le rapport par ledit jugement; que M.... se trouve dans l'impossibilité de faire son rapport, parce que..... (*cause d'empêchement*); qu'il y a donc lieu de nommer l'un de MM. les juges de ladite chambre pour faire le rapport dont il s'agit, aux lieu et place de M.....;
    Pourquoi l'exposant requiert qu'il vous plaise, Monsieur le Président, nommer l'un de MM. les juges du tribunal à l'effet de faire ledit rapport.
    Sous toutes réserves.
    Et ce sera justice.
Signature de l'avoué.)

ORDONNANCE

Nous, Président, vu la requête ci-dessus, commettons M....., juge à cette chambre, à l'effet de faire son rapport sur la cause pendante entre l'exposant et M...., aux lieu et place de M....., empêché.
    Fait au Palais de justice, à....., le.....
(*Signature du président*).

---

271. Signification *de l'ordonnance, qui doit être faite trois jours au moins avant le rapport.*

CODE PR. CIV., art. 110.

A la requête de M....., ayant M^e pour avoué,
    Soit signifié et en tête [de celle] des présentes laissé copie à M^e.., avoué près le tribunal de première instance de..... et de M......,
    D'une ordonnance rendue par M. le Président de la..... chambre dudit tribunal, en date du...., enregistrée, mise au bas de la requête à lui présentée le même jour, ladite ordonnance portant nomination

CHAP. II, TIT. III. — INSTRUCTION PAR ÉCRIT. — 275

de M....., juge à cette chambre, à l'effet de faire son rapport sur la cause pendante entre les parties, aux lieu et place de M....., précédemment commis.

Dont acte.

Pour original (*ou* copie).   (*Signature de l'avoué.*)

Signifié, laissé copie, etc.

---

272. Communication *au ministère public.*

(Voir *supra, p.* 226, *le titre* 2.)

---

273. Avenir *sur l'instruction par écrit*[1].

(Voir *supra, formule n°* 247).

---

274. Jugement *après instruction par écrit.*

Le tribunal.... etc., jugeant après instruction par écrit, ouï M..., juge, en son rapport, et le ministère public en ses conclusions, et statuant en premier (*ou* dernier) ressort... etc. (*motifs et dispositif comme dans les jugements rendus en toute matière*).

---

275. Jugement *rendu sur les pièces de l'une des parties seulement.*

CODE *PR. CIV.*, art. 113.

Le tribunal..... etc., jugeant après instruction par écrit et sur les productions faites par M..... seulement; ouï M...., juge en son rapport[2];

Attendu...., etc.;

Par ces motifs;

Condamne....., etc.

---

1. Il faut donner avenir à l'audience où le rapport doit se faire (Q. 476).
2. Le jugement rendu contre une partie, défaillante lors du jugement qui a ordonné l'instruction par écrit, et qui depuis n'a pas constitué avoué, peut être attaqué par la voie de l'opposition (Q. 481). Mais l'opposition n'est pas recevable, lorsque le défaillant a constitué avoué dans le cours de l'instruction par écrit, ou lorsque, parmi les défendeurs, les uns ayant comparu, les autres ayant fait défaut lors du jugement qui a ordonné l'instruction par écrit, un défaut profit-joint, dans les termes de l'art. 153 C. pr. civ., a été pris. Voir *supra*, p. 229, note 1, 4° alinéa.

276. Sommation *d'assister au retrait des pièces produites dans une instruction par écrit.*

CODE PR. CIV., art. 115.

A la requête de M....., ayant pour avoué M*e*....,
Soit sommé[1] M*e*....., avoué de M.....,
De comparaître et se trouver le....., heure de...., au greffe du tribunal civil de première instance de....., pour être présent, si bon lui semble, au retrait que fera ledit M*e*..... des pièces par lui produites dans l'instruction par écrit de la cause pendante entre les parties susnommées devant la..... chambre de ce tribunal, au rapport de M....., juge à ladite chambre.

Lui déclarant qu'il sera procédé audit retrait tant en absence que présence.

Dont acte.
Pour original (*ou* copie).   (*Signature de l'avoué.*)
Signifié, laissé copie, etc.

---

277. Sommation *faite au rapporteur d'avoir à remettre les pièces.*

CODE PR. CIV., art. 114.

L'an....., le......, à la requête de M.... (*nom, prénoms, profession, domicile*), j'ai..... (*immatricule de l'huissier*), soussigné, fait sommation à M.... (*nom, domicile*), juge au tribunal de première instance de....., en son domicile, où étant et parlant à.....

D'avoir, dans le délai de....., à rétablir au greffe dudit tribunal de.... les pièces qui avaient été déposées par M*e*....., avoué du requérant, dans l'instance engagée entre M.... et M...., et qui ont été remises audit M.... en sa qualité de rapporteur, nommé par jugement du....., enregistré.

Déclarant audit M..... que, faute par lui d'effectuer cette remise dans ledit délai, le requérant entend se pourvoir devant qui de droit pour obtenir des dommages-intérêts en réparation du préjudice que lui aura occasionné la négligence de M.....

Sous toutes réserves ;

---

1. L'avoué le plus diligent doit sommer ses confrères de se présenter pour retirer les pièces.
S'il s'élève des contestations sur le retrait des pièces, et qu'il s'agisse d'une simple mesure réglementaire qui soit la conséquence et l'exécution du jugement, il y est statué en référé. Mais s'il s'élève une question de propriété de certaines pièces, elle doit être jugée par le tribunal précédemment saisi du fond, et sur un simple acte ; il est statué sur de simples conclusions suivies de plaidoiries à l'audience (*Q.* 484).

Et je lui ai, audit domicile, en parlant comme dessus, laissé copie du présent, sous enveloppe fermée, etc.

(*Signature de l'huissier.*)

TITRE IV. — Jugement de partage.

278. Jugement *qui déclare un partage*[1].

Code PR. CIV., art. 118.

Le tribunal..., etc., après en avoir délibéré et après avoir recueilli les voix conformément à la loi, déclare qu'il y a partage, ordonne que pour le vider les plaidoiries seront recommencées et les conclusions reprises, devant le tribunal composé conformément à la loi.

TITRE V. — Demande d'exécution provisoire.

279. Conclusions *additionnelles pour demander l'exécution provisoire.*

Code PR. CIV., art. 135.

A MM. les Président et juges composant la....... chambre du tribunal de première instance de......

---

1. En cas de partage, on appelle pour le vider un juge titulaire; à défaut de juge titulaire, un juge suppléant; à défaut, un avocat attaché au barreau, et à défaut d'un avocat, s'il n'y en a, ou si tous sont empêchés, un avoué, tous appelés selon l'ordre du tableau. L'affaire est de nouveau plaidée.

Il y a partage lorsque la majorité des juges ne peut se rallier à un seul et même avis (Q. 493).

La loi du 30 août 1883, en imposant aux tribunaux l'obligation de délibérer sur chaque affaire en nombre impair, n'a fait que rendre plus rares les cas de partage, sans en supprimer la possibilité.

Il faut, avant le nouveau débat, déclarer publiquement, par un jugement, le partage, sans énoncer ni motiver les diverses opinions (Q. 493 *ter*; *Suppl. alphab.*, v° *Jugement*, n. 35).

Si l'on n'a pas suivi l'ordre prescrit par l'art. 118 pour appeler un juge, à son défaut un suppléant, etc., le jugement qui intervient est nul. Il l'est aussi s'il ne constate pas les causes d'empêchement des personnes qui auraient dû être appelées de préférence (Q. 494; *Suppl. alphab.*, verb. cit., n. 37 et s.).

Les juges partagés doivent voter avec le juge départiteur. Ils peuvent abandonner les opinions qu'ils ont émises lors du partage, et rendre avec ce juge une décision fondée soit sur l'une de ces opinions, soit sur une nouvelle (Q. 496).

Les parties ne peuvent former de nouvelles demandes ni faire de nouveaux actes d'instruction entre le jugement de partage et celui qui doit le vider (Q. 493 *quat.*).

CONCLUSIONS ADDITIONNELLES

P. M.....
  demandeur   .... (*nom de l'avoué*).
C. M.....
  défendeur   .... (*nom de l'avoué*).

Plaise au tribunal :

Attendu que, sur la demande en paiement de....., montant d'une obligation sous-seing privé de pareille somme, enregistrée, formée par le concluant contre M....., et pendante devant la..... chambre du tribunal, M..... a signifié, par acte du palais en date du.., des conclusions dans lesquelles il ne conteste point l'engagement par lui pris, mais se borne à opposer la compensation résultant d'une prétendue créance de...., existant à son profit contre le concluant ;

Attendu que cette prétention ne peut être admise ; qu'en effet, la créance invoquée par M..... lui a été depuis longtemps payée en totalité par le concluant, ainsi qu'il en sera justifié ;

Attendu qu'il résulte des conclusions signifiées par M..... qu'il reconnaît la promesse de payer la somme de..... par lui faite au concluant ; que le concluant est donc en droit, aux termes de l'article 135 C. pr. civ., d'obtenir l'exécution provisoire sans caution du jugement à intervenir ;

Par ces motifs ;

Adjuger au concluant les conclusions par lui précédemment prises, et, y ajoutant, ordonner que le jugement à intervenir sera exécutoire par provision, nonobstant opposition ni appel, sans caution ;

Et condamner M..... aux dépens, dont distraction au profit de Mᵉ....., avoué, aux offres de droit.

Sous toutes réserves. Dont acte.
Pour original (*ou copie*). (*Signature de l'avoué.*)
Signifié, laissé copie, etc.

---

280. Jugement *qui accorde l'exécution provisoire*[1].

Le tribunal.... etc., attendu que la créance de..... n'est pas

---

1. C'est l'art. 135 C. pr. civ. qui énumère les cas dans lesquels l'exécution provisoire peut être demandée, et quand elle peut ou doit être ordonnée par les tribunaux civils. L'exécution provisoire ne peut être ordonnée qu'autant qu'elle est demandée, elle ne peut être ordonnée d'office (Q. 583 ; Legrand, p. 60 ; Glasson et Colmet-Daâge, t. 1, p. 399).

La double énumération, que contient l'art. 135 C. pr. civ., des cas dans lesquels l'exécution provisoire est, soit obligatoire, soit facultative, pour le juge à qui elle est demandée, est limitative (Q. 585 ; Glasson et Colmet-Daâge, t. 1, p. 402).

L'exécution provisoire d'un jugement, qui prononce la résiliation d'un bail pour défaut de paiement du loyer et enlèvement du mobilier, peut être ordonnée

contestée par...., qui se borne à opposer en compensation une prétendue créance de pareille somme;

Attendu que la prétention de ce dernier ne saurait être admise; qu'il est établi en effet que..... ne lui doit absolument rien;

---

quand l'acte de bail est en la forme authentique et non contesté (Q. 588 *quater*); Riom, 11 août 1897 (*J. Av.*, t. 123, p. 360).

Le jugement, qui a condamné une partie à payer à l'autre des dommages-intérêts dont le *quantum* sera fixé par état, ne peut être, au point de vue de ce *quantum*, considéré comme constituant au profit de celle-ci le titre authentique ou la condamnation précédente autorisant le tribunal, quand il évalue plus tard les dommages-intérêts, à prononcer l'exécution provisoire de son jugement. Lyon, 15 mai 1897 (*J. Av.*, t. 123, p. 173).

On peut ordonner l'exécution provisoire pour titre authentique, lorsque la partie adverse oppose de son côté un titre pareillement authentique, et qu'il s'agit de juger la préférence de l'un sur l'autre (Q. 577; *Suppl. alphab.*, v° *Exécution provisoire*, n. 4,5).

En général, on le peut même lorsque le titre authentique est contesté (Q. 577).

Toutefois, il n'y aurait pas lieu d'ordonner l'exécution provisoire d'un titre authentique contre lequel serait dirigée une plainte en faux principal. Dans le cas d'une inscription de faux, le jugement qui en prononcerait le rejet pourrait, en même temps, ordonner l'exécution provisoire (*Suppl. alphab., verb. cit.*, n. 6).

Si une partie fait défaut, il n'y a pas lieu de déclarer que la promesse sera tenue pour reconnue, et d'ordonner l'exécution provisoire (Q. 579).

On peut ordonner l'exécution sans caution si la créance, qui est l'objet de la condamnation, a été reconnue en bureau de paix (Q. 580).

Les jugements provisoires sont, par leur nature même, exécutoires par provisio (Q. 585) — *Contra* : Glasson et Colmet-Daâge, t. 1, p. 402-403.

La disposition du jugement qui alloue une provision *ad litem* à la femme demanderesse en séparation de corps n'est pas susceptible d'exécution provisoire. Paris, 3 fév. 1892 (D. P. 94.2.242); Rennes, 30 juill. 1894 (D. P. 96.2.281); Glasson et Colmet-Daâge, t. 1, p. 403.

Un tribunal qui a ordonné l'exécution provisoire par un premier jugement, ne peut pas la suspendre par un deuxième (Q. 587).

Celui qui a fait exécuter un jugement exécutoire par provision doit des dommages-intérêts pour le préjudice causé par cette exécution, en cas d'infirmation sur l'appel (Q. 587*bis*; *Suppl. alphab., verb. cit.*, n. 28).

L'exécution provisoire d'un jugement par défaut ne peut être ordonnée nonobstant opposition, à moins qu'on ne se trouve dans le cas prévu par l'art. 155 C. pr. civ. (Q. 588).

Le jugement qui n'emporte pas exécution provisoire peut être exécuté pendant le temps que dure le délai d'appel : il n'y a que l'appel qui soit suspensif, mais non le délai pour faire appel (Q. 588 *bis*, et *J. Av.*, t. 75, p. 440, art. 902).

La règle qui veut que l'exécution provisoire ne puisse être prononcée pour les dépens, même alloués à titre de dommages-intérêts, est aussi applicable aux jugements des tribunaux de commerce (Q. 588 *septies*).

L'exécution provisoire peut être ordonnée sur l'opposition, lorsque la partie a négligé de la demander lors du jugement par défaut (Q. 588 *quinquies* ; *J. Av.*, t. 76, p. 197, art. 1041 *bis*).

Lorsque l'exécution provisoire n'a pas été demandée en première instance, elle peut être demandée en appel (Q. 588 *sexies*; *J. Av.*, t. 98, p. 419).

Les dispositions de l'art. 135 doivent être suivies par les juges d'appel, sur la demande d'exécution provisoire nonobstant opposition (Q. 1658).

Lorsque l'exécution provisoire a été ordonnée, il appartient aux juges qui l'ont prononcée de juger les difficultés auxquelles elle peut donner lieu (Q. 1655 *quater*; *Suppl. alphab.*, v° *Appel*, n. 602 et s.).

Attendu que la créance de....... n'étant pas contestée par......, c'est le cas de faire l'application de l'art. 135 C. pr. civ. ;

Par ces motifs ; condamne... à payer à... la somme de..., montant de l'obligation par lui souscrite; ordonne l'exécution provisoire du présent jugement nonobstant appel et sans caution; condamne.... aux dépens, dont distraction est prononcée, etc.

TIT. VI. — Jugement.

281. Jugement *définitif* [1].

CODE *PR. CIV.*, art. 116.

... CHAMBRE.

M.......
Président ou vice-président

MM......
....
Juges [3].

M.......
Procureur de la Rép. ou substitut [4].

Audience du..... [2]
Le tribunal, ouïs en leurs conclusions et plaidoiries... (*l'avocat du demandeur*), assisté de... (*l'avoué du demandeur*), avoué de... (*nom du demandeur*);... (*l'avocat du défendeur*) assisté de... (*l'avoué du défendeur*), avoué de... (*nom du défendeur*); ensemble en ses conclusions M....., procureur (*ou* substitut de M. le procureur) de la République ; après en avoir délibéré conformément à la loi, jugeant en premier (*ou* en dernier) ressort :

---

1. Le jugement une fois prononcé à l'audience est acquis aux parties, de manière qu'il n'est pas permis aux juges d'y rien changer (*Q.* 604).
2. Ni l'absence, ni l'erreur, ni la fausseté de la date n'emporte la nullité du jugement ; l'omission peut être réparée par la preuve testimoniale, l'erreur peut être rectifiée par les circonstances, et la fausseté réparée par l'inscription de faux (*Q.* 593 *bis*).
3. Un jugement rendu avec le concours d'un ou plusieurs juges suppléants n'a pas besoin d'expressément mentionner l'empêchement des juges titulaires (*Suppl. alphab.*, v° *Jugement*, n° 9).
Mais un jugement rendu avec le concours d'un avocat, appelé pour compléter le tribunal, doit expressément mentionner, sous peine de nullité, à la fois, que tous les juges titulaires et suppléants du siège étaient empêchés, et que l'avocat appelé était le plus ancien présent à la barre (*Suppl. alphab.*, v° *Jugement*, n° 10).
De même enfin, un jugement rendu avec le concours d'un avoué, appelé pour compléter le tribunal, doit, à peine de nullité, expressément mentionner que tous les juges titulaires ou suppléants du siège étaient empêchés, qu'il n'y avait pas d'avocat présent à la barre, ou que ceux présents étaient empêchés, et que l'avoué appelé était le plus ancien des avoués présents et non empêchés (*ibid.*); *adde* Nancy, 16 juin 1900 *J. Av.*, t 126, p. 18).
4. Un avocat, ou, à défaut, un avoué, peut remplacer le procureur de la République, en cas d'absence ou d'empêchement, expressément constatés par le jugement, de ce magistrat, de ses substituts, et des juges titulaires ou suppléants du siège, autres que ceux siégeant dans la cause (*Q.* 415 ; *J. Av.*, t. 74, p. 589, art. 781).

CHAP. II, TIT. VI. — JUGEMENT — 281   243

M........ — Attendu..... ¹ (*motifs*);
Greffier ou commis- Par ces motifs; condamne..... (*nom de la par-*
greffier. *tie condamnée*) à..... (*objet de la condamnation*);
Le condamne, en outre, aux dépens ², dont dis-

---

1. L'art. 7 de la loi du 20 avril 1810 impose expressément aux juges l'obligation de motiver leurs jugements, à peine de nullité. Les recueils de jurisprudence contiennent mention d'un très grand nombre de jugements ou d'arrêts annulés par la Cour de cassation pour infraction à cette disposition. (Voir la table générale et les tables décennales de Sirey et de Dalloz, v° *Motifs des jugements et arrêts*).
2. La partie qui succombe peut être condamnée aux dépens, bien qu'elle s'en fût rapportée à justice sur les prétentions de son adversaire (Q. 550; *Suppl. alphab.*, v° *Frais et dépens*, n° 57); Lyon, 18 déc. 1905 (*J. Av.*, t. 131, p. 200).
La condamnation aux dépens peut être prononcée d'office par le tribunal contre la partie qui succombe, sans qu'il soit nécessaire qu'elle ait été requise expressément par l'autre partie, à qui elle doit profiter. Cass., 3 août 1891 (S. 91.1.504).
La condamnation aux dépens contre la partie qui succombe au principal n'a pas besoin d'être spécialement motivée. Cass., 31 oct. 1894 (D. P. 95.1.123).
Les tribunaux ont un pouvoir souverain d'appréciation pour faire, entre parties succombant chacune sur certains chefs de leurs demandes respectives et triomphant sur d'autres, la répartition des dépens. Cass., 10 nov. 1885 (D. P. 86.1.39), et Lyon, 18 déc. 1905 précité.
Ils peuvent, sans violer aucune loi, condamner une partie en tous les dépens, bien qu'elle ait succombé sur certains chefs seulement de sa demande et triomphé sur d'autres. Cass., 9 janv. 1882 (D. P. 82.1.117).
Notamment les juges d'appel, en rejetant à la fois l'appel principal et l'appel incident, portés devant eux, peuvent mettre à la charge exclusive de l'appelant principal les entiers dépens des deux appels. Lyon, 1ᵉʳ août 1900 (*J. Av.*, t. 126, p. 26).
Ils pourraient compenser les dépens en ce cas : mais la compensation, dans les cas où elle est permise par l'art. 131 C. pr. civ., est toujours seulement *facultative*, et non obligatoire pour le juge (*même arrêt*). Sic Glasson et Colmet-Daâge, t. 1, p. 389.
La faculté de compenser les dépens n'existe pour les tribunaux que dans les cas limitativement prévus par l'art. 131 C. pr. civ.; elle ne peut notamment être étendue au cas d'un litige entre parents à un degré autre que ceux énoncés dans ledit article (Q. 558 *bis*; *Suppl. alphab.*, v° *Frais et dépens*, nᵒˢ 116, 117 et 132).
La condamnation aux dépens ne peut, en principe, atteindre que les parties figurant en leur nom personnel au procès. Les administrateurs de la chose d'autrui, n'ayant figuré dans l'instance qu'*ès-qualités* (tuteur, administrateur judiciaire, syndic de faillite, curateur à succession vacante) ne peuvent être légalement condamnés personnellement aux dépens qu'à charge de constatation expresse d'une faute par eux commise, constituant un fait de mauvaise administration, un abus de leur mandat. Cass., 3 janvier 1899 (*J. Av.*, t. 124, p. 56).
Le ministère public, succombant dans une instance où il a agi comme partie principale, ne peut être condamné aux dépens (Q. 552; Glasson et Colmet-Daâge, t. 1, p. 388).
De même, le préfet qui succombe sur un déclinatoire qu'il avait proposé, ne peut être condamné aux dépens; la partie gagnante garde à sa charge, en ce cas, les frais par elle exposés (*Suppl. alphab.*, v° *Frais et dépens*, n° 2; Glasson et Colmet-Daâge, *loc. cit.*).
Le même privilège existe pour toutes les administrations publiques, quand elles ont agi dans un intérêt public (Glasson et Colmet-Daâge, *loc. cit.*).
La condamnation aux dépens, prononcée contre une partie, ne comprend que les frais légitimement exposés par son adversaire. Celui qui a fait des frais frustatoires ne peut, même s'il gagne son procès, les faire payer par son adversaire (Glasson et Colmet-Daâge, *loc. cit.*).
Mais le dispositif du jugement peut, par un chef spécial, les mettre à la charge

traction est prononcée au profit de M⁶....., qui l'a requise aux offres de droit.

(Signatures du président et du greffier). (Signatures du président et du greffier.)[1]

282. Jugement *préparatoire*[2].

Code PR. CIV., art. 452.

(Voir *formules* n°ˢ 251, 252, 254.)

283. Jugement *interlocutoire*[3].

Code PR. CIV., art. 452.

(Voir *formule* n° 85.)

---

personnelle des officiers ministériels qui les ont faits. Le tribunal peut même statuer ainsi d'office, et alors qu'il n'a été pris aucune conclusion à ce sujet (Q. 563).

La condamnation aux dépens ne comprend, parmi les droits d'enregistrement perçus sur le jugement, que ceux dont le jugement a été la cause *génératrice*, et non ceux dont il a été la cause seulement *occasionnelle*. Cass., 25 mai 1897 (S. 98.1.79).

La condamnation de la partie qui succombe à supporter ces derniers droits, lorsqu'elle n'en est pas débitrice de plein droit d'après la loi fiscale, ne peut résulter que d'une disposition spéciale du jugement, les mettant à sa charge à titre de dommages-intérêts (*même arrêt*).

1. L'art. 138 veut que la minute soit signée par le président et le greffier aussitôt que le jugement a été rendu. Mais le décret du 30 mars 1808 accorde un délai de vingt-quatre heures (Q. 589).

Ce n'est pas le greffier en chef, mais celui des greffiers qui a assisté au jugement de la cause, qui doit signer la minute (Q. 590 ; *Suppl. alphab.*, v° *Jugement*, n. 87).

Le défaut de signature rend le jugement nul (Q. 589).

La signature du président et du rapporteur ne suffit pas pour établir la preuve de l'existence d'un jugement (Q. 590).

Le jugement est nul si la minute est signée par un greffier qui est partie aux qualités, par exemple, en qualité de syndic de la faillite de l'une des parties en cause. Cass., 30 juill. 1900 (*J. Av.*, t. 125, p. 425).

L'art. 138 doit être appliqué dans les tribunaux de commerce (Q. 592).

Le jugement qui est prononcé à l'audience est nul, si les juges qui l'ont délibéré en chambre du conseil n'assistent pas tous à sa prononciation (Q. 487).

La disposition de l'art. 138, relative à la mention en marge des noms des juges et du procureur de la République, est exigée à peine de nullité. Mais la place de cette mention n'est pas imposée à peine de nullité (Q. 589 *ter.*)

2 et 3. Les jugements préparatoires et les jugements interlocutoires sont, les uns et les autres, des jugements d'avant dire droit, c'est-à-dire ordonnant certaines mesures d'instruction, telles que comparution personnelle des parties, expertise, enquête, etc.

La distinction entre le jugement d'avant dire droit qui n'est que préparatoire, et un jugement d'avant dire droit qui est interlocutoire, consiste en ce que la mesure d'instruction ordonnée par le premier ne préjuge pas le fond, tandis que celle qui est ordonnée par le second le préjuge. Si, d'ailleurs, le principe de cette

284. Jugement *provisoire.*

Code *PR. CIV.*, art. 134.

On appelle jugement provisoire celui qui statue sur une demande dont l'objet est d'obtenir, avant la décision d'un procès né ou à naître, la jouissance ou la détention, en totalité ou en partie, de la chose contestée, ou de faire ordonner, pour prévenir la perte ou le divertissement d'effets mobiliers, des mesures plus ou moins urgentes, suivant les circonstances.

---

285. Jugement *qui statue sur une demande provisoire en même temps que sur le fond.*

Code *PR. CIV.*, art. 134.

Le tribunal[1] ouïs, etc....., après en avoir délibéré et jugeant en premier ressort :
En ce qui touche la demande provisoire tendant à..... ;
Attendu....., etc. ;
Au fond ;
Attendu....., etc. ;
Par ces motifs ; statuant sur le tout par un seul et même jugement, ordonne que... (*disposition du jugement relative à la demande provisoire*);
Le condamne à....., etc.

---

distinction est certain (Q. 1616; Garsonnet, t. 3, n°° 434 et suiv.; Glasson et Colmet-Daâge, t. 1, p. 344 et suiv.), son application, en fait, est souvent fort délicate.

L'intérêt qu'il y a à distinguer en procédure les jugements préparatoires des jugements interlocutoires, et ces deux classes de jugements des jugements définitifs, existe surtout au point de vue des délais de l'appel. (*Voir* à cet égard : *infra* au titre de l'*Appel*).

1. Toute demande provisoire est sommaire de sa nature.
Ces demandes peuvent être formées avant, pendant et après la demande principale (Q. 571; *Suppl. alphab.*, v° *Provisoire*, n. 1).
En général, c'est devant le juge compétent sur la demande principale que doivent être portées les demandes provisoires; il est des cas cependant où, en considération de l'urgence, elles peuvent être décidées par le président seul, en référé.
Lorsqu'une demande provisoire est formée depuis le jugement et après qu'il a été frappé d'appel, c'est devant la Cour saisie de l'appel, et non devant les juges de première instance, qu'elle doit être portée.
Il y a toujours utilité de statuer sur le provisoire, même lorsque le fond reçoit jugement, à raison des dépens de l'incident.
La solution sur le provisoire présente encore, en ce cas, une autre utilité évidente, si l'on admet qu'elle soit, par sa nature, toujours exécutoire par provision (*Voir* la controverse sur ce point, en note sous la formule 280, *supra*, p. 241, 7° alinéa).

285 bis. Jugement sur incident.

(Voir *supra*, formules n⁰ˢ 215, 282 et 283.)

Remarque. — Les demandes incidentes sont, autant que possible, jugées avec le fond (*Voir la formule précédente*).

---

285 ter. Jugement qui accorde un délai de grâce et statue au fond[1].

CODE PR. CIV., art. 122.

Le tribunal....., etc.
Attendu..... (*motifs sur le fond*);
Attendu, néanmoins, qu'en raison des circonstances de la cause et parce que..... (*motifs du délai*)[2], il y a lieu d'accorder à..... un délai pour exécuter le présent jugement;
Par ces motifs; condamne..... à....., et cependant ordonne que le présent jugement ne pourra être exécuté contre ledit..... qu'après un délai de.....;
Condamne, en outre....., aux dépens, dont distraction, etc.

---

[1]. L'art. 122 C. pr. civ., qui veut que le délai de grâce soit accordé par le jugement même qui statue sur la contestation, est impératif et ce délai ne peut être accordé par un jugement postérieur (Q. 525; *Suppl. alphab.*, v⁰ *Délai*, n. 40).
Les art. 1244 C. civ. et 122 C. pr. civ. sont applicables en matière commerciale, mais non en matière de lettre de change et de billet à ordre (Q. 522).
Ces articles sont applicables lorsqu'il s'agit d'une obligation exécutoire (Q. 524; *J. Av.*, t. 75, p. 257, art. 858).
La disposition de l'art. 123 s'applique exclusivement au délai de grâce (Q. 524; *Suppl. alphab.*, v⁰ *Délai*, n. 46, 47).
Le jugement de défaut, pour faire courir le délai de grâce, doit être signifié à la partie et à son avoué (Q. 526 *quater*).
De ce que l'art. 123 porte que le délai courra du jour de la signification si le jugement qui l'accorde est rendu par défaut, on doit conclure qu'un tribunal peut accorder des délais d'office et sans qu'ils soient demandés (Q. 526).
Quand le tribunal, en accordant un délai pour le paiement, l'a divisé en plusieurs termes, on peut exécuter pour le tout les biens du débiteur qui n'a pas acquitté le premier terme (Q. 527).
Il y a nullité des poursuites exercées par le créancier pour obtenir paiement pendant le délai de grâce. Mais un commandement afin de saisie immobilière peut être valablement signifié au débiteur pendant le délai de grâce : ce n'est point un acte d'exécution. Cass., 4 avril 1900 (*J. Av.*, t. 125, p. 202).
Peut-on, nonobstant le terme de grâce accordé au débiteur, pratiquer une saisie-arrêt à son préjudice avant l'expiration de ce délai ? La question est controversée (*Voir* Trib. civ. Seine, 20 janv. 1900, *J. Av.*, t. 125, p. 115).

[2]. Il y a nullité de la disposition du jugement qui accorde un délai de grâce sans énoncer de motifs (Q. 525 *bis*).

TITRE VII. — Jugements par défaut et opposition.

286. Jugement *de défaut profit-joint.*

Code *PR. CIV.*, art. 153.

Le tribunal, ouï en ses conclusions....., avoué de D..... (*le demandeur*), le ministère public entendu, etc....., attendu que A..... et B..... ont été assignés conjointement devant ce tribunal, suivant exploit du ministère de...., huissier à..., en date du. .., enregistré, à la requête de D......; que cependant A......, seul comparaît, et que B..... fait défaut;
Par ces motifs; donne défaut contre B..., non comparant, ni personne pour lui, quoique régulièrement assigné et, pour le profit [1],

---

[1]. Pour qu'il y ait lieu à défaut profit-joint, il faut que les défendeurs, dont les uns ont constitué et les autres n'ont pas constitué avoué, aient été assignés à la requête du même demandeur, à raison d'un intérêt commun, et dans des conditions identiques, de telle sorte que le tribunal devrait statuer sur le champ contradictoirement à l'égard des comparants, et par défaut à l'égard des défaillants (Garsonnet, t. 5, n° 1005, p. 373).

Le défaut du garant, appelé en garantie par un défendeur qui a constitué avoué sur la demande principale, ne rend pas nécessaire un défaut profit-joint (Q. 621 *sexies*; *Suppl. alphab.*, v° *Jugement par défaut*, n°s 78 et suiv.; Garsonnet, *loc. cit.*; Glasson et Colmet-Daâge, t. 1, p. 436 — *Contra*, Cass., 28 oct. 1896.

Il n'y a pas lieu à défaut profit-joint, quand un mari, assigné en même temps que sa femme, mais seulement pour l'autoriser, et sans qu'aucune condamnation soit requise contre lui personnellement, fait défaut, tandis que la femme a constitué avoué (*Suppl. alphab.*, *verb. cit.*, n° 72); Cass., 29 juin 1853 (*J. Av.*, t. 79, p. 78).

Il n'y a lieu à défaut profit-joint que dans le cas où le jugement à intervenir serait susceptible d'opposition de la part du défaillant ; aussi cette procédure n'est-elle pas applicable en matière de saisie immobilière (*Suppl. alphab.*, v° *Saisie immobilière*, n° 1931) ni en matière d'ordre (art. 762 et 764 C. pr. civ.). Cass., 7 déc. 1887 (D. P. 88.1.255).

Mais l'art. 153 C. pr. civ. est applicable en toute matière où le droit de former opposition aux jugements ou arrêts par défaut existe : devant les tribunaux civils ou devant les cours d'appel ; en matière sommaire, comme en matière ordinaire (Q. 621 *quinquies*; Garsonnet, *op. cit.*, p. 374); en matière de référé en cas d'appel devant la Cour (Q. 621 *quinquies*).

La disposition de l'art. 153, dans le cas où elle est applicable, n'est pas seulement facultative pour le juge, mais essentiellement impérative, et même d'ordre public (Q. 622; Glasson et Colmet-Daâge, t. 1, p. 435).

Par suite, toute partie en cause a le droit de requérir le jugement de défaut profit-joint, et, en cas de silence des parties, le ministère public doit le provoquer et même le tribunal le prononcer d'office (Glasson et Colmet-Daâge, *loc. cit.*).

Et la sanction de l'inobservation de cette disposition est la nullité de la procédure et des jugements de l'affaire (Q. 622 ; Glasson et Colmet-Daâge, p. 435 et 436).

Jugé cependant qu'on ne saurait reprocher aux juges de n'avoir pas prononcé défaut profit-joint contre un défendeur, lorsque rien n'a pu leur révéler sa mise en cause, et qu'en ce cas, dès lors, il n'y a pas nullité. Cass., 30 oct. 1889 (D. P. 90.1.81). *Sic. Suppl. alphab.*, v° *Jugement par défaut*, n° 88 ; Colmet-Daâge et Glasson, *loc. cit.*

Le défaut profit-joint n'est pas obligatoire, mais seulement facultatif devant les

joint la cause du défaillant à celle d'entre les parties qui ont constitué avoué pour être statué à l'égard de toutes les parties par un seul et même jugement[1], commet......, huissier audiencier[2], pour la signification du présent au défaillant. Réserve les dépens.

---

287. Signification *du jugement de défaut-joint avec réassignation.*
CODE PR. CIV., art. 153.

L'an....., le....., à la requête de M..... (*nom, profession, domicile réel et d'élection et constitution d'avoué*), j'ai (*immatricule de l'huissier commis par le jugement*),

Soussigné, commis à cet effet, signifié, et, en tête [de celle] des présentes, laissé copie à M....., demeurant à....., audit domicile, où étant et parlant à.....

De la grosse dûment en forme exécutoire d'un jugement rendu par la..... chambre du tribunal civil de première instance de....., le., enregistré, lequel joint à la cause pendante entre le requérant et M.... (*nom du défendeur ayant constitué avoué*), le profit du défaut prononcé contre M.... (*nom du défaillant*), non comparant sur l'assignation qui lui a été notifiée par exploit de....., en date du.... ;

Et, à mêmes requête, demeure, élection de domicile et constitution d'avoué que dessus, j'ai, huissier susdit et soussigné, audit domicile

---

tribunaux de commerce. Paris, 13 janv. 1883 (*J. Av.*, t. 108, p. 101); *id.*, en justice de paix. Cass., 22 avril 1890 (D. P. 90.1.465).

Il n'y a pas lieu d'étendre l'application de l'art. 153 du cas de défaut faute de comparaître à celui de défaut faute de conclure. Alger, 21 juin 1897 (*J. Av.*, t. 123, p. 110); Glasson et Colmet-Daâge, t. 1, p. 437; Legrand, p. 65. — *Contra*: Garsonnet, t. 5, n° 1008, p. 380.

1. Le jugement rendu après jonction est contradictoire à l'égard de toutes les parties, même à l'égard de celles qui, après avoir comparu lors du jugement de jonction, font défaut lors du jugement rendu après réassignation (Q. 632; *Suppl. alphab., verb. cit.*, n. 103 et s.). Cass., 7 juin 1848 (*J. Av.*, t. 73, p. 428). — *Contra*: Glasson et Colmet-Daâge, t. 1, p. 438, et Trib. civ. de Boulogne-sur-Mer, 21 déc. 1905 (*J. Av.*, t. 131, p. 120).

Ce jugement est contradictoire, soit qu'il prononce sur des incidents, soit qu'il statue sur le fond (Q. 632 *ter*; *J. Av.*, t. 73, p. 112 et 428, art. 370 et 485, § 152).

2. L'huissier peut être commis par jugement séparé de celui qui a ordonné la jonction (Q. 625).

Quand la signification doit être faite dans un lieu hors du ressort du tribunal, le jugement peut indiquer le tribunal ou le juge de paix du domicile du défaillant pour commettre l'huissier (Q. 626).

Mais il peut aussi commettre lui-même directement un huissier du ressort dans lequel la signification doit être faite (*Suppl. alphab., verb. cit.*, n° 139).

La réassignation donnée par un huissier autre que l'huissier commis est nulle (Glasson et Colmet-Daâge, t. 1, p. 435).

Mais jugé que, alors que le tribunal avait omis d'en commettre un, la réassignation donnée par un huissier non commis, mais pris parmi les huissiers audienciers du tribunal, est valable. Paris, 13 janv. 1883 (*J. Av.*, t. 108, p. 101) — Voir observ. contr. *ibid.*

et en parlant comme il a été dit, donné assignation au susnommé à comparaître le [1]....., par ministère d'avoué, à l'audience de la..... chambre du tribunal civil de...., séant au palais de justice à....., à..... heure de...., pour :

Attendu que.... (*copier ici les motifs de la première assignation*[2]);
Par ces motifs;
Voir dire et ordonner que.... etc. (*copier les conclusions de la première assignation*);
Sous toutes réserves;

A ce qu'il n'en ignore; et je lui ai, audit domicile, et en parlant comme ci-dessus, laissé copie tant du jugement susénoncé que du présent, sous enveloppe fermée, etc. Coût....

(*Signature de l'huissier.*)

---

288. **Avenir** *aux avoués constitués, pour obtenir jugement définitif*[3].

CODE PR. CIV., art. 153.

A la requête de M....., ayant pour avoué M^e.....,

Soit signifié et déclaré à : 1° M^e....., avoué de M.....; 2° M^e...., avoué de M.....,

Que, sur la demande formée par le requérant contre MM..... (*noms des défendeurs ayant constitué avoué*) et... (*nom du défaillant*), il est intervenu un jugement, rendu par la..... chambre du tribunal le....., enregistré, lequel a donné défaut contre M....., non comparant, et, pour le profit, a joint la cause à celle pendante entre les parties ayant constitué avoué; que ce jugement a été signifié à M.... par exploit de....., huissier commis, en date du....., enregistré, avec réassignation conformément à la loi.

Soient, en conséquence, sommés lesdits MM^{es}..... de comparaître et se trouver le..... (*jour indiqué dans la réassignation*), à l'audience et par-devant MM. les Président et juges composant la .....

---

[1]. Lorsque, et c'est le cas le plus fréquent, le jugement de jonction n'a pas indiqué le jour pour lequel la réassignation devra être donnée, il faut observer à cet égard les délais ordinaires des ajournements, même si la première assignation a été donnée à bref délai (Q. 628 ; Glasson et Colmet-Daäge, p. 435; Garsonnet, t. 5, n° 1004, p. 370).

[2]. Jugé que le défaut de motifs dans l'exploit de réassignation n'est pas une cause de nullité; que l'énonciation du jugement de défaut profit-joint constitue une indication suffisante de l'instance engagée contre la partie assignée. Paris, 13 janv. 1883 (*J. Av.*, t. 108, p. 101).

[3]. Il n'est point dû, aux parties qui avaient constitué avoué avant le jugement de jonction, de réassignation; il suffit qu'un simple avenir leur soit donné pour le jour indiqué dans la réassignation. Il a même été jugé que cet avenir n'est pas obligatoire. Paris, 21 août 1847 (*J. Av.*, t. 73, p. 104) ; Lyon, 30 juin 1887 (D. P. 88.2.50). Mais voir *en sens contraire*: Suppl. alphab., v° *Jugement par défaut*, n° 106. et suiv.

chambre du tribunal civil de première instance de...., séant au palais de justice, à....., heure de....., pour y plaider la cause pendante entre les parties, distribuée à ladite chambre sous le n°......

Leur déclarant que, faute par eux de comparaître, il sera contre eux donné défaut, et pris tels avantages que de droit.

Dont acte.

Pour original (*ou* copie). *(Signature de l'avoué.)*

Signifié, laissé copie, etc.

289. Avenir *à l'effet d'obtenir défaut-congé*[1].

CODE PR. CIV., art. 154.

A la requête de M..... (*le défendeur*), ayant pour avoué Me.....;

Soit sommé Me....., avoué de M..... (*le demandeur*), de comparaître et se trouver le....., à l'audience et par-devant MM. les Président et juges composant la..... chambre du tribunal de....., séant au palais de justice, à....., heure de....., pour soutenir à l'audience la demande formée par M..... (*le demandeur*) contre le requérant, suivant exploit de...., en date du......

Lui déclarant que, faute par lui de comparaître, il sera donné contre lui défaut-congé, et que le requérant sera renvoyé des fins de ladite demande avec dépens.

Dont acte.

Pour original (*ou* copie). *(Signature de l'avoué.)*

Signifié, laissé copie, etc.

Remarque. — Il est d'usage que le défendeur, avant de suivre l'audience, signifie ses conclusions; dans le cas où le demandeur comparaît et pose des conclusions pour soutenir sa demande, l'instance se trouve ainsi régulièrement engagée devant le tribunal. Cette manière de procéder a l'avantage de donner aux juges le droit d'apprécier aussi les conclusions du demandeur et de rendre, si les conclusions du défendeur sont trouvées justes et bien vérifiées, une décision qui acquiert contre le défaillant l'autorité de la chose jugée. Mais elle a aussi l'inconvénient de donner, suivant les circonstances, gain de cause au défaillant, tandis que, en se bornant à demander congé, le défendeur est sûr de l'obtenir (*Q.* 617, et *J. Av.*, t. 72, p. 644, art. 298).

---

1. Le défendeur est tenu aussi de sommer d'audience les autres défendeurs qui ont constitué avoué (*Q.* 633).

Le Code de procédure n'ayant pas prévu le cas où, parmi les demandeurs, quelques-uns seulement concluent, tandis que d'autres s'abstiennent de le faire, il n'y a pas lieu d'appliquer à ce cas, par analogie, l'art. 153, mais de maintenir l'application du droit commun, et d'instruire et juger la cause contradictoirement au regard des premiers et de donner congé vis-à-vis des autres (Glasson et Colmet-Daâge, t. 1, p. 441).

290. Jugement de défaut-congé.

CODE PR. CIV., art. 154.

(Voir la formule précédente).

Le tribunal, attendu que le demandeur ne se présente pas, ni personne pour lui, sur l'assignation délivrée à sa requête suivant exploit de....., en date du.....[1];

Par ces motifs; donne défaut contre....., demandeur, et pour le profit renvoie.... des fins de la demande formée par....., et condamne ce dernier aux dépens, dont distraction, etc.

---

291. Jugement par défaut faute de comparaître, accueillant totalement ou partiellement la demande.

CODE PR. CIV., art. 149.

Le tribunal, ouï en ses conclusions....., avoué de..... (le demandeur), le ministère public entendu, etc......

Donne défaut contre.... (le défendeur) non comparant, ni personne pour lui, quoique régulièrement assigné suivant exploit de....., huissier à....., en date du....., enregistré; et, pour le profit,

Attendu.... (motifs desquels le tribunal induit que les conclusions de la demande sont justes et bien vérifiées, soit totalement, soit seulement partiellement [2]);

Par ces motifs;

Condamne.... (le défendeur) à.....; le condamne, en outre, aux dépens. Dit que le présent jugement sera signifié au défaillant par....

---

1. Il y a lieu à vérification des conclusions du demandeur lorsque le défendeur ne s'est pas borné à conclure à un simple congé, mais demande que le litige soit vidé; le jugement doit alors contenir des motifs spéciaux sur les conclusions du défendeur et sur celles de l'exploit introductif d'instance (Q. 617).

Le jugement de défaut-congé est susceptible d'opposition (Garsonnet, t. 5, n° 1009 in fine; J. Av., t. 72, p. 671, art. 304 § 67, et t. 73, p. 428, art. 485 § 155).

2. Un jugement par défaut est nul, comme irrégulièrement et insuffisamment motivé, lorsque, pour justifier l'adjudication au demandeur des conclusions de sa demande, il se borne à déclarer que la non comparution du défendeur doit faire présumer qu'il n'a rien à objecter aux prétentions du demandeur (Suppl. alphab., v° Jugement par défaut, n° 62).

Rien ne s'oppose à ce que, pour la vérification des conclusions de la demande, les juges ordonnent préalablement une enquête ou une expertise (Boitard, Colmet-Daage et Glasson, t. 1, n°s 317 et 658. Voir aussi Suppl. alphab., v° Jugement par défaut, n° 62).

Les seules conclusions qui puissent être adjugées au demandeur, après vérification, sont celles posées dans l'exploit introductif d'instance : pour toutes conclusions nouvelles que le demandeur entend prendre, il faut un nouvel ajournement donné aux fins de celles-ci avec un nouveau délai au défendeur (Q. 620; Suppl. alphab., verb. cit., n° 66); Douai, 17 déc. 1900 (J. Av., t. 126, p. 295).

huissier audiencier, que le tribunal commet à cet effet[1]; (*ou bien*....
sera signifié par l'huissier commis par le tribunal de....... ; *ou bien
encore* commis par le président du tribunal de....., *ou* par le juge
de paix de...., auquel le tribunal donne commission rogatoire à cet
effet).

---

291 bis. Jugement *par défaut faute de comparaître rejetant la demande*[2].

Le tribunal, ouï, etc.... donne défaut contre... (*le défendeur*) non comparant, ni personne pour lui, quoique régulièrement assigné suivant exploit de....., huissier à......, en date du....., enregistré ;

Et pour le profit, attendu que la demande de..... (*le demandeur*) contenue audit exploit n'est pas recevable ; qu'en effet..... (*motifs de la non recevabilité*) ; (*ou* n'est pas justifiée) ;

Par ces motifs ; déclare.... (*le demandeur*) non recevable (*ou* mal fondé) en sa demande, l'en déboute, et le condamne aux dépens.

---

292. Signification *du jugement par défaut faute de comparaître*[3].

L'an....., le......, à la requête de M....., etc.

J'ai (*immatricule de l'huissier*), soussigné, commis à cet effet[4],

---

1. La commission d'un huissier, pour la signification du jugement par défaut faute de comparaître, est absolument nécessaire ; mais son omission ne vicie pas le jugement de nullité, et demande seulement à être réparée ; le président a qualité pour commettre à cette fin un huissier, quand le tribunal a omis, dans son jugement, de le faire (*Suppl. alphab., verb. cit.*, n° 146 ; *Encyclop. des huiss.*, v° *Huissier commis*, n° 17) ; Trib. civ. Seine, 20 nov. 1899 (*J. Av.*, t. 125, p. 185). Voir également *infra*, formule n° 293.

2. Le demandeur, à qui le tribunal refuse l'adjudication de ses conclusions, parce qu'elles ne lui paraissent pas vérifiées, est toujours en droit de requérir un jugement exprès et motivé de rejet, pour pouvoir, s'il le juge à propos, le frapper des voies de recours : le refus du tribunal de le lui octroyer constituerait un déni de justice.

3. Un jugement par défaut faute de comparaître doit, à peine de péremption, c'est-à-dire d'être considéré comme nul et non avenu, être non seulement signifié, mais même exécuté, dans les six mois de sa date (art. 156 C. pr. civ.).

Voir sur les actes que la jurisprudence a considérés comme des actes d'exécution suffisants pour éviter la péremption des jugements par défaut : *Suppl. alphab.*, v° *Jugement par défaut* n°° 168 et suiv.

4. La disposition de l'art. 156 C. pr. civ., prescrivant que la signification d'un jugement par défaut faute de comparaître ait lieu par un huissier commis, est impérative, et doit être observée à peine de nullité (Q. 644 ; *Suppl. alphab., verb. cit.*, n° 140) ; Cass., 18 août 1884 (*J. Av.*, t. 111, p. 25).

Quand le jugement par défaut ne contient pas de commission d'huissier, il y a lieu, avant la signification, de faire réparer cette omission. De même, lorsque, depuis le jugement, l'huissier commis est décédé ou a cessé ses fonctions, il y a lieu d'en

Signifié et en tête [de celle] des présentes laissé copie à M....,
demeurant à....., rue....., n°......, où étant et parlant à......
De la grosse dûment en forme exécutoire d'un jugement rendu
contre lui par défaut, au profit du requérant, par la..... chambre
du tribunal de....., le....., enregistré;

A ce qu'il n'en ignore;

Et je lui ai, audit domicile, et parlant comme dessus, laissé copie
du présent, sous enveloppe, etc. Coût.

(Signature de l'huissier.)

---

293. Requête *pour faire commettre un huissier à l'effet de signifier un jugement par défaut faute de comparaître.*

A M. le Président du tribunal civil de.....

M..... etc., ayant Mᵉ..... pour avoué,

A l'honneur de vous exposer, Monsieur le Président, qu'il a obtenu
contre M..... (*noms, profession, domicile*), un jugement rendu par
défaut faute de comparaître par la..... chambre du tribunal civil
de....., le....., enregistré; que, par ce jugement, il a été ordonné
que la signification serait faite par l'huissier que vous voudrez bien
commettre. (*Si le jugement a omis de commettre l'huissier*[1] *on met*: que
ce jugement ne contenant pas commission d'un huissier pour le signifier, conformément à l'art. 156 C. pr. civ., l'exposant est fondé à
se pourvoir près de vous pour ladite commission). Pourquoi l'exposant requiert qu'il vous plaise, Monsieur le Président, commettre
l'un des huissiers exerçant près ce tribunal pour signifier à M.....
le jugement dont s'agit, et, vu l'urgence, ordonner l'exécution de
votre ordonnance sur la minute.

Sous toutes réserves.

Et ce sera justice.

(Signature de l'avoué.)

ORDONNANCE PRÉPARÉE

Nous, président, vu la requête ci-dessus et les pièces à l'appui,
commettons......, huissier près ce tribunal, à l'effet de signifier à
M..... le jugement dont s'agit; et vu l'urgence, disons que la présente ordonnance sera exécutoire sur minute.

à..... le.....
(Signature.)

---

aire commettre un autre. *Voir* supra page 252, note 1, et *infra* formule n° 293.

Mais la nullité de la signification, faite par un huissier non commis, est une
simple nullité de procédure, susceptible d'être couverte par des défenses au fond.
Alger, 22 juin 1900 (*J. Av.*, t. 126, p. 77).

1. Voir *supra*, page 252, note 1.

Remarque. — L'ordonnance et la requête qui précèdent sont copiées à la suite de la copie du jugement ; on les mentionne dans l'exploit de signification de la manière suivante :

L'an...., le....., à la requête de....., j'ai..... (immatricule de l'huissier),

Soussigné, commis à cet effet par ordonnance de M. le président du tribunal civil de...., en date du....., enregistrée, mise au bas de la requête à lui présentée le même jour, desquelles requête et ordonnance copie est donnée en tête [de celle] des présentes, etc.

Lorsque le tribunal donne commission rogatoire au juge de paix du canton où demeure le défaillant à l'effet de commettre l'huissier, ce magistrat le désigne par une simple cédule, dont il est donné copie en tête de la signification. Cette cédule est ainsi conçue :

Nous, juge de paix du canton de.....;

*Sur l'exposé qui nous a été fait que, par jugement rendu par la.... chambre du tribunal de....., le....., au profit de M...., demeurant à....., et par défaut contre M....., demeurant à.....; il a été ordonné que ledit jugement serait signifié au défaillant par l'huissier qu'il nous plairait commettre, commettons à cet effet M*ᵉ*....., huissier audiencier de notre justice de paix.*

Fait et délivré à....., le..... (*Signature du juge de paix*).

---

294. Jugement *par défaut faute de conclure ou faute de plaider* [1].

Le tribunal, ouï..... avocat, assisté de Mᵉ....., avoué de...., le ministère public entendu, après en avoir délibéré conformément à la loi, jugeant en..... ressort :

Donne défaut contre.... (*le défendeur*) et Mᶜ...., son avoué, non

---

1. Les deux expressions « *faute de conclure* » et « *faute de plaider* » ont cours et sont absolument synonymes. Dans la pratique on emploie également couramment l'expression *défaut contre avoué.*

Le défaut faute de conclure ne peut être obtenu que sur avenir (voir *formule* n° 247), après que toutes les communications ordinaires ont été faites, et que tous les incidents qui exigent une solution préalable ont été vidés (*J. Av.*, t. 74, p. 539, art. 760). Voir également Glasson et Colmet-Daâge, t. 1, p. 480.

Un jugement par défaut faute de conclure est nul, lorsqu'il a été pris avant l'expiration du délai de quinzaine accordé à l'avoué du défendeur pour la signification de ses défenses (*Q.* 621 *quater*).

Quoiqu'un avoué ne se soit constitué que pour défendre à un déclinatoire, le jugement qui intervient par défaut sur le fond est par défaut faute de conclure (*Q.* 614 *bis* ; *Suppl. alphab., verb. cit.*, n. 17).

Tout jugement rendu en l'absence d'une partie ou de son avoué doit par cela seul être réputé par défaut ou non contradictoire, encore qu'à une audience précédente l'avoué ait demandé une communication de pièces et remise de la cause, si d'ailleurs aucunes qualités n'ont été posées, ni aucunes conclusions prises.

Il ne suffit même pas que le défendeur ait fait connaître ses conclusions, en les signifiant au demandeur, pour que le jugement qui intervient ensuite soit réputé contradictoire à son égard ; il faut que l'avoué ait été réellement présent et ait con-

comparants ni personne pour eux, quoique dûment appelés ; et pour le profit :

Attendu..... (motifs desquels le tribunal induit que les conclusions de la demande sont justes et bien vérifiées [1]).

Par ces motifs ;

Condamne..... à..... et aux dépens, dont distraction, etc.

---

295. Signification du jugement par défaut faute de conclure [2].

A la requête de M....., ayant pour avoué M^e.....,

Soit signifié et en tête [de celle] des présentes donné copie à M^e...., avoué près le tribunal de..... et de M...., de la grosse dûment en forme exécutoire d'un jugement par défaut faute de conclure, rendu le...., par la...... chambre de ce tribunal, au profit du requérant, contre M...... enregistré.

A ce qu'il n'en ignore.

Dont acte.

Pour original (ou copie.) (Signature de l'avoué.)

Signifié, laissé copie, etc.

---

296. Requête ou conclusions d'opposition à un jugement par défaut [3].

A MM. les Président et juges composant la..... chambre du tribunal civil de.....

élu pour son client à l'audience, à l'appel de la cause (Glasson et Colmet-Daage, t. 1, p. 430, texte et note 2). Voir également, sur la nécessité du dépôt des conclusions écrites au greffier, formule n° 248, supra page 225.

Mais lorsque des conclusions ont été régulièrement et contradictoirement prises à une audience, le refus du défendeur de plaider à une audience ultérieure n'empêche pas le jugement d'être contradictoire (Q. 615) ; Cass., 25 avril 1881 (S. 81.1. 406).

.... à moins que la composition du tribunal ou de la Cour, à l'audience à laquelle le jugement ou l'arrêt est rendu, ne soit pas la même qu'à l'audience à laquelle les conclusions ont été prises. Lyon, 28 avril 1898 (J. Av., t. 124, p. 316.)

Lorsque le défendeur prend des conclusions pour déclarer qu'il n'avoue ni ne conteste la demande, le jugement est contradictoire (Q. 615).

1. L'obligation de vérifier les conclusions du demandeur, qui requiert défaut, s'applique au défaut faute de conclure, comme au défaut faute [de comparaître (Q. 617).

2. La signification par huissier commis n'est pas exigée pour les jugements par défaut faute de conclure. Cass., 14 janv. 1884 (D. P. 84.1.249).

Et, si un jugement par défaut faute de conclure contient surabondamment commission d'un huissier pour sa signification, la signification faite par un autre que l'huissier commis n'e t pas, pour ce motif, entachée de nullité (même arrêt).

3. La faculté de former opposition à une décision judiciaire rendue par défaut est de droit commun, et ne comporte d'exceptions que dans les cas déterminés par

CONCLUSIONS D'OPPOSITION

Pour M...., demeurant à....., défendeur au principal, demandeur aux fins des présentes conclusions d'opposition, ayant pour avoué M^e....., qui se constitue et occupera pour lui sur la présente opposition et ses suites.

Contre M....., demandeur au principal, défendeur aux fins des présentes, ayant pour avoué M^e.....

Forme ordinaire des conclusions grossoyées (Voir *supra*, formule n° 18). *Le demandeur à l'opposition conclut à ce qu'il*

PLAISE AU TRIBUNAL

Attendu qu'un jugement rendu par défaut par la..... chambre du tribunal de...., en date du...., a condamné le concluant... (*énoncer les condamnations*);

Mais attendu que ce jugement a été surpris à la religion du tribunal, et ne saurait, dès lors, être maintenu;

Attendu que le concluant entend d'ailleurs s'opposer, comme de fait il s'oppose formellement, par les présentes, à l'exécution dudit jugement;

---

la loi. Cass. 3 avril 1900 (*J. Av.*, t. 125, p. 297); Glasson et Colmet-Daâge, t. 1, p. 443.

La voie de l'opposition est ouverte au défaillant aussi bien au cas d'un jugement par défaut faute de comparaître, qu'au cas d'un jugement par défaut faute de conclure (art. 157 et 158 C. pr. civ.).

Contre les jugements par défaut *faute de conclure*, l'opposition n'est permise que pendant la huitaine à partir de leur signification à avoué (art. 157) — Ce délai n'est ni franc, ni susceptible d'augmentation à raison des distances; il est seulement prorogé au lendemain, si son dernier jour est un jour férié (Glasson et Colmet-Daâge, t. 1, p. 443; Garsonnet, t. 5, p. 427 et 428).

Contre les jugements par défaut *faute de comparaître*, l'opposition ne cesse d'être recevable que lorsque le jugement a été exécuté (art. 158). — *Voir* sur les conditions auxquelles un jugement par défaut faute de comparaître peut être réputé exécuté au sens des art. 158 et 159, et sur les nombreuses difficultés pratiques auxquelles cette question a donné lieu : *Suppl. alphab.*, v° *Jugement par défaut*, n°^s 200 et suiv.; Glasson et Colmet-Daâge, t. 1, p. 444 et suiv.; Garsonnet, t. 5, n°^s 1030 et suiv.

..... Spécialement, quand il n'a été dressé contre le défaillant qu'un procès-verbal de *carence*: *Suppl. alphab.*, *verb. cit.*, n°^s 220 et suiv; Glasson et Colmet-Daâge, *op. cit.*, p. 446.

La règle *opposition sur opposition ne vaut* doit être entendue en ce sens qu'une seconde opposition, après une première opposition, n'est défendue qu'à l'opposant qui avait formé la première opposition, dont il a été débouté; cette voie de recours, au contraire, reste ouverte au demandeur qui a laissé rétracter par défaut contre lui sur opposition le premier jugement par défaut qu'il avait pris lui-même contre le défendeur (Q. 695 bis; Glasson et Colmet-Daâge, t. 1, p. 451).

Attendu, en effet, que.... (*exposer ici les moyens à invoquer contre la demande en fait et en droit*[1]);

Par ces motifs;

En la forme, recevoir M..... opposant à l'exécution du jugement susénoncé rendu par défaut contre lui, le.....;

Au fond, le décharger des condamnations contre lui prononcées;

Faisant droit au principal, déclarer M.... purement et simplement non recevable, en tout cas mal fondé en sa demande, l'en débouter, et le condamner aux dépens, dont distraction à M⁰...., avoué, etc.

Dont acte.

Pour original (*ou* copie).   (*Signature de l'avoué.*)

Signifié, laissé copie, etc.

---

297. Opposition *formée par acte extrajudiciaire à un jugement par défaut faute d'avoir constitué avoué*[2].

L'an....., le....., à la requête de M..... (*noms, profession, demeure et élection de domicile*), j'ai...... (*noms, demeure et immatri-*

---

1. La requête d'opposition à un jugement par défaut doit être motivée; mais cette obligation d'énoncer les moyens d'opposition dans la requête n'est pas si rigoureuse qu'on ne puisse y suppléer en s'en référant à d'autres actes contenant déjà l'énonciation (Q. 672; et *Suppl. alphab.*, v° *Jugement par défaut*, n°ˢ 283 et suiv.).

2. Le défaillant peut, sur tout acte d'exécution dirigé contre lui en vertu d'un jugement par défaut faute de comparaître, déclarer qu'il se porte opposant audit jugement; et l'huissier auquel cette déclaration est faite est tenu de la mentionner dans le procès-verbal de son opération (*Voir, infra*, en remarque à la fin de la formule n° 297, la forme en laquelle cette déclaration doit être mentionnée par l'huissier).

Lorsque le défaillant s'est abstenu de faire cette déclaration, ou lorsque l'huissier s'est refusé à la recevoir, ou même avant tout acte d'exécution, le défaillant peut faire signifier son opposition extrajudiciairement, selon la formule n° 297.

L'opposition, déclarée soit sur un acte d'exécution, soit par acte extrajudiciaire, doit être réitérée *dans la huitaine*, avec constitution d'avoué, à peine de nullité (art. 162 C. pr. civ.).

Le délai de huitaine pour la réitération de l'opposition n'est pas franc: le *dies a quo* n'est pas compté; mais on compte le *dies ad quem* (Q. 678 et 3410; *Encyclop. des huiss.*, 5ᵉ édit., v° *Jugement par défaut*, n° 447).

Mais il doit être augmenté à raison des distances, si l'opposant n'est pas domicilié dans le lieu où siège le tribunal qui doit connaître de l'opposition (Q. 679; *Encyclop. des huiss.*, *loc. cit.*, n° 448).

La réitération de l'opposition doit nécessairement contenir constitution d'avoué pour l'opposant; mais il n'est pas exigé, à peine de nullité, qu'elle ait lieu par requête signifiée par acte d'avoué à avoué: réitérée dans la huitaine par acte extrajudiciaire à personne ou à domicile, dans la forme des ajournements, avec assignation et constitution d'avoué, elle est valable (*Suppl. alphab.*, v° *Jugement par défaut*, n° 305; *J. Av.*, t. 73, p. 640 et t. 74, p. 539).

Au surplus, l'opposition peut être formée directement par requête d'avoué à avoué (*supra*, formule n° 296), sans être précédée d'un acte extrajudiciaire (Q. 680 bis); Cass., 11 juin 1879 (S. 80.1.33).

Jugé même que l'opposition à un jugement par défaut faute de comparaître peut

cule de l'huissier), soussigné, signifié et déclaré à M....., demeurant à....., audit domicile, où étant et parlant à.....

Que le requérant est opposant, comme de fait il s'oppose formellement par les présentes, à l'exécution du jugement rendu par défaut contre lui, au profit de M....., le....., par la..... chambre du tribunal civil de première instance de....., et ce, par les motifs que le requérant se réserve de déduire ultérieurement, protestant de nullité contre tous actes de poursuite qui pourraient être faits au mépris de la présente opposition, que le requérant se propose de réitérer par requête dans le délai de la loi.

Sous toutes réserves ;

A ce qu'il n'en ignore ;

Et je lui ai, audit domicile, en parlant comme dessus, laissé copie sous enveloppe, etc...

Coût.....

Remarque. — L'opposition sur commandement ou procès-verbal de saisie se forme par une déclaration que l'huissier consigne sur l'acte et qui est ainsi conçue :

M..... nous a déclaré qu'il s'oppose à l'exécution du jugement par défaut en vertu duquel nous procédons, et ce, pour les motifs qu'il se réserve de déduire en temps et lieu ; requérant, dans le cas où nous n'aurions pas égard à son opposition, qu'il en soit référé à M. le Président.

Quand l'huissier ne croit pas que l'opposition soit recevable, sans qu'il soit besoin d'en faire prononcer la nullité au principal, il donne, par le même procès-verbal, assignation à l'opposant à comparaître en référé devant le président du tribunal, qui ordonne la continuation ou la discontinuation des poursuites suivant les cas.

298. Requête *ou* conclusions *de débouté d'opposition.*

Code PR. CIV., art. 162, 163.

Cette requête se rédige, comme celle en opposition, soit sous la forme de simples conclusions motivées, soit sous forme de conclusions gros-

---

être directement formée par exploit, signifié à personne ou domicile, contenant constitution d'avoué et assignation devant le tribunal, et qu'en ce cas ladite opposition n'a pas besoin d'être réitérée par requête dans la huitaine (*Encyclop. des huiss.*, 5° édit., v° *Jugement par défaut*, n° 460 et s., et *Suppl. alphab.*, verb. cit., n°ˢ 146 et suiv.) ; Paris, 9 nov. 1898 (*J. Av.*, t. 124, p. 289).

L'opposition qui a perdu son effet pour n'avoir pas été réitérée dans la huitaine, conformément à l'art. 162, peut être renouvelée tant que le délai pour former opposition n'est pas expiré, c'est-à-dire tant que le jugement n'a pas été exécuté. Cass., 3 févr. 1874 (*J. Av.*, t. 89, p. 433, art. 564, n° 19) ; Glasson et Colmet-Daâge, t. 1, p. 430.

soyées. *Dans les deux cas, le défendeur à l'opposition conclut à ce qu'il*
    Plaise au tribunal : — Attendu, etc. ;
    Par ces motifs ;
    En la forme, recevoir M..... (*nom du défendeur au principal*), opposant au jugement rendu par défaut contre lui le..... Statuant au fond, déclarer M..... purement et simplement non recevable, en tout cas mal fondé dans son opposition, l'en débouter ; en conséquence, ordonner que le jugement par défaut du..... sortira son plein et entier effet pour être exécuté selon sa forme et teneur ; et condamner M..... aux dépens, dont distraction au profit de M^e....., avoué, aux offres de droit.
    Dont acte.
    Pour original (*ou* copie).   (*Signature de l'avoué.*)
    Signifié, laissé copie, etc.
    Remarque. — A Paris, le demandeur au principal rédige, sur ces conclusions, un nouveau placet, et suit l'audience par un simple acte.

---

299. Mention *de l'opposition faite sur le registre du greffe par l'avoué de l'opposant.*

Code PR. CIV., art. 163.

    Je, soussigné, avoué près le tribunal civil de..... et de M....., certifie que, par requête du....., opposition régulière a été formée au jugement par défaut, obtenu le....., par M....., ayant pour avoué M^e....., contre ledit sieur.....
    A....., le......   (*Signature de l'avoué.*)

---

300. Certificat *du greffier constatant qu'il n'y a, contre un jugement par défaut, aucune opposition*[1].

    Je, soussigné, greffier du tribunal civil de....., sur la réquisition de M^e....., avoué de M....., vu le certificat délivré par M^e....., avoué, le..., constatant que le jugement rendu par le tribunal le...

---

[1]. Il faut un certificat du greffier constatant qu'il n'y a pas eu d'opposition pour exécuter contre un tiers un jugement par défaut.
    Mais il n'y a pas nullité de l'exécution faite contre un tiers, sans qu'on lui ait préalablement justifié par certificat du greffier qu'il n'existe pas d'opposition, quand ce tiers a exécuté volontairement le jugement (Q. 691).
    Si l'avoué, que la loi charge du soin de faire inscrire les oppositions sur le registre, néglige de le faire, et que, conséquemment, le greffier délivre un certificat négatif, l'exécution ne doit pas être annulée parce qu'il est prouvé qu'une opposition a été faite ; seulement l'opposant a une action en garantie à exercer contre son avoué (Q. 692).

a été signifié à avoué et à domicile, et qu'il n'est survenu aucune opposition contre ledit jugement;

Vu également le registre tenu à cet effet, sur lequel il n'existe aucune mention d'opposition;

Certifie qu'il n'existe à ma connaissance aucune opposition contre le jugement précité.

En foi de quoi, j'ai délivré le présent certificat.

Fait au greffe, à..... le......

(*Signature du greffier.*)

TIT. VIII. — Distraction et liquidation des dépens.

301. Dispositif de jugement qui prononce une distraction de dépens [1].

CODE *PR. CIV.* art. 133.

Le tribunal etc.,

condamne M..... aux dépens, dont distraction [2] est prononcée au

---

[1]. Le bénéfice de la distraction, prononcée au profit de l'avoué du gagnant, donne à cet avoué, pour avoir paiement de ses frais, une action directe, et qui naît en sa personne, contre le perdant (Glasson et Colmet-Daâge, t. 1, p. 391).

La créance des dépens distraits est censée n'avoir jamais résidé qu'en la personne de l'avoué distractionnaire, auquel, dès lors, la partie condamnée ne peut opposer aucun des moyens qu'elle pourrait faire valoir contre le gagnant lui-même, tels que compensation, saisie-arrêt, engagement antérieur (*Suppl. alphab.*, v° *Frais et dépens*, n° 148 ; Glasson et Colmet-Daâge, *loc. cit.*).

La distraction, prononcée au profit de l'avoué du gagnant, ne libère aucunement ce dernier vis-à-vis de son avoué (Glasson et Colmet-Daâge, *loc. cit.*).

L'avoué conserve, au contraire, tous ses droits contre son client, auquel il demeure libre de s'adresser pour obtenir paiement de ses frais, au lieu d'agir, en invoquant le bénéfice de la distraction, contre l'adversaire condamné (Glasson et Colmet-Daâge, *loc. cit.*).

D'autre part, il a été jugé que la distraction, prononcée au profit de l'avoué du gagnant, n'enlève pas au gagnant lui-même le droit de poursuivre, en son nom et à sa requête, l'exécution de la condamnation aux dépens contre la partie condamnée. Paris, 26 avr. 1872 (*J. Av.*, t. 97, p. 246) ; 13 mai 1901 (*J. Av.*, t. 126, p. 285).

..... sans que le gagnant soit même tenu, pour cela, de justifier qu'il a payé son avoué. Paris, 13 mai 1901, précité.

..... alors, du moins, que ledit avoué n'a pas fait notifier la distraction, ni fait saisir les dépens entre les mains de la partie condamnée. Trib. civ. Nevers, 12 mai 1901 (*J. Av.*, t. 126, p. 269).

Si, des frais ayant été payés en vertu de la distraction ordonnée par un jugement, ce jugement vient à être réformé ou cassé, l'avoué n'est pas personnellement tenu de restituer les frais qu'il a ainsi reçus (Q. 570 *ter*; *J. Av.*, t. 75, p. 300; art. 881).

[2]. La distraction des dépens suppose nécessairement une condamnation aux dépens prononcée contre une partie par un jugement ou un arrêt : elle n'est pas possible, lorsque le litige se termine par un acquiescement du défendeur ou une transaction. Nancy, 12 févr. 1898 et 25 janv. 1899 (*J. Av.*, t. 124, p. 230).

profit de M⁰....., avoué, qui l'a requise¹ aux offres et sous les affirmations de droit².

---

302. Jugement *contenant la liquidation des dépens en matière sommaire*³.

Code *PR. CIV.*, art. 130.

Le tribunal....., etc.
Attendu...... (*motifs*);
Par ces motifs ;
Condamne M......, à......; le condamne en outre aux dépens, liquidés à.....⁴, en ce non compris l'enregistrement, le coût de l'expédition et de la signification du présent jugement.

Mais il en est autrement, lorsque le demandeur s'est désisté avec soumission de payer les frais ; la distraction peut, en ce cas, être demandée par l'avoué du défendeur (*Suppl. alphab.*, v° *Frais et dépens*, nᵒˢ 132 et 133 ; Glasson et Colmet-Daâge, t. 1, p. 394).
Il ne peut non plus être question de distraction des dépens, lorsque le tribunal admet la compensation pure et simple des dépens, puisqu'aucune des parties n'est créancière de ce chef de l'autre (*Suppl. alphab.*, *verb. cit.*, n° 149 ; Glasson et Colmet-Daâge, t. 1, p. 393).
Voir sur les difficultés qui se sont élevées à cet égard, pour le cas de compensation seulement partielle : *Q.* 568 ; *Suppl. alphab.*, *verb. cit.*, nᵒˢ 149 et suiv. ; Glasson et Colmet-Daâge, *loc. cit.*

1. L'avoué doit demander la distraction des dépens lors de la prononciation du jugement (*Q.* 564).
L'avoué d'appel peut l'obtenir, même pour les dépens de première instance, en affirmant les avoir remboursés (*Q.* 564 *bis* ; *Suppl. alphab.*, *verb. cit.*, n° 134 et 135 ; Glasson et Colmet-Daâge, *loc. cit.*).

2. L'avoué, en demandant la distraction, *affirme* qu'il a fait, pour son client, l'avance de la majeure partie des frais ; on ne peut exiger que cette affirmation soit confirmée par un serment (*Q.* 566 ; Glasson et Colmet-Daâge, *loc. cit.*).
Mais on peut exiger de l'avoué la représentation du registre sur timbre, dont l'art. 151 du décret du 16 févr. 1807 prescrit aux avoués la tenue dans certaines formes particulières. (*Q.* 567 ; Glasson et Colmet-Daâge, *loc. cit.*) ; Trib. civ. Seine, 2 déc. 1899 (*J. Av.*, t. 124, p. 89).

3. C'est seulement en matière sommaire, que le jugement lui-même doit contenir la liquidation des dépens.
Et l'omission de cette formalité dans le jugement n'emporte pas nullité. Cass., 29 mai 1894 (D. 94. 1. 555) ; elle n'a d'autre sanction que l'obligation pour le gagnant, qui sera obligé de lever exécutoire contre le perdant, de conserver à sa charge les frais de cet acte. (*Suppl. alphab.*, v° *Frais et dépens*, nᵒˢ 173, 174).

4. Il n'est pas nécessaire que la taxe des dépens soit prononcée à l'audience, il suffit qu'elle soit insérée dans le jugement (*Q.* 1890) ; à cet effet, l'avoué qui a obtenu la condamnation remet, dans le jour, au greffier tenant la plume à l'audience, l'état des dépens adjugés (*Suppl. alphab.*, *verb. cit.*, n. 173 et s.).

TITRE IX. — Qualités[1], expédition et signification

303. Qualités *d'un jugement contradictoire*[2].

Code PR. CIV., art. 142.

Tribunal civil de première instance de......,..... chambre, audience du........

Entre M...... (*nom, prénoms, profession*), demeurant à[3]......, demandeur, comparant et plaidant par M^e......, avocat, assisté de M^e......, avoué, d'une part ;

Et : 1° M...... (*nom, prénoms, profession*), demeurant à......, défendeur, comparant et plaidant par M^e......, avocat, assisté de M^e......, avoué, d'autre part ;

2° M..... (*nom, prénoms, profession*), demeurant à...., défendeur, comparant et plaidant par M^e....., avocat, assisté de M^e......, avoué, encore d'autre part ;

Sans que les présentes qualités puissent nuire ni préjudicier aux droits et intérêts respectifs des parties.

---

1. On appelle *qualités* d'un jugement ou d'un arrêt tout ce qui, dans l'expédition, précède les motifs du jugement, c'est-à-dire les noms, prénoms, profession, domicile des parties, les noms des avoués, l'exposé analytique des points de fait et de droit et les conclusions.

Les qualités sont une partie essentielle du jugement ou de l'arrêt, et la nullité des qualités entraîne celle du jugement ou de l'arrêt lui-même (*J. Av.*, t. 78, p. 378).

2. En principe, le droit de rédiger les qualités appartient à l'avoué de la partie qui a obtenu gain de cause (*Suppl. alphab.*, v° *Qualités de jugement ou d'arrêt*, n°s 1 et suivants).

Lorsque chacune des parties a triomphé sur certains chefs de sa demande et succombé sur d'autres, c'est à l'avoué de la partie qui, d'après la teneur du jugement, a le plus d'intérêt à son exécution, qu'appartient la rédaction des qualités (*Suppl. alphab.*, verb. cit., n° 4 ; Glasson et Colmet-Daâge, p. 411).

Mais, si l'avoué du gagnant se montre négligent, l'avoué du perdant peut lui faire sommation (voir *infra* formule n° 310) de lever le jugement dans les trois jours, et à défaut par celui-ci d'avoir obtempéré à la sommation, ce délai passé, prendre l'initiative en rédigeant lui-même et en signifiant les qualités (Glasson et Colmet-Daâge, *loc. cit.*).

3. L'omission, dans les qualités, des nom, prénoms, profession et demeure de l'une des parties, entraîne la nullité des qualités et du jugement lui-même (*Suppl. alphab.*, verb. cit., n° 12).

Mais l'omission, relative seulement aux prénoms des parties, n'est pas une cause de nullité (*ibid.*, n° 13).

Jugé que des erreurs et lacunes dans les énonciations relatives aux noms des parties et aux conclusions, dans les qualités, ne peuvent donner ouverture à cassation contre le jugement ; il s'agit là, en effet, uniquement de rectifications qu'il appartient au juge chargé du règlement des qualités d'ordonner, sans d'ailleurs que sa décision à cet égard soit susceptible d'aucun recours. Cass., 5 août 1901 (*J. Av.*, t. 127, p. 13).

POINT DE FAIT[1]

Le demandeur, prétendant qu'il était propriétaire d'une maison sise à......, rue......, n°......, de laquelle dépendait un jardin, et que M....., propriétaire de la maison sise à....., rue....., n°...., et M....., propriétaire de la maison sise même rue, n°...., avaient indûment ouvert des vues droites sur le jardin dépendant de sa propriété, a fait, en vertu d'une ordonnance de M. le Président du tribunal civil de....., en date du.....[2], et suivant exploit du ministère de....., huissier commis, en date du....., enregistré, donner assignation à M..... et M..... à comparaître à..... jours francs, délai de l'ordonnance précitée, et par avoué constitué, à l'audience et par-devant MM. les Président et juges composant le tribunal civil de....., pour voir dire que, dans la huitaine de la signification du jugement à intervenir, les défendeurs susnommés seraient tenus, savoir : M....., de supprimer et clore en maçonnerie les jours directs qu'il s'est permis de pratiquer dans le mur pignon de sa maison adjacente au jardin du demandeur, et M... de supprimer également et clore en maçonnerie les jours directs par lui ouverts dans le mur pignon de sa maison adjacente au même jardin, et de reporter à la distance légale de six décimètres les jours obliques par lui ouverts à une moindre distance; sinon, et faute par eux de ce faire dans ledit délai, voir autoriser le demandeur à faire exécuter ces travaux à leurs frais, risques et périls, sous la direction de tel expert qu'il plairait au tribunal commettre, lequel réglerait les mémoires des ouvriers, pour être, M.... (demandeur), remboursé du montant desdits mémoires sur simples quittances, et s'entendre, en outre, condamner aux dépens.

Sur cette assignation, qui contenait constitution de M^e...... pour le demandeur, M^e....., avoué, s'est constitué pour M....., par acte du palais en date du....., et M^e..... pour M..., par acte du palais en date du......

Sur un placet, rédigé par les soins de M^e....., avoué du deman-

---

1. Voir, sur la manière dont doivent être rédigées les qualités des jugements ou arrêts et sur ce qu'elles doivent contenir, les observations, communiquées par la Compagnie des avocats près la Cour de Cassation à tous les avoués de première instance et d'appel, et reproduites Suppl. alphab., v° Qualités de jugement ou arrêt, n° 10.
Les faits constatés comme reconnus dans les qualités d'un jugement ou d'un arrêt sont réputés vrais, et ne peuvent être utilement contestés ultérieurement en appel ou devant la Cour de cassation (Q. 601 ; Dalloz, v° Jugement, n° 240).
2. Si le préliminaire de conciliation a été tenté, on l'énonce à cet endroit des qualités en ces termes : « Après avoir vainement tenté le préliminaire de conciliation, ainsi que cela résulte d'un procès-verbal reçu par-devant M. le Juge de paix du canton de....., le ....., enregistré, ou d'une mention de défaut en date du ..... etc. »

deur, la cause a été inscrite au rôle général et distribuée à la.....
chambre. Suivant acte du palais en date du......, avenir a été donné
par Me...... à MMes......, à comparaître le....., devant ladite
chambre. Audit jour, MMes.... ont posé des conclusions exceptionnelles tendant à la communication des pièces ; cette communication ayant eu lieu, la cause a été mise au rôle particulier de ladite chambre, sur les conclusions au fond posées à l'audience du.......

Par acte du palais en date du....., Me......, avoué de M....., a fait signifier à Me....., avoué de M....., des conclusions tendant à ce qu'il plût au tribunal : déclarer M...... purement et simplement non recevable, en tout cas mal fondé en sa demande à fin de suppression de jours, rejeter ladite demande, et condamner le demandeur aux dépens, dont distraction serait prononcée au profit de Me....., avoué, aux offres de droit. Suivant autre acte du palais en date du....., M..... a fait signifier par Me....., son avoué, à Me....., des conclusions tendant à ce qu'il plût au tribunal : déclarer M..... purement et simplement non recevable, en tout cas mal fondé en sa demande, et le condamner aux dépens, dont distraction à Me....., avoué, aux offres de droit.

En réponse à ces conclusions, Me..... a fait signifier à MMes... et....., par acte du palais en date du....., des conclusions tendant à ce qu'il plût au tribunal : sans s'arrêter ni avoir égard aux moyens et prétentions de M..... et M....., dans lesquels ils seraient déclarés non recevables, en tout cas mal fondés, adjuger à M..... les conclusions de son exploit introductif d'instance susrelatées et condamner M..... et M..... en tous les dépens, dont distraction au profit de Me....., avoué, aux offres de droit.

La cause, après plusieurs remises successives, ayant été appelée en ordre utile à l'audience de ce jour, les avocats des parties, assistés de leurs avoués, se sont présentés à la barre du tribunal, ont repris et développé les conclusions respectivement prises et en ont demandé l'adjudication.

Le ministère public a été entendu en ses conclusions.

En cet état, la cause présentait à juger les questions suivantes :

POINT DE DROIT[1]

Le tribunal devait-il ordonner que, dans la huitaine de la signification du jugement à intervenir, M..... serait tenu de supprimer les jours droits par lui ouverts sur le jardin de M......?

Devait-il ordonner que, dans le même délai, M..... serait tenu de supprimer les jours droits par lui ouverts sur ledit jardin,

---

1. Le défaut d'énonciation du point de droit, dans les qualités d'un jugement ou d'un arrêt, n'en entraîne pas la nullité, si cette énonciation se trouve suppléée dans les motifs de la décision. Cass., 29 juill. 1874 (*J. Av.*, t. 101, p. 120).

et de reporter à la distance légale les jours obliques également ouverts sur la propriété du demandeur ?

Devait-il, faute par les défendeurs de ce faire dans ledit délai, autoriser M..... à faire exécuter les travaux à leurs frais, risques et périls, sous la direction de l'expert qui serait commis ?

Devait-il, au contraire, déclarer M...... non recevable, en tout cas mal fondé en sa demande ? Devait-il l'en débouter ?

Que devait-il statuer [ou quid] à l'égard des dépens ?

Sous toutes réserves, même d'appel [1].

Dont acte.

Pour original (ou copie).   (*Signature de l'avoué.*)

Signifié, laissé copie à MM^{es}...... et......, avoués [2], en leur étude, en parlant à......, par moi, huissier audiencier soussigné, le......

Remarque. — Le point de fait des qualités ne doit contenir que l'énonciation sommaire de l'objet du procès présenté sous la forme de prétentions de la part des parties. On ne peut donner comme positifs que les faits constatés par des actes authentiques; les autres, quelque certains qu'ils soient d'ailleurs, doivent être exposés comme étant des allégations. Après l'exposé des faits, on rapporte la procédure.

Les moyens des parties ne peuvent être insérés ni dans le point de fait, ni dans le point de droit; on doit donc se borner à transcrire dans le point de fait les conclusions des assignations et des requêtes, sans en énoncer les motifs ; lorsque les conclusions ne peuvent se comprendre sans les motifs, on les mentionne sous la forme de prétentions et d'une manière très sommaire.

Les seules conclusions qui soient réputées avoir, suivant l'expression consacrée, « *frappé l'oreille du juge* », et dont, par suite, le jugement ou l'arrêt doive, à peine de nullité, contenir les motifs de l'admission ou du rejet, sont celles dont le dispositif est mentionné aux qualités. (Cass., 28 juin 1892, S. 93.1.468).

---

1. Cependant la signification des qualités, sans réserves d'appel, ne rend pas irrecevable à appeler du jugement (Q. 898 *bis*).
2. La signification des qualités d'un jugement contradictoire à avoué est, en principe, toujours obligatoire, pour permettre à la partie adverse d'y former opposition, si elle le juge à propos (voir *infra* formule n° 308).

Et au cas où un jugement a été expédié sur qualités non signifiées, ce n'est pas seulement l'expédition qui est nulle, mais c'est le jugement lui-même, qui est nul, et susceptible des voies de recours. Cass., 19 avr. 1870 (D. P. 70.1.360).

Il n'est cependant pas besoin de signifier les qualités quand, toutes les parties étant d'accord sur leur contexte, leurs avoués signent tous au bas de l'original. Ce dernier mode a surtout pour effet d'activer l'expédition du jugement, en dispensant du délai de l'opposition aux qualités.

Lorsque l'avoué à qui la signification devrait être faite est décédé, ou a cessé de postuler et n'a pas été remplacé, depuis le jugement, les qualités doivent être signifiées à la personne ou au domicile de la partie (Q. 597 *bis*; Dalloz, v° *Jugement*, n° 238); Rennes, 6 août 1853 (*J. Av.*, t. 79, p. 381). Jugé cependant qu'il n'y a lieu, en ce cas, à aucune signification. Bordeaux, 16 mars 1870 (*J. Av.*, t. 95, p. 347).

304. Qualités *d'un jugement par défaut faute d'avoir constitué avoué*[1].

Code *PR. CIV.*, art. 149.

Entre M...... (*nom, prénoms, profession, demeure des parties, comme dans la formule précédente*).
Et M..... etc., défendeur, défaillant faute de comparaître, d'autre part.

POINT DE FAIT

Enoncer les faits et les conclusions de l'assignation dans la même forme que ci-dessus; on termine ainsi :
Sur cette assignation, M...... n'ayant pas constitué avoué dans le délai de la loi, ni depuis, sur un placet, rédigé par les soins de Me..., avoué du demandeur, la cause a été inscrite au rôle, et appelée à l'audience de ce jour. A cet appel, Me...... s'est présenté à la barre, et a conclu à ce qu'il fut donné défaut contre M......, défendeur non comparant, ni personne pour lui, quoique dûment appelé; et pour le profit, à ce que le tribunal adjugeât les conclusions de l'exploit introductif d'instance.
En cet état, la cause présentait à juger les questions suivantes :

POINT DE DROIT

Le tribunal devait-il donner défaut contre M....., non comparant ni personne pour lui, quoique régulièrement assigné ?
Pour le profit, devait-il... (*reprendre sous forme interrogative les conclusions de l'exploit introductif d'instance*)?
Que devait-il statuer (*ou* quid) à l'égard des dépens ?
Sous toutes réserves, même d'appel.
(*Signature de l'avoué.*)

---

[1]. Ces qualités ne se signifient point. La signification n'en devient même pas nécessaire, lorsqu'au lendemain du jugement rendu par défaut, le défaillant a constitué avoué (Cass.. 22 mai 1816).
Cependant si c'était le défaillant qui, ayant gagné son procès sans comparaître, voulait lever le jugement qui lui a donné gain de cause, en refusant au demandeur ou à l'appelant l'adjudication de ses conclusions, il ne pourrait le faire qu'après constitution d'avoué de sa part et signification des qualités (*Suppl. alphab.*, v° Qualités de jugement ou arrêt, n° 20 *in fine*).

305. Qualités *d'un jugement par défaut faute de conclure*[1].

CODE *PR. CIV.*, art. 149.

Les noms, etc. et le point de fait se rédigent comme dans les qualités d'un jugement contradictoire ; on termine le point de fait ainsi :

Et ledit jour (*celui indiqué par l'avenir ou par un précédent jugement de remise*), la cause ayant été appelée à l'audience, et M°......, avoué du défendeur, n'ayant pas posé de conclusions, M°......, avoué du demandeur, a conclu à ce qu'il plût au tribunal donner défaut contre M...... et M°......, son avoué, faute de conclure au fond, et pour le profit, adjuger à son client les conclusions de son exploit introductif d'instance susénoncé.

En cet état, la cause présentait à juger les questions suivantes :

POINT DE DROIT

Le tribunal devait-il donner défaut contre M...... et M°......, son avoué, faute de conclure ?

Pour le profit, devait-il adjuger à M...... les conclusions de son exploit introductif d'instance ?

Que devait-il statuer (*ou quid*) à l'égard des dépens ?

Sous toutes réserves, etc.

---

306. Qualités *d'un jugement de défaut profit-joint*[2].

CODE *PR. CIV.*, art. 153.

Intitulé et point de fait comme dans les qualités contradictoires ; seulement, l'énonciation concernant les parties défaillantes se fait comme dans la formule n° 304. Après avoir énoncé les constitutions d'avoués qui ont eu lieu, on termine ainsi :

M...... et M...... (*noms des défaillants*) n'ayant pas constitué avoué dans le délai de l'assignation, ni depuis, la cause a été inscrite au rôle, et appelée à l'audience de ce jour ; M°...... s'est présenté à la barre et a conclu à ce qu'il plût au tribunal donner défaut contre M...... et M...... non comparants, faute d'avoir constitué avoué, et pour le profit, joindre la cause à celle pendante entre les parties ayant constitué avoué, pour être statué sur le tout par un seul et même jugement. Dépens réservés.

En cet état, etc...

---

1. Ces qualités, pas plus que celles d'un jugement par défaut faute de comparaître, ne doivent être signifiées (*Q.* 597 ; *Suppl. alphab., verb. cit.*, n° 17).
2. Ces qualités ne doivent point être signifiées aux avoués des parties comparantes.

POINT DE DROIT

Le tribunal devait-il donner défaut contre M..... et M...., faute par eux d'avoir constitué avoué, et pour le profit devait-il joindre la cause à celle pendante entre les parties ayant constitué avoué ?

Que devait-il être statué (*ou* quid) à l'égard des dépens ?

Sous toutes réserves, etc.

(*Signature de l'avoué.*)

---

307. Qualités *d'un jugement de défaut congé*[1].

CODE PR. CIV., art. 154.

Entre M..... défendeur, ayant pour avoué Me....., d'une part ;
Et M....., demandeur, ayant pour avoué Me......, défaillant faute de comparaître pour soutenir sa demande, d'autre part.

POINT DE FAIT

Énoncer l'assignation, la constitution d'avoué, les conclusions signifiées par le défendeur, l'avenir donné au demandeur; on termine ainsi:

La cause ayant été appelée à l'audience de ce jour, et Me...., avoué du demandeur, n'ayant pas comparu, Me....., avoué du défendeur, a conclu à ce qu'il plût au tribunal donner défaut-congé contre M..., demandeur, faute par son avoué de comparaître pour soutenir sa demande, et pour le profit, renvoyer M..... des fins de l'assignation et condamner M..... aux dépens. En cet état, la cause présentait à juger les questions suivantes :

POINT DE DROIT

Le tribunal devait-il donner défaut-congé contre M....., demandeur, faute de comparaître pour soutenir sa demande ?

Pour le profit, devait-il renvoyer le défendeur des fins de la demande ?

Que devait-il statuer (*ou* quid) à l'égard des dépens ?

Sous toutes réserves, même d'appel.

(*Signature de l'avoué.*)

---

1. Il y a même raison de s'abstenir de signifier ces qualités, que quand il s'agit d'un jugement rendu par défaut faute de conclure contre l'avoué du demandeur.

308. Opposition *aux qualités d'un jugement contradictoire* [1].

Code PR. CIV., art. 143, 144.

L'avoué opposant forme cette opposition en écrivant les mots : je m'oppose, *sur la copie des qualités qui lui sont signifiées, et en la remettant à l'huissier audiencier dans le délai de vingt-quatre heures, fixé par l'art. 143. L'huissier mentionne l'opposition sur l'original, en écrivant les mots* : s'oppose, *à côté du nom de l'avoué opposant, écrit en tête de la signification, et remet l'original et la copie aux avoués respectifs.*

---

309. Avenir *en règlement de qualités* [2].

Code PR. CIV., art. 145.

A la requête de M....., ayant pour avoué M^e....., soit sommé M^e....., avoué de M....., de comparaître et se trouver le..... [3], par-devant M. le Président de la.... chambre du tribunal civil de première instance de..... (*celle qui a rendu le jugement* [4]), en son

---

1. L'avoué lui-même a seul qualité pour s'opposer aux qualités qui lui ont été signifiées; l'opposition faite par son clerc est nulle et dépourvue de tout effet Alger, 2 juill. 1901 (J. Av., t. 127, p. 16).
L'original de la signification des qualités doit rester pendant vingt-quatre heures entre les mains de l'huissier, pour que l'avoué à qui la notification est faite puisse former opposition à la rédaction des qualités (art. 143, C. pr. civ.).
L'opposition aux qualités peut être valablement faite après les vingt-quatre heures pendant lesquelles l'huissier est tenu de garder en ses mains l'original, mais elle doit alors être faite par acte d'avoué à avoué (Q. 599; Suppl. alphab., v° *Qualités*, n° 36).
Lorsqu'il n'y a point eu d'opposition aux qualités, et que, conséquemment, l'avoué a laissé lever le jugement, sa partie n'est pas recevable à nier les faits qui se trouvent consignés auxdites qualités (Q. 601). Cette règle recevrait exception cependant si le fait contesté était démontré erroné par les actes ou titres mêmes produits dans la cause (Cass. 16 févr. et 22 mai 1813).
2. L'expédition d'un jugement, sur qualités frappées d'opposition, et non réglées soit amiablement, soit judiciairement, est nulle. Cass., 29 juin 1896 (S. 97. 1. 32).
3. L'avenir en règlement doit indiquer d'une manière précise la date à laquelle les qualités doivent être réglées; à défaut de cette indication précise, le règlement qui serait fait par défaut serait nul et entraînerait la nullité de la décision elle-même : Cass., 28 mars 1904 (J. Av., t. 129, p. 195).
L'avenir peut être donné pour le jour même : Cass., 3 fév. 1886 (D. P. 86 1. 469). — Comp. Cass., 4 janv. 1905 (J. Av., t. 130, p. 94).
4. L'avenir en règlement doit être donné devant le magistrat qui a présidé l'audience à laquelle le jugement a été rendu, ou son dévolutaire. Jugé que le règlement auquel il a été procédé par le président compétent, sur un avenir donné à comparaître devant un autre magistrat incompétent, est nul. Cass., 23 oct. 1895 (D. P. 96. 1. 32).
Le règlement, auquel il est procédé par un magistrat qui n'a pas concouru au jugement ou à l'arrêt, est radicalement nul, sans qu'il y ait lieu de distinguer s'il a eu lieu contradictoirement ou par défaut, et cette nullité vicie le jugement ou l'arrêt lui-même (*Suppl. alphab.,* v° *Qualités de jugement ou d'arrêt,* n° 57).
Mais lorsque le règlement a été fait par un magistrat, ayant concouru au juge-

cabinet, sis au Palais de Justice, à......, à l'issue de l'audience de ladite chambre, pour s'y régler sur l'opposition par lui formée à l'expédition des qualités du jugement rendu entre les parties susnommées par ladite chambre le......., à lui signifiées par acte du palais en date du.....

Lui déclarant que, faute par lui de comparaître, il sera contre lui pris défaut, et passé outre à l'expédition desdites qualités, telles qu'elles ont été signifiées.

Dont acte.
Pour original (ou copie.) (Signature de l'avoué.)
Signifié, laissé copie, etc.

Les corrections et renvois faits sur l'original sont parafés par le magistrat devant lequel a lieu le règlement. Il met en marge ces mots : bon à expédier, avec son parafe et la date[1] ; *le président met également son visa sur l'original de l'avenir en règlement et sur la copie, quand des corrections ont été faites.*

---

310. Sommation *de lever un jugement.*

(Décret du 16 février 1807, art. 7.)

A la requête de M....., ayant Me..... pour avoué,

Soit sommé Me....., avoué de M...., de, dans trois jours pour tout délai, lever expédition du jugement contradictoirement rendu entre les parties le....., par la..... chambre du tribunal civil de première instance de....., et d'en signifier copie au requérant par acte du palais.

Lui déclarant que, faute par lui de faire ladite signification dans ce délai, le requérant lèvera lui-même expédition dudit jugement.

---

ment ou à l'arrêt, mais qui n'est pas le président, il y a présomption d'empêchement du président, et le règlement est valable (*ibid.*, n°ˢ 60 et 61).

Exceptionnellement, pendant les vacances judiciaires, avenir est régulièrement donné devant le président de la chambre des vacations, pour le règlement des qualités d'un jugement ou d'un arrêt rendu pendant le cours de l'année judiciaire ; le règlement doit constater en ce cas l'empêchement de tous les magistrats ayant concouru au jugement ou à l'arrêt. Cass., 18 janv. 1899 (*J. Av.*, t. 124, p. 55).

Lorsque, par suite du long temps écoulé depuis que le jugement ou l'arrêt a été rendu, aucun des magistrats qui y ont concouru ne fait plus partie du siège, c'est au tribunal ou à la cour qu'il appartient de régler les qualités, sans distinction entre la chambre qui a rendu le jugement ou l'arrêt et les autres : Paris, 22 juill. 1876 (*J. Av.*, t. 101, p. 376); Chambéry, 27 fév. 1905 (*Ibid.*, t. 130, p. 407).

1. L'ordonnance portant règlement de qualités (le *bon à expédier*) doit être mise à la suite de l'original de la signification des qualités, et non pas sur feuille à part (*Q.* 602; *Suppl. alphab., verb. cit.*, n°ˢ 67 et suiv.).

Elle doit être datée à peine de nullité : Cass., 16 mai 1899 (*J. Av.*, t. 123, p. 239). Mais elle n'a pas besoin d'être motivée : Cass., 5 août 1901 (*J. Av.*, t. 127, p. 13) et 18 avril 1905 (*Ibid.*, t. 130. p. 446).

L'assistance du greffier n'est pas exigée (*Suppl. alphab., verb. cit.*, n° 64).

L'ordonnance n'est susceptible d'aucun recours (Cass., 5 août 1901 précité).

Sous toutes réserves.
Dont acte.
Pour original (*ou* copie).   (*Signature de l'avoué.*)
Signifié, laissé copie, etc.

---

311. Expédition *en forme de grosse*[1].

RÉPUBLIQUE FRANÇAISE, au nom du peuple français,

Le tribunal civil de première instance de...... a rendu....., en l'audience publique de la..... chambre dudit tribunal, le jugement dont la teneur suit :
Audience du......
Entre (*voir la formule des qualités*) ;

POINT DE FAIT

....

POINT DE DROIT

....

Le tribunal, ouïs en leurs plaidoiries M°....., avocat, assisté de M°...., avoué de M...... etc. (*voir la formule n° 281*) ;
Attendu, etc. ;
Par ces motifs ; condamne, etc......
Fait et jugé en l'audience publique du tribunal de....... (....chambre), par MM. X.... président ; Z.... juge, et T.... juge-suppléant et nécessaire, en présence de M. H..., substitut, assistés de L.... greffier (*ou* faisant fonction de greffier), le..... (*quantième, mois et an*).

                                                Signé......

En conséquence, le Président de la République française mande et ordonne à tous huissiers sur ce requis de mettre ledit jugement (*ou* ledit arrêt, *ou* ledit acte), à exécution ; aux procureurs généraux et aux procureurs de la République près les tribunaux de première instance, d'y tenir la main ; à tous commandants et officiers de la force publique de prêter mainforte lorsqu'ils en seront légalement requis. En foi de

---

[1]. Les grosses, expéditions et extraits de jugements, délivrés par le greffier dépositaire de la minute, sont authentiques (*Q. 606 bis*).
La grosse diffère de la simple expédition en ce qu'elle porte la formule exécutoire.
La partie qui a obtenu gain de cause a seule le droit de se faire délivrer une grosse.
Mais plusieurs personnes peuvent avoir le droit de lever une grosse du même jugement, lorsqu'elles ont chacune un intérêt distinct à en poursuivre l'exécution (*Suppl. alphab.*, v° *Jugement*, n° 137).

quoi, la minute du présent jugement est signée : (*noms du président et du greffier d'audience*).

En marge est écrit : Enregistré à....., le......, f°..... c^e....; reçu...

Signé.

Pour expédition conforme.
Par le tribunal.

Le greffier (*Signature*.)

Les grosses doivent contenir vingt lignes à la page et douze ou quatorze syllabes à la ligne, c'est-à-dire deux cent quarante syllabes au moins et deux cent quatre-vingts au plus. — Elles doivent être écrites sur du papier au timbre de 1 fr. 80 c.

---

312. Signification *d'un jugement à avoué*[1].

CODE PR. CIV., art. 147.

A la requête de M......, ayant pour avoué M^e....., soit signifié et en tête [de celle] des présentes laissé copie à M^e....., avoué de M....., de la grosse dûment en forme exécutoire d'un jugement rendu contradictoirement entre les parties (*ou* par défaut faute de conclure), par la..... chambre du tribunal civil de première instance de....., le....., enregistré; sous toutes réserves, même d'appel.

A ce qu'il n'en ignore.
Dont acte.
Pour original (*ou* copie).
Signifié, laissé copie, etc.

(*Signature de l'avoué.*)

---

313. Signification *de jugement à partie*[2].

CODE PR. CIV., art. 147.

L'an....., le....., à la requête de M.... (*noms, profession,*

---

1. Dans le Nord et à Paris, il est d'usage de rédiger l'original de la signification en la forme ci-après, sur une feuille spéciale de papier timbré; dans le Midi, et par exemple à Toulouse, la signification à avoué consiste uniquement dans la copie du jugement certifiée par l'avoué, au bas de laquelle l'huissier met un acte de signification, dont l'original est écrit à la suite de la grosse du jugement (Glasson et Colmet-Daâge, t. 1, p. 419).

La signification du jugement à avoué, quand il y a avoué en cause, est le préalable obligatoire de la mise à exécution de tout jugement, à peine de nullité (art. 147 C. pr. civ.).

Aucune distinction n'est à faire, à cet égard, entre les jugements définitifs portant ou non condamnation, et les jugements interlocutoires ou même simplement préparatoires. Cass. 24 nov. 1886 (S. 87.1.13); Cass., 6 févr. 1894 (D. P. 94. 1. 155); (Glasson et Colmet-Daâge, t. 1, p. 420).

La signification à avoué est également le préalable nécessaire de la signification à partie pour faire courir le délai de l'appel (Q. 608 *bis* et 610).

2. C'est, en principe, et sauf le cas où un texte formel en dispose autrement, comme en matière d'ordre, d'incident de saisie immobilière, etc., à partir seulement de la signification à partie que court le délai de l'appel.

L'art. 147 C. pr. civ. exige aussi que les jugements provisoires ou définitifs,

demeure et élection de domicile), j'ai..... (*immatricule de l'huissier*),
Soussigné, signifié et en tête [de celle] des présentes laissé copie à M....., demeurant à....., audit domicile, où étant et parlant à.......

De la grosse dûment en forme exécutoire[1] d'un jugement rendu contradictoirement (*ou par défaut*) entre les parties, par la..... chambre du tribunal civil de première instance de......, le......, enregistré et précédemment signifié à avoué[2]; sous toutes réserves, même d'appel.

A ce qu'il n'en ignore.
Et je lui ai, en parlant comme dessus, etc.
Coût.....

Remarque. Il est bon d'insérer, dans la signification des jugements, des réserves formelles sur le droit d'en interjeter appel, car la signification pure et simple a été souvent considérée comme un acquiescement (*Voir* les notes du titre de l'*Appel*).

CHAPITRE III

MATIÈRES SOMMAIRES

La plupart des formulaires, ou ne parlent pas de ce titre du Code de procédure civile, ou se bornent à faire observer qu'en matière sommaire il n'y a ni écritures, ni requêtes, mais de simples avenirs.

Pour donner sur ce titre les indications théoriques qui complètent les autres divisions, il suffit de rappeler les dispositions du Code de procédure, en les accompagnant des notes qui se rattachent aux formules dans les autres parties de ce livre.

On appelle matières sommaires *les affaires, autres que les causes commerciales, qui exigent une instruction simple et rapide.*

CODE PR. CIV., art. 404.

Toutes les causes susceptibles d'être jugées en dernier ressort par les tribunaux de première instance sont des affaires sommaires, qu'elles soient ou non fondées sur un titre, que le titre soit contesté ou reconnu (*Q.* 1470 *bis*).

---

soient signifiés à partie avant d'être exécutés. V. sur ce point Nancy, 14 mai 1906 (*J. Av.*, t. 131, p. 263).

1. La signification d'un simple extrait du jugement est insuffisante pour satisfaire au vœu de l'art. 147. Bastia, 2 avr. 1855 (S. 55. 2. 307).
2. Si la signification à avoué n'a pu avoir lieu par suite du décès ou de la cessation des fonctions de l'avoué, cette circonstance doit être mentionnée (art. 148 C. pr. civ.).
D'ailleurs le défaut de mention de la signification à avoué, dans la signification à partie, n'emporte pas nullité (*Q.* 613; Glasson et Colmet-Daage, t. 1, p. 423).
On doit en dire autant, en cas de décès ou de cessation des fonctions de l'avoué, du défaut de mention de cette circonstance (*Q.* 613).

Un titre est réputé contesté quand il est argué de faux ou dénié : la contestation porte alors sur son existence ; ou quand on lui oppose le dol, la fraude, la fausse cause, une nullité : la contestation porte alors sur sa validité (Q. 1470).

Une cause sommaire dans son principe peut devenir ordinaire par la suite (Q. 1470 bis). Ainsi, la demande en validité d'offres réelles d'une somme inférieure à 1500 fr. est sommaire ; mais elle cesse de l'être lorsque, sur l'appel, le défendeur réclame des dommages-intérêts d'un chiffre indéterminé qui, ne résultant pas d'un fait accompli depuis le jugement, constituent une demande nouvelle, non recevable pour la première fois devant la Cour (J. Av., t. 75, p. 484, art. 918). — Il en est de même lorsque, dans une affaire originairement sommaire, se produisent une demande en vérification d'écriture, une inscription de faux, un désaveu (J. Av., t. 42, p. 231).

Les demandes réelles ou mixtes sont réputées sommaires lorsqu'elles n'excèdent pas 1500 fr. (Q. 1471).

On appelle demande provisoire celle qui laisse le principal intact et pendant à juger.

Les demandes qui requièrent célérité sont celles qui, à cause de la nature de leur objet, exigent la plus prompte expédition ; l'urgence doit être leur caractère (Q. 1472). D'ailleurs, la question de savoir si une affaire requiert célérité est, comme le disent MM. Glasson et Colmet-Daâge, t. 1, p. 311, avant tout, de pur fait, et, comme telle, abandonnée à l'appréciation souveraine des juges.

La loi désigne spécialement, comme matières sommaires, certaines affaires qui ne sont pas mentionnées dans l'art. 404. M. Carré en énumère plusieurs (Q. 1473). Au reste, toutes les fois qu'une cause ne comporte, d'après les dispositions du Code, que l'instruction orale, elle doit être regardée comme sommaire (Q. 1473 ; *Suppl. alphab.*, v° *Matières sommaires*, nos 10 et s.) [1].

CODE PR. CIV., art. 405.

Les matières sommaires sont le plus souvent, à cause de leur caractère d'urgence, dispensées du préliminaire de conciliation (Q. 1477).

D'après le décret du 30 mars 1808 (art. 30, 70, 71 et 72), il y a lieu à signification de conclusions motivées même dans les matières sommaires. Cass., 13 nov. 1861 (J. Av., t. 86, p. 471) ; Bordeaux, 30 mars 1898 (J. Av., t. 123, p. 491).

Mais il n'est pas nécessaire que cette signification soit faite, comme en matière ordinaire, trois jours à l'avance. Cass., 22 nov. 1859 (D. P. 60.1.315) ; Chambéry, 3 juill. 1878 (D. P. 79.2.218).

---

1. *Voir* d'ailleurs, dans le Code de procédure civile annoté de Jean Sirey, 3e édition, p. 426 et suiv., sous l'art. 404, le tableau, d'après M. Boucher d'Argis, selon l'ordre des articles des codes et l'ordre chronologique des lois spéciales, de toutes les affaires qui paraissent devoir être considérées comme sommaires.

Code PR. CIV., art. 407.

Lorsqu'il y a lieu à enquête, en matière sommaire, les témoins doivent être entendus, non devant un juge-commissaire, mais devant le tribunal, à l'audience, à peine de nullité du jugement qui en a autrement ordonné. Cass., 29 déc. 1897 (*J. Av.*, t. 123, p. 51).

Spécialement, est nul le jugement qui a ordonné, en matière sommaire, que l'enquête se ferait sur les lieux, devant un juge-commissaire (*Même arrêt.*).

Si, nonobstant la disposition de l'art. 407, une partie articule par acte des faits qu'elle entend faire admettre en preuve, la partie adverse n'est pas obligée de les contester également par acte, dans les délais et sous les peines portés par l'art. 252 (*Q.* 1480).

Si le jugement n'intervient pas de suite après l'audition des témoins et qu'un nouveau juge soit appelé, on ne peut pas prononcer sur les notes, les témoins doivent être appelés et entendus à nouveau (*Q.* 1481).

Il n'y a pas lieu à signification du jugement qui ordonne l'enquête en matière sommaire, à moins qu'il ne soit par défaut (*Q.* 1481 *bis.*)

Code PR. CIV., art. 408.

La disposition de l'art. 408, d'après lequel les témoins seront assignés au moins un jour avant celui de l'audition, est prescrite à peine de nullité (*Q.* 1482).

Le délai d'un jour, prescrit par cet article pour l'assignation des témoins, doit être franc. Il faut aussi l'augmenter à raison des distances (*Q.* 1482).

Code PR. CIV., art. 409.

La demande en prorogation doit être formée au jour indiqué par le jugement; du reste, en cette matière, les motifs d'accorder ou de refuser la prorogation sont laissés à l'appréciation des tribunaux (*Q.* 1483; *Suppl. alphab.*, v° *Matières sommaires*, n. 42, 43).

La partie qui a obtenu du tribunal l'autorisation de faire une enquête, et qui, au jour fixé, n'est pas en mesure d'y procéder, parce qu'elle n'a ni cité ni dénoncé les témoins, encourt la déchéance (*J. Av.*, t. 72, p. 184, art. 81 § 26).

Code PR. CIV., art. 410.

Il n'est pas besoin de faire mention, dans un jugement non susceptible d'appel, du résultat de chaque déposition; il suffit d'y mentionner le résultat de toutes celles qui composent l'enquête (*Q.* 1484).

Il faut mentionner le serment des témoins, et leurs déclarations en réponse aux interpellations indiquées par l'art. 262 (*Q.* 1484 *bis*).

Lorsque la mention du serment prêté par les témoins ne se trouve ni dans le dispositif, ni dans les qualités du jugement, la nullité qui en résulte peut engager la responsabilité de l'avoué rédacteur des qualités, qui aurait dû y insérer cette mention. Cass., 30 oct. 1901 (*J. Av.*, t. 127, p.)

L'énonciation des noms des témoins n'est pas prescrite par l'art. 410, à peine de nullité; il en est autrement du résultat de leurs dépositions (*Q.* 1484 *ter*).

Les témoins doivent être entendus séparément, mais il n'y a pas nullité s'il en a été autrement (*Q.* 1484 *quater*).

Code PR. CIV., art. 411.

Il y a nullité si le procès-verbal prescrit par l'art. 411, pour le cas d'une cause sujette à appel, n'a pas été dressé (*Q.* 1484 *quinquies*; Garsonnet, t. 2, n° 398, p. 739).

L'art. 413 n'exige pas que le procès-verbal soit signé par les témoins; il ne doit pas être signifié (*Q.* 1484 *sexies*).

Lorsque le jugement est susceptible d'appel, le procès-verbal ne doit pas contenir seulement le résultat des dépositions considérées en masse, comme dans le cas où il est rendu en dernier ressort; il faut alors énoncer le résultat de chaque déposition (*Q.* 1485.)

Des notes sommaires, prises par le greffier, et dans lesquelles sont résumées les dépositions des témoins entendus, ne peuvent tenir lieu de procès-verbal. Orléans, 5 nov. 1853 (*J. Av.*, t. 79, p. 460) — *Contra* Riom, 13 mars 1847 (*J. Av.*, t. 72, p. 632.)

Code PR. CIV., art. 412.

Lorsqu'un tribunal est commis par un autre pour recevoir l'enquête, il doit commettre un de ses membres pour recevoir les dépositions des témoins (*Q.* 1486).

Code PR. CIV., art. 413.

Toutes les formalités de l'art. 261 ne sont pas rendues communes aux enquêtes sommaires; ainsi, il n'est pas nécessaire de donner à la partie adverse assignation pour comparaître à l'enquête, à moins que le jugement qui l'ordonne n'ait été rendu par défaut (*Q.* 1486 *bis*).

La prohibition d'entendre, dans les enquêtes sommaires, les conjoints des parties, leurs parents et alliés en ligne directe, n'est pas exclusive de la faculté de reprocher les parents ou alliés en ligne collatérale (*Q.* 1486 *ter*).

Le témoin contre lequel on propose un reproche qui est admis par les juges peut néanmoins être entendu dans sa déposition, si la matière est sujette à l'appel. *Secus*, dans le cas contraire (*Q.* 1486 *quat.*).

LIVRE II

PROCÉDURE DEVANT LES JUGES DE PAIX

Sommaire.

TITRE PREMIER : Citation. — TIT. II : Comparution volontaire et prorogation de juridiction — TIT. III : Audiences. — TIT. IV : Comparution des parties. — TIT. V : Récusation. — TIT. VI : Demandes en garantie. — TIT. VII : Comparution personnelle et interrogatoire sur faits et articles. — TIT. VIII : Enquêtes. — TIT. IX : Visite de lieu et expertise. — TIT. X : Inscription de faux et dénégation d'écriture. — TIT. XI : Péremption. — TIT. XII : Jugements contradictoires, par défaut et opposition. — TIT. XIII : Exécution provisoire. — TIT. XIV : Feuille d'audience. — TIT. XV : Signification des jugements. — TIT. XVI : Voies de recours. — TIT. XVII : Réception de caution. — TIT. XVIII : Actions possessoires.

BIBLIOGRAPHIE : — Carré et Chauveau, *Lois de la Procédure civile et commerciale*; Dutruc, *Supplément alphabétique aux lois de la Procédure civile et commerciale de Carré et Chauveau*; Deffaux et Harel, *Encyclopédie des huissiers*, 5ᵉ édit.; Guénard, *Compétence civile des juges de paix*; Garsonnet, *Traité théorique et pratique de procédure*; Ségral, *Code pratique de la justice de paix*; Pabon, *Traité théorique et pratique des justices de paix*; Dalloz, *Recueil périodique et critique de jurisprudence, de législation et de doctrine*; Sirey, *Recueil général des lois et arrêts*; *Journal du Palais*; *Journal des avoués*, *Journal des huissiers*.

I. — Citation.

314. Citation *devant le juge de paix*[1].

CODE PR. CIV., art. 1ᵉʳ. — Loi du 25 mai 1838, art. 1ᵉʳ.

L'an....., le....., à la requête de M..... (*noms, profession*),
Pour lequel domicile est élu à....., j'ai....., huissier près le tribunal civil de première instance de....., demeurant à....., canton de......[2], soussigné, cité M....... (*noms, profession, domicile*),

---

1. Les parties comparaissent devant le juge de paix en vertu d'une citation ou volontairement.
Le juge de paix, lorsqu'il y a omission, dans une citation, des formalités prescrites, peut ordonner une réassignation sans prononcer la nullité de l'exploit (Q. 5). — Voir la *formule* n° 315.
Dans ce cas, lorsque la partie citée ne comparaît pas, le juge de paix ne peut pas, quoiqu'il reconnaisse qu'aucun préjudice n'a été porté au défendeur par la nullité, donner défaut contre lui (Q. 5 *bis*).
2. La citation signifiée par un huissier autre que ceux du canton de la justice de paix du défendeur est valable, mais l'huissier est passible de l'amende (Q. 9; *Suppl. alphab.*, n°ˢ 27, 28).
Dans une ville où il y a plusieurs justices de paix, les huissiers qui y résident peuvent exercer concurremment devant toutes ces justices de paix. — Circulaire du garde des sceaux du 6 juin 1838 (Q. 9 *bis*; *Suppl. alphab.*, n. 29).
En cas d'empêchement des huissiers du canton, le choix du juge de paix, à qui

audit domicile, où étant et parlant à...... [1], à comparaître le..... [2],

---

il appartient, aux termes de l'art. 4, de désigner un huissier pour délivrer la citation, peut porter indistinctement sur tout huissier de l'arrondissement duquel ressortit la justice de paix du domicile du défendeur (Q. 10).

Mais le juge de paix ne peut pas commettre un huissier d'un autre arrondissement (Q. 11; *Suppl. alphab.*, n. 31 et s.; Pabon, t. 1, n° 338).

Ce n'est pas le juge de paix compétent pour prononcer définitivement sur la contestation, mais celui dans le ressort duquel la citation sera donnée, qui doit commettre un huissier, en remplacement de l'huissier empêché (Q. 12).

La commission de l'huisssier doit être donnée par écrit (Q. 13).

1. On doit indiquer dans la citation la personne à qui la copie est remise à peine de nullité : Trib. civ. de Bourgoin, 8 août 1906 (*J. Av.*, t. 131, p. 435).

La citation peut être remise à la personne de l'assigné, hors du lieu de son domicile (Q. 14).

La copie peut-elle être remise à un voisin? *Négative* : Pabon, t. 1, p. 352, p. 220. — En tous cas, il est certain que l'huissier n'est pas tenu, comme au cas d'assignation devant les tribunaux civils, de présenter la copie à un voisin avant de la remettre au maire (Q. 15).

En cas d'absence du maire ou de l'adjoint, ou de refus de leur part de viser l'original, l'huissier doit, dans le premier cas, remettre la copie au conseiller municipal le premier inscrit dans l'ordre du tableau; dans le second cas, au procureur de la République, en constatant le refus de visa de la part du maire ou de l'adjoint (Q. 16, 368 *bis*).

La citation à un défendeur domicilié ou résidant hors de la France continentale ou en pays étranger doit être remise au procureur de la République près le tribunal de première instance, dans le ressort duquel se trouve la justice de paix (Q. 374).

La citation à un défendeur qui n'a ni domicile, ni résidence connus, doit être délivrée au parquet du tribunal de première instance, dans le ressort duquel se trouve la justice de paix, en observant les formalités tracées par l'art. 69 n° 8. — Voir *supra* formule n° 8.

2. L'indication d'un jour fixe pour la comparution est obligatoire ; la citation à comparaître *dans le délai de la loi* serait nulle (Q. 3 *bis*; *Encyclop. des huiss.*, 5° édit., v° Exploit. n. 793).

Aux termes de l'art. 5 C. pr. civ., il doit toujours y avoir, entre la date de la citation et celle indiquée pour la comparution, un jour au moins, sauf d'ailleurs la faculté accordée au juge de paix d'abréger ce délai par cédule, dans les cas urgents. (Voir art. 6 C. pr. civ., et *infra* formule n° 316).

Ce délai minimum d'un jour est un délai franc.

Depuis la loi du 13 avril 1895, modificative de l'art. 1033 C. pr. civ., la question de savoir si, au cas où le jour compris entre celui de la citation et celui indiqué pour la comparution est un jour férié, ce jour compté dans le délai, ou s'il en est autrement, et si, par conséquent, le délai est prorogé, est controversée. *Voir* dans le sens de la prorogation : Trib. de paix de Confolens, 30 janv. 1899 (*Moniteur des juges de paix*, 1899. p. 216) — *Contra* : Pabon, t. 1, n° 357, p. 222 et suiv.)

Si la citation est donnée à un délai trop court, et que la partie assignée ne se présente pas, il y a lieu à réassignation, et les frais en demeurent à la charge du demandeur, sauf son recours contre l'huissier (Q. 18; Pabon, t. 1, n° 359) Voir *infra* formule n° 315, et *supra* page 277, note 1

Si bien qu'assigné à un délai trop court, le défendeur comparaît néanmoins, il n'y a pas lieu d'ordonner sa réassignation, mais seulement, sur sa demande, de lui accorder un délai pour préparer sa défense (Pabon, *loc. cit.*).

Quoique la copie ait été remise au défendeur en parlant à sa personne, dans le lieu même où siège le juge de paix, il faut augmenter le délai ordinaire en raison de l'éloignement de son domicile, conformément à l'art. 1033 C. pr. civ. (Q. 19, Pabon, t. 1, n° 360).

La distance dont il s'agit dans l'art. 5 est toujours celle qui se trouve entre le domicile du défendeur et le lieu de la comparution (Q. 20).

L'augmentation de délai est d'un jour à raison de 5 myriamètres. Les fractions

par-devant M. le juge de paix du canton de......¹, lieu ordinaire de ses audiences (*ou* tenant audience foraine)², à......., heure de.....³, pour :

Attendu... (*énoncé sommaire des moyens de la demande*);
Par ces motifs;
S'entendre condamner à payer au requérant la somme de......., avec les intérêts à quatre pour cent par an, à partir du jour de la demande, et s'entendre condamner en tous les dépens. — Sous toutes réserves. — A ce qu'il n'en ignore. — Et je lui ai, audit domicile, où étant et parlant comme dessus, laissé copie du présent, sous enveloppe fermée⁴, etc. Coût ....

(*Signature de l'huissier.*)

---

de moins de 4 myriamètres ne sont pas comptées; les fractions de 4 myriamètres et au-dessus augmentent le délai d'un jour entier. Néanmoins le délai ne peut être augmenté qu'autant que la distance dépasse 5 myriamètres.
La distance se compte à partir du siège de la justice de paix, c'est-à-dire à partir du chef-lieu du canton, ou, si le défendeur est cité à une audience foraine, à partir du lieu où se tient cette audience, de clocher à clocher (Pabon, t. 1, n° 357, p. 222).

1. On peut citer valablement devant le juge de paix du lieu de la résidence, lorsqu'on allègue l'ignorance du domicile, et que le défendeur ne prouve pas qu'il a un domicile (Q. 7).
Si le lieu de la résidence n'est pas connu, la citation doit être donnée devant le juge du domicile du demandeur (Q. 8 *ter*).
Le défendeur, cité devant le juge de paix du lieu de sa résidence, peut, en prouvant qu'il a un domicile dans un autre lieu, obtenir son renvoi devant le juge de ce domicile (*ibid.*).
Dans ce cas, la citation n'est pas nulle, et a pour effet d'interrompre la prescription (*ibid.*).
Les frais en doivent rester à la charge du défendeur, à moins qu'il ne prouve que l'ignorance du citant était volontaire (*ibid.*).
On peut citer devant le juge de paix du domicile élu, conformément à l'art. 111 C. pr. civ. (Q. 8; Pabon, t. 1, n° 354; Ségral, t. 1, n° 451).
L'action, lorsqu'il y a plusieurs défendeurs, en matière purement personnelle et mobilière (art. 1, C. pr. civ.), peut être portée devant le juge de l'un d'eux, au choix du demandeur (Q. 8 *bis*).
Dans les cas prévus par l'art. 3, lorsque l'immeuble, au sujet duquel naît la contestation, est situé dans le ressort de deux justices de paix, le demandeur peut assigner, à son choix, le défendeur, devant l'une ou l'autre (Q. 8 *sexies*).
C'est devant le juge de paix du domicile du défendeur que doivent être portées les actions pour salaire des ouvriers, des gens de travail, et celles pour injures verbales, dont l'art. 10 de la loi du 24 août 1790 et l'art. 5 de la loi du 25 mai 1838 attribuent la connaissance aux juges de paix (Q. 8 *quat*.).
Il en est de même des actions entre les voyageurs d'une part, les hôteliers et les voituriers de l'autre, à raison des contestations dont la connaissance est attribuée au juge de paix par l'art. 2 de la loi du 25 mai 1838 (Q. 8 *quinq*.).
Jugé qu'au cas de demande formée contre des héritiers avant le partage c'est le juge de paix du lieu de l'ouverture de la succession, et non celui du domicile des héritiers, qui est compétent pour en connaître. Trib. civ. de la Seine, 11 mars 1907 (*J. Huiss.*, t. 88, p. 325) ; Ségral, t. 1, n° 452.

2. La compétence territoriale du juge de paix, tenant audience supplémentaire ou foraine (L. 21 mars 1896), est la même que lorsqu'il siège au chef-lieu de son canton. Cass. 7 février 1900 (*J. Av.*, t. 125, p. 103 ; *J. Huiss.*, t. 81 p. 78).

3. La citation doit indiquer l'heure de la comparution ; toutefois l'omission de cette indication n'entraîne pas toujours la nullité de la citation. — V. *Encycl. des huissiers*, 5ᵉ édit., v° Exploit, n. 797 et 798.

Remarques. — 1° Lorsque l'on signifie, en tête de la citation, des pièces nombreuses, ou dont l'énonciation serait trop longue pour être comprise dans le libellé de la citation, on divise l'acte en deux parties, dont l'une contient l'énonciation des actes signifiés, et l'autre les motifs et les conclusions. Exemple :

L'an....., le......, à la requête, etc....., j'ai......, soussigné signifié, et en tête (de celle) des présentes, laissé copie à M...... demeurant à....., etc.,
1° De......; — 2° de.....; — 3°......;
Et à mêmes requête, demeure et élection de domicile que dessus, j'ai......, huissier susdit et soussigné, donné citation au susnommé en son domicile, où étant et parlant comme ci-dessus, à comparaître le..... etc.

2° Lorsqu'on ne trouve personne au domicile de la personne citée, la copie devant être remise au maire ou à son adjoint, la mention qui suit l'énonciation du domicile est ainsi conçue : *Audit domicile, où étant et n'ayant trouvé personne, je me suis transporté à la mairie de.. où étant et parlant à M. le Maire, qui a visé le présent original et reçu la copie.*

3° Il est interdit aux huissiers, dans toutes les causes excepté celles qui requièrent célérité et celles dans lesquelles le défendeur est domicilié hors du canton ou des cantons de la même ville, de citer en justice de paix sans qu'au préalable le juge de paix ait appelé les parties devant lui, au moyen d'un avertissement sur papier timbré, délivré par le greffier, et expédié par la poste sous bande simple, scellée du sceau de la justice de paix, avec affranchissement. Dans les cas qui requièrent célérité, la permission de citer sans avertissement est donnée sans frais par le juge de paix, sur l'original de l'exploit (L. 2 mai 1855; L. 23 août 1871, art. 21; Décr. 24 nov. 1871, art. 5; Q. 5 *quater*).

La question de savoir s'il y a nullité de la citation qui n'a pas été précédée d'un billet d'avertissement est controversée. Toutefois la doctrine et la jurisprudence paraissent se fixer dans ce sens que la citation n'en est pas moins valable, l'huissier seul pouvant encourir une sanction personnelle : Cass., 15 juill. 1903 (*Mon. j. de paix*, 1903, p. 379) ; Guénard, *Comp. j. de paix*, 2ᵉ édit., p. 412, n° 707.

4° L'original de la citation doit être déposé au greffe de la justice de paix avant le jour de l'audience ; mais le demandeur est en droit de le retirer et d'exiger qu'il lui soit restitué dès que l'instance est terminée, soit par un désistement, soit par un jugement (Trib. civ. de Langres, 26 mars 1890, rapporté et approuvé par Pabon, t. 1, n° 371).

A raison de la généralité de ses termes la loi du 15 février 1899 est certainement applicable à la procédure devant les juges de paix et particulièrement à la citation. La jurisprudence s'est nettement prononcée en ce sens que, bien qu'elles soient placées au titre *des ajournements*, les dispositions de cette loi sont applicables à tous les exploits du ministère des huissiers. — V. sur ce point, *Encycl. des huissiers*, 5ᵉ édit., v° Exploit, n. 667 et suiv.

315. Réassignation *lorsque, la première citation ayant été donnée à un délai trop court, le défendeur ne comparaît pas* [1].

Code *PR. CIV.*, art. 5.

Lorsque le défendeur ne comparaît pas, le juge de paix se fait représenter l'original de la citation, pour vérifier si le délai a été observé. Si le délai entre la citation et le jour indiqué pour la comparution n'a pas été observé, le juge de paix ordonne que le défendeur sera réassigné.

Pour cela, le juge de paix écrit sur l'original de la citation, en marge ou au bas, l'ordonnance suivante :

Soit la citation réitérée à..... prochain du présent mois, à..... heures. Ce..... (date).   (*Signature du juge de paix.*)

L'huissier fait une copie, tant de l'original de la première citation que de l'ordonnance, et puis il rédige un nouvel exploit ainsi conçu :

L'an......, le......, à la requête de M....., demeurant à...., J'ai......, huissier, etc.

Donné signification et copie à M..... (*noms, profession*), demeurant à....., audit domicile, où étant et parlant à....., de l'exploit notifié le....., contenant citation par le requérant audit sieur.... devant M. le juge de paix du canton de....., ensemble de l'ordonnance mise à la suite par M. le juge de paix, tendant à réitérer la citation.

En conséquence, j'ai, huissier susdit et soussigné, procédant à mêmes requête, demeure et élection de domicile que dessus, cité M..... à comparaître le......, à..... heures, par-devant M. le juge de paix du canton de....., dans le lieu ordinaire de ses audiences, à....., pour, par les motifs énoncés en la citation dont copie précède [celle des présentes], en voir adjuger au requérant les fins et conclusions et s'entendre condamner en tous les dépens ;

Sous toutes réserves ;

A ce qu'il n'en ignore ; et je lui ai, audit domicile et en parlant comme dessus, laissé copie tant des exploit et ordonnance susénoncés que du présent, sous enveloppe fermée, etc.

Coût.

(*Signature de l'huissier.*)

---

316. Cédule *pour citer à bref délai.*

Code *PR. CIV.*, art. 6.

Nous......, juge de paix du canton de [2]......, arrondissement de......, département de..... ;

---

1. Voir *supra*, formule 314, page 277, note 4.
2. C'est le juge de paix compétent pour connaître de la contestation, et non

Après avoir entendu M......, demeurant à......, qui nous a exposé qu'il désire faire citer devant nous M......, demeurant à......, pour voir dire......; et attendu que, à raison de...... (*motifs de l'urgence*), il demande qu'il nous plaise abréger le délai ordinaire;

Mandons à tout huissier du ressort de notre justice de paix, qu'il plaira à M...... choisir à cet effet, de, à la requête dudit......, citer M...... à comparaître le......, heure de......, au lieu ordinaire de nos audiences[1].

Fait à......, le......   (*Signature du juge.*)

Remarque. — Cet acte est dispensé de la formalité de l'enregistrement. — La cédule est délivrée sur une demande soit verbale, soit écrite. La formule précédente s'applique à une demande verbale. La demande écrite se forme par requête, en ces termes :

A M. le juge de paix du canton de.....

M...... (nom, profession, domicile), *a l'honneur de vous exposer, Monsieur le juge de paix, que*... (faits qui justifient l'urgence). *Pourquoi l'exposant requiert qu'il vous plaise, Monsieur le juge de paix, lui permettre de faire citer M..... pour aujourd'hui, heure de....., afin de se voir condamner à......, avec dépens.*

                                  (Signature.)

Il est répondu à cette requête ainsi qu'il suit :

Nous, juge de paix du canton de......,
Vu la requête qui précède, mandons....., etc.

La citation à bref délai doit contenir en tête copie de la requête, s'il en a été présenté, et de la cédule, dans la forme suivante[2] :

L'an......, le........,
En vertu de la cédule délivrée par M. le juge de paix du canton de......., etc., dont il est, en tête de celle des présentes, donné copie, et à la requête de......, etc., j'ai...... etc., commis par ladite cédule, donné citation à M......, etc., pour......, etc.

---

celui dans le ressort duquel la citation est donnée, qui doit délivrer la cédule pour abréger les délais (Q. 22; Pabon, t. 1, n° 363).

Le juge de paix n'est pas obligé d'écrire lui-même les cédules en abréviation de délai; il n'est astreint qu'à signer (Q. 23).

La cédule doit être donnée sur timbre, mais n'est pas sujette à enregistrement (L. 22 frimaire an 7, art. 68, § 1, n° 16, et L. 18 thermidor an 7).

1. Dans les cas d'urgence, le juge de paix peut autoriser la notification d'une citation, soit à heure indue, soit un jour de fête légale.

Le jugement à intervenir sur citation à bref délai peut être rendu avant l'enregistrement de l'exploit (Q. 25).

2. Toutefois il n'est pas exigé, à peine de nullité, que la copie de la citation donnée au défendeur contienne copie de l'ordonnance abréviative du délai. Pabon, n° 368.

II. — Comparution volontaire et prorogation de juridiction.

317. Déclaration *des parties qui demandent jugement*[1].
Code *PR. CIV.*, art. 7.

L'an......, le........, par-devant nous......, juge de paix du canton de......, arrondissement de......, département de......, assisté de M......., notre greffier, ont comparu :
1° M....... (*noms, profession*), demeurant à......;
2° M....... (*noms, profession*), demeurant à......;
Lesquels[2] nous ont exposé qu'ils se présentent volontairement devant nous pour soumettre à notre décision la contestation qui les divise, et qui consiste en ce que M...... entend former contre M...... une demande tendant à[3]......, et fondée sur......, laquelle demande M...... repousse par tous les moyens de fait et de droit : déclarant les parties qu'elles nous autorisent à statuer en dernier ressort[4], et ont signé.

(*Signature des parties*[5].)

Nous, juge de paix, vu la déclaration ci-dessus, et y faisant droit[6], renvoyons la cause et les parties à notre audience du......, pour être statué ainsi qu'il appartiendra.
......, le.....

(*Signature du juge de paix et du greffier.*)

Remarque. — Il peut arriver qu'au lieu de renvoyer à un autre jour le juge de paix soit disposé à statuer immédiatement ; il exprime alors son intention en ces termes :

---

1. Il y a nécessité de constater la déclaration des parties de soumettre leur contestation au juge de paix, et cette déclaration doit contenir la date du jour où elle est reçue, les noms, professions et domiciles des parties, l'énonciation sommaire de l'objet et des moyens de la demande.
2. Des tuteurs, des administrateurs, peuvent, sans citation préalable, se présenter devant un juge de paix, mais ils ne peuvent pas proroger sa juridiction (Q. 30).
3. Quand les parties prorogent la juridiction d'un juge de paix, l'acte de prorogation doit contenir clairement, à peine de nullité du jugement à intervenir, la désignation de l'objet en litige. Le défaut d'indication de l'objet du litige, ou l'existence d'un doute sur cet objet, tel qu'il est défini dans l'acte de prorogation, entraînent, l'un et l'autre, la nullité de cet acte. Pabon, t. 1, n° 381.
La compétence du juge de paix n'est pas susceptible d'être étendue par prorogation à un litige dont ce magistrat est incompétent pour connaître *ratione materiæ*. (Q. 20; *Suppl. alphab.*, v° *justice de paix*, n°° 4 et suiv.; Pabon, t. 1, n° 377); Cass., 23 octobre 1888 (S. 89.1.203).
4. Les parties peuvent renoncer à l'appel dans le cas où elles prorogent la juridiction du juge de paix à des contestations dont la valeur excède sa compétence en premier ressort (Q. 28 *in fine*).
5. Un fondé de pouvoir spécial peut signer la déclaration exigée par l'art. 7 (Q. 31).
Lorsque les parties conviennent, à l'audience, de dispenser le juge d'observer une formalité d'instruction, il n'est pas nécessaire que le procès-verbal soit signé d'elles, comme pour la prorogation de juridiction (Q. 32).
6. Le juge de paix ne peut pas refuser de juger les parties qui se présentent volontairement devant lui (Q. 33).

*En conséquence, nous, juge de paix, avons invité M...... et M...
à exposer avec plus de détails l'objet de la contestation pour être par
nous statué ainsi qu'il appartiendra.*

Les parties font valoir leurs moyens respectifs, et le juge de paix
prononce sa sentence.

III. — Audiences du juge de paix [1]
CODE PR. CIV., art. 8.

*L'art. 8 C. pr. civ. indique quel nombre d'audiences les juges de
paix doivent tenir par semaine, en quels jours et en quel lieu.*

*La loi du 21 nov. 1896 a autorisé la création, par décret en Conseil
d'État, d'audiences supplémentaires de justice de paix, dans des communes autres que le chef-lieu de canton (Voir, sur l'étendue de la compétence du juge de paix dans ces audiences : supra, page 279, note 2.*

318. Jugement *de condamnation pour injures d'une partie envers
l'autre.*

CODE PR. CIV., art. 10.

L'an......., le......, heure de......;
Devant nous......, juge de paix du canton de......, assisté de
M......, notre greffier, siégeant au lieu ordinaire de nos audiences
à......, pour entendre et juger le différend d'entre M..... (*noms,
profession*), demeurant à......, et M....... (*noms, profession*),
demeurant dans la même commune de......, M....... s'étant
permis plusieurs paroles injurieuses et malhonnêtes contre M.....,
en l'appelant fripon, usurier, en qualifiant de mensonges plusieurs
de ses assertions, et ayant plusieurs fois récidivé, malgré nos
avertissements répétés ;
Nous, juge de paix, avons condamné et condamnons M...... à
cinq francs d'amende ; avons, de plus, ordonné que copie de notre

---

1. Le juge de paix ne peut pas indiquer un jour de dimanche ou de fête pour
son audience ordinaire (Q. 34).
Lorsque le juge tient ses audiences dans sa maison, il n'est pas rigoureusement obligé de constater par ses jugements que les portes sont demeurées
ouvertes (Q. 38).
Le juge de paix peut statuer sans désemparer, sur les lieux contentieux où il
s'est rendu pour faire la visite et entendre les témoins (Q. 40).
Il peut tenir chez lui une audience secrète, dans les cas prévus par l'art. 87
C. pr. civ. (Q. 41 bis).
Mais est nul le jugement rendu en audience secrète, hors les cas prévus par les
dispositions de l'article précité (Q. 41).
Les parties ne peuvent pas valablement s'adresser au suppléant de la justice de
paix pour en obtenir la décision de leur contestation, lorsque le juge titulaire n'est
pas empêché (Q. 29).

présent jugement sera affichée à la porte de la maison commune de ¹...., domicile des parties.

Ainsi jugé et prononcé en audience publique, les jour, mois et an ci-dessus.

(*Signature du juge et du greffier.*)

---

319. Procès-verbal *d'insulte ou d'irrévérence grave envers le juge de paix, et condamnation à l'emprisonnement.*

CODE PR. CIV., art. 11.

L'an......, le......, heure de......, devant nous......, juge de paix du canton de......, assisté de M......, notre greffier, siégeant au lieu ordinaire de nos audiences à......, pour entendre et juger le différend d'entre M...... etc., demeurant à....., et M... etc., demeurant dans la même commune, M..... s'est permis de nous adresser plusieurs paroles injurieuses, en nous appelant *ignorant, partial*, en ajoutant qu'avec plusieurs personnes qui, comme lui, avaient à se plaindre de nos décisions, il voulait nous dénoncer au ministre de la justice. Après avoir inutilement cherché à le rappeler au respect qu'il devait à notre caractère et à nos fonctions ;

Nous, juge de paix, faisant application de l'art. 11 C. pr. civ. ainsi conçu :......, avons condamné M........ à un emprisonnement de trois jours[2]. De tout quoi nous avons dressé le présent procès-verbal[3].

Ainsi fait, jugé et prononcé en audience publique, les jour, mois et an ci-dessus.

(*Signature du juge et du greffier.*)

Remarque. — Il arrive souvent que le juge de paix, au lieu de prononcer lui-même la peine déterminée, préfère laisser au tribunal correctionnel le soin de statuer. Dans ce cas, le juge de paix se borne à dresser procès-verbal d'insulte ou irrévérence grave. Ce procès-verbal, qui est conforme à la formule précédente, sauf la disposition relative à la condamnation, est adressé au ministère public près le tribunal de première instance.

---

1. L'art. 10 C. pr. civ. fixe le maximum des affiches qui peuvent être apposées (Q. 47).
2. Malgré les dispositions des art. 222 et suiv. du Code pénal, postérieur au Code de procédure, l'art. 11 peut encore recevoir son application. Le Code pénal ne parlant que des outrages, l'art. 11 régit encore les insultes et irrévérences graves (Q. 49).
Le juge de paix peut appliquer l'art. 11 toutes les fois que l'insulte ou l'irrévérence grave se produit au moment où il exerce publiquement ses fonctions, soit au lieu ordinaire de ses audiences, soit chez lui, soit ailleurs (Q. 50).
3. Le juge de paix qui prononce la condamnation à l'emprisonnement, sans dresser procès-verbal, peut être pris à partie; le jugement peut aussi, dans ce cas, être frappé d'appel (Q. 48).

IV. — Comparution des parties.

320. Pouvoir *de comparaître en justice de paix.*

Code PR. CIV., art. 9.

Je, soussigné, (*nom, prénoms, profession, domicile*), donne par le présent pouvoir à M. [1]......, demeurant à....., de, pour moi et en mon nom, comparaître [2] devant M. le juge de paix du canton de..., sur la citation que j'ai fait donner à M....., demeurant à..... (*ou* qui m'a été donnée à la requête de M....., etc.), suivant exploit du ministère de......, huissier à......., en date du......., enregistré (*il n'y a pas à mentionner l'enregistrement, si l'on est défendeur*); présenter toutes exceptions et défenses [3] au fond; nommer, s'il y a lieu, tous experts, assister à leurs opérations; déférer et référer tous serments; composer, traiter, transiger; signer tous actes et procès-verbaux; élire domicile et généralement faire tout ce qu'il jugera nécessaire, promettant aveu et ratification.

A......, le...... Bon pour pouvoir.
(*Signature.*)

Remarque. — Le dépôt du pouvoir doit être opéré entre les mains du greffier, au moment de la comparution.

Si le pouvoir n'est pas écrit en entier de la main du mandant, il est convenable que celui-ci écrive en toutes lettres, avant sa signature, ces mots : *Bon pour pouvoir*, et, s'il demeure dans un canton autre que celui où est située la justice de paix, que sa signature soit légalisée par le maire ou l'adjoint de son domicile.

---

1. Toutes personnes peuvent également être chargées de représenter les parties devant le juge de paix, sauf l'exception relative aux huissiers portée dans l'art. 18 de la loi du 25 mai 1838 (*Q.* 41 *quat.*; *Suppl. alphab.*, v° *Justice de paix*, n. 40 et suiv.).
Cette exception doit être appliquée restrictivement aux huissiers eux-mêmes, et ne peut être étendue à leurs clercs (*Q.* 42 *quater*; *Suppl. alphab.*, v° *Justice de paix*, n° 43; Ségeral, t. 1, n° 475, p. 257). *Sic* : Tribunal de paix de Paris (17e arrondissement), 11 juin 1890 (*J. Huiss.*, t. 71, p. 325); Tribunal de paix de l'Arbresle, 3 novembre 1899 (*J. Huiss.* t. 81, p. 57).
Aux termes de l'art. 26 de la loi du 12 juill. 1905, les avocats régulièrement inscrits à un barreau sont dispensés de présenter une procuration devant les justices de paix; il en est de même pour les avoués de première instance devant les justices de paix du ressort de leur tribunal.
2. La partie ou son mandataire peuvent se faire assister d'un défenseur (*Q.* 42 *bis*); ce dernier n'a pas besoin de pouvoir (*Q.* 42 *ter*).
3. La procuration pour comparaître doit contenir pouvoir de plaider (*Q* 43). Elle peut être sous seing privé, pourvu qu'elle soit sur timbre et enregistrée

V. — Récusation.

321. Acte *de récusation*[1].
CODE PR. CIV., art. 45.

L'an......, le......, à la requête de M......, demeurant à..., lequel fait élection de domicile à......, j'ai (*immatricule de l'huissier*), soussigné, signifié et déclaré à M......, greffier de la justice de paix du canton de......, demeurant à......, au greffe de ladite justice de paix, où étant et parlant à......

Que le requérant entend récuser, comme de fait il récuse formellement par les présentes M......, juge de paix dudit canton, dans la cause pendante devant lui entre le requérant et M......, par le motif que M......, juge de paix,..... (*motifs*); qu'ainsi, aux termes de l'art. 44 du Code de procédure civile, il y a lieu à récusation.[2];

Afin que ledit greffier ait à communiquer[3] la présente récusation à M......, juge de paix, aux termes de la loi.

Et je lui ai, étant et parlant comme dessus, laissé copie du présent. Coût......

Signature de la partie, ou de son fondé de pouvoir spécial, et de l'huissier).

Vu le présent original et reçu la copie à......, l'an....., le....
(*Signature du greffier*[4].)

---

322. Déclaration *du juge de paix.*
CODE PR. CIV., art. 46.

Nous, juge de paix du canton de......, vu l'acte de récusation ci-dessus, à nous communiqué par notre greffier, attendu que..... (*motifs de la détermination du juge*), déclarons (*acquiescement à la récusation ou refus de s'abstenir*[5]).

A......, le......
(*Signature du juge.*)

---

1. On ne peut récuser le juge de paix que dans la forme indiquée par l'art. 45 (Q. 196).
2. Les dispositions de l'art. 44, relativement aux causes de récusation des juges de paix, sont limitatives, en sorte que l'on ne peut admettre pour causes de récusation d'un juge de paix celles qui sont énoncées dans l'art. 378 C. pr. civ. (Q. 184 *bis*).
3. La procédure sur la cause principale n'est arrêtée que du jour de la communication au juge (Q. 192 *bis*).
4. Si le greffier de la justice de paix, auquel doit être signifié l'acte de récusation, refuse de donner le visa exigé par l'art. 45, l'huissier doit s'adresser au procureur de la République (Q. 194; Pabon, t. 1, n° 681, p. 412).
5. Lorsque le juge de paix a acquiescé à la récusation, il ne peut pas rétracter ensuite cet acquiescement (Q. 198).
Le juge de paix, qui sait cause de récusation en sa personne, peut s'abstenir (Q. 192).

323. Réquisition *d'envoi au procureur de la République de l'acte de récusation.*

CODE PR. CIV., art. 47.

L'an..... le.... [1], à la requête de M...., demeurant à..., pour lequel domicile est élu à..., rue..., n°..., j'ai.... *(immatricule de l'huissier)*, soussigné, sommé et requis M...., greffier de la justice de paix du canton de...., au greffe à...., où étant et parlant à..., de transmettre dans le plus bref délai à M. le procureur de la République près le tribunal civil de première instance de...... l'expédition de l'acte par lequel le requérant a déclaré récuser M......, juge de paix du canton de......, dans la cause pendante devant son tribunal entre le requérant et M......, ledit acte signifié par exploit de mon ministère en date du......, enregistré, et visé par le greffier, et d'y joindre la réponse faite par M....., juge de paix, aux moyens de récusation; offrant, le requérant, de déposer entre les mains du greffier la somme nécessaire pour faire face aux frais d'expédition et de transport des pièces et du jugement à intervenir; déclarant au greffier que, faute par lui de ce faire, il y sera contraint par les voies de droit. Et je lui ai, au greffe, où étant et parlant comme dessus, laissé copie du présent.

Coût......

(Signature de l'huisier.)

Remarque. — Le greffier peut, avant l'envoi, exiger la consignation des frais que doit occasionner l'envoi et le jugement à intervenir.

---

324. Jugement *sur la récusation* [2].

CODE PR. CIV., art. 47.

Le tribunal, ouï M. le procureur de la République en ses conclusions;

Attendu......; Par ces motifs;

Déclare la récusation formée par M...... contre M......, juge de paix du canton de....., le......., régulière en la forme et admissible au fond; en conséquence, renvoie les parties devant M..,

---

1. L'envoi au tribunal civil de la récusation et de la réponse du juge ne doit pas être fait d'office, s'il n'est pas requis dans les trois jours (Q. 200).

En cas d'acquiescement du juge de paix à la récusation, la partie adverse du récusant ne peut pas s'y opposer, et demander l'envoi de l'acte de récusation (Q. 201).

2. Pour le jugement de récusation et le renvoi des pièces on suit la marche indiquée par les art. 394 et 395 (Q. 203).

La procédure faite devant le juge de paix, après la récusation, est nulle; celle qui la précède doit être maintenue (Q. 204).

suppléant du juge de paix[1] du canton de......, pour être par lui procédé au jugement de la contestation qui les divise.

Remarques. — 1° Si la récusation est rejetée, la formule est ainsi conçue :

Déclare la récusation...... etc. mal fondée ; en conséquence, maintient à M. le juge de paix du canton de...... la connaissance de la cause, et condamne M..... aux dépens[2].

2° Indépendamment de la récusation qui attaque la personne du juge, il peut se produire des incidents dont il est difficile de prévoir la variété. — Les formules des jugements qui statuent sur ces incidents sont tellement simples qu'il a paru inutile de les donner. On peut d'ailleurs puiser des analogies *supra*, formules n°s 225 et suiv.

VI. — Demandes en garantie.

325. Jugement *de remise pour citer un garant.*

CODE PR. CIV., art. 32.

Entre M......, demandeur, d'une part ; et M....., défendeur[3], d'autre part ; — Le défendeur dit qu'il entend appeler en garantie, à raison de l'action que M..... a intentée contre lui, M....., demeurant à...., et il conclut à ce qu'il nous plaise lui accorder un délai suffisant pour citer devant nous ledit sieur..... ;

Sur quoi, nous, juge de paix, avons remis la cause au[4]..., heure de......, pour lesquels jour et heure M...... sera tenu de faire citer à comparaître devant nous M....., comme garant. Dépens réservés.

326. Citation *en garantie.*

CODE PR. CIV., art. 145.

L'an......, le......, à la requête de M...... (*noms, profession, domicile réel et d'élection*),

---

1. C'est au suppléant du juge de paix récusé que la cause doit être renvoyée, soit dans le cas de l'acquiescement, soit dans le cas de la récusation judiciairement admise (Q. 198 *bis*).
2. Le récusant qui succombe ne doit pas être condamné à l'amende, mais il est passible de dommages-intérêts envers le juge, si celui-ci les réclame (Q. 905 *bis*).
3. La demande en garantie peut être formée par le défendeur, avant même sa première comparution devant le juge de paix (Q. 143).
4. Le délai pour mettre garant en cause doit être fixé par le jugement et court du jour où ce jugement a été rendu (Q. 143 *quater*).
L'art. 32 s'applique au garant qui veut en appeler un autre en sous-garantie (Q. 144).
Dans le cas où c'est le demandeur qui veut mettre un garant en cause, l'art. 33 est applicable comme à l'égard du défendeur (Q. 145 *bis*).

J'ai......, huissier, etc., soussigné, cité M...... (*noms, profession, demeure*), audit domicile, où étant et parlant à......

A comparaître le......, heure de......, à l'audience et par-devant M. le juge de paix du canton de......, à......, pour [1] :

Attendu que M...... a vendu au requérant, suivant acte passé devant Me...... et son collègue, notaires à......, en date du...., enregistré, une pièce de terre située au terroir de......, commune de......, d'une contenance de......, tenant, etc. ;

Attendu que le requérant se voit troublé dans la possession de cette pièce de terre par une demande que M..., demeurant à..., a formée contre lui par exploit du ministère de...., huissier à..., en date du [2]...., aux termes de laquelle il prétend faire reconnaître qu'il en a la possession annale, et qu'il est fondé à réclamer du requérant qu'il lui en fasse l'abandon ;

Attendu qu'aux termes de l'art. 1626 C. civ., le vendeur est obligé de droit à garantir l'acquéreur de l'éviction qu'il souffre dans la totalité ou partie de l'objet vendu, ou des charges prétendues sur cet objet et non déclarées lors de la vente ; que, de plus, M...... s'est formellement engagé par l'acte de vente susénoncé à garantir le requérant de toutes évictions ;

Par ces motifs ;

Voir dire M......, susnommé, qu'il sera tenu d'intervenir dans l'instance pendante entre le requérant et M...... devant M. le juge de paix de......, relativement à la possession de la pièce de terre susénoncée, de prendre les fait et cause du requérant et de faire cesser le trouble provenant de la part de M...... ; sinon et faute par lui de ce faire, s'entendre condamner à garantir et indemniser le requérant de toutes les condamnations qui pourront être prononcées contre lui, en principal, intérêts et frais, sans préjudice et sous réserve de tous autres droits et actions. A ce qu'il n'en ignore.

Et je lui ai, audit domicile, où étant et parlant comme il vient d'être dit, laissé copie du présent sous enveloppe, etc.... Coût...

Remarque. — Le jugement qui intervient comprend la décision sur la demande principale et la demande en garantie, s'il y a lieu de les joindre, ou bien la décision sur la demande principale seulement, si le juge n'est pas suffisamment éclairé pour prononcer aussi sur la demande en garantie.

---

1. La demande devant être libellée, il n'est pas nécessaire de notifier au garant copie de la demande originaire et des pièces justificatives de l'action en garantie.
2. Si la citation a été donnée au jour fixé par le jugement, et que le garant ne comparaisse pas, il y a lieu de statuer sur l'action originaire, et de donner défaut contre le garant (*Q.* 146).

VII. — Comparution personnelle et interrogatoire sur faits et articles.

327. Jugement *qui ordonne la comparution personnelle.*

CODE PR. CIV., art. 199.

Entre........, etc.;
Nous, juge de paix du canton de......;
Considérant que le jugement à rendre sur la présente demande dépend de faits dont les parties rendront par elles-mêmes un compte plus exact que leurs fondés de pouvoirs; remettons la cause au...., jour auquel les parties seront tenues de comparaître en personne [1] à l'audience, heure de......, pour s'expliquer sur les faits de la cause. Dépens réservés.

328. Interrogatoire *sur faits et articles.*

L'interrogatoire sur faits et articles peut, comme la comparution, être ordonné en justice de paix (Q. 44 *quater*; *Encyclop. des huiss.*, v° Justice de paix, n° 337 *bis*; Curasson, t. 1, n° 96; Pabon, t. 1, n° 464.) *La forme pour y procéder est celle indiquée par le tit.* 15, *liv.* 2, C. pr. civ. Voir *supra* formules n°s 70 et suiv.

VIII. — Enquêtes [2].

329. Jugement *qui ordonne une enquête* [3].

CODE PR. CIV., art. 34.

Entre...... etc.;
Nous......, juge de paix etc.

---

1. Le juge de paix peut ordonner la comparution personnelle d'une partie qui s'est fait représenter par un fondé de pouvoirs (Q. 71 *bis*); *Encycl. des huiss.*, 5e édit., v° *Tribunal de paix*, n° 65; Pabon, t. 1, n° 464.
Lorsque, le juge de paix ayant ordonné la comparution personnelle de la partie représentée par un fondé de pouvoirs, celle-ci ne se présente pas, le jugement rendu avec le mandataire est contradictoire (Q. 44 *ter*; *Suppl. alphab.*, *verb. cit.*, n. 48).

2. Les formules ci-après (334 à 338) ne s'appliquent point au cas où un juge de paix a été rogatoirement commis par un tribunal de première instance ou une Cour d'appel pour entendre des témoins; le juge de paix doit, en effet, alors procéder à l'enquête suivant les formes établies par le titre XII du livre 2 C. pr. civ. (Q. 163) — Voir *supra* formules 90 et suiv.

3. Un jugement interlocutoire, ordonnant l'enquête, n'est pas absolument nécessaire pour que le juge de paix puisse régulièrement procéder à une audition de témoins dans un litige porté devant lui (Pabon, t. 1, n° 466, p. 289); Cass., Luxembourg, 12 juin 1896 (S. 97.4.13).

Attendu que A...... a cité par-devant nous B....., pour se voir condamner à..... ;

Attendu que la demande de A....... n'est pas dès à présent établie, mais qu'il allègue un certain nombre de faits qui, s'ils étaient prouvés, seraient de nature à justifier les prétentions du demandeur; que ces faits sont déniés par le défendeur, qu'il y a lieu d'en ordonner la preuve ;

Par ces motifs;

Avant faire droit, admettons A....... à prouver [1] tant par titres que par témoins, et dans la forme ordinaire des enquêtes, les faits suivants : 1°......; 2°......; 3°.....; réservons la preuve contraire au défendeur ; disons que les témoins seront entendus par nous le[2]......, heure de...., parties présentes, en..... (*audience ou le lieu contentieux*), pour, après ladite enquête, être par nous ordonné ce qu'il appartiendra.

Remarque. — Le jugement contradictoire qui ordonne une enquête, s'il est prononcé en l'absence de l'une des parties, est notifié par extrait contenant les noms, professions et demeures des témoins à produire, à la partie adverse, avec sommation d'être présente à l'enquête (Voir *formule n° 94*).

---

330. Cédule *pour appeler les témoins.* [3]

CODE PR. CIV., art. 29, 34.

Nous......, juge de paix du canton de......, à la requête de M......, demeurant à......, mandons à......, huissier à......, de citer [4] :

1° M......., demeurant à......;

2° M......., demeurant à......, etc.;

A comparaître le....., heure de....., par-devant nous, à notre audience à......, pour, serment préalablement prêté entre nos

---

1. Lorsqu'une enquête est ordonnée en justice de paix, le défendeur a de plein droit, comme en toute autre matière, la faculté de faire une contre-enquête (Q. 151 ; *Encyclop. des huiss.*, 5ᵉ édit., v° *Enquête*, n° 343).

2. Il n'est pas nécessaire que le jour et l'heure de l'enquête soient fixés par le jugement qui ordonne cette mesure ; le juge de paix peut donner cette fixation dans une forme quelconque, sur réquisition verbale, sans citation préalable de l'autre partie ; et il suffit que le jour fixé soit porté en temps utile à la connaissance des parties intéressées (Q. 152 *bis*; Pabon, t. 1, n° 470) ; Cass., 6 avril 1894 (D. P. 95. 1. 39).

3. Tant que la péremption de l'art. 15 C. pr. civ. n'est pas acquise, la cédule du juge de paix pour citer les témoins peut être utilement obtenue. Elle est demandée verbalement ou par lettre (Q. 152 *bis*).

4. Il n'est pas prescrit de notifier trois jours à l'avance la liste des témoins qu'on veut faire entendre. D'une manière générale, il n'y a pas lieu à observation des formalités des enquêtes ordinaires, dans les enquêtes devant la justice de paix (Q. 152 *ter*).

mains, déposer sur les faits au sujet desquels nous avons ordonné une enquête par notre jugement rendu contradictoirement entre M...... et M......, le......, enregistré;
A......, le......
(*Signatures.*)

---

331. Citation *aux témoins en vertu de la cédule précédente.*
CODE *PR. CIV.*, art. 29, 34.

L'an......., le......., en vertu de la cédule délivrée par M. le juge de paix du canton de......., le......, dont copie est donnée en tête (de celle) des présentes, et à la requête de M...... (*nom, profession, domicile réel et d'élection*), j'ai....., huissier, etc....., soussigné, commis à cet effet, cité : 1° M......, demeurant à....., où étant et parlant à......;

2° M......, etc.;

A comparaître le......, heure de......, par-devant M. le juge de paix du canton de....., au lieu ordinaire de ses audiences, à..., pour, après avoir prêté entre les mains de M. le juge de paix serment de dire la vérité, déposer sur les faits qui sont à leur connaissance, et dont la preuve a été ordonnée par le jugement énoncé dans la cédule qui précède.

Leur déclarant que, au cas de comparution, il leur sera accordé la taxe, s'ils le demandent, et que, faute par eux de comparaître, ils seront condamnés à l'amende prononcée par la loi et réassignés à leurs frais, sans préjudice de plus graves peines, s'il y échoit.

Et je leur ai, audit domicile, en parlant comme ci-dessus, laissé copie tant de la cédule susénoncée que du présent, sous enveloppe etc.

Coût.

---

332. Procès-verbal *d'enquête et jugement.*
CODE *PR. CIV.*, art. 35 à 39.

Entre M......, demandeur aux fins de la citation introductive d'instance du......, et M......, défendeur aux fins de la même citation, tous deux comparants [1] en notre audience (*ou au lieu de....* [2]);

M...... a dit qu'en vertu de notre jugement du......, rendu contradictoirement entre lui et M......, et de la cédule par nous déli-

---

1. Quoique, au jour indiqué pour l'enquête, aucune des parties ne se présente, le juge de paix peut entendre les témoins (Q. 155; *Suppl. alphab.*, v° *Justice de paix*, n. 100).

2. Le juge de paix peut procéder chez lui à une enquête, quoiqu'il tienne ordinairement ses séances dans un autre lieu (Q. 39).
Le juge ne peut se transporter sur les lieux et y entendre les témoins qu'autant que l'une des parties en a expressément fait la demande, et cette demande doit être inscrite au procès-verbal, autrement les frais de transport n'entrent pas en taxe (Q. 170).

vrée le......, il a, par exploit du ministère de......, huissier, en date du......, enregistré, fait citer à comparaître aujourd'hui devant nous MM....., qui sont ici présents, et nous a demandé de les entendre[1], et a signé. (*Signature.*)

M......, de son côté, a dit qu'en vertu du même jugement et de la cédule que nous lui avons délivrée le......, il a, par exploit du ministère de......., huissier, en date du......., enregistré, fait citer à comparaître devant nous, à ces jour, lieu et heure, MM...., qui sont ici présents; ledit sieur...... a demandé qu'ils soient entendus, et a signé. (*Signature.*)

M......., vu l'absence de M......., l'un des témoins cités, a demandé qu'il soit condamné à l'amende et aux dépens.

Nous, juge de paix, vu l'original de l'exploit délivré à M......, parlant à......; attendu que ce témoin n'a pas fait parvenir d'excuse; vu l'art. 263 C. pr. civ., le condamnons en dix francs d'amende et aux dépens taxés à....... [2]

Et immédiatement, en présence MM....., nous avons procédé à l'audition séparée des témoins produits de part et d'autre, auxquels il a été fait, en notre présence, par notre greffier, lecture entière du jugement susénoncé.

Premier témoin....... (*nom, prénoms, âge, profession, domicile*), lequel, serment[3] préalablement prêté de dire la vérité, déclare n'être parent, allié, domestique ni au service des parties[4] (*sinon, énoncer le degré d'alliance ou parenté.*)

M........ a dit qu'il entendait reprocher M........, parce que......, et a signé. (*Signature.*)

M....... a répliqué que.......

Nous, juge de paix, faisant droit sur les reproches fournis; considérant que......; avons jugé que les reproches proposés contre M...... n'étaient pas admissibles, et, en conséquence, avons décidé qu'il serait entendu. Dépens réservés.

M..... a déclaré que...... (*déposition*). Lecture faite, le témoin a déclaré persister dans sa déposition et requérir taxe, que nous avons fixée à la somme de..... et a signé[5] (*ou déclaré ne savoir ou*

---

1. Si l'un ou plusieurs des témoins à entendre sont trop éloignés, le juge peut commettre rogatoirement pour cette audition le juge de paix du lieu (Q. 171 *bis*).
2. Le témoin qui refuse de comparaître encourt les peines portées par les art. 263 et suiv. C. pr. civ.
3. Le serment des témoins est une formalité substantielle, dont l'omission emporte nullité. Cass., 26 juin 1882 (S. 83. 1. 214).
4. Les parents, sauf ceux du degré désigné par l'art. 268, les alliés, serviteurs ou domestiques des parties, peuvent être entendus par le juge de paix (Q. 153).
Les causes pour lesquelles un témoin peut être reproché en justice de paix sont les mêmes que celles qu'on trouve exprimées dans l'art. 283 (Q. 160; Ségeral, t. 1, n° 493; Pabon, t. 1, n° 490).
5. Il ne faut pas appliquer en justice de paix l'art. 284, qui veut que les témoins reprochés soient entendus (Q. 159). Voir aussi Cass., 30 décembre 1874 (S. 75.1. 225).

ne pouvoir)[1].

(*Signature*).

Mêmes énonciations pour tous les témoins.
Si un reproche est formé après une déposition, on ajoute :
Après cette déposition,[2] M...... a dit qu'il reprochait[3] M....., attendu que....., et a signé.

(*Signature*).

M....... a répondu que......
Sur quoi, nous, juge de paix, avons décidé que ce reproche, postérieur à la déposition, ne pouvait être admis faute de justification par écrit.
Les parties de nouveau entendues en leurs dires respectifs, nous, juge de paix, jugeant contradictoirement et en premier ressort[4] :
Considérant qu'il résulte des dépositions......; disons que....; condamnons M..... aux dépens, taxés et liquidés à......
Ainsi jugé par nous, juge de paix l'an........., le........, à......

(*Signature du juge et du greffier.*)

Remarque. — La contre-enquête est ainsi formulée :
Tous les témoins du demandeur ayant été entendus, nous avons procédé à l'audition de ceux qui ont été appelés par M..... (défendeur à l'enquête).
Premier témoin........, etc. (comme ci-dessus).
Puis le juge de paix rend le jugement comme ci-dessus. S'il renvoie à un autre jour, le procès-verbal est clos en ces termes :
Et attendu que tous les témoins ont déposé, nous, juge de paix, déclarons clos le présent procès-verbal d'enquête et, pour être fait droit sur la cause, disons que les parties seront tenues de comparaître à notre audience du...... sans citation préalable. Et avons signé avec les parties et notre greffier.

(*Signatures.*)

---

1. L'inobservation des formalités prescrites par les art. 36 et suiv. C. pr. civ., pour l'audition des témoins en justice de paix, n'emporte pas nullité (Q. 156 *bis*).
Si l'enquête est nulle par la faute du juge, elle doit être recommencée à ses frais (Q. 169 *quat*). En sens contraire, Pabon, t. 1, n° 503.
Une partie est recevable à intenter une action en dommages-intérêts contre un juge de paix commis, par le fait duquel elle a encouru une déchéance (Q. 163 *bis*).
2. Si l'une des parties ne termine pas son enquête dans le jour fixé, le juge peut, sur sa demande, lui accorder une prorogation (Q.169).
Si les parties consentent à proroger l'enquête, il n'est pas nécessaire qu'elles signent ce consentement (Q. 169 *bis*).
3. La partie qui ne s'est pas présentée à l'enquête ne peut pas proposer des moyens de reproches dans l'intervalle qui s'écoule entre cette enquête et le jugement, à moins qu'elle ne se trouve dans l'un des cas prévus par l'art. 21 (Q. 161).
4. Dans une cause sujette à l'appel, le greffier doit dresser procès-verbal de la déposition des témoins; le tribunal d'appel annulerait sans cela le jugement rendu sur l'enquête, pour violation de formes substantielles (Q. 169 *ter*). — Voir *Suppl. alphab.*, v° *Justice de paix*, n. 117.
En cas d'appel, on doit délivrer le procès-verbal de l'enquête à l'appelant (Q. 166).

333. Jugement *sans rédaction par écrit de l'enquête.*

Code PR. CIV., art. 40.

Entre M......, demandeur, et M......., défendeur ;
Nous......, juge de paix du canton de..... ;
Attendu que par jugement en date du......, enregistré, nous avons ordonné une enquête sur les faits articulés par le demandeur ;
Attendu qu'en exécution de ce jugement, nous avons, à l'audience de ce jour, serment par eux préalablement prêté, entendu A....., C..., D..., qui étaient les témoins, cités à la requête de....., en vertu de notre cédule en date du..... ;
Attendu qu'il résulte de ces dépositions que....., etc.
Par ces motifs ; — Disons que..... etc.

IX. — Visites de lieux et expertises.

334. Jugement *qui ordonne la visite des lieux contentieux.*

Code PR. CIV., art. 41 et 28.

Entre....., etc. ;
Nous......, juge de paix du canton de......,
Attendu que... *(le demandeur)* a formé contre..., *(le défendeur)* une demande en...... ; que cette demande est basée sur ce que...... ; mais que..... *(le défendeur)* prétend, au contraire, que..... ;
Attendu que cette contestation ne peut être jugée sans une visite préalable des lieux contentieux, et que l'appréciation des difficultés qui divisent les parties exige l'examen des gens de l'art ; que cette visite et cette appréciation sont réclamées par les parties ;
Par ces motifs ; — Avant faire droit, ordonnons que lesdits lieux seront par nous visités [1] le....., heure de......, en présence des parties, avec l'assistance de MM...., experts par nous nommés d'office [2], chargés de donner leur avis sur [3]......, pour ensuite être par nous statué ce qu'il appartiendra. Dépens réservés.

Remarque. — En retranchant de la formule qui précède les

---

1. Le juge de paix devant lequel on élève une question de compétence peut ordonner une vérification des lieux pour s'éclairer sur sa compétence (Q. 172 *bis*).
2. C'est au juge de paix qu'il appartient de désigner d'office un ou plusieurs experts ; l'art. 42 ne réserve pas aux parties, comme l'art. 304, le droit de nommer les experts. Cass., 20 janv. 1873 (D. P. 74.1.16) ; Curasson, t. 1, n° 92 ; Pabon, t. 1, n° 516 ; Garsonnet, t. 3, n° 407.
On peut récuser le ou les experts nommés par le juge de paix (Q. 176 ; Garsonnet, *loc. cit.*).
3. Lorsqu'il y a lieu à rapport d'experts, le jugement qui l'ordonne doit énoncer clairement les objets de l'expertise (Q. 173 *bis*).

énonciations relatives aux experts, il reste la formule d'un jugement ordonnant une simple visite de lieux par le juge de paix.

335. Cédule et citation des experts.

CODE PR. CIV., art. 29 et 42.

(Voir *supra*, *formules* n°s 330 et 331.)

336. Procès-verbal d'une visite de lieux sans assistance d'experts.

CODE PR. CIV., art. 41.

L'an......, le......, heure de........, nous......, juge de paix du canton de......., arrondissement de......, département de..., assisté de M......, notre greffier ;

En exécution du jugement par nous rendu le......, enregistré, sur l'action intentée par M..... (*nom, profession, domicile*), contre M...... (*mêmes énonciations*), par lequel nous avons ordonné que.. (*sommaire du dispositif*) ;

Nous sommes transportés [1] à....... (*indication du lieu, désignation des tenants et aboutissants*). Où étant, et en présence de M..... et M......, avons constaté...... (*énonciation des appréciations et remarques faites par le juge et des observations des parties*).

S'il est immédiatement statué, on ajoute :

Et attendu que....... (*motifs*), ordonnons...... (*dispositif*).

Le renvoi à l'audience est indiqué en ces termes :

Renvoyons la cause et les parties, pour être fait droit, à notre audience du..... Dépens réservés.

Fait et clos le présent procès-verbal, les jours, mois et an susdits, à....., heure de........, et ont, les parties, signé (*ou bien* les parties requises de signer ont déclaré ne savoir *ou* ne pouvoir parce que....) avec nous et notre greffier, après lecture.

(*Signatures.*)

337. Procès-verbal de visite de lieux avec l'assistance d'experts.

CODE PR. CIV., art 29 et 42.

L'an......, le....... (*comme à la formule précédente*).

---

1. Le juge de paix qui fait une visite à titre de descente, et sans experts, n'a pas besoin d'une réquisition de la part des parties (Q. 140 *bis*).

Le juge de paix ne peut procéder à une visite de lieux que dans les limites de son canton (Pabon, t. 1. n° 537).

En exécution du jugement......, etc.;

Nous sommes transporté à....... (*énonciations comme à la formule précitée*);

Et aussitôt, par-devant nous ont comparu : 1° M....., qui nous a dit qu'aux termes du jugement du......, et de la cédule par nous délivrée le......, il a, par exploit du......, enregistré, fait citer à comparaître devant nous à ces jour, lieu et heure, M...... et M....... (*noms, professions, domiciles*), experts nommés par ce jugement, pour nous assister dans notre visite et nous donner leur avis sur....... (*objet de la descente*); — Qu'il demande, en conséquence, qu'il nous plaise de procéder à la visite ordonnée, de concert avec MM. les experts, serment par eux préalablement prêté, et a signé.

(*Signature.*)

2° M...... qui a dit ne pas s'opposer aux visite et expertise ordonnées par le jugement du......, mais y assister sous toutes réserves, et a signé.

(*Signature.*)

3° MM......, experts, lesquels ont dit accepter la mission que nous leur avons confiée et être prêts à la remplir, et ont signé.

(*Signatures.*)

Nous, juge de paix, vu la cédule et l'original de la citation aux experts, donnons acte aux parties et aux experts de leurs comparution et déclarations, et avons procédé de la manière suivante :

Après avoir entendu M.... et M..... (*observations des parties*),

Nous avons reconnu...... (*observations du juge*).

Les experts, après avoir prêté en nos mains serment de bien et fidèlement remplir leur mission et avoir entendu la lecture du jugement du..., faite par notre greffier, ont procédé à leurs opérations.

M......, expert, a reconnu que....... (*observations*), et a signé.

(*Signature.*)

M......, autre expert, a reconnu que....... (*observations*), et a signé.

(*Signature.*)

La visite terminée, nous, juge de paix, parties entendues [1], et après avoir pris l'avis des experts, etc.

---

1. Le juge de paix ne peut pas refuser l'insertion au procès-verbal des déclarations ou observations que les parties, ou leurs fondés de pouvoirs, font sur les opérations des experts (Q. 178).

Quand les experts n'opèrent pas en présence du juge, la visite du juge et l'avis des experts sont constatés par des actes séparés (Q. 179). — Voir *supra*, formule n° 132.

Le juge de paix n'est pas tenu de suivre l'avis des experts (Q. 177).

Si le juge trouve le rapport des experts insuffisant, il peut, conformément à l'art. 322, ordonner une nouvelle expertise (Q. 173; *Suppl. alphab.*, v° *Justice de paix*, n. 139, 140).

Si le tribunal d'appel, réformant le jugement du juge de paix, ordonne une expertise, il doit être procédé suivant les formalités prescrites par le tit. 14, liv. 2 (Q. 183). Voir *supra*, formules n°s 118 et suiv.

La fin comme à la formule précédente, suivant qu'il est immédiatement statué ou renvoyé à une prochaine audience.

---

338. Jugement *après visite de lieux, lorsque la cause n'est point sujette à l'appel*[1].

Code PR. CIV., art. 43.

Entre........ etc........

Nous, juge de paix du canton de...., jugeant en dernier ressort :

Attendu qu'en exécution d'un jugement par nous rendu le......, enregistré, il a été par nous procédé ce jour à la descente sur lieux ordonnée audit jugement et ce avec l'assistance de......, experts nommés par le même jugement, et en présence des parties ;

Attendu que nous avons constaté que........;

Attendu que MM...., experts, serment préalablement prêté entre nos mains de bien et fidèlement remplir leur mission, ont procédé aux constatations, et ont déclaré être d'avis que......[2] ;

Attendu qu'il résulte de tout ce que dessus que........;

Par ces motifs ; — Disons que...... etc.

X. — Inscription de faux et dénégation d'écriture.

339. Jugement *qui donne acte d'une déclaration d'inscription de faux.*

Code PR. CIV., art. 14.

Entre, etc...... (*noms du demandeur et du défendeur, exposé sommaire des faits*);

Sur quoi, nous, juge de paix, donnons acte à M...... de sa déclaration qu'il entend s'inscrire en faux [3] contre...... (*énoncer le titre*), que nous avons à l'instant parafé [4] *ne varietur*, et ren-

---

1. Si le juge de paix n'entend pas user de la faculté que lui donne l'art. 42, de statuer sur les lieux, sans désemparer, il n'y a point lieu néanmoins de dresser procès-verbal, lorsque l'affaire est de nature à être jugée en dernier ressort (Q. 180).
2. Par le résultat de l'avis des experts, que le jugement doit alors contenir, l'on entend l'énoncé pur et simple de leur avis (Q. 181).
3. La forme suivant laquelle la partie doit faire, en justice de paix, sa déclaration de s'inscrire en faux, est celle prescrite par l'art. 215 (Voir *supra*, formule n° 177); seulement, la sommation est notifiée par acte extrajudiciaire. — Toutefois, si les parties sont présentes, la sommation et la déclaration peuvent être faites de vive voix, à l'audience. La déclaration est alors signée par la partie sur la feuille d'audience, et le tout est relaté dans le jugement de renvoi (Q. 56 *bis*).
4. Si le porteur de la pièce arguée de faux, ou dont la vérification est demandée, refuse de la présenter, pour que le juge y appose son parafe, le juge de paix constate ce refus, et il décerne une cédule en vertu de laquelle la partie est som-

voyons[1] les parties à se pourvoir pour l'inscription de faux devant les juges compétents pour en connaître; disons qu'il sera sursis au jugement du fond jusqu'après le jugement sur l'instance en inscription de faux. Ainsi jugé et prononcé, en audience publique, les jour, mois et an ci-dessus. Dépens réservés.

(*Signatures du juge et du greffier.*)

---

340. Jugement *qui donne acte d'une dénégation d'écriture.*

Code PR. CIV., art. 14.

Entre M..... (*noms, profession*), demeurant à......, demandeur, comparant en personne, d'une part ;

Et M...... (*noms, profession*), demeurant à......, défendeur, comparant aussi en personne, d'autre part ;

Par exploit du ministère de....., huissier à...., en date du..., enregistré, M...... a fait citer par-devant nous M......, pris au nom et comme unique héritier de M....., son oncle, pour se voir condamner à lui payer la somme de..... francs, que ledit sieur... lui devait en vertu d'un billet causé pour prêt, consenti le......., dûment enregistré au bureau de......, par le receveur qui a perçu....

Les parties ayant comparu devant nous sur cette citation, et l'examen de la cause ayant été fixé à ce jour, M...... a persisté dans sa demande et conclu à la condamnation.

M....... ayant alors conclu au rejet de la demande et déclaré ne pas reconnaître pour être celle de son oncle la signature apposée au bas du billet représenté, M...... a répliqué et soutenu que la signature apposée au titre susénoncé était bien celle de feu.....,

---

mée de produire la pièce aux jour, lieu et heure indiqués; si elle satisfait à cette sommation, le juge parafe et dresse procès-verbal de l'état de la pièce, sinon, la partie est assignée pour voir dire que son refus sera considéré comme renonciation à se servir de la pièce, et le juge de paix passe outre à la décision du fond (Q.56 *ter*).

1. De ce que l'art. 14 n'ordonne le renvoi que pour dénégation ou méconnaissance d'écriture et inscription de faux, il suit que l'on peut citer devant le juge de paix en reconnaissance d'écriture dans une cause de sa compétence (Q. 56 *quater*; Curasson, t. 1, n° 74).

Lorsque le juge de paix renvoie la cause au tribunal civil, pour vérification d'écriture ou inscription de faux, ce tribunal n'est saisi que de l'incident (Q. 55 ; *Suppl. alphab.*, v° *Justice de paix*, n. 70, 71). — Voir cependant Curasson, t. 2, p. 37 ; Garsonnet, t. 1, p. 749.

Si le juge de paix croit que la pièce déniée ou arguée de faux n'est pas nécessaire à la décision de la cause, il peut ne pas se conformer aux dispositions de l'art. 14 (Q. 56; *Suppl. alphab.*, verb. *cit.*, n° 72).

Mais il ne peut se dispenser d'ordonner le sursis, sous prétexte que le moyen de faux ou la dénégation ne seraient pas sérieux, et ne constitueraient que des moyens dilatoires. Cass., 24 août 1881 (*J. Huiss.*, t. 63, p. 212).

oncle du défendeur, et qu'il entendait se servir dudit titre pour justifier sa demande.

En conséquence, nous, juge de paix, donnons acte à M......, défendeur, de sa déclaration qu'il ne reconnaît pas pour être celle de M......, son oncle décédé, la signature mise au bas du billet susénoncé, en date du........, qui nous est représenté, et que nous avons à l'instant parafé ; et renvoyons les parties à se pourvoir pour la vérification devant les juges qui doivent en connaître ; disons, en conséquence, qu'il sera sursis au jugement du fond, jusqu'après le jugement de l'instance en vérification. Dépens réservés.

Ainsi jugé et prononcé en audience publique, les jour, mois et an ci-dessus.

(*Signatures du juge et du greffier.*)

XI. — Péremption en justice de paix.
CODE *PR. CIV.*, art. 15.

Cette péremption [1], *qu'il ne faut pas confondre avec celle de l'art. 397 C. pr. civ., n'a pas besoin d'être demandée par un exploit, ni prononcée par un jugement ; elle est acquise de plein droit ; toute procédure, dans ce cas, serait frustratoire.*

---

1. Le délai de la péremption, en justice de paix, est de trois ans comme en matière ordinaire, lorsque le juge n'a pas prononcé d'interlocutoire (Q. 58); Ségeral, t. 1, n° 530 *in fine*.
L'interlocutoire, pour qu'il fasse courir le délai de la péremption, doit avoir été rendu pour l'instruction du fond et non sur un incident (Q. 59).
La péremption ne peut pas être acquise, si l'interlocutoire a été prononcé par un juge incompétent (Q. 60).
Un jugement préparatoire ne peut, comme un jugement interlocutoire, servir de point de départ à la péremption (Q. 61; Ségeral, t. 1, n° 530 ; Pabon, t. 1, n° 148 ;) Cass., 19 mars 1884 (S. 86. 1. 463).
Le délai de la péremption court du jour de la prononciation de l'interlocutoire, sans distinction entre les jugements contradictoires et les jugements par défaut (Q. 61 *bis*).
Après le renvoi pour vérification d'écriture ou pour inscription de faux, l'instance ne tombe pas en péremption s'il n'intervient pas de jugement définitif dans les quatre mois à partir du jugement de renvoi. Mais la péremption serait acquise, si quatre mois s'écoulaient depuis le jugement du tribunal civil sur l'incident, sans que le juge de paix eût statué (Q. 62).
Lorsque le juge de paix ordonne successivement plusieurs interlocutoires, les quatre mois courent du jour dernier (Q. 63; Pabon, n° 149); Cass., 24 mai 1892 (S. 92. 1. 552).
La péremption n'a pas lieu, s'il n'a pas dépendu du demandeur d'obtenir jugement dans les quatre mois (Q. 65).
L'appel du jugement interlocutoire a pour effet d'interrompre le cours de la péremption ; elle recommence à courir du jour de la signification à avoué du jugement rendu par le tribunal d'appel (Q. 65 *bis*) ; Cass., 25 novembre 1884 (S. 86. 1. 270).
De ce que la péremption est acquise de plein droit, il ne faut pas conclure qu'on

XII. — Jugements

341. Jugement *qui ordonne un délibéré.*
Code PR. CIV., art. 13.

Entre, etc........;
Nous, juge de paix du canton de.......;
Après avoir entendu les parties en leurs dires respectifs;
Considérant que.......; ordonnons que les pièces seront remises sur notre bureau pour être par nous délibéré sur les productions qui seront faites, et remettons à......., pour le prononcé de notre jugement.
Remarque. — Ce jugement ne doit être ni levé, ni signifié, ni suivi d'aucune procédure, pour son exécution.

---

342. Jugement *rendu contradictoirement.*
Code PR. CIV., art. 18.

Entre M....... (*noms, profession et demeure*), demandeur, comparant en personne (*ou* par M......., son fondé de pouvoirs suivant procuration sous seing privé, en date du......, enregistrée), d'une part;
Et M........ (*noms, profession, demeure*), défendeur, comparant en personne, d'autre part;
Par exploit du ministère de......., huissier à......., en date du......., enregistré, M....... a fait citer M....... par-devant nous pour : attendu....... (*énoncer les moyens de la demande*); s'entendre condamner à....... (*énoncer l'objet de la demande*).
Après avoir entendu en leurs dires et conclusions M....... en personne (*ou* représenté par M......., son mandataire), qui a dit......., et M......., en personne, qui a dit.......;
Nous, juge de paix, jugeant en premier (*ou* dernier) ressort :
Attendu....... ; par ces motifs; disons (*ou* condamnons), etc... ;
Et condamnons M....... aux dépens, liquidés à la somme de......., en ce non compris les frais d'enregistrement, d'expédition et de signification du présent jugement, lesquels dépens M....... emploiera comme accessoires de sa créance.
Fait et jugé par nous......., juge de paix, assisté de......., greffier, à l'audience publique de la justice de paix du canton de......., le.......; et avons signé avec notre greffier.
(*Signatures.*)

---

ne puisse y renoncer; les parties, en procédant, postérieurement à la péremption acquise, en font cesser les effets (*Q.* 68; *Suppl. alphab.*, v° *Justice de paix*, n. 252). Mais toute convention ayant pour objet d'abréger le délai de péremption est nulle et de nul effet : Cass., 25 novembre 1884 précité.

Remarque. — Si une grosse du jugement est demandée, elle est délivrée en la forme suivante ; on met en tête de l'expédition :

RÉPUBLIQUE FRANÇAISE, AU NOM DU PEUPLE FRANÇAIS.

Le tribunal de paix de......., *a rendu, en l'audience publique du*......., *le jugement dont la teneur suit:*
Et on la termine ainsi : *En conséquence, le Président de la République française mande et ordonne à tous huissiers sur ce requis de mettre ledit jugement à exécution; aux procureurs généraux et aux procureurs de la République près les tribunaux de première instance d'y tenir la main ; à tous commandants et officiers de la force publique d'y prêter main-forte, lorsqu'ils en seront légalement requis.*
En foi de quoi, le présent jugement a été signé sur la minute par M. le juge de paix et par nous, greffier.
En marge de la minute est écrit : Enregistré à......., *par*....., *qui a reçu*....... *pour droits, doubles décimes compris. Signé*......
Pour expédition conforme :

(*Signature du greffier.*)

---

843. **Jugement** *par défaut contre le défendeur.*

CODE *PR. CIV.*, art. 19.

Entre M......., demandeur, comparant en personne (*ou par*.......), d'une part ;
Et M......., défendeur, défaillant, d'autre part ;
Par exploit du......., etc. (*comme à la précédente formule*);
La cause ayant été appelée à l'audience de ce jour, et le défendeur n'ayant pas comparu, ni personne pour lui,[1] le demandeur a demandé défaut contre lui, et, pour le profit, qu'il plût au tribunal lui adjuger les conclusions de la citation sus énoncée.
Nous, juge de paix, après avoir entendu en ses dires et conclusions M......., donnons défaut contre M......., non comparant, ni personne pour lui, et pour le profit,
Attendu, etc........ ; par ces motifs ;
Condamnons M..... à.... etc. et aux dépens liquidés à...., etc.

---

1. Si le défendeur, étant présent, refuse de se défendre, ou se borne à dire qu'il n'entend ni avouer, ni contester, le jugement rendu est contradictoire (Q. 88).

Disons que le présent jugement sera signifié au défaillant par....., huissier, que nous commettons à cet effet [1].

Fait et jugé, etc........

344. Jugement de jonction du défaut [2].
Code PR. CIV., art. 153.

Entre M......, etc., et M...... (*l'un des défendeurs*), comparant en personne (*ou par*.......), et M...... (*autre défendeur*), défaillant, d'autre part ;

Par exploit, etc. ;

Après avoir entendu : 1° M...... (*demandeur*), qui a persisté dans les conclusions par lui prises dans son exploit introductif d'instance, et a demandé que, vu le défaut de M......., il fût, par nous, rendu un jugement de jonction, conformément à l'art. 153 C. pr. civ. ;

2° M...... (*défendeur qui comparaît*), qui a dit....... ;

Nous, juge de paix,

Attendu que M....... ne comparaît pas, ni personne pour lui, bien que régulièrement cité ;

Par ces motifs ; donnons défaut contre M......., non comparant, ni personne pour lui, et, pour le profit, joignons le défaut au fond, et continuons la cause à l'audience du......., pour être définitivement statué ; ordonnons la signification du présent jugement au défaillant par......., huissier, que nous commettons à cet effet. Dépens réservés.

345. Jugement de défaut-congé.
Code PR. CIV., art 19.

Entre M......, défendeur, comparant en personne (*ou par*.....) d'une part ;

---

1. L'art. 16 de la loi du 25 mai 1838, en supprimant l'huissier de la justice de paix, n'a pas abrogé l'art. 20 C. pr. civ. en tant qu'il exige que les jugements par défaut, rendus par le juge de paix, soient signifiés par huissier commis : et ce, à peine de nullité de la signification, et d'inefficacité pour faire courir le délai de l'opposition (*Suppl. alphab.*, v° *Justice de paix*, n°s 182 et suiv.; *Encyclop. des huiss.*, 5e édit., v° *Huiss. commis*, n°s 9 et suiv.; Ségeral, t. 1, n° 316 : Cass.t 19 août 1884 (S. 85.1.24).
Mais le juge de paix, qui a omis de commettre un huissier pour la signification de sa sentence rendue par défaut, peut, sur requête du demandeur, réparer cette omission par une ordonnance postérieure. Trib. civ. de la Seine, 1er décembre 1864 (J. huiss., t. 46, p. 34).
2. Le défaut profit-joint est-il applicable en justice de paix ? *Oui*, obligatoirement d'après Carré et Chauveau (Q. 86) ; — *Non*, d'après Boitard et Colmet-Dâage, *Leçons de procédure*, t. 1, n° 624. V. en ce dernier sens Cass., 22 avril 1890 (D. P. 90.1.465) — Comp. Pabon, t. 1, n. 182.

Et M......, demandeur non comparant, d'autre part;

La cause appelée à l'audience de ce jour, le demandeur n'ayant pas comparu, ni personne pour lui, le défendeur a demandé défaut-congé, et, pour le profit, à être renvoyé de la demande introduite contre lui par M......, tendante à.......

Nous, juge de paix, après avoir entendu M......, défendeur, en ses dires et conclusions, donnons défaut contre M......, demandeur, non comparant [1], ni personne pour lui, et pour le profit, attendu que M...... n'est pas présent pour justifier sa demande, renvoyons M......, défendeur, des fins de la citation à lui donnée à la requête de M......, par exploit de...., huissier, en date du ......;

Et condamnons le défaillant aux dépens, liquidés à......., etc.

Fait et jugé, etc.

Remarque. — Ce jugement est signifié dans la forme ordinaire (*Voir infra*, formule n° 351).

346. Opposition *à un jugement par défaut.*

CODE *PR. CIV.*, art. 20.

L'an......, le...... [2], à la requête de....., etc.;

J'ai......, soussigné, déclaré à M......, demeurant à......., où étant et parlant à......., que le requérant est opposant, comme de fait il s'oppose formellement par les présentes, à l'exécution du jugement rendu par défaut contre lui par M. le juge de paix de......., le........, au profit de M...... susnommé;

Et à mêmes requête, demeure et élection de domicile que dessus, j'ai, huissier susdit et soussigné, en parlant comme dessus, cité M...... à comparaître le......., à l'audience et par-devant M. le juge de paix de....... pour:

---

1. Le juge de paix est obligé de donner défaut-congé à la première audience à laquelle le demandeur néglige de comparaître (Q. 89; *Suppl. alphab.*, v° *Justice de paix*, n. 176, 177).

2. Les trois jours donnés pour former opposition ne sont pas francs (Q. 90; *Encyclop. des huiss.*, 5° édit., v° *Tribunal de paix*, n. 115; Garsonnet, t. 5, p. 449). — Ce délai doit être augmenté d'un jour par cinq myriamètres de distance entre le domicile du défaillant et celui de l'autre partie (Q. 91; Garsonnet, *loc. cit.*). — Lorsque le dernier jour du délai est un jour de fête légale, l'opposition peut être valablement faite le lendemain. Cette solution, autrefois controversée, ne peut plus, aujourd'hui, sous l'empire de la loi du 13 avril 1895, modificative de l'art. 1033 C. pr. civ., faire difficulté.

La partie défaillante peut se pourvoir par opposition avant la notification du jugement (Q. 94).

L'art. 156 C. pr. civ., qui veut que les jugements par défaut soient exécutés dans les six mois de leur obtention, n'est pas applicable aux jugements par défaut rendus par les juges de paix (Q. 93; Curasson, t. 1, n° 167).

CHAUVEAU ET GLANDAZ. — TOM. I.

Attendu que....... (*exposer les faits et moyens de l'opposition* [1]);
Par ces motifs;
En la forme, voir recevoir le requérant opposant à l'exécution du jugement susénoncé; voir mettre à néant ledit jugement; voir en conséquence décharger le requérant des condamnations prononcées contre lui;
Au fond, s'entendre M....... déclarer purement et simplement non recevable, en tous cas mal fondé, en sa demande, s'en voir débouter. Et s'entendre condamner en tous les dépens. Sous toutes réserves. A ce que le susnommé n'en ignore; et je lui ai, audit domicile, où étant et parlant comme dessus, laissé copie du présent sous enveloppe, etc........
Coût......
Remarque. — L'art. 21 C. pr. civ. prévoit le cas où le défendeur, à raison d'absence ou de maladie grave, n'a pu être instruit de la procédure. Si le juge de paix le sait par lui-même, ou par les représentations qui lui sont faites à l'audience, par les parents, voisins ou amis du défendeur, il peut, tout en adjugeant le défaut, fixer, pour le délai de l'opposition, le temps qui lui paraîtra convenable. Dans ce cas, le dispositif du jugement est ainsi conçu:

Nous, juge de paix du canton de......., donnons défaut contre M......; pour le profit, le condamnons à payer à M..... la somme principale de....... francs avec intérêts, à partir du jour de la demande; et le condamnons en outre aux dépens liquidés à.......

Mais, attendu qu'il est parvenu à notre connaissance que le défendeur n'a pu être instruit de la procédure à raison de son absence, qui s'est produite depuis la comparution des parties sur avertissement, laquelle absence doit se prolonger jusqu'au....... du mois prochain, fixons pour le délai de l'opposition audit jugement jusqu'au......., etc. [2]

---

1. Si l'opposition ne contient pas assignation, ainsi que l'exige la seconde disposition de l'art. 20, elle n'arrête pas l'exécution du jugement.
L'absence de moyens dans l'acte d'opposition n'entraîne pas la nullité de l'opposition. Cass., 27 juill. 1887 (S. 87.1.297): *Encyclop. des huiss., loc. cit.*, n° 123; Garsonnet, t. 5, p. 456.
2. Dans le cas où la prorogation du délai d'opposition n'a été ni accordée, ni demandée, la partie condamnée par défaut peut présenter requête au juge afin d'être autorisée à s'opposer après le délai; elle peut aussi faire une opposition motivée (Q. 98.)
D'ailleurs, le juge de paix peut même cumuler les deux dispositions de l'art. 21, fixer ainsi d'abord un délai spécial d'opposition, puis admettre l'opposition formée après l'expiration de ce délai, si la partie défaillante justifie qu'il a encore été trop court (Garsonnet, t. 5, p. 450).
Le juge de paix peut ordonner, par un jugement interlocutoire, que la partie qui demande à être relevée de la rigueur du délai fera preuve des faits sur lesquels elle fait cette demande (Q. 98 *bis*).
Le tribunal civil peut, sur l'appel d'une sentence du juge de paix, qui avait déclaré tardive l'opposition formée à une première sentence par défaut, relever, par infirmation, l'appelant de la rigueur du délai d'opposition, s'il reconnaît que le premier juge a eu tort de ne pas le faire. Cass., 14 nov. 1881 (D. P. 82.1.156).

347. Jugement *sur une opposition à un jugement par défaut.*

Code PR. CIV., art. 22.

Entre M......., demandeur au principal, défendeur aux fins de l'opposition au jugement par défaut énoncé ci-après, d'une part ;

Et M......., défendeur au principal, demandeur aux fins de son opposition au jugement par défaut dont il va être parlé, d'autre part ;

Après avoir entendu M... et M... en leurs dires et conclusions ;
Nous, juge de paix, etc......,
Attendu que....... (*motifs*) ;
Par ces motifs ;
En la forme, recevons M....... opposant au jugement rendu par défaut contre lui le......., enregistré ; — et statuant au fond, disons et ordonnons que....... (*dispositif du nouveau jugement*).

Si le premier jugement est confirmé, le dispositif est ainsi conçu :
En la forme, recevons M....... opposant, etc....... Au fond, le déclarons mal fondé en ladite opposition ; disons en conséquence que ledit jugement sortira son plein et entier effet pour être exécuté suivant sa forme et teneur ; condamnons M....... aux dépens.

Fait et jugé, etc.

Remarque. — Les qualités sont rédigées par le greffier sur la feuille d'audience. — (Voir *infra formule n° 350*)

---

348. Jugement *d'expédient.*

(Voir *formule ordinaire des jugements.*)

XIII. — Exécution provisoire.

349. Jugement *qui prononce l'exécution provisoire.*

Code PR. CIV., art. 17.

Entre, etc. (*comme aux formules n°s 341 et suiv.*) ;
Disons que le présent jugement sera exécuté par provision [1], nonobstant appel et sans caution (*ou bien* : à charge par M....... de donner caution).

---

[1] Si l'intimé se plaint que l'exécution provisoire n'ait pas été ordonnée dans les cas où elle est, soit commandée, soit autorisée, ou si l'appelant se plaint qu'elle l'ait été sans caution, dans les cas où la caution est nécessaire, il est statué sur ces

XIV. — Feuille d'audience.

350. Feuille *d'audience*.

Code *PR. CIV.*, art. 18.

Le juge de paix du canton de....... a rendu, en son audience publique du......, dans l'auditoire ordinaire, à....... (*si le jugement est rendu ailleurs, l'énoncer*), assisté de M......, greffier, le jugement dont la teneur suit (*tous les jugements portés sur feuille sont précédés de cet intitulé qui est aussi transcrit dans leur expédition*) :

Entre M....... (*noms, profession, demeure*), demandeur, et M....... (*noms, profession, demeure*), défendeur.

Par exploit de......., huissier, en date du......., enregistré, M....... a fait citer M....... à comparaître devant nous à l'audience de ce jour, pour, attendu.......; Par ces motifs; S'entendre condamner à.......

M......., défendeur, a dit que.......; à quoi il a été répondu par M....... que.......

Nous, juge de paix..... (*motifs et dispositif du jugement*).

Fait et prononcé, en présence de M....... et de M....... (*ou en l'absence de l'un d'eux*), les jour, mois et an susénoncés, et avons signé [1] avec notre greffier.

(*Signatures.*)

---

difficultés suivant la marche prescrite par les art. 458, 459 et 460 C. pr. civ. (*Q.* 80 *bis*). — Voir *infra*, *formules* n° 392 et suiv.

Lorsqu'un juge de paix a ordonné l'exécution provisoire d'un jugement qui condamne une partie à payer une somme de moins de 300 fr., sans spécifier si elle aura lieu avec ou sans caution, la partie qui poursuit l'exécution est virtuellement dispensée de fournir caution (*J. Av.*, t. 72, p. 447, art. 212).

Les jugements par défaut des juges de paix ne sont pas exécutoires par provision nonobstant opposition (*Q.* 78). — *Contra*, Garsonnet, t. 5, p. 391, texte et note 10.

Les juges de paix ne peuvent pas connaître de l'exécution de leurs jugements; mais ils sont compétents pour recevoir la caution présentée en vertu de leur sentence (Voir *infra*, *formule* n° 354; *Q.* 82).

Le jugement du juge de paix qui prononce par défaut des condamnations contre un tiers, ou quelque chose à faire par lui, n'a pas besoin, pour être exécuté, de la représentation d'un certificat du greffier, constatant qu'il n'y a pas d'opposition (*Q.* 95 *bis*).

1. Le greffier du juge de paix, dans le cas où celui-ci, après avoir prononcé un jugement, se trouve dans l'impossibilité de le signer, doit en référer au tribunal de première instance qui, les parties, le juge de paix et le greffier entendus, et les feuilles d'audience vérifiées, ordonne que le jugement sera expédié sur la signature du suppléant ou du juge de paix le plus voisin (*Q.* 85 *ter*; *Suppl. alphab.*, v° *Justice de paix*, n. 149).

Le greffier qui délivre expédition d'une minute non signée par le juge, peut être poursuivi comme faussaire (*Q.* 85). — Voir Décisions ministérielles des 14 fév. 1848 et 8 fév. 1861.

XV. — Signification des jugements.

351. Signification *d'un jugement de justice de paix.*
Code *PR. CIV.*, art. 64.

L'an......., le......., à la requête de M......., demeurant à......., pour lequel domicile est élu......., j'ai....... (*immatricule de l'huissier*), soussigné, signifié, et en tête (de celle) des présentes laissé copie à M......., demeurant à......., audit domicile, où étant et parlant à.......,
De la grosse d'un jugement rendu contradictoirement entr. les parties, par M. le juge de paix du canton de......., le......., enregistré ; sous toutes réserves, même d'appel. A ce qu'il n'en ignore.
Et je lui ai, audit domicile, parlant comme il vient d'être dit, laissé copie tant du jugement susénoncé que du présent, sous enveloppe etc....... Coût.......
(*Si le jugement est par défaut, on remplace les mots* : rendus contradictoirement, etc., *par ceux-ci* : rendu par défaut, au profit du requérant contre M...... par M. le juge de paix, etc., *et l'on fait mention de la commission de l'huissier dans la forme suivante :*
J'ai......, soussigné, commis à cet effet, signifié, etc.)

---

352. Signification *du jugement aux héritiers de la partie décédée, pour faire courir le délai d'appel.*

(Voir *infra*, 2ᵉ partie, titre 1ᵉʳ, *la formule* n° 388, *pour l'application de l'art.* 447 C. pr. civ.).
L'an......., le......., à la requête de M...... (*nom, profession*), demeurant à......., pour lequel domicile est élu en l'étude de Mᵉ......., avoué près le tribunal de première instance de......., à......., rue......., j'ai......., soussigné, signifié, et, en tête (de celle) des présentes, laissé copie aux héritiers de M......., ce dernier demeurant de son vivant, à......., audit domicile, où étant et parlant à.......
D'un jugement contradictoirement rendu entre feu M...... et le requérant, par M. le juge de paix du canton de......., le......., enregistré et signifié à M......., de son vivant ; sous toutes réserves, même d'appel. Leur déclarant que la présente signification est faite conformément à l'art. 447 C. pr. civ. ; et j'ai, etc........

XVI. — Voies de recours contre les jugements de justice de paix.

I. APPEL [1].

353. ACTE *d'appel d'un jugement de justice de paix.*

Code PR. CIV., art. 16.

L'an......., le......., [2] à la requête de M......., demeurant à......., pour lequel domicile est élu à......., rue......, n°......., en l'étude de Me......., avoué près le tribunal civil de première instance de........, lequel se constitue et occupera pour lui sur l'assignation ci-après et ses suites, j'ai, (*immatricule de l'huissier*), soussigné, signifié et déclaré à M......., demeurant à......., audit domicile, où étant et parlant à......., que le requérant est appelant d'un jugement [3] rendu contradictoirement entre lui et M......., par M. le juge de paix de......., le......, enregistré et signifié.

---

1. Devant les tribunaux civils, l'appel des sentences des juges de paix est instruit comme matière sommaire (Voir *supra*, livre 1er, chapitre 3, p. 273 et suiv.).

2. L'appel d'une sentence du juge de paix ne peut, à moins que l'exécution provisoire n'ait été ordonnée, être interjeté avant les trois jours qui suivent la prononciation de ladite sentence; et ce délai de trois jours est franc (Pabon, t. 1, n° 604).
L'appel ne peut non plus être interjeté d'une sentence, rendue par défaut, avant l'expiration du délai de l'opposition (Q. 1637 ; *Encyclop. des huiss.*, 5e édit., v° *Tribunal de paix*, n° 137) ; Cass., 22 juill. 1875 (*J. Huiss.*, t. 57, p. 139) et 12 nov. 1902 (S.02.1.484).
Mais une fois le délai de trois jours expiré, l'appel d'une sentence contradictoire peut être interjeté, sans qu'il soit nécessaire que ladite sentence ait été préalablement signifiée. Cass., 18 oct. 1899 (*J. Huiss.*, t. 81, p. 7.)
Il doit l'être dans le délai de trente jours à partir de la signification de la sentence attaquée ; ce délai de trente jours, par lequel il faut entendre un délai préfixe, et non un délai d'un mois, n'est pas franc. Cass., 2 août 1887 (S. 87.1.304).
Toutefois ce délai est augmenté, conformément aux art. 73 et 1033 C. pr. civ., c'est-à-dire d'un jour par 5 myriamètres de distance, lorsque l'appelant a son domicile en dehors du canton. Cass., 25 janv. 1899 (*J. Huiss.*, t. 80, p. 86).
Le délai de trente jours pour interjeter appel d'un jugement par défaut court, comme pour un jugement contradictoire, à partir du jour même de sa signification. Trib. civ. de la Seine, 15 juin 1887 et 10 mars 1894; Trib. civ. de Guéret, 22 fév. 1898 (*J. Huiss.*, t. 79, p. 114).

3. Le jugement rendu par un juge de paix sur une demande en renvoi est toujours susceptible d'appel, même lorsque le juge aurait pu prononcer en dernier ressort sur le fond (Q. 73; *Suppl. alphab.*, v° *Justice de paix*, n. 211).
Mais l'appel, en ce cas, est soumis à une règle particulière, qui consiste en ce que, si le juge de paix s'est déclaré compétent, l'appel de son jugement ne peut être relevé, aux termes de l'art. 14 § 3 de la loi du 25 mai 1838, qu'après le jugement définitif (Q. 77 *ter*).
Jugé, par application de cette règle, que l'appel d'un tel jugement ne peut, lorsqu'il a été ensuite rendu un jugement par défaut sur le fond, être interjeté qu'après l'expiration du délai pour former opposition à ce dernier jugement. Trib. civ. de Lyon, 2 juill. 1898 (*J. Huiss.*, t. 80, p. 95).
De ce que l'art. 13 de la loi du 25 mai 1838 dispose que l'appel des jugements rendus par le juge de paix ne pourra être interjeté pendant les trois jours qui suivront leur prononciation, il suit que l'exécution est aussi suspendue pendant ce délai (Q. 77 *bis* ; *Suppl. alphab.*, v° *Justice de paix*, n. 218, 219).

Et, à mêmes requête, demeure, élection de domicile et constitution d'avoué que dessus, j'ai, huissier[1] susdit et soussigné, en parlant comme il a été dit, donné assignation[2] au susnommé à comparaître à huitaine franche, délai de la loi, et par ministère d'avoué, à l'audience et par-devant MM. les Président et juges composant le tribunal civil de première instance de [3]......., séant à....., heure de......., pour :

Attendu que............;

Par ces motifs; En la forme, voir recevoir le requérant appelant du jugement susénoncé;

Au fond, voir dire qu'il a été mal jugé; voir mettre à néant ledit jugement ; voir en conséquence décharger le requérant des condamnations prononcées contre lui, et statuant à nouveau, s'entendre M....... déclarer non recevable, en tout cas mal fondé en sa demande; s'en voir débouter. Voir ordonner la restitution de l'amende consignée; et s'entendre condamner aux dépens de première instance et d'appel. Sous toutes réserves. A ce qu'il n'en ignore.

Et je lui ai, audit domicile, en parlant comme-ci dessus, laissé copie du présent, sous enveloppe, etc......... Coût........

II. TIERCE OPPOSITION.

Cette voie est ouverte contre les jugements de justice de paix (Voir *infra*, 2ᵉ partie, titre II, § 1.

III. REQUÊTE CIVILE

La voie de la requête civile est également ouverte contre les jugements en dernier ressort, contradictoires ou par défaut, quand ces derniers ne sont plus susceptibles d'opposition, rendus par les juges de paix. Cass., 14 mai 1900 (*J. Av.*, t. 125, p. 245). — Voir *infra*, 2ᵉ partie, tit. II, § 2.

IV. CASSATION.

La loi du 25 mai 1838, dans son art. 15, dispose que les jugements rendus par les juges de paix ne pourront être attaqués par la voie du recours en cassation que pour excès de pouvoir. Voir aussi Q. 74.

---

1. On pense généralement que les huissiers résidant dans les villes où il y a plusieurs justices de paix ont le droit d'exploiter concurremment auprès de ces diverses justices de paix, alors même que le tribunal aurait, en conformité de l'art. 19 du décret du 14 juin 1813, fixé à chacun d'eux le quartier où il doit résider.
2. L'acte d'appel doit contenir assignation, à peine de nullité (Q. 75).
3. L'appel d'un jugement de juge de paix dont la compétence a été prorogée doit être porté devant le tribunal auquel ressortit ce juge de paix (Q. 26).

XVII. — Réception de caution [1].

354. Acte *de présentation de caution dans le cas où l'exécution provisoire a été ordonnée avec caution.*

CODE PR. CIV., art. 17.

L'an......, le......., à la requête de M...... (*noms, profession, demeure et élection de domicile*), j'ai....... (*immatricule de l'huissier*), soussigné, signifié et déclaré à M..... (*noms, profession*), demeurant à......., audit domicile, où étant et parlant à......;

Que, pour satisfaire au jugement rendu contradictoirement entre les parties le......, par M. le juge de paix de....., enregistré, le requérant offre pour caution M...... (*noms, profession*), demeurant à......

Et, à mêmes requête, demeure et élection de domicile que dessus, j'ai, huissier susdit et soussigné, donné citation au susnommé, audit domicile, où étant et en parlant comme il a été dit, à comparaître le......, heure de......, à l'audience et par-devant M. le juge de paix du canton de....., lieu ordinaire de ses audiences, à........, pour prendre, en exécution du jugement susénoncé, communication des titres et pièces que produira M......, afin d'établir sa solvabilité, et accepter ou refuser la caution présentée; déclarant audit sieur...... que, faute par lui de comparaître, M......, caution présentée, fera à l'audience sa soumission, qui ne sera plus susceptible de contestation.

Et je lui ai, audit domicile, où étant et parlant comme il a été dit, laissé copie du présent, sous enveloppe, etc.

Coût...... (*Signature de l'huissier.*)

XVIII. — Actions possessoires.

355. Citation *en complainte.*

CODE PR. CIV., art. 1 et 3.

L'an......, le......, etc. (*préambule ordinaire des citations*);

Pour, attendu que le requérant est depuis un an en possession [2]

---

1. La caution ordonnée par un jugement rendu en justice de paix doit être reçue à l'audience par le juge de paix. Les formalités tracées *infra*, au titre des réceptions de cautions devant les tribunaux civils, ne sont pas applicables. La caution vient à l'audience apportant les titres; le juge les examine séance tenante, il écoute les réclamations de la partie adverse, et prononce (Q. 82). Voir également Garsonnet, t. 3, p. 439.

2. La possession annale suffit; il n'est pas besoin qu'elle soit, comme dans l'ancien droit, d'*an* et *jour*, pour justifier l'action en complainte (Q. 100 *bis*; *Encyclop.*

de...... (*indiquer l'immeuble, avec ses tenants et aboutissants, le décrire exactement*);

Attendu que depuis moins d'une année [1], et notamment le......, M....... s'est permis de...... (*énoncer le fait de trouble à la possession*); que ce fait trouble le requérant dans sa possession et lui cause un grave préjudice;

Par ces motifs;

Voir dire et ordonner, par le jugement à intervenir, que le requérant sera maintenu dans la possession et libre jouissance de......; et s'entendre condamner aux dépens; sous toutes réserves; et j'ai, au susnommé, parlant comme dessus, laissé copie du présent, sous enveloppe, etc.

Coût......
(*Signature de l'huissier.*)

356. Citation *en réintégrande.*

L. 24 mai 1838, art. 6, § 1.

L'an......, le......, à la requête de M......, propriétaire, domicilié dans la commune de....., (*élection de domicile*), j'ai..., huissier, soussigné, cité M....., propriétaire, demeurant dans la commune de....., en son domicile, où étant et parlant à......, à comparaitre le...., à...... heures de......, par-devant M. le juge de paix du canton de......, et dans la salle de la justice de paix, pour :

Attendu que, depuis moins d'une année, vers le...... dernier, ledit sieur....... s'est permis de dépouiller le requérant de la possession d'une portion de pièce de terre labourable que ce dernier possède dans la commune de......, tenant au levant à une terre de même nature possédée par ledit sieur....., au couchant à......, au midi à...., et au nord à...., portion de terre d'une contenance d'environ....; de l'ensemencer en blé et de la séparer par un fossé du restant de la pièce du requérant;

---

des *huiss.*, v° *Action possessoire*, n° 167; Aubry et Rau, *Cours de dr. civ.*, t. 2, § 187, note 16, 5e édition, p. 228).

Elle doit, d'autre part, avoir été, pendant ce temps, *continue, non interrompue, paisible, publique, non équivoque, à titre de propriétaire*; les caractères légaux de la possession, pour agir au possessoire, sont les mêmes que ceux de la possession requise pour prescrire (Garsonnet, t. 1, p. 581; Aubry et Rau, t. 2, § 187, 5e édition, p. 226 et 227).

1. Une condition essentielle de la recevabilité de l'action possessoire est que le trouble, qu'elle a pour objet de faire cesser, ne remonte pas à plus d'une année au jour où elle est intentée : le délai d'un an pour intenter l'action court du jour même du trouble, et non pas seulement du jour où ce trouble a été connu (Q. 109; Garsonnet, t. 1, p. 679, note 7; Aubry et Rau, t. 2, § 186, 5e édition, p. 207).

Il n'y a pas à distinguer, à cet égard, entre le trouble de fait et le trouble de droit (Q. 109; Aubry et Rau, *ibid.*).

Attendu qu'au moment où le susnommé a ainsi usurpé par violence ladite pièce de terre, le requérant en avait, en fait, la possession matérielle ; qu'en effet..... (*indiquer les circonstances d'où résulte cette possession matérielle*)[1] ;

Attendu que, dans ces circonstances, la dépossession du requérant n'étant que le résultat d'une voie de fait, il est recevable et fondé à agir pour se faire remettre en possession ;

Par ces motifs ;

S'entendre condamner à abandonner immédiatement au requérant la possession de ladite pièce de terre ; s'entendre condamner, en outre, pour privation de jouissance et tracé de fossé, à payer au requérant la somme de...... à titre de dommages-intérêts. Et s'entendre condamner à la restitution des fruits perçus et en tous les dépens.

Sous toutes réserves. A ce qu'il n'en ignore.

Et je lui ai, etc. (*Signature de l'huissier.*)

---

357. Acte *d'opposition à ce que des ouvrages nuisibles soient continués.*

Code PR. CIV., art. 23.

L'an...., le....., à la requête de M....., propriétaire, demeurant à......, j'ai........, etc. ;

Dit et déclaré à M......, propriétaire, demeurant au lieu de..., commune de......, que le requérant possède dans ledit hameau de....... une maison donnant, du côté du levant et du midi, sur la voie publique ; — qu'il a, sans en avoir le droit, construit depuis quelques années un four contigu à ladite maison, tellement disposé que le chemin public en est rétréci de manière à rendre le passage, même pour une charrette vide, très difficile ; — que, pour les charrettes chargées de pailles, foins, fascines, etc., le requérant et tous autres sont obligés de faire un long détour, faute de pouvoir pratiquer ce passage, le plus direct et le plus convenable ; que, dans plusieurs circonstances, le requérant a sollicité M...... d'effectuer la démolition de ce four pour rendre le chemin d'un usage facile à toutes charrettes ; — qu'il s'y est constamment refusé jusqu'à ce moment ; — que non-seulement M....... n'a pas procédé à la démolition de cet ouvrage nuisible, mais que, depuis quelques jours, il a entrepris de nouveaux travaux pour lui donner plus d'importance et plus de solidité ; — que le...... (*date*), il a fait procéder aux travaux de reconstruction dudit four ;

---

1. Il n'est nécessaire ni que la possession soit une possession utile pour prescrire, ni qu'elle ait duré au moins une année, pour qu'elle puisse servir de fondement à la réintégrande (*Suppl. alphab.*, v° *Action possessoire*, n°s 5 et suiv. ; Aubry et Rau, t. 2, § 189, 5e édition, p. 166).

Dans ces circonstances, attendu qu'il est du plus grand intérêt pour le requérant d'empêcher cette construction, afin de se ménager un passage libre et aisé entre sa maison et celle de M......; — Que l'œuvre de M......, en rétrécissant outre mesure la voie publique, l'oblige à faire, le plus souvent, un détour considérable, ce qui le gêne essentiellement dans l'exploitation de ses propriétés;

J'ai, huissier susdit et soussigné, procédant à même requête que ci-dessus, formellement dénoncé audit sieur..... que le requérant prétend faire opposition, comme de fait par les présentes il s'oppose à la reconstruction dudit four, le sommant d'avoir à suspendre sur-le-champ les travaux dont il s'agit; — Et attendu que le requérant se propose, s'il y a lieu, de faire ordonner par la justice la démolition de la portion d'ouvrage construite, je lui ai fait défense d'avoir à continuer lesdits travaux, sous réserve de réclamer contre lui et contre tous ouvriers par lui employés à cette construction tous dépens, dommages-intérêts, pour tout ce qui sera fait au mépris du présent.

Coût...... (*Signature de l'huissier.*)

Remarque. — Le plus souvent, la déclaration d'opposition accompagne la citation en justice; il est des cas, néanmoins, où elle se fait aux personnes préposées à l'entreprise, lorsque, par exemple, le propriétaire a son domicile ailleurs; il y a alors nécessité de les séparer. — On y est quelquefois porté par un motif d'égards ou de ménagement. On est moins blessé d'un acte extrajudiciaire que d'une citation en justice. Si les travaux sont continués, il est donné citation dans la forme de la formule suivante, qui prévoit une autre espèce.

358. Citation *en dénonciation de nouvel œuvre.*
CODE *PR. CIV.*, art. 23.

L'an......, le......, à la requête de M......, propriétaire, demeurant à......, etc.

J'ai, huissier......, etc.

Dit et déclaré à M......, demeurant à......, audit domicile, où étant et parlant à.....;

Que le requérant a vendu le......, par acte passé devant M^e...., notaire à......, enregistré, à M......, père de M......, un jardin placé sur le derrière de la maison du requérant, dans la direction du nord au midi, sous la réserve : 1° que les croisées de ladite maison donnant sur le jardin continueraient à subsister; 2° que M...... père s'interdisait d'élever dans ledit jardin aucune construction, ni même de planter aucun arbre à haute tige, qui puisse gêner la vue de la rivière qui coule au bas du jardin;

Mais, que, nonobstant la clause susdite, M......, seul et unique héritier de son père, se permet, depuis peu de jours, d'élever dans son jardin, une construction dont la hauteur dépassera, d'après le plan communiqué par l'entrepreneur, les croisées du premier étage de la maison du requérant, ce qui doit porter atteinte au droit de vue réservé; que le requérant entend s'opposer par toutes voies de droit à cette construction.

Pourquoi j'ai, huissier susdit et soussigné, procédant à même requête que ci-dessus, cité M...... à comparaître devant M. le juge de paix du canton de....., lieu ordinaire de ses audiences, à......, heure de......, pour, par les motifs susénoncés, voir dire qu'il sera tenu de faire cesser immédiatement l'ouvrage commencé[1], à peine de dommages-intérêts envers le requérant ; et s'entendre condamner en tous les dépens. Sous toutes réserves ; à ce que le susnommé n'en ignore.

Et j'ai, audit domicile, parlant comme il a été dit, laissé copie du présent, sous enveloppe, etc.

Coût.......
(Signature de l'huissier.)

359. Jugement sur une action possessoire.

CODE PR.CIV., art. 23, 24, 25, 26, 27.

Entre M......., demandeur suivant exploit du ministère de......, huissier à....., en date du....., enregistré, comparant en personne (ou par......., son mandataire aux termes d'un pouvoir, etc.....);

Et M....., défendeur, aussi comparant en personne (ou par mandataire).

Par le demandeur, il a été dit que..... (énoncer les moyens) ;
A quoi le défendeur a répondu que.....;
Sur quoi, nous, juge de paix :
Attendu qu'il résulte tant des enquête et contre-enquête[2] aux-

---

1. L'action possessoire pour cause de nouvel œuvre peut être formée à l'occasion de travaux terminés comme pour des travaux commencés. Contra : Aubry et Rau t. 2, § 188, note 2, 5e édition, p. 246 ; Boitard et Colmet-Daage, t. 1, n° 633, p. 704 note 1 ; Encyclop. des huiss., verb. cit., n°s 77 et suiv. La loi n'exige qu'un condition : c'est qu'elle soit intentée avant l'expiration de l'année dans le cours d laquelle le trouble s'est manifesté (Q. 109 bis ; Suppl. alphab., v° Action posses soire, n. 45 et suiv.).

L'autorisation d'élever des constructions donnée par acte administratif n'empêch pas la dénonciation de nouvel œuvre, si ces constructions blessent des droits d possession (J. Av., t. 72, p. 182, art. 81, § 18).

2. Si la possession ou le trouble sont déniés, l'enquête qui peut être ordonné ne doit porter que sur ces faits, et non sur le fond du droit.

Cette enquête est facultative pour le juge, qui peut, sans y avoir recours, statu sur les faits de possession ou de trouble (Q. 110 in fine).

D'autre part, de ce que l'art. 24 porte que l'enquête sera ordonnée, lorsque possession ou le trouble sera dénié, il ne résulte pas que le juge de paix ne puis pas l'ordonner, lorsqu'une des parties fait défaut (Q. 110 ; Suppl. alphab., ve cit., n. 58 et s.).

quelles il a été par nous procédé le....., que des titres [1] produits de part et d'autre, la preuve que M..... est, depuis plus d'un an, en possession et jouissance de.....; que, vainement, M...... prétend que.....; que les titres produits par lui ne sont pas de nature à changer le caractère de la possession de M....., et à la rendre précaire;

Par ces motifs;

Déclarons M..... bien fondé en son action; en conséquence, le maintenons dans la possession et jouissance de..... [2] et condamnons M..... à délaisser immédiatement..... et à payer à M..... la somme de....., à titre de dommages-intérêts.

Et le condamnons en tous les dépens, liquidés à....., sous la réserve des droits des parties au pétitoire [3].

---

360. Déclaration *constatant que le demandeur au pétitoire a pleinement satisfait aux condamnations prononcées contre lui au possessoire.*

Code PR. CIV., art. 27.

Il arrive souvent que les demandes au pétitoire sont rejetées, parce qu'il n'a pas été préalablement satisfait aux condamnations prononcées par le jugement sur le possessoire. Pour éviter, autant que possible, de semblables désagréments, il n'est pas sans utilité de donner une formule de déclaration qui constate que l'on s'est conformé à la loi. Cette formule peut être ainsi conçue:

Je, soussigné......., propriétaire, demeurant à...... reconnais et déclare que M......, aussi propriétaire, demeurant même commune, a, suivant jugement rendu par M. le juge de paix du canton

---

[1]. Le juge du possessoire peut, sans enfreindre la règle qui lui défend le cumul du possessoire et du pétitoire, consulter les titres, pour savoir si la possession de celui qui intente une action possessoire est ou non précaire, et, dans ce cas, il est souverain appréciateur de ces titres, considérés comme titres de possession (Q. 101 bis et 112). Sic Cass., 15 juin 1892 et les notes (S. 92.1.296; D. P. 92.1.412). Mais la règle prohibitive du cumul du pétitoire et du possessoire est violée, lorsque le juge de paix a, pour trancher le litige sur la possession qui lui est soumis, uniquement égard aux titres produits, et base ainsi sa décision sur des motifs exclusivement tirés du fond du droit. Cass., 7 mars 1894 et 6 mars 1898 (S. 98.1.516); Cass., 22 mars 1899 (S. 99.1.336).
[2]. Le juge de paix peut ordonner le séquestre de l'immeuble litigieux pendant l'instance au possessoire (Q. 111 bis).
[3]. Le défendeur au possessoire ne peut se pourvoir au pétitoire qu'après que l'instance sur le possessoire est terminée, et qu'après, s'il a succombé, avoir satisfait aux condamnations prononcées contre lui (art. 27 C. pr. civ.). Mais le demandeur au possessoire peut agir au pétitoire avant que l'instance par lui introduite au possessoire soit terminée, et, lorsqu'il a succombé, avant d'avoir satisfait aux condamnations (Q. 129); Trib. civ. de la Seine, 20 avril 1898 (J. Av., t. 123, p. 509.) — Contra, Cass., 3 mars 1836 (J. Av., t. 50, p. 419.)

de......, le......, été condamné envers moi, sur action possessoire, à me payer : 1° la somme de....... francs, à titre de dommages-intérêts, pour trouble causé sur une pièce de terre labourable m'appartenant, ensemencée en blé ; 2° celle de...... francs, pour frais et dépens, et que, cejourd'hui, il a pleinement satisfait aux condamnations prononcées contre lui, en me payant les deux sommes ci-dessus énoncées, dont quitance.

A........, le.......

(Signature de la partie.)

Observation importante.

La loi du 12 juillet 1905 a étendu la compétence des juges de paix dans des proportions considérables. Il n'en résulte pas de modifications à la procédure ordinaire des justices de paix. Mais l'extension de la compétence des juges de paix à des matières dont la connaissance était réservée aux tribunaux d'arrondissement entraîne la création de procédures nouvelles qui seront signalées en leur place et dont nous donnerons les formules en **Appendice**.

Les procédures des *Offres réelles*, de la *Saisie gagerie*, de la *Saisie revendication*, de la *Saisie foraine* et de la *Saisie arrêt* sont ainsi complétées à l'*Appendice du tome I*. Celles de la *Distribution par contribution*, des *Autorisations de femmes mariées* et du recouvrement des *Frais et dépens* à l'*Appendice du tome II*.

# LIVRE TROISIÈME

PROCÉDURE DEVANT LES TRIBUNAUX DE COMMERCE

Sommaire

I. Assignation. — II. Comparution des parties. — III. Exceptions. — IV. Voies d'instruction : § 1ᵉʳ Comparution personnelle ; — § 2. Enquête ; — § 3. Renvoi devant arbitres rapporteurs et expertise. — V. Jugements : § 1ᵉʳ. Contradictoire ; — § 2. Par défaut ; opposition. — VI. Exécution provisoire et réception de caution. — VII. Exécution des jugements des tribunaux de commerce.

BIBLIOGRAPHIE. — Carré et Chauveau, *Lois de la procédure civile et commerciale* ; Dutruc, *Supplément alphabétique aux lois de la Procédure civile et commerciale* de Carré et Chauveau ; Glasson et Colmet-Daâge, *Théorie et pratique de la procédure* ; Garsonnet, *Traité théorique et pratique de procédure* ; Dalloz, *Répertoire général de jurisprudence et Supplément au Répertoire* ; Dalloz, *Recueil périodique et critique de jurisprudence, de législation et de doctrine* ; Sirey, *Recueil général des lois et des arrêts* ; *Journal du Palais* ; *Journal des avoués* ; *Journal des huissiers*.

I. — Assignation devant les tribunaux de commerce [1].

361. Assignation *au délai ordinaire.*

CODE PR. CIV., art. 415.

L'an mil neuf cent......., le......,
A la requête de M..... (*nom, prénoms, profession, domicile* [2]) ;
J'ai......, huissier soussigné, donné assignation à M........
(*nom, prénom, profession, domicile*), où étant et parlant à........
A comparaître le.... (*jour, quantième, mois, an*) [3], à l'audience et

---

1. L'art. 420 C. pr. civ. indique devant quel tribunal l'action résultant d'un engagement de commerce peut être portée.
2. Une élection de domicile dans le lieu où siège le tribunal n'est point obligatoire, et, s'il en a été fait une, elle ne dispense pas le demandeur de celle que l'art. 422 l'oblige à faire expressément sur le plumitif de l'audience, quand il n'est pas intervenu de jugement à la première audience. Paris, 18 janv. 1901 (*J. Av.*, 126, p. 200).
Il n'y a jamais lieu à constitution d'avoué en matière commerciale, même devant le tribunal civil de première instance faisant fonction de tribunal de commerce (Q. 1487 ; *J. Av.*, t. 94, p. 93).
3. Le délai entre le jour de l'assignation et celui indiqué pour la comparution doit être d'au moins un jour franc (Q. 1492 ; Garsonnet, t. 3, p. 46) ; — et doit être augmenté à raison des distances en vertu de l'art. 1033 C. pr. civ. (Garsonnet, *loc. cit.*).
Cependant l'art. 417 permet au président du tribunal de commerce d'abréger le

par-devant MM. les Président et juges composant le tribunal de commerce de......., séant à....., palais dudit tribunal, heure de......, pour :

Attendu que....... (exposé de faits et motifs);
Par ces motifs;
S'entendre condamner à.......;
Et s'entendre condamner en tous les dépens;
Sous toutes réserves ;
A ce qu'il n'en ignore ;
Et je lui ai...., audit domicile et en parlant comme il a été dit, laissé copie du présent, sous enveloppe fermée, etc.....

Coût......

Remarque. — Si l'assignation est faite en vertu d'un titre (d'une lettre de change, par exemple) il en est donné copie en tête de l'assignation et on le mentionne de la façon suivante : *L'an, etc...., à la requête etc....., j'ai...... soussigné, signifié et en tête* [de celle] *des présentes laissé copie à..... etc. D'une lettre de change tirée le...... par M.... contre le susnommé qui l'a acceptée, enregistrée;*

Et, en vertu dudit effet, et à même requête etc......

---

362. Requête *présentée au président du tribunal de commerce pour obtenir l'autorisation d'assigner de jour à jour ou d'heure à heure et de pratiquer une saisie conservatoire.*

CODE PR. CIV., art. 417.

A M. le Président [1] du tribunal de commerce de....
M......, négociant, demeurant à......, rue......., n°......., agissant poursuites et diligences de M......, son mandataire spécial, aux termes d'un pouvoir sous-seing privé, en date du......, enregistré et représenté à l'appui des présentes, a l'honneur de vous exposer, Monsieur le Président..... (*exposer ici les faits qui peuvent motiver une abréviation du délai et la saisie conservatoire des meubles; par exemple, que le débiteur, marchands d'objets précieux et de grande valeur, comme de bijoux et de pierres précieuses, est sur le point de partir emportant son actif*).

Pourquoi l'exposant requiert qu'il vous plaise, Monsieur le Pré-

---

délai de comparution, pour des motifs d'urgence, et d'autoriser à assigner de jour à jour et même d'heure à heure (Voir *infra* les formules suivantes n°s 362, 36: et 364).

L'art. 418 abrège également, et de plein droit, le délai de comparution dans les affaires maritimes (Voir *infra* formule n° 365).

1. Quoique l'art. 417 n'indique que le président du tribunal de commerce, l'effet d'accorder la permission d'abréger le délai de l'assignation ou de saisir, c magistrat peut, en cas d'empêchement, être remplacé par un juge (Q. 1498; Gai sonnet, t. 3, p. 48). — Voir *J. Av.*, t. 101, p. 137.

LIVRE III. — I. ASSIGN. DEVANT LES TRIB. DE COM. — 363

sident, l'autoriser à assigner [1] M...... à comparaître devant le tribunal, aujourd'hui [2] même, à l'heure que vous indiquerez, pour s'entendre condamner..... *(conclusions)*, et l'autoriser en outre à faire saisir les meubles et effets mobiliers appartenant à M......, conformément à l'art. 417 C. pr. civ.

Sous toutes réserves.

Et ce sera justice.

(Signature du mandataire.)

---

363. Ordonnance *sur la requête qui précède* [3].

Nous, président......, etc. ;

Vu l'art. 417 C. pr. civ., et la requête qui précède, autorisons l'exposant à faire saisir conservatoirement les effets mobiliers de M......, à la charge d'assigner au principal, pour aujourd'hui, heure de......, ledit sieur......... ; commettons à cet effet......, huissier audiencier du tribunal, et, vu l'urgence, disons que la présente ordonnance sera exécutée nonobstant opposition ou appel, et sur la minute.

A......, le.......

(Signature du président.)

Remarque. — Il peut être urgent d'assigner à très bref délai, sans qu'il soit nécessaire de faire procéder à une saisie conservatoire. En retranchant des deux formules précédentes les énonciations relatives à la saisie, il ne reste plus qu'une requête tendant seulement à l'abréviation du délai de l'assignation et l'ordonnance qui la répond.

Il doit être donné copie de l'ordonnance en tête de l'assignation.

Lorsque l'ordonnance est rendue sur demande verbale, au lieu de viser la requête, cette ordonnance est brièvement motivée. Voir par analogie, *supra*, la *formule* de cédule pour citer à bref délai devant le juge de paix, n° 316.

---

[1]. On ne peut pas, sans la permission du président, assigner de jour à jour, ou d'heure à heure, même en offrant de prouver l'urgence en plaidant, sauf le cas prévu dans la *formule* n° 365 *infra* (Q. 1493).

[2]. Lorsque l'assignation est donnée à bref délai, le président peut dispenser d'observer l'augmentation à raison des distances (Q. 1494; Garsonnet, t. 3, p. 47, note 10.)

[3]. Cette ordonnance est susceptible d'opposition ou d'appel (Q. 1492 *bis*; *Suppl. alphab.*, v° *Saisie conservatoire*, n° 21 et suiv.); Paris, 20 juill. et 27 août 1875 (*J. Av.*, t. 101, p. 10). Mais, en toute hypothèse, le saisi n'en a pas moins toujours, quand la saisie conservatoire a été pratiquée, le droit de critiquer devant le juge saisi de la validité de cette saisie, la cause de la créance. Bordeaux, 10 fév. 1899 (*J. Av.*, t. 124, p.459).

CHAUVEAU ET GLANDAZ — TOM. I.

364. Assignation *à bref délai après ordonnance.*
Code *PR. CIV.*, art. 417.

L'an......, le......., heure de......., à la requête de M...., négociant, demeurant à......, qui élit domicile à....... (*lieu où le tribunal est établi*), chez M....., son mandataire spécial en vertu d'un pouvoir sous-seing privé en date du....., enregistré, j'ai..., (*immatricule de l'huissier*), soussigné, signifié et en tête [de celle] des présentes donné copie à M...... (*noms, profession*), demeurant à......, et se trouvant en ce moment à......., où étant et parlant à..... : 1° de la procuration précitée ; 2° d'une ordonnance rendue aujourd'hui par M. le Président du tribunal de commerce de......, enregistrée ;

Et à même requête que ci-dessus, j'ai, huissier susdit et soussigné, en vertu de ladite ordonnance, donné assignation au susnommé à comparaître aujourd'hui, heure de...., à l'audience et par-devant MM. les président et juges composant le tribunal de commerce de...., siégeant à......, pour :

Attendu....... (*objet de la demande et exposé sommaire des moyens*) ; Par ces motifs ;

S'entendre condamner à......, et aux dépens ; sous toutes réserves, et notamment de se pourvoir devant le tribunal civil de .... pour y faire valider la saisie-conservatoire pratiquée à la requête du requérant, aujourd'hui, par procès-verbal de......, huissier, enregistré, au préjudice du susnommé, et de faire convertir ladite saisie en saisie-exécution, pour arriver à la vente des objets saisis ;

Et j'ai, audit domicile, parlant comme ci-dessus, laissé copie du présent sous enveloppe, etc. Coût......

---

365. Assignation *à bref délai sans ordonnance.*
Code *PR. CIV.*, art. 418.

L'an......, le......., heure de......., à la requête de M...., négociant, demeurant à......., qui élit domicile en sa demeure ;

J'ai...... (*immatricule de l'huissier*), soussigné, donné assignation, en vertu de l'art. 418 C. pr. civ., à M...., capitaine du navire (*nom du navire*), de....... (*sa nationalité*), à bord, où étant et parlant à......, à comparaître aujourd'hui[1], heure de......, à l'au-

---

1. La disposition de l'art. 418 ne peut pas recevoir son application, si le vaisseau n'est pas prêt à partir (Q. 1501).

Le tribunal qui ne reconnaît pas l'urgence peut, si la partie se présente, renvoyer à statuer à l'expiration des délais légaux, et si la partie ne comparaît pas, ordonner une nouvelle assignation. Dans ce dernier cas, les frais de la première assignation demeurent à la charge du demandeur, quelle que soit l'issue du procès (Q. 1502).

dience et par-devant MM. les président et juges composant le tribunal de commerce de......, séant à......., pour :

Attendu que le requérant a vendu à M......... des......... (*indiquer les agrès, victuailles, etc., fournis au capitaine*), le tout d'une valeur de......., prix convenu ;

Attendu que ledit navire étant sur le point de lever l'ancre, il importe au requérant d'obtenir le paiement des marchandises vendues, paiement qu'il n'a pu obtenir jusqu'à présent, malgré des demandes réitérées ;

Par ces motifs ; s'entendre condamner à payer au requérant la somme de......, montant des causes susénoncées ; voir ordonner l'exécution provisoire, nonobstant appel, et sans caution, du jugement à intervenir ; s'entendre enfin condamner aux dépens.

Sous toutes réserves ; à ce qu'il n'en ignore.

Et j'ai, audit sieur......, à bord[1] dudit navire, en parlant comme ci-dessus, laissé copie du présent exploit, sous enveloppe, etc.

Coût......

(*Signature de l'huissier.*)

---

366. Assignation *en reprise d'instance devant le tribunal de commerce.*

CODE PR. CIV., art. 426.

Cette assignation[2] se rédige dans la même forme que celle tendant aux mêmes fins, donnée devant le tribunal civil (Voir supra, formules nos 219 et 220). *Si la partie défunte avait un mandataire et un domicile élu, il faut les désigner d'une manière complète pour que ses ayant-cause puissent prendre des renseignements sur l'affaire. Le délai est au moins d'un jour franc. L'assignation ne doit point conte-*

---

1. L'assignation à bord est permise à l'égard de toute personne, aussi bien à l'égard d'un passager, que des gens de l'équipage (Glasson et Colmet-Daâge, t. 1, . 336) ; il n'est pas nécessaire qu'elle soit remise à la personne même (Q. 1504 ; Glasson et Colmet-Daâge, *loc. cit.*) ; ni que la personne soit sur le point de partir (Q. 1505) ; ni que le vaisseau soit en voyage.
Mais il faut que l'assignation ait pour objet une affaire de la nature de celles indiquées par l'art. 418 (Q. 1503).
2. Les veuves et héritiers des justiciables du tribunal de commerce peuvent y être assignés en reprise d'instance, ou par action nouvelle (Q. 1523 ; Garsonnet, 3, p. 75).
Il en est ainsi même des héritiers bénéficiaires. Cass., 16 nov. 1874 (S. 75.1.65).
Il y a lieu à reprise d'instance quand la partie décède, à moins que, les plaidoiries étant terminées, la cause ne soit en délibéré (Q. 1524 bis).
En cas de contestation des qualités des veuves et héritiers des justiciables du tribunal de commerce, assignés devant ce tribunal, il y a lieu de les renvoyer, pour faire statuer sur ces qualités, devant le tribunal civil ; il y a obligation pour le tribunal de commerce de prononcer ce renvoi même d'office (Q. 1526 ; Garsonnet, 3, p. 77) ; Cass., 1er avril 1889 (S. 89.1.455).

nir constitution d'avoué, mais peut contenir une simple élection de domicile dans le lieu où siège le tribunal.

367. Reprise d'instance *devant le tribunal de commerce.*
Code *PR. CIV.*, art. 426.

L'an......, le......., à la requête de M....... (*nom, prénom, profession*), demeurant à......, pour lequel domicile est élu à..... (*indiquer le domicile et le nom de la personne chez laquelle est faite l'élection de domicile*), agissant le requérant au nom et comme seul et unique héritier de M......, son père, j'ai...... (*immatricule de l'huissier*), soussigné, signifié et déclaré à M....., négociant, demeurant à......, audit domicile, où étant et parlant à....

Que, pour satisfaire à l'assignation en reprise d'instance à lui donnée à la requête de M....., par exploit de......, en date du..... le requérant reprend par ces présentes l'instance introduite par M...... contre feu M....., son père, suivant exploit de....., en date du....., devant le tribunal de commerce de....., pour suivre et procéder sur cette instance d'après les derniers errements de la procédure. Sous toutes réserves. A ce qu'il n'en ignore.

Et j'ai, audit domicile, en parlant comme ci-dessus, laissé copie du présent, sous enveloppe etc... Coût.....

II. — Comparution des parties.

368. Pouvoir *donné pour comparaître.*
Code *PR. CIV.*, art. 421.

Dans le cas où la partie comparait par un mandataire, le mandat doit être déposé au greffe du tribunal au plus tard la veille du jou

---

1. Le pouvoir peut être donné dans toutes les formes ; il peut l'être par lettre missive ; il peut l'être aussi au bas de l'original ou de la copie de l'assignation (Q. 1515). — Voir *J. Av.*, t. 98, p. 247.

Le pouvoir doit être spécial, en ce sens qu'il ne peut être valablement donné pour toutes les affaires d'un commerçant : il doit être donné pour une ou pour certaines affaires (*Suppl. alphab.*, v° *Tribunal de commerce*, n° 181); Aix, 28 nov. 1870 (*J. Av.*, t. 96, p. 247).

Il doit être enregistré, et les frais de son enregistrement sont, comme tous autres frais légaux, à la charge de la partie qui succombe. Cass., 5 nov. 1835 (S. 36. 1. 103).

Il n'est pas nécessaire qu'il soit légalisé (Q. 1515).

Mais le tribunal de commerce peut exiger la légalisation. Cass., 1er mai 188 (*J. Av.*, t. 108, p. 242.)

Il est présenté au greffier avant l'appel de la cause, et par lui visé sans frais. — Voir *Suppl. alphab.*, v° *Tribunal de commerce*, n. 177 et s.).

Les personnes connues sous le nom d'*agréés* ne sont pas exceptées de l'oblig

où *l'affaire est appelée. Le plus souvent, cette procuration est écrite au bas de l'original de l'assignation dans les termes suivants :*

Je, soussigné......(*nom du mandant*), demeurant à....., donne par les présentes pouvoir à M..... [1], demeurant à......, de, pour moi et en mon nom, comparaître devant le tribunal de commerce de......., sur la présente assignation, prendre toutes conclusions, obtenir tous jugements, et, généralement, faire tout ce qui sera nécessaire, promettant aveu et ratification.

Fait à......, le......
Bon pour pouvoir (*de la main du mandant*).

(*Signature*).

III. — Exceptions.

369. Jugement *par lequel le tribunal de commerce se déclare incompétent* [2].

Code PR. CIV., art. 424.

(Voir la *formule* n° 25 *supra.*)

70. Jugement *qui rejette le déclinatoire et statue sur le fond.*

Code PR. CIV., art. 425.

Le tribunal........;
Sur le déclinatoire proposé par M.......:
Attendu que..... (*motifs*);
Par ces motifs ;
Rejette l'exception d'incompétence ;

---

ion d'être munies d'un pouvoir spécial émané des parties qu'elles représentent Q. 1516 ; *Suppl. alphab., verb. cit.*, n. 183 et s.).

Il en est de même des avoués, et ce même devant les tribunaux civils jugeant ommercialement. Metz, 26 avr. 1890 (*J. Av.*, t. 95, p. 323).

Les tribunaux de commerce excèdent leurs pouvoirs, en prenant des délibérations ayant pour objet de fonder un corps d'agréés et de le réglementer (*J. Av.*, . 75, p. 418). — Voir aussi t. 98, p. 401.

1. On peut se faire représenter, dans les tribunaux de commerce, par les personnes désignées dans l'art. 86, à l'exception des huissiers, dont l'incapacité est ormelle (L. du 3 mars 1840, art. 4). — Voir *Suppl. alphab.*, v° *Tribunal de commerce*, n°s 171 et suiv.

2. La partie qui, après avoir opposé une exception susceptible d'être couverte, laide *subsidiairement* au fond, ne se rend pas non recevable à appeler de la décision qui l'a rejetée (Q. 1519).

En formant devant un tribunal de commerce une demande en inscription de ux, ou en proposant toute autre exception qui ne peut être jugée que par un triunal civil, le défendeur perd le droit de proposer l'incompétence *ratione personœ* ur le fond du procès (Q. 1519 *bis*).

Statuant au fond [1] :
Attendu que....... (*motifs*) ;
Par ces motifs ; — Condamne M....... à payer à M....... la somme de....... ; le condamne en outre aux dépens.

---

371. Jugement *de renvoi quand une pièce est méconnue, déniée ou arguée de faux.*

CODE PR. CIV., art. 427.

Le tribunal........ ;
Attendu que M....... réclame contre M...... le paiement d'une somme de......., pour le montant d'un billet (*ou tout autre titre*), souscrit par ledit sieur......., au profit du demandeur ;
Attendu que M..... (*défendeur*), prétend n'avoir jamais souscrit de billet au profit du demandeur...., et dénie formellement les écriture et signature qui lui sont attribuées ;
Attendu que le tribunal ne peut statuer sur la demande tant qu'il n'aura pas été prononcé sur l'incident de vérification d'écriture par le tribunal compétent ;
Par ces motifs ; — Surseoit à statuer au principal jusqu'à ce qu'il ait été prononcé sur l'incident en vérification d'écriture (*ou inscription de faux*), par les juges qui doivent en connaître [2] ; dépens réservés.

---

1. Le jugement qui rejette le déclinatoire peut aussi statuer sur le fond, mais il doit le faire par deux dispositions distinctes (art. 425 C. pr. civ.).
D'ailleurs, alors même que cela l'amènerait à examiner le fond, le juge, saisi d'une question de compétence, a le droit d'examiner les faits auxquels sa compétence est subordonnée, pourvu qu'il statue par deux dispositions distinctes sur la compétence et sur le fond. Cass., 19 fév. 1862 (S. 62.1.417).
Si le défendeur n'a conclu que sur la compétence, le jugement par lequel le tribunal de commerce rejette le déclinatoire et statue au fond est contradictoire sur la question de compétence et par défaut sur le fond. Cass., 19 mars 1880 (S. 80.2.209).
L'appel relevé contre un jugement qui rejette le déclinatoire empêche-t-il de passer outre au jugement du fond ? Question controversée. Voir *Suppl. alphab.*, *verb. cit.*, n°ˢ 236 et suiv.).
2. C'est l'incident seul qui devient de la compétence du tribunal civil (*Q.* 1526 *bis*).
Il suffit qu'une partie dénie l'écriture d'une pièce, ou l'argue de faux, pour que le tribunal de commerce soit tenu, d'une manière absolue, de surseoir et de renvoyer devant le tribunal civil (*Q.* 1528 ; *Suppl. alphab.*, n. 260 et s.).
Le sursis ne peut être refusé pour ce motif que la dénégation n'apparaît pas comme sérieuse, et constitue un simple moyen dilatoire. Pau, 5 avr. 1884 (S. 84. 2.166).
Le tribunal de commerce ne peut refuser le sursis, que s'il déclare vider le litige sans avoir égard à la pièce, dont l'écriture est déniée. (*J. Av.*, t. 73, p. 164, art. 394, § 56).
Le sursis est obligatoire pour les tribunaux civils lorsqu'ils ont été saisis comme juges de commerce (*Q.* 1529).

IV. — Voies d'instruction.

§ 1er. Comparution personnelle.

372. Jugement *qui ordonne une comparution personnelle.*

CODE *PR. CIV.*, art 428.

Le tribunal........;
Attendu que les parties rendront par elles-mêmes un compte plus exact des faits de la cause que leurs fondés de pouvoir;
Par ces motifs; — Ordonne que les parties comparaîtront en personne à l'audience du........, pour s'expliquer contradictoirement sur le débat dont le tribunal est saisi; — Dépens réservés.

---

373. Jugement *qui, dans le cas d'empêchement légitime, commet l'un des juges pour entendre la partie empêchée.*

(*Voir la formule précédente.*)

Le tribunal........, etc. (*motifs du précédent jugement*);
Mais attendu que MM..... étant empêchés de comparaître devant le tribunal parce que....... (*causes d'empêchement légitime*), il y a lieu d'appliquer la disposition de l'art. 428 C. pr. civ.;
Par ces motifs; — Commet M......., juge en ce tribunal (*ou le juge de paix du domicile de la partie*), pour entendre lesdits sieurs....., et dresser procès-verbal de leurs déclarations, etc....
Remarque. — Dans ce cas, il y a lieu à la rédaction d'un procès-verbal, dont la formule est analogue à celle indiquée *supra formule* n° 79.

---

§ 2. Enquête.

374. Jugement *qui ordonne une enquête.*

L'art. 432 C. pr. civ. veut qu'il soit procédé aux enquêtes devant les tribunaux de commerce comme en matière sommaire[1]. — Voir

---

[1]. Lorsqu'un tribunal de commerce ordonne une enquête, le défendeur étant tenu, en vertu de l'art. 422 C. pr. civ., d'élire domicile dans le lieu où siège le tribunal, on ne peut avoir égard à l'éloignement du domicile réel, et augmenter les délais à raison des distances (*J. Av.*, t. 73, p. 296, art. 460).
La signature des témoins au bas de leurs dépositions, prescrite par l'art. 432, n'est pas exigée à peine de nullité (*Suppl. alphab.*, *verb. cit.*, n° 357); Colmar, 19 juin 1860 (*J. Av.*, t. 87, p 73). La question toutefois étant controversée (Voir en sens contraire Douai, 27 juill. 1854, *J. Av.*, t. 80, p. 560), les greffiers ont raison d'exiger la signature des témoins, pour se mettre à l'abri de toute responsabilité.

supra, p. 275 et suiv. et les *formules* n°⁸ 329 et suiv.

§ 3. Renvoi devant arbitre rapporteur et expertise [1].

375. Jugement *de renvoi devant arbitre rapporteur.*

Code PR. CIV., art. 429.

Le tribunal......, etc. Attendu que...... a formé contre... une demande en....; Attendu que cette demande est basée sur...; Mais attendu que les faits de la cause ne sont pas suffisamment éclaircis ; Par ces motifs ; avant faire droit, ordonne que les parties se retireront devant M...... (*nom, profession*), demeurant rue...., n°......, qu'il nomme d'office (*ou convenu entre parties*) arbitre rapporteur [2], lequel entendra les parties, les conciliera, si faire se peut, sinon fera son rapport, et donnera son avis sur la contestation, pour être ensuite par le tribunal statué ce qu'il appartiendra, dépens réservés.

Remarque. — Ce jugement est signifié dans la forme ordinaire. Voir *infra, formule* n° 382. — Le même exploit peut contenir la sommation de comparaître devant l'arbitre, sommation qui peut aussi être faite plus tard, ainsi qu'il suit :

---

1. Les formalités à suivre, pour les expertises dont il s'agit dans l'art. 429, sont celles tracées aux art. 302 et suiv., moins toutefois celles des art. 304, 305 et 306 (*Q.* 1535 ; *Suppl. alphab.*, n. 318 et s.).

Le jugement qui nomme les experts est signifié à ces derniers. — Les experts prêtent serment. — Il est dressé procès-verbal de cette prestation de serment ; puis vient la sommation de comparaître devant eux. — Les experts dressent leur procès-verbal et le déposent au greffe. — Les frais du rapport se réduisent au timbre et à l'enregistrement, les experts sont taxés comme devant les tribunaux civils. Voir *supra, formules* n°⁸ 118 et suiv.

La deuxième disposition de l'art. 429 n'est pas limitative. Ainsi, une expertise peut être ordonnée toutes les fois que le tribunal a besoin de recourir aux lumières de gens spécialement connaisseurs en ce qui touche l'objet du différend (*Q.* 1534).

2. La faculté d'ordonner un renvoi devant arbitres rapporteurs, dans le cas prévu par l'art. 429, est particulière aux tribunaux de commerce et aux tribunaux civils jugeant les affaires commerciales (*Q.* 1533 ; *Suppl. alphab., verb. cit.*, n°⁸ 272 et 273).

Un arbitre rapporteur ne peut recevoir mission de procéder à une enquête : la pratique contraire suivie dans certains tribunaux, et notamment au tribunal de commerce de la Seine, est absolument illégale (Paris, 5ᵉ ch., 20 mars 1902, *Affaire Happec c. Hellio*).

Les arbitres rapporteurs ne sont pas astreints à la prestation d'un serment comme les experts (*Q.* 1536).

Le délai de la récusation des arbitres rapporteurs et des experts est fatal (*Q.* 1538).

On peut se dispenser de faire expédier et de signifier le rapport. Mais il est rigoureusement nécessaire que le défendeur ait été mis en position de prendre connaissance du rapport, et d'en discuter les conclusions devant le tribunal. — A Paris, lorsque le rapport est déposé, la partie la plus diligente assigne en ouverture. — A l'audience, le rapport est ouvert, le tribunal renvoie à jour prochain, et, dans l'intervalle, les parties peuvent prendre communication (*Q.* 1539).

376. Sommation *de comparaître devant un arbitre rapporteur.*

Code *PR. CIV.*, art. 429.

L'an......, le......., à la requête de M....... (*nom, prénom, profession, domicile réel et d'élection*),
J'ai...... (*immatricule de l'huissier*), soussigné, donné assignation à M......, négociant, demeurant à......, en son domicile où étant et parlant à.....,
A comparaître, le......, heure de......, au domicile de M.... (*nom et profession de l'arbitre*), demeurant à....., rue....., n°..., arbitre nommé par le jugement ci-après énoncé, pour procéder devant lui sur la contestation qui divise les parties, conformément aux dispositions du jugement du tribunal de commerce de......., en date du......., enregistré et signifié; en conséquence, fournir et remettre à l'arbitre tous les registres, documents et papiers nécessaires pour donner son avis ; déclarant au susnommé qu'il sera procédé tant en son absence qu'en sa présence; à ce qu'il n'en ignore.
Et je lui ai, audit domicile, étant et parlant comme ci-dessus, laissé copie du présent, sous enveloppe, etc. Coût.......
(*Signature de l'huissier.*)

Remarque. — Lorsque l'arbitre rapporteur n'a pas réussi à concilier les parties, après avoir réuni les éléments de son rapport, il le rédige en ces termes :

A MM. les Président et juges du tribunal de commerce de.....,

Messieurs,

Par jugement de votre tribunal en date du......, vous m'avez renvoyé l'examen de la contestation existant entre M....... et M......
Faits et procédure :
(Exposer les faits, les dires et les prétentions des parties, énoncer le résultat sommaire des mesures d'instruction et de vérification qui ont eu lieu, poser les questions qui naissent du procès......, etc., comme dans la *formule, supra*, n° 309).
Discussion : L'arbitre discute les diverses allégations et les moyens des parties).
Avis. — *En conséquence, j'ai l'honneur de proposer au tribunal*...... (indiquer la solution que l'arbitre propose de donner au litige).
Fait et rédigé à......, *le*......   (*Signature.*)[1]

---

[1]. Il n'est pas absolument nécessaire que l'avis des arbitres rapporteurs, lorsqu'il en a été nommé trois au lieu d'un seul, soit signé par chacun d'eux (Q. 1539 bis).

V. — Jugements.

§ Ier. Jugement contradictoire.

377. Jugement *contradictoire*.

Code *PR. CIV.*, art. 433.

Les jugements des tribunaux de commerce se rédigent suivant les règles générales suivies devant les tribunaux civils (Voir *supra,* formule n° 281) ; *seulement, comme dans les jugements rendus en justice de paix* (Voir *supra, formule* n° 342), *il n'est fait aucune mention relative aux avoués. — Les qualités sont rédigées par le greffier*[1]. *Il ne peut être question de la présence et de l'audition du ministère public devant les tribunaux civils jugeant commercialement. Mais en ce cas, d'après la jurisprudence de la Cour de cassation, la constatation de la présence et de l'audition du ministère public est obligatoire* (*Suppl. alphab., verb. cit.,* n° 379).

---

§ 2. Jugement par défaut; opposition.

Code *PR. CIV.*, art. 434.

1°

378. Jugement *de défaut profit-joint*[2].

(Voir *supra, formules* n°s 291 et 344.)

2°

379. Jugement *par défaut faute de comparaître.*

(Voir *supra, formules* n°s 291 et 343.)

3°

380. Jugement *par défaut faute de conclure*[3].

(Voir *supra, formule* n° 286.)

---

1. Les qualités des jugements des tribunaux de commerce ne font point foi contre les parties en cause. Lyon, 23 mai 1900 (*J. Av.,* t. 127, p. 116).
2. Devant les tribunaux de commerce, la procédure de défaut profit-joint n'est pas obligatoire ; mais elle est facultative (*Suppl. alphab., verb. cit.,* n°s 383 et suiv.); Paris, 3 juin 1896 (*J. Av.,* t. 122, p. 297).
3. La distinction entre les jugements par défaut faute de comparaître et les juge-

4°
381. Jugement de défaut-congé.

(Voir *supra*, formules nᵒˢ 290 et 345.)

382. Signification d'un jugement du tribunal de commerce rendu par défaut.

CODE PR. CIV., art. 435.

La signification d'un jugement par défaut du tribunal de commerce à la personne ou au domicile du défaillant se fait dans la même forme que celle des jugements de justice de paix ou des tribunaux de première instance (Voir *supra*, formules nᵒˢ 313 et 351).

Elle doit, à peine de nullité, être faite par l'huissier commis par le tribunal, ou par le président sur requête, quand l'huissier commis par le jugement ne peut instrumenter (Voir *supra*, formule n° 293).

Elle doit également, à peine de nullité, contenir élection de domicile dans la commune où elle est faite, si le demandeur n'y est pas domicilié ; c'est une formalité qui lui est particulière.

---

383. Opposition à un jugement par défaut du tribunal de commerce.

CODE PR. CIV., art. 436.

L'an........, le...... [1], à la requête de M........, négociant, demeurant à......, pour lequel domicile est élu à......, au domicile de M......, agréé près le tribunal de commerce de.......

J'ai,..... (*immatricule de l'huissier*), soussigné, signifié et déclaré à M......, négociant, demeurant à....., au domicile par lui élu [2] dans la signification du jugement dont sera ci-après parlé, au domi-

---

ments par défaut faute de conclure existe devant les tribunaux de commerce, comme devant les tribunaux civils. C'est l'opinion qui, après controverse, a définitivement prévalu en doctrine et en jurisprudence (Q. 1542 ; *Suppl. alphab.*, *verb. cit.*, nᵒˢ 390 et suiv.) ; Cass., 27 avr. 1895 (D. P. 95.1.400).

1. Les art. 436 et 438 n'ont pas été abrogés par l'art. 643 C. com. ; leur application a seulement été restreinte.
   Les art. 156, 158 et 159 ne régissent que les jugements par défaut faute de comparaître ; l'opposition aux jugements par défaut faute de plaider demeure régie par les art. 436, 437 et 438 C. pr. civ. (Q. 1546). Voir également Douai, 18 mai et 21 déc. 1905 (*J. Av.*, t. 131, p. 156).
   Tout jugement de défaut-congé, rendu par un tribunal de commerce, étant un jugement par défaut faute de conclure, ne peut être frappé d'opposition que dans la huitaine de sa signification. Bordeaux, 15 mars 1871 (*J. Av.*, t. 96, p. 382).

2. L'opposition peut être signifiée soit au domicile réel, soit au domicile élu, mais la première n'arrête pas l'exécution, si on ne la déclare pas sur les procès-verbaux (Q. 1545 *bis*).

cile de M......., agréé près le tribunal de commerce de....., sis à......., rue......., n°......., audit domicile élu, où étant et parlant à.......

Que le requérant est opposant, comme de fait il s'oppose[1] formellement par les présentes, à l'exécution du jugement rendu par défaut contre lui au profit de M......, en l'audience du tribunal de commerce de......., le......

Et, à mêmes requête et élection de domicile que dessus, j'ai, huissier susdit et soussigné, donné assignation au susnommé, audit domicile, où étant et parlant comme dessus, à comparaître le...., heure de....., à l'audience du tribunal de commerce de....., séant à..., pour :

Attendu que....... (*exposer ici les moyens à l'appui de l'opposition*);

Par ces motifs ;

En la forme, voir recevoir le requérant opposant au jugement par défaut du......; au fond, voir mettre à néant ledit jugement; voir en conséquence décharger le requérant des condamnations prononcées contre lui, tant en principal qu'accessoires; se voir déclarer M...... purement et simplement non recevable, en tous cas mal fondé en sa demande, s'en voir débouter, et s'entendre condamner aux dépens ;

Sous toutes réserves. A ce qu'il n'en ignore.

Et je lui ai, audit domicile, en parlant comme ci-dessus, laissé copie du présent, sous enveloppe etc. Coût....

(*Signature de l'huissier.*)

VI. — Exécution provisoire et réception de caution.

384. Jugement *qui ordonne l'exécution provisoire.*
CODE PR. CIV., art. 439.

Le tribunal..... [2] ;

---

[1]. L'opposition déclarée sur le procès-verbal de l'huissier doit être réitérée dans les trois jours ; l'effet du défaut de réitération est de faire reprendre l'exécution interrompue par l'opposition ; mais ce défaut de réitération n'empêche pas le défaillant de former une nouvelle opposition, s'il se trouve encore dans les délais (Q. 1546 *bis; Suppl. alphab., verb. cit.*, n. 438 et s.).

S'il a été fait, après l'opposition sur le procès-verbal, un acte d'exécution, la partie condamnée bien qu'elle soit encore dans la huitaine, ne peut pas cependant former une autre opposition par exploit (Q. 1546 *ter*).

Des poursuites exercées au mépris d'une opposition notifiée, mais irrégulière, sont valables (Q. 1545).

Lorsque l'opposition a été formée sur le procès-verbal et qu'il y a lieu de la réitérer dans les trois jours, elle se fait dans la même forme que *supra*, formule n° 382. Sauf qu'on met le mot « réitérer » au lieu de « former ». (Q. 1546 *quinquies*).

[2]. Les jugements des tribunaux de commerce sont de plein droit exécutoires par provision à la charge de donner caution (Q. 1547).

Ainsi l'appel ne peut arrêter les poursuites commencées après que caution a été

Attendu......,
Par ces motifs ;
Condamne M....... à payer à M....... la somme de......., le condamne en outre aux dépens; ordonne l'exécution provisoire du présent jugement, nonobstant appel (*avec ou sans caution, suivant les cas*).

---

385. Acte *de présentation de caution en vertu d'un jugement du tribunal de commerce.*

CODE *PR. CIV.*, art. 440.

L'an......, le....., à la requête de M....., demeurant à....., rue... n°..., j'ai..... (*immatricule de l'huissier*), soussigné, signifié et déclaré à M....., négociant, demeurant à......., au domicile par lui élu chez M......., agréé près le tribunal de commerce de....., demeurant à...., rue... n°..., audit domicile, où étant et parlant à.......

Que, pour satisfaire au jugement contradictoirement rendu par le tribunal de commerce de......., le......, enregistré et signifié, le requérant offre pour caution la personne de M......, demeurant à......, et que, pour justifier de la solvabilité de ladite caution, il a déposé hier au greffe dudit tribunal, ainsi qu'il résulte de l'acte qui en a été délivré, et dont il est, en tête [de celle] des présentes, donné copie, les titres et pièces qui la constatent;

Soit en conséquence sommé M...... de comparaître et se trouver le......., heure de......., au greffe du tribunal de commerce, séant à........, pour, si bon lui semble, prendre communication sans déplacement des pièces déposées au greffe; lui déclarant que, faute par lui de comparaître les jour, lieu et heure susdits, ou, en cas de non contestation de la caution présentée, M........ fera sa soumission au greffe; et, en cas de contestation, comparaître le même jour......, heure de....., à l'audience du tribunal de commerce, pour, attendu que le requérant....... offre pour caution la personne de M......., et que, des titres déposés au greffe constatant sa solvabilité, il résulte que ladite cau-

---

donnée. (*Suppl. alphab.*, v° *Tribunal de commerce*, n. 451 et s.).

Ces jugements sont même exécutoires par provision sans caution, bien qu'ils n'expriment pas cette dispense, s'ils ne prononcent pas de condamnation pécuniaire. Voir aussi *Q.* 1548 et *Suppl. alphab., verb. cit.*, n. 161.

Les jugements par défaut des tribunaux de commerce peuvent-ils prononcer leur exécution provisoire nonobstant opposition?

La question est controversée. Pour la *négative* : *Q.* 1549 bis et *Suppl. alphab.*, v° *Tribunal de* commerce, n° 475 — Pour l'*affirmative* : Dalloz, *Rép.*, v° *Jugement*, n° 668.

tion possède....... (*énoncer le chiffre de l'actif libre de la caution*);
Par ces motifs;

Voir recevoir pour caution la personne de M.....; voir ordonner en conséquence que ledit sieur....... sera autorisé à faire au greffe du tribunal sa soumission, jusqu'à concurrence des sommes énoncées au jugement; etc...

Et j'ai, au susnommé, audit domicile, où étant et parlant comme ci-dessus, laissé copie tant de l'acte de dépôt que du présent sous enveloppe, etc. Coût......

(*Signature de l'huissier.*)

---

386. Acte *de soumission de la caution au greffe.*

Code PR. CIV., art. 441.

(Voir *infra*, 3e partie, tit. 1er, § 3, *les formules relatives à la réception de caution.*)

DEUXIÈME PARTIE

VOIES POUR ATTAQUER LES JUGEMENTS

Sommaire

TITRE PREMIER : Appel. — Tit. II : Voies extraordinaires. — 1° Tierce-opposition ; — 2° Requête civile ; — 3° Prise à partie

TITRE PREMIER

VOIES ORDINAIRES

BIBLIOGRAPHIE. — Carré et Chauveau, *Lois de la procédure civile et commerciale* ; Dutruc, *Supplément alphabétique aux lois de la procédure civile et commerciale* de Carré et Chauveau ; Deffaux et Harel, *Encyclopédie des huissiers* ; Dutruc, *Supplément à l'Encyclopédie des huissiers* ; Glasson et Colmet-Daâge, *Précis théorique et pratique de procédure civile* ; Garsonnet, *Précis de procédure civile usuelle et pratique* ; Crépon, *Traité de l'appel* ; Dalloz, *Répertoire général de jurisprudence, et Supplément au Répertoire* ; Dalloz, *Recueil périodique et critique de jurisprudence, de législation et de doctrine* ; Sirey, *Recueil général des lois et arrêts* ; *Journal du Palais* ; *Journal des avoués* ; *Journal des huissiers*.

De l'appel.

I. — L'appel est, comme l'opposition, une voie ordinaire pour attaquer les jugements.

Mais, tandis que l'opposition n'est ouverte que contre les jugements par défaut, l'appel est ouvert contre les jugements par défaut et contre les jugements contradictoires.

II. — L'appel n'est possible que des jugements rendus en premier ressort ; les jugements rendus en dernier ressort sont à l'abri de cette voie de recours.

Sur la question de savoir quels jugements sont rendus en premier ou en dernier ressort, et par suite sont, ou non, susceptibles d'appel : Voir *Codes annotés de Sirey, Code de procédure civile*, 4ᵉ édition, notes sous l'art. 453 ; *Glasson et Colmet-Daâge*, t. 2, § 113, p. 21 ; *Garsonnet*, t. 5, n°ˢ 893 et suiv. ; *Crépon*.

Les jugements qui statuent sur la compétence sont toujours susceptibles d'appel (art. 454 C. pr. civ.).

La fausse qualification de jugement *en dernier ressort*, donnée par le juge de première instance à son jugement, dans une matière où il ne pouvait statuer qu'en premier ressort, ne fait point obstacle à la recevabilité de l'appel (art. 453 C. pr. civ.).

III. — Les appels des jugements des tribunaux civils d'arrondissement et des tribunaux de commerce sont portés devant les Cours d'appel (LL. 11 avril 1838 et 3 mars 1840); — ceux des jugements des justices de paix devant les tribunaux civils de l'arrondissement (L. 25 mai 1838); — ceux des jugements des conseils de prud'hommes devant le tribunal de commerce du ressort (L. 1er juin 1853, art. 13).

IV. — Lorsque les deux parties interjettent, l'une et l'autre, appel du jugement, le premier en date des deux appels est dit appel *principal*; le second, appel *incident*, quelle que soit d'ailleurs l'importance respective des chefs attaqués par chacun d'eux, et quand même les griefs du premier seraient moins considérables que ceux du second (Garsonnet, t. 5, p. 286).

V. — L'appel n'est recevable qu'à la condition d'avoir été interjeté suivant les formes et dans les délais légaux.

Appel principal ne peut être interjeté d'aucun jugement dans la huitaine de sa prononciation, à moins qu'il ne s'agisse d'un jugement exécutoire par provision (art. 449 C. pr. civ.). — Ce délai d'abstention obligatoire est un délai franc (*Encyclopédie des huissiers*, v° *Appel*, n° 193; Crépon, t. 2, n° 1019).

Mais appel peut être interjeté d'un jugement, avant que ledit jugement ait été signifié. Cass., 18 oct. 1899 (*J. Av.*, t. 124, p. 482).

L'appel d'un jugement *préparatoire* ne peut être interjeté qu'après le jugement définitif et conjointement avec l'appel de ce jugement (art. 451 C. pr. civ.). — Sur la distinction des jugements préparatoires, interlocutoires ou définitifs : Voir *Codes annotés* de Sirey, *Code de procédure civile*, 4e édition, art. 452 et les notes.

Quant aux jugements par défaut, appel n'en peut être interjeté que quand ils ne sont plus susceptibles d'opposition (art. 443 C. pr. civ.); — sauf cependant lorsqu'il s'agit de jugements par défaut émanant de la juridiction commerciale (art. 645 C. com.).

Le délai pour interjeter appel s'ouvre ainsi, et commence à courir : pour les jugements contradictoires, à partir de leur signification à la partie condamnée, à personne ou à domicile (Voir formules n°s 391 et 392); et pour les jugements par défaut, à partir du moment où le défaillant ne peut plus y former opposition (art. 443 C. pr. civ.).

A partir du moment où il a commencé à courir, le délai pour interjeter appel est, en principe, de deux mois (art. 443 C. pr. civ.).

Exceptionnellement, ce délai est abrégé dans certaines matières spéciales, en matière d'*ordre*, de *distribution par contribution*, de *saisie immobilière*, d'*actions en responsabilité pour accidents du travail*, etc., etc.

Le délai de deux mois, pour interjeter appel, est un délai franc. Cass., 1ᵉʳ mars 1876 (*J. Av.*, t. 101, p. 197); Grenoble, 21 nov. 1899 (*J. Av.*, t. 126, p. 249).

Il doit se supputer *par quantième*, et non pas par période de trente jours (Q. 1555; *Suppl. alphab.*, v° *Appel des jugements des trib. civ.*, n° 113).

Il est susceptible de prorogation, *exceptionnellement* dans le cas de l'art. 445 C. pr. civ.

VI. — Quant aux formes dans lesquelles l'appel doit être interjeté, et être instruit devant le tribunal d'appel : voir *infra* formules nᵒˢ 393 et suiv.

VII. — En ce qui concerne spécialement les appels des jugements de *justice de paix* : Voir *supra*, formule n° 353.

---

387. Signification *du jugement à la partie condamnée, pour faire courir les délais de l'appel* [1].

Code PR. CIV., art. 443, 444 et suiv.

(Voir *supra, formule, n°* 318).

Remarque. — Il est prudent, alors du moins que le jugement signifié ne donne pas à la partie, à la requête de laquelle a lieu la signification, complètement gain de cause, de formuler, à la fin de la signification, des réserves expresses d'appel. Ces réserves se

---

1. I. — La signification du jugement à la partie condamnée, soit à personne, soit à domicile, est le point de départ ordinaire du délai imparti à celle-ci pour interjeter appel de ce jugement, alors du moins qu'il s'agit d'un jugement contradictoire (art. 443 § 1 C. pr. civ.).

Ce n'est que dans certaines matières spéciales, en matière d'ordre par exemple (art. 762 C. pr. civ.), en matière d'incidents de saisie immobilière (art. 731 C. pr. civ.), que la loi assigne exceptionnellement comme point de départ au délai de l'appel la signification du jugement à avoué.

Pour les jugements par défaut, le point de départ du délai de l'appel est retardé, après la signification, jusqu'au jour où l'opposition n'est plus recevable (art. 443 § 2 C. pr. civ.).

Il n'en est point ainsi cependant pour les jugements rendus par défaut par les tribunaux de commerce, et la voie de l'appel est, simultanément avec celle de l'opposition, ouverte contre ces jugements du jour même où ils ont été rendus (art. 645 C. com.) Q. 1637; Cass., 21 mai 1879 (S. 81. 1. 347).

II. — La signification d'un jugement, pour faire courir le délai de l'appel, doit contenir copie intégrale de la grosse de ce jugement, comprenant les qualités, les motifs, le dispositif et la formule exécutoire; la signification d'un simple extrait

traduisent ordinairement par la formule finale « *Sous toutes réserves, même d'appel* ». C'est à la condition, en effet, que ces réserves aient été faites dans la signification, que la voie de l'appel reste ouverte au requérant. Il est de jurisprudence que la signification faite sans

---

du jugement, ou même d'une expédition complète, mais non en forme de grosse, c'est-à-dire non accompagnée de la formule exécutoire, est insuffisante (Q. 1557).

Mais la signification qu'une partie fait du jugement, sur la copie qui lui en a été à elle-même signifiée par une autre partie (on dit, en ce cas, qu'il y a *contre-signification*), suffit pour faire courir à son profit le délai de l'appel (Q. 1557); Montpellier, 8 janv. 1870 (*J. Av.*, t. 95, p. 259).

III. — Il n'est point nécessaire, pour que la signification du jugement faite à une partie fasse courir contre celle-ci le délai de l'appel, que ledit jugement ait été préalablement signifié à avoué; la signification à avoué, exigée par l'art. 147 C. pr. civ., n'est le préalable nécessaire que de la mise à exécution. Cass., 4 nov. 1868 (*J. Av.*, t. 94, p. 110).

Pour que la signification fasse courir le délai de l'appel, il faut qu'elle soit faite à la requête d'une personne capable, ayant la libre administration de ses biens (Q. 1560 *bis*);

... ou, si l'intéressé est un incapable, qu'elle soit faite à la requête de son représentant légal : à la requête du tuteur, si l'intéressé est un mineur en tutelle ou un interdit; — à la requête du père administrateur légal, si l'intéressé est un mineur sous l'administration légale de son père, pendant le mariage de ses père et mère.

La signification d'un jugement rendu au profit d'une femme mariée doit avoir lieu à la requête de celle-ci, assistée de son mari;

..... rendu au profit d'un prodigue pourvu d'un conseil judiciaire, à la requête de celui-ci, assisté de son conseil.

IV. — D'autre part, la signification d'un jugement doit encore, pour faire courir le délai de l'appel, être faite à une personne également capable, ayant la libre administration de ses biens (Q. 1560 *bis*).

... ou, si la partie condamnée est un incapable, à son représentant légal ;

... si notamment c'est une femme mariée, en même temps qu'à elle, à son mari pour l'autoriser ;

... si c'est un prodigue pourvu d'un conseil judiciaire, à la fois au conseil et au prodigue. Cass., 20 juin 1883 (D. P. 84.1.248).

V. — Si la partie condamnée est un mineur en tutelle ou un interdit, l'art. 444 C. pr. civ. exige formellement, pour que le délai de l'appel coure, la signification au tuteur et au subrogé-tuteur; le délai ne court que quand la double signification exigée a eu lieu, et à partir seulement de la dernière (Q. 1589 *ter*; *Suppl. alphab.*, v° *Appel*, n°s 245 et suiv.).

Si le mineur ou l'interdit n'a ni tuteur, ni subrogé-tuteur, ou n'a que l'un d'eux, ou si l'un ou l'autre est décédé, c'est à la partie qui a obtenu le jugement, et qui veut faire courir le délai de l'appel contre l'incapable, à provoquer la nomination à celui-ci du tuteur et du subrogé-tuteur, auxquels devra être faite la signification (Q. 1590); Montpellier, 16 janv. 1867 (D. P. 67.5.22).

Il n'y a aucune différence à faire, à ce point de vue, entre le cas de l'interdit légal, et celui de l'interdit judiciaire.

Lorsque la partie, qui a plaidé et obtenu condamnation contre un mineur ou un interdit, est son tuteur lui-même ou son subrogé-tuteur, il appartient à celui-ci de faire nommer au pupille un tuteur *ad hoc*, ou un subrogé-tuteur *ad hoc*, afin de pouvoir faire la double signification (Q. 1590 *ter*; *Suppl. alphab.*, v° *Appel*, n°s 253).

Si le mineur est sous l'administration légale de son père, pendant le mariage, la signification du jugement au père suffit (Q. 1590 *bis*; *Suppl. alphab.*, v° *Appel*, n° 259).

... à moins qu'il n'y ait opposition d'intérêts entre le père administrateur et son enfant mineur; auquel cas il y a lieu à nomination d'un administrateur *ad*

réserves d'appel vaut acquiescement (*Q.* 1564) ; Cass., 10 mars 1889 (S. 90.1.381).

Des réserves d'appel exprimées, soit dans la signification des qualités, soit dans la signification du jugement à avoué, n'empêchent pas la signification ultérieurement faite de ce même jugement à partie sans que ces réserves aient été reproduites, de valoir acquiescement (*Suppl. alphab.*, v° *Appel des jugements des trib. civ.*, n° 329) ; Nancy, 9 janv. 1847 (*J. Av.*, t. 72, p. 337).

Toutefois, la partie qui a signifié le jugement sans réserves a toujours le droit d'interjeter appel incident, s'il y a appel principal de son adversaire.

---

388. Signification *du jugement aux héritiers de la partie condamnée, pour faire courir le délai d'appel.*

Code PR. CIV., art. 447.

L'an......., le......., à la requête de M...... (*nom, prénoms,*

---

hoc pour recevoir la signification. Mais alors la signification à l'administrateur *ad hoc* suffit, sans qu'il y ait lieu de la faire également à un subrogé-tuteur. Cass., 14 janv. 1878 (D P. 78. 1. 227).

VI. — La signification doit, en principe, être faite à la partie en personne, ou à son domicile réel.

La signification faite au domicile élu pour l'exécution du contrat est inefficace Colmar, 27 août 1832 (*J. Av.*, t. 44, p. 303) ; Toulouse, 11 août 1836 (*J. Av.*, t. 53, p. 583) ; Crépon, t. 2, n° 2241 — *Contrà Q.* 1556 ; Glasson et Colmet-Daàge, t. 2. p. 11.

Exceptionnellement, en matière commerciale, la signification faite soit au domicile élu à la première audience pour se conformer à l'art. 422 C. com., soit, à défaut de cette élection de domicile, au greffe du tribunal de commerce qui a rendu le jugement, fait courir le délai de l'appel (*Suppl. alphab.*, v° *Appel des jugements des trib. civ.*, n° 125 ; Glasson et Colmet-Daàge, t. 2, p. 11).

VII. — En principe, la signification du jugement ne fait courir le délai d'appel que contre la partie à qui elle est faite, et non contre celle par qui elle est faite ; on ne se forclot pas soi-même (*Q.* 1553).

Ainsi apparaît, pour la partie qui reçoit signification d'un jugement qu'elle entend accepter parce que, s'il lui donne tort sur certains points, il lui donne raison sur certains autres, l'utilité d'une contre-signification.

Lorsqu'un jugement a été rendu au profit de plusieurs parties, la signification faite à la requête de l'une d'elles ne fait, en principe, courir le délai de l'appel qu'au profit de celle-ci seulement (*Q.* 1565).

Réciproquement, la signification d'un jugement rendu contre plusieurs parties à l'une d'elles seulement, ne fait courir le délai de l'appel que contre celle-ci et non contre les autres.

Il en est toutefois autrement en matière indivisible ; en pareille matière, la signification faite au plaideur qui a succombé, par l'une des parties gagnantes, fait courir le délai de l'appel au profit de toutes. Douai, 26 juin 1895 (D. P. 95. 2. 188) ; comme aussi la signification faite à un seul des perdants intéressés suffit à faire courir le délai de l'appel contre les autres. Paris, 3 nov. 1892 (D. P. 93. 2. 13).

La signification d'un jugement par une seule copie, à deux époux ayant des intérêts distincts, ne fait pas courir le délai de l'appel contre la femme (Crépon, t. 2, n°⁵ 2215 et suiv.).

profession), demeurant à......., rue......, n°........, pour lequel domicile est élu à......, rue....., n°....., en l'étude de M^e ....., avoué près le tribunal civil de........ :

J'ai..... (*immatricule de l'huiss* soussigné, signifié, et en tête [de celle] des présentes laissé aux héritiers et représen-- tants[1] de M....., décédé à.... son domicile, à..., rue...., n°......, en parlant à...... ;

De la grosse dûment en forme exécutoire d'un jugement contradictoirement rendu entre le requérant et feu M......., le......, par la...... chambre du tribunal civil de......., enregistré. Sous toutes réserves, même d'appel; à ce qu'ils n'en ignorent.

Et je leur ai, audit domicile, parlant comme ci-dessus, laissé copie tant du jugement sus-énoncé que du présent, sous enveloppe, etc. Coût...

(*Signature de l'huissier.*)

389. Acte d'appel [2].

Code *PR. CIV.*, art. 456.

L'an......, le...... [3], à la requête de M....... (*nom et prénoms*

---

1. Ces mots de l'art. 447 : « La signification pourra être faite aux héritiers collectivement et sans désignation des noms et qualités » signifient qu'elle pourra être faite, par exemple : *Aux héritiers de tel, demeurant, lors de son décès, à......., en son domicile* (Q. 1603; Crépon, t. 2, n° 2223);

Ainsi, on peut signifier à la veuve commune et aux héritiers collectivement, en ne laissant qu'une seule copie pour ceux-ci et pour la veuve, lorsque cette dernière est encore dans un état d'indivision avec eux (Q. 1606 ; Crépon, n° 2224).

Dans l'art. 447, le législateur a voulu se référer non seulement à l'art. 61, mais encore à l'art. 68. Si personne ne se trouve au domicile du défunt, l'huissier doit donc agir conformément à l'art. 68 (Q. 1602).

2. L'acte d'appel, en principe, est assujetti à toutes les formalités d'un exploit d'ajournement (Q. 1646 ; *Suppl. alphab.*, v° *Appel*, n° 347 *et suiv.*).

L'appel des ordonnances émanées des présidents et des juges-commissaires, lorsque cette voie de recours est admise (Voir à cet égard Q. 378), ne doit pas toujours être interjeté par exploit à personne ou domicile. Il faut, en effet, distinguer entre les ordonnances rendues sur requête présentée par l'une des parties, sans que l'autre ait été appelée pour contredire la demande, et celles qui interviennent à la suite d'un débat entre parties. Ces dernières doivent évidemment être attaquées par un acte d'appel soumis aux règles ordinaires (tel est, entre autres, le cas de référé), tandis que la voie de la requête doit être suivie pour les premières. *Sic :* Nancy, 2 mai 1867 (S. 68.2.118) ; Pau, 26 janv. 1881 (S. 81.2.140) ; Glasson et Colmet-Daâge, t. 2, p. 31. — Voir *infra*, formule n° 391.

L'acte d'appel, nul ou irrégulier, peut être rectifié par un second acte d'appel régulier, pourvu que les délais ne soient pas expirés (Q. 1646, *in fine*).

3. Est nul l'exploit d'appel dont la copie ne contient ni la date du jour, ni celle du mois où elle a été signifiée ; mais les équipollents sont admis en cette matière. Voir sur ce point Grenoble, 14 nov. 1904 (*J. Av.*, t. 130, p. 14) et Montpellier, 21 mars 1907 (*J. Huiss.*, t. 88, p. 194).

de l'appelant), demeurant à......¹, rue......, n°......, pour lequel domicile est élu à......, rue......, n°......, en l'étude de M⁰......, avoué près la Cour d'appel de....., lequel est constitué ² et occupera pour lui sur l'appel et l'assignation ci-après et ses suites.

J'ai......, (*immatricule de l'huissier*) ³ huissier, soussigné, signifié et déclaré à M....., demeurant à....., où étant et parlant à.... ⁴

---

1. L'acte d'appel qui ne mentionne pas le domicile réel de l'appelant est nul : Dijon, 19 nov. 1903 (*J. Av.*, t. 129, p. 24) : les principes applicables sont les mêmes que pour la désignation du demandeur dans l'ajournement. Voir *supra*, p. 8, notes.
2. La constitution d'un avoué démissionnaire entraîne nullité de l'acte d'appel : Rennes, 10 avril 1905 (*J. Av.*, t. 130, p. 135), à moins que cette démission ne soit toute récente : Amiens, 26 mars 1902 (*Ibid.*, t. 129, p. 172). — Comp. *supra*, p. 9, note 1.
3. L'omission ou l'indication inexacte dans un acte d'appel des noms et demeure de l'huissier entraîne la nullité de cet acte d'appel, à moins qu'il n'y soit suppléé par des énonciations ne pouvant laisser aucun doute sur l'identité de l'huissier : Grenoble, 2 mai 1905 (*J. Av.*, t. 130. p. 458) ; Bordeaux, 2 août 1904, et Rennes, 15 février 1906 (*J. Av.*, t. 131, p. 160).
4. L'acte d'appel doit être signifié à personne ou domicile, et contenir assignation à l'intéressé à comparaître devant la Cour d'appel dans les délais de la loi (Glasson et Colmet-Daâge, t. 2, p. 33).

Le changement d'état survenu dans la personne de l'intimé depuis le jugement oblige l'appelant à signifier son acte d'appel conformément à la nouvelle qualité de cette partie (*Suppl. alphab.*, v° *Appel des jugements des trib. civ.*, n° 380).

L'acte d'appel, signifié à une femme mariée, est nul s'il ne contient pas assignation au mari pour l'autorisation ; mais l'appelant peut réparer l'omission en notifiant l'appel au mari aux fins de l'autorisation, avant que le délai d'appel ne soit expiré. Il ne le pourrait pas après le délai (Q. 1646 *ter* ; *Suppl. alphab.*, *verb. cit.*, n. 377).

On ne peut notifier un appel au domicile élu, lorsqu'il n'a pas été *expressément* élu pour y recevoir la notification de cet appel (Q. 1652 ; *Suppl. alphab.*, *verb. cit.*, n° 383 et suiv.).

On ne peut le signifier au domicile élu dans l'exploit de notification du jugement lorsque celui-ci ne contient pas le commandement exprès de payer dont parle l'art. 584 : Grenoble, 2 mai 1905 (*J. Av.*, t. 130, p. 458).

Mais la signification peut avoir lieu à un domicile élu conventionnellement dans un contrat ou une convention synallagmatique quelconque pour l'exécution de cet acte, sans même que l'élection ait été expressément faite pour la signification de l'acte d'appel (*Suppl. alphab.*, *verb. cit.*, n° 384).

Si l'intimé n'a ni domicile, ni résidence connus en France, l'auditoire à la porte duquel doit être affiché l'acte d'appel est celui de la cour d'appel. S'il est domicilié hors du continent, ou en pays étranger, c'est au procureur général que cet acte doit être remis (Q. 1651 *bis* ; *Suppl. alphab.*, *verb. cit.*, n. 390 et suiv.) ; Paris, 13 mai 1898, 10 févr. 1899 et 17 févr. 1899 (*J. Av.*, t. 125, p. 278).

Mais si l'étranger a en France un domicile de fait ou une résidence, c'est là que doit être signifié l'acte d'appel à peine de nullité ; Amiens, 14 mai 1903 (*J. Av.*, t. 130, p. 318).

Lorsque le domicile réel est inconnu mais qu'il existe un domicile élu, c'est à ce domicile que l'acte d'appel doit être signifié et non au parquet, à peine de nullité : Cass., 9 mai 1905 (*J. Av.*, t. 130, p. 271) ; Trib. civ. de Poitiers, 25 mars 1907 (*J. Huiss.*, t. 88, p. 197).

L'acte d'appel ne peut pas être signifié aux héritiers collectivement, et sans désignation de leurs noms et qualités (Q. 1603).

N'est pas recevable l'appel notifié par une seule copie à deux époux ayant un intérêt distinct, alors même qu'il est formé après un commandement et au domicile de l'huissier chargé de poursuivre, et mandataire commun du mari et de la femme (*J. Av.*, t. 73, p. 178, art. 394, § 74) ; il en est de même de l'appel signifié

Que le requérant est appelant, comme de fait, et par ces présentes, il interjette formellement appel d'un jugement rendu contradictoirement (ou par défaut) entre lui et M...... (*nom de l'intimé*), par le tribunal de..... (*indication du tribunal qui a rendu le jugement attaqué*), le....... [1] (*date du jugement attaqué, jour, mois et année*), enregistré ; et ce, pour les torts et griefs que cause au requérant ledit jugement, lesquels seront déduits en temps et lieu devant la Cour ; à ce qu'il n'en ignore ;

Et, pour voir statuer sur ledit appel, j'ai, huissier susdit et soussigné, et à mêmes requête, demeure, élection de domicile et constitution d'avoué que dessus, donné assignation au susnommé à comparaître, par ministère d'avoué, à huitaine franche, délai de la loi, outre les délais à raison des distances s'il y a lieu, à l'audience et par-devant MM. les Premier Président, présidents et conseillers composant la Cour d'appel de...... [2], séant à......, heure de......, pour [3] :

Voir recevoir le requérant appelant du jugement susénoncé ; ce faisant, voir mettre ledit jugement à néant ; émendant, voir décharger l'appelant des condamnations contre lui prononcées par ledit jugement ;

Statuant à nouveau, et faisant ce que les premiers juges auraient dû faire :

Voir adjuger à l'appelant les conclusions par lui prises devant les

---

par une seule copie à deux frères dont l'intérêt est distinct (*J. Av.*, t. 75, p. 505, art. 930), et lorsque le *parlant à* n'indique pas auquel des deux frères la copie a été remise.

1. L'acte d'appel doit contenir l'indication du jugement ou des jugements dont est appel (Q. 648 *bis*).

L'indication erronée que le jugement attaqué a été rendu par un tribunal de commerce, alors qu'en réalité il l'a été par un tribunal civil, ou réciproquement, n'emporte cependant pas nullité, alors que d'autres circonstances existent, qui n'ont pu laisser de doute, à cet égard, dans l'esprit de l'intimé (*ibid.*, et *J. Av.*, t. 94, p. 195). De même, l'inexactitude dans l'indication de la date du jugement dont est appel ne rend pas nul l'exploit d'appel, lorsque, des énonciations contenues dans cet acte, il résulte que l'intimé n'a pu se tromper sur la date véritable à laquelle ce jugement a été rendu.

Mais il y aurait nullité de l'appel si, deux jugements ayant été rendus le même jour entre les mêmes parties, l'exploit n'indiquait pas clairement quel est celui de ces jugements dont est appel.

Cass., 20 juill. 1904 (*J. Av.*, t. 129, p. 421), et Lyon, 17 janv. 1906 (*Ibid.*, t. 131, p. 78). Mais il n'y aurait pas nullité si, en fait, l'intimé n'a pu se méprendre sur celui des jugements qui était frappé d'appel : Dijon, 1er mars 1904 (*Ibid.*, t. 129, p. 242) ; Cass., 11 nov. 1907 (*J. Huiss.*, t. 89, p. 5).

2. L'acte d'appel doit, à peine de nullité, contenir assignation devant la cour d'appel : La Guadeloupe, 5 déc. 1904 (*J. Av.*, t. 130, p. 238). Mais l'indication inexacte de la juridiction saisie n'entraîne par la nullité de l'acte d'appel si elle est rectifiée par les autres mentions de l'acte : Cass., 2 mai 1906 (*J. Av.*, t. 131, p. 253).

3. En principe, il n'est pas nécessaire que l'acte d'appel soit motivé (Q. 1648) ; Cass., 4 mars 1880 (D. P. 80. 1.455), et Nancy, 5 fév. 1907 (*J. Huiss.*, t. 89, p. 170). Exceptionnellement, il en est autrement en matière d'incident de saisie immobilière (art. 732 C. pr. civ.) et d'ordre (art. 762 C. pr. civ.).

premiers juges ; s'entendre, l'intimé, déclarer non recevable, en tous cas mal fondé en ses demandes, fins et conclusions, s'en voir débouter ;

Voir ordonner la restitution de l'amende consignée ; et s'entendre condamner aux dépens, tant de première instance que d'appel ;

Sous toutes réserves ;

Et je lui ai, audit domicile, parlant comme ci-dessus, laissé copie du présent exploit sous enveloppe fermée [1], etc.

Coût.....

390. Constitution d'avoué.

M^e....., avoué près la Cour d'appel de......, déclare à M^e..., avoué près la même Cour et de M...... (*nom de l'appelant*), qu'il a charge et pouvoir d'occuper et qu'il se constitue pour M..... (*nom de l'intimé*), sur l'appel interjeté par M....... (*l'appelant*) d'un jugement rendu entre parties par le tribunal civil (*ou de commerce*) de..., le......, ledit appel signifié à M...... (*l'intimé*), par exploit de..., huissier à......, en date du......, enregistré ;

Sans aucune approbation dudit appel, et sous la réserve expresse de tous moyens de nullité de forme et de fond, comme aussi de tous moyens et exceptions de fait et de droit. Dont acte.

Pour original (*ou* copie).

(*Signature de l'avoué.*)

Signifié, laissé copie à M^e......, avoué, en son étude, où étant et parlant à......, le......, par moi huissier audiencier soussigné.

Coût......

(*Signature de l'huissier.*)

391. **Requête** *pour obtenir réformation d'un jugement rendu sur simple requête de l'appelant.*

A MM. les Premier Président, présidents et conseillers composant la Cour d'appel de......

M...... (*nom et prénoms de l'appelant*), demeurant à......, ayant M^e....... pour avoué près la Cour, a l'honneur de vous exposer :

Qu'ayant présenté requête au tribunal de commerce de......, afin de faire déclarer en faillite M......, son débiteur, qui était en état de cessation de paiements, le tribunal a refusé cette déclaration

---

1. La loi du 15 févr. 1899, sur le secret des actes signifiés par huissier, est incontestablement applicable aux actes d'appel. Montpellier, 12 et 14 déc. 1899 (*J. Av.*, t. 125, p. 76) ; Riom, 25 janv. 1900 (*J. Av.*, t. 125, p. 73) ; Pau, 14 mai, 6 juin et 19 juin 1900 (*J. Av.*, t. 125, p. 491). *Sic*, Glasson et Colmet-Daâge, t. 2, p. 33.

et rejeté la demande de l'exposant par jugement en date du..... ; mais que ce jugement est mal fondé et qu'il préjudicie à l'exposant;

Qu'en effet.... (*déduire les griefs*) ;

Pourquoi l'exposant requiert qu'il vous plaise, Messieurs, réformant ledit jugement, ordonner que M....... sera déclaré en état de faillite, etc.

(*Signature de l'avoué.*)

---

392. Requête *afin d'obtenir l'autorisation de citer à bref délai pour obtenir des défenses à l'exécution d'un jugement mal à propos qualifié en dernier ressort.*

CODE PR. CIV., art. 457.

A M. le Premier Président de la Cour d'appel de......

M..... (*nom, prénoms, profession, domicile de l'appelant*), ayant pour avoué M^e......,

A l'honneur de vous exposer, Monsieur le Premier Président, qu'un jugement rendu le......, par le tribunal civil de......, enregistré, a condamné l'exposant à payer à M..... (*nom, prénoms, profession, domicile de l'intimé*), la somme de.......; que ce jugement a été signifié à avoué par acte du palais en date du......, et à partie.... par exploit de......, huissier à....., en date du......; que l'exposant en a interjeté appel par exploit de....., huissier, en date du ....., enregistré ; que ledit jugement est intervenu sur une demande qui dépasse le taux de la compétence en dernier ressort des tribunaux civils ; que néanmoins, et à tort par conséquent, il a été qualifié en dernier ressort, et que M.... persiste à en poursuivre l'exécution ; qu'il y a intérêt et urgence pour l'exposant à obtenir des défenses à l'exécution dudit jugement;

Pourquoi l'exposant requiert qu'il vous plaise, Monsieur le Premier Président, lui permettre d'assigner M..... à jour fixe, devant telle chambre de la Cour que vous voudrez bien indiquer, pour voir ordonner que l'exécution du jugement susénoncé sera suspendue jusqu'à ce qu'il ait été statué sur l'appel interjeté par l'exposant, et, vu l'urgence, ordonner l'exécution de votre ordonnance sur la minute.

Sous toutes réserves, et ce sera justice.

(*Signature de l'avoué.*)

ORDONNANCE PRÉPARÉE.

Nous, Premier Président,
Vu la requête ci-dessus,
Autorisons l'exposant à assigner M..... (*l'intimé*) devant la....

chambre de la Cour d'appel de......, pour l'audience du....., aux fins énoncées en la requête qui précéde;

Disons que la présente ordonnance sera exécutée sur minute [et même avant enregistrement], vu l'urgence.

..... le.....

(*Signature du premier président.*)

---

393. Assignation *à bref délai pour obtenir des défenses à l'exécution d'un jugement mal à propos qualifié en dernier ressort.*

Code PR. CIV., art. 457.

L'an......, le....., en vertu d'une ordonnance rendue par M. le Premier Président de la Cour d'appel de....., en date du....., enregistrée, mise au bas de la requête à lui présentée le même jour, desquelles requête et ordonnance copie est donnée en tête (de celle) des présentes; et à la requête de M..... (*nom, prénoms, profession et domicile de l'appelant*), pour lequel domicile est élu à....., rue ....., n°....., en l'étude de M^e....., avoué près ladite Cour d'appel, qu'il constitue et qui occupera pour lui sur la présente assignation et ses suites;

J'ai....., (*immatricule de l'huissier*), soussigné, donné assignation à M..... (*nom et profession de l'intimé*), demeurant à....., en son domicile, où étant et parlant à......

A comparaître par ministère d'avoué le....., à l'audience et par-devant MM. les Premier Président, présidents et conseillers composant (*ou* par-devant MM. les président et conseillers composant la..... chambre de) la Cour d'appel de......, séant au Palais de Justice, à....., pour ;

Attendu que le jugement contradictoirement rendu au profit de M..... contre le requérant par le tribunal de....., le....., a été mal à propos qualifié en dernier ressort, puisqu'il s'agissait d'une demande en payement d'une somme supérieure à 1.500 fr.;

Attendu que le requérant est fondé à demander que l'exécution dudit jugement soit suspendue, nonobstant la qualification qui lui a été donnée par erreur, jusqu'à ce que l'appel, dont la Cour est saisie, ait été vidé;

Par ces motifs; — Voir dire et ordonner que l'exécution du jugement susénoncé sera suspendue jusqu'à ce qu'il ait été statué sur l'appel interjeté par le requérant, et que défense sera faite à M. ..... de le mettre à exécution avant que ledit appel soit jugé définitivement; et s'entendre en outre condamner aux dépens; sous toutes réserves; à ce qu'il n'en ignore.

Et je lui ai, étant et parlant comme ci-dessus, laissé copie, tant des requête et ordonnance susénoncées que du présent, sous enveloppe fermée, etc. Coût.....

(*Signature de l'huissier.*)

394. Constitution d'avoué *sur l'assignation à bref délai, afin d'obtenir des défenses.*

Code *PR. CIV.*, art. 76.

(Voir *supra, formule* n° 390.)

Remarque. — Cette constitution de la part de l'intimé est de rigueur (Q. 1661).

---

395. Arrêt *portant défenses à l'exécution d'un jugement mal à propos qualifié en dernier ressort*[1].

La Cour : attendu..... (*motifs*) ; Par ces motifs ; fait défense provisoire à M..... d'exécuter le jugement dont est appel, et ce, à peine de nullité, dépens, dommages et intérêts ; condamne..... aux dépens de l'incident, liquidés à la somme de...., dont distraction au profit de M°....., qui l'a requise sous les affirmations de droit.

---

396. Arrêt *qui refuse les défenses.*

La Cour : attendu..... (*motifs*) ; sans s'arrêter à la demande à fin de défenses de....., ordonne que le jugement dont est appel sera exécuté selon sa forme et teneur nonobstant l'appel interjeté ; Et condamne M..... (*l'appelant*) aux dépens, liquidés à la somme de..... etc.

---

397. Acte *pour rendre exécutoire, malgré l'appel, un jugement mal à propos qualifié en premier ressort.*

Code *PR. CIV.*, art. 457.

A la requête de M..... (*l'intimé*), ayant pour avoué M°..... ;
Soit sommé M°......., avoué de M....... (*l'appelant*),
De comparaître et de se trouver le......., heure de......., à

---

1. La requête à fin de bref délai, répondue par le président, ne peut pas arrêter l'exécution ; il faut un arrêt pour produire cet effet (Q. 1665).
Les défenses ne peuvent être accordées sur un acte d'appel irrégulier (Q. 1658 bis).
Les juges ne peuvent pas accorder de défenses, si la cause est en état sur le fond (Q. 1659 ; *Suppl. alphab., verb. cit.*, n. 611 et s.).
Si l'intimé fait défaut, l'appelant peut demander que le sursis ait lieu provisoirement et nonobstant opposition (Q. 1662).

l'audience et par-devant MM. les Président et conseillers composant la .... chambre de la Cour d'appel de........, séant au Palais de Justice à........, pour :

Attendu que la compétence en dernier ressort des tribunaux de première instance s'étend à toutes les contestations dont l'objet n'excède pas une valeur déterminée de 1.500 fr. ;

Attendu que la demande formée par le requérant contre M..... n'avait pour objet que..... (*Constater que l'importance de la demande était déterminée et inférieure à 1.500 fr.*) ; qu'elle devait donc être jugée en dernier ressort par le tribunal de première instance ;

Attendu, dès lors, que le jugement rendu entre les parties par la ..... chambre du tribunal civil de........, le........, enregistré, dont est appel, n'a pu être que par erreur qualifié en premier ressort ;

Par ces motifs ; Voir dire que ledit jugement a été à tort qualifié en premier ressort ; voir dire, en conséquence, qu'il sera exécuté suivant sa forme et teneur, nonobstant l'appel interjeté par M...... (*l'appelant*) ;

Et s'entendre condamner aux dépens, dont distraction au profit de Mᵉ........ (*l'avoué de l'intimé*), avoué, aux offres de droit ; sous toutes réserves. Dont acte.

Pour original (*ou* copie). (*Signature de l'avoué.*)
Signifié, laissé copie, etc.

---

398. Acte *pour faire ordonner l'exécution provisoire d'un jugement qui a omis de la prononcer.*

CODE PR. CIV., art. 458.

Cet acte se rédige dans la même forme que le précédent ; les motifs et les conclusions peuvent être ainsi conçus :

Attendu qu'aux termes de l'art. 135 C. pr. civ. l'exécution provisoire peut être ordonnée avec ou sans caution quand il s'agit de réparations urgentes ;

Attendu que le jugement dont est appel, en ordonnant la reconstruction des toitures du magasin loué au requérant par M......, n'a point ordonné l'exécution provisoire, bien qu'elle fut demandée, et que les réparations dont s'agit présentassent un caractère évident d'urgence ;

Par ces motifs ; Voir dire et ordonner que le jugement du......, sera exécutoire[1] par provision et sans caution, nonobstant l'appel interjeté par M...... ;

Et s'entendre condamner aux dépens, dont distraction au profit

---

1. On peut demander l'exécution provisoire pour la première fois, en cause d'appel, du jugement attaqué (*Q.* 1656 ; *Suppl. alphab.*, v° *Appel des jugements*

de M°........, avoué, aux offres de droit; sous toutes réserves. Dont acte.

Pour original (ou copie).   (*Signature de l'avoué.*)
Signifié, laissé copie, etc.

---

399. Arrêt *qui ordonne l'exécution provisoire d'un jugement, qui ne l'avait pas ordonnée.*

La Cour; Attendu qu'aux termes de l'art. 135 C. pr. civ., l'exécution provisoire peut être ordonnée lorsqu'il s'agit de réparations urgentes;

Attendu que les réparations ordonnées par le jugement dont est appel présentent un caractère incontestable d'urgence; qu'en effet... (*motifs de cette urgence*);

Par ces motifs; dit et ordonne que le jugement du....... sera exécuté par provision, nonobstant l'appel interjeté, sans y préjudicier, et sans caution (*ou* mais à la charge par M....... de fournir caution);

Et condamne M...... aux dépens, dont distraction, etc.

---

400. Requête *pour obtenir permission d'assigner à bref délai à l'effet de faire ordonner que le jugement dont est appel, qui ordonne mal à propos l'exécution provisoire, ne sera pas exécutoire nonobstant l'appel.*

Code *PR. CIV.*, art. 459.

A M. le Premier Président de la Cour d'appel de......,

M....... (*nom, prénoms et profession de l'appelant*), demeurant à ......, ayant pour avoué M°......; a l'honneur de vous exposer, Monsieur le Premier Président,

Que, par exploit de......., en date du......., il a interjeté appel d'un jugement rendu contradictoirement entre lui et M....., demeurant à ...., par le tribunal civil de première instance de ...., le......., à lui signifié le....... ;

Que ledit jugement, condamnant l'exposant à payer M........ la somme de....., a ordonné que cette condamnation serait exécu-

---

des *trib. civ.*, n. 605).

Si l'exécution provisoire n'a été ordonnée que moyennant caution, dans le cas où cette caution ne devait pas être exigée, on peut se pourvoir devant la Cour pour faire déclarer cette condition non avenue (Q. 1656 *bis*).

toire par provision, bien que M...... ne se trouvât dans aucun des cas où cette exécution est autorisée par la loi ; que le requérant est, en conséquence, fondé à assigner M....... devant la Cour pour obtenir des défenses à l'exécution provisoire, mal à propos ordonnée, du jugement dont s'agit ; qu'il y a urgence ;

Pourquoi l'exposant requiert qu'il vous plaise, Monsieur le Premier Président, lui permettre d'assigner M....... à bref délai devant telle chambre de la Cour de....... que vous voudrez bien lui indiquer, pour se voir faire défense d'exécuter ledit jugement, jusqu'à ce qu'il ait été statué sur l'appel qui en a été interjeté par l'exposant, et, vu l'urgence, ordonner l'exécution de votre ordonnance sur la minute.

(Signature de l'avoué.)

ORDONNANCE

Nous, Premier Président,

Vu la requête ci-dessus, autorisons M......., à assigner M..... devant la....... chambre de la Cour, au délai de trois jours (*ou* pour l'audience du......*), en défenses à l'exécution provisoire, et vu l'urgence, ordonnons l'exécution de la présente ordonnance sur la minute.

A......., le ....

(Signature du premier président.)

Remarque. — Cette ordonnance est suivie d'une assignation, d'une constitution d'avoué et d'un arrêt. — Voir *supra*, formules n°s 393, 394, 395 et 396.

401. Appel incident[1].

CODE *PR. CIV.*, art. 443.

M^e......, avoué près la Cour d'appel de......., et de M....., déclare à M^e......., avoué près la même Cour, et constitué pour

---

1. La voie de l'appel incident est ouverte à l'intimé sur l'appel principal, pour obtenir lui-même la réformation du jugement de première instance sur les chefs qui lui font grief, même sur les chefs sur lesquels l'appel principal ne porte pas (*Q.* 1574).

Mais l'appel incident n'est recevable que contre l'appelant principal ; il n'est pas recevable d'intimé à intimé (*Suppl. alphab.*, v° *Appel des Jugements des trib. civ.*, n° 643 ; *Encyclop. des huiss.*, v° *Appel en matière civile*, n° 576 et suiv.)... sauf cependant en matière d'ordre (*Q.* 1573 ; *Suppl. alphab.*, v° *Ordre* n° 515).

L'appel incident n'est assujetti à aucun délai. Cass., 29 avr. 1895 (S. 99. 1. 459).

Il est recevable en tout état de cause, et alors même que la partie de laquelle émane a tout d'abord conclu, sur l'appel principal, à la confirmation pure et

M......, que M....... se porte par les présentes incidemment appelant du jugement rendu entre parties par le tribunal de....., le......, duquel jugement M........ a interjeté appel par exploit du ministère de......, huissier à......, en date du......, et ce pour les torts et griefs que lui cause ledit jugement, lesquels seront déduits en temps et lieu devant la Cour ; à ce qu'il n'en ignore. Dont acte.

Pour original (ou copie). (Signature de l'avoué.)
Signifié, etc.

Remarque. — *L'appel incident se fait aussi souvent par conclusions par simple acte, dans la forme suivante* :

A Messieurs les Président et conseillers composant la......, chambre de la Cour d'appel de........

Conclusions d'appel incident

Pour M. A......., intimé principal,
   appelant incidemment Mᵉ....... (nom de l'avoué).
Contre M. B......., appelant principal,
   intimé incidemment Mᵉ......., (nom de l'avoué).

Plaise à la Cour:

Attendu que M. B........ a interjeté appel du jugement rendu par le tribunal civil de......., le........, qui l'a condamné à payer à M. A........ la somme de deux mille francs à titre de dommages-intérêts, pour réparation du préjudice qu'a occasionné à M. A.... l'accident qu'il a subi par la faute de M. B......., qui en est responsable ;

Attendu que cet appel n'est ni recevable ni fondé ; que, bien au contraire, la somme de deux mille francs seulement allouée à M. A .... par les premiers juges est insuffisante ;

Que celui-ci est recevable et fondé à se porter appelant incidemment de leur décision, et à demander l'élévation du chiffre de la condamnation à la somme de dix mille francs qu'il avait déjà réclamée en première instance ;

---

simple du jugement (*Suppl. alphab.*, vº *Appel des jugements des trib. civ.*, nº 640); Cass., 29 avril 1895 (D. P. 95.1.454).

Après cassation d'un premier arrêt, il peut être formé pour la première fois devant la cour de renvoi. Orléans, 21 juin 1893 (D. P. 94. 2.417).

Le droit pour l'intimé d'appeler incidemment subsiste, après le désistement de l'appel principal, tant qu'il n'a pas accepté ce désistement. Rennes, 17 janv. 1893 (*Gazette du Palais*, 93.1.348).

Ce droit ne cesse qu'après les conclusions du ministère public (Q. 1575 ; Crépon, t. 2, nº 4066).

Aucune forme également n'est rigoureusement imposée pour l'appel incident. Cass., 28 déc. 1896 (S. 1900.1.519).

Il est ordinairement signifié par acte d'avoué à avoué ; mais cette signification n'est même pas nécessaire, et il a été jugé que les juges d'appel doivent se considérer comme régulièrement saisis d'un appel incident par des conclusions, prises oralement par l'intimé à la barre, au moment des plaidoiries, et non signifiées avant la clôture des débats. Cass., 14 juin 1904 (*J. Av.* t. 129, p. 238).

Qu'en effet....... (*motifs pour justifier l'élévation demandée du chiffre de la condamnation*);
Par ces motifs;
Recevoir, en la forme, M. A...... incidemment appelant du jugement rendu par le tribunal civil de......., le......., et qui a condamné M. B....... à lui payer, à titre de dommages-intérêts, la somme de deux mille francs ;
Au fond, émendant et faisant ce que les premiers juges auraient dû faire, condamner M. B..... à payer à M. A..... la somme de 10.000 francs, au lieu de celle de 2.000 seulement allouée par les premiers juges ;
Confirmer pour le surplus le jugement dont est appel; condamner M. B....... à l'amende, et en tous les dépens de première instance et d'appel, y compris ceux de l'appel incident, dont distraction, etc.

402. Appel en *adhérant*[1].

A la requête de Mᵉ......., avoué près la Cour d'appel de....., et de M..... Soit signifié et déclaré à Mᵉ....., avoué de M....., que M....... se rend appelant du jugement rendu....... entre parties, par le tribunal de......., le.......;
Et attendu que ce jugement ne fait que confirmer celui rendu le ...., entre les parties, par le même tribunal, et dont M...... (*concluant*), a appelé par exploit de......., huissier, en date du ...., enregistré; qu'il a été d'ailleurs rendu sur les mêmes motifs, dont M....... doit contester devant la Cour la légitimité ;
Attendu, en conséquence, qu'il importe au concluant d'arrêter l'exécution dudit jugement, et d'en faire prononcer la réformation par le même arrêt, qui statuera sur le premier appel, dans lequel il persiste ;
Soit déclaré au susnommé que le concluant conclura, comme il conclut d'ores et déjà, à ce qu'il plaise à la Cour lui donner acte de l'appel par lui interjeté des jugements ci-dessus énoncés, ordonner qu'il y sera statué par le même arrêt ; au fond, déclarer nuls les susdits jugements et remettre les parties dans l'état où elles étaient auparavant; ordonner la restitution des amendes et condamner M...

---

1. Lorsque plusieurs parties ont été condamnées en première instance et que l'une d'elles relève appel du jugement et assigne les autres parties condamnées pour voir réformer ce jugement, ces dernières peuvent, si l'action est indivisible, adhérer à l'appel par de simples conclusions, même après l'expiration du délai (J. Av., t. 76, p. 208, art. 1043).
Mais l'appel en adhérant est non recevable lorsqu'il émane d'une partie intervenante qui n'a pas figuré au jugement attaqué et dont l'intérêt n'est indivisible ni avec celui de l'appelant principal, ni avec celui de l'appelant incidemment (*Ibid.*, p. 360, art. 1103).

en tous les dépens, tant de première instance que d'appel, dont distraction, etc.; — dont acte;
Pour original (*ou* copie).   (*Signature de l'avoué.*)
Signifié, donné copie, etc.

---

403. Certificat *de consignation d'amende.*

Je soussigné, receveur de l'enregistrement à......, déclare avoir reçu de M......, des mains et deniers de Me......, son avoué, la somme de......, pour la consignation d'amende[1] de l'appel interjeté à la requête dudit sieur......, contre M......, par exploit de......, huissier, en date du.....; dont quittance.
A......, le......   (*Signature du receveur.*)

---

404. Sommation *de l'avoué de l'intimé à celui de l'appelant, ou inversement, de justifier qu'il a consigné l'amende.*

A la requête de M......, ayant pour avoué Me......, soit sommé Me......, avoué de M......, de, dans....... jours pour tout délai, justifier de la consignation d'amende qui a dû être par lui effectuée, au nom de sa partie, conformément à l'art. 471 C. pr. civ. Dont acte; sous toutes réserves.
Pour original (*ou* copie).   (*Signature de l'avoué.*)
Signifié, laissé copie, etc.

---

[1]. L'amende est de 6 fr. pour l'appel d'un jugement de juge de paix, et de 12 fr. pour l'appel d'un jugement d'un tribunal civil ou de commerce, y compris les décimes (art. 471 C. pr. civ.).

Il n'est pas nécessaire que l'amende soit consignée le jour même où l'appel est interjeté. L'article 471 ne contient à cet égard aucune prescription. On ne saurait suppléer à son silence.

Il suffit qu'elle soit versée avant le jugement ou l'arrêt à intervenir sur l'appel (Q. 1692). Voir Déc. min. du 6 mars 1824 (*J. Av.*, t. 26, p. 194).

Le défaut de consignation ne constitue pas une fin de non-recevoir contre l'appel (Q. 1692).

L'amende encourue par l'avoué qui omet de faire cette consignation est de cinquante francs (*ibid.*).

Il n'y a pas lieu à consignation d'amende pour un appel incident : il suffit que l'amende ait été consignée sur l'appel principal. (*Solution de la Régie* du 22 avr. 1861, *J. Av.*, t. 87, p. 268, art. 260, n° 27).

L'amende doit être rendue en cas de désistement, sans distinction de l'époque à laquelle il a lieu (Q. 1693).

Il en est de même en cas de transaction (Q. 1693 *bis*).

La partie qui ne succombe pas entièrement peut obtenir restitution de l'amende (Q. 1694; *Suppl. alphab.*, v° *Appel des jugements des trib. civ.*, n. 570).

Lorsque le tribunal d'appel se déclare incompétent, que l'acte d'appel est déclaré nul, ou l'appel non recevable, il y a lieu à l'amende, comme dans le cas d'un appel mal fondé (Q. 1694 *bis*).

Pour demander la péremption d'une instance d'appel, on n'est pas tenu de consigner d'amende (*J. Av.*, t. 73, p. 178, art. 394, § 73).

405. Signification *par l'avoué de l'appelant à l'avoué de l'intimé, ou inversement, de la quittance d'amende.*

A la requête de M......, ayant pour avoué M⁰......, soit signifié et donné copie en tête [de celle] des présentes à M⁰......, avoué de M......, de la quittance de consignation d'amende délivrée par M......, receveur de l'enregistrement, le......, enregistrée. Dont acte, sous toutes réserves.

Pour original (*ou* copie).   (*Signature de l'avoué.*)
Signifié, laissé copie, etc.

---

406. Acte *de demande nouvelle* [1].

CODE PR. CIV., art. 464.

CONCLUSIONS

P. M......
  intimé (*ou* appelant)......   (*nom de l'avoué*).
C. M......
  appelant (*ou* intimé).......   (*id.*).

PLAISE A LA COUR

Adjuger à M...... le bénéfice des conclusions par lui précédemment prises;

Et attendu que depuis l'appel interjeté par M....... du jugement du tribunal civil de......, en date du......, deux nouveaux termes sont échus, les......, de la rente viagère de......, payable par trimestre, dont M....... a été condamné à payer au concluant les termes échus antérieurement audit jugement;

---

1. En principe, toute demande nouvelle, dont les premiers juges n'ont point eu à connaître, est interdite, et, par suite, non recevable devant la Cour.
Exceptionnellement, l'art. 464 C. pr. civ. autorise les demandes nouvelles en cause d'appel dans les cas suivants : 1° lorsqu'il s'agit de compensation ; 2° lorsque la demande nouvelle a le caractère de défense à l'action principale ; 3° lorsque la demande nouvelle a pour objet des intérêts, arrérages, loyers et autres accessoires échus depuis le jugement de première instance ; 4° lorsqu'elle a pour objet des dommages-intérêts pour le préjudice souffert depuis ledit jugement.
Au contraire, les simples moyens nouveaux, qui ne contiennent pas une demande nouvelle, sont toujours recevables, en cause d'appel.
Voir, sur les très nombreuses applications faites de ces principes par la jurisprudence, dans les cas les plus divers : *Suppl. alphab.*, v° *Appel des jugements des tribunaux civils*, n° 457 et suiv., 494 et suiv.; Sirey, *Codes annotés, Code de procédure civile*, notes sous l'art. 464.
La fin de non-recevoir fondée sur le caractère de nouveauté d'une demande en cause d'appel n'est pas d'ordre public. Il n'appartient pas au juge d'appel de la relever d'office. Cass., 19 déc. 1887 (D. P. 88.1.471).

CHAUVEAU ET GLANDAZ. — TOM. I.

Que dès lors, tout en maintenant au profit du concluant les condamnations prononcées par les premiers juges, il y a lieu pour la Cour de prononcer, en outre, condamnation à son profit pour le montant des nouveaux termes échus, soit une somme de...... ;

Par ces motifs ;

Additionnellement aux condamnations prononcées par le jugement dont est appel, condamner M..... à payer au concluant la somme de....... pour les causes susénoncées ;

Le condamner en tous les dépens de première instance et d'appel, dont distraction, etc.

Sous toutes réserves, notamment de demander le paiement de tous nouveaux termes à échoir de la rente viagère dont s'agit.

Dont acte.

Pour original (*ou* copie).   (*Signature de l'avoué*)

Signifié, laissé copie, etc.

---

407. Requête *ou* Conclusions *d'intervention* [1].

CODE PR. CIV., art. 466.

A MM. les Président et conseillers composant la..... chambre de la Cour d'appel de.......

Pour M....... (*nom, prénoms, profession, domicile*), pour lequel domicile est élu à......., rue......., n°......., en l'étude de Me......., avoué près la Cour d'appel de......., lequel se constitue et occupera pour lui sur l'intervention ci-après et ses suites ;

---

[1]. Il suffit, pour qu'une partie puisse intervenir sur l'appel, qu'elle ait droit de former tierce opposition, soit au jugement de première instance, soit à l'arrêt (Q. 1680).

Dès lors, il suffit, pour que l'intervention soit recevable en appel, que l'arrêt à intervenir puisse causer à l'intervenant un préjudice quelconque, même purement moral (*Suppl. alphab.*, v° *Appel*, n°s 443 et 449); Cass., 5 janv. 1880 (*J. Av.*, t. 105, p. 270).

Un créancier ne peut pas, en cette qualité, intervenir dans l'instance d'appel où son débiteur est partie (Q. 1680 *ter*).

Cependant son intervention est permise lorsqu'il y a dol ou fraude (*ibid.*).

Celui qui est intervenu en première instance ne peut pas renouveler son intervention en appel; il n'a que la voie de l'appel (*ibid.*).

Le cédant ne peut pas intervenir, en cause d'appel, sur la contestation soutenue par le cessionnaire au sujet de la créance cédée (Q. 1681 *bis* ; *Suppl. alphab.*, v° *Appel*, n. 448).

On peut, en cause d'appel, forcer d'intervenir la partie qui aurait droit de former tierce opposition (Q. 1682 ; Crépon, t. 1, n. 1791); Paris, 11 déc. 1895 (*J. Av.*, t. 121, p. 24).

Lorsqu'une partie, dont la présence est indispensable pour la solution du procès, n'a pas été mise en cause en première instance, la Cour peut, sur l'appel, en infirmant le jugement, renvoyer toutes les parties devant le juge du premier degré (*J. Av.*, t. 72, p. 699, art. 323, et la note 1).

Contre : 1° M......, appelant, ayant pour avoué M^e......;
2° M......, intimé, ayant pour avoué M^e........

Plaise à la Cour :

Attendu que le requérant est propriétaire d'un héritage situé à... (*désignation*), ainsi que cela résulte de....... (*énoncer les titres de propriété*), dont copie est donnée en tête (de celle) des présentes;

Attendu qu'au mépris de ce droit de propriété, M....... a cru devoir attaquer, comme possesseur de l'immeuble dont il se prétend propriétaire, M......., qui en jouit à titre de fermier seulement, en vertu d'un bail en date du......., enregistré; que cependant M......., fermier de l'exposant, au lieu de renvoyer M......., demandeur, à discuter son titre avec le concluant, a défendu en cette qualité à la demande de M......., et soutient qu'il a également droit de propriété sur l'immeuble dont il s'agit;

Que si l'un ou l'autre réussit, l'exposant sera dépouillé de sa chose;

Qu'il n'est pas intervenu en première instance parce qu'il ignorait la contestation, mais que, se trouvant dans le cas de l'art. 474 C. pr. civ., il a le droit d'intervenir sur l'appel, en vertu de l'art. 466 du même code ; Par ces motifs;

En la forme, recevoir l'exposant partie intervenante dans l'instance d'appel, pendante entre MM....... et......;

Au fond et faisant droit tant sur ladite intervention que sur la demande principale : Déclarer le concluant bien fondé en son intervention; — En conséquence, déclarer etc..... (*objet de l'intervention*);

Et condamner M...... et M...... en tous les dépens, dont distraction, etc........

Sous toutes réserves.
Dont acte,
Pour original (*ou* copie). (*Signature de l'avoué.*)
Signifié, laissé copie, etc.

---

408. Requête *pour obtenir permission de citer extraordinairement et à heure fixe pour plaider sur l'appel.*

CODE *comm.*, art. 647; CODE *PR. CIV.*, art. 460.

A M. le Premier Président de la Cour d'appel de......

M......., ayant M^e....... pour avoué, a l'honneur de vous exposer, monsieur le Premier Président, que, par exploit du ministère de......., huissier à......., en date du......., enregistré, il a interjeté appel d'un jugement du tribunal de commerce de......, en date du......., rendu contradictoirement entre lui et M...., lequel ordonne.... (*analyser le dispositif*); que l'exécution de ce jugement, qu'il n'est pas en son pouvoir d'arrêter, doit avoir pour l'exposant les plus funestes effets, puisque..... (*déduire les motifs*); qu'il est donc de l'intérêt de l'exposant d'obtenir, dans le plus court délai, la réformation dudit jugement ;

Pourquoi l'exposant requiert qu'il vous plaise, Monsieur le Premier Président, en vertu de l'art. 647 du code de commerce, l'autoriser à citer M..... extraordinairement, aux jour et heure que vous voudrez bien indiquer, pour plaider sur l'appel, et, vu l'urgence, ordonner l'exécution sur la minute de votre ordonnance.

Sous toutes réserves, et ce sera justice.

(*Signature de l'avoué.*)

ORDONNANCE PRÉPARÉE

Nous, Premier Président ; Vu la requête qui précède, et les pièces à l'appui ; Vu l'art. 647 C. comm., — Autorisons l'exposant à citer M....... pour le....... devant la......., chambre de la Cour d'appel de......., pour plaider sur l'appel du jugement dont s'agit ; commettons....., huissier, pour délivrer la citation ; — Et, vu l'urgence, disons que la présente ordonnance sera exécutoire sur minute.

A......, le........

(*Signature du premier président.*)

Remarque. — Les termes de l'art. 647 semblent indiquer que la requête doit être présentée à la Cour, et non pas seulement au premier président. — Cependant il est plus rationnel de s'adresser au magistrat qui règle l'ordre des affaires et qui a la police des audiences.

Si la jurisprudence des Cours devant lesquelles on procède est différente, il faut présenter requête à la Cour, qui répond par un arrêt rendu en la chambre du conseil, mis au bas de la requête, en ces termes :

La....... chambre de la Cour d'appel de......., réunie en chambre du conseil, présents MM......., président, et......., conseillers, vu la requête qui précède et les pièces à l'appui, autorise M... à citer extraordinairement, par le ministère de......., huissier, M......, pour l'audience du......., heure de......., afin de plaider sur l'appel dont il s'agit, et sera, vu l'urgence, le présent arrêt exécuté sur la minute.

Fait et jugé à......., le........

409. Requête ou Conclusions *grossoyéés pour exposer les moyens de l'appelant*[1].

CODE PR. CIV., art. 462.

A MM. les Président et conseillers composant la..... chambre de la Cour d'appel de.......

Pour M......, appelant, ayant M^e......, pour avoué ;
Contre M......, intimé, ayant M^e......, pour avoué ;

FAITS

(*Exposé des faits du procès et des actes de la procédure jusqu'au présent acte*).
Pourquoi l'exposant conclut à ce qu'il
Plaise à la Cour :
Attendu...... (*reprendre les moyens sous forme d'attendus*).
Par ces motifs ;
Adjuger au concluant les conclusions prises par lui dans son exploit d'appel (*ou bien on répète les conclusions en les modifiant ou en les complétant, s'il y a lieu*).

---

410. Conclusions *pour exposer les moyens de l'appelant en matière sommaire ou de commerce.*

A MM. les Président et conseillers composant la....... chambre de la Cour d'appel de.......

CONCLUSIONS

P. M......, appelant, ...(*nom de l'avoué*)
C. M......, intimé, ...(*nom de l'avoué*)

PLAISE A LA COUR

Statuant sur l'appel d'un jugement du tribunal de commerce de... du.......

---

1. Les griefs sont purement facultatifs. L'appelant n'est pas obligé de les signifier sous peine de ne pouvoir les plaider (*Q.* 1670 ; *Suppl. alphab.*, v° *Appel*, n. 414).
On peut signifier les écrits de griefs ou de réponse après les délais de l'art. 462 (*Q.* 1672).

Attendu etc...... (*exposer les faits et moyens sous forme de paragraphes commençant par* : *attendu que*).
Par ces motifs ;
Recevoir le concluant appelant du jugement du tribunal de commerce de......., en date du....... Mettre ledit jugement à néant.
Décharger le concluant des condamnations, etc.
Et statuant à nouveau,
Ordonner, etc...... ;
Ordonner la restitution de l'amende ;
Et condamner M....... en tous les dépens de première instance et d'appel et dont distraction, etc........
Sous toutes réserves ;
Et ce sera justice ;
Dont acte. Pour original (*ou* copie).

(*Signature de l'avoué.*)

Signifié, laissé copie, etc......

(*Signature de l'huissier.*)

---

411. Requête *ou* **Conclusions** *en réponse de l'intimé* (*matières ordinaires*).

CODE PR. CIV., art. 462.

Cet acte se rédige comme la formule n° 409. *On conclut à ce qu'il*
Plaise à la Cour :
Attendu......, etc.
Par ces motifs ;
Mettre l'appellation au néant ; ordonner que ce dont est appel sortira son plein et entier effet pour être exécuté selon sa forme et teneur ; et condamner l'appelant à l'amende et aux dépens, dont distraction, etc.

---

412. Conclusions *en réponse de l'intimé* (*matières sommaires ou de commerce*).

CONCLUSIONS

P. M....... intimé, ... (*nom de l'avoué*)
C. M....... appelant, ... (*nom de l'avoué*)

PLAISE A LA COUR

Attendu....... (*exposer les moyens en réponse*) ;
Par ces motifs ;
Statuant sur l'appel, etc.

Déclarer ledit appel nul et de nul effet; subsidiairement non recevable; plus subsidiairement encore mal fondé.

Et, adoptant les motifs des premiers juges,

Mettre l'appellation à néant; — Ordonner que ce dont est appel sortira son plein et entier effet; et condamner l'appelant à l'amende et aux dépens de première instance et d'appel, dont distraction, etc...

Sous toutes réserves, et notamment d'interjeter appel incident et de réclamer des dommages-intérêts.

Et ce sera justice.

Dont acte.

Pour original (ou copie). (*Signature de l'avoué.*)
Signifié et laissé copie, etc. (*Signature de l'huissier.*)

Arrêts

Les arrêts des Cours d'appel ne peuvent être rendus par moins de cinq conseillers (loi du 30 août 1883, art. 1er).

413. Arrêt *qui ordonne une instruction par écrit* [1].

CODE *PR. CIV.*, art. 461.

La Cour, ouï......., etc.;

Attendu que la cause ne paraît pas susceptible d'être jugée sur plaidoirie ou délibéré, ordonne qu'elle sera instruite par écrit, et que le rapport en sera fait par M......., conseiller, que la Cour désigne à cet effet, dépens réservés.

414. Arrêt *de défaut-congé.*

CODE *PR. CIV.*, art. 470.

La Cour, ouï Me......., avoué de M......., intimé;

Attendu que M......., appelant, ne se présente pas, ni personne pour lui;

Donne défaut contre M...... appelant, et, pour le profit, met l'appellation au néant; ordonne que le jugement dont est appel sor-

---

1. L'instruction par écrit ne peut pas être ordonnée sur l'appel d'un jugement rendu en matière sommaire (Q. 1672 *bis*).

L'instruction par écrit doit se faire en conformité de l'art. 470, suivant les formalités prescrites par les art. 93 et suiv. (Q. 1669).

tira son plein et entier effet; condamne l'appelant à l'amende et aux dépens, dont distraction, etc.[1].

415. Arrêt *par défaut faute de comparaître*

Code PR. CIV., art. 470.

La Cour, ouï en sa plaidoirie Me...., avocat, assisté de Me...., avoué de M....... Attendu que M......, intimé, ne comparait pas ni personne pour lui, quoique régulièrement appelé;

Et attendu..... (*motifs qui font adjuger les conclusions de l'appelant, trouvées justes et bien vérifiées*);

Par ces motifs; Donne défaut contre M..... non comparant, et, pour le profit, le condamne à......; le condamne en outre aux dépens, tant de première instance que d'appel, dont distraction au profit de Me......., avoué, qui affirme en avoir fait l'avance; ordonne la restitution de l'amende et commet etc. (*la fin comme à la formule supra* n° 291).

416. Arrêt *de défaut profit-joint.*

Code PR. CIV., art. 470.

La Cour; — Ouï Me......, avoué de........ et Me......., avoué de.......

Attendu que...., intimé, ne comparaît, pas ni personne pour lui, bien que régulièrement appelé; — Par ces motifs;

---

1. Dans certaines cours, il est d'usage de conclure, non pas au rejet pur et simple de l'appel, mais à la confirmation du jugement, en demandant à la cour d'adopter les motifs des premiers juges. L'arrêt qui accueille de semblables conclusions juge le fond. Il en est de même du cas où l'intimé fait rejeter l'appel pour nullité d'exploit, ou pour défaut de qualité de l'appelant, ou pour cause de dernier ressort. L'arrêt de défaut-congé, ne se bornant pas alors à un simple rejet, par suite de la non-comparution du demandeur appelant, peut être attaqué devant la Cour de cassation; tandis qu'en suivant le mode indiqué à la formule, tout pourvoi est non recevable, et, sur l'opposition, l'intimé conserve le droit de se prévaloir de toutes les exceptions qu'il n'a pas encore opposées. Il peut conclure avec autant de liberté que s'il n'y avait point eu d'arrêt par défaut (*J. Av.*, t. 72, p. 154, art. 70). — Cependant il est des cas où l'arrêt de défaut-congé doit, d'après la jurisprudence de la Cour de cassation, statuer au fond et apprécier le mérite de la décision des premiers juges. Il en est ainsi en cas de défaut faute de conclure après opposition à un premier arrêt de défaut, ou dans les causes communicables.

Lorsque l'appelant ne se présente pas, le juge doit prononcer le défaut et renvoyer l'intimé de l'appel sans examiner le fond. Il n'en est autrement que si le jugement frappé d'appel n'est pas susceptible d'acquiescement: Cass., 9 janv. 1:05 (*J. Av.*, t. 130, p. 63).

Donne défaut contre M......., non comparant, ni personne pour lui, quoique dûment appelé, et pour le profit joint la cause du défaillant, etc. (*comme à la formule supra* n° 286.)

---

417. Arrêt *par défaut faute de conclure.*

CODE *PR. CIV.*, art. 470.

La Cour; — Ouï, etc. ;
Attendu que M^e......., avoué de M......., intimé, ne comparaît pas; donne défaut contre M......., et M^e......., son avoué, etc... (*comme à la formule supra* n° 294).

---

418. Arrêt *contradictoire qui infirme le jugement dont est appel.*

CODE *PR. CIV.*, art. 470.

La Cour; ouïs en leur plaidoirie M^e......, avocat, assisté de M^e......., avoué de......., et M^e......., avocat, assisté de M^e..., avoué de.......; le ministère public entendu, et après en avoir délibéré conformément à la loi.
Considérant, etc....... (*motifs*);
Par ces motifs; dit qu'il a été mal jugé, bien appelé; infirmant et faisant ce que les premiers juges auraient dû faire, condamne M..... à.... (*objet de la condamnation*); ordonne la restitution de l'amende; et condamne...... en tous les dépens, tant de première instance que d'appel, dont distraction au profit de M^e......., avoué, qui l'a requise aux offres de droit
Remarque. — L'arrêt qui infirme en partie est ainsi conçu :
La Cour......., etc.
Infirme le jugement dont est appel, sur le chef qui a condamné l'appelant à......; ordonne, pour le surplus, que ledit jugement recevra sa pleine et entière exécution; ordonne la restitution de l'amende, et condamne l'intimé aux dépens, dont distraction, etc.

---

419. Arrêt *contradictoire confirmatif du jugement dont est appel.*

CODE *PR. CIV.*, art. 470.

La Cour, etc.; — (*Comme à la formule précédente.*)
1° *Si la Cour adopte les motifs des premiers juges, on met* :
Adoptant les motifs des premiers juges, confirme le jugement dont est appel; condamne l'appelant à l'amende et aux dépens, dont distraction au profit de M^e......., avoué, qui l'a requise aux offres de droit.

2° *Si la Cour adopte les motifs des premiers juges et ajoute de nouveaux motifs, on met* :

Adoptant les motifs des premiers juges, et considérant, en outre, que....... (*motifs nouveaux*), etc., *ou bien* : la Cour....... considérant, etc.......; adoptant au surplus les motifs des premiers juges en ce qu'ils n'ont pas de contraire aux motifs du présent arrêt;

3° *Si la Cour confirme sans adopter les motifs des premiers juges, on met* :

Attendu que....... (*motifs nouveaux*) ;

Remarque.. — En matière sommaire, l'arrêt doit contenir liquidation des dépens. — La partie du dispositif qui contient cette liquidation est conçue en ces termes :

Condamne....... *à l'amende et aux dépens, liquidés à la somme de*......, *en ce non compris les frais d'enregistrement, expédition et signification du présent arrêt*.

---

420. Arrêt *qui infirme le jugement dont est appel et renvoie pour l'exécution devant un autre tribunal.*

CODE PR. CIV., art. 472.

La Cour......, etc.;
Attendu......, etc.;
Par ces motifs; dit qu'il a été mal jugé, bien appelé; infirmant et faisant ce que les premiers juges auraient dû faire, ordonne, etc.;
Condamne en outre M....... aux dépens, tant de première instance que d'appel, dont distraction, etc.;
Ordonne la restitution de l'amende et renvoie les parties devant le tribunal civil de première instance de....... [1] pour être procédé à l'exécution du présent arrêt.

---

1. La Cour qui confirme un jugement émané d'un tribunal de commerce, ne doit pas retenir l'exécution, ni renvoyer devant le tribunal civil dans le ressort duquel se trouve le tribunal de commerce qui a rendu le jugement confirmé; mais bien devant le tribunal civil du lieu de l'exécution. — Il en est de même lorsqu'un tribunal d'arrondissement confirme un jugement d'un juge de paix (Q. 1695).

Si les juges d'appel confirment en certains chefs et infirment sur d'autres, l'exécution des chefs confirmés appartient au tribunal, et l'exécution des chefs infirmés à la Cour (Q. 1697).

Si, en confirmant le jugement dans tout son contenu, la Cour a prononcé sur des demandes nouvelles autorisées par l'art. 464, l'exécution, en ce qui concerne ces dernières condamnations, doit, à cause de la connexité, appartenir au tribunal, ce qui n'empêche pas la Cour, qui condamne à des dommages-intérêts pour faits postérieurs au jugement, de s'en réserver la liquidation et de la faire par arrêt subséquent (Q. 1797 bis).

Lorsque le jugement d'un tribunal de commerce est infirmé, c'est la Cour qui doit connaître de l'exécution de son arrêt (Q. 1696).

La disposition de l'art. 472, portant que si le jugement est infirmé, l'exécution

421. Arrêt qui infirme un interlocutoire et évoque le fond[1].

Code PR. CIV., art. 473.

La Cour......, etc..
Attendu......, etc.;
Par ces motifs; — infirme le jugement dont est appel; et attendu

---

entre les mêmes parties appartiendra à la Cour qui aura prononcé ou au tribunal qu'elle indiquera, sauf les cas dans lesquels la loi attribue juridiction, ne doit pas être appliquée lorsque le jugement infirmé n'est pas définitif (Q. 1696 bis). Ces mots : *entre les mêmes parties*, signifient les parties figurant dans l'arrêt (Q. 1696 ter).

Des juges d'appel ne peuvent pas, lorsqu'ils infirment en entier le jugement de première instance, indiquer pour l'exécution les mêmes juges qui l'ont rendu ; en général, ils doivent désigner un autre tribunal ; cependant, ils peuvent renvoyer à une autre chambre du tribunal dont le jugement a été infirmé (Q. 1698).

Mais rien n'empêche une Cour qui infirme un jugement par lequel une enquête avait été annulée, de renvoyer, pour la continuation de la procédure, suivant les derniers errements, devant le tribunal qui a annulé l'interlocutoire (J. Av., t. 73, p. 293, art. 458).

Si le jugement n'est infirmé que pour vice de forme, et qu'au fond l'arrêt statue comme le jugement, l'exécution n'en appartient pas moins à la Cour (Q. 1698 ter).

Une Cour qui, sur l'appel d'un jugement statuant au fond, ordonne un avant faire droit, doit retenir l'exécution de cet interlocutoire (Q. 1698 quat.).

1. L'évocation, dans les cas où elle est permise, est toujours pour le juge d'appel une simple faculté, jamais une obligation ; le juge a, à cet égard, un pouvoir discrétionnaire (Suppl. alphab., v° *Appel des jugements des trib. civ.*, n° 519; Glasson et Colmet-Daâge, t. 2, p. 51).

Pour que les juges d'appel aient le droit d'évoquer le fond, sur l'appel d'un jugement interlocutoire, il faut 1° Qu'ils infirment ce jugement; 2° Que ce jugement n'ait pas statué au fond; 3° Que le fond soit en état; 4° Qu'ils prononcent sur le tout par un seul jugement (Q. 1702; Suppl. alphab., v° *Appel des jugements des trib. civ.*, n° 518; Glasson et Colmet-Daâge, t. 2, § 117, p. 50 et suiv.).

Il faut, en outre, qu'ils aient compétence pour statuer en dernier ressort sur la contestation dont ils se saisissent (Q. 1702; Suppl. alphab., verb. cit., n° 537; Glasson et Colmet-Daâge, t. 2, p. 52).

I. — Donc, quand le tribunal d'appel *confirme* le jugement interlocutoire ou définitif sur un incident, il ne peut évoquer le fond (Q. 1702 § 1er; Glasson et Colmet-Daâge, t. 2, p. 50).

Mais il peut évoquer, à la condition bien entendu que les autres conditions pour l'exercice de la faculté d'évocation se trouvent remplies, quand il *infirme* : soit pour incompétence (Suppl. alphab., verb. cit., n° 534; Crépon, t. 2, n° 3590).

... soit, au contraire, parce que le premier juge s'est déclaré à tort incompétent (Suppl. alphab., verb. cit., n° 538; Crépon, t. 2, n° 3591);

... soit pour vice de forme (Suppl. alphab., verb. cit., n° 542);

... soit parce que le jugement attaqué a été rendu par un tribunal irrégulièrement composé (Suppl. alphab., verb. cit., n° 540; Crépon, t. 2, n° 3589);

... soit parce que le premier juge a, mal à propos, ordonné un interlocutoire (Suppl. alphab., verb. cit., n° 530);

... soit parce que le premier juge a à tort accueilli une fin de non-recevoir quelconque, et, par exemple, déclaré irrecevable l'opposition à un premier jugement rendu par défaut, et refusé, en conséquence, d'examiner le fond. Cass., 3 déc. 1900 (J. Av., t. 126, p. 198); Poitiers, 28 mars 1902 (J. Av., t. 127).

II. — Lorsque le jugement, frappé d'appel, a statué au fond, ce n'est pas du droit

que la cause est prête à recevoir décision définitive, évoquant et faisant droit sur les conclusions subsidiaires de M...., condamne... à......., envers M.......; ordonne la restitution de l'amende consignée, et condamne... aux dépens, tant de première instance que d'appel, dont distraction, etc. ;

---

d'évocation qu'use le juge d'appel en statuant lui-même au fond; il est saisi du fond de plein droit en vertu de l'effet dévolutif de l'appel, et il n'y a pas pour lui simple faculté, mais obligation d'en connaître (*Suppl. alphab., verb. cit.*, n° 520); Nancy, 16 juin 1900 (*J. Av.*, t. 126, p. 18 et la note).

III. — L'affaire n'est pas en état, et l'évocation, dès lors, ne peut avoir lieu, si les parties n'ont pas conclu au fond ni en première instance, ni en appel (Glasson et Colmet-Daâge, t. 2, p. 51); Cass., 24 nov. 1897 (S. 98.1.312).

Mais lorsque des conclusions au fond ont été prises en première instance, il n'est pas nécessaire, pour que la cause soit en état, qu'elles aient été reprises en appel (Glasson et Colmet-Daâge, *op. et loc. cit.*).

IV. — L'évocation n'est pas possible lorsque le juge d'appel estime une mesure d'instruction nécessaire, telle une enquête, une expertise, et qu'ainsi il ne peut vider le fond dès à présent, et par un jugement unique (Glasson et Colmet-Daâge, *op. et loc. cit.*).

V. — Lorsqu'un jugement est infirmé pour incompétence, et que le tribunal compétent n'est pas du ressort de la Cour d'appel, celle-ci ne peut évoquer le fond (*Suppl. alphab., verb. cit.*, n° 537; Glasson et Colmet-Daâge, t. 2, p. 52).

Lorsqu'un jugement est infirmé pour incompétence, l'évocation est permise bien que le fond soit de la compétence du tribunal de première instance en dernier ressort. Cass., 21 mars 1883 (D. P. 84.1.397).

... ou que l'appel sur la compétence soit pendant devant une Cour d'appel, et que le fond soit de la compétence du juge de paix (Crépon, t. 2, n° 3605); Chambéry, 14 juill. 1866 (S. 67.2.149) — *Contra* : Nancy, 2 juill. 1873 (D. P. 74.2.77).

VI. — Bien qu'une des conditions exposées par la loi fasse défaut pour l'évocation, le consentement des parties est opérant et suffit pour que le juge d'appel soit autorisé à évoquer. Cass., 9 mai 1855, (S. 56.1.743); Cass., 29 avril 1885 (D. P. 85.1.375) — *Contra* : Glasson et Colmet-Daâge, t. 2, p. 53.

TITRE SECOND

VOIES EXTRAORDINAIRES

BIBLIOGRAPHIE : — Carré et Chauveau, *Lois de la Procédure civile et commerciale* ; Dutruc, *Supplément alphabétique aux lois de la Procédure civile et commerciale de Carré et Chauveau* ; Deffaux et Harel, *Encyclopédie des huissiers* ; Dutruc, *Supplément à l'Encyclopédie des huissiers* ; Glasson et Colmet-Daâge, *Précis théorique et pratique de procédure civile* ; Garsonnet, *Précis de procédure civile usuelle et pratique* ; Crépon, *Traité de l'appel* ; Dalloz, *Répertoire général de jurisprudence et Supplément au Répertoire* ; Dalloz, *Recueil périodique et critique de jurisprudence, de législation et de doctrine* ; Sirey, *Recueil général des lois et arrêts* ; *Journal du Palais* ; *Journal des avoués* ; *Journal des huissiers*.

---

§ 1er Tierce opposition [1].

422. Tierce opposition *formée par action principale* [2].

CODE PR. CIV., art. 475.

L'an......, le...... [3], à la requête de M...... [4], *(nom, prénoms, profession, demeure du tiers opposant)*, pour lequel domicile est élu à......, rue......, n°......, en l'étude de Me......, avoué près le tribunal civil de 1re instance de.... (*ou près la cour d'appel de......, si la tierce opposition est formée contre un arrêt*), lequel se constitue et occupera pour lui sur l'assignation ci-après et ses suites, j'ai......, (*immatricule de l'huissier*), soussigné,

---

1. Sur les caractères généraux de la tierce opposition, et notamment sur la question de savoir si cette voie de recours est nécessaire ou seulement facultative : Voir *Suppl. alphab.*, v° *Tierce opposition*, n°s 1, 2 et suiv. ; Glasson et Colmet-Daâge, t. 2, p. 67 et suiv.

2. La tierce opposition principale se forme par assignation ordinaire, et l'on doit suivre à son égard les mêmes règles de procédure que sur toute autre action principale (Q. 1723 ; Glasson et Colmet-Daâge, t. 2, p. 64.)
La tierce opposition incidente se forme également par une assignation ordinaire, dans le cas où elle doit être portée à un autre tribunal (art. 476) que celui qui connaît du procès dans lequel a été produit le jugement qu'on veut faire tomber (Q. 1723 ; Glasson et Colmet-Daâge, *loc. cit.*).

3. La faculté de former tierce opposition, quoique perpétuelle dans son essence puisque la loi n'en a pas subordonné l'exercice à un délai déterminé, doit être néanmoins soumise à la prescription de trente ans (Q. 1725 ; *Suppl. alphab.*, v° *Tierce opposition*, n° 138).

4. Pour pouvoir former tierce opposition, il faut : 1° éprouver un préjudice ;

signifié et déclaré à M...... ¹, demeurant à......, audit domicile, où étant et parlant à........,

Que le requérant se rend, par le présent acte, tiers opposant à l'exécution du jugement² (*ou* de l'arrêt) contradictoirement rendu entre M....., demeurant à......, et M......, demeurant à....., par la.... chambre du tribunal civil de première instance (*ou* de la cour d'appel) de...., le......, enregistré. (*Si le jugement a été signifié au tiers opposant, on mentionne la date de la signification et le nom de l'huissier qui l'a faite.*)

Et à mêmes requête, demeure, etc....., que dessus, j'ai, huissier susdit et soussigné, donné assignation au susnommé, audit domicile et en parlant comme il a été dit, à comparaître à huitaine franche, délai de la loi, outre les délais de distance, et par ministère d'avoué, à l'audience et par-devant MM. les Président et juges composant le

---

2. n'avoir été ni partie ni représenté au procès (Glasson et Colmet-Daâge, t. 2, p. 57).

Le préjudice, donnant ouverture à la tierce opposition, peut n'être qu'éventuel. Cass., 12 juill. 1870 (D. P. 71.1.350).

... ou consister même dans un simple préjugé défavorable aux prétentions du tiers opposant. Cass., 6 août 1862 (S. 62.1.773).

Les successeurs universels d'une partie, ses héritiers légitimes, légataires universels ou à titre universel, sont, comme ayant été représentés par elle au jugement, non recevables à y former tierce opposition (Q. 1710; Glasson et Colmet-Daâge, t. 2, p. 57).

Il en est de même des créanciers chirographaires (Q. 1713; Colmet-Daâge et Glasson, t. 2, p. 57).

... ou même des créanciers hypothécaires. Cass., 8 janv. 1883 (D. P. 84.1.57).

... à moins que les uns ou les autres (créanciers chirographaires ou créanciers hypothécaires) ne fondent leur recours sur des exceptions et moyens à eux personnels (Q. 1714). Cass., 9 août 1898 (D. P. 1900.1.235).

L'acquéreur qui a acquis avant le procès est recevable à former tierce opposition au jugement rendu contre son vendeur. Il en est autrement, lorsque l'acquéreur a acquis pendant la durée du procès, et surtout lorsqu'il a acquis depuis le jugement.

— Les mêmes principes sont applicables au cédant (Q. 1710 ter; *Suppl. alphab.*, v° *Tierce opposition*, n° 40; Glasson et Colmet-Daâge, *op. et loc. cit.*, n. 48 et s.).

1. Lorsque la partie condamnée n'a pas exécuté le jugement et que la tierce opposition est de nature à suspendre l'exécution, on doit mettre cette partie en cause, ce qui se fait en l'assignant par l'exploit de tierce opposition, dont une copie lui est remise et l'autre à la partie qui a obtenu gain de cause. — Si la tierce opposition a été formée par requête, elle doit être mise en cause par un acte séparé. — (*Voir* la formule suivante, n° 423). — Si le jugement a été entièrement exécuté, la tierce opposition doit être formée uniquement contre la partie qui a obtenu ce jugement (Q. 1726).

2. En général, on peut se pourvoir par tierce opposition contre toute espèce de jugements (Q. 1708), qu'ils soient avant dire droit ou définitifs, en premier ou en dernier ressort, contradictoires ou par défaut, qu'ils émanent d'une juridiction d'exception ou d'un tribunal de droit commun (Glasson et Colmet-Daâge, t. 2, p. 61).

Il en est cependant qui sont à l'abri de ce recours: par exemple, ceux qui homologuent une délibération d'un conseil de famille ou un concordat;

... Ceux qui, sans statuer sur un incident, donnent acte de la publication du cahier des charges ou prononcent l'adjudication (*J. Av.*, t. 75, p. 332, art. 890);

... Certains jugements rendus sur requête et ceux qui déclarent une faillite, ou ceux qui en fixent ultérieurement l'ouverture (*ibid.*).

La tierce opposition n'est pas admissible contre un jugement ou un arrêt d'adoption qui doit être attaqué par voie d'action principale en nullité (Q. 1712 bis; Glasson et Colmet-Daâge, t. 2, p. 62).

TITRE II. — § 1ᵉʳ — TIERCE OPPOSITION. — 423.

tribunal civil de première instance de[1]..... (*ou* MM. les Premier Président, présidents et conseillers composant la Cour d'appel de.....), séant à....., heure de....., pour :

Attendu que....... (*exposer les motifs de la tierce opposition*) ; Par ces motifs ;

Voir recevoir le requérant tiers opposant au jugement susénoncé ; en conséquence, voir dire et ordonner que....... (*conclusions dans lesquelles on énumère les chefs du jugement ou de l'arrêt dont on demande l'annulation*) ; s'entendre faire défense d'exécuter ledit jugement (*ou* arrêt) contre le requérant, à peine de tous dommages-intérêts ; et s'entendre condamner aux dépens. A ce qu'il n'en ignore.

Et je lui ai, audit domicile, en parlant comme ci-dessus, laissé copie du présent. Coût......

Remarque. — S'il existe des pièces à l'appui de la tierce opposition, on doit en donner copie en tête de l'exploit dans la forme ordinaire.

423. Tierce opposition *formée par requête*[2].

CODE *PR. CIV.*, art. 475.

A MM. les Président et juges (ou *les Président et conseillers*) *composant la..... chambre du tribunal civil* (ou *de la cour d'appel*) *de...*

CONCLUSIONS

Pour M....... (*noms, profession, domicile*), demandeur aux fins de son exploit en date du......, tiers opposant par la présente requête à l'exécution du jugement (*ou* de l'arrêt) dont il va être parlé,

---

1. La tierce opposition principale à un jugement infirmé ou confirmé sur l'appel doit toujours être portée devant la Cour (*Q.* 1727 ; *Suppl. alphab.*, v° *Tierce-opposition*, n°ˢ 146 et suiv.).

Lorsqu'on se pourvoit, par action principale, en déclaration d'arrêt commun, l'action doit être portée devant le tribunal de première instance (*Q.* 1728, et *supra* les notes sur la *formule* n° 245).

Si on oppose, devant un tribunal de commerce, un jugement rendu en matière civile par un tribunal de première instance, le tribunal de commerce ne peut connaître de la tierce opposition dirigée contre ce jugement (*Q.* 1730).

2. La tierce opposition incidente se forme par requête lorsqu'elle est portée devant le tribunal qui connaît du procès dans lequel a été produit le jugement qu'on attaque. Elle peut aussi être formée par des conclusions verbales prises à la barre, ou bien par assignation (*Q.* 1723 ; *Suppl. alphab.*, v° *Tierce opposition*, n. 129 et s. ; Glasson et Colmet-Daage, t. 2, p. 64-65).

Lorsque la tierce opposition est formée incidemment, on procède comme en matière d'intervention (Voir *supra*, formules n°ˢ 243 et suiv.).

ayant Mᵉ....... pour avoué, lequel se constitue et occupera pour lui sur la présente procédure de tierce opposition et ses suites.

Contre M...... (*noms, profession, domicile*), défendeur à l'exploit précité et à la présente requête, ayant Mᵉ....... pour avoué;

Plaise au tribunal (*ou* à la Cour) : Attendu que....... (*rappeler les faits et les moyens*);

Par ces motifs et tous autres à déduire; recevoir le concluant tiers opposant, etc. (*comme à la formule précédente*).

Pour original (*ou* copie). (*Signature de l'avoué.*)

Signifié, laissé copie, etc.

Remarque. — Le défendeur à la tierce opposition peut signifier une requête en défense. On suit l'audience par un simple acte (Voir *supra*, formule n° 247.)

---

424. Assignation *pour mettre en cause celui qui a été condamné par le jugement objet de la tierce opposition incidente formée par requête*[1].

Cette assignation se rédige dans la forme ordinaire des ajournements.

On doit donner en tête copie de la requête de tierce opposition.

---

425. Jugement *qui prononce un sursis jusqu'à ce qu'il ait été statué sur la tierce opposition.*

CODE PR. CIV., art. 477.

Le tribunal......., etc.;

Attendu que le jugement contre lequel M....... s'est pourvu par voie de tierce opposition est un élément essentiel du débat; que la cause ne peut être jugée au fond avant que, par la décision à intervenir sur la tierce-opposition, il apparaisse que le jugement dont il s'agit peut ou ne peut pas recevoir son exécution à l'égard de M...;

Par ces motifs;

Surseoit[2] à statuer jusqu'après jugement de la tierce opposition formée contre le jugement dont s'agit, tous droits, moyens et dépens réservés.

---

1. Cette assignation est donnée lorsque la partie qui a succombé, n'ayant pas encore exécuté le jugement ou l'arrêt, ou n'ayant que commencé l'exécution, il importe d'empêcher cette exécution. (Voir *supra*, p. 366, note 1).

2. Les juges ont un pouvoir discrétionnaire pour décider quels sont les cas où il y a lieu d'accorder ou non un sursis (Q. 1731; *Suppl. alphab.*, v° *Tierce opposition*, n. 164 et s.).

426. Jugement *qui suspend l'exécution du jugement attaqué.*

CODE *PR. CIV.*, art. 478.

Le tribunal......., etc. ;
Attendu que le jugement dont M....... poursuit l'exécution a été attaqué par M...., qui s'est porté tiers opposant suivant acte ....(*énoncer l'acte de tierce opposition*); que, sans préjuger en rien les droits et moyens des parties, la gravité des motifs allégués à l'appui de la tierce opposition est suffisante pour que le tribunal doive ordonner la discontinuation des poursuites; Par ces motifs;
Dit et ordonne que l'exécution du jugement susénoncé sera et demeurera suspendue[1] jusqu'après la décision à intervenir sur la tierce opposition de M......., dépens réservés.

---

427. Jugement *qui rejette la tierce opposition.*

CODE *PR. CIV.*, art. 479.

Le tribunal......., etc.; jugeant en....... ressort;
Attendu...... (*motifs*); Par ces motifs;
Sans s'arrêter ni avoir égard à la tierce opposition formée par M....... au jugement du......., laquelle est déclarée nulle (*ou* non recevable *ou* mal fondée);
Ordonne que ledit jugement sera exécuté selon sa forme et teneur; condamne M....... à l'amende de[2]....... et en....... de dommages-intérêts[3] envers M.......; le condamne, en outre, aux dépens, dont distraction, etc.

---

428. Jugement *qui admet la tierce opposition.*

CODE *PR. CIV.*, art. 479.

Le tribunal......., etc.;
Attendu......., etc.;

---

1. Pour que l'exécution du jugement attaqué ne puisse être suspendue, il faut que ce jugement porte condamnation à délaisser un héritage, et, de plus, qu'il soit passé en force de chose jugée. Dans les autres cas, et seulement sur la demande de l'opposant, les juges peuvent surseoir; ils le doivent toutes les fois qu'il y a à craindre que les effets de l'exécution ne soient irréparables (Q. 1732; *Suppl. alphab.*, v° *Tierce opposition*, n. 168 et s.).
2. L'amende n'a pas lieu de plein droit et sans condamnation; mais les juges peuvent en prononcer d'office la condamnation (Q. 1734).
Le minimum de cette amende est de 50 fr. ; la loi ne fixe pas de maximum.
3. L'amende et les dommages-intérêts ont lieu, quelles que soient les causes du rejet de la tierce opposition. Certaines cours et plusieurs auteurs se montrent néanmoins plus indulgents (Q. 1735).

Reçoit M...... tiers opposant à l'exécution du jugement du...;
Faisant droit sur sa tierce opposition;
Attendu......., etc.;
Ordonne que ledit jugement sera considéré comme nul et non avenu à l'égard de [1]......., tout en conservant ses effets à l'égard des autres parties; condamne........ aux dépens, dont distraction, etc.

§ II. — Requête civile [2].

429. Requête *à l'effet d'être autorisé à assigner en requête civile* [3].

CODE PR. CIV., art. 483.

A M. le Premier Président de la Cour d'appel de....... [4]

M....... (*noms, profession*), demeurant à........, ayant M^e.... pour avoué;

A l'honneur de vous exposer, Monsieur le Premier Président, qu'un arrêt [5] rendu contradictoirement par la.... chambre de cette

---

1. La tierce opposition ne profite généralement qu'au tiers opposant; la position reste la même par rapport à ceux qui ont été parties dans le jugement attaqué; il n'y a d'exception que pour le cas où il est absolument impossible d'exécuter séparément le jugement *opposé* et celui qui le rétracte (Q. 1733).

2. Les formules qui suivent sont rédigées dans l'hypothèse d'une requête civile dirigée contre un arrêt. — La procédure est la même lorsqu'elle a pour objet la rétractation d'un jugement en dernier ressort; il n'y a de différence que dans quelques énonciations des actes.

3. Il y a controverse en doctrine et en jurisprudence sur le point de savoir si la requête civile peut être valablement formée par simple assignation et *sans requête préalable*; dans le doute, la prudence exige que la voie de la requête soit suivie (Q. 1775 et 1781).

La demande en requête civile est dispensée du préliminaire de conciliation. (Q. 1781 *bis*).

4. La requête civile, qui est une voie de rétractation, doit toujours être portée devant le tribunal qui a rendu le jugement attaqué, bien qu'elle soit formée incidemment à une contestation pendante devant un autre tribunal (*Suppl. alphab.*, v° *Requête civile*, n° 123).

Mais il n'est pas nécessaire que ce soit devant la même chambre de ce tribunal, ni devant les mêmes juges de cette chambre. Cass., 12 avril 1875 (S. 77.1.376); Glasson et Colmet-Daàge, t. 2, § 123, p. 80.

La requête civile, lorsqu'il s'agit d'un jugement confirmé sur l'appel, doit être portée devant la Cour qui a rendu l'arrêt confirmatif, et non devant le tribunal qui a rendu le jugement confirmé (*Suppl. alphab.*, v° *Requête civile*, n. 126)

La requête civile contre une sentence arbitrale doit être portée, aux termes de l'art. 1026, devant le tribunal qui eût été *compétent pour connaître de l'appel* (Q. 1777 *quater*; Glasson et Colmet-Daàge, *loc. cit.*).

5. Les décisions rendues en dernier ressort ou en premier et dernier ressort

Cour, le 1........, entre lui et M....... (*noms, profession, domicile*), l'a condamné, etc... (*reproduire le dispositif de l'arrêt, objet du recours*). Mais que cet arrêt n'a été obtenu par M....... (*nom du défendeur à la requête*), que grâce à....... (*indiquer le fait qui*

---

sont seules susceptibles de requête civile (Glasson et Colmet-Daâge, t. 2, § 121, p. 72).

Peu importe qu'elles soient contradictoires ou par défaut (Glasson et Colmet-Daâge, *loc. cit.*).

... pourvu que, si elles sont par défaut, elles ne soient plus susceptibles d'opposition (*ibid.*).

Les jugements préparatoires, provisoires et interlocutoires sont, comme les jugements définitifs, susceptibles d'être attaqués par la voie de la requête civile, lorsqu'ils sont en dernier ressort (Q. 1737).

Mais la requête civile n'est recevable contre un jugement préparatoire qu'après qu'il y a eu jugement sur le fond (Glasson et Colmet-Daâge, *loc. cit.*).

La requête civile n'est pas recevable lorsqu'un jugement, d'abord sujet à l'appel, n'est plus susceptible de ce genre de pourvoi parce que les délais sont expirés, ou parce que la partie a acquiescé ou laissé périmer l'instance (Q. 1738 et *Suppl. alphab.*, v° *Requête civile*, n. 3 et 4; Glasson et Colmet-Daâge, *loc. cit.*).

La requête civile est ouverte contre les jugements en dernier ressort des tribunaux de commerce (Q. 1736);

.. Contre les sentences en dernier ressort des juges de paix. Cass., 14 mai 1900 (*J. Av.*, t. 125, p. 245).

Le jugement qui a admis une requête civile peut être l'objet lui-même d'une requête civile, de la part du défendeur, s'il y a ouverture (Q. 1799; *Suppl. alphab.*, v° *Requête civile*, n° 16).

On ne peut jamais recourir à la requête civile, qui est une voie de recours extraordinaire, lorsque les voies de recours ordinaires de l'opposition ou de l'appel sont ouvertes. — Mais il est des cas dans lesquels la requête civile est ouverte en même temps que le recours en cassation; il peut même arriver que l'on emploie ces deux voies concurremment pour éviter les déchéances résultant de l'expiration des délais (Q. 1741).

1. Le délai de deux mois, fixé par l'art. 483 pour la signification de la requête civile, court, pour les jugements par défaut contre lesquels elle est admise, du jour où l'opposition n'est plus recevable (Glasson et Colmet-Daâge, t. 2, p. 81).

Ce délai court contre l'État, les communes et les établissements publics (Q. 1774; *Suppl. alphab.*, v° *Requête civile*, n° 111); Pau, 21 janv. 1872 (S. 72.2.12).

Ce délai de deux mois n'est pas franc : le jour de l'échéance y est compris. Cass., 4 déc. 1865 (*J. Av.*, t. 91, p. 205).

La suspension de délai accordée au mineur, par l'art. 484 C. pr. civ., jusqu'au jour où la signification du jugement ou de l'arrêt est faite à celui-ci, à personne ou domicile, après sa majorité, est applicable à l'interdit : le délai ne court contre l'interdit qu'à partir de la signification à lui faite après la mainlevée de l'interdiction. (Q. 1777 *bis*; Glasson et Colmet-Daâge, t. 2, p. 22).

Ont droit au délai accordé par l'art. 487 C. pr. civ., en cas de décès de la partie condamnée dans les délais pour se pourvoir, tous les successeurs universels et les ayant-cause, quand ils exercent les droits du défunt (Q. 1777 *ter*).

C'est du jour où il est prouvé juridiquement que l'existence du dol a été connue et non de celui où le dol a été présumé découvert que les délais doivent courir (*Suppl. alphab.*, v° *Requête civile*, n° 118); Cass., 7 fév. 1855 (*J. Av.*, t. 81, p. 450); Paris, 17 nov. 1904 (*Ibid.*, t. 130, p. 24).

S'il y a contrariété de jugements, le délai court du jour de la signification du dernier jugement, quoique le premier n'ait pas été signifié (*Suppl. alphab.*, *verb. cit.*, n° 120; Glasson et Colmet-Daâge, t. 2, p. 81 et 82).

On ne peut pas se pourvoir incidemment par requête civile lorsque les délais sont expirés (Q. 1780).

donne ouverture à requête civile); Que l'exposant est dès lors fondé à se pourvoir contre cet arrêt par la voie de la requête civile, comme il est dans l'intention de le faire.

Pourquoi l'exposant requiert qu'il vous plaise, M. le Premier Président, vu : 1° la consultation (*Voir la formule suivante*) ci-jointe, délibérée par trois avocats exerçant depuis plus de dix ans près la Cour d'appel de......., contenant leur déclaration qu'ils sont d'avis de la requête civile qu'entend former l'exposant contre l'arrêt susdaté, et les moyens donnant ouverture à ladite requête [1] ; 2° la quittance (*Voir infra, la formule n° 431*) du receveur de l'enregistrement, en date du......., dûment timbrée, constatant le dépôt fait par l'exposant de la somme de......., pour l'amende et les dommages-intérêts, conformément à l'art. 494 C. pr. civ., et après communication au ministère public, lui permettre de faire assigner M......., demeurant à......., à comparaître devant la Cour dans le délai de la loi, pour voir ordonner que la requête civile contre l'arrêt ci-dessus énoncé sera entérinée, que ledit arrêt sera rétracté dans tous ses chefs, et que les parties seront remises au même et semblable état où elles étaient auparavant;

---

1. L'art. 480 C. pr. civ. énonce dix ouvertures à requête civile : 1° *Dol personnel* (Q. 1742; *Suppl. alphab.*, v° *Requête civile*, n° 27 et suiv. ; Glasson et Colmet-Daâge, t. 2, p. 74) ; — 2° *Violation des formes prescrites à peine de nullité*, soit avant le jugement, soit lors du jugement, pourvu que la nullité n'ait pas été couverte par les parties (Q. 1743 ; *Suppl. alphab.*, verb. cit., n°s 35 et 36; Glasson et Colmet-Daâge, op. cit., t. 2, p. 75) ; — 3° *S'il a été prononcé sur des choses non demandées*, et 4° *s'il a été accordé plus qu'il n'était demandé* : *ultrà petita* (Q. 1745 et suiv.; *Suppl. alphab.*, verb. cit., n°s 37 et suiv.; Glasson et Colmet-Daâge, op. cit., t. 2, p. 76); — 5° *S'il a été omis de prononcer sur un des chefs de demande* (Q. 1748 et suiv.; *Suppl. alphab.*, verb. cit., n°s 49 et suiv. ; Glasson et Colmet-Daâge, op. cit., t. 2, p. 76); — 6° *Contrariété de jugements en dernier ressort entre les mêmes parties, sur les mêmes moyens, dans les mêmes cours ou tribunaux* (Q. 1751 et suiv. ; *Suppl. alphab.*, verb. cit., n°s 62 et suiv. ; Glasson et Colmet-Daâge, op. cit., t. 2, p. 77); — 7° *Dispositions contraires dans le même jugement* (Q. 1757 ; *Suppl. alphab.*, verb. cit., n°s 74 et suiv.; Glasson et Colmet-Daâge, op. cit., t. 2, p. 78) ; — 8° *Défaut de communication au ministère public*, dans un cas où cette communication était obligatoire (Q. 1758 ; *Suppl. alphab.*, verb. cit., n°s 76 et suiv. ; Glasson et Colmet-Daâge, op. cit., t. 2, p. 79); 9° *Pièces reconnues ou déclarées fausses depuis le jugement, et lui ayant servi de base* (Q. 1759 et suiv.; *Suppl. alphab.*, verb. cit., n°s 80 et suiv. ; Glasson et Colmet-Daâge, op. cit., p. 79) ; — 10° *Pièces décisives retenues par le fait de la partie adverse et recouvrées depuis le jugement ou l'arrêt* (Q. 1761 et suiv. ; *Suppl. alphab.*, verb. cit., n°s 86 et suiv. ; Glasson et Colmet-Daâge, op. cit., p. 79).

L'art. 481 C. pr. civ. énonce une autre ouverture à requête civile : 11° Lorsque « *l'État*, les *communes*, les *établissements publics*, et les *mineurs* n'ont pas été défendus ou ne l'ont pas été valablement (Q. 1766 et suiv. ; *Suppl. alphab.*, verb. cit., n°s 94 et suiv. ; Glasson et Colmet-Daâge, op. cit., t. 2, p. 80).

La disposition de l'art. 481 doit être étendue : aux départements (Glasson et Colmet-Daâge, *ubi supra*); ... aux interdits judiciaires (Q. 1772 ; *Suppl. alphab.*, verb. cit., n° 104; Glasson et Colmet-Daâge, op. cit., t. 2, p. 80).

... Mais non aux femmes mariées (Q. 1772 ; Glasson et Colmet-Daâge, loc. cit.) ni aux interdits légaux, ni aux personnes pourvues d'un conseil judiciaire (Glasson et Colmet-Daâge, *ibid.*).

voir ordonner la restitution de la somme consignée, et, attendu qu'en exécution de l'arrêt du......., l'exposant a payé, comme forcé et contraint, à M......, une somme de......., s'entendre, ledit sieur......, condamner à rendre et restituer sans délai ladite somme à l'exposant avec les intérêts courus depuis le jour du paiement, et s'entendre condamner en tous les dépens, dont distraction, etc. Sous toutes réserves, et ce sera justice.

(*Signature de l'avoué.*)

A la suite de la requête, M. le Premier Président ordonne la communication au ministère public en ces termes : Soit la présente requête communiquée à M. le procureur général [1].

Lorsque ce dernier a mis sur la requête : Nous n'empêchons, *ou tout autre équivalent, le président rend une ordonnance en ces termes* :

Nous, Premier Président de la Cour d'appel de......., vu la requête qui précède et les pièces à l'appui; vu l'avis de M. le procureur général, autorisons l'exposant à assigner dans le délai ordinaire, aux fins de la requête ci-dessus [2].

A......., le.......

(*Signature du premier président.*)

---

430. Consultation *en faveur du demandeur en requête civile* [2].

CODE PR. CIV., art. 495.

Les conseils soussignés, avocats près la Cour de......., y demeurant, inscrits au tableau depuis plus de dix ans [4];

Vu l'exposé des faits suivants :

(*Exposer les faits d'une manière nette et précise.*)

Après avoir pris connaissance de l'arrêt rendu par la Cour d'appel

---

1. Toute requête civile doit être communiquée au ministère public avant même qu'elle soit signifiée avec assignation (*Q.* 1789; *Suppl. alphab.*, v° *Requête civile*, n. 134).

Si la communication au ministère public n'a pas eu lieu, il en résulte une nullité complète du jugement; cette nullité n'est pas une ouverture à requête civile mais à cassation (*Q.* 1789 *bis*).

2. La requête civile n'empêche pas l'exécution du jugement attaqué (art. 497).

D'autre part, lorsque la requête civile est dirigée contre un arrêt qui annule un mariage, elle fait obstacle à ce que le défendeur contracte une nouvelle union (*Q.* 1787 *bis*).

Si, en exécution d'un jugement ou arrêt attaqué par voie de requête civile, il y a quelque interlocutoire à instruire ou à juger, la requête civile ne suspend pas l'instruction, ou, du moins, le jugement interlocutoire (*Q.* 1787).

Cependant la contrariété de jugements ou d'arrêts met obstacle à leur exécution. Si donc deux arrêts sont contraires et qu'on se trouve dans l'hypothèse des derniers mots de l'art. 497, on ne peut pas subordonner l'ouverture des plaidoiries sur la requête civile à la preuve d'une exécution réellement impossible (*Q.* 1786).

3. La régie de l'enregistrement n'est pas dispensée de joindre à sa requête civile une consultation d'avocats (*Q.* 1785).

4. Tous les avocats exerçant depuis plus de dix ans dans un tribunal du ressort

de......, en date du....... (*ou bien des arrêts, s'il y a contrariété d'arrêts*);

Dans les cas des §§ 1, 9 *et* 10, *on met* :

Après avoir aussi pris connaissance de....... (*telle pièce ou de tel fait*) ;

Sont unanimement d'avis que....... (*telle ouverture à la requête civile*) existe au profit de M...... contre l'arrêt de la Cour d'appel de......., en date du........

Fait et délibéré à......., par les anciens avocats soussignés, le........

(*Signature des trois avocats.*)

Remarque. — Cette consultation n'est pas assujettie à l'enregistrement.

431. Certificat *de consignation*[1].

Code *PR. CIV.*, art. 494.

(Voir *supra, formule* n° 406.)

432. Assignation *en requête civile.*

Code *PR. CIV.*, art. 483 et 492.

L'an......, le......, à la requête de M....... (*noms, profession*), demeurant à......., rue......, n°......., pour lequel

---

de la Cour, ou près la cour elle-même, ont le droit de signer la consultation exigée (Q. 1785 *ter*).

Le défaut d'exercice pendant dix ans de la part de l'un des avocats signataires est une cause de nullité de la requête civile (Q. 1785 *quat.*).

Mais le choix des avocats, parmi les avocats inscrits depuis le temps requis, appartient à la partie. Trib. civ. de la Seine, 7 janv. 1896 (*Le Droit*, 15 fév. 1896).

La consultation doit, comme la quittance du receveur, être signifiée, à peine de déchéance, en même temps que l'assignation (Q. 1785 *bis*).

1. Il faut que la consignation soit faite avant l'acte introductif de la requête civile, c'est-à-dire avant la requête (*Suppl. alphab.*, v° *Requête civile*, n° 139).

La consignation doit être faite entre les mains des receveurs de l'enregistrement (*Suppl. alphab.*, verb. *cit.*, n° 143).

Le montant de la consignation de l'amende, lorsque la requête civile est dirigée contre un jugement rendu par un tribunal de première instance, soit par défaut, soit contradictoire, est de 75 fr. (Trib. civ. de la Seine, 7 janv. 1896, précité).

S'il y a plusieurs parties, une seule consignation est suffisante lorsqu'elles ont le même intérêt (Glasson et Colmet-Daâge, *op. cit.*, t. 2, p. 83).

Il y a lieu à restitution de l'amende lorsque, avant qu'il ait été statué par le tribunal, le demandeur justifie d'une transaction intervenue sur la demande en requête civile ; mais cette restitution ne doit plus avoir lieu si le demandeur ne s'est désisté que pour vice de forme (Q. 1791 *bis*).

La restitution est également due si la partie qui avait consigné l'amende n'a pas formé sa requête (Q. 1791).

domicile est élu en l'étude de M^e......., avoué près la Cour d'appel de......., y demeurant, rue........., n°........, lequel se constitue et occupera pour lui sur la présente assignation et ses suites;

J'ai........ (*immatricule de l'huissier*), soussigné, signifié et en tête (de celle) des présentes laissé copie à M....... (*nom, profession*), demeurant à....., rue......, n°....., audit domicile [1], où étant et parlant à.....

I. De la consultation en date du......., signée de M^es...... (*nom des avocats signataires*), tous les trois avocats exerçant depuis plus de dix ans près la Cour d'appel de......., contenant : 1° la déclaration qu'ils sont d'avis de la requête civile qu'entend former le requérant contre l'arrêt rendu contradictoirement entre les parties par la....... chambre de la Cour d'appel de......., le......., signifié à domicile le......; 2° les moyens donnant ouverture à ladite requête;

II. De la quittance du receveur de l'enregistrement de......, en date du......, constatant que le requérant a déposé entre ses mains la somme de......, pour l'amende et les dommages-intérêts auxquels le requérant pourrait être condamné, sur la requête civile dont il est ci-après parlé;

III. De l'ordonnance rendue par M. le Premier Président de la Cour d'appel de........; le......, enregistrée, mise au bas de la requête à lui présentée le même jour, ensemble de ladite requête.

Et à mêmes requête, demeure, élection de domicile et constitution d'avoué que dessus, j'ai, huissier susdit et soussigné, donné assignation au susnommé, parlant comme il a été dit, à comparaître à huitaine franche, délai de la loi, par ministère d'avoué, à l'audience et par-devant MM. les Premier président, présidents et conseillers composant la Cour d'appel de....., séant au palais de justice, à....., heure de.......

Pour, par les motifs énoncés en la requête dont copie précède (celle des présentes);

En voir adjuger au requérant les fins, moyens et conclusions; et s'entendre en outre condamner aux dépens. Sous toutes réserves. A ce qu'il n'en ignore.

Et j'ai, audit sieur......., audit domicile, et parlant comme dessus, laissé copie, tant des consultation, quittance, requête et ordonnance ci-dessus énoncées, que du présent exploit, sous enveloppe etc........ Coût........

Remarque. — Lorsque la requête civile est formée dans les six

---

1. On ne peut valablement notifier l'assignation dont parle l'art. 483 au domicile élu lors de l'exécution du jugement (*Q*. 1774 *bis*).
Spécialement, à cet égard, l'art. 584 C. pr. civ., qui autorise à faire toutes significations au domicile élu dans le commandement afin de saisie-exécution, n'est pas applicable. Cass., 7 août 1855 (*J. Av.*; t. 81, p. 468).

mois de l'arrêt, la partie est assignée au domicile de l'avoué qui a obtenu l'arrêt (art. 492) en ces termes :

L'an, etc...,

J'ai...... (immatricule de l'huissier), *soussigné, signifié et donne copie à* M......., *demeurant à*......., *au domicile de* M^e......; *son avoué, demeurant à*........, *où étant et parlant à*......., etc.

---

433. Requête *civile incidente dans le cas de la deuxième disposition de l'art. 493* [1].

CODE PR. CIV., art. 493.

Cette demande est formée par assignation, précédée d'une requête en brevet et d'une ordonnance (voir les formules précédentes), *comme lorsqu'il s'agit de la requête civile principale.*

---

434. Requête *civile incidente dans le cas de la première disposition de l'art. 493* [2].

CODE PR. CIV, art. 493.

A MM. les Président et conseillers composant la....... *chambre de la Cour d'appel de*.......

Pour M...... (*noms, profession*), demeurant à....... intimé au principal, demandeur en requête civile, ayant pour avoué M^e.....;

Contre M...... (*noms, profession*), demeurant à......, appelant au principal et défendeur à ladite requête civile, ayant pour avoué M^e......;

Plaise à la Cour :

Attendu....... (*rapporter les faits et indiquer les moyens développés dans la consultation*);

Attendu....... (*énoncer la consultation et la consignation d'amende comme dans la formule, supra*, n° 429);

Par ces motifs; Recevoir le concluant incidemment demandeur, à l'effet d'attaquer par la voie de la requête civile l'arrêt contradictoirement rendu entre lui et M......., par la Cour......., le......., signifié à partie le.......; ordonner que la présente

---

1. Cette disposition prévoit le cas où la contestation principale est pendante devant un tribunal autre que celui qui a rendu le jugement donnant ouverture à requête civile.

2. C'est le cas où la contestation principale est pendante devant le même tribunal qui a rendu le jugement donnant ouverture à la requête civile, et qui est compétent par suite pour connaître de cette voie de recours.

requête civile sera entérinée, que ledit arrêt sera rétracté dans tous ses chefs, et que les parties seront remises au même et semblable état où elles étaient auparavant; ordonner la restitution de la somme consignée; et, attendu qu'en exécution de l'arrêt du...., l'exposant a payé, comme forcé et contraint, à M....... une somme de......., ordonner que M....... sera condamné à lui restituer sans délai ladite somme et le condamner aux dépens, dont distraction, etc.

Pour original (*ou* copie.)   (*Signature de l'avoué.*)

Signifié, laissé copie à M^e......., avoué, à son domicile, où étant et parlant à......., par moi huissier audiencier soussigné, le....: 1° de la consultation dont il est parlé en la requête dont copie précède; 2° de la quittance du receveur de l'enregistrement, énoncée dans ladite requête; et 3° de la requête ci-dessus. — Coût.......

(*Signature de l'huissier.*)

Remarque. — Pour se pourvoir incidemment par requête civile contre un jugement ou un arrêt rendu par les juges devant lesquels on est en instance, il n'est pas besoin de présenter une requête afin d'être autorisé à assigner en requête civile.

---

435. Requête *ou* **Conclusions** *en réponse à la requête civile, soit incidente, soit principale* [1].

CODE *PR. CIV.*, art. 493.

A MM. les Président et conseillers composant la..... chambre de la Cour d'appel de......

Pour M....... (*noms, profession*), demeurant à......., appelant au principal et défendeur en requête civile, ayant pour avoué M^e.......;

Contre M....... (*noms, profession*), demeurant à......., intimé au principal et demandeur en requête civile, ayant pour avoué M^e....;

Il plaira à la Cour : attendu que....... (*exposé des faits et développement des moyens*);

Par ces motifs; déclarer M....... purement et simplement non recevable, en tous cas mal fondé en sa requête civile; rejeter ladite requête civile; en conséquence, ordonner que l'arrêt rendu contradictoirement entre les parties par la....... chambre de cette Cour

---

1. On peut répondre à la requête civile, principale ou incidente, même dans le cas où l'affaire serait de nature à être jugée au fond comme matière sommaire (*Q.* 1782).

En matière de requête civile, c'est toujours à la procédure ordinaire qu'il faut recourir. Paris, 6 avril 1867 (*J. Av.*, t. 92, p. 266).

...à moins que le tribunal ne préfère ordonner l'instruction par écrit (Glasson et Colmet-Daâge, t. 2, p. 84).

le......., dûment enregistré et signifié, sera exécuté selon sa forme et teneur et dans toutes ses dispositions, et condamner M... en....... francs de dommages-intérêts envers le concluant, sans préjudice de l'amende, et aux dépens, dont distraction, etc.

Pour original (*ou* copie).   (*Signature de l'avoué.*)
Signifié, laissé copie, etc.

Remarque. — Aux termes des art. 492 et 496 C. pr. civ., l'avoué de la partie qui a obtenu le jugement ou l'arrêt attaqué se trouve constitué de droit, sans nouveau pouvoir, s'il y a moins de six mois depuis la date de ce jugement ou de cet arrêt : ainsi, les frais d'une constitution nouvelle seraient frustratoires.

---

436. Demande *en sursis devant un tribunal autre que celui où est pendante la requête civile.*

CODE PR. CIV., art. 491.

A la requête de M......, ayant M^e....... pour avoué ;
Soit signifié et dénoncé à M^e......, avoué de M......., que le requérant s'est pourvu par la voie de la requête civile contre l'arrêt rendu entre les parties par la Cour d'appel de......., le......;
Que ce recours en requête civile a été formé par exploit du ministère de......., huissier à......., en date du......., enregistré, dont copie est donnée en tête (de celle) des présentes ;
Qu'antérieurement à ce recours, M....... a déclaré vouloir se servir dudit jugement dans l'instance actuellement pendante entre les parties, devant le tribunal de....... ;
Mais qu'en présence de la requête civile dont s'agit, il ne peut être régulièrement statué sur la demande de M......., laquelle est fondée sur l'arrêt attaqué ;
Soit sommé, en conséquence, M^e....... de comparaître et se trouver le......., heure de......., en l'audience de la....... chambre du tribunal, pour :
Voir dire et ordonner qu'il sera sursis [1] à statuer sur la demande formée par M......., jusqu'après la décision à intervenir sur la requête civile formée par le requérant ;
Et, en cas de contestation, s'entendre condamner aux dépens, dont distraction, etc.

Remarque. — Toute autre demande en sursis est formée de la même manière.

---

1. Le tribunal saisi de la cause principale passe outre ou surseoit au jugement de cette cause, lorsqu'il y a requête civile incidente, suivant que la décision attaquée est de nature à influer ou non sur le jugement à intervenir (Q. 1779).

437. Arrêt *qui rejette la requête civile.*

Code *PR. CIV.*, art 500.

La Cour......, etc.;
Ouï M......, avocat général, en ses conclusions;
Attendu......, etc.; Par ces motifs;
Déclare M...... non recevable en sa demande en requête civile du......, contre l'arrêt rendu le......, lequel continuera d'être exécuté selon sa forme et teneur;
Condamne ledit sieur...... à l'amende de...... et en...... francs de dommages-intérêts [1] envers M......, et le condamne, en outre, aux dépens, dont distraction, etc.

Remarque. — Toute instance en requête civile doit être instruite et jugée comme matière ordinaire (Q. 1783).

---

438. Arrêt *qui admet la requête civile.*

Code *PR. CIV.*, art. 501.

La Cour......, etc. (*comme à la formule précédente*) [2];
Faisant droit sur la requête civile formée par M...... contre l'arrêt du......, rétracte [3] ledit arrêt; en conséquence, remet les

---

1. Il faut, pour condamner le demandeur qui succombe aux dommages-intérêts, que son adversaire ait conclu à ce qu'ils lui soient adjugés (Q. 1791 *ter*).
2. L'art. 499, qui ne veut pas qu'on puisse discuter des moyens autres que les ouvertures à requête civile énoncées en la consultation, empêche qu'on puisse proposer par un simple acte, avec une seconde consultation, des ouvertures découvertes postérieurement à la première consultation (Q. 1790; *Suppl. alphab.*, v° *Requête civile*, n. 150, 151).
3. La procédure de requête civile se divise en deux parties: un premier jugement d'abord intervient, qui statue sur l'admissibilité de la requête civile: c'est le *rescindant*; et c'est seulement si le rescindant est favorable, c'est-à-dire si le premier jugement a déclaré la requête civile recevable, qu'il est passé outre et statué au fond par un second jugement appelé « *rescisoire* ».
En principe, il est est défendu de cumuler le rescindant et le rescisoire. Cass., 26 nov. 1861 (*J. Av.*, t. 86, p. 475); Glasson et Colmet-Daäge, t. 2, p. 85.
Cependant, le rescindant et le rescisoire peuvent être décidés par le même jugement lorsque la requête civile est fondée sur des moyens tirés du fond, de telle sorte que leur mérite ne puisse être apprécié sans apprécier en même temps celui de la contestation (Q. 1975 *bis*).
Il en est autrement lorsque les ouvertures de requête civile ne sont pas essentiellement liées avec le fond de la contestation, par exemple, s'il s'agit de la violation des formes ou de l'adjudication de choses non demandées (Q. 1795 *bis*).
Si la requête civile a été dirigée contre un seul des chefs d'un arrêt ou d'un jugement en dernier ressort, ce chef est seul rétracté, à moins que les autres n'en soient dépendants (Glasson et Colmet-Daäge, *op. cit.*, t. 2, p. 86).
Lorsqu'il y a contrariété entre deux dispositions d'un même jugement, on ne doit pas ordonner que la première sera exécutée; mais l'une et l'autre disposition de ce même jugement doivent être rétractées, sauf à procéder au fond par un jugement nouveau (Q. 1794).
Au contraire, dans le cas de contrariété entre deux jugements, on ordonne l'exécution du premier jugement.

parties au même et semblable état où elles étaient avant ledit arrêt;
Ordonne la restitution de la somme de......, payée par M....., en exécution dudit arrêt, comme contraint et forcé, ensemble de celle de......., montant des intérêts courus depuis le jour du paiement, et de celle de......., montant des frais [1] auxquels M....... a été condamné par l'arrêt rétracté, ainsi que de l'amende et des dommages-intérêts par lui consignés, à quoi faire sera le receveur de l'enregistrement contraint, quoi faisant déchargé;
Condamne M...... aux dépens [2] dont distraction, etc.

439. Acte *de reprise d'instance après le rescindant pour faire statuer sur le rescisoire* [3].

CODE PR. CIV., art. 501.

(Voir *supra, formule* n° 221.)

§ III. — **Prise à partie.**

440. Réquisition *pour constater le déni de justice.*

CODE PR. CIV., art. 507.

L'an......., le......., à la requête de M........ (*noms, profession*), demeurant à......., rue......., n°......., pour lequel domicile est élu à......, rue......, n°.......

J'ai....... (*immatricule de l'huissier*), soussigné, prié et requis [4] pour la première fois M......., juge au tribunal de première

---

1. Dans les dépens qui sont adjugés lors du jugement sur la requête civile, il faut comprendre les dépens exposés lors du premier procès, et que la partie avait été obligée de payer en exécution du jugement rétracté (Q. 1793 *bis*).
2. Si le jugement rétracté n'est que préparatoire ou interlocutoire, on applique la première disposition de l'art. 501, relative au paiement des dépens, en ordonnant la restitution des dépens faits depuis ce jugement inclusivement, mais il n'est statué sur les dépens antérieurs que par le jugement qui prononce sur le rescisoire (Q. 1793).
Le jugement sur requête civile n'est pas susceptible d'appel. Nancy, 22 mai 1862 (J. Av., t. 87, p. 296); Q. 1795 *ter*; Glasson et Colmet-Daàge, t. 2, p. 86. Mais s'il a été rendu par défaut il est susceptible d'opposition (Q. 1799 *bis*).
3. Il suffit d'un acte d'avoué à avoué; une assignation donnée à personne ou à domicile serait frustratoire, à moins qu'il n'y eût révocation des avoués qui ont précédemment occupé, ou que le défendeur eût fait défaut (Q. 1792; Glasson et Colmet-Daàge, t. 2, p. 87); Cass., 14 déc. 1885 (D. P. 87.1.78).
Lorsque la Cour de cassation a cassé un arrêt qui a rejeté une requête civile, c'est la Cour de renvoi qui doit connaître du rescisoire (Q. 1795).
4. La loi veut que le déni de justice soit constaté par deux réquisitions faites, en la personne du greffier, au juge de répondre la requête, ou au tribunal de juger (Q. 1809; *Suppl. alphab.*, v° *Prise à partie*, n. 26 et s.).

instance de....., en la personne de M......, greffier [1] dudit tribunal, en son greffe, au palais de justice, où étant et parlant à.....

De répondre la requête à lui présentée par le requérant le....., à l'effet d'obtenir....... (*objet de la requête*).

Et je lui ai, audit greffe, parlant comme ci-dessus, laissé copie du présent. Coût......

(*Signature de l'huissier.*)

Vu le présent original et reçu la copie à......., le........

(*Signature du greffier.*)

Remarque. — Si cette première réquisition demeure sans résultat, il en est signifié une seconde dans la même forme.

---

441. Requête *présentée pour obtenir la permission de prendre un juge à partie* [2].

CODE *PR. CIV.*, art. 511.

A Messieurs les Premier Président, Présidents et Conseillers composant la Cour d'appel de....... [3]

M...... (*noms, profession*), demeurant à......., ayant pour avoué M[e]......., qui occupera pour lui sur la prise à partie dont il va être parlé, a l'honneur de vous exposer, Messieurs, que : ...(*exposer les faits et mentionner les deux réquisitions*), qu'il résulte des faits qui précèdent que M..... [4] se trouve dans le cas de l'art.

---

1. Les réquisitions peuvent être faites en la personne du greffier trouvé ailleurs qu'au greffe ; le greffier est tenu de viser l'original (*Q.* 1810).
Bien que l'art. 508 ne parle de ces réquisitions qu'à l'égard d'un juge, elles n'en sont pas moins prescrites pour le cas où la prise à partie est dirigée, soit contre une partie du tribunal, soit contre un tribunal entier.
2. La loi n'ayant pas fixé de délai, la prise à partie n'est soumise qu'à la prescription trentenaire (*Q.* 1820 *bis*).
3. L'autorité compétente pour connaître de la prise à partie dirigée contre une cour d'assise ou contre une cour d'appel est la Cour de cassation.
Une action en prise à partie incidente à une plainte en forfaiture peut être portée devant la Cour de cassation (*Q.* 1812).
4. On peut prendre à partie les juges des cours d'appel comme ceux des tribunaux inférieurs (*Q.* 1811).
Le juge-commissaire d'une faillite ne peut être actionné en dommages-intérêts que par la voie de la prise à partie (*J. Av.*, t. 76, p. 402, art. 1113).
Lorsque la prise à partie est fondée sur un jugement émané d'un tribunal entier, elle ne peut être dirigée contre un des juges seulement, tel, par exemple, que le rapporteur (*Q.* 1802 ; *Suppl. alphab.*, v° *Prise à partie*, n. 5).
La prise à partie peut être exercée contre l'héritier du juge (*Q.* 1803).
La prise à partie est la seule voie ouverte contre les officiers du ministère public à raison de faits relatifs à l'exercice de leurs fonctions. Une demande en dommages-intérêts dirigée contre eux dans la forme ordinaire, pour des faits de cette

505 [1] du Code de procédure civile;

Pourquoi l'exposant requiert qu'il plaise à la Cour [2];

L'autoriser à prendre à partie M......, et à lui faire signifier [3] dans les trois jours l'arrêt à intervenir, avec assignation devant la Cour dans les délais de la loi, pour voir admettre la prise à partie; voir ordonner en conséquence que M....... s'abstiendra de procéder et de juger dans la cause dont il s'agit; s'entendre condamner

---

nature, n'est pas de la compétence des tribunaux de première instance (*J. Av.*, t. 74, p. 500). V. *Suppl. alphab.*, v° *Prise à partie*, n. 7, 8).

Les greffiers des tribunaux ne peuvent pas être pris à partie, sauf dans les cas des art. 164 et 370 C. instr. crim. (*Q.* 1801 *ter*).

La prise à partie n'est pas ouverte contre les arbitres, ils doivent être poursuivis par action ordinaire et condamnés à des dommages-intérêts (*ibid.*, et *J. Av.*, t. 74, p. 302, art. 690).

Un juge de paix peut être pris à partie, à raison de ses fonctions dans une assemblée de famille (*Q.* 1811).

1. Il n'y a de causes légitimes de prise à partie que celles énoncées dans l'art. 505. — Néanmoins, cet article s'applique à toutes sortes de prévarications de la part du juge dans l'exercice de ses fonctions, à quelque juridiction qu'il appartienne d'ailleurs. — Il n'est limitatif qu'à l'égard des infractions qu'il précise (*Q.* 1804; *Suppl. alphab.*, v° *Prise à partie*, n. 33 et s.).

Les cas où la prise à partie est expressément prononcée par la loi sont ceux prévus par les art. 77, 112, 164, 271 et 370 C. instr. crim. (*Q.* 1806).

Les cas où la loi prononce la responsabilité, sous peine de dommages-intérêts, sont en général les suivants : 1° si un juge de paix laisse périmer une instance, art. 15 C. pr. civ.; 2° s'il fait la levée des scellés avant l'expiration de trois jours depuis l'inhumation (art. 928); 3° s'il se rend coupable d'attentat à la liberté civile (art. 114, 117 et 119 C. pr. civ.); dans ce dernier cas, il y a lieu à prise à partie si la personne lésée préfère la voie civile, ainsi que l'art. 117 lui en donne la faculté (*Q.* 1807).

La prise à partie est le seul moyen de poursuivre un juge en dommages-intérêts dans les cas prévus par l'art. 505 (*Q.* 1807 *bis*; *Suppl. alphab.*, v° *Prise à partie*, n. 33, 34).

Il y a déni de justice : 1° D'après l'art. 40 C. civ., quand le juge refuse de juger sous prétexte de silence, d'obscurité ou d'insuffisance de la loi (*Q.* 1809); 2° Si le tribunal renvoie à faire droit, sur une partie non contestée de la demande, jusqu'à ce que la partie litigieuse de cette demande soit en état d'être jugée (*ibid.*); 3° Si, au lieu de surseoir à sa décision, le juge de paix passe outre au jugement du fond de l'affaire, nonobstant les récusations à lui notifiées et les conclusions prises devant lui à fin de sursis de sa part; il y a déni de justice pour la demande en récusation, et dol et fraude quant au fond (*ibid.*).

Il y a encore déni de justice quand un juge refuse de répondre *affirmativement ou négativement* une requête, mais non lorsqu'il répond la requête par une ordonnance négative (*J. Av.*, t. 76, p. 96, art. 1013).

Dans le cas de déni de justice, on n'a pas la faculté de se pourvoir en appel (*Q.* 1808; *Suppl. alphab.*, v° *Prise à partie*, n. 32).

2. Lorsque la requête à l'effet d'obtenir la permission porte sur le dol, la fraude ou la concussion, la partie est obligée d'en administrer les preuves avec sa requête si ce sont des preuves écrites; si elle ne peut prouver que par témoins, elle détaille les faits, et, s'ils sont admissibles, la Cour ordonne une enquête (*Q.* 1815; *Suppl. alphab.*, v° *Prise à partie*, n. 46).

Il faut, dans tous les cas, pour que l'accusation soit admise, qu'il y ait évidence de preuves (*ibid.*).

3. La requête à présenter à la Cour, pour être autorisé à prendre un juge à partie, ne doit pas être préalablement notifiée à ce magistrat comme dans le cas de l'art. 514 (*Q.* 1816 *bis*).

en....... francs de dommages-intérêts envers l'exposant; et s'entendre en outre condamner aux dépens; sous toutes réserves.
Présenté au palais de justice, à....... le.......
(*Signatures de l'avoué et de la partie* [1].)
Remarque. — Cette requête doit être communiquée au ministère public.

---

442. Arrêt *qui rejette la requête en autorisation de prendre à partie.*

Code PR. CIV., art. 513.

La Cour d'appel de......., 1re chambre, réunie en la chambre du conseil [2] où étaient présents MM.......
Vu la requête à elle présentée par M.......; contenant....... (*rapporter le contenu*), ladite requête signée par l'exposant et par Me......., son avoué;
Ouï le rapport de M......., conseiller, ensemble M. le procureur général en ses conclusions;
Attendu que..... (*énoncer les motifs*);
Par ces motifs; Déclare ladite requête non admissible, et condamne M....... en....... d'amende envers l'État [3] et aux dépens.

---

443. Arrêt *qui permet la prise à partie.*

Code PR. CIV., art. 514.

La Cour, etc. (*préambule comme dans la formule précédente.*)
Attendu que....... (*motifs*);

---

1. La requête doit être signée par la partie ou par son fondé de procuration authentique et spéciale, dont le brevet ou l'expédition doit être annexé à la requête à peine de nullité, ainsi que les autres pièces justificatives. — En conséquence, il convient, lorsque la requête est signée du mandataire, d'ajouter, après les noms de l'exposant, ces mots: *agissant poursuites et diligences de M....., son mandataire spécial à l'effet des présentes, suivant procuration passée devant Me...., notaire à....., et son collègue, le....., enregistrée, dont l'original en brevet (ou l'expédition) est annexé à la présente requête.*
2. L'arrêt qui statue sur la requête en prise à partie doit être rendu en chambre du conseil. Cependant la chambre des requêtes de la Cour de cassation est dans l'usage, lorsqu'elle est saisie d'une demande de prise à partie, d'admettre le demandeur à présenter ses observations en audience publique (Q. 1821).
3. L'art. 513 C. pr. civ. dit bien que, si la requête est rejetée, la partie sera condamnée à l'amende *sans préjudice des dommages-intérêts envers les parties s'il y a lieu*; ces derniers mots ne signifient pas que l'arrêt qui statue sur la requête, avant que le juge ait été mis en cause, doive d'office prononcer à son profit des dommages-intérêts, mais que, s'il y a rejet, le juge pourra se pourvoir en dommages-intérêts.

Par ces motifs; — Permet à l'exposant de prendre à partie M.... et de l'assigner dans les délais de la loi, devant la...... [1] chambre, que la Cour désigne pour juger la prise à partie dont s'agit [2].

444. Signification *au juge de l'arrêt qui admet la prise à partie avec assignation devant la Cour d'appel.* [3]

Code PR. CIV., art. 514.

L'an......., le........ [4], à la requête de M....... (*noms, profession*), demeurant à......., rue......, n°........, pour lequel domicile est élu à......., rue......., n°........, en l'étude de M•......., avoué près la Cour d'appel de......, lequel se constitue et occupera pour lui sur l'assignation ci-après et ses suites, j'ai..... (*immatricule de l'huissier*), soussigné,

Signifié et en tête (de celle) des présentes laissé copie à M....., juge au tribunal civil de première instance de......., demeurant à......., rue......., n°......., audit domicile, où étant et parlant à....... [5]

D'un arrêt [6] rendu par la première chambre de la Cour d'appel de......, le......., enregistré, sur la requête présentée par l'exposant, ledit arrêt autorisant l'exposant à prendre à partie M....., susnommé; ensemble de ladite requête.

---

1. S'il n'y a qu'une chambre civile dans une Cour, c'est la chambre correctionnelle ou la chambre des mises en accusation qui doit juger la prise à partie (*Suppl. alphab.*, v° *Prise à partie*, n. 64).
2. Un juge ne peut, à peine de nullité, du consentement même des parties, concourir au jugement d'un procès dans lequel serait intéressé celui qui l'aurait pris à partie (Q. 1820).
Pour faire prononcer la nullité établie par l'art. 514, on procède ainsi : si la prise à partie n'a été dirigée que contre un juge et que le tribunal qui a rendu le jugement soit encore en nombre suffisant, on peut se pourvoir devant lui pour faire prononcer la nullité, si la voie de l'opposition est ouverte; sinon, il faut employer d'appel ou la requête civile, selon que le jugement est en premier ou en dernier ressort; si le même tribunal ne peut statuer parce qu'il n'est pas en nombre, il faut se pourvoir devant la Cour de cassation (Q. 1817 *bis*).
3. Le juge pris à partie ne doit pas être assigné à comparaître devant la Cour par un exploit séparé. Cet acte séparé ne devrait pas passer en taxe. L'assignation doit être donnée par l'acte même de signification de l'arrêt et de la requête Q. 1816 *ter*).
4. La signification ne serait pas réputée non avenue parce que la requête n'aurait pas été signifiée dans le délai de trois jours, prévu par l'art. 514 C. pr. civ. (Q. 1817).
L'art. 1033, relatif à l'augmentation du délai en raison des distances, est applicable (*ibid.*).
5. La signification prescrite par l'art. 514 doit être faite au juge personnellement, et non à la personne du greffier comme les réquisitions exigées par l'art. 507 (Q. 1816; *Suppl. alphab.*, v° *Prise à partie*, n. 55).
6. On doit signifier avec la requête l'arrêt qui l'admet (Q. 1818).
Cependant, il serait difficile de soutenir qu'il y eût nullité si l'on se bornait à énoncer l'arrêt d'admission (*ibid.*).

Et, à mêmes requête, demeure, élection de domicile et constitution d'avoué que dessus, j'ai, huissier susdit et soussigné, donné assignation au susnommé à comparaître d'aujourd'hui à huitaine franche, délai de la loi, à l'audience et par-devant MM. les président et conseillers composant la....... chambre de la Cour d'appel de......, désignée par le susdit arrêt pour juger la présente demande, ladite cour séant à......, heure de......., pour, par les motifs énoncés en la requête dont copie précède [celle des présentes], en voir adjuger au requérant les fins, moyens et conclusions ; et s'entendre condamner en tous les dépens.

Sous toutes réserves. A ce qu'il n'en ignore. Et je lui ai, audit domicile, en parlant comme ci-dessus, laissé copie, tant des requête et arrêt susénoncés, que du présent, sous enveloppe, etc. Coût....

(*Signature de l'huissier.*)

---

445. Constitution *d'avoué.*

(Voir *supra, formule n° 394.*)

---

446. Défenses *fournies par le juge pris à partie.*

CODE *PR. CIV.*, art. 514.

(Voir *supra, formule n°* 435.)

---

447. Réponse *aux défenses* [1].

(Voir *la formule précédente.*)

---

448. Intervention *dans l'instance en prise à partie* [2].

(Voir *supra, formule n°* 243)

---

1. Celui qui prend le juge à partie peut répondre à l'écrit de défenses fourni par ce dernier (Q. 1819).
2. Les parties qui ne figurent pas dans la requête, mais qui souffrent du retard que subit la procédure, peuvent intervenir dans la demande pour obtenir des dommages-intérêts par le même jugement qui doit statuer sur la prise à partie (Q. 1815 *quat.*).

449. Arrêt *qui rejette la prise à partie.*

CODE PR. CIV., art. 516.

La Cour......, etc.;
Ouï......, etc.;
Ouï M. le procureur général en ses conclusions;
Attendu......., etc.;
Par ces motifs ; déclare M....... mal fondé en sa demande de prise à partie; rejette ladite demande ; condamne M...... à...... fr. d'amende; le condamne, en outre, à payer la somme de......, à titre de dommages-intérêts[1] envers M......., et le condamne aux dépens, dont distraction, etc.

Remarque. — La prise à partie est portée à l'audience sur un simple acte (Voir *supra, formule n° 247*).

450. Arrêt *qui accueille la prise à partie.*

CODE PR. CIV., art. 515.

La Cour......, etc. (*comme à la formule précédente*);
Attendu......., etc. (*motifs de l'admission de la prise à partie*);
Par ces motifs ; Déclare régulière en la forme la prise à partie formée par M....... contre M......., juge au tribunal de......;
la déclare, en outre, juste au fond ;
En conséquence, condamne M.... (*le juge*) à payer à M.... la somme de......., à titre de dommages-intérêts[2], pour le préjudice causé à ce dernier par le déni de justice qu'il a commis; ordonne la restitution de l'amende consignée; et condamne, en outre, M... aux dépens, dont distraction, etc.

§ IV. — Pourvoi en cassation.

La voie extraordinaire du recours en cassation n'est ouverte aux parties que pour violation de la loi, et seulement contre les décisions rendues en dernier ressort.

Devant la Cour de cassation la procédure est d'une grande simplicité. Les avocats authentiquent les écritures par leur signature. Le règlement de 1738, dont certains articles sont tombés en désuétude, complété et modifié dans plusieurs de ses dispositions par des

---

1. Lorsque la prise à partie est rejetée, l'amende est de droit, et, par conséquent, doit être prononcée d'office; mais il en est autrement des dommages-intérêts : ils doivent être formellement demandés.
2. L'effet de la prise à partie, quand elle est admise, est de faire condamner le juge à des dommages-intérêts proportionnés au préjudice qu'a éprouvé la partie (Q. 1823; *Suppl. alphab.*, v° *Prise à partie*, n. 69).

lois diverses, notamment par les lois du 27 nov. 1790, du 2 brum. an IV, l'ordonnance du 15 janv. 1826, et la loi du 2 juin 1862, es encore en vigueur.

Les pourvois en cassation ne peuvent pas être signifiés directement au défendeur. Le pourvoi doit être déposé par un avocat à la Cour de cassation, au greffe de cette Cour, dans le délai indiqué par la loi.

Ce délai, en principe, est de deux mois à partir de la signification de la décision attaquée à personne ou à domicile, si cette décision est contradictoire, et à partir du moment où elle n'est plus susceptible d'opposition, si elle est par défaut. Dans le cas où il s'agit d'un jugement ou d'un arrêt de la chambre du conseil, rendu sans contradicteur, le délai court à partir du jour même de la sentence. — Pour les parties demanderesses en cassation domiciliées hors de la France continentale, ou en pays étranger, le délai est augmenté conformément aux art. 4, 5 et 9 de la loi du 2 juin 1862.

Les deux seuls actes de la procédure du pourvoi en cassation dont la formule nous paraît entrer dans le cadre de cet ouvrage sont : quand le pourvoi a été admis par la chambre des requêtes, la signification de l'arrêt d'admission avec assignation à comparaître devant la chambre civile ; — et, lorsqu'il y a eu cassation prononcée par la chambre civile, la signification de l'arrêt de cassation avec assignation à comparaître devant la Cour de renvoi.

451. Signification *de l'arrêt d'admission.*

L'an......., le........[1], à la requête de M....... (*noms, profession*), demeurant à......., pour lequel domicile est élu dans le cabinet de Mᵉ......., avocat à la Cour de cassation, demeurant à Paris, rue......., n°......., qu'il constitue et qui continuera de le défendre. J'ai...... (*immatricule de l'huissier*)[2], soussigné, signifié et en tête (de celle) des présentes laissé copie à M...... (*noms, profession*), demeurant à......., en son domicile[3], où étant et parlant à.......

---

1. Les délais accordés pour la signification de l'arrêt d'admission sont réglés par la loi du 2 juin 1862, art. 2 et 6. — Ils sont les mêmes que pour le pourvoi. Voir ci-dessus. L'expiration de ces délais sans signification entraîne, sauf le cas de force majeure, déchéance absolue du pourvoi. Cette déchéance doit être suppléée d'office, elle est d'ordre public. Le délai est franc (L. 2 juin 1862, art. 9).
Si la signification n'est faite qu'à l'une des parties en cause, la déchéance est encourue à l'égard des autres. Cass., 6 juin 1895 (D. P. 95.1.484).
2. A Paris, les huissiers audienciers près la Cour de cassation ont seuls le droit de signifier les arrêts d'admission (art. 11, loi du 2 brum. an 4). La nullité qui résulte du défaut d'observation de cet article peut être prononcée d'office (*J. Av.*, t. 76, p. 129, art. 1025 *ter*).
3. Lorsque la partie que l'arrêt d'admission permet de citer est décédée pendant l'instruction du pourvoi, la signification ne peut être faite à son domicile, alors même que le décès n'a pas été signifié au demandeur; il faut notifier au domicile de ses héritiers (*J. Av.*, t. 76, p. 129, art. 1025 *ter*).

De l'arrêt d'admission rendu par la chambre des requêtes sur le pourvoi du requérant, le......, enregistré ; et en vertu dudit arrêt, j'ai assigné ledit sieur....... [1] à comparaître dans..... (*délai de la loi de* 1862) [2], devant la Cour de cassation, chambre civile, séant au palais de justice, à Paris, pour s'y défendre et voir adjuger au requérant les conclusions de son pourvoi, énoncées audit arrêt ; et je lui ai, audit domicile, en parlant comme ci-dessus, laissé copie tant dudit arrêt et des mémoires y insérés que du présent exploit, sous enveloppe, etc. Coût.......

(*Signature de l'huissier.*) [3]

Remarque. — S'il est survenu des changements de qualité depuis l'arrêt attaqué, soit dans la personne des demandeurs, soit dans celle des défendeurs, ce qui doit être vérifié avec le plus grand soin, il faut rédiger et délivrer l'assignation en conséquence ; l'arrêt d'admission ne peut être valablement signifié qu'à la personne ayant qualité au moment de la signification. Cass., 24 déc. 1888. (D. P. 89.1.165).

---

452. Signification *de l'arrêt de la chambre civile à partie avec assignation devant la Cour de renvoi.*

Cette signification a lieu dans la même forme que celle de l'arrêt d'admission (Voir *formule précédente*), *et l'exploit, au lieu de contenir assignation devant la chambre civile, porte ajournement devant la Cour d'appel ou le tribunal qui a été désigné par l'arrêt de cassation, avec constitution d'un des avoués près cette Cour ou ce tribunal, pour voir statuer à nouveau sur le mérite des prétentions du demandeur.*

---

1. On ne doit appeler devant la chambre civile que les parties dont la position peut être atteinte ou modifiée par la cassation. La signification de l'arrêt d'admission est faite seulement aux personnes qu'il désigne, à peine de nullité pour les autres.
2. Les délais pour comparaître sont déterminés par la loi du 2 juin 1862. Le délai ordinaire est d'un mois à partir de la signification de l'arrêt d'admission (art. 3). Il est ajouté à ce délai (art. 4 et 6) des délais semblables à ceux qui sont ajoutés au délai du pourvoi, lorsque le défendeur est domicilié hors du territoire continental de la France ou absent du territoire français de l'Europe ou de l'Algérie pour cause de service public. (Voir *supra*, p. 387)

Quoiqu'il ne soit pas indispensable d'assigner formellement les défendeurs, et que la signification de l'arrêt ait été déclarée emporter *de plein droit* obligation pour ce dernier de se présenter devant la chambre civile dans les délais fixés (Dalloz, Rép., v° *Cassation*, n° 1136), nous conseillons néanmoins de se conformer à la formule ci-dessus.
3. Plusieurs auteurs pensent que, conformément à l'art. 17, tit. 1, 2e partie, du règlement, la signification de l'arrêt d'admission doit aussi être signée sur l'original et sur la copie par l'avocat du demandeur, mais la Cour n'exige pas cette signature (Dalloz, *op. et verb. cit.*, n° 1141).

TROISIÈME PARTIE

VOIES D'EXÉCUTION

Sommaire

CHAPITRE PREMIER. — Règles générales sur l'exécution forcée des jugements et actes. — CHAPITRE DEUXIÈME. — Voies ordinaires d'exécution : TITRE PREMIER. — Voies ordinaires simples : I. Liquidation de dommages-intérêts. — II. Liquidation de fruits. — III. Réception de caution. — IV. Offres réelles et consignation. — TITRE DEUXIÈME. — Voies ordinaires complexes : I. Saisie-exécution. — II. Saisie-brandon. — III. Saisie-gagerie et saisie-foraine. — IV. Saisie-revendication. — V. Saisie-arrêt ou opposition. — VI. Saisie de rentes. — VII. Saisie immobilière. — CHAPITRE TROISIÈME. — Voie extraordinaire : TITRE UNIQUE. — Emprisonnement.

CHAPITRE PREMIER

RÈGLES GÉNÉRALES SUR L'EXÉCUTION FORCÉE DES JUGEMENTS ET ACTES

BIBLIOGRAPHIE. — Carré et Chauveau, *Lois de la procédure civile et commerciale*; Dutruc, *Supplément alphabétique aux lois de la procédure civile et commerciale* de Carré et Chauveau.

453. Intitulé *qui doit précéder et* **Mandement** *qui doit terminer les jugements et actes pour qu'ils soient exécutoires.*

CODE PR. CIV., art. 545.

INTITULÉ

RÉPUBLIQUE FRANÇAISE, AU NOM DU PEUPLE FRANÇAIS.

MANDEMENT

En conséquence, le Président de la République française mande et ordonne, etc. (Voir *supra*, *formule n° 311*).

Remarque. — Avant la loi du 3 mars 1849, les décisions et contraintes administratives étaient exécutoires sans formules (Q 1894)[1]. L'art. 39 de cette loi exigea la formule exécutoire ; mais les décrets des 25 et 30 janv. 1852 ayant abrogé cette loi, l'ancien principe a repris son autorité. D'où il résulte qu'actuellement les décisions administratives sont exécutoires sans *visa* ni mandements.

454. Signification *aux héritiers pour rendre exécutoires contre eux le titre exécutoire contre leur auteur* [2]

Code CIV., art 877.

L'an......., le........ ;
A la requête de M........ (*noms, profession, domicile*), j'ai......

---

1. Lorsqu'une deuxième grosse a été délivrée par le dépositaire du titre authentique, il ne suffit pas, pour qu'elle soit exécutoire, qu'elle soit revêtue de la formule : il faut encore que cette seconde grosse ait été délivrée conformément aux art. 844 et 845 C. pr. civ. (Voir *infra*, 5ᵉ *partie*), si la première grosse a été égarée, ou d'après les formalités prescrites par l'art. 4 de l'ordonnance du 30 août 1815, si la seconde grosse est requise en vertu de cette ordonnance (Q. 1898 *quinquies*; Suppl. alphab., v° *Exécution forcée des jugements et actes*, n. 33).
On ne peut pas exécuter en vertu d'une copie d'expédition du jugement, lors même qu'une ordonnance du président du tribunal de première instance l'a rendue exécutoire (Q. 1898 *sexies*).
La jurisprudence décide qu'il n'est pas rigoureusement nécessaire, pour la régularité des poursuites, que la copie signifiée reproduise exactement toutes les formalités exigées pour la grosse même de l'acte. Il est prudent néanmoins, de copier avec fidélité l'original (Q. 1898 *sept*. ; Suppl. alphab., verb. cit., n. 55 et suiv.).
Il est des actes judiciaires qui peuvent être exécutés sans être revêtus de la formule exécutoire : ce sont les ordonnances de référé déclarées exécutoires sur la minute (Q. 1898 *oct*.) et les ordonnances rendues sur requête par les présidents ou les juges-commissaires dans diverses circonstances.
La nullité résultant de l'omission de la formule exécutoire sur l'expédition d'un arrêt est couverte par l'exécution sans réserves de la part de la partie.
Les titres pour dettes mobilières, exécutoires contre le mari ou la femme, avant le mariage, le sont de plein droit contre la communauté.
Le cessionnaire d'un titre exécutoire n'est pas tenu, pour le mettre à exécution, de s'y faire autoriser par justice, et, pour qu'il puisse le faire exécuter, il n'est pas nécessaire qu'il soit porteur d'un acte de cession revêtu lui-même de la formule exécutoire (Q. 1898 *bis*).
Le créancier, subrogé légalement ou conventionnellement, peut poursuivre le débiteur par toutes les voies qui appartenaient au premier créancier (Q. 1898 *ter*).
Il suffit, pour qu'un acte notarié puisse être mis à exécution, qu'il soit revêtu de la formule exécutoire ; et il n'est pas prescrit, à peine de nullité, que cet acte soit légalisé par le président du tribunal, lorsque l'exécution doit avoir lieu hors du département dans lequel réside le notaire qui l'a dressé (Q. 1902).
Mais le tribunal devant lequel cet acte est produit peut, si la signature est contestée et qu'il y ait des motifs sérieux d'en suspecter l'authenticité, suspendre l'exécution jusqu'à la légalisation (Q. 1903).
2. Cette signification préalable n'est requise que lorsqu'on veut poursuivre directement sur les biens des héritiers l'exécution par la voie parée. Elle n'est pas nécessaire pour diriger contre les héritiers une demande en condamnation (Q. 1896). Voir aussi Orléans, 15 février 1876 (*J. Av.*, t. 101, p. 247), et Trib. civ. de Blidah, 7 fév. 1905 (*Ibid.*, t. 130, p. 141).

(*immatricule de l'huissier*), soussigné, signifié et en tête [de celle] des présentes, laissé copie à.... :

1° M........ (*noms, profession*), demeurant à......., audit domicile, où étant et parlant à.......; 2° M...... (*noms, profession*), demeurant à......, audit domicile, où étant et parlant à...., les susnommés pris au nom et en qualité de seuls et uniques héritiers de M....... (*noms, profession*), décédé, demeurant de son vivant à......;

De : 1°.......; 2°....... (*énoncer les titres, jugements ou actes*), lesdits titres exécutoires contre feu M......;

Déclarant aux susnommés que la présente notification leur est faite pour, aux termes de l'art. 877 C. civ., rendre exécutoires contre eux personnellement les...... (*titres*) susénoncés et en poursuivre l'exécution, s'il y a lieu, huitaine après la date du présent. Sous toutes réserves, etc.

A ce qu'ils n'en ignorent.

Et je leur ai, auxdits domiciles, parlant comme ci-dessus, laissé copie tant des...... (*titres*) susénoncés que du présent, sous enveloppe, etc. Coût.......

---

455. Assignation *en révision d'un jugement émané d'un tribunal étranger pour obtenir qu'il soit rendu exécutoire en France*[1].

Code PR. CIV., art. 546.

L'an........, le........;

A la requête de M...... (*noms, profession, domicile*), pour lequel domicile est élu à......., rue......., n°......., en l'étude de M°......., avoué près le tribunal civil de......, lequel se constitue et occupera pour lui sur la présente assignation et ses suites, j'ai...

La notification aux héritiers peut contenir commandement de payer, en laissant le délai de huitaine. Ainsi, une prescription va s'accomplir avant huit jours : le créancier l'interrompt valablement en faisant notifier le titre aux héritiers et en leur faisant commandement d'avoir à se libérer dans le délai d'un jour franc, à partir de l'expiration de la huitaine qui court du jour de la notification. La jurisprudence valide cette procédure (Q. 1896 ; J. Av., t. 75, p. 220, et t. 76, p. 539).

1. Ce n'est pas par voie de simple requête, mais par assignation, qu'il faut se pourvoir pour faire rendre exécutoire en France un jugement étranger. Le jugement obtenu sur requête ne serait pas opposable au défendeur (*J. Av.*, t. 76, p. 196, et t. 88, p. 438).

Il ne suffit pas d'un simple *pareatis* pour rendre exécutoire en France un jugement rendu en pays étranger ; mais (sauf le cas où il existe des traités internationaux en disposant autrement) le jugement doit être révisé par les tribunaux français (*Suppl. alphab.*, v° *Exécution forcée des jugements et actes*, n°s 50 et suiv.).

La sentence révisée devient nationale et comporte toutes les voies d'exécution usitées en France (*Suppl. alphab., verb. et loc. cit.*).

(*immatricule de l'huissier*), soussigné, donné assignation à M......
(*noms, profession, domicile*), où étant et parlant à......;

A comparaître à huitaine franche, délai de la loi, outre les délais de distance, par ministère d'avoué, à l'audience et par-devant MM. les Président et juges composant le tribunal civil de première instance [1] de......, au palais de justice, à......, heure de....., pour :

Attendu que le requérant a obtenu contre M......, un jugement rendu par le tribunal de...... (*qualifier le tribunal étranger*), en date du......, portant condamnation à son profit d'une somme de....., ledit jugement passé en force de chose jugée ;

Attendu que M...... possède, en France, des immeubles sur lesquels il importe au requérant de poursuivre l'exécution de ce jugement ;

Par ces motifs ;

Voir dire et ordonner que le jugement rendu le......, par le tribunal de......, aura force exécutoire en France, comme s'il émanait des tribunaux français ; s'entendre en conséquence de nouveau condamner à payer au requérant la somme de......, comprenant le montant de la condamnation originaire, les frais exposés et les intérêts courus depuis cette condamnation ; et s'entendre en outre condamner aux dépens, etc. Sous toutes réserves. A ce qu'il n'en ignore.

Et j'ai laissé audit sieur......, en son domicile, parlant comme ci-dessus, copie du présent, sous enveloppe, etc. Coût......

---

456. Certificat *de signification du jugement délivré par l'avoué.*

CODE PR. CIV., art. 548 et 549.

Je soussigné (*nom et prénoms de l'avoué*), avoué près le tribunal civil de première instance de......, demeurant à......, rue....., n°......, ayant occupé pour M......, dans l'instance qui a existé devant ledit tribunal entre lui et M......, certifie que le jugement contradictoirement rendu (*ou* rendu par défaut) entre les parties susnommées dans ladite instance par la...... chambre du tribunal, le......, enregistré, a été signifié à Me......, avoué de M......, par acte du palais en date du......, et au domicile de M......, par exploit de......, huissier, en date du......, enregistré.

En foi de quoi j'ai délivré le présent certificat.

A......, le......

(*Signature de l'avoué.*)

---

1. Si la décision étrangère, dont l'exécution en France est demandée, est un arrêt d'une cour souveraine étrangère, la demande doit être portée, non devant un tribunal de première instance, mais devant une Cour d'appel (*Suppl. alphab., verb. cit.*, n° 73).

CHAPITRE 1er. — RÈGLES GÉNÉRALES. — 457

Remarque. — Le certificat de signification dressé et signé par l'avoué est présenté au greffier qui, après avoir constaté qu'aucune opposition ou aucun appel n'est mentionné sur le registre, dont la tenue est prescrite par l'art. 163 C. pr. civ., délivre un certificat constatant que le jugement n'a été attaqué ni par voie d'opposition ni par voie d'appel. L'appelant[1], qui a intérêt à ce que le jugement ne soit pas exécuté à l'égard des tiers, doit faire, au greffe du tribunal qui a rendu le jugement, la déclaration de l'appel par lui interjeté, et le greffier est tenu de la consigner sur le registre précité (*Voir supra*, formule n° 299, par analogie) dans la même forme que la déclaration de l'opposition au jugement par défaut. — L'attestation du greffier est ainsi conçue :

Je, soussigné, greffier près le tribunal civil de première instance de......, atteste qu'il n'existe sur le registre du greffe aucune mention d'opposition ou d'appel contre le jugement rendu le......, par la....... chambre de ce tribunal, entre M....... et M.......

En foi de quoi j'ai délivré le présent certificat, conformément à l'art. 548 C. pr. civ.

Fait au greffe, le........

(*Signature du greffier.*)

---

457. Signification des certificats de l'avoué et du greffier au tiers avec **Sommation** d'avoir à exécuter le jugement[2].

CODE PR. CIV., art. 550.

L'an....., le......[3], à la requête de M....... (*noms, profession, domicile*), pour lequel domicile est élu à......., chez......

---

1. On ne doit mentionner, sur le registre dont parle l'art. 549, que l'opposition ou l'appel relatifs aux jugements exécutoires par un tiers. — Les autres jugements sont exécutoires contre les parties condamnées sans production de certificats (Q. 1909 bis).
C'est l'avoué de première instance et non celui d'appel qui doit faire la mention de l'appel (Q. 1908).
2. Dans la pratique, cette signification n'a lieu qu'autant que le tiers manifeste l'intention de résister à l'exécution. Dans la plupart des cas, le tiers exécute sur la simple production du jugement et des certificats. — S'il refuse, on lui signifie les certificats avec sommation d'avoir à exécuter le jugement, et, après cette mise en demeure, on l'assigne en référé.
Par les *tiers*, dont parle l'art. 548, il faut entendre toutes les personnes, autres que celles qui sont intéressées dans l'instance terminée par le jugement, et qui cependant, à raison de leur qualité ou de leurs fonctions, sont tenues de concourir à son exécution (Q. 1905)... par exemple, les préposés de la Caisse des dépôts et consignations (*Suppl. alphab.*, v° *Exécution forcée des jugements et actes*, n°° 146 et suiv.)... ou un conservateur des hypothèques.
3. Il est nécessaire, dans le cas de l'art. 548, d'attendre l'expiration du délai de l'appel pour mettre à exécution un jugement contradictoire non encore passé en force de chose jugée (Q. 1906).

J'ai...... (*immatricule de l'huissier*), soussigné, signifié et déclaré à M...... (*noms, profession, domicile du conservateur des hypothèques*), audit domicile, où étant et parlant à.......
Qu'un jugement rendu le......, par le tribunal civil de......., entre le requérant et M....... (*noms, profession, domicile*), enregistré, a prescrit la radiation de l'inscription hypothécaire prise par M......., au bureau des hypothèques de......, le......, sur les immeubles appartenant au requérant, situés à......; — Que, pour faire exécuter ce jugement, le requérant a obtenu : 1° Un certificat[1] délivré le......, par M^e......, avoué près ledit tribunal de......, constatant que le jugement précité a été signifié à avoué et à partie, enregistré;
2° Une attestation délivrée le......, par le greffier dudit tribunal, constatant qu'il n'existe, sur les registres du greffe, aucune mention d'opposition ni d'appel contre ledit jugement, aussi enregistrée; desquels certificat et attestation copie[2] est donnée en tête [de celle] des présentes.
Et à même requête que ci-dessus, j'ai fait sommation à M....... (*conservateur des hypothèques*), d'avoir à exécuter immédiatement ledit jugement, sous peine d'y être contraint par toutes voies et moyens de droit.
Et j'ai, audit domicile, parlant comme ci-dessus, laissé copie tant des certificats susénoncés que du présent. Coût......

(*Signature de l'huissier.*)

Vu et reçu copie, etc.

458. Commandement *à toutes fins avec notification du titre de créance.*

L'an......, le......, en vertu de la grosse dûment en forme exécutoire d'un.... (*jugement, arrêt* ou *acte notarié*, rendu le......, par le tribunal civil de...., ou *la cour de*..., ou bien *passé par M^e*... *et son collègue, notaires à*......, *le*......) enregistré (*s'il s'agit d'un jugement ou d'un arrêt, on ajoute* : signifié à avoué, le......) dont copie[3] est donnée en tête [de celle] des présentes, et à la

---

1. Les personnes désignées par l'art. 550 peuvent, avant d'exécuter le jugement, exiger qu'on leur représente non seulement le certificat du greffier, mais encore celui de l'avoué, constatant, comme le veut l'art. 548, que le jugement a été signifié à la partie condamnée (Q. 1909; *Suppl. alphab., verb. cit.*, n. 177).
2. Les poursuites commencées contre un tiers avant qu'on lui ait présenté les certificats doivent être annulées lorsque, sur la production tardive des certificats, le tiers exécute; elles doivent être validées, si, après cette production, la résistance du tiers continue (*Q.* 1909 *quat.*).
3 La copie en tête du commandement du titre en vertu duquel il est fait n'est requise à peine de nullité que si ce commandement est le préalable d'une saisie; il en est autrement s'il s'agit d'un simple acte de mise en demeure: Bourges, 30 juill. 1907 (*J. Huiss.*, t. 89, p. 53).

requête de M...... (*noms, profession, domicile*), pour lequel domicile est élu à....... (*indication du lieu et de la personne chez laquelle cette élection est faite*), j'ai...... (*immatricule de l'huissier*), soussigné, fait commandement à M....... (*noms, profession, domicile*), en son domicile, où étant et parlant à....... De, dans....... (*délai*) pour tout délai, avoir à payer au requérant la somme de......, montant des condamnations prononcées en principal par ledit jugement (*ou arrêt; ou bien de l'obligation précitée*), celle de....., pour les intérêts courus depuis......, et celle de....., pour les dépens comprenant le coût de l'expédition et de la signification dudit jugement, sans préjudice et sous réserve de tous autres dus, droits, actions, et frais de mise à exécution.

Déclarant à M...... que, faute par lui de satisfaire au présent commandement, dans le délai indiqué, il y sera contraint par toutes les voies et moyens de droit. A ce qu'il n'en ignore. Et je lui ai, audit domicile, parlant comme ci-dessus, laissé copie du présent, sous enveloppe, etc. Coût.......

---

459. Opposition *à un commandement avec assignation en nullité des poursuites*[1].

CODE *PR. CIV.*, art. 551 à 554.

L'an......, le......

A la requête de M...... (*noms, profession et domicile*), pour lequel domicile est élu en l'étude de M^e......, avoué près le tribunal civil de première instance de......, y demeurant, rue......, n°......, lequel se constitue et occupera pour lui sur la présente assignation et ses suites, j'ai...... (*immatricule de l'huissier*), soussigné, déclaré à M...... (*noms, profession*), demeurant à......, audit domicile, où étant et parlant à.......

Que le requérant s'oppose par le présent acte à ce qu'il soit donné suite au commandement qui lui a été notifié par exploit de......, huissier à......, en date du......, enregistré, à la requête de

---

1. La partie qui a reçu commandement tendant à saisie-exécution peut y former opposition et en demander la nullité avant qu'il ait été procédé à la saisie (*Q.* 2215; Garsonnet, t. 3, p. 607); Bordeaux, 30 juill. 1858 (*J. Av.*, t. 79, p. 35.) — *Contra*, Paris, 9 déc. 1848 (*J. Av.*, t. 74, p. 306).

Mais l'opposition au commandement n'a pas d'effet suspensif, et ne met pas obstacle à la continuation des poursuites; le créancier peut passer outre à la saisie, sans être tenu de justifier que l'opposition n'existe plus; il s'expose seulement ainsi à des dommages-intérêts envers le saisi, si l'opposition est ultérieurement reconnue fondée (*J. Av.*, t. 79, p. 35. note sous Bordeaux, 30 juill. 1858 précité).

Toutefois l'opposant peut faire ordonner provisoirement la discontinuation des poursuites en référé, si le moyen sur lequel l'opposition est fondée paraît sérieux.

M......., protestant de nullité contre ce commandement et les poursuites [1] qui pourraient être faites en conséquence.

Et, pour voir statuer sur le mérite de cette opposition, j'ai, huissier susdit et soussigné, à mêmes requête, demeure, élection de domicile et constitution d'avoué que ci-dessus, donné assignation au susnommé, audit domicile et en parlant comme il a été dit, à comparaître à huitaine franche, délai de la loi, outre les délais de distance, par ministère d'avoué, à l'audience et par-devant MM. les Président et juges composant le tribunal civil de..... [2], pour — Attendu que...... (*indiquer les motifs sur lesquels se fonde l'opposition*) ; Par ces motifs ; voir dire et ordonner que...... (*conclusions du demandeur*) ; en conséquence, entendre prononcer la nullité du commandement précité et de tout ce qui l'aurait suivi ; s'entendre en outre condamner à....... fr. de dommages-intérêts, pour le préjudice occasionné au requérant par les poursuites, et en tous les dépens. Sous toutes réserves. A ce qu'il n'en ignore.

Et j'ai, audit domicile, en parlant comme ci-dessus, laissé copie du présent sous enveloppe, etc... Coût.......

---

1. Les art. 551 et 552 C. pr. civ. s'occupent des conditions que doivent réunir le titre et la créance pour que l'exécution puisse être poursuivie sur les biens du débiteur. Le titre doit être exécutoire, et les choses qui font l'objet de la créance doivent être liquides et certaines, pour qu'une saisie mobilière ou immobilière puisse être continuée après avoir été pratiquée (*Suppl. alphab.*, v° *Exécution des jugements et actes*, n° 82).

On doit considérer comme titre authentique, dont il est permis à un notaire de délivrer expédition exécutoire, un acte sous seing privé déposé par les parties elles-mêmes chez un notaire qui a été chargé d'en délivrer une grosse.

Mais le jugement qui donne acte de la reconnaissance d'une signature apposée sur un acte sous seing privé n'est pas un titre exécutoire autorisant à poursuivre l'exécution par voie parée de l'acte sous seing privé (*ibid.*).

Un jugement qui ne prononce pas de condamnation principale susceptible de liquidation, mais qui condamne une partie aux frais, peut servir de titre à une saisie-exécution en paiement de ces frais (Q. 1911).

On peut, en vertu d'un jugement qui a été exécuté par le paiement du montant de la condamnation en capital, intérêts et frais liquidés, poursuivre le paiement des frais non liquidés et des frais de mise à exécution dûment taxés ; le créancier n'est pas obligé de prendre un nouveau jugement de condamnation pour ces frais (*Suppl. alphab.*, *verb. cit.*, n°⁵ 85, 86).

La grosse du jugement ou de l'arrêt condamnant la partie qui succombe aux dépens constitue, aux mains de l'autre partie, un titre exécutoire pour le recouvrement de ces dépens, sous la seule obligation par elle de les faire taxer, et sans avoir même à faire revêtir la taxe de la formule exécutoire. Cass., 21 oct. 1901 (*J. Av.*, t. 126, p. 247).

Un propriétaire porteur d'un bail authentique qui saisit un immeuble hypothéqué, pour sûreté de ses fermages, n'est pas obligé d'obtenir jugement qui détermine et liquide le montant des fermages dus (Q. 1912).

Un acte authentique d'ouverture de crédit constitue un titre suffisant pour servir de base à une saisie-exécution ou à une saisie-immobilière, alors qu'il est constant que les fonds ont été versés ; il n'est pas nécessaire que la réalisation du crédit soit elle-même constatée par acte authentique ou par jugement. Paris, 4 nov. 1897 (*J. Av.*, t. 123, p. 58).

2. Les contestations élevées sur l'exécution des jugements des tribunaux de com-

460. Procès-verbal *de rébellion dressé par l'officier insulté dans l'exercice de ses fonctions* [1].

CODE PR. CIV., art. 555.

L'an......, le......, heure de......, je...... (*immatricule de l'huissier*), soussigné, agissant à la requête de M...... (*noms, profession, domicile*), et en vertu d'un jugement rendu par le tribunal de......, le......, enregistré, au profit de M...... ; m'étant transporté à......, au domicile de M...... (*noms, profession*), assisté de M...... et M...... (*noms, professions, domiciles*), témoins voulus par la loi, pour procéder à la saisie-exécution des meubles et effets mobiliers de M...... susnommé, j'y ai trouvé ledit sieur......, qui, à mon aspect, est entré dans une violente colère et m'a...... (*énoncer les injures dont l'officier ministériel a été victime, dire s'il a été l'objet de voies de fait, exprimer les efforts qu'il a faits pour arriver à la conciliation*), ce que voyant, et dans l'impossibilité où j'étais de remplir ma mission, je me suis retiré avec mes témoins déjà désignés, protestant contre la conduite de M......, et j'ai dressé le présent procès-verbal de rébellion, conformément à l'art. 555 C. pr. civ., qui sera transmis à M. le Procureur de la République près le tribunal de......, pour avoir telles suites que de droit ; sous la réserve la plus expresse de tous mes droits pour obtenir la réparation civile du préjudice que ledit sieur...... m'a causé par ses insultes et ses imputations calomnieuses.

(*Signature de l'huissier.*)

---

merce doivent être portées au tribunal civil du lieu où se poursuit cette exécution (art. 442 et 553 C. pr. civ.).

Il en est de même, au cas de difficulté élevée sur l'exécution d'un jugement de justice de paix, alors même qu'il s'agit d'une somme inférieure à 200 fr. (Curasson, *Compétence des juges de paix*, t. 2, n°ˢ 843 et suiv. ; Carou, *Juridiction des juges de paix*, t. 2, n° 637).

Les contestations auxquelles donne lieu l'exécution, par voie de saisie mobilière ou immobilière, des décisions rendues par les tribunaux administratifs, sont aussi soumises au tribunal civil du lieu de l'exécution (Q. 1914; *Suppl. alphab.*, v° *Exécution forcée des jugements et actes*, n° 184).

L'art. 554 C. pr. civ. veut que les difficultés d'exécution qui requièrent célérité soient provisoirement appréciées par le tribunal du lieu qui renverra la connaissance du fond au tribunal compétent. En vertu de ce principe, le juge de paix est compétent pour statuer sur les cas d'extrême urgence (Q. 1915).

Lorsqu'un jugement, en condamnant plusieurs personnes aux dépens, a ordonné que ces dépens seraient répartis entre elles suivant certaines proportions, il ne peut être procédé à une saisie-exécution, en vertu d'un exécutoire de dépens délivré au créancier, tant que cette répartition n'a pas eu lieu.

1. L'huissier chargé de l'exécution d'un jugement ou d'un acte peut requérir lui-même la force armée (Q. 1916).

CHAPITRE DEUXIÈME

VOIES ORDINAIRES D'EXÉCUTION

TITRE PREMIER

VOIES ORDINAIRES SIMPLES

BIBLIOGRAPHIE. — Carré et Chauveau, *Lois de la procédure civile et commerciale*; Dutruc, *Supplément alphabétique aux lois de la Procédure civile et commerciale* de Carré et Chauveau; Deffaux et Harel, *Encyclopédie des huissiers*; Glasson et Colmet-Daâge, *Précis théorique et pratique de procédure civile*; Aubry et Rau, *Cours de droit civil français*, 5ᵉ édition; Demolombe, *Traité des contrats et obligations conventionnelles*; Dalloz, *Recueil périodique et critique de jurisprudence, de législation et de doctrine*; Sirey, *Recueil général des lois et arrêts*; *Journal du Palais*; *Journal des avoués*; *Journal des huissiers*.

§ Iᵉʳ. — Liquidation de dommages-intérêts[1].

461. Déclaration *de dommages-intérêts.*

CODE *PR. CIV.*, art. 523.

Déclaration des dommages-intérêts à donner par état, auxquels M...., demeurant à...., a été condamné envers M...., demeurant à......, par jugement contradictoirement rendu par le tribunal civil de première instance de......, le......, enregistré et signifié.

OBSERVATIONS

M...... fait observer que le jugement rendu a posé en principe que les dommages-intérêts devaient être calculés non seulement sur

---

1. Il n'y a lieu à cette procédure, à laquelle se rapportent les formules nᵒˢ 461 et suiv. ci-après, que lorsque le tribunal n'a pas usé du droit, qui lui appartient toujours, de fixer immédiatement, séance tenante, le chiffre des dommages-intérêts, et s'est borné à poser, dans son jugement, le principe des dommages-intérêts dus, en ordonnant que le chiffre en sera ultérieurement fixé sur état (*Suppᵗ. alphab.*, vᵒ *Dommages-intérêts*, nᵒ 18).

le préjudice matériel causé à M......., par la prétention de M.... à une servitude de vue sur le terrain où M...... se préparait à élever des constructions, tel que détérioration et perte de matériaux, mais encore sur la perte provenant de ce que les capitaux consacrés par M...... à l'achat du terrain et des matériaux dont s'agit sont demeurés improductifs pendant la durée du procès ; etc., etc.

(*On expose ainsi les faits et les dispositions du jugement qui servent de base à la déclaration des dommages-intérêts.*)

Sous le mérite de ces observations, M...... établit le chiffre des dommages-intérêts à lui dus, sur les bases suivantes :

ART. 1er. La somme de......., montant des dégradations qu'ont subies les fondations et caves commencées par M..., et qu'il s'est vu forcé d'interrompre, par suite de cette interruption et de leur exposition aux intempéries, ci.......... »

ART. 2. La somme de......, pour frais de travaux de soutènement des terres, afin d'éviter les éboulements pendant l'interruption des constructions, de couvertures provisoires en planches, etc., ci.. »

ART. 3. La somme de........, pour intérêts pendant....., de la somme de......., prix d'achat du terrain, ci........... »

ART. 4. Celle de......, pour intérêts à 4 p. 100 pendant..., de la somme de....... f., consacrée à l'achat des matériaux, cet intervalle de......., s'étant écoulé entre le commencement du procès et le jugement définitif, ci................. »

ART. 5....... (*Exposer dans la même forme les autres causes de répétition.*)

TOTAL .... »

Pour justifier de la sincérité des articles de la présente déclaration, M...... produit :

1° Une expédition en bonne forme d'un acte passé le......., devant Me....... et son collègue, notaires à......., enregistré, contenant vente à M......., par M......., du terrain sis........ ;

2° Une liasse de... (*nombre*) pièces, contenant les factures et quittances timbrées et enregistrées, et cotées par première et dernière, constatant les paiements faits aux vendeurs des matériaux et aux ouvriers pour travaux de terrassement et de maçonnerie, etc.

C'est pourquoi cette déclaration, certifiée sincère et véritable, a été dressée par moi, avoué soussigné, pour servir à l'exécution du jugement ci-dessus énoncé, à......., le.......

(*Signature de l'avoué.*)

Remarque. — Avant de signifier la déclaration, si l'on ne veut pas communiquer à l'amiable les pièces à l'appui, on doit en opérer le dépôt au greffe. Ce dépôt est constaté par un acte ainsi conçu :

L'an......., le......., au greffe et par-devant nous, greffier du tribunal civil de......., a comparu Me......., avoué près le tribunal et de M......, lequel nous a déclaré que, par jugement de ce tribunal rendu le......., entre M....... et M......., enregistré et signifié, ce dernier a été condamné à payer audit sieur....... des dommages-intérêts à donner par état; que la déclaration faite par M......, le......, porte ces dommages-intérêts à la somme de.....

A l'appui de cette déclaration, ledit M^e...... nous a remis : 1°...; 2°...... (énoncer les pièces déposées);

Desquels comparution et dépôt le comparant a demandé acte, que nous lui avons donné, et a signé avec nous, greffier, les jour, mois et an ci-dessus, après lecture.

(*Signatures du greffier et de l'avoué.*)

---

462. Signification *de la déclaration de dommages-intérêts.*

Code PR. CIV., art. 523.

A la requête de M......, demeurant à......., ayant pour avoué M^e........;

Soit signifié et en tête [de celle] des présentes laissé copie à M^e......., avoué [1] de M........ :

1° De la déclaration, détaillée article par article, des dommages-intérêts auxquels M........ a été condamné envers le requérant par jugement [2] de la....... chambre du tribunal de........, rendu contradictoirement le....., enregistré et signifié, ladite déclaration enregistrée;

2° De l'expédition d'un acte fait au greffe de ce tribunal le......, enregistré, constatant le dépôt qui y a été opéré par M^e......, au nom de son client, des titres et pièces à l'appui de ladite déclaration;

Soit, en conséquence, sommé ledit M^e....... de, dans quinzaine pour tout délai [3], prendre communication au greffe (*sans ou avec déplacement*) des titres et pièces y déposés, et de faire, dans la huitaine qui suivra l'expiration de ce délai, offre au requérant de telle somme qu'il jugera convenable pour dommages-intérêts.

Lui déclarant que, faute par lui de ce faire, le requérant se pour-

---

1. La déclaration de dommages-intérêts est signifiée par exploit à personne ou domicile, lorsque la partie contre laquelle elle est fournie n'a pas d'avoué en cause (Q. 1833).
L'avoué du défendeur ne peut pas indéfiniment occuper, sans nouveau pouvoir, sur l'instance de liquidation; l'art. 1038 C. pr. civ. pose une règle qu'il faut respecter (Q. 1834).
2. Si le jugement qui alloue les dommages-intérêts n'a pas été signifié avant la déclaration de dommages, il doit être signifié avec cette déclaration (Q. 1833 *bis*).
3. Le défendeur a un délai de quinze jours pour prendre communication des pièces (Q. 1835; *Suppl. alphab.*, v° *Dommages-intérêts*, n° 25).
S'il y a plusieurs défendeurs, chacun jouit de ce délai successivement, et en commençant par le plus diligent (Q. 1835, *in fine*).

voira à l'effet d'obtenir contre M....... condamnation au paiement du montant de la déclaration. Dont acte.

Pour original (*ou copie.*)   (*Signature de l'avoué.*)
Signifié, laissé copie, etc.

Remarque. — Si les pièces n'ont pas été déposées au greffe, on déclare que le requérant est prêt à communiquer les titres et pièces à l'appui de la déclaration sur simple récépissé [1]; et l'acte porte sommation de faire les offres dans les huit jours qui suivront la quinzaine à partir de la communication.

---

463. **Acte** contenant la critique de la déclaration de dommages-intérêts et l'offre d'une somme [2].

CODE PR. CIV., art. 524.

A la requête de M......., ayant pour avoué M^e......;
(*S'il n'y avait pas d'avoué constitué, on ajoute* : qu'il constitue et qui occupera pour lui sur les présentes offres et leurs suites).

Soit signifié et déclaré à M^e......., avoué près le tribunal de première instance de....... et de M.......,

Que, sur la déclaration de dommages-intérêts signifiée à la requête de M....... suivant acte du palais en date du......,

1° Le requérant expose qu'en ce qui concerne les observations générales .....(*réfuter, s'il y a lieu, les prétentions qui ont servi de base à la fixation des dommages-intérêts*);

2° Qu'en tous cas, et sous le mérite de ces observations, il critique les articles du détail, par les motifs suivants :

En ce qui touche l'art. 1er, parce que cet article est évidemment exagéré. En effet, la demande de M....... a été intentée le......, et le jugement définitif rendu le......., ce qui donne seulement un intervalle de....... mois entre la demande et le jugement, pendant lequel les travaux ont été interrompus. Cette courte interruption, dans une saison rigoureuse où les constructions doivent être forcément suspendues, n'a pu occasionner qu'un très léger préjudice à M...... Il y a donc lieu de réduire les dommages réclamés de ce chef à la somme de......, etc.;

En ce qui touche l'art. 2 .....(*exposer les moyens sur lesquels on s'appuie pour faire rejeter ou réduire les articles critiqués*), etc.;

En conséquence, soit signifié et déclaré audit M^e....... que, pour satisfaire à la sommation contenue en la déclaration de dommages-intérêts du......, et au jugement contradictoirement rendu

---

1. L'avoué du défendeur, auquel les pièces ont été communiquées sur récépissé, et qui ne remet pas les pièces communiquées, encourt les peines portées dans l'art. 107 C. pr. civ. (Q. 1836; *Suppl. alphab.*, v° *Dommages-intérêts*, n° 26).
2. Le défendeur a le droit de critiquer la déclaration du demandeur (Q. 1837).

entre les parties le......., par la....... chambre du tribunal civil de...., le requérant fait offre[1] de la somme de... francs pour tous dommages-intérêts réclamés. Sous toutes réserves. Dont acte.

Pour original (*ou* copie.)   (*Signature de l'avoué.*)
Signifié, laissé copie, etc.

---

464. Acte *pour demander la condamnation au paiement du montant de la déclaration de dommages-intérêts*[2].

Code PR. CIV., art. 524.

A la requête de M......, demeurant à......, ayant pour avoué Mᵉ......, soit sommé Mᵉ......, avoué près le tribunal de première instance de......, et de M......., de comparaître le......., à l'audience de la..... chambre dudit tribunal, séant au palais de justice à......., heure de......; pour;

A défaut par M....... d'avoir fait, conformément à l'art. 524 C. pr. civ., offre d'une somme pour les dommages-intérêts auxquels il a été condamné par le jugement du......., enregistré et signifié, dommages-intérêts dont la déclaration lui a été signifiée par acte du palais, en date du...... [*ou si des critiques de la déclaration de dommages-intérêts et des offres ont été signifiées* : Attendu que les critiques élevées par M...... sur la déclaration de dommages-intérêts du...... sont mal fondées, et les offres par lui faites insuffisantes ; qu'en effet...... (*exposer ici les moyens en réponse aux critiques*)];
Par ces motifs ;

S'entendre condamner[3] à payer au requérant la somme de......, montant de la déclaration des dommages-intérêts réclamés, avec les

---

1. Il n'y a pas lieu pour cette offre, qui est faite ainsi par acte d'avoué à avoué, de procéder à deniers découverts ; s'il n'y a pas acceptation, le défendeur doit alors appeler le demandeur à l'audience par un simple acte pour les voir déclarer valables (Q. 1839).
La consignation ne peut régulièrement en avoir lieu qu'après qu'elle a été renouvelée par exploit dans la forme et en suivant la procédure ordinaire des offres réelles (Voir *infra*, § IV, formules n° 473 et suiv.).
Quoique le défendeur ait laissé expirer les délais fixés par l'art. 524 sans faire d'offres, il peut toujours en faire, sauf à supporter les frais qu'entraîne son retard (Q. 1840 *bis*).
2. Si le défendeur n'a pas d'avoué constitué, il doit être appelé par voie d'ajournement.
Si le défendeur acquiesce à la déclaration du demandeur, il y a lieu à un jugement de condamnation, d'accord ou d'expédient, à moins que le défendeur ne s'exécute immédiatement et volontairement en réalisant ses offres, y compris tous les frais exposés (Q. 1840 ; *Suppl. alphab.*, verb. cit., n° 30).
3. Si le tribunal ne peut pas lui-même évaluer exactement les dommages-intérêts, objet des contestations des parties, il a le droit d'ordonner une enquête ou une expertise (Q. 1841).
Le défendeur à la demande en dommages-intérêts, dont les offres sont jugées insuffisantes, ne doit pas nécessairement être condamné à tous les dépens ; les

intérêts de droit; et s'entendre, en outre, condamner aux dépens, dont distraction sera prononcée au profit de M............, avoué, aux offres de droit. Dont acte.

Pour original (*ou copie.*)   (*Signature de l'avoué.*)
Signifié, laissé copie, etc.

---

465. Acte *d'acceptation des offres et sommation de les réaliser dans les vingt-quatre heures.*

Code PR. CIV., art. 524.

A la requête de M......, ayant M^e...... pour avoué;
Soit signifié et déclaré à M^e......, avoué de M......;
Que le requérant accepte les offres à lui faites par M....... de la somme de......, pour les dommages-intérêts auxquels il a été condamné par jugement en date du......; lui faisant, en conséquence, sommation de payer dans les vingt-quatre heures au requérant la somme de......, montant de ces offres, notifiées par acte du palais, en date du......;
Déclarant à M...... que, faute de ce faire dans ledit délai, le requérant se pourvoira pour le faire condamner au paiement de cette somme. Dont acte.

Pour original (*ou copie*).   (*Signatures de l'avoué et de la partie.*)
Signifié, laissé copie, etc.

---

§ II. — Liquidation de fruits.

Code PR. CIV., art. 526.

Il est procédé à la liquidation des fruits [1] dans la forme des comptes rendus en justice (Voir tome 2, cinquième partie, le titre des redditions de compte).

---

juges peuvent répartir les dépens à raison des torts respectifs des parties (Q. 1843 bis; Suppl. alphab., v° *Dommages-intérêts*, n° 34).

1. Les bases sur lesquelles se fait l'évaluation des fruits sont posées dans l'art. 129. — Lorsque les parties ont elles-mêmes fourni et débattu les documents sur le compte, les juges doivent se dispenser de les renvoyer à compter s'ils trouvent dans ces documents les moyens de parvenir à une exacte évaluation des fruits, c'est-à-dire lorsque les pièces sont complètes et fournies également par les deux parties. Cass., 12 déc. 1882 (D. P. 83.1.188); (Glasson et Colmet-Daâge, *Précis théorique et pratique de procédure civile*, t. 1, p. 371). Si ces conditions ne sont pas remplies, le juge doit nécessairement renvoyer les parties à compter (Q. 1844; Suppl. alphab., v° *Fruits*, n°^{s} 5 et s.).
Lorsque les fruits consistent en objets qui ne se portent pas aux marchés publics, et dont la valeur n'a pas été fixée par les mercuriales, il n'est pas toujours néces-

§ III. — Réception de caution.

466. Acte *de dépôt au greffe des titres qui constatent la solvabilité de la caution.*

Code PR. CIV., art. 518

L'an......, le........, au greffe et par-devant nous......, greffier du tribunal civil de première instance de......., a comparu M....... (*nom, prénoms, profession et domicile*), assisté de M^e...., son avoué [ou bien a comparu M^e....., avoué près ce tribunal et de M...... (*nom, prénoms, profession, domicile*)].

Lequel a dit qu'un jugement rendu contradictoirement par la.... chambre de ce tribunal le......, enregistré, a condamné M....., demeurant à....., à lui payer le somme de....., etc., et a ordonné l'exécution provisoire à la charge de fournir caution ;

Qu'étant dans l'intention de faire exécuter ce jugement provisoirement, nonobstant l'appel interjeté par M....., il présente comme caution M....., demeurant à......, et propriétaire d'une maison (*ou* propriété rurale), sise à.....

Et, pour établir la solvabilité de cette caution, le comparant a déposé entre nos mains les titres de propriété de ladite maison, consistant dans :

1° La grosse, transcrite au bureau des hypothèques de......, d'un jugement d'adjudication rendu en l'audience des criées du tribunal civil de première instance de......, le...... (*énoncer les titres de propriété en commençant par les plus récents*);

2° Les pièces constatant l'accomplissement des formalités de purge des hypothèques légales sur cette acquisition, au nombre de......, cotées et paraphées par première et dernière ;

3° Le certificat délivré par M. le conservateur des hypothèques de......, le......, constatant que la maison dont s'agit n'est grevée d'aucune inscription d'hypothèque légale, conventionnelle ou judiciaire ;

Desquels comparution, déclaration et dépôt, le comparant a

---

saire de recourir à la voie de l'expertise ; les magistrats peuvent employer les voies d'éclaircissement qu'ils jugent le plus convenables (*Q.* 545).

Si le jugement ordonne une restitution de fruits qui ne sont pas encore parvenus à maturité, les bases de cette estimation sont prises dans les usages locaux (*Q.* 546).

Avant d'estimer les fruits suivant les bases indiquées par l'art. 129, il faut préalablement en évaluer la quotité (art. 526 et suiv. ; *Q.* 546 *bis*).

L'année que cet article appelle la dernière est celle qui précède la demande, et non celle qui précède la condamnation (*Q.* 546 *ter*; Glasson et Colmet-Daàge, *op. et loc. cit.*).

Le compte est fait aux frais de l'oyant, à moins de mauvaise foi de la part du possesseur.

demandé acte que nous lui avons donné, et a signé avec M⁣ᵉ......
son avoué, et nous, greffier, après lecture.

(Signatures de la partie, de l'avoué et du greffier.)

Remarques. — 1° Si la personne présentée comme caution opère elle-même le dépôt des pièces, on mentionne ainsi sa comparution : *Ont comparu :* 1° M....., *lequel a dit, etc.;* 2° M......, *caution offerte, lequel, pour établir sa solvabilité, a déposé entre nos mains* etc.

2° Le dispositif du jugement qui, aux termes de l'art. 517 C. pr. civ., doit fixer le délai dans lequel la caution doit être présentée, et celui dans lequel elle sera acceptée ou contestée, est conçu dans le sens de la formule *supra* n° 22, relative à la caution *judicatum solvi*.

3° Les formalités remplies par la présente formule et les suivantes ne doivent pas être observées en matière de surenchère sur aliénation volontaire. La caution, présentée par le surenchérisseur, est offerte et reçue d'après les règles propres à la surenchère (*J. Av.*, t. 76, p. 656, art. 1182, lettre Z). Voir d'ailleurs *infra*, tome 2, les formules relatives à cette procédure spéciale.

---

467. Présentation *de caution par exploit* [1].

Code PR. CIV., art. 518.

L'an......, le......, à la requête de M....... (*noms, profession et demeure*), pour lequel domicile est élu à......, rue....., n°..., en l'étude de M⁣ᵉ......, avoué près le tribunal civil de première instance de....., lequel est constitué et continuera d'occuper pour lui sur la présente sommation et ses suites, j'ai....... (*immatricule de l'huissier*), soussigné, signifié et en tête (de celle) des présentes laissé copie à M......, demeurant à....., audit domicile, où étant et parlant à......

De l'expédition d'un acte fait au greffe du tribunal civil de première instance de......., le......., enregistré, constatant :

1° L'indication de la personne de M......, demeurant à......, présentée par le requérant comme caution, en exécution du jugement rendu par la...... chambre dudit tribunal, le......, enregistré et signifié ;

2° Le dépôt des titres et pièces énoncés audit acte, établissant la solvabilité de la caution présentée ;

---

1. Si le défendeur a constitué avoué, la présentation de caution a lieu, non par exploit, mais par acte d'avoué (Art. 518). — *Voir* la formule suivante.
Il n'est pas nécessaire que l'exploit ou l'acte d'avoué à avoué, par lequel la caution est présentée, contienne sommation de comparaître à l'audience pour voir prononcer sur l'admission en cas de contestation (Q. 1826).

Et à mêmes requête, demeure, etc., que dessus, j'ai, huissier susdit et soussigné, fait sommation à M.... de prendre, dans le délai de trois jours, communication des titres et pièces déposés au greffe, sans déplacement, et de faire connaître s'il accepte ou refuse la caution, faute de quoi, ou en cas d'acceptation de la caution, M... (*nom de la caution*) fera sa soumission au greffe, conformément à la loi.

En conséquence, je lui ai, audit domicile, en parlant comme ci-dessus, laissé copie tant de l'acte de dépôt susénoncé que du présent, sous enveloppe, etc. Coût.......

---

468. Présentation *de caution par acte d'avoué à avoué.*

CODE *PR. CIV.*, art. 518.

A la requête de M......., demeurant à......., ayant pour avoué M^e.......

Soit signifié et en tête [de celle] des présentes laissé copie à M^e...., avoué de M.......

De l'expédition, etc. (*Voir la formule précédente*); sommant ledit sieur....... de prendre, etc. Dont acte.

Pour original (*ou* copie.)   (*Signature de l'avoué.*)
Signifié, laissé copie, etc.

---

469. Acceptation *de caution par acte extrajudiciaire* [1].

CODE *PR. CIV.*, art. 519.

L'an......., le......., à la requête de M......., demeurant à......., qui élit domicile en sa demeure,

J'ai...... (*immatricule de l'huissier*), soussigné, signifié et déclaré à M......., demeurant à......., audit domicile, où étant et parlant à........

Que le requérant accepte [2] par ces présentes la personne de M......., propriétaire, demeurant à......., caution présentée par M......., suivant exploit de......., en date du......., pour satisfaire au jugement rendu à son profit contre le requérant, par la...... chambre du tribunal civil de......, le...., enregistré, sans néanmoins aucune approbation dudit jugement, mais au con-

---

1. Quand il y a avoués en cause pour chacune des deux parties, l'acceptation de caution se fait par acte d'avoué à avoué (*Voir* la formule suivante).

2. Il n'est pas nécessaire que celui à qui la caution est offerte l'accepte, il suffit qu'il ne la conteste pas (*Q.* 1830).

Aucun jugement, en tout cas, n'est nécessaire pour constater l'acceptation.

traire sous la réserve expresse de tous moyens de nullité, d'opposition ou appel.

En conséquence, je lui ai, audit domicile, en parlant comme ci-dessus, laissé copie du présent, sous enveloppe, etc. Coût......
(Signature de l'huissier.)

---

470. Acceptation *de caution par acte d'avoué à avoué.*

(Voir *la formule précédente.*)

A la requête de M......., ayant pour avoué M^e......,
Soit signifié et déclaré à M^e......., avoué de M.......,
Que le requérant accepte, etc. (*Libellé de la formule précédente*).
Dont acte.
Pour original (*ou* copie.)   (*Signature de l'avoué.*)
Signifié, laissé copie, etc.

---

471. Acte *pour contester la caution.*

CODE *PR. CIV.*, art. 519.

A la requête de M......., demeurant à......., ayant pour avoué M^e...... (*Si l'avoué n'était pas précédemment constitué, on ajoute :* qui se constitue et occupera pour lui sur la présente assignation et ses suites);

Soit signifié et déclaré à M^e......., avoué de M......., que le requérant conteste formellement par ces présentes la validité de la présentation comme caution [1] de M......., propriétaire, demeurant à......, faite par M......, par acte du palais en date du......, en exécution du jugement rendu le......, par la...... chambre du tribunal civil de........

Soit en conséquence sommé ledit M^e....... de comparaître le......., heure de......., à l'audience et par-devant MM. les Président et juges composant la....... chambre du tribunal civil de......., séant au palais de justice, à......., pour :

Attendu que l'immeuble appartenant à M......., dont les titres ont été déposés au greffe, se trouve grevé de l'hypothèque légale de Mme......, son épouse (*ou de toute autre inscription hypothécaire. — Énoncer les autres empêchements qui peuvent rendre la caution insuffisante*); que cet immeuble ne présente donc pas de

---

[1]. La caution dont la solvabilité est contestée n'est pas recevable à intervenir dans l'instance pour établir elle-même sa solvabilité (*Q.* 1827 *quater.*)

Les conditions nécessaires pour qu'une caution soit recevable sont énoncées dans l'art. 2018 C. civ. — Voir *Suppl. alphab.*, v° *Caution*, n. 8).

garanties réelles, les sommes auxquelles il se trouve éventuellement affecté pouvant être de beaucoup supérieures à sa valeur [1]; qu'ainsi la solvabilité de la caution présentée n'est pas suffisamment établie; Par ces motifs; voir rejeter [2] ladite caution; voir dire que jusqu'à ce qu'il ait été présenté bonne et solvable caution il sera fait défense à M....... d'exécuter le jugement du......., qui n'a ordonné l'exécution provisoire qu'à la charge de fournir caution; et s'entendre condamner aux dépens de l'incident, dont distraction sera prononcée au profit de Me......., avoué, aux offres de droit. Sous toutes réserves.

 Dont acte.
 Pour original (*ou* copie.)   (*Signature de l'avoué.*)
 Signifié, laissé copie, etc.
 Remarque. — On peut s'abstenir de donner avenir en même temps que l'on signifie la contestation; il suffit d'exposer les moyens. C'est alors à la partie qui présente la caution de suivre l'audience par simple acte.

 Quelques personnes pensent que la caution peut être contestée par un acte extrajudiciaire quand la partie qui la conteste n'a pas d'avoué constitué. — Cet acte, alors, se rédige dans la forme ordinaire des exploits; il contient les mêmes énonciations que le précédent et, dans tous les cas, constitution d'avoué, formalité sans laquelle il serait considéré comme non avenu.

 Les contestations sur les réceptions de cautions se jugent sommairement sans écritures ni requêtes. Le jugement qui admet la caution est exécutoire nonobstant appel.

---

472. Acte *de soumission de la caution au greffe.*

CODE *PR. CIV.*, art. 519, 522.

 L'an......., le......., au greffe et par-devant nous, greffier du tribunal civil de première instance de....... [3], a comparu M....., propriétaire, demeurant à......., assisté de Me......., avoué près ce tribunal, lequel a dit que, par jugement rendu contradictoirement entre M......, demeurant à......, et M......, demeurant à....,

---

1. Pour fixer la valeur des immeubles offerts par la caution, il n'y a pas lieu de suivre les bases d'évaluation posées par l'art. 2165 c. civ. (*Q.* 1827).
2. S'il arrive que la caution contestée soit rejetée, la partie est recevable à en présenter une autre. Il est cependant certains cas spécialement régis par un texte de loi, dont les prescriptions pénales sont inconciliables avec la concession d'un nouveau délai, toujours nécessaire pour présenter une autre caution, par exemple, les art. 807 C. civ. et 832 C. pr. civ. (*Q.* 1832).
3. La caution non judiciaire peut faire sa soumission devant notaire aussi bien qu'au greffe (*Q.* 1828 *bis*).

par la......... chambre de ce tribunal, le........., enregistré et signifié, il a été ordonné que M...... serait tenu de fournir caution;

Que, par acte du palais (*ou* par exploit), en date du......, M.... a présenté pour caution le comparant, et que cette caution a été acceptée par M......., suivant acte du palais (*ou* exploit) en date du...... (*ou bien* : n'a pas été contestée pas M...... dans le délai fixé par le jugement);

Qu'en conséquence desdites présentation et acceptation (*ou* défaut de contestation), le comparant déclare se constituer caution[1] dudit sieur....... dans les termes du jugement du........, se soumettant à rembourser le montant des condamnations prononcées par ledit jugement, en cas d'infirmation;

(*S'il s'agit de la caution d'un héritier bénéficiaire,* on met : s'obligeant à représenter la valeur du mobilier inventorié.)

Desquelles comparution, déclaration et soumission[2] le comparant a demandé acte, que nous lui avons donné, et a signé avec ledit M^e....... et nous, greffier, après lecture.

(*Signatures de la caution, de l'avoué et du greffier.*)

§ IV. — Offres de paiement et consignation[3].

473. Procès-verbal *d'offres réelles.*

CODE PR. CIV., art. 812.

L'an......., le........, à la requête de M.......[4], demeurant à......., lequel fait élection de domicile à........, rue......., n°......., en l'étude de M^e......., avoué ; j'ai[5],...... (*imma-*

---

1. Si la caution vient à changer de domicile ou à mourir, on n'est pas obligé d'en fournir une nouvelle (*Q.* 1831).
2. Il n'est pas nécessaire de notifier la soumission à la partie au profit de laquelle la caution a été donnée (*Q.* 1830 *quat.*).
La soumission faite au greffe par la caution emporte de plein droit hypothèque judiciaire sur ses biens (*Q.* 1829 *bis*).
La soumission qu'une caution judiciaire fait, au greffe, avant le prononcé du tribunal sur sa solvabilité, n'entraîne pas la nullité de l'acte de cautionnement; la validité de cette soumission est subordonnée à la décision des juges (*Q.* 1830 *ter*).
3. Les dispositions du Code de procédure sur cette matière sont complétées par les règles tracées dans le Code civil (art. 1257 à 1264), ainsi que l'indique l'art. 818 C. pr. civ.
4. Des offres réelles sont valablement faites à la requête de quiconque a le droit de payer la dette (Aubry et Rau, 5e édit., t. 4, § 322, p. 315, note 1 *ter*; Demolombe, t. 5, n° 71).
... Même d'un tiers étranger non intéressé, pourvu qu'il ne requière pas la subrogation (art. 1236 c. civ.).
5. Les offres réelles se font par exploit d'huissier; bien que certains auteurs reconnaissent également compétence aux notaires pour dresser un procès-verbal d'offres, la question est controversée, et il est, dès lors, plus prudent d'avoir recours au ministère de l'huissier; tel est d'ailleurs l'usage presque invariable-

tricule de l'huissier), soussigné, signifié et déclaré à M....... [1], demeurant à......, en son domicile [2] (*ou au domicile par lui élu dans l'acte d'obligation reçu par M*......, notaire à......, le.......;

---

ment suivi (*Q.* 2783; *Suppl. alphab.*, v° *Offres réelles*, n° 21; Glasson et Colmet-Daâge, t. 2, p. 601-602).

Il en est ainsi alors même que les offres sont incidentes à une instance à laquelle elles se rattachent; elles sont nulles si elles ont été faites par acte d'avoué à avoué (*Q.* 2784; *Suppl. alphab., verb. cit.*, n° 18); Aix, 8 juin 1872 (*J.Av.*, t. 98, p. 137).

Au cours d'une instance, des offres réelles peuvent cependant être faites à la barre; le jugement du tribunal qui en donne acte tient lieu, en ce cas, de procès-verbal; la présence à l'audience de la partie qui fait les offres, ou de son mandataire, porteur d'un pouvoir spécial, est nécessaire (*Suppl. alphab., verb. cit.*, n° 18).

1. Lorsqu'il s'agit d'une dette due à plusieurs créanciers, il y a lieu de faire autant d'*originaux* du procès-verbal d'offres qu'il y a de créanciers (*Q.* 2784; *Suppl. alphab., verb. cit.*, n° 32).

Cependant, si plusieurs créanciers se sont réunis pour demander par un seul et même acte le paiement d'une dette commune, ou s'ils ont fait élection d'un domicile commun pour recevoir le paiement, le débiteur peut, par un seul exploit, mais encore, en ce cas, signifié par *copie séparée* à chacun d'eux, faire des offres réelles valables (*Suppl. alphab., verb. et loc. cit.*); Cass., 8 janv. 1850 (*J. Av.*, t. 76, p. 395).

2. Quant au lieu dans lequel les offres réelles doivent être signifiées, il faut distinguer suivant que les parties sont ou non convenues d'un lieu spécial pour le paiement :

S'il y a eu lieu convenu à cet égard, c'est en ce lieu que les offres doivent être faites, à peine de nullité (*Q.* 2786 *bis*; *Suppl. alphab., verb. cit.*, n° 23). Voir aussi Trib. civ. de la Seine, 26 juin 1906 (*J. Huiss.*, t. 88, p. 78).

Les offres faites en un autre lieu sont nulles, alors même qu'elles sont faites au créancier parlant à sa personne.

A défaut de convention spéciale sur le lieu du paiement, elles doivent, à peine de nullité, être faites au domicile réel du créancier (Glasson et Colmet-Daâge, *op. cit.*, t. 2, p. 602).

Sont nulles les offres réelles faites au créancier au domicile par lui élu dans un acte extrajudiciaire, notamment celles faites au cessionnaire d'une créance, au domicile par lui élu dans l'exploit de signification de la cession conformément à l'art. 1690 C. civ. Trib. civ. de la Seine, 12 mars 1898 (*J. Av.*, t. 123, p. 518).

Exceptionnellement, les offres réelles peuvent être faites au domicile élu par le créancier dans un commandement fait au débiteur, et tendant à saisie-exécution (art. 584 C. pr. civ.).

En est-il ainsi, lorsqu'il y a convention expresse entre les parties sur le lieu du paiement? La question est controversée. Voir pour la *négative* : *Q.* 2007 *bis* et 2786 *bis*; *Suppl. alphab., verb. cit.*, n°* 25 et 26; Paris, 30 déc. 1865 (*J. Av.*, t. 91, p. 123); Pour l'*affirmative* : Aubry et Rau, t. 4, p. 317, note 5; Trib. civ. Nice, 22 janv. 1888 (*J. Av.*, t. 113, p. 187).

En tout cas, l'exception autorisée par l'art. 584 doit être restreinte au cas d'élection de domicile dans un commandement tendant à saisie-exécution; des offres réelles sont nulles, lorsqu'elles ont été faites, en dehors du domicile du créancier ou du lieu convenu pour le paiement, au domicile élu par le créancier dans un commandement tendant à *saisie-immobilière* (Glasson et Colmet-Daâge, t. 2, p. 602); Cass., 5 mars 1889 (*J. Av.*, t. 70, p. 161); Pau, 16 déc. 1897 (D. P. 99.2.185) — *Contra* : *Q.* 2425 *bis*.

Mais les offres réelles sont valablement faites au domicile élu dans un commandement tendant à toutes fins (*Suppl. alphab., verb. cit.*, n° 25).

Dans le cas où, les offres devant être faites au domicile réel du créancier, ce domicile est hors du territoire européen de la France ou à l'étranger, lesdites offres doivent être faites au parquet, en se conformant aux dispositions de l'art. 69

ou *bien encore* au domicile par lui élu à......, dans le commandement de payer fait au requérant suivant exploit du ministère de..., huissier à......, en date du......), où étant et parlant à...... [1], que le requérant ne s'est jamais refusé à payer au susnommé ce qu'il pouvait lui devoir légitimement et qu'il en a toujours tenu le montant à sa disposition ainsi qu'il en sera justifié ; qu'en raison des poursuites dont il est l'objet, le requérant se voit dans la nécessité de faire au susnommé des offres réelles.

En conséquence, j'ai, huissier susdit et soussigné et à même requête que dessus, offert réellement et à deniers découverts au susnommé, en parlant comme il a été dit :

La somme totale [2] de......, en........ (*indiquer le nombre et la qualité des pièces de monnaie ou des billets de la banque de France dont se compose la somme offerte, c'est-à-dire énumérer les pièces d'or, d'argent ou de cuivre ou les billets de banque de différentes valeurs qui représentent la somme* [3]) ladite somme composée de :

1° Celle de... francs, pour le montant en principal de... (*énoncer les causes de la dette, les actes qui la constatent ou ceux par suite desquels le recouvrement en est poursuivi*) ;

2° Celle de....... francs, pour les intérêts de ladite somme, à raison de cinq pour cent par an, calculés à partir du....... [4] ;

C. pr. civ., comme en matière d'ajournement (*Suppl. alphab.*, *verb. cit.*, n° 28; Glasson et Colmet-Daàge, *op. cit.*, t. 2, p. 602).

Lorsque les offres doivent être faites à plusieurs créanciers, les règles ci-dessus doivent être observées à l'égard de chacun d'eux pour la détermination du lieu où les offres doivent lui être faites.

1. Lorsque le créancier personnellement ne se trouve pas dans le lieu où le débiteur lui fait faire les offres, au moment où l'huissier se présente pour les lui faire, l'officier ministériel peut valablement les faire à toute autre personne, parent, domestique, voisin, etc. à laquelle il pourrait laisser la copie d'un exploit d'ajournement (art. 68 C. pr. civ.) (Q. 2784 *bis*; *Suppl. alphab.*, *verb. cit.*, n° 30), — sauf à ne pas verser les fonds à cette personne, si elle ne représente pas un pouvoir du créancier pour les recevoir (Q. 2784 *bis* et *Suppl. alphab.*, *loc. cit.*).

2. Lorsqu'il y a plusieurs créanciers d'une même dette, il y a lieu, en principe, d'offrir le paiement à chacun divisément pour sa part et portion.

Cependant, lorsqu'il s'agit d'une créance indivise, dans laquelle les droits de chacun des créanciers n'ont pas encore été liquidés, des offres réelles sont valablement faites de la totalité à tous cumulativement et en bloc (*Suppl. alphab.*, *verb. cit.*, n°ˢ 32 et 33); Paris, 28 avril 1883 (*J. Av.*, t. 108, p. 227).

3. Il y a nullité du procès-verbal d'offres réelles, dont la copie, remise à la partie à laquelle les offres sont faites, ne contient pas l'énumération des espèces offertes ; et même cette nullité n'est pas couverte par des défenses au fond. Trib. civ. de la Seine, 14 nov. 1901 (*J. Av.*, t. 127, p. 308); *Encyclop. des huiss.*, v° *Offres réelles*, n° 143.

Les billets de la Banque de France ayant cours légal en France, la somme peut être offerte aussi bien en billets de cette Banque qu'en espèces métalliques ayant cours. Cass., 26 déc. 1887 (*J. Av.*, t. 114, p. 184).

4. Les offres réelles doivent, à peine de nullité, comprendre exactement la somme totale due en principal et *intérêts* ; en ce qui concerne les intérêts, l'*offre de parfaire* ne supplée point à l'insuffisance de la somme offerte. Cass., 26 déc. 1887 (*J. Av.*, t. 114, p. 184).

Mais lorsque la dette à laquelle se rapportent les offres se divise en deux parties,

3° Et......... francs pour les frais non liquidés, s'il en est dû, sauf à parfaire ou à diminuer d'après la taxe [1].

(*S'il y a des frais liquidés, le montant doit en être offert intégralement, indépendamment de la somme pour ceux non liquidés* [2].

Lui déclarant que les présentes offres sont faites à la charge par lui en les recevant [3] :

1° D'en donner bonne et valable quittance;

2° De remettre le titre (*l'énoncer*) constitutif de la créance, de donner mainlevée entière et définitive des oppositions pratiquées sur le requérant entre les mains de M........ (ou de l'inscription hypothécaire prise sur les immeubles du requérant, le......., au bureau des hypothèques de.... f°......, r°....., c°......, n°.....);

3° (*Enoncer les conditions particulières apposées aux offres*);

4° Sous la réserve... (*faire mention des réserves, s'il y a lieu*) [4].

Si les offres sont refusées on le constate ainsi : A quoi il m'a été répondu par le susnommé... (*indiquer la réponse* [5]) et a signé (*ou a refusé de signer*). Laquelle réponse j'ai prise pour non acceptation desdites offres et je me suis ressaisi de la somme offerte, en faisant toutes protestations et réserves de droit. Dont acte.

(*Signature*.)

Et j'ai laissé audit sieur......, en son domicile, où étant et par-

---

une partie dont le chiffre est exactement connu, une autre partie sur le chiffre de laquelle le débiteur ne peut être, quant à présent, exactement fixé, les offres réelles que le débiteur fait : 1° d'une somme égale au montant de la partie de la dette dont le chiffre est connu; 2° d'une somme quelconque, *sauf à parfaire*, pour l'autre partie de la dette dont le chiffre est inconnu, sont valables. Cass., 6 fév. 1901 (*J. Av.*, t. 126, p. 243).

1. La loi ne déterminant pas quelle somme doit être offerte sauf à parfaire pour frais non liquidés, une somme quelconque, si minime qu'elle soit, est suffisante à cet égard.

Mais il doit toujours être offert une somme pour les frais non liquidés, alors qu'il s'agit, du moins, d'offres tendant à arrêter des poursuites commencées. Cass., 26 déc. 1899 (D. P. 1900. 1.126).

Le débiteur n'est pas tenu d'offrir au créancier le coût du procès-verbal d'offres Cass., 7 juill. 1898 (*J. Av.*, t. 123, p. 389).

2. Des offres réelles sont nulles, comme insuffisantes, quand elles ne contiennent pas la totalité des frais *liquidés*; l'offre de parfaire, dont elles seraient accompagnées, ne les rendraient pas valables. Cass., 16 avril 1883 (D. P. 84.1.256).

3. Des offres subordonnées à des conditions, inacceptables pour le créancier sont nulles. Cass., 17 déc. 1894 (D. P. 95.1.90).

4 Des offres réelles faites en exécution d'un jugement sous la réserve d'interjeter appel de ce jugement sont valables; le créancier ne peut voir dans cette réserve une condition l'autorisant à refuser les offres. Bourges, 13 déc. 1899 (*J. Av.*, t. 125, p. 189).

5. La réponse que l'huissier déclare lui avoir été faite dans son procès-verbal d'offres n'est pas authentiquement constatée, et ne fait pas foi jusqu'à inscription de faux, alors que celui à qui les offres ont été faites a refusé de signer (Q. 2785 *quat.*).

A part la simple constatation de l'acceptation ou du refus, tout ce que constate l'huissier dans son procès-verbal peut être combattu par simple dénégation. Paris, 7 nov. 1893 (*Gaz. Pal.* 93. 2. 656).

lant comme ci-dessus, copie du présent procès-verbal, sous enveloppe, etc...... (*s'il y a lieu*). Coût......
(*Signature de l'huissier.*)

Si le créancier est présent et accepte les offres, ou si elles sont acceptées en son nom par un mandataire muni d'un pouvoir spécial (art. 352), on rédige ainsi cette partie du procès-verbal : M..............
ayant déclaré accepter [1] les offres aux charges et conditions auxquelles elles sont faites et être prêt à en donner quittance, je lui ai, à l'instant, compté la somme de......, dont il m'a donné, pour ma partie, bonne et valable quittance, et a signé.
(*Signature.*)

J'ai, en conséquence, dressé le présent procès-verbal dont j'ai laissé copie [2] à M............, étant et parlant comme ci-dessus, et dont le coût est de.......
(*Signature de l'huissier.*)

Remarque. — Si les offres réelles ne sont pas faites pour l'acquittement d'une obligation constatée par un acte enregistré, elles donnent lieu à la perception du droit de titre, comme contenant reconnaissance.

---

474. Sommation *indiquant le jour, l'heure et le lieu où la chose offerte sera déposée, qui doit être faite au créancier lorsqu'elle n'est pas contenue dans le procès-verbal d'offres.*

CODE CIV., art. 1259, et CODE PR. CIV., art. 814.

L'an......, le.......
A la requête de M......., demeurant à......., qui élit domicile à......, rue......., n°......., en l'étude de Me......., avoué, j'ai (*immatricule de l'huissier*), soussigné, fait sommation à M....., demeurant à......., en son domicile, où étant et parlant à........ de comparaître et se trouver le......, heure de....... [3], défaut de suite, à......, rue......, n°......, dans les bureaux de la recette

---

1. Si le créancier accepte les offres, l'officier ministériel exécute le paiement, se charge du titre quittancé, et laisse copie de son procès-verbal au créancier (Q. 2785; *Suppl. alphab.*, v° *Offres réelles*, n°⁵ 36, 37).
Dans ce cas, le receveur de l'enregistrement perçoit le droit de libération de 50 c. pour 100. Le coût du procès-verbal est alors à la charge du débiteur (Q. 2785 *bis*; *Suppl. alphab.*, *verb. cit.*, n° 38).
2. Si c'est le mandataire du créancier qui reçoit les offres et en donne quittance, copie doit lui être laissée du procès-verbal, en se conformant à la loi du 15 févr. 1899, c'est-à-dire *sous enveloppe fermée*, etc., et mention doit être faite de l'accomplissement de cette formalité.
3. Le délai entre la sommation d'assister à la consignation et l'heure de la consignation peut n'être que de 24 heures (*J. Av.*, t. 76, p. 395, art. 1113); il n'est pas en effet nécessaire de donner le délai fixé pour les ajournements, il faut seulement laisser un délai suffisant pour comparaître (Q. 2787 *quater*).

générale (*ou particulière*) où se trouve la caisse des dépôts et consignations, pour assister et être présent, si bon lui semble, au dépôt qui y sera effectué par le requérant, de la somme de......, montant des offres réelles faites au susnommé par le requérant, suivant procès-verbal de......., huissier, en date du......., enregistré, et qu'il a refusé de recevoir, ensemble des intérêts de ladite somme courus jusqu'au jour du dépôt; lui déclarant que, faute par lui de comparaître et se trouver auxdits jour, lieu et heure, il sera contre lui donné défaut et passé outre audit dépôt, qui sera effectué aux charges et conditions mentionnées au procès-verbal d'offres susénoncé. A ce que le susnommé n'en ignore.

Et je lui ai, audit domicile, parlant comme ci-dessus, laissé copie du présent, sous enveloppe.... Coût....
(*Signature de l'huissier.*)

475. Procès-verbal *de consignation*.

Code PR. CIV., art. 814.

L'an......., le......, heure de......, à la requête de M....., (*comme au procès-verbal d'offres*). En conséquence : 1° d'un procès-verbal d'offres réelles de mon ministère en date du........, enregistré ; 2° et d'une sommation d'assister au présent dépôt, de mon ministère, en date du......, enregistrée ; je...... (*immatricule de l'huissier*)[1], soussigné, me suis transporté dans les bureaux de la recette générale (*ou particulière*) où est établie la caisse des dépôts et consignations[2], situés à........, rue......, n°......, où étant et parlant à......., qui a reçu copie et visé le présent, j'ai déclaré à M....... que je venais au nom, et des deniers de mon requérant, effectuer le dépôt de la somme de......, montant des offres réelles faites à sa requête à M......., suivant procès-verbal susénoncé, enregistré (*ou, si la consignation a lieu dans les 24 heures des offres*, qui sera présenté à l'enregistrement avec le présent). Et attendu qu'il est... (*indiquer l'heure*) et que M....... ne s'est pas présenté, quoique régulièrement sommé, j'ai immédiatement donné défaut contre lui et j'ai déposé entre les mains de M......., préposé de la caisse des dépôts et consignations, la somme totale de......., plus celle de......, pour intérêts du capital du jour des offres au jour du

---

1. La consignation doit être faite par le ministère de l'huissier (Q. 2787 *bis*).
Le receveur des consignations n'a pas qualité pour en dresser procès-verbal (*ibid.*). Voir également *Suppl. alphab.*, v° *Offres réelles*, n°s 44, 45.
2. La consignation, lorsqu'il s'agit d'une somme d'argent, doit s'effectuer à la caisse des dépôts et consignations (Q. 2786).
Le dépôt d'un corps certain s'effectue au lieu désigné par la justice, sur la demande du débiteur (Q. 2787). Voir *infra.*, formule n° 482.

CHAP. II. — TIT. Ier. — § 4. OFFRES DE PAIEMENT. — 476

dépôt, de laquelle somme récépissé m'a été donné sous le n°... du registre des déclarations.

Déclarant à M. le préposé (*ou* Directeur général) que le présent dépôt est fait aux charges et conditions énoncées au procès-verbal d'offres réelles susénoncé et encore à charge par M...... de payer les frais du présent dépôt.

A ce qu'il n'en ignore. Et j'ai, audit......, et en parlant comme dessus, laissé copie tant du procès-verbal d'offres réelles et de la sommation susénoncés que du présent.

Coût.......

(*Signature de l'huissier.*)

Vu et reçu copie, le.......

Le receveur général (*ou* particulier) du département (*ou* de l'arrondissement) de.......

(*Signature.*)

Remarque. — Lorsque le créancier à qui les offres ont été faites assiste au dépôt, l'huissier doit lui laisser copie du procès-verbal de consignation, et cette remise est constatée dans le procès-verbal.

A Paris, la consignation est effectuée entre les mains du caissier général de la caisse des dépôts et consignations.

---

476. Récépissé *pour versement à la caisse des dépôts et consignations* [1].

---

[1]. Une circulaire, sous la date du 25 avril 1832, a tracé les règles que les préposés de la caisse doivent observer pour la recette des consignations. En voici une courte analyse : — 1° *La déclaration de versement, qui doit être faite et signée par le consignateur ou la personne qui le représente* est écrite, au moment du versement, sur un registre tenu à mi-marge, et sous un numéro d'ordre d'inscription. — Chaque déclaration contient : I. *le numéro d'ordre de l'inscription ;* — II. *la date* ; — III. *les nom, prénoms, qualités et domicile du consignateur* (On entend par *consignateur* la personne au nom de laquelle agit l'huissier déposant) ; — IV. *le montant de la somme versée, énoncé en francs ;* — V. *les noms, prénoms, qualités et domiciles des créanciers et ayants droit auxquels la somme est destinée ;* — VI. *l'énonciation de la décision judiciaire ou administrative en vertu de laquelle le remboursement doit être effectué, lorsque les créanciers et ayants droit ne peuvent être suffisamment indiqués ;* — VII. *le nombre des oppositions, s'il en existe ;* — VIII. *l'énoncé sommaire de la sommation, de la loi, du jugement, de la décision administrative ou de l'opposition qui a ordonné la consignation ;* — IX. *la mention des actes d'emprunt, lorsque la somme consignée a été empruntée avec promesse de subrogation au prêteur dans les droits du créancier.*

A l'appui de la déclaration on produit expédition ou copie des actes et pièces nécessaires pour opérer régulièrement, par la suite, le remboursement.

Tout nouveau versement concernant une consignation pour le compte de laquelle il a déjà été opéré un ou plusieurs versements s'effectue de la même manière ; seulement, dans sa déclaration, le consignateur indique la cause du versement nouveau, et le préposé renvoie en marge par ce mot : *Voir* n°.., à la déclaration du versement antérieur ;

2° Il est délivré au consignateur une reconnaissance de versement, ou *récépissé*

DÉPARTEMENT de	RÉCÉPISSÉ N°.......		TALON DE RÉCÉPISSÉ POUR VERSEMENT A LA CAISSE DES DÉPÔTS ET CONSIGNATIONS
	REGISTRE DES DÉCLARATIONS N°.......		
ARRONDISSEMENT de	Je soussigné, Receveur général du département de........ (ou, Caissier général de la Caisse des dépôts et consignations), reconnais avoir reçu de M......, huissier à......, au nom et des deniers de M....., la somme de....., par suite d'offres réelles faites à M....., aux charges et conditions énoncées aux procès-verbaux d'offres et de dépôt dont copies sont remises.	DÉPÔTS ET CONSIGNATIONS	DÉPARTEMENT DE......
N° DU LIVRE DE DÉTAIL			ARRONDISSEMENT DE..........
Vu et inscrit au livre de détail.			N° DU LIVRE DE DÉTAIL
			BORDEREAU
ART. 1er de la loi du 24 avril 1833.			NUMÉRAIRE..........
Tout versement en numéraire ou autres valeurs, fait aux caisses des receveurs généraux et particuliers des finances, pour un service public, donnera lieu à la délivrance immédiate d'un récépissé à talon.	A........, ce 19 .		VERSÉ au Receveur général du département de........, par M.
	Le Receveur général du département, (Signature.)		dans les valeurs ci-après détaillées, SAVOIR :
Ce récépissé sera libératoire, et formera titre envers le trésor public, à la charge toutefois, par la partie versante, de le faire viser et séparer de son talon, dans les vingt-quatre heures de sa date, par les fonctionnaires chargés de ce contrôle.	Visé par le Préfet, A . ce 19 Pour le Préfet : Le Chef de la division de comptabilité, délégué, N° du Registre.		Ce 19... Le Receveur général du département. (Signature.) N° du Registre de la Préfecture.

Remarque. — Les énonciations de la formule varient s'il s'agit d'un récépissé délivré par un receveur particulier des finances, ou par le caissier de la caisse des dépôts et consignations à Paris.

---

477. Signification *du dépôt et* **sommation** *de retirer* [1].

Code *CIV.*, art. 1259.

L'an......, le......, à la requête de M....... (*noms, profession, domicile*), élisant domicile en mon étude, j'ai....... (*immatricule de l'huissier*), soussigné, signifié et en tête (de celle) des présentes laissé copie à M....... (*noms, profession, domicile*), audit domicile, où étant et parlant à.......

1° D'un procès-verbal de......., huissier, en date du......., enregistré, constatant le dépôt fait ledit jour par le requérant à la caisse des dépôts et consignations de...... (*lieu*), de la somme de......, composée de : 1° celle de.......; 2°...... (*indiquer les chiffres du capital, des frais et des intérêts jusqu'au jour du dépôt*) par lui offerte au susnommé suivant procès-verbal de......., huissier, en date du...., enregistré ;

2° Du récépissé délivré au requérant par le préposé de la caisse des dépôts et consignations, sous le n°...... du registre des déclarations, visé et enregistré, constatant ledit dépôt. A ce qu'il n'en ignore.

Et à mêmes requête, demeure, etc., que ci-dessus, j'ai, huissier susdit et soussigné, fait sommation audit sieur, en parlant comme il a été dit, d'avoir à retirer la somme déposée en satisfaisant aux charges et conditions mentionnées dans le procès-verbal d'offres susénoncé et encore en payant les frais lors du retrait, lui déclarant que, faute par

---

sur papier à talon dispensé du timbre par la loi du 24 avril 1833. — La partie qui veut produire ce récépissé en justice le fait timbrer à l'extraordinaire (sans amende ni double droit), et le soumet ensuite à l'enregistrement qui coûte 1 fr. 20 c. — Chaque *récépissé* contient : I. les *nom, prénoms, qualité et domicile du consignateur*; — II. *le montant de la somme versée, énoncé en francs*; — III. *l'énoncé sommaire de l'objet, des causes ou des motifs de la consignation, ainsi que des conditions imposées au remboursement*; — IV. *l'avis qu'il doit être visé dans les 24 heures par le préfet ou le sous-préfet de l'arrondissement du lieu de la résidence du préposé qui a reçu la consignation*;

3° Il est tenu un *registre des comptes* sur lequel est ouvert un compte particulier à chaque consignation;

4° Il est aussi tenu un *répertoire des consignations* contenant, par ordre alphabétique, les noms des personnes désignées dans la déclaration de versement, et renvoyant au numéro et au folio du registre précédent.

Diverses autres mesures d'ordre intérieur sont prescrites pour la régularité des opérations de la caisse.

[1]. Si le créancier ne se présente pas, on lui signifie le procès-verbal de dépôt, avec sommation de retirer la chose déposée. La loi ne fixe pas de délai pour cette signification (Q. 2787 *quater*; *Suppl. alphab.*, v° *Offres réelles*, n°s 49 et suiv.).

lui de retirer cette somme, elle restera déposée dans la caisse à ses risques et périls et que les intérêts ont cessé d'en courir à la charge du requérant à compter du jour du dépôt. A ce qu'il n'en ignore. Et je lui ai, audit domicile, en parlant comme ci-dessus, laissé copie du présent, sous enveloppe, etc..... Coût......

(*Signature de l'huissier.*)

---

478. Acte *de rétractation des offres non acceptées.*

Code CIV., art. 1261.

L'an......, le......, à la requête de M...... (*noms, profession, domicile*), j'ai...... (*immatricule*), soussigné, dit et déclaré à M... (*noms, profession, domicile*), audit domicile, où étant et parlant à..., que, faute par lui d'avoir accepté les offres à lui faites à la requête du requérant, suivant procès-verbal du ministère de....., huissier, en date du......, enregistré, le requérant rétracte par les présentes lesdites offres, lesquelles seront considérées comme nulles et non avenues; Sous toutes réserves. — A ce qu'il n'en ignore. Et je lui ai, en parlant comme ci-dessus, laissé copie du présent, sous enveloppe, etc. Coût.......

(*Signature de l'huissier.*)

---

479. Assignation *en validité d'offres réelles* [1].

Code PR. CIV., art. 815.

L'an......, le......, à la requête de M...... (*On assigne, dans la forme et au délai ordinaire, à comparaître devant le tribunal civil ou le juge de paix* [2] *compétent*), pour :

---

1. Le créancier, à qui il a été fait des offres réelles, peut en demander la nullité par action principale ; il n'est pas obligé d'attendre, pour proposer la nullité par voie d'exception, que celui qui a fait des offres agisse.
La demande dont il s'agit dans l'art. 815 n'est pas sujette à l'essai de conciliation (Q. 271).
La demande est formée par requête d'avoué à avoué lorsqu'elle est incidente (Q. 2791). Voir la *formule* n° 480.
Lorsqu'elle n'est pas incidente, la demande en validité peut être formée par assignation insérée dans le procès-verbal d'offres lui-même (*Suppl. alphab.*, verb. cit., n° 69).

2. Les demandes en validité ou en nullité se portent devant le tribunal saisi de la contestation principale, quand elles sont incidentes, et, dans le cas contraire, devant celui dans le ressort duquel les offres ont été signifiées (Q. 2790).
Aux termes de l'art. 12 de la loi du 12 juillet 1905, les juges de paix connaissent des demandes en validité et en nullité d'offres autres que celles concernant les administrations de l'enregistrement et des contributions indirectes, quand l'objet du litige n'excède pas les limites de leur compétence.

Attendu que, par procès-verbal du ministère de......., en date du......., enregistré, le requérant a fait offres réelles à M....... de la somme de...... (*énoncer la somme*); que ces offres ont été faites aux charges et conditions suivantes : (*énoncer les conditions*); Attendu que lesdites offres n'ayant pas été acceptées par M......, le requérant en a, par procès-verbal du ministère de....., huissier, en date du......., enregistré, déposé le montant à la caisse des dépôts et consignations; Attendu que ces offres réelles et consignation sont régulières, suffisantes et libératoires; qu'il y a lieu de les valider ;

Par ces motifs ; entendre déclarer les offres réelles du........, ensemble la consignation qui s'en est suivie, bonnes et valables [1] ; Entendre déclarer le requérant quitte et libéré envers M.......... des causes de ces offres; Voir ordonner que M.......... ne pourra en retirer le montant de la caisse des dépôts et consignations qu'à la charge d'accomplir les conditions auxquelles elles ont été faites [2]; S'entendre, en outre, condamner aux dépens, dans lesquels entreront ceux du dépôt, lesquels seront prélevés sur la somme consignée;

Et j'ai, audit domicile, parlant comme ci-dessus, laissé copie du présent, sous enveloppe, etc....... Coût......

(*Signature de l'huissier*).

---

480. Requête ou **Conclusions** en *validité d'offres.*

A MM. les Président et juges composant le tribunal de.......

CONCLUSIONS

Pour M......., défendeur au principal, demandeur aux fins des présentes, ayant pour avoué Me......

Contre M......, demandeur au principal, défendeur aux fins des présentes, ayant pour avoué Me...... (*forme ordinaire des conclu-*

---

1. L'art. 816 emploie le mot *réalisation* ; par ce mot, suivant qu'il s'agit d'un corps certain ou d'une somme en argent, on doit entendre le dépôt effectif de la chose dans le lieu indiqué ou de la somme due au bureau des consignations (Q.2792; *Suppl. alphab.*, v° *Offres réelles*, n. 70 et s.).

2. Si les conditions consistent à obtenir des mainlevées d'inscriptions hypothécaires ou d'oppositions, il faut conclure directement à la prononciation de ces mainlevées par le tribunal, et, à cet effet, mettre en cause, en leur dénonçant les procès-verbaux d'offres réelles et de consignation, les créanciers hypothécaires inscrits, et les créanciers chirographaires opposants.

De plus, s'il y a des remises de titres à demander, il faut conclure à ce que les défendeurs soient tenus d'effectuer ces remises dans un délai déterminé, à peine, soit d'un chiffre de dommages-intérêts par chaque jour de retard, soit d'une somme nécessaire pour se procurer les titres dont s'agit, ou pour réparer le préjudice occasionné par la privation de ces titres.

sions grossoyées ; on termine en concluant à ce qu'il) Plaise au tribunal : Attendu que sur une demande formée contre lui à la requête de M......, par exploit de......, huissier, en date du......., et tendant au paiement de la somme de......, pour....... (*cause de la demande*), le concluant a, par un procès-verbal du ministère de......, huissier, en date du......, enregistré, fait offres réelles à M...... de la somme de......, aux charges et conditions suivantes : (*on continue d'exposer les faits comme dans la formule précédente.*)

Par ces motifs ; déclarer les offres réelles du......., etc. (*comme à la formule précédente.*)

Déclarer le concluant quitte et libéré, etc. ;

Ordonner que M......, etc. ;

Le condamner en outre aux dépens à compter du jour des offres, lesquels seront prélevés sur la somme consignée, et dont distraction, etc.

Pour original (*ou* copie).   (*Signature de l'avoué.*)

Signifié, laissé copie, etc.

Remarque. — Le défendeur peut répondre en la même forme. Si les offres sont déclarées valables avant que la consignation ait été faite, le jugement de validité ordonne la consignation.

---

481. Acte *d'acceptation d'offres réelles.*

CODE *CIV.*, art. 1261.

L'an......, le......, à la requête de M......, demeurant à...., j'ai... (*immatricule de l'huissier*), soussigné, déclaré et signifié à M......, demeurant à......, en son domicile (*ou au domicile élu*) où étant et parlant à........

Que le requérant accepte[1], par ces présentes, les offres réelles à lui faites par procès-verbal de......, huissier, en date du......., à la requête de M......, de la somme totale de......, composée, savoir : (*comme au procès-verbal d'offres*), et qu'il est prêt à satisfaire aux conditions imposées auxdites offres, s'opposant à ce que la consignation soit retirée.

En conséquence, j'ai fait sommation à M...... d'avoir à se trouver le......., heure de......., dans les bureaux de M. le receveur général des finances du département de......, préposé de la caisse

---

1. L'acceptation de la consignation, dont parle l'art. 1261 C. civ., peut être faite, lorsqu'elle ne l'a pas été au moment des offres, par notification au débiteur avec déclaration que le créancier s'oppose à ce que la consignation soit retirée (Q .2787 *sexies* ; *Suppl. alphab.*, v° *Offres réelles*, n°s 53 et suiv.).

Les offres sont valablement rétractées lorsque la déclaration d'acceptation n'est intervenue qu'après le retrait de la consignation (*J. Av.*, t. 76, p. 397, art. 1113.)

des dépôts et consignations, situés à......., rue....... (*ou dans les bureaux de M. le receveur particulier des finances de l'arrondissement de......., tenant la caisse des dépôts et consignations située dans ladite ville de......, rue......., n°....*), pour y assister au retrait que le requérant entend faire de la somme consignée, recevoir la quittance pure, simple et définitive, qu'il est prêt à lui remettre contre ledit retrait, ainsi que toutes les pièces dont la remise a été réclamée dans le procès-verbal d'offres;

Lui déclarant que, faute par lui de comparaître, le requérant entend se pourvoir [1] pour être autorisé à retirer la somme consignée, tant en son absence qu'en sa présence. Sous toutes réserves. A ce qu'il n'en ignore.

Et j'ai, audit domicile, parlant comme ci-dessus, laissé copie du présent, sous enveloppe, etc. Coût.......

(*Signature de l'huissier.*)

Remarque. — Quand la somme offerte n'a pas été consignée, on fait simplement sommation d'avoir à la verser entre les mains de l'huissier contre la remise de la quittance, des titres, et l'accomplissement des autres conditions, ou de la payer dans un délai déterminé contre la même remise.

Si la somme a été consignée, l'acceptation doit être dénoncée, par exploit dans la forme ordinaire, au préposé de la caisse; l'absence de dénonciation laissant le préposé dans l'ignorance de l'acceptation, le consignateur pourrait retirer frauduleusement la somme consignée.

---

482. Sommation *au créancier d'enlever ou de retirer la chose quand c'est un corps certain.*

CODE CIV., art. 1264.

L'an......., le.......; à la requête de M......., demeurant à......., j'ai........ (*immatricule de l'huissier*), soussigné fait sommation à M......., demeurant à......., en son domicile où étant et parlant à......., de, dans....... jours pour tout délai, enlever des greniers du requérant les....... (*nombre*) hectolitres de blé vendus verbalement par le requérant à M......., le......., avec convention expresse que ce dernier en prendrait livraison et les transporterait ailleurs avant le......., ce qui n'a pas été exé-

---

[1] Pour que la caisse des dépôts et consignations paye, il ne suffit point que l'acceptation du créancier lui soit notifiée, il faut que cette acceptation soit reconnue, volontairement ou judiciairement, remplir les conditions exprimées dans le procès-verbal d'offres et dans la consignation. — Le refus du consignateur d'assister au retrait met le créancier dans l'impossibilité de lui fournir quittance. Ce dernier doit donc assigner son débiteur et obtenir jugement pour se faire attribuer le montant des offres.

cuté ; lui déclarant que, faute par lui de satisfaire à la présente sommation dans le délai indiqué, le requérant se pourvoira pour faire ordonner le transport et le dépôt desdits hectolitres de blé dans tel lieu qui sera indiqué, aux frais, risques et périls de M.........

Et j'ai, audit domicile, parlant comme ci-dessus, laissé copie du présent, sous enveloppe..... Coût........

(*Signature de l'huissier.*)

Remarque. — Si, après cette sommation, l'acquéreur n'enlève pas la chose, le vendeur se pourvoit en référé pour obtenir la permission de la mettre en dépôt dans un autre lieu. La permission obtenue, la consignation se fait comme un dépôt ordinaire ; elle est constatée par un procès-verbal.

483. Dénonciation *au créancier des oppositions qui existent lors de la consignation.*

CODE PR. CIV., art 817.

Lorsqu'un tiers saisi veut se libérer avec sécurité, il ne le peut qu'en faisant notifier à son créancier des offres conditionnelles, c'est-à-dire subordonnées à la mainlevée des saisies-arrêts pratiquées entre ses mains. — Sauf les variantes qu'exige l'espèce, le procès-verbal d'offres est rédigé comme la formule supra, n° 473. — En cas de refus ou d'impuissance du créancier, la consignation est effectuée avec les formalités ordinaires (Voir supra, formule n° 475), et, dans la sommation au créancier de retirer les sommes déposées (supra, formule n° 477), on lui dénonce les oppositions existantes en ces termes :

Déclarant à M...... que ladite somme de....... a été consignée à la charge des oppositions existantes, savoir :

1° Une saisie-arrêt pratiquée le......., par exploit de......., enregistré, à la requête de M......., demeurant à......., qui a élu domicile à......., chez........, en vertu de........ (*titre*), pour avoir paiement de la somme de.......;

2°....... (*Mêmes énonciations*) ;

3°........, etc.

Dans l'assignation en validité, les saisissants doivent être mis en cause, ce qui a lieu par un exploit dans la forme ordinaire (Voir supra, formule n° 479), en tête duquel il est donné copie : 1° du procès-verbal d'offres ; 2° du procès-verbal de dépôt ; 3° du récépissé du préposé à la caisse des consignations ; et 4° de la sommation notifiée au créancier saisi.

484. Réquisition *de paiement adressée au préposé de la caisse des dépôts et consignations.*

Art. 15 de l'ordonnance du 3 juillet 1816.

L'an........, le........;

A la requête de M....... ¹ (*nom, prénoms, profession*), demeurant à......., pour lequel domicile est élu à........ (*lieu où la caisse est établie*), rue......., n°......., en l'étude de M^e......., avoué près le tribunal civil de........

J'ai....... (*immatricule de l'huissier*), soussigné, requis M....., receveur général des finances du département de....... (*ou receveur particulier des finances de l'arrondissement de......*), préposé de la caisse des dépôts et consignations, demeurant à......., rue... n°......, où étant dans les bureaux de la caisse et parlant à..., qui a visé le présent;

De, dix jours après la signification du présent, payer au requérant la somme de......., qui a été versée dans la caisse des consignations le......., par M......., demeurant à......., ainsi qu'il résulte d'un procès-verbal de dépôt dressé le......., et d'un récépissé délivré le......., enregistrés, et signifiés au requérant le...., par exploit de......, huissier, enregistré, ledit dépôt effectué après offres réelles faites au domicile du requérant le......., par procès-verbal de......., huissier, en date du......., enregistré, et suivi d'un jugement contradictoirement rendu le......., par le tribunal civil de......., enregistré et signifié, qui a prononcé la validité des offres, déclaré M....... valablement libéré et ordonné que la somme déposée, serait remise au requérant ² ;

Déclarant à M....... que, faute par lui de satisfaire, après le

---

1. Lorsqu'il y a eu changement dans l'état des parties prenantes depuis la consignation ou le jugement qui la valide, et que leurs droits sont exercés par des héritiers, donataires, cessionnaires, enfants naturels, etc., il faut produire les pièces constatant les qualités des réclamants et leurs droits à la consignation. Si les actes qui sont présentés émanent d'un notaire étranger au département siège de la caisse, les actes doivent être légalisés par le président du tribunal d'arrondissement dans le ressort duquel le notaire réside. Les actes de l'état civil doivent être légalisés par le préfet ou le sous-préfet. — La quittance faite au nom du mari et de la femme doit être signée par tous les deux ou leurs ayants droit. — Les héritiers légitimes doivent produire un extrait de l'intitulé de l'inventaire, ou, s'il n'en a pas été dressé, un acte de notoriété, ou un certificat délivré par un notaire. Toutes les formalités prescrites par le Code civil pour que les héritiers non légitimes ou testamentaires puissent exercer les droits de leur auteur doivent être remplies.

2. Tant qu'une consignation volontaire n'a été suivie d'aucune acceptation (Voir *supra*, formule n° 481) ou opposition notifiée au préposé, le consignateur peut la retirer en rendant le récépissé revêtu de sa décharge. — Quand, au contraire, il y a eu acceptation ou opposition, il faut un jugement ou un acte notarié contenant le consentement au retrait des tiers acceptants ou opposants (Avis du Conseil d'État du 1er mai 1810).

La consignation déclarée nulle comme insuffisante ne doit pas être considérée comme une consignation refusée que le consignateur peut retirer sur sa seule décharge. — Elle constitue un à-compte sur le montant de la créance; il en est autrement si la consignation a été annulée par suite de l'extinction de la dette; mais, dans ce cas, il faut attendre que le jugement ait acquis l'autorité de la chose jugée et produire aussi les deux certificats dont parle l'art. 548 C. pr. civ. (Voir *supra*, p. 394 et 395, formules n°^s 456 et 457.)

Le cessionnaire peut retirer la consignation due à son cédant en produisant la signification du transport sous seing privé, enregistré.

délai de dix jours, à la présente réquisition, à l'appui de laquelle le requérant offre de remettre les pièces justificatives, il y sera contraint par toutes les voies de droit. A ce qu'il n'en ignore.

Et j'ai, audit domicile, parlant comme ci-dessus, laissé copie du présent. Coût.......

(*Signature de l'huissier.*)

Remarque. — Cette réquisition n'est faite qu'autant qu'il y a lieu de penser que la caisse montrera des exigences de nature à provoquer des contestations judiciaires. Ordinairement, le créancier, muni des pièces justificatives, se présente à la caisse et obtient paiement.

Le préposé qui reçoit la réquisition fait mention, dans son visa, des pièces remises à l'appui, en ces termes :

Vu la présente réquisition, dont j'ai reçu copie, avec les pièces à l'appui, savoir :

1° *La copie signifiée à M*....... *de la grosse du jugement du*....;

2° *La copie de la signification de ce jugement à M*ᵉ......., *avoué de M*.......;

3° *Un certificat délivré par M*ᵉ......., *avoué de M*......, *le*...., *enregistré, constatant que le jugement a été signifié à M*...... *le*...;

4° *Un certificat délivré par M*....., *greffier du tribunal civil de*...., *le*......, *attestant qu'à cette date il n'existait sur les registres du greffe aucune mention d'opposition ni d'appel contre le jugement susénoncé* ;

Et 5° *le récépissé de consignation délivré à M*......., *le*.......

---

485. Dénonciation *faite par le préposé de la caisse des consignations à la partie qui requiert paiement, des oppositions ou des irrégularités qui empêchent ce paiement.*

Art. 16 de l'ordonnance du 3 juillet 1816.

Dans l'usage, les préposés de la caisse se bornent à avertir verbalement, ou par simple lettre, les créanciers requérant paiement, des motifs qui empêchent de l'effectuer. Mais si le créancier, au lieu d'employer la voie amiable, a fait notifier une réquisition par acte extrajudiciaire, il est prudent de lui répondre dans la même forme. — *La dénonciation est alors ainsi conçue* :

L'an......., le....... [1] ;

A la requête de M......., receveur général (*ou particulier*) des finances du département (*ou de l'arrondissement*) de......, préposé de la caisse des dépôts et consignations, demeurant à....., rue..., n°......, j'ai...... (*immatricule de l'huissier*), soussigné, déclaré à M....... (*noms, profession*), demeurant à......., au domicile par

---

1. Cette dénonciation doit être faite avant l'expiration du délai de dix jours accordé par la réquisition de paiement.

lui élu à......, rue......, n°......, en l'étude de M°........, avoué près le tribunal civil de première instance de ladite ville, où étant et parlant à.......;

Qu'en réponse à la réquisition de paiement à lui notifiée le....., par......, huissier, enregistrée, le requérant dénonce à M.... les oppositions suivantes pratiquées sur la somme de...., déposée le......, par M......, dans la caisse des dépôts et consignations, en vertu de..... (*énoncer le titre en vertu duquel la consignation a été opérée, ou les circonstances qui l'ont déterminée*) :

1° Par exploit de..... huissier, en date du...., enregistré, à la requête de M....... (*désignation de l'opposant*), qui a élu domicile à......., chez......., jusqu'à concurrence de la somme de......, en vertu de...... (*titre*);

2° Par exploit de...... (*mêmes énonciations*);

3°........, etc.;

Ajoutant, le requérant, qu'il est prêt à déférer à la réquisition de M......., lorsque la mainlevée régulière de ces oppositions lui sera remise.

Si l'obstacle au paiement provient de l'irrégularité des pièces, ou de ce qu'elles ne sont pas complètes, on remplace les lignes précédentes par celles-ci :

Qu'en réponse, etc......., le requérant refuse de déférer à cette réquisition, parce que....... (*énonciations des omissions ou irrégularités*).

Et j'ai, audit domicile, parlant comme il a été dit, laissé copie du présent, sous enveloppe.... Coût [1]...

---

1. Les frais de cet acte sont à la charge de la partie qui a réclamé le paiement, à moins qu'elle n'ait fait décider que le refus du préposé était mal fondé; car alors c'est ce dernier qui supporte les frais, sans répétition contre la caisse, lorsque son refus n'a pas été approuvé par le directeur général. Les préposés ont un nouveau délai de dix jours à partir de la signification des mainlevées ou de l'apport des pièces régularisées pour effectuer le paiement (art. 16 de l'ordonnance du 13 juillet 1816).

TITRE DEUXIÈME

VOIES ORDINAIRES COMPLEXES

§ 1. Saisie-exécution. — § 2. Saisie-brandon. — § 3. Saisie-gagerie. — § 4. Saisie foraine. — § 5. Saisie-revendication. — § 6. Saisie-arrêt. — § 7. Saisie des rentes. — § 8. Saisie immobilière.

BIBLIOGRAPHIE : — Carré et Chauveau, *Lois de la Procédure civile et commerciale* ; Dutruc, *Supplément alphabétique aux lois de la Procédure civile et commerciale de Carré et Chauveau* ; Glasson et Colmet-Daâge, *Précis théorique et pratique de procédure civile* ; Garsonnet, *Précis de procédure civile usuelle et pratique* ; Deffaux et Harel, *Encyclopédie des huissiers* ; César-Bru, *Traité de la procédure des voies d'exécution* ; Dalloz, *Répertoire général de jurisprudence, et Supplément au Répertoire* ; Dalloz, *Recueil périodique et critique de jurisprudence, de législation et de doctrine* ; Sirey, *Recueil général des lois et arrêts* ; *Journal du Palais* ; *Journal des avoués* ; *Journal des huissiers*.

§ 1er. — Saisie-exécution.

A. Saisie-exécution proprement dite — B. Incidents de la saisie-exécution : *a*. Garde de la saisie ; *b*. Demande en nullité ; *c*. Demande en distraction ou revendication ; *d*. Opposition ; *e*. Seconde saisie. — C. Vente et formalités qui la précèdent.

A. — SAISIE-EXÉCUTION PROPREMENT DITE

486. Commandement *tendant à saisie-exécution* [1].

CODE PR. CIV., art. 583, 584.

L'an......, le......

En vertu de la grosse dûment en forme exécutoire d'un jugement (*ou* d'un acte authentique passé devant Me...... et son col-

---

[1] Un commandement préalable est essentiel pour la validité d'une saisie-exécution ; le défaut de commandement ou la nullité de celui qui a été fait emportent nullité de la saisie (Q. 2004 bis ; *Suppl. alphab.*, v° *Saisie-exécution*, n° 1 ; Glasson et Colmet-Daâge, t. 2, p. 171 ; Garsonnet, t. 3, n° 568, p. 599).

L'art. 583 exige qu'un délai d'un jour se soit écoulé, depuis le commandement, avant qu'il puisse être procédé à la saisie.

Ce délai d'un jour est un délai franc : c'est donc le *surlendemain* seulement du commandement, au plus tôt, que peut être pratiquée la saisie (Q. 1995 ; *Suppl. alphab., verb. cit.*, n° 19 ; Glasson et Colmet-Daâge, t. 2, p. 170 ; César-Bru, n° 217 ; Garsonnet, t. 3, n° 569, p. 608).

D'autre part, ce délai doit être d'un jour utile, c'est-à-dire que si le lendemain du jour où a été fait le commandement est un dimanche ou un jour férié, ce dimanche ou ce jour férié ne compte pas dans le délai, et la saisie ne peut être pratiquée, au plus tôt, que le mardi ou le surlendemain du jour férié. Trib. civ. de Louviers, 24 nov. 1899 (*J. Huiss.*, t. 81, p. 56).

Et si les deux jours qui suivent celui du commandement sont l'un un dimanche, l'autre un jour férié, le délai se trouve prorogé au quatrième jour à partir du commandement.

Il n'est pas besoin d'un commandement, lorsqu'il est procédé en vertu d'un jugement ou d'un arrêt déclaré exécutoire sur minute. Cass., 2 déc. 1861.

lègue, notaires à......, le...., enregistré), rendu par la.....
chambre du tribunal de première instance de......., le........,
enregistré et signifié à avoué et à partie [1] (*si le titre n'a pas été notifié il en est donné copie en tête du commandement, qui mentionne cette notification en ces termes*: duquel jugement, etc...., *ou acte, etc....
copie est donnée en tête [de celle] des présentes*), et à la requête de
M....... (*nom, prénoms, profession*), demeurant à.......[2], pour
lequel domicile est élu à.... (*dans la commune où est situé le lieu de
l'exécution*)[3], j'ai...... (*immatricule*)[4], soussigné, fait comman-

---

En tout cas, l'huissier qui a procédé ainsi, ayant pu croire, en l'état de la jurisprudence, qu'il est dispensé par l'ordre d'exécution sur minute de la formalité du commandement, n'a pu engager sa responsabilité. Nîmes, 5 juill., 1869 (*J. Huiss.*, t. 50, p. 269).

A la différence du commandement à fin de saisie-immobilière qui se périme par 90 jours (art. 674 C. pr. civ.), le commandement à fin de saisie-exécution vaut pendant 30 ans et permet la saisie-exécution durant tout ce temps (*Suppl. alphab., verb. cit.*, n°s 21 et suiv.; Glasson et Colmet-Daâge, t. 2, p. 170 et 173).

1. Si le titre exécutoire n'a pas été déjà signifié au débiteur, il doit l'être en même temps que le commandement (*Suppl. alphab., verb. cit.*, n° 18; César-Bru, n° 212).

La copie du titre, en tête du commandement, doit être une copie intégrale (*Q.* 1991; *Suppl. alphab., verb. cit.*, n° 11; Garsonnet, t. 3, n° 568, note 7, p. 600).

... et comprenant même la formule exécutoire, à peine de nullité (*Suppl. alphab., verb. cit.*, n° 15).

Si le titre a déjà été signifié, l'huissier doit l'énoncer dans le commandement (*Q.* 2000; *Suppl. alphab., verb. cit.*, n° 17; Garsonnet, *op. et loc. cit.*, note 8).

2. Jugé que, lorsque le commandement contient régulièrement, selon le vœu de l'art. 584, élection de domicile dans la commune où l'exécution doit être poursuivie, l'omission de l'indication du domicile réel du requérant n'emporte pas nullité. Amiens, 6 juill. 1893 (*J. Huiss.*, t. 75, p. 40).

3. L'élection de domicile dans la commune où doit se faire l'exécution, lorsque le créancier n'y demeure pas, n'est point prescrite à peine de nullité (*Q.* 2004 *bis*); Trib. civ. de Lyon, 20 juin 1884 (*J. Huiss.*, t. 76, p. 317); Trib. civ. de La Flèche, 29 mars 1898 (*J. Huiss.*, t. 79, p. 251) — *Contra*: Glasson et Colmet-Daâge, t. 2, p. 172; César-Bru, n° 215; Garsonnet, t. 3, n° 568, p. 606.

En tout cas, l'irrégularité provenant de l'omission de cette élection de domicile dans le commandement est réparable dans le procès-verbal de saisie. César-Bru, *loc. cit.*; Garsonnet, *loc. cit.*

Si l'exécution doit avoir lieu dans plusieurs communes, il est fait élection de domicile dans chacune d'elles (*Q.* 2006; César Bru, n° 213; Garsonnet, t. 3, n° 568, p. 601).

Cette élection de domicile conserve son effet jusqu'à la fin des poursuites (art. 584 C. pr. civ.).

Le débiteur peut valablement faire au domicile élu des offres réelles pour arrêter la poursuite; mais l'élection de domicile ne donne pas au tiers chez qui elle est faite pouvoir d'accepter les offres (*Q.* 2010 *bis*).

L'appel du jugement en vertu duquel le commandement est fait, peut être signifié au domicile élu (*Q.* 2007 *bis*; *Suppl. alphab., verb. cit.*, n° 44; César-Bru, n° 213).

Il en est de même de l'appel de tout jugement rendu en premier ressort sur une contestation relative à l'exécution elle-même (*Mêmes auteurs*).

Cette élection de domicile est attributive de juridiction au tribunal du lieu de l'exécution pour toutes les difficultés, pour tous les incidents de la saisie (Glasson et Colmet-Daâge, t. 2, p. 172; César-Bru, n° 214).

L'élection de domicile étant prescrite toute dans l'intérêt du débiteur, celui-ci est libre de n'en pas profiter, et fait valablement faire toutes significations au domicile réel du créancier, s'il le juge préférable (Glasson et Colmet-Daâge, t. 2, p. 172).

4. L'huissier, pour faire le commandement, n'a pas à se faire assister de recors ou témoins (*Q.* 2007).

dement à M....... (*nom, prénoms, profession*), demeurant à....., audit domicile[1], où étant et parlant à.......

De, dans vingt-quatre heures pour tout délai, payer au requérant ou à moi, huissier, porteur des pièces, ayant charge de recevoir et pouvoir de donner bonne et valable quittance [2] : 1° la somme de..., montant des condamnations prononcées contre lui en principal, intérêts et frais, par ledit jugement; 2° celle de......., pour intérêts de ladite somme, courus depuis le....... jusqu'à ce jour, sans préjudice de tous autres dus, droits et actions.

Lui déclarant que, faute par lui de payer cette somme, il y sera contraint, passé ledit délai, par toutes les voies de droit [3] et notamment par la saisie-exécution de ses meubles [4] et effets mobiliers.

Sous toutes réserves. A ce qu'il n'en ignore.

Et je lui ai, en son domicile, parlant comme ci-dessus, laissé copie du présent, (*ou si l'on signifie le titre,* tant du jugement sus-énoncé que du présent), sous enveloppe, etc., Coût....... [5].

(*Signature de l'huissier.*)

---

1. Le commandement peut être signifié au domicile élu pour l'exécution de l'obligation (*Q*. 1999 ; Glasson et Colmet-Daâge, t. 2, p. 171 ; César-Bru, n° 216).

Quand on ne connaît pas le domicile réel du débiteur et qu'il n'y a pas de domicile élu pour le paiement, le commandement doit être fait dans la forme prescrite au n° 8 de l'art. 69 (*Q*. 1999).

La signification doit être faite, en ce cas, au parquet du tribunal du dernier domicile connu du débiteur.

2. L'huissier peut recevoir paiement et donner quittance, mais seulement au moment de la signification, et dans les termes stricts du commandement (*Q*. 2010 *ter* ; *Suppl. alphab.*, v° *Saisie-exécution*, n°[s] 57 et suiv.).

3. La mention de la menace d'une contrainte dans le commandement est substantielle et nécessaire pour sa validité (Glasson et Colmet-Daâge, t. 2, p. 171).

Mais il suffit, à cet égard, que le commandement énonce que, faute de paiement, le débiteur y sera contraint *par toutes les voies de droit*, sans qu'il soit nécessaire de spécifier davantage, pour que le créancier ait droit ensuite de pratiquer une saisie-exécution, comme toute autre saisie mobilière (*Suppl. alphab.* verb. cit., n°[s] 28 et suiv.; *Encyclop. des huiss.*, v° *Commandement*, n° 37 et suiv.).

Un commandement de payer, sous peine d'être contraint par les voies de droit, suffit à la validité de plusieurs espèces de saisies successivement exercées pour le même objet (*Q*. 1998).

4. S'il s'agit de meubles communs à plusieurs débiteurs, par exemple, à des cohéritiers, il faut notifier un commandement individuel à chacun d'eux, à moins que le mobilier commun ne se trouve en la possession d'un seul des débiteurs (*Q*. 1992).

5. On s'est demandé à la charge de qui doit être le coût du commandement, lorsque le débiteur y satisfait sur le champ. Il en est qui pensent que, dans tous les cas, le débiteur est tenu d'en supporter les frais. L'opinion de ceux qui veulent que si le paiement doit, aux termes du titre de créance, être fait au domicile du débiteur, le créancier paie les frais du commandement, à moins qu'il ne prouve que le jour de l'échéance le paiement a été refusé par le débiteur, paraît préférable.

487. Procès-verbal *de saisie-exécution* [1].

Code PR. CIV., art. 585 et s.

L'an......., le......, heure de.......[2]; en vertu de la grosse [3] dûment en forme exécutoire d'un jugement (*ou* d'un acte reçu par M°...... et son collègue, notaires à......, le......) rendu le..., par la....... chambre du tribunal civil de......., enregistré et signifié, et à la requête de M..... (*nom, prénoms* [4], *profession, demeure, élection de domicile dans la commune où se fait l'exécution*), j'ai...... (*immatricule de l'huissier*), soussigné, fait itératif commandement [5] de par la loi et justice à M..... (*nom, prénoms, pro-*

---

1. Les huissiers peuvent seuls, dans l'arrondissement où ils exercent, procéder aux saisies-exécutions.
Ce droit n'appartient ni aux gardes-forestiers, ni aux porteurs de contraintes, ni aux agents des douanes, contributions indirectes, ou autres administrations financières, qui ont qualité pour signifier un commandement (Glasson et Colmet-Daâge, t. 2, p. 175.)
Le procès-verbal de saisie-exécution est soumis, pour sa validité, à toutes les formalités ordinaires des exploits d'huissier (Glasson et Colmet-Daâge, t. 2, p. 175; César-Bru, n° 221).
Il doit être dressé par l'huissier sur lieux, séance tenante (Glasson et Colmet-Daâge, t. 2, p. 175).
L'huissier ne doit dresser qu'un seul procès-verbal, même s'il y a plusieurs vacations (Glasson et Colmet-Daâge, t. 2, p. 176).
2. L'huissier doit mentionner, dans son procès-verbal, l'heure à laquelle il y procède, sans que, cependant, l'omission entraîne nullité (Q. 2015).
Il doit d'ailleurs se conformer, quant aux heures auxquelles il peut procéder, aux dispositions de l'art. 1037 C. pr. civ. — Mais il a été jugé qu'une saisie continuée après l'heure légale n'est pas nulle, lorsqu'il n'y a pas eu protestation de la part du saisi. Cass. 17 nov. 1855 (*J. Av.*, t. 82, p. 22).
3. Pour saisir-exécuter, il faut : 1° Que le titre soit exécutoire; 2° Que la créance soit certaine, liquide et exigible (Q. 2001; *Suppl. alphab.*, v° *Saisie-exécution*, n°° 69 et suiv.).
Jugé, en conséquence, que notamment, lorsqu'un jugement a condamné une partie à remplir un engagement, et à défaut de ce faire l'a condamnée à payer une somme déterminée par mois, il n'y a pas là une créance liquide et exigible, autorisant le créancier à avoir recours, pour l'exécution de cette disposition du jugement, à la saisie-exécution. Montpellier, 8 mars 1865 (*J. Av.*, t. 47, p. 83).
On peut, en vertu d'un jugement obtenu contre un codébiteur solidaire, procéder à une saisie contre l'autre codébiteur solidaire qui n'a pas été compris au jugement (Q. 2001 *bis*).
L'huissier devrait s'arrêter cependant si le prétendu codébiteur solidaire, non condamné personnellement au jugement, contestait soit la dette, soit la solidarité, ou excipait de moyens à lui personnels (*Suppl. alphab.*, *verb. cit.*, n° 74).
Il est des cas où une saisie-exécution peut avoir lieu sans titre exécutoire : par exemple, lorsque la régie des domaines et de l'enregistrement poursuit la rentrée des créances personnelles dues à l'État (Q. 2002).
4. La saisie-exécution n'est pas nulle parce que le procès-verbal ne désigne pas le créancier poursuivant par son prénom, si les actes antérieurement signifiés ne laissent aucun doute sur l'identité de ce créancier (*J. Av.*, t. 76, p. 602, art. 1181).
5. Quand la saisie se fait hors de la demeure du saisi, il faut aussi lui faire ité-

fession), demeurant à......, en son domicile, où étant et parlant à.......;

De payer à moi, huissier, porteur des pièces, la somme de....., composée de : 1° celle de......, montant en principal de la créance du requérant; 2° celle de......., montant des intérêts dudit capital courus jusqu'à ce jour; 3° celle de......., montant des frais liquidés au jugement susénoncé, sous la réserve des frais non encore liquidés, et de tous autres dus, droits et actions. Le susnommé ayant refusé de payer, j'ai saisi, exécuté et mis sous l'autorité de la loi et justice les objets ci-après détaillés (*Ici le détail de tous les objets saisissables trouvés au domicile du saisi et l'indication des lieux où ils ont été trouvés*[1]).

---

ratif commandement s'il se trouve présent à l'endroit où sont les meubles (Q. 2016).

Quand la saisie se fait dans la demeure du saisi, s'il est absent, on doit lui réitérer le commandement dans la personne de ceux qu'on y rencontre (Q. 2017).

Mais la formalité de l'itératif commandement n'est pas prescrite à peine de nullité (Glasson et Colmet-Daâge, t. 2, p. 174 Garsonnet, t. 3, p. 613).

1. Le devoir de l'huissier, dans la désignation des objets saisis, consiste à les décrire de façon que leur individualité soit bien constatée, et que tout détournement ou substitution devienne impossible (Q. 2022).

Spécialement, en ce qui concerne l'argenterie, elle doit être spécifiée dans la désignation par pièces et poinçons (art. 589). Par la spécification par poinçons, on entend l'énonciation du poinçon du titre (Q. 2025).

Si l'huissier saisit des deniers comptants, il doit les désigner par la mention du nombre et de la qualité des espèces (art. 590), et les déposer à la Caisse des dépôts et consignations, sans avoir d'ailleurs à dresser procès-verbal particulier pour la constatation de ce dépôt (Q. 2027 et 2028).

La saisie en bloc de tous les meubles et effets d'un débiteur, sans entrer dans aucun détail, serait nulle (J. Av., t. 19, p. 401).

Cependant une saisie en bloc ne serait point irrégulière, s'il s'agissait d'objets de même nature (J. Av., t. 19, p. 464).

Et il a été jugé que le défaut de désignation suffisante de certains objets ne vicie pas la saisie. Trib. civ. de Grenoble, 27 déc. 1881 (J. Av., t. 107, p. 498).

Quant aux objets sur lesquels peut porter une saisie-exécution, ce sont, en principe, tous les objets compris en l'art. 535 C. civ. sous la désignation de *biens meubles* (Q. 2034 bis).

Sur les restrictions que comporte ce principe, et qui sont fondées, soit sur des raisons se rattachant à la destination des biens (immeubles par destination), soit sur des raisons d'humanité (art. 592 C. pr. civ.) : *Voir* : *Suppl. alphab.*, *verb. cit.*, nos 95 et suiv.; *Encyclop. des huiss.*, v° *Saisie-exécution*, no 74 et suiv.; *Code de procédure civile annoté* par Jean Sirey, art. 592.

L'huissier a toujours raison d'énoncer dans son procès-verbal les objets qu'il considère comme insaisissables et laisse au saisi : cette mention n'est pas obligatoire mais évite des difficultés (J. Av., t. 76, art. 1181, p. 602).

D'ailleurs la saisie qui comprend des objets déclarés insaisissables par la loi n'est pas nulle; seulement, avant la vente, la distraction des objets insaisissables, ou, ce qui revient au même, la nullité de la saisie sur ce chef, peut être prononcée; après la vente, le saisi n'a plus que l'action en dommages-intérêts contre le saisissant (Q. 2034).

Des meubles indivis entre plusieurs héritiers peuvent être saisis par les créanciers de l'un des héritiers, avant que le partage ait été effectué, sauf au saisissant à ne mettre à fin la poursuite qu'après le partage, qu'il a d'ailleurs lui-même le droit de provoquer en exerçant les droits de son débiteur (*Suppl. alphab.*, *verb. cit.*, nos 88 et 89).

J'ai établi pour gardien la partie saisie (*ou toute autre personne* [1]). La vente aura lieu le [2]......, heure de......, à....... (*désigner le lieu où la vente sera faite*). Et de tout ce que dessus j'ai rédigé le présent procès-verbal, dont j'ai laissé copie à la partie saisie (sous enveloppe fermée, etc....., *s'il y a lieu*), et au gardien [3]. Le tout, en présence et assisté [4] de M...... (*noms et profession*) [5], demeurant à......, rue......, n°...... et de M...... (*noms et profession*), demeurant à......, rue......, n°......, témoins requis qui ont, avec le gardien et moi, signé [6] l'original et la copie. Coût......

(*Signatures de l'huissier* [7], *du gardien et des témoins.*)

---

1. Lorsque les meubles saisis sont dans différents endroits, il faut plusieurs gardiens (Glasson et Colmet-Daâge, t. 2, p. 176).

Avant la loi du 22 juill. 1867, abolitive de la contrainte par corps, on pouvait douter qu'une femme ou un étranger pût être institué gardien d'une saisie. Depuis la loi précitée, l'*affirmative* n'est plus susceptible de faire difficulté (Garsonnet, t. 3, n° 572, note 16, p. 619).

Mais, pour accepter les fonctions de gardienne, une femme mariée a besoin de l'autorisation de son mari (Garsonnet, *loc. cit.*).

L'un des témoins qui assistent l'huissier à la saisie peut être établi gardien (Q. 2053 ; Garsonnet, t. 3, n° 572, p. 619).

Le clerc de l'huissier instrumentaire peut-il être établi gardien? Voir pour l'*affirmative* : Trib. civ. de Lyon, 3 mai 1910 (*J. Huiss.*, t. 81, p. 343); Garsonnet, *op. et loc. cit.* Pour la *négative* : Trib. civ. du Havre, 15 mai 1869 (*J. Huiss.*, t. 50, p. 248).

Le concierge de la maison peut être établi gardien des meubles saisis sur un locataire à la requête du propriétaire (Q. 361).

2. L'indication du jour de la vente, dans le procès-verbal de saisie, n'est pas prescrite à peine de nullité ; le saisissant doit seulement, en ce cas, faire connaître au saisi le jour de la vente en lui notifiant un nouvel acte (Q. 2050 ; Glasson et Colmet-Daâge, t. 2, p. 175 ; César-Bru, n° 232; Garsonnet, t. 3, n° 573, p. 625).

3. La remise au gardien d'une copie du procès-verbal de saisie est une formalité substantielle, à l'inobservation de laquelle est attachée la sanction de nullité (Q. 2057; *Suppl. alphab., verb. cit.*, n° 241).

4. La présence des témoins est requise à peine de nullité (Q. 2014; Garsonnet, t. 3, n° 570, p. 613).

Un clerc d'huissier peut servir de témoin lors d'une saisie pratiquée par son patron (Q. 2011 *bis*).

Depuis la loi du 7 déc. 1897, les femmes peuvent être témoins d'une saisie-exécution (*J. Huiss.*, t. 79, p. 247 ; Glasson et Colmet-Daâge, t. 2, p. 174, note 1).

5. La mention de la profession des témoins n'est pas exigée à peine de nullité (Garsonnet, t. 3, n° 573, note 8, p. 624).

6. Le gardien, en principe, doit signer le procès-verbal sur l'original et la copie, et s'il ne sait pas signer, il y a lieu d'en faire mention (art. 599 C. pr. civ.).

Toutefois, le défaut de signature du gardien n'emporte pas nullité (Q. 2057 ; Lyon, 26 fév. 1901 (*J. Huiss.*, t. 82, p. 231).

Au contraire, les témoins doivent savoir signer, et leurs signatures sur le procès-verbal sont rigoureusement exigées (Q. 2012; *Suppl. alphab., verb. cit.*, n° 139).

La présence du saisissant, bien que prohibée par l'art. 585, ne paraît pas devoir être considérée comme une cause de nullité de la saisie (*Suppl. alphab., verb. cit.*, n° 145; Garsonnet, t. 3, n° 570, p. 613); Trib. civ. de Grenoble, 27 déc. 1881 (*J. Av.*, t. 107, p. 498).

7. Il n'y a pas nullité d'une saisie parce que l'huissier, employant plusieurs vacations, ne signe pas à la fin de chacune d'elles (Q. 2056).

En ce qui concerne les signatures du gardien et des témoins : Voir note précédente.

Si la saisie-exécution est faite en vertu d'un jugement par défaut, et que la partie saisie déclare former opposition, après le préambule qui est le même que dans la formule précédente, on ajoute :

Au moment de procéder à la saisie, M....... (*partie saisie*) a déclaré que, le jugement en vertu duquel je procède étant par défaut, il s'opposait formellement à son exécution pour les causes et moyens qu'il déduira ultérieurement, se réservant de réitérer ladite opposition dans les formes et délais voulus par la loi, et a ledit sieur.... (*partie saisie*) signé après lecture (*ou bien*, requis de signer, déclaré ne savoir).

(*Signature du saisi.*)

Vu laquelle opposition [1], j'ai suspendu la saisie et me suis retiré en faisant, dans l'intérêt du saisissant, les plus expresses réserves de tous ses droits.

D'ailleurs, d'une manière générale, lorsqu'au cours de la saisie il se produit une opposition, ou tout autre incident donnant lieu à référé, l'huissier le mentionne dans son procès-verbal de la manière suivante :

A cet instant est intervenu M....... (*nom, profession, domicile*), lequel m'a déclaré qu'il était seul propriétaire des objets garnissant les lieux où nous sommes [2], qu'il s'opposait en conséquence à la saisie desdits objets et, pour le cas où je voudrais passer outre, il me requérait d'en référer à M. le Président du tribunal de....... Et a signé.

Bon pour référé pour le (*jour, mois et an*). *Signature de la partie.*

Vu lesquelles réquisition et opposition, contre lesquelles j'ai fait toutes réserves, j'ai donné assignation au susnommé à comparaître le......., heure de......., par-devant M. le Président du tribunal de......, à son audience de référé, au palais de justice à......, lieu ordinaire desdites audiences, pour : Attendu que le requérant est porteur d'un titre exécutoire, auquel provision est due ; — Voir dire que, sans avoir égard aux prétentions du susnommé, il sera passé outre et procédé à la saisie et à la vente des objets garnissant les lieux dont s'agit. Ce qui sera exécuté sur minute nonobstant appel et avant enregistrement, vu l'urgence.

Ce fait, j'ai, sous la réserve de continuer s'il y a lieu, fait et rédigé

---

1. En cas d'opposition de la part du saisi, l'huissier ne doit pas toujours continuer la saisie. Il est des cas où il doit suspendre les poursuites : c'est lorsque le titre du créancier est un jugement par défaut faute de comparaître, ou un jugement en premier ressort non exécutoire par provision, et que le saisi forme sur le procès-verbal opposition ou appel. — Dans tous les autres cas, l'opposition du saisi ne peut donner lieu qu'à un référé (Q. 2065). — Voir *J. Av.*, t. 95, p. 363.

2. Les réclamations élevées par des tiers suspendent la saisie ; l'huissier doit arrêter les poursuites sur l'assignation en référé qui lui est notifiée à la requête du tiers (Q. 2066 *bis* ; *Suppl. alphab., verb. cit.*, n. 149 et s.).

Cette forme n'est pas cependant rigoureusement prescrite, et, dans l'usage, l'opposition et l'ajournement en référé ont lieu par un simple dire de l'opposant sur le procès-verbal. C'est en ce sens qu'est rédigée la formule ci-dessus.

le présent procès-verbal duquel, en parlant comme dessus, j'ai laissé copie au susnommé.

Le tout en présence de M...., demeurant à......, et de M...., demeurant à......, témoins requis et qui ont signé avec moi. Coût.....

A la suite, on inscrit l'ordonnance du président, au bas de laquelle ce magistrat met sa signature, et si cette ordonnance autorise la continuation de la saisie, cette continuation s'effectue en ces termes :

En conséquence, je, huissier soussigné, suis revenu au domicile de M......, où, après......, etc., j'ai procédé à la continuation de la saisie ainsi qu'il suit : ....(*énumération des objets saisis*).

Et de tout ce qui précède j'ai rédigé le présent procès-verbal, etc. (*comme ci-dessus*).

Coût du présent [1].....

(*Signature de l'huissier, du gardien et des témoins.*)

---

488. **Procès-verbal** *de saisie-exécution, quand l'huissier ne trouve personne pour lui ouvrir les portes ou que l'ouverture en est refusée* [2].

CODE *PR. CIV.*, art. 587.

L'an......, le......, heure de......, en vertu de la grosse dûment en forme exécutoire d'un jugement (*ou d'un acte reçu par* M^e...... *et son collègue, notaires à......, le......*) rendu par la...... chambre du tribunal civil de......, enregistré et signifié ; et à la requête de M...... (*nom, prénoms, profession, demeure du créancier et élection de domicile dans la commune où se fait l'exécution* [3]).

Je (*immatricule de l'huissier*) soussigné, faute par M...... (*nom, prénoms, profession, domicile du débiteur saisi*) d'avoir obtempéré au

---

1. L'huissier qui se présente pour procéder à une saisie-exécution doit, lorsque, après des pourparlers, le débiteur paie les causes de la saisie, constater ce paiement sur son procès-verbal, et réclamer les frais d'assistance des témoins présents, et les frais qui lui sont personnellement dus (*J. Av.*, t. 73, p. 180, art. 394, § 84).
2. Les formalités spéciales, prévues par l'art. 587, l'assistance du juge de paix ou de l'un des fonctionnaires désignés audit article, sont, au cas où l'huissier trouve des portes closes, et que personne n'est là pour les lui ouvrir, ou que l'ouverture lui est refusée, rigoureusement obligatoires, à peine de nullité de la saisie (Q. 2019 *quater*; *Suppl. alphab.*, v° *Saisie-exécution*, n° 160 et suiv.).
Mais ces formalités ne sont pas nécessaires quand, malgré la non présence du saisi ou de ses représentants à son domicile, l'huissier trouve ce domicile habité et les portes ouvertes (Q. 2019 *quater*; *Suppl. alphab.*, verb. et loc. cit.; Garsonnet, t. 3, n° 570, p. 611); Cass., 28 mai 1851 (*J. Av.*, t. 76, p. 603).
3. Ce préambule, on le voit, est le même que celui de la formule précédente. Voir, en conséquence, *supra* p. 429, les notes 1 à 5, qui s'y rapportent.

commandement à lui fait, suivant précédent exploit de mon ministère en date du......, enregistré, d'avoir à payer la somme de..., composée de : 1° celle de....... montant en principal de la créance du requérant, telle qu'elle résulte du jugement susénoncé; 2° celle de......, montant des intérêts du capital courus jusqu'à ce jour ; 3° celle de......, montant des frais liquidés au même jugement précité, et sous réserves des frais non encore liquidés et de tous autres dus, droits et actions; me suis transporté, assisté de M..... (*nom, prénoms, profession et domicile*), et de M..... (*mêmes mentions*), témoins par moi requis, au domicile de M....... (*nom du saisi*), à......, rue...., n°....., pour procéder à la saisie-exécution des meubles et effets mobiliers garnissant ce domicile. Mais, après avoir plusieurs fois frappé à la porte de la maison habitée par ledit sieur......., porte que j'ai trouvée fermée, personne ne répondant (*ou bien*, M....... ayant déclaré ne vouloir ouvrir), j'ai, conformément à l'art. 587 C. pr. civ., établi M..... l'un des témoins par moi conduits, gardien aux portes pour empêcher le divertissement, et je me suis retiré sur le champ devant M. le juge de paix du canton de....... (*ou, à son défaut, l'un des suppléants, ou le commissaire de police, ou le maire, ou l'adjoint, etc.*)[1] que j'ai rencontré en son domicile à....... Sur l'exposé que je lui ai fait[2], ce magistrat s'est transporté[3] avec moi au domicile de M......., où, les portes ayant été toujours trouvées fermées (*ou bien* M....... ayant persisté dans son refus d'ouvrir), il a été procédé à l'ouverture desdites portes en présence de M. le juge de paix, par un serrurier de ce requis. La porte donnant accès dans la maison de M....... ayant été ouverte, j'ai, en présence[4] de M. le juge de paix et des témoins déjà nommés, fait itératif commandement[5] à M....... de payer à moi, huissier porteur des pièces,

---

1. L'art. 587, en indiquant les fonctionnaires auxquels l'huissier doit, en ce cas, s'adresser, ne trace pas un ordre hiérarchique, qui doive être impérieusement suivi (Q. 2019 *bis*; *Suppl. alphab.*, verb. cit., n°° 151 et suiv. ; Garsonnet, t. 3, n° 570, p. 513).
Un conseiller municipal peut aussi être appelé (Q. 2019 *ter*; Glasson et Colmet-Daage, t. 2, p. 174; Garsonnet, *loc. cit.*).
La parenté avec le saisi ne serait pas un motif d'exclusion (Q. 2019 *ter*).
2. Il n'est pas nécessaire d'adresser au fonctionnaire une réquisition écrite (Q. 2019 *bis*).
3. Si les fonctionnaires désignés dans l'art. 587 refusent leur assistance, l'huissier doit surseoir à l'exécution, sauf, en faveur du saisissant, l'action en dommages-intérêts contre ces fonctionnaires (Q. 2020).
Ce n'est qu'au cas de refus émanant du juge de paix ou de son suppléant, que le recours à la voie de la prise à partie contre le magistrat en faute est nécessaire. Trib. civ. de Libourne, 21 déc. 1898 (*J. Huiss.*, t. 80, p. 117).
4. L'officier qui se transporte pour faire ouvrir les portes doit, en cas d'absence du saisi, ou si, présent, il persiste dans sa résistance passive, rester avec l'huissier jusqu'à ce que celui-ci ait achevé la saisie (Q. 2021).
5. Il n'y a pas lieu de faire itératif commandement si la saisie est pratiquée hors du domicile du saisi et en son absence. Il en est autrement si le saisi est présent, bien que la saisie soit pratiquée hors de son domicile (Voir *supra* p. 429, note 5).

la somme sus-indiquée, et sur son refus de payer, saisi les objets ci-après détaillés :
Description des objets saisis et indication des lieux où ces objets se trouvent placés. — *Toutes les fois qu'une porte intérieure ou un meuble destiné à contenir des objets est trouvée fermée, l'huissier mentionne l'ouverture qui en est faite en présence du magistrat qui assiste à la saisie et qui doit apposer les scellés sur les papiers découverts (art. 591 C. pr. civ.).* — *Cette apposition est constatée par un procès-verbal dressé par ce magistrat dans la forme des appositions de scellés après décès (Voir infra, t. 2).* — *L'huissier mentionne cette formalité en ces termes :*

Un....... (*désigner le meuble*), fermant à clé, dont l'ouverture a été faite devant M. le juge de paix, contenant divers papiers, sans autre objet saisissable. Ledit meuble a été refermé, et, sur ma demande, M. le juge de paix soussigné a mis lesdits papiers sous scellés et a dressé procès-verbal séparé [1] de cette apposition.

Si la partie saisie n'est pas absente de son domicile, dont elle a refusé d'ouvrir les portes sur la réquisition de l'huissier, et que la présence du magistrat et ses exhortations aient pour effet de faire cesser sa résistance, il n'est pas nécessaire que ce magistrat assiste à toute la saisie ; il est seulement fait mention, dans le procès-verbal qui est signé par lui, du résultat de son intervention. — *Si, au contraire, la partie saisie, présente, persiste dans son refus, après commandement itératif* (Voir la formule précédente), *le magistrat doit assister à la saisie jusqu'à la fin. En cas d'absence du saisi, le procès-verbal se termine en ces termes :*

Après avoir procédé à la saisie des objets qui viennent d'être décrits, j'ai, vu l'absence de M......., partie saisie, établi à la garde desdits objets M......., demeurant à, etc. (*comme à la formule précédente*).

Et de tout ce que dessus j'ai rédigé le présent procès-verbal, dont j'ai laissé copie à M......., gardien, et pour M......., partie saisie, à M. le juge de paix [2], le tout fait en présence de M. le juge de paix, du gardien et de MM......., témoins requis ci-dessus nommés, qualifiés et domiciliés, qui ont, avec moi, signé l'original et la copie.

Coût du présent, y compris l'émolument alloué à M....... (*magistrat autre que le juge de paix et ses suppléants*), sur sa réquisition

---

1. L'apposition des scellés, dans le cas où elle a lieu, ne peut pas être constatée seulement par le procès-verbal de saisie conformément à l'art. 587 ; il faut en outre un procès-verbal séparé d'apposition. Les scellés sont ultérieurement levés sur la demande du saisi et à ses frais (Q. 2031 ; Garsonnet, t. 3, n° 571, p. 616).
2. On doit, dans tous les cas d'absence, remettre une copie du procès-verbal au maire ou au magistrat désigné par l'art. 601 ; et le procès-verbal doit en faire mention à peine de nullité : Paris, 7 fév. 1902 (J. Huiss., t. 83, p. 126). Est nulle la saisie exécution faite en l'absence du saisi et dont la copie a été remise à un serviteur trouvé dans les lieux de la saisie : Poitiers, 27 mars 1904 (J. Av., t. 130, p. 288).

expresse et le salaire du serrurier qui a procédé à l'ouverture des portes......,
(*Signatures du juge de paix, du gardien, de l'huissier et des témoins.*) [1]
Vu le présent procès-verbal, dont j'ai reçu copie pour M......,
à......, le.......
(*Signature du juge de paix.*)

489. Procès-verbal *de carence.*

(*Voir les formules qui précèdent*)

L'an......, le......; En vertu de la grosse...... etc.; Et à la requête de......, etc......

J'ai......, soussigné,

Fait itératif commandement de par la loi et justice à M......, demeurant à......, où étant et parlant à.......

De, immédiatement et sans délai, payer à moi, etc....... sans préjudice de tous autres dus, droits et actions, intérêts et frais. Lequel ayant refusé de payer, je lui ai déclaré que j'allais saisir-exécuter et mettre sous l'autorité de la loi et justice les meubles et objets mobiliers garnissant les lieux, dans lesquels je me trouve.

Mais attendu....... (*indiquer ici la raison pour laquelle il n'y a pas lieu de procéder à la saisie, soit qu'un tiers soit intervenu à ce moment pour revendiquer la propriété des meubles, et ait fourni des justifications de son droit, que l'huissier, en ce cas, doit mentionner dans son procès-verbal, soit que la valeur de ces meubles paraisse insuffisante à l'huissier pour que la vente donne un résultat utile pour le créancier*).

Pourquoi, j'ai, huissier susdit et soussigné, converti le présent en procès-verbal de carence, pour servir et valoir ce que de droit.

Et de tout ce que dessus, j'ai rédigé le présent procès-verbal dont j'ai laissé copie audit sieur...... partie saisie, sous enveloppe, etc., le tout en présence de M......, demeurant à......, et de M......, demeurant à......, témoins requis qui ont, avec moi, signé l'original et la copie. Coût.....

(*Signature de l'huissier et des témoins.*)

490. Citation *devant le juge de paix à l'effet de faire nommer un gérant* [2] *à l'exploitation d'une ferme dont les bestiaux et ustensiles ont été saisis.*

CODE PR. CIV., art. 594.

L'an......., le........, à la requête de M....... (*nom, prénoms,*

---

1. Sur la nécessité des signatures, voir *supra* p. 431, notes 6 et 7.
2. Les dispositions du titre de la saisie-exécution, relatives au gardien, sont

profession), demeurant à......., j'ai....... (*immatricule*), soussigné, cité : 1° M...... (*nom, prénoms, profession*), partie saisie, demeurant à.......; 2° M....... (*nom, prénoms, profession*), propriétaire de la ferme de......., située à......, demeurant à...., où étant, etc.

A comparaître le......., heure de......, par-devant M. le juge de paix du canton de......., au lieu ordinaire de ses audiences à......., pour, attendu qu'au nombre des objets saisis à la requête du requérant sur M....... par procès-verbal de mon ministère, en date du......, enregistré, se trouvent les animaux et les ustensiles servant à l'exploitation de ladite ferme; qu'il y a lieu en conséquence de pourvoir à l'établissement d'un gérant pour son exploitation, conformément aux termes de l'art. 594 C. pr. civ.; Par ces motifs; voir nommer par M. le juge de paix un gérant à cette exploitation, si les parties ne s'accordent point sur ce choix; déclarant aux susnommés que, faute par eux de comparaître, il sera procédé à cette nomination tant en absence que présence, et s'entendre, en outre, en cas de contestation, condamner aux dépens qui seront passés en frais de poursuite. A ce qu'ils n'en ignorent. Et je leur ai, auxdits domiciles, parlant comme ci-dessus, laissé copie du présent, sous enveloppe, etc. Coût......

(*Signature de l'huissier.*)

Remarque. — Sur cette citation intervient un jugement dans la forme ordinaire. — Voir *supra*, *formules* n°s 341 et suiv.

---

491. Dénonciation *du procès-verbal de la saisie pratiquée hors du domicile du saisi et en son absence.*

CODE PR. CIV., art. 602.

L'an....., le....., à la requête de M..... (*nom, prénoms, profession, domicile*), pour lequel domicile est élu (*en ma demeure ou*) en l'étude de M^e......., avoué près le tribunal civil de première instance de.....; j'ai...... (*immatricule*), soussigné, notifié et en tête [de celle] des présentes laissé copie à M...... (*nom, prénoms, profession*), demeurant à....., audit domicile, où étant et parlant à..., du procès-verbal de saisie fait à la requête de M......, par moi, huissier soussigné, assisté de témoins, aujourd'hui [1]...... (*date*),

---

applicables au gérant à l'exploitation dont il est parlé en l'art. 694 C. pr. civ. (Q. 2049).

Toutefois, le salaire du gérant ne saurait être le même que celui du gardien; car, si ce dernier n'a qu'à exercer une simple surveillance, le gérant, au contraire, administre. Son salaire doit donc être fixé comme celui d'un séquestre, suivant les circonstances, et d'après l'importance de l'exploitation confiée à ses soins.

1. Il y a nullité de la saisie dont copie n'a pas été signifiée sur le champ au saisi, en ce sens qu'elle ne produit aucun effet à l'égard des objets dont le saisi a disposé

des meubles et effets appartenant à M....., et trouvés dans la ferme de......, sise commune de...., arrondissement de....., département de....., en l'absence de M...... A ce qu'il n'en ignore.

Je lui ai, en son domicile, et parlant comme ci-dessus, laissé copie tant dudit procès-verbal que du présent exploit sous enveloppe etc. Coût......

B. INCIDENTS DE LA SAISIE-EXÉCUTION

a. — *Garde de la saisie.*

492. Assignation *en référé à la requête du gardien qui demande sa décharge.*

CODE PR. CIV., art. 605 et 606.

L'an........, le........, à la requête de M........ (*nom, prénoms, profession*), demeurant à........, établi gardien des meubles et effets qui ont été saisis à la requête de M........, sur M........, en la ferme de......, située à......, par procès-verbal de......, huissier, en date du......, enregistré, pour lequel domicile est élu à........, rue......, n°........, en l'étude de Mᵉ......, avoué près le tribunal civil de......, lequel se constitue et occupera pour lui sur la présente assignation et ses suites ;

J'ai...... (*immatricule*), soussigné, donné assignation à : 1° M..... (*nom, prénoms, profession*), partie saisie, demeurant à....., audit domicile où étant et parlant à......,

2° M..... (*nom, prénoms, profession*), saisissant, demeurant à......, audit domicile [1] où étant et parlant à......

A comparaître le......, heure de......, par-devant M. le président du tribunal de première instance de......, tenant l'audience des référés, lieu ordinaire desdites audiences, à......, pour, attendu que, par le procès-verbal de saisie sus énoncé, il a été dit que les meubles et effets saisis sur M...... seraient vendus le........ ;

Attendu que la vente n'ayant pas eu lieu, le requérant entend ne plus conserver les fonctions de gardien ;

---

antérieurement à cette signification (Q. 2060 *bis* ; *Suppl. alphab.*, vᵒ *Saisie-exécution* nᵒˢ 189, 190).

Si la saisie dure plusieurs jours, il n'est pas nécessaire de notifier, à chaque interruption, la partie du procès-verbal déjà rédigée (*ibid.*).

S'il y a plusieurs débiteurs saisis, on doit donner à chacun d'eux copie du procès-verbal (Q. 2061).

Il n'est pas nécessaire que la copie signifiée au saisi fasse mention de la notification du même procès-verbal au gardien (Q. 2061 *ter*; *Suppl. alphab.*, verb. cit., n° 234).

1. C'est au domicile réel du saisissant que cet acte doit être signifié ; il ne peut l'être au domicile élu par celui-ci dans le commandement qui a précédé la saisie Garsonnet, t. 3, n° 572, p. 622, note 39).

Par ces motifs, au principal, voir renvoyer les parties à se pourvoir, et dès à présent, et par provision, vu l'urgence, voir dire et ordonner que le requérant sera et demeurera déchargé [1] de la garde des meubles et effets appartenant à M......, et trouvés dans la ferme de......, sous l'offre que fait le requérant de représenter à qui de droit tous les objets confiés à sa garde, d'après le récolement qui en sera fait sur le procès-verbal de saisie, à la charge de lui payer ses frais de garde jusqu'au moment où sa garde cessera ; ce qui sera exécuté par provision, nonobstant appel.

Et j'ai, auxdits domiciles, en parlant comme ci-dessus, laissé à chacun des susnommés séparément, copie du présent exploit sous enveloppe, etc. Coût......

(*Signature de l'huissier.*)

---

493. Ordonnance *du président.*

Nous, président, ouï Me......, avoué de M...... (*gardien*), Me...... avoué de M...... (*saisi*), et Me......, avoué de M...... (*saisissant*);

Attendu que les objets laissés à la garde de M...... n'ont pas été vendus au jour indiqué, et que ce dernier est fondé à demander la cessation de ses fonctions de gardien ;

Par ces motifs ; — au principal, renvoyons les parties à se pourvoir, et par provision, disons que les objets saisis seront récolés par procès-verbal de......, huissier, et que M......, gardien, sera déchargé de ses fonctions sur la représentation qu'il fera desdits objets, le tout dans...... (*délai*) de la signification de la présente ordonnance ; ce qui sera exécuté par provision, nonobstant appel.

Fait et jugé, etc. (*Signatures du président et du greffier.*)

---

494. Signification *de l'ordonnance qui précède avec sommation aux parties intéressées d'assister au récolement des effets saisis, quand le gardien a obtenu sa décharge.*

CODE PR. CIV., art. 606.

L'an......, le......, à la requête de M...... (*nom, prénoms, profession*), demeurant à......, pour lequel domicile est élu en l'étude de Me......, avoué près le tribunal de première instance de......, y demeurant rue...... n°......, j'ai...... (*immatricule*), soussigné, signifié et en tête [de celle] des présentes laissé copie à :

---

[1]. Le gardien peut obtenir sa décharge avant l'expiration du délai de deux mois près la saisie, prévu par l'art. 605, s'il y a des causes majeures (Q. 2063 *sexies*).

1° M...... (*nom, prénoms, profession*), demeurant à......, audit domicile, où étant et parlant à......;

2° M...... (*nom, prénoms, profession*), demeurant à......, audit domicile, où étant et parlant à......;

D'une ordonnance de référé rendue par M. le président du tribunal civil de......, le......, enregistrée.

Et en vertu de ladite ordonnance, et à mêmes requête, demeure et élection de domicile que dessus, j'ai, huissier susdit et soussigné, fait sommation aux susnommés de comparaître le......, heure de......, en la ferme de......, située à......, commune de...., pour y assister, si bon leur semble, à la représentation qui sera faite par le requérant et au récolement qui sera dressé par moi, huissier, soussigné, des meubles et effets dont le requérant a été établi gardien, par le procès-verbal de saisie de mon ministère en date du...., enregistré.

Leur déclarant que, faute par eux de comparaître, il sera procédé à ces opérations tant en absence que présence, qu'après la représentation et le récolement des susdits effets il sera pourvu à l'établissement d'un nouveau gardien, et que le requérant poursuivra contre qui de droit le paiement de ses frais de garde. Sous toutes réserves. A ce qu'ils n'en ignorent. Et je leur ai, auxdits domiciles, et parlant comme dessus, laissé copie tant de ladite ordonnance que du présent exploit, sous enveloppe, etc. Coût......

(*Signature de l'huissier.*)

---

495. Procès-verbal *de récolement et nomination d'un nouveau gardien.*

CODE *PR. CIV.*, art. 606.

L'an......, le......, en vertu d'une ordonnance de référé rendue par M. le président du tribunal civil de......, le......, enregistrée, et à la requête de M...... (*nom, prénoms, profession, domicile*), je...... (*immatricule de l'huissier*), soussigné, me suis transporté en la ferme appartenant à M...... (*nom, prénoms, profession, domicile*), située à......, où étant arrivé à l'heure de......, j'ai trouvé M......, qui m'a dit que, par l'ordonnance de référé sus-datée, rendue contradictoirement entre lui, M...... (*nom, prénoms, profession, domicile*), saisissant, et M......, partie saisie, il a obtenu sa décharge de la garde qui lui avait été confiée par le procès-verbal de saisie du ministère de......, en date du....; que, suivant exploit de mon ministère, du......, aussi enregistré, il a fait signifier cette ordonnance, avec sommation auxdits sieurs...... et......, de se trouver ici à ces jour, lieu et heure, pour être présents au récolement des meubles et effets soumis à sa garde, et m'a requis de procéder audit récolement, ainsi qu'à l'établissement d'un nouveau gardien.

Si le saisissant et la partie saisie, ou l'un d'eux, assistent au récolement, on mentionne leur présence et leurs observations en ces termes :

Se sont aussi présentés MM....... (*ou s'est aussi présenté* M......), qui ont dit que......

Si personne ne se présente, l'huissier procède ainsi qu'il suit :

Obtempérant à cette réquisition, et attendu que l'heure indiquée par la sommation susrelatée est passée sans que MM...... aient comparu, j'ai procédé ainsi qu'il suit audit récolement :

M...... m'ayant représenté la copie du procès-verbal de saisie qui l'a constitué gardien, j'ai fait sur cette copie le récolement des objets qui y sont mentionnés, et les ayant trouvés entiers tels qu'ils y sont énoncés, j'ai déchargé de la garde de ces objets M...... et en ai chargé M.... (*nom, prénoms, profession*), demeurant à...., lequel, présent, a accepté cette mission et déclaré s'obliger, en recevant le procès-verbal de saisie qui lui a été aussitôt remis, à les représenter, comme dépositaire judiciaire, toutes les fois qu'il en sera requis, et ont MM........ (*nom de toutes les parties intéressées qui assistent au récolement*), à chacun desquels j'ai laissé copie du présent procès-verbal, signé (*le refus du saisissant ou du saisi se constate ainsi :* M......, requis de signer, a déclaré ne vouloir) avec moi tant lesdites copies que le présent original. (*La remise de la copie*[1] *au saisi et au saisissant défaillants se constate en ces termes :* Et j'ai remis copie du présent à : 1° M......, défaillant, en son domicile, où étant et parlant à......; 2° M......, défaillant, en son domicile, où étant et parlant à...... le tout sous enveloppe, etc.) Coût......

(*Signatures de l'huissier, de l'ancien et du nouveau gardien.*)

---

b. — *Demande en nullité.*

496. Assignation *en nullité de saisie-exécution* [2].

CODE PR. CIV., art. 586.

L'an......, le......, etc. (*Préambule ordinaire des assignations ; motifs de nullité ; on conclut dans les termes suivants*) :

---

1. Copie de ce procès-verbal est laissée au gardien remplacé et au remplaçant, ainsi qu'au saisissant et au saisi (Q. 2064).
2. La demande en nullité de la saisie-exécution ne peut être formée que par la partie saisie seule, et non par les tiers qui prétendent exercer des droits sur les objets saisis : ceux-ci doivent obligatoirement recourir à la procédure spéciale organisée par l'art. 608 (*Suppl. alphab.*, v° *Saisie-exécution*, n°° 295 et 296). — Voir *infra*, formules n° 497 et suiv.

Voir déclarer nulle [1] et irrégulière la saisie pratiquée à sa requête sur le requérant, suivant procès-verbal de......, huissier à......, en date du.......;

Voir en conséquence donner mainlevée de ladite saisie — Voir ordonner que le gardien établi sera tenu de se retirer ; et, attendu le préjudice causé, s'entendre condamner en...... francs de dommages-intérêts ; et s'entendre condamner en tous les dépens. Sous toutes réserves. A ce qu'il n'en ignore.

Et j'ai......, etc.

(Signature de l'huissier).

Remarque. — Cette demande se forme par requête d'avoué à avoué quand le tribunal qui doit connaître de la saisie est celui qui a prononcé la condamnation, et qu'on est dans l'année du jugement (Q. 2068). *Voir supra, formule* n° 51.

c. — *Demande en distraction ou revendication.*

497. Opposition *à la vente d'objets saisis qui n'appartiennent pas à la partie saisie, ou* **Défense à gardien.**

CODE *PR. CIV.*, art. 608.

L'an......, le [2]........;
A la requête de M....... *(nom, prénoms, profession),* demeurant

---

1. La saisie annulée pour d'autres causes que pour *défaut de forme* conserve son effet à l'égard des opposants (Q. 2067).
La connaissance des difficultés relatives à la procédure de saisie-exécution appartient au tribunal du lieu de la saisie. Quant aux difficultés qui concernent le fond, elles ne peuvent être soumises à ce tribunal si ce n'est pas lui qui a rendu le jugement, ou s'il n'est pas celui du domicile du défendeur saisissant, qu'autant que le cas requiert célérité, et alors ce tribunal statue seulement provisoirement (Q. 2009 *bis*).
2. Il n'y a pas de délai passé lequel cette opposition ou défense à gardien, qui est le premier acte de la procédure en distraction ou revendication des meubles compris dans une saisie-exécution, ne puisse plus avoir lieu. — Mais, après la vente, elle n'a plus d'efficacité (Q. 2068 *bis*).
La faculté de former cette opposition n'appartient pas seulement à celui qui se prétend propriétaire des objets saisis ; — elle appartient aussi à l'usufruitier, au locateur, au locataire, au prêteur, à l'emprunteur et au déposant des meubles saisis. Mais elle ne peut être exercée au préjudice du propriétaire d'une maison qui saisit, pour prix du loyer, les meubles qui la garnissent (Q. 2068 *ter*).
Le saisi est non recevable à demander la nullité de la saisie, sous prétexte que les objets saisis ne lui appartiennent pas (Q. 2075 *bis*) ; Trib. civ. de Dijon, 29 nov 1899 (J. *Huiss.*, t. 81, p. 119).
Lorsque, sous le prétexte que le débiteur a son domicile chez un tiers, l'on veut saisir les meubles de ce tiers, nonobstant sa déclaration qu'il est chef de maison et que tout le mobilier lui appartient, ce tiers peut se pourvoir en référé pour faire déclarer qu'il sera sursis à la saisie, et se pourvoir au principal pour faire prononcer la nullité des poursuites (Q. 2072).
Ce n'est pas dans l'exploit notifié au gardien que doivent être énoncées les preuves de propriété, mais bien dans la dénonciation faite au saisissant et au saisi (Q. 2071).
Voir la *formule suivante*.

à....., pour lequel domicile est élu...., j'ai.... (*immatricule de l'huissier*), soussigné, signifié et déclaré à M....... (*nom, prénoms, profession*), demeurant à......, établi gardien à la saisie faite sur M..... (*nom, prénoms, profession*), demeurant à......, à la requête de M....... (*nom, prénoms, profession*), demeurant à......., par procès-verbal de......, huissier, en date du......, dans l'habitation de M....... (*ou en son domicile sus-indiqué*), où étant et parlant à......

Que le requérant est propriétaire des meubles ci-après désignés, saisis par le procès-verbal ci-dessus énoncé, savoir :

1°....... (*Énoncer les objets revendiqués*);
2°....... etc.; ainsi qu'il en sera justifié.

Pourquoi le requérant s'oppose formellement par les présentes à la vente desdits meubles; déclarant à M..... que tout ce qui serait fait au préjudice de la présente opposition serait frappé de nullité et donnerait lieu à des dommages-intérêts au profit du requérant.

Sous toutes réserves. A ce qu'il n'en ignore.

Et je lui ai, audit domicile, en parlant comme ci-dessus, laissé copie du présent exploit, sous enveloppe, etc. Coût.......

(*Signature de l'huissier.*)

---

498. Dénonciation *de l'opposition à la vente au saisissant et à la partie saisie, avec assignation en mainlevée de la saisie* [1].

CODE PR. CIV., art 608.

L'an......., le......., à la requête de M....... (*nom, prénoms, profession*), demeurant à......., pour lequel domicile est élu en l'étude de M^e......., avoué près le tribunal de......., y demeurant, rue.... n°...., lequel est constitué et occupera pour lui sur la présente assignation et ses suites, j'ai...... (*immatricule de l'huis-*

---

1. Le gardien ne doit pas être assigné sur l'opposition du propriétaire; cependant, dans plusieurs ressorts, il est d'usage de ne faire, pour l'opposition, la dénonciation et l'assignation, qu'un seul exploit signifié au saisissant, au saisi et au gardien (Q. 2071).

On ne peut pas, sur la demande dont il s'agit, appeler les créanciers opposants (Q. 2074).

Mais la mise en cause du saisi est, au contraire, rigoureusement obligatoire; il doit être appelé et maintenu en cause dans tous les actes, et à toutes les phases de la procédure de revendication, à peine d'irrecevabilité (*Suppl. alphab.*, v° *Saisie-exécution*, n°s 278 et suiv.; Glasson et Colmet-Daâge, t. 2, p. 184; César-Bru, n° 251); Cass., 13 août 1878 (*J. Av.*, t. 103, p. 448);... et par exemple, lorsque l'affaire revient sur opposition formée à un premier jugement rendu par défaut, Rennes, 28 mars 1901 (*J. Av.*, t. 126, p. 374).... ou sur appel devant la Cour, Cass., 13 août 1878, précité.

Le défaut de mise en cause du saisi constitue une nullité substantielle et d'ordre public, proposable en tout état de cause, même après conclusions au fond, et que le devoir du juge est même de relever d'office, quand elle n'est pas proposée par

sier), soussigné, signifié et en tête (de celle) des présentes donné copie à :

1° M...... (*partie saisie*), demeurant à......., en son domicile, où étant et parlant à....... ;

2° M..... (*saisissant*), demeurant à......., en son domicile[1] où étant et parlant à......

D'un exploit de mon ministère, en date du......., dûment enregistré, signifié à la requête du requérant à M......., gardien, contenant opposition à la vente de plusieurs objets désignés audit exploit ; et, à mêmes requête, demeure, élection de domicile et constitution d'avoué que dessus, j'ai, huissier susdit et soussigné, donné assignation aux susnommés, à comparaître à huitaine franche, délai de la loi[2], et par ministère d'avoué, à l'audience et par-devant MM. les président et juges composant le tribunal civil de première instance de....[3], séant à......, au Palais de justice, heure de....., pour :

Attendu que la saisie pratiquée par le procès-verbal du....... a compris à tort les objets suivants....... (*énumérer les objets réclamés tels qu'ils le sont dans l'opposition*) ; Attendu que lesdits objets appartiennent au requérant, ainsi que l'atteste une reconnaissance de M......., en date du......, enregistrée[4] ; qu'il y a donc lieu de distraire lesdits objets de la saisie ;

Par ces motifs ; — Voir dire que les objets ci-dessus énumérés ne sont pas la propriété de la partie saisie, mais celle du requérant ;

Voir, en conséquence, ordonner que lesdits meubles et effets seront distraits de la saisie dont s'agit, et qu'ils seront restitués au requérant par le gardien, qui en sera déchargé ; et s'entendre, en outre, condamner aux dépens. A ce qu'ils n'en ignorent. Et je leur ai, auxdits domiciles, parlant comme ci-dessus, laissé copie, tant de l'ex-

---

les parties. Paris, 24 déc. 1872 (*J. Av.*, t. 98, p. 117) ; Rennes, 28 mars 1901 précité.

Jugé également, et toujours à raison de la nécessité de la présence du saisi à toutes les phases de la procédure, que, lorsque sur une demande en revendication le saisissant seul, mais non le saisi, a constitué avoué, il incombe au revendiquant de prendre défaut profit-joint contre ce dernier, et de le réassigner conformément à l'art. 153 C. pr. civ., à peine d'irrecevabilité de sa demande. Paris, 22 janv. 1876 J. *Av.*, t. 101, p. 94) ; Trib. civ. de Lille, 6 mars 1905 (*J. Huiss.*, t. 88, p. 114).

Il n'est pas nécessaire que le saisissant et le saisi soient assignés en même temps et par le même exploit : tant que le jugement n'est pas rendu, il est toujours temps d'appeler le saisi en cause (Garsonnet, t. 3, n° 583, p. 656).

1. L'opposition dont parle l'art. 608 peut être dénoncée au saisissant au domicile par lui élu dans son exploit de commandement (Q. 2068 *bis*). La question, cependant, est controversée. Contra, Montpellier, 4 juill. 1906 (*J. Huiss.*, t. 88, p. 314). Voir la note sous cette décision.

2. Le saisi et le saisissant doivent être assignés aux délais ordinaires (Q. 2075 *ter* ; *Suppl. alphab.*, verb. cit., n. 287).

3. Le tribunal compétent, aux termes de l'art. 608, est le tribunal du lieu de la saisie.

4. Pour satisfaire à la disposition de l'art. 608, qui prescrit d'énoncer les preuves de propriété, il suffit d'énoncer soit le titre de propriété, s'il en existe un, sans qu'il soit nécessaire, en aucun cas, d'en donner copie, soit les faits de possession ou autres, qui rendent certaine ou vraisemblable la propriété alléguée (Q. 2071 *bis* ; *Suppl. alphab.*, v° *Saisie-exécution*, n°ˢ 284, 285).

ploit d'opposition susénoncé que du présent, sous enveloppe, etc...
(*Signature de l'huissier.*)

Remarque. — Lorsque la saisie de ses meubles a causé un préjudice au revendiquant, il peut conclure à ce que des dommages-intérêts lui soient alloués en réparation de ce préjudice.

---

499. Conclusions *pour faire rejeter la demande en distraction ou revendication.*

CODE *PR. CIV.*, art. 608.

A MM. les président et juges etc....

CONCLUSIONS

P. M......
    défendeur....... (*nom de l'avoué*).
C. M......
    demandeur...... (*nom de l'avoué.*)

PLAISE AU TRIBUNAL.

Attendu..... (*motifs*); Par ces motifs; — Déclarer M...... non recevable, en tous cas mal fondé en sa revendication;

Dire que, sans s'arrêter ni avoir égard à la revendication, les objets par lui réclamés demeureront compris dans la saisie dont il s'agit, et qu'il sera passé outre à leur vente, avec les autres effets énoncés au procès-verbal de saisie;

Et, attendu le préjudice causé au requérant par le retard apporté à la vente, condamner M....., en,..... de dommages-intérêts; et le condamner en outre aux dépens, dont distraction, etc.

Pour original; (*ou* copie). (*Signature de l'avoué.*)
Signifié, laissé copie, etc.

---

500. Jugement *qui admet la revendication.*

CODE *PR. CIV.*, art. 608.

Ce jugement, conçu dans la forme ordinaire, reproduit les conclusions de l'assignation en revendication.

Remarque. — Le jugement qui rejette la demande en revendication, reproduit les conclusions de la formule précédente.

d. — *Opposition*.

501. Opposition *au prix de la vente d'objets saisis.*

Code *PR. CIV.*, art. 609.

L'an......, le......, à la requête de M....... (*nom, prénoms, profession*), demeurant à......, pour lequel domicile est élu à..... (*dans le lieu où la saisie est faite, si l'opposant n'y est pas domicilié*) en l'étude de M^e....., avoué près le tribunal civil de......, y demeurant, rue....., n°..., j'ai..... (*immatricule de l'huissier*), soussigné, signifié et déclaré à [1] :

1° M...... (*nom, prénoms, profession*), poursuivant la vente des meubles saisis à sa requête au préjudice de M...... (*nom, prénoms, profession, domicile*), demeurant à......, en son domicile, où étant et parlant à......;

2° M...... (*commissaire-priseur ou huissier*), chargé de procéder à la vente desdits objets saisis, demeurant à......, audit domicile, où étant et parlant à.......

Que le requérant s'oppose [2] par les présentes à ce que les deniers à provenir de la vente des meubles et effets saisis sur M....... par procès-verbal du......, soient versés à son préjudice entre les mains du saisissant ou de tout autre créancier opposant; déclarant que la présente opposition est faite pour sûreté et avoir paiement de la somme de......, due au requérant [3] par M....., pour..... (*causes de la créance*), ainsi qu'il en sera justifié, et que, faute par les susnommés d'avoir égard à la présente opposition, ils seront passibles de tous dommages-intérêts, et déclarés personnellement débiteurs envers le requérant du montant des causes de cette opposition.

Sous toutes réserves. A ce que les susnommés n'en ignorent.

Et je leur ai, auxdits domiciles, parlant comme ci-dessus, laissé,

---

1. Il y a toujours nécessité de signifier l'opposition au saisissant et à l'officier vendeur (*Q*. 2077 *ter*; *Suppl. alphab.*, v° *Saisie-exécution*, n°s 311 et s.).

2. Pour former opposition sur le prix, il n'est pas nécessaire que le créancier, qui n'a pas de titre, obtienne une permission sur requête (*Q*. 2077; *Suppl. alphab., verb. cit.*, n° 308).
On s'est demandé si, lorsqu'il y a lieu de craindre que la procédure suivie par le saisissant soit annulée, il ne vaut pas mieux, pour le créancier du saisi, pratiquer une saisie-arrêt qu'une simple opposition sur le prix. — La saisie-arrêt paraît d'abord non recevable, parce que les meubles n'ont pas cessé d'appartenir au débiteur, et que, dans une semblable position, une saisie-exécution est seule possible. — Seulement, le créancier opposant agit alors prudemment en usant du bénéfice de l'art. 611, parce que le procès-verbal de son huissier vaudra tout à la fois nouvelle saisie et opposition sur les deniers à provenir de la vente (*Q*. 2077 *bis*). Voir *infra*, formules n°s 502 et suiv. et page 447, note 2, 3e alinéa.

3. Le propriétaire ou principal locataire est compris sous ces expressions de l'art. 609 : *Les créanciers du saisi*, etc. (*Q*. 2076; *Suppl. alphab.*, v° *Saisie-exécution*, n°s 305, 306).

e. — Seconde saisie

502. Procès-verbal de récolement à la requête d'un second créancier saisissant [1].

CODE PR. CIV., art. 611.

L'an........, le......;
(*Même préambule que pour la saisie-exécution, supra formule n° 487*). A ce moment s'est présenté M...... (*nom, prénoms, profession* [2]), demeurant à......, lequel m'a représenté la copie d'un procès-verbal de saisie-exécution [3] pratiquée sur les meubles et effets de M......, à la requête de M...... (*nom, prénoms, profession*), demeurant à......, qui a élu domicile à......, par le ministère de......; j'ai alors déclaré à M..... que j'allais, conformément à l'art. 611 C. pr. civ., procéder au récolement des meubles, effets et marchandises de M......, sur la copie qu'il me présentait. Et, sur la représentation de ces meubles, effets et

---

1. Le récolement, auquel il est procédé conformément à l'art. 611, n'est pas un simple acte conservatoire, mais un véritable acte d'exécution ayant pour but d'arriver à la vente des objets saisis. Grenoble, 27 mars 1897 (*J. Av.*, t. 123, p. 412).
Spécialement, il ne peut y être procédé à la requête du cessionnaire d'un titre exécutoire, conformément à l'art. 2314 C. civ., qu'après la signification de l'acte de transport au débiteur (*Même arrêt*).
2. Si on ignore la première saisie, si on ne trouve pas le gardien, ni personne qui puisse représenter le procès-verbal, l'huissier procède à une véritable saisie (Q. 2078).
D'ailleurs, la seconde saisie, quand il en existe une première, n'est pas nulle; seulement la seconde saisie n'ayant d'autre effet que celui d'un récolement, l'excédent de frais auquel elle a donné lieu reste à la charge du second saisissant (Q. 2078; *J. Huiss.*, t. 71, p. 237); Caen, 1er août 1855 (*J. Av.*, t. 81, p. 156).
L'huissier aura toujours raison de procéder à une nouvelle saisie, et non pas à un simple récolement, si la première saisie qu'il trouve lui paraît nulle : il a été jugé, en effet, que le procès-verbal de récolement suit le sort de la première saisie, qui lui sert de support, et ne confère pas au créancier, au nom duquel il est fait, d'autres droits que ceux qui appartenaient au premier saisissant. Cass., 15 nov. 1899 (D. P. 1900.1.161).
3. Lorsque l'huissier qui se présente pour saisir trouve déjà pratiquée soit une saisie-gagerie, soit une saisie-conservatoire en vertu d'ordonnance du président du tribunal de commerce, il ne doit pas procéder comme il est dit aux art. 611 et 612, mais bien dresser un procès-verbal de saisie-exécution (Q. 2078 *bis*; César-Bru, p. 116, note 1). — *En sens contraire*: Rennes, 17 juill. 1902 (*J. Huiss.*, t. 83, p. 272).
L'huissier qui, voulant procéder à une saisie-gagerie, trouve une saisie-exécution déjà pratiquée, n'a pas le droit, en ce cas, de faire un récolement et de saisir les effets omis (*J. Huiss.*, t. 76, p. 173).

marchandises, m'étant assuré qu'il n'y avait aucun autre objet à saisir dans la maison, j'ai laissé et maintenu M....... gardien des effets saisis, lequel s'est obligé à en faire la représentation aussitôt qu'il en sera requis légalement.

Si des meubles ont été omis lors de la première saisie, l'huissier du second saisissant constate cette omission en ces termes :

Et sur la représentation de ces meubles, m'étant assuré que.... (*mentionner les objets omis*) avaient été omis dans la première saisie, j'ai, à l'instant, saisi lesdits objets, ainsi qu'il suit :

1°...... (*Voir* supra, *formule n° 487*);

2°......;

Après avoir procédé à cette saisie, j'ai confié la garde desdits objets à M...., demeurant à......, gardien déjà établi[1], qui s'en est chargé, et a promis de les représenter à la première réquisition, à la charge de ses frais de garde, etc. — (Voir *supra*, formule n° 487).

Déclarant à M....... que le requérant fait sommation, par ces présentes[2], à M......, premier saisissant, de vendre les meubles énoncés au procès-verbal de saisie du......., dans le délai de huitaine[3], aux termes des articles 611 et 612 C. pr. civ., et que, faute par M....... de faire procéder à cette vente dans ledit délai, le requérant y fera procéder sur le procès-verbal de saisie, sous toutes réserves, à raison des objets qui pourraient manquer.

Et de tout ce que dessus j'ai dressé le présent procès-verbal, dont, en parlant comme il a été dit, j'ai laissé copie[4] à la partie saisie et à M......, saisissant, au domicile par lui élu à......, en parlant à....... (*et s'il y a plus ample saisie* : à M......, gardien), sous enveloppe, etc..., le tout en présence de M....., demeurant à..., rue......, n°......, et de M......, demeurant à......, rue...., n°......, témoins avec moi soussignés. Coût du présent.......

(*Signatures.*)

---

503. **Sommation** *au créancier saisissant de faire procéder à la vente dans la huitaine.*

CODE PR. CIV., art. 612.

L'an......., le.......,

A la requête de M....... (*nom, prénoms, profession*), demeurant à......., pour lequel domicile est élu en ma demeure,

---

1. La garde des objets omis est confiée au gardien déjà établi (*Q.* 2081).
2. En cas de récolement, la sommation de vendre dans la huitaine est faite au premier saisissant par le procès-verbal même (*Q.* 2079).
3. Ce délai est susceptible de prorogation.
4. L'huissier doit toujours donner une copie au saisi et une autre copie au premier saisissant; il doit, en outre, en remettre une troisième au gardien, lorsque son procès-verbal saisit des objets omis dans le premier procès-verbal (*Q.* 2080).

J'ai......, soussigné, dit et déclaré à M......, demeurant à...., où étant et parlant à........, que le requérant est créancier de M...., d'une somme de......, en vertu d'un jugement du tribunal de commerce de......, en date du......, enregistré; que le susnommé a, suivant exploit de mon ministère en date du......, enregistré, formé opposition sur le prix de la vente dont il sera ci-après parlé.

Et, à mêmes requête, demeure et élection de domicile que dessus, j'ai, huissier susdit et soussigné, fait sommation au susnommé audit domicile [1], où étant et parlant comme il a été dit,

De, dans le délai de huit jours, faire procéder au récolement des meubles et effets saisis à sa requête sur M......., par procès-verbal de......, huissier, en date du......, en la demeure dudit sieur......, et, immédiatement, à la vente desdits meubles et effets, dans la forme ordinaire;

Lui déclarant que, faute par lui de ce faire dans le délai ci-dessus indiqué, le requérant fera procéder lui même au récolement, sur la copie du procès-verbal de saisie, des meubles et objets qu'à cet effet le gardien établi sera tenu de représenter, et à la vente [2] en justice desdits effets, avec les formalités requises par la loi; A ce qu'il n'en ignore. Et je lui ai, audit domicile, parlant comme ci-dessus, laissé copie du présent exploit, sous enveloppe, etc. Coût....

(*Signature de l'huissier.*)

Remarque. — Si le saisissant n'obéit pas à cette sommation dans le délai fixé, le créancier opposant fait procéder au récolement (Voir *infra*, formule n° 510), et puis à la vente.

C. — Vente et formalités qui la précèdent

504. Signification *de vente.*

Code *PR. CIV.*, art. 614.

L'an......, le........
En vertu de la grosse dûment en forme exécutoire, etc.
Et à la requête de..... etc., pour qui domicile est élu...... etc.,

---

Les droits que le récolement attribue aux créanciers qui le pratiquent sont de leur rendre la saisie commune avec le premier saisissant, non pas en ce sens que la nullité prononcée au préjudice de ce dernier, les atteigne mais en ce sens que, cette nullité étant prononcée, ou en cas de négligence de sa part, ils reprennent les poursuites en leur nom personnel (Q. 2082 *bis.*)

1. La copie du récolement et la sommation peuvent être signifiées au domicile élu (Q. 2079).
2. L'exercice de la faculté qui est donnée au créancier opposant de faire procéder de suite à la vente est subordonné à l'accomplissement des formalités prescrites par les art. 617, 618 et 619 (Q. 2082).

Chauveau et Glandaz — Tom. I.

j'ai..., soussigné, fait itératif commandement de par la loi et justice à..... etc., où étant et parlant à.......

De présentement payer au requérant ou à moi, huissier, pour lui porteur des pièces, ayant charge, etc...... la somme de...... en quoi il a été condamné par ledit jugement......

Lui déclarant que, faute par lui de ce faire, il sera le......, heure de......, procédé au récolement des meubles et effets saisis-exécutés sur lui par procès-verbal de......, huissier à......., en date du......., enregistré, et ensuite à la vente d'iceux à....... (*indiquer le lieu où la vente sera faite*) heure de...... Sommant[1] le susnommé de s'y trouver si bon lui semble; lui déclarant qu'il y sera procédé tant en absence que présence.

Et je lui ai, etc......

Coût.......

(*Signature de l'huissier.*)

---

505. Requête *présentée au tribunal pour être autorisé à vendre les effets saisis dans un lieu plus avantageux que celui qui est désigné par la loi*[2].

CODE PR. CIV., art. 617.

A MM. les Président et Juges composant le tribunal civil de......

M...... (*nom, prénoms, profession*), demeurant à......, ayant pour avoué Me......

A l'honneur de vous exposer que, par procès-verbal de......, huissier à......, en date du......, enregistré, il a fait saisir les meubles et effets appartenant à M....... (*nom, prénoms, profession*), demeurant à......; que, parmi ces meubles, il en est de difficilement transportables et qu'on ne saurait déplacer sans risquer de les détériorer; qu'il y aurait donc intérêt à procéder à la vente desdits meubles dans les lieux où ils se trouvent. Pourquoi l'exposant requiert qu'il vous plaise, Messieurs, l'autoriser à faire vendre lesdits meubles et effets dans les lieux où ils se trouvent, en observant les formalités voulues par la loi. Sous toutes réserves. Et ce sera justice.

(*Signature de l'avoué.*)

JUGEMENT DU TRIBUNAL

Le tribunal, jugeant en chambre du conseil, vu la requête qui précède, le ministère public entendu, autorise M..... à faire pro-

---

1. Les opposants ne doivent pas être appelés à la vente (*Q.* 2077 *quat.*).
2. La décision qui intervient sur cette requête est un acte de la juridiction gracieuse : elle n'est dès lors pas susceptible d'appel. Bordeaux, 18 fév. 1897 (*J. Huiss.*, t. 79, p. 64).

céder à la vente des meubles et objets dont s'agit dans le lieu où ils se trouvent, en observant les formalités prescrites par la loi.

Fait et jugé à......, le......
(*Signatures du président et du greffier.*)

Remarque. — Malgré les termes de l'art. 617, qui accorde au tribunal, et non au président, le droit d'autoriser la vente des meubles dans un autre lieu que celui où les ventes se font ordinairement (*Q.* 2087), l'usage, dans beaucoup de ressorts, est que ce soit le président qui accorde cette autorisation dans la forme des ordonnances sur requête.

La formule de la requête et celle de l'ordonnance sont en ce cas analogues à celles qui précèdent, à part les modifications tenant à ce qu'il s'agit du seul président du tribunal.

506. Signification *d'ordonnance de vente sur place.*

L'an....., le......, à la requête de......, etc....., élisant domicile en mon étude, j'ai......, soussigné,

Signifié et en tête [de celle] des présentes laissé copie à....... (*partie saisie*), où étant et parlant à......

D'un jugement rendu sur requête par la....... chambre du tribunal civil de...... (*ou* d'une ordonnance rendue par M. le Président du tribunal civil de......) le....., enregistré. Afin qu'il n'en ignore; lui déclarant que la vente des objets saisis-exécutés par procès-verbal de mon ministère, en date du....., enregistré, indiquée comme devant être faite à l'hôtel des ventes, sera, en conformité du jugement (*ou* de l'ordonnance) ci-dessus énoncé, faite dans les lieux où ils se trouvent, les formalités voulues par la loi préalablement remplies.

Le sommant de s'y trouver si bon lui semble; et lui déclarant qu'il y sera procédé tant en absence que présence.

Et je lui ai, audit domicile et en parlant comme dessus, laissé copie du présent, sous enveloppe, etc.....

Coût......

507. Placard *pour annoncer la vente.*

Code PR. CIV., art. 617, 618,

VENTE PAR AUTORITÉ DE JUSTICE

A......, rue......, n°......
Le......, à....... heures du.......
Consistant en.......
Le tout expressément au comptant.
Sur l'exemplaire du placard qui doit être annexé au procès-verbal

d'apposition, l'huissier écrit : Annexé le présent à mon procès-verbal d'apposition d'affiches, en date de ce jour, à...... le......
(Signature de l'huissier.)

Remarque. — L'art. 617 prescrit aussi d'annoncer la vente dans les journaux de la localité, s'il y en a. Cette annonce est ainsi conçue :

Vente par suite de saisie-exécution, le......, heure de......, sur la place de....... (ou autre endroit), *de meubles et effets mobiliers consistant en......, etc.*

La signature de l'imprimeur au bas du journal où figure l'annonce doit être légalisée.

508. Procès-verbal *d'apposition des placards.*

CODE PR. CIV., art. 619.

L'an......, le........ ;
A la requête de M..... *(nom, prénoms, profession, demeure, élection de domicile),* je....... *(immatricule de l'huissier),* soussigné,
Faute par M......, demeurant à......, rue........, n°........, d'avoir payé au requérant la somme de......, de principal, avec les intérêts de droit et les frais liquidés, en quoi il a été condamné par jugement du tribunal civil de......, en date du......., enregistré, sans préjudice de tous autres dus, droits et actions,
Certifie qu'il a été, ce jour, par M......., afficheur public, porteur de sa médaille, demeurant à......, rue......, n°......, dans tous les lieux voulus par la loi [1] et autres endroits, carrefours, places publiques et rendez-vous ordinaires de marchands de la ville de....
Apposé des affiches manuscrites semblables à celle ci-annexée, au nombre de...... exemplaires, dont quatre sur timbre réglementaire à 0 fr. 60 cent. et.... sur papier de couleur timbré à 0 fr. 10 pour plus ample publicité.
Annonçant qu'il sera le......, heure de......, dans les lieux où ils se trouvent (*ou* à l'hôtel des ventes *ou tout autre lieu*) procédé à la vente des objets saisis-exécutés sur M....... susnommé par mon procès-verbal du....., enregistré.
Et de tout ce que dessus, j'ai fait et rédigé le présent procès-verbal pour servir et valoir ce que de droit [2].

---

[1]. Le défaut d'observation des formalités relatives à l'insertion dans les journaux et à l'apposition de placards, sans opérer la nullité de la vente à cause de la difficulté de la revendication des objets contre les divers acquéreurs, donnerait lieu à des dommages-intérêts de la part du saisi et des créanciers (Q. 2086 *bis*; *Suppl. alphab.*, v° *Saisie-exécution*, n°s 355 et s.).
En tout cas, le saisi ne peut faire grief du défaut d'apposition de placards à la porte de son domicile particulier ; l'art. 617 n'exige pas apposition en ce lieu. Trib. civ. de Dijon, 29 nov. 1899 (*J. Huiss.*, t. 81, p. 119).

[2]. L'huissier ne doit pas donner copie de l'exploit par lequel il constate l'apposition des placards (Q. 2089).

Dont acte que ledit sieur...... (*afficheur*) a signé avec moi, auquel j'ai payé..... pour salaire.
Coût........

---

509. Procès-verbal *d'exposition de vaisselle d'argent, bagues et joyaux d'une valeur de 300 fr. au moins.*

CODE *PR. CIV.*, art. 621.

L'an......., le......, à la requête de M...... (*nom, prénoms, profession*), demeurant à....., saisissant sur M....... (*nom, prénoms, profession*), demeurant à....., suivant procès-verbal de mon ministère en date du......, enregistré, je...... (*immatricule de l'huissier*), soussigné, certifie qu'aujourd'hui, en ma présence, M..., gardien établi à la saisie susdatée, a exposé aux yeux du public, sur la place du marché de [1] ...... (*ou au lieu où sont les objets*), de.... heures à...... heures, les objets suivants : ..... (*les désigner*) [2], faisant partie de ceux compris dans ladite saisie, et destinés à être vendus sur ladite place le [3]........

Lorsqu'il y a lieu à estimation, on ajoute : lesdits objets ont été estimés par M......, orfèvre, demeurant à......, savoir : (*mettre ici l'estimation*) ; et a ledit sieur...... signé [4].

(*Signature.*)

En foi de quoi j'ai dressé le présent procès-verbal, dont le coût est de........

(*Signature de l'huissier.*)

Remarque. — Dans les villes où il s'imprime des journaux, le procès-verbal d'exposition est remplacé par l'insertion trois fois répétée dans un journal de l'annonce de la vente. — Cette annonce est conçue comme la formule *supra*, n° 507. — On énumère les objets précieux compris dans la saisie, et on indique que le lieu où ils sont déposés sera ouvert au public le......, de...... heures à........ heures.

---

1. L'exposition des objets mentionnés par l'art. 621 doit être faite à trois marchés différents (Q. 2092).
2. Il n'y a pas lieu d'observer les formalités prescrites par l'art. 621 pour d'autres objets que ceux qu'il énumère (Q. 2093).
3. On peut, à la troisième exposition, vendre ces objets (Q. 2094).
L'intervalle d'un mois entre la vente et la saisie n'est pas obligatoire, lorsqu'on fait trois expositions comme lorsqu'on fait les annonces dans les journaux (Q. 2094 *bis*).
4. L'estimation préalable exigée par l'art. 621 se fait sur le procès-verbal d'exposition par un expert qui signe ce procès-verbal (Q. 2095).

510. Procès-verbal *de récolement qui précède la vente.*

CODE *PR. CIV.*, art. 616.

L'an......., le.......
En vertu de la grosse dûment etc......
Et à la requête de M......., élisant domicile en mon étude,
Continuant les poursuites ci-devant faites portant refus de paiement, j'ai...... soussigné,
Fait itératif commandement à......, demeurant à......, où étant et parlant à....... De présentement payer au requérant ou à moi, huissier porteur des pièces, la somme de..... de principal, les intérêts de droit, les dépens liquidés et autres frais, le tout en quoi il a été condamné par ledit jugement, sans préjudice de tous autres dus, droits, actions, intérêts et frais.
Lequel, parlant comme dessus, refuse de payer : pourquoi j'ai déclaré que j'allais à l'instant procéder au récolement des meubles et effets sur lui saisis-exécutés et de suite à leur enlèvement et transport à....... pour y être ce jour vendus aux enchères publiques.
Et de fait, en présence de mes témoins ci-après nommés, domiciliés et qualifiés, j'ai procédé audit récolement, duquel il est résulté que les objets saisis se sont retrouvés en même état qu'au moment de la saisie (*ou bien* : que partie seulement des objets saisis se sont retrouvés, etc.....)
Et de tout ce que dessus j'ai rédigé le présent procès-verbal, en présence de la partie saisie et de MM......., demeurant à......, praticiens, témoins requis et qui ont avec moi signé le présent.
Coût......
(*Signatures des témoins, du gardien et de l'huissier.*)

---

511. Déclaration *qui doit précéder la vente.*

Aux termes des art. 2 et suiv. de la loi du 22 pluviôse an 7 (10 février 1799), aucun officier public ne peut procéder à une vente publique, et par enchères, d'objets mobiliers, qu'il n'en ait préalablement fait la déclaration au bureau de l'enregistrement dans l'arrondissement duquel la vente doit avoir lieu. — Cette déclaration, inscrite sur un registre spécial, est ainsi conçue :

L'an......., le......., a comparu au bureau d'enregistrement de......., Me...... (*noms et résidence de l'officier public*), lequel a déclaré qu'aujourd'hui......., heure de....... et jours suivants, s'il y a lieu, il procédera à la vente d'objets mobiliers saisis à la requête de M...... (*noms, profession, domicile*), au préjudice de M...... (*noms, profession, domicile*); laquelle vente aura lieu à..., sur la place publique de...... (*ou autre lieu*), et a signé.
(*Signature.*)

Copie de cette déclaration, certifiée conforme par le receveur de l'enregistrement, doit, à peine de 5 fr. d'amende, être transcrite en tête du procès-verbal de vente. — Cette copie ne donne lieu à d'autres déboursés qu'au timbre (60 centimes) du papier sur lequel elle est écrite. — L'omission de la déclaration est punie d'une amende de 20 fr. (Loi du 16 juin 1824, art. 10.)

512. Procès-verbal *de vente.*

Code *PR. CIV.*, art. 617 et 623.

L'an......., le........ [1], heure de......., en vertu de (*jugement ou autre titre exécutoire*), et à la requête de M...... (*nom, prénoms, profession*), demeurant à........
Par suite : 1° de la saisie-exécution pratiquée à la requête dudit sieur [2]....., sur les meubles et effets appartenant à M...... (*noms, profession, domicile*), suivant procès-verbal de......., du......., enregistré; 2° de l'indication à ce jour de la vente desdits meubles et effets contenue audit procès-verbal (*si la vente n'a pas lieu au jour indiqué dans le procès-verbal, on remplace la mention précédente par cette énonciation* : de la sommation faite audit sieur......, le....., enregistrée, de se trouver à ces jour, lieu et heure, à......., pour être présent à la vente); 3° du procès-verbal constatant l'apposition des placards indicatifs de ladite vente, aux lieux voulus par la loi, dressé le......, enregistré; 4° enfin du procès-verbal de récolement desdits meubles et effets dressé par moi, aujourd'hui, et qui sera enregistré avec le présent; j'ai (*immatricule de l'huissier*), étant à [3]......, sur la représentation qui m'a été faite desdits objets par M......., gardien établi à ladite saisie, et faute de paiement de la somme de......, ensemble des intérêts et frais, formant les causes de ladite saisie, sans préjudice de tous autres droits, actions et frais de mise à exécution (*si la vente doit se faire à un lieu autre que celui où sont les objets, l'huissier ajoute* : fait charger et transporter [4] lesdits

---

1. Le délai de huit jours prescrit par l'art. 613 C. pr. civ., entre la signification de la saisie au débiteur et la vente, est franc (Q. 2083; César-Bru, n° 232).
Si les choses saisies sont susceptibles de se corrompre, on peut passer à la vente avant son échéance, sur une permission du juge (Glasson et Colmet-Daäge, t. 2, p. 178).
La vente peut avoir lieu après le délai, sans nouvelle saisie (Q. 2083).
2. La faillite du débiteur, survenue depuis la saisie, ne transporte pas les poursuites au syndic; le saisissant ou les opposants peuvent encore faire procéder à la vente (Q. 2082 *ter*; *Suppl. alphab.*, v° *Saisie-exécution*, n°s 326, 327).
3. La saisie-exécution n'est pas nulle parce que l'huissier a indiqué, pour la vente, un marché qui n'est pas le plus voisin du lieu de la saisie, mais il peut y avoir lieu à des dommages-intérêts (Q. 2086; *Suppl. alphab., verb. cit.*, n° 356).
4. C'est l'huissier qui doit faire apporter les effets sur le lieu de la vente (Q. 2088).
L'huissier qui vend des meubles saisis sur un marché public n'est pas soumis au droit de place (*J. Av.*, t. 73, p. 432, art. 486, § 166).

meubles et effets mobiliers sur la place de......., où, après avoir payé la somme de......., pour les frais de transport, à M......., voiturier, j'ai.......), en la présence (*ou en l'absence*) dudit sieur......., et de MM....... (*noms, prénoms, profession, domiciles*), témoins requis, procédé à la vente desdits meubles et effets mobiliers, au plus offrant et dernier enchérisseur, ainsi qu'il suit :

Art. 1er. (*Description sommaire de l'objet*) adjugé à M......[1], demeurant à......., moyennant la somme de....... (*en toutes lettres et tirée hors ligne en chiffres, loi du 22 pluv. an 7, art. 5, sous peine d'une amende de 5 fr., loi du 16 juin 1824, art. 10*).

Art. 2....... (*mêmes énonciations*).

Art. 3......., etc.

La revente à la folle enchère de l'adjudicataire qui ne paie pas a lieu sur-le-champ, en ces termes :

Ledit sieur......, n'ayant pas acquitté le montant de son enchère, le....... (*rappeler l'objet adjugé*) a été remis en vente à sa folle enchère, et adjugé M......, moyennant la somme de......., ledit sieur....... demeurant passible de la somme de......., différence entre le prix de la vente et celui de la revente [2].

Lorsque la vente est arrêtée comme ayant atteint le chiffre des sommes dues (art. 622 C. pr. civ.), *on termine ainsi* [3] :

Et attendu que le chiffre de la vente a atteint la somme due, en principal, intérêts et frais, au saisissant et aux créanciers opposants (*ou bien* et qu'il n'y a pas d'opposition), j'ai arrêté la vente, et j'ai laissé M......, partie saisie qui le reconnaît, en possession de tous les autres effets saisis et non vendus ; en conséquence, j'ai clos le présent procès-verbal, auquel j'ai vaqué depuis l'heure

---

1. L'officier public préposé à la vente ne peut pas se rendre adjudicataire (Q. 2100).

Il n'en est pas de même des autres personnes mentionnées dans l'art. 711, comme incapables de se rendre adjudicataires sur saisie immobilière (*ibid.*).

Le procès-verbal doit désigner les adjudicataires, alors même qu'ils paient comptant (Q. 2105 bis; *Suppl. alphab.*, verb. cit., n° 385 et suiv.; Garsonnet, t. 3, p. 640, note 29).

2. Pour revendre à la folle enchère, l'officier public n'a pas besoin d'une ordonnance du juge (Q. 2101).

Si, par suite de la revente sur folle enchère, le prix est inférieur à celui de la première adjudication, on applique l'art. 740 (Q. 2102).

On ne peut pas, en vertu du procès-verbal de vente, contraindre l'adjudicataire à payer la différence ; il faut un jugement (Q. 2103 ; Glasson et Colmet-Daâge, t. 2, p. 180 ; Garsonnet, t. 3, p. 641, note 39).

3. La vente des effets saisis est limitée à la somme nécessaire pour le paiement de la dette, c'est-à-dire que la vente doit être arrêtée quand le prix des objets vendus suffit pour payer : 1° les causes de la saisie ; 2° les créanciers opposants ; 3° les frais de la saisie et de la vente (Q. 2096). L'huissier n'est pas tenu, dans ce cas, pour arrêter la vente, d'obtenir le consentement du saisissant et des opposants.

Si le prix de la vente est plus considérable que ce qui est dû, et s'il n'y a pas d'oppositions, la personne préposée à la vente doit remettre l'excédent au saisi (Q. 2097 ; *Suppl. alphab.*, verb. cit., n. 382, 383).

Les frais sont taxés par le juge sur la minute du procès-verbal de vente (Q. 2098).

Les commissaires-priseurs et les huissiers sont responsables du prix des adjudications (Q. 2106).

de......, jusqu'à celle de....... et j'ai signé avec M....., et les témoins.
Coût....... *(Signatures.)*

Lorsque tous les objets sont vendus, on termine ainsi :

Attendu qu'il ne reste plus rien à vendre, j'ai clos le présent procès-verbal, auquel j'ai vaqué depuis ladite heure de......., jusqu'à celle de......., et j'ai signé avec ledit sieur....... et les témoins.
Coût...... *(Signatures.)*

Si la vente est renvoyée, ce renvoi est indiqué en ces termes [1] *:*

Et attendu qu'il est nuit, et qu'il ne se présente plus d'enchérisseurs, j'ai renvoyé la continuation de la vente à....., le...., heure de....., et j'ai signé avec ledit sieur...... et les témoins, (*ou bien* M...... requis de signer, a refusé *ou* déclaré ne savoir), après avoir vaqué depuis ladite heure de...... jusqu'à celle de......
Coût...... *(Signatures.)*

§ II. — **Saisie-brandon.**

513. Commandement *qui doit précéder la saisie-brandon* [2].

CODE *PR. CIV.*, art. 626.

Ce commandement se rédige dans la même forme que le commandement qui précède la saisie-exécution (Voir supra, *formule n° 486). On le termine ainsi :*

Déclarant à M...... que, faute par lui de satisfaire au présent commandement dans le délai ci-dessus indiqué, il y sera contraint par toutes les voies de droit, et notamment par la saisie-brandon des blés (*ou tous autres fruits*) pendants par racines dans une pièce de terre lui appartenant, contenant environ...... hectares........ ares..... centiares, sise à......, commune de...., canton de....., département de......; sous toutes réserves.

Et je lui ai, etc........

(Signature de l'huissier.)

514. Procès-verbal *de saisie-brandon.*

CODE *PR. CIV.*, art. 627 et 628.

L'an........ [3], le........, heure de........, en vertu de la

---

1. Si l'huissier ne peut vendre tous les effets dans le jour où se tient le marché, il doit renvoyer au plus prochain jour de marché (*Q.* 2090).
2. La saisie-brandon doit être précédée d'un commandement, avec un jour d'intervalle (art. 626). Ce délai est franc (*Q.* 2113).
Ce commandement doit contenir copie du titre de créance, s'il n'a déjà été notifié (*Q.* 2111 *ter*).
Il y a lieu à commandement préalable dans tous les cas, et alors même que la saisie-brandon est pratiquée par un bailleur sur son fermier (Glasson et Colmet-Daâge, t. 2, p. 407).
3. L'art. 636 C. pr. civ. veut que la saisie-brandon ne puisse être pratiquée que dans les six semaines qui précèdent l'époque ordinaire de la maturité des

grosse[1] d'un contrat de constitution de rente viagère passé devant Me...... et son collègue, notaires à......, le........, enregistré (*ou de tout autre titre exécutoire*), et à la requête de M..... (*nom, prénoms, profession*), demeurant à....., pour lequel domicile est élu en ma demeure, j'ai..... (*immatricule de l'huissier*[2]), soussigné, fait itératif commandement de par la loi et justice à M......., demeurant à......, où étant et parlant à......, de, immédiatement et sans délai, payer au requérant ou à moi huissier, porteur des pièces, ayant charge de recevoir et pouvoir de donner bonne et valable quittance, la somme principale de......, pour....... termes échus le......, de la rente viagère de......., constituée au profit du requérant par M......., par le contrat susénoncé, sans préjudice de tous autres dus, droits, actions, intérêts, dépens et frais de mise à exécution. Lequel ayant refusé de payer, j'ai[3] saisi-brandonné et mis sous la main de justice[4] (*énoncer la nature des récoltes*), en une pièce de terre appartenant à M......., de la contenance environ de......,[5]

---

fruits. C'est aux juges à apprécier, à ce point de vue, l'opportunité de la saisie (Q. 2112; *Suppl. alphab.*, v° *Saisie-brandon*, n°s 28, 29).

Les fruits ne pouvant être saisis avant les six semaines qui précèdent leur maturité, le créancier n'a d'autre moyen, pour empêcher que le débiteur ne les soustraie d'avance à la saisie, que de faire annuler la vente qui en aurait été consentie à un tiers en fraude de ses droits (Q. 2114; *Suppl. alphab.*, *verb. cit.*, n°s 30 et s.).

1. Pour pouvoir faire pratiquer la saisie-brandon, il faut, en principe, être dans le cas de l'art. 551 C. pr. civ., c'est-à-dire être porteur d'un titre exécutoire (Q. 2111 bis).

Un jugement frappé d'appel ne peut être considéré comme un titre exécutoire, autorisant celui qui l'a obtenu à pratiquer une saisie-brandon contre son adversaire.

Cependant le bailleur peut, sans titre exécutoire, faire pratiquer une saisie-brandon sur son fermier, avant la récolte, comme il peut faire pratiquer après la récolte une saisie-gagerie (Q. 2111 bis).

2. L'huissier n'a pas à se faire assister de témoins, lors du procès-verbal de saisie-brandon (Q. 2115; *Suppl. alphab.*, v° *Saisie-brandon*, n°s 44 et s.).

3. Il faut, à peine de nullité, que l'huissier se transporte sur les lieux. — Mais le défaut de mention de ce transport n'est point une cause de nullité (Q. 2115 *in fine*). — Voir *J. Av.*, t. 96, p. 315.

4. On peut, en principe, saisir-brandonner tous les fruits pendants par racines, tels que blés, foins, légumes, raisins, fruits des arbres et arbustes, et même les pépinières; mais les bois et les arbres de haute futaie ne sont pas susceptibles de ce genre de saisie (Q. 2109 bis). — Voir *Suppl. alphab.*, *verb. cit.*, n°s 4 et s.

La mort de l'usufruitier, avant la coupe des récoltes saisies sur lui, a pour effet d'annuler la saisie (Q. 2109 *ter*).

Si les fruits d'un colon ou fermier sont saisis pour une dette du propriétaire, le colon ou fermier peut exciper de son bail pour agir comme propriétaire des fruits. — Quant aux pailles et engrais, ils appartiennent au domaine et ne peuvent en être séparés (Q. 2110; *Suppl. alphab.*, *verb. cit.*, n. 18 et s.).

Et il en est de même des *foins* crus sur le domaine. Trib. civ. de Gray, 10 juill. 1898 (*J. Av.*, t. 123, p. 458).

La demande en revendication ou en distraction d'objets compris dans une saisie-brandon est régie, quant aux formes de *procéder*, par l'art. 608 C. pr. civ. Paris, 20 juill. 1897 (*J. Av.*, t. 123, p. 249). Voir *supra*, formules n° 497 et suiv.

5. L'huissier peut se contenter d'indiquer approximativement la contenance de chaque pièce, mais il est mieux de se munir d'un extrait de la matrice du rôle (Q. 2116).

lieu dit......, commune de......, ladite pièce bornée au nord par......, et au midi par......., au levant par......, et au couchant par......, pour lesdites récoltes, à la garde desquelles j'ai établi M......., garde champêtre de la commune de..... [1], être vendues au plus offrant et dernier enchérisseur, dans la forme voulue par la loi, à....., le...... [2], heure de......; Et de tout ce que dessus, j'ai rédigé le présent procès-verbal dont j'ai remis copie à M......., garde champêtre [3], lequel a signé avec nous le présent, dont copie a été également par nous remise à la partie saisie [4] et au maire de la commune de......, lequel a dûment visé l'original, sous enveloppe, etc..... (*s'il y a lieu*) [5]. Coût........
(*Signatures de l'huissier et du garde champêtre.*)
Visé par nous...... maire, etc......

---

515. Dénonciation *de la saisie-brandon au garde champêtre, qui n'a pas été présent au procès-verbal.*

CODE PR. CIV., art. 628.

L'an......., le......., à la requête de M....... (*nom, prénoms, profession*), demeurant à......., pour lequel domicile est élu en ma demeure, j'ai...... (*immatricule*), soussigné, signifié, dénoncé et en tête [de celle] des présentes donné copie à M......., garde champêtre de la commune de......, arrondissement de......, département de......, demeurant à......., dans ladite commune de...., en son domicile, où étant et parlant à.......;

D'un procès-verbal en date du......., enregistré, contenant saisie à la requête du requérant sur M....... (*nom, prénoms, profession*), demeurant à......, des...... (*énoncer les récoltes*), sur une pièce de terre appartenant à M....., située à......, commune de...; afin

---

1. L'huissier ne peut pas, sur la réquisition du saisissant, commettre pour gardien une autre personne que le garde champêtre, sauf les cas d'exclusion prévus par l'art. 598; mais rien n'empêche le saisissant, qui suspecte la fidélité du garde champêtre, de commettre, en outre, à ses frais, un autre gardien (Q. 2117; *Suppl. alphab.*, verb. cit., n°ˢ 48 et s.).
Le garde champêtre, constitué gardien, a droit à un salaire (Q. 2120).
2. Le choix du lieu et du jour où doit se faire la vente appartient au saisissant (Q. 2122; *Suppl. alphab.*, verb. cit., n. 65 et s.).
3. De ce que l'art. 628 porte que, si le garde champêtre n'est pas présent, la saisie lui sera signifiée, il ne résulte pas que l'huissier ne soit pas obligé de lui en donner copie, lorsqu'il est présent (Q. 2118).
4. La partie saisie doit aussi recevoir copie du procès-verbal (Q. 2119).
5. Les copies remises tant au garde champêtre qu'à la partie saisie doivent l'être sous enveloppe, et en se conformant à la loi du 15 fév. 1899, si elles ne sont pas remises à personne même.
Il faut d'ailleurs se conformer aux dispositions de l'art. 602 C. pr. civ., lorsque la partie saisie habite un lieu trop éloigné pour que la remise de la copie puisse être effectuée immédiatement.

que le susnommé ait à surveiller les fruits saisis, qui sont confiés à sa garde;

Et je lui ai. en son domicile, parlant comme ci-dessus, laissé copie tant dudit procès-verbal de saisie que du présent exploit, sous enveloppe, etc. Coût......

(Signature de l'huissier.)

516. Affiche *annonçant la vente des fruits saisis-brandonnés.*

CODE PR. CIV., art. 629.

Vente par autorité de justice
Le......[1], heure de......
A......, commune de......
Consistant en......
Le tout expressément au comptant.

(Signature.)

Remarque. — Un exemplaire de ce placard est annexé au procès-verbal d'apposition (Voir *supra*, formule n° 507).

517. Procès-verbal *de vente*[2].

CODE PR. CIV., art. 634.

L'an......, le......, heure de......, en vertu de......

---

1. Le délai de huitaine qu'exige l'art. 629 entre l'apposition des placards et la vente est un délai franc (Q. 2121).

2. L'art. 634, qui renvoie aux formalités prescrites au titre des *saisies-exécutions*, ne se rapporte pas seulement aux formalités de la vente, mais à toutes les prescriptions compatibles avec la procédure de saisie-brandon; ainsi, il faut se conformer aux dispositions des art. 584, 586 C. pr. civ. (pour ce qui concerne les formalités des exploits, mais il n'est pas besoin d'un itératif commandement) 587 (quand il s'agit d'un enclos où l'on ne peut pénétrer que par la porte dont le saisi a la clef, et qu'il refuse d'ouvrir), 592-1°, 593, 594 (pour la faculté d'établir un gérant) 595, 599, 600, 601, 603, 605, 606, 607, 608, 609, 610, 611, 612, 614, 615, 622, 623, 624 et 625. Voir *supra*, § 1er, les formules à relatives à l'application de ces articles (Q. 2124).

Les huissiers peuvent procéder concurremment avec les notaires, greffiers et commissaires-priseurs, aux ventes publiques de récoltes et fruits pendants par racines (Q. 2111 *quinquiès*; Suppl. alphab., v° *Saisie-brandon*, n°s 72, 73).

S'il ne se présente pas d'enchérisseurs, le saisissant, pour profiter de la saisie, présente requête au tribunal afin d'être autorisé à faire la récolte, et à procéder à la vente au lieu du marché ordinaire, sauf à lui à rendre compte au saisi de l'excédant du produit de la vente, s'il n'y a pas d'oppositions, ou à consigner l'entier prix, si des créanciers opposants se sont fait connaître (Q. 2125). Voir *supra*, formule n° 501, et Suppl. alphab., verb. cit., n°s 70, 71.

Cette requête se rédige dans la même forme que celle dont il est question *supra* formule n° 505.

(*jugement ou autre titre exécutoire*), et à la requête de M...... (*nom, prénoms, profession*), demeurant à....... Par suite : 1° de la saisie-brandon des récoltes pendantes par racines sur une pièce de terre située à......., commune de......., arrondissement de......., pratiquée à la requête du susnommé, au préjudice de M....., (*nom, prénoms, profession*), demeurant à......, suivant procès-verbal de mon ministère en date du......, enregistré, contenant l'indication à ce jour de la vente desdites récoltes ; 2° d'un procès-verbal constatant l'apposition aux lieux voulus par la loi de placards annonçant la vente, dressé le....., enregistré ; je...... (*immatricule de l'huissier*), soussigné, me suis transporté sur la place du marché de la commune de......, arrondissement de......, où, faute par M...... d'avoir payé la somme de......., ensemble les intérêts et frais formant les causes de la saisie, et sans préjudice de tous autres dus, droits, actions et frais de mise à exécution, j'ai, en présence (*ou en l'absence*) de M......, procédé ainsi qu'il suit à la vente au plus offrant et dernier enchérisseur des fruits pendants par racines sur la pièce de terre déjà désignée :

S'il n'y a qu'une espèce de fruits, on met : blé (*ou tout autre fruit*) à moissonner sur ladite pièce de terre, adjugé à M......, demeurant à......, moyennant la somme de...... (Voir *supra*, formule n° 512.)

Si les récoltes saisies sont de diverses natures, on divise la vente en autant d'articles qu'il y a d'espèces de récoltes, en ayant soin de bien déterminer l'importance et la quotité de chaque lot, par exemple :

Art. 1ᵉʳ. Foin à faucher sur un pré situé au lieu de......., de contenance d'environ..... hectares...., ares..., centiares, borné au nord par......, au midi par......, au levant par......, au couchant par......, formant l'article....... du procès-verbal de saisie, adjugé, etc.

Art. 2. Seigle, etc.....;

Voyez, pour les diverses énonciations que peut, suivant les circonstances, contenir le procès-verbal, supra, *formule n° 512*.

---

518. Sommation *au saisissant d'assister à la récolte et à la mise en grenier des grains mûris avant qu'il puisse être procédé à la vente.*

L'an......., le......., à la requête de M....... (*noms, profession, domicile du saisi*), j'ai...... (*immatricule de l'huissier*), soussigné, signifié et déclaré à M...... (*noms, profession, domicile du saisissant*), où étant et parlant à......

Que le susnommé a, suivant procès-verbal du ministère de......, huissier à......., en date du......., fait procéder à la saisie-brandon des récoltes pendantes par racines sur une pièce de terre sise à......., commune de......., département de......., appartenant au requérant; que ces fruits ont atteint leur maturité et que chaque jour de retard dans la récolte peut occasionner un préjudice notable au requérant; que le jour fixé pour procéder à la vente desdits fruits n'est pas encore arrivé, et que M....... n'a pas encore fait apposer les affiches destinées à annoncer cette vente (*Si c'est un motif autre que la volonté du saisissant qui retarde la vente, et, par exemple, une demande en nullité formée par le saisi lui-même, on énonce cette cause du retard*). Pourquoi j'ai......, huissier susdit et soussigné, fait sommation au susnommé de se trouver, si bon lui semble, le......, heure de....., sur ladite pièce de terre, pour surveiller la récolte (*coupe, cueillette ou moisson*) desdits fruits qui sera faite par le requérant; déclarant à M....... que les fruits récoltés (*ou cueillis*) seront transportés dans les greniers du requérant situés à......, où ledit sieur pourra, s'il le juge convenable, préposer à leur garde telle personne qu'il voudra choisir;

A ce qu'il n'en ignore.

Et j'ai, sous la réserve de tous les droits du requérant, audit domicile, parlant comme ci-dessus, laissé copie du présent, sous enveloppe, etc. Coût.......

(*Signature de l'huissier*).

Remarque. — Il peut arriver que le saisi ne veuille pas procéder par lui-même ou par ses agents à la récolte des fruits dont la valeur doit profiter à son créancier. Il peut alors notifier à ce dernier sommation de faire faire la récolte dans un délai déterminé, à peine de dommages-intérêts en réparation du préjudice que tout retard pourrait lui causer. — Cet acte se rédige, sauf de légères variantes, comme le précédent.

Il peut se faire aussi que le saisissant prévienne le saisi et qu'il fasse lui-même procéder à la récolte. La procédure à suivre, dans ce cas, consiste dans une assignation en référé devant le président du tribunal civil (Voir *supra*, formule n° 492), pour voir dire que le saisissant sera autorisé à faire récolter les fruits et à les faire mettre en grange en présence du saisi ou lui dûment appelé. L'ordonnance de référé est alors signifiée au saisi avec sommation d'assister à la récolte (Voir *supra*, formules n°s 493 et 494).

§ III. — **Saisie-gagerie.**

519. Commandement *tendant à saisie-gagerie*[1].

CODE PR. CIV., art. 819.

L'an......., le......., en vertu de l'art. 819 C. pr. civ., et à

---

[1]. La voie de la saisie-gagerie est ouverte au bailleur (propriétaire, usufruitier, principal locataire) pour avoir payement des loyers ou fermages échus (art. 819).

La saisie-gagerie toutefois n'est permise qu'au propriétaire, usufruitier ou

la requête de M........ (*nom, prénoms, profession*), demeurant à... propriétaire d'une maison sise à......., rue......, n°......, pour lequel domicile est élu à..... (*commune du lieu de la saisie*), j'ai... (*immatricule de l'huissier*), soussigné, fait commandement de par la loi et justice à M....... (*nom, prénoms, profession*), locataire par bail verbal (*Si le bail est authentique*[1] *ou sous seing privé et enregistré, on l'indique*) d'un appartement sis au....... étage de la maison susénoncée, demeurant, ledit sieur......., dans ladite maison, où étant et parlant à......

De, dans vingt-quatre heures pour tout délai, payer au requérant, ou à moi huissier, ayant pouvoir de recevoir et de lui en donner bonne et valable quittance, la somme de......., montant de...... termes du loyer[2] dudit appartement, échus les......., sans préjudice de ceux à échoir et de tous autres dus, droits et actions.

Lui déclarant que, faute par lui de satisfaire au présent commandement dans ledit délai, il y sera contraint par toutes les voies de droit, et notamment par la saisie-gagerie de ses meubles et effets garnissant les lieux loués. A ce qu'il n'en ignore. Et je lui ai, audit domicile, parlant comme ci-dessus, laissé copie du présent, sous enveloppe, etc...... Coût.......

(*Signature de l'huissier.*)

520. Requête *et* **Ordonnance** *afin d'être autorisé à saisir-gager à l'instant et sans commandement préalable les meubles et effets du locataire garnissant les lieux loués.*

CODE PR. CIV., art. 819.

A M. le Président du tribunal civil de première instance de.....

M....... (*nom, prénoms, profession*), demeurant à......., propriétaire d'une maison sise à......., rue......, n°......., ayant pour avoué M^e....... ;

---

principal locataire *actuel* : l'ancien propriétaire, l'ancien usufruitier, ou l'ancien principal locataire ne peut saisir-gager même pour avoir paiement de loyers échus antérieurement à la perte de sa qualité (*Q.* 2793 *bis*; Glasson et Colmet-Daâge, t. 2, p. 427); Nancy, 17 juill. 1894 (*J. Huiss.*, t. 76, p. 47).

La caution, qui a payé, subrogée légalement aux droits du bailleur, peut faire saisir-gager les meubles du locataire.

1. Le propriétaire porteur d'un bail authentique a le choix entre deux modes de poursuite : la saisie-exécution et la saisie-gagerie. S'il emploie ce dernier, il doit suivre toutes les règles de procédure qui lui sont spéciales; ainsi, il est obligé de faire valider la saisie avant de procéder à la vente (*Q.* 2807 *bis* et 2812). — Il peut employer le premier mode aussi bien contre les sous-locataires ou cessionnaires du bail, que contre le locataire lui-même (*J. Av.*, t. 76, p. 604, art. 1181).

2. Quoique la saisie-gagerie ne puisse être exercée par les propriétaires sur les objets garnissant la ferme, d'après l'art. 819 C. pr. civ., que pour loyers et fermages

A l'honneur de vous exposer, Monsieur le Président, qu'il a, suivant conventions verbales en date du....... (*ou* par acte authentique passé devant M^e..... et son collègue, notaires à....., le...., *ou bien encore* par acte sous seing privé, en date du......, enregistré) loué à M....... (*nom, prénoms, profession*), un appartement au rez-de-chaussée dans ladite maison, moyennant un loyer annuel de......., payable par trimestre et d'avance ;

Que M........ est débiteur de........ termes de loyers, échus les........ ; mais que la maison dont il s'agit n'ayant point de concierge, et l'appartement occupé par M....... étant situé au rez-de-chaussée (*ou tout autre motif*), l'exposant craint qu'en avertissant M....... par un commandement préalable tendant à saisie-gagerie, celui-ci n'enlève furtivement ses meubles et ne les fasse disparaître ;

Pourquoi l'exposant requiert qu'il vous plaise, Monsieur le président, l'autoriser à faire saisir-gager, à l'instant et sans commandement préalable, les meubles et effets garnissant l'appartement loué audit sieur......., et ce pour conservation et avoir paiement de la somme principale de........, montant des termes de loyer susénoncés, et des intérêts et frais ; et, vu l'urgence, décider que votre ordonnance

---

échus, on doit néanmoins, en entendant sainement cette disposition, l'étendre à tout ce qui est dû à raison du bail ;

... par exemple, au remboursement des avances faites au colon partiaire. Lyon, 9 juill. 1860 (*J. Av.*, t. 87, p. 531) ;

... à l'indemnité due pour abus de jouissance, ou aux dommages-intérêts résultant de dégradations (Glasson et Colmet-Daâge, t. 2, p. 424).

Par loyers ou fermages *échus*, il faut entendre loyers ou fermages *exigibles* : par suite, le propriétaire, qui a stipulé du locataire le paiement d'un loyer d'avance, peut faire saisir-gager les meubles de celui-ci pour avoir paiement de ce loyer d'avance, dès qu'il est exigible, et sans attendre que le temps d'occupation auquel ce loyer se réfère soit écoulé. Trib. civ. de la Seine, 4 déc. 1897 (*J. Huiss.*, t. 79, p. 40) ; 26 mars 180 (*J. Av.*, t. 124, p. 297) ; Trib. civ. de Pontoise, 7 mai 1907 (*J. Huiss.*, t. 88, p. 323) ; *Suppl. alphab.*, v° *Saisie-gagerie*, n°s 12 et 13.

D'ailleurs, le propriétaire peut saisir-gager pour loyers et fermages à échoir, en cas de déplacement frauduleux, et lorsque les circonstances prouvent que l'intention du locataire est de soustraire peu à peu son mobilier aux poursuites du propriétaire (Q. 2799) ; Bordeaux, 17 déc. 1906 (*J. Huiss.*, t. 88, p. 254).

La saisie-gagerie peut encore avoir lieu, mais seulement dans les délais de l'art. 2102 C. civ., quand les meubles ont été déplacés par un locataire, qui les a transportés dans une maison qu'il a prise à bail d'un autre propriétaire. Il n'est pas nécessaire, en ce cas, d'employer la voie de la saisie-revendication (Q. 2800 ; *Suppl. alphab.*, *verb. cit.*, n°s 33 et suiv.).

Aussi est-ce avec raison qu'il a été jugé que la saisie-revendication, pratiquée selon les termes et dans les délais fixés par l'art. 819 C. pr. civ., par un propriétaire sur les meubles qui garnissaient sa maison et qui ont été *déplacés* sans son consentement par le locataire, constitue une véritable saisie-gagerie. Nancy, 30 août 1863 (*J. Huiss.*, t. 51, p. 13) ; Riom, 7 août 1890 (*J. Huiss.*, t. 72, p. 27) ; Trib. civ. d'Angoulême, 19 mai 1899 (*J. Huiss.*, t. 80, p. 248).

Mais la même solution ne s'applique pas au cas où, par suite de *vente* faite par le locataire, ou de quelque autre manière que ce soit, les meubles se trouvent entre les mains et au domicile d'un tiers ; il faut alors saisir-revendiquer (Q. 2801) ; Douai, 16 mai 1899 (*J. Huiss.*, t. 81, p. 94).

sera exécutée sur la minute. Sous toutes réserves. Et ce sera justice.
(*Signature de l'avoué*).

ORDONNANCE PRÉPARÉE

Nous, président, vu la requête qui précède (*et les pièces à l'appui, s'il y a bail écrit*), ensemble l'art. 819 C. pr. civ., autorisons l'exposant à faire saisir-gager à l'instant, et sans commandement préalable[1], les meubles et effets garnissant l'appartement par lui loué à M......., et sera notre ordonnance, vu l'urgence, exécutée sur la minute.

Fait et délivré au palais de justice (*ou en notre hôtel*), à....... le.......
(*Signature du président.*)

Remarque. — L'art. 13 de la loi du 12 juill. 1905 veut que la permission de pratiquer une saisie-gagerie soit accordée par le juge de paix du lieu où la saisie doit être faite, toutes les fois que les causes de la saisie rentreront dans sa compétence (Voir à l'appendice, formule n. 1). Il n'est pas alors nécessaire de présenter requête à ce magistrat ; il suffit d'un exposé verbal. Cependant, la partie peut rédiger elle-même la requête. La saisie est faite en vertu de la cédule que délivre le juge de paix (Voir *supra*, formule n° 316).

521. Procès-verbal *de saisie-gagerie après commandement.*

CODE PR. CIV., art. 821.

Ce procès-verbal se rédige comme celui de saisie-exécution (Voir supra, formule n° 487). Au lieu d'agir en vertu d'un titre exécutoire, on agit en vertu de l'art. 819 C. pr. civ., et au lieu de saisir-exécuter, comme dans la formule précitée, l'huissier déclare saisir-gager les objets garnissant les lieux loués, pour avoir paiement des loyers et autres charges du bail. Voir aussi la formule suivante.

Remarque. — S'il s'agit d'un fermier, le propriétaire peut non seulement faire saisir-gager les meubles garnissant la ferme, mais encore les fruits coupés et les fruits pendants par racines. Le procès-verbal de saisie-gagerie est alors divisé en deux parties : la première comprend les meubles et fruits coupés, et la seconde, les fruits pendants par racines. On suit, pour cette dernière partie, les forma-

---

1. La seconde disposition de l'art. 819, portant que l'on peut faire saisir-gager à l'instant, en vertu de la permission du juge, ne dispense pas de faire un commandement au débiteur dans le procès-verbal de saisie (Q. 2795). Voir *infra*, formule n° 522.

lités du procès-verbal de saisie-brandon (*supra*, formule n° 514). — La formule suivante offre l'exemple de cette double saisie.

522. Procès-verbal *de saisie-gagerie en vertu de permission du juge.*

(Voir *la formule précédente.*)

L'an........, le......., heure de......., à la requête de M.... (*nom, prénoms, profession*), demeurant à......, qui fait élection de domicile à.......[1] (*lieu de la saisie*), en vertu : 1° de l'art. 819 C. pr. civ., 2° d'une ordonnance rendue par M. le Président du tribunal civil de......, le......, enregistrée, mise au bas d'une requête présentée le même jour, desquelles requête et ordonnance copie est donnée en tête [de celle] des présentes; j'ai (*immatricule de l'huissier*), soussigné, fait commandement au nom de la loi et justice à M.... (*nom, prénoms*), demeurant à......, où étant et parlant à......, de immédiatement et sans délai payer au requérant, entre les mains de moi, huissier, ayant pouvoir de donner bonne et valable quittance, la somme de......., pour...... termes échus le......, du bail verbal (*ou par écrit, enregistré*), qui lui a été consenti par le requérant, le....., sans préjudice de tous autres dus, droits et actions, intérêts et frais de mise à exécution; déclarant audit sieur...... que, faute par lui d'effectuer ce paiement, j'allais procéder à la saisie-gagerie de tous ses meubles et effets mobiliers; lequel ayant refusé de payer, j'ai saisi-gagé et mis sous l'autorité de la loi et justice les objets ci-après détaillés : 1° dans une pièce, etc..... (*comme à la formule n° 487*).

J'ai établi pour gardien la partie saisie (*ou toute autre personne*). Et de tout ce que dessus j'ai rédigé le présent procès-verbal, dont j'ai laissé copie à la partie saisie (*sous enveloppe, s'il y a lieu*) et au gardien. Le tout en présence de ...., demeurant à........ et......, demeurant à......., témoins requis et qui ont signé avec moi et le gardien.

(*Signatures.*)

523. Demande *en mainlevée formée par un sous-locataire ou sous-fermier.*

CODE PR. CIV., art. 820.

L'an......., le......., à la requête de M...... (*nom, prénoms,*

---

1. Le procès-verbal de saisie-gagerie doit, à peine de nullité, contenir élection de domicile dans la commune où se fait l'exécution ; la copie du procès-verbal de saisie-gagerie doit être remise sur le champ au saisi (*Suppl. alphab.*, v° *Saisie-gagerie*, n° 54).

profession), demeurant à......, lequel élit domicile en l'étude de M^e......., avoué près le tribunal civil de........, y demeurant, rue........, n°........, qu'il constitue, et qui occupera pour lui sur la présente assignation et ses suites; j'ai...... (*immatricule de l'huissier*), donné assignation à M....... (*nom, prénoms, profession*), demeurant à......, au domicile par lui élu à..., rue..., n°...., où étant et parlant à......

A comparaître à huitaine franche, délai de la loi, par ministère d'avoué, à l'audience et par-devant MM. les Président et juges composant le tribunal civil de......., séant à........, heure de......, pour:

Attendu que M......., propriétaire d'une maison sise à........, rue........, n°........, a, suivant exploit de......, huissier à..., en date du......, fait procéder à la saisie-gagerie des meubles et effets mobiliers garnissant un appartement sis au....... étage de ladite maison et ce pour sûreté et avoir paiement d'une somme de... qu'il prétend lui être due par M......., son locataire aux termes d'un bail verbal, pour loyers dudit appartement échus le.......;

Mais attendu que M....... a, suivant bail verbal en date du...., à......., enregistré, sous-loué au requérant l'appartement dont s'agit moyennant un loyer annuel de......;

Attendu que le requérant a payé à M......, au fur et à mesure de leurs échéances, les termes du loyer; qu'il ne doit absolument rien actuellement et que c'est donc à tort qu'une saisie-gagerie a été pratiquée sur ses meubles et effets;

Attendu que cette saisie-gagerie faite abusivement et sans droit a causé au requérant un sérieux préjudice;

Par ces motifs;

Voir dire et ordonner que la saisie-gagerie dont il s'agit sera déclarée nulle et de nul effet; en voir donner mainlevée pure et simple, entière et définitive. Et, pour le préjudice causé, s'entendre condamner à payer au requérant la somme de...... francs à titre de dommages-intérêts. Et s'entendre condamner en tous les dépens. Sous toutes réserves. A ce qu'il n'en ignore. Et j'ai, audit domicile, parlant comme ci-dessus, laissé copie du présent, sous enveloppe, etc... Coût.......

(*Signature de l'huissier.*)

---

524. Assignation *en validité de saisie-gagerie.*

CODE PR. CIV., art. 824.

L'an......., le...... (*préambule ordinaire des ajournements; voir la formule précédente*). *On assigne devant le tribunal du domicile du saisi, pour:* attendu que, suivant procès-verbal de......., en date du...., enregistré¹, le requérant a fait procéder à la saisie-gagerie des meubles et effets appartenant à M......, pour avoir paiement de la somme de......., montant d'un terme (*ou de plusieurs termes*) du loyer dudit appartement, échu le.......;

Attendu que cette saisie-gagerie est régulière en la forme et juste au fond ; qu'il y a lieu de la valider; Par ces motifs;

S'entendre condamner à payer au requérant la somme de...., montant des causes susénoncées, ensemble les intérêts de droit ; et, pour faciliter le paiement desdites condamnations, voir déclarer bonne et valable et convertie en saisie-exécution la saisie-gagerie susénoncée. En conséquence, voir autoriser le requérant à faire procéder à la vente aux enchères publiques des meubles et effets saisis, après l'apposition d'affiches et les insertions prescrites par la loi ; voir dire que le produit de la vente sera remis au requérant en déduction ou jusqu'à concurrence du montant de sa créance privilégiée en principal et accessoires ;

Souvent, il est bon d'ajouter :

Et attendu que, par suite de ladite vente, les lieux loués ne seront plus garnis, voir autoriser le requérant à faire expulser le susnommé en la manière accoutumée et à relouer les lieux à ses frais et périls ; et s'entendre, en outre, condamner aux dépens. Sous toutes réserves. A ce qu'il n'en ignore.

Et je lui ai, audit domicile, en parlant comme ci-dessus, laissé copie du présent, sous enveloppe, etc..... Coût.......

(*Signature de l'huissier.*)

525. Jugement *validant la saisie-gagerie.*

CODE PR. CIV., art. 824.

Le tribunal......., etc.;

Attendu...... (*motifs*); Par ces motifs; Condamne M....... à payer à M.... la somme de....... avec les intérêts de droit. Et, pour faciliter le paiement desdites condamnations,

Déclare bonne et valable et convertie en saisie-exécution la saisie-gagerie pratiquée par M...... au préjudice de M....... En conséquence, autorise le demandeur, etc...... (*comme aux conclusions de l'assignation qui précède*).

---

1. Le tribunal compétent pour connaître de la validité de la saisie-gagerie est celui du lieu où la saisie a été faite (*Q.* 2811 ; *Suppl. alphab.*, v° *Saisie-gagerie*, n°° 68 et suiv.; Glasson et Colmet-Daàge, t. 2, p. 431 ; Cézar-Bru, n°° 61 et 69); Caen, 22 nov. 1882 (S. 85.2.81) et 28 mars 1887 (D. P. 87.2.185).

L'art. 3 de la loi du 12 juill. 1905 attribue compétence aux juges de paix, sans appel jusqu'à la valeur de 300 fr., et à charge d'appel à quelque valeur que la demande puisse s'élever, pour connaître des demandes en validité, en nullité ou mainlevée de saisie-gagerie et en expulsion des lieux, lorsque les locations verbales ou par écrit n'excèdent pas annuellement 600 fr.

§ IV. — Saisie foraine.

526. Requête *et* **Ordonnance** *pour saisir les effets d'un débiteur forain*[1].

CODE PR. CIV., art. 822.

A M. *le président du tribunal civil de première instance de*......[2].

M.... (*nom, prénoms, profession*), demeurant à...., ayant pour avoué M^e...., a l'honneur de vous exposer, Monsieur le Président, qu'il est créancier de M....... (*nom, prénoms, profession, domicile*), d'une somme de......, montant d'un billet en date du......, échu le......., timbré et enregistré, dont il n'a pu obtenir le paiement à son échéance; que M....... se trouve actuellement à......, dans l'hôtel de........ (*ou tout autre lieu*), mais que le requérant vient d'apprendre que, pour se soustraire aux poursuites dirigées contre lui, il se dispose à s'éloigner avec ses marchandises et bagages; qu'il importe au requérant de pouvoir saisir dans le plus bref délai, sans commandement préalable, ces marchandises;

Pourquoi l'exposant requiert qu'il vous plaise, Monsieur le président, l'autoriser à faire saisir à l'instant les marchandises, bagages et effets appartenant au susnommé conformément à l'art. 822 C. pr. civ.; et décider que, vu l'urgence, votre ordonnance sera exécutée sur la minute, conformément aux dispositions de l'art. 1040 C. pr. civ. Sous toutes réserves. Et ce sera justice.

(*Signature de l'avoué.*)

ORDONNANCE PRÉPARÉE.

Nous, président, vu la requête qui précède, et le billet susénoncé, ensemble les art. 822 et 1040 C. pr. civ., autorisons l'exposant à faire saisir à l'instant les marchandises, bagages et effets appartenant à M......., son débiteur forain, qui se trouvent dans la commune de......, et ce pour sûreté et avoir paiement de la somme principale de......, montant de sa créance et des accessoires; et sera notre ordonnance, vu l'urgence, exécutée sur la minute.

Fait à......., le.......

(*Signature du président.*)

---

[1]. La loi, par débiteur *forain*, entend celui qui n'est pas domicilié dans la commune où réside son créancier (Q. 2807 *ter*).
[2]. Le juge compétent pour permettre la saisie foraine est celui du lieu où se trouvent les objets à saisir, c'est-à-dire le président du tribunal civil ou le juge de paix. Pour ce dernier cas, voi in a, p. 572.

527. Procès-verbal *de saisie foraine.*

Code *PR. CIV.*, art. 822 et 825.

Ce procès-verbal est rédigé conformément à la formule supra *n°* 487.

---

528. Assignation *en validité de saisie foraine*[1].

(Voir *supra, formule n°* 524).

---

§ V. — Saisie-revendication.

529. Requête *et* **Ordonnance** *pour obtenir la permission de saisir-revendiquer*[2].

Code *PR. CIV.*, art. 826.

A M. le Président du tribunal civil de première instance de[3]........

M...... (*nom, prénoms, profession*), propriétaire d'une maison sise à......, rue......, n°......, demeurant à......, ayant pour avoué M^e......

A l'honneur de vous exposer, Monsieur le Président, que M....., locataire, suivant conventions verbales, d'un appartement dans la maison sus-désignée, est débiteur envers lui d'une somme de.....,

---

1. Le tribunal compétent pour connaître de la validité de la saisie foraine est celui du lieu de la saisie (Q. 2811); Pau, 21 juin 1900 (*J. Huiss.*, t. 82, p. 91).
Ce tribunal est également compétent pour statuer sur l'existence et le *quantum* de la créance, pour paiement de laquelle est faite la saisie (*même arrêt*).
La loi n'impose aucun délai au saisissant pour assigner en validité à partir de la saisie. Mais le président peut n'autoriser la saisie foraine qu'à charge par le créancier de former sa demande dans un certain délai (Glasson et Colmet-Daage, t. 2, p. 435). Voir aussi, pour les cas où c'est le juge de paix qui est compétent, *infra*, Appendice, page 673, formule n. 4.

2. Les dispositions du Code de procédure civile, relatives à la revendication, ne sont pas applicables aux matières commerciales (Q. 2813).
Mais ces dispositions sont applicables à tous les effets mobiliers quelconques, même à des papiers et titres (Q. 2814).
Ce n'est pas par la voie de la saisie conservatoire, mais par celle de la saisie-revendication, que doit procéder le vendeur d'objets mobiliers non payés contre son acquéreur non forain (*J. Av.*, t. 72, p. 244, art. 107).

3. C'est au président du tribunal civil du domicile du détenteur réel des effets que doit être présentée la requête afin d'obtenir l'ordonnance pour **saisir-revendi-quer**. Mais c'est le juge de paix qui doit accorder cette permission si les causes de la saisie rentrent dans les limites de sa compétence (L. 12 juillet 1905, art. 13, alin 2). V. à cet égard, Appendice, page 674.

montant de....... termes de loyer dudit appartement échus les...;
que M....... vient de déménager furtivement ses meubles et effets mobiliers qui constituaient la seule garantie de l'exposant, et les a transportés dans une maison sise à......., rue......., n°......., appartenant à M.....[1];

Pourquoi l'exposant requiert qu'il vous plaise, Monsieur le président, l'autoriser à faire saisir-revendiquer[2], en ladite maison, les meubles appartenant à M......, qui y ont été transportés au mépris des droits de l'exposant et qui consistent en...... (*énonciation sommaire des meubles revendiqués*)[3]; et décider que, vu l'urgence, votre ordonnance sera exécutée sur la minute, conformément aux dispositions de l'art. 1040 C. pr. civ.

Sous toutes réserves. Et ce sera justice.

(*Signature de l'avoué.*)

ORDONNANCE PRÉPARÉE[4]

Nous, Président, vu la requête qui précède et les pièces à l'appui, ensemble les art. 826 et 1040 du Code de procédure civile, Autorisons M....... à faire saisir-revendiquer dans la maison de M..., sise à......., rue......., n°......., les meubles et effets appartenant à M......, énoncés dans la requête qui précède, que M........ prétend avoir été enlevés au mépris de ses droits.

Et sera notre ordonnance, vu l'urgence, exécutée sur la minute.

Fait à......, le......

(*Signature du président.*)

530. Procès-verbal *dressé par l'huissier lorsque celui chez lequel sont les effets qu'on veut revendiquer refuse d'ouvrir les portes ou s'oppose à la saisie.*

CODE PR. CIV., art. 829.

L'an......, le........

---

1. La revendication peut être exercée tant par le propriétaire que par celui qui prétend avoir un privilège sur la chose (Q. 2812 *ter*; *Suppl. alphab.*, v° *Saisie-revendication*, n°s 4 et s).
2. Le juge ne peut permettre de saisir-revendiquer un jour de fête légale qu'autant qu'il y a péril en la demeure (Q. 2817).
3. La requête afin d'obtenir permission de saisir-revendiquer doit contenir désignation sommaire des objets revendiqués (Q. 2818).
4. Est nulle et peut donner lieu à des dommages-intérêts toute saisie-revendication faite sans ordonnance du président; l'huissier et la partie sont tenus solidairement des dommages-intérêts (Q. 2816 *quater* et 2816 *quinquiès*; *Suppl. alphab.*, v° *Saisie-revendication*, n°s 19, 21 et 22).

En vertu d'une ordonnance rendue par M. le Président du tribunal de......, le......, enregistrée et mise au bas d'une requête à lui présentée le même jour, desquelles requête et ordonnance copie est donnée en tête [de celle] des présentes;

Et à la requête de M......, demeurant à......, élisant domicile..... (*au lieu où est faite la saisie*);

J'ai (*immatricule de l'huissier*), soussigné, dit et déclaré à M....., demeurant à........, audit domicile, où étant et parlant à.......

Que le requérant, propriétaire d'une maison sise à...., rue...., n°......, est créancier de M...... d'une somme principale de...., montant de........ termes de loyers de la maison indiquée, échus les........;

Que M...... a, au mépris des droits du requérant, déménagé furtivement le mobilier qui garnissait ladite maison et qui constituait le gage du requérant et l'a transporté dans la maison du susnommé; Qu'aux termes de l'ordonnance sus-indiquée et dont copie précède [celle des présentes] le requérant a été autorisé à pratiquer la saisie-revendication du mobilier dont s'agit;

Pourquoi j'allais immédiatement procéder à ladite saisie-revendication. A quoi il m'a été répondu par M...., propriétaire de ladite maison...... (*indiquer la réponse*); pourquoi il s'opposait à ladite saisie; et, pour le cas où je voudrais passer outre, il me requérait d'en référer à M. le Président du tribunal de........ et a signé.

(*Bon pour référé pour tel jour et signature de la partie.*)

Vu lesquelles réquisition et opposition contre lesquelles j'ai fait toutes réserves que de droit, j'ai donné assignation au susnommé à comparaître le......, heure de......, par-devant M. le Président du tribunal de......, audience des référés, au Palais de justice, lieu ordinaire desdites audiences, pour voir dire que, sans avoir égard aux prétentions du susnommé, il sera passé outre et procédé à la saisie-revendication des meubles dont s'agit. Ce qui sera exécuté sur minute, nonobstant appel et avant enregistrement, vu l'urgence.

Ce fait j'ai, sous la réserve de continuer s'il y a lieu, et après avoir établi gardien aux portes M......, témoin ci-après nommé, fait et rédigé le présent procès-verbal, duquel, en parlant comme dessus, j'ai laissé copie au susnommé.

Le tout en présence de M...... et M......, demeurant à......, témoins requis et qui ont signé avec moi...... Coût........

ORDONNANCE

Nous, Président, etc......

Fait à...... le......

Remarque. — L'ordonnance de référé est écrite à la suite du procès-verbal (Q. 2820). Voir *supra*, formule n° 493.

531. Procès-verbal *de saisie-revendication.*

CODE PR. CIV., art. 830.

Quand il n'y a ni refus de portes, ni opposition, le procès-verbal est rédigé comme supra, *formule n°* 487. — *Dans le cas contraire, après l'ordonnance de référé qui déclare le refus ou l'opposition mal fondé, il est procédé, si le tiers détenteur persiste, comme à la formule* supra, *n°* 488.

---

532. Assignation *en validité de la saisie-revendication.*

CODE PR. CIV., art. 831.

La demande en validité de la saisie-revendication[1] *est formée contre celui chez lequel les objets ont été saisis, et devant le tribunal de son domicile*[2].
Dans le cas où il ne prétend exercer aucun droit sur ces objets, et en est simple détenteur, c'est contre celui qui allègue en être propriétaire ou créancier gagiste que la demande doit être formée. S'il s'agit de saisie-revendication de meubles enlevés par un locataire, on assigne celui-ci pour voir déclarer la saisie-revendication régulière et valable, et convertie en saisie-exécution; on assigne en même temps le propriétaire chez lequel les meubles ont été transportés, pour voir dire qu'ils n'ont pas cessé d'être le gage du saisissant, à moins que ce propriétaire ne déclare qu'il ne conteste pas la validité de la revendication. C'est alors le locataire qui est seul mis en cause. Voir supra, formule n° 524.

Remarque. — Quand la demande en validité est principale, elle est formée, soit par exploit (*voir la formule n°* 524 *précitée*), soit par le procès-verbal de saisie (voir *supra,* formule n° 522). — Si elle est incidente, elle est formée par un simple acte (voir *supra,* formule n° 215 *ter*). Si cette demande est connexe à une demande sur laquelle il y a instance introduite, et que la personne contre laquelle la saisie est faite ne soit pas partie dans cette instance, il faut l'assigner aussi par exploit devant le tribunal déjà saisi (Q. 2823).

---

1. Cette demande n'est pas soumise au préliminaire de la conciliation (Q. 2823 bis). — Voir J Av., t. 97, p. 30? et la note.
2. C'est, suivant le cas, le tribunal civil ou le juge de paix qui doit être saisi Pour ce dernier cas, v. *infra,* Appendice, page 675.

§ VI. — Saisie-arrêt ou opposition[1].

Sommaire : I. Procédure ordinaire. — II. Oppositions entre les mains des receveurs, dépositaires, administrateurs des caisses et deniers publics.

I. Procédure ordinaire.

533. Requête *pour obtenir et* **Ordonnance** *qui accorde l'autorisation de former une saisie-arrêt ou opposition.*

Code PR. CIV., art. 558.

A M. le Président[2] du tribunal civil de première instance de........
 M....... (*nom, prénoms, profession*), demeurant à......, ayant pour avoué M^e........,
 A l'honneur de vous exposer, M. le Président, qu'il est créancier de M... (*nom, prénoms, profession*), demeurant à..., d'une somme de..., à raison de fournitures de marchandises à lui faites dans le courant de l'année....... (*ou à raison de toute autre cause qu'on indique*); qu'il vient d'apprendre qu'il est dû à M...... diverses sommes par M..... (*nom, prénoms, profession*), demeurant à......; que l'exposant a le plus grand intérêt à empêcher par une saisie-arrêt que ces sommes ne soient payées à M......., son débiteur ; mais que le défaut d'un titre régulier oblige l'exposant à solliciter, conformément à l'art. 558 C. pr. civ., l'autorisation de saisir-arrêter les sommes dues par M...... ;
 Pourquoi l'exposant requiert qu'il vous plaise, Monsieur le président, l'autoriser à former opposition entre les mains de M...., sur les sommes qu'il doit à M........., pour obtenir le paiement de la somme de......., à laquelle vous voudrez bien évaluer provisoirement, dans votre ordonnance, la créance de l'exposant, en principal, intérêts et frais, sans préjudice de tous autres droits et actions. Sous toutes réserves. Et ce sera justice.

          (*Signature de l'avoué.*)

---

1. Les formules relatives à la procédure de la saisie-arrêt sur les salaires et petits traitements sont données, t. 2, p. 443 et suiv.
2. Depuis la loi du 12 juillet 1905, les juges de paix sont compétents pour autoriser la saisie-arrêt, pour connaître des demandes en validité, en nullité ou en mainlevée de la saisie-arrêt, et des demandes en déclaration affirmative, lorsque les causes de la saisie n'excèdent pas les limites de leur compétence, et que la saisie ne concerne pas les administrations de l'enregistrement et des contributions indirectes.
 Les formules ci-après ne doivent être suivies que si la saisie ne rentre pas dans les limites de la compétence du juge de paix. Au cas contraire, v. *infra*, Appendice p. 676 et suiv., formules n° 8 et suiv.

CHAP. II. — TIT. II. — § 6. SAISIE-ARRÊT. — 533.

ORDONNANCE PRÉPARÉE

Nous, président, vu la requête qui précède et les pièces, vu l'art. 558 C. pr. civ.[1], autorisons l'exposant à faire saisir-arrêter entre les mains de M..., les sommes, deniers ou valeurs qu'il peut avoir ou devoir à M...., à quelque titre que ce soit, et ce pour obtenir le paiement de la somme de......[2], à laquelle nous évaluons provisoirement la créance de l'exposant.

Fait à........, le.......
  (*Signature du président.*)

Remarque. — *Avant la loi du 17 juillet 1907, il était d'usage, à Paris, d'insérer dans l'ordonnance la réserve, pour le débiteur, du droit, moyennant consignation d'une somme suffisante, de toucher le surplus de ce qui lui était dû. La loi du 17 juillet 1907 a rendu cette mention inutile*[3]. *Il en est de même du droit de référé qui n'est pas contesté, au moins tant que l'assignation en validité n'a pas été délivrée. Mais il est utile d'ajouter, suivant l'usage de Paris :* Disons que l'assignation en validité ne pourra être délivrée que cinq jours après la signification de la présente ordonnance à la partie saisie [4].

---

1. Le président n'est pas tenu d'accorder la permission de saisir-arrêter (Q. 1931); son refus ne donne lieu à aucun recours (Q. 1932; *Suppl. alphab.*, v° *Saisie-arrêt*, n°ˢ 100 et suiv.).
 Quand, au contraire, l'ordonnance porte permission de saisir-arrêter, elle est susceptible d'opposition devant le Président en référé; mais cette voie de recours contre l'ordonnance n'est ouverte que jusqu'au moment de l'assignation en validité (Voir *infra*, formule n° 537) ; Cass., 10 novembre 1885 (*J. Av.*, t. 110, p. 502).
 A partir de l'assignation en validité, la compétence du président, pour rétracter en référé l'ordonnance par laquelle il a autorisé la saisie-arrêt, cesse d'une façon absolue, alors même que ladite ordonnance porte expressément que l'autorisation n'est accordée que sous réserve de référé en cas de difficulté (*même arrêt*).
 L'ordonnance rendue sur requête et qui autorise une saisie-arrêt est un acte de la juridiction gracieuse, non susceptible d'appel. Paris, 14 janvier 1903 (*J. Av.*, t. 128, p. 274).
 Mais l'ordonnance de référé, qui a maintenu ou rétracté une première ordonnance, rendue sur requête, autorisant la saisie-arrêt, est susceptible d'appel. C'est en ce sens qu'après une très vive controverse la jurisprudence paraît fixée. Cass., 10 novembre 1885 précité.
2. Il n'y a pas nullité de l'ordonnance qui n'énonce pas la somme pour laquelle la saisie est autorisée, si cette énonciation existe dans la requête (Q. 1935).
 Mais si la créance n'est pas liquide, le défaut de liquidation par le juge entraîne la nullité de la saisie. Riom, 15 décembre 1846 (*J. Av.*, t. 72, p. 414, art. 193).
3. Sur l'application de la loi du 17 juillet 1907, v. *infra*, Appendice, p. 679.
4. Cette défense au saisissant d'assigner en validité avant un certain délai a pour but d'assurer au débiteur saisi le temps d'user de la voie du référé avant d'être forclos de ce droit par l'assignation en validité.

534. Requête *pour être autorisé à saisir-arrêter des sommes ou objets déclarés insaisissables par le testateur ou donateur* [1].

Code PR. CIV., art. 581, 582.

Cette requête se rédige dans la même forme que la précédente. Il faut énoncer la date à laquelle l'exposant est devenu créancier, et présenter les pièces qui justifient sa qualité, pour constater que la créance est née postérieurement au testament ou à la donation.

---

535. Exploit *de saisie-arrêt ou opposition* [2].

Code PR. CIV., art. 559

L'an......, le........, à la requête de M...... [3] (*nom, prénoms, profession du créancier saisissant*), demeurant à......., pour

---

[1]. Les objets déclarés insaisissables par le donateur ou le testateur ne continuent pas de l'être entre les mains de l'héritier du donataire ou légataire (Q. 1987).
Pour que les sommes et pensions alimentaires soient insaisissables, il n'est pas nécessaire qu'elles aient été données ou léguées expressément ou textuellement à titre d'aliments (Q. 1987 *bis*).
Le juge compétent pour donner la permission de saisir-arrêter une portion des sommes déclarées insaisissables par le testateur ou donateur peut être celui du domicile du saisi, ou celui du domicile du tiers saisi, conformément à l'art. 558 C. pr. civ. (Q. 1988 *bis*).
Les sommes et objets mentionnés aux nos 3 et 4 de l'art. 581 peuvent être saisis sans permission du juge pour cause d'aliments ; ils peuvent l'être, en ce cas, en totalité et sans considération de la date de la créance (Q. 1989 ; *Suppl. alphab.*, v° *Saisie-arrêt*, n° 199 et suiv.).

[2]. L'art. 559 n'indique pas toutes les formalités de l'exploit de saisie. Cet acte est en outre assujetti aux formalités des ajournements compatibles avec la saisie-arrêt (Q. 1939 ; *Suppl. alphab.*, v° *Saisie-arrêt*, nos 220 et suiv.; Glasson et Colmet-Daâge, t. 2, p. 205).

[3]. La saisie-arrêt ne peut pas être faite à la requête de mineurs ou interdits, autrement que représentés par leur tuteur ; de femmes mariées, sans l'autorisation de leur mari ou de justice. Elle peut l'être à la requête de personnes morales, par exemple d'un bureau de bienfaisance ; mais pour en obtenir la validité, ces personnes morales doivent être autorisées à ester en justice (Q. 1923 *ter*).
Les sommes dues par des pupilles à leur tuteur peuvent être saisies pendant la tutelle, et la saisie-arrêt pratiquée au préjudice du tuteur doit alors être signifiée au subrogé tuteur qui est considéré comme tiers saisi. Trib. civ. de Nîmes, 18 avril 1849 (*J. Av.*, t. 74, p. 403, art. 726, § 28).
Un créancier à terme ne peut pas faire des saisies-arrêts, au préjudice du débiteur, quoique ce dernier n'offre aucune sûreté pour le paiement à l'échéance du terme. Il faut que la créance soit échue (Q. 1926 ; Garsonnet, t. 3, n° 594 ; Glasson et Colmet-Daâge, p. 193 et 194 ; *Suppl. alphab.*, v° *Saisie-arrêt*, nos 33, 34).
Mais il en est autrement si le terme est un délai de grâce accordé par le juge en vertu de l'art. 122 C. pr. civ. (Q. 1926 ; Garsonnet, t. 3, n° 594, p. 687). —*Contra* Trib. civ. de la Seine, 29 juin 1883 (*J. Av.*, t. 108, p. 364) et 20 janvier 1900 (*J. Huiss.*, t. 81, p. 115).
Un créancier conditionnel ne peut pas non plus saisir-arrêter avant l'événement de la condition (Q. 1926 ; *Suppl. alphab.*, *verb. cit.*, nos 36 et 37 ; Garsonnet, t. 3, n° 592, p. 682 ; Glasson et Colmet-Daâge, p. 193 et 194).
Il en est de même de celui qui se prétend créancier, en vertu d'un compte à

lequel domicile est élu [1] en l'étude de M⁶........, avoué près le tribunal civil de...... (*ou tout autre lieu situé dans la commune où demeure le tiers saisi, lorsque le saisissant n'y est pas domicilié*); et en vertu (*si l'opposition est faite en vertu d'un titre sous seing privé, on l'énonce avec la date et l'enregistrement ; si c'est en vertu d'un acte passé devant notaire, on l'indique en ces termes* : d'un acte passé devant M⁶........, notaire à......, le........, enregistré, contenant obligation, etc.; *si elle est pratiquée en vertu d'une ordonnance du président, on met :* d'une ordonnance rendue sur requête par M. le Président du tribunal civil de......., le..., enregistrée, desquelles requête et ordonnance copie est donnée [2] en tête [de celle] des présentes; *si enfin elle est pratiquée en vertu d'un jugement, on met :* d'un jugement rendu contradictoirement (*ou par défaut*) [3] par le tribunal (*civil ou de commerce*) de......., le......,

---

faire. Les tribunaux ne peuvent surseoir à statuer sur la demande en validité jusqu'à liquidation de la créance du saisissant, qu'autant que le sursis ne serait que très court : Lyon, 29 mai 1907 (*J. Huiss.*, t. 88, p. 250). La saisie-arrêt, au contraire, devient possible lorsque, en ordonnant la reddition d'un compte, le tribunal reconnaît d'ores et déjà au demandeur la qualité de créancier, et que ce compte n'a d'autre objet que de déterminer l'importance de la créance; le créancier peut alors faire évaluer provisoirement cette créance par ordonnance du juge (*Q.* 1926; *Suppl. alphab., verb. cit.*, nᵒˢ 37 et suiv.).

Le créancier d'une succession acceptée sous bénéfice d'inventaire peut pratiquer une saisie-arrêt entre les mains des débiteurs de cette succession (*Q.* 1924 *bis* ; *Suppl. alphab., verb. cit.*, nᵒˢ 49, 50 et 51).

Le créancier d'une succession vacante peut-il pratiquer une saisie-arrêt entre les mains d'un débiteur de la succession? Voir pour l'*affirmative* : Rouen, 24 janvier 1857 (*J. Av.*, t. 78, p. 585); pour la *négative* : *Q.* 1924 *bis*; *Suppl. alphab., verb. cit.*, nᵒ 50.

Jugé que le créancier d'une succession vacante ne peut former saisie-arrêt entre les mains du curateur à cette succession ou du préposé à la Caisse des dépôts et consignations. Trib. civ. de Marseille, 15 mars 1864 (*J. Av.*, t. 91, p. 82).

Dans le cas où la saisie-arrêt porte sur les valeurs dépendant d'une succession, la question de savoir s'il est nécessaire que le créancier ait fait notifier huit jours à l'avance son titre à l'héritier est controversée. Voir à cet égard *J. Av.*, t. 73, p. 247, art. 431 et t. 76, p. 597, art. 1180.

En cas de faillite du débiteur, le droit de saisir-arrêter attribué à ses créanciers cesse, et les poursuites contre les débiteurs du failli appartiennent au syndic seul (*Q.* 1924 *ter*; *Suppl. alphab., verb. cit.*, nᵒˢ 60 et s.).

1. Bien que l'acte en vertu duquel la saisie est faite contienne, de la part du saisissant, une élection de domicile pour l'exécution, celui-ci n'en est pas moins obligé de faire élection de domicile dans le lieu, c'est-à-dire dans la commune, de la résidence du tiers saisi (*Q.* 1936; *Suppl. alphab., verb. cit.*, nᵒˢ 217 et suiv.; Glasson et Colmet-Daàge, t. 2, p. 206).

2. Il est prudent, mais non exigé à peine de nullité, de donner, en tête de la copie de l'exploit de saisie-arrêt, copie de la requête sur laquelle l'ordonnance a été obtenue : l'art. 559 C. pr. civ. n'exige que la copie de l'ordonnance elle-même (*Q.* 1998; Garsonnet, t. 3, nᵒ 603, p. 726; Glasson et Colmet-Daàge, t. 2, p. 205, note 3).

3. Il a été jugé qu'une saisie-arrêt peut être pratiquée en vertu d'un jugement contradictoire, rendu en premier ressort seulement, et même *frappé d'appel*, sauf au tribunal, saisi de la demande en validité de ladite saisie-arrêt, à surseoir à statuer sur cette demande, jusqu'à ce que l'appel dirigé contre le jugement, qui constitue le titre du saisissant, ait été vidé. Cass., 10 août 1881 (D. P. 82.1.307). — *Contra* : *Q.* 1928 ; *Suppl. alphab., verb. cit.*, nᵒˢ 79 et s.

... Qu'ainsi une saisie-arrêt peut être pratiquée en vertu d'un jugement qui

dont extrait est donné en tête [de la copie] des présentes[1], ledit jugement, enregistré et signifié[2]), j'ai....., huissier (*immatricule*) soussigné, dit et déclaré à M... (*nom, prénoms, profession du tiers saisi*),[3] demeurant à....., en son domicile[4], où étant et parlant à........

Que le requérant s'oppose formellement par les présentes à ce qu'il se dessaisisse, paie ou vide ses mains en d'autres que les siennes d'aucunes sommes, deniers, valeurs ou objets quelconques[5]

---

n'a été déclaré exécutoire par provision que moyennant caution, bien que ce jugement ait été frappé d'appel, et que caution n'ait pas encore été fournie. Paris, 13 décembre 1894 (*J. Av.*, t. 120, p. 52).

..Qu'*au contraire*, est nulle une saisie-arrêt formée en vertu d'un jugement par défaut antérieurement frappé d'opposition. Cass., 3 février 1892 (D. P. 92.1. 115). Conf. *Suppl. alphab.*, *verb. cit.*, n° 78.

1. Dans la pratique, lorsque le saisissant a un titre, soit authentique, soit sous seing-privé, jugement ou autre, on a coutume d'en donner copie ou extrait, mais la loi n'exige point qu'il en soit ainsi pour la validité (Q. 1998; Garsonnet, *op. et loc. cit.*; Glasson et Colmet-Daàge, *op. et loc. cit.*).

2. Lorsque le jugement a été signifié, il est bon de le mentionner; mais la signification préalable du jugement, même lorsqu'il s'agit d'un jugement par défaut, n'est pas essentielle pour la validité de la saisie-arrêt. Paris, 22 juillet 1895 (D. P. 96.2.225); Paris, 25 mars 1896 (S. 97.2.288)—Comp. *Suppl. alphab.*, *verb. cit.*, n°ˢ 71 et s.

3. Un créancier qui est, en même temps, débiteur de son débiteur, peut se signifier à lui-même une saisie-arrêt, frappant sur les sommes dont il est débiteur, pour assurer le paiement de celles dont il est créancier (Q. 1925; *Suppl. alphab.*, *verb. cit.*, n° 32; Glasson et Colmet-Daàge, t. 2, p. 201); Cass., 27 juillet 1891 (*J.Av.*, t. 117, p. 237); Alger, 13 novembre 1895 (*Id.*, t. 120, p. 204).

La question de savoir si un créancier peut arrêter, au nom de son débiteur et contre le débiteur de celui-ci, les sommes dues à ce dernier par une quatrième personne est controversée. Voir pour la *négative*: Q. 1929 *bis*; Paris, 7 février 1902 (*J. Av.*, t. 127, p. 141) et 22 nov. 1905 (*Ibid.*, t. 131, p. 6). — *Pour l'affirmative*: Chambéry, 13 mai 1902 (*J. Av.*, t. 128, p. 25).

L'huissier, détenteur de deniers à consigner par suite du refus d'offres réelles, n'est pas un tiers, aux mains duquel un créancier de son client puisse pratiquer une saisie-arrêt sur ces deniers au préjudice de ce dernier (*J. Av.*, t. 76, art. 1180, p. 576).

4. La saisie-arrêt entre les mains de personnes qui ne demeurent pas en France, sur le continent, doit être signifiée à personne ou domicile; elle ne peut l'être au domicile du procureur de la République (C. pr. civ., art. 560). Cette disposition a pour objet d'éviter l'annulation des paiements de bonne foi faits dans l'ignorance de la saisie.

Lorsque la saisie-arrêt est faite entre les mains de personnes qui demeurent en pays étranger, la signification doit en être faite suivant les formes usitées dans le pays habité par ces personnes (Q. 1940; Glasson et Colmet-Daàge, t. 2, p. 206). L'observation de ces formalités est certifiée par l'agent diplomatique français, dont la signature est légalisée par le ministre des affaires étrangères (Q. 1940).

Si le tiers saisi, bien que domicilié hors de la France continentale, peut cependant y être rencontré, l'exploit peut lui être signifié à personne, conformément à l'art. 74 C. pr. civ. (Glasson et Colmet-Daàge, t. 2, p. 206; Garsonnet, t. 3, p. 733).

La marche à suivre à l'égard d'un tiers saisi dont on ignore le domicile est celle indiquée par le § 8 de l'art. 69 C. pr. civ. (Q. 1940 *ter*). Cependant, d'après une autre opinion, la signification, en ce cas, ne pourrait être faite qu'à la *personne* même du tiers saisi (Glasson et Colmet-Daàge, *op. et loc. cit.*).

5. De la combinaison des art. 580, 581 et 582, il résulte: 1° qu'il est des choses insaisissables d'une manière absolue (celles auxquelles la loi attribue ce carac-

qu'il a ou aura, doit ou devra[1] en capital et intérêts à M... (*nom, prénoms, profession, domicile*), à quelque titre et pour quelque cause que ce soit, et notamment à raison de....; lui déclarant que cette opposition est faite pour sûreté, conservation et avoir paiement[2] de la somme principale de........[3], montant des condamna-

---

tère); 2° qu'il en est d'autres qui peuvent être saisies dans certaines circonstances, suivant la nature (provisions alimentaires) ou suivant la date (sommes et objets disponibles déclarés insaisissables par le testateur, sommes et pensions données ou léguées pour aliments) de la créance ; 3° qu'il en est d'autres, enfin, qui ne peuvent être saisies que dans certaines proportions (C. pr. civ., art. 580 et loi du 12 janvier 1895 sur la saisie *des salaires et petits traitements*).

Un décret du 19 pluviôse an 3 et la loi du 21 ventôse an 9 limitent et déterminent la portion saisissable des traitements ou appointements des militaires ou fonctionnaires publics (Q. 1984).

Mais il y a des cas dans lesquels il est exceptionnellement permis de saisir-arrêter la portion du traitement des fonctionnaires publics déclarée, en principe, insaisissable par les lois. C'est lorsqu'il faut pourvoir aux besoins de l'épouse, des ascendants ou des descendants du fonctionnaire lui-même (Q. 1990 *ter*).

On peut saisir les appointements et salaires des capitaines de navire, mais non les parts des prises maritimes, les salaires des marins (Q. 1984).

Aucun texte de loi (autre que la loi du 12 janvier 1895, qui ne concerne que les salaires des ouvriers, et les traitements des employés n'atteignant pas annuellement 2000 fr.), ne limite formellement le droit de saisie-arrêt sur les appointements des employés des particuliers ; mais la jurisprudence reconnaît aux tribunaux le droit de soustraire aux effets de la saisie-arrêt la partie de ces appointements qu'ils reconnaissent, en fait, avoir un caractère alimentaire (Q. 1984 ; *Suppl. alphab.*, v° *Saisie-arrêt*, n°* 522 et suiv.).

Les militaires de l'armée, soit de terre, soit de mer, bénéficient aussi de l'insaisissabilité pour leurs pensions. Il en est de même pour les personnes titulaires de pensions civiles sur l'État, sans qu'il soit nécessaire de distinguer, pour l'application de l'art. 580, entre les pensions qui sont payées directement par le trésor public et les pensions de retraite sur fonds de retenue qui sont fournies par les diverses administrations de l'État à leurs employés (Q. 1984; *Suppl. alphab.*, *verb. cit.*, n°* 522 et suiv.).

Les dispositions qui déclarent certaines choses insaisissables sont disséminées dans la législation. Plusieurs se trouvent indiquées : Q. 1785.

On ne peut pas, sous prétexte qu'on est créancier de l'État, faire des saisies-arrêts entre les mains des débiteurs de l'État même (Q. 1923).

Les créanciers des communes, des hospices, fabriques et établissements publics ne peuvent pas non plus faire des saisies-arrêts entre les mains des débiteurs de ces personnes morales (Q. 1924).

Voir encore, relativement aux choses qui peuvent être frappées de saisie-arrêt et à celles qui sont insaisissables *Suppl. alphab.*, v° *Saisie-arrêt*, § 3, n°* 112 et suiv.

1. Une saisie-arrêt peut être valablement faite non seulement sur ce que le tiers saisi doit actuellement, mais sur ce qu'il pourra devoir par la suite à la partie saisie (Q. 1924 *quat.*).

2. La saisie-arrêt régulière n'a pas pour effet d'attribuer au saisissant, dès le moment qu'elle est faite, un droit exclusif sur les sommes saisies (Q. 1951 *bis*; *Suppl. alphab.*, v° *Saisie-arrêt*, n°* 443 et s.).

Elle empêche le tiers saisi de se libérer entre les mains de son créancier, débiteur saisi, à peine de dommages-intérêts envers le saisissant (Q. 1951 *bis*).

3. L'énonciation de la somme pour laquelle on pratique la saisie-arrêt doit se trouver dans l'exploit à peine de nullité (Q. 1936 *bis*; Glasson et Colmet-Daäge, t. 2, p. 205-206). Toutefois, cette énonciation peut être suppléée par l'indication contenue dans la mention ou copie du titre, ou dans la copie de l'ordonnance de permission (Q. 1936 *bis*).

Une saisie n'est pas nulle, parce qu'on a énoncé une somme fixe et d'autres créances indéterminées ; mais elle est sans effet pour ces dernières (Q. 1937).

tions prononcées contre M......., par le jugement susénoncé, des intérêts et des frais de l'instance (*ou* montant de l'obligation contenue dans l'acte susénoncé; *ou bien encore* à laquelle a été évaluée provisoirement la créance du requérant par l'ordonnance susénoncée), sous la réserve de tous autres droits, actions, intérêts et frais de mise à exécution,

Lui déclarant que, faute d'avoir à la présente opposition tels égards que de droit, le requérant entend le rendre responsable du montant des causes et d'icelle, sans préjudice de tous dommages-intérêts. Sous toutes réserves.

A ce qu'il n'en ignore. Et je lui ai, audit domicile, parlant comme ci-dessus, laissé copie du présent, sous enveloppe, etc....
Coût.........

(*Signature de l'huissier.*)

536. Pouvoir et Attestation *du saisissant inconnu à l'huissier* [1].

CODE PR. CIV., art. 562.

Je, soussigné........ (*nom, prénoms, profession*), demeurant à......., commune de........, arrondissement de....., département de........, donne, par les présentes, pouvoir à M......., huissier à......, de procéder à ma requête contre M...... (*nom, prénoms, profession*), demeurant à..., et entre les mains de M..., (*nom, prénoms, profession*), demeurant à......., à la saisie-arrêt de toutes sommes, effets et valeurs dus par ce dernier à M......., afin d'obtenir paiement de la somme de......., qui m'est due par M....., dénoncer cette saisie, assigner en déclaration et, généralement, faire tout ce qui sera nécessaire, promettant ratification.

A ce pouvoir interviennent MM....... (*nom, prénoms, profession, demeure*), témoins, citoyens français, lesquels, aussi soussignés, ont déclaré à M..,......., huissier, connaître parfaitement M........., mandant, et attester que ses nom, prénoms, profession et domicile sont bien tels qu'ils sont énoncés ci-dessus.

Fait à......., le.......

(*Signatures du mandant et des témoins.*)

---

[1] L'art. 562, qui oblige l'huissier chargé de signifier l'exploit de saisie-arrêt à justifier, s'il en est requis, de l'existence du saisissant, a pour but d'empêcher des procédures à la requête de personnes imaginaires, procédures que la méchanceté ou l'intérêt des débiteurs pourrait susciter pour retarder l'époque du paiement. Dans la plupart des cas, il suffit à l'huissier, pour se mettre en règle à cet égard, de se faire remettre le titre de créance.

Si l'huissier est requis par un mandataire, il lui suffit de justifier de l'existence de ce mandataire (Q. 1943).

Remarque.—L'huissier requis de justifier de l'existence du saisissant n'a qu'à exhiber le pouvoir qui précède, lorsque la réquisition est verbalement faite, au moment où il signifie un des actes de la procédure. — La réquisition et la production du pouvoir sont alors constatées dans le *parlant à* de l'exploit. — La réquisition autrement faite a lieu par exploit dans les termes suivants :

L'an........, le........, à la requête de M........, demeurant à......., j'ai.... (immatricule), soussigné, fait sommation à Mᵉ..., huissier à......, en son domicile, où étant et parlant à........, de, conformément à l'art. 562 C. pr. civ., justifier à l'instant de l'existence de M......., demeurant à......, à la requête duquel il a procédé, au préjudice du requérant et entre les mains de M....... demeurant à........, à une saisie-arrêt, suivant exploit de son ministère en date du.......; lui déclarant que, faute par lui de ce faire, le requérant se pourvoira, sous toutes réserves. — A cette sommation, Mᵉ...... a répondu que le créancier saisissant était bien M..... (nom, prénoms, profession), demeurant à......, ainsi que l'atteste la déclaration de deux témoins réunissant les conditions voulues par la loi, déclaration contenue dans un acte sous seing privé en date du......., enregistré, qu'il m'a représenté et que je lui ai rendu après en avoir pris connaissance, et a signé.

(*Signature.*)

Et j'ai, audit domicile, parlant comme ci-dessus, laissé copie du présent, dont le coût est de..........

(*Signature.*)

---

537. Dénonciation *de la saisie-arrêt à la partie saisie avec assignation en validité*[1].

Code PR. CIV., art. 563.

L'an....., le[2]......, à la requête de M..... (*nom, prénoms,*

---

1. La demande en validité d'une saisie-arrêt n'a pas besoin d'être précédée d'une citation en conciliation. Elle est dispensée de cette formalité, même dans le cas où, la saisie-arrêt ne reposant pas sur un titre authentique, l'exploit de demande en validité contient en outre et principalement une demande en condamnation (*Suppl. alphab.*, vº *Saisie-arrêt*, nº 277; Garsonnet, t. 3, nº 606, p. 740, note 28).

L'exploit de dénonciation est soumis aux formalités générales des exploits (Q. 1945 *quinquies*).

L'assignation en validité ne doit pas *nécessairement* être donnée par le même exploit qui contient la dénonciation de la saisie; mais si la dénonciation et l'assignation en validité sont faites par actes séparés, il faut que ces deux actes soient notifiés dans le délai de huitaine. Il est mieux, cependant, de renfermer dans le même exploit la dénonciation et la demande en validité, car le juge taxateur pourrait peut-être rejeter, comme frustratoire, l'un des deux (Q. 1945 *sexies*).

2. Le délai de huitaine de l'art. 563 C. pr. civ., pour la dénonciation et l'assignation en validité, n'est pas franc (Q. 1945; *Suppl. alphab.*, vº *Saisie-arrêt*,

profession et demeure du saisissant), pour lequel domicile est élu en l'étude de M^e..., avoué près le tribunal civil de première instance de......, y demeurant, rue....., n°......, lequel se constitue et occupera pour lui sur l'assignation ci-après et ses suites, j'ai..... (*immatricule de l'huissier*), soussigné, signifié et en tête [de celle] des présentes, laissé copie à M..... (*nom, prénoms, profession du saisi*), demeurant à....., audit domicile où étant et parlant à........

Si l'opposition est formée en vertu d'une ordonnance du juge on met :

1° D'une ordonnance [1] de M. le Président du tribunal civil de..., en date du......, enregistrée, mise au bas de la requête à lui présentée le même jour, ensemble de ladite requête ;

2° D'un exploit du ministère de..., huissier à..., en date du..., enregistré, contenant opposition formée à la requête du requérant, entre les mains de M..... (*nom, prénoms, profession, domicile du tiers saisi*), sur M.... (*nom du saisi*).

Si l'opposition est formée en vertu d'un acte non signifié, on met :

1° D'un acte passé devant M^e...., notaire à..., le....., enregistré (*ou* d'un acte sous seing privé, en date du..., enregistré), contenant.... (*indiquer les causes de la créance*).

2° D'un exploit du ministère de...., etc. (*comme au cas d'opposition formée en vertu d'une ordonnance*).

Si l'opposition est formée en vertu d'un titre déjà signifié, on ne signifie en tête de la dénonciation que l'exploit lui-même de saisie-arrêt.

Et à mêmes requête, demeure, élection de domicile et constitution d'avoué que dessus, j'ai, huissier susdit et soussigné, donné assignation à M....., en parlant comme ci-dessus, à comparaître, à huitaine franche, délai de la loi, outre les délais de distance, par ministère d'avoué, à l'audience et par-devant MM. les Président et

---

n° 242; Garsonnet, t. 3, n° 606, p. 737). Trib. de paix de Paris, 30 mai 1906 (*J. Huiss.*, t. 88, p. 116). — *Contra* : Glasson et Colmet-Dâage, t. 2, p. 215.

Mais si le dernier jour est férié, le délai, en vertu de la loi du 13 avril 1895, dont la disposition est générale, est prorogé jusqu'au lendemain.

Le délai est susceptible d'augmentation à raison des distances, et ce alors même que la dénonciation est faite au saisi, en parlant à sa personne trouvée dans la ville habitée par le saisissant, ou dans celle habitée par le tiers saisi (Q. 1945 *bis*).

Les fractions de 4 myriamètres et au-dessus qui excèdent un nombre de myriamètres multiple de cinq, doivent donner lieu à l'augmentation d'un jour, les fractions de moins de 4 myriamètres ne sont pas comptées (Q. 3416 *octies*).

La saisie est nulle si elle n'a pas été dénoncée au débiteur saisi, et s'il n'a pas été assigné en validité dans le délai fixé par l'art. 563, en sorte qu'on ne peut plus, après ce délai, faire la dénonciation avec assignation en validité (Q. 1946 ; *Suppl. alphab.*, v° *Saisie-arrêt*, n°^s 251 et 252); Trib. civ. de Château-Chinon, 12 décembre 1901 (*J. Av.*, t. 127, p. 201).

1. Copie de l'ordonnance et de l'exploit de saisie-arrêt doit être donnée dans l'acte de dénonciation. Cependant, l'art. 563 ne prescrivant aucune formalité à peine de nullité, il a été décidé que la transcription de l'ordonnance du juge dans l'exploit de dénonciation n'est pas une formalité irritante, dont l'inobservation emporte nullité (Q. 194 *quater*; *Suppl. alphab.*, v° *Saisie-arrêt*, n°^s 247 et suiv.); Limoges, 4 juin 1856 (*J. Av.*, t. 82, p. 254).

juges composant le tribunal civil de première instance de[1]......, séant au palais de justice, à...., heure de...., pour;

Attendu que le requérant est créancier de M..... d'une somme de........ (*exposer les causes de la créance et les motifs de la demande en condamnation, si l'on n'a pas un titre exécutoire*);

Attendu que, suivant exploit de......, huissier à......, en date du....., enregistré, le requérant a formé opposition au préjudice de M...., entre les mains de M......, pour sûreté, conservation et parvenir au paiement de ladite somme; attendu que la saisie-arrêt dont il s'agit est régulière dans la forme, et juste au fond; qu'il y a lieu de la valider;

Par ces motifs;

S'entendre condamner à payer au requérant la somme de......., pour les causes susénoncées, avec les intérêts à partir du jour de la demande, et, pour assurer le recouvrement de ladite somme, voir déclarer bonne et valable l'opposition formée entre les mains de M......, suivant exploit de....., huissier à....., en date du..., enregistré, au préjudice de M.... ; Voir dire, en conséquence, que les sommes dont le tiers saisi se reconnaîtra ou sera jugé débiteur envers lui seront par lui versées entre les mains du requérant, en déduction ou jusqu'à concurrence du montant de sa créance en principal et accessoires; et s'entendre, en outre, condamner aux dépens. Sous toutes réserves. A ce qu'il n'en ignore.

---

1. Le tribunal devant lequel doivent être portées les demandes en validité et en mainlevée est le tribunal civil du domicile de la partie saisie (C. pr. civ., art. 567). Voir *infra*, formule n° 552.

Le juge de paix est compétent pour statuer sur ces demandes lorsque la saisie-arrêt a été pratiquée pour des causes rentrant dans les limites de la compétence de ce magistrat. — V. *supra*, p. 476, note 2, et *infra*, p. 676. Le tribunal de commerce n'est jamais compétent pour statuer sur ces demandes.

Le tribunal civil, saisi de la demande en validité d'une saisie-arrêt formée sans titre, pour avoir paiement d'une créance commerciale, doit, quand il en est requis, surseoir à statuer sur cette demande en validité, jusqu'à ce que la juridiction commerciale ait elle-même, de son côté, statué sur l'existence de la créance (Q. 1953 : Garsonnet, t. 3, n° 606, p. 742).

Lorsqu'une saisie-arrêt est pratiquée au préjudice d'une succession dont le partage n'a pas encore eu lieu, la demande en validité doit être portée au tribunal civil du lieu de l'ouverture de la succession (*Suppl. alphab.*, v° *Saisie-arrêt*, n°s 282 et suiv.).

En cas de saisie-arrêt formée sur un contumax par ses créanciers, c'est devant le tribunal civil du dernier domicile du contumax et contre le directeur des domaines de ce domicile, exclusivement à tous autres, que doit être portée la demande en validité (*J. Av.*, t. 76, p. 598, art. 1180).

Quoique la demande en validité soit connexe à une demande pendante devant un tribunal qui n'est pas celui du domicile du saisi, elle ne doit pas être portée à ce tribunal (*Q.* 1953 *ter*).

Si la saisie-arrêt est pratiquée, en France, par un français, sur un débiteur étranger, suivant une première opinion, c'est devant le tribunal du domicile du tiers saisi que devra être portée la demande en validité (*Q.* 1953 *quat.*; *Suppl. alphab.*, v° *Saisie-arrêt*, n°s 304 et suiv.). Suivant une autre opinion, la demande en validité doit, en pareil cas, être portée devant le tribunal du domicile du saisissant (Glasson et Colmet-Daâge, t. 2, p. 217).

Et je lui ai, en son domicile, parlant comme ci-dessus, laissé copie tant des requête, ordonnance (*ou* actes) et opposition susénoncées, que du présent, sous enveloppe, etc....., Coût...
(Signature de l'huissier.)

Remarque. — Si l'opposition est formée en vertu d'un titre exécutoire (jugement ou acte notarié), on ne doit pas assigner en paiement de la créance, mais seulement conclure à la validité de l'opposition dans la forme suivante :

Pour, attendu que, suivant exploit de....., huissier à..., en date du......., enregistré, le requérant a formé opposition au préjudice de M...... entre les mains de....., attendu que cette opposition est régulière en la forme et juste au fond ; qu'il y a lieu de la valider;
Par ces motifs ;
Voir déclarer bonne et valable l'opposition formée entre les mains de....., etc.... (comme dans la formule qui précède).

Mais, quand l'opposition est formée en vertu d'un titre privé, ou d'une permission du juge, il faut assigner en condamnation au paiement du principal, à moins que l'on ne soit déjà en instance ; sans cela, le tribunal ne pourrait valider l'opposition formée pour une créance non certaine et non exigible

---

538. Dénonciation *au tiers saisi de l'assignation en validité, ou contre-dénonciation de saisie-arrêt* [1].

CODE PR. CIV., art. 564.

L'an...., le........, à la requête de M..... (*nom, prénoms, profession du créancier saisissant*), demeurant à......., pour lequel domicile est élu à......, rue....., n°......, en l'étude de M°..., avoué près le tribunal civil de....., j'ai......... (*immatricule de l'huissier*), soussigné, signifié et en tête [de celle] des présentes laissé copie à M...... (*nom, prénoms, profession du tiers saisi*), demeurant à....., audit domicile, où étant et parlant à....,

D'un exploit du ministère de...., huissier à...., en date du..., enregistré, contenant dénonciation à M..... (*nom, prénoms, profession, domicile de la partie saisie*), de l'opposition sur lui formée par le requérant entre les mains de M......, avec assignation en validité de ladite opposition. Sous toutes réserves. A ce qu'il n'en ignore.

Et je lui ai, audit domicile, parlant comme ci-dessus, laissé copie tant de l'exploit susénoncé que du présent, sous enveloppe etc....
Coût.....,

(Signature de l'huissier.)

---

1. Dans l'exploit de dénonciation de la demande en validité, il est utile de donner copie de celle-ci (*Q.* 1946 *bis*).

Remarque. — Cette dénonciation pure et simple a lieu quand la créance n'est pas établie par un titre authentique ; quand elle résulte d'un pareil titre, on assigne en même temps en déclaration affirmative (ce qui ne veut pas dire qu'on soit obligé de renfermer dans un même exploit ces formalités, mais c'est l'usage adopté dans la pratique), en ajoutant, à la formule qui précède, *la constitution d'avoué*, et, avant les mots : *Et je lui ai, audit domicile, etc.*, les énonciations suivantes (*Q.* 1956 *quinq.*) :

*Et à mêmes requête, demeure, élection de domicile et constitution d'avoué que ci-dessus, j'ai, huissier susdit et soussigné, donné assignation à M.........., à comparaître à huitaine franche, délai de la loi, par ministère d'avoué, à l'audience et par-devant MM. les président et juges composant le tribunal civil de.........., séant au palais de justice à....., heure de....., pour, attendu que l'opposition pratiquée par le requérant est fondée sur un acte passé devant M*e*.........., notaire à.........., le.........., enregistré (ou bien un jugement rendu par le tribunal civil ou de commerce de....., le......., enregistré et signifié, passé en force de chose jugée), voir dire que....., etc.* Le reste comme à la formule *infra*, n° 541.

---

539. Jugement *qui prononce condamnation et déclare la saisie-arrêt bonne et valable.*

Ce jugement est conçu dans les mêmes termes que la demande dont il admet les conclusions. Voir aussi *infra*, formule n° 551.

Lorsque la dénonciation au saisi et la demande en validité ont été faites par actes séparés, c'est à dater de celui des deux actes qui contient la demande en validité que court le délai de huitaine pour la contre-dénonciation au tiers saisi (*Q.* 1946 *ter*).

Si le tiers saisi habite hors de la France continentale, pour calculer les distances d'après lesquelles doivent être augmentés les délais dont il s'agit dans les art. 563 et 564, on se reporte à l'art. 73 (*Q.* 1947; *Suppl. alphab.*, v° *Saisie-arrêt*, n° 269).

De ce que l'art. 565 porte que, faute de dénonciation de la demande en validité au tiers saisi, les paiements par lui faits *jusqu'à dénonciation* seront valables, il ne s'ensuit pas que le tiers saisi puisse payer valablement pendant le délai accordé pour signifier cet acte (*Q.* 1948; *Suppl. alphab.*, *verb. cit.*, n° 273).

Sont valables les paiements faits par le tiers saisi, quoique les formalités des art. 563 et 564 aient été remplies, si, postérieurement et en définitive, la saisie-arrêt n'est pas validée (*Q.* 1948 *bis*).

Lorsque la dénonciation de l'assignation en validité est faite au tiers saisi après le délai de huitaine, les paiements postérieurs à la dénonciation ne sont pas valables (*Q.* 1950), tandis que, dans cette même hypothèse, les paiements et le transport effectués depuis la saisie et avant la dénonciation sont valables (*Q.* 1951).

540. Jugement *qui déclare la saisie-arrêt nulle.*

Le tribunal...., attendu... (*motifs de nullité*).
Déclare nulle la saisie-arrêt pratiquée, à la requête de M......., sur M......, entre les mains de M.....; fait mainlevée pure et simple de ladite opposition; dit, en conséquence, que M....... (*partie saisie*) pourra toucher sur sa simple quittance, des mains du tiers saisi, hors la vue et sans le concours de M... (*créancier opposant*) les sommes à lui dues, et condamne M... (*créancier opposant*) aux dépens, dont distraction, etc.

---

541. Assignation *en déclaration affirmative*[1].

CODE PR. CIV., art. 568, 570.

L'an....., le......, à la requête de M...... (*nom, prénoms, profession*), demeurant à....., pour lequel domicile est élu à....., rue......, n°....., en l'étude de M°....., avoué près le tribunal civil de....., qui est constitué et qui occupera pour lui sur la présente assignation et ses suites, j'ai..... (*immatricule de l'huissier*), soussigné, donné assignation à M.... (*nom, prénoms, profession*)[2], demeurant à......, audit domicile, où étant et parlant à...

A comparaître à huitaine franche, délai de la loi, outre les délais de distance, par ministère d'avoué, à l'audience et par-devant MM. les Président et juges composant le tribunal civil de..... (*tribunal du domicile du saisi*), séant au palais de justice, à..., heure de..., pour,

Attendu que, sur l'opposition formée par le requérant entre les mains de M....., il est intervenu, à la date du....., un jugement rendu en la..... chambre du tribunal civil de....., enregistré, qui a déclaré bonne et valable ladite opposition et condamné M...... (*nom, prénoms, profession, domicile*), partie saisie, à payer au requérant la somme de....., montant des causes de ladite opposition, avec les intérêts à partir du jour de la demande, et les dépens;

---

[1]. Il n'existe pas de délai fatal pour donner assignation en déclaration affirmative (Q. 1956 *sexies*; *Suppl. alphab.*, v° *Saisie-arrêt*, n°* 333, 333 *bis*).
L'assignation en déclaration affirmative n'est pas nécessaire lorsque toutes les parties sont d'accord sur l'existence, entre les mains du tiers saisi, de fonds appartenant au débiteur, et sur leur suffisance pour payer le saisissant; celui-ci peut alors se borner à signifier au tiers saisi le jugement de validité qui équivaut à un transport, à une délégation de la part du débiteur (Voir formule n° 539), et, sur cette signification, le tiers saisi paie valablement le saisissant. Mais, s'il survient quelques difficultés, l'assignation en déclaration est le seul moyen de les faire juger (Q. 1956 *septies* et *J. Av.*, t. 76, p. 575, art. 1174).

[2]. Les notaires, huissiers et autres fonctionnaires peuvent être assignés en déclaration des sommes qu'ils ont reçues ou touchées en leur qualité (Q. 1957). Il en est autrement des administrateurs de caisses ou deniers publics. Voir *infra*, § 2.

Attendu que, dès lors, M........ se trouve en droit, aux termes de l'art. 568 du Code de procédure, d'exiger que M..... (*tiers saisi*) fasse la déclaration affirmative des sommes par lui dues à M....;

Par ces motifs;

Voir dire que M......... sera tenu, dans la huitaine de la présente assignation, de faire, au greffe dudit tribunal (*ou* devant M. le juge de paix de son domicile), la déclaration affirmative des sommes ou valeurs de toute nature qu'il peut devoir à M....., à quelque titre et pour quelque cause que ce soit;

Sinon, et faute par lui de ce faire dans le délai indiqué, s'entendre déclarer débiteur pur et simple des causes de ladite opposition; s'entendre, en conséquence, condamner à payer au requérant la somme de....., montant en principal des condamnations prononcées au jugement susénoncé, avec les intérêts de droit et les dépens;

Voir dire, dans le cas où le susnommé ferait la déclaration affirmative et que celle-ci ne serait pas contestée, que, dans le jour de la signification du jugement à intervenir, il sera tenu de verser aux mains du requérant les sommes saisies-arrêtées entre ses mains sur.... (*nom de la partie saisie*), en déduction ou jusqu'à concurrence du montant de la créance du requérant en principal et accessoires. A quoi faire sera le susnommé contraint, quoi faisant déchargé. Et s'entendre, en cas de contestation, condamner en tous les dépens.

Sous toutes réserves.

A ce qu'il n'en ignore. Et je lui ai, audit domicile, parlant comme ci-dessus, laissé copie du présent, sous enveloppe, etc.... Coût....

(*Signature de l'huissier.*)

Remarque.—A Paris, on assigne dans les termes de la formule ci-dessus donnée. Sur cette assignation, le tiers saisi constitue avoué, puis il fait la déclaration. Si la déclaration est contestée, le saisissant conclut par simple acte à la condamnation du tiers saisi au montant des causes de la saisie et suit l'audience (Voir *infra*, formule n° 546). De même, si le tiers saisi ne fait pas sa déclaration, ou ne constitue pas avoué.

---

542. Déclaration *du tiers saisi au greffe du tribunal civil.*
CODE PR. CIV., art. 571 et 573.

L'an......., le.....[1], au greffe et par-devant nous, greffier du

---

[1]. Le tiers saisi n'est pas tenu de faire sa déclaration dans le délai fixé au titre *Des ajournements* (Q. 1976; Glasson et Colmet-Daâge, t. 2, p. 219; Garsonnet, t. 3, n° 612, p. 762).

Aucun délai n'ayant été fixé par la loi pour la déclaration du tiers saisi, il est

tribunal civil de première instance de ¹..., a comparu M......
(*nom, prénoms, profession*), demeurant à......, assisté de M^e......,
son avoué (*ou au cas où c'est un mandataire, l'avoué par exemple* :
a comparu M^e......, avoué, agissant au nom et comme mandataire
spécial, aux termes d'un pouvoir sous signatures privées ², en date
à......, du...., enregistré, de M....., demeurant à...., rue....,
etc....)

Lequel a dit qu'il comparaît pour satisfaire à l'assignation en
déclaration affirmative des sommes ou valeurs par lui dues à M...
(*nom, prénoms, profession, domicile*), à lui donnée par exploit du
ministère de....., huissier à....., en date du....., à la requête
de M..... (*nom, prénoms, profession, domicile*) ;

Qu'en conséquence, il déclare et affirme qu'il a entre les mains
une somme de......, provenant de...... (*origine et causes de la
dette*) ³ ; mais que, sur cette somme, il a, antérieurement à l'opposi-

---

seulement tenu à la faire utilement, et la pénalité établie par l'art. 577, aux
termes duquel le tiers saisi, qui ne fera pas sa déclaration ou n'aura pas produit
les pièces justificatives à l'appui, sera déclaré débiteur pur et simple des
causes de la saisie, ne peut être que le résultat d'un refus obstiné et persévérant
de remplir le devoir imposé par la loi. Cette pénalité ne peut jamais être encourue de plein droit ; elle doit être prononcée par le juge, après débat des motifs qui
ont pu empêcher ou retarder la déclaration. — Cependant, le tiers saisi peut être
condamné à tous les dépens occasionnés par sa morosité (*Q.* 1962 et 1976). —
Voir également *Suppl. alphab.*, v° *Saisie-arrêt*, n°° 357, 358, 387 et s.

Le tiers saisi, qui a encouru la pénalité de l'art. 577 prononcée contre lui par
un jugement par défaut, ou par un jugement contradictoire, mais en premier ressort, peut encore se soustraire à cette condamnation, en faisant sa déclaration,
après avoir fait opposition ou appel contre ce jugement (*J. Av.*, t. 73, p. 82, et
t. 76, p. 600). Voir aussi *J. Av.*, t. 92, p. 109, et t. 100, p. 291.

1. Le greffe où doit être faite la déclaration affirmative est celui du tribunal où
la demande en validité est pendante et où le tiers saisi a été assigné (*Q.* 1962 *bis*).

La déclaration et l'affirmation ne peuvent pas être faites valablement par acte
d'avoué à avoué (*Q.* 1962 *ter*).

2. L'art. 572 exige que la procuration soit spéciale, mais ni cet article, ni
aucun autre, n'exige qu'elle soit authentique (*Q.* 1963 ; Glasson et Colmet-Daâge,
t. 2, p. 219 ; Garsonnet, t. 3, n° 610, p. 750, note 2).

3. Par les *causes* de la dette, que le tiers saisi est tenu de faire connaître, on
entend son origine et toutes les circonstances qui peuvent influer sur sa quotité ou
son existence (*Q.* 1965 ; Glasson et Colmet-Daâge, t. 2, p 219).

Le tiers saisi n'est tenu d'énoncer le montant de la dette qu'autant qu'elle est
liquide (*Q.* 1966).

Quand le tiers saisi énonce qu'il a fait des paiements à-compte ou qu'il est
libéré, il n'est pas rigoureusement tenu de rapporter la preuve de ces paiements
ou de sa libération. Des quittances sous seing privé font foi de leur date (*Ibid.*).
Les tribunaux ont un pouvoir discrétionnaire pour apprécier la sincérité de sa
libération (*Q.* 1967 ; *Suppl. alphab.*, v° *Saisie-arrêt*, n°° 366, 367 ; Glasson et Colmet-Daâge, t. 2, p. 220).

Le tiers saisi est obligé de faire une déclaration, lors même qu'il se croit
libéré ou qu'il n'a jamais rien dû (*Q.* 1968 ; *Suppl. alphab.*, v° *Saisie-arrêt*,
n° 368).

Il peut arriver que le tiers saisi soit admis à dire qu'il ignore s'il est débiteur
du saisi (*Q.* 1968 *bis*).

Le tiers saisi peut, dans sa déclaration, ne se reconnaître débiteur que conditionnellement, si la dette est, en effet, soumise à une condition suspensive ou
résolutoire (*Q.* 1968 *ter*).

tion formée par M......, payé tant audit M...... (*partie saisie*) qu'à...... (*indication des tiers*), pour son compte, la somme de..., savoir : au premier, celle de.....; au second, celle de.....; au troisième, etc.; ainsi que le tout résulte de mandats acquittés à la date des..... (*dates*), qui lui ont été remis ; qu'il n'a donc plus aujourd'hui en sa possession que la somme de....., appartenant à M.....;

Que, de plus, il a été formé entre ses mains..... (*nombre*) oppositions sur M....., outre celle de M....... (*saisissant*), savoir : la première, par..... (*nom, prénoms, profession*), demeurant à......, par exploit de....., en date du..., contenant élection de domicile chez....., pour obtenir le paiement d'une somme de......., en vertu de....... (*jugement, acte authentique ou sous seing privé, enregistré, ordonnance du juge*); la seconde...... (*mêmes énonciations*); la troisième....., etc. [1];

Qu'il est prêt à payer ladite somme de......, restée entre ses mains, à qui sera ordonné par justice, et sous la déduction des frais par lui faits en qualité de tiers saisi. Offrant de produire à l'appui de la présente déclaration toutes les pièces justificatives (*ou* si les pièces sont produites immédiatement :

Et, à l'appui de la présente déclaration, le comparant a déposé entre nos mains [2] les..... pièces suivantes:

1° Un mandat de paiement de la somme de......, délivré à M..... par M....., en date du......., et acquitté par M......, le.......;

2° Un mandat de paiement de la somme de..., délivré à M...., par M...... sur le comparant, en date du....., et acquitté par M......, le.......;

3°..., etc.;

4° La copie de l'opposition formée par M....., le......, sur le comparant, ensemble la copie de la contre-dénonciation de ladite opposition ;

5° *Énoncer les copies des autres oppositions et contre-dénonciations etc.*).

Desquels comparution, déclaration, affirmation et dépôt le comparant a demandé acte que nous lui avons octroyé [3], et a

---

1. Le tiers saisi doit aussi déclarer les transports qui lui ont été notifiés par des cessionnaires (Q. 1968 *quater*; Glasson et Colmet-Daâge, t. 2, p. 221 ; Garsonnet, t. 3, n° 610, p. 754).

2. Le dépôt des pièces justificatives est aussi nécessaire que la déclaration; mais il n'en est pas de même de la signification de l'acte de dépôt (Q. 1968 *quinq.*).

Le tiers saisi doit joindre à sa déclaration, lorsque la saisie-arrêt est formée sur des effets mobiliers, un état détaillé desdits effets (C. pr. civ., art. 578).

Cet état peut être donné dans la déclaration même (Q. 1977).

Les effets doivent être désignés comme ils le sont dans un procès-verbal de saisie-exécution (Q. 1978). Voir *supra*, formule n° 487.

3. Lorsque le tiers saisi ne fait pas sa déclaration ou les justifications ordonnées, il est déclaré débiteur pur et simple des causes de la saisie (art. 577).

La jurisprudence est plus ou moins sévère quant à l'appréciation des circon-

signé avec M°.........., avoué, et nous, greffier, après lecture.
(*Signatures du tiers saisi, de l'avoué et du greffier.*)

543. Déclaration *devant le juge de paix.*

Code *PR. CIV.*, art. 571, 573.

L'an......, le......, par-devant nous, juge de paix du canton de...., arrondissement de......, département de....., assisté de notre greffier, a comparu M......... (*nom, prénoms, profession*), demeurant à........, lequel nous a dit......, etc. (*le reste comme à la formule précédente, jusqu'à ces mots*: Et, à l'appui de la présente déclaration, le comparant a produit....., *qui sont remplacés par les énonciations suivantes* : se réservant de produire et de déposer les pièces à l'appui de la présente déclaration, avec expédition de cette déclaration[1], au greffe du tribunal civil de...., devant lequel il a été assigné); et a le comparant signé, avec nous et notre greffier, après lecture. (*Signatures.*)

544. Acte de dépôt *des pièces à l'appui de la déclaration affirmative faite devant un juge de paix*[2].

Code *PR. CIV.*, art. 571, 574.

L'an...., le..., au greffe du tribunal civil de...., et par-devant nous, greffier, a comparu M°....., avoué de M.....;

---

stances qui peuvent faire déclarer le tiers saisi débiteur pur et simple. La chambre civile de la Cour suprême et la Cour de Paris ont déclaré que le tiers saisi ne peut encourir une pareille condamnation qu'autant qu'il se trouve dans l'un des deux cas prévus par l'art. 577 ; — Qu'ainsi le tiers saisi qui, après avoir déclaré le chiffre exact de sa dette, allègue sa libération et produit des pièces à l'appui, ne peut, quoique cette prétendue libération soit reconnue mal fondée, frauduleuse et collusoire, être déclaré débiteur pur et simple; mais qu'il peut être condamné à des dommages-intérêts envers le saisissant (J. Av., t. 73, p. 229, art. 419, et t. 76, p. 600, art. 1180).
Le tiers saisi qui a payé le débiteur saisi, au mépris de la saisie et pendant l'instance en validité ou depuis le jugement, n'est pas passible de la même peine que celui qui a refusé de faire sa déclaration. Il n'est exposé qu'à payer une seconde fois (Q. 1975 *bis*). Trib. civ. de Reims, 14 fév. 1905 (J. Av., t. 130, p. 190).
Une fois déclaré débiteur pur et simple, le tiers saisi peut se soustraire à l'effet de cette condamnation si le jugement rendu contre le saisi est réformé, parce que sa condamnation est subordonnée à celle du saisi (Q. 1976 *bis*).
Le tiers saisi qui, déclaré débiteur pur et simple, a payé plus qu'il ne doit, ou qui, s'étant indûment dessaisi, a été obligé de payer deux fois, a son recours contre le débiteur saisi. Il est subrogé aux droits du créancier désintéressé (Q. 1975 *ter*).
1. Lorsque la déclaration est faite devant un juge de paix, elle est transmise au tribunal saisi de la demande en validité par l'envoi de l'expédition à l'avoué du tiers saisi, qui en fait le dépôt (Q. 1962 *quater*; Suppl. alphab., v° *Saisie-arrêt*, n°[s] 106 et s.).
2. Le dépôt des pièces justificatives ne peut pas, dans le cas où le tiers saisi n'est pas sur les lieux, être fait, comme la déclaration elle-même, **au greffe de la justice de paix** de son domicile (Q. 1968 *septies*).

Lequel, par suite de la déclaration affirmative faite par M......
devant M. le juge de paix de......, en date du...., et pour satisfaire à l'art. 574 C. pr. civ., a déposé en ce greffe, comme pièces justificatives à l'appui de ladite déclaration avec l'expédition régulière de cette déclaration : 1° une quittance en date du....., etc.; 2° une autre quittance en date du....., etc. (Voir *supra*, formule n° 542);

Desquels comparution et dépôt ledit M⁰.... a demandé acte, que nous lui avons donné, et il a signé avec nous, greffier, après lecture
(*Signature de l'avoué et du greffier.*)

545. Signification *de la déclaration affirmative*
Code PR. CIV., art. 574.

A la requête de M..... (*nom, prénoms, profession du tiers saisi*), demeurant à....., ayant pour avoué M⁰.....

Soit signifié, et en tête [de celle] des présentes laissé copie à M⁰......, avoué près le tribunal civil de....., et de M..... (*nom, prénoms, profession, domicile du saisissant*);

1° De l'expédition dûment en forme de la déclaration affirmative faite par le requérant au greffe de ce tribunal (ou devant M. le juge de paix du canton de.....), le..... enregistrée, pour satisfaire à l'assignation à lui donnée à la requête de M..., par exploit de..., huissier à....., en date du......

(*Si l'acte de dépôt n'a pas été fait avec la déclaration, on ajoute :*)

2° De l'expédition d'un acte fait au greffe du tribunal civil de...., le......, enregistré, constatant le dépôt qui y a été opéré par le requérant des pièces à l'appui de ladite déclaration affirmative. Sous toutes réserves. A ce qu'il n'en ignore.

Dont acte
Pour original (*ou copie*).   (*Signature de l'avoué.*)
Signifié, laissé copie, etc.

Remarque. — La signification n'a pas besoin de contenir constitution d'avoué lorsque le tiers saisi a constitué avoué par acte distinct sur l'assignation en déclaration affirmative (voir *supra* la remarque sous la formule n° 541). Au cas contraire, on ajoute : *lequel se constitue*, etc......

546. Conclusions *pour contester la déclaration affirmative*[1].
Code PR. CIV., art. 570.

A MM. le Président et juges composant le tribunal civil de...

---

1. Si la déclaration n'est pas contestée, il ne peut être fait aucune procédure, ni contre le tiers saisi, ni par lui (C. pr. civ., art. 576).
Il ne résulte pas de là que le tiers saisi ne puisse rien faire pour se libérer

CONCLUSIONS

P. M........
   demandeur   .....(*nom de l'avoué.*)

C. M........
   défendeur   .....(*nom de l'avoué.*)

Plaise au tribunal.

Attendu que, sur l'assignation en déclaration affirmative à lui délivrée à la requête du concluant, suivant exploit de......, huissier à......., en date du........, enregistré, M...... a, par acte fait au greffe le......., déclaré que........ (*rappeler les termes de la déclaration affirmative*);

Attendu que....... (*énoncer les critiques que l'on formule contre la déclaration : par exemple* : que la déclaration n'est pas appuyée de pièces justificatives conformément à l'art. 574 C. pr. civ.);

Attendu, en conséquence, que la déclaration affirmative faite par M......... est nulle en la forme, et n'est point sincère au fond;

Par ces motifs;

Déclarer nulle en la forme la déclaration affirmative faite par M..., par acte au greffe en date du.......;

Au fond, déclarer que cette déclaration n'est pas sincère;

Ce faisant, déclarer M........... responsable du montant des causes de l'opposition faite entre ses mains à la requête du concluant, suivant exploit de..... etc.;

En conséquence, le condamner à payer au concluant la somme de......, avec intérêts de droit;

Et le condamner aux dépens de la présente instance, dont distraction, etc.....

Sous toutes réserves. Et ce sera justice.

Dont acte. Pour original (*ou* copie).
          (*Signature de l'avoué.*)

Signifié et laissé copie, etc........
          (*Signature de l'huissier.*)

---

avant la fin de la poursuite ou de la saisie-arrêt, ou de la distribution par contribution (Q. 1952 *bis* et 1973). Voir *supra*, formule n° 483.

Il a le droit, pour obtenir valablement cette libération, de faire à son créancier, (le saisi) des offres conditionnelles, c'est-à-dire subordonnées à la mainlevée de la saisie, et, faute par ce créancier de rapporter cette mainlevée, d'effectuer le versement des sommes dues à la caisse des dépôts et consignations. — Ces offres sont adressées au saisi, mais le saisissant doit être mis en cause sur la demande en validité. C'est même la seule voie ouverte au tiers saisi pour échapper aux poursuites du saisi, son créancier (*J. Av.*, t. 72, p. 598, art. 282), car de simples offres verbales n'auraient pas pour effet d'arrêter les poursuites (*J. Av.*, t. 74, p. 448, art. 740).

L'art. 576 n'a pas pour but d'interdire au tiers saisi les réclamations personnelles (Q. 1973 *bis*; *Suppl. alphab.*, v° *Saisie-arrêt*, n°. 397 et s.).

Aucun délai n'est fixé pour attaquer la déclaration (Q. 1973 *ter*).

Remarque.—Si, sur l'assignation en déclaration affirmative ou dans la signification de sa déclaration, le tiers saisi n'a pas constitué avoué, les contestations dont cette déclaration est l'objet doivent lui être signifiées par exploit, avec assignation dans la forme ordinaire. — Le tiers saisi répond à ces conclusions par l'acte suivant (formule n° 547).

---

547. Conclusions *signifiées en réponse par le tiers saisi.*

A MM. les Président et juges, etc.....

CONCLUSIONS

P. M........
       défendeur   ...(*nom de l'avoué.*)
C. M........
       demandeur   ...(*nom de l'avoué.*)

Plaise au tribunal.

Attendu que M......., se prétendant créancier de M......., a formé entre les mains du concluant, au préjudice de M......., une opposition par exploit de etc......, et l'a, suivant exploit de etc......, assigné en déclaration affirmative des sommes qu'il peut devoir à M.......;

Attendu que le concluant a fait cette déclaration par acte fait au greffe du tribunal civil de......., le......., enregistré, et signifié à M......... par acte du palais en date du.....;

Attendu qu'il résulte des termes de cette déclaration que........ (*rappeler les termes de la déclaration*), que cette déclaration est sincère et véritable;

Attendu en effet que....... (*discuter les contestations formées par le saisissant*);

Par ces motifs;

Déclarer sincère et véritable la déclaration affirmative faite par le concluant au greffe du tribunal de......., le.......;

Déclarer, en conséquence, M........ mal fondé en sa demande, l'en débouter;

Et le condamner en tous les dépens, dont distraction, etc......

Sous toutes réserves. Et ce sera justice.

Dont acte. Pour original (*ou* copie).

                      (*Signature de l'avoué.*)

Signifié et laissé, etc......

                      (*Signature de l'huissier.*)

Remarque. — *Si le tiers saisi veut user de la faculté que lui donne l'art.* 570 *C. pr. civ. de demander son renvoi devant ses juges naturels*[1], *la formule est modifiée de la façon suivante :*

Après les deux premiers alinéas, au lieu de discuter au fond les contestations formulées, on met :

Attendu que cette déclaration a été contestée par M......;

Attendu que tout tiers saisi, dont la déclaration est contestée, peut demander son renvoi devant ses juges naturels ;

Par ces motifs ;

Se déclarer incompétent, et renvoyer M...... (*saisissant*) à se pourvoir devant le tribunal[2] du domicile du concluant ;

Et le condamner en tous les dépens, dont distraction, etc....

Sous toutes réserves. Et ce sera justice. Dont acte.

Pour original (*ou* copie).   (*Signature de l'avoué.*)

Signifié, donné copie, etc.

---

548. Jugement *qui prononce le renvoi*[3].

CODE *PR. CIV.*, art. 570.

Le tribunal......., ouïs........, etc.

Attendu que la déclaration faite par M......., tiers saisi, dans la poursuite en saisie-arrêt dirigée par M........, contre M....., a été contestée par le saisissant ; attendu que M........, se trouvant dans le cas prévu par l'art 570 C. pr. civ., réclame l'application de cet article, et qu'il y a lieu de faire droit à sa demande ;

Par ces motifs ; se déclare incompétent, et renvoie les parties devant le tribunal civil de......, dépens réservés.

---

1. Le tiers saisi peut demander son renvoi devant ses juges naturels, quelle que soit la nature de la contestation à laquelle sa déclaration donne lieu ; même si cette déclaration n'est contestée que comme irrégulière en la forme ou comme non accompagnée de pièces justificatives (Q. 1959 ; *Suppl. alphab.*, v° *Saisie-arrêt*, n°s 343 et s.).

Le tribunal du domicile du tiers saisi ne cesse pas d'être exclusivement compétent, quoique la contestation qui frappe la déclaration soit connexe à une instance pendante devant un autre tribunal (Q. 1959 *bis*).

La comparution du tiers saisi au greffe ou devant le juge de paix, pour faire sa déclaration, ne peut pas lui être opposée comme une acceptation de la compétence du tribunal du domicile du saisi (Q. 1960 ; *Suppl. alphab.*, v° *Saisie-arrêt*, n° 349).

2. Le juge naturel du tiers saisi est le tribunal qui, si le tiers saisi avait été poursuivi en paiement par le saisi, eût été compétent, tant à raison de la matière que du domicile, pour connaître de cette action : par exemple, le tribunal de commerce du domicile du tiers saisi, s'il s'agit d'une obligation commerciale de celui-ci (Q. 1916 *ter* ; Garsonnet, t. 3, n° 611, p. 757) ; Paris, 22 juin 1866 (*J. Av.*, t. 90, p. 296).

3. Le renvoi prononcé n'a pas pour effet de transporter au tribunal du domicile du tiers saisi les suites de l'instance entre le saisissant et le saisi (Q. 1961).

549. Assignation *devant le tribunal de renvoi.*

Code *CIV.*, art. 570.

L'an........, le......., à la requête de M........ (*nom, prénoms, profession du saisissant*), demeurant à......., pour lequel domicile est élu dans l'étude de M^e......., avoué près le tribunal civil de première instance de......., y demeurant, rue........, n°........, lequel se constitue et occupera pour lui sur la présente assignation et ses suites, j'ai........ (*immatricule de l'huissier*), soussigné, donné assignation à : 1° M....... (*nom, prénoms, profession du saisi*), demeurant à........, audit domicile, où étant et parlant à........;

2° M....... (*nom, prénoms, profession du tiers saisi*), demeurant à........, audit domicile, où étant et parlant à........;

A comparaître[1] à huitaine franche, délai de la loi, outre délais de distance, par ministère d'avoué, à l'audience et par-devant MM. les Président et juges composant le tribunal civil de première instance de..., séant à...., au palais de justice, heure de......, pour ;

Attendu que, par exploit de........, en date du........., le requérant a formé une saisie-arrêt sur M......., entre les mains de M......., pour avoir paiement de la somme de........; attendu que cette saisie ayant été dénoncée et contre-dénoncée dans les délais, et après l'accomplissement des formalités voulues par la loi, M....... a fait sa déclaration affirmative suivant acte fait au greffe du tribunal civil de......., en date du......., signifiée au requérant le.........; attendu que, sur les contestations élevées par le requérant, M....... a demandé le renvoi de l'affaire devant ses juges naturels ; — Au fond, attendu que c'est à bon droit que le requérant a contesté la déclaration faite par M........, suivant acte susénoncé ;

Attendu en effet......... (*formuler les critiques, et terminer l'acte comme dans la formule n° 546, en tenant compte qu'il s'agit non plus de conclusions mais d'une assignation*).

(*Signature de l'huissier.*)

---

1. Si l'un des assignés, le débiteur ou le tiers saisi, fait défaut, il y a lieu de prononcer défaut-profit-joint (*Q*. 1961 *bis*). — Voir aussi *Suppl. alphab.*, v° *Saisie-arrêt*, n°^{s} 351 et s.

Le jugement rendu entre le saisissant et le tiers saisi n'a pas l'autorité de la chose jugée contre le saisi qui n'a été assigné que pour voir statuer sur la validité de la saisie, s'il n'a pas été déclaré commun avec lui, quoiqu'il y ait eu un défaut profit-joint prononcé ; il en est autrement, lorsque, comme dans la formule ci-dessus, le saisi est expressément assigné pour voir statuer sur les contestations ayant trait à la quotité de sa créance sur le tiers saisi. Peu importe que l'assignation lui soit notifiée à la requête du saisissant ou à celle du tiers saisi (*J. Av.*, t. 74, p. 561, art. 768).

Remarque. — Sur cette assignation, il est constitué avoué par les parties, et la cause s'instruit d'après les règles ordinaires.

---

550. Dénonciation *à l'avoué du premier saisissant des nouvelles oppositions formées entre les mains du tiers saisi.*

CODE PR. CIV., art. 575.

A la requête de M........ (*nom, prénoms, profession du tiers saisi*), demeurant à.........., ayant pour avoué M^e.......;

Soit signifié et déclaré à M........, avoué près le tribunal civil de........ et de M....;

Que, par exploit de....., huissier à........, en date du......, M...... (*nom, prénoms, profession*), demeurant à........ (*lieu du domicile du nouveau saisissant*), et pour lequel domicile a été élu chez M........, demeurant à.......... (*lieu du domicile du tiers saisi*), a formé opposition entre les mains du requérant sur M......... (*nom, prénoms, profession et domicile du tiers saisi*), pour obtenir paiement de la somme de........ (*énoncer la somme*), à lui due en vertu de......... (*énoncer le titre*).

(*Il faut relater dans la même forme toutes les oppositions par ordre de dates.*)

Dont acte. Pour original (*ou copie*).

(*Signature de l'avoué.*)

Signifié, donné copie, etc.

---

551. Jugement *qui statue tout à la fois sur la saisie-arrêt et sur la déclaration affirmative.*

Le tribunal, ouï.........., etc.;

Attendu que........ (*le saisissant*) a, par exploit de....., huissier à..., en date du....., enregistré, formé une saisie-arrêt au préjudice de....... (*le saisi*), entre les mains de... (*le tiers saisi*);

Attendu que cette saisie-arrêt, fondée sur un titre authentique, est régulière en la forme et juste au fond; qu'il y a lieu de la valider;

En ce qui touche la déclaration affirmative;

Attendu que cette déclaration est sincère et véritable, et accompagnée des pièces justificatives;

(*S'il y a eu des contestations, les mentionner avec les motifs de la décision.*)

Par ces motifs; déclare bonne, valable et régulière, la saisie-arrêt pratiquée par M.........., entre les mains de M........., sur M.......;

Donne acte à M........ (*tiers saisi*) de la déclaration affirmative par lui faite, déclare régulière ladite déclaration; ordonne, en conséquence, le paiement entre les mains de M....... (*saisissant*), des sommes et valeurs dont M..... s'est reconnu détenteur ; dit que, moyennant ce paiement, M.... (*tiers saisi*) sera valablement libéré envers M........ (*saisi*) (*s'il y a eu des contestations* : déboute (*le saisissant*) de ses demandes, fins et conclusions, et le condamne aux dépens de ses contestations).

Condamne M....... (*saisi*) aux dépens envers toutes les parties, qui pourront les employer, savoir : le saisissant, comme accessoires de sa créance, et le tiers saisi, comme frais privilégiés à prélever sur la somme par lui due ; desquels dépens distraction est prononcée en faveur de MM^{es}.........., avoués, aux offres de droit.

552. Assignation *en mainlevée de saisie-arrêt.*

Code PR. CIV., art. 567.

On donne assignation dans la forme et au délai ordinaire (Voir supra, formule n° 549), pour [1] :

Attendu que l'opposition formée par M...... sur le requérant est nulle ; qu'en effet..... (*exposer les moyens de nullité invoqués contre l'opposition*) ;

Par ces motifs ;

Voir déclarer nulle et de nul effet l'opposition formée sur le requérant entre les mains de M.........., à la requête de M..., par exploit du ministère de....., en date du........., ensemble la procédure qui s'en est suivie ; En conséquence, voir ordonner la mainlevée pure et simple, entière et définitive de ladite opposition ; voir dire que, sur le vu du jugement à intervenir, le requérant sera autorisé à toucher directement, sur sa simple quittance, hors la présence et sans le concours de M......... (*saisissant*), les sommes à lui dues, des mains du tiers saisi, lequel sera à en faire le paiement dans ces conditions contraint, quoi faisant dûment déchargé ; s'entendre condamner aux dépens ; sous toutes réserves.

Et j'ai......., etc.

(*Signature de l'huissier.*)

---

1. La demande en mainlevée peut être signifiée au domicile élu dans l'exploit (Q. 1956).

Le saisi peut porter la demande en mainlevée devant le tribunal du domicile du saisissant (Q. 1956 *bis*).

Si la demande en mainlevée est intentée par un autre que le débiteur saisi, elle doit être portée devant le tribunal du domicile de celui contre lequel elle est dirigée (Q. 1956 *ter* ; *Suppl. alphab.*, v° *Saisie-arrêt*, n°° 312 et s.).

C'est devant le tribunal du domicile du saisi que doit être portée la demande en validité d'offres réelles tendant à obtenir la mainlevée de la saisie (Q. 1952 *bis*, et 1956 *quater*).

553. Jugement *qui accorde mainlevée de l'opposition.*

CODE PR. CIV., art. 567.

Le tribunal........, etc. Attendu......... (*motifs*) ;
Par ces motifs ; déclare nulle la saisie arrêt pratiquée entre les mains de M........, à la requête de M........, par exploit en date du......; prononce, en conséquence, mainlevée de cette saisie-arrêt ; ordonne que le tiers saisi pourra valablement se libérer entre les mains de M...... (*partie saisie*) etc. (*comme dans la formule précédente*).
Et condamne M...... (*créancier saisissant*) aux dépens, dont distraction, etc.

---

554. Jugement *qui rejette la demande en mainlevée d'opposition et valide la saisie,*

CODE PR. CIV., art. 567.

Le tribunal......, etc. Attendu......... (*motifs*) ;
Par ces motifs ; déclare M........ (*partie saisie*) mal fondé dans sa demande en mainlevée de l'opposition formée à son préjudice le........, à la requête de M........, sur M...., l'en déboute ;
Déclare bonne et valable ladite opposition ; ordonne le paiement entre les mains du créancier saisissant des sommes dues par le tiers saisi, à faire ainsi lequel paiement sera ce dernier contraint, quoi faisant déchargé [1].
Et condamne M...... (*partie saisie*) aux dépens, dont distraction, etc.

II. Oppositions formées entre les mains des receveurs, dépositaires ou administrateurs de caisses ou deniers publics.

Ces oppositions sont soumises à des règles particulières tracées par les art. 561 et 569 C. pr. civ., et surtout par le décret du 18 août 1807, dont les dispositions sont encore en vigueur.

---

[1]. Pour que le jugement, qui valide une saisie-arrêt ait pour effet de transporter définitivement au saisissant la somme saisie-arrêtée, et que le tiers saisi soit autorisé et puisse même être contraint de s'en libérer entre ses mains, il faut 1° que ce jugement soit passé en force de chose jugée entre le saisissant et le saisi, et ait été notifié au tiers saisi, au regard duquel il ne peut valoir que comme un transport ordinaire de créance, à la condition de lui avoir été signifié conformément à l'art. 1690 C. civ.: Cass., 30 novembre 1897 et 14 février 1899 (J. Av., t. 124, p. 136); 2° qu'il ne soit survenu, antérieurement à l'époque où la première condition indiquée se trouve accomplie, aucune autre saisie-arrêt du chef du saisi entre les mains du tiers saisi (*Mêmes arrêts*).

555. Exploit *de saisie-arrêt ou opposition entre les mains d'un préposé de la caisse des dépôts et consignations*[1].

CODE PR. CIV., art. 561.

L'an......, le.. .., heure de......, à la requête de M....... (*nom, prénoms, profession*), demeurant à....., pour lequel domicile est élu dans l'étude de M[e]........., avoué près le tribunal civil de......, y demeurant, rue......, n°..... (*ou chez toute autre personne habitant le lieu où se trouve la caisse qui a reçu le dépôt, lorsque le saisissant n'y demeure pas*), en vertu de..... (*énoncer le titre du saisissant, comme à la formule* supra, n° 535), dont il est avec celle des [les] présentes donné copie, j'ai...... (*immatricule*), soussigné, signifié et déclaré à M....., receveur général (*ou particulier*) des finances du département (*ou* arrondissement) de......, pris en qualité de préposé de la caisse des dépôts et consignations, demeurant à...., dans les bureaux de ladite caisse, rue..., n°.... (*Si l'opposition est faite à Paris, on met*: Signifié et déclaré à M. le chef du bureau des oppositions de la caisse des consignations, sise à Paris, où étant et parlant à....., qui a visé le présent original), que le requérant s'oppose à ce qu'il se dessaisisse, paie ou vide ses mains, sans le consentement du requérant, de toutes sommes et valeurs déposées à ladite caisse pour le compte et au profit de M... (*nom, prénoms, profession et domicile*), par M...... (*nom, prénoms, profession et domicile du déposant*), et provenant de...... (*indiquer la nature et l'origine des sommes saisies-arrêtées*)[2]; lui déclarant que la présente opposition est formée pour obtenir paiement de la somme de....., due au requérant pour les causes susénoncées.

Et j'ai, dans lesdits bureaux, parlant comme ci-dessus, laissé copie tant du titre précité que du présent exploit, dont le coût est de.......

(*Signature de l'huissier.*)

Visé par nous[3]...., sous le n°..... du registre des oppositions, le présent original, dont copie nous a été remise, ainsi que du titre qui y est énoncé, à....., le....

(*Signature du préposé.*)

---

1. La présente formule n'est pas spéciale aux oppositions faites entre les mains d'un préposé de la caisse des dépôts et consignations : tous les exploits d'opposition entre les mains de fonctionnaires publics se rédigent également en cette forme, sauf les modifications nécessitées par l'indication de la qualité des fonctionnaires. Cette observation s'applique aussi aux quatre formules suivantes.
2. Il faut énoncer d'une manière précise la somme atteinte par l'opposition. Une désignation en termes généraux, par exemple, *de toutes sommes, deniers et valeurs, etc.*, rendrait l'opposition inefficace (art. 1er du décret de 1807).
3. **Aux termes de la loi du 12 juillet 1905, l'opposition signifiée aux comptables de deniers publics ou aux préposés de la Caisse des consignations doit rester déposée jusqu'au lendemain au bureau ou à la caisse où elle a été faite et le visa doit être daté de ce dernier jour.**

556. Dénonciation *de l'opposition au saisi*[1].

(Voir *supra*, formule n° 537.)

---

557. Certificat *délivré par le préposé de la caisse des consignations*[2].

CODE PR. CIV., art. 569.

Je, soussigné, certifie qu'il a été déposé, le......, sous le n°.... du registre des déclarations à la caisse des dépôts et consignations, une somme de......, par M...., commissaire-priseur à........., montant du prix de la vente des meubles et effets saisis sur M..... (*nom, prénoms, profession, domicile*), à la requête de M..... (*nom, prénoms, profession, domicile*).

Ladite somme productive d'intérêts à... pour cent, depuis le...., jusqu'au jour du paiement effectif.

En foi de quoi j'ai délivré le présent certificat, à..., le...
  (*Signature du préposé.*)

Remarque. — L'art. 6 du décret de 1807 indique quelles mentions relatives à la somme le certificat doit contenir. — Si la somme provient d'un versement à la suite d'offres réelles ou opéré dans d'autres circonstances, on l'énonce. — Il faut aussi, lorsque d'autres oppositions sont survenues avant la délivrance de ce certificat, en faire mention conformément à l'art. 7 du décret précité (Voir *infra*, formule n° 559). Ce certificat est délivré à l'avoué du saisissant, sur sa demande verbale. Si le fonctionnaire auquel le certificat est demandé le refuse, ce refus doit être constaté par l'huissier sur la sommation que fait signifier l'avoué, au nom de son client, dans la forme de la formule suivante :

---

558. Sommation *notifiée au préposé de la caisse des consignations qui refuse de délivrer le certificat.*

CODE PR. CIV., art. 564.

L'an....., le....., à la requête de M...... (*nom, prénoms, pro-*

---

[1]. La saisie-arrêt faite au Trésor n'est pas dispensée de la dénonciation au débiteur saisi (Glasson et Colmet-Daâge, t. 2, p. 230).
Mais la contre-dénonciation à faire dans les cas ordinaires au tiers saisi est ici supprimée (Glasson et Colmet-Daâge, *loc. cit.*).
[2]. Le certificat peut être exigé à l'époque fixée par l'art. 568 (Q. 1957 *bis*).
Aucun fonctionnaire public ne peut être tenu, en cette qualité, de faire une déclaration affirmative. Cette formalité est absolument remplacée par la délivrance du certificat. Si le contenu du certificat est contesté, l'administration, que représente le préposé, est assignée devant le tribunal où s'instruit la demande en validité, sauf à elle à demander son renvoi devant les juges de son domicile (Q. 1959 *ter*; Glasson et Colmet-Daâge, *loc. cit.*). Voir *supra*, formules n°s 547, 548 et 549.

fession du saisissant), demeurant à....., pour lequel domicile est élu dans l'étude de M⁰...., avoué près le tribunal civil de première instance de....., y demeurant rue....., n°......, j'ai..... (*immatricule*), soussigné, signifié et fait sommation à M. le receveur général (*ou* particulier) des finances du département (*ou* arrondissement) de...., pris en qualité de préposé de la caisse des dépôts et consignations, dans les bureaux de ladite caisse à...., rue...., n°...., où étant et parlant à....., qui a visé le présent original, de, dans vingt-quatre heures pour tout délai, délivrer au requérant, au domicile par lui élu chez Mᵉ...., son avoué, ou à moi, huissier soussigné, le certificat prescrit par l'art. 569 C. pr. civ., et l'art. 6 du décret du 18 août 1807, constatant quelles sommes ont été déposées à la caisse pour le compte de M....... (*nom, prénoms, profession*), demeurant à......, et provenant de... (*indiquer la nature et l'origine de ces sommes*), ensemble les oppositions survenues depuis le jour du versement; déclarant à M...... que, faute par lui de délivrer ce certificat, nécessaire au requérant pour obtenir paiement des causes de la saisie-arrêt pratiquée sur la caisse au préjudice de M....., par exploit de......., le......., enregistré, dénoncée au débiteur saisi et suivie d'un jugement de validité en date du......, enregistré, le requérant se pourvoira pour faire prononcer contre lui tels dommages-intérêts[1] que de droit; sous toutes réserves.

Et j'ai, dans lesdits bureaux, parlant comme ci-dessus, laissé copie du présent, dont le coût est de.......

(*Signature de l'huissier.*)

Visé par nous..... le présent original et reçu copie à..., le...

(*Signature du préposé.*)

---

559. État *ou extrait des oppositions délivré par le préposé de la caisse des consignations.*

CODE PR. CIV., art. 575.

État des oppositions formées sur la caisse des consignations de......, au préjudice de M........ (*nom, prénoms, profession, domicile*):

1° A la requête de M..... (*nom, prénoms, profession, domicile*), qui a élu domicile en l'étude de Mᵉ......, avoué près le tribunal civil de......, y demeurant, rue......., n°......, opposition par exploit de....., en date du....., pour sûreté de la somme de....;

---

[1]. Le refus du préposé le rend passible de dommages-intérêts, conformément à l'art. 1382 C. pr. civ. (Q. 1958 *bis*).
Bien que le certificat remplace la déclaration affirmative, le refus de le délivrer ne doit pas être assimilé au défaut de déclaration et être puni des mêmes peines (Q. 1976 *ter*).

2°..... (*pareilles énonciations*);
3°......, etc.
En foi de quoi j'ai délivré le présent certificat sur la demande de
M......, à......, le.....
(*Signature du préposé.*)

Remarque. — Si le saisissant est seul opposant, il obtient paiement en vertu du jugement de validité qui lui a transporté, jusqu'à concurrence de sa créance, les sommes dont le tiers saisi se reconnaîtrait débiteur. — S'il y a plusieurs opposants, une distribution par contribution est ouverte, et les bordereaux de collocation sont délivrés sur la caisse des dépôts et consignations, qui les solde. Voir t. 2, 4e part., tit. 1er. — Lorsque le saisi paie ses créanciers, il obtient mainlevée et reçoit directement la somme déposée. — Dans ce cas, il suffit que la mainlevée soit consignée au bas de l'original de l'exploit de saisie par acte sous seing privé, enregistré, et que la signature de l'opposant soit légalisée par le maire, et celle du maire par le préfet ou le sous-préfet. — La caisse fait mention en marge de l'opposition de la mainlevée donnée, et cette mainlevée est classée au dossier particulier de la consignation qu'elle concerne.

---

560. Réquisition *de paiement adressée au préposé de la caisse des dépôts et consignations par le créancier qui a obtenu un jugement de validité.*

Le créancier qui rencontre quelques obstacles de la part de la caisse lorsqu'il s'agit d'obtenir l'exécution du jugement rendu en sa faveur peut agir contre le préposé en suivant les formes tracées, supra, *formules n°s 484 et 485.*

VII. — Saisie des rentes.

561. Commandement *qui précède la saisie d'une rente*[1].
CODE PR. CIV., art. 636.

L'an........, le........, en vertu de la grosse dûment en forme exécutoire (*si c'est un acte notarié:* d'un acte d'obligation passé

---

1. Les dispositions du titre, *de la saisie des rentes constituées*, s'appliquent à toutes espèces de rentes constituées sur particuliers; mais elles ne concernent pas les rentes sur l'État.
Ces dispositions s'appliquent également à la saisie du droit appelé *redevance*, dû au propriétaire du sol par le concessionnaire d'une mine. Cass., 13 novembre 1848 et 24 juillet 1850 (*J. Av.*, t. 74, p. 169, art. 634, et t. 76, p. 621, art. 1181), aux rentes constituées sur une commune ou sur les établissements publics (*Ibid.*, t. 75, p. 171, art. 844, § 1er); et au prix d'un immeuble remboursable à la volonté de l'acquéreur. Alger, 26 novembre 1850 (*Ibid.*, t. 76, p. 621, art. 1181).
Ce n'est pas d'après les formes tracées en matière de saisie de rentes que

devant M^e........, notaire à........., le........., enregistré) d'un jugement rendu par le tribunal civil (*ou* de commerce) de......, le......., enregistré, et signifié. (*Si le titre n'a pas été notifié, on met*: dont il est, en tête [de celle] des présentes, donné copie) et à la requête de M... (*nom, prénoms, profession*), demeurant à [1]......, j'ai....... (*immatricule de l'huissier*), soussigné, fait commandement à M...... (*nom, prénoms, profession*), demeurant à......, en son domicile, où étant et parlant à......., de, dans vingt-quatre heures pour tout délai, [2] payer au requérant ou à moi, huissier, porteur des pièces, ayant charge de recevoir et pouvoir de donner bonne et valable quittance, la somme de......, montant en principal, intérêts et frais, des condamnations prononcées contre M...... par le jugement susénoncé (*ou* de l'obligation précitée), sans préjudice de tous autres dus, droits, actions, intérêts et frais de mise à exécution; déclarant audit M... que, faute par lui de satisfaire au présent commandement dans le délai fixé, il y sera contraint par toutes les voies de droit, et notamment par la saisie de la rente perpétuelle et annuelle de....., au capital de......., constituée à son profit par M..... (*nom, prénoms, profession*), demeurant à...., suivant contrat passé devant M^e........., notaire à.........., le......, enregistré.

A ce qu'il n'en ignore.

Et je lui ai, en son domicile, parlant comme ci-dessus, laissé copie du présent, sous enveloppe, etc...... Coût.....

(*Signature de l'huissier.*)

---

562. Exploit *de saisie d'une rente constituée sur un particulier.*
CODE PR. CIV., art. 637.

L'an......, le....., en vertu de la grosse (*Voir la formule pré-*

---

doivent être poursuivies la saisie et la vente soit de baux, soit d'actions dans les compagnies de finance, d'industrie et de commerce, et, en général, de tous droits incorporels qui ne sont pas qualifiés immeubles par la loi. Les tribunaux ont, à cet égard, un pouvoir souverain d'appréciation pour, suivant les circonstances et en l'absence d'un texte de loi, prescrire le mode de vente qui leur paraît le plus convenable (*Q.* 2126 *bis*). C'est ainsi qu'il a été décidé que les créances non exigibles d'un débiteur peuvent être saisies-arrêtées pour être ensuite vendues conformément aux art. 644 et suiv. C. pr. civ., afin d'en réaliser le prix. Paris, 24 juin 1851 (*J. Av.*, t. 76, p. 463, art. 1133); que, lorsqu'un individu s'est fait concéder pour un certain temps, par le propriétaire d'une forêt, le droit d'exploitation des arbres de cette forêt, la loi n'ayant organisé aucune procédure spéciale pour la saisie des droits incorporels de cette nature, les créanciers du concessionnaire sont fondés à suivre, pour la saisie du droit concédé, la procédure de saisie des rentes sur particuliers, comme étant celle qui s'adapte le mieux à la nature du droit dont s'agit. Limoges, 15 mars 1902 (*J. Av.*, t. 126, p. 370).

Si l'on n'entend saisir que les arrérages de la rente, il ne faut pas suivre les formalités du titre *de la saisie des rentes*. C'est par voie de saisie-arrêt qu'il faut alors procéder (*Q.* 2127).

1. Il n'est pas nécessaire que le saisissant fasse élection de domicile dans le commandement (*Q.* 2128).

2. Les règles applicables aux délais, en matière de saisie de rentes, sont celles exposées sous l'art. 690 (*Q.* 2128 *bis* et *Q.* 2313). Voir *Suppl. alphab.*, v° *Saisie immobilière*, n°s 644 et suiv.

cédente) d'un jugement rendu par le tribunal civil de première instance de......., enregistré, et précédemment signifié, et à la requête de M...... (*nom, prénoms, profession*), demeurant à......, pour lequel domicile est élu à......, rue...., n°......, en l'étude de Mᵉ......, avoué près le tribunal de première instance de......, lequel se constitue et occupera pour lui sur la présente saisie et ses suites ; faute par M..... (*nom, prénoms, profession*), demeurant à......., d'avoir satisfait au commandement de payer la somme de......., montant des condamnations contre lui prononcées par le jugement ci-dessus énoncé, ledit commandement signifié par exploit de mon ministère en date du....., enregistré (*ou* qui sera enregistré avec le présent), j'ai........ (*immatricule de l'huissier*)[1] soussigné, saisi entre les mains de M...... (*nom, prénoms, profession*)[2], demeurant à......, en son domicile, où étant et parlant à......

Une rente perpétuelle (*ou* viagère) et annuelle de[3]......, au capital de......, constituée au profit de M........, par M......, par contrat passé devant Mᵉ[4]........., notaire à..........., le....., enregistré, ensemble les arrérages échus et à échoir de ladite rente[5] ; et, à mêmes requête, demeure, élection de domicile et constitution d'avoué que dessus, j'ai, huissier susdit et soussigné, donné assignation à M....., audit domicile et parlant comme ci-dessus, à comparaître à huitaine franche, délai de la loi, par ministère d'avoué, à l'audience et par-devant MM. les Président et juges composant le tribunal de première instance de...[6], séant

---

1. L'assistance de deux témoins ou recors n'est pas nécessaire, lors du procès-verbal de saisie (Q. 2132).
2. La saisie de la rente ne peut pas être faite entre les mains du détenteur d'un immeuble affecté à son service, comme elle peut l'être entre celles du débiteur personnel des arrérages (Q. 2129 bis; *Suppl. alphab.*, v° *Saisie des rentes,* n°ˢ 24, 25).
3. On peut saisir la part indivise d'un cohéritier dans une rente (Q. 2126 ter).
4. Si le saisissant ne connaît ni le titre, ni le capital de la rente, il forme une saisie-arrêt sur toutes les sommes dues par le tiers à son débiteur, et notamment sur les arrérages de rentes échus ou à échoir ; le tiers saisi est alors forcé, en faisant sa déclaration, d'indiquer la somme qu'il doit, sa quotité et le titre qui constitue la rente. Par ce moyen, le créancier arrête les arrérages, et obtient tous les renseignements nécessaires pour bien diriger sa procédure en saisie de rentes. Il est vrai que la saisie-arrêt ainsi faite avertira le débiteur créancier de la rente qui, alors, s'empressera de la vendre, mais c'est là un inconvénient qu'il est impossible d'éviter (Q. 2129; *Suppl. alphab.*, v° *Saisie des rentes*, n°ˢ 26, 27).
5. L'exploit de saisie vaut saisie-arrêt des arrérages (C. pr. civ., art. 640).
A partir de la saisie, les paiements d'arrérages faits par le débiteur de la rente, nonobstant la saisie, seraient réputés non avenus. Ces arrérages, arrêtés entre les mains du débi-rentier, doivent être distribués aux ayants droit avec le montant de l'adjudication. A cet effet, il est bon d'insérer dans le cahier des charges une clause qui oblige le débi-rentier à déposer les arrérages échus lors de l'adjudication dans la caisse des dépôts et consignations (Q. 2135).
6. Voir *infra*, p. 506, note 1.

au palais de justice, à...., heure de......., pour, attendu que le requérant est créancier de M...... (*nom du rentier*) d'une somme principale de......., montant de........ (*indiquer l'origine de la créance*) ; Attendu qu'il y a titre authentique et exécutoire ;

Par ces motifs ; voir dire M..... (*nom du débiteur de la rente*), s'il n'a déjà déféré à la présente assignation, qu'il sera tenu de faire, dans le délai qui sera fixé par le jugement à intervenir, la déclaration [1] affirmative des arrérages de ladite rente, dont il est ou sera débiteur envers M..., et de produire les pièces à l'appui ; voir ordonner que les sommes actuellement exigibles, dont il se sera reconnu ou sera jugé débiteur, seront par lui remises au requérant en déduction ou jusqu'à concurrence du montant de sa créance en principal et accessoires, ou que, s'il survient des oppositions, lesdites sommes et les arrérages échus au moment de l'adjudication seront par lui versés à la caisse des consignations de......, pour être distribués avec le prix de cette adjudication ; déclarant à M.......... que, faute par lui de faire cette déclaration dans le délai fixé, le requérant se pourvoira pour le faire condamner soit au service de la rente, à partir de..., soit à des dommages-intérêts, conformément à l'art. 638 C. pr. civ. [2].

Sous toutes réserves. A ce qu'il n'en ignore.

Et j'ai, audit M......., en son domicile et parlant comme ci-dessus, laissé copie du présent exploit, sous enveloppe, etc........

Coût..........

563. Dénonciation *de l'exploit de saisie à la partie saisie.*
CODE PR. CIV., art. 641.

L'an......, le......[3], à la requête de M...... (*nom, prénoms,*

---

1. Les dispositions à observer pour la déclaration à laquelle est tenu le débiteur de la rente, sont celles des art. 570, 571, 572, 573, 574, 575 et 576 C. pr. civ., auxquels renvoie l'art. 638. (Voir *supra*, formules n°ˢ 541, 542, 543, 544, 545, 546, 547, 548, 549 et 550).

Si le débiteur de la rente peut suffisamment justifier par des quittances sous seing privé et sans date certaine du paiement des arrérages fait à terme échu, il ne peut pas justifier de la même manière du remboursement du capital (Q. 2134).

2. Les termes de l'art. 638 indiquent que, dans le cas qu'il prévoit comme dans ceux dont s'occupe l'art. 577, le débi-rentier, tiers saisi, ne peut être atteint par des condamnations personnelles qu'après une assignation spéciale et un jugement particulier, postérieurs aux événements qui donnent lieu à ces condamnations. Mais la loi se montre, avec raison, plus sévère pour le débi-rentier que pour les tiers saisis ordinaires. Les délais pour arriver à la vente étant assez courts, le silence ou la négligence du débi-rentier le rendra passible de dommages-intérêts ou des frais de la procédure que son incurie aura empêchée de produire son effet (Voir aussi *supra*, p. 487, note 1).

3. La peine de nullité, prononcée par l'art. 641, s'applique non seulement au défaut de dénonciation, mais encore au faux calcul du délai fixé par la loi (Q. 2136).

Il semble, au premier abord, qu'il soit difficile de concilier la notification au

profession, demeure, élection de domicile et constitution d'avoué, comme dans la formule précédente) ;

J'ai...... (*immatricule*), soussigné, dénoncé et en tête [de celle] des présentes laissé copie à M...... (*nom, prénoms, profession*), demeurant à....., en son domicile, où étant et parlant à......;

D'un exploit de mon ministère, en date du......, enregistré, contenant saisie à la requête du requérant, entre les mains de M... (*nom, prénoms, profession, domicile*), en vertu d'un jugement rendu par le tribunal de..., le......., enregistré, d'une rente annuelle et perpétuelle de........, au capital de........, constituée par M...... au profit de M......, par contrat passé devant M^e..... notaire à......, le.....;

Déclarant à M........ que la première publication du cahier des charges, qui sera dressé pour parvenir à la vente de la rente dont il s'agit, sera faite le......, heure de......, en l'audience des criées du tribunal de première instance de......[1], séant au palais de justice, à......; le sommant de s'y trouver, si bon lui semble, pour la défense de ses intérêts ;

Et j'ai, audit M....., en son domicile, parlant comme ci-dessus, laissé copie du présent, sous enveloppe, etc...... Coût....

(*Signature de l'huissier.*)

564. Cahier des charges *dressé pour parvenir à la vente d'une rente constituée sur particulier* [2].

CODE PR. CIV., art. 642.

CAHIER DES CHARGES, CLAUSES ET CONDITIONS,

Auxquelles sera adjugée, par suite de saisie, en l'audience des

---

saisi, prescrite par l'art. 641, avec les délais nécessaires pour la confection du cahier des charges, et notamment avec celui qui est accordé au tiers saisi par l'art. 638, pour faire sa déclaration. En effet, dans les trois jours de la saisie, doit avoir lieu la dénonciation au saisi indiquant le jour de la publication du cahier des charges, cette dénonciation est donc faite avant la déclaration du tiers saisi, qui est assigné pour cet objet à huitaine franche, qui peut faire défaut, et dont la déclaration peut être postérieure à l'époque (dans les dix-huit jours qui suivent l'assignation au tiers saisi) fixée pour le dépôt du cahier des charges. Mais toute difficulté disparaît, lorsqu'on remarque qu'au moment de la saisie, le créancier doit connaître toutes les énonciations relatives à la rente, qui seront plus tard insérées dans le cahier des charges, et que si le tiers saisi, par sa morosité ou sa négligence, laisse passer les dix-huit jours pendant lesquels sa déclaration peut être utilement faite, il supporte la réparation du préjudice occasionné au créancier (*Q.* 2135 *ter* ; *Suppl. alphab.*, v° *Saisie des rentes*, n°s 39 et s.).

C'est à partir de la saisie régulièrement faite, et non pas seulement à partir de la dénonciation, que le propriétaire de la rente ne peut en disposer au préjudice de ses créanciers (*Q.* 2135 *bis* ; *Suppl. alphab.*, *verb. cit.*, n°s 33 et s.).

1. C'est devant le tribunal du domicile de la partie saisie que la vente de la rente doit être poursuivie et l'assignation donnée au tiers saisi, à moins qu'il n'existe un domicile conventionnel (*Q.* 2131).

2. On trouvera *infra*, sous la formule du cahier des charges relatif à la vente par suite de saisie immobilière, les observations et les solutions provoquées par certaines clauses.

criées du tribunal civil de première instance de..., séant à......, au plus offrant et dernier enchérisseur,

Une rente annuelle et perpétuelle de...... francs, constituée au profit de M...... (*noms, profession et demeure*), sur M......... (*noms, profession et demeure*), et plus amplement désignée ci-après,

Aux requête, poursuites et diligences de M.... (*nom, profession et demeure du saisissant*), pour lequel domicile est élu en l'étude de Me......, avoué près le tribunal civil de première instance de...., lequel est constitué et occupera pour lui sur la présente vente.

ÉNONCIATIONS PRÉLIMINAIRES [1]

En vertu d'un jugement rendu le....... par le tribunal civil (*ou de commerce*) de.... (*ou d'une obligation passée devant* Me......, *notaire, etc., énoncer le titre en vertu duquel procède le saisissant*); M........ a, suivant exploit de......, huissier à....., en date du..., enregistré, fait faire commandement à M...., de lui payer dans les vingt-quatre heures, la somme totale de...., composée de : 1° celle de...... en principal; 2° celle de...... pour les intérêts......., et 3° celle de... pour les frais taxés faits jusqu'audit jour, avec déclaration que, faute de paiement, il serait procédé à la saisie de la rente de..... francs, constituée au profit de M.... par M..... Ce commandement, en tête duquel copie du titre a été notifiée (*si le titre avait été notifié antérieurement au commandement, il serait bon d'en énoncer la signification*), étant resté sans effet, M... a, suivant exploit du ministère de......, huissier à......, en date du....., enregistré, fait procéder, entre les mains de M....., à la saisie de ladite rente et des arrérages échus et à échoir, et donner assignation par le même exploit, qui contenait constitution de Me......, avoué, audit M......, à comparaître à huitaine franche, outre un jour par cinq myriamètres de distance, devant le tribunal civil de......, pour y faire la déclaration affirmative des arrérages de la rente échus ou à échoir, sous les peines de droit;

Suivant exploit de....., huissier à......, en date du...., enregistré, M..... a fait dénoncer à M....., partie saisie, l'exploit de saisie susdaté, avec déclaration que la publication du cahier des charges aurait lieu à l'audience du tribunal civil de première instance de..., le...., conformément à la loi.

DÉSIGNATION ET ORIGINE DE LA PROPRIÉTÉ.

Cette rente a été originairement constituée (*analyser ici le titre primitif qui a constitué la rente, titre souvent fort ancien, quand il*

---

[1]. Le cahier des charges doit, outre les énonciations mentionnées par l'art. 643, contenir le résumé sommaire de toute la procédure (Q. 2140).

s'agit de rentes foncières ; il faut mentionner la réduction des monnaies anciennes, si la rente a été ainsi évaluée, en monnaies nouvelles.

On analyse les actes par suite desquels la rente a passé du créancier ou du débiteur primitif à des créanciers ou débiteurs subséquents, soit par vente ou donation, soit par succession, contrat de mariage ou autrement ; les titres nouvels et actes récognitifs qui ont pu être passés ; et l'on arrive ainsi jusqu'au titulaire actuel de la rente, dans la personne duquel on en établit la propriété.

Il faut énoncer avec soin les immeubles qui sont hypothéqués au service de la rente, s'il y en a ; les restrictions ou extensions d'hypothèque qui ont pu être données ; enfin, les inscriptions prises originairement et les renouvellements successifs.

S'il s'agit d'une rente viagère, il est essentiel d'énoncer l'âge de celui sur la tête duquel elle est constituée. Si le créancier saisissant, par suite du mauvais vouloir du débiteur ou de toute autre cause, n'a pu avoir des renseignements complets pour dresser la désignation ou l'établissement de propriété, il doit le mentionner).

CONDITIONS DE LA VENTE.

L'adjudication aura lieu aux charges, clauses et conditions suivantes, à l'accomplissement desquelles l'adjudicataire sera contraint par toutes les voies du droit, savoir :

Art. 1er. L'adjudicataire jouira des arrérages de la rente à compter du jour de l'adjudication définitive. Il ne pourra prétendre à aucune garantie contre le saisissant, à raison des énonciations contenues au présent cahier des charges [1].

Les arrérages échus au moment de l'adjudication, et arrêtés entre les mains du débi-rentier par l'exploit de saisie, seront par lui déposés à la caisse des consignations, pour être distribués avec le montant de l'adjudication.

Art. 2. L'adjudicataire paiera le prix de son adjudication en espèces d'or ou d'argent ayant cours et non autrement, et, par le fait de son adjudication, il renoncera de plein droit au bénéfice de toutes lois, ordonnances ou règlements qui introduiraient le cours forcé du papier-monnaie ou autres valeurs [2].

---

1. Il ne faut pas interpréter cette clause en ce sens que le poursuivant soit dégagé vis-à-vis de l'adjudicataire de toute responsabilité pour ses fautes personnelles, ou les énonciations mensongères que pourrait contenir le cahier des charges. Elle signifie seulement que les erreurs provenant de l'impossibilité, où s'est trouvé le poursuivant, d'avoir des renseignements plus précis, ne pourront lui être imputées.

2. Cette clause est de style. Il est douteux néanmoins qu'elle pût être invoquée en présence d'une loi donnant aux débiteurs le droit de s'acquitter en papier-monnaie malgré toutes conventions contraires. La renonciation à se prévaloir d'une telle loi pourrait être considérée comme contraire à l'ordre public. Voir cependant en sens contraire: Douai, 8 mars 1872 (*Revue du notariat et de l'enregistrement*, p. 272).

Ce prix sera payé entre les mains du créancier saisissant, jusqu'à concurrence de sa créance, et de la partie saisie, pour le surplus, s'il y a lieu, le tout dans le mois de l'adjudication.

Dans le cas où il existerait des oppositions sur le prix, l'adjudicataire sera tenu de le déposer à la caisse des dépôts et consignations, pour être ensuite distribué à qui de droit dans les formes et délais légaux.

Art. 3. Il paiera les intérêts de son prix à raison de cinq pour cent par an, sans retenue, à compter du jour de sa jouissance.

Art. 4. Il sera tenu de faire signifier au poursuivant copie de son jugement d'adjudication dans la quinzaine du jour de la prononciation, sinon le poursuivant pourra en lever une grosse aux frais de l'adjudicataire, trois jours après une sommation, sans être obligé de remplir les formalités prescrites par la loi pour parvenir à la délivrance d'une seconde grosse.

Art. 5. L'adjudicataire sera tenu d'acquitter, en sus de son prix, tous les droits d'enregistrement, de greffe et autres, auxquels l'adjudication donnera lieu.

Art. 6. L'adjudicataire paiera, entre les mains et sur la quittance de l'avoué poursuivant, en sus de son prix et dans la huitaine de son adjudication, la somme à laquelle auront été taxés les frais faits pour parvenir à l'adjudication de la rente dont il s'agit, et dont le montant sera déclaré avant l'adjudication.

Il paiera également, dans le même délai, entre les mains et sur la quittance de l'avoué poursuivant, le montant de la remise proportionnelle fixée par la loi.

La grosse du jugement d'adjudication ne pourra lui être délivrée par le greffier du tribunal qu'après la remise qui lui aura été faite de la quittance desdits frais, qui demeurera annexée à la minute du jugement d'adjudication.

Art. 7. Le poursuivant n'ayant pas en sa possession les titres de propriété de la rente saisie, l'adjudicataire ne pourra exiger de lui la remise d'aucun titre. Mais il est autorisé à se faire délivrer à ses frais, par tous dépositaires, des expéditions ou extraits de tous actes concernant ladite propriété.

Art. 8. Dans le cas où l'adjudicataire userait de la faculté de déclarer command, il sera solidairement obligé, avec ceux qu'il se sera substitués, au paiement du prix et à l'accomplissement des charges de l'enchère.

Art. 9. Les enchères ne seront reçues, conformément aux art. 705 et 964 du Code de procédure civile, que par le ministère d'avoués exerçant près le tribunal de.....

Art. 10. A défaut, par l'adjudicataire, de payer tout ou partie de son prix, ou d'exécuter quelqu'une des clauses et conditions de l'adjudication, il sera procédé contre l'adjudicataire à la revente sur folle enchère de la rente dont il s'agit, dans les formes prescrites par les art. 733 et suivants du Code de procédure civile. Si le prix de la nouvelle adjudication est inférieur à ce qui sera dû alors en principal et intérêts sur le prix de la première, le fol enchérisseur sera contraint au paiement de la différence en principal et intérêts par toutes les voies de droit conformément à l'art. 740 du Code de procédure civile.

Dans le cas où le prix principal de la seconde adjudication serait supérieur à celui de la première, la différence appartiendra à la partie saisie et à ses créanciers.

Dans aucun cas, le fol enchérisseur ne pourra répéter, soit contre le nouvel adjudicataire, soit contre le créancier, ou le saisi, auxquels ils demeureront acquis à titre de dommages-intérêts, les frais de poursuite de vente, ni ceux d'enregistrement, de greffe et d'hypothèque, qu'il aurait payés, et qui profiteront au nouvel adjudicataire.

L'adjudicataire sur folle enchère devra les intérêts de son prix du jour de l'adjudication à lui faite, sauf le recours de la partie saisie ou de ses créanciers contre le fol enchérisseur, pour les intérêts courus dans l'intervalle de la première à la seconde adjudication.

Sans préjudice du droit, ci-dessus attribué au poursuivant et à la partie saisie, de se faire délivrer une grosse du jugement d'adjudication pour contraindre l'adjudicataire au paiement de son prix.

Art. 11. Le tribunal de première instance de....... sera seul compétent pour connaître de toutes les contestations relatives à l'exécution des conditions de l'adjudication et à ses suites, quels que soient la nature desdites contestations et le domicile des parties intéressées.

Art. 12. L'adjudicataire sera tenu d'élire domicile à......., pour l'exécution des clauses, charges et conditions de l'adjudication. Faute par lui de ce faire, le domicile sera élu de droit chez l'avoué qui se sera rendu adjudicataire.

Le poursuivant élit domicile en l'étude de M^e........., avoué près le tribunal civil de..........., y demeurant, rue........., n°........, auquel domicile élu il entend que tous actes et exploits relatifs à la présente poursuite de vente soient signifiés.

Outre les charges, clauses et conditions imposées à l'adjudicataire, les enchères seront reçues sur la mise à prix de.... francs, fixée par le poursuivant.

Le présent cahier de charges sera publié à l'audience du tribunal civil de......., le.......... heure de........., conformément à l'indication faite dans la dénonciation de la saisie signifiée à la partie saisie.

Fait et rédigé à........, le........, par M^e......., avoué poursuivant.

(Signature de l'avoué).

§ VII. SAISIE DES RENTES. — 567

565. Acte de dépôt *du cahier des charges.*

CODE PR. CIV., art. 642.

L'an......, le...... [1], au greffe du tribunal civil de première instance de......, et devant nous, greffier, a comparu M\e......, avoué près ce tribunal et de M........ (*nom, prénoms, profession, domicile*), poursuivant la vente sur saisie d'une rente perpétuelle (*ou viagère*) au capital de........., constituée par M\e......... (*nom, prénoms, profession, domicile*) au profit de M......... (*nom, prénoms, profession, domicile*); lequel a déposé entre nos mains le cahier des charges, enregistré, contenant les clauses et conditions auxquelles sera adjugée la rente dont il s'agit, et dont la lecture et publication auront lieu le....., à l'audience des criées du tribunal, pour être ensuite procédé à l'adjudication de ladite rente; duquel dépôt le comparant a demandé acte que nous lui avons donné, et a signé avec nous, greffier, après lecture. Dont acte.

(*Signatures de l'avoué et du greffier.*)

---

566. Dire consigné *par la partie saisie à la suite du cahier des charges pour réclamer des modifications dans les clauses de la vente.*

CODE PR. CIV., art. 644.

(*Voir* infra, *la formule analogue en matière de saisie immobilière.*)

---

567. Jugement *qui donne acte de la lecture et publication du cahier des charges, statue sur les dires et observations, et fixe le jour et l'heure de l'adjudication.*

CODE PR. CIV., art. 643 et 644.

Audience publique des criées du tribunal civil de première instance de........., du....... (*date*). Présents, MM. ... (*noms des président, juges et officier du ministère public*), ouï M\e......., avoué de M....... (*nom, prénoms, profession, domicile du saisissant*), créancier saisissant, qui a conclu à ce qu'il plaise au tribunal ordonner la lecture et la publication du cahier des charges; ouï M\e........, avoué de M........ (*nom, prénoms, profession,*

---

1. Le délai de quinzaine, dans lequel, après la dénonciation à la partie saisie, le saisissant doit remettre le cahier des charges, comporte l'augmentation d'un jour par cinq myriamètres de distance (C. pr. civ., art. 642).

domicile de la partie saisie), débiteur saisi, qui a conclu à ce qu'il plaise au tribunal........ (*conclusions*). — (*Si le saisi n'a pas constitué avoué* [1], *on met* : Nul pour M........, etc.); ouï M........., substitut de M. le procureur de la République, en ses conclusions ; sur l'ordre du tribunal, l'huissier de service a fait la lecture et publication du cahier des charges. Ouï de nouveau M^e........., qui a conclu à ce qu'il plaise au tribunal lui donner acte desdites lecture et publication ;

Le tribunal donne acte à M........ de la lecture et publication du cahier des charges dressé pour parvenir à la vente de la rente saisie au préjudice de M......; dit qu'il sera procédé à l'adjudication de ladite rente le........., heure de........;

Et statuant sur le dire de M......., attendu........ (*motifs*); ordonne que ledit cahier des charges sera modifié en ce que..... (*modifications*) (*ou bien* : déclare qu'il n'y a lieu de prononcer les modifications proposées) ; condamne M...., saisissant, aux dépens de l'incident (*si les modifications sont accueillies malgré la résistance du saisissant* ; — *sinon* : M......., partie saisie, aux dépens qui seront employés en frais privilégiés de vente), et dont distraction est prononcée au profit de M^e......, avoué, qui affirme en en avoir fait l'avance.

---

568. Extrait *du cahier des charges servant de placard.*

Code PR. CIV., art. 645.

Étude de M^e.....,.., avoué à......, rue........, n°.....

VENTE PAR SUITE DE SAISIE

D'une rente annuelle et perpétuelle de la somme de.........

Il sera procédé le........., heure de........., à l'audience des criées du tribunal civil de première instance de........, séant au palais de justice, à........, sur la poursuite de M......... (*nom, prénoms, profession*), demeurant à........., à la vente et adjudication au plus offrant et dernier enchérisseur d'une rente annuelle et perpétuelle de......, saisie au préjudice de M........ (*nom, prénoms, profession, domicile*), à la requête de M......., par exploit de........, huissier à......., en date du..., enregistré, laquelle saisie a été dénoncée à M....., par exploit de...., huissier à..., en date du......., enregistré.

---

1. Le jugement par défaut qui ordonne la lecture du cahier des charges d'une saisie de rente ne doit pas être signifié aux parties, puisqu'aux termes de l'art. 651 aucun jugement par défaut, en cette matière, n'est susceptible d'opposition. Mais cette signification est nécessaire pour faire courir le délai d'appel, lorsque le jugement a aussi statué sur des incidents (*J. Av.*, t. 76, p. 621, art. 1181).

DÉSIGNATION DE LA RENTE

(*Copier ici la désignation, avec établissement de propriété, insérée au cahier des charges*).

La vente aura lieu aux clauses, charges et conditions énoncées en l'enchère déposée à cet effet au greffe dudit tribunal, et, en outre, sur la mise à prix de........

Fait et dressé [1] par moi, avoué soussigné, poursuivant la vente, à......, le..........

Signé (*nom de l'avoué.*)

S'adresser pour les renseignements :

1° A M^e..........., avoué poursuivant, demeurant à...... ;

2° A MM......... (*indiquer les officiers ministériels et autres personnes qui peuvent donner des renseignements sur la rente à vendre*).

Enregistré à........, le...... Reçu.....

Signé (*nom du receveur de l'enregistrement.*)

---

569. Dire *fait avant l'adjudication.*

CODE PR. CIV., art. 647.

Le........, heure de........, au greffe et par-devant nous, greffier du tribunal civil de première instance de........, a comparu M^e......., avoué près ledit tribunal et de M....... (*nom, prénoms, profession, domicile*), poursuivant, lequel a dit que, pour parvenir à l'adjudication de la rente dont il s'agit, il a fait apposer, à chacun des endroits désignés par la loi, des placards dûment timbrés, et indiquant les jour, lieu et heure auxquels il serait procédé à l'adjudication [2] de ladite rente, ainsi que le tout est constaté par

---

1. L'obligation d'apposer des placards à la porte du débiteur de la rente s'applique même au cas où ce débiteur est domicilié à une grande distance de l'arrondissement du tribunal où se poursuit la vente (Q. 2142).

L'apposition des affiches et l'insertion sont prescrites à peine de nullité (Q. 2144; *Suppl. alphab.*, v° *Saisie des rentes*, n°s 57, 58).

Il y a nullité, si l'insertion et l'affiche ne sont pas justifiées dans les formes prescrites par les art. 698 et 699 (Q. 2148). Voir *infra*, au paragraphe suivant relatif à la *Saisie immobilière*.

2. L'adjudication serait nulle si elle n'était pas faite à extinction de feux (Q. 2149).

Le jugement d'adjudication de la rente doit, comme celui d'adjudication des immeubles, contenir injonction au saisi de délaisser la possession (Q. 2150).

Les formalités prescrites au titre de la saisie immobilière, et auxquelles les art. 647 et 648 renvoient pour la saisie des rentes, ne sont pas les seules que l'on doive observer dans cette saisie. Tous les cas non formellement prévus dans le paragraphe actuel doivent être régis par des analogies puisées dans le paragraphe suivant relatif à la *Saisie immobilière* (Q. 2151).

Les art. 708 et 709, qui, en matière de saisie immobilière, accordent à toute

un procès-verbal de..., huissier à..., en date du..., enregistré et visé par MM. les maires des communes de..., où l'apposition a été faite ; qu'en outre, le placard a été inséré dans le journal judiciaire de..., ainsi qu'il résulte de la feuille du..... (*date*) dudit journal, contenant l'insertion, avec la signature de l'imprimeur, légalisée par le maire, et enregistré à....., le...., par...., qui a reçu..........;

Que les frais faits pour parvenir à la vente s'élèvent, d'après la taxe, à la somme de........., que l'adjudicataire sera tenu de payer en sus de son prix et des autres charges et conditions à lui imposées, aux termes de l'art...... du cahier des charges.

En conséquence, et attendu que toutes les formalités prescrites par la loi ont été remplies, le comparant conclut à ce qu'il lui soit donné acte de l'accomplissement de ces formalités ; qu'il soit donné défaut contre M......... (*partie saisie*), en cas de non comparution, et qu'il soit passé outre à l'adjudication.

Et a le comparant signé.

(*Signature de l'avoué.*)

Remarque. — Ce dire, usité à Paris et devant plusieurs tribunaux, n'est pas cependant invariablement en usage dans tous les ressorts. Devant certains tribunaux, l'avoué poursuivant se présente à l'audience au jour fixé pour l'adjudication, conclut à ce qu'il y soit procédé, et le tribunal, après avoir fait annoncer le montant de la taxe des frais de poursuite, constate l'accomplissement des formalités prescrites et procède à l'adjudication.

570. Jugement *qui prononce la remise de l'adjudication.*

Voir la formule analogue en matière de saisie immobilière, infra, *formule n° 600.*

571. Jugement *d'adjudication.*

Voir infra *la formule n° 602 en matière de saisie immobilière.*

572. Déclaration *de command.*

Voir la formule n° 603 en matière de saisie immobilière.

---

personne la faculté de surenchérir le prix de l'adjudication, ne sont pas applicables en matière de saisie de rentes (Q. 2152 ; *Suppl. alphab.*, v° *Saisie des rentes*, n°s 69, 70).

L'art. 655 indique quelles sont les formalités de la saisie des rentes prescrites à peine de nullité.

L'art. 654 indique comment doit être distribué le prix de l'adjudication.

573. Pouvoir *donné à un avoué pour enchérir.*

Formule analogue à la formule infra *n° 604.*

---

574. Signification *du jugement d'adjudication.*

Formule analogue à la formule infra *n° 605.*

---

§ VIII. Saisie immobilière.

I. Procédure ordinaire. — II. Surenchère. — III. Incidents : 1° jonction de saisies portant sur des biens différents ; 2° saisie plus ample ; 3° extension de la saisie à tous les biens dépendant d'une même exploitation ; 4° demande en radiation ; 5° subrogation ; 6° poursuite sur radiation ; 7° distraction, 8° nullités ; 9° folle enchère ; 10° conversion. — IV. Voies de recours : 1° appel ; 2° cassation.

I. Procédure ordinaire.

575. Requête *pour obtenir*, et **Ordonnance** *qui accorde la permission de saisir les biens d'un débiteur, situés dans le ressort de divers tribunaux, et qui ne dépendent pas d'une même exploitation* [1].

(Loi du 14 novembre 1808, art. 3.)

A M. le Président du tribunal civil de........ [2]

M.......... (*nom, prénoms, profession*), demeurant à.........., ayant pour avoué M^e.............;

---

1. L'art. 2210 C. civ. ne permet pas de saisir simultanément des biens situés dans plusieurs arrondissements, s'ils ne font pas partie de la même exploitation. Cette prohibition ne s'étend pas au cas où les biens sont situés dans le ressort du même tribunal (comme dans le département de la Seine), ni au cas où des créanciers différents poursuivent simultanément la saisie, l'un dans un arrondissement, l'autre dans un second (Q. 2198, § III ; *Suppl. alphab.*, v° *Saisie immobilière*, n°s 153 et s.).
La loi du 14 novembre 1808 (*J. Av.*, t. 20, p. 167, n° 174) a introduit une exception à cette prohibition pour le cas où la valeur totale des immeubles est inférieure au montant des créances dues tant au saisissant qu'aux autres créanciers inscrits. — Cette loi n'est applicable qu'au cas prévu par l'art. 2210 ; elle ne peut être invoquée quand on se trouve dans la position dont s'occupe l'art. 2211, car alors il n'est pas besoin d'autorisation pour saisir le tout. — Elle n'introduit d'ailleurs aucune innovation quant à la compétence (art. 4 de la loi). Voir *infra*, p. 516, note 2.

2. D'après l'art. 3 de la loi précitée, le président compétent est celui du tribunal de l'arrondissement où le débiteur a son domicile.
Il n'est pas nécessaire que le saisissant soit un créancier hypothécaire pour qu'il puisse user de la faculté accordée par cette loi.

A l'honneur de vous exposer, Monsieur le Président, qu'il est créancier de M......... (*nom, prénoms, profession*), demeurant à.........., en vertu de....... (*énoncer le titre*) ; — que M.... est propriétaire de......... (*désignation sommaire de l'immeuble*), situé dans l'étendue du ressort du tribunal de........., et de... (*désignation sommaire de l'immeuble*), situé dans l'étendue du ressort du tribunal de.......... [1] ; — que les états d'inscription et les extraits de la matrice des rôles de la contribution foncière [2] produits à l'appui de la présente requête constatent que la valeur totale desdits immeubles est inférieure au montant réuni des sommes dues tant à l'exposant qu'aux autres créanciers inscrits ; que c'est donc le cas d'appliquer les dispositions de la loi du 14 novembre 1808 ; Pourquoi l'exposant requiert qu'il vous plaise, Monsieur le Président, lui permettre de faire procéder simultanément à la saisie de tous ces immeubles. Sous toutes réserves. Et ce sera justice.

(*Signature de l'avoué.*)

Soit la présente requête communiquée à M. le procureur de la République [3].

(*Signature du président.*)

Nous, procureur de la République près le tribunal civil de......, soussigné, sommes d'avis qu'il y a lieu d'accorder l'autorisation sollicitée par la requête qui précède.

(*Signature du procureur de la République.*)

---

1. Le mot arrondissement, dont se sert l'art. 1er de la loi, est synonyme de ressort de tribunal.
2. L'art. 2 de la loi de 1808 permet d'établir la valeur des biens soit d'après les derniers baux authentiques sur le pied du denier vingt-cinq ; soit en obtenant l'extrait du rôle des contributions foncières qui indique le revenu attribué aux immeubles, et en multipliant le chiffre de ce revenu par 30. Voir sur ce dernier mode d'évaluation ce qui est dit *J. Av.*, t. 74, p. 241, art. 662, où sont indiqués les moyens à prendre pour apprécier la valeur des propriétés dans les discussions judiciaires.
3. Prudemment cette requête doit être présentée au président avant le commandement tendant à saisie immobilière, car si, comme il est dit *infra*, p. 522, note 2, ce dernier acte n'a pas besoin de désigner les immeubles sur lesquels le créancier entend faire porter ses poursuites, cependant, le commandement devant, à peine de nullité, contenir élection de domicile dans le lieu où siège le tribunal appelé à connaître de la saisie (*infra*, p. 519, note 2), il faut, pour se conformer à la loi, élire domicile dans chacune des villes où siège le tribunal dans le ressort duquel se trouvent des immeubles que l'on prétend saisir. Or le créancier qui fait un semblable commandement avant d'avoir obtenu l'autorisation de faire procéder à ces saisies simultanées s'expose à ce que cet acte soit attaqué par le débiteur comme contraire aux dispositions de l'art. 2210 C. civ. — Jugé cependant que la critique du commandement, procédant de cet ordre d'idées, doit être écartée, le commandement n'étant qu'une formalité préalable, qui ne fait pas partie intégrante de la procédure d'expropriation forcée. Trib. civ. de Villefranche-sur-Rhône, 17 juillet 1903 (*J. Av.*, t. 128, p. 451).

ORDONNANCE

Nous, président, vu la requête qui précède et les pièces à l'appui, ensemble les conclusions de M. le procureur de la République; vu la loi du 14 novembre 1808; permettons à l'exposant de saisir simultanément les immeubles dont il s'agit.

A........, le......

(*Signature du président.*)

---

576. Commandement *tendant à saisie immobilière* [1].

CODE PR. CIV., art. 673.

L'an........., le........, en vertu de la grosse dûment en forme exécutoire d'un jugement rendu par la.......... chambre du tribunal civil de première instance de........., en date du...., enregistré et précédemment signifié tant à avoué qu'à partie, duquel jugement copie [2] est donnée en tête [de celle] des présentes (*Si le*

---

[1]. Le commandement est un acte préliminaire, qui ne fait pas partie intégrante de la procédure de saisie, tant qu'il n'a pas été suivi du procès-verbal de saisie.

De là il résulte qu'avant la saisie, la critique du commandement sous forme d'opposition et de demande en nullité se fait par action principale, soumise, quant à la compétence, aux délais et aux voies de recours, aux formalités de droit commun qui régissent les actions en général (*J. Av.*, t. 73, p. 58, art. 345, lettre A). Dans le même sens, Glasson et Colmet-Daäge, t. 2, p. 257; Cézar-Bru, n° 280; Garsonnet, t. 4, n° 654, p. 58.

Ainsi, le tribunal du domicile du défendeur est compétent pour connaitre de l'opposition au commandement tendant à saisie immobilière et de la demande en sursis provisoire aux poursuites, quoiqu'il s'agisse de l'exécution d'un arrêt infirmatif (*Ibid.*, p. 241, art. 427).

De même, le délai pour interjeter appel du jugement rendu sur l'opposition est le délai du droit commun, le délai de deux mois, et non le délai de dix jours de l'art. 731 C. pr. civ., spécial aux incidents de saisie immobilière (*Suppl. alphab.*, v° *Saisie-immobilière*, n°s 1992 et suiv.); Pau, 13 juillet 1889 (*J. Av.*, t. 115, p. 296); Nimes, 10 mai 1895 (*J. Av.*, t. 124, p. 183).

Le commandement est assujetti aux formalités ordinaires des exploits (Q. 2213; *Suppl. alphab.*, v° *Saisie immobilière*, n°s 276 et suiv.; Cézar-Bru, n° 281; Garsonnet, t. 4, n° 653, p. 55).

La nullité du commandement entraine celle de toute la procédure de saisie et du jugement d'adjudication auquel elle a abouti. Cass., 1er juillet 1902 (*J. Av.* t. 127, p. 436).

Lorsque l'immeuble saisi est entre les mains d'un tiers, il faut diriger les poursuites contre le débiteur originaire et contre ce tiers détenteur, auquel sommation de payer ou de délaisser doit être faite, pendant que commandement de payer est fait au débiteur originaire (Q. 2198, § II, 7°, p. 713). Voir *infra* formule n° 577.

Il n'est pas nécessaire que le commandement au débiteur originaire précède sommation de payer ou de délaisser, faite au tiers détenteur. Commandement sommation peuvent être faits par le même exploit (*Suppl. alphab.*, v° *Saisie immobilière*, n° 76).

[2]. Bien que le titre en vertu duquel la saisie est faite ait été déjà notifié, on n'est pas dispensé d'en donner quand même copie dans le commandemen

jugement a été frappé d'appel et qu'il soit intervenu un arrêt confirmatif, on ajoute : 2° d'un arrêt de la..... chambre de la cour d'appel de......, en date du....., enregistré, confirmatif dudit jugement, également signifié à avoué et à partie, desquels jugement et arrêt copie est donnée en tête [de celle] des présentes [1] — *Si le commandement est fait en vertu d'une obligation notariée, on la mentionne ainsi :* En vertu de la grossse d'une obligation passée devant M°......., notaire à............, le.........., enregistrée, dont copie est

---

(*Q.* 2200 *bis* ; Glasson et Colmet-Daâge, t. 2, p. 255 ; Garsonnet, t. 4, n° 653, p. 55; Cézar-Bru, n° 281).

Le commandement tendant à saisie immobilière fait en vertu d'un jugement précédemment signifié est nul, lorsqu'il n'y est pas donné copie intégrale de la grosse dudit jugement, mais seulement du dispositif. Trib. civ. de Ploermel, 30 avril 1902 (*J. Av.*, t. 127, p. 388).

Mais la signification du jugement peut être faite pour la première fois avec le commandement tendant à saisie immobilière (*J. Av.*, t. 73, p. 57, lettre E).

D'ailleurs, en général, l'obligation de notifier les titres ne s'étend qu'au titre paré, base des poursuites (*Q.* 2201 ; *Suppl. alphab., verb. cit.*, n°ˢ 237 et suiv., et *J. Av.*, t. 73, p. 57, art. 345, lettre D).

Ainsi, lorsque le titre primitif de la créance du saisissant a été modifié ou nové, il faut nécessairement donner copie de tous les titres successifs (Glasson et Colmet-Daâge, t. 2, p. 255).

Mais si ce titre a été seulement confirmé, il n'y a pas nécessité de donner copie de l'acte confirmatif (*Mêmes auteurs*).

Si le commandement est fait en vertu de la grosse d'un jugement, copie ne doit pas nécessairement être donnée, en même temps que de ce jugement, des titres sur lesquels il est intervenu (*Q.* 2101 ; *Suppl. alphab.*, v° *Saisie immobilière*, n°ˢ 237 et suiv.).

S'il est fait en vertu d'un acte d'ouverture de crédit, il n'est pas nécessaire qu'il y soit donné, outre la copie de la grosse de cet acte, copie des actes, qui peuvent être des actes sous seings-privés, constatant que le crédit a été réalisé. Cass., 25 juillet 1859 (*J. Av.*, t. 85. p. 396) ; Alger, 28 janvier 1895 (*J. Av.*, t. 120, p. 242); Paris, 4 novembre 1897 (*J. Av.*, t. 123, p. 58) ; Cass., 10 juillet 1900 (*J. Av.*, t. 125, p 344) ; Paris, 17 décembre 1900 (*J. Av.*, t. 126, p. 84).

Le cessionnaire qui a déjà fait notifier son transport n'est pas tenu d'en donner copie, à peine de nullité, en tête du commandement (*Q.* 2202 et *J. Av.*, t. 75, p. 612, art. 980); Montpellier, 28 janvier 1893 (*J. Av.*, t. 118, p. 455); trib. civ. de Bourgoin, 27 janvier 1899 (*J. Av.*, t. 124, p. 275).

L'art. 673 exige que la copie du titre soit entière, et par exemple, l'omission de la formule exécutoire, dont doit être assorti le titre, opère la nullité du commandement (*Q.* 2204 ; *Suppl. alphab.*, v° *Saisie-immobilière*, n° 257). Mais toute omission dans la copie du titre, n'entraîne pas nullité ; il faut, pour cela, qu'elle porte sur une partie essentielle du titre. C'est là, du reste, une question d'appréciation (*Q.* 2204). En ce sens, trib. civ. de la Seine, 20 décembre 1900 (*J. Av.*, t. 126, p. 85).

1. Il a été jugé, pour le cas où le commandement est fait en vertu d'un jugement, après arrêt confirmatif sur appel, d'une part, qu'il suffit de donner copie du jugement, en *visant* seulement en tête l'arrêt confirmatif, pour qu'il soit satisfait à l'art. 673 C. pr. civ.: Bourges, 21 décembre 1891 (D. P. 95.1.385) ; — d'autre part, qu'au même cas il suffit que copie intégrale soit donnée en tête du commandement de l'arrêt confirmatif, sans copie spéciale et séparée du jugement confirmé lui-même, lorsque ce jugement se trouve intégralement rapporté aux qualités dudit arrêt. Lyon, 31 juillet 1903 (*J. Av.*, t. 128, p. 367).

Cependant, il est plus prudent de donner, en pareil cas, copie intégrale à la fois du jugement et de l'arrêt (Glasson et Colmet-Daâge, t. 2, p. 255).

CHAP. II. — TIT. II. — § VIII. SAISIE IMMOBILIÈRE. — 576

donnée en tête [de celle] des présentes), — et à la requête de M....[1] (*nom, prénoms, profession*), demeurant à............, pour lequel domicile est élu à.......... (*lieu où siège le tribunal qui devra connaître de la saisie*)[2], rue.........., n°........., en

---

1. Tout créancier peut poursuivre la saisie immobilière, à moins qu'il n'en soit déclaré incapable par quelque disposition spéciale (*Q.* 2198, § 1er).
Ce droit appartient au créancier inscrit, même contre le tiers détenteur, quoiqu'il ne puisse être utilement colloqué à l'ordre (*Q.* 2198, § 1er, et *J. Av.*, t. 74, p. 767, art. 559).
Le créancier personnel d'un adjudicataire peut, avant que celui-ci ait payé le prix de son adjudication, saisir les biens adjugés (*J. Av.*, t. 74, p. 392, art. 726, § 1).
Le Trésor peut aussi saisir immobilièrement (*Q.* 2198, § 1er).
Pendant la communauté, le mari ne peut faire saisir les immeubles de sa femme (*Q.* 2198 § 1er; *Suppl. alphab.*, v° *Saisie immobilière*, n° 8).
Un tuteur, sans l'autorisation du conseil de famille, un syndic, sans celle du juge-commissaire, peuvent poursuivre la saisie immobilière, le premier contre le débiteur du mineur, le deuxième contre le débiteur du failli (*Q.* 2198, § 1er, 1°).
La femme mariée a besoin, pour agir par voie de saisie immobilière, de l'autorisation de son mari ou de justice. Mais, d'ailleurs, dans tous les cas autres que ceux où la femme est séparée de biens, ou bien où, étant mariée sous le régime dotal, elle poursuit le recouvrement d'une créance paraphernale (*Suppl. alphab.*, v° *Saisie immobilière*, n° 11 *in fine*), la poursuite appartient au mari lui-même.
Du reste, la femme qui poursuit conjointement avec son mari est, par cela seul, suffisamment autorisée ; et, lorsqu'elle a été autorisée par justice à engager une instance, elle n'a pas besoin d'une nouvelle autorisation pour faire exécuter par voie de saisie immobilière le jugement qu'elle a obtenu (*Q.* 2198, § 1er 1°).
Les créanciers d'une succession, ayant titre exécutoire, peuvent exproprier les immeubles sans mettre l'héritier bénéficiaire en demeure de les vendre, ou même malgré les poursuites qu'il aurait commencées pour cela (*Q.* 2198, § 1er, 4°; *Suppl. alphab.*, *verb. cit.*, n° 19).
Les créanciers d'une succession vacante peuvent faire saisir et vendre les immeubles dépendant de la succession ; le curateur, qui n'est pas leur mandataire légal, ne peut s'y opposer en arguant du droit qui lui appartient à lui-même de faire vendre lesdits immeubles. Angers, 30 novembre 1898 (*J. Av.*, t. 124, p. 121).
Une poursuite en saisie immobilière peut être exercée à la requête de deux créanciers ayant des titres différents (*Q.* 2199, § 1).
Le créancier, porteur de plusieurs titres de créance, mais qui n'a saisi que pour une seule de ces créances, peut, après avoir été payé de cette créance, continuer les poursuites à raison de celles qui n'ont pas été acquittées (*Q.* 2337).
2. L'élection de domicile dans le lieu où siège le tribunal qui devra connaître de la saisie n'est exigée, à peine de nullité, que dans le cas où le créancier requérant ne demeure pas lui-même en ce lieu (art. 673. C. pr. civ.).
S'il n'y demeure pas, l'élection de domicile en ce lieu, à l'exclusion de tout autre lieu du ressort du tribunal, est imposée à peine de nullité (*Q.* 2205; *Suppl. alphab.*, *verb. cit.*, n° 267).
Le tribunal qui doit connaître de la saisie est celui de la situation des biens (*Q.* 2198, § 5).
L'incompétence de tout autre tribunal est d'ordre public, et peut être opposée en tout état de cause. Paris, 30 décembre 1898 (*J. Av.*, t. 124, p. 201).
Si le créancier fait saisir simultanément plusieurs immeubles situés dans différents arrondissements, et dépendant de la même exploitation, le tribunal compétent est alors celui du chef-lieu de l'exploitation, ou de la partie des biens présentant le plus grand revenu (*Q.* 2198, § 5; *Suppl. alphab.*, *verb. cit.*, n°ˢ 205 et s.; Glasson et Colmet-Daâge, t. 2, p. 256).
Si le créancier a obtenu l'autorisation de saisir simultanément des immeubles situés dans divers arrondissements et dépendant d'exploitations différentes (Voir *supra*, formule n° 575), une élection particulière de domicile est nécessaire dans

l'étude[1] de Me...., avoué près le tribunal civil de première instance de........., j'ai....... (*immatricule de l'huissier*), soussigné, fait commandement à M..... [2] (*nom, prénoms, profession*), demeurant

---

chacune des villes (sauf celle où ledit créancier demeure) sièges des tribunaux appelés à connaître les saisies (*Ibid.*).

Le défaut d'élection de domicile dans le commandement n'est pas valablement réparé dans le procès-verbal de saisie (*Q.* 2205; *Suppl. alphab., verb. cit.*, n° 267). Mais la nullité qui en résulte n'est pas d'ordre public, et se trouve couverte par la renonciation expresse ou tacite du débiteur à s'en prévaloir; ... notamment lorsque celui-ci a payé un acompte depuis le commandement, en stipulant un sursis aux poursuites. Aix, 20 août 1884 (*J. Av.*, t. 110, p. 413).

Au domicile élu dans le commandement, le saisi peut valablement faire, en principe, à partir dudit commandement, et jusqu'à la dénonciation du procès-verbal de saisie, toutes ses significations, sauf cependant celle d'appel du jugement en vertu duquel les poursuites sont exercées, ou celle d'offres réelles (*Suppl. alphab., verb. cit.*, n°s 267 et suiv.; Glasson et Colmet-Daâge, t. 2, p. 256).

1. Ordinairement, l'élection de domicile dans la ville où siège le tribunal qui devra connaître de la saisie est faite en l'étude de l'avoué qui sera constitué dans le procès-verbal de saisie; mais il n'est rien prescrit à cet égard, et l'élection de domicile peut avoir lieu en un endroit quelconque de cette ville. Lyon, 31 juillet 1903 (*J. Av.*, t. 128, p. 367).

2. La poursuite de saisie immobilière ne peut être dirigée que contre celui qui est débiteur du poursuivant, ou tiers détenteur de l'immeuble hypothéqué à la dette (*Q.* 2198, § 2; *Suppl. alphab.*, v° *Saisie immobilière*, n° 45).

Si le débiteur est un individu en état d'*interdiction légale*, la poursuite ne peut être exercée que contre un tuteur qui doit lui être nommé; s'il s'agit d'un *contumax* et que la saisie soit faite dans les cinq ans avant l'expiration desquels la déclaration d'absence ne peut être prononcée, c'est l'administration des domaines qui le représente, qui intente les actions et qui y défend, c'est au directeur général, dans la personne du receveur du dernier domicile du contumax, qu'il faut signifier les actes de la poursuite; il n'est nullement nécessaire de faire nommer un curateur. Telle est la marche prescrite par l'avis du Conseil d'État du 20 septembre 1809 (*Q.* 2198, § 2, 1°; *Suppl. alphab., verb. cit.*, n° 50; *J. Av.*, t. 76, p. 598, art. 1180).

La saisie des immeubles des mineurs et des interdits ne peut être pratiquée qu'après la discussion de leur mobilier, excepté lorsque ces immeubles sont indivis avec des majeurs, si la dette leur est commune, ou que les poursuites ont été commencées contre un majeur ou avant l'interdiction (*Q.* 2198, § 2, 2°; *Suppl. alphab., verb. cit.*, n° 51).

La discussion du mobilier doit précéder non seulement la saisie des immeubles elle-même, mais même le commandement dont la saisie est la suite (*Q.* 2224; *Suppl. alphab., verb. cit.*, n° 51).

Le mobilier, qui doit être discuté préalablement à la saisie des immeubles d'un mineur ou d'un interdit, comprend tous les objets réputés meubles par la loi (*Q.* 2198, § 2, 2°). — par exemple les valeurs de bourse. Nîmes, 16 mai 1900, joint à Cass., 8 juillet 1901 (*J. Av.*, t. 128, p. 431).

Le créancier qui veut connaître quels sont les biens du pupille, susceptibles d'être discutés, somme le tuteur d'avoir à faire connaître ces biens. Voir *infra*, formule n° 578.

Lorsque l'existence de facultés mobilières du mineur, que le créancier ne pouvait connaître, et que le tuteur, mis en demeure de les déclarer, a laissé ignorer, est révélée seulement quand la procédure de saisie est commencée, cette procédure ne s'en trouve pas viciée de nullité; elle doit être seulement suspendue, les frais en restant à la charge du débiteur, pendant le temps nécessaire pour parvenir à la réalisation des biens nouvellement découverts (Nîmes, 16 mai 1900, *ubi supra*).

Le tuteur n'a pas besoin de l'autorisation du conseil de famille pour défendre à la saisie immobilière dirigée contre son pupille (*Q.* 2198, § 2, *in fine*; *Suppl. alphab., verb. cit.*, n° 56).

C'est contre le mari seul, que doit être poursuivie, pendant la communauté, la

à............, rue..........,..., n°.........., audit domicile[1] où étant et parlant à......, de, dans trente jours pour tout délai[2], payer au requérant ou à moi, huissier, porteur des pièces, la somme totale de.............[3], composée de : 1° celle de............,

---

saisie d'un immeuble dépendant de ladite communauté, quoique la femme se soit personnellement obligée à la dette (Q. 2198, § 2, 3°).

Mais après la dissolution de la communauté par la séparation de biens prononcée entre les époux, la saisie d'un immeuble de communauté, par un créancier de la communauté, doit être dirigée à la fois contre le mari et la femme. Dijon, 1er juillet 1902 (J. Av., t. 128, p. 19).

Quand il s'agit des immeubles propres de la femme, la poursuite doit également être dirigée contre le mari et la femme simultanément (Q. 2188, § 2; 3°; Suppl. alphab., verb. cit., n° 57).

La marche à suivre pour saisir les biens propres d'une femme dont le mari est interdit soit judiciairement, soit légalement, consiste à assigner la femme devant le tribunal, à l'effet de s'entendre autoriser d'office (Q. 2198, § 2, 3°; Suppl. alphab., verb. cit., n° 59).

En cas de faillite du débiteur, les poursuites doivent être intentées ou continuées contre les syndics (Q. 2198, § 2, 4° et Suppl. alphab., verb. cit., n° 88).

Si la faillite du débiteur saisi intervient avant l'adjudication, à une époque où il ne reste plus aucune signification à faire au saisi, il n'est pas nécessaire de reprendre l'instance avec les syndics (J. Av., t. 73, p. 49, art. 345, lettre A).

En matière solidaire, la poursuite de saisie immobilière, dirigée contre un seul des codébiteurs propriétaires, est censée poursuivie contre tous (Q. 2198, § 2, 6°; Suppl. alphab., verb. cit., n° 65).

Le commandement fait à l'héritier du débiteur, sans lui avoir fait signifier le titre huit jours auparavant est nul (Q. 2200; Suppl. alphab., verb. cit., n°s 83 et 84; 230 et suiv.; J. Av., t. 73, p. 57, art. 345, lettre c et t. 74, p. 36, art. 614, § 8).

1. L'art. 111 C. civ., qui permet de faire au domicile élu pour l'exécution d'un acte les significations, demandes et poursuites relatives à cet acte, s'applique au cas de saisie immobilière (Q. 2199; Glasson et Colmet-Daâge, t. 2, p. 257) non seulement à l'égard du débiteur lui-même, mais aussi à l'égard de ses héritiers (Q. 2200); c'est à ce domicile et non au parquet, que le commandement doit être notifié, lorsqu'on ignore le domicile réel du débiteur (J. Av., t. 73, p. 60; voir aussi J. Av., t. 98, p. 51).

Le commandement peut être signifié à la personne du débiteur, trouvée hors de son domicile (Q. 2199 ter; Suppl. alphab., verb. cit., n° 229).

Le commandement doit être remis au procureur de la République, lorsque le débiteur demeure hors de la France continentale, et que le titre ne contient pas élection de domicile pour l'exécution (J. Av., t. 73, p. 69, art. 345, lettre E).

Lorsque ni le domicile ni la résidence actuels du débiteur ne sont connus, le commandement doit être signifié par affiche à la porte du tribunal de *son dernier domicile*, et par une seconde copie au procureur de la République près le même tribunal (Suppl. alphab., verb. cit., n°s 281 et suiv.). Paris, 8 mars 1860 (J. Av., t. 86, p. 45).

Les significations faites à la requête du créancier, postérieurement au commandement, et pour lesquelles un mode particulier n'est point prescrit, peuvent être remises à un domicile différent de celui auquel le commandement a été signifié (Q. 2199 bis; Suppl. alphab., verb. cit., n° 228).

2. Il ne peut pas être donné suite au commandement par la saisie des immeubles avant l'expiration du trentième jour ou après celle du quatre-vingt dixième jour à partir de la date (Voir les notes sous la formule n° 580 *infra*).

3. Un commandement ne peut pas être annulé sur le motif qu'il a été fait pour une somme excédant celle qui est réellement due; il y a lieu seulement d'en réduire l'effet à la somme réellement due et exigible (Q. 2214); Paris, 4 novembre 1897 (J. Av., t. 123, p. 58).

montant en principal des condamnations prononcées au profit du requérant contre M............ par le jugement susénoncé (*ou montant principal de l'obligation susénoncée et exigible depuis le.........*); 2° celle de........., montant de.......... (*années, ou trimestres, ou jours*) d'intérêts de ladite somme à raison de.... pour cent par an (*Si l'on agit en vertu d'une obligation, ajouter ces mots* : taux fixé par ladite obligation, les intérêts payables les..... (*termes*) de chaque année), sans préjudice de tous autres droits, actions, intérêts et frais de mise à exécution ; lui déclarant que, faute par lui de satisfaire au présent commandement dans le délai ci-dessus fixé, il y sera contraint par toutes les voies de droit, notamment par la saisie de ses biens immeubles, et spécialement de la maison [1] sise à.........., rue.........., n°....... (*S'il existe une affectation hypothécaire ou privilégiée, on ajoute ces mots* : affectée hypothécairement au paiement en principal et accessoires de l'obligation susdatée. — *Si le créancier se propose de diriger la saisie contre les tiers détenteurs de l'immeuble, on ajoute* : par lui vendue à M.....).

Et je lui ai, audit domicile, en parlant comme ci-dessus, laissé sous enveloppe, etc..., copie entière, certifiée et signée par moi, huissier soussigné, tant de la grosse dudit jugement (*ou desdits jugement et arrêt, ou encore de ladite obligation*), que du présent commandement, dont l'original sera visé dans le jour par M. le maire de la commune de.......... (*commune où le commandement est signifié*), conformément à la loi. Coût......

(*Signature de l'huissier.*)

Visé [2] par nous, maire [3] (*ou adjoint au maire*) de la commune de...., en la mairie de ladite commune, le.....

(*Signature du maire ou de l'adjoint.*)

---

1. Le commandement doit, à peine de nullité, contenir la déclaration que, faute de paiement, il sera procédé à la saisie des immeubles (Q. 2206 ; *Suppl. alphab.*, *verb. cit.*, n° 275).

Mais il n'est pas nécessaire que le commandement contienne la désignation des immeubles dont le créancier entend provoquer la vente ; il suffit qu'il énonce que, *faute de payement, il sera procédé à la saisie des immeubles du débiteur* (Q. 2206; *Suppl. alphab., verb. cit.*, n° 273).

Il faut néanmoins n'entendre la solution qui précède qu'en ce sens que le créancier ne pourra valablement saisir que les immeubles dont le chef-lieu d'exploitation se trouve dans le ressort du tribunal, au siège duquel il a fait élection de domicile, s'il n'y est domicilié. La saisie d'immeubles distincts situés dans d'autres arrondissements n'est régulière qu'à ces deux conditions : 1° qu'elle ait été autorisée (Voir *supra*, formule n° 575 et p. 515, note 1) ; 2° qu'il y ait autant d'élections de domicile que de tribunaux différents appelés à connaître de la saisie des divers immeubles.

2. Il faut entendre par ces mots de l'art. 673 : *dans le jour*, que c'est avant la fin du jour où l'exploit est signifié, et non pas seulement dans les vingt-quatre heures de cette signification, que le visa doit être donné (Q. 2210 ; *Suppl. alphab.*, *verb. cit.*, n° 291).

3. Si c'est le créancier poursuivant qui est maire de la commune, il ne peut pas viser lui-même l'original, et cette formalité est remplie par l'adjoint (Glasson et Colmet-Daâge, t. 2, p. 257; Cézar-Bru, n° 284).

Mais le visa peut être donné par le maire, qui est lui-même le débiteur ou

577. Sommation au tiers détenteur d'un immeuble hypothéqué de payer ou de délaisser [1]

Code PR. CIV., art. 673.

L'an.........., le..........., à la requête de M.......... (*nom, prénoms, profession du créancier hypothécaire*), demeurant à......, pour lequel domicile est élu à........., rue........., n°......., en l'étude de M^e..........., avoué près le tribunal civil de première instance de........., j'ai.......... (*immatricule de l'huissier*), soussigné, signifié et en tête [de celle] des présentes laissé copie [2] à M.......... (*noms et profession du tiers détenteur*), tiers

---

parent du débiteur (Q. 2212; *Suppl. alphab., verb. cit.*, n° 293; Glasson et Colmet-Daâge, Cézar-Bru, et Garsonnet, *loc. cit.*). On ne saurait cependant reprocher à l'huissier de s'être adressé, en pareil cas, à l'adjoint, en expliquant le motif qui l'a empêché de s'adresser au maire (Q. 2212).

Ce sont les conseillers municipaux, par ordre hiérarchique, qui doivent viser l'original du commandement, si le maire et l'adjoint sont absents ou empêchés (Q. 2207; *Suppl. alphab., verb. cit.*, n° 286).

Si le maire, l'adjoint et tous les conseillers municipaux sont absents ou empêchés ou refusent leur visa, on procède conformément aux dispositions de l'art. 1039 C. pr. civ. (Q. 2208; *Suppl. alphab., verb. cit.*, n° 287); Bastia, 17 mars 1902 (*J. Av.*, t. 127, p. 377).

L'huissier doit constater l'absence ou l'empêchement des fonctionnaires hiérarchiquement supérieurs à celui dont il requiert et obtient le visa, soit pour le commandement, soit pour le procès-verbal de saisie; cependant l'omission de cette constatation n'entraîne pas nullité (Q. 2209; *Suppl. alphab., verb. cit.*, n°s 288 et suiv.).

La signature de la main du maire, ou de l'adjoint ou conseiller municipal qui le remplace, est l'élément essentiel du visa; l'apposition de cette signature au moyen d'une griffe ne peut remplacer la signature manuscrite, à défaut de laquelle le visa est inopérant et le commandement nul. Cass., 17 avril 1893 (*J. Av.*, t. 118, p. 358).

Il n'est pas nécessaire que le visa du maire soit mentionné sur la copie du commandement; mais cela est plus régulier (Q. 2211; *Suppl. alphab., verb. cit.*, n° 294).

Voir encore, en ce qui concerne la formalité du visa, également exigée pour le procès-verbal de saisie et sa dénonciation, *infra*, p. 534, note 5, p. 535, note 1, p. 537, note 7.

1. Voir *supra*, p. 517, note 1.
Il arrive souvent qu'un créancier dont la créance n'est pas liquidée éprouve un certain embarras sur la marche à suivre pour diriger des poursuites contre les tiers détenteurs. Cette difficulté se présente surtout à l'occasion des reprises des femmes mariées. — Dans cette situation, la femme, ou ses héritiers, doivent évaluer la créance, prendre inscription, faire la sommation au tiers détenteur pour interrompre la prescription, intenter une action en liquidation contre le mari ou ses héritiers, et y appeler les tiers détenteurs (*J. Av.*, t. 73, p. 51, art. 345, lettre E).

2. Il est prudent de donner dans la sommation au tiers détenteur (Voir *J. Av.*, t. 76, p. 605, art. 1181), comme dans le commandement au débiteur originaire, copie des titres du saisissant. Mais cette formalité n'est pas, dans ce cas, prescrite à peine de nullité (Q. 2203; *Suppl. alphab.*, v° *Saisie immobilière*, n° 253; *J. Av.*, t. 73, p. 51, art. 345, lettre B).

détenteur de........ (*désignation de l'immeuble*), par lui acquis de M..... (*nom, prénoms, profession, domicile*), demeurant à......., audit domicile où étant et parlant à.........., d'un jugement (*ou arrêt, ou obligation etc.; on désigne le titre comme dans la formule précédente*);

Et à mêmes requête, demeure et élection de domicile que dessus, j'ai, huissier susdit et soussigné, fait sommation au susnommé de, dans trente jours pour tout délai, payer au requérant ou à moi, huissier, porteur des pièces, la somme de..... (*énoncer le montant de la créance, comme à la formule précédente*), ou bien de délaisser[1] les immeubles[2] par lui acquis de M..... et affectés hypothécairement à la sûreté de la créance du requérant;

Lui déclarant que, faute par lui soit de payer, soit de délaisser lesdits immeubles dans le délai ci-dessus fixé, le requérant fera procéder, si le commandement notifié le...... (*ou qui sera notifié*) à M......, débiteur originaire, demeure infructueux, à la saisie réelle[3] et à la vente desdits immeubles dans la forme prescrite par la loi, pour être payé sur le prix à en provenir. A ce qu'il n'en ignore.

Et je lui ai, audit domicile, en parlant comme ci-dessus, laissé copie sous enveloppe, etc........; tant dudit jugement que du présent exploit, dont l'original sera visé[4] dans le jour par M. le maire de....., conformément à la loi. Coût.......

---

578. Sommation *faite au tuteur par un créancier du mineur ou de l'interdit, qui veut connaître les biens susceptibles de discussion*[5].

CODE CIV., art. 2206.

L'an......., le......., à la requête de M...... (*nom, prénoms,*

---

1. L'art. 2183 C. civ. n'exige pas une sommation distincte de celle prescrite par l'art. 2169. On n'est pas tenu, pour saisir l'immeuble sur le tiers détenteur, de faire notifier : 1° une sommation afin de purger 2° une sommation d'avoir à payer ou à délaisser (Q. 2198, VI).
Le tiers détenteur doit seulement, à peine de nullité, recevoir une sommation de *payer ou délaisser*, la sommation de notifier ses titres n'équivaut pas à la précédente (*J. Av.*, t. 74, p. 373, art. 722 et t. 73, p. 50, art. 345, lettre E).
2. Dans la sommation, comme dans le commandement au débiteur originaire (Voir *supra*, p. 522, note 1), il n'est pas nécessaire de désigner les immeubles à saisir (Q. 2206; *Suppl. alphab., verb. cit.*, n° 274).— Voir cependant Riom, 20 janvier 1859 (*J. Av.*, t. 84, p. 226).
3. La sommation de payer ou de délaisser, comme le commandement (*Voir supra* p. 522, note 1), doit, à peine de nullité, contenir la déclaration que, faute de paiement, il sera procédé à la saisie (*Suppl. alphab., verb. cit.*, n° 275).
4. Il semble cependant que la formalité du visa par le maire n'est pas obligatoire (*Suppl. alphab., verb. cit.*, n° 285).
5. Voir *supra*, p. 520, note 2.
La sommation dont la formule est donnée ici n'est pas expressément prévue par la loi qui, en prohibant la mise en vente des immeubles du débiteur mineur

profession), demeurant à............, pour lequel domicile est élu chez......, j'ai........ (*immatricule de l'huissier*), soussigné, fait sommation à M....... (*nom, prénoms, profession*), pris en qualité de tuteur (*s'il s'agit d'un mineur ou d'un interdit, ou* de curateur, *s'il s'agit d'un mineur émancipé*) du mineur....... (*nom, prénoms*), demeurant ledit tuteur (*ou* curateur), à......., en son domicile, où étant et parlant à....... de, dans....... jours pour tout délai, dénoncer au requérant, créancier dudit mineur en vertu de....... (*énonciation du titre de créance*), quels sont les biens appartenant à son pupille susceptibles d'être discutés ; déclarant à M...... que la présente sommation lui est faite parce que le requérant, avant de poursuivre la saisie des immeubles de son débiteur, veut se conformer à l'art. 2206 C. civ., et que, faute par lui de faire cette dénonciation dans le délai fixé, le requérant passera outre à la saisie des immeubles du mineur..... (*ou* interdit), son débiteur.

Et je lui ai, audit domicile, parlant comme ci-dessus, laissé copie du présent, sous enveloppe, etc.... Coût......

(*Signature de l'huissier.*)

---

579. Pouvoir *donné à l'huissier pour procéder à la saisie immobilière*[1].

CODE PR. CIV., art. 556.

Je, soussigné...... (*nom, prénoms, profession*), demeurant à....

---

avant la discussion de mobilier, ne s'est expliquée ni sur les formes de cette discussion, ni sur le délai dans lequel elle doit être demandée. Dès lors, la mise en demeure du tuteur de faire connaître les biens discutables peut, à défaut de pareille sommation, suffisamment résulter des circonstances, ou de tout autre acte ou procédure équivalents. Cass., 8 juillet 1901 (J. Av., t. 128, p. 431).

Jugé en conséquence qu'une tentative de saisie-exécution, pratiquée au domicile du tuteur légal du mineur sur un mobilier que le créancier avait pu croire la propriété de ce mineur, ladite tentative de saisie arrêtée par une revendication du tuteur et convertie en procès-verbal de carence, peut être considérée comme l'équivalent d'une sommation au tuteur d'avoir à révéler les facultés mobilières de son pupille, et autorise le créancier à passer outre à la vente sur saisie des immeubles de ce dernier (*même arrêt*).

1. Aucune formule sacramentelle, bien entendu, n'est imposée quant aux termes dans lesquels doit être donné ce pouvoir, et il suffit qu'il contienne, pour l'huissier, mandat de saisir, avec indication du montant de la somme pour avoir payement de laquelle la poursuite est exercée, du titre exécutoire en vertu duquel la saisie doit être faite, et des immeubles sur lesquels la saisie doit porter. Lyon, 31 juillet 1903 (J. Av., t. 128, p. 367).

Il n'est pas nécessaire que ce pouvoir émane du créancier lui-même ; il est valablement donné au nom de celui-ci, par un mandataire autorisé à poursuivre le recouvrement des créances du mandant. Poitiers, 21 avril 1872 (J. Av., t. 98, p. 78 ; Lyon, 31 juillet 1903, précité.

donne, par les présentes, pouvoir à M®....., huissier à......, de, pour moi et en mon nom, procéder à la saisie immobilière d'une maison...... (ou tout autre immeuble) située à......, rue......., n°....... (Indiquer ici les immeubles ruraux avec assez de précision pour que l'huissier ne puisse commettre d'erreur), appartenant à M...... (nom, prénoms, profession), demeurant à....., mon débiteur d'une somme principale de......., avec les intérêts à partir du......, en vertu de....... (indiquer le titre), à laquelle créance cet immeuble a été affecté et hypothéqué par l'obligation (Cette dernière phrase doit être supprimée si le titre ne confère pas hypothèque ; si c'est un jugement, on mentionne l'inscription d'hypothèque judiciaire, lorsqu'il en a été pris une), dresser à cet effet tous les actes de poursuite de son ministère ; constituer par le procès-verbal de saisie M®........, avoué près le tribunal civil de.......; élire domicile dans l'étude de cet avoué, et faire généralement tout ce qui sera nécessaire.

En conséquence, j'ai remis à M..... la grosse du..... (désigner le titre).

(Signature de la partie.)

580. Procès-verbal de saisie immobilière [1].

CODE PR. CIV., art. 675 et 676.

L'an....., le...... [2], heure de........., en vertu de la grosse

---

1. Par toutes les formalités communes à tous les exploits que, d'après l'art. 575, doit contenir le procès-verbal de saisie, on doit entendre : 1° la date ; 2° les nom, profession et domicile du créancier ; 3° les nom, demeure et immatricule de l'huissier ; 4° les nom, profession et demeure du débiteur ; mais il ne saurait être question de la remise de la copie, ni du parlant à, formalités cependant communes aux exploits, puisque le procès-verbal n'est dénoncé que plus tard (Q. 2224).

2. L'indication inexacte ou erronée de la date n'entraîne pas la nullité du procès-verbal, lorsque la date véritable peut être déterminée exactement à l'aide d'autres renseignements fournis par le procès-verbal de saisie lui-même. Lyon, 31 juillet 1903 (J. Av., t. 128, p. 367).

Un délai minimum de trente jours doit, à peine de nullité, s'être écoulé depuis le commandement avant qu'il ne puisse être procédé à la saisie (art. 674 C. pr. civ.). Ce délai de trente jours est un délai franc (Q. 2217 ; Suppl. alphab., v° Saisie immobilière, n° 304 ; Glasson et Colmet-Daâge, t. 2, p. 264 ; Cézar-Bru, n° 208 ; Garsonnet, t. 4, n° 657, p. 78).

... mais non susceptible d'augmentation à raison des distances, ni à raison de ce que le saisi est domicilié en pays étranger (Q. 2217 ; Suppl. alphab.; Glasson et Colmet-Daâge, Cézar-Bru, Garsonnet, loc. cit.).

A ce délai minimum de 30 jours, il faut ajouter le délai de huitaine de l'art. 877 C. civ., si la saisie est pratiquée sur les héritiers du débiteur (Glasson et Colmet-Daâge, t. 2, p. 261).

Ce délai doit-il, lorsque le commandement a été fait en vertu d'un jugement par défaut, être augmenté du délai de huitaine, pendant lequel, aux termes de l'art. 155 C. pr. civ., l'exécution des jugements par défaut est suspendue ? Pour

etc.[1] (*Voir la formule* supra, n° 576), de laquelle grosse copie

---

l'affirmative, trib. civ. de Lourdes, 24 octobre 1887 (*J. Av.*, t. 113, p. 16). — En sens contraire : *Suppl. alphab.*, v° *Saisie immobilière*, n° 317 ; *J. Av.*, t. 113, p. 9.

D'autre part, le commandement est périmé, a perdu son effet, et la saisie ne peut plus être valablement faite sans un nouveau commandement, à partir duquel un nouveau délai de trente jours doit se passer avant qu'il puisse être procédé à la saisie, lorsque quatre-vingt dix jours se sont écoulés depuis le commandement (art. 674 C. pr. civ.). — Ce délai maximum de quatre-vingt dix jours est, d'après l'opinion commune, également un délai franc, et ainsi, la saisie pratiquée le quatre-vingt onzième jour après le commandement est valable (*Suppl. alphab.*, v° *Saisie immobilière*, n° 307; Glasson et Colmet-Daâge, t. 2, p. 264 ; Cézar-Bru, n° 288 ; Garsonnet, t. 4, n° 657, p. 79. — *Contra* : Q. 2218).

Il n'est pas non plus susceptible d'augmentation à raison des distances (Q. 2218; *Suppl. alphab.*, verb. et loc. cit. ; Glasson et Colmet-Daâge, Cézar-Bru, Garsonnet, *op. et loc. cit.*).

Il n'est pas nécessaire que le procès-verbal de saisie soit terminé dans les quatre-vingt dix jours à partir du commandement, il suffit qu'il soit commencé avant que ce délai ne soit expiré, et qu'il y soit procédé ensuite sans discontinuer, pour que la péremption du commandement soit évitée (Q. 2222 ; *Suppl. alphab.*, verb. cit., n° 325).

Lorsque, le débiteur ayant fait opposition au commandement, le créancier ne peut passer outre à la saisie, le délai de quatre-vingt dix jours pour la péremption du commandement est, non pas interrompu, mais seulement *suspendu*, jusqu'au moment où l'opposition au commandement a disparu par l'effet de la mainlevée qui en a été obtenue, soit amiablement, soit par jugement (Q. 2219; *Suppl. alphab.*, verb. cit., n° 314 ; Glasson et Colmet-Daâge, t. 2, p. 265 ; Garsonnet, t. 4, n° 657, p. 79).

Le délai de quatre-vingt-dix jours recommence à courir, quand il est intervenu un jugement rejetant l'opposition au commandement, à la date où le saisi a volontairement exécuté ce jugement. Limoges, 15 janvier 1897 (*J. Av.*, t. 123, p. 313).

Et il a été jugé que le paiement des frais de ce jugement, même fait à l'avoué distractionnaire, est une exécution suffisante pour que le délai de quatre-vingt-dix jours reprenne son cours à la date à laquelle ce paiement a eu lieu (*Même arrêt*).

La péremption de l'art. 674 C. pr. civ. s'applique également, et de la même manière qu'au commandement, à la sommation de payer ou de délaisser faite au tiers détenteur (Q. 2218).

Cependant, suivant une autre opinion, la sommation au tiers détenteur, à la différence du commandement au débiteur, se prescrirait, non pas par quatre-vingt-dix jours, mais seulement par trois ans, de telle sorte que, lorsque plus de quatre-vingt-dix jours se sont écoulés depuis le commandement, et moins de trois ans depuis la sommation, le commandement a seul besoin d'être renouvelé avant la saisie (*Suppl. alphab.*, verb. cit., n° 309; Glasson et Colmet-Daâge, t. 2, p. 265 ; Cézar-Bru, n° 311 ; Garsonnet, t. 4, n° 657, p. 82).

1. On peut procéder à la saisie immobilière en vertu d'une créance certaine et non liquide ; mais il doit être sursis aux poursuites jusqu'à la liquidation (Q. 2198, § IV, n° 1).

Lorsque la créance, quoique certaine quant à la quotité, n'est pas liquidée en argent, le poursuivant doit s'arrêter immédiatement après la saisie (*Ibid.*).

Cependant, il a été jugé que les poursuites pouvaient être continuées, sauf à surseoir à l'adjudication jusqu'après la liquidation (*J. Av.*, t. 75, p. 540).

L'appréciation en argent d'une dette qui se trouve liquidée en denrées se fait d'après les mercuriales (Q. 2198, § IV, n° 25).

La créance résultant d'une condamnation aux dépens peut être considérée comme liquide (*Ibid.*, n. 4).

La prétention qu'élèverait le débiteur d'avoir payé des à-comptes ne rendrait pas la créance non liquide (*Ibid.* n° 5) ; Cass., 18 juillet 1900 (*J. Av.*, t. 125, p. 332).

On ne peut pas poursuivre une saisie immobilière, en vertu d'un acte d'ouver-

entière a été donnée à M............ [1] (*nom, prénoms, profession, domicile*), en tête du commandement tendant à saisie immobilière à lui signifié par exploit de......., huissier à...., en date du...., enregistré, et à la requête de M........ (*nom, prénoms, profession et domicile du saisissant*), pour lequel domicile est élu à.... (*lieu où siège le tribunal qui doit connaître de la saisie*), rue......, n°....., en l'étude de M°........, avoué près le tribunal civil de première instance de....., qu'il constitue [2] et qui occupera pour lui sur la saisie immobilière à laquelle il va être procédé, je...... (*immatricule de l'huissier*) [3], soussigné, porteur d'un pouvoir spécial [4] à moi donné par M......, suivant acte sous seing privé en date du...., enregistré, me suis transporté devant une maison située dans la commune de..., arrondissement de....., département de...... [5],

---

ture de crédit revêtu de la formule exécutoire, lorsque le règlement de la créance n'a pas été établi par un compte amiable ou par un jugement. Paris, 30 mars 1867 (*J. Av.*, t. 92, p. 234); 7 juin 1894 (*J. Av.*, t. 120, p. 13). — Compar. Cass., 10 et 18 juillet 1900 (*J. Av.*, t. 125, p. 334 et 332).
On énonce sommairement dans le procès-verbal le titre exécutoire (Q. 2225).
1. Si c'est une femme qui est débitrice, et qui, non mariée au moment où le commandement lui a été signifié, se serait mariée depuis lors et avant la saisie, il n'y a pas lieu de refaire le commandement pour le signifier au mari, mais on doit mentionner dans le procès-verbal ce changement d'état de la débitrice (*J. Av.*, t. 74, p. 636, art. 786, p. 13).
2. La constitution d'avoué faite dans le procès-verbal de saisie ne détruit pas les effets de l'élection de domicile faite par le commandement chez une autre personne que cet avoué. L'élection de domicile du commandement conserve ses effets jusqu'à la dénonciation du procès-verbal (Q. 2243; *Suppl. alphab., verb. cit.*, n°s 398 et s.).
3. Lorsqu'un huissier emploie plusieurs vacations à une saisie immobilière, il suffit que son immatricule soit énoncé dans la première vacation — Voir la *remarque* qui suit la formule.
4. Il n'est pas nécessaire que l'huissier fasse mention dans le procès-verbal du pouvoir spécial dont il doit être porteur, conformément à l'art. 556. Il suffit qu'il puisse le produire, lorsque la partie réclame cette production (Q. 2223; *Suppl. alphab., verb. cit.*, n°s 327 et suiv.).
Dans l'usage cependant, l'huissier prévient cette demande en indiquant le pouvoir dans son procès-verbal.
L'huissier contrevient à l'art. 42 de la loi du 22 frimaire an 7, lorsqu'il fait la saisie en vertu d'un pouvoir non enregistré en l'énonçant comme verbal, ou en le dissimulant sous toute autre formule dubitative, destinée à le soustraire à l'obligation de l'enregistrement. Sol. de la Régie, 25 septembre 1884 (*J. Huiss.*, t. 67, p. 73).
5. La mention, dans le procès-verbal, que l'huissier s'est transporté sur la commune, ou qu'il s'est transporté exprès dans la commune de la situation des biens, n'équivaut pas à la mention du transport sur les biens saisis, exigée par l'art. 675 (Q. 2226, *in fine*; *Suppl. alphab., verb. cit.*, n° 338).
Lorsque les immeubles saisis sont situés dans plusieurs communes, le transport de l'huissier est valablement exprimé par une mention, mise en tête des parties du procès-verbal spécial à chaque commune, et, en outre, dans la partie qui précède immédiatement la clôture du procès-verbal : il n'est pas nécessaire qu'il en soit fait mention à la fin de chaque procès-verbal partiel (*Suppl. alphab., verb. cit.*, n° 337).
L'huissier qui ne se transporterait pas sur les biens saisis s'exposerait à la peine du faux (Q. 2247).
L'huissier doit se rendre sur les lieux pour pratiquer la saisie, mais il peut dresser le procès-verbal ailleurs. V. *infra*, p. 534, note 2.

rue......., n°........ [1], et dont la désignation suit :

Si la maison saisie ne porte pas de numéro, l'art. 675, n° 3, exige l'indication de deux au moins des tenants et aboutissants. Cette indication se fait ainsi : tenant du côté nord à...., du côté sud à......

S'il s'agit de biens ruraux, il faut insérer au procès-verbal la désignation des bâtiments[2] *quand il y en a, la nature et la contenance approximative*[3] *de chaque pièce*[4], *le nom du fermier ou*

---

1. L'omission du nom de la rue ou du numéro de la maison entraîne la nullité de la saisie (*Q.* 2229 ; *Suppl. alphab., verb. cit.*, n° 358).
S'il n'existe pas de numéro ou s'il y a inexactitude, il est convenable que l'huissier en fasse mention, pour éviter toute difficulté, et qu'il indique les tenants et aboutissants.
2. La désignation des bâtiments, lorsqu'il s'agit de fonds ruraux, se fait par leur destination ; il est prudent néanmoins de les désigner par leur extérieur (*Q.* 2232 ; *Suppl. alphab., verb. cit.*, n° 362).
3. On peut désigner la contenance approximative par le mot *environ* (*Q.* 2233 ; *Suppl. alphab., verb. cit.*, n° 368).
Il n'y a pas nullité d'un procès-verbal de saisie qui donne aux biens une contenance très inférieure à leur contenance réelle, lorsque la contenance indiquée est celle qui figure dans la matrice du rôle. Pour que la nullité soit prononcée, il faut qu'il y ait faute inexcusable de la part de l'huissier. C'est là une question d'appréciation (*Q.* 2233 *bis*; *Suppl. alphab., verb. cit.*, n° 369 ; *J. Av.*, t. 99, p. 331).
Il n'est pas indispensable d'indiquer la contenance des domaines urbains (*Q.* 2228 ; *Suppl. alphab., verb. cit.*, n° 356).
4. L'art. 675 entend exprimer, par le mot *pièce*, chaque portion des terres du saisi qui est séparée des autres par des haies, fossés ou autrement ; on désigne les pièces par leur nature, en indiquant l'état de culture dans lequel elles se trouvent et les fruits qu'elles produisent (*Q.* 2234).
L'exigence de l'art. 675, relative à la désignation de *chaque pièce*, lorsqu'il s'agit de la saisie d'un bien rural, est substantielle, et son inobservation emporte nullité. Angers, 20 février 1900 (*J. Av.*, t. 125, p. 261).
Il y a violation, à cet égard, de l'art. 675, lorsque le procès-verbal de saisie d'un domaine rural donne seulement les limites et confronts du domaine sans détail des pièces qui le composent. Limoges, 21 février 1874 (*J. Av.*, t. 99, p. 275); Montpellier, 13 mars 1902 (*J. Av.*, t. 127, p. 258).
L'adjudicataire n'acquiert aucun droit de propriété sur les pièces qui ne sont expressément désignées, ni dans le procès-verbal de saisie, ni dans le cahier des charges (*Q.* 2227 *bis*); Limoges, 21 février 1874 et Angers, 20 février 1900, précités.
... alors même que le procès-verbal énonce que « *la saisie s'applique, d'une manière générale, à toutes les parcelles composant le domaine saisi, sans exception ni réserve des différentes parcelles, lors même qu'elles auraient été omises dans la désignation* » (Limoges, 21 février 1874, précité). — V. aussi Montpellier, 13 mars 1902, également précité.
Il en est autrement à l'égard des *pièces* qui figurent dans le procès-verbal et le cahier des charges, et qui ont été omises seulement dans les placards (*J. Av.*, t. 73, p. 62, art. 345, lettre B).
Jugé que la nécessité de la désignation détaillée par *pièces*, dans le procès-verbal de saisie, s'impose spécialement au cas de saisie d'une *concession minière* (Montpellier, 13 mars 1902, précité).
... que l'huissier ne fait pas de frais frustratoires, mais agit seulement régulièrement en ne se contentant pas d'indiquer le périmètre de la concession et en désignant, en outre, par leur nature et leur contenance approximative, toutes les parcelles sous lesquelles ladite concession est exploitée (*Même arrêt*).
D'après l'usage général, les pièces de terre sont désignées (comme dans la formule ci-dessus) non seulement par leur nature et leur contenance, mais encore par leurs *confronts* ; il est, sans doute, à désirer que les énonciations du procès-

colon¹, s'il y en a, la commune et l'arrondissement où chacune des pièces est située, le tout à peine de nullité. Cette désignation a lieu en ces termes : me suis transporté sur un domaine connu sous le nom de...., situé au lieu de......., communes de..., et de..., arrondissement de........, département de........, à la culture duquel est préposé M...... (fermier, colon, domestique, etc., de M........), ledit domaine composé des articles suivants que j'ai successivement parcourus et visités :

Biens situés dans la commune de...

1° Une maison d'habitation, destinée au propriétaire, tenant du côté nord à........, et du côté sud à....., ladite maison composée de........ (*désignation comme ci-après*);

2° Une maison d'habitation pour le colon (*ou* fermier, *ou* domestique), tenant du nord à......, et du midi à......., ladite maison composée de........, etc.;

3° Une grange, etc. (*Énoncer ainsi les constructions rurales, fours, écuries, etc., qui existent sur le domaine*);

4° Une pièce de terre plantée en jardin, de contenance environ de........ hectares,...... ares,...... centiares, bornée au nord par......., au midi par........, à l'est par......., à l'ouest par....;

5° Une pièce de terre plantée en vigne, etc. (*mêmes énonciations qu'à l'article précédent*);

6° Une pièce de terre labourable, ensemencée en blé, etc.;

Lesdits biens imposés au rôle de la contribution foncière de la commune de........, pour l'année......, à la somme de......., sur un revenu de......., ainsi qu'il résulte de la copie de la matrice cadastrale ci-après transcrite (Voir *infra*, p. 532).

---

verbal soient aussi complètes que possible, afin d'éviter toute erreur, mais il y a lieu cependant de remarquer que rien n'oblige les huissiers de s'occuper de la forme et des confronts des pièces ; la loi n'exige que le nom du fermier ou colon, la nature et la contenance approximative, l'arrondissement et la commune de la situation. Bien plus, dans certaines circonstances, on a fait un grief à l'huissier d'avoir signalé des aboutissants inexacts. Les tribunaux, il est vrai, ont rejeté l'action en responsabilité dirigée contre cet officier ministériel. Mais la possibilité de ces sortes de contestations doit servir d'avertissement aux rédacteurs de procès-verbaux de saisie. S'ils ne sont pas parfaitement certains de l'exactitude des confronts qu'ils indiquent, il vaut mieux qu'ils s'abstiennent d'en mentionner aucun (J. Av., t. 73, p. 61, art. 345, lettre A).

1. La saisie doit être annulée si le procès-verbal est muet ou erroné sur l'indication d'un fermier ou colon : cependant, les juges ont, à cet égard, une grande latitude d'appréciation (Q. 2236 ; Suppl. alphab., verb. cit., nᵒˢ 374 et suiv.).

Ainsi, on ne peut critiquer un procès-verbal qui indique le nom d'un fermier en vertu d'un bail authentique non encore expiré, quoique l'immeuble saisi eût été affermé à un autre bail authentique, si rien ne constate que le premier bail ait été résilié (J. Av., t. 73, p. 63, art. 345, lettre D).

Quoiqu'il ne soit pas absolument nécessaire d'énoncer, dans le procès-verbal de saisie d'une maison, le nom du locataire (Q. 2229, *in fine*), néanmoins, on fait dans la pratique cette indication.

(*Avant de se transporter sur les immeubles situés dans l'autre commune, l'huissier va requérir le visa du maire de la première commune. Voir infra, p. 536*).

Biens situés dans la commune de.......

1°....., etc.⎫
2°....., etc.⎭ *comme au paragraphe précédent.*

DÉSIGNATION [1]

Cette maison se compose d'un corps de logis sur la rue, formé d'un rez-de-chaussée élevé sur cave de deux étages carrés et d'un troisième en retraite ; chaque étage est percé de six fenêtres à châssis vitré ; le rez-de-chaussée est percé de quatre baies de fenêtres, et d'une porte cochère servant d'entrée à ladite maison. En entrant par cette porte, on trouve une grande cour rectangulaire, pavée en grès équarris, à gauche de laquelle se trouve une pompe en fonte, garnie de sa manivelle. A droite de ladite cour se trouve un corps de logis faisant angle droit avec celui sur la rue, élevé du même nombre d'étages, percé de quatre fenêtres à chacun desdits étages, et contenant la cage de l'escalier. Au fond se trouve un troisième corps de logis parallèle au premier, etc...... Toute la superficie desdits bâtiments et cour est d'environ quatre cent cinquante mètres carrés (*C'est dans cette forme que l'on désigne les immeubles urbains*).

Cette maison et ses dépendances [2] sont imposées au rôle des

---

1. La partie saisie n'est pas recevable à se plaindre du défaut de désignation suffisante des objets saisis, lorsque c'est par son fait qu'une désignation plus complète n'a pas eu lieu, ou que le défaut de clarté dans la désignation résulte de l'état même des lieux (*J. Av.*, t. 74, p. 239, art. 662).

Le nouvel art. 675 est moins exigeant que l'ancien, puisque ce dernier prescrivait à l'huissier d'insérer dans le procès-verbal *la désignation de l'extérieur des objets saisis*, quand il s'agissait de maisons, *l'arrondissement, la commune, la rue et les tenants et aboutissants*, tandis que le texte actuel se borne à l'indication *de l'arrondissement, de la commune, de la rue, du numéro, s'il y en a, et, dans le cas contraire, de deux au moins des tenants ou aboutissants*. Cette différence de rédaction prouve que l'huissier qui, dans son procès-verbal, n'insérerait que les mentions générales dont s'occupe la loi, n'aurait à craindre aucune nullité. L'usage et la nécessité de plus amples détails, pour l'appréciation de l'importance des immeubles saisis, ont ajouté dans la pratique, à ces premières indications, une véritable description de l'objet saisi (Voir *infra*, la fin de la remarque qui suit la formule). Pour faire cette description aussi exacte que possible, l'huissier se livre aux démarches qu'il juge convenables, mais, en aucun cas, il n'a le droit de requérir l'ouverture des portes, afin de pousser ses investigations jusque dans l'intérieur des édifices dont le saisi ou ses locataires lui refusent l'accès.

2. On ne doit pas prononcer la nullité d'un procès-verbal de saisie qui contient la désignation du principal corps de logis, mais dans lequel on a omis des objets qui en sont, par leur nature, des dépendances ou des accessoires (*Q.* 2227 ; *Suppl. alphab., verb. cit.*, n° 342).

contributions foncières de la ville de......., pour l'année......., à la somme susénoncée de....., ainsi que le constate la copie de la matrice du rôle dont la teneur suit :

NOMS PRÉNOMS, PROFESSIONS ET DEMEURES des propriétaires et usufruitiers.	INDICATIONS			CONTENANCE	CLASSE	REVENU	OBSERV.
	de la section	du numéro du lieu	du canton ou lieu	nature de la propriété			
					h.a.c.			
....	....	....	....	....	....	....	....
....	....	....	....	....	....	....	....
....	....	....	....	....	....	....	....

Pour extrait[1] conforme délivré à......., le..........., par..., qui a reçu un franc dix centimes pour le coût du présent, timbres compris.

Signé :

---

1. La formalité de la copie littérale de la matrice du rôle de la contribution foncière dans le procès-verbal de saisie est distincte de celle de la désignation détaillée des biens saisis, exigée quand il s'agit de biens ruraux, et ne peut, en cas d'inobservation de cette dernière, la suppléer. Angers, 20 février 1900 (*J. Av.*, t. 25, p. 261).

Jugé qu'en cas de saisie d'une concession minière l'art. 675 exige que l'huissier fasse figurer au procès-verbal la copie de la matrice du rôle de la contribution foncière afférente à toutes les parcelles, sous lesquelles la mine est exploitée, sans distinction entre celles dont le concessionnaire possède seulement le tréfonds, et celles dont il est propriétaire à la fois du tréfonds et de la superficie. Montpellier, 13 mars 1902 (*J. Av.*, t. 127, p. 258).

L'huissier exécute la disposition qui exige que le procès-verbal de saisie contienne la copie littérale de la matrice du rôle de la contribution foncière, pour les articles saisis, en s'adressant à la mairie du lieu de la situation des biens, et, si on refuse de lui communiquer le registre, ou bien si ce registre n'existe pas à la mairie, en s'adressant à la direction des contributions directes établie au chef-lieu de chaque département (*Q*. 2237 ; *Suppl. alphab.*, v° *Saisie immobilière*, n° 381).

S'il n'existe pas de matrice, ou si la matrice est tellement défectueuse que de nombreuses omissions puissent y être signalées, l'huissier, dans le premier cas, doit énoncer la lacune existante, et, dans le second, insérer la copie qui lui a été remise, en mentionnant le montant de la contribution foncière. — Ainsi, il n'y a pas nullité parce que le procès-verbal ne contient pas l'extrait de la matrice cadastrale d'un article saisi, lorsque cet article se trouve encore sur la tête de l'ancien propriétaire, le saisi ayant négligé de s'en faire charger (*J. Av.*, t. 75, p. 18, art. 789).

Mais quelque ancienne que soit la matrice cadastrale, la copie n'en est pas moins indispensable (*Suppl. alphab.*, *verb. cit.*, n° 381).

Le fonctionnaire public qui refuse de délivrer copie de la matrice du rôle peut être poursuivi en dommages-intérêts (*Q*. 2237).

Il n'est pas nécessaire que la copie de la matrice soit certifiée par le fonctionnaire détenteur de l'original, car l'huissier peut en prendre lui-même copie, si ce fonctionnaire y consent (*Q*. 2237 ; *Suppl. alphab.*, v° *Saisie immobilière*, n° 381, *in fine*); Caen, 21 février 1855 (*J. Av.*, t. 82, p. 410).

Lorsqu'après le décès d'un individu, son créancier a pratiqué indivisément une

Après avoir constaté la nature et la contenance desdits immeubles, continuant les poursuites commencées par l'exploit susdaté contenant commandement tendant à saisie immobilière, et faute par M...... d'avoir déféré à ce commandement, j'ai saisi réellement au préjudice de M.... (*nom du saisi*), les immeubles [1] précédemment décrits, ainsi que tous les objets quelconques, immeubles

---

saisie immobilière contre ses héritiers, en faisant cependant un procès-verbal contre chacun d'eux, l'opération n'est pas nulle, par le motif que chacun des procès-verbaux ne contient pas la copie de la matrice du rôle, si elle se trouve tout entière dans l'un des procès-verbaux (*Q.* 2237).

L'inexactitude de la copie de la matrice, soit en moins, soit en plus, par la faute du maire ou du directeur, n'entraîne pas nullité de la saisie (*J. Av.*, t. 73, p. 64, art. 345, lettre E). Si, toutefois, on adoptait l'affirmative, le maire ou le directeur pourrait être poursuivi en responsabilité (*Q.* 2237 *bis*; *Suppl. alphab.*, v° *Saisie immobilière*, n°s 381 et s.).

La prescription de la loi est suffisamment remplie par la copie littérale, dans le procès-verbal de saisie immobilière, de la matrice du rôle qui a été délivrée à l'huissier par le maire de la situation des articles saisis, encore qu'il n'y soit fait aucune mention desdits articles, alors surtout que l'huissier indique que, malgré cette omission, les immeubles saisis appartiennent réellement au débiteur (*J. Av.*, t. 73, p. 239, art. 426; et 76, p. 608, art. 481).

La saisie n'est pas nulle parce que les extraits de la matrice du rôle ont une date postérieure à celle qui est énoncée en tête du procès-verbal de saisie, si, d'ailleurs, cette date est antérieure à celle de la dénonciation (*Q.* 2238).

Le revenu à mentionner dans la saisie est celui que porte la matrice actuelle (*Q.* 2239).

Jugé que ce n'est pas de la matrice cadastrale proprement dite, mais de la *matrice du rôle de la contribution foncière*, que l'art. 675 C. pr. civ. exige que copie littérale soit donnée dans le procès-verbal de saisie. Trib. civ. de la Seine, 20 décembre 1900 (*J. Av.*, t. 126, p. 85).

1. Tous les immeubles, par nature ou par destination, peuvent être l'objet de la saisie immobilière (*Q.* 2198, § 3).

Il en est ainsi d'une coupe d'arbres non encore abattus dans une forêt (*Q.* 2198, E ; *Suppl. alphab.*, v° *Saisie immobilière*, n° 95).

... des constructions élevées par un autre que le propriétaire du sol, si ce dernier déclare vouloir les conserver (*Q.* 2198, E ; *Suppl. alphab.*, verb. cit., n. 96).

... d'une concession de mines, considérée séparément du fonds dans lequel la mine est exploitée. Montpellier, 13 mars 1902 (*J. Av.*, t. 127, p. 258).

On admet le plus généralement aussi que les constructions élevées par un locataire sur le terrain du bailleur, sous la condition qu'à la fin du bail ce dernier aura l'option, ou de les conserver moyennant indemnité, ou de les faire démolir et enlever, peuvent être saisies immobilièrement par les créanciers du locataire (*Suppl. alphab.*, verb. cit., n° 197 et suiv.).

La question de savoir si l'art. 2205 C. civ., en prohibant la « *mise en vente* » de la part indivise d'un cohéritier dans un immeuble de succession par les créanciers personnels de ce cohéritier, s'oppose à ce que ceux-ci fassent saisir immobilièrement ladite part conservatoirement, sauf à surseoir à l'adjudication jusqu'après le partage ou la licitation entre tous les cohéritiers, est toujours controversée. Voir *Suppl. alphab.*, verb. cit., n°s 133 et s.; Alger, 2 novembre 1896 et Montpellier, 7 mars 1898 (*J. Av.*, t. 123, p. 223).

En tout cas, l'art. 2205 s'applique aux biens possédés indivisément par des copartageants, qui ne sont pas des cohéritiers (*Suppl. alphab.*, loc. cit.) ; Alger, 2 novembre 1896, précité.

Mais il est inapplicable et ne met pas obstacle à la saisie d'un immeuble indivis à la requête d'un créancier commun de tous les indivisaires. Montpellier, 2 décembre 1902 (*J. Av.*, t. 128, p. 107).

par destination, y attachés et en dépendant [1], afin d'avoir paiement de la somme de........, montant des causes énoncées au commandement précité, sous la réserve de tous autres droits; pour être, lesdits immeubles, en exécution de cette saisie, vendus et adjugés après l'accomplissement des formalités voulues par la loi, à l'audience des saisies du tribunal civil de première instance de......., séant au palais de justice, à........, auquel tribunal la saisie sera portée sur les poursuites et diligences de M[e]....., avoué constitué par les présentes.

Et j'ai, des opérations qui précèdent, rédigé le présent procès-verbal [2], auquel j'ai vaqué depuis ladite heure de......... jusqu'à celle de......., et que je vais faire viser immédiatement [3] par M. le maire de la commune de....... Coût....

(*Signature de l'huissier* [4].)

Visé par nous, maire (*ou adjoint*) de la commune de.......... [5]

---

1. La jurisprudence paraît tendre de plus en plus à admettre que les immeubles par destination, attachés à un fonds rural (animaux, cheptel, instruments aratoires) sont compris nécessairement dans la saisie réelle de ce fonds, sans qu'il soit besoin de les détailler, ni même de les mentionner au procès-verbal. Cass., 12 novembre 1890 (S. 91.1.76); Bourges, 9 avril 1894 (*J. Av.*, t. 120, p. 284). — Compar. *Suppl. alphab.*, v° *Saisie immobilière*, n°s 344 et suiv.

2. De ce que la loi exige le transport de l'huissier sur les biens saisis, il ne s'ensuit pas qu'il doive nécessairement rédiger son procès-verbal sur les lieux. Il n'est pas non plus nécessaire qu'il écrive lui-même ce procès-verbal; il peut le dicter à son clerc (Q. 2226; *Suppl. alphab.*, v° *Saisie immobilière*, n° 402; Glasson et Colmet-Daâge, t. 2, p. 266).

3. Le visa doit être demandé avant l'enregistrement, c'est-à-dire dans les *quatre jours* qui suivent la rédaction du procès-verbal de saisie.
Le procès-verbal est nul s'il a été enregistré avant le visa du maire (Q. 2244; *Suppl. alphab.*, v° *Saisie immobilière*, n°s 405 et suiv.; Glasson et Colmet-Daâge, t. 2, p. 266; Cézar-Bru, n° 313).
Lorsque les biens saisis sont situés dans diverses communes, le procès-verbal de saisie doit être visé par les maires de toutes les communes dans lesquelles se trouve quelque parcelle des biens saisis (Q. 2245), et par chacun d'eux successivement, à la suite de la partie du procès-verbal relative aux biens situés dans sa commune, sans qu'on puisse attendre, pour s'adresser à chacun des maires, que le procès-verbal soit définitivement clos (Q. 2244 et 2245; *Suppl. alphab.*, *verb. cit.*, n° 412 et suiv.; Glasson et Colmet-Daâge, t. 2, p. 265; Cézar-Bru, n° 313).
Mais les maires ne peuvent pas refuser le visa qui n'est requis qu'après la clôture entière du procès-verbal (*J. Av.*, t. 73, p. 193, art. 399, lettre D).

4. Lorsqu'une saisie immobilière a nécessité plusieurs vacations (Voir *la remarque qui suit la formule*), le procès-verbal de saisie n'est pas nul, quoique la dernière vacation ne soit pas signée par l'huissier, si la signature de cet officier se trouve à la suite de la déclaration qui termine son procès-verbal (*J. Av.*, t. 56, p. 32).

5. Sur le point de savoir si le maire créancier poursuivant ou débiteur saisi, peut donner le visa, et sur les devoirs de l'huissier qui le requiert, voir *supra*, p. 522, note 3.
Aucune place n'est obligatoirement imposée pour le visa sur le procès-verbal; et, alors même qu'il y a plusieurs visas, ils peuvent tous être valablement donnés en marge du procès-verbal, lorsqu'il apparaît qu'ils ont tous été donnés successivement et avant l'enregistrement. Caen, 20 novembre 1902 (*J. Av.*, t. 129, p. 60).

arrondissement de.........., le présent procès-verbal de saisie immobilière.

A la mairie de.........., le.......... [1]

(*Signature du maire*).

Remarques. — 1° Le procès-verbal n'est pas partout rédigé comme la formule qui précède. Dans certains endroits, par exemple, l'huissier, après le préambule ordinaire et l'énonciation des titres en vertu desquels il procède, mentionne dans les termes suivants la délivrance de la matrice du rôle :

Me suis rendu à la mairie de.........., où parlant à M...... (maire, adjoint, secrétaire de la mairie, chef du bureau des contributions, suivant les circonstances; dans les chefs-lieux de département, on peut aussi s'adresser *aux bureaux de la direction des contributions directes établis à.............., rue..........., n°... où parlant à M...........* (directeur ou nom de l'employé qui le remplace), *je l'ai requis de me délivrer copie littérale de la matrice du rôle de la contribution foncière de la commune de..........., relative aux biens immeubles que possède, dans cette commune, M......* (le saisi). *Déférant à cette réquisition, M... m'a délivré l'extrait de la matrice ci-après transcrit* (copie de l'extrait).

Muni de toutes les pièces ci-dessus mentionnées, et faute par M.... d'avoir déféré au commandement susénoncé, je me suis transporté, etc.

De plus, l'huissier fait l'adaptation à chaque article saisi de l'énonciation de la matrice du rôle qui le concerne. Mais c'est là un soin qu'aucun texte de loi ne lui impose ; et c'est avec raison qu'il a été décidé que l'huissier n'est pas tenu de morceler la matrice cadastrale et d'en donner un extrait à la suite de chaque vacation, qu'il suffit que l'extrait ait été donné, pour tous les articles saisis, dans la dernière vacation du procès-verbal : Nîmes, 9 août 1849 (*J. Av.*, t. 75, p. 17, art. 789).

2° Si l'huissier ne peut achever son procès-verbal le même jour, il le clôt provisoirement, en s'ajournant au plus prochain jour, pour reprendre ses opérations. Il exprime ainsi cet ajournement :

Attendu qu'il est tard et qu'il reste encore des biens à saisir, j'ai provisoirement suspendu le présent procès-verbal dont la continuation est renvoyée à demain.......... (date), *et j'ai signé.*

(*Signature de l'huissier.*)

---

1. Aucun texte de loi n'exige que le visa du maire soit daté. Lyon, 31 juillet 1903 (*J Av.*, t. 128, p. 367).

L'erreur dans la date du visa n'entraîne pas la nullité du procès-verbal (*Q.* 2248; *Suppl. alphab.*, v° *Saisie immobilière*, n° 419).

Si la date est indiquée à tort postérieure à l'enregistrement du procès-verbal, on pourra échapper à la nullité en prouvant l'erreur (*Suppl. alphab.*, verb. et loc. cit.).

Le lendemain, le procès-verbal est continué en ces termes :
Aujourd'hui..... (date), je........, *huissier susdit et soussigné, procédant comme ci-dessus, et continuant le procès-verbal qui précède* [1], *me suis transporté, etc.*

3° Si les immeubles se trouvent situés dans des communes différentes, les réquisitions successives de visa sont ainsi constatées :
Après avoir parcouru et visité les articles qui précèdent, attendu qu'il n'existe plus dans ladite commune de.......... d'immeubles à saisir, dépendant dudit domaine de........., je me suis transporté, avant de continuer mes opérations, à la mairie de.........., pour y faire viser par M. le Maire la partie du procès-verbal qui précède, relative aux biens situés dans sa commune.

Bien que la loi n'exige point la désignation détaillée des immeubles, néanmoins, comme le cahier des charges et les placards se rédigent d'après le procès-verbal, il est bon que l'huissier fasse des objets saisis une désignation aussi complète que possible. Voir *supra*, p. 531, note 1.

581. Dénonciation *du procès-verbal à la partie saisie* [2]
CODE PR. CIV., art. 677.

L'an.........., le........... [3], à la requête de M........ (*nom, prénoms, profession*), demeurant à..........., pour lequel domicile est élu à........, rue........., n°......., dans l'étude de Me..., avoué près le tribunal civil de........, lequel est constitué et continuera d'occuper sur la poursuite de saisie immobilière dont il va

---

1. Lorsque la désignation des biens saisis a exigé plusieurs séances, il n'est pas nécessaire, à peine de nullité, que le procès-verbal contienne la mention de l'ouverture et de la clôture de chaque séance.
2. Les formalités que doit contenir l'exploit de dénonciation sont les formalités ordinaires des exploits, sauf la constitution d'avoué que l'on peut rappeler, mais que l'on peut aussi passer sous silence, puisqu'elle figure dans la copie du procès-verbal signifiée avec la dénonciation (Q. 2258 ; *Suppl. alphab.*, v° *Saisie immobilière*, n°° 441 et suiv.).
3. La dénonciation doit, à peine de nullité, être faite dans les quinze jours qui suivent le procès-verbal de saisie, plus un jour par cinq myriamètres entre le domicile réel ou élu du débiteur saisi, et le lieu du siège du tribunal qui connaîtra de la saisie (Q. 2249 ; *Suppl. alphab.*, *verb. cit.*; n° 420).
Ce délai n'est pas un délai franc (Q. 2249 ; *Suppl. alphab.*, *verb. et loc. cit.*; Cézar-Bru, n° 316 ; Garsonnet, t. 4, n° 660, p. 87. — *Contra* Glasson et Colmet-Daàge, t. 2, p. 267).
Si le saisi est domicilié hors de la France continentale ou à l'étranger, les délais pour la dénonciation sont ceux de l'art. 73 C. pr. civ. (Q. 2250 ; *Suppl. alphab.*, *verb. cit.*, n° 422 ; Glasson et Colmet-Daàge, t. 2, p. 267 ; Garsonnet, t. 4, n° 660, p. 87).
Le délai ainsi fixé pour la dénonciation au saisi peut être suspendu par l'opposition du débiteur saisi ou par force majeure (Q. 2256 ; *Suppl. alphab.*, *verb. cit.*, n° 430 ; Glasson et Colmet-Daàge, t. 2, p. 267 ; Garsonnet, t. 4, n° 660, p. 87).
Rien ne s'oppose d'ailleurs à ce que la saisie soit dénoncée le jour même où le procès-verbal a été dressé. Cass., 20 décembre 1898 (*J. Av.*, t. 124, p. 8).

être parlé, j'ai............ (immatricule de l'huissier), soussigné, signifié, dénoncé et en tête [de celle] des présentes, donné copie à M.......... (nom, prénoms, profession), demeurant à............, en son domicile [1] où étant et parlant à......... [2] :

D'un procès-verbal [3] de moi, huissier soussigné, en date du... [4], contenant saisie réelle sur M........, à la requête de M...., de la maison sise à........, rue...., n°.... avec ses dépendances ; ledit procès-verbal visé [5] par M. le maire de la commune de....., le........, et enregistré le........ A ce qu'il n'en ignore.

Et je lui ai, audit domicile, parlant comme ci-dessus, laissé copie sous enveloppe, etc............, du présent exploit, qui sera visé dans le jour [6] par M. le maire de la commune de............, et dont le coût est de........

(Signature de l'huissier.)

Visé par nous, maire [7] de la commune de........
A..........., le........

(Signature du maire.)

Remarque.— Comme il est dit *supra*, p. 517, note 1, lorsqu'il y a

---

1. De même que le commandement, la dénonciation de la saisie peut être faite au domicile élu pour l'exécution de la convention s'il y en a un (Q. 2251; *Suppl. alphab.*, v° *Saisie immobilière*, n° 439; Glasson et Colmet-Daage, t. 2, p. 267; Garsonnet, t. 4, n° 660, p. 86).
Jugé que la saisie immobilière pratiquée dans le cours d'une instance en séparation de corps contre la femme autorisée à demeurer provisoirement hors du domicile conjugal peut lui être notifiée à ce domicile. Rennes, 17 décembre 1849 (*J. Av.*, t. 76, p. 608).

2. La dénonciation faite en parlant à la personne du saisi ailleurs qu'à son domicile est valable, bien qu'elle soit notifiée après le délai de quinzaine, si elle est signifiée avant que l'augmentation accordée à raison de la distance de son domicile soit expirée (Q. 2252).

3. La dénonciation doit contenir copie entière du procès-verbal (Q. 2257; *Suppl. alphab.*, v° *Saisie immobilière*, n° 454 et suiv.; Cézar-Bru, n° 315).

4. L'omission de la date du procès-verbal de saisie immobilière, dans la copie qui en est signifiée au saisi, n'entraîne pas nullité, si, des énonciations contenues dans cet acte et dans l'exploit de dénonciation avec lequel il est signifié, il résulte que le saisi n'a pu se tromper sur la véritable date du procès-verbal. Limoges, 24 juillet 1847 (*J. Av.*, t. 73, p. 245, art. 430).

5. Il n'y a pas nullité de la copie de la dénonciation de la saisie, parce qu'elle ne contient pas la mention que l'original a été visé dans le jour par le maire du lieu où elle a été signifiée (Q. 2255; *Suppl. alphab.*, v° *Saisie immobilière*, n° 452); Cass., 19 mars 1901 (*J. Av.*, t. 126, p. 197).

6. Il n'y a pas nullité de la saisie, mais seulement de la dénonciation, si l'original de celle-ci n'est pas visé dans le jour par le maire du lieu où elle est signifiée (Q. 2253; *Suppl. alphab.*, v° *Saisie immobilière*, n° 448).

7. Lorsqu'en l'absence du maire et de l'adjoint, le conseiller municipal délégué a refusé le visa, l'huissier doit faire viser par le procureur de la République (Arg. C. pr. civ., art. 1039); Bastia, 17 mars 1902 (*J. Av.*, t. 127, p. 377).
... sans être obligé de s'adresser auparavant aux autres conseillers municipaux (*Même arrêt*).
Le visa est exigé dans tous les cas, que l'huissier ait trouvé ou non la personne du saisi (Q. 2254).
Sur les autres questions relatives à la formalité du visa : Voir *supra*, p. 522, notes 2 et 3, p. 534, note 5 et p. 535, note 1.

un tiers détenteur, la saisie doit être dirigée tant contre le débiteur originaire que contre le tiers détenteur. Celui-ci doit donc recevoir aussi copie du procès-verbal de saisie et copie de l'exploit de dénonciation. — Si l'immeuble sur lequel repose l'hypothèque a été vendu par lots et qu'il y ait plusieurs tiers détenteurs, chacun d'eux devra recevoir cette double copie. On ne peut obliger l'avoué à ne signifier à chaque tiers détenteur que la partie du procès-verbal relative aux biens qu'il détient (Q. 2532).

582. Transcription *de la saisie et de l'exploit de dénonciation.*
Code PR. CIV art 678 et 679.

Ainsi qu'il résulte des art. 679 et 680 C. pr. civ., la saisie immobilière et l'exploit de dénonciation doivent être transcrits, au plus tard dans la quinzaine[1] qui suit le jour de la dénonciation[2], au bureau des hypothèques de la situation des biens[3], sur un registre à ce destiné.

Cette transcription[4] est constatée sur l'original du procès-verbal de saisie et sur l'original de la dénonciation par la mention suivante :

---

1. Ce délai de quinzaine est un délai franc (Glasson et Colmet-Daâge, t. 2, p. 257). — *Contra*, Cézar-Bru, n° 318 ; Garsonnet, t. 4, n° 661.
Il doit être augmenté d'un jour par cinq myriamètres de distance entre le domicile du saisi et le bureau où doit se faire la transcription (Colmet-Daâge et Glasson, Cézar-Bru et Garsonnet, *loc. cit.*).
Il est suspendu par un obstacle légal, par exemple s'il y a lieu de faire prononcer la nullité d'une première saisie préalablement transcrite (Cézar-Bru, n° 318).
Jugé même que le délai ne recommence pas fatalement à courir dès que l'obstacle a disparu par la radiation de la transcription de la première saisie, et que les tribunaux ont un pouvoir d'appréciation pour décider, d'après les circonstances de la cause, que, malgré qu'elles n'ont eu lieu que plus de quinze jours après la radiation de la première, la transcription de la seconde saisie doit être considérée comme non tardive et valable. Paris, 4 novembre 1897 (*J. Av.*, t. 123, p. 58).
2. La transcription du procès-verbal de saisi ne peut, à peine de nullité, être faite avant la dénonciation de la saisie ; procès-verbal de saisie et exploit de dénonciation doivent être transcrits, et l'être simultanément (Q. 2259 ; *Suppl. alphab*, v° *Saisie immobilière*, n° 453 ; Glasson et Colmet-Daâge, t. 2, p. 268 ; Cézar-Bru, n° 318 ; Garsonnet, t. 4, n° 661, note 1) ; Cass., 13 juin 1860 (*J. Av.*, t. 86, p. 19). — *Contra*, Chambéry, 19 novembre 1900 (*J. Av.*, t. 126, p. 473).
3. La transcription doit être faite dans chacun des bureaux de la situation, bien que la saisie soit portée devant un seul tribunal, dans les cas prévus par les art. 2210 et 2211 C. civ. (Q. 2260 ; *Suppl. alphab.*, v° *Saisie immobilière*, n° 456).
4. Cette transcription consiste dans la copie textuelle du procès-verbal de saisie et de l'exploit de dénonciation (Q. 2259 ; *Suppl. alphab.*, v° *Saisie-immobilière*, n°ˢ 453 et suiv.).
La transcription peut être faite un jour de fête légale, et par le conservateur à sa propre requête (Q. 2261 ; *Suppl. alphab., verb. cit.*, n° 457).
Le conservateur, quand il ne peut procéder immédiatement à la transcription, doit faire mention, sur l'original qui lui est laissé, des *heure, jour, mois* et *an* auxquels il est remis, et, en cas de concurrence, le premier présenté est transcrit (art. 679).
— L'art. 679 ne prononce point la peine de nullité, mais le saisissant, en cas d'inexécution de la mesure qu'il prescrit, a, contre le conservateur, une action en dommages-intérêts (Q. 2264).

Transcrit au bureau des hypothèques de......, le......, heure de........., volume..........., n°...........
Reçu........ (*droit de transcription*).

(*Signature du conservateur.*)

Pour constater son refus en marge d'une seconde saisie (art. 680), le conservateur met :

Je, soussigné, conservateur des hypothèques du bureau de....., certifie que la présente saisie n'a pu être transcrite[1] à cause d'une précédente saisie des mêmes immeubles, pratiquée par M........., huissier à..........., le......., à la requête de M....... (*nom, prénoms, profession*), demeurant à.........., ayant M*e*......... pour avoué ; dénoncée le........., par exploit du même huissier, et transcrite en ce bureau le............., volume......, n°..... A............., le..........
Reçu.....

(*Signature du conservateur.*)

Remarque. — Les conservateurs des hypothèques doivent tenir deux registres pour l'accomplissement des formalités prescrites en matière de saisie immobilière : l'un sur papier timbré, destiné à la transcription du procès-verbal de saisie et de l'exploit de dénonciation, qui doit contenir en marge de cette transcription les mentions prescrites par les art. 693, 716 et 748 C. pr. civ.; l'autre, sur papier libre, destiné à recevoir l'enregistrement des sommations et jugements dont parlent les trois articles précités, et les radiations de saisies (Q. 2533). — Voir *infra*, avec les formules n°s 620 et 621, relatives aux incidents de saisie immobilière, la procédure à suivre pour vaincre la résistance du premier saisissant qui reste dans l'inaction, après avoir fait transcrire sa saisie, et empêche ainsi le second saisissant de poursuivre.

---

583. Assignation *en référé donnée au saisi pour voir nommer un séquestre judiciaire* [2].

CODE PR. CIV., art. 681.

L'an....., le....., à la requête de M..... (*nom, prénoms, pro-*

---

[1]. Quoique l'art. 680 ne porte point la peine de nullité, on devrait néanmoins annuler la deuxième saisie qui aurait été transcrite (Q. 2265 ; *Suppl. alphab., verb. cit.*, n°s 459 et suiv.).

Si deux saisies sont présentées *en même temps* à la transcription, il faut en référer au président qui décide quelle est celle qui doit obtenir la préférence (Q. 2266). Voir aussi *J. Av.*, t. 73, p. 198, art. 399, lettre E.

La connaissance que peut avoir le conservateur d'une première saisie ne l'autorise pas à refuser de transcrire la deuxième, si l'autre ne lui a pas encore été présentée (Q. 2267).

[2]. La procédure à suivre pour faire retirer au saisi l'administration des biens saisis, ou pour faire vendre tout ou partie des fruits pendants par racines, consiste à introduire un référé devant le président du tribunal, en appelant le saisi et

fession du saisissant), demeurant à........, pour lequel domicile est élu à..........., rue..........., n°..........., en l'étude de M⁰...., avoué près le tribunal civil de première instance de...., qui est constitué et continuera d'occuper pour lui sur la poursuite de saisie immobilière dont il va être parlé, j'ai.......... (*immatricule de l'huissier*), soussigné, donné assignation à M........... (*nom, prénoms, profession*), demeurant à..........., rue..........., n°..........., audit domicile, où étant et parlant à..........

A comparaître le........., par-devant M. le Président du tribunal civil de première instance de........., tenant l'audience des référés, lieu ordinaire desdites audiences, au palais de justice à........., heure de......, pour ; — Attendu que la maison et dépendances, situées à......, ont été saisies sur le susnommé à la requête de M......... (*le saisissant*), par procès-verbal de......, en date du........., enregistré, visé et dénoncé à M........ (*le saisi*), par exploit de..........., en date du........., également visé et enregistré, lesdits procès-verbal et exploit de dénonciation transcrits au bureau des hypothèques de........, le........; que les immeubles saisis n'étant ni loués ni affermés, M...... (*le saisi*) en est resté en possession, conformément à la loi, comme séquestre judiciaire [1] ; — Attendu que M........, méconnaissant les devoirs que lui imposait cette qualité, s'est permis de commettre des dégradations dans ladite maison, notamment de........ (*énoncer la nature des dégradations commises*) ; que ces dégradations ne permettent pas de laisser plus longtemps M......... séquestre judiciaire des biens sur lui saisis, et qu'il y a lieu de procéder à son remplacement, aux termes de l'art. 681 C. pr. civ. [2] ;

Par ces motifs ; au principal, voir les parties renvoyées à se pour-

---

le saisissant, si le demandeur est un créancier autre que ce dernier, par une assignation à personne ou à domicile (*Q*. 2268 *in fine*, et *Q*. 2270). Voir formule n° 584.

Lorsqu'après l'introduction d'une demande en dépossession, l'immeuble, objet du litige, vient à être saisi, le saisi ne reste pas moins capable de défendre à l'action en dépossession.

1. Le saisi constitué séquestre judiciaire de l'immeuble saisi ne peut vendre à l'amiable les fruits échus depuis la dénonciation qui lui a été faite de la saisie, bien que cette vente n'ait lieu qu'après l'adjudication définitive dans laquelle ces fruits n'ont pas été compris (*Q*. 2268 *in fine*).

Mais il a été jugé que les formalités judiciaires auxquelles l'art. 581 soumet la vente des fruits frappés d'immobilisation d'un immeuble saisi, n'ayant été édictées que dans l'intérêt des créanciers inscrits, ceux-ci sont non recevables à critiquer les ventes faites par le saisi, laissé en possession en qualité de séquestre judiciaire, lorsqu'ils les avaient autorisées ou les ont ratifiées. Cass., 8 mai 1903 (*J. Av.*, t. 128, p. 365).

Si le saisi fait des dépenses pour la conservation de l'immeuble laissé à sa garde, il a droit à une indemnité (*Q*. 2274 ; Glasson et Colmet-Daäge, t. 2, p. 270).

2. C'est au président d'apprécier les mesures qu'il convient de prendre lorsque les créanciers demandent que le saisi ne reste pas en possession (*Q*. 2271 ; *Suppl. alphab.*, v° *Saisie immobilière*, n°ˢ 480 et suiv. ; Glasson et Colmet-Daäge, t. 2, p. 270).

voir, et cependant, dès à présent et par provision, vu l'urgence, voir dire qu'il sera fait défense à M........ de gérer et administrer les biens sur lui saisis ; qu'en conséquence, il sera tenu de remettre l'administration desdits biens à telle personne qu'il plaira à M. le Président commettre en qualité de séquestre judiciaire[1], lequel séquestre les gèrera et les administrera seul, jusqu'au jour de l'entrée en jouissance de l'adjudicataire, veillera à leur conservation, et sera, à cet effet, autorisé à s'établir dans la maison saisie, et même, en cas de résistance, à se faire assister du commissaire de police, et à requérir la force armée ; ce qui sera exécuté par provision, nonobstant appel et sans y préjudicier ; sous toutes réserves. A ce qu'il n'en ignore.

Et je lui ai, audit domicile, parlant comme ci-dessus, laissé copie du présent, sous enveloppe, etc., coût......

(Signature de l'huissier.)

Remarque. — Sur cette assignation, il intervient une ordonnance, contradictoire ou par défaut, qui adjuge ou repousse les conclusions du demandeur. — Cette ordonnance est rédigée dans la forme ordinaire. Voir *supra*, formule n° 493, p. 439.

---

584. Assignation *en référé pour faire ordonner la coupe et la vente des récoltes.*

CODE PR. CIV., art. 681.

L'an........, le........, etc. (*préambule de l'exploit précédent*), *on continue ainsi* :

Pour, attendu qu'il existe sur les immeubles saisis, par procès-verbal de......, huissier à........., en date du........, enregistré, appartenant à M..........., des récoltes de blé en état de maturité, immobilisées[2] par suite de la transcription de la sai-

---

1. Le créancier saisissant peut être nommé séquestre (*J. Av.*, t. 75, p. 28, art. 795).
Le séquestre judiciaire, nommé en vertu de l'art. 681 C. pr. civ., a droit à un salaire. — Ce salaire n'est pas, en général, convenu ou fixé d'avance ; il doit être proportionné à l'importance, à la nature des biens, aux circonstances, aux soins qu'a exigés l'administration. Les contestations auxquelles la fixation définitive de ce salaire peut donner lieu sont déférées au tribunal qui connaît de la saisie (*J. Av.*, t. 73, p. 304, art. 464, lettre A).
Le séquestre peut être autorisé à emprunter pour faire face aux dépenses qu'exige sa gestion (*J. Av.*, t. 76, p. 608, art. 1181).
2. Le propriétaire cesse de plein droit, après la transcription de la saisie, de faire les fruits siens. Cependant, dans un but d'humanité, on peut décider que le saisi, resté en possession, fait les fruits siens jusqu'à concurrence de ses besoins personnels (Q. 2276 ; *Suppl. alphab.*, v° *Saisie immobilière*, n°s 494 et suiv. ; Glasson et Colmet-Daâge, t. 2, p. 269 et 270 ; Cézar-Bru, n° 323).
On s'est demandé si le principe de l'immobilisation des fruits, contenu dans l'art. 682 C. pr. civ., s'applique aux fruits pendants par racines saisis-brandonnés

sie opérée au bureau des hypothèques de.........., le...........;
qu'il importe au requérant et aux autres créanciers inscrits de M...,
partie saisie, d'assurer à leur profit la conservation de ces récoltes [1] ; — Que si elles étaient recueillies par le saisi, les créanciers
seraient exposés à voir ces récoltes perdues en totalité ou en partie ;
qu'il y a donc lieu de prendre, pour la conservation de ces récoltes,
les mesures autorisées par l'art. 681 C. pr. civ.— Par ces motifs ; au
principal, voir les parties renvoyées à se pourvoir, et cependant dès
à présent et par provision, vu l'urgence, voir dire et ordonner
que lesdites récoltes seront coupées à leur maturité, sous la surveillance du garde champêtre de la commune de.........., et par les
ouvriers choisis par ce dernier, lesquels seront payés immédiatement sur le produit de la vente par l'officier ministériel qui l'aura
opérée ; — Voir dire que lesdites récoltes seront vendues aux
enchères publiques sur les lieux où elles se trouveront après leur
coupe, par le ministère de Mᵉ.........., huissier à.........., qui
sera commis à cet effet, après l'accomplissement des formalités
voulues par loi, pour le prix de la vente être déposé à la caisse
des dépôts et consignations comme valeur immobilière, et être distribué avec le prix de l'immeuble par ordre d'hypothèque, conformément à l'art. 682 C. pr. civ., ce qui sera exécuté par provision,
nonobstant appel et sans y préjudicier ; sous toutes réserves ; A ce
qu'il n'en ignore.

Et je lui ai, audit domicile, etc.

(Signature de l'huissier.)

Remarque. — Quand la récolte est de peu d'importance, et qu'il
y a lieu de craindre que le prix de la vente ne soit absorbé ou considérablement réduit par les frais, on conclut à être autorisé à vendre
les récoltes à l'amiable, d'après le prix des mercuriales, pour le
prix en être consigné par l'acquéreur.

On peut conclure aussi à être autorisé à vendre la récolte sur pied,
pour éviter les embarras de la coupe. Voir *supra*, formules n° 517,
p. 460 et la note 2.

---

avant l'époque de la récolte. La négative est généralement adoptée (Q. 2277
Suppl. alphab., v° *Saisie immobilière*, n° 502 ; Glasson et Colmet-Daäge, t. 2,
p. 272).— *Contra* : Garsonnet, t. 4, p. 106.

Ces fruits sont, alors, distraits du fonds, vendus conformément aux règles
tracées *supra*, formules n°ˢ 513 et suiv., et le prix en est distribué, non par voie
d'ordre, mais bien par voie de contribution, entre les créanciers opposants.

Il en est autrement des fruits civils. La saisie-arrêt antérieure à la transcription
de la saisie immobilière n'a pas pour effet d'attribuer au créancier les fruits non
échus avant cette transcription (Q. 2277 ; *Suppl. alphab.*, verb. cit., n°ˢ 504 et
suiv.). Compar. Glasson et Colmet-Daâge, t. 2, p. 273 ; Garsonnet, t. 4, n° 663,
p. 106.

1. Tous les créanciers qui ont le droit de saisir, qu'ils soient ou non inscrits,
peuvent demander la dépossession et la vente des fruits pendants par racines
(Q. 2275).

Par fruits pendants par la racine, on entend les récoltes annuelles (Q. 2272).

585. Assignation *au saisi en paiement de dommages-intérêts à raison de coupes de bois ou de dégradations par lui faites.*

Code PR. CIV., art. 683.

Cette assignation se rédige dans la même forme que les ajournements ordinaires (Voir supra, formule n° 549); elle est donnée au saisi à la requête du saisissant, à jour fixe, en ayant soin d'observer le délai de huitaine, à l'audience des criées.

Si le saisi a constitué avoué, la demande en dommages-intérêts [1] peut être formée par simples conclusions, signifiées avec avenir à la plus prochaine audience (Voir supra, formule n° 471).

---

586. Assignation *en nullité d'un bail qui n'a pas date certaine antérieure au commandement.*

Code PR. CIV., art. 684.

Cette assignation est donnée au locataire et au saisi bailleur [2], à la requête du saisissant, ou de tout créancier hypothécaire, après la dénonciation du cahier des charges, dans la forme ordinaire des assignations (Voir supra, formule n° 549), à l'audience des criées [3], et au délai de huitaine, à moins d'abréviation par ordonnance du pré-

---

1. La conséquence de ces expressions de l'art. 683 : *sans préjudice, s'il y a lieu, des peines portées par les art. 400 et 434 du Code pénal*, est d'indiquer que la poursuite en dommages-intérêts est indépendante de la réparation du délit ou du crime, réparation à laquelle le saisi est tenu, qu'il soit ou non séquestre judiciaire (Q. 2280; *Suppl. alphab.*, v° *Saisie immobilière*, n°s 517 et suiv.).
Ces peines sont toujours applicables, que le saisi ait fait une coupe de bois irrégulière ou régulière (Q. 2278; *Suppl. alphab.*, verb. cit., n° 50).
2. La même disposition est applicable aux baux consentis par un tiers détenteur contre lequel la saisie immobilière est poursuivie, pour les baux qui n'ont pas date certaine antérieurement à la sommation de payer ou de délaisser. Cass., 14 février 1899 (J. Av., t. 124, p. 109). En ce sens, Aubry et Rau, t. 3, § 287, texte et note 50.
3. Lorsqu'un bail, quoique fait par acte ayant date certaine antérieurement au commandement, a été mentionné dans le cahier des charges, l'examen et la critique de cette mention constituent un incident de la poursuite qui permet aux juges saisis de la poursuite d'apprécier la sincérité du bail lui-même (J. Av., t. 73, p. 306, art. 464, lettre c).
Le commandement après lequel les baux faits par le saisi peuvent être annulés est celui en vertu duquel on procède à la saisie (Q. 2282).
Les baux qui n'ont pas acquis date certaine avant le commandement ne *doivent* pas nécessairement être annulés. L'annulation est facultative de la part du juge (Q. 2282; J. Av., t. 73, p. 306, art. 464, lettre D; t. 74, p. 221 et 618, art. 656 et 781, § 28; t. 75, p. 474, art. 912); Cass., 1er juin 1892 (D. P. 92.1.384; S. 92.1.312).
Le bail doit être déclaré nul dans tous les cas où il paraît avoir été fait en fraude des droits des créanciers; lorsqu'il a été consenti à vil prix, ou lorsqu'il apparaît comme n'étant pas en bail sérieux, mais comme purement fictif ou simulé. Voir par exemple Cass., 12 décembre 1898 (J. Av., t. 124, p. 249) et Alger 22 février 1899 (*Ibid.*, p. 252).
Comme séquestre judiciaire, le saisi, après la transcription, peut bien, avec le

sident (*Voir* supra, *formules* n°s 10, 11 et 12). *Si le saisi a un avoué constitué, il suffit de lui dénoncer l'assignation donnée au locataire par un simple acte contenant des conclusions et avenir* (*Voir* supra, *formule* n° 471).

La demande, lorsqu'elle est formée par l'adjudicataire [1], est introduite par exploit dans la forme ordinaire ; elle n'a pas besoin, dans ce cas, d'être dirigée contre l'ancien propriétaire, il suffit qu'elle soit exercée contre le locataire dont le bail est critiqué.

---

587. Opposition *entre les mains des fermiers et locataires afin d'arrêter les fruits immobilisés.*

CODE PR. CIV., art. 685.

L'an.........., le.........., à la requête de M............ (*nom, prénoms, profession*), demeurant à.........., pour lequel domicile est élu à.........., rue.........., n°.........., en l'étude de M°..., avoué près le tribunal civil de première instance de..., lequel est constitué et occupera pour le requérant sur tous les incidents relatifs à l'opposition ci-après, j'ai.......... (*immatricule de l'huissier*), soussigné, signifié et déclaré à M.......... (*nom, prénoms, profession*), demeurant à..........; locataire d'une maison sise à...., rue......, n°....., appartenant à M... (*nom, prénoms, profession, domicile*), en son dit domicile, où étant et parlant à..........

Que, suivant procès-verbal du ministère de..........., huissier à..........., en date du.........., enregistré et visé conformément à la loi, le requérant a fait saisir immobilièrement sur M.........., son débiteur de la somme de......., en vertu de....... (*indiquer le titre*), la maison susénoncée ; que ce procès-verbal, après avoir

---

consentement des créanciers et la permission du président, consentir un bail de courte durée dans l'intérêt d'une bonne administration ; mais, en dehors de ces conditions, tout bail passé est en principe radicalement nul. — Il est des positions, cependant, où les juges semblent autorisés à adoucir la rigueur de la loi. Ainsi, lorsque le débiteur a payé le saisissant, mais n'a pu faire rayer la saisie parce que les formalités prescrites par les art. 692 et 693 ont été remplies, le bail authentique consenti en cet état peut être validé s'il ne froisse pas les intérêts des créanciers, malgré la demande en nullité formée par un créancier postérieur à ce bail, qui, trouvant la première saisie transcrite, s'est fait subroger aux poursuites du premier saisissant (J. Av., t. 73, p. 305, art. 464, lettre B).

Par bail ayant date certaine, il faut entendre celui qui est conforme à l'art. 1328 C. civ. (Q. 2283).

Les créanciers peuvent provoquer, quand le bail est annulé, la nomination d'un gérant séquestre, ou telle autre mesure qu'il conviendra (Q. 2284). Voir aussi J. Av., t. 100, p. 55.

1. D'après l'art. 684, l'adjudicataire a aussi le droit de poursuivre l'annulation des baux postérieurs au commandement. — Sans cette disposition spéciale, l'adjudicataire n'aurait pu attaquer, en vertu des art. 1743 et 1750 C. civ., que les baux n'ayant pas acquis date certaine avant l'adjudication (Q. 2285).

été dénoncé à M......, par exploit de........., huissier à....., en date du........, enregistré, a été transcrit avec la dénonciation au bureau des hypothèques de..........., le........; qu'en conséquence, les loyers de cette maison dus par M........ à M......., et à échoir jusqu'à l'entrée en jouissance de l'adjudicataire, sont immobilisés [1] à partir de la transcription, pour être distribués, avec le prix de l'immeuble, par ordre d'hypothèque, aux termes de l'art. 685 C. pr. civ.; c'est pourquoi, en vertu du même article, j'ai notifié à M..... que le requérant s'oppose formellement à ce qu'il se dessaisisse des sommes ou valeurs de toute nature qu'il doit ou devra à M.......... pour loyers échus et à échoir des lieux par lui loués de M........ dans ladite maison, et ce, à peine de payer deux fois et de tous dommages-intérêts, s'il y a lieu ; déclarant au susnommé qu'il ne pourra se libérer des loyers par lui dus que par le versement de ces loyers à la caisse des consignations, avec mention de la présente opposition et avec affectation spéciale au profit des créanciers hypothécaires [2] de M........, sommant en conséquence M.......... d'effectuer le dépôt de ces loyers à mesure de leur échéance [3].

---

1. Les loyers et fermages sont immobilisés à partir de la transcription pour être distribués par ordre d'hypothèque avec le prix de l'immeuble (art. 685).

On doit entendre ces mots, *par ordre d'hypothèque*, en ce sens qu'il faut tenir compte auparavant des privilégiés (Q. 2288; *Suppl. alphab.*, v° *Saisie immobilière*, n°s 499, 500).

Les créanciers privilégiés pour gages domestiques, frais de semence, de récolte et autres, doivent attendre l'ordre, quelle que soit la faveur due au caractère de leurs créances, pour se faire payer sur les fruits immobilisés, vendus conformément à l'art. 681, et dont le prix a été déposé à la caisse des consignations (*J. Av.*, t. 73, p. 308, art. 464, lettre C).

2. Les loyers et fermages saisis-arrêtés ne sont immobilisés que pour la portion du terme qui a couru depuis la transcription (Q. 2287). — Les fruits civils s'acquièrent en effet jour par jour et, quoique non perçus au moment de la transcription, ils appartiennent au saisi ou aux créanciers opposants et doivent être distribués entre eux par voie de contribution (*J. Av.*, t. 73, p. 307, art. 464, lettre A). Voir *supra*, p. 541, note 2.

Est nulle la vente volontaire de fruits pendants par racines consentie par le saisi avant la transcription, si ces fruits ne sont pas encore coupés postérieurement à cette formalité (*J. Av.*, t. 73, p. 307, art. 464, lettre E).

De même, la délégation de loyers futurs, antérieure à la transcription, ne peut avoir d'effet à dater de cette transcription (*Ibid.*).

La faillite ne produit aucun effet sur les fruits naturels, industriels et civils, lorsqu'elle est déclarée avant la transcription d'une saisie immobilière pratiquée par un créancier hypothécaire (Q. 2290 ; *Suppl. alphab.*, v° *Saisie immobilière*, n°s 526, 527).

3. Le simple acte d'opposition auquel l'art. 685 attribue la force d'une saisie-arrêt entre les mains des fermiers et locataires n'énonce que la date de la saisie, la dénonciation, la transcription et le motif de l'acte (Q. 2289). L'art. 685 dit qu'après le simple acte d'opposition qui vaut saisie-arrêt, les fermiers et locataires *ne pourront se libérer qu'en exécution de mandements de collocation, ou par le versement des loyers et fermages à la caisse des consignations* ; ce versement aura lieu à *leur réquisition* ou sur la *simple sommation des créanciers*. Pour ne pas multiplier les actes de procédure, et comme il est toujours plus prudent de faire verser les loyers ou fermages dans la caisse des consignations, on peut réunir dans le même exploit l'opposition et la sommation de consigner.

CHAUVEAU ET GLANDAZ. — TOM. I.

Et je lui ai, audit domicile, parlant comme ci-dessus, laissé copie du présent, sous enveloppe, etc....... Coût.......
(Signature de l'huissier.)

Remarque. — Cette opposition peut être signifiée, soit par le poursuivant, soit par tout autre créancier hypothécaire ou même chirographaire (art. 685 C. pr. civ.), ces derniers créanciers ayant droit de participer à la distribution de la partie du prix qui ne serait pas absorbée par les créanciers privilégiés ou hypothécaires. Le créancier qui n'a pas de titre doit obtenir la permission du juge (Voir *supra*, formule n° 533).

Cette opposition n'a besoin d'être ni dénoncée avec assignation en validité, ni contre-dénoncée. C'est un acte particulier à la poursuite de saisie immobilière.

---

588. Signification *aux créanciers inscrits du récépissé de la consignation faite par l'acquéreur de l'immeuble saisi* [1].

CODE PR. CIV., art. 687.

L'an........, le.........., à la requête de M......... (*nom, prénoms, profession*), demeurant à........., pour lequel domicile est élu à....., rue...., n°......, dans l'étude de M^e......, avoué près le tribunal civil de...., j'ai...... (*immatricule de l'huissier*), soussigné, signifié et en tête [de celle] des présentes donné copie à : 1° M.......... (*nom, prénoms, profession*), créancier saisissant, demeurant à......, audit domicile où étant et parlant à.........;

2° M.......... (*nom, prénoms, profession*), créancier inscrit, demeurant à...., au domicile par lui élu en son inscription à...., audit domicile où étant et parlant à.........,

3° M.........., etc. (*Mêmes énonciations pour chacun des créanciers inscrits*) :

D'un récépissé en date du........., enregistré, délivré le...... au requérant par M........., préposé de la caisse des dépôts et

---

1. La signification du récépissé de consignation doit être faite à chacun des créanciers individuellement (*Q.* 2302; *Suppl. alphab.*, *verb. cit.*, n° 608).
Il n'est pas nécessaire que la consignation soit faite avant le jour fixé pour l'adjudication, ainsi que semble l'exiger l'art. 687 ; on peut, jusqu'au moment même de l'adjudication, consigner et signifier le récépissé de consignation (*Q.* 2300; *Suppl. alphab.*, v° *Saisie immobilière*, n°s 603 et s.).
Mais la partie saisie ne pourrait pas, à l'audience fixée pour l'adjudication, demander qu'il y fût sursis, par le motif qu'elle a désintéressé le poursuivant et qu'elle offre de désintéresser les créanciers (*Q.* 2308; *Suppl. alphab.*, *verb. cit.*, n° 627).
La consignation peut être faite et signifiée après l'adjudication, s'il y a revente par suite de surenchère ou de folle enchère (*Q.* 2304 ; *Suppl. alphab.*, *verb. cit.*, n° 60€).
L'acquéreur peut obtenir un sursis pour faire la consignation dans le cas où les

consignations établie à......, de la somme de.... ¹, déposée par M........, pour acquitter en principal, intérêts et frais, toutes les créances inscrites ² et grevant.......... (*indiquer les immeubles*),

---

créances, dont il faut consigner le montant, ne sont pas liquides (*Q.* 2309 ; *Suppl. alphab., verb. cit.*, n° 626).

L'approbation donnée à la vente par tous les créanciers inscrits et le saisissant, ou l'acceptation des offres qui leur sont faites, équivalent à la consignation (*Q.* 2310; *Suppl. alphab., verb. cit.*, n°ˢ 624 et 625).

1. L'art. 687 emploie une expression inexacte lorsqu'il dit que l'*acte de consignation* doit être signifié, etc. — Il n'est point dressé d'acte de consignation. — L'acquéreur se présente à la caisse, y dépose son prix en indiquant les causes de ce dépôt, et en retire un récépissé (Voir *supra*, formule n° 476). — C'est ce récépissé qui est notifié.

La consignation ne doit pas être précédée d'offres au saisi et aux créanciers (*Q.* 2301; *Suppl. alphab., verb. cit.*, n° 607).

Le résultat de la consignation ordonnée par l'art. 687 est de valoir paiement aux créanciers inscrits et aux saisissants (*Q.* 2305; *Suppl. alphab., verb. cit.*, n° 630) et d'attribuer les sommes consignées nominativement aux créanciers inscrits, sans examen de leurs créances, si ce n'est quant à leur existence, et au saisissant chirographaire, sans concours possible avec d'autres créanciers opposants. La somme déposée ne peut plus être retirée par l'acquéreur. Pour que la consignation devienne définitive, il n'est pas besoin, dans ce cas, comme lorsqu'il s'agit d'offres réelles (Voir *supra*, p. 420, note 1) de l'acceptation des créanciers. Si aucune opposition ne vient empêcher la caisse de payer, le créancier retire le montant de sa créance en produisant la copie que lui a adressée l'acquéreur et les titres qui constatent le montant de sa créance. S'il existe des oppositions, il s'engage, entre le créancier et le contestant, une instance ayant pour objet la validité ou la mainlevée de cette opposition (*Q.* 2306 ; *Suppl. alphab., verb. cit.*, n°ˢ 633 et s.).

L'acquéreur qui a payé les créanciers inscrits et le saisissant est subrogé à leurs droits dans un ordre ou une distribution postérieure (*Q.* 2307; *Suppl. alphab., verb. cit.*, n° 642).

2. On doit consigner une somme suffisante non seulement pour acquitter les créances inscrites, mais encore pour acquitter la créance du poursuivant, s'il n'est pas hypothécaire ou inscrit. Pour la fixation du montant de la somme à consigner, on n'a pas à se préoccuper des personnes qui ont une hypothèque légale indépendante de l'inscription, ni des créanciers hypothécaires qui peuvent s'inscrire conformément à l'art. 834 C. pr. civ. Les droits de ces divers créanciers ne sont nullement affectés par la consignation ; ils peuvent être exercés lors de la purge contre l'acquéreur, qui sait être exposé aux poursuites des nouveaux créanciers dont l'existence peut se révéler. Aussi arrive-t-il rarement qu'un acquéreur consigne, avant d'avoir fait opérer les formalités de la purge.

La consignation n'est pas suffisante pour arrêter les poursuites, si elle est inférieure au montant des créances inscrites, quoique égale au prix de la vente faite par le saisi (*Q.* 2311 ; *Suppl. alphab., verb. cit.*, n°ˢ 621 et s.).

L'acquéreur n'est tenu que de consigner une somme suffisante pour acquitter la créance du poursuivant et celle des créanciers inscrits antérieurement à la transcription de son acquisition : il n'a pas à se préoccuper des inscriptions postérieures en date à la transcription de l'acte d'aliénation. Riom, 8 juin 1900 (*J. Av.*, t. 125, p. 342); Cass., 20 avril 1903 (*J. Av.*, t. 128, p. 221).

Il n'a pas non plus à tenir compte d'une créance garantie par une inscription existant au moment de la transcription de la saisie mais qui a été atteinte par la péremption postérieurement et n'a été réinscrite qu'après la transcription de l'acquisition amiable. Trib. civ. de Toulouse, 6 juin 1898 (*J. Av.*, t. 126, p. 36).

et celle de M.......... (*créancier saisissant*) [1], lesdits immeubles vendus [2] par M........ (*nom, prénoms, profession, domicile*), au

---

[1]. On doit entendre par le mot *saisissant* tous les créanciers qui ont manifesté l'intention de poursuivre, et dont la saisie n'a pu être transcrite à cause de la transcription d'une précédente saisie (Q. 2303; *Suppl. alphab., verb. cit.*, nᵒˢ 609 et s.).

Les créanciers, saisissants postérieurs, obligés de s'arrêter parce qu'une saisie est déjà poursuivie contre le débiteur commun, sont, en effet, des cosaisissants que la consignation doit aussi désintéresser pour que la vente soit valable (*J. Av.*, t. 74, p. 315, art. 693). Ainsi, le créancier chirographaire qui, sachant que l'immeuble saisi a été aliéné après la transcription de la saisie, a intérêt à ce que l'acquéreur n'use pas, à son préjudice, des dispositions de l'art. 687 C. pr. civ., n'a qu'à se rendre co-saisissant en faisant procéder à une saisie immobilière qui s'arrêtera devant le refus de transcrire émané du conservateur des hypothèques (*Ibid.*, t. 76, p. 234, art. 1054).

[2]. L'aliénation qui a eu lieu le même jour que la transcription, mais avant celle-ci, n'est pas nulle (Q. 2298).

Il est à remarquer que l'art. 693 C. pr. civ. modifie considérablement les art. 686 et 687, puisque, d'après ses dispositions, la vente faite par le saisi après la transcription, mais avant la mention en marge de cette transcription de la sommation faite aux créanciers inscrits, est valable si elle est faite du consentement du créancier saisissant, après la radiation de la saisie dont il a donné mainlevée (*J. Av.*, t. 76, p. 234, art. 1054).

L'aliénation postérieure à la transcription est nulle, alors même que, les poursuites de la saisie ayant été interrompues par une instance en partage et licitation, la propriété commune est vendue par le saisi et ses copropriétaires (Q. 2292; *Suppl. alphab.*, vᵒ *Saisie immobilière*, nᵒˢ 577, 578).

Si la vente postérieure à la transcription est nulle, ce serait être bien sévère que d'annuler également la vente consentie après la mainlevée de la saisie régulièrement donnée, mais avant la radiation de la transcription. — Il faut remarquer, néanmoins, que la mainlevée du créancier premier saisissant ne suffit pas pour valider la vente, si le second saisissant, dont la saisie n'a pu être transcrite à cause de la première, ne donne pas aussi mainlevée (*J. Av.*, t. 74, p. 315, art. 697).

Pour éviter toute contestation, il faut faire opérer la radiation par le conservateur dès que la mainlevée a été valablement consentie. Cependant, on ne saurait annuler la donation d'un immeuble dont la saisie a été transcrite et n'a pas été radiée, lorsque le créancier poursuivant, *seul inscrit*, a été désintéressé avant la donation (*J. Av.*, t. 76, p. 353, art. 1098).

La nullité de la vente postérieure à la transcription ne peut être opposée que par le poursuivant et par les créanciers inscrits (Q. 2294 ; *Suppl. alphab.*, vᵒ *Saisie immobilière*, nᵒˢ 585 et s.).

Notamment, cette nullité ne peut être invoquée ni par l'acquéreur ni par le saisi qui demeurent liés par la convention qu'ils ont librement consentie. Trib. civ. de Saint-Pons, 15 décembre 1897 (*J. Av.*, t. 123, p. 122). Dans le même sens, Riom, 8 juin 1901 (*J. Av.*, t. 125, p. 347).

Elle ne peut non plus être invoquée par des créanciers dont l'inscription est postérieure à la transcription de l'acte d'aliénation amiable. Cass., 24 janvier 1898 (*J. Av.*, t. 123, p. 93).

La nullité qui frappe la vente ne s'étend pas jusqu'aux hypothèques que la partie saisie a consenties après la transcription (Q. 2295 et *J. Av.*, t. 73, p. 309, art. 464, lettre B).

Les intéressés peuvent continuer la saisie sans appeler l'acquéreur de l'immeuble vendu après la transcription (Q. 2293 ; *Suppl. alphab.*, vᵒ *Saisie immobilière*, nᵒ 581).

Lorsque la vente est antérieure à la transcription, le poursuivant ne doit pas perdre le montant des dépens exposés jusqu'à cette vente. Ces dépens forment un accessoire de sa créance dont il peut poursuivre le recouvrement contre le tiers détenteur, s'il est créancier hypothécaire. — S'il n'est que créancier chirogra-

requérant, par contrat passé devant M^e............, notaire à........., le............, enregistré, après la transcription de la saisie immobilière dont ils étaient l'objet ; ladite saisie poursuivie à la requête de M........, et pratiquée par procès-verbal de......, huissier, en date du.........., enregistré ; sommant, en conséquence, M........., saisissant, de cesser ses poursuites, à peine de tous dépens et dommages-intérêts ;

Et j'ai, à chacun des susnommés, en leur domicile et parlant comme ci-dessus, laissé séparément copie du présent exploit, sous enveloppe, etc. Coût...........

(*Signature de l'huissier.*)

589. Cahier des charges [1]

Code *PR. CIV.*, art. 690.

CAHIER DES CHARGES, CLAUSES ET CONDITIONS

Auxquelles seront adjugés, à l'audience des saisies immobilières du tribunal civil de première instance de....., département de....., séant au palais de justice, à........., sur saisie immobilière, au plus offrant et dernier enchérisseur :

Une maison, etc. (*indiquer sommairement les biens et leur situation, ainsi que les lots* [2]).

A la requête, poursuite et diligence de.......... (*nom, prénoms, profession, domicile et qualité*), ayant pour avoué M^e........ (*nom, prénoms*), demeurant à....., rue....., n°....., lequel occupe pour lui sur la présente poursuite.

---

phaire, et que le contrat de vente porte quittance du prix, le poursuivant reste désarmé contre l'acquéreur, sauf à faire valoir ses droits contre le vendeur, quand et comme il le jugera convenable (Q. 2296).

Les actions que des tiers ont à intenter relativement aux immeubles saisis doivent être dirigées contre le saisi (Q. 2297).

1. Cette formule du cahier des charges est celle qu'a adoptée la chambre des avoués près le tribunal civil de la Seine.

Il est impossible de prévoir toutes les clauses qui peuvent entrer dans un cahier des charges. Chaque espèce a sa physionomie particulière. Voir les développements présentés dans le *Suppl. alphab.*, v° *Saisie immobilière*, n° 672 et s., et les notes ci-après.

2. Les créanciers à hypothèque spéciale sur une partie des immeubles saisis ont le plus grand intérêt à exiger qu'il soit formé un lot à part de cette partie d'immeuble, afin de pouvoir être admis à surenchérir sur l'adjudication particulière de ce lot et de n'être pas obligés à faire une surenchère sur tous les biens vendus, surenchère souvent au-dessus de leurs moyens pécuniaires (*J. Av.*, t. 73, p. 185 et 313, art. 397 et 464, lettre A). — Ils s'opposeront aussi à ce qu'on insère une clause portant que chacun des adjudicataires de plusieurs immeubles sera tenu de payer à l'avoué poursuivant, sous peine de folle enchère, la totalité des droits et honoraires résultant de la vente de tous ces immeubles (*J. Av.*, t. 73, p. 313, art. 464, lettre A).

ÉNONCIATIONS PRÉLIMINAIRES

En vertu d'un jugement[1], etc. (*ou d'une obligation passée devant* M^e....., *notaire à...., etc., énoncer le titre en vertu duquel la vente se poursuit comme dans la formule* supra, n° 576), M............ a, suivant exploit de.........., huissier à........, en date du...., fait faire commandement à M......... (*prénoms, nom, profession et demeure de la partie saisie*), de payer à M....... la somme de...., avec déclaration que, faute de paiement, il serait procédé à la saisie des immeubles de M.... (*les énoncer tels qu'ils l'ont été dans le commandement*).

Ce commandement, en tête duquel il a été donné copie entière du jugement (*ou de l'obligation notariée*) susénoncé, a été visé le même jour par M. le Maire de......, et porte cette mention : enregistré à......, le....., f°......, case...., reçu............ signé......

Suivant un procès-verbal dressé par........, huissier à......., le........, il a été, à la requête de M...., procédé, sur M....., à la saisie immobilière de..........; le procès-verbal, contenant toutes les énonciations prescrites par l'art. 675 C. pr. civ., et visé, conformément à la loi[2], par M. le Maire de....., porte cette mention : enregistré à...., le....., f°....., case....., reçu......., signé........

Ce procès-verbal de saisie immobilière a été dénoncé[3] à M...., suivant exploit de............, huissier à..........., en date du........, dont l'original a été visé dans le jour par M. le Maire de............, et porte cette mention : enregistré à....., le............, f°............, case........., reçu........... signé........

Le procès-verbal de saisie immobilière et l'exploit de dénonciation susénoncés ont été transcrits au bureau des hypothèques de..., le...., vol........, n°........

---

1. Lorsqu'une saisie immobilière est pratiquée en vertu de plusieurs jugements rendus au profit de différents créanciers, il n'est pas nécessaire que le cahier des charges relate chacun de ces jugements séparément, pour chacun des créanciers en particulier ; il suffit qu'il les indique par leur date, quoique par une seule et même disposition (Q. 2315 *in fine*).
Il n'est pas nécessaire d'énoncer dans le cahier des charges le pouvoir spécial donné à l'huissier pour saisir, et l'état des inscriptions (Q. 2317). — Voir aussi *Suppl. alphab.*, *verb. cit.*, n° 663.
2. Voir *supra*, p. 522, 534, 535 et 537, les notes relatives à la formalité du visa.
3. Le cahier des charges est nul, s'il n'énonce que le titre, le commandement et l'exploit de saisie, sans parler de l'acte de dénonciation au débiteur, de la transcription ; en un mot, de tous les actes, sans exception, qui ont précédé le dépôt de ce cahier au greffe (Q. 2315 ; *Suppl. alphab.*, *verb. cit.*, n°s 659 et suiv.).
Les jugements qui peuvent avoir été rendus avant la remise du cahier des charges, et dont il faut faire mention dans ce cahier, sont ceux intervenus sur l'appel de la décision qui a servi de titre à la saisie, sur la demande en nullité de la saisie, ou tout autre incident (Q. 2316 ; *Suppl. alphab.*, *verb. cit.*, n° 661).

DÉSIGNATION DES BIENS A VENDRE

(*Aux termes de l'art. 690 n° 2 C. pr. civ., le cahier des charges doit contenir la désignation des immeubles telle qu'elle a été insérée dans le procès-verbal de saisie. Voir* supra, *formule n° 580*) [1].

PROPRIÉTÉ

Il est souvent impossible, en matière de saisie immobilière, d'établir la propriété des immeubles saisis ; aussi l'art. 690 C. pr. civ. n'exige-t-il pas un établissement de propriété dans le cahier des charges ; néanmoins, lorsque le saisissant aura, soit dans son titre même, soit dans les actes connus de lui, des renseignements certains sur la propriété, il sera bien de faire connaître comment la partie saisie et ses auteurs ont acquis la propriété et en ont payé le prix [2].

Dans ce cas, et autant que possible, s'il y a plusieurs articles, et que les biens ne soient pas de même origine, les énonciations à insérer devront porter sur l'origine distincte de la propriété de chacun des articles ;

Et énoncer avec soin :

1° Les transcriptions ;

2° Les certificats du conservateur des hypothèques, par suite de l'accomplissement des formalités de purge légale ;

3° Les quittances ou autres actes constatant la libération des différents propriétaires ;

Faire remonter l'établissement de la propriété, autant qu'on le pourra, à trente ans au moins.

CONDITIONS DE LA VENTE [3]

Art. 1ᵉʳ. *Garantie.* — L'adjudicataire sera propriétaire par le fait seul de l'adjudication ; il prendra les biens dans l'état où ils seront au jour de cette adjudication, sans pouvoir prétendre à aucune diminution de prix ni à aucune garantie ou indemnité contre le

---

1. Le cahier des charges peut être annulé si on se borne à une désignation générale (*Q.* 2318; *Suppl. alphab., verb. cit.,* nᵒˢ 665 et s.).
2. Il est utile, mais il n'est pas prescrit à peine de nullité, d'énoncer les titres de propriété des objets saisis dans le cahier des charges (*Q.* 2317; *Suppl. alphab., verb. cit.,* n° 662).

Cette énonciation offre toujours l'avantage de renseigner les tiers sur la filiation de la propriété et de faciliter les enchères, en éloignant toute crainte relative à la sûreté de l'adjudication.

3. Les conditions de la vente que l'on doit insérer dans le cahier des charges sont non seulement celles que la loi prescrit à l'adjudicataire, mais encore toutes celles qui peuvent être convenables, pourvu qu'elles ne soient pas préjudiciables au saisi (*Q.* 2320; *Suppl. alphab., verb. cit.,* nᵒˢ 671 et s.).

poursuivant [1], la partie saisie [2] ou ses créanciers, pour surenchère, dégradations, réparations, curage de puits, puisards ou fosses d'aisance, erreurs dans la désignation, dans la consistance ou dans la contenance, ni même à raison des droits de mitoyenneté ou de surcharge des murs séparant lesdits biens des propriétés voisines, alors même que ces droits seraient encore dus.

[*S'il s'agit de la vente d'un corps certain clos de murs, tel qu'une maison, on ajoutera* : et sans aucune garantie de mesure, lors même que la différence excèderait un vingtième.

S'il s'agit de biens ruraux ou de terrains non clos, il sera dit que les parties resteront dans les termes de l'art. 1619 C. civ [3].

S'il y a des objets réclamés par des tiers ou par des locataires et fermiers, les indiquer.

Faire connaître les actes qui repoussent ou qui appuient ces réclamations.]

ART. 2. *Servitudes*. — L'adjudicataire, soit qu'il y ait ou non déclaration, jouira des servitudes actives et souffrira les servitudes passives, occultes ou apparentes, ainsi que l'effet des clauses dites domaniales, déclarées ou non, sauf à faire valoir les unes et à se défendre des autres à ses risques et périls, sans aucun recours contre le poursuivant, la partie saisie ou ses créanciers, et sans que la présente clause puisse attribuer, soit aux adjudicataires, soit

---

1. On ne peut insérer, dans le cahier des charges d'une vente immobilière, la clause portant que l'adjudication aura lieu aux périls et risques de l'adjudicataire, le poursuivant ne devant, dans aucun cas, être soumis à une garantie à raison, soit de l'expropriation, soit de faits ultérieurs, quels qu'ils soient (J. Av., t. 73, p. 314, art. 464, lettre A, III).

2. Les dégradations commises par le saisi pendant les poursuites peuvent donner lieu à une action en dommages dirigée contre lui par l'adjudicataire, qui établit avoir enchéri dans l'ignorance de ces dégradations, car s'il les a connues avant l'adjudication, il est certain qu'il a dû les prendre en considération. Mais, dans ce dernier cas, l'action qui n'appartient plus à l'adjudicataire peut être exercée par les créanciers qui ont éprouvé un préjudice, parce que le prix ne s'est pas élevé au chiffre qu'il aurait atteint, si les immeubles n'avaient pas été dégradés (Q. 2279; *Suppl. alphab.*, v° *Saisie immobilière*, n°s 511 et s.).

Dans tous les cas où l'adjudicataire peut exercer son recours contre le saisi en indemnité à raison des dégradations commises, il peut se pourvoir devant le juge des référés, pour faire ordonner qu'un état de ces dégradations sera dressé par un ou plusieurs experts, sans qu'il soit besoin au préalable de faire signifier le jugement d'adjudication (J. Av., t. 77, p. 205, art. 1230).

3. Certaines cours, appliquant aux ventes judiciaires d'immeubles, dans le silence du cahier des charges, les art. 1619 et suiv. C. civ., si l'on veut se prémunir contre cette application, il faut insérer dans le cahier des charges une clause ainsi conçue : *Les adjudicataires prendront les immeubles dans l'état où ils seront au jour de l'adjudication, sans aucun recours en diminution de prix, ni garantie contre le poursuivant, les créanciers inscrits ou le saisi, à raison du défaut de mesure ; de même qu'aucune action en supplément de prix ne pourra être intentée contre l'adjudicataire, quelle que soit la différence entre la contenance énoncée dans le cahier des charges et la contenance réelle* (J. Av., t. 77, p. 317, art. 464, lettre A, VII).

aux tiers, d'autres et plus amples droits que ceux résultant des titres ou de la loi.

(*S'il y a des servitudes connues, les indiquer avec détail, et énoncer les titres sur lesquels sont fondées les servitudes actives et passives.*)

ART. 3. *Entrée en jouissance.* — L'adjudicataire, propriétaire par le fait seul de l'adjudication, n'entrera néanmoins en jouissance, pour la perception des loyers, qu'à partir du premier jour du terme qui suivra cette adjudication et, en cas de surenchère, à partir du jour du terme qui suivra l'adjudication définitive.

(*S'il s'agit d'une ferme ou de biens ruraux affermés, la clause sera rédigée ainsi qu'il suit :*

..... ne percevra les fermages qu'à partir de ceux qui représentent la récolte de....., dont le premier terme sera exigible le.....).

(*S'il s'agit d'une ferme ou de biens ruraux non affermés, et que la vente se fasse avant la récolte :*

.... remboursera à qui de droit, indépendamment du prix de l'adjudication, les frais de labours, semences et culture, qui sont fixés à la somme de....).

(*S'il s'agit de bois et que la vente se fasse avant l'exploitation :*

...... ne pourra commencer l'exploitation que par celle de la coupe ordinaire de....., laquelle aura lieu dans l'hiver de........ à....).

(*Il est, au surplus, impossible de prévoir tout ce qui est à stipuler sur l'entrée en jouissance, puisque la nature des biens, la saison dans laquelle se fait la vente, et une foule de circonstances peuvent modifier ces stipulations.*

On doit donc recommander cette clause aux soins des rédacteurs, afin qu'ils évitent l'obscurité et l'ambiguïté.)

ART. 4. *Contributions, intérêts.* — L'adjudicataire supportera les contributions et charges de toute nature dont les biens sont ou seront grevés, à compter du jour fixé pour son entrée en jouissance des revenus.

(*Si ce sont des biens ruraux, il faudra dire : à compter du premier janvier de..... l'année dont la récolte lui appartiendra*).

Il paiera les intérêts de son prix à raison de 5 p. 100 par année, sans aucune retenue, à compter de la même époque, jusqu'au paiement intégral dudit prix. (*Lorsqu'il s'agira de la saisie d'une nue propriété, il faudra charger l'adjudicataire des contributions et intérêts à partir du jour de l'adjudication*) [1].

ART. 5. *Baux et locations.* — L'adjudicataire sera tenu d'exécuter les locations verbales pour le temps qui en restera à courir au moment de l'adjudication, d'après l'usage des lieux.

Il sera tenu également d'exécuter, pour le temps qui en restera à

---

1. L'adjudicataire d'une nue propriété ne doit supporter les impôts qu'autant que le titre constitutif de l'usufruit les met à la charge du nu-propriétaire, car autrement ils sont une charge naturelle des fruits.

courir, les baux faits par la partie saisie : toutefois, ceux desdits baux qui n'auront pas acquis date certaine avant le commandement pourront être annulés si les créanciers ou l'adjudicataire le demandent [1].

(*Si le poursuivant connaît les baux et locations, énoncer, autant que possible, leur date, leur durée, le loyer, les principales conditions, et la relation complète de l'enregistrement*).

L'adjudicataire tiendra compte, en sus et sans diminution de son prix, aux différents locataires, des loyers qu'ils justifieront avoir payés d'avance, et qui auront été déclarés, soit dans le présent cahier des charges, soit dans un dire avant la publication. A défaut de cette déclaration, l'adjudicataire tiendra compte aux locataires des loyers qu'ils justifieront avoir régulièrement payés d'avance, et il en retiendra le montant sur le prix de son adjudication. Ces clauses ne s'appliquent pas aux loyers qui seraient payables chaque terme, par anticipation.

La déclaration qui en serait faite, soit au cahier des charges, soit dans un dire, n'enlèvera pas à l'adjudicataire le droit de les toucher à l'époque de leur exigibilité.

Toutefois si les vendeurs venaient à amasser tout ou partie, l'adjudicataire retiendrait somme égale sur le montant de son prix.

(*Si le poursuivant connaît quels sont les loyers payés d'avance, énoncer avec soin les noms des locataires et la quotité des loyers payés d'avance. Dans le cas où ces loyers ne pourraient être déclarés lors de la rédaction du cahier des charges, ils devront l'être par un dire qui précédera la publication.*)

ART. 6. *Assurance contre l'incendie*. — L'adjudicataire devra entretenir à partir du jour de l'adjudication, et pour tout le temps qui en reste à courir, toute police d'assurance contre l'incendie qui a pu être contractée, et payer, à partir de cette époque, les primes et droits, de telle manière que le poursuivant, le saisi et les créanciers inscrits, ne puissent être aucunement poursuivis, inquiétés, ni recherchés.

Le poursuivant déclare à titre de renseignement, et sans que sa déclaration puisse aucunement modifier la stipulation qui précède en ce qui concerne les assurances restées inconnues, que l'immeuble sis à........ est assuré contre l'incendie à la Compagnie connue sous la dénomination de....., dont le siège est à......, pour.... années à partir du...., moyennant une prime annuelle de....., le tout aux termes d'une police en date du.... (*mention complète avec l'enregistrement*).

---

[1]. Les créanciers du saisi ont le droit d'intervenir dans l'instance en saisie immobilière pour obtenir la modification des clauses du cahier des charges contraires à leurs intérêts, et notamment de la clause qui porte que les lots adjugés séparément ne pourront être réunis pour être soumis en bloc à de nouvelles enchères ; comme aussi de celle qui impose aux adjudicataires l'obligation de respecter tous les baux, écrits ou verbaux, de tout ou partie des immeubles saisis (J. Av., t. 76, p. 160, art. 1032).

Art. 7. *Droits d'enregistrement et autres.* — L'adjudicataire sera tenu d'acquitter, en sus de son prix, tous les droits d'enregistrement, de greffe et autres, auxquels l'adjudication donnera lieu.

Les droits qui pourront être dus ou perçus à l'occasion des locations ne seront à la charge de l'adjudicataire que pour le temps postérieur à son entrée en jouissance, sauf son recours, s'il y a lieu, contre le locataire.

La portion des droits applicable au temps antérieur à son entrée en jouissance, dans le cas où ils auraient été avancés par l'adjudicataire, sera retenue par lui sur le prix principal de son adjudication.

Art. 8. *Frais de poursuite.* — L'adjudicataire paiera, entre les mains et sur la quittance de l'avoué poursuivant, en sus de son prix et dans les dix jours de son adjudication, la somme à laquelle auront été taxés les frais faits pour parvenir à la vente et à l'adjudication des biens susdésignés, et dont le montant sera déclaré sur le cahier des charges avant l'adjudication. La grosse du jugement d'adjudication ne pourra être délivrée par le greffier du tribunal qu'après la remise qui lui aura été faite de la quittance desdits frais, quittance qui demeurera annexée à la minute du jugement d'adjudication.

Il paiera également dans le même délai, entre les mains et sur la quittance de l'avoué poursuivant, et en sus du prix de l'adjudication, le montant de la remise proportionnelle fixée par la loi [1].

Art. 9. *Levée et signification du jugement d'adjudication.* — L'adjudicataire sera tenu de lever le jugement d'adjudication, et de le faire signifier dans le mois de l'adjudication, et à ses frais.

Faute par lui de satisfaire à cette condition dans le délai prescrit, le poursuivant, le saisi et les créanciers inscrits, pourront se faire délivrer la grosse du jugement d'adjudication, à ses frais, par le greffier du tribunal, trois jours après une sommation, sans être obligés de remplir les formalités prescrites par la loi pour parvenir à la délivrance d'une deuxième grosse.

Art. 10. *Transcription.* — Dans les trente-cinq jours de son adjudication, l'adjudicataire fera transcrire, à ses frais, le jugement d'adjudication au bureau des hypothèques dans l'arrondissement duquel sont situés les biens vendus, et ce afin d'assurer le privilège du vendeur par l'inscription d'office.

Art. 11. — Dans les trois jours du dépôt de son jugement d'adjudication au bureau des hypothèques, l'adjudicataire sera tenu de notifier ce dépôt au poursuivant par acte du palais.

La poursuite de folle enchère commencée dans les termes des stipulations qui précèdent ne pourra être arrêtée que par la justification du privilège du vendeur.

---

1. Voir *supra*, p. 549, note 2.

Il n'est pas permis de stipuler dans un cahier des charges que le privilège des frais extraordinaires (art. 714) aura lieu de plein droit, quels que soient les termes des jugements sur incidents (Q. 2399 *quat.*; *Suppl. alphab.*, verb. cit., n°⁸ 1166 et s.).

Dans tous les cas, les frais de conservation de ce privilège seront à la charge de l'adjudicataire.

Art. 12. *Paiement du prix.* — Après l'expiration du délai de quatre mois à partir de son adjudication, l'adjudicataire, qu'il ait ou non rempli toutes les formalités, sera tenu de payer son prix en principal et intérêts à la partie saisie ou aux créanciers inscrits, sans pouvoir faire ce paiement par anticipation [1].

Dans le cas où la partie saisie ou ses créanciers ne seraient pas en mesure de recevoir le prix, l'adjudicataire aura la faculté de le conserver à charge de consigner tous les six mois, à partir de son entrée en jouissance, les intérêts échus de ce prix, et de justifier de cette consignation à toute réquisition du poursuivant, de la partie saisie, ou de l'un des créanciers inscrits.

Art. 13. *Prohibition de détériorer l'immeuble vendu.* — Avant le paiement intégral de son prix, l'adjudicataire ne pourra faire aucuns changements notables, aucunes démolitions (*coupes extraordinaires de bois*), ni commettre aucunes détériorations dans les biens, à peine d'être contraint immédiatement à la consignation de son prix, même par la voie de la folle enchère.

Si les délais fixés par l'art. 12 ci-dessus ne sont pas expirés et que le poursuivant, les créanciers inscrits et le saisi, ne soient pas en mesure de recevoir le prix, l'adjudicataire devra les indemniser de la perte que cette consignation leur ferait éprouver, soit pour le temps pendant lequel la caisse des consignations ne paie pas d'intérêts, soit pour la différence existant entre l'intérêt à cinq pour cent et celui servi par la caisse des consignations.

Art. 14. *Titres de propriété.* — Le poursuivant n'ayant pas en sa possession les titres de propriété de l'immeuble saisi, l'adjudicataire n'en pourra exiger aucun ; mais il est autorisé à se faire délivrer, à ses frais, par tous dépositaires, des expéditions ou extraits de tous actes concernant la propriété.

Art. 15. *Réception des enchères.* — Les enchères ne seront reçues, conformément à l'art. 705 C. pr. civ., que par le ministère d'avoués [2].

Art. 16. *Des commands.* — Dans le cas où l'adjudicataire userait de la faculté de déclarer command, il sera solidairement obligé, avec ceux qu'il se sera substitués, au paiement du prix et à l'accomplissement des charges (Voir *infra*, formule n° 603)[3]. Si la déclaration de

---

1. Le poursuivant ne peut pas insérer dans le cahier des charges une clause ayant pour but d'astreindre l'adjudicataire à conserver en ses mains, sur le prix, le capital nécessaire pour le service d'une rente due au poursuivant lui-même (J. *Av.*, t. 76, p. 610, art. 1181).

2. Clause surabondante, puisque la loi exige qu'il en soit ainsi.

3. Une telle clause ne s'applique pas aux avoués. Ainsi, lorsqu'un cahier des charges porte que « celui qui fera une déclaration de command sera tenu de garantir la solvabilité de la personne pour laquelle il se sera rendu adjudicataire, à peine d'être réputé acquéreur en son nom personnel », l'avoué qui s'est rendu

command n'est que partielle, le privilège, l'action résolutoire, la folle enchère et tous autres droits réels du vendeur, resteront indivisibles, mais le command ne sera tenu personnellement que jusqu'à concurrence du prix résultant de la déclaration partielle.

Les coadjudicataires seront obligés solidairement au paiement du prix, et à l'exécution des conditions de l'adjudication.

ART. 17. *Folle enchère.* — A défaut par l'adjudicataire d'exécuter l'une des clauses et conditions de l'adjudication, ou de payer tout ou partie de son prix, ou de faire la consignation prescrite par l'article 12 ci-dessus, le poursuivant, la partie saisie ou ses créanciers, pourront faire revendre les biens par folle enchère, dans les formes prescrites par les art. 733 et suivants C. pr. civ.

Si le prix de la nouvelle adjudication est inférieur à ce qui sera dû alors en principal et intérêts sur le prix de la première, le fol enchérisseur sera contraint au paiement de la différence en principal et intérêts par toutes les voies de droit, conformément à l'art. 740 C. pr. civ.

L'adjudicataire sur folle enchère devra dans tous les cas payer à l'avoué qui aura poursuivi la vente la totalité des frais et remise qui ne lui auraient pas été soldés par le fol enchérisseur.

Dans le cas où le prix de la seconde adjudication serait supérieur à celui de la première, la différence appartiendra à la partie saisie et à ses créanciers.

Dans aucun cas, le fol enchérisseur ne pourra répéter, soit contre le nouvel adjudicataire, soit contre le poursuivant, le saisi et les créanciers inscrits, auxquels ils demeureront acquis à titre de dommages-intérêts, les frais de poursuite de vente, ni ceux d'enregistrement, de greffe et d'hypothèque, qu'il aurait payés, et que le nouvel adjudicataire n'aura point à lui rembourser.

L'adjudicataire sur folle enchère devra les intérêts de son prix du jour de l'adjudication à lui faite, sauf le recours de la partie saisie ou de ses créanciers contre le fol enchérisseur pour les intérêts courus dans l'intervalle de la première à la seconde adjudication, ainsi qu'il est dit ci-dessus.

Sans préjudice du droit attribué au poursuivant, à la partie saisie et aux créanciers inscrits, conformément à l'art. 9, de se faire délivrer une grosse du jugement d'adjudication pour contraindre l'adjudicataire au paiement de son prix.

ART. 18. *Attribution de juridiction.* — Le tribunal civil de première instance de... (*celui de la situation des immeubles saisis*) sera seul compétent pour connaître de toutes contestations relatives à l'exécution des conditions de l'adjudication et à ses suites, quels que

---

adjudicataire et qui, dans les trois jours, a fait une élection régulière de command ne peut, faute par le command élu de payer, être réputé adjudicataire (*J. Av.*, t. 74, p. 202, art. 647, III).

soient la nature de ces contestations et le lieu du domicile des parties intéressés [1].

Art. 19. *Elections de domicile.* — L'adjudicataire sera tenu d'élire domicile à...... *(lieu où siège le tribunal qui connaît de la saisie)*, pour l'exécution des charges et conditions de l'adjudication; sinon et par le fait seul de l'adjudication, ce domicile sera élu de droit chez l'avoué qui se sera rendu adjudicataire.

Le poursuivant élit domicile en l'étude de M^e....., son avoué, demeurant à........, rue........

Les domiciles seront attributifs de juridiction, même pour le préliminaire de conciliation et les actes d'exécution, ceux sur la folle enchère et tous autres. Les exploits d'offres réelles et d'appel y seront valablement signifiés.

Art. 20 et dernier. *Mise à prix.* — Outre les clauses, charges et conditions ci-dessus, les enchères seront reçues sur la somme de........... formant la mise à prix fixée par le poursuivant [2], ci....

---

1. Lorsque le cahier des charges contient une clause qui attribue juridiction, pour toutes les difficultés d'exécution, à un certain tribunal, et qu'une seconde clause indique le siège de ce tribunal comme le lieu où doit être effectué le paiement du prix (Voir *supra*, l'art. 12 de la formule), l'adjudicataire, qui voit l'ordre ouvert devant le tribunal de la situation de l'immeuble se prolonger et qui veut se libérer, doit consigner son prix au lieu indiqué pour le paiement, puis intervenir dans l'ordre, s'il n'y a déjà produit, et, par un dire sur le procès-verbal, dénoncer sa consignation aux créanciers produisants et au saisi, en demandant que les bordereaux soient délivrés contre la caisse des consignations (J. Av., t. 75, p. 399, art. 892).

2. Il est libre au poursuivant de fixer comme il lui plaît le montant de la mise à prix que doit contenir le cahier des charges (Q. 2321; *Suppl. alphab.*, verb. cit., n°s 694 et s.).

Ni le saisi, ni les créanciers inscrits ne peuvent, sous prétexte d'insuffisance, faire porter la mise à prix à un chiffre supérieur contre le gré du poursuivant. Cass., 13 août 1882 (D. P. 84.1.400); trib. civ. de Coulommiers, 11 juin 1903 (J. Av., t. 128, p. 380); Glasson et Colmet-Daage, t. 2, p. 284.

Cette mise à prix ne peut être maintenue lorsqu'une demande en distraction a été accueillie avant l'adjudication ; une nouvelle mise à prix doit alors être déterminée et annoncée avant l'adjudication par le poursuivant (J. Av., t. 73, p. 318, art. 464, lettre B); un jugement nouveau et de nouvelles affiches ne sont point nécessaires (J. Av., t. 76, p. 615, art. 1181). — Le poursuivant a d'autant plus d'intérêt à surveiller la fixation de la mise à prix que s'il arrive (ce fait s'est produit dans la pratique) qu'une mise à prix exagérée ait été insérée dans le cahier des charges et soit passée inaperçue lors de la publication, le poursuivant, pour éviter les conséquences de l'art. 706 C. pr. civ., n'a d'autre ressource que de ne pas requérir l'adjudication. — Encore, tous les tribunaux ne sont pas d'accord et certains déclarent, en pareil cas, le poursuivant adjudicataire pour la mise à prix, sur la réquisition de l'un des créanciers inscrits, conformément à l'art. 702 C. pr. civ. (I.Av., t. 76, p. 365 et 368, art. 1107 et 1108). Aussi, le moyen le plus sûr d'éviter l'adjudication est-il de se désister des poursuites en offrant de supporter tous les frais occasionnés par la procédure.

Les énonciations du cahier des charges peuvent être rectifiées sur les dires du saisi ou des créanciers inscrits (Q. 2318). — Voir *J.Av.*, t. 101, p. 360.

Fait et rédigé à....., le.........., par M⁰......., avoué poursuivant.

(Signature de l'avoué.)

(Dans le dire qui precèdera la publication, et dans celui qui précèdera l'adjudication, on devra faire la relation complète des différents actes faits et des formalités accomplies en exécution des art. 691, 692, 696, 698, 699; et, s'il y a lieu, de la publicité donnée en exécution de l'art. 697. — On énoncera la relation de l'enregistrement des actes et procès-verbaux d'huissiers, et les justifications exigées par l'art. 698 (Voir infra, formule n° 601) [1].

590. Acte de dépôt *du cahier des charges*
CODE PR. CIV., art. 690.

L'an..........., le....... [2], au greffe et par-devant nous, greffier du tribunal civil de..........., a comparu M⁰........., avoué près ledit tribunal et de M........ (*nom, prénoms, profession*), demeurant à........, lequel a déposé entre nos mains le cahier des charges par lui rédigé pour parvenir à la vente de.......... (*indiquer l'immeuble*), saisi au préjudice de M........ (*nom, prénoms, profession*), demeurant à.......; ledit cahier des charges enregistré le..., folio..., case..., par..., qui a reçu..., contenant.... rôles qui ont été cotés et paraphés par l'avoué comparant; desquels comparution et dépôt ledit M⁰............ a demandé acte, que nous lui avons donné, et a signé avec nous greffier, après lecture.

(Signatures de l'avoué et du greffier.)

591. Sommation *à la partie saisie de prendre communication du cahier des charges et d'assister à la publication.*
CODE PR. CIV., art. 691.

L'an..........., le........ [3], à la requête de M........ (*nom,*

---

1. La mention, dans le cahier des charges, de toutes les formalités postérieures au dépôt de ce cahier, n'est pas exigée par la loi, qui ne prescrit l'insertion, à la suite de la mise à prix, que des dires et observations des parties (art. 694) et du jugement qui donne acte de la publication, statue sur ces dires et fixe le jour de l'adjudication (art. 695).
A cet égard, la pratique des divers tribunaux n'est pas uniforme.
2. Le délai de vingt jours, à partir de la transcription, dans lequel doit être déposé le cahier des charges, n'est pas franc (Q. 2313; *Suppl. alphab.*, v° *Saisie immobilière*, n°ˢ 644 et suiv.).
3. Sommation doit être faite, dans le délai de huit jours à partir du dépôt au greffe, outre l'augmentation à raison des distances, au saisi et aux créanciers inscrits, de prendre communication du cahier des charges, de fournir leurs dires, etc. (art. 691 et 692).
Ce délai de huit jours doit être augmenté d'un jour par cinq myriamètres de dis-

prénoms, profession), demeurant à.........., pour lequel domicile est élu à........., rue........., n°........, dans l'étude de M°......, avoué près le tribunal civil de......, qui est constitué et qui continuera d'occuper pour lui sur la poursuite de saisie immobilière dont il s'agit, j'ai...... (*immatricule*), soussigné, signifié et déclaré à M........... (*nom, prénoms, profession*), partie saisie [1], demeurant à........ [2], en son domicile, où étant et parlant à..., que le cahier des charges, enregistré, dressé par M°......., pour parvenir à la vente de.......... (*désigner l'immeuble*), saisi sur M........, par procès-verbal du........, visé et enregistré, a été déposé au greffe du tribunal de........, le........ ainsi que le constate un acte du dépôt du même jour, enregistré ; et que la publication dudit cahier des charges a été fixée au...... [3], heures de..........

En conséquence, j'ai fait sommation au susnommé de prendre communication du cahier des charges contenant les clauses et conditions auxquelles sera vendu l'immeuble saisi ; de fournir les dires et observations qu'il jugera convenables, et d'assister, si bon lui semble, à la lecture et à la publication dudit cahier, qui auront lieu à l'audience des criées du tribunal de........., lequel fixera le jour de l'adjudication et statuera sur les contestations survenues ; déclarant à M........ que, faute par lui de satisfaire à la présente sommation, il sera procédé tant en son absence qu'en sa présence ; A ce qu'il n'en ignore.

Et je lui ai, audit domicile, parlant comme ci-dessus, laissé copie du présent, sous enveloppe, etc. Coût..........

(*Signature de l'huissier.*)

---

tance entre le domicile du saisi et le lieu où siège le tribunal; les fractions de quatre myriamètres et au-dessus, qui excèdent un nombre de myriamètres multiple de cinq, doivent donner lieu à l'augmentation d'un jour; les fractions de moins de quatre myriamètres ne sont pas comptées (Q. 3416 *octies*). Le saisi peut se prévaloir de l'inobservation de ce délai (*J. Av.*, t. 74, p. 284, art, 676). Ce délai de huit jours n'est pas franc (Q. 2323; *Suppl. alphab*, v° *Saisie immobilière*, n° 705).

1. Lorsque le saisi est en état de contumace, cette sommation doit être adressée au directeur général des domaines, administrateur des biens du saisi, en la personne du receveur du dernier domicile du contumax (*J. Av.*, t. 73, p. 318, art. 464, lettre c). Voir aussi *Suppl. alphab.*, *verb. cit.*, n° 712 et *supra*, p. 520, note 2.

2. La sommation qu'on adresse au saisi peut indifféremment être signifiée à son domicile réel ou au domicile élu pour l'exécution de l'obligation (Q. 2324; *Suppl. alphab.*, *verb. cit.*, n° 711).

3. Lorsque le jour indiqué pour la publication du cahier des charges est férié, la sommation est nulle ; et cette nullité, qui ne peut être réparée en présentant requête au président pour obtenir fixation d'une audience extraordinaire des criées, et par la notification de l'ordonnance de ce magistrat au saisi et aux créanciers inscrits, entraîne l'annulation de la procédure jusqu'au dépôt du cahier des charges, dernier acte valable (*J. Av.*, t. 74, p. 396, art. 726, § 10).

Lorsqu'un tribunal a fixé, dans un règlement, le jour de la semaine où doit se tenir l'audience des criées, il n'y a nullité de la sommation qui indique un jour autre que celui habituellement consacré aux criées qu'autant qu'en effet la publication n'a pas lieu, par cette raison, au jour indiqué (*Ibid.*, p. 631, art. 786, § 5).

592. Sommation *aux créanciers inscrits, et notamment au précédent vendeur, à la femme du précédent vendeur, de prendre communication du cahier des charges, de fournir leurs observations, etc., et d'assister à sa publication.*

CODE PR. CIV., art. 692.

L'an.........., le..........., à la requête de M........ (*nom, prénoms, profession*), demeurant à........., créancier poursuivant la vente des immeubles saisis à sa requête sur M....... (*nom, prénoms, profession, domicile*), pour lequel requérant domicile est élu à......, rue......, n°......, dans l'étude de M^e......., avoué près le tribunal civil de première instance de......, qui est constitué et qui continuera d'occuper pour lui sur la poursuite de saisie immobilière dont il s'agit, j'ai........ (*immatricule*), soussigné, signifié et déclaré à : 1° M..... (*nom, prénoms, profession*), demeurant à......, en sa qualité de précédent vendeur[1] des immeubles saisis, audit domicile, où étant et parlant à........;

2° M....... (*noms, prénoms, profession*), demeurant à.........., en sa qualité de créancier hypothécaire de M....., inscrit sur les immeubles saisis par le requérant, au domicile par lui élu dans son inscription, chez....., à....., rue....., n°....., où étant et parlant à......;

3° (*Mêmes énonciations pour chacun des divers créanciers inscrits*)[2];

---

1. Il a été jugé que la sommation prescrite par l'art. 692 C. pr. civ. doit être adressée, non pas au vendeur, mais au créancier auquel le prix de la vente a été délégué avec autorisation de se prévaloir des droits et actions résultant du contrat dont la grosse lui a été remise, et qui est désigné en marge de l'inscription d'office prise au profit du vendeur ; — que ce créancier n'est pas tenu de donner avis de cette sommation au déléguant. — En pareil cas, il paraît prudent de faire cette sommation tant au vendeur qu'au délégataire (*J. Av.*, t. 75, p. 471, art. 910). La même solution doit être appliquée à des créanciers gagistes inscrits.
Au reste, le défaut de sommation au créancier subrogé aux droits du vendeur ne saurait le priver du droit de former de son chef, en vertu de cette subrogation, une demande en résolution dans la forme prescrite par l'art. 717 C. pr. civ. (*Ibid.*, t. 76, p. 611, art. 1181).
Si le domicile du vendeur, énoncé dans l'inscription, est inexact ; si, le vendeur ayant changé de demeure, on ignore son nouveau domicile, c'est au poursuivant qu'incombe le soin de le découvrir. — Lorsque le vendeur a éprouvé quelques changements dans son état, il est sommé à son nouveau domicile ; s'il est mort, l'exploit est valablement déposé au domicile indiqué dans l'inscription (art. 2456 C. civ.). Il est inutile de le notifier individuellement à chacun de ses héritiers. — Les mêmes règles sont applicables aux personnes subrogées dans les droits du vendeur et dont les subrogations sont réellement inscrites (Circ. 2 mai 1859).
2. La sommation doit être faite indistinctement à *tout* créancier inscrit sur l'immeuble. C'est au conservateur des hypothèques, à qui un certificat de toutes les inscriptions grevant l'immeuble, de quelque chef que ce soit, est réclamé, à faire les travaux et les relevés nécessaires pour que l'art. 692 puisse être exécuté (Q. 2229 ; *Suppl. alphab., verb. cit.*, n°s 724 et s.).
Les officiers ministériels (avoués et huissiers) sont responsables des omissions

CHAUVEAU ET GLANDAZ. — TOM. I.

....

7° Mme......., épouse de M........, précédent vendeur, demeurant à............, audit domicile, où étant et parlant à..........;

Que le cahier des charges dressé par M^e........., avoué, pour parvenir à la vente de.......... (*énoncer l'immeuble saisi*), enregistré, a été déposé au greffe du tribunal civil de première instance de......., le....., ainsi que le constate un acte de dépôt du même jour, enregistré, et que la publication dudit cahier des charges a été fixée au......[1], heure de........

En conséquence, j'ai fait sommation[2] à chacun des susnommés,

---

provenant de leur négligence, et le conservateur, de celles qui proviennent de son fait (*J. Av.*, t. 73, p. 319, art. 464, lettre H).

Le conservateur ne doit comprendre dans l'état des inscriptions que les inscriptions véritables, et non les saisies immobilières transcrites (*J. Av.*, t. 73, p. 320, art. 464, lettre I).

La sommation doit être adressée à tout créancier figurant sur l'état délivré par le conservateur sans qu'on puisse exiger du saisissant qu'il fasse une distinction entre les inscriptions utiles et celles qui seraient inopérantes, et l'on doit comprendre dans les frais de la saisie ceux de la sommation adressée à des créanciers même dont l'inscription aurait été prise du chef d'un précédent propriétaire à une époque où il était dessaisi, du moment que ces inscriptions figuraient sur l'état délivré par le conservateur. Cass., 6 mars 1895 (D.P.95.1. 305; S. 97.1.231).

Une adjudication a été annulée parce que les créanciers inscrits du précédent propriétaire de l'immeuble saisi n'avaient pas reçu la sommation de prendre communication du cahier des charges (*J. Av.*, t. 75, p.495, art. 925).

Si des créanciers inscrits habitent en pays étranger, on ne doit pas, pour la sommation, se conformer à la disposition de l'art. 69, § 9. La notification est faite au domicile élu dans l'inscription (Q. 2328 ; *Suppl. alphab.*, verb. cit., n° 723).

Du reste, sauf le cas précédent, la sommation peut être signifiée valablement au domicile réel du créancier (Q. 2330 ; *Suppl. alphab.*, verb. cit., n° 738).

Cependant, pour prévenir toute difficulté, il vaut mieux s'en tenir à la lettre de l'art. 692 qui prescrit la sommation au domicile élu dans les inscriptions.

S'il existe plusieurs inscriptions au profit du même créancier, il n'est pas nécessaire de lui signifier autant de copies de la sommation qu'il y a d'inscriptions, à moins qu'il n'y ait, dans ces inscriptions, des élections de domicile différentes (Q. 2332 ; *Suppl. alphab.*, verb. cit., n° 750).

Si une ou plusieurs inscriptions existent en vertu d'un même titre au profit de plusieurs intéressés, soit en leur nom, soit au nom de leur auteur, la signification d'une seule copie pour tous peut être suffisante, si l'inscription a été prise collectivement avec une seule élection de domicile ; *secùs*, dans le cas contraire. La solution de cette question dépend, au reste, des circonstances. — En principe, lorsque la créance est divisible et que chacun des créanciers peut agir pour sa part et portion, il est prudent de notifier autant de copies qu'il y a de créanciers, alors même qu'il n'a été fait dans l'inscription qu'une seule élection de domicile pour tous (Q. 2333 ; *Suppl. alphab.*, verb. cit., n° 751).

1. Voir *supra*, p. 560, note 3.
2. La sommation aux créanciers inscrits ne les dispense pas de renouveler leur inscription avant l'expiration des dix années (Q. 2327 ; *Suppl. alphab.*, verb. cit., n°s 720 et suiv.).

La nullité résultant du défaut de sommation ou des irrégularités de cette sommation peut être invoquée par le saisi ; elle peut l'être par un créancier qui a reçu une sommation régulière (Q. 2325 ; *Suppl. alphab.*, verb. cit., n°s 716 et suiv.).

La nullité de la sommation n'entraîne pas la nullité de la procédure antérieure. (Q. 2331; *Suppl. alphab.*, verb. cit., n° 740). — Voir *J. av.*, t. 101, p. 5

séparément, de prendre communication dudit cahier des charges contenant les clauses et conditions auxquelles sera vendu l'immeuble dont il s'agit, de fournir tels dires et observations qu'ils jugeront convenables, et d'assister, si bon leur semble, aux lecture et publication dudit cahier, qui auront lieu à l'audience des saisies immobilières du tribunal de..., lequel fixera le jour de l'adjudication et statuera sur les contestations survenues ;

Déclarant spécialement à M......., précédent vendeur, qu'à défaut par lui de former sa demande en résolution de vente et de la notifier au greffe du tribunal de.......... avant l'adjudication, il sera définitivement déchu, à l'égard de l'adjudicataire, du droit de la faire prononcer, conformément aux art. 692 et 717 C. pr. civ. [1]

Avertissant, en outre, Mme............ que, pour conserver l'hypothèque légale qui peut lui appartenir sur lesdits immeubles, il sera nécessaire de la faire inscrire avant la transcription du jugement d'adjudication.

Et j'ai, auxdits domiciles, parlant comme ci-dessus, laissé à chacun des susnommés copie du présent, sous enveloppe, etc.....
Coût....

(Signature de l'huissier.)

Remarque. — Dans les huit jours de la date du dernier exploit, mention de cette sommation doit être faite au bureau des hypothèques, en marge de la transcription de la saisie [2], conformément à l'art. 693. Cette mention a lieu en ces termes :

---

1. Ce passage de la formule relatif au vendeur est d'autant plus essentiel qu'il a été décidé que l'action en résolution de la vente d'un immeuble peut être formée par le vendeur, ou celui qui est subrogé à ses droits, même après l'adjudication, prononcée au profit du créancier qui en a poursuivi la saisie, lorsque la sommation prescrite par l'art. 692 C. pr. civ., notifiée au domicile réel du vendeur, qui avait fait transcrire son contrat et pour lequel avait été prise une inscription d'office, sans élection de domicile, se bornait à l'inviter à prendre communication du cahier des charges, sans parler de la déchéance qu'il encourrait, faute par lui d'exercer dans les délais son action résolutoire (*J. Av.*, t. 75, p. 315, art. 889). Voir *infra*, p. 592, la note 1.

Il est aussi prudent d'avertir les créanciers inscrits, porteurs de bordereaux de collocation sur l'adjudicataire saisi, de la déchéance qu'ils auront encourue, s'ils ne notifient pas en temps utile leur demande en folle enchère (*J. Av.*, t. 75, p. 655, art. 993, lettre c).

2. Si la mention voulue par l'art. 693 n'a pas été faite, ou si elle a été faite après la huitaine fixée par cet article, il y a nullité (art. 715 C. pr. civ.). — Cette nullité, qui doit être demandée à peine de déchéance, trois jours au plus tard avant la lecture du cahier des charges (art. 728), empêchera de procéder à la publication au jour indiqué et frappera ainsi de nullité les sommations, non pas directement, mais parce que la publication n'aura pas eu lieu au jour qu'elles fixaient, et que, d'ailleurs, le plus souvent, les délais de l'art. 694 seront expirés. Du reste, les créanciers inscrits n'ont pas intérêt à se prévaloir de cette nullité ; ils sont seulement intéressés à faire consigner la mention, lorsqu'ils s'aperçoivent qu'elle n'a pas été faite. — Le saisi seul l'invoquera, bien que la mention ne soit point prescrite en sa faveur (Q. 2334 ; *Suppl. alphab.*, v° *Saisie immobilière*, n°° 805, 806).

Par l'effet de cette mention, les créanciers inscrits deviennent cosaisissants ;

Par exploits des....... (dates), enregistrés, les notifications prescrites par les art. 691 et 692 C. pr. civ. ont été faites tant à M....., débiteur saisi, qu'à MM........., créanciers inscrits, et à Mme...., ainsi qu'à M......, subrogé tuteur du mineur....., pouvant avoir des hypothèques légales [1] *sur les immeubles dont la saisie est transcrite ci-contre.*

La présente mention faite conformément à l'art. 693 du même code, le............ (date). Reçu......
(Signature du conservateur.)

---

592 bis. Sommation *à la femme du saisi et au subrogé tuteur des mineurs dont le saisi est tuteur de prendre communication du cahier des charges, etc.*

CODE PR. CIV., art. 692.

L'an....... (*comme à la formule précédente*), signifié et déclaré [2]

---

mais, pour conserver ce caractère, il faut qu'ils ne cessent pas d'être hypothécaires, car s'ils laissent périmer leur inscription faute de renouvellement, on n'a plus besoin d'obtenir leur consentement pour opérer la radiation de la saisie (*J. Av.*, t. 73, p. 320, art 464, lettre M). Voir *supra*, p. 548, note 1 et p. 562, note 2.

Les créanciers dont le consentement est nécessaire pour que la saisie puisse être rayée en vertu de l'art. 693 sont ceux-là seulement auxquels la sommation a dû être faite (Q. 2335).

Lorsque le saisissant est contraint de cesser ses poursuites, l'un des créanciers qui a reçu la sommation peut s'opposer à ce que la saisie soit rayée (Q. 2336).

Jusqu'à la mention dont parle l'art. 693, les délais prescrits entre les actes de la procédure peuvent être prorogés par le saisi en faveur du saisissant, sans que les créanciers puissent se prévaloir de leur inobservation pour demander la nullité des poursuites. La saisie ne devient, en effet, commune aux autres créanciers qu'à dater de cette mention (*J. Av.*, t. 73, p. 320, art. 464, lettre K). Voir *supra*, p. 548, note 2.

1. Cette mention est utile pour qu'au cas d'inscription le conservateur ne puisse plus rayer sans le consentement du créancier à hypothèque légale inscrite. Quand il n'y a pas d'inscription, la mention ne fait pas obstacle à la radiation.

2. La sommation doit être faite à la femme du saisi ; aux femmes des précédents propriétaires (Voir la formule n° 592) ; aux mineurs et interdits dont le saisi ou les précédents propriétaires ont eu ou ont encore la tutelle ; aux mineurs devenus majeurs et aux interdits relevés de l'interdiction tant qu'ils sont dans l'année pendant laquelle ils ont le droit de faire inscrire leur hypothèque (L. 23 mars 1855, art. 8). Mais la sommation ne doit être faite à ces personnes qu'autant qu'elles peuvent être connues d'après le titre du poursuivant.

Lorsque la femme du précédent vendeur, ou autre créancier à hypothèque légale dispensée d'inscription auquel la sommation doit être signifiée, est décédé au moment des sommations, la sommation doit être faite par un seul exploit, au domicile du créancier décédé, à ses héritiers collectivement (Boitard et Colmet-Daâge, t. 2, n° 943); Trib. civ. de Quimper, 27 juill. 1898 (*J. Av.*, t. 124, p. 39). Toutefois, suivant Carré et Chauveau (Q. 2333 *octies*) et Dalloz (*Répert.*, v° *Vente publique d'immeubles*, n° 817), si, au domicile du défunt, le créancier peut apprendre le nom et le domicile personnel des héritiers, il doit leur faire signifier, individuellement et à ce domicile personnel, la sommation. Conf. Circul. min. du 2 mai 1859.

En tout cas, lorsque le décès du créancier à hypothèque légale dispensée

à 1° Mme........, épouse de M........, partie saisie, demeurant avec son mari à....., audit domicile où étant et parlant à.......;
2° M..., pris en qualité de subrogé tuteur [1] du mineur..., sous la tutelle de M........, demeurant à........., audit domicile, où étant et parlant à........; que le cahier des charges, etc. (*comme à la formule précédente*), avertissant [2], en outre, Mme............ que, pour conserver l'hypothèque légale qui peut lui appartenir, et M... que, pour conserver l'hypothèque légale qui peut appartenir au mineur............, il sera nécessaire de la faire inscrire avant la transcription du jugement d'adjudication. Et j'ai, auxdits domiciles, parlant comme ci-dessus, laissé copie du présent, sous enveloppe, etc., coût......

(Signature de l'huissier.)

---

592 *ter*. Dénonciation *au procureur de la République de la sommation faite à la femme du saisi, au subrogé tuteur des mineurs et interdits, ou mineurs devenus majeurs* [3].

CODE PR. CIV., art. 692.

L'an........., le........, à la requête de M........ (Voir *supra*, formule n° 592), soussigné, signifié et en tête [de celle] des présentes laissé copie à M. le procureur de la République près le

---

d'inscription remonte à plus d'une année, la dispense d'inscription disparaissant à l'égard des héritiers, même mineurs, il n'y a lieu de faire sommation qu'à ceux qui ont pris inscription (*Suppl. alphab., verb. cit.*, n° 770) ; trib. civ. de Quimper, 27 juill. 1898, précité.

Le procureur de la République n'ayant à recevoir copie que de la sommation faite aux incapables, du chef du saisi, cette sommation doit être notifiée aux incapables par acte séparé, indépendant des sommations aux créanciers inscrits ou à hypothèque légale du chef du précédent propriétaire (*J. Av.*, t. 83, p. 62, art. 3119).

1. L'exploit est remis au subrogé tuteur lorsque la tutelle du mineur ou de l'interdit appartient au saisi ; au nouveau tuteur, si la tutelle du saisi a cessé ; au créancier lui-même, s'il est devenu majeur tant qu'il est dans l'année pendant laquelle existe le droit de faire inscrire son hypothèque.
2. La sommation est prescrite à peine de nullité.
L'absence de l'avertissement spécial n'annule pas la sommation, mais elle l'empêche de produire effet quant à l'extinction du droit de préférence après le délai fixé par les art. 717 et 772.
3. L'action du ministère public n'étant provoquée que dans l'intérêt des hypothèques légales *du chef du saisi*, la dénonciation d'actes signifiés aux créanciers inscrits, à la femme du *précédent propriétaire*, ou à tous autres ayants droit à une hypothèque légale *du chef de ces derniers*, serait inutile et frustratoire.
La dénonciation doit relater le procès-verbal de saisie ; les date, volume et numéro de la transcription.
Il faut aussi énoncer les nom et prénoms de la mère des mineurs, enfants du saisi, puisque l'inscription doit être requise tant de leur chef que du chef de leur mère, dont l'hypothèque légale a toujours un rang plus favorable que celui de leur hypothèque légale propre.

tribunal de première instance de........ [1], au parquet du dit tribunal, où étant et parlant à......, qui a visé le présent original (*ou* l'original du présent), d'un exploit du ministère de........, huissier à........, en date du......, enregistré, contenant sommation à : 1° Mme..... (*nom, prénoms*), épouse de M.... (*nom, prénoms*), avec lequel elle demeure à.....; 2° M.........., demeurant à.........., en sa qualité de subrogé tuteur du mineur......, placé sous la tutelle de M........, de prendre communication du cahier des charges dressé le.........., par M^e.........., et déposé le........, au greffe du tribunal de.........., pour parvenir à la vente de.......... (*indication très sommaire*), saisi sur M.........., par procès-verbal du.........., transcrit au bureau des hypothèques de......., le......., vol......., n°.......

La présente dénonciation est faite conformément à l'art. 692 C. pr. civ.

Et j'ai, audit parquet, parlant comme ci-dessus, laissé copie du présent, dont le coût est de....... (*Signature de l'huissier.*)

Sur l'original on met :

Vu et reçu copie au parquet, en exécution de la loi du 21 mai 1858; n°....... du registre spécial.

                Le procureur de la République,

Sur la copie :   (*Signature* [2].)

Parquet :

Exécution de la loi du 21 mai 1858, n°.......... du registre spécial.

Remarque. — Pour que ces notifications, qui exigent des soins spéciaux, ne puissent pas être confondues avec les autres exploits déposés au parquet, la circulaire du 2 mai 1859 a prescrit l'ouverture d'un registre établi suivant le modèle ci-après :

NUMÉROS D'ORDRE	DATES des notifications	NOMS du saisissant et de son avoué	DATE du dépôt de l'enchère	NOM du saisi	Arrondissement de la situation des biens saisis	Diligences faites

[1]. La dénonciation est faite au procureur de la République de l'arrondissement où les biens sont situés (art. 692).

[2]. Le visa doit toujours être revêtu non d'un simple paraphe, mais de la signature du procureur de la République ou de son substitut (Circulaire du 2 mai 1850).

592 *quater.* **Bordereau d'inscription** à transmettre au conservateur des hypothèques [1].

CODE PR. CIV., art. 692.

PARQUET
DU TRIBUNAL
DE
N°
Du Registre spécial.

BORDEREAU D'INSCRIPTION D'HYPOTHÉCAIRE
EXÉCUTION DE LA LOI DU 21 MAI 1858.

Inscription d'hypothèque légale est requise au bureau de la conservation des hypothèques de.........., par le procureur de la République près le tribunal civil de première instance de......;
Au profit de.......... (*nom, prénoms, profession et domicile réel du créancier*).
Domicile élu, en tant que besoin........ (*nom et demeure de la personne chez laquelle le domicile est élu*).
Contre...... (*nom, prénoms, profession, domicile ou désignation précise du débiteur*).
En vertu des art. 2121, 2135 et 2153 C. civ.
Pour sûreté de toutes les sommes, en principal, intérêts, frais et autres accessoires........ (*nature des droits à conserver, et, autant que possible, le montant de leur valeur*).
Sur...... (*désignation des immeubles compris dans la saisie*)[2], saisi sur M........, à la requête de....., suivant procès-verbal

---

1. L'art 692 impose une obligation absolue au procureur de la République Ce magistrat ne peut pas se borner à requérir l'inscription d'une manière générale, pour le cas où le saisi serait marié ou tuteur ; il doit agir dès que l'existence de la femme, du mineur ou de l'interdit lui est révélée par la dénonciation, sans se préoccuper du point de savoir si ces incapables trouveront un avantage sérieux à manifester leur hypothèque, ou si la femme ayant contracté la dette solidairement avec son mari a intérêt à l'inscription (Circulaire du 2 mai 1859).
L'intervention d'office du ministère public cesse dès que les hypothèques sont soumises à la formalité de l'inscription, c'est-à-dire après l'expiration de l'année accordée par la loi de 1855, ou lorsque l'hypothèque légale a été restreinte (art. 2140 à 2145 C. civ.).
Lorsque la saisie est dirigée contre le débiteur sur un tiers détenteur, le procureur de la République doit requérir deux inscriptions, l'une du chef du débiteur, vendeur saisi, l'autre du chef de l'acquéreur, tiers détenteur saisi (Circulaire du 2 mai 1859).
2. La désignation des biens saisis se trouve, soit dans la notification qu'a reçue le procureur de la République, soit dans le cahier des charges déposé au greffe (Circulaire du 2 mai 1859).
L'inscription ne doit pas s'étendre au delà des immeubles compris dans la saisie. Le ministère public n'a pas à se préoccuper des hypothèques légales qui peuvent exister sur ces biens du chef des précédents propriétaires (*Ibid.*). — Voir aussi *Suppl. alphab.*, v° *Saisie immobilière*, n°s 785 et s.

de..., huissier à...., en date du..., transcrit audit bureau le...,
vol......., n°...........

Au parquet, à.........., le.........

(*Signature du Procureur de la République.*)

Remarque. — Les bordereaux sont adressés au conservateur des hypothèques par une lettre dont le modèle a été indiqué, ainsi qu'il suit, par la circulaire ministérielle du 2 mai 1859 :

PARQUET
DU TRIBUNAL
DE PREMIÈRE INSTANCE

N° de la correspond.
N° du registre spécial.

Rappeler ces numéros.

.... le..........

Monsieur le Conservateur,

J'ai l'honneur de vous adresser, en exécution de la loi du 21 mai 1858, les deux doubles du bordereau de l'inscription d'hypothèque légale à prendre à votre bureau, contre M......, sur les biens compris dans la saisie faite le............ transcrite le............, vol......., n°.....

Je vous prie de me renvoyer, dans le plus bref délai possible, l'un de ces deux doubles, avec relation de l'inscription faite sur vos registres.

Agréez, etc.

Le procureur de la République,

M. le conservateur des hypothèques de.......

L'inscription est prise dans la forme ordinaire. Voir t. 2, formule n°s 979 et suiv., p. 355 et suiv.

Les frais sont avancés par l'administration de l'enregistrement, qui en poursuit le recouvrement contre le débiteur ; le tout conformément aux art. 124 et 125 du décret du 18 juin 1811, et 2155 C. civ.

Le conservateur renvoie au procureur de la République l'un des doubles du bordereau au bas duquel il certifie que l'inscription a été prise.

---

593. Dire consigné *à la suite du cahier des charges, pour proposer une modification.*

CODE PR. CIV., art. 694 et 695.

L'an......., le........ [1], au greffe, et par-devant nous, greffier du tribunal civil de......., a comparu M^e......., avoué près

---

1. Les dires et observations tendant à modifier le cahier des charges doivent être faits trois jours au plus tard avant la lecture de ce cahier, laquelle doit avoir lieu trente jours au plus tôt et quarante jours au plus tard après le dépôt au greffe, au jour indiqué par la sommation.

C'est du jour où la publication a été réellement faite et non de celui où elle

ce tribunal et de M........ (*nom, prénoms, profession*), demeurant à........, créancier de M....... (*nom, prénoms, profession, domicile*), inscrit sur l'immeuble mis en vente par le cahier des charges qui précède, pour lequel il se constitue par le présent dire sur la poursuite de saisie immobilière dirigée par M......... (*nom, prénoms, profession, domicile*), contre M..........;

Lequel a dit qu'après avoir pris connaissance dudit cahier des charges, il demande que la clause relative à....... soit modifiée en ce que...... [*ou* qu'il y soit inséré une nouvelle clause portant que.......... (*énoncer les modifications ou additions au cahier des charges que l'on croit devoir réclamer, et les raisons sur lesquelles on se fonde*)]; concluant, en cas de contestation, à ce qu'il soit statué sur le présent dire à l'audience indiquée pour la publication, et que les contestants soient condamnés aux dépens qui seront payés par privilège sur le prix, conformément à l'art. 714 C. pr. civ., et dont distraction sera prononcée à son profit aux offres de droit;

Desquels comparution et dire, M^e............ a demandé acte que nous lui avons donné, et il a signé avec nous, greffier, après lecture.

(*Signatures de l'avoué et du greffier.*)

594. Jugement *qui donne acte de la lecture et de la publication du cahier des charges, statue sur les dires des parties, et fixe le jour de l'adjudication.*

CODE PR. CIV., art. 695.

Audience publique des saisies immobilières du tribunal de première instance de......., du... (*date*), où étaient présents MM... (*nom des président, juges et officier du ministère public*);

---

avait été fixée, lorsqu'il y a eu remise, que ce délai doit être calculé. Paris 12 janv. 1892 (D. P. 92. 2. 116).

Le délai de trois jours dont il s'agit n'est pas franc (Q. 2341). Il en est de même du délai de trente jours (Q. 2338). L'inobservation de ce délai entraîne nullité. La poursuite est reprise à partir du dépôt du cahier des charges (J. Av., t. 75, p. 299, art. 880).

Les dires sont des observations tendant à faire modifier le cahier des charges : ils peuvent être faits par le poursuivant, le saisi et les créanciers inscrits (Q. 2344; *Suppl. alphab., verb. cit.*, n° 855).

Ils peuvent notamment avoir pour objet d'obtenir un lotissement différent de celui proposé : Pau 16 mars 1892 (D. P. 93. 2. 346 ; S. 92. 2. 136). Mais on doit, en ce cas, réserver au poursuivant la fixation des mises à prix sur le nouveau lotissement. *Mêmes décisions* et Paris, 12 janv. 1892 (D. P. 92. 2. 116).

Toute réclamation ayant pour objet de modifier le cahier des charges est frappée de déchéance lorsqu'elle est tardivement formée. — Cette déchéance est absolue. Voir aussi divers exemples de cette déchéance J. Av., t. 76, p. 611 et 612, art. 1181.

Mais une erreur matérielle reconnue et acceptée par toutes les parties comme celle portant sur la contenance de l'immeuble saisi peut être rectifiée passé ce délai. Riom, 16 juill. 1892 (D. P. 94. 2. 63 ; S. 94. 2. 106).

Ouï M⁰........, avoué de M........ (*nom, prénoms, profession*), demeurant à........., saisissant, qui a conclu à ce qu'il plaise au tribunal ordonner les lecture et publication du cahier des charges dressé pour parvenir à la vente des immeubles saisis sur M............

Ouï M⁰........, avoué de M...... (*nom, prénoms, profession*), demeurant à......., créancier inscrit, qui a déclaré ne pas s'opposer à la publication pourvu qu'il soit fait droit au dire par lui consigné à la suite du cahier des charges ;

Ouï........... (*mentionner dans la même forme les conclusions prises par les avoués du saisi et des autres créanciers qui ont inséré des dires modificatifs du cahier des charges ou proposé des nullités*).

(*Si la partie saisie n'a pas constitué avoué, on met* : Personne ne s'étant présenté pour la partie saisie.)

Ouï M........, procureur de la République.

Sur l'ordre de M. le président, l'huissier de service a fait la lecture du cahier des charges.

Ouï de nouveau M⁰........, qui a conclu à ce qu'il plaise au tribunal lui donner acte desdites lecture et publication, et statuant sur le dire inséré par M........ (*conclusions*) ;

Ouï de nouveau M⁰........, avoué de M....., qui a conclu.... [1], etc.

Ouï de nouveau M........, procureur de la République ;

Le tribunal donne acte à............, de la lecture et de la publication du cahier des charges, dressé pour parvenir à la vente ; fixe le jour de l'adjudication au....., heure de..... [2] ;

---

1. Au jour indiqué pour ces lecture et publication, la partie saisie ou les créanciers inscrits peuvent constituer avoué à l'audience, et demander communication de toute la procédure, toujours à leurs risques et périls, sans pouvoir ni retarder la marche des poursuites, ni proposer des moyens de nullité, lorsque la déchéance est encourue (*Q.* 2351 ; *Suppl. alphab., verb. cit.*, n° 873).

2. Le tribunal, en statuant sur les dires et observations, doit fixer les jour et heure où il sera procédé à l'adjudication (art. 695).

La fixation du jour de l'adjudication doit être faite par le jugement même qui donne acte de la lecture du cahier des charges : une demande tendant à ce qu'il soit sursis à cette fixation serait contraire à la loi et ne pourrait dès lors être accueillie. Trib. civ. de Coulommiers, 11 juin 1903 (*J. Av.*, t. 128, p. 380).

Si la discussion des contestations soulevées par les dires des parties, ou celle des nullités que proposent ces parties, ne peut se terminer dans une audience, on peut renvoyer à l'audience suivante la partie du jugement qui est destinée à donner acte de la publication et à fixer le jour de l'adjudication (Q. 2345).

Les juges ne peuvent pas, en pricipe, surseoir aux poursuites ; il leur est seulement permis de surseoir à l'adjudication.

La question de savoir si l'art. 1244 C. civ., qui permet aux juges d'accorder un délai au débiteur malheureux et de bonne foi, est applicable à la procédure de saisie immobilière est controversée. Voir, pour l'affirmative, Paris 2 août 1849 et Colmar, 29 juillet 1850 (D. P.52.1.249) ; trib. civ. de Béziers, 14 novembre 1903 (*J. Av.*, t. 129, p. 30) — et pour la négative, Caen, 7 mars 1849 (*J. Av.*, t. 75, p. 304); Amiens, 21 février 1850 et 16 avr. 1850 (*Ibid.*). Comp. *Q.* 2338 *bis* et *Suppl. alphab., verb. cit.*, n°ˢ 834 et suiv.

Lorsque le jugement qui, en fixant le jour de l'adjudication, a prononcé sur un

et statuant sur le dire consigné [1] sur le cahier des charges par M°.........., avoué de M......., créancier inscrit;

Attendu...... (*motifs*); Par ces motifs; ordonne que le cahier des charges sera modifié en ce que...... [2] (*indiquer les modifications*);

Condamne M......., partie saisie, aux dépens, qui seront employés en frais privilégiés de poursuite, et dont distraction est prononcée au profit de MM°°......, avoués, qui l'ont requise, aux offres de droit.

Remarque. — Si la solution des contestations a donné lieu à des plaidoiries, il faut mentionner l'audition des avocats.

595. Placard *destiné à être inséré et affiché*.

CODE PR. CIV., art. 696 et 699.

VENTE SUR SAISIE IMMOBILIÈRE [3].

Il sera procédé le..., heure de..., en l'audience des saisies immo-

---

incident, est frappé d'appel, et que le jour fixé s'écoule sans qu'on puisse procéder à l'adjudication, un nouveau jour est désigné par la Cour, si elle infirme, et par le tribunal, si le jugement est confirmé (Q. 2349).

Lorsque le créancier poursuivant a, postérieurement à la fixation du jour de l'adjudication, suspendu les poursuites dans l'espoir d'un arrangement, il doit, pour obtenir l'indication d'un nouveau jour, faire signifier tant au saisi qu'aux autres créanciers une sommation de venir à l'audience voir fixer ce nouveau jour (*J. Av.*, t. 73, p. 324, art. 465, lettre A). Voir aussi Cass., 25 juin 1901 (*J. Av.*, t. 127, p. 101) et la note.

Cette sommation, dont la formule est analogue à celles *supra*, n°s 591 et 592, énonce les motifs qui ont déterminé le poursuivant à suspendre les poursuites. — Le poursuivant qui arrête la procédure s'expose d'ailleurs à se voir enlever les poursuites par une demande en subrogation.

1. Le tribunal ne peut prononcer d'office des rectifications au cahier des charges (Q. 2344; *Suppl. alphab., verb. cit.*, n° 855).

2. Le poursuivant, si les conditions nouvelles présentées par le saisi ou les créanciers lui paraissent devoir porter sa mise à prix à un taux trop élevé, peut en demander la réduction au tribunal, et se désister si on la lui refuse (Q. 2344 *bis*; *Suppl. alphab., verb. cit.*, n°s 856 et 857).

Le jugement qui se borne à donner acte de la lecture et de la publication du cahier des charges, et qui fixe le jour de l'adjudication, ne doit être ni levé ni signifié. Il en est autrement si ce jugement statue en outre sur un incident; il importe alors de le signifier, pour faire courir le délai de l'appel (Q. 2346; *Suppl. alphab., verb. cit.*, n°s 864 et 865).

L'exécution instantanée du jugement qui rejette une demande tendant à réformer le cahier des charges ne peut pas être opposée comme un acquiescement qui rend l'appel non recevable (Q. 2350; *Suppl. alphab., verb. cit.*, n° 872).

3. Quarante jours au plus tôt et vingt jours au plus tard avant l'adjudication, l'avoué du poursuivant doit faire insérer cet extrait dans un des journaux publiés dans l'arrondissement ou le département de la situation des biens.

Le délai de quarante jours au plus tôt et de vingt jours au plus tard n'est pas franc (Q. 2351 *bis*; *Suppl. alphab., verb. cit.*, n° 874).

La publication n'est pas nulle parce qu'elle n'énonce pas, outre le nom, les prénoms du débiteur.

Les insertions et affiches dont parlent les art. 696 et 699 peuvent être faites un dimanche ou un jour férié (*J. Av.*, t. 73, p. 321, art. 465, lettre B).

S'il y a erreur dans la première insertion, on peut la réparer par une simple

bilières du tribunal civil de première instance de..., séant au palais de justice, à..., à l'adjudication au plus offrant et dernier enchérisseur d'une maison située à......, rue......, n°...... (*ou* d'un corps de domaine, connu sous le nom de..., et situé à.....), ci-après désignée :

(*Copier la désignation du cahier des charges, qui est elle-même la reproduction de celle du procès-verbal de saisie, et dont fait partie intégrante la copie de la matrice du rôle.*) [1]

Ces immeubles ont été saisis à la requête de M..... (*nom, prénoms, profession*), demeurant à....., ayant pour avoué M^e......, demeurant à........, rue......, n°......, sur M..... (*nom, prénoms, profession*), demeurant à......, par procès-verbal de..., huissier à......, en date du....., visé le....., enregistré le..., et transcrit, après dénonciation au saisi, au bureau des hypothèques de....., le......, vol....., n°.....;

L'adjudication aura lieu sur la mise à prix, fixée par le créancier poursuivant, de.......

Il est déclaré, conformément aux dispositions de l'art. 696 C. pr. civ., que tous ceux du chef desquels il pourrait être pris inscription sur l'immeuble saisi pour raison d'hypothèques légales, devront requérir cette inscription avant la transcription du jugement d'adjudication [2].

Fait et rédigé par moi, avoué poursuivant, le......

(*Signature de l'avoué.*)

Remarque. — La formule qui précède est celle de l'original de l'extrait composé par l'avoué et qui demeure entre ses mains. Dans l'extrait imprimé, on mentionne les signatures de l'avoué et du receveur de l'enregistrement, en ces termes : *signé*..... On ajoute le plus souvent au bas de l'imprimé :

S'adresser pour les renseignements :

1° A M^e......, avoué poursuivant, rue...., n°.....;

2° A M....., etc.

Un exemplaire du journal où figure l'annonce est remis par l'imprimeur à l'avoué. Cet exemplaire porte la signature de l'imprimeur, et, après cette signature, la légalisation ainsi conçue [3] :

---

rectification dans un numéro subséquent, pourvu que cette rectification soit faite dans le délai légal (Q. 2355 ; *Suppl. alphab.*, *verb. cit.*, n°s 889 et suiv.).

1. La copie de la matrice du rôle est un des éléments de la désignation des objets saisis ; elle doit figurer littéralement dans les insertions et affiches (*J. Av.*, t. 72, p. 322, art. 465, lettre c).

2. Cette insertion remplace l'interpellation prescrite pour la purge légale ordinaire par l'avis du Conseil État du 1er juin 1807.

3. D'après l'art. 698, on doit justifier de l'insertion dans les journaux par un exemplaire de la feuille qui contient cet extrait et qui porte la signature de l'imprimeur légalisée par le maire.

C'est par inadvertance du législateur que cet article parle de *l'extrait énoncé en l'article précédent* (art. 697) ; il faut lire comme s'il y avait : *énoncé en l'article 696* (*J. Av.*, t. 73, p. 322, art. 465, lettre A).

Le propriétaire ou rédacteur du journal ne peut pas signer l'exemplaire de la feuille contenant cette insertion, s'il n'en est pas aussi l'imprimeur (Q. 2356).

L'adjoint, à défaut du maire, peut donner la légalisation. La parenté de l'officier

Vu pour légalisation de la signature de M......, *imprimeur, par nous, maire de la commune de*....., *soussigné.*
A......, *le*........

(*Signature.*)

---

596. Requête *pour obtenir* **Ordonnance** *qui accorde l'autorisation de faire des insertions extraordinaires.*

CODE PR. CIV., art. 697.

A M. *le président du tribunal civil de*......

M...... (*nom, prénoms, profession, domicile*), ayant pour avoué M^e....., a l'honneur de vous exposer, Monsieur le Président, que, par procès-verbal du......., il a fait procéder sur M...... (*nom, prénoms, profession, domicile*), à la saisie de........ (*énoncer l'immeuble*), dont la vente est poursuivie devant ce tribunal; que le cahier des charges a été déposé au greffe du tribunal, et que l'adjudication est indiquée pour le......; que la nature et l'importance de l'immeuble exigent qu'une grande publicité soit donnée à la vente, et que des annonces extraordinaires[1] soient faites par la voie des journaux;

Qu'il serait également utile que des imprimés annonçant sommairement la vente[2] fussent distribués dans les études des avoués et notaires de.....; pourquoi l'exposant requiert qu'il vous plaise, Monsieur le Président, l'autoriser à faire faire des insertions sommaires, indiquant la vente dont s'agit, dans les journaux ci-après, savoir:

1°... (*nombre*) dans le journal..... (*nom du journal*);
2°... (*id.*) dans le journal..... (*id.*);
3°... (*id.*) dans le journal..... (*id.*) etc.

L'autoriser, en outre, à faire répandre...... (*nombre*) imprimés annonçant sommairement la vente dans toutes les études des avoués et notaires de......

Sous toutes réserves. Et ce sera justice.

(*Signature de l'avoué.*)

---

municipal qui légalise avec l'imprimeur ne vicie pas la légalisation (Q. 2357; *Suppl. alphab., verb. cit.*, n° 897).

Il a été jugé qu'il n'est pas nécessaire que le journal dans lequel est faite l'insertion certifiée par l'imprimeur soit enregistré pour acquérir date certaine (Q. 2357 *bis*; *Suppl. alphab., verb. cit.*, n°^s 898 et s.): Cependant, ce certificat est assujetti à l'enregistrement, mais il n'est passible d'aucun autre droit de timbre que le journal lui-même (*Ibid.*).

1. Les frais occasionnés par l'insertion extraordinaire sont considérés comme privilégiés et mis à la charge de l'immeuble (*Suppl. alphab., verb. cit.*, n° 894).
2. C'est ce qu'on appelle, à Paris, des affiches à la main.

ORDONNANCE DU PRÉSIDENT

Nous, président, vu la requête qui précède; vu l'art. 697 C. pr. civ., autorisons l'exposant à faire faire...... annonces sommaires indicatives de la vente dont il s'agit, dans les journaux ci-après, savoir :

.... (nombre) dans........ (nom du journal);
.... (id.) dans.......;
.... (id.) dans......., etc.;

Autorisons, en outre, l'exposant à faire distribuer...... imprimés annonçant sommairement la vente.

Fait au palais de justice à...., le......

(Signature du président.)

---

597. Insertions sommaires *faites en vertu de l'ordonnance du président.*

CODE PR. CIV., art. 697.

Etude de M^e......, *avoué à*....., *rue*........, n^o......

Vente par suite de saisie immobilière, à l'audience des saisies du tribunal civil de première instance de........., le........, heure de......:

De........ (*indication succincte de l'immeuble*).
Mise à prix.......
S'adresser, pour les renseignements, à M^e..., avoué poursuivant, et à M^e......, avoué du saisi (*s'il en a été constitué*).

Remarque. — Comme les insertions rédigées suivant les prescriptions de l'art. 696 entraînent des frais assez considérables, MM. les présidents n'autorisent que des insertions restreintes, suffisantes pour éveiller l'attention du public sur l'importance de l'immeuble, sans divulguer d'une manière trop éclatante la position et le nom du saisi. Les imprimés annonçant sommairement la vente sont rédigés dans la même forme. On comprend, du reste, que les énonciations varient suivant les circonstances.

---

598. Procès-verbal *d'apposition d'affiches.*

CODE PR. CIV., art. 699.

L'an......., le...... [1], à la requête de M...... (*nom, prénoms, profession*), demeurant à........, poursuivant sur M....... (*nom,*

---

[1]. Le délai dans lequel l'affiche doit être apposée n'est pas franc (Q. 2357 ter; Suppl. alphab., verb. cit., n° 904).

prénoms, profession), demeurant à....., la saisie d'une maison et dépendances situées à....... (*ou tout autre immeuble*), pour lequel domicile est élu à....., rue......, n°......, en l'étude de Me..., avoué près le tribunal de première instance de......, lequel est constitué pour lui sur la présente poursuite, je...... (*immatricule de l'huissier*), soussigné, certifie m'être transporté dans la commune de....., assisté de M...... (*nom, prénom, domicile*), afficheur, lequel, en ma présence, a apposé à chacun des endroits désignés par la loi [1] des exemplaires, semblables à celui sur

---

1. C'est au domicile réel du saisi que le poursuivant doit faire apposer les placards (*Q.* 2360; *Suppl. alphab., verb. cit.*, n°ˢ 910 et s.).

Si l'appartement habité par le saisi n'a pas de porte extérieure, il faut apposer le placard à la porte extérieure du bâtiment où demeure le saisi (*Q.* 2361; *Suppl. alphab., verb. cit.*, n°ˢ 913 et s.).

Lorsque la saisie est dirigée contre un tiers détenteur, il est partie saisie, et l'affiche doit, à peine de nullité, être apposée à la porte de son domicile (*Q.* 2360 *in fine*; *Suppl. alphab., verb. cit.*, n° 912 bis).

Lorsque l'affiche a été apposée à l'extérieur du principal édifice d'un domaine ou d'une ferme, il n'est pas nécessaire de l'apposer également sur les petits édifices qui en dépendent (*Q.* 2361 *in fine*; *Suppl. alphab., verb. cit.*, n° 915).

En général, la place d'une commune que l'on peut qualifier de principale est celle qui est considérée comme telle par l'opinion publique dans chaque localité; il en est de même du marché auquel appartient cette qualification (*Q.* 2363; *Suppl. alphab., verb. cit.*, n° 922).

Les placards doivent être apposés au lieu principal du marché de chacune des trois communes désignées en l'art. 699 (*Q.* 2364; *Suppl. alphab., verb. cit.*, n° 924).

L'huissier n'a qu'à s'adresser à l'autorité administrative (au maire ou au préfet) pour savoir s'il y a ou s'il n'y a pas un marché dans telle commune (*Q.* 2362; *Suppl. alphab.*, v° *Saisie immobilière*, n°ˢ 918 et s.).

La loi entend par ces mots, *lorsqu'il n'y en a pas, aux marchés les plus voisins*, qu'il faut afficher aux marchés les plus voisins de la commune qui en manque (*Q.* 2365; *Suppl. alphab., verb. cit.*, n°ˢ 925 et 926).

Lorsque les biens saisis sont situés dans une section de commune, l'apposition des placards doit être faite seulement au principal marché de la ville dans laquelle est située la mairie (*Q.* 2363 *in fine*; *Suppl. alphab., verb. cit.*, n° 923).

Lorsqu'il n'existe pas de marchés dans les communes où doivent être apposés les placards, la partie saisie peut se faire un moyen de nullité de ce que les placards, au lieu d'avoir été apposés aux marchés les plus voisins, l'ont été en des lieux un peu plus éloignés, quoiqu'il ait dû en résulter une publicité plus grande (*Q.* 2366; *Suppl. alphab., verb. cit.*, n° 927).

Il n'est pas nécessaire que les placards soient apposés un jour de marché et pendant la tenue du marché (*Q.* 2367; *Suppl. alphab., verb. cit.*, n° 926).

Ils peuvent l'être un jour de fête (*J. Av.*, t. 73, p. 323, art. 465, lettre F).

Il est nécessaire que les placards soient affichés aux portes extérieures des tribunaux de commerce (*Q.* 2368; *Suppl. alphab., verb. cit.*, n° 931). La question est cependant controversée (*J. Av.*, t. 73, p. 323, art. 465, lettre D).

L'apposition des placards ne peut pas être faite par le même huissier dans tous les lieux désignés par la loi, s'il n'a pas le droit d'instrumenter sur le territoire de certains d'entre eux (*Q.* 2370; *Suppl. alphab., verb. cit.*, n°ˢ 933 et 934).

Mais les appositions faites par différents huissiers seraient régulières, alors même que l'un d'eux aurait le droit d'instrumenter dans tous les lieux désignés par la loi. Seulement, l'emploi de plusieurs huissiers n'étant pas nécessaire dans ce cas, le poursuivant verrait l'augmentation de frais en résultant rejetée de la taxe (*Q.* 2371; *Suppl. alphab., verb. cit.*, n° 935).

L'huissier ne commet pas une nullité en énonçant avec détail les lieux où il a

lequel [1] le présent acte est rédigé, d'un placard indiquant qu'il sera procédé le..., heure de..., en l'audience des saisies immobilières du tribunal civil de..., séant à..., à l'adjudication d'une maison [2] située à ...., rue....., n°......., commune de......., arrondissement de....., appartenant à M....., et saisie sur lui à la requête de M...... En conséquence, j'ai rédigé [3] sur un exemplaire dudit placard le présent procès-verbal, soumis au visa de MM. les maires de chacune des communes dans lesquelles l'apposition a été faite, et que j'ai signé avec M....., afficheur.

(*Signatures de l'huissier et de l'afficheur.*)

Vu par nous, maire [4] de la commune de....., le.....
(*Signature du maire.*)

Remarque. — Ce procès-verbal est rédigé au dos d'un exemplaire du placard imprimé sur papier du timbre de dimension. Cependant, les exemplaires du placard en sus du nombre légal, destinés à donner à la vente une plus grande publicité (art. 700) ne sont sujets qu'au timbre spécial des affiches (*Q*. 2359, et *J. Av.*, t. 73, p. 323, art. 465, lettres A et B). La publicité prévue par l'art. 700 est fort rare. Dans la plupart des cas, les mesures prises pour annoncer l'adjudication se bornent aux insertions extraordinaires et aux imprimés annonçant sommairement la vente (*Voir la remarque de la formule précédente*). Lorsque, cependant, l'adjudication a une importance telle que l'avoué croit devoir user de la faculté accordée par l'article précité, il n'a pas besoin d'obtenir la permission du président; il agit sous sa responsabilité.

---

apposé des placards; mais cette énonciation n'est pas nécessaire (*Q*. 2369; *Suppl. alphab., verb. cit.*, n° 932).

Si les placards ont été frauduleusement enlevés par le fait du poursuivant ou de l'adjudicataire, il y a nullité de la poursuite ou de l'adjudication. *Secùs*, si cet enlèvement est le fait d'un tiers (*Q*. 2375; *Suppl. alphab., verb. cit.*, n° 942).

1. L'original du placard n'est autre que l'original de l'extrait ordonné par l'art. 696 (*Q*. 2358; *Suppl. alphab., verb. cit.*, n° 902).

2. Il ne peut résulter aucun moyen de nullité de ce que les affiches contiennent plus d'immeubles que l'on n'en met en vente (*Q*. 2358; *Suppl. alphab., verb. cit.*, n° 903).

Mais la saisie est nulle si le placard n'indique pas le véritable jour de l'adjudication (*Q*. 2358; *Suppl. alphab., loc. cit.*).

3. Le procès-verbal ne doit pas être transcrit au bureau de la conservation des hypothèques (*Q*. 2374; *Suppl. alphab., verb. cit.*, n° 941).

4. Le visa exigé par l'art. 699 peut être donné par l'adjoint (*Q*. 2372; *Suppl. alphab., verb. cit.*, n° 936).

Ce visa ne serait pas valablement remplacé par un certificat du maire ou de l'adjoint (*Q*. 2373; *Suppl. alphab., verb. cit.*, n°s 937 et s.).

On ne doit pas laisser aux maires ou adjoints une copie du **procès-verbal d'apposition** (*Q*. 2374; *Suppl. alphab., verb. cit.*, n° 941).

599. Assignation *donnée au saisi qui n'a pas constitué avoué, pour obtenir, avant le jour fixé pour l'adjudication, la remise de cette adjudication* [1].

CODE PR. CIV., art. 703.

L'an......, le......., à la requête de M.......[2] (*nom, prénoms, profession*), demeurant à....., qui fait élection de domicile en l'étude de M^e......, avoué près le tribunal civil de......, y demeurant, rue......, n°......., déjà constitué sur la poursuite de saisie immobilière dont il va être parlé, et qui occupera pour lui sur la présente assignation, j'ai...... (*immatricule*), soussigné, donné assignation à M..... (*nom, prénoms, profession*), demeurant à......, audit domicile où étant et parlant à......, à comparaître à huitaine franche, délai de la loi, outre les délais de distance, par ministère d'avoué, à l'audience et par-devant MM. les président et juges tenant l'audience des saisies immobilières du tribunal de première instance de..., au palais de justice, à..., heure de..., pour, attendu que, par jugement du......, enregistré, l'adjudication de..... (*indication sommaire des immeubles*), saisis sur M......, au nom du requérant, par procès-verbal de......., huissier, en date du......., enregistré, a été fixée au......; attendu......, (*indiquer les causes graves et dûment justifiées qui peuvent faire accorder le sursis*)[3] ; Par ces motifs ; voir dire et ordonner que l'adjudication sera remise au .... prochain, et s'entendre, en cas de contestation, condamner aux dépens de l'incident, qui seront payés par privilège sur le prix des immeubles saisis.

---

1 Lorsque le saisi demande le sursis avant le jour fixé pour l'adjudication, c'est par acte d'avoué à avoué (Voir *infra*, formule n° 613) qu'il appelle à l'audience le poursuivant. Cette demande ne peut jamais être formée par requête non communiquée (Q. 2378 ; *Suppl. alphab.*, *verb. cit.*, n°s 762 et s.).
La demande en sursis est non recevable avant la publication du cahier des charges (Voir *supra*, p. 570, note 2).

2. Le droit de demander la remise de l'adjudication appartient au poursuivant, au saisi et aux créanciers inscrits (Q. 2378 ; *Suppl. alphab.*, v° *Saisie immobilière*, n°s 962 et s.).
Cette demande est soumise à la règle de l'art. 464 C. pr. civ. ; elle ne peut être valablement formée pour la première fois en appel, mais elle est recevable si l'appelant a demandé en première instance qu'il fût sursis à la lecture et à la publication du cahier des charges (*J. Av.*, t. 73, p. 325, art. 465, lettre E).

3. Les causes graves pour lesquelles l'art. 703 permet d'accorder la remise de l'adjudication sont abandonnées à l'appréciation des juges (Q. 2378 *quinq.*; *Suppl. alphab.*, v° *Saisie immobilière*, n°s 972 et s.).
La faculté d'accorder un sursis à l'adjudication, malgré l'opposition du créancier poursuivant, s'applique même au cas où ce créancier est le Crédit Foncier, lorsque le Crédit Foncier est le poursuivant originaire. Trib. civ. de Narbonne, 12 décembre 1901 (*J. Av.*, t. 127, p. 114).
Mais dans le cas où le Crédit Foncier s'est fait subroger à la poursuite abandonnée par un autre créancier, aux termes de l'art. 37, 3e alinéa, du décret du 28 février 1852, aucune remise d'adjudication ne peut être accordée si la Société s'y oppose.

Sous toutes réserves. A ce qu'il n'en ignore.

Et je lui ai, audit domicile, parlant comme ci-dessus, laissé copie du présent, sous enveloppe, etc. Coût.......

(Signature de l'huissier.)

Remarque. — Cette assignation n'est employée que contre le saisi qui n'a pas d'avoué constitué, lorsque le sursis est demandé, avant l'audience fixée pour l'adjudication, par le poursuivant ou l'un des créanciers inscrits. Ordinairement, c'est à cette audience [1] que la demande est formée par simples conclusions prises à la barre, dans la forme suivante :

Conclusions.

P. M.......
   partie saisie   .... (nom de l'avoué.)
C. M.......
   créancier saisissant   .... (nom de l'avoué.)

Plaise au tribunal.

Attendu....... (énonciation des causes graves, etc.);
Par ces motifs;
Ordonner que l'adjudication sera remise au......, etc.

---

600. Jugement *qui prononce la remise de l'adjudication.*

CODE PR. CIV., art. 703.

Le tribunal........;
Attendu........ (*motifs*);
Par ces motifs; remet l'adjudication dont s'agit au.........[2],

---

[1]. On peut demander et obtenir la remise pendant que les enchères ont lieu (Q. 2378 *ter*).

[2]. Le tribunal ne peut pas prononcer la remise d'office (Q. 2378 *bis*).
La remise peut être accordée plusieurs fois successivement (Q. 2378 *quat.* et *J. Av.*, t. 76, p. 612, art. 1181).
Le jugement qui refuse la remise comme celui qui l'accorde, ou celui qui, après avoir accordé un sursis, refuse d'en prononcer un nouveau : Cass., 2 avril 1850 (*J. Av.*, t. 75, p. 588, art. 966), n'est pas susceptible de recours (Q. 2379 ; *Suppl. alphab.*, v° *Saisie immobilière*, n°ˢ 879 et suiv.; Glasson et Colmet-Daâge, t. 2, § 158, p. 299) ; Bordeaux, 16 janvier 1846 et 16 mars 1848 (*J. Av.*, t. 73, p. 325, art. 465) ; Paris, 18 octobre 1848 (*Ibid.*, p. 692, art. 608, § 43). Il en est de même de celui qui prononce ou refuse une remise à l'adjudication sur surenchère (*Ibid.*).
Jugé notamment que l'appel n'est pas recevable contre le jugement qui prononce ou qui refuse le sursis à l'adjudication sans qu'il y ait à distinguer suivant que le sursis a été demandé sous forme d'action principale en discontinuation de poursuites ou sous forme d'incident. Paris, 24 mai 1901 (*J. Av.*, t. 127, p. 111), et, sur pourvoi, Cass., 2 décembre 1903 (*J. Av.*, t. 129, p. 56).
Cette disposition est également applicable au jugement qui, au cas de plusieurs lots, a, au cours des enchères et après l'adjudication des premiers lots, refusé d'ordonner le sursis à la vente des autres lots, sollicité par le saisi sous prétexte que

de......, à la charge par M......, poursuivant, de se ...mer aux prescriptions de l'art. 704 C. pr. civ.¹;
...damne la partie saisie aux dépens de l'incident que le pour...nt est autorisé à employer en frais de poursuite, et dont dis-...on, etc.

60.. Dire consigné *à la suite du cahier des charges par l'avoué poursuivant avant l'adjudication, pour constater l'accomplissement des formalités prescrites par la loi, et le montant des frais.*

CODE PR. CIV., art. 701.

Et le...., au greffe et par-devant nous, greffier du tribunal civil de......, a comparu M⁰......, avoué de M......, poursuivant

---

le prix des premiers suffisait à désintéresser le poursuivant. Rouen, 29 mars 1902 (*J. Av.*, t. 127, p. 199).

Cette prohibition de recours s'applique même au pourvoi en cassation. C'est du moins ce qui a été jugé par la Cour suprême (*J. Av.*, t. 76, p. 279, art. 1075).

Si tous les intéressés sont d'accord, les juges peuvent n'ordonner que la vente d'un seul article du cahier des charges, et surseoir à la vente du surplus jusqu'à ce que la distribution du produit de la vente ait prouvé l'insuffisance de cet article pour couvrir toutes les dettes. Bordeaux, 16 janvier 1846 (*J. Av.*, t. 73, p. 326, art. 465).

Il n'appartient pas au juge tenant l'audience des criées (soit que la vente ait lieu sur saisie, soit qu'elle ait lieu sur conversion) de prononcer une remise de l'adjudication à un jour autre que celui indiqué par le tribunal ; dans tous les cas, la décision par laquelle cette remise est refusée n'est pas susceptible d'appel (*Ibid.*).

La disposition de l'art. 703, portant que le jugement qui prononcera la remise fixera de nouveau le jour de l'adjudication, n'est pas prescrite à peine de nullité (*J. Av.*, t. 76, p. 612, art. 1181). Le poursuivant, en cas d'omission, se pourvoira en fixation d'un nouveau jour.

Il a été jugé notamment que, lorsque, à l'expiration d'un premier sursis, le saisissant s'est abstenu de se présenter à la barre au jour indiqué pour l'adjudication soit pour requérir qu'il y soit procédé, soit pour demander un nouveau sursis, son abstention n'entraîne pas la nullité de la procédure. Cass., 25 juin 1901 (*J. Av.*, t. 127, p. 101).

Bien que l'article précité dise que le sursis ne pourra être de moins de quinze ni de plus de soixante jours, dans la pratique, ces délais ne sont nullement observés par les tribunaux qui, très souvent, accordent plus de deux mois au débiteur (*J. Av.*, t. 76, p. 33, art. 995, lettre A).

1. Lorsqu'il a été sursis à l'adjudication, le nouveau jour auquel il doit y être procédé est annoncé huit jours au moins à l'avance, par des insertions et placards, conformément aux art. 696 et 699 (art. 704).

L'obligation de faire, en cas de remise de l'adjudication, une nouvelle publicité par insertion et placards huit jours au moins avant la nouvelle date fixée n'est imposée à peine de nullité que si l'adjudication doit effectivement avoir lieu à cette date. Cass., 25 juin 1901 (*J. Av.*, t. 127, p. 181).

Les art. 696 et 699 ne sont pas les seuls applicables dans ce cas. Les art. 697, 698 et 700 régissent aussi cette position (Q. 2380; *Suppl. alphab.*, v° *Saisie immobilière*, nᵒˢ 992 et 993).

Le délai de huit jours dont il s'agit est franc (Q. 2380; *Suppl. alphab.*, verb. cit., n° 994).

la vente dont il s'agit; lequel a dit qu'indépendamment des actes et formalités précédemment énoncés dans le cahier des charges, il a, suivant un procès-verbal de......, en date du......, enregistré et visé le même jour par les maires des communes de........, fait apposer, aux lieux prescrits par la loi, des placards imprimés, indicatifs de l'adjudication des biens saisis, au.....;

Que, de plus, il a fait insérer dans le journal.... (*nom du journal*) une annonce indicative de ladite adjudication, ainsi qu'il résulte de la feuille dudit journal, en date du......, revêtue de la signature de l'imprimeur, légalisée par le maire et enregistrée;

En conséquence, il conclut à ce qu'il soit procédé le.......... à l'adjudication dudit immeuble et de ses dépendances, aux clauses et conditions insérées au cahier des charges qui précède, toutes les formalités prescrites par la loi ayant été remplies; déclarant, en outre, que les frais faits pour parvenir à la vente s'élèvent, d'après la taxe, à la somme de....... [1], lesquels seront payés à M^e......, avoué poursuivant, par l'adjudicataire, en sus du prix de son adjudication, conformément à l'art. 6 des clauses du cahier des charges.

Desquelles comparution et déclarations M^e...... a demandé acte qui lui a été donné, et a signé avec le greffier.

(*Signatures.*)

Remarque. — Comme nous l'avons dit *supra*, p. 559, note 1, l'insertion du dire précédent, à la suite de la publication du cahier des charges, n'est prescrite par aucun texte de loi, et n'est usitée que devant certains tribunaux, à Paris notamment. Partout ailleurs, lorsque le jour de l'adjudication est arrivé, l'avoué poursuivant se présente à la barre du tribunal, et demande qu'il y soit procédé, l'huissier audiencier annonce le montant de la taxe, et mention en est faite dans le jugement d'adjudication. Voir la formule suivante et Q. 2397.

602. Jugement *d'adjudication*.

CODE PR. CIV., art. 701, 702, 705, 706, 711, 712, 713.

Audience publique des saisies immobilières du tribunal civil de première instance de........, du (*date*) [2]..., où étaient présents MM... (*noms des président, juges et officier du ministère public*);

---

1. Voir *infra*, p. 582, note 2.
2. Le délai entre la publication du cahier des charges et l'adjudication doit être de trente jours au moins, et de soixante au plus (art. 695). Mais, comme nous l'avons dit (*supra*, p. 578, note 1 *in fine*), il est fort rare que

Ouï Me......., avoué de M....., poursuivant, qui a conclu à ce qu'il plaise au tribunal ordonner la lecture du cahier des charges, et faire annoncer le montant des frais de poursuite taxés, pour être ensuite procédé à l'adjudication des immeubles saisis.

Si le saisi fait défaut, on met [1] :

Personne ne s'étant présenté pour M....., partie saisie.

S'il a constitué avoué, on met :

Ouï Me...., avoué de M......., partie saisie, qui a conclu à ce qu'il plaise au tribunal....... (*conclusions*) ;

Ouï M......, procureur de la République.

(*Les conclusions des avoués constitués par les créanciers inscrits sont mentionnées dans la même forme. Si ces conclusions soulèvent un incident, le tribunal y statue avant de passer à l'adjudication*).

Si le poursuivant ne demande pas l'adjudication, et que l'un des créanciers inscrits ait recours au bénéfice de l'art. 702, on met ;

Ouï Me........, avoué de M........, créancier inscrit [2] sur l'immeuble saisi, qui a conclu à ce qu'il plaise au tribunal, attendu que M......., poursuivant, et Me..., son avoué, ne se présentent pas pour faire prononcer l'adjudication, passer outre à ladite adjudication, conformément à l'art. 702 C. pr. civ. ;

---

ce délai ne soit pas au moins double ou triple, à cause de la facilité que montrent les tribunaux à user de l'art. 703 C. pr. civ.

Ce délai n'est pas susceptible d'augmentation à raison de la distance du domicile du saisi (Q. 2349 ; *Suppl. alphab.*, v° *Saisie immobilière*, n° 866).

L'adjudication a lieu au jour indiqué, même à une audience de vacations (Q. 2376 ; *Suppl. alphab., verb. cit.*, n°s 951 et s.).

Le saisi n'est pas fondé à se plaindre de ce que l'adjudication n'a pas eu lieu au jour fixé par les affiches, lorsque c'est par son fait que cette adjudication n'a pu être prononcée (*J. Av.*, t. 73, p. 324, art 465, lettre B).

Lorsqu'en l'absence de tout jugement de remise, l'adjudication n'a cependant pas lieu au jour indiqué, il faut de nouvelles affiches et insertions, faites huit jours au moins à l'avance (Q. 2369 bis ; *Suppl. alphab.*, v° *Saisie immobilière*, n° 986 et s.).

Au jour de l'adjudication, les juges ne peuvent d'office ordonner la vente par lots ; mais, si toutes les parties y consentent, ce mode de vente peut être ordonné (Q. 2381 ; *Suppl. alphab., verb. cit.*, n°s 996 et 997).

1. Lorsque le saisi ou son avoué ne comparaissent pas à l'adjudication, il n'est pas nécessaire de requérir défaut contre eux (Q. 2377 quat.; *Suppl. alphab., verb. cit.*, n° 961).

2. Ce sont les créanciers inscrits seuls qui peuvent requérir l'adjudication, à défaut du poursuivant (Q.2377).

Le créancier inscrit sur les immeubles d'une succession saisis au préjudice des héritiers, qui veut user du bénéfice de l'art. 702, doit obtenir un sursis pour se conformer à l'art 877 C. civ., et faire notifier son titre aux héritiers de son débiteur avant de requérir l'adjudication (*Suppl. alphab.*, v° *Saisie immobilière*, n° 953 et s.).

Si personne ne requiert l'adjudication, les poursuites sont censées abandonnées, sauf le droit de subrogation qui demeure ouvert tant que la saisie n'a pas été valablement rayée (Q. 2377 bis). Voir aussi *Suppl. alphab., verb. cit.*, n°s 956 et suiv., et la note sous Cass., 25 juin 1901 (*J. Av.*, t. 127, p. 103).

Il a été jugé notamment qu'une procédure de saisie immobilière, abandonnée par le créancier poursuivant le jour même fixé pour l'adjudication, ne peut être reprise ultérieurement par le même créancier qu'en vertu d'un jugement fixant

Sur l'ordre de M. le président, l'huissier de service a lu [1] le cahier des charges et annoncé que les frais de la poursuite [2], taxés conformément à l'art. 701 C. pr. civ., par ordonnance de M......, juge taxateur, en date du......., enregistrée [3], s'élèvent au chiffre de......

Le premier feu étant allumé, il a été enchéri [4] par M^e........ [5], à la somme de......... [6]; par M^e........., à celle de.....

Le premier feu éteint et le second étant allumé, il a été enchéri par M^e....... à la somme de......

Le second feu éteint, et le troisième étant allumé, il a été enchéri par M^e...... à la somme de......

Deux nouveaux feux ayant été allumés et s'étant éteints sans nouvelle enchère [7], M^e......... a conclu à ce qu'il lui fût donné acte de son enchère, et que l'immeuble dont il s'agit lui fût adjugé sous

---

en présence de la partie saisie, une nouvelle date pour l'adjudication. Trib. civ. de Clermont-Ferrand, 22 fév. 1901 (*J. Av.*, t. 126, p. 142).

Et le créancier qui a ainsi abandonné les poursuites doit, pour les reprendre, obtenir contre lui-même la subrogation dans les poursuites qu'il a abandonnées. Amiens, 19 juin 1852 (*J. Av.*, t. 78, p. 229); Bordeaux, 8 mai 1891 (*J. Av.*, t. 116, art 7173) et 11 juill. 1899 (*J. Av.*, t. 125, p. 256).

1. Il n'est pas rigoureusement nécessaire de faire, avant l'adjudication, une nouvelle lecture du cahier des charges. Il suffit ordinairement d'en faire relire les principales conditions. Mais il est des circonstances où une lecture plus complète est indispensable : c'est lorsque, depuis la publication, le cahier des charges a été profondément modifié par suite d'une action en revendication ou en distraction. — La loi s'en remet, à cet égard, à la sagesse des magistrats, qui doivent prescrire toutes les mesures nécessaires pour éclairer les enchérisseurs et éviter les conséquences fâcheuses d'une erreur (*Q.* 2381 *bis*; *Suppl. alphab.*, *verb. cit.*, n° 999).

2. L'art. 701 veut que le montant des frais taxés soit publiquement annoncé avant l'ouverture des enchères. — L'omission de cette formalité n'entraîne pas la nullité de l'adjudication, mais les frais peuvent être mis, en tout ou en partie, à la charge de l'avoué du poursuivant (*J. Av.*, t. 73, p. 323, art. 465). Faute par l'avoué d'avoir obtenu la taxe en temps utile, on pourrait remettre, à ses frais, l'adjudication à un autre jour (*Ibid.*).

3. L'ordonnance par laquelle un juge taxe les frais d'une procédure de saisie immobilière est un acte judiciaire, et non un acte sous seing privé. L'ordonnance doit être enregistrée.

4. L'art. 705 indique comment les enchères sont faites. Si, en procédant à l'adjudication, l'une des bougies vient à s'éteindre accidentellement, soit aussitôt qu'elle est allumée, soit après avoir commencé de brûler, mais sans avoir duré le temps prescrit, il faut la rallumer et considérer le feu éteint comme non avenu (*J. Av.*, t. 73, p. 330, art. 435, lettre A).

Si le dernier feu est contesté, c'est au tribunal à statuer, et son jugement est exécutoire par provision, mais sujet à l'appel (*Ibid.*).

5. S'il se trouve un plus grand nombre d'enchérisseurs qu'il n'y a d'avoués près le tribunal qui procède à l'adjudication, il faut, pour que personne ne soit privé du droit d'enchérir, que chaque partie puisse enchérir elle-même, ou qu'un même avoué enchérisse pour plusieurs parties (*Q.* 2382 *quat.*; *Suppl alphab.*, *verb. cit.*, n°s 1005 et s.).

6. Le taux des enchères est facultatif (*Q.* 2383 *bis*).

7. Le défaut de mention que l'adjudication a été faite à extinction de feux n'entraîne pas nullité (*Q.* 2381 *ter* et 2382; *Suppl. alphab.*, *verb. cit.*, n°s 1000 et 1001).

Il en est de même, en général, du défaut de mention des détails de l'opération. Les juges ne sont, en effet, obligés de mentionner l'observation des formalités qui leur sont imposées que lorsque la loi exige cette mention ; autrement, ils

réserve de déclaration de command dans le délai de la loi, au prix de.......

Le tribunal, attendu l'extinction du deuxième feu sans nouvelle enchère, adjuge [1] à M[e]....... [2], l'immeuble dont il s'agit au prix

---

sont censés les avoir observées, jusqu'à preuve contraire. Après l'extinction du nombre de feux voulus par la loi, l'enchérisseur a le droit d'exiger que l'adjudication soit prononcée (*Q.* 2383 et *J. Av.*, t. 73, p. 331, art. 465, lettre B).

Aux termes de l'art. 705, l'enchérisseur cesse d'être obligé dès que son enchère a été couverte par une autre, lors même que cette dernière serait nulle. Cet enchérisseur ne peut pas faire revivre son enchère et se faire adjuger l'immeuble en faisant annuler celle par laquelle la sienne a été couverte (*Q.* 2382 ; *Suppl. alphab., verb. cit.*, n° 1001).

Si, après l'enchère et avant l'extinction des feux, l'adjudication est remise à un autre jour, le dernier enchérisseur ne continue pas d'être obligé (*Q.* 2382 *bis*; *Suppl. alphab., verb. cit.*, n° 1002).

Un enchérisseur ne peut pas rétracter son enchère, sous le prétexte que celle qu'il a couverte est nulle (*Q.* 2382 *ter* ; *Suppl. alphab., verb. cit.*, n° 1003). Il en est autrement en matière de vente volontaire ; l'enchère peut être rétractée, tant que l'enchérisseur n'a pas signé le procès-verbal. Amiens, 22 juill. 1843 (*J. Av.*, t. 73, p. 328, art. 465, lettre C).

Si nulle enchère ne survient pendant la durée des trois premiers feux, le poursuivant est déclaré adjudicataire (art 706). Mais cette disposition ne doit être appliquée qu'autant que le saisissant poursuit l'adjudication (il y a controverse sur ce point : Voir *supra*, p. 558, note 2) ; car jusque là, il est maître de suspendre ou d'abandonner ses poursuites (*J. Av.*, t. 76, p. 368 art. 1108).

1. Si les enchérisseurs ont été écartés par des manœuvres frauduleuses, les intéressés peuvent, à leur gré, ou faire annuler l'adjudication, ou demander des dommages-intérêts, ou se pourvoir par voie de surenchère (*Q.* 2382 *quinq.* ; *Suppl. alphab.*, v° *Saisie immobilière*, n°s 1008 et s.).

L'art. 412 C. pén. punit d'une amende de 100 fr. à 5.000 fr., et d'un emprisonnement de quinze jours à trois mois, ceux qui, par dons ou promesse, violences, menaces ou voies de fait, se sont rendus coupables du délit d'entraves à la liberté des enchères et ont écarté les enchérisseurs. La jurisprudence a eu plusieurs fois à se prononcer sur ce texte. Ainsi, il a été décidé que :

1° L'adjudicataire qui remet à un créancier une somme d'argent pour l'indemniser et éviter une surenchère se rend coupable du délit d'entraves à la liberté des enchères ;

2° Est nulle et illicite la convention par laquelle plusieurs individus décident de s'abstenir de toute concurrence dans une adjudication publique, et de partager le bénéfice qui en résultera pour l'un deux ;

3° Il en est de même de celle par laquelle plusieurs personnes s'engagent à ne pas enchérir au delà d'une certaine somme déterminée, avec promesse que, si l'adjudication ne s'élève pas à cette somme, l'adjudicataire tiendra compte aux autres de la différence ;

4° Mais est valable et exécutoire, sous peine de dommages-intérêts, la convention par laquelle deux individus s'engagent réciproquement, après une adjudication d'immeubles, et sans avoir en vue le cas d'une surenchère, à ne pas sous-acquérir tel ou tel lot dépendant de cette adjudication (*J. Av.*, t. 73, p. 329, art. 465, lettre E).

La convention faite sans intention frauduleuse, et par suite de laquelle un individu s'abstient d'enchérir, parce que celui qui veut devenir adjudicataire lui cédera une portion de l'immeuble mis en vente, ne saurait tomber sous l'application de l'art. 412 C. pén. (*J. Av.*, t. 76, p. 613, art. 1181).

Quand une adjudication est déclarée nulle pour irrégularités commises au préjudice d'une partie des créanciers, la nullité profite à tous, parce qu'il s'agit d'une matière indivisible (*Q.* 2422).

Les personnes qui peuvent proposer les nullités prononcées par la loi en matière de saisie immobilière sont le saisi et les créanciers (*Q.* 2401 ; *Suppl. alphab., verb. cit.*, n°s 1172 et s.).

2. Ne peuvent se rendre adjudicataires, le saisi, les personnes notoirement

de......., et aux clauses et conditions du cahier des charges, sous réserve de déclaration de command dans le délai de la loi ;

---

insolvables, les membres du tribunal devant lequel se poursuit l'adjudication et l'avoué poursuivant. Voir, sur ce point, *Suppl. alphab.*, *verb. cit.*, n°s 1061 et s.

Est nulle l'adjudication faite à l'un des saisis, bien qu'il prétende n'avoir eu aucun droit dans l'immeuble exproprié, et avoir été compris mal à propos dans les poursuites (*Q.* 2365 *ter*).

Un officier ministériel (commissaire-priseur) est réputé notoirement insolvable lorsqu'il a eu à subir des poursuites nombreuses, des condamnations et des exécutions dans le lieu où il exerce ses fonctions : Bordeaux, 2 juill. 1850 (*J. Av.*, t. 76, p. 75, art. 1003).—Voir aussi *Suppl. alphab.*, *verb. cit.*, n°s 1103 et s.

Le magistrat du tribunal devant lequel se poursuit la vente, qui est lui-même créancier inscrit sur l'immeuble saisi ou poursuivant, peut se rendre adjudicataire. (*Q.* 2395 *bis*; *Suppl. alphab.*, *verb. cit.*, n°s 1074 et s.; *J. Av.*, t. 74, p. 197, art. 647, lettre D).

Les juges suppléants, les commis-greffiers sont compris dans la prohibition de l'art. 711. Mais cette prohibition n'atteint pas les avoués autres que le poursuivant (*Q.* 2395 *quat.*; *Suppl. alphab.*, *verb. cit.*, n° 1083 et s.; *J. Av.*, t. 74, p. 198, art. 647, lettre F).

Ce dernier même peut se rendre adjudicataire, si, au moment de l'adjudication, il a cessé d'être l'avoué du poursuivant (*Q.* 2395 *in fine*).

L'art. 1596 C. civ., qui déclare que les tuteurs ne peuvent, ni par eux-mêmes, ni par personnes interposées, se rendre adjudicataires des biens de ceux dont ils ont la tutelle ; les mandataires, des biens qu'ils sont chargés de vendre ; les administrateurs, de ceux des communes ou établissements publics, est applicable aux ventes par expropriation forcée (*Q.* 2395 ; *Suppl. alphab.*, v° *Saisie immobilière*, n°s 1061 et s.).

Il est peu de questions aussi controversées que celle de savoir si un subrogé tuteur peut se rendre adjudicataire des immeubles du mineur. — La doctrine se montre en général favorable au subrogé tuteur, mais la jurisprudence lui est contraire (*J. Av.*, t. 74, p. 197, art. 647, lettre c).

Les huissiers et notaires, qui exercent leurs fonctions dans le ressort du tribunal devant lequel se poursuit la vente, peuvent se rendre adjudicataires (*Q.* 5395 ; *Suppl. alphab.*, *verb. cit*, n°s 1061 et s.).

La femme, créancière de son mari, peut, avec son autorisation, se rendre adjudicataire des biens de celui-ci, et réciproquement le mari de ceux de sa femme. Pour contester à la femme ou au mari cette faculté, il faut, en effet, les considérer ou comme étant eux-mêmes parties saisies (ce qui a lieu lorsque la saisie frappe un immeuble de communauté, et, à l'égard du mari, lorsqu'il s'agit d'un bien dotal), ou comme insolvables (la femme dont la fortune est exclusivement dotale peut être réputée telle) (*Q.* 2395 *sex.*; *Suppl. alphab.*, v° *Saisie immobilière*, n°s 1096 et s.).

La nullité attachée à la violation de la disposition prohibitive de l'art 711 n'a pas lieu de plein droit. Elle n'est pas absolue ; on la fait prononcer, sans préliminaire de conciliation, par action principale, durant 30 ans (*Q.* 2395 *quinq.*; *Suppl. alphab.*, *verb. cit.*, n° 1090 et s.).

L'adjudicataire incapable, et l'avoué qui a enchéri pour lui, sont tous les deux solidairement assujettis aux dommages-intérêts prononcés par l'art 711 (*Q.* 2396 *bis*; *Suppl. alphab.*, *verb. cit.*, n°s 1113 et s).

Ces dommages-intérêts consistent dans le paiement des frais de procédure occasionnés par l'annulation de l'adjudication, et nécessaires pour faire prononcer une nouvelle adjudication (*J. Av.*, t. 74, p. 202, art. 647, lettre J, et p. 378, art. 724).

L'art 711 n'est plus applicable à l'avoué d'un adjudicataire insolvable, lorsque les créanciers ont suivi la procédure de folle enchère (*J. Av.*, t. 74, p. 202, art 647 lettre J).

L'avoué passible des dommages-intérêts n'évite pas par là les peines disciplinaires. Il ne demeure pas adjudicataire en son nom (*Ibid.*) — Voir *supra*, p. 556, note 3.)

Ordonne que, sur la signification du présent jugement, tous détenteurs ou possesseurs (*et séquestres, s'il en a été nommé*) desdits immeubles seront tenus d'en délaisser [1] la possession en faveur de l'adjudicataire, sous peine d'y être contraints par toutes les voies de droit, même par corps [2].

Remarque. — Le jugement d'adjudication, qui n'est qu'un simple procès-verbal lorsqu'aucun incident ne s'est produit, n'a pas besoin d'être motivé ; il peut être transcrit à la suite du cahier des charges et des dires des parties, sur le même papier timbré. L'adjudication après surenchère ou folle enchère est aussi écrite à la suite de la première adjudication (*J. Av.*, t. 74, p. 228, art. 662, lettre A).

La grosse du jugement d'adjudication comprend : 1° la copie du cahier des charges ; 2° la copie de tout ce qui est inséré à la suite de ce cahier (dires, modifications, publication) ; 3° le jugement qui constate l'adjudication. Elle est revêtue de l'intitulé des jugements et du mandement qui les termine (*Q.* 2397).

Pour obtenir la délivrance du jugement d'adjudication, l'adjudicataire doit rapporter au greffier quittance des frais ordinaires de poursuite et la preuve qu'il a satisfait aux conditions du cahier des charges qui doivent être exécutées avant cette délivrance [3]. La quittance et les pièces justificatives, après qu'il en a été dressé acte de dépôt (Voir *supra*, formule n° 590), sont annexées à la minute du jugement et sont copiées dans l'expédition, à la suite de l'adjudication et de la déclaration de command (Voir *infra*, formule n° 603). La quittance donnée par l'avoué poursuivant est ainsi conçue :

---

1. L'injonction au saisi de délaisser l'immeuble n'est pas prescrite à peine de nullité (*Q.* 3397, *in fine*, à la note).

Les juges ne peuvent accorder aucun délai à l'exproprié pour le délaissement des biens vendus (*J. Av.*, t. 33, p. 147).

2. La contrainte par corps dont parle l'art. 712 C. pr. civ. ne doit pas être confondue avec la contrainte ayant pour objet l'emprisonnement du débiteur. Il s'agit de forcer le possesseur à vider les lieux, en l'expulsant matériellement, s'il résiste, et nullement de l'emprisonner. Aussi cette espèce de contrainte ne tombe-t-elle pas sous le coup de la loi du 22 juillet 1867, portant abolition de la contrainte par corps en matière civile, commerciale, et contre les étrangers, et peut-elle être exercée contre toutes personnes.

Les meubles qui, dans ce cas, se trouvent dans ou sur l'immeuble adjugé, doivent être transportés dans le local désigné par une ordonnance du président du tribunal civil obtenue sur référé dans la forme ordinaire.

3. La loi entend prescrire l'accomplissement de toutes les conditions exigibles de l'adjudication, en ordonnant que le jugement d'adjudication ne sera délivré à l'adjudicataire qu'en prouvant qu'il a satisfait aux conditions du cahier des charges (*Q.* 2398 *bis* ; *Suppl. alphab.*, v° *Saisie immobilière*, n°s 1154 et s.).

S'il s'élève entre le greffier et l'adjudicataire des contestations sur la preuve que ce dernier doit faire qu'il a satisfait aux conditions du cahier des charges, exécutoires avant la délivrance du jugement d'adjudication, il faut en référer au président du tribunal (*J. Av.*, t. 74, p. 229, art. 662, lettre A).

De ce que l'art. 713 porte que l'adjudicataire qui ne fait pas les justifications qu'il a prescrites y sera contraint par voie de folle enchère, sans préjudice des autres voies de droit, il résulte que, sans recourir à la folle enchère, on peut employer toutes les voies d'exécution (*Q.* 2398 *ter*).

Je soussigné........ (nom, prénoms), *avoué près le tribunal de première instance de*.... *et de* M.... (nom, prénoms, profession, domicile du poursuivant), *créancier qui a poursuivi la saisie immobilière des immeubles appartenant à* M...... (nom, prénoms, profession, domicile), *lesdits immeubles consistant en*........ (désignation très sommaire), *déclare avoir reçu de* M......... (nom, prénoms, profession, domicile), *adjudicataire desdits immeubles suivant jugement rendu à l'audience des saisies immobilières du tribunal de*..., *le*....., *la somme de*..., *pour frais taxés de la poursuite de saisie et pour le montant de la remise proportionnelle allouée par le tarif; ladite somme de*....... *payée en sus du prix de l'adjudication, conformément à l'art. 8 du cahier des charges.*

A......., *le*.......

(*Signature de l'avoué.*)

Cette quittance, rédigée sur une feuille au timbre de 60 c., est soumise à l'enregistrement.

Lorsque des incidents ont été soulevés dans le cours des poursuites, et que le tribunal, faisant application de l'art. 714 C. pr. civ., a ordonné que les frais extraordinaires qu'ils ont occasionnés seraient payés par privilège sur le prix [1], la quittance collective concernant le paiement de ces frais, rédigée comme la précédente, est aussi, dans certains ressorts, textuellement insérée à la suite de l'adjudication. Nul doute que cette insertion ne soit indispensable lorsque le cahier des charges porte que ces frais seront payés par l'adjudicataire avant la délivrance de l'expédition. Mais, en l'absence de toute clause à ce sujet, nous ne croyons pas que l'adjudicataire soit tenu de payer les avoués immédiatement. Il peut attendre que les avoués aient produit dans l'ordre en vertu de la distraction des dépens

---

1. Les frais que le législateur appelle frais ordinaires sont ceux qui ont été faits directement pour parvenir à la vente, depuis la saisie jusqu'à l'adjudication. On appelle extraordinaires ceux produits par des circonstances particulières (Q. 2398; *Suppl. alphab.*, v° *Saisie immobilière*, n°s 1152 et 1153).

Il y a lieu de permettre le paiement par privilège des frais extraordinaires, quand ils ont été exposés pour des causes non imputables aux parties ou à la partie saisie qui a succombé, ou dans l'intérêt commun des créanciers (Q. 2399; *Suppl. alphab.*, *verb. cit.*, n°s 1160 et suiv.).

D'après la doctrine, on ne peut pas allouer par privilège les frais extraordinaires de poursuite, si le jugement même qui a statué sur les contestations qui leur ont donné lieu n'a pas consacré ce privilège. La Cour de Toulouse a cependant décidé que le silence du premier jugement n'empêchait pas de faire prononcer le privilège par un jugement ultérieur, dans l'ordre, par exemple. — Dans le doute, il est prudent de conclure au privilège, lors du jugement qui règle les contestations, sources des dépens (Q. 2399 *bis*; *Suppl. alphab.*, *verb. cit.*, n°s 1163 et s.).

Les frais extraordinaires de poursuite doivent être colloqués par privilège, lorsque les jugements qui statuent sur les incidents, sans s'exprimer sur la question de privilège, disent seulement que les dépens seront considérés comme frais extraordinaires de poursuite, ou que les dépens seront employés comme frais extraordinaires de poursuite (Q. 2399 *ter*; *Suppl. alphab.*, *verb. cit.*, n°s 1165).

Voir *supra*, p. 555, note 1.

prononcée à leur profit, et ne se libérer que sur la signification des bordereaux qui leur ont été délivrés (Voir *supra*, p. 545, note 1). L'art. 713 ne parle que de la quittance des frais ordinaires.

L'adjudication régulièrement prononcée a pour effets essentiels de transférer la propriété des biens vendus sur la tête de l'adjudicataire [1], de purger le droit de résolution des précédents vendeurs

---

1. L'adjudicataire devient propriétaire des droits qui appartenaient au saisi (Q. 2404).

Il est tenu de respecter les baux existant au moment de la vente, s'ils avaient date certaine avant le commandement (Q. 2285, 2286). Voir *supra*, p. 543, note 3.

Il n'est pas recevable à les critiquer, lorsqu'ils ont été faits par le saisi longtemps avant la poursuite (Q. 2282 ; *Suppl. alphab.*, v° *Saisie immobilière*, n°s 540 et s).

Le saisi qui a volontairement exécuté le jugement d'adjudication, en mettant l'adjudicataire en possession de l'immeuble adjugé, ne peut pas exciper du défaut de signification du jugement d'adjudication pour empêcher l'adjudicataire de poursuivre la nullité d'un bail consenti pendant la saisie (J. Av., t. 76, p. 613, art. 1181).

Lorsque l'existence d'un bail a été notifiée au créancier poursuivant et mentionnée au cahier des charges, l'adjudicataire ne peut se mettre en jouissance des immeubles au mépris du bail, sans l'avoir fait annuler (Q. 2282). Voir *supra*, p. 554, note 1.

Lorsque la clause d'un cahier des charges portant que l'adjudicataire exécutera un bail verbal qui doit expirer le..... contient une erreur dans l'indication de la durée du bail, et que, la veille de l'adjudication, cette clause est rectifiée du consentement de toutes les parties, l'adjudicataire ne peut refuser d'adhérer à cette modification sous le prétexte que la clause nouvelle n'a pas été publiée, lorsqu'il est constaté qu'avant l'adjudication il a été donné lecture de la clause nouvelle (J. Av., t. 73, p. 306, art. 464, lettre E). Voir *supra*, p. 570, note 1 et p. 582, note 1.

Est recevable l'intervention des créanciers inscrits dans l'instance engagée par l'adjudicataire pour faire annuler un bail consenti par le saisi pendant le cours des poursuites (J. Av., t. 76, p. 609, art. 1181).

L'adjudicataire sur folle enchère est tenu à l'entretien des baux consentis de bonne foi par le fol enchérisseur (Q. 2282 *in fine*).

Lorsque le fol enchérisseur a donné congé à des locataires, en vertu d'une clause de son adjudication qui l'y autorisait à ses risques et périls, l'indemnité à laquelle pourraient prétendre les locataires est à sa charge personnelle, et ne peut pas être imposée au nouvel adjudicataire (Q. 2282 *in fine*).

Les fruits échus ou coupés depuis la transcription de la saisie ne sont pas compris dans l'adjudication. Il en est autrement des fruits pendants par racines au moment de la vente (Q. 2404).

L'adjudicataire d'une maison ne peut exiger des locataires dont le bail avait acquis date certaine avant l'adjudication les termes échus depuis le jour où il est devenu propriétaire, s'il résulte du bail que le loyer a été payé au saisi par anticipation, bien que ce paiement n'ait pas été énoncé dans le cahier des charges.

Le bétail donné à cheptel, qui n'a été ni saisi ni désigné dans le cahier des charges, ne fait pas partie de la ferme dont l'adjudication a été prononcée (Q. 2404 2°). Voir *supra*, p. 534, note 1.

On doit, en général, comprendre dans la vente, en l'absence d'aucune désignation, tout ce qui est une dépendance nécessaire de l'objet saisi (Q. 2404, 5°).

Si les objets réputés immeubles par destination, saisis et vendus avec le fonds, ont été soustraits par le saisi, l'action qui résultera de cette soustraction en faveur de l'adjudicataire sera, contre le saisi, l'action en dommages-intérêts et la voie criminelle, ou bien l'action en rescision de la vente, ou en réduction du prix (Q. 2299, 2404, 4°).

L'adjudicataire est propriétaire du jour de l'adjudication (Q. 2404 *bis*; *Suppl. alphab.*, verb. cit., n°s 1199 et suiv.).

C'est aussi de ce jour qu'il doit les intérêts de son prix, bien que le saisi ait

qui n'ont pas rempli les formalités prescrites par l'art. 717 (Voir *infra*, formule n° 606) et lorsqu'elle a été transcrite de purger les hypothèques inscrites ou légales [1].

L'adjudication irrégulière peut être annulée sur la demande des intéressés [2].

---

interjeté appel du jugement d'adjudication, et se soit maintenu en possession jusqu'à l'arrêt confirmatif (*J. Av.*, t. 74, p. 231, art. 662, lettre c).

La perte ou la détérioration de la chose, survenue depuis la surenchère, est au compte de l'adjudicataire qui s'est de nouveau rendu adjudicataire (*Q.* 2404 *ter*).

1. L'adjudication ne purge pas les droits à la propriété ni les droits réels, tels que l'usufruit et les servitudes (*Q.* 2403 ; *Suppl. alphab., verb. cit.*, n°s 1186 et s.). Mais lorsqu'elle a été transcrite, elle purge les hypothèques légales non inscrites, toutes les hypothèques inscrites, à l'exception de celles appartenant à des créanciers qui ont été omis, par la faute du poursuivant, dans les sommations à notifier en vertu de l'art. 692 (si l'omission provient du fait du conservateur, l'immeuble est purgé, mais ce fonctionnaire est responsable à l'égard du créancier omis) (*Q.* 2403 ; *J. Av.*, t. 74, p. 231, art. 662, lettre A ; C. pr. civ., art. 717).

La transcription du jugement d'adjudication purge les hypothèques légales, mais le droit de préférence attaché à l'hypothèque survit tant qu'il n'y a pas eu ordre amiable définitivement réglé, et, si un ordre judiciaire forcé est ouvert, tant que la déchéance de produire n'a pas été encourue (C. pr. civ., art. 717).

L'adjudication, quoique suivie d'un ordre, n'a pour effet d'éteindre les hypothèques qui grèvent l'immeuble saisi qu'autant que l'adjudicataire a payé son prix. Jusque là, ces hypothèques subsistent sur le prix à l'égard de l'adjudicataire et de ces créanciers, sauf le cas de novation par la substitution de l'adjudicataire à l'ancien débiteur, novation qui n'est pas opérée par le fait seul de l'adjudication (*J. Av.*, t. 76, p. 103). — Voir aussi *J. Av.*, t. 100, p. 461.

Les créanciers inscrits sur l'immeuble adjugé n'ont aucun droit à l'excédant produit par la revente sur l'adjudicataire (*Ibid.*).

2. La vente de la chose d'autrui étant nulle, il est incontestable que le véritable propriétaire n'est pas irrévocablement dépouillé par la saisie et l'adjudication opérées sur la tête d'un tiers.

Le résultat de l'action en revendication, reconnue fondée, est d'évincer en tout ou en partie l'adjudicataire. Cette éviction donne un recours à l'adjudicataire contre le poursuivant ou les créanciers inscrits suivant les circonstances. Il a également un recours en garantie contre le saisi. Cass., 28 mai 1862 (*J. Av.*, t. 88, p. 43); Pau, 8 mars 1865 (*Ibid.*, t. 90, p. 287); Lyon, 6 mars 1878 (S.78.2.201); Bourges, 1er août 1898 (*J. Av.*, t. 124, p. 167).

Toutefois, suivant certains auteurs, ce recours ne peut jamais être exercé contre le saisi, qui n'est tenu que de ses soustractions ou dégradations (*Q.* 2409 ; *Suppl. alphab., verb. cit.*, n°s 1293 et s.).

Si, lors de l'éviction, l'adjudicataire n'a encore effectué aucun paiement, il a le droit de retenir les sommes représentant la valeur de l'éviction, en faisant déclarer fondée son action en *quanti minoris*. S'il a payé, il dirige son action en répétition contre les créanciers derniers colloqués pour se faire rembourser jusqu'à concurrence de la valeur de la perte éprouvée. — Le poursuivant peut être déclaré exclusivement responsable, si l'éviction provient de sa faute (*J. Av.*, t. 74, p. 238, art. 66, lettre u ; et t. 75, p. 300, art. 881 ; p. 242, art. 848).

Les art. 1636 et 1637 C. civ. peuvent être invoqués par l'adjudicataire qui éprouve une éviction partielle (*Q.* 2410). Voir aussi les diverses solutions insérées *Suppl. alphab.*, v° *Saisie immobilière*, n°s 1303 et s.

L'adjudicataire évincé peut demander au véritable propriétaire de l'immeuble, ou à ses créanciers, le montant des améliorations et réparations qu'il avait faites (*J. Av.*, t. 75, p. 242, art. 848).

L'adjudicataire, menacé d'une éviction partielle qui n'est susceptible de se produire qu'après l'expiration d'un certain délai, peut immédiatement se pourvoir en

Mention sommaire du jugement d'adjudication doit être faite en marge de la transcription de la saisie, à la diligence de l'adjudicataire. Cette mention est ainsi conçue [1] :

Par jugement du tribunal civil de........, *rendu le*............, *enregistré, les immeubles dont la saisie est transcrite ci-contre ont été adjugés à* M[e]......... *avoué, qui, dans les trois jours, a déclaré la personne de* M........... (*nom, prénoms, profession, domicile*) *comme adjudicataire.*

La présente mention faite conformément à l'art. 716 *C. pr. civ., le*...... (date).

Reçu......

(Signature du conservateur.)

603. Déclaration *de command* [2].

CODE PR. CIV., art. 707.

L'an......, le..... [3], au greffe et par-devant nous, greffier du tribunal civil de première instance de....., ont comparu M[e]......, avoué près ce tribunal, et M......... (*nom, prénoms, profession, domicile*).

---

diminution de son prix ; mais son action n'est pas recevable lorsqu'il a été mis à même de prévoir cette éviction par l'examen des actes de poursuite et la lecture du cahier des charges : spécialement, lorsque, le danger d'éviction consistant dans la clause d'un bail qui autorise le locataire à enlever, à l'expiration de son bail, les constructions qu'il aura élevées sur l'immeuble, le cahier des charges qui a servi de base à l'adjudication stipule que « s'il existait des baux à ferme des biens soumis à l'adjudication, l'adjudicataire serait tenu de les maintenir et de s'y conformer sans pouvoir prétendre à aucune indemnité à cet égard » (*J. Av.*, t. 76, p. 349, art. 1097).

Est recevable l'intervention des créanciers inscrits dans l'instance en revendication de partie d'un immeuble saisi, et ils peuvent demander la nullité de l'acte de vente produit à l'appui de l'action en revendication, quoique ce titre leur ait été notifié antérieurement et qu'ils n'aient pas employé la voie de la surenchère (*J. Av.*, t. 76, p. 614, art. 1181).

1. L'art. 716 n'indique ni le délai dans lequel cette mention doit être faite, ni les conséquences de son omission. On peut admettre que le défaut de mention autoriserait les créanciers hypothécaires, omis dans l'extrait délivré par le conservateur, à rechercher l'adjudicataire qui aurait payé son prix à des créanciers d'un rang postérieur (*J. Av.*, t. 74, p. 231, art. 662).

2. L'expression de *déclaration de command* pour désigner la déclaration d'adjudicataire faite par l'avoué présente cet inconvénient qu'elle peut entraîner une confusion avec l'élection de command qui est faite par l'adjudicataire lui-même.

Cette déclaration d'adjudication est souvent faite dans la pratique verbalement, à l'audience, immédiatement après le prononcé du jugement d'adjudication, et il en est donné acte par le même jugement. Dans cette hypothèse, il n'est pas besoin d'acte au greffe.

3. L'avoué dernier enchérisseur qui ne fait pas connaître l'adjudicataire dans les trois jours de l'adjudication est réputé adjudicataire en son nom personnel (art. 707).

Les trois jours dans lesquels l'avoué doit faire cette déclaration ne sont pas francs (Q. 2384; *Suppl. alphab.*, v° *Saisie immobilière*, n°s 1031 et s.).

Est valable la déclaration de command reçue par le greffier un jour férié

Me............ nous a déclaré [1] que l'adjudication à lui faite par le jugement du..., qui précède est pour le compte de M..., comparant, lequel a accepté [2] ladite déclaration, et a signé avec Me..... et nous, greffier, après lecture.

(*Signatures.*)

(Q. 2384). Du reste, si le dernier jour du délai pour faire cette déclaration est férié, le délai est prorogé au lendemain (Q. 3416 *novies*).
Ce délai de trois jours n'est accordé que pour la déclaration d'adjudicataire à faire par l'avoué enchérisseur dans les ventes judiciaires.— Dans les ventes volontaires, le délai accordé à l'adjudicataire pour élire command n'est que de vingt-quatre heures. Il faut qu'avant l'expiration de ce délai, la déclaration ait été notifiée à la régie (*Ibid.*, lettre B). Ce délai de vingt-quatre heures doit s'entendre de vingt-quatre heures utiles, de telle sorte que, si la vente ou l'adjudication a eu lieu la veille d'un jour férié, la déclaration de command est valablement notifiée le surlendemain (*Ibid.*, lettre D).
1. La déclaration doit être faite au greffe et écrite sur le cahier des charges, à la suite de l'adjudication (Q. 2384 *bis*; *Suppl. alphab.*, v° *Saisie immobilière*, nos 1034 et s.).
Pour que la déclaration de l'avoué ou l'élection de command faite par l'adjudicataire ne soit pas considérée comme une mutation frauduleuse, il faut qu'elle ait lieu *rebus integris*, c'est-à-dire que l'avoué ou l'adjudicataire n'aient fait aucun acte de propriétaire (Q. 2384 *quat.*; *Suppl. alphab.*, v° *Saisie immobilière*, nos 1049 et 1050).
L'adjudicataire qui use de la faculté d'élire command ne peut le faire en faveur du saisi : en effet, le saisi serait alors censé être devenu adjudicataire personnellement, contrairement à la disposition de l'art. 711 C. pr. civ. Et il en est ainsi malgré la clause du cahier des charges qui dispose qu'en cas d'élection de command l'élisant et l'élu seront tenus solidairement au paiement du prix et des charges, et alors même que la solvabilité de l'élisant n'est pas contestée. Toulouse, 13 mars 1902 (*J. Av.*, t. 127, p. 204). — Comp. Trib. civ. de Toulouse, 5 février 1894 et la note (D. P. 95.2.1).
Lorsqu'il n'y a point eu d'enchérisseur, et que l'immeuble a été adjugé pour la mise à prix au poursuivant, représenté par son avoué, celui-ci n'est astreint à aucune déclaration : on ne peut donc pas le considérer comme adjudicataire en son nom personnel, faute d'avoir déclaré command dans les trois jours (Q. 2384 *quinq.*; *Suppl. alphab.*, *verb. cit.*, n° 1051). — Voir aussi *J.Av.*, t. 101, p. 280.
Si l'adjudicataire déclaré n'est pas domicilié dans le ressort du tribunal qui a procédé à la vente, il n'est pas nécessaire que l'avoué élise pour lui un domicile dans le ressort (Q. 2384 *sex.*; *Suppl. alphab.*, *verb. cit.*, n° 1058).
Il n'y a point d'antinomie entre l'art. 707 et l'art. 711. Le premier s'applique au cas où, par sa négligence, l'avoué ne fait pas de déclaration dans les délais, tandis que le second punit un fait volontaire. — Sans doute, l'avoué peut frauder la loi en s'abstenant de déclarer l'adjudicataire, mais le pouvoir disciplinaire des tribunaux suffit pour réprimer un semblable abus (Q. 2385 ; *Suppl. alphab.*, *verb. cit.*, n° 1059). Voir aussi Pau, 6 juillet 1867 (*J. Av.*, t. 93, p. 59).
2. Lorsque deux ou plusieurs personnes deviennent adjudicataires d'immeubles vendus en bloc et sur un prix unique, par suite de saisie immobilière, elles contractent l'obligation indivisible de payer le montant de l'adjudication, et les créanciers colloqués dans l'ordre ultérieur ont le droit de réclamer à chacun des acquéreurs le paiement intégral de leurs créances (*J. Av.*, t. 73, p. 445, art. 497).
Lorsqu'un avoué s'est rendu adjudicataire d'immeubles vendus en bloc et sur un prix unique, pour trois personnes, dont l'une est immédiatement indiquée et n'acquiert qu'une partie des immeubles, sans désignation de prix, tandis que les deux autres sont connues par une déclaration régulière de command faite dans les trois jours, avec détermination de prix, ces trois acquéreurs contractent l'obligation indivisible de payer le montant de l'adjudication (*J. Av.*, t. 74, p. 304, art. 691).

Remarque. — Si l'adjudicataire ne comparaît pas, l'avoué est tenu de représenter son pouvoir, qui demeure annexé à la minute de la déclaration. Cette représentation est constatée en ces termes : *A l'appui de la présente déclaration, M*............ *nous a représenté le pouvoir qui lui a été donné par M*............, *le*............, *enregistré, lequel pouvoir est demeuré annexé au présent acte.*

---

604. Pouvoir *donné à un avoué pour enchérir.*
CODE PR. CIV., art. 707.

Je soussigné.......... (*nom, prénoms, profession*), demeurant à.........., donne pouvoir à M^e......, avoué près le tribunal civil de première instance de.........., d'enchérir pour moi jusqu'à la somme de........, en sus des charges, clauses et conditions du cahier des charges, dans la mise aux enchères d'un....... (*énoncer la nature de l'immeuble*), situé à.........., dont la vente par saisie immobilière est poursuivie sur M....... (*nom, prénoms, profession, domicile*), devant le tribunal civil de........, d'en requérir l'adjudication moyennant ledit prix, faire et signer la déclaration de command à mon profit, remplir toutes formalités, élire domicile, et, généralement, faire tout ce qui sera nécessaire pour me rendre propriétaire définitif et incommutable dudit immeuble.

A.............., le....
(*Signature du mandant.*)

---

605. Signification *du jugement d'adjudication au saisi.*
CODE PR. CIV., art. 716.

L'an.........., le........, à la requête de M.......... (*nom, prénom, profession de l'adjudicataire*), demeurant à........, pour lequel domicile est élu à.........., dans l'étude de M^e.........., avoué près le tribunal civil de première instance de......, j'ai.... (*immatricule de l'huissier*), soussigné, signifié et en tête [de celle] des présentes laissé copie à M.......... (*nom, prénoms, profession de la partie saisie*), demeurant à........ [1], audit domicile où étant et parlant à.......

De la grosse d'un jugement rendu à l'audience des saisies

---

1. Le jugement d'adjudication ne doit être signifié qu'à personne ou domicile et non à l'avoué du saisi.
L'adjudicataire ne peut être garant envers le poursuivant de la nullité des poursuites d'ordre tirée de la non signification du jugement d'adjudication au saisi.

immobilières du tribunal civil de première instance de.........., en date du...., enregistré, contenant adjudication au profit de mon requérant d'un immeuble sis à..., et ce moyennant outre les charges le prix principal de............ fr.; afin que M........... n'en ignore et ait à s'y conformer.

Et je lui, audit domicile, parlant comme ci-dessus, laissé copie du présent, sous enveloppe, etc. Coût..........

(*Signature de l'huissier.*)

Remarque. — Dans plusieurs ressorts, l'exploit de signification se termine par une sommation au saisi de délaisser l'immeuble adjugé. Cette sommation est inutile lorsque, comme dans la formule *supra*, n° 602, l'injonction exigée par l'art. 712 figure dans le jugement d'adjudication

---

606. Notification *au greffe de la demande en résolution formée par un précédent vendeur.*

Code *PR. CIV.*, art. 717.

L'an.........., le.........., à la requête de M........... (*nom, prénoms, profession*) [1], demeurant à.........., pour lequel domicile

---

1. L'art. 717 est applicable à tous les précédents vendeurs, même aux incapables (Q. 2405 ; *Suppl. alphab.*, v° *Saisie immobilière*, n° 1244).

Lorsqu'un immeuble donné au débiteur est saisi, le donateur doit se conformer à l'art. 717 pour obtenir la révocation ou résolution de la donation, faute par le donataire d'exécuter les conditions de cette donation (*J. Av.*, t. 74, p. 233, art. 662, lettres H et K).

La folle enchère doit être assimilée à une demande en résolution. Pour arrêter une nouvelle saisie immobilière, elle doit être notifiée, à peine de déchéance, au greffe, avant le jour fixé pour l'adjudication de l'immeuble saisi (*J. Av.*, t. 75, p. 653, art. 993, lettre c; t. 76, p. 97, art. 1212, et t. 77, p. 188, art. 1225).

Cette déchéance atteint également le cohéritier qui dirige une poursuite en folle enchère contre l'adjudicataire colicitant, alors que ce dernier a été dépouillé de la propriété des biens licités par une adjudication sur saisie immobilière (*J. Av.*, t. 74, p. 234, art. 662, lettre E).

Le vendeur non payé n'est pas recevable à exercer l'action résolutoire lorsque l'immeuble a été revendu par suite de saisie immobilière pratiquée à sa requête contre l'acquéreur (*Ibid.*, t. 74, p. 236, art. 662, lettre N).

L'action résolutoire n'est pas recevable, après l'adjudication, de la part du vendeur qui n'était pas inscrit au moment de la sommation prescrite par l'art. 692, et qui, par conséquent, n'a pas reçu cette sommation (*Ibid.*, p. 237, lettre P).

Le défaut d'élection de domicile dans l'inscription prise d'office au profit du vendeur ne dispense pas le poursuivant de lui adresser la sommation dont parle l'art. 692. — Et si cette sommation ne contient pas l'avertissement que, *faute par le vendeur de former sa demande en résolution et de la notifier au greffe avant l'adjudication, il sera définitivement déchu, à l'égard de l'adjudicataire, du droit de la faire prononcer*, elle ne met pas le vendeur en demeure et ne l'empêche pas de former sa demande en résolution après l'adjudication (*J. Av.*, t. 75, p. 315, art. 889). Voir *supra*, p. 563, note 1.

L'action en résolution postérieure à l'adjudication est recevable toutes les fois que, par la faute du poursuivant, le vendeur n'a pas été averti de l'existence des

est élu à.........., en l'étude de M*e*......, avoué près le tribunal civil de........., qu'il constitue et qui occupera pour lui sur tous les incidents auxquels la présente dénonciation pourra donner lieu, j'ai.......... (*immatricule de l'huissier*), soussigné, signifié, dénoncé et en tête [de celle] des présentes donné copie à M....... (*nom, prénoms*), greffier du tribunal civil de première instance de.........., au greffe [1] dudit tribunal à.........., où étant et parlant à......, qui a visé le présent, d'un exploit du ministère de.........., en date du........., enregistré, par lequel M..... (*nom, prénoms, profession, domicile*), est assigné par le requérant devant le tribunal civil de.......... [2], pour voir prononcer la

---

poursuites ; elle doit être rejetée, sauf le recours du vendeur contre le conservateur, toutes les fois que l'omission provient du fait de ce dernier.

Le précédent vendeur non payé qui a laissé passer l'adjudication sur saisie sans provoquer la résolution de sa vente contre le saisi est irrévocablement déchu, dans les termes de l'art. 717 C. pr. civ., du droit de la faire prononcer, sans pouvoir être relevé de cette forclusion par l'effet d'une surenchère et en notifiant son action en résolution avant l'adjudication sur surenchère. Trib. civ. de Toulouse, 24 février 1902 (*J. Av.*, t. 127, p. 306). — Dans le même sens, Bordeaux, 19 février 1859 (D. P. 59.2.153); Nîmes, 26 décembre 1860 (S. 61.2.54); Q. 2404 *septies* et 2406 *ter*; Boitard et Colmet-Daâge, t. 2, n° 981. — *Contra* Lyon, 9 mars 1858 (S. 58.2.523).

Il a encore été décidé que, de ce que les créanciers hypothécaires peuvent prendre inscription entre l'adjudication et l'adjudication sur surenchère, il ne s'ensuit pas que la notification faite au greffe avant l'adjudication sur surenchère fasse revivre l'action résolutoire éteinte par le silence du vendeur jusqu'après la première adjudication (*J. Av.*, t. 75, p. 471, art. 910). Il en est de même en cas de folle enchère (*Ibid.*, t. 76, p. 47, art. 995, lettre F). Voir *infra*, p. 595, note 2. Mais ce vendeur peut faire inscrire son privilège dans l'intervalle entre les deux adjudications (*Ibid.*, t. 76, p. 285, art. 1070).

1. Par ces expressions de l'art. 717 : *demande notifiée au greffe*, on entend la notification au greffe de la demande régulièrement intentée contre le saisi, en résolution du contrat (*Q.* 2405 *quat.; Suppl. alphab.*, verb. cit., n°s 1253 et s.).

Cette solution prouve combien les précédents vendeurs doivent se montrer vigilants. Car la demande en résolution doit être précédée du préliminaire de conciliation, ou bien formée par assignation à bref délai, après requête et ordonnance du président, tous actes qui exigent un certain temps. Si donc le vendeur laisse approcher le jour de l'adjudication sans faire ses diligences, il pourra n'avoir plus qu'un délai insuffisant pour régulariser sa procédure.

Si le vendeur n'a point fait de réserve, n'a fait aucune notification, n'a pris aucune inscription, et si le contrat de vente n'a pas été transcrit, il n'a plus d'action résolutoire ni de privilège. L'adjudication anéantit tous les droits attachés à sa qualité de vendeur, il n'est plus qu'un simple créancier chirographaire (*Q.* 2405 *bis; Suppl. alphab.*, verb. cit., n° 1245); Trib. civ. de Narbonne, 22 fév. 1848 (*J. Av.*, t. 74, p. 644, art. 786, § 31).

2. L'instance en résolution ne doit pas être considérée comme un incident de saisie immobilière et jugée comme matière sommaire ; elle forme une instance séparée, dans laquelle le poursuivant peut intervenir, et qui doit être portée devant le tribunal compétent. Ce tribunal peut ne pas être celui de la poursuite en expropriation. Mais la réclamation du poursuivant, ou de tout autre créancier inscrit, pour la fixation d'un délai pendant lequel l'instance en résolution devra être vidée, constitue un véritable incident aux poursuites de saisie immobilière (*Q.* 2405 *quat.; Suppl. alphab.*, verb. cit., n°s 1253 et s.).

Dès que la demande en résolution a été notifiée, le tribunal doit surseoir à

594   3ᵉ PARTIE. — VOIES D'EXÉCUTION

résolution [1] de la vente des..... (*immeubles*) que lui a consenti le requérant par acte passé devant Mᵉ..., notaire à..., le...., enregistré, faute par M......... d'avoir payé le prix de cette vente ; lesdits immeubles saisis au préjudice de M........, à la requête de M......... (*nom, prénoms, profession, domicile*) ;

Déclarant en conséquence à M.......... que le requérant s'oppose formellement à ce qu'il soit procédé à l'adjudication de ces immeubles, à peine de nullité et de tous dommages-intérêts.

Et je lui ai, audit greffe, parlant comme ci-dessus, laissé copie du présent, dont le coût est de...,........

(*Signature de l'huissier.*)

Vu et reçu copie par nous, greffier (*ou* commis-greffier), soussigné, à..., le......

(*Signature.*)

---

607. Simple acte *d'avoué à avoué pour faire surseoir à l'adjudication et fixer le délai dans lequel le vendeur sera tenu de mettre à fin l'instance en résolution.*

CODE *PR. CIV.*, art. 717.

A la requête de M......... (*nom, prénoms, profession, domicile du saisissant*), ayant pour avoué Mᵉ..........., soient sommés : 1° Mᵉ..........., avoué de M........ (*nom, prénoms, profession, domicile du saisi*) ; 2° Mᵉ......., avoué de M......... (*nom, prénoms, profession, domicile du vendeur*), de comparaître et se trouver le.........., heure de.........., à l'audience et par-devant MM. les président et juges tenant l'audience des saisies immobilières du tribunal civil de.........., au palais de justice à.......... pour, attendu que, par exploit en date du.........., enregistré et dénoncé au greffe dudit tribunal par exploit du.........., aussi

---

l'adjudication. Il ne peut passer outre, malgré la preuve que le vendeur a été intégralement payé ou qu'il y a fraude entre le vendeur et le saisi (*Q.* 2405 *quinq.*; *Suppl. alphab.*, v° *Saisie immobilière*, n° 1258 et s.).

Le créancier hypothécaire d'un propriétaire qui, par voie d'échange, a transmis son immeuble à un tiers, ne peut pas empêcher son débiteur d'obtenir un sursis à l'adjudication sur saisie de l'immeuble échangé, pour faire prononcer la résolution de l'échange (*J. Av.*, t. 75, p. 191, art. 844, § 13).

1. Bien que le prix de la vente ne soit pas encore exigible, l'action en résolution n'en doit pas moins être intentée avant l'adjudication et dénoncée au greffe, sous peine de déchéance (*Q.* 2405 *ter* ; *Suppl. alphab.*, verb. cit., n°ˢ 1251 et s.).

La disposition de l'art. 717, portant que l'adjudicataire ne peut être troublé dans sa propriété par aucune demande en résolution fondée sur le défaut de paiement du prix des anciennes aliénations, si, avant l'adjudication, la demande n'a été notifiée au greffe du tribunal, n'est pas applicable aux servitudes, aux droits d'usage et d'habitation, ou aux actions en revendication, par suite de pétition d'hérédité (*Q.* 2404 *quinq.*). Voir aussi *Suppl. alphab.*, v° *Saisie immobilière*, n°ˢ 1210 et s.

enregistré, M...... a formé contre M......... une demande en résolution de la vente des immeubles objet de la saisie du requérant; Par ces motifs; voir dire, conformément à l'art. 717 C. pr. civ., qu'il sera sursis à l'adjudication annoncée pour le........., et qu'un délai de........ sera accordé à M....., afin de faire statuer sur sa demande en résolution; voir dire, en outre, que, faute par M....... d'avoir obtenu jugement dans ledit délai, il sera passé outre à l'adjudication des immeubles, après de nouvelles insertions et affiches, conformément à l'art. 704 C. pr. civ.; et, en cas de contestation, s'entendre le contestant condamner aux dépens qui seront, dans tous les cas, employés en frais extraordinaires de poursuite, et dont distraction sera prononcée au profit de M^e..., avoué, etc. Dont acte.

Pour original (ou copie).   (*Signature de l'avoué.*)
Signifié, donné copie, etc.

Remarque. — Lorsque, dans sa dénonciation, le vendeur n'a pas constitué d'avoué, et que la demande en résolution est portée devant un tribunal autre que celui qui connaît de la saisie, c'est par ajournement dans la forme ordinaire qu'il faut procéder sans préliminaire de conciliation et sans augmentation du délai de huitaine, à raison des distances (art. 718 C. pr. civ.).

---

608. **Jugement** *qui accorde un délai pendant lequel il devra être statué sur la demande en résolution* [1].

CODE PR. CIV., art. 717.

Le tribunal : ouï, etc.

Attendu que, conformément à l'art. 717 C. pr. civ., M........., vendeur des immeubles saisis à la requête de M............, au préjudice de M........., a fait notifier en temps utile, au greffe, sa demande en résolution de la vente desdits immeubles; que c'est donc le cas de faire droit à la demande en sursis formée par M...., poursuivant, et de fixer le délai dans lequel le vendeur sera tenu de mettre fin à son instance en résolution;

Par ces motifs; dit qu'il sera sursis à l'adjudication annoncée pour le......., jusqu'au....., et que, faute par M......... d'avoir dans le délai de........ mis à fin l'instance en résolution, il sera passé outre à l'adjudication [2], en observant les formalités

---

1. Voir *supra*. p. 593, note 2.
2. Un tribunal ne peut pas, en accordant un délai pour faire statuer sur la demande en résolution, déclarer que ce délai est de rigueur, et que, s'il expire sans que la résolution ait été prononcée, le demandeur sera déchu du droit d'en obtenir un nouveau. Riom, 16 juill. 1849 (*J. Av.*, t. 74, p. 575, art. 776). Voir aussi *Suppl. alphab., verb. cit.*, n° 1263.
Le jugement qui, sur la demande en résolution régulièrement notifiée, pro-

prescrites par l'art. 704 C. pr. civ.; condamne M........., partie saisie, aux dépens de l'incident, qui seront payés par privilège sur le prix des immeubles saisis, comme frais extraordinaires de poursuite, et dont distraction, etc.

Remarques. — 1° Si la demande en résolution ne s'applique qu'à une partie des immeubles saisis, peut-il être passé outre à l'adjudication du surplus, ou bien le sursis peut-il être prononcé sur le tout, conformément à l'art. 717 C. pr. civ.? — Il existe, entre la distraction et la résolution, des différences essentielles qui écartent toute analogie. Pour n'en citer qu'une, le demandeur en résolution reconnaît que le saisi est réellement propriétaire, tandis que le demandeur en distraction lui conteste cette qualité. De là il suit que le sursis doit être prononcé pour le tout.

2° A l'expiration du délai accordé par le jugement qui précède, le poursuivant fait de nouvelles insertions et affiches (Voir *supra*, formules n°s 595 et 598), et fait prononcer l'adjudication si le vendeur, qui n'a pas encore fait rendre le jugement sur sa demande, n'a pas obtenu, par un simple acte (Voir *supra*, formule n° 607), un nouveau délai [1].

---

nonce un sursis, peut être frappé d'appel par le créancier saisissant qui prétend que la demande ne lui est pas opposable (*J. Av.*, t. 76, p. 614, art. 1131).

Le rejet de la demande en résolution doit être signifié dans la forme ordinaire au demandeur en résolution. Ce n'est qu'après cette signification que les poursuites sont reprises par de nouvelles publications (*Q.* 2406 *bis* ; *Suppl. alphab.*, v° *Saisie immobilière*, n°s 1265 et s.).

Si, les délais expirés, l'adjudication est prononcée, la demande en résolution tombe de plein droit, les frais déjà faits par suite de l'introduction de cette action sont ajoutés au montant de la créance du vendeur, et colloqués au même rang sur l'immeuble saisi, par le jugement du tribunal qui statue sur la résolution, si le retard ne provient pas de la faute du vendeur. Cependant, dans cette position, si l'adjudication vient à tomber, soit par l'effet d'une surenchère, d'une folle enchère, ou de la cassation du jugement qui servait de base aux poursuites, le vendeur pourra reprendre son action et la mener à fin (*Q.* 2406 *ter*; *Suppl. alphab.*, *verb. cit.*, n°s 1269 et s.).

Il ne faut pas confondre le cas dont il vient d'être parlé avec celui où aucune demande en résolution n'a été formée avant l'adjudication (*supra*, p. 592, note 1, *in fine*) : la déchéance est alors absolue ; la cassation du jugement ou de l'arrêt qui sert de base aux poursuites peut seule en relever le vendeur, parce qu'en annulant le titre, elle annule toute la saisie et remet les parties dans l'état où elles étaient auparavant. — Si donc l'adjudication a eu lieu parce que le délai accordé s'est écoulé avant qu'il ait été statué sur la résolution, le vendeur n'en devra pas moins poursuivre le jugement de son instance. Il conclura à la résolution et aux dépens contre le saisi acquéreur. Porteur de ce titre, il se présentera à l'audience, au jour indiqué pour l'adjudication sur surenchère ou sur folle enchère, et s'opposera à ce qu'il soit passé outre. — C'est le seul remède que l'insuffisance de la loi laisse au vendeur (*J. Av.*, t. 76, p. 47, art. 995, lettre F).

Lorsque, le même jour, deux jugements prononcent, l'un la résolution, l'autre l'adjudication, cette dernière doit être annulée (*Q.* 2407 ; *Suppl. alphab.*, *verb. cit.*, n°s 1276 et s.).

Lorsqu'un arrêt a rejeté une demande en résolution, la cassation de cet arrêt a pour effet de remettre les choses dans l'état où elles étaient avant l'arrêt annulé, c'est-à-dire que le vendeur recouvre tous ses droits relativement à l'action en résolution (*Q.* 2407 *bis* ; *Suppl. alphab.*, *verb. cit.*, n°s 1277 et 1278).

1. Les juges apprécient souverainement les causes pour lesquelles un nouveau délai peut être accordé (*Q.* 2406 ; *Suppl. alphab.*, v° *Saisie immobilière*, n° 1262 et s.).

II. Surenchère.

609. Déclaration *de surenchère du sixième.*

CODE *PR. CIV.*, art. 708 et 709.

L'an........, le........ [1], au greffe et par-devant nous, greffier du tribunal civil de première instance de........, a comparu M.... (*nom, prénoms, profession*) [2], demeurant à........, assisté de

---

1. Le délai de huitaine, fixé par l'art. 708, n'est pas franc (*Q.* 2387). Si le dernier jour est férié, le délai est prorogé au lendemain (*Q.* 3416 *nov.*; *J. Av.*, t. 100, p. 465).
   La surenchère faite le dernier jour du délai, mais après l'heure de la fermeture ordinaire du greffe, est valable. Limoges, 7 déc. 1891 (S.92.2.153); trib. civ. de Limoux, 1er mars 1898 (*J. Av.*, t. 123, p. 202, et la note); Montpellier, 2 janv. 1899 (*J. Av.*, t. 124, p. 113).
   Le greffier du tribunal civil, requis après l'heure de la fermeture du greffe au public d'y recevoir une déclaration de surenchère, n'a pas seulement le droit mais a même le devoir de déférer à cette réquisition, sans se rendre juge de sa validité. Trib. civ. de Limoux, 1er mars 1898, précité.
   Si, pendant les délais fixés par la loi, pour l'exercice du droit de surenchère, et avant qu'il y ait eu surenchère, le bien périt ou se dégrade, la perte est supportée par l'adjudicataire (*Q.* 2339). Il en est de même si ce cas arrive après la surenchère, mais avant la nouvelle adjudication (*Ibid.*). Voir *supra*, p. 587, note 1, *in fine*.

2. Toute personne peut, dans les huit jours qui suivent l'adjudication, faire, par le ministère d'un avoué, une surenchère, pourvu qu'elle soit du sixième au moins du prix principal de la vente (art. 708).
   Ces mots : *toute personne*, supposent, par leur généralité, que le poursuivant peut former une surenchère (*Q.* 2386).
   Les personnes incapables d'enchérir sont aussi incapables de surenchérir (*Ibid.* et art. 711. Voir *supra*, p. 583, note 2, et *J. Av.*, t. 73, p. 333, art. 465, lettre A, et t. 74, p. 210, art. 647, lettre K). — Spécialement, l'avoué de l'adjudicataire ne peut pas surenchérir (*Ibid.*). — Mais le tuteur peut, sans autorisation du conseil de famille, former une surenchère au nom du mineur (*J. Av.*, t. 98 p. 367).
   Est nulle la surenchère faite par un prête-nom du saisi, par suite d'un concert frauduleux entre le saisi et le surenchérisseur (*J. Av.*, t. 76, p. 200, art. 1064 *bis*). Voir *supra*, p. 583, note 2.
   Les tribunaux ont un pouvoir discrétionnaire pour apprécier l'insolvabilité du surenchérisseur après saisie immobilière (*J. Av.*, t. 75, p. 290, art. 1064 *bis*). Voir aussi trib. civ. de Gray, 13 juin 1900 (*J. Av.*, t. 126, p. 88), et, sur appel, Besançon, 26 juin 1901 (*J. Av.*, t. 127, p. 300).
   L'adjudicataire a le droit de se prévaloir de l'insolvabilité du surenchérisseur, pour faire annuler la surenchère (*J. Av.*, p. 75, art. 1003).
   Lorsqu'il résulte de l'ensemble des éléments de la cause et de la notoriété publique une présomption d'insolvabilité à la charge du surenchérisseur, c'est à lui qu'il incombe de prouver, par les moyens de droit, quand la validité de sa surenchère est contestée, que, malgré les vraisemblances contraires, il n'est pas hors d'état de payer le prix de la surenchère avec les frais qui s'y ajoutent. Il ne saurait suffire, en ce cas, d'une déclaration de l'avoué du surenchérisseur qu'il a reçu d'un tiers le dépôt d'une somme déterminée pour garantir la surenchère lorsque ce tiers ne se présente pas comme caution du surenchérisseur et que la déclaration de l'avoué n'est corroborée par aucun récépissé de la caisse des dépôts et consignation ni du greffe. Grenoble, 12 fév. 1902 (*J. Av.*, t. 127 p. 301.)
   Un magistrat du tribunal devant lequel se poursuit la vente ne peut surenchérir (*Q.* 2395 *bis*; *Suppl. alphab.*, v° *Saisie immobilière*, n°s 1074 et 1075).
   Lorsque la surenchère est nulle à raison de l'incapacité d'un surenchérisseur, elle n'en subsiste pas moins pour son cosurenchérisseur (*Q.* 2386 *ter*; *Suppl. alphab.*, v° *Surenchère*, n° 14).

M⁰........, avoué[1] près ce tribunal, qu'il constitue et qui occupera pour lui sur la présente surenchère et ses suites :

Lequel a déclaré surenchérir du sixième[2] du prix principal, en sus des charges, conformément à la loi (Voir *supra*, formule n° 589), et porter à la somme de... le prix de l'adjudication prononcée au profit de M... (*nom, prénoms, profession, domicile de l'adjudicataire*), d'un...(*indiquer l'immeuble*), situé à...., par jugement rendu en l'audience des saisies immobilières de ce tribunal, le......., sur la poursuite exercée contre M.......... (*nom, prénoms, profession, domicile*), par M.......... (*nom, prénoms, profession, domicile*) ;

---

1. Est nulle la surenchère faite par une partie sans l'assistance d'un avoué (*J. Av.*, t. 73, p. 335, art. 465, lettre D). Voir aussi *J. Av.*, t. 97, p. 125, et t. 100, p. 346.

Mais la constitution d'avoué dans l'acte de surenchère peut être remplacée par des équipollents. Voir par exemple Grenoble, 12 fév. 1902 (*J. Av.*, t. 127, p. 301).

Le surenchérisseur peut constituer comme avoué l'avoué même qui s'est rendu adjudicataire ; mais l'adjudicataire qui veut critiquer la validité de la surenchère doit, dans ce cas, constituer un nouvel avoué. Nancy, 6 juill. 1901 (*J. Av.*, t. 126, p. 462).

2. Le sixième que la loi exige est celui du prix principal de la vente, en y comprenant les accessoires dont l'augmentation doit profiter aux créanciers, et non les frais ordinaires auxquels l'adjudicataire est tenu en sa qualité d'acquéreur ; en d'autres termes, la surenchère doit porter sur le prix à raison duquel se perçoivent les droits de mutation. Cass., 26 mars 1844 (*J. Av.*, t. 73, p. 335) ; trib. civ. de Castelnaudary, 5 déc. 1849 (*J. Av.*, t, 75, p. 500) ; trib. civ. de Lille, 19 juin 1895 (D.P. 95.2.353) ; trib. civ. de Mayenne, 21 août 1899 (*J. Av.*, t. 125, p. 145).

Elle est nulle, si elle est inférieure au sixième, et cette nullité ne peut pas être réparée par un acte postérieur fait après les délais (*Q.* 2338 ; *Suppl. alphab.*, v° *Surenchère*, n°s 32 et s.).

Lorsque, par suite des clauses d'un cahier des charges, un ou plusieurs immeubles ont été divisés en un ou plusieurs lots, que chacun de ces lots a été mis séparément aux enchères, pour être réunis ensuite en un seul, sur une mise à prix égale aux enchères partielles, que les immeubles ont été adjugés sur cette réunion, que l'avoué adjudicataire, en faisant l'élection de command, a déclaré la faire pour divers individus entre lesquels les immeubles adjugés ont été subdivisés, et que, par une sorte de ventilation, on a déterminé le prix de chaque subdivision, la surenchère doit porter sur la totalité du prix de l'adjudication, et non pas seulement sur le prix déterminé pour l'une des subdivisions (*J. Av.*, t. 73, p. 185 et 336, art. 397 et 465, lettre P).

Le greffier peut, dans le délai de huitaine, recevoir plusieurs surenchères, et tous les surenchérisseurs sont admis à concourir, bien que l'un d'eux ait porté sa surenchère au-dessus du sixième du prix principal de l'adjudication (*Q.* 2387 *bis*, et *J. Av.*, t. 73, p. 333, art. 465, lettre c).

Dans ce cas, comme lorsqu'il n'y a qu'un surenchérisseur, la poursuite doit être faite par le poursuivant originaire, sauf le droit de subrogation en cas de négligence (*Q.* 2387 *ter*). Voir *infra*, p. 602, note 2.

Rien n'empêche plusieurs créanciers de se réunir pour supporter en commun les frais d'une surenchère, lorsque, d'ailleurs, cette convention n'a pas pour but d'écarter les enchérisseurs (*J. Av.*, t. 74, p. 393, art. 726, § 2).

Le surenchérisseur ne peut pas être tenu de donner caution (*Q.* 2386 *bis*).

Quoique l'art. 708 ne soit point prescrit à peine de nullité, l'inobservation de ses formalités entraîne néanmoins la nullité de la surenchère (*Q.* 2338 ; *Suppl. alphab.*, v° *Surenchère*, n°s 38 et s.).

Desquelles comparution, constitution d'avoué et surenchère, M..... a demandé acte que nous lui avons donné, et a signé la présente déclaration avec Mᵉ....., et nous greffier, après lecture.

(*Signatures du surenchérisseur, de l'avoué et du greffier.*)

Remarque. — La déclaration de surenchère peut être écrite à la suite de la première adjudication et du cahier des charges *(J. Av.*, t. 73, p. 693, art. 608, § 48).

---

610. Acte de dénonciation *de la surenchère du sixième.*

CODE *PR. CIV.*, art. 709.

A la requête de M...... (*nom, prénoms, profession*), demeurant à........., ayant pour avoué Mᵉ......, lequel est constitué et continuera d'occuper pour lui sur la présente surenchère et ses suites, soit signifié, dénoncé et en tête [de celle] des présentes donné copie à : 1° Mᵉ........., avoué [1] de M...... (*nom, prénoms, profession, domicile*), adjudicataire ; 2° Mᵉ......., avoué de M.......... (*nom, prénoms, profession, domicile*), qui a poursuivi la vente sur saisie immobilière des immeubles surenchéris ; 3° Mᵉ..., avoué [2] de M........ (*nom, prénoms, profession, domicile*), partie saisie, de l'expédition d'un acte dressé au greffe du tribunal de première instance de.............., le............, enregistré, contenant déclaration de surenchère du sixième du prix principal en sus des charges, par le susnommé, sur l'adjudication pro-

---

1. Après une adjudication d'immeubles, la surenchère est valablement dénoncée à l'avoué dernier enchérisseur, bien que, dans l'acte de déclaration et d'acceptation de command passé au greffe, l'adjudicataire ait constitué un autre avoué (*Ibid.*, art. 1145, p. 508, et t. 77, p. 174, art 1222). Voir *supra*, formule n° 603.

L'avoué qui occupe à la fois pour le surenchérisseur et pour l'adjudicataire peut, comme représentant le premier, se faire à lui-même, comme représentant le second, la dénonciation de la surenchère. Il n'est pas nécessaire dans ce cas de faire cette dénonciation à l'adjudicataire par exploit à personne ou domicile (*J. Av.*, t. 75, p. 188, art. 844, § 10). Voir aussi Nancy, 6 juillet 1901 (*J. Av.*, t. 126 p. 462).

2. La surenchère doit être notifiée à l'avoué du saisi, bien que l'incident qui a donné lieu à la constitution de cet avoué soit depuis longtemps vidé (*Q.* 2330 *bis* ; *Suppl. alphab.*, vᵒ *Surenchère*, n° 103).

Le moyen de nullité tiré du défaut de dénonciation à l'avoué du saisi doit, à peine de déchéance, être proposé trois jours avant l'adjudication sur surenchère (*J. Av.*, t. 75, p. 556, art. 953).

Lorsque la partie saisie n'a pas d'avoué, le surenchérisseur est dispensé de lui faire notifier, par exploit, sa surenchère (art. 789).

Celui qui dépose une surenchère après un ou plusieurs surenchérisseurs doit la leur dénoncer (*Q.* 2390 *quat.*; *Suppl. alphab.*, vᵒ *Surenchère*, n° 108).

Si la surenchère abandonnée est reprise par une autre partie intéressée, conformément au dernier paragraphe de l'art. 709, elle se poursuit aux risques et périls de son auteur (*Q.* 2393 ; *Suppl. alphab., verb. cit.*, n° 151). Voir *infra*, formules nᵒˢ 610 *bis* et 612.

noncée, suivant jugement rendu à l'audience des saisies de ce tribunal le..., enregistré, de... (énoncer l'immeuble), moyennant, en sus des charges, le prix principal de..., au profit de M... Soient, en conséquence, sommés les susnommés de comparaître et se trouver, faire comparaître et se trouver les parties, le......, heure de......... ¹, défaut de suite, à l'audience des saisies immobilières du tribunal de........., pour assister, si bon leur semble, et voir statuer sur les contestations qui pourraient être soulevées sur la surenchère, la voir valider au besoin, et voir, dans tous les cas, fixer le jour de l'adjudication de l'immeuble dont s'agit, à laquelle il sera procédé sur la mise à prix de............, en sus des charges, formant le montant de la surenchère, ou sur tout autre qui serait fixée par le tribunal.

Leur déclarant que, faute par eux de ce faire, il sera contre eux donné défaut et passé outre à l'adjudication, tant en absence que présence.

A ce qu'ils n'en ignorent. Dont acte.

Pour original (ou copie).

(Signature de l'avoué.)

Signifié, laissé copie à : 1° Mᵉ........; 2° Mᵉ........; 3° Mᵉ...., avoués en leur étude et parlant à...., par moi, huissier audiencier, soussigné.

(Signature de l'huissier.)

---

1. La dénonciation de la surenchère doit contenir avenir pour l'audience qui suit l'expiration de la quinzaine (art. 709).

L'absence de cette indication n'entraîne pas cependant la nullité de la surenchère (*J. Av.*, t. 73, p. 216, art. 650). Mais elle rend nulle la procédure postérieure (*Ibid.*, t. 72, p. 92, art. 32).

Bien que la surenchère non dénoncée soit nulle de plein droit, et sans qu'il soit besoin d'en faire prononcer la nullité (art. 709 C. pr. civ.), l'action en annulation de cette surenchère peut néanmoins être intentée par l'adjudicataire, et les dépens de cette action restent à la charge du surenchérisseur (*J. Av.*, t. 76, art. 1181, p. 613).

L'adjudicataire ne peut pas éviter l'effet de la surenchère en désintéressant le surenchérisseur (*Q.* 2391 *ter*: *Suppl. alphab.*, *verb. cit.*, nᵒˢ 132 et s.).

L'adjudicataire, le saisi, le poursuivant et les créanciers inscrits, peuvent demander la nullité de la surenchère, faute de dénonciation ou pour tout autre motif. On la demande par un simple acte (*Q.* 2391). Voir *infra*, formule nᵒ 613. — Plusieurs arrêts refusent cependant à l'adjudicataire le droit de se prévaloir du défaut de dénonciation au saisi (Voir sur ce point *Suppl. alphab.*, vᵒ *Surenchère*, nᵒˢ 121 et s.).

Si la surenchère est annulée, l'adjudication qu'elle tendait à détruire est maintenue. — Il en est autrement si c'est l'adjudication sur surenchère qui est annulée, parce que la nullité de l'adjudication n'entraîne pas nécessairement celle de la surenchère qui peut être reprise à partir du dernier acte valable. Il est évident, du reste, que la surenchère et l'adjudication qui termine cette procédure tombent lorsque la première adjudication qui leur servait de base vient à être déclarée nulle (*Q.* 2391 *bis* et *J. Av.*, t. 73, p. 352, art. 465, lettre ʜ).

610 bis. Dénonciation *de la surenchère par un autre que le surenchérisseur.* [1].

A la requête de M...... (*nom, prénoms, profession du saisi, ou du poursuivant, ou du créancier inscrit qui fait la dénonciation*), demeurant à..., ayant pour avoué constitué Me....., dans l'étude duquel il fait élection de domicile, à....., rue......., n°......., soit signifié, dénoncé, et en tête [de celle] des présentes donné copie à : 1° Me......., etc. (*si c'est un créancier inscrit qui dénonce, cette partie de l'acte est conçue comme la partie correspondante dans la formule qui précède, en ajoutant :* 4° Me......., avoué de M......, surenchérisseur. *Si c'est le saisi qui dénonce, on ne mentionne que les avoués du poursuivant, du surenchérisseur et de l'adjudicataire ; si c'est le poursuivant, on ne notifie qu'aux avoués de l'adjudicataire, du saisi et du surenchérisseur*).

De l'expédition d'un acte dressé au greffe du tribunal civil de première instance de....., le....., enregistré, contenant déclaration de surenchère du sixième du prix principal en sus des charges, par M......, demeurant à........, assisté de Me......, son avoué, sur l'adjudication prononcée suivant jugement rendu en l'audience des saisies immobilières de ce tribunal le..., enregistré, de... (*indiquer l'immeuble*), moyennant, en sus des charges, le prix principal de......., au profit de M......; et attendu que M......, n'ayant pas dénoncé dans les trois jours la surenchère qu'il a formée, le requérant, en sa qualité de..... (*saisi, ou poursuivant, ou créancier inscrit sur l'immeuble adjugé*), a pu et dû faire procéder à cette dénonciation, conformément au dernier paragraphe de l'art. 709 C. pr. civ., pour éviter la nullité de la surenchère dont il s'agit. Soient en conséquence sommés les susnommés de comparaître le........, etc. (*le reste comme à la formule précédente*).

Remarque. — Il est bon de dénoncer aussi la surenchère à l'avoué du surenchérisseur, afin que, s'il y a lieu, il puisse expliquer son inaction. S'il s'était aperçu, par exemple, que sa surenchère est nulle, il aurait eu raison de l'abandonner, et le créancier ou le saisi dénonçant en serait pour ses frais de dénonciation.

---

611. Nouveau placard *pour les affiches et insertions de la revente par suite de surenchère du sixième* [2].

CODE PR. CIV., art. 709.

VENTE PAR SUITE DE SURENCHÈRE SUR SAISIE IMMOBILIÈRE

Il sera procédé le........, heure de......, en l'audience des

---

1. Voir *supra*, p. 599, note 2, *in fine*.
2. En renvoyant aux art. 696 et 699, pour les insertions et affiches, l'art. 709 a entendu se référer, non aux délais dont ils parlent, mais à la forme des insertions et affiches (Q. 2392 et *Suppl. alphab.*, v° *Surenchère*, n°s 137 et s.).
Il n'y a pas nullité de la surenchère, par cela seul que les insertions et affiches

saisies immobilières du tribunal civil de............, séant au palais de justice, à......, à l'adjudication au plus offrant et dernier enchérisseur d'une maison située à......, rue......., n°....... (ou d'un domaine connu sous le nom de......, et situé à......), ci-après désignée (*Copier la désignation du cahier des charges*).

Cette maison a été saisie à la requête de M..... (*Reproduire les énonciations de la formule* supra, *n° 595, jusqu'au paragraphe relatif à la mise à prix*).

Par jugement en date du......, cette maison a été adjugée à M..... (*nom, profession, domicile*), moyennant le prix de.........; mais une surenchère du sixième a été formée par M........ (*nom, prénoms, profession*), demeurant à......, suivant acte du greffe en date du....., enregistré, et dénoncé par acte d'avoué à avoué, en date du....., à : 1° M°..., avoué de M....., adjudicataire ;
2° M°....., avoué de M...., poursuivant ;
3° M°....., avoué de M..., partie saisie.

En conséquence, il sera, à la requête de M..... (*nom du poursuivant*), procédé à la nouvelle adjudication de ladite maison, sur la mise à prix de......

Il est déclaré..... etc. (Voir *supra*, formule n° 595) [1].

Fait et rédigé par moi, avoué poursuivant [2], le.....
(*Signature de l'avoué.*)

Remarque. — L'insertion des annonces et l'apposition des placards sont constatées comme dans le cas des art. 696, 698 et 699. Voir *supra*, formules n°s 595, 598 et les notes.

612. Jugement *d'adjudication sur surenchère* [3].
CODE PR. CIV., art. 710.

Ce jugement, qui n'est qu'un véritable procès-verbal lorsqu'aucun

---

relatives à la revente ne sont pas faites de telle sorte qu'on puisse procéder à l'adjudication à l'audience qui suit l'expiration de la quinzaine à dater de la surenchère (*J.Av.*, t. 73, p. 347, art. 465, lettre B). Voir *supra*, p. 600, note 1.

Les annonces judiciaires relatives à la surenchère doivent, à peine de nullité, être faites dans le journal où ont été insérées les annonces antérieures de la saisie immobilière (*Ibid.*, p. 348, lettre c).

Les actes de la procédure de surenchère ne sont pas viciés par la nullité de l'insertion prescrite par l'art. 709 ; les poursuites doivent seulement être reprises à partir du dernier acte valable (*Ibid.*).

1. Cette déclaration est renouvelée tant que le jugement d'adjudication n'a pas été transcrit.

2. L'avoué du poursuivant a seul le droit de faire faire les insertions et les affiches pour parvenir à l'adjudication sur surenchère. La déclaration de surenchère rouvre la procédure terminée par la première adjudication ; le poursuivant originaire reprend son rôle. — L'avoué du surenchérisseur cesse, après la dénonciation, de prendre une part active aux poursuites (Q. 2392 ; *J. Av.*, t. 73, p. 348, art. 465, lettre c).

3. L'adjudicataire qui s'oblige à payer à un surenchérisseur une somme, à la condition que ni lui, ni aucun autre créancier, ne se présenteront pour enchérir,

incident ne s'est produit, est rédigé comme le *jugement d'adjudication* (Voir supra, formule n° 602). Les enchères s'ouvrent sur le montant de l'adjudication primitive, augmentée d'un sixième, c'est-à-dire sur la mise à prix portée aux placards. S'il n'y a pas d'enchères, le surenchérisseur est déclaré adjudicataire, même lorsqu'il a auparavant abandonné les poursuites et qu'il est procédé à l'adjudication à la requête de l'une des parties intéressées, conformément à l'art. 709, dernier paragraphe (Voir supra, p. 599, note 2 *et formule n° 610 bis*).

Remarque. — La grosse de ce jugement qui doit être délivrée à l'adjudicataire contient, outre ce qui constitue le jugement d'adjudication (Voir *supra*, la remarque de la formule n° 602), la copie de la surenchère, du second jugement d'adjudication et des quittances de frais.

III. Incidents de la saisie immobilière.

613. Simple acte *pour former une demande incidente* [1].

CODE *PR. CIV.*, art. 718.

A la requête de M..... (*nom, prénoms, profession*), demeurant à......, ayant pour avoué M^e....., qu'il constitue et qui occupera pour lui sur la présente demande et ses suites,

---

est coupable du délit d'entrave à la liberté des enchères, quoiqu'il y ait eu en réalité une enchère au jour fixé (*J. Av.*, t. 73, p. 527, art. 534). Voir *supra*, p. 583, note 1).
Il en est de même de l'avoué qui, après avoir déposé au greffe un acte de surenchère, le retire frauduleusement, sur la remise ou la promesse d'une somme de la part de l'adjudicataire (*Ibid.*, p. 353). — *Suppl. alphab.*, v° *Surenchère*, n°s 132 et s.
Le prix des coupes de bois anticipées faites par le premier adjudicataire appartient à l'adjudicataire définitif (*Ibid.*, lettre N).
C'est ce dernier adjudicataire qui peut seul intenter contre le premier l'action en indemnité pour dégradations commises dans l'intervalle des deux adjudications (*Ibid.*). Voir *supra*, p. 597, note 1, *in fine*.
L'adjudicataire évincé par suite d'une surenchère n'est tenu de faire compte aux créanciers que des fruits qu'il a perçus (*Ibid.*, p. 354, lettre o). Voir, sur le recours en cas d'éviction, *supra*, p. 588, note 2.
Le surenchérisseur devenu adjudicataire ne doit les intérêts de son prix qu'à dater de l'adjudication sur surenchère (*Ibid.*, lettre p). Voir *supra*, 587, note 1, *in fine*. Voir aussi *Suppl. alphab.*, v° *Surenchère*, n°s 175 et s.
1. On doit considérer comme incident de la saisie immobilière tout débat qui a pour cause la saisie, qui s'y réfère directement en mettant en lutte le saisi et le poursuivant et qui doit exercer une influence nécessaire sur la marche et l'issue de la saisie. Cass., 9 avril 1895 (D. P. 95.1.320).
La forme d'élever et de juger les incidents, tracée par l'art. 718, n'est applicable qu'aux incidents élevés dans le cours de la poursuite pour la faire annuler, l'entraver, la suspendre, ou en atténuer les effets, concernant la qualité des individus, les titres de créance, ou les formes de la procédure, quand ils émanent de l'une des parties naturellement présentes à la poursuite (Q. 2412 *bis*). Nous avons déjà

Soient sommés : 1° Me......., avoué de M...... (*nom, prénoms, profession du saisissant*), demeurant à......; 2° Me......, avoué de M..... (*nom, prénoms, profession du saisi*), demeurant à....., de comparaître le......, par-devant MM. les président et juges tenant l'audience des saisies immobilières du tribunal civil de [1]........, au palais de justice à....., heure de....., pour, attendu........ (*moyens*), voir dire et ordonner........ (*conclusions*), et s'entendre, en outre, condamner aux dépens de l'incident, qui seront passés en frais extraordinaires de poursuite et payés par privilège sur le prix des immeubles saisis, et dont distraction, etc. Dont acte.

Pour original (*ou* copie). (*Signature de l'avoué.*)
Signifié, laissé copie, etc.

---

614. Exploit d'ajournement *pour former une demande incidente contre une partie qui n'a pas d'avoué en cause*

CODE PR. CIV., art. 718.

L'an......., le......., à la requête de M....... (*nom, prénoms, profession*), demeurant à......., pour lequel domicile est élu à...., rue....., n°......, dans l'étude de Me....., avoué près le tribunal civil de......, lequel se constitue et occupera pour lui sur la présente assignation et ses suites, j'ai...... (*immatricule de l'huissier*), soussigné, donné assignation à M...... (*nom, prénoms, profession*

---

fait remarquer que les demandes en résolution et les contestations relatives au commandement, antérieures au procès-verbal (Voir *supra*, p. 517, note 1 et p. 593, note 2), ne tombent pas sous l'application de cet article. Voir aussi *J. Av.*, t. 74, p. 81, art. 619; Cass, 21 mars 1892 (D. P. 92.1.605; S. 92.1.384) et Limoges, 22 avril 1895 (Rec. Riom, 1894-95, p. 482).

Le débiteur qui excipe de saisies-arrêts faites entre ses mains, pour obtenir un sursis aux poursuites de saisie immobilière dirigées contre lui, ou pour faire prononcer la nullité de la saisie, forme une demande incidente. — Il en est de même du curateur à une succession vacante qui s'appuie, pour faire suspendre les poursuites en saisie immobilière contre la succession, sur ce qu'il est tenu, avant tout, d'en faire constater l'état par inventaire (*J. Av.*, t. 75, p. 3, art. 787, lettre A).

La demande en dommages-intérêts pour défaut de contenance, dirigée contre le vendeur d'un immeuble qui poursuit contre son acquéreur, par voie de saisie immobilière, le paiement du prix de la vente, ne constitue pas un incident qui puisse être proposé dans la forme voulue par l'art. 718 C. pr. civ., et qui doive l'être dans le délai prescrit par l'art. 728 du même Code (*J. Av.*, t. 74, p. 496, art. 754).

En matière de saisie immobilière, il n'y a point lieu à reprise d'instance (*Ibid.*, t. 76, p. 4, et t. 76, p. 468). Voir aussi *J. Av.*, t. 98, p. 310).

Mais la péremption peut être prononcée lorsque les poursuites (qu'il y ait eu ou non des incidents) ont été discontinuées pendant trois ans (*J. Av.*, t. 75, p. 4, art. 787, lettre c ; *Q.* 1410 *bis* et 2221).

Les demandes incidentes doivent être introduites contre le poursuivant et le saisi (*Q.* 2412 *ter* ; *Suppl. alphab.*, v° *Saisie immobilière*, n°s 1901 et 1903).

1. Le tribunal du lieu de la saisie est compétent pour connaître des demandes incidentes en matière de saisie immobilière (*Q.* 2412 *quinq.*; *Suppl. alphab.*, *verb. cit.*, n°s 1905, 1906).

de la partie qui n'a pas d'avoué), demeurant à......, audit domicile où étant et parlant à.....

A comparaître à huitaine franche (*sans augmentation de délai à raison des distances, si ce n'est dans le cas de l'art. 726 C. pr. civ.*), délai de la loi, et par ministère d'avoué, à l'audience et par-devant MM. les président et juges composant la chambre des saisies immobilières du tribunal civil de............, au palais de justice à....., heure de......, pour, attendu....... (*moyens*); Par ces motifs; voir dire et ordonner....... (*conclusions*), et s'entendre, en outre, condamner aux dépens qui seront passés en frais extraordinaires de poursuites et payés par privilège sur le prix des immeubles saisis.

Et je lui ai, audit domicile, parlant comme ci-dessus, laissé copie du présent, sous enveloppe, etc. Coût.......

(*Signature de l'huissier.*)

Remarque. — Sur cette assignation, il est constitué avoué, l'affaire est inscrite au rôle, et l'audience suivie par un simple avenir. Voir *supra*, p. 222, note 1.

615. Jugement *sur incident* [1].

CODE PR. CIV., art. 718.

Le tribunal, ouïs en leurs plaidoiries M^e....., avocat, assisté de M^e...., avoué de M..... (*demandeur*); M^e....., avocat, assisté de M^e......, avoué de M..... (*saisissant*); M^e..., avocat, assisté de M^e....., avoué de M..... (*saisi*);

Oui M. le procureur de la République, en ses conclusions [2];

Après en avoir délibéré conformément à la loi, jugeant publiquement et en premier (*ou* dernier) ressort [3];

Attendu..... (*motifs*);

Par ces motifs..... (*dispositif qui repousse ou accueille la demande incidente et statue sur les dépens liquidés*).

---

1. La forme des jugements sur incident est la forme ordinaire des jugements rendus en matière sommaire (*Q.* 2412 *sex.* ; *Suppl. alphab.*, v° *Saisie immobilière*, n° 1910 et s.).

On doit entendre par ces mots de l'art. 718 : *Seront instruites et jugées comme en matière sommaire*, que l'art. 405 doit être appliqué (*Q.* 2412 *oct.* ; *Suppl. alphab.*, *verb. cit.*, n°s 1914 et s.).

2. La nullité provenant de ce que le ministère public n'a pas été entendu est proposée sur l'appel, et, si le jugement n'est pas susceptible d'appel, par voie de requête civile (*Q.* 2412 *sept.*, et J. Av., t. 75, p. 5, art. 787, lettre F).

3. Voir *infra*, p. 650, les notes sur l'appel des jugements sur incident.

1° Jonction de saisies portant sur des biens différents.

616. Acte *pour demander la jonction de saisies immobilières de biens différents portées devant le même tribunal.*

CODE PR. CIV., art. 719.

A la requête de M...... [1] (*nom, prénoms, profession du saisi*), demeurant à....., ayant pour avoué Mᵉ........; soient sommés : 1° Mᵉ....., avoué de M......... (*nom, prénoms, profession du premier saisissant*), demeurant à.....; 2° Mᵉ......, avoué de M.... (*nom, prénoms, profession du second saisissant*), demeurant à......; de comparaître le........, à l'audience et par-devant MM. les président et juges tenant l'audience des saisies immobilières du tribunal civil de première instance de...., au palais de justice à........., heure de......., pour, attendu que, suivant procès-verbal de...., huissier à........, en date du......., enregistré, M........ a fait saisir une maison et dépendances (*ou tout autre immeuble*) située à....., appartenant au requérant; que cette saisie a été dénoncée par exploit de...., en date du......; attendu que M... a, suivant procès-verbal de........, en date du....., enregistré, fait procéder à la saisie d'une autre maison (*ou tout autre immeuble*) appartenant au requérant, située également à.......; et que cette saisie a été dénoncée dans les délais; attendu que M......... est premier saisissant sur M......, ainsi qu'il résulte de la comparaison des dates des deux procès-verbaux de saisie susénoncés ; que les biens saisis se trouvant situés dans le ressort du même tribunal, et les deux saisies étant portées devant les mêmes juges, elles doivent, aux termes de l'art. 719 C. pr. civ., être réunies et suivies par le premier saisissant [2];

Par ces motifs; voir dire et ordonner que la saisie pratiquée à la

---

1. La demande en jonction de deux saisies est facultative ; les juges ne peuvent pas ordonner d'office cette jonction (Q. 2413 ; *Suppl. alphab.*, v° *Saisie immobilière*, n°ˢ 1318; *J. Av.*, t. 75, p. 5, art. 787, lettre A).
À toute partie intéressée appartient la faculté de former cette demande, c'est-à-dire aux saisissants, au saisi et aux créanciers, même non inscrits. — Le saisi doit être mis en cause, et le jugement qui intervient doit lui être signifié (Q. 2413 *bis*; *Suppl. alphab.*, *verb. cit.*, n°ˢ 1321 et s.). Voir cependant *J. Av.*, t. 75, p. 5, art. 787, lettre B).
On ne peut plus former la demande en jonction lorsque le cahier des charges concernant soit la première, soit la deuxième saisie, a été déposé au greffe; chacune des saisies est alors poursuivie séparément (Q. 2413 *quat.*; *Suppl. alphab.*, *verb. cit.*, n° 1327).
2. C'est à celui dont la saisie a été la première transcrite au bureau des hypothèques qu'appartient, comme premier saisissant, la poursuite des saisies jointes, et il doit, si les deux saisies réunies ne sont pas au même état, mener la moins avancée au même point que l'autre, pour les confondre dans une seule procédure (Q. 2413 *quinq.*; *Suppl. alphab.*, *Saisie immobilière*, n°ˢ 1328, 1329).
Il ne peut y avoir concurrence, dans le sens de l'art. 719, entre les saisissants, qu'autant que les deux saisies ont été présentées en même temps au conservateur (*J. Av.*, t. 73, p. 198, art. 399, lettre E).

requête de M......, le......, sera jointe à la saisie pratiquée à la requête de M......, le......, pour être par M..... suivi sur les deux saisies jointes par une seule et même procédure ; voir, en conséquence, ordonner que M...... sera tenu, dans les trois jours de la signification du jugement à intervenir, de remettre à M......, sur le récépissé de M^e....., son avoué, les pièces de la procédure par lui faite jusqu'à ce jour, sous peine de tous dommages-intérêts ; et, en cas de contestation, s'entendre condamner aux dépens, que les défendeurs ne pourront employer en frais privilégiés de poursuites, et dont distraction sera prononcée au profit de M^e....., avoué, etc. Dont acte.

Pour original (ou copie)............ (*Signature de l'avoué.*)

Signifié, donné copie, etc.

Remarque. — Lorsque la demande est formée par un créancier, et que le saisi n'a pas d'avoué constitué, il est mis en cause par un exploit (Voir *supra*, formule n° 614). Dans tous les cas où ce n'est pas le saisi qui demande la jonction, on conclut à ce que les dépens soient employés en frais privilégiés de poursuite.

---

617. Jugement *qui prononce la jonction des deux saisies.*

CODE PR. CIV., art. 719.

Ce jugement[1], rédigé comme la formule supra, n° 615, accueille les conclusions du simple acte qui précède.

2° Saisie plus ample.

618. Dénonciation *d'une saisie plus ample au premier saisissant.*

CODE PR. CIV. art. 720.

A la requête de M...... (*nom, prénoms, profession*), demeurant à......, ayant pour avoué M^e.......; soit signifié, dénoncé[2] et en

---

[1]. Il est signifié à l'avoué du saisi, et, s'il n'en a pas constitué, à personne ou domicile (Q. 2413 *bis* ; *Suppl. alphab.*, v° *Saisie immobilière*, n°^{s} 1321, 1322). Voir *supra*, p. 272, formules n° 312 et 313.

[2]. La dénonciation de la deuxième saisie au premier saisissant se fait par acte d'avoué à avoué ; elle a lieu par exploit si l'avoué du premier saisissant est décédé, suspendu ou démissionnaire (Q. 2414 *quinq.*; *Suppl. alphab.*, *verb. cit.*, n° 1347).

La loi ne fixe pas de délai précis pour cette dénonciation ; seulement, si elle a lieu tardivement, les frais résultant du retard sont à la charge du dénonçant (Q. 2414 *sex.* ; *Suppl. alphab.*, v° *Saisie immobilière*, n°^{s} 1348, 1349).

tête [de celle] des présentes donné copie à M⁰...., avoué de M....
(*nom, prénoms, profession, domicile du premier saisissant*) 1° d'un
procès-verbal de..., huissier à..., en date du..., enregistré, fait à
la requête de M...., et contenant saisie de.... (*désignation des
immeubles*), appartenant à M.......; ledit procès-verbal visé,
enregistré, dénoncé dans les délais, et transcrit au bureau des hypothèques de....., en ce qui concerne seulement le.......[1], à cause
de l'existence sur le registre du conservateur de la transcription
d'une précédente saisie de partie des mêmes immeubles, pratiquée
à la requête de M......, par procès-verbal de......., huissier,
en date du........; 2° de la mention de la transcription susénoncée
faite audit bureau, le......., vol......, n°.......; soit, en conséquence, sommé M......., conformément à l'art. 720 C. pr. civ.,
de se mettre en état de poursuivre sur les deux saisies, réunies
de droit[2]; lui déclarant que, faute par lui d'obéir à la présente
sommation, le requérant se pourvoira en subrogation, en vertu des
dispositions de l'art. 721 du même code. Dont acte.

Pour original (*ou copie*).   (*Signature de l'avoué.*)
Signifié, donné copie, etc.

Remarque. — Le saisi, ayant le plus grand intérêt à la régularité
et à l'économie des poursuites, doit être averti de l'incident par un
simple acte s'il a un avoué, par un exploit s'il n'en a pas, dans lequel
on lui déclare que, par acte de tel jour, la seconde saisie a été
dénoncée au premier saisissant avec sommation de se mettre en
mesure de joindre ces deux saisies afin de les comprendre dans une
seule poursuite.

---

1. La seconde saisie étant plus ample que la première, la transcription, qui doit être effectuée dans les délais, ne peut avoir lieu que pour les objets nouveaux (*Q.* 2414; *Suppl. alphab., verb. cit.*, n° 1330). — Voir *J. Av.*, t. 103, p. 218.

2. La jonction des saisies a lieu sans distinction, dans tous les cas où il existe deux saisies des mêmes biens, dont l'une est plus ample que l'autre (*Q.* 2414 *bis*; *Suppl. alphab., verb. cit.*, n° 1331 et s.), pourvu que la seconde soit faite avant le dépôt du cahier des charges de la première; car, après, la jonction peut être ordonnée ou refusée par le tribunal (*Q.* 2414 *quater*; *Suppl. alphab., verb. cit.*, n°s 1340 et s.).

La jonction, avant le dépôt du cahier des charges, est nécessaire, forcée; elle ne doit pas être demandée. Toute procédure pour la faire prononcer serait frustratoire. Mais il ne faut pas induire de ce principe que les poursuites continuées par le premier saisissant, sans se préoccuper de la seconde saisie dénoncée, soient nulles. Dans ce cas seulement, le second saisissant pourra obtenir la subrogation contre le premier, qui sera condamné aux dépens (*Q.* 2414 *ter*, et *J. Av.*, t. 75, p. 6, art. 787, lettre A). Voir *infra* formule n° 622.

Bien que l'une des saisies comporte une quantité suffisante de biens pour acquitter toutes les créances en principal, intérêts et frais, le tribunal n'est pas autorisé à surseoir à l'une des poursuites (*Q.* 2414 *oct.*; *Suppl. alphab.*, v° *Saisie immobilière*, n°s 1352 et s.).

3° Extension de la saisie à tous les biens dépendant d'une même exploitation.

619. Acte *pour faire comprendre dans l'adjudication des biens dépendant d'une même exploitation, lorsqu'une partie seulement de ces biens a été saisie.*

CODE PR. CIV., art. 743.

A la requête de M... (*nom, prénoms, profession du saisi*), demeurant à....., ayant pour avoué M^e......, soit sommé M^e....., avoué de M.... (*nom, prénoms, profession du saisissant*), demeurant à............, de comparaître le........., à l'audience et par-devant MM. les président et juges tenant l'audience des saisies immobilières du tribunal civil de..., au palais de justice, à......., heure de......, pour, attendu que, par procès-verbal du....., M..... a fait procéder, sur le requérant, à la saisie de..... (*désigner les immeubles*), situés à......; mais que dans cette saisie ne sont pas compris les biens ci-après décrits, qui font cependant partie de la même exploitation, savoir : 1°..... (*énonciation précise de chacune des parties omises*) ; 2°....., etc.; Par ces motifs ; voir dire et ordonner, conformément à l'art. 743 C. pr. civ., que les biens non saisis seront compris dans la poursuite faite à la requête de M........, et adjugés avec ceux qui font l'objet du procès-verbal de saisie, et s'entendre M....., en cas de contestation, condamner personnellement aux dépens dont distraction sera prononcée au profit de M^e......, qui affirme en avoir fait l'avance. Dont acte.

Pour original (*ou copie.*)   (*Signature de l'avoué.*)
Signifié, donné copie, etc.

Remarque. — Sur cet acte, il intervient un jugement qui accueille ou repousse les conclusions du saisi (Voir *supra*, formule n° 615).

4° Demandes en radiation.

620. Acte *pour faire prononcer la radiation d'une saisie dont la transcription, qui n'a été suivie d'aucun acte, empêche un saisissant postérieur de poursuivre*[1].

CODE PR. CIV., art. 680.

A la requête de M...... (*nom, prénoms, profession*), demeurant

---

[1]. Cet acte se signifie lorsque, dans l'ignorance d'une précédente saisie dont aucun acte récent n'est venu révéler l'existence, un créancier a fait pratiquer une saisie immobilière, que le conservateur refuse de transcrire à cause de la trans-

à........, ayant pour avoué M^e....; soient sommés : 1° M^e....., avoué de M...... (*nom, prénoms, profession du premier saisissant*), demeurant à.......; 2° M^e..., avoué de M... (*nom, prénoms, profession du saisi*), demeurant à..., de comparaître le..., heure de..., à l'audience et par-devant MM. les président et juges composant la chambre des saisies immobilières du tribunal civil de première instance de........, au palais de justice, à........, pour, attendu que, par procès-verbal du....., M....... (*premier saisissant*) a fait procéder, au préjudice de M.......... (*nom, prénoms, profession du saisi*), demeurant à......, à la saisie de... (*indication et situation de l'immeuble*), laquelle saisie a été transcrite au bureau des hypothèques de..., le..., vol..., n°......; attendu que, de son côté, le requérant a fait procéder le......., à la saisie du même immeuble, et que, lorsque cette seconde saisie a été présentée à la transcription, M. le conservateur a refusé de la transcrire à cause de l'existence sur ses registres de la précédente saisie, faite au nom de M.........; mais attendu que, depuis cette transcription, ce dernier n'a fait aucun acte de poursuite; que cette inaction ne peut s'expliquer que par une renonciation complète au bénéfice de la saisie; que, dans ces circonstances, il importe au requérant d'en obtenir mainlevée, et d'en faire opérer la radiation, afin de pouvoir donner suite à la sienne; Par ces motifs; voir prononcer la mainlevée de ladite saisie, ordonner sa radiation, et s'entendre, en outre, condamner aux dépens, qui, dans tous les cas, seront

---

cription sur ses registres de la précédente saisie, abandonnée depuis l'accomplissement de cette formalité. Dans cette hypothèse, en effet, le second saisissant n'a aucun intérêt à agir par voie de subrogation, puisque sa poursuite est aussi avancée que celle du premier saisissant. Il en est autrement si l'interruption de la poursuite a eu lieu à une époque postérieure, la subrogation est alors le seul moyen légal de continuer les poursuites.

C'est à ce mode de procéder que doit également recourir le créancier saisissant qui, avant la sommation aux créanciers inscrits, ayant obtenu le paiement des termes échus de sa créance, a consenti à la mainlevée de la saisie, et qui, plus tard, de nouveaux termes étant venus à échéance, veut en poursuivre le paiement, et apprend que sa première saisie n'a pas été rayée, le débiteur ayant négligé de faire remplir cette formalité. Dans cette situation, ce créancier ne peut pas se faire subroger à la poursuite dont il a donné mainlevée, et qui, à son égard, n'existe plus, malgré la transcription sur les registres du conservateur. Il doit faire saisir de nouveau, et, sur le refus de transcrire cette seconde saisie, appeler son débiteur pour voir ordonner la radiation de la première (*J. Av.*, t. 75, p. 430, art. 896).

C'est encore cette voie que doit suivre un créancier second saisissant, lorsqu'un jugement ordonnant la radiation de la première saisie n'a pas été exécuté. Si, dans l'ignorance de ce jugement, ce créancier a demandé la subrogation, sa demande ne doit pas être rejetée purement et simplement. Le tribunal doit, dans ce cas, ne pas prononcer la subrogation, mais autoriser le demandeur à faire opérer la radiation de la première saisie et à continuer sur la seconde, en mettant les frais de l'incident à la charge du débiteur, dont la négligence a laissé subsister la première saisie. Ses frais sont employés comme frais extraordinaires de poursuite (*J. Av.*, t. 75, p. 9, art. 787, lettre D).

Voir aussi *Suppl. alphab.*, v° *Saisie immobilière*, n°s 1395 et s.

employés en frais privilégiés de poursuite et dont distraction, etc. Dont acte.

Pour original (*ou* copie).   (*Signature de l'avoué.*)
Signifié, donné copie, etc.

Remarque. — Si l'avoué du premier saisissant était décédé, suspendu ou avait cessé ses fonctions, la demande devrait être introduite par exploit (Voir *supra*, formule n° 614).

Dans la pratique, avant de donner avenir à l'avoué du premier saisissant, on lui fait notifier une sommation, motivée comme l'acte qui précède, d'avoir, dans les trois jours, à justifier de la radiation de la saisie, et ce n'est qu'après l'expiration de ce délai qu'on poursuit jugement. Cet acte n'est pas rigoureusement prescrit, mais il a pour effet de constituer le premier saisissant en demeure, et il doit passer en taxe.

---

621. Jugement *qui ordonne la radiation de la première saisie.*

Le tribunal, ouï, etc. (Voir *supra*, formule n° 615);

Attendu que M....... a fait procéder à une saisie immobilière au préjudice de M........, par procès-verbal du......., transcrit au bureau des hypothèques de......, le....., vol......, n°........; attendu que M...... a aussi fait procéder à la saisie des mêmes immeubles sur le même débiteur, le......; attendu que, présentée au bureau des hypothèques, le......., le conservateur s'est refusé à la transcription de cette seconde saisie, vu la transcription de la première; attendu que la saisie faite par M..... n'a été suivie d'aucune formalité, parce que...... (*motif*); qu'il y a donc lieu de faire droit à la demande de M.....;

Par ces motifs; déclare nulle et de nul effet la saisie immobilière faite par M......, transcrite au bureau des hypothèques de......, le......., vol......, n°......; ordonne, en conséquence, que, par le conservateur dudit bureau, il sera procédé à la radiation de ladite saisie et à la transcription de celle faite à la requête de M...., le....; condamne M.... envers toutes parties aux dépens, liquidés à....., qui seront employés comme frais extraordinaires de poursuite, et dont distraction est prononcée en faveur de M^e........, etc.

Remarque. — Ce jugement est levé et signifié à avoué (Voir *supra*, formule n° 312). Le demandeur obtient du greffier un certificat constatant que ce jugement n'a été l'objet d'aucune opposition, ni d'aucun appel (Voir *supra*, formule n° 456), et, sur la production du jugement, de ce certificat et de celui de l'avoué constatant que le jugement a été signifié, le conservateur opère la radiation par une mention marginale à côté de la transcription, et en délivre un certificat ainsi conçu:

Le conservateur, soussigné, atteste que la saisie immobilière faite à

la requête de M... (noms, profession), *demeurant à........, contre* M..... (noms, profession), *demeurant à......, transcrite le.....,* col....., n°......, *a été radiée aujourd'hui, en vertu d'un jugement du tribunal civil de...., en date du......, signifié à avoué le......, et qui n'a été l'objet d'aucun recours. Reçu....*
A......, *le........*
(*Signature du conservateur.*)

5° Subrogation.

622. Simple acte *pour demander la subrogation lorsque le premier saisissant n'a pas compris dans ses poursuites la saisie plus ample qui lui a été dénoncée.*

CODE PR. CIV., art. 721.

A la requête de M...... (*nom, prénoms, profession*), demeurant à........[1], ayant pour avoué M^e......, soient sommés [2] : 1° M^e....,. avoué de M... . (*nom, prénoms, profession, domicile du premier saisissant*); 2° M^e......, avoué de M...... (*nom, prénoms, profession,.*

---

1. Le droit de demander la subrogation n'appartient pas seulement à un créancier second ou ultérieur saisissant, il peut aussi être invoqué par tout créancier inscrit, quelle que soit la date de son inscription : Cass., 21 février 1906 (*J. Av.,* t. 131, p. 93), par exemple par un avoué, créancier inscrit pour frais accessoires à la créance qui sert de base à la saisie : Paris, 10 déc. 1850 (*J. Av.*, t. 76, p. 82, art. 1006)—ou non inscrit : Cass., 12 août 1844 (*J. Av.*, t. 68, p. 95), porteur d'un titre exécutoire, car se faire subroger c'est prendre le rôle de poursuivant, et une saisie immobilière ne peut être exercée qu'en vertu d'un titre exécutoire. Un créancier peut aussi la demander au nom de son débiteur, créancier inscrit sur l'immeuble saisi, conformément aux dispositions de l'art. 1166 C. civ. Voir aussi Bordeaux, 11 juill. 1899 (*J. Av.*, t. 125, p. 256) ; Riom, 8 juin 1900 (*Ibid.*, p. 350); Boitard, Colmet-Dâage et Glasson, t. 2, p. 986; *Q.* 2416 *ter* ; *Suppl. alphab.*, v° *Saisie immobilière*, n°s 1362 et s.
Le créancier second saisissant qui avait donné mainlevée conditionnelle de sa saisie n'a pas perdu le droit de demander la subrogation aux poursuites commencées par le premier saisissant lorsque la condition à laquelle il avait subordonné sa mainlevée ne se trouve pas remplie. Paris, 30 novembre 1903, précité.
On admet même que le poursuivant originaire qui, ayant abandonné les poursuites pendant quelque temps, veut les reprendre peut demander contre lui-même la subrogation dans les poursuites. Bordeaux, 11 juill. 1899 précité.
2. La demande en subrogation doit être signifiée à la partie saisie et au poursuivant à peine de nullité (*Q.* 2415 *bis* et 2416 *quat.*, et *Suppl. alphab.*, v° *Saisie immobilière*, n°s 1386 et s., 1390 et s.); Cass., 19 février 1853 (D. P. 53.1.12); Bastia, 2 décembre 1859 (D. P. 62.2.145). Suivant une opinion, la mise en cause de la partie saisie n'est même pas nécessaire et il suffit de lui dénoncer la demande en subrogation pour qu'elle intervienne si elle juge y avoir intérêt. Riom, 12 août 1844 (*J. Av.*, t. 68, p. 99) ; Glasson et Colmet-Daâge, t. 2, p. 335.
Le saisi doit être appelé par exploit lorsqu'il n'a pas constitué d'avoué, et s'il ne comparaît pas il doit être prononcé un défaut profit-joint (*J. Av.*, t. 75, p. 10, art. 787, lettre B). Il n'est pas nécessaire de notifier la demande en subrogation aux créanciers inscrits. Paris, 30 novembre 1903, précité.

domicile du saisi), de comparaître le........, à l'audience et pardevant MM. les président et juges composant la chambre des saisies immobilières du tribunal civil de....., au palais de justice à....., heure de....., pour, attendu que, par acte du palais en date du..., le requérant a dénoncé à M... la saisie par lui faite des......... (*énoncer les immeubles saisis*), situés à....., au préjudice de M..., par procès-verbal de......, en date du......, visé, enregistré et transcrit pour les objets non compris dans la saisie de M........; attendu que, depuis cette dénonciation, M....... a continué les actes de la procédure faite originairement à sa requête, mais n'a donné aucune suite à la saisie du requérant, réunie de droit[1] à la première, aux termes de l'art. 720 C. pr. civ.; que, dans ces conditions, le requérant est fondé à se faire subroger au susnommé dans la poursuite desdites saisies; Par ces motifs; voir dire et ordonner que le requérant sera et demeurera subrogé au susnommé dans la poursuite des deux saisies dont il s'agit, pour surseoir à la première, et suivre sur la deuxième jusqu'à ce que, les deux saisies étant au même degré, il soit procédé sur les deux par une seule poursuite; voir, en conséquence, ordonner que, dans les vingt-quatre heures de la signification du jugement à intervenir, le susnommé sera tenu, sous peine de vingt francs de dommages-intérêts par chaque jour de retard, de remettre au requérant, sur récépissé, toutes les pièces de la procédure par lui faite jusqu'à ce jour, et s'entendre en outre condamner aux dépens de l'incident, que le requérant sera, dans tous les cas, autorisé à employer comme frais privilégiés de poursuite, et dont distraction, etc. Dont acte.

Pour original (*ou* copie.)　　　　　(*Signature de l'avoué.*)
Signifié, laissé copie.

---

623. Conclusions *en réponse à la demande en subrogation.*
CODE PR. CIV., art. 721.

A MM. les président et juges tenant l'audience des saisies immobilières du tribunal civil de première instance de......

CONCLUSIONS

Pour M...... (*nom, prénoms, profession*), demeurant à........,

---

1. Le second saisissant peut demander la subrogation, lorsque le premier saisissant est en faute de n'avoir pas poursuivi sur la deuxième saisie à lui dénoncée. Voir *supra*, p. 608, note 2.
Le premier saisissant peut être constitué en faute de n'avoir pas poursuivi sur la deuxième saisie, si, depuis la dénonciation de cette saisie, il fait un nouvel acte sur la sienne sans commencer les poursuites sur la seconde (Q. 2415 *quat.*).
Du reste, le tribunal apprécie s'il y a faute ou non de la part du premier saisissant (Q. 2415 *ter*; *Suppl. alphab.*, v° *Saisie immobilière*, n°s 1392 et s.).

créancier premier saisissant sur M....[1], défendeur à la demande en subrogation, ayant pour avoué M^e.....;

Contre M...... (*nom, prénoms, profession*), demeurant à......., créancier saisissant sur M....., demandeur en subrogation, ayant pour avoué M^e......;

En présence de M... (*nom, prénoms, profession*), demeurant à...., partie saisie, ayant pour avoué M^e.....;

PLAISE AU TRIBUNAL

Attendu que le concluant n'a apporté aucune négligence dans la poursuite de la saisie immobilière pratiquée à sa requête sur la maison sise à......., appartenant à M.....; qu'en effet.......... (*exposer les causes légitimes du retard, s'il y en a eu, ou établir qu'il n'y a point eu de retard*); Par ces motifs ; sans s'arrêter ni avoir égard à la demande en subrogation dans la poursuite de saisie immobilière formée par M....., dans laquelle il sera déclaré non recevable, en tous cas mal fondé, ordonner qu'il sera passé outre à la poursuite de saisie immobilière, commencée par le concluant, de l'immeuble susénoncé, suivant procès-verbal en date du....., enregistré ; et condamner M....., personnellement, aux dépens de l'incident, que le concluant pourra, en tous cas, employer en frais privilégiés de poursuite, dont distraction, etc.

Pour original (*ou copie*).   (*Signature de l'avoué.*)

Signifié, donné copie, etc.

Remarque. — En variant les motifs de la formule qui précède, on la rend applicable à tous les cas de subrogation.

---

624. Commandement *au débiteur saisi, notifié à la requête d'un créancier non inscrit, ou dont l'inscription est postérieure à la sommation de l'art. 692, avant de demander la subrogation* [2].

L'an....., le....., en vertu de la grosse dûment en forme exécutoire d'un... (*indiquer le titre*) ; et à la requête de M...... (*nom,*

---

1. Le saisi peut se prévaloir de l'inobservation des délais, pour faire annuler les actes tardifs et empêcher ainsi la subrogation à une poursuite nulle (Q. 2416 oct.; *Suppl. alphab.*, v° *Saisie immobilière*, n°s 1421 et s.).

2. Les créanciers inscrits devenus parties dans la saisie depuis la sommation de l'art. 692 n'ont besoin d'aucun commandement préalable pour continuer une procédure qui leur est commune. — Quant aux autres, ils doivent mettre le saisi en demeure de payer (*J. Av.*, t. 75, p. 431, art. 896).

Mais lorsque, avant la notification de l'art. 692, le créancier poursuivant a donné mainlevée de la saisie pratiquée à sa requête, un créancier saisissant postérieur ne peut se faire subroger dans l'effet de cette première saisie. Et ce second saisissant ne peut utilement faire défense au premier saisissant de donner mainlevée de sa saisie ; une telle défense est inopérante. Trib. civ. d'Arras, 21 déc. 1898 (*J. Av.*, t. 124, p. 227). — Voir dans le même sens, Paris, 13 mars 1852 (D. P. 52.1.674) ; Grenoble, 1er fév. 1868 (S. 69.2.167).

prénoms, profession), demeurant à....., pour lequel domicile est élu dans l'étude de M^e....., avoué près le tribunal civil de....., y demeurant, rue....., n°....., j'ai..... (*immatricule de l'huissier*), soussigné, fait commandement à M..... (*nom, prénoms, profession*), demeurant à......, en son domicile, où étant et parlant à......, de payer au requérant, dans vingt-quatre heures pour tout délai, ou à moi, huissier, porteur des pièces, ayant charge de recevoir et pouvoir de donner bonne et valable quittance, la somme de..., montant de....., ainsi qu'il résulte de l'acte dont copie précède [celle des présentes]; lui déclarant que, faute par lui de satisfaire au présent commandement dans le délai indiqué, il y sera contraint par toutes voies et moyens de droit, et notamment, par voie de subrogation aux poursuites de saisie immobilière dirigées sur......... (*indiquer l'immeuble*), lui appartenant, à la requête de M........ (*nom, prénoms, profession, domicile*), ainsi qu'il résulte d'un procès-verbal en date du....., transcrit au bureau des hypothèques de....., le....., vol....., n°.....; sous toutes réserves. A ce qu'il n'en ignore.

Et je lui ai, audit domicile, parlant comme ci-dessus, laissé copie du présent, sous enveloppe, etc. Coût.....

(*Signature de l'huissier.*)

---

625. Sommation *au poursuivant de déclarer l'état de la poursuite et de la continuer sous peine de subrogation.*

A la requête de M............ (*nom, prénoms, profession*), demeurant à........., ayant pour avoué M^e.......; soit sommé M^e........, avoué de M... (*nom, prénoms, profession, domicile du saisissant*); de, dans vingt-quatre heures pour tout délai, faire connaître au requérant l'état des poursuites de saisie immobilière de............ (*désigner l'immeuble*), dirigées au nom de M....., contre M... (*nom, prénoms, profession*), demeurant à..., ainsi qu'il résulte d'un procès-verbal en date du..., visé, enregistré, dénoncé et transcrit au bureau des hypothèques de..., le..., vol..., n°..., et de continuer la procédure commencée, s'il l'a suspendue; lui déclarant que, faute de satisfaire à la présente sommation, le requérant, en sa qualité de créancier inscrit sur l'immeuble saisi (*ou chirographaire de M........*), en vertu de......... (*énonciation du titre authentique*), enregistré, interprétera son silence dans le sens d'un abandon de la procédure, et se pourvoira en subrogation, conformément à l'art. 722 C. pr. civ. Dont acte.

Pour original (*ou* copie).   (*Signature de l'avoué.*)
Signifié, donné copie, etc.

Remarque. — Cette sommation est inutile, lorsque le créancier s'est déjà fait connaître de toute autre manière, et qu'il a figuré dans la poursuite.

626. Demande *en subrogation en cas de négligence du poursuivant.*

CODE *PR. CIV.*, art. 722.

A la requête de M...... [1] (*nom, prénoms, profession*), demeurant à........., ayant pour avoué M^e........., soient sommés : 1° M^e............, avoué de M......... (*nom, prénoms, profession, domicile du saisissant*) ; 2° M^e..........., avoué de M... (*nom, prénoms, profession, domicile du saisi*) ; de comparaître le..., à l'audience et par-devant MM. les président et juges composant la chambre des saisies immobilières du tribunal civil de........ au palais de justice à..........., heure de......, pour, attendu que M.......... a, par procès-verbal de........., huissier, en date du........, transcrit au bureau des hypothèques de.... le......, vol............, n°..........., fait procéder à la saisie de........... (*désigner les immeubles*), appartenant à M........ ; attendu qu'après avoir continué ses poursuites jusqu'à........... (*indiquer le dernier acte fait au nom du poursuivant*), M........... a suspendu la procédure, et a laissé expirer les délais accordés par la loi sans les utiliser ; que ce fait constitue de sa part une négligence [2] qui, en l'absence même de toute faute ou collusion, donne ouverture, d'après l'art. 722 C. pr. civ., à l'exercice du droit de subrogation, au profit de tout créancier intéressé à ce que les poursuites soient mises à fin ; attendu que le requérant est créancier inscrit sur les immeubles saisis, en vertu de.......... (*énoncer le jugement ou l'acte authentique*) [*ou bien* créancier chirographaire de M................, en vertu de.......... (*énoncer le titre exécutoire*)], enregistré ; attendu que M......... est demeuré dans l'inaction, malgré la sommation qui lui a été faite le... ; au nom

---

1. Si la demande en subrogation est formée, le même jour, par plusieurs créanciers inscrits, la poursuite appartient à celui qui a le titre le plus ancien, et, si les titres sont de la même date, à l'avoué le plus ancien (Q. 2415 *quinq.*; *Suppl. alphab.*, v° *Saisie immobilière*, n°^s 1388 et s.).
2. La demande en subrogation peut être formée en appel, lorsque la négligence se produit dans l'instance suivie devant la Cour (Q. 2416 *quinq.*; *Suppl. alphab.*, verb. cit., n° 1412).
La simple négligence du poursuivant à faire les actes nécessaires de la procédure de saisie suffit, sans qu'il soit nécessaire qu'il ait été de mauvaise foi et ait eu l'intention de nuire aux autres créanciers, pour que la subrogation puisse être prononcée contre lui. Paris, 30 novembre 1903 (*J. Av.*, t. 129, p. 105).
Les tribunaux apprécient dans quels cas il y a négligence (Q. 2416 *bis*; *Suppl. alphab.*, verb. cit., n°^s 1403 et suiv.).
L'art. 722 n'est pas limitatif. Tout fait particulier au poursuivant qui arrête les poursuites peut légitimer une demande en subrogation.
Mais la demande doit être rejetée, s'il résulte des faits et des actes du procès que le retard doit être imputé à une action incidente formée par un tiers (*J. Av.*, t. 75, p. 8, art. 787, lettre B).

du requérant, enregistrée, avec énonciation des titres constatant sa qualité ;

Par ces motifs ; voir dire et ordonner que le requérant sera subrogé à M........ dans la poursuite de saisie immobilière dont il s'agit ; qu'en conséquence, M............ sera tenu, sous peine de vingt francs de dommages-intérêts par chaque jour de retard, de remettre au requérant, sur son récépissé, dans les vingt-quatre heures du jugement à intervenir, les pièces de la poursuite, et s'entendre, en outre, condamner aux dépens de l'incident, que M.......... sera, dans tous les cas, autorisé à employer comme frais privilégiés de poursuite, et dont distraction, etc.

Pour original (ou copie). *(Signature de l'avoué.)*

Signifié, donné copie, etc.

Remarque. — La demande en subrogation, en cas de fraude ou collusion [1], est formée comme celle qui précède. Quand la demande est uniquement fondée sur la négligence du poursuivant, le jugement est rendu en dernier ressort, tandis qu'il en est autrement si l'on s'est fondé sur la collusion ou la fraude [2] ; il est donc important, lorsqu'il n'y a aucun fait de fraude ou de collusion, de ne pas ajouter ces expressions.

---

627. Acte *pour demander la subrogation à des poursuites en partie frappées de nullité.*

A la requête de M......... *(nom, prénoms, profession)*, demeurant à.........., ayant pour avoué M^e..........; soient sommés : 1° M^e......, avoué de M.......... *(nom, prénoms, profession, domicile du saisissant)*; 2° M^e.........., avoué de M...... *(nom, prénoms, profession, domicile du saisi)* ; de comparaître le......., à l'audience et par-devant MM. les président et juges composant la chambre des saisies immobilières du tribunal civil de.........., au palais de justice à.........., heure de......., pour, attendu que M.......... a, par procès-verbal de.........., huissier, en date du......., transcrit au bureau des hypothèques de.......... le.........., vol.........., n°.........., fait procéder à la saisie de.......... *(désigner les immeubles)*, appartenant à M..........; attendu que M.......... a continué ses poursuites jusqu'à.......... *(indiquer le dernier acte fait au nom du poursuivant)*, et que, depuis, il a suspendu la procédure et a laissé expirer les délais accordés par

---

1. C'est aux juges d'apprécier quels faits constituent la collusion ou la fraude (Q. 2416 *bis* ; *Suppl. alphab.*, verb. cit., n°s 1403 et s.).
2. Jugé notamment que le jugement qui statue sur une demande en subrogation est susceptible d'appel, bien que qualifié en dernier ressort par les juges qui l'ont rendu, lorsque la demande en subrogation s'appuyait sur une allégation de collusion ou de fraude. Paris, 30 novembre 1903, précité.

la loi, sans les utiliser; que ce fait constitue une négligence qui, en l'absence même de toute fraude ou collusion, donne ouverture, d'après l'art. 722 C. pr. civ., à l'exercice du droit de subrogation au profit de tout créancier intéressé à ce que les poursuites soient mises à fin ; attendu que le requérant est créancier inscrit sur les immeubles saisis, en vertu de....... (*énoncer le jugement ou l'acte authentique, ou bien* créancier chirographaire de M......, en vertu de.......... *énoncer le titre exécutoire*), enregistré ; attendu que M......... est demeuré dans l'inaction, malgré la sommation qui lui a été faite le........., au nom du requérant, enregistrée, avec énonciation des titres constatant sa qualité; mais attendu que l'examen des actes de la procédure faite au nom de M........ prouve que........ (*tel acte*) est entaché de nullité, parce que.......... (*motifs de la nullité*), qu'il y a donc lieu de faire prononcer l'annulation de cet acte et de ceux qui l'ont suivi, afin que la subrogation demandée n'embrasse que la procédure régulière, et que le subrogé reprenne les poursuites seulement à partir de..... (*énoncer l'acte*), dernier acte valable ;

Par ces motifs ; voir déclarer.......... (*tel acte*), et tout ce qui l'a suivi, nul et comme non avenu ; voir dire et ordonner que le requérant sera subrogé à M....... dans la poursuite de saisie immobilière dont il s'agit, à partir de......., dernier acte valable; qu'en conséquence, M......... sera tenu, sous peine de vingt francs de dommages-intérêts par chaque jour de retard, de remettre au requérant, sur son récépissé, dans les vingt-quatre heures du jugement à intervenir, les pièces de la poursuite; s'entendre, en outre, condamner personnellement aux frais de la procédure annulée, et aux dépens [1] de l'incident, que le requérant sera dans tous les cas, etc. (Voir *la formule précédente*). Dont acte.

Pour original (*ou* copie).　　　　(*Signature de l'avoué*.)
Signifié, laissé copie.

---

1. Si le demandeur en subrogation succombe, les frais exposés par le poursuivant pour résister à la demande peuvent être réunis, comme privilégiés, aux autres frais de poursuite, sauf aux créanciers sur lesquels les fonds manqueraient, ou au saisi, à poursuivre le demandeur en subrogation pour obtenir sur ses biens personnels le paiement des frais qui ont été supportés par la masse. — Il en est de même des frais du demandeur lorsque c'est le poursuivant qui a succombé (Q. 2417 ; *Suppl. alphab.*, v° *Saisie immobilière*, n°s 1438 et s.).

Dans son second paragraphe, l'art. 723 indique que le poursuivant qui succombe ne peut pas immédiatement réclamer au subrogé les frais de la poursuite qu'il a dirigée. Il est obligé d'attendre l'adjudication (Q. 2417 *quat*.; *Suppl. alphab.*, *verb. cit.*, n° 1448).

Les dépens occasionnés par l'incident doivent toujours être alloués comme frais de poursuite, lorsque la procédure n'a été délaissée que parce que le poursuivant a été désintéressé (*J. Av.*, t. 75, p. 10, art. 788, lettre B, et p. 106, 142, art. 821, 834).

Lorsque, dans l'ignorance de l'existence de trois jugements qui ont prononcé chacun un sursis d'une année aux poursuites, un créancier, dont l'inscription est postérieure à la sommation faite aux créanciers, en vertu de l'art. 692, forme une

Remarque. — Il peut arriver qu'au moment où la subrogation est demandée le créancier ignore les causes de nullité qui frappent la poursuite. Dans ce cas, il fait signifier l'acte, *supra*, formule n° 626, qui contient des réserves expresses à ce sujet, réserves qu'il est toujours prudent d'insérer dans le simple acte, et de faire insérer dans le jugement. — Si, au moment de la demande, la nullité est connue, il fait signifier l'acte dont la formule précède. Lorsque la nullité n'est connue qu'après la signification de la demande et avant le jugement, le demandeur prend des conclusions pour faire statuer spécialement sur la nullité signalée. — Ces conclusions, rédigées comme la formule *supra*, n° 623, reproduisent les moyens de la formule précédente. Lorsqu'enfin la nullité n'est révélée que par l'examen des actes de la poursuite remis par le saisissant, la demande en nullité, réservée par le jugement de subrogation, forme l'objet d'un incident particulier introduit par un simple acte reproduisant le libellé de la formule précédente.

---

628. Jugement *sur la demande en subrogation* [1]

Code *PR. CIV.*, art. 723.

Ce jugement, rendu conformément à l'art. 718, comme en matière sommaire, et le ministère public entendu (Voir supra, formule n° 615), reproduit dans son dispositif, suivant que le tribunal accueille ou repousse la demande, les conclusions de l'un des actes qui précèdent [2].

---

demande en subrogation, cette demande ne doit pas être accueillie, mais les dépens exposés par le créancier de bonne foi doivent être passés en frais de poursuite (*J. Av.*, t. 70, p. 635, art. 786, § 12 ; t. 75, p. 10, art. 787, lettre A).

1. Sur les voies de recours dont ce jugement est susceptible, Voir *J. Av.*, t. 98, p. 247 et 251, et t. 100, p 406 et *supra*, p. 617.
La jurisprudence admet d'une manière générale que l'appel est recevable contre les jugements statuant sur une demande de subrogation toutes les fois que le droit du demandeur en subrogation est contesté au fond. Cass., 22 avril 1863 (*J. Av.*, t. 88, p. 530) ; Rouen, 25 août 1870 (*J. Av.*, t. 97, p. 152) ; Nîmes, 21 février 1872 (*Ibid.*, t. 98, p. 251) ; Bordeaux, 19 novembre 1878 (S. 81.2.28) ; Cass., 10 décembre 1888 (S. 89.1.78) ; Nîmes, 6 août 1897 (*J. Av.*, t. 123, p. 118).
2. Lorsque, par un premier jugement, un créancier a été déclaré subrogé dans la poursuite de saisie abandonnée par le saisissant, et qu'un deuxième jugement, rendu le même jour, déclare un deuxième créancier subrogé dans la même poursuite de saisie, sans d'ailleurs constater que le bénéficiaire de la première subrogation y ait renoncé ou ait encouru aucune déchéance du droit de la faire valoir, ce deuxième jugement est nul. Chambéry, 11 juin 1901 (*J. Av.*, t. 126, p. 291). Voir aussi Cass., 6 février 1895 (D. P.95.1.348).

6° Poursuite sur radiation [1].

Code PR. CIV., art. 724.

L'art. 724 C. pr. civ. prévoit le cas où plusieurs saisies ont frappé successivement les mêmes immeubles et n'ont pu être transcrites à cause de l'existence, sur les registres du conservateur, d'une première saisie en cours d'exécution. Le premier saisissant, qui n'a pas cessé d'être maître de sa procédure jusqu'à la mention prescrite par l'art. 693, est désintéressé ; il consent mainlevée de sa saisie, et le conservateur en opère la radiation. Cette première saisie n'existant plus, aucun obstacle ne s'oppose à la transcription de l'une des saisies postérieures. — Il y a concurrence entre les saisissants ultérieurs ; le plus actif fait transcrire le premier sa saisie et la poursuit. — Il en est de même lorsque la radiation de la première saisie, au lieu d'être consentie par le poursuivant, provient d'un jugement, avant ou après la mention dont parle l'art. 693.

7° Distraction [2].

629. Acte de dépôt *au greffe des pièces à l'appui de la demande en distraction.*

Code PR. CIV., art. 725, 726.

L'an........, le........, au greffe du tribunal civil de pre-

---

1. Lorsqu'une saisie a été rayée, un saisissant postérieur ne peut poursuivre sur sa saisie qu'après l'avoir fait transcrire (Q. 2418 *bis* ; *Suppl. alphab.*, v° *Saisie immobilière*, n° 1452). — Dès que les saisissants postérieurs voient la procédure suspendue, ils ont à rechercher si cette suspension provient d'un fait volontaire du poursuivant, ou d'un incident. — S'il y a négligence, fraude ou collusion, ils se pourvoient immédiatement en subrogation. — La subrogation une fois demandée, la saisie ne peut plus être rayée à leur préjudice. — S'il y a eu radiation, volontaire ou forcée, ils font transcrire et poursuivent sur leur propre saisie. — Leur vigilance doit être d'autant plus active que, s'ils laissaient écouler le délai de quinzaine (art. 678) depuis le jour où ils ont pu utilement transcrire, ils auraient à craindre de la part du saisi une action en nullité (Q. 2418 *ter*). Voir aussi *supra*, formules n°ˢ 620, 622 et 626.
Cette solution peut paraître sévère, mais elle est en harmonie avec l'esprit de la loi. Il n'en résulte pas cependant que les tribunaux ne puissent prendre en sérieuse considération les circonstances et refuser, par exemple, de prononcer la déchéance, lorsqu'il sera constaté que la radiation opérée par le consentement du poursuivant, sans aucune publicité, n'a pas été connue du second saisissant.
Le jugement qui prononce la nullité de la saisie suffit pour que la radiation doive en être opérée (Q. 2418). — Cependant, il arrive assez souvent que les conservateurs refusent de mentionner la radiation lorsque le jugement ne porte pas expressément que la saisie sera rayée. Les avoués doivent donc avoir le soin de faire insérer cette disposition dans les jugements qui prononcent la nullité d'une saisie (*Suppl. alphab.*, v° *Saisie immobilière*, n°ˢ 1449 et s.).
2. Le propriétaire d'un immeuble compris dans la saisie, ou d'un droit réel qui frappe les immeubles saisis, peut, à son choix, agir par voie incidente de distrac-

mière instance de......., et par-devant nous, greffier, soussigné, a comparu Mᵉ..., avoué près ce tribunal et de M... (*nom, prénoms, profession*), demeurant à..., pour lequel il occupera sur la demande en distraction dont il va être parlé, lequel a dit que, le....., suivant procès-verbal de........., huissier, M......... (*nom, prénoms, profession*), demeurant à.........., a fait saisir une maison sise à........., rue..............., n°............, appartenant à M........... (*nom, prénoms, profession*), demeurant à........, et un terrain adjacent à ladite maison, borné au nord par......... (*Désignation du terrain d'après le procès-verbal de saisie. — Voir supra, formule n°* 580); que, cependant, ce terrain n'a jamais appartenu et n'appartient pas à M..........., mais qu'il est la propriété personnelle de M.........; qu'en conséquence, M............. est dans l'intention de former devant ce tribunal sa demande en distraction du terrain indûment saisi sur M........; qu'il comparaît par-devant nous pour déposer à cet effet les titres et pièces établissant les droits de M....... à la propriété de ce terrain, conformément à l'art. 726 C. pr. civ.; et à l'instant, Mᵉ..... a remis et déposé entre nos mains ces titres et pièces qui sont : 1°......; 2°...... (*énoncer successivement les titres remis*).

Desquels comparution, dépôt et déclaration le comparant a demandé acte, à lui donné, et a signé avec nous, greffier, après lecture. Dont acte.

(*Signatures de l'avoué et du greffier.*)

630. Acte d'avoué *pour demander la distraction d'objets indûment saisis*[1].

CODE *PR. CIV.*, art. 725, 726.

---

tion, tant que les poursuites sont encore pendantes, ou par action principale contre l'adjudicataire, après l'adjudication (*Q.* 2419 *bis*).

Après l'adjudication, et lors même que, par suite d'une surenchère, on doit procéder à une nouvelle adjudication, il n'est plus possible de faire admettre une demande en distraction (*J. Av.*, t. 75, p. 42, art. 787, lettre c).

La double voie dont nous venons de parler est-elle ouverte à la femme dont l'immeuble dotal a été compris dans une saisie dirigée contre elle et son mari? — A cet égard, une distinction est nécessaire. Si la saisie est pratiquée sur le mari seul et pour dettes contractées par le mari seul, la femme peut demander la distraction, si l'immeuble saisi lui appartient en propre, qu'il soit ou non dotal. Bordeaux, 29 juillet 1857 (D. P.57.2.216).

Mais si la saisie a été pratiquée soit sur la femme seule, pour dette par elle contractée, soit sur la femme et le mari pour dette contractée par les deux conjoints ou même par le mari seul, la femme qui veut opposer la dotalité de l'immeuble saisi ne peut agir par voie d'action en distraction ou en revendication; elle n'a que l'action en nullité qui, à peine de déchéance, doit être intentée avant la publication du cahier des charges. Riom, 8 juin 1900 (*J. Av.*, t. 125, p. 350). Voir *infra*, p. 627, note 2.

1. Les demandes en distraction se forment par un simple acte d'avoué à avoué, conformément à l'art. 718 (*Q.* 2319 *bis*; *Suppl. alphab.*, v° *Saisie immobilière*, nᵒˢ 1471 et s.).

La demande en distraction n'est pas sujette au préliminaire de conciliation (*Q.* 2417 *duodec.*; *Suppl. alphab.*, *verb. cit.*, n° 1493).

A la requête de M...... [1] (*nom, prénoms, profession*), demeurant à....., ayant pour avoué Mᵉ....., lequel se constitue et occupera pour lui sur la présente demande en distraction, soient sommés : 1° Mᵉ......, avoué de M..... (*nom, prénoms, profession, domicile du saisissant*) ; 2° Mᵉ..., avoué de M... (*nom, prénoms, profession, domicile du saisi*) ; 3° Mᵉ......, avoué de M...... (*nom, prénoms, profession, domicile du premier créancier inscrit, lorsque déjà ce créancier figurait dans les poursuites, sinon, la demande doit être formée contre lui par exploit. Voir* infra, *la remarque*), premier créancier inscrit [2] sur les immeubles saisis sur M......, de comparaître le......, par-devant MM. les président et juges tenant l'audience des saisies immobilières du tribunal civil de......, au palais de justice, à....., heure de....., pour, attendu que M..... a fait saisir, suivant procès-verbal de..., huissier, en date du...., une maison sise à......, rue....., n°....., appartenant à M...., et un terrain adjacent à ladite maison, tenant du nord, etc... (*désignation du terrain et de sa contenance*) [3] ; attendu que ce terrain n'a jamais appartenu et n'appartient pas à M......, mais qu'il est la propriété personnelle du requérant, ainsi qu'il résulte de : 1°.....; 2°......, etc. (*Énoncer les titres en vertu desquels le demandeur est*

---

1. Un tiers seul peut demander la distraction. Le saisi n'est pas recevable à la demander au nom de ce tiers (*Q.* 2419 et *J. Av.*, t. 75, p. 11, art. 787, lettre B). Voir cependant *J. Av.*, t. 76, p. 61, art. 1181.
Il a même été décidé qu'on ne pouvait considérer comme un tiers le cohéritier propriétaire par indivis, avec la succession à laquelle il est appelé à prendre part, d'un immeuble saisi par un créancier de cette succession (*J. Av.*, t. 75, p. 11, art. 787, lettre B).
De même, la femme dotale qui veut s'opposer à la saisie de son immeuble dotal ne peut agir par voie de demande en distraction. Riom, 8 juin 1900 (*J. Av.*, t. 125, p. 350). Voir *supra*, p. 620, note 2, *in fine*.
La saisie d'un immeuble n'arrête pas la demande en revendication d'un tiers.
L'action en rescision de la vente d'un immeuble, pour cause de lésion, formée contre l'acquéreur sur lequel cet immeuble est saisi, n'autorise pas le vendeur à se pourvoir en distraction. Il faut, dans ce cas, notifier au greffe la demande en rescision comme dans la procédure de résolution. Voir *supra*, formule n° 606.
On ne peut pas forcer un tiers à revendiquer les immeubles saisis par la voie de la demande en distraction (*Q.* 2419 *sept.* ; *Suppl. alphab.*, *verb. cit.*, n° 1488).
Un acquéreur de l'immeuble saisi, qui ne s'est pas fait connaître avant la saisie, est admis à former une action en revendication après l'adjudication consommée (*Q.* 2419 *ter* ; *Suppl. alphab.*, *verb. cit.*, n° 1477).
2. Si le demandeur en distraction est le créancier premier inscrit, cette demande doit être notifiée au second (*Q.* 2419 *quinq.* ; *Suppl. alphab.*, v° *Saisie immobilière*, n°ˢ 1479 et s.).
Il y a nullité (la question est cependant controversée), si le premier créancier inscrit n'est pas mis en cause (*J. Av.*, t. 75, p. 13, art. 787, lettre F). Ainsi, est nul l'appel d'un jugement de distraction, si le premier créancier inscrit n'a pas été intimé (*Ibid.*). Ce qui ne veut pas dire que si le premier créancier inscrit laisse prononcer la distraction sans défendre à la demande, le second créancier inscrit puisse interjeter appel du jugement par défaut intervenu (*Ibid.*, t. 76, p. 615, art. 1181).
3. On doit, dans le simple acte ou dans l'exploit, désigner et décrire les **objets** revendiqués (*Q.* 2420 *bis* ; *Suppl. alphab.*, *verb. cit.*, n° 1494).

propriétaire du terrain dont il s'agit) [1], lesquels titres ont été déposés au greffe du tribunal, comme l'établit un acte de dépôt dressé le...., enregistré, dont il est en tête [de celle] des présentes donné copie ; attendu que la saisie immobilière pratiquée par M.... sur M...., est nulle en tant qu'elle comprend ledit terrain, comme faite *super non domino* ; qu'il y a lieu de faire opérer la distraction de ce terrain des objets saisis [2], et, si cette distraction ne peut être prononcée avant le jour fixé pour l'adjudication des immeubles saisis, de faire surseoir à cette adjudication ; Par ces motifs ; voir dire que le terrain situé à......, de la contenance de......, compris sous le n°....., dans la saisie immobilière faite sur M....., à la requête de M......, suivant procès-verbal de....., en date du....., sera distrait de la saisie et de la vente poursuivie par M.....;

Voir, en conséquence, ordonner que la saisie dont il s'agit sera rayée, en ce qui concerne ledit terrain, des registres où elle est transcrite, au bureau des hypothèques de....., et qu'en marge ou à la suite du cahier des charges, et de tous actes et procès-verbaux dans lesquels est compris ledit terrain, mention sera faite du jugement à intervenir par les soins de tous conservateurs des hypothèques et greffiers, qui y seront contraints sur la représentation du jugement à intervenir ; voir déclarer qu'il sera sursis à l'adjudication des immeubles saisis jusqu'à ce qu'il ait été statué sur la distraction demandée ; et s'entendre M........ (*poursuivant*), et tous autres contestants, condamner aux dépens, dont distraction, etc. Dont acte.

 Pour original (*ou copie*).   (*Signature de l'avoué.*)
 Signifié, donné copie, etc.

 Remarque. — L'acte dont la formule précède suffit pour introduire la demande en distraction, lorsque toutes les parties mises en cause ont déjà figuré dans la poursuite et y ont constitué avoué. Mais il arrive quelquefois que le saisi n'a pas constitué d'avoué, et très souvent que le créancier premier inscrit n'a pris aucune part à la procédure. La demande, formée alors par un simple acte contre le poursuivant, est intentée par un exploit dans la forme ordinaire contre le saisi et le créancier premier inscrit. Cet exploit est ainsi conçu :

 L'an....., le....., à la requête de M..... (nom, prénoms, profession, domicile du demandeur en distraction), *pour lequel domicile est élu à....., rue....., n°....., dans l'étude de M*°....., avoué

---

1. Le demandeur en revendication peut aussi prendre la voie du possessoire lorsque l'adjudicataire veut le troubler dans sa possession (Q. 2420 ; *Suppl. alphab., verb. cit.*, n°⁵ 1497-1498). Voir *supra*, p. 588, note 2. Il peut aussi se pourvoir au pétitoire, en invoquant, à défaut de titres, la prescription (*J. Av.*, t. 75, p. 13, art. 787, lettre A).

2. Ces mots de l'art. 725 : *objets saisis*, comprennent les servitudes, les droits d'usufruit, d'usage et d'habitation (Q. 2419 sex. ; *Suppl. alphab., verb. cit.*, n°⁵ 1482 et suiv.). V. aussi Lyon, 9 juin 1906 (*J. Av.*, t. 131, p. 332).

près le tribunal civil de......., lequel se constitue et occupera pour lui sur la présente assignation et ses suites, j'ai...... (immatricule), soussigné, donné assignation à : 1° M..... (nom, prénoms, profession du saisi), *demeurant à...*, *audit domicile, où étant et parlant à....;*

2° M... (nom, prénoms, profession, domicile), *premier créancier inscrit sur les immeubles saisis sur M..., au domicile par lui élu dans son inscription, à..., chez..., où étant et parlant à...; à comparaître à huitaine franche, délai de la loi, par ministère d'avoué, à l'audience* [1] *et par-devant MM. les président et juges tenant l'audience des saisies immobilières, etc.* (le reste comme à la formule qui précède).

Si le créancier inscrit seul n'avait pas d'avoué, l'exploit ne serait notifié qu'à lui, le saisi et le saisissant étant appelés par le simple acte.

---

631. Acte *notifié par le poursuivant pour demander que, nonobstant la demande en distraction, il soit procédé à l'adjudication du surplus.*

CODE PR. CIV., art. 727.

A la requête de M....... (*nom, prénoms, profession*), demeurant à....., ayant pour avoué Me....., soient sommés : 1° Me......., avoué de M...... (*demandeur en distraction*); 2° Me....., avoué de M..... (*saisi*); 3° Me....., avoué de M...... (*premier créancier inscrit*), de comparaître le......, par-devant MM. les président et juges tenant l'audience des saisies immobilières du tribunal civil de......, au palais de justice, à....., heure de...., pour, attendu que la demande en distraction formée le....., par M..., ne porte que sur une très minime partie des immeubles saisis à la requête de M......; qu'en la supposant fondée, elle n'aurait pas pour effet d'amoindrir considérablement la valeur des biens à vendre, puisqu'elle n'entre que pour le chiffre de...... dans la mise à prix ; qu'on peut, sans inconvénient, détacher la parcelle revendiquée des immeubles dont l'adjudication est annoncée pour le......, et passer outre à l'adjudication sur le surplus, sauf à vendre plus tard la parcelle détachée, si la demande en revendication n'est pas accueillie; Par ces motifs; voir dire et ordonner que l'adjudication des immeubles saisis par le requérant aura lieu au jour fixé, mais qu'elle ne comprendra pas l'immeuble revendiqué par M....., à la vente duquel immeuble il sera sursis jusqu'au jugement à intervenir sur

---

1. La disposition de l'art. 725, relative au délai, ne s'applique pas à toutes les parties qui peuvent figurer dans une demande en distraction; elle s'adresse au saisi et au premier créancier inscrit qui n'ont pas constitué avoué (*Q.* 2419 *sept.*; *Suppl. alphab.*, v° *Saisie immobilière*, n°* 1488 et s.).

la demande en distraction; voir dire qu'en conséquence la mise à prix portée au cahier des charges et dans les placards sera réduite à......., et s'entendre M......, en cas de contestation, condamner aux dépens, que, dans tous les cas, le requérant sera autorisé à employer en frais privilégiés de poursuite, dont distraction, etc. Dont acte.

Pour original (*ou* copie).   (*Signature de l'avoué.*)
Signifié, donné copie, etc.

Remarque. — Lorsque la demande en distraction est formée à une époque où la procédure est peu avancée, et qu'elle n'est que partielle, il n'est pas besoin de demander un sursis ; mais si l'adjudication va avoir lieu, et qu'encore il n'ait pas été statué sur la demande, toute partie intéressée peut demander un sursis, ou s'opposer à ce qu'un sursis soit accordé, parce que la distraction porte ou non sur une partie assez importante des immeubles saisis pour que l'adjudication du surplus offre ou n'offre pas de graves inconvénients. Les autres parties en cause peuvent répondre à ce simple acte par des conclusions motivées (Voir *supra*, formule n° 623). Le jugement qui intervient accorde ou refuse le sursis. La formule suivante statue sur un simple acte demandant un sursis.

---

632. Jugement *qui, avant de statuer sur la demande en distraction, prononce un sursis à l'adjudication*[1].

CODE *PR. CIV.*, art. 727.

Le tribunal......, etc.;
Attendu que, si la demande en distraction formée par M.... n'a

---

[1]. Si la demande en distraction n'a pour objet que de faire constater que le demandeur est en possession de partie des objets saisis, ce demandeur doit être renvoyé devant le juge de paix compétent, et le tribunal doit surseoir à l'adjudication (Q. 2419 *quat.*; *Suppl. alphab.*, *verb. cit.*, n° 1478).

La demande en distraction n'a pas pour effet immédiat et nécessaire d'arrêter la marche de la procédure (Q. 2419 *nov.*; *Suppl. alphab.*, *verb. cit.*, n° 1500).

Mais on doit nécessairement surseoir à l'adjudication lorsque la distraction demandée porte sur tous les immeubles saisis (Q. 2421; *Suppl. alphab.*, v° *Saisie immobilière*, n° 1507).

Il n'est pas nécessaire, pour que le tribunal puisse, conformément à l'art. 727, ordonner le sursis, lorsqu'il s'agit d'une demande en distraction partielle, que ce sursis soit demandé par toutes les parties intéressées (Q. 2421 *bis*; *Suppl. alphab.*, *verb. cit.*, n° 1508).

Le tribunal ne peut pas d'office ordonner le sursis, mais il est tenu de l'ordonner si toutes les parties le demandent (Q. 2421 *ter*; *Suppl. alphab.*, v° *Saisie immobilière*, n°s 1511 et s.).

Le sursis peut être ordonné, lorsque la demande en distraction porte sur une portion de biens qui ne peut être déterminée que par un partage. Trib. civ. de Saint Gaudens, 26 fév. 1846 (*J. Av.*, t. 73, p. 326, art. 465, lettre F).

Il peut être passé outre à l'adjudication d'un bien revendiqué en totalité, avant que le jugement qui rejette la revendication soit passé en force de chose jugée, mais l'appel est suspensif (Q. 2421 *quat.*; *Suppl. alphab.*, *verb. cit.*, n°s 1515 et s.). Voir *infra*, p. 627, note 1.

pour objet qu'une partie des immeubles saisis à la requête de M..., au préjudice de M..., il n'en est pas moins vrai que les immeubles revendiqués sont assez importants pour exercer une grande influence sur le résultat des enchères, s'ils sont provisoirement réservés, et qu'il soit passé outre à l'adjudication du surplus ; qu'il y a lieu, par conséquent, de faire droit aux conclusions de M... ; Par ces motifs, et sans rien préjuger sur la validité de la demande en distraction, dit qu'il sera sursis à l'adjudication annoncée pour le....., jusqu'après le jugement qui statuera sur l'incident en distraction ; les dépens de l'incident demeurant réservés.

---

633. Jugement *qui prononce la distraction* [1].

Code PR. CIV., art. 727.

Le tribunal....., etc.;
Attendu..... (*les motifs reproduisent les moyens de l'acte qui a formulé la demande. Voir* supra, *formule* n° 630);
Par ces motifs ; dit que le terrain situé à....., de la contenance de....., compris dans la saisie immobilière faite sur M....., à la requête de M......, suivant procès-verbal de...., en date du..., sera distrait de la saisie et ne sera pas mis en vente ; ordonne que la saisie dont il s'agit sera rayée, en ce qui concerne ce terrain, du registre des hypothèques de....., et qu'à la suite du cahier des charges mention sera faite du présent jugement, lesquelles radiations et additions le conservateur des hypothèques et le greffier du tribunal seront contraints d'opérer ; réduit [2] à....., sur les conclusions du poursuivant, la mise à prix originairement fixée ; déclare qu'il sera procédé le...., après de nouvelles insertions et affiches, conformément aux art. 704 et 741 C. pr. civ., à l'adjudication des immeubles valablement saisis ; condamne M.... personnellement [3] aux dépens de l'incident, liquidés à....., non compris le coût du

---

1. Une demande en distraction peut être déclarée nulle ou non recevable, soit parce que les parties dont parle la loi n'ont pas toutes été assignées, soit parce que les titres n'ont pas été déposés, soit par tout autre motif, sans que le tiers revendiquant soit pour cela déchu de ses droits de propriété, qu'il peut faire valoir ultérieurement par action principale (Q. 2419 *decies* ; *Suppl. alphab.*, *verb. cit.*, n°s 1499). Voir *supra*, p. 620, note 2.
2. En cas de distraction partielle, le poursuivant peut changer la mise à prix sans jugement nouveau et sans nouvelle publicité (*J. Av.*, t. 16, p. 645, art. 1181). Voir *supra*, p. 558, note 2.
3. C'est le saisissant qui doit supporter les dépens faits sur une demande en distraction, quand le revendiquant gagne son procès ; mais cependant, si le saisissant a été de bonne foi, ces dépens doivent être considérés comme privilégiés, et compris dans la taxe publiquement annoncée avant l'ouverture des enchères (Q. 2419 *undecies* ; *Suppl. alphab.*, *verb. cit.*, n°s 1501 et s. et *J. Av.*, t. 75, p. 13, art 787, lettre н).

présent jugement, de l'expédition et de la signification, lesquels dépens ne pourront être employés par lui en frais privilégiés de poursuite, et dont distraction, etc.

Remarque.— Le jugement qui repousse la demande en distraction est rédigé en ces termes :

Le tribunal, etc.; *attendu*..... (motifs); *Par ces motifs; déclare mal fondée la demande en distraction formée par M....* [1] ; *ordonne en conséquence que l'adjudication comprendra tous les biens saisis par procès-verbal du...., à la requête de M......; dit qu'il sera procédé le......, etc.; condamne M..... aux dépens de l'incident,* etc.

8° Nullités.

634. Acte *pour proposer une nullité de la procédure qui précède la publication du cahier des charges* [2].

CODE PR. CIV., art. 728.

---

1. Lorsqu'une demande en distraction a été rejetée, et que, l'adjudication ayant lieu le même jour, à une audience de relevée, le demandeur en distraction se rend adjudicataire, il est non recevable à interjeter plus tard appel du jugement qui a repoussé sa demande, quoiqu'en acceptant la déclaration de command, il ait fait des réserves d'un appel. Pour détruire l'acquiescement résultant de ce qu'il se rend adjudicataire, le demandeur en distraction doit, s'il est possible, notifier son appel avant l'adjudication, ou bien réclamer un sursis à l'adjudication, fondé sur l'appel qu'il va immédiatement interjeter (J. Av., t. 76, p. 535, art. 1157).

2. Si le procès-verbal n'a point encore été notifié, c'est par action principale que le débiteur doit attaquer le commandement; mais, lorsque la saisie est liée avec le saisi, les nullités de forme ou de fond contre le commandement sont soumises aux mêmes prescriptions que les autres nullités de la poursuite (Q. 2422 bis). Voir *supra*, p. 517, note 1.

La demande en nullité du titre sur lequel repose la saisie peut être l'objet d'un incident de cette saisie ; elle a alors pour effet d'arrêter la procédure. Elle peut aussi être l'objet d'une action distincte et principale ; mais si le débiteur prend cette dernière voie, la saisie suit néanmoins son cours (Q. 2422 *ter* ; *Suppl. alphab.*, v° *Saisie immobilière*, n°s 1534 et s.).

Par ces expressions de l'art 728 : *les moyens de nullité tant en la forme qu'au fond*, on entend toute exception quelconque ayant pour but d'empêcher l'adjudication de l'immeuble saisi, lorsqu'il *appartient au saisi*, car s'il appartient à un tiers, ce tiers ne perd aucun de ses droits par l'effet de la saisie. Pendant les poursuites, il a l'action en distraction ; et après l'adjudication l'action en revendication (Q. 2422 *undecies*, 1). Voir aussi J. Av., t. 101, p. 56, et *supra*, p. 620, note 2.

Mais le moyen tiré de ce que l'immeuble est insaisissable à raison de sa dotalité est couvert par l'expiration des délais accordés par la loi pour proposer les nullités de la procédure tant en la forme qu'au fond. Si ce moyen n'a pas été proposé trois jours au moins avant la publication du cahier des charges, il n'est plus recevable. Cass., 21 janv. 1867 (D. P. 67.1.207) ; 9 mars 1870 (D. P. 72.1.85) ; 24 mars 1875 (D. P. 75.1.408) ; Boitard, Colmet-Dâage et Glasson, t. 2, n° 996 ; Garsonnet, t. 4 § 736, texte et note 13. — Voir aussi *supra*, p. 620, note 2, *in fine*.

Il est un cas où le silence du saisi, jusqu'après l'adjudication, ne pourra cependant lui être opposé comme une déchéance, c'est lorsque, en l'absence de tout créancier inscrit et de toute opposition de la part de créanciers chiro-

A la requête de M..... (*nom, prénoms, profession*), demeurant

---

graphaires, il demandera, par action principale contre le poursuivant devenu adjudicataire, la nullité de l'adjudication, fondée sur ce que le titre de ce poursuivant était nul ou éteint par le paiement de la dette (*Q.* 2422 *undecies*, II).

Le grief tiré de ce qu'une parcelle n'est pas mentionnée au procès-verbal de saisie n'est pas une nullité qui doive être proposée dans les délais des art. 728 et 729 C. pr. civ. ; à l'égard de la parcelle non désignée, la saisie n'est pas nulle, mais inexistante ; et la partie saisie peut s'en prévaloir même après l'adjudication. Angers, 20 fév. 1900 (*J. Av.*, t. 125, p. 261).

Les vices résultant de l'inobservation des règles posées par le Code civil, au titre *De l'expropriation forcée*, sont des nullités du fond qui doivent être proposées, sous peine de déchéance, trois jours avant la publication ; ils peuvent cependant être invoqués après cette publication, comme moyens de sursis, dont les juges apprécient souverainement l'opportunité (*Q.* 2422 *undecies*, III).

La jurisprudence a fait de fréquentes applications de la déchéance prononcée par l'art. 727. Elle n'a point d'indulgence pour les débiteurs saisis qui laissent passer les délais sans se pourvoir. Ainsi, il a été décidé que : 1° on ne doit pas accueillir une demande en sursis à l'adjudication formée postérieurement à la publication du cahier des charges, et basée sur le défaut de liquidation des droits entre le créancier et le débiteur ; 2° la demande en nullité fondée sur ce que partie des biens saisis n'est pas hypothéquée à la créance du saisissant doit être rejetée, si elle est formée après la publication ; 3° même solution, quand le saisi ne propose qu'à l'audience où doit se faire la publication une nullité fondée sur ce que la saisie a été faite en vertu d'un titre qui ne portait pas la nouvelle formule exécutoire (*J. Av.*, t. 75, p. 325, art. 890, lettre i) ; 4° après la lecture du cahier des charges, on ne peut examiner si le procès-verbal de saisie est nul à défaut de désignation suffisante des objets saisis ; et les syndics d'une faillite sont non recevables à demander qu'il soit sursis à l'adjudication des biens saisis sur l'acquéreur du failli, par le motif qu'ils ont formé une demande en nullité de la vente (*J. Av.*, t. 76, p. 615, art. 1181) ; 5° doit être rejetée l'exception de compensation proposée seulement après la publication du cahier des charges (*Ibid.*, t. 75, p. 588, art. 966).

Jugé encore que le grief tiré de ce que le titre dont l'exécution est poursuivie contre l'héritier du débiteur décédé n'a pas été, conformément à l'art. 877 C. civ., notifié à l'héritier n'est pas recevable, lorsqu'il n'a été ni expressément ni tacitement invoqué dans un dire que l'art. 728 C. pr. civ. obligeait à faire apparaître à la suite du cahier des charges, trois jours au moins avant sa publication. Montpellier, 2 déc. 1901 (*J. Av.*, t. 127, p. 103).

... que le saisi qui, s'étant pourvu en cassation contre un arrêt qui avait refusé d'annuler le commandement initial, n'a pas fait connaître, par un dire inséré au cahier des charges, dans les trois jours avant la publication, l'existence de ce pourvoi ou tout au moins l'intention qu'il avait de le former, est non recevable à se prévaloir de la cassation qu'il a ultérieurement obtenue dudit arrêt pour faire prononcer la nullité de l'adjudication. Bourges, 1er août 1898 (*J. Av.*, t. 124, p. 167).

D'ailleurs, la disposition de l'art. 728 C. pr. civ. est générale et absolue ; elle s'étend à toutes les personnes mises en cause dans la procédure, quels que soient les moyens qu'elles invoquent. Notamment, elle est applicable au moyen de nullité tiré de ce que la saisie porte sur un immeuble indivis dont la mise en vente sur expropriation forcée ne peut, aux termes de l'art. 2205 C. civ., être poursuivie par le créancier personnel d'un des indivisaires. Nancy, 8 mars 1899 (*J. Av.*, t. 124, p. 160) ; Montpellier, 23 janv. 1899 (*Ibid.*, p. 155).

Jugé aussi que la déchéance édictée par l'art. 728 C. pr. civ. s'étend à toutes les personnes mises en cause dans la procédure, quelle que soit la nature des moyens qu'elles invoquent. Cass., 24 mai 1895 (S. 98.1.22).

Les solutions qui précèdent prouvent combien il importe aux débiteurs saisis de ne pas laisser arriver le jour de la publication sans avoir, trois jours au moins auparavant, proposé leurs moyens de nullité. — Ils ne sont pas tenus, du reste,

à.........¹, ayant pour avoué M⁰........., qu'il constitue et qui occupera pour lui sur la présente demande, soit sommé M⁰...., avoué de M......... (*nom, prénoms, profession, domicile du poursuivant*) ², de comparaître le........., par-devant MM. les président et juges tenant l'audience des saisies immobilières du tribunal civil de....., au palais de justice à..., heure de..., pour, attendu qu'aux termes des art. 681 et 715 C. pr. civ., la dénonciation à la partie saisie du procès-verbal de saisie immobilière doit être faite dans la quinzaine de la clôture du procès-verbal; attendu que le procès-verbal de la saisie opérée sur la maison sise à....., appartenant à M........., a été clos le.........; que, néanmoins, il n'a été dénoncé au demandeur que par exploit en date du....., qu'il s'est donc écoulé plus de quinze jours entre la clôture du procès-verbal et sa dénonciation; que, par conséquent, cette dénonciation est nulle ainsi que toute la procédure qui l'a suivie, notamment la transcription faite au bureau des hypothèques de........., le... (*on expose de la même manière toute autre cause de nullité*); voir déclarer nulle et de nul effet ladite dénonciation, ainsi que tous les actes de procédure qui l'ont suivie; voir ordonner que la saisie et sa dénonciation seront rayées des registres où elles ont été transcrites, au bureau des hypothèques de.........; voir dire que tous conservateurs des hypothèques seront, sur la présentation de la grosse du jugement à intervenir, tenus d'opérer cette radiation; — Et s'entendre M......... condamner aux dépens de la procédure annulée et de la présente demande, dont distraction sera, quant aux frais de la présente demande, prononcée en faveur de M⁰........., etc. Dont acte.

Pour original (*ou* copie). .   (*Signature de l'avoué.*)
Signifié, donné copie, etc.

---

de ne former leur demande que dans ce délai. La loi n'a entendu fixer qu'un *minimum*. Dès qu'une nullité est commise, ils peuvent s'en prévaloir.

Le délai de trois jours entre la notification des moyens de nullité et la publication du cahier des charges est un délai franc : Trib. civ. de Saint-Sever, 27 mai 1905 (*J. Av.*; t. 130, p. 329). — Conf. Q. 2313 et 2422 *sex.*; *Suppl. alphab.*, *verb. cit.*, n⁰ˢ 1540 et s.

La négligence du poursuivant procure même au saisi une prorogation de délai, lorsque le jour fixé pour la publication s'est écoulé sans que cette formalité ait été remplie, faute d'en avoir requis l'exécution (*J. Av.*, t. 76, p. 547, art. 1192).

1. Le droit de se prévaloir des nullités commises n'appartient pas seulement au saisi, les créanciers inscrits ont le droit d'intervenir dans l'instance en nullité, et même de l'introduire, si le débiteur garde le silence, et s'ils ont intérêt à la demander (*J. Av.*, t. 75, p. 320, art. 890, lettre x). Voir *infra*, p. 631, note.

2. Une demande en nullité de la saisie est régulièrement formée contre le saisissant seul, alors même que, par la sommation aux créanciers inscrits de prendre communication du cahier des charges, ceux-ci seraient devenus parties à la procédure. Même dans ce cas, il n'est pas nécessaire de les mettre en cause dans la procédure de la demande en nullité. Cass., 26 juin 1900 (*J. Av.*, t. 125, p. 327). — Conf. Cass., 1ᵉ décembre 1868 (S. 69.1.59); Paris, 23 décembre 1898 (*J. Av.*, t. 123, p. 524); *Suppl. alphab.*, v° *Saisie immobilière*, n⁰ˢ 817 et suiv. — Contra, trib. civ. de la Seine, 6 août 1896 (*J. Av.*, t. 122, p. 31).

3ᵉ PARTIE. — VOIES D'EXÉCUTION

Remarque. — Dans l'usage, les demandes en nullité sont souvent formées par des conclusions motivées (Voir *supra*, formule n° 623). Il est plus régulier de se conformer à l'art. 718, en donnant avenir dans le simple acte à l'audience fixée par les art. 728 et 729.

---

635. Acte *pour proposer un moyen de nullité contre la procédure postérieure à la publication du cahier des charges* [1].

CODE PR. CIV., art. 729.

A la requête de M...... etc. (*comme à la formule précédente*) ;

Soit sommé, etc. (*comme à la formule précédente*), de comparaître le...., par-devant MM. les président et juges tenant l'audience des saisies immobilières du tribunal civil de..., au palais de justice à..., heure de........., pour, attendu que l'adjudication des immeubles saisis à la requête de M........, au préjudice du requérant, après avoir été fixée au.........., par jugement du......., qui donne acte de la publication du cahier des charges, a été, sur la demande de M........., renvoyée au............, par jugement du.......; attendu qu'aux termes des art. 704 et 715 C. pr. civ., l'adjudication devait être annoncée huit jours au moins à l'avance par des insertions nouvelles et de nouveaux placards ; attendu cependant que

---

1. Les exceptions du fond qui ne prennent naissance qu'après la publication du cahier des charges doivent être régies non par les art. 728 et 729, mais par le droit commun (Q. 2422 *undecies* IV ; *Suppl. alphab.*, v° *Saisie immobilière*, n°s 1553 et s.).

Si le saisi laisse consommer l'adjudication sans exciper de l'appel qu'il a interjeté contre le jugement, titre du poursuivant, l'adjudication est valable, quoique le jugement soit infirmé : elle est valable, pourvu que le poursuivant ne se soit pas rendu adjudicataire, sauf l'action en dommages-intérêts contre ce poursuivant. — Si, avant l'adjudication, le saisi réclame un sursis fondé sur l'appel interjeté, le tribunal est *tenu* de l'accorder ; le jugement qui le refuserait serait susceptible d'appel, et l'adjudication prononcée devrait être annulée (J. Av., t. 75, p. 327, art. 880, lettre J).

Le sursis accordé à des débiteurs pour ajournement de l'adjudication d'un immeuble saisi n'a pas pour effet de proroger les délais accordés par la loi pour proposer les moyens de nullité contre la poursuite (J. Av., t. 76, p. 615, art. 1181).

Le saisi ou les créanciers, qui n'ont pas reçu les notifications prescrites par les art. 691 et 692, peuvent proposer la nullité résultant de ce défaut de notification, savoir : avant l'adjudication, par voie de nullité, et après, par voie d'action principale (Q. 2422 *nov.* et J. Av., t. 75, p. 321, art. 890, lettre H ; Garsonnet, t. 4, § 761, p. 427-428).

Il en serait de même si les sommations notifiées étaient nulles, pour vice de forme, au lieu d'avoir été omises (J. Av., *loc. cit.*). Il est néanmoins plus prudent d'agir aussitôt qu'on le peut (Q. 2422 *nov.* ; *Suppl. alphab.*, v° *Saisie immobilière*, n°s 1617 et s.).

Il a été jugé que cette nullité n'est plus proposable, lorsque celui qui la réclame a couvert la nullité par des faits postérieurs, par sa comparution à l'audience, par son intervention à la procédure (J. Av., t. 76, p. 615. art. 1181).

les nouvelles insertions n'ont eu lieu que le........, ainsi que le constate un exemplaire du journal le........, enregistré ; qu'entre ce jour et celui où il devait être procédé à l'adjudication, ne se trouve pas le délai fixé par la loi ; qu'il y a donc nullité, et que cette nullité remonte, aux termes de l'art. 729 du même Code, jusqu'au jugement de publication exclusivement (*on expose de la même manière toute autre cause de nullité*) ; voir dire qu'il ne peut être régulièrement procédé à l'adjudication, parce que les insertions n'ont pas été faites dans le délai légal ; voir annuler toute la procédure suivie depuis le jugement qui a donné acte de la publication du cahier des charges ; et s'entendre M... condamner aux dépens de la procédure annulée et de l'incident, qu'il ne pourra, dans aucun cas, employer en frais privilégiés de poursuite, et dont distraction, quant aux frais exposés sur la présente demande, sera prononcée en faveur de M^e.............., etc. Dont acte.

Pour original (*ou copie*).   (*Signature de l'avoué.*)
Signifié, donné copie, etc.

---

636. Jugement *sur le moyen de nullité* [1].

CODE *PR. CIV.*, art. 728 et 729.

Le jugement qui admet un moyen de nullité relatif à la procédure antérieure à la publication du cahier des charges reproduit dans ses

---

[1]. Les moyens de nullité proposés avant la publication, mais sur lesquels il n'a pas été statué, peuvent être jugés postérieurement (*Q*. 2522 *sept.*). Il est plus régulier cependant de statuer sur les nullités par le jugement qui donne acte de la publication. Voir *supra*, p. 570, note 2, et *Suppl. alphab.*, *verb. cit.*, n°^{s} 1544 et s.

Lorsqu'une partie se borne à opposer que les formalités prescrites par tels articles n'ont pas été remplies, sans indiquer quelles sont ces formalités, le juge ne peut avoir égard à son allégation (*Q*. 2422 *undecies*).

Le tribunal ne peut pas prononcer d'office la nullité d'une procédure. Le ministère public ne peut pas la requérir (*Q*. 2422 *oct.; Suppl. alphab.*, v° *Saisie immobilière*, n°^{s} 1547 et s.).

Mais le juge qui prononce le rejet d'une demande en s'appuyant sur la déchéance de l'art. 728 C. pr. civ. ne supplée pas d'office la déchéance lorsque la partie a conclu à ce que le demandeur fût débouté de son action tant par déchéance qu'autrement (*J. Av.*, t. 75, p. 588, art. 966).

L'instance en saisie immobilière n'est pas indivisible. Ce principe s'applique au cas où la saisie est dirigée contre plusieurs cohéritiers ou possesseurs par indivis, non solidaires, ou bien poursuivie contre un seul débiteur par plusieurs cocréanciers non solidaires ; quant aux diverses nullités édictées par la loi, le saisi, principale partie intéressée, peut les invoquer toutes ; les créanciers inscrits ne peuvent invoquer que celles qui lèsent leurs intérêts (art. 692, 693, 694, 696, 699, 705, 706 et 709, §§ 2 et 3. Voir aussi *supra*, p. 629, note 1). La nullité de l'adjudication ne peut être considérée comme indivisible qu'autant que sa divisibilité donnerait à l'une des parties deux positions, deux obligations contradictoires qui ne peuvent pas coexister (*Q*. 2422, *quatuordec.*).

Lorsqu'il y a plusieurs procès-verbaux de saisie, l'omission de l'un d'eux dans la copie donnée en tête de l'exploit de dénonciation n'entraîne nullité qu'à l'égard

motifs et dans son dispositif les moyens et conclusions de la formule supra, n° 634. — *Il porte, de plus, lorsque la nullité ne frappe pas toute la procédure, cette disposition* :

Déclare que la poursuite pourra être reprise à partir de....... (*dernier acte valable*), les délais des divers actes de la procédure à faire pour continuer la saisie commençant à courir du jour de la signification du présent jugement.

Le jugement qui repousse le moyen de nullité est conçu comme la formule supra, n° 594. — *Après avoir entendu les conclusions des parties et du ministère public, le tribunal statue sur la nullité proposée, en ces termes* :

Attendu........ (*motifs*) ;

Par ces motifs ; déclare M....., partie saisie, non recevable (ou mal fondé) en son moyen de nullité ; ordonne qu'il soit procédé immédiatement à la lecture et à la publication du cahier des charges, et condamne M..... aux dépens de l'incident que M..., poursuivant, est autorisé à employer comme frais privilégiés de poursuite, et dont distraction, etc.

Le jugement qui accueille un moyen de nullité relatif à la procédure postérieure à la publication du cahier des charges reproduit les motifs et les conclusions de la formule précédente. Son dispositif est ainsi conçu :

Dit n'y avoir lieu de procéder à l'adjudication des biens saisis sur M........, à la requête de M.......; déclare nulle et de nul effet

---

de la dénonciation de ce procès-verbal, et non des autres (*J. Av.*, t. 75, p. 320, art. 890, lettre E).

La Cour qui réforme un jugement par lequel une adjudication a été indûment ajournée, sur le motif qu'il ne s'était pas présenté d'enchérisseurs, et qui décide que, dans cette position, le saisissant aurait dû être déclaré adjudicataire, ne doit pas renvoyer devant les premiers juges pour prononcer cette adjudication (*J. Av.*, t. 43, p. 510).

Lorsque les moyens de nullité proposés contre une saisie immobilière ont été rejetés en appel, le saisi peut, sans acquiescer à l'arrêt, et sans rendre son pourvoi non recevable, demander un sursis à l'adjudication ordonnée par la Cour et récuser les juges devant lesquels les poursuites doivent avoir lieu (*J. Av.*, t. 55, p. 472).

On entend la disposition de l'art. 728, qui permet de reprendre la poursuite à dater du dernier acte valable, lorsque les délais indiqués par la loi sont dépassés, en ce sens que c'est à partir de la signification à avoué du jugement ou de l'arrêt qui prononce sur la nullité que courent les nouveaux délais, lorsqu'il s'agit d'un des cas prévus par cet article, et du jour même du jugement lorsqu'il s'agit des cas prévus par l'art. 729 (Q. 2422 *quat.* et 2422 *tredec.: Suppl. alphab.*, v° *Saisie immobilière*, n°s 1608 et s.). Voir supra, p. 618, note 1.

La disposition du même article qui exige que, si les moyens de nullité sont rejetés, il soit procédé de suite à la publication, ne s'applique pas au cas où la publication a été retardée par un incident (Q. 2422 *sex.; Suppl. alphab.*, verb. cit., n°s 1540 et s.).

Lorsqu'un appel du jugement rendu sur la nullité a empêché le poursuivant de continuer sa procédure, il doit, par un simple acte, appeler les parties à la fixation d'un nouveau jour d'adjudication et se conformer ensuite aux prescriptions des art. 696 à 699 (Q. 2422 *duodec.; Suppl. alphab.*, verb. cit., n° 1607).

toute la procédure qui a suivi le jugement donnant acte de la publication du cahier des charges; déclare que la poursuite pourra être reprise à partir dudit jugement; fixe au.......... le jour de l'adjudication, et condamne M............ aux frais de la procédure annulée et aux dépens de l'incident, etc. (*comme à la formule précédente*).

Le jugement qui repousse le moyen de nullité est conçu comme la formule supra, n° 602. — *Avant de procéder à l'adjudication, le tribunal s'exprime ainsi :*

Attendu........ (*motifs*);

Par ces motifs; déclare M....., partie saisie, non recevable (*ou mal fondé*) en son moyen de nullité; ordonne qu'il soit passé outre aux enchères et à l'adjudication des immeubles saisis, et condamne M....... aux dépens de l'incident, que M......., poursuivant, est autorisé à employer comme frais privilégiés de poursuite et dont distraction, etc.

---

637. **Simple acte** *notifié à la requête du poursuivant qui s'aperçoit que les délais prescrits à peine de nullité pour remplir une formalité sont expirés, et qui veut continuer ses poursuites.*

A la requête de M......... (*nom, prénoms, profession*), demeurant à........, ayant pour avoué M^e........., soit sommé M^e..., avoué de M....... (*nom, prénoms, profession, domicile du saisi*), de comparaître le........., par-devant MM. les président et juges tenant l'audience des saisies immobilières du tribunal civil de..., au palais de justice à........., heure de..., pour, attendu que M... a, par procès-verbal du..........., visé, enregistré, dénoncé dans les délais et transcrit au bureau des hypothèques de............, le............, vol............., n°............, fait saisir.... (*indiquer les immeubles*), appartenant à M...........; attendu que les actes de la poursuite ont été régulièrement faits jusqu'au....... (*énoncer le dernier acte*), mais qu'à partir de cet acte le requérant a laissé passer les délais, fixés par la loi à peine de nullité, pour la continuation de la procédure;

Par ces motifs; voir dire et ordonner que le délai pour faire.... (*tel acte*) étant expiré par la faute du requérant, il y a lieu de le relever de la déchéance par lui encourue en lui faisant supporter les dépens de l'incident comme conséquence de sa négligence; déclarer que le requérant pourra reprendre utilement ses poursuites, et que le délai pour les continuer prendra cours à partir du jugement à intervenir, et s'entendre, en outre, M........., condamner aux dépens que pourront occasionner ses contestations, lesquels dépens seront passés comme frais privilégiés de poursuite, et dont distraction, etc. Dont acte.

Pour original (*ou copie.*)   (*Signature de l'avoué.*)
Signifié, donné copie, etc

Remarque. — Si le saisi n'a pas d'avoué, c'est par exploit à personne ou domicile que l'incident est engagé. Voir *supra*, formule n° 614.

9° Folle enchère [1].

638. Sommation à *l'adjudicataire de justifier de l'acquit des conditions exigibles de l'adjudication.*

Code PR. CIV., art. 734.

L'an............, le............[2], à la requête de M........ (*nom, prénoms, profession*), demeurant à............, créancier[3] ayant poursuivi la vente sur saisie immobilière de....... (*indiquer l'immeuble*), pour lequel domicile est élu à............, rue......., n°..........., dans l'étude de M°..........., avoué près le tri-

---

1. La folle enchère n'est pas recevable après une vente volontaire, lorsque l'acquéreur ne paie pas le montant des bordereaux (*J. Av.*, t. 75, p. 656, art. 993, lettre H).
L'adjudicataire d'un immeuble saisi peut être contraint au paiement de son prix, non seulement par voie de folle enchère, mais encore sur ses biens personnels, par toute voie de droit, et rien n'empêche qu'après avoir commencé une saisie immobilière, le créancier ne poursuive la folle enchère (*Ibid.*, p. 650, art. 993, lettre A).
2. Lorsque trente ans se sont écoulés sans aucune poursuite, et que la créance est éteinte par la prescription, l'action en folle enchère n'est plus recevable (*Q.* 2426 *quinq.* ; *Suppl. alphab.*, v° *Saisie immobilière*, n°s 1667 et s.).
S'il a été stipulé que, faute par l'adjudicataire de satisfaire aux conditions de la vente dans le délai prescrit, l'immeuble serait revendu à sa folle enchère sans sommation préalable, le vendeur peut bien poursuivre dès l'expiration du délai, mais ne peut pas se dispenser d'observer les formalités prescrites pour la revente
3. Le droit de poursuivre la folle enchère appartient à toute partie intéressée : au créancier poursuivant ; aux créanciers inscrits, même dont l'inscription se trouve périmée au moment où s'ouvre le droit de poursuivre la folle enchère : Toulouse, 4 mars 1864 (D. P. 64.2.72) ; au vendeur de l'immeuble non payé ; à l'avoué poursuivant, personnellement créancier des frais de poursuites envers l'adjudicataire ; au créancier simplement chirographaire colloqué dans l'ordre et porteur d'un bordereau : Bordeaux, 21 mars 1905 (*J. Av.*, t. 131, p. 151).
En ce qui concerne le saisi, les auteurs décident généralement qu'il a qualité pour exercer la poursuite de folle enchère : *Q.* 2426 *bis* ; *Suppl. alphab.*, v° *Saisie immobilière*, n° 1644 ; Garsonnet, t. 4, § 751, p. 398 ; Boitard, Colmet-Daâge et Glasson, t. 2, n° 1002 ; Cézar-Bru, n° 516, p. 226 ; Dalloz, *Suppl. au Rép.*, v° *Vente publique d'immeubles*, n° 420. Mais la solution contraire a été consacrée par un jugement du tribunal civil de Villefranche du 2 décembre 1898 (*J. Av.*, t. 124, p. 172).
Le créancier qui accorde purement et simplement un délai au fol enchérisseur, pour satisfaire aux charges de l'adjudication, n'est pas censé, pour cela, avoir renoncé à poursuivre la folle enchère, à l'expiration du délai (*Q.* 2426 *bis* ; *Suppl. alphab.*, v° *Saisie immobilière*, n°s 1641 et s.).
Pour décider quelle marche on devra suivre si la folle enchère est demandée concurremment par plusieurs parties intéressées, on applique par analogie l'art. 719 (*Q.* 2426 *ter* ; *Suppl. alphab.*, v° *Saisie immobilière*, n°s 1657 et s.).

bunal civil de........., j'ai..... (*immatricule de l'huissier*), soussigné, fait sommation à M.......... (*nom, prénoms, profession et domicile de l'adjudicataire*), au domicile par lui élu en l'étude de M^e............, avoué près le tribunal civil de......, y demeurant rue........, n°............, où étant et parlant à........, de, dans vingt-quatre heures [1] pour tout délai, justifier au requérant de l'accomplissement des charges et conditions [2] actuellement exigibles de l'adjudication prononcée à son profit par jugement du tribunal civil de......., le......, de...... (*indiquer l'immeuble*), vendu par suite de la saisie immobilière poursuivie contre M...... (*nom, prénoms, profession, domicile du saisi*), et notamment de justifier du paiement des frais de poursuite, des droits d'enregistrement et transcription, dont il est tenu aux termes des art. 7, 8, 10 et 17 du cahier des charges (*Voir* supra, *formule* n° 589) ; lui déclarant que, faute par lui de satisfaire à la présente sommation dans le délai indiqué, le requérant se fera délivrer par le greffier du tribunal le certificat prescrit par l'art. 734 C. pr. civ., et poursuivra en conséquence la revente sur folle enchère [3] de l'immeuble dont il s'agit. A ce qu'il n'en ignore.

Et je lui ai, audit domicile, en parlant comme ci-dessus, laissé copie du présent, sous enveloppe, etc......... Coût......
(*Signature de l'huissier.*)

---

1. On doit accorder un délai suffisant pour avoir la réponse de l'adjudicataire.
2. Les conditions autres que celles qui consistent en des paiements dont l'inexécution donne lieu à la folle enchère sont très nombreuses et très variables. Ce sont toutes les clauses et obligations imposées par le cahier des charges (*Q.* 2426 *quat.; Suppl. alphab., verb. cit.,* n°ˢ 1659 et suiv.; Garsonnet, t. 4, § 749, p. 393).
Cependant, l'adjudicataire qui refuse de payer les rentes énoncées dans un dire consigné au cahier des charges ne peut être poursuivi par la voie de folle enchère. Il ne peut l'être même quand ce dire a été consacré par un jugement rendu entre le poursuivant et la partie saisie. Ce jugement ne saurait lier les créanciers inscrits qui n'ont pas été préalablement appelés. L'adjudicataire ne doit payer le prix qu'après la procédure d'ordre et aux porteurs de bordereaux réguliers (*J. Av.*, t. 76, p. 619, art. 1181). Voir *supra*, p. 556, note 1.
Lorsqu'un adjudicataire ne remplit pas les clauses de son adjudication, les reventes partielles qu'il aurait pu consentir, quand même il resterait des biens suffisants pour acquitter le prix principal et les intérêts, ni les poursuites de saisie immobilière exercées par ses créanciers personnels, ne sont un obstacle à la revente de la totalité sur folle enchère (*Q.* 2426 *bis*), pourvu que la folle enchère soit poursuivie et dénoncée dans les formes de l'art. 717.
Le paiement d'une partie du prix n'empêche pas de poursuivre la folle enchère pour le paiement du surplus (*J. Av.*, t. 75, p. 655, art. 993, lettre E).
Pour échapper à la folle enchère, l'adjudicataire n'est pas recevable à prétendre que le chiffre de la créance du poursuivant n'est pas encore déterminé ; il est passible de cette poursuite quand il ne remplit pas les conditions de son adjudication ; pour se mettre à l'abri, il doit consigner son prix, même lorsque le cahier des charges lui impose l'obligation de ne pas consigner. Seulement, dans ce cas, en consignant, il doit se soumettre au paiement de la différence entre le taux des intérêts payés par la caisse des consignations et le taux fixé par le cahier des charges (*Ibid.*, lettre F).
3. La folle enchère doit être poursuivie devant le tribunal qui a prononcé l'adjudication (*Q.* 2426 *sex.; Suppl. alphab.,* v° *Saisie immobilière,* n°ˢ 1670 et s.).

Remarque. — Cette sommation n'est pas indispensable ; aucune disposition légale ne la prescrit. Elle est seulement admise par l'usage. On pourrait donc se faire délivrer immédiatement par le greffier le certificat constatant le défaut d'exécution des clauses exigibles, et poursuivre la revente sur folle enchère sans sommation préalable, du moins avant la délivrance à l'adjudicataire de la grosse du jugement d'adjudication (Voir *supra*, formule n° 589, art. 9.)

---

639. Réquisition et Certificat *pour parvenir à la revente sur folle enchère* [1].

CODE PR. CIV., art. 734.

L'an...., le............ (*date*), au greffe et par-devant nous, greffier du tribunal de première instance de........, au palais de justice, a comparu M°............, avoué de M.......... (*nom, prénoms, profession*), demeurant à.........., lequel nous a dit que, par exploit en date du............, enregistré, M...... a fait faire sommation à M..... (*nom, prénoms, profession, domicile*), de satisfaire aux conditions de l'adjudication ci-après énoncée, exigibles avant la délivrance du jugement d'adjudication, et que cette sommation est restée sans effet ; qu'en conséquence, il nous requérait de lui délivrer le certificat prescrit par l'art. 734 C. pr. civ., pour parvenir à la vente sur folle enchère de.......... (*énoncer l'immeuble*), situé à.........., dont M........ s'est rendu adjudicataire, suivant jugement du..., moyennant, en sus des charges, le prix principal de........, et a, ledit M°..........., signé.

(*Signature de l'avoué.*)

---

1. La folle enchère est poursuivie, suivant les circonstances, ou en vertu du certificat du greffier, s'il y a inexécution des conditions qui doivent être remplies avant la délivrance du jugement ; ou en vertu du jugement même (dont on obtient une seconde grosse que l'on signifie, conformément à la formule *infra*, n° 642 ; voir aussi *supra*, formule n° 589, art. 9), si la condition doit être remplie après la levée du jugement, mais avant la délivrance des bordereaux de collocation, ou enfin en vertu de ces mêmes bordereaux (Q. 2428 ; *Suppl. alphab., verb. cit.*, n°s 1673 et suiv.). Voir aussi Cass., 30 octobre 1893 (S. 96.1.117) et 26 mai 1894 (S. 96.1.123 et D.P. 94.1.547).
La folle enchère peut être poursuivie pour le remboursement des frais et loyaux coûts dus à l'acquéreur, aux termes de l'art. 2188 C. civ., en vertu du certificat du greffier, quoique le jugement d'adjudication sur surenchère ait été délivré et lors même que cet adjudicataire oppose à ce remboursement une action en indemnité pour réparations. Toulouse, 8 août 1845 (*J. Av.*, t. 75, p. 657, art. 993, lettre A).
L'adjudicataire sur surenchère qui a désintéressé le vendeur peut, après l'annulation de la surenchère, et lorsqu'aucun ordre n'a été ouvert, parce qu'il n'y avait pas de créanciers inscrits, poursuivre contre l'adjudicataire primitif, par voie de folle enchère, la restitution de son prix, en lui faisant signifier le jugement d'adjudication annulé et la quittance du vendeur. Cass., 18 mars 1850 (*Ibid.*, lettre B).

Déférant à cette réquisition, nous, greffier soussigné, certifions que M......... n'a pas satisfait à toutes les conditions exigibles du jugement d'adjudication susdaté, et notamment qu'il ne nous a pas été justifié par M........... du paiement des frais de la poursuite de saisie immobilière dont il s'agit;

En foi de quoi, nous avons délivré le présent certificat, lesdits jour, mois et an.

(*Signature du greffier.*)

640. Opposition *entre les mains du greffier à la délivrance du certificat*

Code PR. CIV., art. 734.

L'an.........., le..........., au greffe et par-devant nous, greffier du tribunal civil de première instance de.........., au palais de justice, a comparu M........ (*nom, prénoms, profession*) [1], demeurant à.........., pour lequel domicile est élu en l'étude de M^e........, avoué près ce tribunal, lequel, assisté dudit M^e....., a dit qu'une sommation qui lui a été notifiée le.......... lui a appris que M.... (*nom, prénoms, profession*), demeurant à......., ayant poursuivi la vente par suite de la saisie immobilière pratiquée à sa requête sur M........ (*nom, prénoms, profession*), demeurant à.........., de........ (*énoncer l'immeuble*), adjugé à M^e......, qui a déclaré le requérant adjudicataire, par jugement de ce tribunal, en date du.........., enregistré, était dans l'intention de requérir de nous, greffier, la délivrance d'un certificat constatant le défaut d'accomplissement des conditions actuellement exigibles du jugement d'adjudication; que le comparant s'oppose à la délivrance de

---

1. Il peut y avoir opposition à la délivrance du certificat de la part de toute partie ayant droit de poursuivre la folle enchère. Cette opposition peut être occasionnée par toute contestation sur l'exécution des clauses et conditions du cahier des charges. La procédure s'engage, quoique ce soit un incident, par assignation régulière, sans constitution d'avoué, puisque le ministère de ces officiers publics n'est pas requis en matière de référé (Q. 2427 ; *Suppl. alphab.*, v° *Saisie immobilière*, n°s 1670 *ter* et s.). Voir *infra*, formule n° 641.

L'opposition à la délivrance du certificat, prévue par l'art. 734 C. pr. civ., doit nécessairement être antérieure à cette délivrance. Après la délivrance, l'adjudicataire n'a d'autre moyen à prendre pour faire tomber les poursuites que la voie de la demande en nullité, fondée sur ce qu'il a rempli toutes les conditions exigibles de l'adjudication (Voir *supra*, formule n° 635). L'adjudicataire pourrait prévenir les poursuites de folle enchère en donnant avenir à l'avoué du poursuivant pour voir dire que c'est à tort qu'il a obtenu la délivrance du certificat; que ce certificat sera considéré comme non avenu, et qu'il ne pourra passer outre aux poursuites de folle enchère; dans ce cas, l'adjudicataire devrait se soumettre au paiement des dépens exposés, parce qu'il aurait à se reprocher de n'avoir pas fait les justifications prescrites en temps utile. Il en serait autrement si le greffier avait prématurément délivré le certificat.

ce certificat, attendu........ (*exposer les motifs de cette opposition, tels que le paiement ou la consignation des frais de poursuite et des droits d'enregistrement*); qu'il proteste donc contre toute réquisition du certificat, pour parvenir à la revente sur folle enchère faite au nom de M..., sous la réserve de tous dommages-intérêts;

Desquelles comparution et opposition le comparant a requis acte, et a signé avec M^e...., et nous, greffier, après lecture.

(*Signatures de la partie, de l'avoué et du greffier.*)

Remarque. — Cette opposition peut être consignée à la suite de la minute du jugement d'adjudication.

L'avoué de l'adjudicataire pourrait valablement former l'opposition par acte au greffe, sans que son client comparût en personne.

L'opposition peut également être formée par exploit signifié au greffier dans la forme ordinaire, et contenant les mêmes énonciations que l'acte précédent.

---

641. Assignation *en référé afin d'obtenir le certificat du greffier, nonobstant l'opposition.*

CODE PR. CIV., art. 734.

L'an......, le....., à la requête de M.... (*nom, prénoms, profession*), demeurant à......, ayant poursuivi la vente par voie de saisie immobilière de..... (*énoncer l'immeuble*), pour lequel domicile est élu à....., rue....., n°......, dans l'étude de M^e...., avoué près le tribunal civil de......, j'ai....... (*immatricule de l'huissier*), soussigné, donné assignation à M.... (*nom, prénoms, profession*), demeurant à......, rue......, n°......, adjudicataire dudit immeuble, au domicile par lui élu en l'étude de M^e......, avoué près le tribunal civil de......, rue......, n°......., où étant et parlant à....., à comparaître le......, heure de...., par-devant M. le président du tribunal civil de première instance de...., tenant l'audience des référés, lieu ordinaire desdites audiences, au palais de justice, à......, pour, attendu que, le requérant ayant voulu obtenir du greffier du tribunal civil de...... le certificat constatant le défaut d'accomplissement de la part de M...... des conditions exigibles du jugement d'adjudication du...., et, notamment, le défaut de paiement des frais de poursuites, M...... a formé opposition à la délivrance de ce certificat, par acte dressé au greffe du tribunal, le....... (*ou par exploit signifié au greffier du tribunal, le.....*); que cette opposition est basée sur ce que..... (*énoncer les motifs de l'opposition*); attendu que cette opposition n'est pas fondée; qu'en effet..... (*exposer les raisons qui font obstacle à ce qu'il soit tenu compte de l'opposition*); Par ces motifs; au principal, voir les parties renvoyées à se pourvoir, et cependant, dès à présent, et par provision, vu l'urgence, voir dire que, sans s'arrêter ni avoir égard à ladite opposition, le requérant sera autorisé à se faire délivrer par le greffier le certificat constatant l'inexécution par M..... des conditions de l'adjudication actuellement exigibles, ce qui sera exécuté par provision, nonobstant appel.

Et je lui ai, audit domicile élu, parlant comme ci-dessus, laissé copie du présent, sous enveloppe, etc. Coût...

(Signature de l'huissier.)

Remarque. — Cette assignation doit être donnée au délai d'un jour franc, soit au domicile élu de droit chez l'avoué qui a enchéri, soit au domicile élu dans l'acte d'opposition.

Elle est suivie de l'ordonnance du président dans la forme des référés (Voir t. 2, formule n° 1044). Cette ordonnance [1] doit être signifiée à personne ou domicile (Voir t. 2, formule n° 1045), avant la continuation des poursuites.

---

642. **Signification** *du bordereau de collocation dans l'ordre avec commandement tendant à folle enchère.*

Code PR. CIV., art. 735.

L'an....., le....., à la requête de M...... *(nom, prénoms, profession)*, demeurant à......., pour lequel domicile est élu à....., rue......, n°......., dans l'étude de M°......, avoué près le tribunal civil de première instance de....., j'ai..... *(immatricule de l'huissier)*, soussigné, signifié et en tête [de celle] des présentes laissé copie à M..... *(nom, prénoms, profession)*, demeurant à...., adjudicataire de l'immeuble ci-après désigné, audit domicile où étant et parlant à......, de la grosse dûment en forme exécutoire d'un bordereau de collocation délivré au requérant dans l'ordre ouvert au greffe du tribunal civil de première instance de......., sur le prix moyennant lequel, en sus des charges, M....... s'est rendu adjudicataire de.... *(énoncer l'immeuble)*, ledit ordre réglé définitivement par M..... juge-commissaire, le....; et à même requête, et en vertu dudit bordereau, j'ai fait commandement à M......., en parlant comme ci-dessus, de, dans vingt-quatre heures pour tout délai, payer au requérant ou à moi, huissier, porteur des pièces, la somme totale de...... francs, composée de....... *(énoncer le principal, les intérêts et les frais)*, montant des causes énoncées audit bordereau de collocation; lui déclarant que, faute par lui de satisfaire au présent commandement, il y sera contraint par toutes les voies de droit, et notamment par la revente à sa folle enchère de l'immeuble susénoncé, à lui adjugé suivant jugement du tribunal

---

1. L'ordonnance que rend, dans ce cas, le président, est susceptible d'appel (Q. 2427 bis; Suppl. alphab., v° Saisie immobilière, n°s 1672 bis et s.).

civil de........, en date du........, enregistré. A ce qu'il n'en ignore.

Et je lui ai, audit domicile, parlant comme ci-dessus, laissé copie du présent, sous enveloppe, etc. Coût.....

(*Signature de l'huissier.*)

Remarque.— Lorsque le jugement d'adjudication impose à l'adjudicataire l'obligation de consigner tout ou partie de son prix avant le règlement de l'ordre, les créanciers inscrits peuvent lui faire sommation d'opérer le dépôt, sous peine d'être poursuivi comme fol enchérisseur, et se faire délivrer par le greffier, sur la représentation de l'original de la sommation, une deuxième expédition du jugement d'adjudication afin de poursuivre la folle enchère (Voir *supra*, p. 636, note 1.)

La sommation se rédige dans une forme analogue à celle du commandement qui précède.

---

643. Affiche *annonçant la revente sur folle enchère* [1].

CODE PR. CIV., art. 735.

VENTE SUR FOLLE ENCHÈRE, APRÈS SAISIE IMMOBILIÈRE

Il sera procédé le....., en l'audience des saisies immobilières du tribunal civil de première instance de..., séant au palais de justice à..., heure de......;

En vertu : 1° d'une clause du jugement d'adjudication ci-après énoncé, et faute par M...... (*nom, prénoms, profession*), adjudicataire, demeurant à....., d'avoir justifié de l'acquit des conditions exigibles de l'adjudication, ainsi qu'il résulte d'un certificat délivré par le greffier du tribunal de première instance de......, le......, enregistré (*ou bien*: d'avoir payé le bordereau de collocation délivré à M..., créancier inscrit, dans l'ordre ouvert après cette adjudica-

---

1. L'art. 735 veut que, pour parvenir à la vente sur folle enchère, il soit apposé de nouveaux placards et inséré de nouvelles annonces dans la forme ci-dessus prescrite. Par ces mots : *dans la forme ci-dessus prescrite*, il faut entendre qu'on doit se conformer aux art. 696 et 699 (*Q.* 2428 *quat.*; *Suppl. alphab.*, *verb. cit.*, n° 1683 ; *J. Av.*, t. 75, p. 661, art. 993, lettre c.) Voir *supra*, formules n°s 595 à 598.

On doit passer en taxe des frais d'impression pour les nouveaux placards prescrits par l'art. 735, et destinés à annoncer la revente sur folle enchère (*Q.* 2428 *ter* ; *Suppl. alphab.*, *verb. cit.*, n° 1682).

Les délais dont parle l'art. 735, pour arriver à la revente sur folle enchère, sont francs. Ces mots de l'article : *trois jours après la signification du bordereau avec commandement*, ne signifient pas que le poursuivant est tenu, à peine de nullité, de faire apposer les placards le quatrième jour, mais bien que les placards ne peuvent pas être apposés avant l'expiration de ces trois jours (*Q.* 2428 *quinq.* ; *Suppl. alphab.*, v° *Saisie immobilière*, n°s 1684 et s.). Voir aussi *J. Av.*, t. 100, p. 92.

tion, ledit bordereau signifié à M......, avec commandement, par exploit de......, en date du......, enregistré) ; 2° de l'art. 733 C. pr. civ.;

À la requête de M....... (*nom, prénoms, profession*), demeurant à......, créancier de M......, pour lequel domicile est élu à..., rue......, n°........, dans l'étude de M°......., avoué près le tribunal de première instance de......, lequel occupera pour lui sur la présente poursuite ;

À la revente sur folle enchère d'un.... (*énoncer l'immeuble*), dont la désignation suit :

DÉSIGNATION

(*Copier la désignation qui est dans le cahier des charges.*)

Cet immeuble et ses dépendances ont été adjugés à M....... par jugement du tribunal de première instance de......., le...., rendu sur la saisie immobilière pratiquée contre M........ (*nom, prénoms, profession*), demeurant à...., par M..... (*nom, prénoms, profession*), demeurant à......, ayant pour avoué M°....., suivant procès-verbal du....., transcrit au bureau des hypothèques de...., le...., vol...., n°....., moyennant la somme principale de......, outre les charges.

MISE A PRIX

La revente sur folle enchère se fera aux clauses et conditions insérées dans le cahier des charges déposé, pour parvenir à l'adjudication, au greffe de ce tribunal, et en outre, à la charge des frais de folle enchère, et sur la mise à prix de..... (*en lettres*), ci.......

Il est déclaré..... (Voir *supra*, formule n° 595) [1].

Fait et rédigé par M°....., avoué poursuivant soussigné.

A....., le....

(*Signature de l'avoué.*)

Remarque. — Lorsque la folle enchère est poursuivie par le créancier qui a dirigé les poursuites de saisie immobilière (ce qui devrait se faire toutes les fois que ce créancier n'est pas désintéressé, voir *infra*, p. 133, note 3), la formule qui précède subit, quant à la désignation de celui qui a poursuivi la saisie, une légère modification. Dans la pratique, c'est ordinairement l'avoué du créancier non payé qui poursuit la folle enchère.

---

1. Cet avertissement ne doit être mis dans les affiches et les annonces qu'autant que la folle enchère est poursuivie avant la transcription du jugement d'adjudication.

644. Sommation *aux avoués de l'adjudicataire et du saisi d'assister à l'adjudication sur folle enchère.*

Code PR. CIV., art. 736.

A la requête de M....... (*nom, prénoms, profession*), demeurant à....., poursuivant la revente par voie de folle enchère de l'immeuble ci-après désigné, ayant M^e..... pour avoué, soit signifié [1] et déclaré à : 1° M^e..., avoué de M..... (*nom, prénoms, profession, domicile*), adjudicataire dudit immeuble ; 2° M^e..., avoué de M... (*nom, prénoms, profession, domicile*), partie saisie, que la revente sur folle enchère de... (*énoncer l'immeuble dont il s'agit*) aura lieu le [2]..., à l'audience des saisies immobilières du tribunal de......., heure de.......; soient, en conséquence, sommés les susnommés d'être présents et d'assister, si bon leur semble, à l'adjudication dont s'agit ; leur déclarant qu'il y sera passé outre, tant en leur absence qu'en leur présence. Dont acte.

Pour original (*ou* copie). *(Signature de l'avoué.)*
Signifié, laissé copie, etc.

Remarque. — Si la partie saisie ou l'adjudicataire n'a pas d'avoué, cette sommation lui est signifiée par exploit dans la forme ordinaire (*J. Av.*, t. 75, p. 662, art. 993, lettre c).

---

645. Requête *et* **Ordonnance** *pour obtenir la fixation provisoire des frais de folle enchère.*

Code PR. CIV., art. 738.

A M. le président du tribunal civil de première instance de....

M..... (*nom, prénoms, profession*), demeurant à....., ayant pour avoué M^e....., a l'honneur de vous exposer, Monsieur le Président,

---

1. Le délai dans lequel doivent être signifiés les jour et heure de l'adjudication est franc (*Q.* 2429, et *J. Av.*, t. 75, p. 662, art. 993, lettre A).
La signification ne doit pas être faite aux créanciers inscrits (*Q.* 2429 *bis*; *Suppl. alphab.*, *verb. cit.*, n° 1696). Cependant cette signification serait bien utile pour avertir les créanciers inscrits si, conformément à la jurisprudence généralement établie, on leur refuse le droit de surenchérir (*J. Av.*, t. 75, p. 266, art. 993, lettre D).
Elle doit être faite à domicile réel ou élu (*Q.* 2429 *ter*; *Suppl. alphab.*, v° *Saisie immobilière*, n°s 1697 et s.; Garsonnet, t. 4, § 752, p. 408, note 24). Voir *supra*, p. 521, note 1.
Lorsque la signification est faite au domicile du saisi ou de l'adjudicataire, les délais de distance doivent être observés (*Q.* 2429 *quat.*, et *J. Av.*, t. 75, p. 662, art. 993, lettre D). Voir cependant Paris, 5 juillet 1851 (*J. Av.*, t. 77, p. 97, art. 1212).
2. Si l'adjudication sur folle enchère est retardée par un incident, il est bon de faire notifier de nouveau au fol enchérisseur le jour de l'adjudication (*Q.* 2199, et *J. Av.*, t. 76, p. 481, art. 1144, lettre A).

que, suivant jugement de ce tribunal en date du...., enregistré, il s'est rendu adjudicataire de...... (*énoncer l'immeuble*), vendu par suite de la saisie immobilière pratiquée sur M..... (*nom, prénoms, profession, domicile*), à la requête de M..... (*nom, prénoms, profession, domicile*); que l'exposant s'étant trouvé dans l'impossibilité momentanée de justifier de l'acquit des conditions exigibles de l'adjudication à M..... (*nom, prénoms, profession, domicile*), créancier inscrit sur cet immeuble, parce que.... (*exposer succinctement les causes qui ont empêché cette justification*), M......., après avoir obtenu du greffier du tribunal un certificat constatant que ces conditions n'avaient pas été remplies, a fait apposer les affiches pour parvenir à la revente de cet immeuble sur folle enchère; qu'aujourd'hui, l'exposant se trouve en mesure de satisfaire aux conditions de l'adjudication; mais qu'il doit, en outre, aux termes de l'art. 738 C. pr. civ., justifier de la consignation d'une somme réglée par vous, pour faire face aux frais des poursuites de folle enchère, afin d'arrêter les poursuites [1]; pourquoi l'exposant requiert qu'il vous plaise, Monsieur le Président, l'autoriser à déposer à la caisse des consignations, avec affectation spéciale aux frais de la folle enchère dont il s'agit, telle somme que vous voudrez bien provisoirement fixer, et, vu l'urgence, ordonner l'exécution de votre ordonnance sur minute,

Sous toutes réserves. Et ce sera justice.

(*Signature de l'avoué.*)

ORDONNANCE

Nous, président, vu la requête qui précède et les pièces à l'appui, ensemble l'art. 738 C. pr. civ., disons qu'en déposant à la caisse des consignations [2] la somme de......, à laquelle nous évaluons

---

1. La justification de l'acquit des conditions de l'adjudication et de la consignation de la somme réglée par le président du tribunal pour les frais de folle enchère empêche l'adjudication (art. 738).

On doit entendre ces mots : *de l'acquit des conditions*, comme s'il y avait: *de l'exécution des conditions*. A plus forte raison y aurait-il lieu de ne pas procéder à l'adjudication, si l'adjudicataire avait consigné la totalité des frais et de son prix d'achat (Q. 2430; *Suppl. alphab.*, *verb. cit.*, n° 1715).

Le poursuivant qui, au lieu de demander à l'instant la justification de l'acquit des charges de l'adjudication, s'est borné à contester purement et simplement le règlement des frais, n'est pas censé pour cela avoir renoncé à exiger cette justification avant que les frais soient définitivement réglés (Q. 2426 *bis*).

Les héritiers d'un adjudicataire ne peuvent arrêter les poursuites de la folle enchère dirigées contre leur auteur en licitant les biens adjugés devant un tribunal autre que celui saisi de la folle enchère, lors même qu'ils chargeraient l'acquéreur sur licitation de donner son prix au créancier qui poursuit la folle enchère (Q. 2426 *sex.*; *Suppl. alphab.*, v° *Saisie immobilière*, n° 1670).

2. Le président ne peut pas ordonner la consignation des frais au greffe ou dans les mains de l'avoué; les consignations ne peuvent avoir lieu qu'à la Caisse des dépôts et consignations (Q. 2430 *bis*: *Suppl. alphab.*, v° *Saisie immobilière*, n°s 1716 et 1717).

provisoirement les frais de folle enchère [1], et en justifiant de l'accomplissement des conditions du jugement d'adjudication, l'exposant sera admis à obtenir la cessation des poursuites de folle enchère dirigées contre lui, et, vu l'urgence, ordonnons l'exécution sur la minute de la présente ordonnance.

A...., le....

(Signature du président.)

Remarque. — La requête, l'ordonnance et le récépissé délivré par la caisse des consignations (voir *supra*, formule n° 476), doivent être signifiés, avec les autres pièces justifiant l'acquit des conditions de l'adjudication, à l'avoué du poursuivant, ainsi qu'il suit.

---

645 bis. Signification *à l'avoué du poursuivant de la requête, de l'ordonnance, du récépissé de la caisse des consignations et des pièces justifiant l'acquit de conditions exigibles de l'adjudication.*

CODE PR. CIV., art. 738.

A la requête de M...... (*nom, prénoms, profession*), demeurant à......, ayant pour avoué Mᵉ...., soit signifié et en tête [de celle] des présentes donné copie à Mᵉ..., avoué de M... (*nom, prénoms, profession, domicile du poursuivant*) : 1° d'une ordonnance rendue par M. le président du tribunal civil de....., le....., enregistrée, mise au bas de la requête à lui présentée le même jour, ensemble de ladite requête ; 2° d'un récépissé délivré par le préposé de la caisse des consignations de....., en date du....., enregistré, constatant le dépôt dans ladite caisse ledit jour de la somme de...., fixée par l'ordonnance précitée comme évaluation provisoire des frais de la procédure de folle enchère suivie contre le requérant par M......; 3° d'une quittance en date du......., enregistrée, délivrée par Mᵉ....., avoué, de laquelle il résulte que le montant intégral des frais de poursuite de saisie immobilière et de remise proportionnelle dus à cet officier ministériel lui a été payé ; 4°...... (*énumérer ainsi successivement les pièces justifiant l'acquit des conditions exigibles de l'adjudication*) ; déclarant au susnommé qu'il lui est donné copie des pièces dont l'énonciation précède afin d'obtenir, conformément à l'art. 738 C. pr. civ., qu'il ne soit pas procédé à l'adjudication annoncée par l'audience du......, le requérant ayant l'intention d'invoquer à cette audience les justifications qui résultent des pièces ci-dessus pour empêcher que l'adjudication ne soit prononcée, et de conclure à la condamnation de M...... aux dépens, en cas de contestation. Dont acte.

Pour original (*ou* copie).   *(Signature de l'avoué.)*

Signifié, donné copie, etc.

---

1. Le règlement fait par le président est inattaquable (*Q*. 2430 *quat.*). Quelques auteurs admettent la voie de l'opposition (*J. Av.*, t. 76, p. 33, art. 995, lettre B). Voir aussi *Suppl. alphab.*, v° *Saisie immobilière*, n°ˢ 1721 et s.

Remarque. — Si la folle enchère est poursuivie par un créancier porteur d'un bordereau de collocation, l'adjudicataire, pour empêcher l'adjudication, doit : 1° obtenir, par une requête conforme à la formule n° 645, la fixation des frais de folle enchère ; 2° signifier cette requête, l'ordonnance, le récépissé de la caisse des consignations au poursuivant, avec offres du montant du bordereau, en lui déclarant que, faute par lui de renoncer volontairement aux poursuites, le requérant fera juger, avec dépens, par le tribunal, qu'il n'y a point lieu de procéder à cette adjudication.

646. Jugement *qui déclare qu'il ne sera pas procédé à l'adjudication.*

Code PR. CIV., art. 778.

Si le poursuivant, averti par la signification dont la formule précède, se tient pour satisfait, il ne requiert pas l'adjudication, et l'adjudicataire poursuivi en folle enchère peut, ou garder le silence, ou bien demander acte au tribunal de la renonciation aux poursuites : si le poursuivant conteste la suffisance des justifications, il est statué en ces termes :

Le tribunal....., etc.,

Attendu que diverses pièces produites par M....., et dénoncées à M......, par acte d'avoué en date du....., justifient de l'acquit des conditions exigibles de l'adjudication et de la consignation de la somme réglée par M. le président pour les frais de folle enchère ; qu'il y a donc lieu, conformément aux termes de l'art. 738 C. pr. civ., de ne point procéder à l'adjudication ; attendu que les difficultés soulevées par M..... ne sont pas fondées, et que les frais qu'elles ont nécessités doivent être mis à sa charge ; Par ces motifs ; déclare qu'il ne sera point passé outre à l'adjudication ; condamne M... aux dépens de l'incident, liquidés à..., et en fait distraction, etc.

647. Jugement *qui prononce la remise de l'adjudication sur folle enchère.*

Code PR. CIV., art. 737.

Le tribunal....., etc.;

Attendu..... (*motifs*) ;

Attendu que la demande est formée par M....., poursuivant la folle enchère, seul autorisé [1], aux termes de l'art. 737 C. pr. civ.,

---

1. Le poursuivant est seul recevable à demander directement un sursis à l'adjudication sur folle enchère (*J. Av.*, t. 75, p. 662, art. 993).

à obtenir un sursis à l'adjudication, et que les causes qu'il invoque sont graves et dûment justifiées [1] ; Par ces motifs ; dit que l'adjudication annoncée pour aujourd'hui est remise au...., jour auquel il y sera procédé, après de nouvelles affiches et annonces, conformément aux art. 704 et 741 du même Code ; condamne M....... (*fol enchérisseur*) aux dépens, qui seront employés en frais de poursuite, et payés par privilège sur le prix provenant de l'adjudication ; dont distraction, etc.

Remarque. — La remise est demandée par le poursuivant par de simples conclusions prises à la barre, le jour où il devait être procédé à l'adjudication, ou par un simple acte contenant avenir, lorsque le renvoi est demandé avant l'audience fixée pour l'adjudication (Voir *supra*, formule n° 599).

---

648. Acte *pour demander la nullité d'une procédure de folle enchère* [2].

CODE PR. CIV., art. 739.

La peine de nullité est attachée à l'inobservation des formalités et des délais prescrits par les art. 734, 735, 736 et 737. Cette nullité est proposée par un simple acte conforme à la formule supra, n° 635.

Remarque. — Les jugements qui prononcent ou repoussent les nullités proposées sont conçus comme la formule *supra*, n° 636. Mais au lieu de ne faire remonter la nullité que jusqu'à l'acte vicié, ils annulent toute la procédure de folle enchère [3]. S'ils sont rendus par défaut, aucune opposition n'est recevable : Alger, 7 déc. 1904 (*J. Av.*, t. 131, p. 113) ; mais ils peuvent être attaqués par la voie de l'appel. Voir *infra*, p. 660, note 1, *in fine*

---

[1]. Cette adjudication peut être remise, comme l'adjudication première, pour causes graves et dûment justifiées (*Suppl. alphab.*, verb. cit., n° 1724 ; Garsonnet, t. 4, § 752, texte et note).

[2]. La négligence du poursuivant peut donner lieu, suivant les circonstances, à une demande en nullité ou à une demande en subrogation.

La subrogation, en effet, est admissible au profit d'un créancier, dans une procédure de folle enchère (Q. 2431 *ter*). Voir *supra*, formule n° 626.

L'art. 739 veut que les nullités en matière de folle enchère soient proposées et jugées comme il est dit en l'art. 729. Voir *supra*, p. 627, note 2.

On entend ici par nullités celles qui touchent à la forme comme celles qui touchent au fond (Q. 2431 ; *Suppl. alphab.*, v° *Saisie immobilière*, n°s 1725 et suiv.) Voir par exemple Cass., 12 février 1896 (D. P. 96.1.245 et S. 97.1.27) et 9 juin 1896 (D. P. 97.1.43).

C'est aussi par action principale qu'il faut se pourvoir contre une adjudication, prononcée alors que le délai légal entre les affiches et l'adjudication n'a pas été observé, parce qu'entre l'apposition de ces affiches et l'adjudication, un jugement a accordé un sursis aux poursuites (*J. Av.*, t. 74, p. 27, art. 661).

[3]. S'il y a nullité, toute la procédure de folle enchère doit être annulée (Q. 2431 *bis*, et *J. Av.*, t. 76, p. 34, art. 995, lettre B).

649. Jugement *d'adjudication sur folle enchère.*

Code *PR. CIV.*, art. 739.

Ce jugement[1] est rédigé comme ceux qui constatent l'adjudication première et l'adjudication sur surenchère. Voir supra, formules n°s 602 et 612. Il est terminé, lorsqu'il y a différence en moins dans le prix de la seconde adjudication, par cette disposition :

---

1. Le fol enchérisseur ne peut pas se prévaloir des dispositions de l'art. 2172 C. civ. et délaisser l'immeuble pour éviter la revente sur sa tête (*Q.* 2432). Aussi y a-t-il nullité de la sommation de payer ou de délaisser, adressée à un adjudicataire sur saisie immobilière (*Suppl. alphab.*, v° *Saisie immobilière*, n°s 1753 et s.).

Le fol enchérisseur est tenu de la différence entre son prix et celui de la revente sur folle enchère, sans pouvoir réclamer l'excédant, lequel est payé aux créanciers ou à la partie saisie (art. 740).

Lorsque des immeubles ont été adjugés en plusieurs articles et par des adjudications séparées au même adjudicataire, et que, lors d'une revente par suite de folle enchère, il se trouve sur les uns une différence en plus, et sur les autres une différence en moins, il ne peut pas y avoir de compensation à l'égard du fol enchérisseur, qui demeure tenu de la différence en moins, sans pouvoir profiter de la différence en plus (*Q.* 2432 *quater*; *Suppl. alphab.*, v° *Saisie immobilière*, n°s 1755 et s.).

Les juges peuvent, sur la demande de l'un des créanciers inscrits, ordonner que la différence due par le fol enchérisseur, entre son prix et celui de la revente, soit consignée par ce dernier avant toute distribution (*J. Av.*, t. 76, p. 320, art. 1084).

Les remboursements auxquels le fol enchérisseur peut prétendre sont ceux des droits d'enregistrement, et des frais de poursuite qu'il a payés au créancier poursuivant (*Q.* 2432 *quat.*; *Suppl. alphab.*, *verb. cit.*, n° 1755 et s.).

Toutefois, si le prix de la revente est inférieur à celui de la première adjudication, l'adjudicataire définitif n'est tenu de rembourser que les droits d'enregistrement qui seraient dus sur le prix de son adjudication, si le fol enchérisseur ne les avait déjà acquittés, le surplus demeurant à la charge de ce fol enchérisseur. Si le prix de la revente est suffisant, il faut aussi rembourser les sommes payées par le fol enchérisseur aux créanciers inscrits, à moins qu'une clause du cahier des charges n'ait, à cet égard, interdit toute répétition. Une semblable clause doit être interprétée en ce sens que, si le fol enchérisseur n'a pas droit au remboursement des sommes payées, il peut, du moins, opposer ces paiements, jusqu'à due concurrence, aux créanciers qui le poursuivent pour le contraindre à payer la différence entre les deux prix d'adjudication ; mais, quel que soit l'excédant produit par la seconde adjudication, le fol enchérisseur ne peut en profiter pour obtenir un remboursement, contrairement à la clause prohibitive du cahier des charges (*J. Av.*, t. 76, p. 43, art. 995, lettre D, et t. 77, p. 258, art. 1253).

Le fol enchérisseur ne peut pas se faire rembourser, sur le prix à provenir de l'adjudication, conséquence de la folle enchère, les frais de notification auxquels a donné lieu son adjudication, pour arriver à la purge (*Ibid.*, p. 46, art. 995, lettre D *ter*).

Le fol enchérisseur n'a pas droit au remboursement des impenses qui ont amélioré l'immeuble, lorsque l'adjudication sur folle enchère ne produit qu'un prix inférieur à celui de la première (*Ibid.*, lettre D *bis*).

Lorsque l'adjudication sur folle enchère produit un prix supérieur à celui de la première adjudication, et qu'il est constant que cette différence provient de la plus-value résultant des constructions et travaux faits par le fol enchérisseur, c'est à ce fol enchérisseur ou à ses ayants droit que doit être attribuée cette différence, et non aux créanciers hypothécaires inscrits avant sa mise en possession. Paris, 26 juin 1851 (*Ibid.*, p. 433, art. 1119).

Il a été jugé que l'adjudicataire sur folle enchère doit rembourser au fol enché-

Condamne M....., fol enchérisseur, à payer, à qui de droit, la somme de......, différence entre le prix de l'adjudication qui lui avait été consentie et celui de l'adjudication sur folle enchère.

Remarque. — Ce jugement est suivi, dans les délais, de la déclaration de command (Voir *supra*, formule n° 603) ; il est signifié au fol enchérisseur, qui est obligé de délaisser les immeubles qu'il détenait en vertu de l'adjudication résolue par la folle enchère (Voir *supra*, formule n° 605) [1].

---

risseur ou payer à sa libération les frais d'adjudication et de déclaration de command ; que les frais de la première procédure sont, à l'égard de l'adjudicataire sur folle enchère, une portion du prix de vente et comme tels productifs d'intérêts à partir du jour de l'adjudication (*J. Av.*, t. 76, p. 341, art. 1093).

Dans le cas où le prix de l'adjudication sur folle enchère est inférieur au prix pe l'adjudication primitive, les créanciers inscrits n'ont qu'une action personnelle contre le premier adjudicataire pour la différence entre les deux adjudications (*J. Av.*, t. 76, p. 620, art. 1181).

Ce n'est pas aux créanciers inscrits dans l'ordre de leurs inscriptions, mais à tous les créanciers du saisi, que doit être distribuée la somme qu'un fol enchérisseur est obligé de payer, pour la différence du prix de l'adjudication primitive avec celui de l'adjudication sur folle enchère (*J. Av.*, t. 77, p. 85, art. 1206). La question est cependant controversée et le contraire a été décidé.

L'adjudicataire, devenu fol enchérisseur parce que le tiers auquel il a revendu les immeubles adjugés n'a pas déféré à la sommation de verser le prix dans les mains des créanciers inscrits utilement colloqués, doit être garanti par ce tiers des conséquences de la folle enchère (*J. Av.*, t. 76, p. 54, art. 995, lettre M).

L'adjudication sur folle enchère résout dans tous ses effets l'adjudication primitive : par suite, si l'immeuble, objet de la première adjudication, était indivis entre cohéritiers, la créance privilégiée appartenant à chaque cohéritier dans le prix de cet immeuble est fixée par le prix de l'adjudication sur folle enchère, et non par le prix de l'adjudication primitive (*J. Av.*, t. 76, p. 620, art. 1181).

La revente sur folle enchère fait revivre, au profit du fol enchérisseur, tous les droits réels qu'il avait sur l'immeuble au jour de la vente, sans qu'on puisse lui opposer la confusion. — Mais il n'en est plus ainsi lorsque la créance du fol enchérisseur est postérieure à l'adjudication, et provient du fait même de l'adjudication ; lorsque, par exemple, il a payé les créanciers premiers inscrits. — Dans ce cas, s'il se trouve en même temps débiteur, notamment de fruits dont il doit la restitution, il ne saurait à son gré séparer sa créance de sa dette. Peu importe qu'en vertu des bordereaux acquittés, le fol enchérisseur prétende représenter le créancier dont il rapporte la subrogation, tandis qu'il n'est comptable de la restitution des fruits qu'à raison de la détention momentanée qu'il a eue de la chose d'autrui (*Ibid.*, p. 46, art. 995, lettre E).

Le fol enchérisseur doit restituer les fruits perçus, et non les intérêts de son prix, lorsque le prix de la seconde adjudication dépasse celui de la première en capital et intérêts (Q. 2432 *sex.*; *Suppl. alphab.*, v° *Saisie immobilière*, n°s 1774 et s.).

Le fol enchérisseur peut être considéré comme ayant été propriétaire apparent, ou gérant d'affaires, mais uniquement dans l'intérêt des tiers. Lyon, 1er avril 1892 (D. P. 1893. 2.163 ; S. 94.2.171) ; Cass., 23 août 1905 (*J. Av.*, t. **131, p. 5**).

Le bail avec promesse de vente consenti par le fol enchérisseur n'est pas opposable à l'adjudicataire sur folle enchère. Paris, 28 octobre 1893 (D. P. 94.2.104).

1. La surenchère n'est pas recevable après une adjudication prononcée sur folle enchère. La jurisprudence de la Cour de cassation s'est nettement prononcée en ce sens. Voir, par exemple, Cass., 30 juin 1847 (*J. Av.*, t. 72, p. 505); 24 mars 1851 (*Ibid.*, t. 76, p. 425); 11 mars 1863 (*Ibid.*, t. 89, p. 28); 14 mars 1870 (*Ibid.*, t. 95, p. 365); 24 juillet 1882 (S. 83.1. 86) et 31 mars 1884 (S. 85.1.167). Dans le même sens, Trib. civ. de Perpignan, 22 mars 1898 (*J. Av.*, t. 123, p. 262). Contra, Toulouse, 15 mars 1841 (*J. Av.*, t. 79, p. 225) et 11 juin 1881 (*J. Av.*, t. 107, p. 98).

10° Conversion [1].

650. Requête *pour obtenir la conversion d'une poursuite de saisie immobilière.*

CODE PR. CIV., art. 743, 744 et 745.

A MM. les Président et juges composant la chambre des saisies immobilières du tribunal civil de première instance de [2].......

M........ *(nom, prénoms, profession et domicile du saisissant)*; ayant pour avoué Mᵉ...............; et M........ *(nom, prénoms, profession et domicile de la partie saisie)* [3], ayant Mᵉ....... pour avoué,

Ont l'honneur de vous exposer que, suivant procès-verbal de..., huissier à..........., en date du.........., visé conformément à la loi et enregistré, M............ *(le saisissant)* a fait procéder sur M........ *(la partie saisie)* à la saisie réelle de............ *(indiquer sommairement la nature et la situation de l'immeuble saisi)*; — Que ce procès-verbal a été dénoncé à M........ *(la partie saisie)* suivant exploit de.........., huissier à..........., en date du.........., enregistré, et visé conformément à la loi; — Que la

---

1. La conversion n'a pas pour effet de changer la saisie en vente volontaire, elle adoucit seulement et simplifie les formes de la saisie sans l'effacer (Q. 2436; *Suppl. alphab.*, v° *Saisie immobilière*, n°s 1799 et suiv.).
La conversion ne diffère cependant pas de la saisie immobilière seulement par les formes nouvelles qu'elle substitue aux rigueurs de la saisie; elle entraîne aussi des modifications assez nombreuses dans les conséquences de la procédure, modifications provenant de ce que les parties intéressées concourent, de leur plein gré, à la vente de l'immeuble. Les diverses notes qu'on va lire, et spécialement celles qui ont trait à l'exercice de l'action résolutoire du précédent vendeur, à la purge des hypothèques (*infra*, p. 656, note 1), prouvent qu'il existe une grande différence entre les effets de deux procédures.
2. Le juge compétent pour connaître d'une demande en conversion est celui qui est saisi de la poursuite en expropriation (Q. 2450 *sex.*; *Suppl. alphab.*, *verb. cit.*, n° 1856 et 1857).
Un tribunal autre que celui qui est saisi de la poursuite peut se déclarer incompétent d'office (*Ibid.*).
3. Les art. 743 et 744 indiquent quelles personnes peuvent demander la conversion de la saisie en vente volontaire.
Le tuteur ne peut former une demande en conversion, ou y consentir, qu'avec l'assentiment du conseil de famille (Q. 2447; *Suppl. alphab.*, *verb cit.*, n° 1845).
L'avis des parents doit être homologué, non par un jugement spécial, mais par celui qui admet la conversion. — Toute autre procédure serait frustratoire (Q. 2448; *Suppl. alphab.*, v° *Saisie immobilière*, n° 1846).
En cas d'opposition d'intérêts entre le tuteur et le mineur, le tuteur ne peut valablement représenter son pupille dans l'instance en conversion. En ce cas, le jugement ordonnant la conversion de la saisie immobilière pratiquée contre le mineur irrégulièrement représenté serait susceptible de tierce opposition de la part du subrogé tuteur. Orléans, 9 août 1899 (*J. Av.*, t. 124, p. 451).
On doit entendre par *tous les administrateurs légaux des biens d'autrui*, auxquels l'art 744 permet de demander la conversion, ceux qui sont donnés aux

saisie immobilière et la dénonciation ont été transcrites [1] sur le registre à ce destiné, au bureau des hypothèques de......., le..., vol............, n°........ ; — Que toutes les parties sont d'accord pour demander la conversion de la saisie en vente aux enchères à l'audience des criées du tribunal civil de.......... — En conséquence, les exposants concluent à ce qu'il vous plaise, Messieurs, ordonner que les poursuites de saisie immobilière commencées par M......... (*le saisissant*) seront discontinuées et converties en vente aux enchères, suivant les prescriptions de l'art. 743 C. pr. civ., tous les effets de la saisie expressément réservés, conformément à l'art. 748 C. pr. civ.; ordonner qu'aux requête, poursuite et diligence de M......... (*la partie saisie*) [2], il sera procédé, à

---

successions vacantes, faillites, établissements publics, communes, départements, les gérants de sociétés en commandite, et les administrateurs de sociétés anonymes. Ainsi, l'administrateur provisoire nommé par la justice, avec mandat de réaliser, dans l'intérêt des créanciers, dans le plus bref délai et avec le moins de frais possible, la vente des meubles et immeubles d'un absent, peut valablement consentir à la conversion d'une saisie immobilière en vente volontaire (*Q.* 2445 ; *Suppl. alphab.*, v° *Saisie immobilière*, n°s 1847 et s.).

La femme mariée, autorisée par son mari ou par justice, les personnes pourvues d'un conseil judiciaire, assistées de leur conseil, peuvent aussi demander la conversion (*Ibid.*).

Si, avant le jugement, un changement survient dans l'état des parties, la conversion est arrêtée, la saisie est continuée jusqu'à ce qu'il intervienne un accord régulier de toutes les volontés ; si ce changement survient après, la procédure suit son cours et les notifications nécessaires sont faites aux représentants légaux des parties qui ont changé d'état (*Q.* 2454).

Les parties dont le concours est nécessaire pour que la conversion puisse être demandée sont : de la transcription à la sommation prescrite par l'art. 692, le poursuivant et le saisi, et de cette sommation à l'adjudication, le poursuivant, le saisi et tous les créanciers inscrits (*Q.* 2444).

Bien que la conversion soit demandée par la partie saisie, avant toute mention, au bureau des hypothèques, de la sommation notifiée aux créanciers inscrits en vertu de l'art. 692 C. pr. civ., le saisissant ne peut pas la consentir en l'absence des créanciers qui ont reçu la sommation (*J. Av.*, t. 76, p. 503, art 1144, lettre H).

D'autre part, alors même que la conversion est demandée avant la délivrance de la sommation prescrite par l'art. 692 C. pr. civ., un créancier inscrit est recevable à intervenir dans une procédure de saisie immobilière pour faire valoir l'intérêt légitime qu'il peut avoir à s'opposer à l'admission de la demande présentée par le saisissant et la partie saisie aux fins de conversion de la saisie. Trib. civ. de Bordeaux, 15 mars 1902 (*J. Av.*, t. 127, p. 455.).

Les avoués des parties intéressées n'ont pas besoin d'un mandat spécial pour consentir à la conversion. Cependant, il est prudent d'obtenir l'assentiment du client avant de modifier ainsi la procédure. (*Q.* 2450: *Suppl. alphab.*, *verb. cit.*, n° 1849); Cass., 17 oct. 1894 (D. P. 95.1.85 ; S.94.1.488).

Le consentement volontaire et unanime des parties intéressées est indispensable (*Q.* 2450 *bis* ; *Suppl. alphab.*, *verb. cit.*, n° 1850).

Jusqu'à l'adjudication, on peut former la demande en conversion ; au moment même d'y procéder, il peut arriver que toutes les parties reconnaissent l'utilité de la conversion pour obtenir le renvoi de la vente devant un notaire ou un juge d'une autre localité (*Q.* 2450 *quat.* ; *Suppl. alphab.*, *verb. cit.*, n° 1854 et s.).

1. La conversion ne peut pas avoir lieu avant la transcription de la saisie (*Q.* 2435 ; *Suppl. alphab.*, *verb. cit.*, n° 1798). — Voir aussi *J. Av.*, t. 101, p. 38.

2. Dans la requête, les parties désignent celui qui doit poursuivre la vente. A Paris, le saisi est ordinairement chargé de ce soin. Dans d'autres tribunaux, c'est le créancier saisissant ; ce dernier choix paraît plus rationnel (*Q* 2443 ; *Suppl. alphab.*, v° *Saisie immobilière*, n° 1835).

l'audience des criées du tribunal civil de première instance de..., en présence de M...... (*le saisissant*), ou lui dûment appelé, à la vente et adjudication aux enchères de......... (*indiquer l'immeuble saisi*) sur la mise à prix de......., et ce, sur le cahier des charges qui sera, à cet effet, dressé et déposé au greffe de ce tribunal par M⁰....... (*l'avoué de la partie saisie*), affiches indicatives de la vente préalablement apposées partout où besoin sera, et après l'accomplissement de toutes les formalités voulues par la loi ; ordonner que le cahier des charges sera déposé dans le délai d'un mois, du jour du jugement à intervenir ; — fixer, conformément à l'art. 746 C. pr. civ., le jour auquel aura lieu l'adjudication dans un délai qui ne pourra excéder trois mois ; — sinon et faute par le poursuivant de ce faire, subroger M............. (*le saisissant*) dans les poursuites de vente ; ordonner que l'avoué du poursuivant sera tenu de remettre à l'avoué de la partie subrogée tous titres et pièces, pour que ce dernier puisse mettre la vente à fin, d'après les derniers errements de la procédure ; ordonner la mention sommaire du jugement en marge de la transcription de la saisie ci-dessus datée ; statuer ce que de droit sur les dépens, lesquels seront en tous cas employés en frais privilégiés de poursuite de vente et dont distraction sera prononcé au profit de........, etc.

(*Signatures des avoués de toutes les parties.*)

Remarque. — En cas de minorité, d'interdiction, ou de faillite, énoncer avec soin les autorisations exigées par la loi. Dans l'acte qui précède, on a prévu le cas le plus fréquent, celui où la conversion est demandée avant la sommation de l'art. 792. — Si la conversion est demandée après cette sommation, les avoués de tous les créanciers inscrits doivent figurer dans la requête et la signer. Il faut aussi, alors, énoncer le point où s'est arrêtée la procédure.

---

651. Jugement *de conversion.*

CODE PR. CIV., art. 746 et 747.

Entre M......... (*nom, prénoms, profession et domicile de la partie saisie*), ayant M⁰...... pour avoué ;

Et M....... (*nom, prénoms, profession et domicile du saisissant*), ayant M⁰......... pour avoué ;

Sur le rapport fait à l'audience par M........., juge, de la requête présentée par M......... et M......... (*le saisissant et la partie saisie*), dénommés, qualifiés et domiciliés en ladite requête signée par MM⁰ˢ..........., avoués, et dont la teneur suit : *A Messieurs...., etc.;*

Le tribunal, vu la requête qui précède et les pièces produites à l'appui ; ouï M.............., substitut de M. le procureur de la République en ses conclusions, et après en avoir délibéré conformément à la loi ;

Attendu que la demande des parties est conforme aux dispositions de l'art. 743 C. pr. civ., et que la saisie a été dénoncée et transcrite conformément à la loi ; convertit[1] en vente aux enchères les poursuites de saisie immobilière commencées à la requête de M......... (*le saisissant*), suivant procès-verbal de............, huissier à..........., en date du.........., enregistré, tous les effets de la saisie expressément réservés, conformément à l'art. 748 C. pr. civ.; — En conséquence, ordonne qu'aux requête et diligence de M......... (*partie saisie*), en présence de M..... (*le saisissant*), ou lui dûment appelé, il sera, à l'audience des criées[2], procédé à la vente aux enchères de.......... (*indiquer l'immeuble saisi*), sur la mise à prix de........[3], et le tout, sur le cahier des charges qui sera, à cet effet, déposé au greffe par l'avoué de M... (*la partie saisie*), et après l'accomplissement des formalités prescrites par la loi ; ordonne que le cahier des charges sera déposé dans le mois de ce jour ; fixe au....... le jour auquel il sera procédé à l'adjudication ; sinon, et faute par le poursuivant d'avoir déposé le cahier des charges dans le mois, ou d'avoir fait procéder ledit jour à l'adjudication, subroge dès à présent M....... (*le saisissant*) dans la poursuite de vente, pour la mettre à fin d'après

---

1. Le tribunal peut refuser de prononcer la conversion (*Q.* 2450 *ter* ; *Suppl. alphab.*, *verb. cit.*, n° 1852).
A plus forte raison peut-il, tout en accordant la conversion, refuser d'accéder à la demande des parties de renvoyer la vente devant tel notaire, et décider au contraire, que la vente aura lieu devant un membre du tribunal. Cass., 4 avril 1843 (*J. Av.*, t. 76, p. 463).
2. L'adjudication peut être conservée par le tribunal ou renvoyée, soit devant un juge, soit devant un notaire. — Ce notaire ne doit pas nécessairement être choisi dans l'arrondissement. Le tribunal seul a le droit de le désigner, quel que soit, sur ce point, l'accord des parties. Dans cette désignation, les juges auront sans doute le plus grand égard à la volonté unanime des parties, mais ils doivent surtout consulter les intérêts du saisi et de ses créanciers pour conserver la vente à leur barre, ou la renvoyer devant un autre juge ou un notaire (*Q.* 2450 *quinq.* ; *Suppl. alphab.*, *verb. cit.*, n° 1855. Voir *supra*, note 1).
La portée de ces expressions de l'art. 746 : *ou devant un juge de tout autre tribunal*, consiste à indiquer la faculté qu'ont les tribunaux de renvoyer la vente devant d'autres juges (*Q.* 2452 ; *Suppl. alphab.*, *verb. cit.*, n° 1859).
Le notaire ou le juge, lorsque devant lui surgit un incident imprévu, doit en référer au tribunal dont il tient ses pouvoirs (*Q.* 2453 *ter* ; *Suppl. alphab.*, *verb. cit.*, n° 1862).
3. L'art. 706 C. pr. civ. n'est pas applicable en matière de conversion : ainsi, à défaut d'enchères, le poursuivant ne demeure pas adjudicataire pour la mise à prix (*Q.* 2442 ; *Suppl. alphab.*, v° *Saisie immobilière*, n°s 1822 et s.).
Lorsque, avant le dépôt du cahier des charges, une saisie immobilière a été convertie sur la demande du saisi, la mise à prix peut, à défaut d'enchères, être abaissée par le tribunal, du commun accord des parties intéressées, et même malgré la résistance du débiteur. — Le jugement qui, en pareil cas, refuse l'abaissement de la mise à prix, est susceptible d'appel (*Ibid.*, et *J. Av.*, t. 74, p. 636, art. 786, § 14).

les derniers errements de la procédure[1] ; ordonne qu'il sera fait la mention sommaire du présent jugement en marge de la transcription de la saisie ci-dessus datée ; condamne M.......... (*la partie saisie*) aux dépens, y compris ceux de saisie immobilière, qu'il pourra néanmoins employer en frais de vente ; dit que M.... (*le saisissant*) pourra employer les siens en frais de présence à la vente[2], desquels dépens distraction est prononcée au profit des avoués qui l'ont requise affirmant en avoir fait l'avance.

Fait et jugé à l'audience publique du............[3]

Remarque. — 1° Dans la huitaine du jugement de conversion, l'avoué poursuivant la vente se rend au bureau du conservateur des hypothèques pour faire inscrire, en marge de la transcription de la saisie, la mention du jugement de conversion. — Cette mention a lieu en ces termes :

Le tribunal civil de......... a rendu le.......... un jugement qui prononce la conversion de la saisie transcrite ci-contre en vente aux enchères devant le tribunal (ou *tel juge qu'il plaira au tribunal de......... commettre à cet effet,* ou *M^e..........., notaire à.......*).

La présente mention a été faite le....., sur la réquisition de M^e..., avoué de M............, poursuivant la vente sur conversion. — *Reçu...........*

(Signature du conservateur.)

2° Après le jugement et dans le délai qu'il fixe, le cahier des charges est déposé, par l'avoué poursuivant, au greffe ou chez le

---

1. De ce que le jugement sur conversion ne doit pas être signifié, il ne s'ensuit pas que le poursuivant ne puisse en lever l'expédition ; cette expédition peut bien ne pas être nécessaire, lorsque le tribunal conserve la vente, mais elle est indispensable quand cette vente est renvoyée devant un autre juge ou devant un notaire. — Le conservateur peut aussi l'exiger avant d'insérer la mention de la conversion (Q. 2453 ; *Suppl. alphab.*, *verb. cit.*, n° 1830) (Voir la *remarque* de la formule n° 651 et la formule n° 652).

Le jugement de conversion rendu entre le saisissant et le saisi, avant la notification de l'art. 692, empêche toute autre saisie de la part des créanciers inscrits qui n'ont point figuré dans l'instance (Q. 2438 ; *Suppl. alphab.*, *verb. cit.*, n° 1809). Il ne reste à ces derniers, en cas de négligence dans les poursuites, que la voie de la subrogation (Q. 2454 bis ; *Suppl. alphab.*, *verb. cit.*, n° 1869 et s.).

2. Les frais de la saisie immobilière interrompue par la conversion doivent être employés en frais privilégiés de vente (Q. 2437 ; *Suppl. alphab.*, v° *Saisie immobilière*, n° 1808).

3. Le jugement rendu sur la demande de conversion, soit qu'il rejette cette demande, soit que, l'accueillant, il retienne la vente à sa barre au lieu d'en ordonner le renvoi devant notaire comme le demandaient les parties, n'est pas susceptible d'appel. Grenoble, 7 juin 1899 (*J. Av.*, t. 126, p. 153).

Il n'est pas non plus susceptible d'opposition ; mais la tierce opposition est recevable de la part des créanciers inscrits qui n'ont été ni entendus ni appelés lors du jugement rendu postérieurement à la sommation de l'art. 692 C. pr. civ. (Q. 2446 ; *Suppl. alphab.*, *verb. cit.*, n° 1841 et s.). Voir aussi *supra* p. 650, note 3.

Enfin il est susceptible de pourvoi en cassation. Paris, 27 juin 1872 (D. P. 73.5. 412).

notaire commis. — Ce dépôt est constaté par le greffier, dans la forme ordinaire (Voir *supra*, formule n° 590); il est constaté par le notaire ainsi qu'il suit :

---

652. Acte de dépôt du cahier des charges d'une vente sur conversion, chez le notaire commis [1].

CODE PR. CIV., art. 743.

Par-devant M^e...., notaire à........, soussigné,
A comparu M^e....., avoué près le tribunal civil de première instance de......, y demeurant, rue...., n°...., lequel a dit qu'en vertu d'un jugement dudit tribunal rendu le........, enregistré, les poursuites de saisie immobilière commencées à la requête de M... (*nom, prénoms, profession du saisissant*), demeurant à..., sur M... (*nom, prénoms, profession du saisi*), demeurant à......., par procès-verbal de.........., huissier à........, en date du........, visé, enregistré, dénoncé et transcrit au bureau des hypothèques de......, le........, vol........, n°........, conformément à la loi, ont été converties en une vente aux enchères, suivant les prescriptions de l'art. 743 C. pr. civ., par-devant nous, notaire commis par ledit jugement; qu'en exécution de ce jugement, qui a prescrit que le cahier des charges dressé pour parvenir à la vente de...... (*immeuble objet de la saisie*), serait déposé en notre étude dans le mois de sa prononciation, à la diligence de M.........., qui a pour avoué le comparant, il se présente pour effectuer ce dépôt ; — Et, en effet, M^e..... a immédiatement remis entre nos mains, avec les pièces de la procédure, et notamment la grosse du jugement de conversion, un cahier de.......... feuillets sur timbre, enregistré le.......... par.........., qui a perçu.........., contenant les charges, clauses et conditions, auxquelles seront adjugés lesdits immeubles, sur la mise à prix de...., le.........., jour fixé par le jugement précité; lequel cahier des charges a été mis par nous au rang des minutes de nos actes.

Dont acte, fait et passé en notre étude à........, l'an.........., le........ Et a le comparant signé avec nous, notaire, après lecture.

(*Signatures du notaire et de l'avoué.*)

---

1. La conversion prononcée, la vente est poursuivie en observant les formalités prescrites par les art. 956 et suiv. C. pr. civ. Soit que cette vente ait lieu devant notaire, soit qu'elle ait lieu à la barre du tribunal, s'il y a des nullités commises dans la procédure, ces nullités peuvent être couvertes par le consentement des parties intéressées, qui demandent qu'il soit passé outre à l'adjudication (*Q.* 2440; *Suppl. alphab.*, v° *Saisie immobilière*, n° 1812). V. aussi Cass., 18 déc. 1905 (*J. Av.*, t. 131, p. 373).

653. Placard *pour annoncer l'adjudication sur conversion.*

Code PR. CIV., art. 743 et 958.

VENTE AUX ENCHÈRES APRÈS CONVERSION DE SAISIE IMMOBILIÈRE

Il sera procédé le [1].........., en l'audience des criées du tribunal civil de...... (*ou* devant M..........,..., juge au tribunal de..............., commis à cet effet, *ou bien* dans l'étude de M⁰..........., notaire à............, rue..........., n°......, commis à cet effet), séant au palais de justice, à........ heures de..........;

En vertu d'un jugement rendu par le tribunal de.............., le........, enregistré, prononçant la conversion en vente aux enchères de la saisie immobilière pratiquée à la requête de M..... (*nom, prénoms, profession*), demeurant à.........., sur M........ (*nom, prénoms, profession*), demeurant à........., de........... (*indiquer les immeubles*); ladite saisie faite par procès-verbal de..., huissier à......, en date du..........; visé, enregistré, dénoncé et transcrit au bureau des hypothèques de......, le......, vol..., n°......;

Aux requête, poursuite et diligences de M......., qui a pour avoué constitué M⁰........., avoué près le tribunal civil de....., y demeurant, rue......., n°........,

Et aux clauses et conditions contenues au cahier des charges déposé au greffe du tribunal de........ (*ou* en l'étude de M⁰....., notaire);

A l'adjudication au plus offrant et dernier enchérisseur des immeubles dont la désignation suit

DÉSIGNATION

(*Copier la désignation qui est dans le cahier des charges.*)

MISE A PRIX

Les enchères seront ouvertes sur la mise à prix de......... (*en lettres*), ci............ (*en chiffres*).

---

1. Les affiches sont faites par l'avoué poursuivant, et non par le notaire chargé de la vente (*Q.* 2534 *ter*).

Le délai entre l'apposition des placards et l'adjudication (quinze jours) n'est pas prescrit à peine de nullité. L'adjudication ne pourrait être annulée qu'autant qu'il y aurait omission d'affiches, ou que l'apposition en aurait été faite à une époque assez rapprochée du jour de la vente pour qu'on pût soutenir qu'il n'y a pas eu publicité suffisante. Il a été décidé, cependant, qu'il y avait nullité de l'adjudication prononcée le quinzième jour à partir de l'apposition des placards (*J. Av.*, t. 76, p. 499, art. 1144, lettre E). Voir aussi *Suppl. alphab.*, v° *Saisie immobilière*, nᵒˢ 1813 et s.

Il faudrait l'avertissement spécial pour la purge de l'hypothèque légale (Voir supra, formule n° 595), si la conversion avait été prononcée après la sommation au créancier.

Fait et rédigé par M°...., avoué poursuivant, soussigné, à....,
le........

(Signature de l'avoué.)

Remarque. — L'apposition des affiches et l'insertion de ce placard dans les journaux sont constatées par un procès-verbal et par un exemplaire du journal (Voir *supra*, formules n°s 595 et 598). — Le créancier saisissant qui ne poursuit pas la vente sur conversion est ensuite sommé de comparaître au jour fixé pour l'adjudication.

654. Jugement *d'adjudication sur conversion*[1].

CODE PR. CIV., art. 743, 964.

Pour les formalités de l'adjudication, l'art. 743 renvoie à l'art. 964, qui lui-même renvoie aux art. 701, 705, 706, 707, 711, 712, 713, rela-

---

[1]. Lorsque la conversion de la saisie a été prononcée avant la sommation aux créanciers inscrits, il y a nullité de l'adjudication faite, malgré la demande en sursis formée à l'audience des criées par le saisissant et la partie saisie, sur la réquisition d'un créancier inscrit. L'art. 702 C. pr. civ. ne peut être invoqué que par les créanciers déjà parties aux poursuites, soit par une intervention régulière, soit parce qu'ils ont été mis en cause par la sommation dont parle l'art. 692 (*J.Av.*, t. 76, p. 506, art. 1144, lettre c).

Les art. 715 et 717 ne sont pas applicables à la conversion, parce que l'art. 743 n'y renvoie pas, et que la discussion au sein des chambres démontre que l'art. 717 ne peut être invoqué en cette matière (*Q.* 2441; *Suppl. alphab.*, *verb, cit.*, n°s 1817 et s.). Ainsi, l'adjudication sur conversion ne purge pas le droit de résolution fondé sur le défaut de paiement du prix des anciennes aliénations, pourvu, cependant, que le vendeur, créancier inscrit, soit demeuré étranger à la procédure en conversion; car, s'il y a volontairement concouru, ce concours équivaut à une renonciation à l'exercice de l'action résolutoire (*J. Av.*, t. 76, p. 497, art. 1144, lettre D *bis*). Voir *supra*, p. 592, note 1.

Le seul moyen de prévenir les incertitudes qui pourraient résulter de la crainte d'une action en résolution, c'est de ne jamais faire convertir une saisie en vente volontaire sans le consentement du vendeur primitif, si l'on n'a pas la preuve que ce vendeur a été complètement désintéressé (*J. Av.*, t. 77, p. 56, art. 1188).

L'adjudication sur conversion de saisie immobilière purge les hypothèques des créanciers appelés ou intervenus lors du jugement de conversion; l'action hypothécaire ne leur est plus ouverte; la surenchère, s'ils veulent l'exercer, est celle autorisée par l'art. 708 C. pr. civ., et non celle de l'art. 2185 C. civ. Si la conversion d'une saisie immobilière a été prononcée avant la sommation prescrite par l'art. 692 C. pr. civ., et alors même que l'adjudication a été suivie d'une surenchère du sixième, l'adjudication sur cette surenchère ne purge point les hypothèques grevant l'immeuble vendu. Caen, 17 juin 1874 (D. P. 77.5.397). La purge n'a lieu que par la notification de l'adjudication aux créanciers inscrits qui sont déchus du droit de surenchérir, mais qui conservent les autres droits d'un créancier hypothécaire. Si l'adjudicataire revend cet immeuble avant toute notification et que ce soit le nouvel acquéreur qui fasse notifier son titre, l'ordre doit s'ouvrir sur le prix de la dernière vente, et non sur celui de l'adjudication, et ce prix doit être distribué aux créanciers inscrits, suivant la date et l'ordre des inscriptions (*Q.* 2436 et *Suppl. alphab.*, v° *Saisie immobilière*, n°s 1799 et s.).

tifs à l'adjudication sur saisie immobilière (Voir *supra*, formule n° 602), à *la déclaration de command* (Voir *supra*, formule n° 603), *et aux art.* 733 à 742, *relatifs à la procédure de folle enchère* (Voir *supra*, formules nos 639 et suiv.).

---

655. Procès-verbal *d'adjudication sur conversion de saisie immobilière en vente aux enchères devant un notaire.*

Code PR. CIV., art. 743, 964.

L'an......, le..........., heure de......., par-devant M⁰...., notaire à..........., soussigné, en son étude, rue............, n°......,
Ont comparu : 1° M⁰........., avoué près le tribunal civil de première instance de......., y demeurant, rue........., n°...., lequel a déclaré se présenter au nom de M....... (*nom, prénoms, profession*), demeurant à........, poursuivant la vente sur conversion de saisie immobilière de....... (*indiquer sommairement les immeubles*), renvoyée devant nous par jugement du tribunal civil de....., le........, enregistré, pour nous requérir, attendu que les affiches et annonces prescrites par la loi ont été régulièrement faites, de procéder à la vente, aux clauses et conditions énoncées au cahier des charges, dont le dépôt a été effectué entre nos mains suivant acte retenu par nous, le........., enregistré, et sur la mise à prix de........, insérée dans ledit cahier ;
2° M⁰........, avoué près le tribunal civil de première instance de........., y demeurant, rue........, n°......, lequel a dit comparaître au nom de M........... (*nom, prénoms, profession du saisissant*), demeurant à............, pour assister à l'adjudication, nous requérant également d'y procéder sans délai.
Déférant à ces réquisitions, attendu que l'heure fixée pour l'adjudication desdits immeubles est arrivée, nous avons procédé ainsi qu'il suit :
Lecture par nous donnée des clauses et conditions du cahier des charges, et, après avoir annoncé que le montant des frais taxés par M......., juge au tribunal de........., dont l'ordonnance a été enregistrée, s'élevait à......., une première bougie a été allumée et s'est éteinte sans enchères ; une seconde bougie a été allumée, et pendant sa durée, il est survenu plusieurs enchères dont la dernière, mise par M⁰....., avoué (*ou* notaire, *ou bien* M....), a élevé le prix à la somme de......;
Une nouvelle bougie ayant été allumée et s'étant éteinte sans autre enchère, il en a été allumé une seconde qui s'est également éteinte sans nouvelle enchère ; M⁰........... (*avoué*) a requis que les immeubles dont il s'agit lui fussent adjugés sous la réserve de déclarer adjudicataire dans les trois jours, délai de la loi, et sous

la réserve, pour l'adjudicataire, de faire lui-même élection de command dans les vingt-quatre heures[1] de son acceptation ;

En conséquence, les immeubles dont il s'agit ont été adjugés par nous à M^e............, avoué, dernier enchérisseur, sous les réserves déjà mentionnés, moyennant la somme de......, outre les charges ;

Procès-verbal de tout ce qui précède a été rédigé, en présence MM^{es}..... et...., avoués, qui ont signé avec nous, notaires, après lecture.

(*Signatures du notaire, des avoués comparants et de l'avoué dernier enchérisseur.*)

---

656. Déclaration *de command faite devant notaire*[2].

Par-devant M^e......., notaire à........, soussigné,

Ont comparu : 1° M^e.............., avoué près le tribunal civil de première instance de............., y demeurant, rue......., n°......;

2° M...... (*nom, prénoms, profession de l'adjudicataire*), demeurant à.....;

M^e........ a déclaré avoir enchéri et s'être porté adjudicataire de....... (*désigner les immeubles*), vendus par notre ministère, sur conversion de saisie immobilière, suivant procès-verbal d'adjudication en date du......, qui sera soumis à l'enregistrement avec le présent acte, moyennant le prix de...., en sus des charges, pour le compte de M...., ici présent.

M.... a reconnu la vérité de cette déclaration et a accepté la désignation d'adjudicataire faite en sa personne par M^e........., sous la réserve expresse insérée dans l'adjudication de la faculté d'élire un command dans les vingt-quatre heures ; — faisant, en outre, pour tout ce qui concerne l'adjudication desdits biens, élection de domicile en l'étude de M^e.........., son avoué.

Dont acte fait et passé en notre étude, à...., le....

Et ont les comparants, signé avec nous, notaire, après lecture.

(*Signatures.*)

Remarque. — L'élection de command, faite dans les vingt-quatre heures par l'adjudicataire désigné, en faveur d'un tiers, doit

---

1. L'adjudication devant notaire, prononcée directement au profit d'une personne ou de son mandataire, autre qu'un avoué, ne laisse qu'un délai de vingt-quatre heures pour élire command, tandis que, si l'enchère a été faite par un avoué, cet avoué a trois jours pour déclarer l'adjudicataire, et cet adjudicataire, vingt-quatre heures pour élire command, si ce droit lui a été réservé dans l'adjudication (*Q.* 2503 *bis*; *Suppl. alphab.*, v° *Vente publique d'immeubles*, n°s 127 et s.). Voir *supra*, p. 589, note 3.

2. Voir *supra*, p. 589, note 2.

être soumise avec le procès-verbal d'adjudication à la formalité de l'enregistrement dans le même délai ; sinon, elle doit être notifiée [1] dans ce délai au receveur de l'enregistrement. Par cette notification, le délai d'enregistrement (dix jours) des actes notariés est conservé Cette élection de command peut être faite dans l'acte même qui constate la déclaration de l'adjudicataire par l'avoué ; elle peut aussi être faite par un acte postérieur, mais dans les vingt-quatre heures du premier. Ces deux actes sont écrits à la suite l'un de l'autre, après le procès-verbal d'adjudication, et sur le même papier timbré.

657. Surenchère *sur conversion*.

CODE *PR. CIV.*, art 743, 965.

Cette surenchère, qui doit toujours être faite au greffe du tribunal, même lorsque la vente avait été renvoyée devant notaire, est constatée par un acte rédigé comme la formule supra, *n° 609.*

Remarque. — C'est une grave question que de savoir si, lorsque la vente de l'immeuble a été renvoyée devant un autre juge ou un notaire qui n'appartient pas au ressort du tribunal par lequel la conversion a été admise, la surenchère doit être formée au greffe du tribunal qui a prononcé le renvoi, ou au greffe de celui qui a procédé à la vente, ou dans le ressort duquel le notaire commis exerce ses fonctions. La jurisprudence n'a pas encore dit son dernier mot sur ce point. Cependant, elle paraît se prononcer pour la compétence du tribunal qui a ordonné la vente (*Q.* 2503 *quinq.* ; *J. Av.*, t. 77, p. 128, art. 1216, III ; et p. 301, art 1278).

IV. Voies de recours contre les jugements en matière de saisie immobilière [2].

---

[1]. Cette notification a lieu par acte extrajudiciaire, dans lequel l'adjudicataire indique que la déclaration de command a été faite conformément à la loi (*J. Av.*, t. 11, p. 269, n° 38).

[2]. Aux termes d'une jurisprudence aujourd'hui constante, les jugements rendus sur les incidents de la saisie immobilière par défaut, faute de comparaître ou faute de conclure, ainsi que les arrêts rendus par défaut sur l'appel interjeté contre ces jugements, ne sont pas susceptibles d'opposition. Cass., 31 mai 1858 (D.P.58.1.407) ; 23 février 1891 (*J. Av.*, t. 116, p. 365) ; Trib. civ. de la Seine, 10 février 1898 (*J. Av.*, t. 123, p. 120), et 8 décembre 1898 (*J. Av.*, t. 124, p. 34) ; Cass., 30 mai 1902 (*J. Av.*, t. 127, p. 233). Dans le même sens, Glasson et Colmet-Daage, p. 357. — *Contra*, Q. 2423. — Compar. *Suppl. alphab.*, *verb. cit.*, n°s 1925 et suiv.

Mais les jugements rendus en matière de saisie immobilière qui ne peuvent être considérés comme rendus sur des incidents sont susceptibles d'opposition lorsqu'il a été statué par défaut. Il en est ainsi notamment du jugement rendu par défaut faute de conclure sur une tierce opposition formée contre le jugement d'adjudication. Paris, 26 novembre 1900 (*J. Av.*, t. 126, p. 202).

Voir aussi, en ce qui concerne les jugements rendus sur une demande en nullité du commandement tendant à saisie immobilière, *supra*, p. 517, note 1.

1° Appel [1].

---

1. Voir *supra*, p. 571, note 2, p. 578, note 2, p. 627, note 1, p. 639, note 1.
L'appel régulièrement interjeté dans les délais, en matière de saisie immobilière, est suspensif (*Q.* 2424 *ter* ; *Suppl. alphab.*, v° *Saisie immobilière*, n°ˢ 2031 et s.). Voir aussi *J. Av.*, t. 122, p. 354.

L'art. 730 indique les jugements qui, en matière de saisie immobilière, peuvent ou non être attaqués par la voie de l'appel. Voici les règles concernant le dernier ressort :

La valeur de l'immeuble saisi fixe le taux du premier ou dernier ressort, quant aux incidents relatifs à la forme. Le chiffre de la créance du poursuivant détermine ce même ressort quant aux incidents relatifs au fond. S'il s'agit d'une demande en distraction, on se base sur la valeur de l'immeuble revendiqué (*Q.* 2424 *septies* ; *Suppl. alphab.*, v° *Saisie immobilière*, n°ˢ 2043 et s.).

Cette distinction n'est pas cependant admise par tous les tribunaux. Il en est qui n'ont égard qu'au taux de la créance du poursuivant ; d'autres, au contraire, ne considèrent que la valeur de l'immeuble, ordinairement indéterminée (*J. Av.*, t. 75, p. 344, art. 890, lettre к).

On ne doit pas considérer comme de véritables jugements la publication du cahier des charges et les adjudications ; lorsqu'aucun incident ne s'est produit, ce sont des actes, des procès-verbaux (*Q.* 2423 *quat.*; *Suppl. alphab.*, *verb. cit.*, n°ˢ 1945 et suiv.).

Les parties intéressées, pour faire annuler un jugement qui, sans statuer sur des incidents, donne acte de la publication ou prononce l'adjudication, doivent, relativement au premier, former un incident en nullité, et, relativement au second, intenter une action principale (*Q.* 2423 *quinq.*, et *J. Av.*, t. 75, p. 331, art. 890, lettres е et ғ).

Les jugements qui, en donnant acte de la publication, statuent en même temps sur des incidents, sont susceptibles d'appel. En ce qui concerne le jugement d'adjudication, ce jugement n'est pas susceptible d'appel : Cass., 18 juin 1901 (*J. Av.*, t. 126, p. 361). Il n'en est autrement qu'autant qu'il statue sur un incident autre qu'une nullité postérieure à la publication du cahier des charges, c'est-à-dire relative à la publicité que la vente doit recevoir par les insertions et les affiches. Il est difficile d'énoncer tous les incidents qui sont susceptibles de se produire. On peut supposer, par exemple, qu'un acquéreur volontaire veuille user du bénéfice de l'art. 687 C. pr. civ.; qu'une demande en distraction est produite ; que le tribunal ait eu à statuer sur la validité d'offres réelles faites par la partie saisie à la barre le jour même et au moment de l'ouverture des enchères. Cass., 18 juin 1901 *Suppl. alphab.*, v° *Saisie immobilière*, n° 1812). V. aussi Cass., 18 déc. 1905 (*J. Av.*, t. 131, p. 373).

Tous les jugements, quels qu'ils soient, sont susceptibles d'appel, si le tribunal qui les a rendus a eu à statuer sur une question de compétence. Paris, 21 février 1850 (*J. Av.*, t. 76, p. 620) ; *Q.* 2423 *nov.*; *Suppl. alphab.*, v° *Saisie immobilière*, n° 1980.

On doit entendre ces expressions de l'art. 731 : *tous autres jugements*, dans le sens le plus large ; elles comprennent le jugement qui statue sur les incidents après surenchère, mais non celui en vertu duquel la saisie immobilière est poursuivie et qui est soumis aux règles ordinaires (*Q.* 2424 ; *Suppl. alphab.*, *verb. cit.*, n°ˢ 1988 et suiv.).

Les tribunaux ont été souvent appelés à décider quels jugements étaient ou non susceptibles d'appel. Leurs nombreuses décisions sont utiles à connaître, non seulement parce qu'elles s'appliquent à une variété d'espèces très intéressantes, mais encore parce qu'elles sont le commentaire nécessaire des dispositions des art. 730 et 731, sur lesquelles elles jettent un grand jour. Voici le résumé de la jurisprudence :

L'appel, en matière de saisie immobilière, est ouvert pour tous les incidents que la loi n'a pas formellement exceptés, sans distinguer entre ceux qu'elle a spécialement prévus et ceux qui ont échappé à ses prévisions Ainsi, la forme et les délais des art. 731 et 732 sont applicables même lorsqu'il s'agit de savoir si le paie-

658. Acte d'appel d'un jugement qui a statué sur un incident

CODE PR. CIV., art. 731, 732.

---

ment de la dette a éteint l'obligation; à l'appel d'un jugement qui prononce sur l'opposition à la saisie, ou sur la demande en nullité du titre qui sert de base à la saisie, lorsque cette demande est formée après la sommation de prendre communication du cahier des charges ; à l'appel du jugement interlocutoire qui a autorisé la preuve de certains faits dans une demande en distraction; lorsque le vendeur à réméré, actionné pour se voir déclarer déchu de la faculté de réméré, procède comme en matière d'incident; lorsque le jugement a statué sur une contestation soulevée par une clause du cahier des charges qui oblige l'adjudicataire à laisser en possession le fermier, et sur la demande en nullité du bail ; à l'appel d'un jugement qui refuse de surseoir à l'adjudication dans une vente sur conversion (*J. Av.*, t. 75, p. 339, art. 890, lettre B). Voir *supra*, p. 656, note 1.

Le jugement qui, en matière de saisie immobilière, a pour objet de déterminer les pouvoirs du séquestre et de l'autoriser à contracter un emprunt, est un jugement sur incident dont l'appel doit être relevé dans le délai de l'art. 731 C. pr. civ. (*Ibid.*, t. 76, p. 610, art. 978).

En ce qui concerne le jugement qui statue sur une opposition au commandement tendant à saisie immobilière, voir supra, p. 517, note 1.

La demande en validité d'offres réelles faites dans le but d'arrêter des poursuites de saisie immobilière, postérieurement à la saisie, constitue un incident de saisie immobilière. Par suite, l'appel du jugement rendu sur cette demande doit être interjeté dans le délai de dix jours déterminé par l'art. 731 C. pr. civ. *J. Av.*, t. 76, p. 617, art. 1181, § 4).

Le jugement qui rejette la demande en sursis, formée le jour même de l'adjudication, par la partie saisie, n'est pas susceptible d'appel (*Ibid.*, p. 616, art. 1181).

Mais le jugement qui rejette une exception d'incompétence et ordonne un sursis à l'adjudication sur folle enchère, basé sur l'existence d'une instance en nullité d'un bail consenti par le fol enchérisseur, est susceptible d'appel (*Ibid.*, p. 620, art. 1181).

Les jugements qui statuent sur des nullités postérieures à la publication du cahier des charges ne sont pas susceptibles d'appel. Voir notamment Nancy, 8 mars 1899 (*J. Av.*, t. 124, p. 160).

Le jugement qui statue sur l'opposition à une adjudication est susceptible d'appel lorsque cette opposition a pour but, non d'obtenir une simple remise de l'adjudication, mais d'en mettre la validité en question ; ainsi, le jugement est susceptible d'appel quand l'opposition est fondée sur des manœuvres frauduleuses qui auraient eu pour résultat d'écarter les enchérisseurs, ou sur l'existence d'un appel dirigé contre un jugement précédent, et dont l'effet suspensif s'opposerait à l'adjudication : en conséquence, le pourvoi en cassation formé contre ce jugement est non recevable (*Ibid.*, p. 616, art. 1181).

Lorsque, au jour fixé pour une adjudication, la partie poursuivante propose, contrairement à la loi, une clause additionnelle au cahier des charges, le jugement qui, en l'absence de la partie saisie, ordonne l'insertion de cette clause nouvelle et prononce l'adjudication, est susceptible d'appel (*Ibid.*, t. 75, p. 332, art. 890, lettre G, et t. 76, p. 617, art. 1181).

Tandis que l'appel d'un jugement qui a prononcé une adjudication n'est pas recevable sous le prétexte qu'en même temps il a prononcé sur un incident, si cet incident, élevé sous forme d'incompétence, n'est réellement, dans son but, qu'un moyen de nullité postérieur à la publication du cahier des charges (*Ibid.*, t. 75, p. 336, art. 890, lettre H).

Le jugement qui refuse d'accorder une remise et prononce l'adjudication à la requête de l'un des créanciers inscrits, en l'absence du poursuivant, n'est pas susceptible d'appel (*Ibid.*, p. 332, art. 890, lettre G); Paris, 24 mai 1901 (*J. Av.*, t. 127, p. 114).

La demande en nullité d'une clause du cahier des charges, formée après l'adjudication, n'est pas une demande incidente à la saisie, alors même qu'elle a été

L'an....., le.... [1], à la requête de M....... (*nom, prénoms, profession*), demeurant à......, pour lequel domicile est élu à...., rue......, n°...., dans l'étude de M°....., avoué près la Cour d'ap-

---

formée par suite d'une menace de poursuite en folle enchère ; en conséquence, le délai de l'appel du jugement rendu sur cette demande n'est pas le délai spécial de dix jours prescrit par l'art. 731 C. pr. civ. (*J. Av.*, t. 76, p. 618, art. 1181).

Il a été jugé que la résistance que le saisi oppose à la prise de possession de l'adjudicataire, sous le prétexte que le jugement d'adjudication ne contient pas l'injonction prescrite par l'art. 712 C. pr. civ. (Voir *supra*, p. 585, note 1), constitue un incident de saisie immobilière, et que l'appel du jugement qui statue sur cette contestation doit, à peine de déchéance, être interjeté dans les dix jours de la signification à avoué. Cette solution peut être critiquée, à notre avis (*Ibid.*, t. 75, p. 464, art. 906).

La conversion d'une saisie immobilière en vente volontaire ne fait point disparaître l'effet de la saisie (Voir *supra*, p. 649, note 1) ; ainsi, le jugement qui, depuis cette conversion, prononce la subrogation dans les poursuites, pour toute autre cause que pour fraude ou collusion, n'est pas susceptible d'appel (*Ibid.*, t. 76, p. 493, art. 1114).

Mais lorsqu'une demande en subrogation est intentée pour négligence, dol ou fraude, l'appel du jugement qui l'admet est recevable, quoiqu'on n'ait conclu et plaidé que la négligence (*Ibid.*, t. 75, p. 142, art. 834). Voir *supra*, p. 617, la *remarque* qui suit la formule n° 626.

Le débiteur saisi, défendeur à une demande en subrogation qui n'est pas intentée pour collusion ou fraude, ne peut, pas plus que le créancier poursuivant, interjeter appel du jugement qui a prononcé la subrogation (*Ibid.*, p. 115, art. 826).

Lorsque le jugement rendu sur une demande en subrogation statue sur une question de fond, notamment sur une contestation relative à l'existence du droit du demandeur en subrogation, ce jugement est toujours susceptible d'appel. Cass., 22 avril 1863 (*J. Av.*, t. 88, p. 530) ; Rouen, 25 août 1870 (*Ibid.*, t. 97, p. 152) ; Nîmes, 21 février 1872 (*Ibid.*, t. 98, p. 251) ; Cass., 10 décembre 1888 (S. 89.1.77) ; Nîmes, 6 août 1897 (*J. Av.*, t. 123, p. 118) ; *Suppl. alphab.*, v° *Saisie immobilière*, n° 1933.

Les jugements, en matière de folle enchère, contre lesquels l'appel est permis, sont ceux qui statuent sur les nullités : ainsi, les jugements de sursis ou remise, de subrogation pour cause de négligence, d'adjudication sans incidents, ne sont pas susceptibles d'appel (Q. 2431 ter).

Les règles particulières de forme et de délai de l'appel ne sont applicables qu'autant qu'il s'agit de l'appel de jugements rendus sur des incidents de la saisie immobilière. Et l'on ne saurait reconnaître ce caractère qu'aux jugements statuant sur une contestation qui, née de la procédure de saisie immobilière, et s'y référant directement, est de nature à exercer une influence immédiate et directe sur la marche et l'issue de cette procédure.

Notamment, n'a pas ce caractère la demande en dommages-intérêts à raison du préjudice causé par une saisie immobilière, même formée accessoirement à la demande en radiation de cette saisie. Cass., 10 juillet 1900 (*J. Av.* t. 125, p. 339).

1. La défense portée par l'art. 449 d'interjeter appel dans la huitaine de la signification du jugement ne s'applique pas à l'appel dont il est question dans l'art. 731 (Q. 2424 *quat.* et *J. Av.*, t. 75, p. 17 et 343, t. 76, p. 358 ; *Suppl. alphab.*, v° *Saisie immobilière*, n° 2038).

Le délai dans lequel doit être interjeté l'appel des jugements contre lesquels cette voie est permise est de dix jours, à compter de la signification à avoué, ou, s'il n'y a point d'avoué, à compter de la signification à personne ou au domicile, soit réel, soit élu (C. pr. civ., art. 731). En ce sens, Paris, 6 août 1894 (D.P. 95.2.151) ; Besançon, 19 décembre 1894 (D. P. 96.2.19 et S. 96.2.156) ; Paris, 16 mars 1905 (*J. Av.*, t. 130, p. 315).

Le délai n'est pas franc : ainsi, un appel interjeté le onzième jour après la signification du jugement n'est pas valable. Trib. civ. de Reims, 26 mai 1886 (D. P.

pel de......, qu'il constitue et qui occupera pour lui sur le présent appel et ses suites, j'ai..... (*immatricule de l'huissier*), soussigné, signifié et déclaré à : 1° M...... (*nom, prénoms, profession*), demeurant à......, poursuivant la vente sur saisie immobilière de....... (*indiquer l'immeuble*), appartenant au requérant, au domicile par lui élu [1] à....., rue....; n°......, dans l'étude de M[e]...., avoué [2] près le tribunal civil de première instance de..., où étant et parlant à.....;

87.2.79); Grenoble, 26 janvier 1897 (*J. Av.*, t. 123, p. 175); Boitard, Colmet-Daâge et Glasson, t. 2, n° 1216. — Contra Q. 2424 *bis* et *J. Av.*, t. 75, p. 343, art. 890, lettre G.

Le délai est susceptible de l'augmentation à raison des distances, quand il s'agit d'une demande en distraction (*Q.* 2423 *bis* ; *Suppl. alphab.*, v° *Saisie immobilière*, n°s 1932 et s.).

Lorsque le jugement a été rendu sur une demande en distraction, on doit calculer les distances, afin d'augmenter les dix jours accordés pour l'appel, du nombre de jours nécessaires pour que toutes les parties puissent comparaître, et ne poursuivre l'audience qu'à l'expiration du plus long délai donné à la partie la plus éloignée (*Q.* 2423 *ter*).

Le délai d'appel ne court qu'autant que le jugement a été régulièrement signifié.

La signification de la part d'une seule partie fait courir les délais d'appel au profit de toutes les parties et contre elles (*J. Av.*, t. 75, p. 342, art. 890, lettre F).

1. Relativement à l'appel, les effets de l'élection de domicile faite dans le commandement consistent à permettre la signification de l'appel des jugements autres que ceux sur incident, à ce domicile (*Q.* 2425 *bis*). Cette solution est cependant controversée. Voir *Suppl. alphab.*, *verb. cit.*, n°s 2079 et suiv.

2. L'appel d'un jugement de saisie immobilière doit, à peine de nullité, être interjeté et notifié au domicile de l'avoué et au greffier, dans le délai de dix jours. — Ce greffier est celui du tribunal devant lequel se poursuit la saisie ; l'acte d'appel doit être visé par lui, à peine de nullité (*Q.* 2425 *quinq.*; *Suppl. alphab.*, *verb. cit.*, n°s 2084 et suiv.); Alger, 15 juillet 1850 (*J. Av.*, t. 76, p. 618, art. 1181) ; Cass., 27 janvier 1854 (*Ibid.*, t. 79, p. 301). D'ailleurs, le greffier ne doit pas être intimé, il suffit de lui notifier l'acte d'appel et de le faire viser par lui : les frais de la mise en cause de ce greffier devant la Cour seraient inutiles et frustratoires. Paris, 6 novembre 1899 (*J. Av.*, t. 125, p. 268).

Est nul, en matière de saisie immobilière, l'appel signifié à partie et non au domicile de l'avoué, alors même que le jugement dont est appel a été notifié surabondamment à l'appelant, après l'avoir été à son avoué : Paris, 16 mars 1905 (*J. Av.*, t. 130, p. 345). — V. aussi *Ibid.*, t. 98, p. 312 et la note.

Il y a encore nullité de l'appel qui n'est pas signifié à l'avoué en autant de copies qu'il représente de parties distinctes, et cette nullité n'est pas couverte par la comparution des parties et la constitution d'un avoué (*Ibid.*, p. 347, art. 890, lettre C *bis*).

La conversion prononcée n'empêche pas l'art. 733 C. pr. civ. d'être applicable : par conséquent, l'appel du jugement, qui a statué sur une demande en distraction doit être notifié au domicile de l'avoué, et doit énoncer les griefs à peine de nullité (*J. Av.*, t. 76, p. 193, art. 1144). Voir *supra*, p. 649, note 1.

Est nul, au contraire, l'appel du jugement qui statue sur l'action principale en nullité d'une adjudication après folle enchère, lorsqu'il a été notifié au domicile de l'avoué de l'intimé, au lieu de l'être à personne ou domicile (*Ibid.*, p. 34, art. 995, lettre D).

La nullité d'un acte d'appel fondée sur l'inobservation des formalités édictées par l'art. 732 C. pr. civ. n'est pas d'ordre public. Elle ne peut, dès lors, être proposée pour la première fois devant la Cour de cassation. Cass., 10 février 1896 (D. P. 96.1.352) et 26 novembre 1900 (*J. Av.*, t. 126, p. 12).

2° M..... (*nom, prénoms*), greffier près le tribunal civil de.....,. au greffe dudit tribunal, au palais de justice, à....., où étant et parlant à....., qui a visé[1] le présent original, que le requérant entend interjeter, comme, de fait, par le présent acte, il interjette appel du jugement rendu contradictoirement entre lui et M.......,. par la chambre des saisies immobilières du tribunal civil de....., le........., parce que.........: (*griefs d'appel, et par exemple :* ce jugement a déclaré valable la dénonciation de saisie immobilière faite par M....., au requérant, et dont ce dernier opposait la nullité[2]) : et à mêmes requête, demeure et élection de domicile que ci-dessus, j'ai donné assignation à M.... (*poursuivant*), en parlant comme il a été dit, à comparaître à huitaine franche, délai de la loi, par ministère d'avoué, à l'audience et par-devant MM. les premier président, présidents et conseillers composant la Cour d'appel de....., séant au palais de justice, à...., heure de... pour... (*reprendre les moyens signifiés en première instance*) ;

Par ces motifs ; voir déclarer recevable et bien fondé l'appel interjeté contre le jugement du....; voir réformer ledit jugement ;. En conséquence, voir dire et ordonner..... (*reprendre les conclu-*

---

1. Il y a aussi nullité si l'acte d'appel n'est pas visé par le greffier (*J. Av.*, t 76, p. 618, art. 1181). Voir *supra*, p. 663, note 2.
2. L'acte d'appel doit énoncer les griefs d'une manière nette et précise à peine de nullité ; une énonciation vague et générale ne suffirait pas. Grenoble, 6 août 1895 (D. P. 96.2.115 ; S.96.2.207) ; Paris, 16 mars 1905, précité.

Il a été jugé notamment que l'acte d'appel d'un jugement statuant sur un incident de saisie immobilière est nul comme ne contenant pas une énonciation suffisante des griefs d'appel, lorsque l'acte d'appel se borne à indiquer qu'il est fait *pour les torts et griefs que cause à l'appelant le jugement, lesquels seront ultérieurement déduits*. Dijon, 2 décembre 1901 (*J. Av.*, t. 127, p. 159).

.. ou lorsque les griefs d'appel sont pris des torts et griefs que ce jugement infère à l'appelant et qui seront déduits en temps et lieu. Montpellier, 24 juin 1897 (*J. Av.*, t. 123, p. 52).

Il a cependant été jugé qu'il y avait énonciation suffisante des griefs d'appel lorsque l'appelant a déclaré qu'il entendait reprendre tous les moyens déjà présentés aux premiers juges sans qu'il soit nécessaire de spécifier à nouveau chacun de ces moyens. Montpellier, 12 novembre 1903 (*J. Av.*, t. 129, p. 28).

Jugé aussi que l'acte d'appel est régulier lorsque, devant les premiers juges, l'appelant avait spécifié demander la nullité du commandement et de la saisie, motif pris de ce que le commandement ne contenait pas les énonciations prescrites par l'art. 61 C. pr. civ., si l'acte d'appel énonce que la réformation du jugement est demandée à raison de ce qu'il a validé à tort le commandement et la saisie. Pau, 11 avril 1900 (*J. Av.*, t. 125, p. 308).

Jugé encore que, lorsque le jugement a prononcé la nullité de la saisie en se fondant sur ce que le poursuivant ne justifiait pas de son droit de créancier, l'acte d'appel énonce suffisamment les griefs lorsqu'il y est dit que le tribunal a, à tort, prononcé la nullité de la saisie, attendu que la saisie a été faite en vertu de titres réguliers. Paris, 28 avril 1898 (*J. Av.*, t. 113, p. 524).

L'acte d'appel d'un jugement prononçant la nullité d'une surenchère doit aussi énoncer les griefs, à peine de nullité. — Il a été jugé qu'un pareil acte est valable quoiqu'il ne renferme pas un exposé des moyens à l'appui, s'il contient l'énonciation des griefs, et que cette énonciation résulte suffisamment de la mention dans l'acte d'appel que la fin de non-recevoir admise par les premiers juges n'était pas applicable à l'espèce (*Ibid.*, t. 76, p. 618, art. 1181).

sions soumises au tribunal de première instance)[1]; voir prononcer la restitution de l'amende consignée, et s'entendre, en outre, condamner aux dépens. A ce que les susnommés n'en ignorent. Et je leur ai, auxdits domiciles, en parlant comme ci-dessus, laissé copie du présent, sous enveloppe, etc.... Coût.....

(*Signature de l'huissier.*)

Vu et reçu copie au greffe du tribunal de...., le....

(*Signature du greffier.*)

Remarques. — 1° Quand il s'agit de la distraction d'objets saisis, l'appel doit être signifié au saisissant, au saisi[2], au premier créancier inscrit et au greffier (Voir *supra*, p. 622, note 2).

2° Quand l'appel est signifié au domicile de l'avoué, ce qui a lieu toutes les fois que les parties intimées ont un avoué constitué, un seul original suffit. Mais, même dans ce cas, l'appel peut être dénoncé au greffier par exploit séparé.

---

1. En matière d'incidents de saisie immobilière, ce ne sont pas seulement les demandes nouvelles, mais même les moyens nouveaux qui sont irrecevables en cause d'appel. Voir par exemple, Riom, 16 déc. 1898 (*J. Av.*, t. 124, p. 269), et Lyon, 24 mars 1906 (*Ibid.*, t. 131, p 217).

La disposition de l'art. 732, qui défend à la partie saisie de proposer en appel d'autres moyens que ceux qui auront été proposés en première instance, est absolue : elle s'applique à toutes parties (*Q.* 2425 *sex.*; *Suppl. alphab., verb. cit.*, n° 2089 et s.). Mais elle ne s'applique pas au tiers intervenant : Cass., 25 mai 1892 (D. P. 92.1.327 et S. 92.1.389).

La partie qui a fait défaut en première instance est non recevable à proposer devant la Cour des moyens qu'elle n'a pas présentés au tribunal *J. Av.*, t. 75, p. 349, art. 890, lettre H).

Après avoir opposé en première instance l'exception de libération, on ne peut soutenir, pour la première fois en appel, que la saisie est nulle parce que le commandement ne contenait pas copie du titre de créance (*Ibid.*).

Mais la nullité provenant du défaut d'autorisation peut être proposée pour la première fois en appel par la femme mariée (*Ibid.*).

Lorsque, postérieurement à la publication du cahier des charges, le poursuivant voulant réparer, par un dire additionnel, une omission faite dans la saisie des immeubles, porte l'incident à l'audience, sans avoir fait signifier au saisi des conclusions relatives à cette addition, et que le jugement, accueillant cette prétention, prononce l'adjudication, la nullité de l'adjudication, en ce qui concerne les biens omis et ajoutés, peut être proposée, pour la première fois, en appel (*Ibid.*).

Le saisi qui, après avoir agi par action principale contre toutes les parties, a vu sa demande en nullité de la procédure de saisie immobilière et de l'adjudication rejetée, ne peut plus se pourvoir en détail et par voie d'appel contre divers jugements rendus sur incident dans le cours des poursuites (*J. Av.*, t. 76, p. 361, art. 1104).

2. Jugé notamment que le tiers revendiquant dans une instance incidente en matière de saisie immobilière doit être déclaré non recevable dans l'appel qu'il a interjeté contre le jugement qui a rejeté ses prétentions lorsqu'il a omis d'intimer le saisi sur cet appel. Bastia, 28 avril 1903 (*J. Av.*, t. 128, p. 235). En ce sens, *Suppl. alphab., verb. cit.*, n°s 1490 et s

659. Dénonciation *de l'acte d'appel au greffier du tribunal, lorsque cet acte ne lui a pas été notifié par le même exploit qu'à la partie.*

CODE PR. CIV., art. 732.

L'an.........., le......, à la requête de M......... (*nom, prénoms, profession*), demeurant à............, pour lequel domicile est élu à..........., rue........., n°..........., dans l'étude de M°....., avoué près la cour d'appel de..........., lequel est constitué et occupera pour lui, sur l'appel dont il va être parlé, j'ai............. (*immatricule de l'huissier*), soussigné, dénoncé [1] et en tête [de celle] des présentes laissé copie à M......., greffier du tribunal civil de première instance de..........., en son greffe, au palais de justice, à........., où étant et parlant à............, qui a visé le présent original, d'un exploit de....., huissier à..........., en date du........, enregistré, contenant, à la requête de M............, contre M.......... (*nom, prénoms, profession*), demeurant à............, appel d'un jugement contradictoirement rendu entre eux, par le tribunal de..........., le...; déclarant à M............ que le requérant s'oppose formellement par les présentes à ce qu'il soit procédé à la vente et adjudication sur saisie immobilière de l'immeuble dont il s'agit avant qu'il ait été statué sur cet appel, à peine de nullité;

Et j'ai, au susnommé, au greffe, en parlant comme ci-dessus, laissé copie du présent exploit, dont le coût est de..........

(*Signature de l'huissier.*)

Vu et reçu copie au greffe du tribunal de........., le....

(*Signature du greffier.*)

---

1. Il n'est pas nécessaire que l'appel soit signifié au greffier par le même exploit qu'à l'avoué ou à la partie. Il est des cas (par exemple, lorsque l'intimé n'ayant plus d'avoué, il faut lui notifier à domicile) où une notification simultanée, par un seul exploit, est impossible; il n'est pas nécessaire que les deux exploits soient signifiés le même jour. Ces expressions de l'art. 732, *en même temps*, s'entendent du même délai de dix jours (Q. 2425 *quat.*; *Suppl. alphab.*, *verb. cit.*, n° 2083).

On ne peut faire résulter un moyen de nullité de ce que l'huissier fait mention dans son exploit de la notification au greffier et de son visa, avant d'énoncer l'intimation à la partie (Q. 2425 *quinq.*; *Suppl. alphab.*, v° *Saisie immobilière*, n°⁸ 2084 et s.).

Il a été jugé que l'appel était nul lorsque (il s'agissait d'une demande en distraction) cet appel était notifié par deux exploits séparés, adressés, l'un au saisi, l'autre au poursuivant, et que ce dernier exploit, qui ne mentionnait nullement le saisi, avait été seul dénoncé au greffier et visé par lui. Pau, 21 janv. 1852 (J. Av., t. 77, p. 372, art. 1299).

660. Arrêt *qui statue sur l'appel d'un jugement sur incident* [1].

Code PR. CIV., art. 731.

Cet arrêt, suivant qu'il est contradictoire ou par défaut [2], *qu'il confirme ou qu'il infirme le jugement, est conçu comme les formules* supra, nos 414 et suiv.; *il contient liquidation des dépens.*

---

661. Signification *de l'arrêt à avoué* [3].

Voir *supra*, formule n° 312, par analogie.

---

1. Le ministère public doit être entendu, en appel comme en première instance, sur tous les incidents de saisie immobilière (*J. Av.*, t. 75, p. 350, art. 890, lettre 1).
Le délai de quinzaine dans lequel, aux termes de l'art. 732, doit statuer la Cour saisie de l'appel, commence à courir du jour de la signification de l'appel, tant au greffier qu'à l'avoué ou à la partie. — Du reste, ce délai n'est pas prescrit à peine de nullité ; c'est un avertissement donné par le législateur aux magistrats, et, dans l'usage, il est fort rare que les cours d'appel s'astreignent à son observation (Q. 2424 *quinq.; Suppl. alphab.*, v° *Saisie immobilière*, nos 2039, 2040).
2. En appel, il n'y a jamais lieu d'ordonner un défaut profit-joint (Q. 2423 *decies* et *J. Av.*, t. 75, p. 338, art. 890, lettre A). Voir *supra*, p. 659, note 2.
3. Avant de continuer les poursuites, il faut d'abord signifier à l'avoué de la partie adverse qui a occupé sur l'appel, dans la forme ordinaire, l'arrêt qui a déclaré l'appel mal fondé, et puis, comme en matière d'enquête, l'avoué du poursuivant, en première instance, auquel la grosse de l'arrêt a été transmise, la notifie à son confrère, avoué du saisi. — Il n'est pas besoin de la notifier à ce dernier (Q. 2424 *sexies*, et *J. Av.*, t. 75, p. 344, art. 890, lettre J). Si l'une des parties n'avait point d'avoué, l'arrêt devrait être notifié à personne ou domicile.
Il a été jugé que, lorsque l'arrêt est prononcé la veille de l'adjudication, la Cour peut, pour éviter tout retard aux parties, ordonner que son arrêt sera exécuté sur minute, et qu'à cet effet, le greffier sera tenu de le présenter au tribunal chargé de procéder à l'adjudication (*Ibid.*).
Lorsqu'un appel a empêché le poursuivant de continuer sa procédure, avant les affiches et insertions, le délai qui doit s'écouler entre ces insertions et affiches et l'adjudication est celui des art. 696 à 699, et non celui des art. 704 et 741 (Q. 2422 *duod.*).
Si les affiches avaient eu lieu, et que l'arrêt eut été rendu avant le jour fixé pour l'adjudication, rien n'empêcherait d'y procéder sans nouveau délai (Q. 2349).
Jugé notamment qu'il appartient à la cour d'appel, en déclarant irrecevable comme tardif l'appel interjeté d'un jugement rendu en matière d'incidents de saisie immobilière, de fixer à nouveau par son arrêt la date de l'adjudication. Grenoble, 26 janv. 1897 (*J. Av.*, t. 123, p. 175).
Mais il a été aussi jugé que la cour d'appel qui déclare non recevable l'appel du jugement d'adjudication comme formé contre une décision qui ne comportait pas cette voie de recours se trouve entièrement dessaisie, et ne peut plus, par suite, statuer sur les conclusions en sursis présentées par l'appelant. Cass., 30 juin 1897 (*J. Av.*, t. 122, p. 445).

2° Cassation [1].

Voir *supra*, p. 386 *et suiv*.

---

1. En matière de saisie immobilière, tous jugements autres que ceux qui donnent acte des publications, ou qui prononcent une adjudication, sans statuer en même temps sur des incidents, peuvent être soumis à un recours en cassation (Q. 2423 *octies*).
Cette opinion, basée sur des considérations d'un ordre très élevé, permet aux débiteurs saisis de ne pas être dépouillés contrairement aux prescriptions de la loi. Des inconvénients graves et nombreux seront évités, si elle est adoptée. Cependant, la Cour suprême, interprétant dans le sens le plus rigoureux ces expressions de l'art 703 : *Ce jugement ne sera susceptible d'aucun recours*, a décidé que le jugement qui statue sur une demande de sursis à l'adjudication, soit qu'il accorde, soit qu'il refuse le sursis, ne peut être attaqué par la voie du pourvoi en cassation (*J. Av.*, t. 76, p. 279, art. 1075). En ce sens, Garsonnet, t. 5, § 1087, p. 541. — Contra Q. 2379 et 2423 oct.; *Suppl. alphab.*, *verb. cit.*, n° 983 et s.

CHAPITRE TROISIÈME

VOIES EXTRAORDINAIRES D'EXÉCUTION

TITRE UNIQUE. — EMPRISONNEMENT

La loi du 22 juillet 1867, qui a supprimé la contrainte par corps en matière commerciale, civile et contre les étrangers, et ne l'a maintenue qu'en matière criminelle, correctionnelle et de simple police, a rendu inutiles les règles et les formules placées sous ce titre, et qui n'avaient pour objet que la contrainte par corps exercée pour cause civile ou commerciale.

En matière criminelle, correctionnelle ou de police, les arrêts et jugements contenant des condamnations pécuniaires au profit des parties civiles doivent s'exécuter suivant les mêmes formes que les jugements portant condamnation au profit de l'Etat. Il en est de même au cas où des condamnations pécuniaires sont prononcées par les tribunaux civils au profit de la partie lésée, pour réparation d'un crime, d'un délit ou d'une contravention reconnus par la juridiction criminelle (art. 4 et 5 de la loi du 22 juillet 1867).

La loi du 22 juillet 1867 n'a d'ailleurs apporté aucune modification en ce qui concerne le dépôt du failli dans la maison d'arrêt (art. 455, C. comm.). Les règles relatives à la contrainte par corps sont inapplicables à ce dernier cas.

APPENDICE

1. Requête *au juge de paix*[1] *à l'effet d'être autorisé à saisir-gager les meubles d'un locataire sans commandement préalable et* **Ordonnance**.

CODE *PR. CIV.*, art 819. Loi du 12 juillet 1905, art. 13.

La requête se rédige comme la formule n° 520 (*supra*, p. 463) en substituant l'indication du juge de paix à celle du président du tribunal.

Même observation pour l'ordonnance.

Si l'ordonnance est rendue sur réquisition purement verbale, comme il arrive souvent en pratique, cette ordonnance peut être libellée ainsi qu'il suit :

Nous......, *juge de paix du canton de*..... *après avoir entendu* M......, *demeurant à*....., *propriétaire d'une maison sise à*...., *rue*...., *n°*......, *qui nous a exposé qu'il a loué dans cette maison à* M......, *un appartement sis*........, *moyennant un loyer annuel de*........, *aux termes d'un acte*...... *etc.; que* M..... (*locataire*) *lui doit actuellement, pour loyers échus le*........, *une somme de*......, *et que, pour sûreté de ces loyers, il est dans l'intention de faire procéder à une saisie-gagerie contre son locataire; mais que, pour éviter que ce dernier n'enlève furtivement son mobilier, il y aurait intérêt à procéder à la saisie sans commandement préalable;*

Vu l'art. 819 du Code de procédure civile et l'art. 13 de la loi du 12 juillet 1905;

Autorisons M......... *à faire saisir-gager sans commandement*

---

[1]. Pour que ce soit le juge de paix qui puisse autoriser à saisir-gager, il faut, aux termes du 2e alinéa de l'art. 13, que les *causes de la saisie rentrent dans sa compétence*. Il en est ainsi lorsque c'est le juge de paix qui est compétent pour statuer sur la demande en paiement de la créance de loyers qui sert de base à la saisie-gagerie, c'est-à-dire lorsque le chiffre du loyer annuel n'excède pas 600 fr., quel que soit le montant des loyers réclamés (Loi du 12 juillet 1905, art. 3). — Conf. *Encycl. des huissiers*, 5e éd., v° *Saisie-gagerie*, n. 36.

C'est le juge de paix du lieu où la saisie-gagerie doit être pratiquée qui est compétent pour donner l'autorisation.

préalable les meubles et effets de M......, garnissant l'appartement qu'il occupe dans la maison de M...... et disons que notre ordonnance sera exécutée sur minute, vu l'urgence.

Fait à......, le......

(Signature.)

---

2. Citation *en validité de saisie-gagerie* [1].

Loi du 12 juillet 1905, art. 3.

Formule ordinaire des citations en justice de paix *(V. supra,* p. 277, formule n. 314). Les motifs et le dispositif sont ceux de la formule n. 524 *(supra,* p. 467).

Remarque. — La citation en nullité ou en mainlevée se rédige comme la formule n° 523 *(supra,* p. 466) en remplaçant l'assignation au tribunal civil par une citation en justice de paix.

---

3. Requête *au juge de paix* [2] *à l'effet d'être autorisé à saisir les effets d'un débiteur forain et* **Ordonnance.**

CODE PR. CIV., art. 822. Loi du 12 juillet 1905, art. 13.

La requête et l'ordonnance se rédigent comme la formule n° 526 *(supra,* p. 469) en substituant l'indication du juge de paix à celle du président du tribunal.

Si l'ordonnance est délivrée sur requête verbale, elle peut être libellée ainsi qu'il suit :

Nous......, juge de paix du canton de....,

Après avoir entendu M......, demeurant à........, qui nous a exposé qu'il est créancier de M......, demeurant à...., actuellement de passage à......, d'une somme de......, montant de.....; que son débiteur est à la veille de quitter sa résidence et qu'il importe à M..... de pratiquer au plus tôt sur les bagages et effets de son débiteur une saisie;

---

1. Le juge de paix connaît des demandes en validité, en nullité ou en mainlevée de saisies gageries quand la location verbale ou écrite n'excède pas annuellement six cents francs. Si le prix du bail se compose en totalité ou en partie de denrées ou prestation en nature appréciables d'après les mercuriales, l'évaluation en doit être faite sur les mercuriales du mois qui a précédé la demande; s'il comprend des prestations non appréciables d'après les mercuriales ou s'il s'agit de baux à colons partiaires, le juge de paix détermine sa compétence en prenant pour base du revenu de la propriété le principal de la contribution foncière de l'année courante multiplié par cinq (Loi du 12 juillet 1905, art. 3).

2. C'est le juge de paix qui est compétent pour autoriser la saisie foraine si la créance qui doit servir de base à la saisie rentre dans les limites de sa compétence (V. p. 673 note 1).

Vu l'art. 822 du Code de procédure civile et l'art. 13 de la loi du 12 juillet 1905;

Autorisons M........ *à faire saisir à l'instant les marchandises, bagages et effets de* M........., *son débiteur forain, qui se trouvent à*....., *et ce pour avoir paiement de la somme de*........, *montant de sa créance en principal et accessoires; et disons que notre ordonnance sera exécutoire sur minute, vu l'urgence.*

Fait à....., *le*......

(*Signature.*)

---

4. Citation *en validité de saisie foraine*[1].

Loi du 12 juillet 1905, art. 13.

Formulaire ordinaire des citations en justice de paix (V. *supra,* page 277, formule n° 314). *Le défendeur est cité* pour :

Attendu que M..... est créancier de M.... d'une somme principale de......, montant de..., avec intérêts et frais ; que, pour arriver au recouvrement de cette créance, M....... a été autorisé par une ordonnance de M. le juge de paix de........, en date du......, enregistrée, à faire pratiquer contre M...... une saisie foraine ; qu'il a été procédé à cette saisie suivant procès-verbal de Me......., huissier à....., en date du......, enregistré;

Attendu que cette saisie est régulière en la forme et juste au fond ; qu'il y a lieu de la valider et de la convertir en saisie exécution ;

Par ces motifs ;

Si le créancier n'a pas de titre [2] : S'entendre condamner à payer à M......, la somme principale de...., avec intérêts de droit ;

Dans tous les cas : Voir déclarer bonne et valable et convertie en saisie exécution la saisie énoncée ci-dessus ; voir dire, en conséquence, qu'aux requête, poursuites et diligences de M...... il sera procédé, après l'apposition des affiches et l'accomplissement des formalités voulues par la loi, à la vente aux enchères publiques des

---

1. Le juge de paix connaît des demandes en validité, nullité et mainlevée des saisies foraines pratiquées pour des causes rentrant dans les limites de sa compétence (Loi du 12 juillet 1905, art. 13, 1er alinéa). Il n'est compétent pour statuer sur la saisie que s'il l'est également pour connaître de la demande en paiement de la créance qui sert de base à la saisie. Le juge de paix est donc incompétent si la créance excède 600 fr., ou si elle est commerciale.

2. Il résulte de la note qui précède que le juge de paix compétent pour statuer sur la validité de la saisie foraine l'est toujours pour statuer sur la demande en paiement de la créance qui lui sert de base. — V. aussi Pau, 21 juin 1900 (J. *Huiss.*, t. 82, p. 91).

marchandises et effets saisis, pour le prix à provenir de cette vente être versé aux mains de M....... (*demandeur*) en déduction ou à concurrence du montant de sa créance en principal et accessoires.

Et s'entendre condamner en tous les dépens.

---

5. Citation *en nullité de saisie foraine.*

Loi du 12 juillet 1905, art. 13.

Formule ordinaire des citations en justice de paix (*V. formule précédente*). *On assigne* pour :

Attendu que M....., se prétendant créancier de M......, d'une somme de......., a fait pratiquer contre lui, suivant procès-verbal de..., etc., une saisie foraine sur des marchandises, bagages et effets se trouvant à.......;

Mais attendu que M....... ne doit absolument rien à M.... (*ou* que M.... n'a jamais refusé de payer à M..... la somme qu'il lui doit) ; que, d'autre part, M....... possède à......., un domicile fixe et présente des garanties de solvabilité suffisantes ;

Attendu que c'est donc abusivement et sans droit qu'il a été procédé à la saisie ; que cette voie d'exécution a causé à M........ un préjudice qui ne saurait être évalué à moins de......;

Par ces motifs ;

Voir déclarer nulle la saisie dont s'agit ; en voir faire mainlevée entière et définitive ;

S'entendre condamner, pour le préjudice causé, à payer à M.... ... de dommages-intérêts.

Et s'entendre condamner en tous les dépens.

---

6. Requête *au juge de paix*[1] *à l'effet d'être autorisé à pratiquer une saisie revendication et* Ordonnance.

CODE PR. CIV., art. 826, et Loi du 12 juillet 1905, art. 13.

La requête et l'ordonnance se rédigent comme la formule n° 529 (*supra*, p. 470) en substituant l'indication du juge de paix à celle du président du tribunal civil.

---

1. Sur la compétence du juge de paix en matière de saisie revendication. V. p. 675, note 1.

7. Citation *en validité de saisie revendication* [1].

CODE PR. CIV., art. 831, et Loi du 12 juillet 1905, art. 3.

Formule ordinaire des citations en justice de paix (V. supra, formule n. 314, p. 277). *On cite à la fois le débiteur et le détenteur des meubles* pour :

Attendu que M..... (*requérant*) est créancier de M.... de..., pour..... termes de loyers échus le....., de l'appartement qu'il occupe dans la maison du requérant sise.......;

Attendu que M..... (*locataire*) a furtivement enlevé les meubles qui garnissaient l'appartement et qu'il les a transportés le....... dans un local appartenant à M....., où le requérant a fait pratiquer sur ces meubles, en vertu d'une ordonnance rendue par M. le juge de paix de...., en date du....., enregistrée, une saisie revendication suivant procès-verbal du ministère de....., enregistré ;

Attendu que cette saisie est régulière en la forme et juste au fond ; qu'il y a lieu de la convertir en saisie-exécution ;

Attendu enfin que, par suite de la vente des meubles dont il s'agit les lieux loués à M.... ne seront plus garnis ; que M..... (*requérant*) est dès lors fondé à demander l'expulsion de M...... [2];

Par ces motifs ;

S'entendre M....... (*locataire*) condamner à payer à M....., la somme de......., pour...... termes de loyers échus les......., avec intérêts de droit ;

Voir déclarer bonne et valable et convertie en saisie-exécution la saisie-revendication ci-dessus énoncée ; voir dire en conséquence qu'aux requête, poursuites et diligences de M......... il sera procédé, après l'apposition d'affiches et l'accomplissement des formalités voulues par la loi, à la vente des meubles et effets saisis, pour le prix à en provenir être versé au requérant en déduction ou à concurrence du montant de sa créance en principal et accessoires ;

Voir autoriser le requérant à faire expulser M......, en la forme ordinaire, des lieux qu'il occupe dans sa maison sise......;

Et s'entendre condamner en tous les dépens.

---

1. Pour que le juge de paix soit compétent en matière de saisie-revendication, il faut que le chiffre annuel du loyer n'excède pas six cents francs; pour l'évaluation du loyer, quand il n'est pas entièrement en argent, il faut appliquer les mêmes règles qu'en matière de saisie-gagerie (Voir *supra*, p. 672, note 1). Mais le juge de paix cesse d'être compétent lorsqu'il y a contestation de la part d'un tiers : il faut entendre par là toute personne autre que le revendiquant et le locataire qui a déplacé les meubles, par exemple, celui chez qui les meubles ont été transportés.

Si la contestation du tiers s'est formulée dès avant la demande en validité, c'est devant le tribunal civil que cette demande doit être portée ; si, au contraire, la citation a déjà été délivrée, le juge de paix doit se déclarer incompétent à raison de la contestation élevée.

2. Le juge de paix compétent pour statuer sur la demande en revendication l'est toujours pour ordonner l'expulsion du locataire.

8. Requête *au juge de paix pour être autorisé à faire pratiquer une saisie-arrêt et* **Ordonnance** [1].

Code PR. CIV., art. 558, et Loi du 12 juillet 1905, art. 14.

La requête [2] et l'ordonnance se rédigent comme la formule n° 533 (*supra*, p. 474) en substituant l'indication du juge de paix à celle du président du tribunal civil.

---

9. Dénonciation *de la saisie-arrêt avec citation en validité devant le juge de paix* [3].

Code PR. CIV., art. 563. Loi du 12 juillet 1905, art. 14.

Formule analogue à la formule n° 537 (*supra*, p. 481) en substituant la formule de citation en justice de paix à celle de l'assignation devant le tribunal civil.

---

10. Citation *en nullité et mainlevée de la saisie-arrêt* [4].

Code PR. CIV., art. 567. Loi du 12 juillet 1905, art. 14.

Formule analogue à la formule n° 552 (*supra*, p. 497) en substituant une citation en justice de paix à l'assignation devant le tribunal civil.

---

11. Jugement *qui déclare la saisie nulle et en prononce la main levée.*

Loi du 12 juillet 1905, art. 14.

Nous......, juge de paix du canton de......;
Attendu que M......, se prétendant créancier de M...... d'une

---

1. Le juge de paix est compétent pour accorder cette autorisation quand les causes de la saisie-arrêt rentrent dans les limites de sa compétence et que la saisie ne concerne pas les administrations de l'enregistrement ou des contributions indirectes.
Le juge de paix compétent est celui du domicile du débiteur ou du tiers saisi.
2. L'ordonnance ne peut être délivrée sur une requête seulement verbale ; l'art. 14, 2ᵉ alin., exige une requête *signée* de la partie et de son mandataire.
3. La compétence du juge de paix à raison des demandes en validité, en nullité ou main-levée, est régie par les mêmes principes qu'en matière de saisie foraine (Voir *supra*, p. 673, note 1).
C'est devant le juge de paix du domicile de la partie saisie que doit être formée la demande en validité, de même, d'ailleurs, que la demande en nullité ou en mainlevée.
4. Voir la note qui précède.

somme de........., a fait pratiquer contre ce dernier, entre les mains de M........., une saisie-arrêt suivant exploit du ministère de......, etc.;

Mais attendu que la prétendue créance de M.........: n'est nullement établie; que, dans ces conditions, la saisie-arrêt qu'il a fait pratiquer ne saurait être maintenue; que cette saisie a causé à M..... un préjudice certain qui peut être justement évalué à...;

Par ces motifs;

Déclarons nulle et de nul effet la saisie-arrêt ci-dessus indiquée; en faisons mainlevée;

Disons que M...... (*tiers saisi*) pourra valablement se libérer entre les mains de M......... (*partie saisie*) s'il n'existe d'autres oppositions;

Condamnons M...... (*saisissant*) en..... de dommages-intérêts envers M....... (*saisi*) et en tous les dépens.

12. Jugement *qui déclare la saisie-arrêt valable.*

Loi du 12 juill. 1905, art. 14.

Nous......, juge de paix du canton de......;

Attendu que M..... justifie être créancier de M..... d'une somme de....... à raison de.......;

Attendu que la saisie-arrêt à laquelle il a fait procéder par exploit de......, etc., est régulière en la forme et juste au fond; qu'il y a lieu de la valider;

Par ces motifs;

Condamnons M..... à payer à M..... la somme de.... montant des causes énoncées ci-dessus, avec intérêts de droit;

Déclarons bonne et valable la saisie-arrêt dont il s'agit; disons en conséquence que les sommes dont le tiers saisi se reconnaîtra ou sera jugé débiteur envers M..... (*saisi*) seront par lui versées entre les mains de M..... (*saisissant*) en déduction ou à concurrence du montant de sa créance en principal et accessoires;

Condamnons M....., en tous les dépens.

13. Citation *en déclaration affirmative* [1].

CODE *PR. CIV.*, art. 568,570. Loi du 12 juill. 1905, art. 14.

Formule analogue à la formule n° 541 (*supra*, p. 486) en substi-

---

[1]. La citation en déclaration affirmative est donnée sans préliminaire de conciliation devant le juge de paix qui connaît de la validité de la saisie-arrêt.
Le tiers saisi ne peut être cité en déclaration affirmative que si la créance du saisissant contre la partie saisie résulte d'un jugement ou d'un acte notarié.

tuant une citation en justice de paix en la forme ordinaire à l'assignation devant le tribunal civil.

S'il y a titre authentique et que cette citation puisse, en conséquence, être donnée avec la contre-dénonciation, V. formule n° 538 et la remarque (*supra*, p. 484 et 485).

---

14. Citation *en nullité de la déclaration affirmative et à fin de condamnation du tiers saisi comme débiteur pur et simple des causes de la saisie.*

CODE PR. CIV., art. 570. Loi du 12 juill. 1905, art. 14.

Formule analogue à la formule n° 546 (*supra* p. 491) en substituant la formule d'une citation en justice de paix à celle des conclusions.

---

15. Jugement *statuant à la fois sur la saisie-arrêt et sur la déclaration affirmative.*

Voir *supra*, formule n° 551, p. 496, en substituant l'indication du juge de paix à celle du tribunal civil.

---

16. Jugement *qui condamne le tiers saisi comme débiteur pur et simple des causes de la saisie.*

Nous......, juge de paix du canton de..... ;
Attendu qu'aux termes de l'art. 577 du Code de procédure civile le tiers saisi qui n'a pas fait sa déclaration affirmative ou qui n'a pas produit de justifications à l'appui doit être condamné comme débiteur pur et simple des causes de la saisie-arrêt ;
Attendu que M......, assigné en déclaration affirmative suivant exploit de....., etc., n'a pas fait de déclaration (*ou* n'a produit aucune pièce à l'appui de la déclaration qu'il a faite le..., .. et ce malgré les mises en demeure qui lui ont été faites suivant exploits de......, etc.) ;
Par ces motifs ;
Déclarons M........ débiteur pur et simple des causes de la saisie-arrêt pratiquée par M........ sur M......... suivant exploit de....., etc. ;
En conséquence, le condamnons à payer à M.,..... la somme principale de......., avec les intérêts à compter du....... et les dépens faits sur la demande en validité ;
Et le condamnons en outre aux dépens de la présente instance.

APPENDICE 679

17. Assignation *en référé pour obtenir la limitation des effets de la saisie-arrêt dans les conditions prévues par la loi du 17 juillet 1907* [1].

Formule ordinaire d'assignation en référé (Voir formule n° 1043, t. 2, p. 432). *La partie saisie assigne le saisissant et le tiers saisi* pour :

Attendu que M...... (*saisissant*), se prétendant créancier d'une somme de deux mille francs montant d'un billet de pareille somme, a fait pratiquer sur le requérant entre les mains de M....... une saisie-arrêt sur toutes les sommes que le tiers saisi doit au requérant ;

Attendu que M......., (*requérant*) est créancier de M......... (*tiers-saisi*) d'une somme de dix mille francs, actuellement exigible ; que cette somme est immobilisée aux mains du tiers saisi par l'opposition de M...... ; qu'il n'existe pas d'autres oppositions ;

Attendu qu'il importe au requérant de toucher dès maintenant des mains du tiers saisi, après consignation d'une somme suffisante pour répondre éventuellement des causes de la saisie, le montant de ce qui lui est dû, conformément aux dispositions de la loi du 17 juillet 1907 ;

Par ces motifs ;

Au principal, se voir les parties renvoyées à se pourvoir, mais dès à présent et par provision, vu l'urgence ;

Voir dire que, moyennant le dépôt à la Caisse des dépôts et consignations d'une somme de deux mille cinq cents francs affectée spécialement à la garantie de la créance de M........ (*saisissant*) dans les termes de la loi du 17 juillet 1907, M..... (*partie saisie*) sera autorisé à toucher du tiers saisi le montant de sa créance ;

Voir ordonner l'exécution provisoire nonobstant appel de l'ordonnance à intervenir.

---

18. Ordonnance de référé [2].

Formule ordinaire d'ordonnance de référé (Voir formule n° 1044, t. 2, p. 437). *Le Président statue ainsi qu'il suit :*

Attendu que M........ a formé sur M....... (*saisi*), entre les mains de M...... (*tiers saisi*), une saisie-arrêt sur toutes les

---

1. Cette demande peut être introduite en tout état de cause et quel que soit l'état de la procédure sur la demande en validité.
2. Aux termes de la loi du 17 juillet 1907, le juge des référés doit autoriser la partie saisie à toucher ce qui lui est dû, moyennant consignation par elle d'une somme suffisante, arbitrée par le juge pour garantir au saisissant le paiement de sa créance au cas où elle serait reconnue ; la somme ainsi consignée est affectée

sommes que ce dernier peut devoir à la partie saisie et ce pour avoir paiement d'une somme principale de deux mille francs avec intérêts et frais ;

Attendu que M....... (*partie saisie*) demande, moyennant consignation d'une somme à déterminer avec affectation spéciale éventuelle à la créance du saisissant, à toucher des mains du tiers saisi ce qui lui est dû, conformément aux dispositions de la loi du 17 juillet 1907 ;

Attendu que cette demande est fondée ;

Par ces motifs ;

Au principal, renvoyons les parties à se pourvoir, mais dès à présent et par provision, vu l'urgence ;

Disons que, moyennant le dépôt à la Caisse des dépôts et consignations d'une somme de deux mille cinq cents francs affectée éventuellement et spécialement dans les termes de la loi du 17 juillet 1907 à la créance du saisissant, la partie saisie pourra toucher du tiers saisi le montant de ce qui lui est dû.

Ou bien : Disons que le tiers saisi versera entre les mains de M....... que nous nommons séquestre, le montant des sommes qu'il doit à la partie saisie ; sur lesquelles sommes le séquestre conservera une somme de deux mille cinq cents francs avec affectation spéciale éventuelle à la créance du saisissant dans les termes de la loi du 17 juillet 1907, et remettra le surplus à la partie saisie ;

Disons que moyennant le versement de la somme ci-dessus, le tiers saisi sera valablement libéré ;

Et disons que la présente ordonnance sera exécutoire par provision, nonobstant appel.

---

par privilège à la créance du saisissant, et cette créance n'est primée par aucune autre sur cette somme. Le tiers saisi qui paye la partie saisie après consignation est dégagé de toute responsabilité envers le saisissant.

La consignation de la somme peut être faite soit à la Caisse des dépôts et consignations, soit entre les mains d'un tiers désigné par le juge des référés, par exemple, un des avoués de la cause.

Lorsque la partie saisie ne dispose pas d'une somme suffisante pour faire la consignation exigée, cette somme peut être prise sur les fonds frappés de la saisie-arrêt. C'est même comme cela que les choses se passent le plus ordinairement dans la pratique. Dans ce cas, la totalité de la somme saisie peut être remise au séquestre qui, en conservant la somme arbitrée par le juge, paie le surplus à la partie saisie. Le tiers saisi pourrait d'ailleurs lui-même rester séquestre de la somme arbitrée et verser le surplus au saisi, son créancier.

Tant que le tiers saisi n'a pas exécuté l'ordonnance, il peut être formé de nouvelles oppositions entre ses mains ; ces oppositions mettent un obstacle absolu à l'exécution de l'ordonnance. Mais dès que le tiers saisi s'est dessaisi des fonds en vertu de l'ordonnance de référé les saisies-arrêts faites entre ses mains ne portent plus. Si cependant, il était resté en qualité de séquestre en possession de la somme arbitrée par le juge, les saisies-arrêts porteraient sur la partie de cette somme excédant le chiffre total de la créance du saisissant en principal et accessoires. Il en serait de même des oppositions faites à la Caisse des dépôts et consignations ou entre les mains du tiers dépositaire sur la somme affectée à la garantie de la créance du saisissant.

Remarque. — L'ordonnance est signifiée au saisissant et au tiers saisi et exécutée comme toute ordonnance de référé ; l'appel [1] est interjeté en la forme ordinaire ; il doit être signifié au saisi et au tiers saisi : Voir t. 2, p. 440, formules, n°ˢ 1045 et 1046.

---

1. En cas d'appel de l'ordonnance, le tiers saisi doit s'abstenir d'exécuter l'ordonnance avant la décision de la Cour, malgré l'exécution provisoire prononcée par le juge des référés.

FIN DU TOME PREMIER

MACON, PROTAT FRÈRES, IMPRIMEURS.

CHEZ LES MÊMES ÉDITEURS

Codes et Lois pour la France, l'Algérie et les Colonies, ouvrage contenant sous chaque article des Codes, de nombreuses références aux articles correspondants et aux lois d'intérêt général, les arrêts de principe les plus récents, la *législation algérienne et coloniale* et donnant en outre la concordance des lois et des décrets entre eux, et les principaux Traités internationaux relatifs au droit privé, avec droit au *Supplément annuel* pendant quatre ans ; par Adrien CARPENTIER, Agrégé des Facultés de droit, Avocat à la Cour d'appel de Paris. 13ᵉ édition, refondue et mise au courant. 2 forts vol. in-8 jésus. 1909. Brochés, 25 fr.; reliés, 31 fr.

Se vendent séparément

— Codes et traités. 1 vol.   Broché, 12 fr. 50 ;   relié, 15 fr. 50.
— Lois et décrets. 1 vol.   Broché, 12 fr. 50 ;   relié, 15 fr. 50.

Il paraît une édition nouvelle chaque année.

Encyclopédie des Huissiers ; par MM. Marc DEFFAUX et HAREL. 5ᵉ édition, complètement refondue, augmentée et mise au courant de la législation, de la doctrine et de la jurisprudence, avec un *Formulaire complet de tous les actes* ; et des modèles de formules nouvelles conformes à la circulaire du 20 mars 1908, par Paul COLIN, Docteur en droit, Avocat à la Cour d'appel de Paris. 9 forts vol. in-8. 1905-1909 (Avec droit à l'abonnement de l'année courante au *Journal des Huissiers*). 90 fr.

Formulaire annoté à l'usage des huissiers, contenant les notions de jurisprudence et de doctrine relatives au ministère des huissiers, en matière de procédure civile, commerciale et criminelle et en diverses autres matières spéciales ; par M. G. DUTRUC, ancien Rédacteur en chef du *Journal des Huissiers*. 4ᵉ édition (2ᵉ tirage), avec des modèles de formules nouvelles, conformes à la circulaire du 20 mars 1908. 2 vol. in-8. 1909. 16 fr.

Actes d'huissiers (Manuel formulaire des) ; par Eug. BIMONT, ancien Huissier à Paris. 2ᵉ édition revue et mise au courant. 1 beau vol. in-18 jésus. 1904. 6 fr. 50

Compétence des juges de paix. Organisation des Justices de paix. Commentaire de la loi du 12 juillet 1905 et des articles non abrogés de la loi du 25 mai 1838, avec *Formules* ; par M. G. GUÉNARD, Licencié en droit, Juge de paix à Nevers. 2ᵉ édition, revue et mise au courant. 1 vol. in-8. 1907. 7 fr.

Droit rural (Police rurale et sanitaire. — Régime des eaux. — Voies rurales). Code-Manuel des Propriétaires et fermiers de Biens ruraux et d'Usines ; par E. AGNEL ; 2ᵉ édition, par M. d'HOCQUE, Juge de paix du canton ouest de Cambrai. 1 fort vol. in-16 cartonné. 1902. 6 fr.

Chasse (Manuel juridique et pratique de la). Loi des 3 mai 1844 et 19 avril 1901, par MM. P. COLIN, Avocat à la Cour d'appel de Paris, et H. RIBADEAU-DUMAS, Docteur en droit. 1 vol. in-16 cartonné. 1902. 4 fr. 50

Vices rédhibitoires (Manuel juridique des) à l'usage des Vétérinaires, des Officiers ministériels, des Eleveurs, etc., avec un formulaire et des modèles de rapports d'experts ; par M. Emile GODART, ancien juge de paix, Juge suppléant au Tribunal civil d'Abbeville, et M. Paul COZETTE, vétérinaire à Noyon. 2ᵉ édition augmentée d'un supplément. 1 fort vol. in-18 cartonné. 1906. 5 fr.

Responsabilité (Traité général de la) ou de l'action en dommages-intérêts en dehors des contrats ; par M. A. Sourdat, Docteur en droit, Conseiller honoraire à la Cour d'appel d'Amiens. 5ᵉ édition, revue et augmentée. 2 vol. in-18. 1902. 20 fr.

MACON, PROTAT FRÈRES, IMPRIMEURS.